U0922614

顾　问　杨泉明　谢和平

策　划　罗中枢　李　虹　李光宪

主　编　张　林　何继业

副主编　李中锋　李喜庆　杜小军　曹勇明

参　编　（按姓氏笔画排序）

王　军　王忻怡　尹　怡　兰　娅　毕　玉　吕　蓉

曲景学　任　玲　汤　彦　别　琳　吴　刚　吴　菁

何　艳　陈　薇　张建全　张超哲　林家如　罗　林

赵昱辉　姜　新　秦远清　韩　杰　肇启伟　熊　伟

摄　影　郭　燕　陈明德

四川大學年鉴

SICHUAN UNIVERSITY YEARBOOK

(2012)

四川大学党委办公室
四川大学校长办公室 编

四川大学出版社

责任编辑:马洁如
责任校对:成　杰　罗　丹
封面设计:墨创文化
责任印制:王　炜

图书在版编目(CIP)数据

四川大学年鉴. 2012 / 四川大学党委办公室，四川大学校长办公室编. —成都：四川大学出版社，2013.12
ISBN 978-7-5614-7380-1

Ⅰ.①四…　Ⅱ.①四…　②四…　Ⅲ.①四川大学-2012-年鉴　Ⅳ.①G649.287.11-54

中国版本图书馆 CIP 数据核字（2013）第 290471 号

书名　**四川大学年鉴**(2012)

作　　者　四川大学党委办公室、四川大学校长办公室编
出　　版　四川大学出版社
地　　址　成都市一环路南一段 24 号 (610065)
发　　行　四川大学出版社
书　　号　ISBN 978-7-5614-7380-1
印　　刷　郫县犀浦印刷厂
成品尺寸　185 mm×260 mm
插　　页　8
印　　张　44
字　　数　1110 千字
版　　次　2013 年 12 月第 1 版
印　　次　2013 年 12 月第 1 次印刷
定　　价　50.00 元

◆ 读者邮购本书，请与本社发行科联系。电话:(028)85408408/(028)85401670/(028)85408023　邮政编码:610065
◆ 本社图书如有印装质量问题，请寄回出版社调换。
◆网址:http://www.scup.cn

11月19日，四川大学召开传达党的十八大精神大会

3月15日—4月23日，中央第三巡视组进驻四川大学开展巡视试点工作，对学校领导班子及其成员贯彻执行党的路线方针政策和决议决定等方面的情况进行了全面检查监督

4月26日—27日，四川大学第三届教代会第三次会议暨第二届工代会第三次会议召开，会议通过了《抓“五风”促“四力” 提升文化自觉自信 为建设中国一流研究型综合大学而努力奋斗》的校长工作报告

2012年，学校开始实施“名誉班主任”计划。图为校党委书记杨泉明教授和校长谢和平院士作为名誉班主任分别参加经济学院和建筑与环境学院学生主题班会

6月18日，学校举行胡昭曦教授教学笔记手稿捐赠仪式

6月25日—7月6日，学校实行为期2周的“实践及国际课程周”，开展了多种创新实践和国际交流活动

2012年，学校面向全体研究生新生开设了《学术道德与科学精神》课程，编写了《学术道德与学术规范》教材，发放给全体研究生和导师

9月19日，学校召开2012年本科教学工作会，校长谢和平院士作了题为《以学生为育人中心 全面提高人才培养质量 努力开创教育教学工作新局面》的报告

2012年，四川大学共有4项科技成果获得2012年度国家科学技术奖。图为获奖者冯小明教授（左）、许唯临教授（中）和王红宁教授（右）在人民大会堂颁奖现场

8月26日，由四川大学牵头，清华大学、中国医学科学院/北京协和医学院和南开大学共同组建的教育部“高等学校创新能力提升计划（2011计划）”生物治疗协同创新中心建设启动会举行

10月17日，四川大学与德阳市人民政府在德阳举行“四川大学德阳产业技术研究院”共建协议签约仪式暨科技成果转化促进会

刘亚丁教授为首席专家申报的“俄罗斯《中国精神文化大典》中文翻译工程”项目和徐玖平教授为首席专家申报的“重特大灾害社会风险演化机理及应对决策研究”项目获准为2012年度国家社科基金重大招标项目

12月28日，由四川大学牵头，联合国家民委、云南大学、西藏大学、新疆大学共同组建的“中国西部边疆安全与发展战略协同创新中心”揭牌仪式在北京举行

4月13日—16日，由中国化学会主办、四川大学承办的中国化学会第28届学术年会在四川大学举行

6月1日—5日，由国际生物材料科学与工程学会联合会和中国生物材料学会主办、四川大学和成都市人民政府承办的第九次世界生物材料大会在成都举行

9月8日，俄罗斯联邦委员会主席马特维延科访问四川大学并发表演讲

3月1日，四川大学华西儿童医学中心正式成立

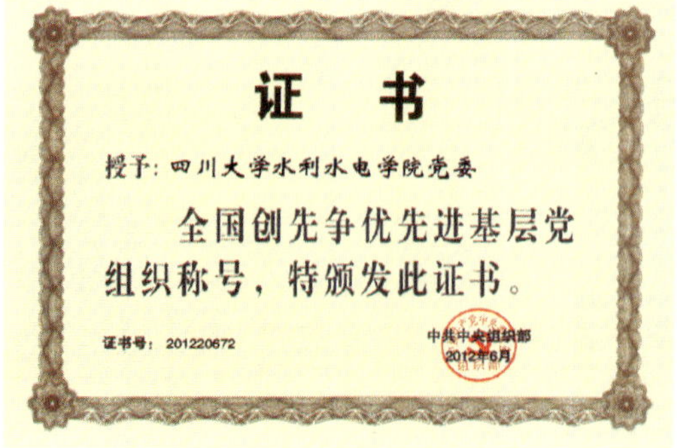

证 书

授予：四川大学水利水电学院党委

全国创先争优先进基层党组织称号，特颁发此证书。

证书号：201220672

中共中央组织部
2012年6月

6月，水利水电学院党委被中共中央组织部授予“全国创先争优先进基层党组织”称号

6月29日，学校举行创先争优暨庆祝建党91周年座谈会

11月28日，四川大学CARY团队获得第八届“挑战杯”中国大学生创业计划竞赛金奖，这也是四川大学学子连续四届夺得“挑战杯”中国大学生创业计划竞赛金奖

5月11日，纪念张澜诞辰140周年暨张澜教育思想研讨会在四川大学举行

10月24日，四川大学与贵州省人民政府签署战略合作协议

四川大学校旗

四川大学主色调锦绣红（参数标准值：C：12 M:92 Y:95 K:20）

四川大学主色调优雅灰（参数标准值：C：47 M:37 Y:37 K:0）

2012年是学校的“校园文化建设年”，学校启动实施了校园文化视觉形象识别系统工程七大建设专项，提出了学校主色调、校旗和校歌方案，并对123处校园道路、楼宇、景观进行了重新命名，初步构建了体现川大文化的校园文化标识系统

四川大学校歌

四川大学校歌（五线谱版）

目　录

重要文件

重要讲话

学科与师资队伍建设篇

人才培养篇

科学研究与科技产业篇

医疗卫生篇

合作与交流篇

党的建设篇

大学生思想政治工作篇

办学条件保障及公共服务体系篇

学院篇

附　录

重要文件

重要讲话

振奋精神　开拓创新
以优异成绩迎接党的十八大胜利召开
——在四川大学2012年工作布置会上的讲话

校党委书记　杨泉明

（2012年2月10日，根据记录整理）

同志们：

今天，我们召开2012年新学期工作会议，对学校去年工作进行认真总结，对今年的工作进行全面部署。这个会也是校领导班子的述职和考核大会。刚才，谢校长代表学校对去年的工作进行了系统总结，对今年的工作进行了全面部署，希望大家结合下发的2011年工作总结和2012年工作要点，认真抓好传达和落实。关于去年工作总结和今年工作部署，我再作以下几点强调：

一、关于去年的工作

2011年，是建党90周年、辛亥革命100周年和“十二五”规划开局之年，在党和国家发展历史上具有特殊重要意义。去年也是我校深入贯彻落实党的十七届五中、六中全会精神，胡锦涛总书记清华百年校庆重要讲话精神和教育规划纲要，推动学校各项事业向前发展的关键一年。刚才，谢校长的总结也是一个学校领导班子的述职总结，主要侧重于学校的改革发展，下面我把学校党委的工作也做一个简要的报告。领导和推动学校的改革发展，这是党委的中心工作、中心任务。在过去的一年，学校校院两级党政班子坚持“围绕中心抓党建，抓好党建促发展”，全面加强党的建设，学校党建的各方面工作均取得了明显的成效。

一是学校成功召开了中共四川大学第七次代表大会。第七次党代会全面总结了过去五年的工作，科学绘就了未来五年发展的美好蓝图；选举产生了新一届学校党委领导集体和纪委领导班子；第七次党代会使全校师生员工进一步统一了思想，凝聚了共识，鼓舞了士气，理清了发展思路，为全面加快建设中国一流研究型综合大学提供了更加坚强有力的思想政治保证和组织保证。

二是重点加强了《基层组织工作条例》的贯彻落实和基层党组织建设工作。学校党委认真组织《中国共产党普通高等学校基层组织工作条例》的学习和宣传，搞好集中培训，扎实开展调查研究和监督检查，深入全校42个基层党委（总支），对贯彻落实《条例》及推动改革发展的情况进行了全面调研，并在全校师生中发放了4000份基层党建情况调查问卷，形成了专题调研报告，召开了调研总结会，对学校各级党组织贯彻落实《条例》的主要成效和典型经验以及存在的薄弱环节，进行了系统总结，提出了加强基层党建、扎实落实《条例》的工作思路和新的举措，推动基层党组织在围绕中心落实《条例》、提升党建工作科学化水平、促进改革发展等方面取得了突出成效。学校起草和修订了一整套加强基层组织工作的文件，包括学校贯彻《条例》的实施意见，学院党政联席会议制度，学院“三重一大”决策制度，基层党委（总支）工作的实施意见，教工党支部、学生党支部工作的实施意见，党员教育监督管理的实施意见等党建制度，新学期将进一步征求意见并尽快印发实施；调整了党支部，学校的党支部数由714个增加到771个，实现了党组织的全覆盖；注重从学科带头人、教学科研骨干、优秀学生党员中选好配强党支部书记，通过改选，党支部书记队伍的年龄、学历、职称等结构进一步优化，整体素质进一步提升，在771名党支部书记中，具有高级职称的占近50%，比调整前提高了6个百分点，不少支部书记由系主任、教研室主任兼任。同时，抓了基层党委总支的换届工作，已有33个基层党委（总支）很好地完成了这项工作，还有9个党委（总支）开学以后马上也要着手这项工作；去年党员队伍建设也取得很大成效，校院两级党校共举办29期培训班，培训入党积极分子8400多人，发展新党员7200多人。

三是集中精力抓了干部队伍建设。在全面完成中层干部换届调整的基础上，实施了校内科级干部全员竞聘上岗，并特别抓了处级干部的教育培训。学校下决心、花力气来加大这项工作的力度，启动实施了新一轮中层干部培训计划，开展了关于学习贯彻落实《条例》、川大的教育、提高干部领导力、党的宗教政策、反腐倡廉建设、提升干部心理素质、学习贯彻六中全会精神等7场专题报告，组织了134名中层干部赴地震灾区考察学习，组织了117名中层干部赴井冈山进行优良革命传统教育，选派了35名干部赴美国加州大学欧文分校进行海外短期培训，取得了很好的效果。通过对全校中层干部多层次、多渠道、高质量的教育培训，进一步增强了学校中层干部队伍的使命感、责任感，使很多新上任的同志进一步明确了怎么样当好中层干部，怎样履行好自己的职责，提高了办学治校的能力。

四是大力开展纪念建党90周年系列活动。学校紧紧围绕庆祝建党90周年，以“走过九十年，迈向新征程”为主题，积极组织开展了庆祝中国共产党成立90周年系列活动，庆祝活动在川大有声有色，系统全面，形式多样，参与度非常高，并且特别注重把建党90周年的庆祝和理想信念教育紧密结合起来，和唱响主旋律紧密结合起来，在全校上下唱响了“共产党好、社会主义好、改革开放好、伟大祖国好、各族人民好”的时代主旋律，特别在广大青年学生中，取得了非常好的效果。

五是继续深入推进创先争优活动。学校紧密围绕中心工作和改革创新，进一步深化创先争优，开展了党员公开承诺活动、“为民服务创先争优活动”、“四好班子”创建活动等系列活动，通过党建带团建、带工建，党内的创先争优全面地带动了学校各个方面的创先争优，涌现了一大批先进事迹、先进人物，“七一”和教师节学校都对其进行了表彰。学校创先争优的相关做法和经验，中央创先争优活动领导小组办公室 1413 期和教育部 245 期简报专门做了转发；学校“四好班子”创建活动，再次获得“四川省高等学校‘四好’班子创建活动先进单位”称号。

六是继续加强反腐倡廉建设和作风建设。这项工作是去年学校党委的一项重头工作，学校纪委牵头组织，各个方面大力支持，取得了明显的成绩。首先是继续抓好作风建设，进一步加强学校各级领导干部和校院机关作风建设的实施办法的落实，广大领导干部坚持深入实际、深入基层、深入师生，真情关心师生职工。去年，学校出台了推进党务公开的实施办法，校务公开、院务公开进一步拓展，党务公开也进一步规范。特别是注重学风建设和学术道德建设，严厉惩处学术不端行为，针对去年一例教师抄袭行为，学校的态度十分坚决，严肃查处，处理一步到位，取得了非常好的效果。继续抓好廉洁从政若干准则、领导干部十不准等规定的贯彻落实，认真落实领导干部报告个人有关事项、廉政承诺等制度，党风廉政建设取得了明显成效。

七是进一步加强和改进大学生思想政治教育。这项工作去年也取得了明显成效，特别围绕建党 90 周年把大学生理想信念教育放在一个十分重要的位置上来抓，大力推动思想理论课的建设，马克思主义学院实施了思想政治理论课“123+X”教学改革，进一步提高了思想政治理论课的教育效果，这一举措受到教育部、省委的充分肯定，教育部的一期简报专门进行了报道；大学生的日常管理、心理健康教育、困难学生的资助帮扶、政工干部队伍建设等都有很大的加强；去年毕业生的就业情况也是很好的，根据去年 8 月的统计，2011 届毕业生就业率超过 90%，其中，到基层就业 2305 人、西部就业 6904 人、灾区就业 455 人，这些数字都是非常好的，省教育厅专门有一期简报对此作为典型来报道。

八是认真抓好党的十七届六中全会精神的学习宣传和贯彻落实。六中全会刚刚闭幕，学校党委就立即召开各种会议，研究部署学习宣传、贯彻落实六中全会精神，制定了学校贯彻落实十七届六中全会精神的实施意见，对当前和今后的工作进行了全面的规划；学校和光明日报一道组织举办了全国有影响力的论坛；各个方面在学习贯彻落实六中全会精神上都做了大量的工作，为今年学校文化建设的深入奠定了一个很好的基础。

九是民主政治建设工作不断推进。4 月份，学校成功召开了“双代会”，每年的“双代会”很重要，对推动当年学校的工作具有十分重要的作用，去年的“双代会”很成功，推动了学校的资源整合等改革。统一战线工作也有很大的推进，学校大力支持各个民主党派搞好自身的思想政治建设、组织建设；在新一轮中层干部换届调整中，学校注重选拔任用优秀党外人士，调整后中层干部中民主党派和无党派人士 58 人，占总数的 14.7%，这个比例在高校是很可观的；学校还按照有关规定加强党外后备干部队伍建设，推选了 164 名党外同志参加各级人大、政协、民主党派的换届，全方位支持各级人大代表、政协委员、统一战线的同志充分地发挥作用，去年学校统战工作获得了全省统战系统、全国统战系统的很多表彰。

十是一如既往地高度重视和谐校园建设，确保了学校的持续稳定。我们修订了学校的《应急预案》，完善了学校的应急管理，特别是加强了意识形态领域的工作，加强社情教育、国情教育、民族团结教育，牢牢把握了意识形态工作的主动权；面对重大纪念活动多、敏感时段多的复杂局面，召开了相关稳定会近20次，妥善应对各种不稳定因素的影响，切实做好安全维稳工作，努力维护校园和谐稳定，确保了学校的持续稳定，为促进学校改革发展提供了坚实的保障。去年，学校继续坚持为师生员工办实事制度，年初承诺的一些实事，应该说兑现得都比较好，包括教职工的待遇等很多体现教职工切身利益的一些实事，落实得都很好。

总之，在学校各项事业实现新的发展的同时，党的建设工作各个方面也取得了显著成效。我们始终强调“围绕中心抓党建，抓好党建促发展”。校院两级党委、两级党政班子对此都把握得很不错。非常感谢我们从事党务工作的同志们，也非常感谢我们的院长同志们、处长同志们对学校党建工作的大力支持，通过大家和全校师生员工的共同努力，使学校实现了教育事业和党建工作的“两促进、两发展”。在此，我代表学校党委行政向大家并通过你们向全校师生表示衷心的感谢和由衷的敬意！

二、把握全局，突出重点推动学校改革发展再上新台阶

2012年是党和国家发展进程中具有特殊意义的一年，是实施“十二五”规划承上启下的重要一年。扎扎实实抓好今年的工作，意义重大、影响深远。去年，党的十七届六中全会从中国特色社会主义事业总体布局的高度，确立了建设社会主义文化强国的战略目标。今年1月4日至5日，中组部、中宣部和教育部党组召开了全国第二十次高校党建工作会议，对高校学习贯彻党的十七届六中全会精神，深入推进社会主义社会价值体系建设，进一步加强和改进高校党的建设，推动高等教育事业科学发展做出了全面部署。1月6日至7日，教育部还召开了2012年全国教育工作会议，又对全国的教育工作做了全面部署。这一系列重要会议，对我们学校的工作都具有很强的指导意义，我们一定要统筹抓好学习、贯彻和落实。更为重要的是，今年我们将迎来党的十八大。我们党即将召开的十八大是党和国家政治生活中的一件大事。这次大会，将是我们党在全面建设小康社会的关键时期和深化改革开放、加快转变经济发展方式的攻坚时期召开的一次十分重要的会议，对我们党团结带领全国各族人民继续全面建设小康社会、加快推进社会主义现代化、开创中国特色社会主义事业新局面具有重大而深远的意义。就高等教育改革发展来说，既面临着新的历史机遇，也面临着更为艰巨和繁重的任务。因此，我们要全面把握中央对全党全国工作的总体要求，深刻认识学校改革发展面临的新形势新任务，进一步增强责任感和紧迫感，紧紧围绕党的十八大的召开，以良好的精神状态和饱满的工作热情，把握全局，抓住关键，突出重点，扎实做好2012年的各项工作。刚才，谢校长对今年的工作已经作了全面部署，我这里仅对做好全局性重点工作做以下强调。

一是以高度的政治责任感和饱满的政治热情，扎实抓好迎接党的十八大召开和学习、贯彻党的十八大精神的各项工作。迎接党的十八大召开、学习宣传和贯彻落实党的十八大精神，是今年全党全国的工作主线，当然也是我校一切工作的主线。学校各级领导班子和领导干部要进一步增强大局意识，强化责任观念，团结和带领全校师生员工，以高度的政治责任感和饱满的政治热情，扎实做好迎接党的十八大胜利召开和认真学习宣传贯彻落实党的十八大精神的各项工作。在党的十八大召开前，要认真做好迎接十八大的宣传工作，深入开展主题教育活动，唱响共产党好、社会主义好、改革开放好、伟大祖国好、各族人民好的时代主旋律，为党的十八大胜利召开营造积极健康、团结奋进的良好氛围。党的十八大召开以后，要立即把学习宣传、贯彻落实十八大精神作为主要任务。

二是自觉承担起文化传承创新的使命，在建设社会主义文化强国伟大事业中奋发有为。2012年，是我校的文化建设年，深入贯彻党的十七届六中全会精神，加强大学文化建设，是今年学校工作的重要主题。胡锦涛总书记清华百年校庆的重要讲话中，第一次鲜明地把文化传承创新作为高等学校的重要职能，明确提出全面提高高等教育质量，必须大力推进文化传承创新。党的十七届六中全会描绘了建设社会主义文化强国的宏伟蓝图，赋予了高等教育新的历史使命。作为社会的文化高地，作为传承、传播和创造先进文化的重要场所，高校学科优势突出，研究力量雄厚，是孕育新思想、培育新知识、产生新观念的摇篮和理论创新的重要阵地，我们必须高举社会主义文化建设的旗帜，坚持以文化传承创新为己任，以高度的文化自觉和文化自信，在建设社会主义文化强国伟大事业中奋发有为。因此，校院两级领导班子和领导干部要把文化建设放在今年工作重中之重的位置，集中精力在文化建设方面全面推开、抓出成效。要以社会主义核心价值体系为引领，扎实展开以大学精神为核心的大学文化建设，全面加强学校的物质文化、精神文化、行为文化和制度文化建设，力求大学文化建设的特色、质量与品位不断提升，广大师生对大学文化建设的认同感和关注度不断增强，不断提升学校的文化软实力，增强学校的核心竞争力，并通过大学文化建设，引领社会风尚，发挥大学文化育人作用和社会辐射作用，为建设社会主义文化强国做出新的贡献。

三是全面提高教育质量和科技创新能力。今年，教育部将启动实施《关于全面提高高等教育质量的若干意见》（即“质量工程”）和“高等学校创新能力提升计划”（即“2011计划”）。这是教育部为贯彻落实全教会、《教育规划纲要》和胡锦涛总书记清华百年校庆重要讲话精神，全面提高高等教育质量，推进高等教育科学发展的两大新的战略部署。从去年下半年以来，我们就反复讲这两项工作，让同志们都了解、都清楚。按照教育部的部署，“质量工程”在这个月就要开会，“2011计划”也会在近期部署。这两项工作具有全局性、战略性，不是一般的工作。特别是“质量工程”，它提出了提高高教质量的30条重要举措，对于大力提升人才培养水平、增强科学研究能力、服务经济社会发展、推进文化传承创新，全面提高高等教育质量将具有非常重要的作用。“2011计划”主要是建立协同创新的模式与机制，重在实现创新力量和资源的有效整合。“2011计划”将突破现有学科平台限制，突破现有“985工程”、“211工程”学校身份限制，也就是不限定学校、不限定单位，只要具备协同创新的基础，选择有效的合作模式和平台，能够解决国家重大需求，能够突破体制机制障碍的均可申请参加。“2011计划”带有很大的时机性，这是很大的机遇，谁主动，谁考虑到位，谁就能抢占先机，谁就更有利于推动发展。因此，在今年的工作当中，我们要花更多的精力来抓好教育部“质量工程”

和“2011 计划”的落实，早思考、早设计、早谋划，切实把全面提高教育质量、走内涵式发展道路作为当前改革发展最核心最紧迫的任务，摆在十分突出的位置，特别是要进一步深化教育教学改革，创新人才培养模式，完善教育教学质量保障体系，积极探索和建立以提高质量为导向的管理制度和工作机制，不断提升人才培养质量；要坚持以增强科学研究能力为关键，努力提升原始创新、集成创新和引进消化吸收再创新能力，着力推进协同创新，在更大的范围内整合资源，形成国家创新型团队的主力阵营、国际重大科学研究和合作的学术中心，培育和打造科技成果转化重点项目和平台，全面加快科技成果转化，不断提升学校的科学研究水平。

四是要深入实施人才强校战略，进一步加强高水平师资队伍建设。人才是最活跃的先进生产力，是科学发展第一资源，是我们创建一流大学的核心力量。实践证明，高端人才对高校事业发展具有关键支撑作用，对高校师资队伍建设具有引领带动作用。当前，人才强国战略和国家人才发展规划正深入实施，国家在加大“千人计划”顶尖人才和创新团队、“青年千人计划”项目实施力度基础上，今年又将启动“国家特聘科学家全球招募计划”，大力实施“外专千人计划”等重大人才工程，并采取措施加快培育高层次创新型技术人才，大力培养青年英才和文化人才。四川省也在实施系列人才建设工程。这对高校来说，是很好的历史机遇。谁抓住谁受益，谁先抓住谁先受益。我们在各学院调研时反复同大家交换这个意见，上升得好的学院，上升得好的学科，首先是师资队伍抓得好，否则就很被动。所以这项工作在今年的工作当中我们要特别强调，一如既往把它抓好抓实。我们要紧紧抓住国家实施人才强国的战略及重大人才工程的契机，把加强教师队伍建设作为学校事业发展最重要的基础工作来抓，深入推进人才强校战略，把高水平师资队伍建设放在更加突出的位置，坚持引进与培养并重，以引进推进培养，继续深入实施国家“千人计划”、“青年千人计划”、四川省“百人计划”等人才项目，加大优秀人才引进力度，大力引进海内外高层次人才，以现有高端人才和学术大师的引进促进中青年优秀教师的成长，形成高水平的学术创新团队。要聚焦青年人才，把中青年教师尤其是青年教师作为学校的未来和希望，既要大力引进具有国际竞争力的优秀青年教师，更要大力培养青年教师，建立健全激励机制、评价机制和保障机制，形成人才辈出的良好氛围和青年教师成长、发展的内生动力，使他们在若干年后成为本土的学术大师和高端人才，为全面加快创建中国一流研究型综合大学步伐提供人才支撑。

五是要继续深化各项改革，创新体制机制，推动学校的改革发展。当前，我校的改革发展正处于重要战略机遇期，也处于深化改革的攻坚期。去年，学校大力推进资源优化整合改革，取得了明显成效。但是，制约学校发展的一些体制机制问题还较为突出。推动学校各项事业科学发展，全面加快建设一流大学步伐，必须优化内部治理结构，创新体制机制，为学校的改革发展增添活力。今年是文化建设年，绝不意味着资源整合改革工作就不重要了。这项工作我们要一如既往抓下去。要继续以资源整合为抓手，进一步深化资源优化整合、人才培养模式、人事制度、财务制度等各项改革，切实在重要领域和关键环节取得实质性突破。要进一步深化内部体制机制改革，以章程建设系统梳理学校内部管理体制，推动学校整体改革，构建和完善现代大学制度，为全面加快建设一流研究型综合大学步伐注入强大动力。

三、以社会主义核心价值体系为引领进一步加强和改进党建及思想政治工作

2012年，我们要以“迎接十八大，学习宣传贯彻十八大”为主题和主线，全面抓好学校党的建设各项工作，不断提升学校党建科学化水平，为学校事业发展提供坚强有力的思想、政治和组织保证，为党的十八胜利召开营造良好氛围。

（一）进一步加强理论武装，扎实推进社会主义核心价值体系建设，推动学习型党组织建设。理论武装是党建和思想政治工作的首要任务。我们要把思想建设摆在更加突出的位置，认真学习贯彻落实党的十七届六中全会精神，扎实推进社会主义核心价值体系建设，坚持用马克思主义中国化最新成果武装师生头脑，牢牢把握意识形态工作主导权，把学校建设成为主流意识形态的坚强阵地；坚持用中国特色社会主义共同理想凝聚师生力量，加强理想信念教育，深入开展形势政策教育，引导广大师生自觉把个人理想融入共同理想，坚定对中国特色社会主义的信心和信念；坚持用爱国主义和改革创新的强大精神力量鼓舞师生斗志，大力开展以爱国主义为核心的民族精神教育，大力开展以改革创新精神为核心的时代精神教育，激励广大师生始终保持昂扬向上、奋发有为的精神状态，凝聚起推动学校各项事业科学发展的强大精神力量，把学校建设成为爱国奉献、改革创新的实践园地；坚持用社会主义荣辱观引领校园风尚，树立和践行以八荣八耻为主要内容的社会主义荣辱观，加强学风校风教风建设，形成知荣辱、讲正气、树新风、促和谐的良好校园氛围，使师生成为自觉践行社会主义道德规范的模范。要深入推进学习型党组织建设，进一步坚持和完善校院两级中心组学习制度、党组织生活、教职工政治学习等各项学习制度，制定党员干部和教职员工学习教育培训计划，丰富学习内容、创新学习方法，搭建多层次、网络化的学习交流平台，健全科学有效的学习培训体系、保障机制、激励机制和考核机制，持续深入地开展党员干部的教育培训活动，高扬主旋律，进一步统一思想，凝聚人心，鼓舞斗志，使广大师生更加坚定走中国特色社会主义道路的信念，以高昂的政治热情和精神面貌迎接党的十八大胜利召开。

（二）进一步加强领导班子和干部队伍建设。要进一步坚持和完善党委领导下的校长负责制，健全党政议事规则和决策程序；进一步加强学院党政领导班子建设，制定和实施《四川大学关于建立和完善校内基层单位党政联席会议制度的若干规定》《四川大学学院“三重一大”决策制度实施意见》。要继续组织开展形式灵活、富有成效的专题培训，加大干部教育培训力度，切实增强学校各级领导干部的办学治校能力。今年特别要在科级干部培训上下功夫。我们的领导干部要敢抓敢管、会抓会管，实行精细化管理，不断提高依法办学、科学管理和民主管理的能力。要注意在责任目标管理、加强制度建设、规范工作程序、强化监督考核上下功夫，努力建设一支坚持正确办学方向、善于领导科学发展、团结奋进的领导班子和干部人才队伍，为实现学校事业新的跨越发展提供坚强的人才和队伍保证。当前有几项工作要尽快落实，一是中层干部的考核，总体说过去我们做得不平衡，而且不平衡性还比较明显，所以去年下半年学校做了布置，从去年开始就进行全面的考核，学校班子这样做，中层领导班子也要像学校班子这样做。我们的中层领导班子也就是县处级领导班子，如果没有健全的考核，没有健全的民主生活会制度，没有完善的会议制度，是说不过去的。因此，我们现在要加快解决这个不平衡性。已经做起来的单位和学院要做得更好，没有完全做起来的单位、学院要抓紧做起来，学校文件已经下发，没做的学院这个学期就要做起来。希望各学院及机关各部处党政班子要重视这项工作，尽快做起来。第二个是100多名试用期满干部的考核也要与此同步进行，考核尽快到位。三是科级干部还有五六十个岗位没有聘任到位，这项工作要尽快到位；此外，还要做好校内科研机构班子的换届调整工作，上个学期学校已经发了文，该项工作也已经启动，实际工作要尽快落实。

（三）进一步加强基层党组织建设和党员队伍建设。在党内，中央确定今年为“基层组织建设年”。这一点要很好地把握，去年我们有了很好的基础，今年要在此基础上进一步加强基层组织建设。要继续深入贯彻落实《条例》，按照抓落实、全覆盖、求实效、受欢迎的要求，进一步加大在实验室、学科组、课题组、创新团队、学生社团、学生宿舍等教学科研和学生工作最活跃环节设置党组织的工作力度，扩大党的组织和工作覆盖。要创新基层党组织工作思路，积极开展务实管用、吸引力强的支部活动，大力做好党员发展、教育和管理工作，提高基层党组织的工作活力。学校当前一个很紧迫的工作就是要把上学期在调研基础上形成的一套制度性文件尽快下发征求意见，主要包括四川大学贯彻《条例》的实施意见、《四川大学关于建立和完善校内基层单位党政联席会议制度的若干规定》《四川大学学院“三重一大”决策制度实施意见》，以及新修订的四川大学《关于建立共产党员教育、管理和监督长效机制的实施意见》《基层党委（总支）工作实施办法》《教职工党支部工作实施办法》《学生党支部工作实施办法》等制度，要进一步完善，然后正式发文，落实到位，不断提升学校党建科学化水平。当前，学校还有9个基层党委（总支），包括两个独立学院的换届工作也要尽快做到位。同时，要进一步加强校院两级党校建设，加大入党积极分子培养力度；按照“控制总量、优化结构、提高质量、发挥作用”的总要求，处理好党员发展数量和质量的关系，进一步提高党员发展质量，尤其是学生党员发展质量；进一步加大在优秀青年教师和学术带头人中发展党员的工作力度，努力把最优秀的人才汇集到党的周围。

（四）进一步加强和改进教职工思想政治工作及大学生思想政治教育。今年全国高校第二十次党建会，习近平同志出席会议，接见与会代表，发表了重要讲话，关于高校党建工作，他特别讲到要培养高质量的人才，必须加强教师队伍建设，加强教师队伍建设必须加强教师队伍的思想政治工作，加强教师队伍的思想政治工作中要特别加强青年教职工的思想政治工作，并提出了明确要求。今年，我们要特别对加强青年教职工思想政治工作进行深入研究和部署，要把加强青年教师队伍思想政治工作作为学校党的建设重大问题来抓，政治上正确引导，专业上着力培养，生活上热情关心，真正建设一支政治立场坚定、理论素养高、师德师风好、业务能力强的青年教师队伍。同时，要在总结过去经验的基础上，适应新形势新要求，进一步加强学生思想政治教育工作。要进一步加强思想政治理论课建设，深入推进中国特色社会主义理论体系进教材、进课堂、进头脑；加强文化素质教育，提升大学生的人文修养；要深入推动实践育人工作；要坚持教育学生与服务学生相结合，解决思想问题和解决实际问题相结合，进一步扎实做好学生资助工作、心理健康教育工作和毕业生就业指导服务工作。要进一步加强和改进研究生思想政治教育，要出台加强和改进研究生思想政治教育的实施意见。

（五）进一步深化创先争优活动。要坚持围绕中心、服务大局，进一步深入开展创先争优活动，把创先争优内化到学校改革发展稳定的各项任务之中，积极组织基层党组织和广大党员争科学发展之先、创校园和谐之优。继续以“落实教育规划纲要、服务学生健康成长”为主题，进一步深入开展“为民服务创先争优”活动，扎扎实实为广大师生办实事解难题，不断增强党建工作的吸引力、感召力。要加强创先争优长效机制建设，每个党支部至少要建立一项管用的创先争优制度，使创先争优常态化、长效化。当前我们面临着两项具体工作，一项是群众评议，一项是十八大之前的总结表彰。群众评议工作量非常大，涉及每个党支部、每位党员。学校的相关文件已经下发，希望各基层党委（总支）按照工作部署尽快抓起来，认认真真做好群众评议，并在此基础上，在十八大召开之前对创先争优活动进行阶段性总结和表彰。

（六）进一步加强宣传工作和意识形态工作。围绕十八大，今年学校要加强宣传工作力度，宣传改革开放以来，党和国家取得的辉煌成就，宣传学校改革发展取得的显著成绩，鼓舞人心，营造氛围。十八大召开之后，要围绕学习宣传、贯彻落实十八大精神来开展好各方面宣传工作。当前，高校意识形态领域总体保持良好态势，但并不平静，许多社会思潮在高校汇聚和碰撞，社会思潮越复杂，越需要弘扬主旋律，越需要牢牢把握意识形态工作主导权，建设好学校思想文化阵地。经验表明，每逢党的全国代表大会召开，社会噪音杂音会明显增多，今年，做好意识形态领域工作比以往任何时候都更加重要，中央领导同志在会议上反复强调。胡锦涛总书记讲，无论是经济领域工作，还是其他领域工作，如果做不好就会出大问题，意识形态领域工作要是做不好也会出大问题。所以，我们要明确责任分工，继续抓好这项工作，特别是在十八大召开之前，一定要做好统一思想工作。习近平同志特别讲，希望高校在思想、政治、组织方面，为党的十八大胜利召开做出重要贡献。因此，我们川大要和中央保持一致，要进一步管好学校思想文化阵地，坚持守土有责、守土尽责，坚持学术研究无禁区、课堂讲授有纪律、公开宣传有要求，加强对课堂教学、讲座论坛、涉外学术交流、学生社团活动等的管理，严格审批程序，把住人员关口，绝不给错误思想提供传播渠道；要进一步加强校园网络管理，完善突发事件网上处置预案，提高各类网络舆情研判的针对性，严防利用网络炒作热点敏感问题，严防有害信息在校园网上传播扩散；要坚决落实中央关于抵御境外利用宗教对高校进行渗透的文件精神，努力防范校园传教工作；坚持教育与宗教分离的原则，决不允许任何人在学校内传教和进行宗教活动，不允许师生在校外组织和参与非法宗教活动。

（七）继续深入推进党风廉政建设和反腐倡廉工作。我们要认真学习领会、坚决贯彻落实十七届中央纪委七次全会精神，进一步完善惩治和预防腐败体系建设，强化对重点领域和关键环节的监管；要深入推进廉洁教育和廉政文化进校园，加强廉洁教育课程建设，深入开展示范教育、警示教育活动，努力营造风清气正的教书育人环境。今年学校还要召开专门的工作会议，在总结过去经验的基础上，特别推进廉政风险防控试点工作。教育部袁贵仁部长经常讲，高校要守住几条线，一条从治安角度讲，就是安全稳定；一条从政治角度讲，就是廉政风险，保证干部不出问题。现在又加了一条，从学术道德角度讲，不要有学术不端行为。把这几条作为我们高校工作的底线，我觉得这是非常重要的，我们校院两级领导班子的负责同志，脑子里面都要有这根弦，随时瞄准这个关口，把这个底线守住、守好。要把党风廉政建设继续摆在十分重要的位置，强化政治意识，切实提高政治执行力、政治敏锐性和政治鉴别力；强化宗旨意识，认真贯彻胡锦涛总书记关于密切联系群众的要求，发扬群众工作优良传统，进一步转变工作作风，深入基层，到课堂去，到宿舍去，坚持参加支部活动和教职工活动，直接联系和服务师生并形成长效机制，真正与师生面对面、心连心；强化廉洁意识，进一步加强自身廉洁自律工作，提高拒腐防变能力，做到权为民所用、利为民所谋；严格执行廉政准则，不为私欲所动、不为私利所惑；自觉接受监督，在监督下行使权力、开展工作；强化责任意识，坚持对党员、干部严格要求、严格教育、严格管理、严格监督，切实维护党的纯洁性。

（八）大力推进学校民主政治建设。要继续积极稳妥、扎实有效地推进党内民主建设，完善党内民主制度，保障党员民主权利，使党的创造力、凝聚力、战斗力不断增强。要充分发挥党组织凝聚人心、团结队伍、协调各方的作用，推进校内民主政治建设。要进一步完善校院“双代会”制度，推进学校民主管理、民主监督；深入推进党务公开、校务院务公开。要进一步做好离退休工作，现在学校离退休教职工人数很大，我们随时要关心关怀这支队伍，适应老同志工作的特点，从关心老同志出发，把这项工作继续加强、继续做好；要全面落实相关政策，充分发挥老同志在传帮带、教学督导以及促进学校改革发展、构建和谐校园与关心教育下一代中的重要作用。要充分发挥共青团、学生会、研究生会等群团组织在校园民主管理中的重要作用。要进一步加强统一战线工作，今年各民主党派将换届，我们要以此为契机，帮助、指导各民主党派基层组织进一步加强自身建设，特别是思想政治建设，更好地推荐学校各民主党派的同志参与各级换届，进一步支持他们更好地发挥参政议政的作用。

（九）切实抓好和谐校园建设和安全稳定工作。高校和谐稳定关乎全局，任何时候都不能松动。去年，我校安全稳定局面良好，但大家不能盲目乐观，不能有丝毫的松懈，现在影响校园稳定的因素不少，特别是今年要召开党的十八大，维护稳定的意义更加非比寻常。我们要进一步提高思想认识，将稳定工作放到重中之重的位置上，作为校院两级党委的第一责任，强化安全稳定工作责任制，坚持党政齐抓共管，完善各项校园安全管理制度和应急处置预案，加强分析，掌握苗头，重点排查，早发现、早处理，防止不满情绪积累，防止矛盾问题叠加，努力把问题解决在萌芽状态。要完善校园治安防控体系，扩大人防、技防、物防范围，继续加大治安安全和消防安全检查与隐患整改力度，坚决遏制重特大安全事故发生。要大力推进和谐社区建设，加大校园交通秩序整治力度，加强校园环境综合治理，努力建设平安校园，确保学校持续稳定。

（十）以更大的力度推动办实事制度的落实。今年学校的工作要点中再次明确了今年要办的实事，校院两级领导班子和领导干部、学校各级党组织要大力推动这项工作，确保我们的承诺能落到实处。

总之，我们要通过加强党的建设及思想政治工作，为学校各项事业的科学发展提供思想、政治和组织保证。希望全体党务工作同志再接再厉，抓好本职工作，希望校院两级党政领导班子更加重视党建工作，做到事业发展和党的建设“双促进”。

同志们，不断加强学习，增强大局意识，责任意识，这是时代对我们全体干部提出的重要要求。现在工作任务越来越重，工作要求越来越高，要求我们进一步增强责任意识，在其位就要谋其政，要把工作做好，特别要增强忧患意识。现在高校之间的竞争越来越激烈，每次到北京开会都给人一种这样的感觉，那就是任务越来越重，要求越来越高，竞争越来越激烈，压力越来越大，所以忧患意识我们一定要有，而且要不断增强，稍不注意，一年两年就会落后一大截；某一项大的工作抓得不紧，也可能影响一个时期。因此，希望同志们进一步增强大局意识、责任意识和忧患意识，不断加强学习，努力增强执行力，转变工作作风，狠抓工作落实，圆满完成 2012 年学校工作的各项任务，以优异成绩迎接党的十八大胜利召开！

谢谢大家！

深入推进校园文化建设
全面促进学校各项事业发展

——在四川大学 2012 年工作布置会上的讲话

校长　谢和平　院士

（2012 年 2 月 10 日，根据记录整理）

各位老师，同志们：

今天，我们在这里召开 2012 年新学期工作布置会。与以往不同，今天，我们还特别邀请了部分辅导员和学生代表参会，就是要使每位辅导员和学生都能对学校的工作思路、工作重点和工作要求有比较全面的了解，更好地了解学校的发展，更好地关心和支持学校的各项工作。今天，我主要讲两部分内容：一是对 2011 年工作进行总结，二是对 2012 年工作进行部署。

第一部分　2011 年工作总结和回顾

2011 年，在学校党委领导下，在全校师生员工的共同努力下，学校的党建、教育教学、学科建设、科学研究、国际交流合作以及社会服务等各项事业都取得了明显进展。特别是，主要做好了五件大事、推进了六项重点工作。

第一，集中精力做好了五件大事

一是成功召开了学校第七次党代会，全校党建工作取得新进展。选举了新一届学校党委委员、纪委委员，产生了新一届党委领导集体，为学校“十二五”期间改革发展事业提供了坚强的组织保证和思想政治保证。同时，全校党建工作也取得了新进展，特别是基层党组织建设成效显著，主要表现在以下三个方面：一是以第七次党代会换届为契机，提高了基层党组织领导的选拔标准，要求选举产生的各党支部书记必须有威信、有党性，为充分发挥基层党组织的战斗堡垒作用奠定了坚实基础。二是认真贯彻落实《基层组织工作条例》，去年下半年，校领导专门带队对全校各单位贯彻落实《条例》情况进行了调研、总结，确保条例各项要求落到实处。三是和谐校园建设取得良好进展，安全稳定的校园环境保证了学校各项事业的快速发展。

二是全面推进资源整合，大力提升了学校办学水平和办学效益。2003年以来，学校每年的“双代会”都有一个主题，突出一个工作重点。2011年，学校以“整合资源破难题，科学发展上水平”为主题，成功召开了新一届“双代会”，明确提出了整合学科资源、实验仪器设备资源、公房资源、周边土地资源、社会资源和校园文化资源等六大资源的重点工作。通过资源整合，进一步提高了学校的办学效益，为全校师生员工提供了更好的学习、工作和生活条件。

在公房资源改革方面，学校召开了一系列座谈会，经过广泛调研，相继制定下发了《四川大学公房使用管理办法（试行）》《四川大学新建科研大楼配置和使用管理的补充规定》等文件，初步建立起了公平、公正的公房分配机制和有偿使用的公房管理机制。学校要求各学院、各单位严格遵守公房管理的相关规定，并在执行过程中不断完善。通过公房管理体制改革，进一步提高公房使用效益，真正收回那些长期占有却不使用的公房资源，为真正从事教学、科研工作的教职工提供更加良好的条件保障。

在文化资源整合方面，学校博物馆、校史馆、图书馆和档案馆积极发掘、整理馆藏资源，与出版社合作正式出版了《川大记忆：校史文献选辑》系列丛书，完成了《川大历任校长传记》《川大杰出校友传记》的选题策划。可以说，学校博物馆、校史馆、图书馆和档案馆馆藏的很多历代书画、资料文献都是无价之宝，比如，学校珍藏的《四川全图》，就是由清代大学士董邦达以工笔画形式手工绘制的地图，具有重要的历史价值。但是，我们很多师生还都不了解、不清楚。因此，学校正在加快整理、挖掘这些历史文物，积极开发一批具有社会影响力的精品力作，不仅使广大师生都能认识、了解学校的文化资源，更要面向全社会展示和弘扬川大的文化底蕴。

在社会资源和校友资源开发方面，2010年，经教育部、民政部批准，学校正式登记注册成立了“四川大学教育基金会”，这也是西部地区在国家民政部登记注册的首个高校基金会。去年，学校利用基金会共接受各类捐款、捐赠100多项，共计1900余万元。同时，新成立了四川大学厦门校友会等3个地方校友会，新签产学研科技合作项目7.65亿元、比去年增长50%。

在实验仪器设备资源整合方面，我们一直倡导全校的实验仪器设备要面向广大师生，特别是面向本科生开放、共享。为了推进这项工作，在深入调研的基础上，相关部门还专门制订了《四川大学实验仪器设备开放共享管理办法（试行）》（征求意见稿）等文件，优化升级了实验仪器设备共享网络平台，不断促进实验仪器设备资源的整合与共享。

校园周边资源开发方面，学校新老校区周边有接近5.6公里的边界线，合理开发利用这些周边资源，是改善办学条件、提升办学实力的重要支撑。为此，学校专门制订了《四川大学关于周边开发的意见》，完成了包括望江路项目、汽修厂项目等8个项目的招商引资工作。

三是制定实施了《四川大学改革和发展“十二五”规划》以及各学院“十二五”规划。2011年，在学校中层干部顺利换届的基础上，新一届学院党政领导班子主动对本学院“十二五”期间的发展目标、思路和举措进行了新思考、新谋划，校领导也带队深入到30个学院进行了广泛调研，与学院领导共同探讨各学院“十二五”规划的制定工作。调研结束后，学校还召开了学院五年发展规划总结大会，及时对规划制定工作进行了交流和总结。各学院的“十二五”规划不仅是促进本学院未来五年发展的指导性纲领，也是五年后检验学院领导班子工作情况的重要参照。

同时，学校也制定了《四川大学改革和发展“十二五”规划》，明确了五个“15”和一个“25”为主要核心竞争力的指标体系和建成一流研究型综合大学的奋斗目标。总体来讲，学校的奋斗目标分三步走，最终目标是进入世界一流大学前300强，反映学校办学质量的人均核心指标要跻身全国高校前10位。目前，学校综合实力排名已经在全国高校前10位左右。但是，我们还没有可以骄傲的资本，特别是“十二五”规划的远景目标对我们提出了新任务和新要求，全校师生员工需要再接再厉，争取更加优异的成绩。

四是深入学习贯彻十七届六中全会精神，大力推进文化传承创新。党的十七届六中全会明确提出全党、全社会要加强社会主义核心价值体系建设，大力推进社会主义文化大发展大繁荣。作为文化发展繁荣的重要阵地，大学应当成为文化自觉与自信的主要引领者。六中全会胜利闭幕后，学校迅速召开了一系列专题会、座谈会、研讨会学习贯彻落实全会精神，特别是率先在全国高校中开展“大学文化自觉与文化自信”大讨论，与《光明日报》联合举办了“大学文化自觉与自信”论坛，《光明日报》对此进行了专版报道，并以内参形式呈送给中央领导，得到了中央领导的充分肯定。

同时，我们还重点做好了六个方面工作，着力加强大学文化建设，积极推动文化传承创新。一是大力弘扬大学文化，积极推进人文素质教育。二是突出人文优势，繁荣发展学校哲学社会科学，研究制定了《四川大学哲学社会科学繁荣计划（2011—2020年）》和相关配套文件，实施了哲学社会科学发展七大工程。三是汇聚艺术与科学，促进了人文与科技交融，积极筹建世界首个“文化艺术与科技创新汇聚中心”。四是积极开展中外文化交流和合作，成功组织了美国副总统拜登、世界贸易组织会总干事拉米、泰国公主诗琳通等政要在学校的演讲和访问活动，积极推动中外文化之间的对话和融合。五是大力推动文化资源整合，形成了具有川大特色的文化品牌。六是大力弘扬川大精神，引领社会先进文化。去年暑假期间，我校在央视成功举办了《毕业歌》川大专场节目，以抗震救灾和研究生支教为主题，全面展示出了川大人敢于担当的精神面貌，取得了很好的社会反响。

五是教育部与四川省签署了部省继续共建协议，为学校未来发展提供了有力保障。由于受到经济发展水平等方面限制，在“985”工程一期、二期建设过程中，四川省虽然给予了学校很多支持，但在部省共建资金配套上一直比较困难。这次共建协议的签署，得到了教育部和四川省委、省政府的高度重视，袁部长专程来川与四川省共同签署了部省共建协议。按照中央投入学校7.2亿元的专项经费额度，四川省将按照1∶0.35的比例，给予我校2.52亿元的配套经费支持，实现了经费配套的重大突破，充分体现了省委、省政府对教育事业的高度重视，特别是对川大的亲切关怀。此次协议的签订，将为川大未来的发展带来新的机遇，同时也为学校加快建设一流研究型综合大学提供了更加有力的保障。此外，成都市对学校的发展也给予了大力支持，目前，已经投入1000万元经费，学校按照1∶1比例配套也投入1000万元，共同设立了2000万元的留学生奖励基金，面向全球吸引、招收留学生。

第二，大力推进了六项重点工作

根据上学期工作布置会上提出的主要工作，学校集中精力推进了以下六项重点工作，并取得了显著成效。

一是继续深入推进教育改革创新，努力构建川大的精英教育体系。我们一直强调，川大是一所实施精英教育的学校，一所能够培养每个学生自由全面发展潜质与能力的学校，一所能提供给每个学生真正适合自己教育的学校。为此，我们进一步完善、落实了体现精英教育、个性化教育、全面发展教育的“323＋X”创新人才培养体系，重点推进了探究式、小班化课堂教学改革计划，以及个性化教育阶段三大类课程体系建设计划、实践教学和毕业论文高质量多样化改革计划、本科生国际化教育拓展计划4项教育创新计划。

同时，我们进一步构建完善了“433”研究生拔尖创新人才培养体系，实施了优秀本科生“3＋2＋3”本硕博连读计划，就是从大三开始选拔优秀本科生进入研究生行列，大四时就可以开始选修研究生课程，用两年时间完成硕士阶段学习，在此基础上进行考核、选拔，成绩优秀、具有发展潜力的学生可以继续直接攻读博士学位。目前，学校准备从每届本科生中选拔1%左右的学生进入本硕博连读计划，这是我们川大在全国率先推行的个性化拔尖人才培养模式改革，受到了社会各界的广泛关注。

去年，学校进入了首批全国高校试点学院改革，新增国家教学名师2人，总数达到12人，新增全国百篇优秀博士论文3篇，总数达到20篇。特别是，在去年教育部首批开设的20门“中国大学视频公开课”中，川大就入选了2门课程，其中，文新学院王红老师的《中国诗歌艺术》课程，在网上的好评率达到85.92%、名列第2，超过了很多名师，与第1名仅差0.08个百分点，为学校争得了荣誉。我们川大还有很多像王红老师一样讲课效果好，也很受学生欢迎的优秀教师，下一步学校打算把这些优秀老师的视频课程向全国推广，进一步增强川大的社会影响力。

二是进一步加强了高端人才引进和青年教师培养工作。去年，学校加大了对海外高端外籍教师的引进力度，目前，已经引进了美国耶鲁大学的Alan Garen院士、美国Philp Coats教授、德国多曼教授、日本藤井明教授等5位高端外籍教师，同时还引进了20位“千人计划”特聘专家。

我们与这些引进教师签订协议的第一条，就是要求他们要给本科生上课，而不是只是拿出多少科研成果，或者在 *Nature*、*Science* 上发表多少学术论文。学校就是要通过引进一大批高端外籍教师，真正使我们的学生在校园里就可以直接聆听国际一流大师的课程、接触国际最前沿的学术信息。

同时，学校进一步加强了对青年教师的培养，实施了青年教师“三个全覆盖”。去年，我们在学院五年规划调研时，就已经对每个学院都提出了明确要求，专门布置了青年教师培养的“三个全覆盖”：一是实现青年教师科研启动经费的全覆盖，这项工作已经全部落实。去年，学校为每个新进校的文科青年教师都提供了3万元~5万元的科研启动经费，为理工医科青年教师提供了6万元～10万元科研启动经费。二是实现青年教师导师制的全覆盖。学校要求每个学院都实行一对一的青年教师导师制，确保每位青年教师都能在导师的指导下进团队、进科研、进实验室。三是实现青年教师博士学位和海外经历的全覆盖。下一步，学校将逐步制订一系列计划，真正使每个青年教师的能力、素质都能提升到与川大地位相当的水平，力争在“十二五”末实现青年教师攻读博士学位全覆盖，力争使优秀青年教师至少有一次到世界高水平大学进行学习、培训的机会。

此外，去年，学校首次在全校范围内开展了首届“十佳”奖的评选表彰活动，特别是，重点表彰了一线教职工的优秀代表，专门设立了“十佳青年教师教学奖”、“十佳教师传帮带奖”、“十佳关爱学生教师奖”、“最受学生欢迎教师奖”等奖项，通过首届“十佳”奖的评选活动，全面调动了全校教职工参与教书育人工作、推动学校各项事业发展的积极性和主动性。

2011年，学校新增“长江学者”1名，总数达到32人；新增“杰青”1人，总数达到44人；新增“千人计划”特聘专家3人，总数达到20人，其中，余海岁教授成功当选英国皇家工程院院士，王存玉教授成功当选美国国家医学院院士；新增“青年千人计划”2人，不久前，在国家新一轮“青年千人计划”评审工作中，我校又新增“青年千人计划”6人。

三是持续推进学科建设工作，科学研究和学科建设水平进一步提高。2011年，学校科研总经费达到了16.5亿元，其中，国家自然科学基金项目经费比前年翻一番，达到2.23亿元，位列全国高校第10位；发表SCI论文2355篇、位列全国高校第5位，特别是华西临床医学院发表SCI论文数连续在全国医疗机构中排名第1位。

去年，在国家首批工程博士培养单位申报过程中，经过各方面的共同努力，我校被批准成为全国首批25个开展工程博士专业学位授予工作的培养单位之一。同时，学校一级学科博士点申报工作也取得了重大突破。经过国务院学位委员会组织专家书评和学科评议组审议通过，我校新增一级学科博士学位授权点11个，新增数并列全国高校第1位，总数达到44个，位列全国高校第4位；新增一级学科硕士学位授权点15个，总数达到65个，这些成绩的取得都十分不容易。特别是，过去艺术学没有博士点，只有7个硕士点，通过此次申报工作，一次性增加了3个艺术学科一级博士点。历史学原来只有1个一级学科博士点，现在增加到了3个。此外，学校还全面启动了“985工程”三期的13个科技创新平台、7个创新基地以及14个专项的建设工作。

学校多学科交叉平台建设也在不断推进。目前，灾后重建与管理、文化艺术与科技创新汇聚、新能源与低碳技术、航空航天研究4个高水平交叉学科平台的建设工作顺利推进。通过各方面的努力，文化艺术和科技创新汇聚平台已经获得了财政部1亿元专项经费的大力支持，这是很不容易的。目前，财政部的专项经费已经到位，我们一定要下决心，通过2—3年时间，建立起实体和内涵都具有标志性的想象力与创造力的启发、感悟和汇聚中心，努力培养“乔布斯式”的艺术与科学融合的高端人才。

四是着力加强学术道德建设，狠抓校风教风学风建设。学校全面实施了全校老师和研究生学术道德和科研诚信教育的全覆盖。从去年9月份开始，我们把《学术道德与学术规范》作为研究生开学的第一课，使每个新生从入校开始，就明确学术道德的基本要求，引导他们走好学术生涯的第一步。学校还专门从国家自然科学基金委购买了9000多册“学术道德规范读本”，免费发放给每位老师和研究生，并且正在积极组织专家、学者编写全校的学术道德和学术规范教材，全面推进学术道德和学术规范教育。近年来，学校所有本科生和研究生的毕业论文，都要经过学术不端检测系统进行自查。我们川大要有文化、有品德，川大的每位师生就要有最基本的学术道德、学术规范和学术伦理。我们每位老师都应当自觉遵守学术道德与学术规范的基本内容，在此基础上，更要教育好每个学生，教会他们具有良好的学术道德和学术规范。

此外，学校还坚决对学术不端行为进行严肃处理。去年，学校的一位副研究员，因在其专著中抄袭台湾一位研究生的学位论文长达133页、共9万余字的内容，情节十分严重，学校做出开除公职留用察看、开除党籍的严厉处分。文新学院07届的一位硕士生，因其毕业论文中有约8000字的内容与别人的论文雷同，学校做出了撤销该生已获得硕士学位的处分。

五是全面推进了学校年度发展评估工作。今天，我们在座的每位同志都拿到了学校2011年度发展报告，希望每个学院都可以通过这个报告，进一步了解、掌握学校以及各个学院的年度发展状况，从而相互学习、相互参考，以此促进自身发展。从今年开始，学校不仅要制定年度发展报告，教务处、科研院、社科处、国际处等主要部门，以及各个学院每年也要进行内部评估、制定自己的年度发展报告，在全校形成一种相互激励、相互促进的氛围。当然，每个学院的学科不同、发展特点不同，相对应的要求也不同，学校去年制定的年度发展报告只是起到抛砖引玉的作用，仅供大家参考。由于时间比较仓促，这次发给大家的年度发展报告采用的都是2010年的各项数据，以2011年数据为基础的评估报告大约会在5月份前后制定出来。可以说，这项工作才刚刚起步，报告当中还有些内容不够全面，有些指标仍需进一步精炼，还要请大家批评指正并提出宝贵的意见和建议。

我们一直认为，川大作为一所高水平研究型大学，不仅应当有自己的内部评估体系，还应当在社会上发出自己的声音。去年，我们就针对当前“看病难、看病贵”这个社会热点问题，主动思考公立医院应该如何更好地服务社会，并且按照一些指标体系对国内公立综合医院的社会贡献度进行了客观评估，在12月份面向社会发布了“2011年中国公立综合性医院社会贡献度排行榜”，引起了广泛的社会反响。在排行榜中，我校华西医院仅次于中国人民解放军总医院，名列第2。在此基础上，下一步我们还将建立针对全国高校的评估体系，以此促进学校发展，提高自己的社会影响力。

六是进一步提高教职工和离退休老同志收入和待遇，为师生员工办实事取得新进展。在已经3次提高在职教职工岗位津贴的基础上，去年，学校再次提高了在职教职工岗位津贴，使在职教职工年岗位津贴人均增加1万元，人均收入从2003年的2.6万元，增长到了2011年的8.3万元。同时，学校还专门拨款约1亿元，按照国家政策提高了退休老同志的待遇。据统计，到2010年底，学校在职教职工年平均收入是7.8万元、离休老同志年平均收入8.7万元、退休老同志年平均收入仅为2.78万元。去年，学校根据教育部和地方的有关政策要求，按照“就高不就低”的原则提高了退休老同志的待遇，使退休老同志的平均收入增长到了4.1万元，而且从2010年起开始补发。只要国家有政策、有要求，即使学校财力再困难，我们都会千方百计按照政策，坚决把离退休老同志的待遇落实到位。我们很多老同志都是学校的著名专家、教授，为学校改革发展做出了重要贡献，都是我们的宝贵财富，所以，我们一定要把广大离退休老同志的收入待遇解决好、落实好。

去年，学校为师生职工办实事也取得了新进展。我们进一步改善了教职工住房条件，已建成“文星花园”教职工住宅二期建设住房1832套，已确定1432套面向教职工出售。核发住房补贴2000余人次，约1054万元，核发租房补贴254人，约82万元。针对农副产品物价上涨的情况，学校专门设立了学生食堂价格平抑基金，每年拨款900万元补贴学生食堂。完成了望江医院扩建工程、望江东区学生浴室空气热泵改造及扩容工程，为师生员工创造了良好的学习、工作和生活条件。

此外，学校发放了各类学生奖助学金、困难补助4800多万元，奖励了11744名学生，为11615名家庭困难学生发放困难补助；提供了各类学生助学贷款5548万元。同时，发放了研究生生活补助5300万元，减免博士生学费6000多万元。去年，学校为全校各级各类学生提供奖贷助学金、困难补助金、勤工助学费等达到2.24亿元。

以上，就是2011年学校集中精力主要抓的五件大事以及重点推进的六项具体工作。这些工作的完成和各项成绩的取得来之不易，全校师生员工和广大离退休老同志都为此付出了巨大努力，在此，我代表学校党委和行政，向大家并通过你们向全校师生员工和离退休老同志，表示衷心的感谢！

但是，我们也应当清醒地看到，在取得以上成绩的同时，学校未来发展仍然面临着一些问题和差距。比如，虽然我们在2012武书连大学排行榜中排名第9位，但在有些大学排行榜中，却仍然位列第10或11名。再比如，在2010年上海交大发布的世界大学学术排名中，我们位列第378位，居大陆高校第9位，但去年，我们在这个排名中降到了大陆高校第11位。可见，其他高校的发展速度也很快。我们必须要认清自己与其他一流大学存在的差距，增强自己的危机感和紧迫感，进一步树立竞争意识和奋起精神，认真思考怎么进一步提高教学教育质量，怎么进一步加强学科建设，怎么努力争取大项目、拿大奖，怎么进一步推进国际交流合作，怎么能够使学校的各项工作更加贴近老师、贴近学生的发展需求，这些都是需要我们通过不断努力逐步解决的问题。

第二部分 2012年学校重点工作的思考和布置

2012年是党的十八大召开之年，也是贯彻落实《国家教育改革规划纲要》的关键一年。可以说，今年对于党和国家，对于整个高等教育，对于学校改革发展来说，都面临着难得的发展机遇，也肩负着艰巨的工作任务。因此，今年学校的工作非常关键，也很繁重，需要我们高度重视、共同努力。2003年以来，学校坚持每年都突出一个工作重点，抓好一项重大改革。今年，经过学校党委常委会研究决定，开学前校领导班子也利用集体学习进行了深入讨论，我们提出把2012年确定为学校的“校园文化建设年”，将推进校园文化建设作为学校今年的工作重点和“双代会”的主题，把加强校园文化建设作为重要抓手，全面推进学校的各项工作。会前，我们已经把学校2012年工作要点印发给了大家。这里，我主要强调三个方面的重点工作。

第一项重点工作是以高度的责任感营造和谐、稳定的校园环境，以更加优异的成绩迎接党的十八大胜利召开。

今年下半年即将召开的党的十八大，是全党全国政治生活中的一件大事。当前，紧紧围绕党的十八大召开做好学校的各项工作，更是我们所面临的首要政治任务。因此，我们要进一步加强党建工作，维护校园和谐稳定，以更加优异的成绩迎接十八大胜利召开。

一是要进一步加强党建工作。中央把今年确定为“基层组织建设年”，我们要按照中央的部署要求，进一步加强学校基层党组织建设，深入贯彻落实《中国共产党普通高等学校基层组织工作条例》，提升基层组织的凝聚力和战斗力。要做好发展党员工作，特别是要学习贯彻习近平同志在今年全国高校党建工作会上的重要讲话精神，要高度重视在优秀青年教师中发展党员工作，把更多的优秀青年教师吸收到我们党的队伍中来，同时，进一步提高学生党员的发展质量和整体素质。这项工作是一项涉及我党长久执政、培养合格接班人的全局性、战略性、长远性的重要工作，我们一定要坚决贯彻、落实好。

二是要进一步加强和谐校园建设。要确保校园的持续和谐稳定，为党的十八大胜利召开营造良好的环境氛围。关于学校党建工作，杨书记还要做全面部署，这里我就只强调了重点工作。

第二项重点工作是紧紧围绕“校园文化建设年”，全面推进校园文化建设。

全面加强校园文化建设，对于学校未来的发展至关重要。前些年，学校充分利用灾后重建项目专项经费，通过灾后维修加固改造项目，使望江校区和华西校区的校园环境、面貌得到了全面改善。去年，我们争取了1亿元的专项经费支持，全面投入江安校区的文化艺术与科技创新汇聚中心建设，同时争取到了江安校区文科楼群建设专项经费7000万元，此外，还增加了9000万元的校园维修专项经费，这样，我们将累计投入近3亿元全面加强江安校区的校园环境建设，真正使新校区校园环境再上新台阶。同时，近年来，学校的各项核心竞争力指标也实现了快速发展，取得了一系列具有标志性意义的重大突破。

在这种大好形势下，学校要进一步发展，最重要的就是人心，就是要不断增强广大师生员工的凝聚力和战斗力。所以，我们将今年确定为学校的“校园文化建设年”，通过大力推进校园文化建设，真正形成川大的文化认同、强大的精神力量。

为此，我们将重点做好以下六个方面的具体工作。

第一，传承、弘扬和创新中华传统文化和川大文化、川大精神。中华文化是我们共同的精神家园，川大文化和川大精神更是我们赖以生存和发展的精神支撑。作为一所综合性大学，我们川大是由三所全国重点大学合并组建的，而且合校前的三所学校都有着自己悠久的历史和深厚的文化底蕴。所以，我们不仅要深入挖掘、总结和弘扬原三校的深刻文化内涵，更要研究、创新川大文化和川大精神。

一是要进一步研究、创新、发展和弘扬中华传统文化，并以此来引领社会、走向世界。要大力加强传统文化的研究、挖掘工作。紧紧抓住国家实施“文化走出去”工程的契机，进一步推动传统文化走向世界。此外，还要广泛开展中华传统文化的宣传普及教育，真正让更多的师生了解、尊重和热爱传统文化。

二是要进一步培育和弘扬川大文化和川大精神。要进一步开展以校训“海纳百川、有容乃大”和校风“严谨、勤奋、求是、创新”为核心的川大文化和川大精神教育活动，引导广大师生员工去感悟、理解川大文化，去传承、弘扬川大精神。要大力倡导“厚德博学、虚心从善”的校园文化。我们川大的每位老师，无论是人文社科教师，还是理工医科的教师，首先应该是一个文化人，都要去深刻领悟川大的文化内涵和人文精神，不断完善自我，努力提升自己的品德、修养和境界，在此基础上，更要去潜移默化地引导、熏陶和培养每个学生，真正使他们有文化、有修养、有境界，努力使川大毕业的每个学生都能当帅才，而不是一般的将才。同时，我们川大培养的每个学生，也首先应当是一个文化人。2004 年，学校就确立了培养具有“深厚人文底蕴、扎实专业知识、强烈创新意识、宽广国际视野的国家栋梁和社会精英”的新的人才培养目标，特别是把具有“深厚的人文底蕴”放在人才培养目标的首位，我们就是要通过人才培养，真正把每个川大学生都培养成为文化人，不仅有知识、更要有文化，不仅有智慧、更要有责任，不仅有技能、更要有精神。总之，我们要通过推进校园文化建设，真正使川大的每位干部、老师、职工和学生都能更有文化、更有修养、更有境界，至少要拥有良好的品德和德行，真正做到“大其心，容天下之物；虚其心，受天下之善”，学会去欣赏他人，而不是总是盯着别人的短处，通过欣赏、尊重和学习他人的优点和长处来完善自我。我想，这点对于我们每位师生员工都非常重要。

第二，全面加强校风、学风、教风、文风和机关工作作风“五风”建设。

一是要进一步抓好校风建设，以优良校风引领学校各项事业发展。要坚持用社会主义核心价值体系来引领校风建设。进一步推进社会主义核心价值体系融入校风建设的全过程，坚持以中国特色社会主义理论体系作为根本，牢牢把握校园文化建设的正确方向；以民族精神和时代精神为价值目标，引导和塑造广大师生员工的爱国情怀和社会责任感；以践行社会主义荣辱观为行为准则，促进全校形成坚守道德、维护正义、敬业奉献、诚实守信的良好风气。

要坚持用校园精品文化活动来推动校风建设。在全校范围内广泛开展人文素质教育活动，提升广大师生员工的人文素养和人文境界。积极开展丰富多彩的文化艺术活动、学生社团活动和社会实践活动，特别是要鼓励学生根据自己的兴趣和爱好成立各种社团，激发他们的潜质和特长。

大力开展高雅的艺术活动和健康的校园活动，形成积极向上、健康良好的校园文化。

要坚持用制度规范建设来保障校风建设。要加强规章制度、行为规范等制度建设，制定学生行为规范和基本纪律要求，引导和要求学生要爱自己更要爱别人，要关心自己更要关心别人，要关注自我更要关注社会，进一步提高学生自我约束和自我管理的能力。进一步加强职业道德规范建设，引导每个老师都全身心投入教学、科研，都能经常与学生互动交流。

要坚持营造良好校园环境来促进校风建设。要持续开展校园环境综合整治，加大校园交通秩序整顿力度，加强校园安全保卫工作，维护校园良好的教学、科研工作秩序。去年，学校下大力气完善了校内交通管理标识，设立了教职工专用停车区，在教学区、学生生活区专门设置了禁停区、限停区等交通标识。但是，由于学校车流量很大，并且目前我们还没有采取计时收费停车，造成很多社会车辆都停放在学校。这些因素都增加了学校交通秩序整顿的难度。因此，我们提出今年要把校园交通整治工作作为重点来抓，进一步改善校园交通秩序。进一步加强校园景观建设和绿化美化工作，用优美的校园环境激发广大师生员工的爱校热情。积极倡导优秀的学生宿舍文化、教职工社区文化、后勤文化、机关文化和医院文化，真正形成良好的校园文化氛围。

二是要进一步加强教风建设。作为一名老师，首先就要为人师表，不仅要努力提高自己的业务能力和教学水平，更要全身心投入到教书育人当中。我们每位老师都应当认真备课、上课，都应当热情关心、指导学生，至少要对得起教师的岗位。但目前，学校仍然存在着个别老师请研究生代课、对付应付课堂教学等不良教风。因此，我们要严格规范教风，校院两级教学督导组要加强对课堂教学的督导评估，教学管理部门要进一步制定完善教师课堂教学的基本要求，学生要积极参与教师评教，形成督导、检查、评估和奖惩机制，真正使每位老师都能把上课作为第一要务，把教育学生作为第一责任。

三是要进一步加强学风建设。我们要着力加强学术道德建设，全面实施学术道德教育的“全覆盖”。去年，学校把学术道德教育作为研究生入学的第一课，今年，我们要对所有本科生和研究生实现学术道德教育的全覆盖。在这方面我们川大要走在前面，真正使每个学生都能了解什么是学术道德、学术规范，都能明确自己应当具备哪些基本的学术道德和学术规范。同时，要进一步抓好学生诚信教育。要成为一名优秀的学生，今后要想拥有好的前途，最低的底线就要学会诚信、要懂得以诚相待。因此，我们要以坚持严格规范管理为核心，引导每个学生养成良好的行为习惯。坚持对大一学生进行严格管理，对大二学生进行规范管理，对大三学生进行激励管理，对大四学生进行成才管理。过去，学校教学管理、学籍管理的规章制度都是标准化、统一化的。今后，学校希望相关部门都能制定人性化、个性化的管理制度，努力使川大的每个学生都能通过自己的奋斗成为优秀人才，要构建使每个学生在任何时候努力都不晚的学籍管理机制和通道。所以，我们希望每个部门、每个单位都能积极研究制定相关的人性化管理制度，真正为学生成长成才创造更好的制度环境。同时，不断丰富校园文化活动载体，持续开展好以“川大人文讲堂”为品牌的学术讲座活动、以“学生科技节、文化艺术节”为代表的学生社团活动、以“扶贫支教”为特色的社会实践活动，引导学生增强社会责任感、养成诚实守信的行为习惯。

四是要进一步加强和改进文风。学校的领导干部要带头抓文风。毛主席曾经说过：“学风和文风也都是党的作风，都是党风。”习近平同志在中央党校开学典礼上也强调，文风不是小事，而是一个事关党风、作风的大问题。

我们要坚持领导先行，这是倡导优良文风的关键。校院两级领导干部要带头坚持讲短话、讲实话、讲真话，尽量少讲永远正确的废话，少做大家不知所云的报告；要带头把会议开得更有实效，能开一个会就绝不开两个会，能一个人讲话就绝不两个人讲话；要带头全程参与重要文稿的起草、把关，真正成为优良文风的倡导者、实践者和推动者。今天，学校决定把新学期工作布置会和校领导民主测评会合并起来开，就是转变文风的最好实践。

我们要转变工作作风，这是倡导优良文风的前提。要进一步深入基层，加强基层调研，了解基层情况，更多地深入到师生中去、深入到教学科研一线。要坚持同师生建立联络关系，及时了解、掌握、解决一线教职工和广大学生的实际困难和问题。此外，要结合学校的实际情况、实际问题来制定文件和政策，提高文件政策的针对性和实效性。

我们要切实改进会风，这是倡导优良文风的突破口。我们要努力做到能不开的会尽量不开，没准备好的会坚决不开，能合并的会最好合并开，确保会议务实、高效。

五是要进一步加强机关工作作风建设。作为学校工作的司令部，机关的工作作风十分重要。在一定程度上，机关干部的觉悟、能力、态度以及机关部门的工作作风，不仅直接代表着学校的形象，更直接影响着广大师生对学校的认同感、凝聚力和向心力。作为机关干部，我们一定要树立服务意识、责任意识，一定要投入，要讲正气，要主动想事情、做事情、办事情。现在，我们有些机关干部还停留在领导安排什么就做什么的阶段，没有主动去想事情、做事情。所以，我们要进一步完善机关干部的考核制度，不能只听这个干部讲得有多好，关键要看他做得如何，要根据实际的工作成绩对干部进行考评。今年，学校机关党委要把加强机关考核、转变机关工作作风作为工作重点。

以上就是关于“五风”建设的具体内容，我们要通过抓“五风”真正促进川大的“四力”，也就是，不断增强学校内部的凝聚力、工作执行力，以及社会影响力、国际竞争力。

第三，全面促进川大的凝聚力、执行力、影响力和竞争力

一是要进一步增强川大的凝聚力。我们要进一步总结提炼、宣传普及川大文化和川大精神，真正把历代川大人留下来的宝贵财富转化为强大的精神力量，促进广大师生形成对川大文化的认同感、归属感。2006年，我们以110周年校庆为契机，在江安校区修建了790米长的历史文化长廊，以台历形式把川大的历史、人文和精神完整地展示出来，使每个川大人都能在无形中了解川大的历史、人物和精神，真正去感悟、热爱和奉献川大。实际上，这就是一种川大文化凝聚力的重要体现。同时，我们要积极开展以“爱校建校”为主题的系列活动，进一步营造“人人爱川大”的校园氛围，逐步形成川大的文化认同和精神力量，真正使每个川大人都能自觉把自己的心与学校紧紧联系在一起，把个人的荣誉与学校荣辱统一起来，

把个人的事业追求与学校的发展全局统一起来，自觉维护学校利益、全力支持学校发展。实际上，我们川大人在各个历史时期都体现出了高度的凝聚力。比如，在抗震救灾过程中，每个川大人都自觉冲锋在前，所有川大人都众志成城，全力维护学校和整个社会的持续稳定；本科评估期间，我们全体师生员工、离退休老同志全部积极参与、大力支持教学评估工作，表现出关心、热爱学校的巨大热情。实际上，这些都体现出川大的凝聚力，我们应当进一步继承和发扬，不断增强川大的文化认同和精神力量，努力提升全校师生员工的凝聚力。

二是要进一步提高工作的执行力。学校的发展靠改革，改革的关键在落实，落实就需要我们的干部师生全部行动起来，真正去贯彻执行学校的各项改革措施。因此，提高工作的执行力十分重要。我们的干部首先要有执行力，同时，每位师生员工也都应当去了解、理解学校在做什么，以及为什么要这样做，并且能够自觉地贯彻、执行学校的各项改革举措。今天，我们专门请辅导员来参加会议，就是希望大家能够了解、理解学校下一步的工作思路和具体举措，并通过你们向广大学生传达学校的这些想法和做法，真正使全校师生员工都来共同谋划川大的发展、促进川大的发展。可以说，学校各项政策和改革举措的贯彻、落实是学校事业发展的关键，在整个过程中执行很重要。所以，我们必须切实抓好工作的执行力。

三是要进一步增强社会影响力。我们要充分发挥川大的科学家、学者、广大师生以及海内外校友的社会影响力，真正促使他们通过不同的岗位、平台和渠道，以自己的作为和贡献，在全球范围及整个社会去展示川大、宣传川大，真正提高学校的社会知名度和影响力。我们川大的每位教师、每个学生、每位校友都很优秀，我们就是要把这种“优秀”，真正转化为一种与川大地位相称的社会影响力。

四是要进一步增强国际竞争力。我们川大要建成一流大学，就必须有国际影响，必须想一流的事情，做一流的事情，不要总是停留在过去怎么做，而是更要思考现在和未来应该怎么做。所以，我们一定要把自己纳入世界一流大学的坐标体系当中去竞争。尽管我们现在与世界一流大学相比还有较大差距，但有差距不要紧，只要我们有信心，就一定能够实现建成一流大学的目标。我们要鼓励每位科学家、学者和学生参与各种国际学术会议和学术论坛。学校研究生院、教务处、人事处等相关部门一定要提供专项经费，支持我们的科学家和学生广泛参与高水平、高层次的国际学术交流活动。同时，我们还要积极开展高水平的国际问题研究。只有关心世界政治、经济、文化问题的大学，才会被世界关注；只有研究、探讨和解决世界问题的大学，才能成为世界一流大学。所以，我们要鼓励和支持专家、学者积极参与国际事务，开展世界问题和国别问题研究，在国际社会上主动表达川大的观点和声音、体现川大的活跃度和知名度。此外，我们要以优秀的传统文化影响世界。比如，我们在全世界已经建有 4 个海外孔子学院，要充分发挥孔子学院的重要平台作用，大力弘扬和展示我们中华民族的文化、具有川大特色的文化，以此来提高自身的国际竞争力。

第四，大力倡导爱学校、爱学生、爱校园的“三爱”氛围

这里讲的“三爱”就是爱学校、爱学生、爱校园。我一直讲，一个不爱学校的川大人，就不能被称为真正的川大人；一

个不爱学生的老师，就不可能成为合格的老师；一个不爱校园、不讲公德的川大人，就不能成为有修养、有素质合格的文化人。因此，我们要倡导每位老师、每个学生都要爱学校、爱学生、爱校园。

一是要爱学校。目前，仍有极个别师生缺乏爱校热情，有些时候不能自觉维护学校的名誉和地位，在对学校政策不清楚、对真实情况不了解的情况下，就在网络和微博上，随意发表不负责任的言论。虽然言论应该自由，但我们不能以不负责的，甚至错误的言论去诋毁、中伤学校的声誉。可以说，极个别教职工对学校的指责多、建议少，这里并不是不允许大家指出学校存在的问题，而是更希望大家能给学校提出一些具有建设性的意见和建议，真正去解决这些问题，不只是一味地去指责、去批评；还有个别教职工对学校的要求多、作为少，一味要求学校要满足自己的各种利益需求，而自己却不愿意为学校付出，我希望大家都能多想一想自己为学校做了多少、付出了多少；还有些教职工对学校的索取多、贡献少，这些现象都是存在的。因此，我希望大家都能树立爱学校的意识，都能尽全力维护川大的利益和名誉，时刻把个人发展与学校振兴联系在一起，时刻把学校利益作为最高利益放在首位，真正形成人人爱学校的良好氛围。

二是要爱学生。没有爱就没有教育。我一直强调，教育是有生命的，教育的生命就在于教师和学生的互动，在于爱心的传递、情感的投入。我们每个教职工都应当把学生看作自己的孩子去关心、爱护和教化。因为有学生，才有学校，希望每位教师和管理干部都能把教化学生和服务学生放在首位。学校领导要坚持带头在江安校区上班；学院领导也要坚持经常到江安校区去看望、关心学生，了解学生的困难和需求；每位老师、辅导员和班主任都要经常和学生交流互动，不要让学生下课就找不到老师，出了事才能见到辅导员。希望每位员工爱学生都能从服务育人做起，当学生有事情找到我们的食堂、宿舍和管理部门的时候，我们都应该要充分考虑学生的困难，首先要有好的态度，能解决的困难就当场解决，不能解决的要向学生解释并帮助其解决，真正把自己的爱心融入工作岗位当中、融入每次服务当中。希望每位老师爱学生都能从教书育人做起，要坚持以最高的教学水平、最专注的投入、最真挚的情感上好每节课、带好每个学生。要多与学生交流互动，既要用责任心教好书，更要用爱心育好人。同时，也要敢于要求、严格管理学生，要明确提出课堂规范和基本要求。我去听课的时候就发现，有个别老师讲课时根本不管学生来不来上课，有没有认真听讲，无论是打瞌睡还是聊天，都一概置之不理。老师上课的目的是要教化学生，应该有互动、有启发、有要求，这才是对学生真正的关心和爱护。

三是要爱校园。我们每位师生员工都应当自觉去维护校园的环境氛围、交通秩序和安全稳定。学校曾经专门对乱贴非法小广告进行过全面清理，也取得了一定成效，但时间不长，问题又重新出现。所以，要真正解决这些问题，营造良好的校园环境，除了学校领导要抓落实，主要职能部门要有序、规范管理，更需要每位师生员工都共同参与、齐抓共管。

我很赞同袁贵仁部长曾经讲过的一句话，他说，社会上有些不文明的现象、有些不道德的人、有些浮躁的风气，虽然我们管不了别人，但是我们可以管好自己、管好自己的队伍。对于学校而言，我们要管好自己、管好自己的队伍，就是要让每个川大人都能爱学校、爱学生、爱校园，如果大家都能做到这一点，那么，整个川大就必然会形成强大的凝聚力、向心力，学校的发展就会更好更快。

第五，要积极引领社会、走向世界

一是要充分展示川大文化。我们应当积极思考如何充分发挥学校博物馆、校史馆、图书馆以及出版社等文化资源的优势，去展示川大文化，去打造川大的文化品牌；应当积极思考我们的人文社科学者如何把自己创造的具有川大特色的优秀成果、创造性成果充分展示出来；应当积极思考我们川大在文化大发展大繁荣中如何充分发挥自己的作用、做出应有的贡献。

二是要主动服务社会文化事业发展。现在，成都市正在积极打造“天府新区”。前不久，我在省里开会时就曾与一位市领导专门围绕天府新区建设进行了探讨。当时，我就建议，成都在战国时期就已经是蜀国的都城，当时的皇城所在地，也曾长期是川大本部的校址，所以，在打造天府新区时，完全可以以川大校本部所在地的“皇城文化”为切入点，与川大的国学研究、成都的文化产业以及文化之都的打造“四位一体”，由成都市和川大共同推动天府新区的文化建设。那位市领导对这个想法也非常赞同。所以，在推动社会文化发展的过程中，我们川大完全可以在发挥自身优势方面大有作为，做出自己应有的贡献。

三是要积极推动中华文化走向世界。要进一步传播、弘扬中华优秀传统文化，努力推动中华文化走向世界、影响世界。要积极开展国别研究，过去，其他国家都在研究中国，现在中国日益强大，也需要研究其他国家。我们应当充分发挥学校南亚研究所、中美研究所、巴基斯坦研究中心、当代俄罗斯研究中心等国别问题研究机构的优势，真正使川大在国际上发出自己的声音、拥有自己的话语权。同时，我们还有很多杰出校友都在从事外交工作，要充分发掘这些有利资源和良好机遇，进一步增强国际影响力。

第六，要进一步加强和完善校园文化元素及文化标识建设

我们在座的很多同志都参加了中层干部海外培训，大家可以看到，几乎国外的每所著名大学都拥有自己独特的校园标识和鲜明的文化元素。比如，美国马里兰大学就把红色作为自己的视觉文化标识。作为一所综合性大学，川大由三所全国重点大学合并组建而成，而且原三校都有自己悠久的历史和深厚的文化底蕴。因此，我们川大的文化应该是多元的、开放的，我们的文化元素不一定要求只有一种颜色，但应当形成一种具有川大特色、体现川大文化的校园文化标识，这就需要我们共同研究，广泛征求广大师生员工的意见。

同时，目前我们正在积极筹建世界首个“人文艺术与科学创新汇聚中心”，这也将成为汇聚艺术与科学、促进人文与科学交融的重要文化标识。我们要充分利用这个川大文化标识，为不同学科的学者、学生提高修养、完善自我提供开放、互动的平台，真正成为想象力与创造力的启发、感悟和汇聚中心，以此促进人文艺术与科技的汇聚，培养“乔布斯式”的科学与艺术融合的高端人才。

第三项重点工作是要以校园文化建设为突破口，带动七项重点工作。

第一，进一步推进川大的精英教育，全面提高教育质量。一是要调整结构。从今年开始，我们将逐年减少本科生的招生规模，逐年扩大研究生的招生规模，全面扩大留学生招生规模，争取在“十二五”末，使学校本科生、研究生规模都达到 3

万人左右，力争使本科生与研究生的比例达到 1∶1 的水平。同时，努力面向全球建立 20 个左右的全英文授课专业，力争使学校留学生的规模达到在校生的 10% 左右。目前，成都市已经与学校共同设立了 2000 万元的海外留学生基金，鼓励我们在全球范围内吸引、招收高水平的留学生。三是要进一步提高本科生生源质量。近几年，我校本科生的生源质量稳步提高。去年，我校平均录取分数高出当地重点线 50 分以上的省市文科有 13 个、理科有 22 个，我校在北京、上海等地的高考录取分数线也逐年提高、影响力不断扩大。作为地处西部的高校，我们更应该要主动走出去，下大力气继续做好招生工作，在与其他高校竞争中争取优质生源，进一步提高学校的生源质量。四是就本科生来说，关键是实施精英教育。今年，国家将召开全国教育质量工程会议，学校也将召开本科生教育工作会，进一步完善、落实体现精英教育、个性化教育和全面发展教育的“323+X”创新人才培养体系，真正使我们川大培养的学生都优秀、都具有竞争力。要进一步完善学生学籍管理制度，努力为每个学生提供自由全面发展的空间和舞台，真正使整个学生群体都能全面发展、使每个学生都能成为优秀。现在，个别学生自制力较弱，进入大学放松了对自己的要求，由于上网、谈恋爱影响学业，造成“挂科”，甚至不能顺利毕业。针对这种情况，我们应当制定一些具体政策举措，鼓励学生任何时候努力都不晚，真正使落后的学生通过自己的努力奋斗都能成为优秀，使优秀的学生更加优秀。此外，要加大本科生奖助学金资助力度，加强对本科生社团活动的支持力度，进一步提高学生的创新、创业、就业能力和竞争力。五是对于研究生而言，关键就是加强创新教育、专业学位教育。川大地处西部地区，我们要通过全面提高博士生的奖学金标准，努力争取优质的研究生生源。同时，进一步加大专业学位研究生的招生力度，鼓励和支持各学院招收非全日制的专业学位研究生，为经济社会发展及文化繁荣培养一批高层次应用型人才。

第二，以协同创新为重点，全面推进学科建设和科学研究，不断提升医疗卫生和社会服务能力。在学科建设方面，今年，我们要全力做好“211 工程”评估工作。去年，我校新增一级学科博士点 11 个，比如艺术、哲学、公管、法学、新闻学等学科，原来没有一级学科博士点，我们争取到不容易，要通过评估就更不容易。每个一级学科博士点都要进行自查，看看自己这个学科的博士生导师、研究方向、科研成果能不能达到评估指标，认真做好一级学科博士点的建设工作。在科学研究方面，虽然，近年来学校的科研经费、国家自然科学基金委项目经费持续增长，但是我们的大项目、大奖、创新团队等方面仍然存在较大差距，必须尽快抓上去。我们争取大项目必须有超前意识，在项目指南公布之前就要开始准备申请，否则就拿不到大项目。只有我们拥有一批大项目、大奖和创新团队，才可能聚集更多的领军人物和引进人才，学校的核心竞争力才会不断增强。在协同创新方面，我们要积极开展校校协同、校企协同和校地协同。比如，校校协同方面，美国匹斯堡大学的工学院实力很强，今年，我们要积极做好与匹斯堡大学合作共建工学院。校地协同方面，要主动与成都、德阳等进行协同共建，目前，我们正在牵头积极筹建川大德阳研究院。此外，我们还可以与一些企业和行业开展校企协同合作，共建某些学科和研究院。年前，我们专门召开了各学院的书记、院长会，要求各学院必须主动出击、率先行动，积极开展协同创新。我们必须要主动牵头去开展协同创新，吸引别人加入到合作项目当中。

第三，进一步加强高水平师资队伍建设。一是要进一步加大青年教师的培养力度，这是加强高水平师资队伍建设的重点。要全面落实青年教师培养的“三个全覆盖”，即：青年教师科研启动经费的全覆盖、青年教师导师制的全覆盖、青年教师博士学位和海外经历的全覆盖，希望我们各学院、各单位要高度重视、抓紧落实。二是要全面引进高端外籍教师。我一直要求人事处等相关部门一定要制定出一些具体可操作的、能够有吸引力的方案和措施，开通一些“绿色通道”，进一步加大“千人计划”、“青年千人计划”、“文科百人计划”的引进力度。最近，中组部新出台了两个计划，一项是“国家特聘科学家计划”，就是要积极引进国际上的著名科学家和大师级人物；另一项是“外籍专家千人计划”，实际上，在此之前，我们就已经开始实施这项计划，去年，我到各学院调研时就要求大家积极引进外籍教授，引进编制内的外籍教师。我想，只有我们的校园里拥有不同肤色的老师和学生，才可能真正建成一流大学。为什么台湾和香港的大学在全球高校排名中比内地大学排名靠前？其中很重要的一个原因就在于他们都是面向全球招收学生、面向全球招聘老师。在这方面，川大应当走在前面、做在前面。如果我校在编教师当中有5%的外籍教师，留学生规模达到10%，那么，川大的影响力和竞争力就一定会有大幅提高。去年，国家科技部、人力资源与社会保障部、自然科学基金委等部门也联合出台了《国家中长期生物技术人才发展规划》，这是针对专门领域开展的人才引进计划，我们要积极利用这些国家计划引进海外的优秀人才。三是大力实施好三个海外培训计划，特别是要大力开展青年教师的高层次海外培训，不是简单地把青年教师送到国外大学培训几周，而是每个学院都要推荐自己的优秀青年教师，按照计划到国外一流大学进行高层次的交流、学习和培训，力争使优秀青年教师至少有一次到海外学习、到世界一流大学培训的机会。

第四，深化人事制度改革，全面提高教职工待遇。一是真正构建以“两支队伍、三个层次”为鲜明特色的人事管理体制，“两支队伍”就是教师队伍和研究辅助队伍，“三个层次”就是项目助理制、合同聘任制和固定编制。我们知道，很多国外高水平大学，如MIT、哈佛、耶鲁等，之所以能够取得重要的科研成就，关键就在于他们拥有两支队伍，即固定的教师队伍和专门从事科研的队伍，这两支队伍拿同等收入、享受同等待遇，而中国的大学长期以来只有一支队伍，现在我们就要大力推行项目助理制改革，希望在固定人员以外，还建立起一支研究辅助队伍，形成由“两支队伍、三个层次”构成的人事管理体系。所以，我们要进一步完善项目助理制，真正做到同工同酬、同标准同待遇，优秀的项目助理制员工经过一定年限和考核后，可以转为学校聘用制员工，逐步建立起与国际高水平大学接轨的人事管理体制。二是要进一步提高教职工待遇。我曾经在“双代会”讲过，力争在“十二五”末，使川大教职工的年均收入达到10万元，今年，我们要努力提前实现这一目标。去年，我校讲师的岗位津贴大概是2万元左右，今年，我们要力争提高到4万元左右。三是要通过严格考核，真正实现优劳优酬，这也是我校人事制度改革的关键。我们要建立完善不同岗位的考核评价机制，根据岗位目标任务的完成情况以及工做贡献的大小，发放相应的岗位津贴，实现岗位津贴的浮动、升降，真正做到优劳优酬。比如，你如果拿了院士的岗位津贴，就必须完成院士应当完成的教学科研任务；你如果拿了二级教授的岗位津贴，就必须完成相应的工作任务，就应当为学校做出应有的贡献。我记得很多年以前，首都师范大学就已经开始通过严格的岗位考核评价来发放教职工工资和岗位津贴，如果你作为教授经过岗位考核评估，没有完成教授应当完成的教学科研任务，就将降为副教授级别的岗位津贴。我们对长江学者、杰青等也要进行岗位考核。现在，我们与每位引进的“千人计划”专家都通过签订协议，明确规定了他们必须承担的工作责任和具体目标。举个例子来说，学校与美国 A. Garen 院士签订的引进协议当中，就明确规定他每年必须有半年在学校工作，必须给本科生上课，必须组建高水平的创新团队等具体工作任务。聘期结束时，我们就要按照协议的规定进行严格考核，只有达到这些考核指标，我们才能支付相应的年薪待遇。此外，学校的机关部门也要进行相应的岗位考核，比如，考核前，学校只发放 70%的岗位津贴，考核合格后再补发另外 30%，如果考核不合格，就不能拿到全部的岗位津贴。今年，学校人事制度改革的工作重点就是要推进岗位目标考核，真正把优劳优酬落到实处。

第五，进一步深化资源整合改革，全面提高办学效益。去年是学校的“资源整合年”，我们已经实施了一系列改革举措，有些改革项目已经基本完成。今年，我们要在这项工作取得初步成效的基础上，继续推进六大资源整合改革，公房管理使用改革的关键就在于执行，学校周边资源开发工作的关键就在于继续推进，学校文化资源整合改革的关键就在于尽快扩大影响，学科资源整合和社会资源开发的关键就在于提高效益。总体来说，继续推进资源整合工作的关键就是要进一步抓好各项具体工作的落实。

第六，真情关爱师生员工，努力为广大师生员工办实事。一是每位干部都要对自己的岗位有准确的定位，牢固树立管理就是服务的理念，全心全意为一线教职工服好务、为广大学生服好务。二是要着力解决好广大师生员工反映的热点、难点问题，真正为广大师生员工排忧解难。三是要重点解决好校园交通、安全保卫以及校园环境等方面问题，努力构建和谐校园。四是要真情为师生员工办实事。最近，我们正在和双流洽谈，主要是想努力争取 160 亩土地，建设 2000 套经济适用房和临时周转房，进一步改善教职工的住房条件。五是要努力为广大师生员工提供一种人性化管理、个性化服务，不是过去那种行政化、命令化的管理，而是像真情关怀兄弟姐妹一样的服务。六是要切实关注困难学生、困难教职工的实际需求，进一步关心好、服务好离退休老同志，努力为他们创造良好的工作、生活条件和环境。

第七，加强廉政建设，进一步规范管理。一是要进一步增强勤政廉洁的意识，树立职业精神，坚持以学校事业为重，全身心投入到学校的教学、科研和管理工作当中。进一步增强反腐倡廉意识，做到心中有法纪、行为有规范、做人有底线。二是要坚持规范管理。据我了解，现在，有些学院还是以开展各类培训班作为主要的创收渠道，为本学院的教职工谋福利，虽然可以理解，但是我们必须要严格规范管理，坚决杜绝乱办班、乱收费、乱做虚假广告等现象，因为一旦出现纰漏，必然会对学校造成很大的负面影响，用袁贵仁部长的一句话就是，不能因为挣小钱，造成大风险，出大事情。作为一所高水平大学，我们不要办与川大地位不相称的培训班，更应当鼓励和支持各学院举办一些高层次的培训班，比如，专业学位硕士、留学生和高端人才的培训、进修和研修班，等等。要严格规范科研经费的使用和管理。当前，国家对科研工作的经费投入力度很大。过去，人文社科项目拿到几万元经费就是大项目，现在的大项目都是一百多万元，理工医领域上千万的项目更比比皆是。相对来说，过去，国家对科研经费的使用管理不够严格，但现在国家越来越重视科研经费使用和管理。前不久，国家自然科学基金委、科技部、审计署集中对理工医领域的科研项目进行了抽查和审计，有的学校就出现了一些问题。目前，我校已经制定出台了新的科研经费使用管理办法，希望我们每个学院、每位科学家、每个老师都能严格执行学校科研经费管理办法的各项要求，我们相关部门也应当从保护科学家的角度出发，支持和推动科研经费管理办法的实施。三是要继续保持艰苦奋斗的作风。现在，虽然我们的办学效益不断提高，但是学校艰苦奋斗的优良传统不能忘、艰苦奋斗的作风绝不能丢。目前，学校的财政压力仍然很大，特别是江安校区的欠债还比较严重，另外，我校地处西部地区，与发达地区的高校相比，财力仍然十分紧张，而且我们要建成一流大学，就必须进一步改善学校的教学科研条件，每年都要投入几千万元进行专业实验室改造，投入几千万元引进人才，支出几千万元建设学科平台，支出几千万元还新校区贷款，其他方面投入经费也相当巨大。所以，我们必须要继续保持艰苦奋斗的作风，真正做到静以修身、俭以养德，非淡泊无以明志、非宁静无以致远。希望每个学院在接待、对外交流和管理工作中，要坚持节俭朴素、厉行节约，为学校未来发展创造条件。

2012 年，学校的工作任务还很重、责任很重大。我们相信，在学校党委领导下，在离退休老同志的关心和支持下，经过全校师生员工的共同努力、共同奋斗，我们一定能够取得新的进展、开创新的局面，以更加优异的成绩迎接党的十八大胜利召开！

谢谢大家！

大力保持党的纯洁性 深入推进学校反腐倡廉建设

——在四川大学2012年党风廉政建设工作会议上的讲话

校党委书记　杨泉明

（2012年3月29日）

同志们：

今天召开学校2012年度党风廉政建设工作会议，主要任务是贯彻落实党的十七届六中全会、十七届中央纪委第七次全会、全国教育系统党风廉政建设工作会议及省纪委九届九次全会精神，安排部署今年学校党风廉政建设和反腐败工作。下面徐书记将做工作报告，谢校长还要讲话。徐书记的报告会前我已经看过，客观总结了过去一年学校党风廉政建设的工作，部署了2012年工作任务，内容全面、任务具体、要求明确，我完全赞同。各单位会后要认真学习领会，精心抓好落实。下面，我讲几点意见：

一、认真学习贯彻胡锦涛总书记讲话精神，切实做好保持党的纯洁性的各项工作

胡锦涛总书记在十七届中央纪委第七次全会上发表的重要讲话，从党和国家事业全局和战略的高度，全面总结了党风廉政建设和反腐败斗争取得的新成效、新经验，科学分析了当前反腐倡廉形势，深刻阐述了保持党的纯洁性的极端重要性、紧迫性以及总体要求和重点工作。总书记的讲话是对党建理论的创新和发展，是指导当前和今后一个时期党风廉政建设和反腐败斗争的纲领性文献。学校各级党组织和广大党员干部要认真学习、深刻领会总书记重要讲话的精神实质，不断增强党的意识、政治意识、危机意识、责任意识，把保持党的纯洁性作为一项重大政治任务，与“创先争优”、校园文化建设和学雷锋活动有机结合起来，切实抓紧抓好、抓出成效。

（一）强化党性修养，大力保持党的思想纯洁。保持思想纯洁是马克思主义政党纯洁性的根本保证。一是在思想建设上下功夫。要坚持不懈地抓好社会主义核心价值体系教育，引导学校党员、干部牢固树立对马克思主义的坚定信仰，对社会主义事业的坚定信心。二是在理论武装上下功夫。要不断强化马克思主义理论教育，引导党员、干部旗帜鲜明抵制各种错误思想的影响，切实提高运用科学理论指导推动学校发展的能力。三是在党性锤炼上下功夫。教育引导党员、干部切实解决在对待是与非、公与私、真与假、实与虚方面存在的突出问题，在重大问题上坚持党的原则，听从党的安排，维护党的利益。四是在道德建设上下功夫。要不断加强学校师德师风、医德医风、教风学风建设，引导全校广大党员、干部作社会主义道德的示范者、诚信风尚的引领者、公平正义的维护者。

（二）严格教育管理，大力保持党的组织纯洁。组织纯洁是党的纯洁性的重要保证，是增强党的活力、提高党的执政能力的关键。一是严把入口。要加强和改进学校党员发展工作，不论是发展教职工党员还是发展学生党员，都必须注重质量，严格标准、严格程序，切实把好入口关、质量观。二是畅通出口。要建立健全党员党性定期分析机制、民主评议制度和不合格党员的处置退出机制，及时处置不合格党员，纯洁党的组织肌体。三是严格管理。大力加强学校基层党组织建设，健全完善融提醒预防、动态监督、保护挽救于一体的工作机制，对党员干部苗头性问题早发现、早提醒、早纠正。四是真心关爱。学校各级党组织要关心爱护每一名党员，切实维护好他们的切身利益、解决好困难和问题，增强党员干部的归属感和向心力，使党组织成为坚强的领导核心和战斗堡垒。

（三）坚持群众路线，大力保持党的作风纯洁。群众路线是保持党的纯洁的“指南针”，要把实现好、维护好、发展好广大师生员工根本利益作为检验纯洁性的试金石。一是大兴联系群众之风。要经常深入实际、深入基层、深入群众进行调查研究，及时掌握师生员工所想、所急、所盼，建立规范有效的民意反映机制，统筹协调各方利益关系，确保师生员工共享学校改革发展成果。二是强化服务群众能力。学校各级领导班子要增强解决自身问题的能力和服务师生员工的能力，集中精力、心无旁骛地抓好学校管理工作，切实办好顺民意、解民忧、惠民生的实事。三是抵制社会不良风气。教育引导学校广大党员干部牢记大学文化引领责任，弘扬艰苦奋斗精神，自觉抵制拜金主义、享乐主义和奢靡之风，真正把宝贵的资金和资源用在学校发展和为师生员工办实事、解难事上。

（四）源头治理腐败，大力保持党的队伍纯洁。清正廉洁是保持党的纯洁性的基本要求。一是深入推进廉洁自律。严格执行《廉政准则》、“十不准”和学校廉洁自律相关规定，教育引导广大党员、干部自省、自警、自励，自觉抵制消极腐败现象。二是着力加强警示教育。坚持“一案两报告”制度，加强案件剖析和案件通报工作，通过观看警示教育片、参观警示教育基地等有效形式，用鲜活的案例和腐败分子的惨痛教训，教育和引导广大党员、干部引以为戒，时刻保持清醒头脑，筑牢拒腐防变的思想防线。三是坚决查办腐败案件。查办案件既是惩治腐败的重要手段，也是预防腐败的有效措施，只有惩治腐败决心不变，查办案件力度不减，才能有效遏制腐败现象滋生。要继续保持对腐败问题高压态势，对腐败分子“零容忍”，发现一起，查处一起，决不姑息。

保持党的纯洁性，纪检监察机构责任重大。学校纪检监察机构和全体纪检监察干部要全面履行党章赋予的职责，切实发挥教育、监督、检查、处理、保障等职能作用，维护好党的纯洁性。要以身作则，率先垂范，牢固树立起监督者更要带头接受监督的意识，自觉接受广大师生员工的监督，保持好自身纯洁，维护好可亲、可信、可敬的良好形象。要全面提高政治素质、理论水平和业务能力，增强维护党的纯洁性的能力，建设一支忠诚可靠、服务师生、刚正不阿、秉公执纪的干部队伍。学校要加强对纪检监察工作的领导，配强班子队伍，附属医院、业务实体等单位要建立健全纪检监察办事机构。学校要一如既往地支持纪检监察部门和干部依法依纪履行职责，高度重视对纪检监察干部的培养、交流和使用，为他们的工作和成长创造良好条件。

二、扎实推进学校党风廉政建设和反腐败工作，为保持党的纯洁性提供有力保证

党的纯洁性与一切腐败现象根本对立，保持党的纯洁性必须扎实推进学校党风廉政建设和反腐败工作。近年来，学校认真贯彻党的十七大和中央纪委、省纪委历次全会和教育系统党风廉政建设工作会议精神，统筹推进反腐倡廉建设，为学校改革发展稳定提供了坚强保障，各项工作取得良好成效。值得一提的是，学校贯彻落实《规定》和《廉政准则》情况在教育部去年的量化考评中分别获得了 98.5 分和 99 分的好成绩，这是全校师生员工共同努力的结果。

在肯定成绩的同时，我们也要清醒地认识到，学校党风廉政建设还面临许多新情况新问题新挑战。胡锦涛总书记在去年“七一”重要讲话中，站在政治和全局的高度深刻指出，在世情、国情、党情发生深刻变化的新形势下，党面临的执政考验、改革开放考验、市场经济考验、外部环境考验是长期的、复杂的、严峻的。精神懈怠的危险、能力不足的危险、脱离群众的危险、消极腐败的危险更加尖锐地摆在全党面前，落实党要管党、从严治党的任务比任何时候都更加繁重、更为紧迫。袁贵仁部长在教育系统党风廉政建设工作会上深刻指出教育系统面临的四大风险和挑战：改革进程中面临的风险与挑战、实施教育惠民政策中面临的风险与挑战、资金使用中面临的风险与挑战、干部队伍建设中面临的风险与挑战。就我校的情况来看，在党风廉政建设上取得了显著成绩，但在思想认识提高方面，在责任制落实方面，在全面构建惩防体系方面，在提高教育的针对性实效性方面，在提高制度的执行力方面，还存在一些薄弱环节，还有大量的工作要做。我们要进一步增强忧患意识和危机意识，切实把思想统一到中央、教育部党组的决策部署上来，增强信心，扎实工作，不断把学校反腐倡廉建设引向深入。

今年是我们党十八大召开之年和中央确定的“基层组织建设年”，同时也是学校实施“十二五”规划关键之年和学校“校园文化建设年”，抓好反腐倡廉建设显得尤为重要，要着重做好以下几项工作：

（一）严明党的纪律，强化监督检查，确保中央、教育部和学校重大决策部署贯彻落实。围绕中心、服务大局是这几年我们做好反腐倡廉工作的一条基本经验，要继续在强化监督检查、保证政令畅通上下足功夫。一是加强党的政治纪律执行情况的监督检查。围绕迎接、服务、保障和学习贯彻党的十八大，教育引导广大师生员工坚定政治立场，增强政治敏锐性和政治鉴别力，维护党的集中统一，维护校园和谐稳定。二是要加强对中央、教育部重大决策部署落实情况的监督检查。重点是开展对十七届六中全会精神、“基层组织建设年”、党风廉政建设责任制、“三重一大”决策制度等决策部署执行情况的监督检查。三要加强对学校改革举措执行情况的监督检查。确保教育教学改革、人事分配制度改革、资源整合改革、体制机制改革等重点工作落到实处，保障学校 2012 年各项任务圆满完成。

（二）创新服务理念，强化绩效考核，深入推进学校机关作风建设。作风建设始终是党的建设一项战略任务，必须常抓不懈。要以开展“创先争优”和推进“文化建设年”为契机，以机关工作作风为突破口，促进学校校风、教风、学风、文风和机关作风根本好转。一是转变工作理念。要构建和确立“强服务、顾大局、高效率、创一流”的机关文化氛围，把“服务对象满意”作为机关作风建设的核心理念和价值取向。二是强化绩效考核。通过制度和机制创新，形成机关管理、考核、激励为一体的完整制度体系，强化教育引导和激励约束，将工作绩效与每个机关干部职工的切身利益挂起钩来。三是提高服务水平。要多渠道进行服务对象满意度调查，对问题进行根因分析，有针对性地改进管理和服务，进一步提升工作效能和服务水平。

（三）认真梳理总结，强化工作措施，深入推进惩治与预防腐败体系建设。建立健全惩防腐败体系，是新形势下反腐倡廉建设的重点任务。今年是落实中央《建立健全惩治和预防腐败体系2008—2012年工作规划》的最后一年，完成好惩防腐败体系建设各项任务至关重要。一要总结梳理。各部门、各单位要对照学校贯彻《工作规划》的实施办法，认真梳理承担任务的进展情况，切实加大工作力度。对已完成的工作，要巩固提高；对正在开展的工作，要全力推进；对长期开展的工作，要深化创新；对尚未启动的工作，要加大力度，确保按期完成各项目标任务。二要统筹谋划。要注重顶层设计和总体规划，提前谋划好下一个5年学校惩防腐败体系建设的总体思路、目标任务和重大举措，努力建立起惩治和预防腐败的长效机制。

（四）突出重点部位，抓住关键环节，深入推进廉政风险防控机制建设。加强廉政风险防控机制建设，是党风廉政建设的重要工作创新。要按照教育部党组部署，积极稳妥推进学校廉政风险防控工作。一是突出重点。贺国强同志强调高校必须加强监管的七个重点部位，即：招生录取、基建项目、物资采购、财务管理、科研经费、校办企业、学术诚信。这些重点部位对学校改革发展至关重要，同时也存在着较大的廉政风险，我们要重点推进这些部位的廉政风险防控工作。抓好了七个重点部位的监管，就抓住了监管工作的关键。二是把握关键。要着力抓好风险排查、风险防控、机制建立、规范管理等关键环节，逐步建立起学校廉政风险防控管理长效机制。三是做好试点。推进廉政风险防控要周密部署，稳步推进，既要尽力而为，又要量力而行。今年工作重点要定位于搞好试点，抓好典型，总结好经验，为下一步全面推进廉政风险防控工作打下坚实基础。

（五）创新工作思路，搭建优势平台，深入推进校园廉洁文化建设。廉洁文化是社会主义先进文化的重要组成部分，要以贯彻十七届六中全会精神和学校“文化建设年”为契机，全面推进廉洁文化建设。一要融入整体格局。要高度认识廉洁文化对学校改革发展和人才健康成长的重要意义，增强廉政文化自觉，切实把廉洁文化融入学校文化建设大格局，纳入“文化建设年”的整体部署。二要增强教育效果。要继续坚持“上下结合，分层实施、突出重点、注重实效”的思路，进一步巩固“大宣教”格局，扩大覆盖面、提高针对性和知晓度，切实增强廉洁教育的实效性。三要强化理论研究。要进一步整合学校优势资源和研究力量，尽快成立学校廉政研究机构，拓宽研究平台，不断促进高水平研究成果的涌现，在廉洁文化建设和廉政理论研究上发出川大应有声音，做出川大应有贡献。

三、健全完善工作机制，确保反腐倡廉各项任务落到实处

习近平同志强调，“抓好落实，具有良好的精神状态和优良的作风很重要，建立科学管用的制度和机制同样很重要”。抓好今年各项任务落实，要着力建立以下几项工作机制：

（一）调查研究机制。要高度重视反腐倡廉的调研工作，立足学校实际，立足工作实际，深入研究领导班子作风建设面临的新情况新问题，深入研究师生员工反映强烈的热点难点问题，深入研究影响制约学校改革发展和反腐倡廉建设的突出问题。要增强调查研究的有效性，深入基层、深入师生员工调查了解情况，摸清底数，找到症结，制定有效措施。要增强调查研究的指导性，切实用调查研究成果指导工作实践，推动工作落实，促进反腐倡廉工作取得新成效。

（二）组织协调机制。要把反腐倡廉建设放在学校事业改革发展的全过程去思考、谋划、部署，与业务工作深度融合，协同推进。要自觉把反腐倡廉的要求体现在学校事业改革发展的政策制定之中，制度、措施出台之前要进行廉政风险评估，克服“两张皮”。要建立学校纪检监察部门和业务监管部门协调沟通机制，做到业务工作延伸到哪里，监督检查就跟进到哪里。学校组织人事、财务、审计、纪检监察部门要加强协作配合，完善信息交流、情况通报机制，切实将反腐倡廉融入学校教学、科研、社会服务和文化引领等业务工作和管理流程之中，增强工作的整体合力。

（三）责任落实机制。党风廉政建设责任制是推进学校反腐倡廉建设的总抓手。当前，学校在执行党风廉政建设责任制方面总的状况是好的，但也还存在一些薄弱环节，如少数领导干部特别是副职干部履行党风廉政建设职责的责任意识不强，简单理解为个人自身的廉洁自律；一些职能部处对承担全校范围内反腐倡廉牵头任务的责任意识不够，工作落实不够；个别二级单位反腐倡廉工作体制机制还不健全，不同程度地存在党政班子重视不够、领导不力、抓得不紧等问题。今天，学校党委下发了修订后的《关于执行党风廉政建设责任制的实施办法》，进一步明确了学校各级党政班子和领导干部的党风廉政建设责任，针对性很强，各级党政班子和领导干部都要加强学习宣传、强化督促检查，健全完善责任落实机制。

（四）工作推进机制。抓好学校反腐倡廉建设任务艰巨，我们要紧紧抓住主要矛盾、重点工作、关键环节不放，以重点工作推动全局工作，要把主要精力用在抓落实、办实事、求实效上。要实施精细化管理，细化工作任务，提出时间进度，把任务分解到部门、具体到项目、落实到岗位、量化到个人。要加强督促检查，及时掌握工作进展情况，及时采取有针对性的办法措施，排除工作中的障碍和困难。要努力营造崇尚实干、恪尽职守、敢于担当、勇于奉献的工作氛围，切实促进工作落实。

同志们，深入推进党风廉政建设和反腐败工作，保持党的先进性和纯洁性，是推动学校事业科学发展和人才健康成长的重要保证。我们一定要坚持改革创新、锐意进取、扎实工作，不断取得反腐倡廉建设的新成效，以优异成绩迎接党的十八大胜利召开！

加强廉政文化建设 建设充满正气和阳光的校园

——在四川大学2012年党风廉政建设工作会议上的讲话

校长 谢和平 院士

（2012年3月29日，根据记录整理）

同志们：

2012年是学校的“文化建设年”，在这样的背景下，今天我们按学校每年的惯例召开党风廉政建设工作会，会议将对顺利完成今年各项改革任务，推进学校各项事业顺利发展，具有非常重要的意义。刚才，杨书记代表学校党委作了重要讲话，很全面，也提出了具体要求。徐书记代表学校纪委对去年党风廉政建设工作进行了全面总结，并对今年的党风廉政建设工作进行了部署。各单位会后要认真学习和传达好这次会议精神，从讲政治、讲大局的高度抓好贯彻落实。党风廉政建设工作会是学校为数不多的要求书记、校长都发表讲话的会议，这不仅仅凸显了会议的重要性，既体现了对领导干部的要求，也强调了抓好廉政建设工作是领导干部的重要责任和使命。下面，我从行政角度讲三点意见：

一、传承创新廉政文化，营造风清气正的校园氛围

抓廉政建设，首先就要有对廉政文化的正确认识。大家身处大学，在大学里面工作、生活，是大学人，更是文化人，文化人就应该有文化人的底蕴，就要有文化人的风范。3月22日和23日，我代表学校参加了“全面提高高等教育质量工作会议”，刘延东国务委员在大会中讲的一句话让我记忆非常深刻，并深受启发，她说，文化是大学的灵魂，大学应该是学术的最高殿堂，应该是诚信的文化高地。党的十七届六中全会专门指出，全国各界都要以社会主义核心价值体系为引领，促进中国特色社会主义文化大发展大繁荣。所以说，文化对于我们每个人、每个大学人来说都很重要。经学校党委研究决定，把今年确定为学校的“校园文化建设年”，学校将全面推进校园文化建设，通过抓“五风”，即进一步加强和改进校风、学风、教风、文风和机关工作作风，真正促进“四力”，即不断增强广大师生员工的凝聚力、学校工作的执行力，以及学校的社会影响力、国际竞争力，并真正形成一个大学应有的正气和阳光氛围。充满正气和阳光的校园，是学校发展的根本保障和基本要求。目前，学校正围绕“校园文化建设”的主题，邀请学生代表、教师代表、督导委专家等，召开系列专题座谈会，同时也深入各个学院进行调研，为学校如何进一步加强和改进校园文化建设广泛征求意见和建议。

文化是全方位的，廉政文化是我们校园文化的重要组成部分。真正做好廉政建设，在加强制度建设的同时，传承和创新廉政文化也非常重要。在我国的传统文化中一直有为官之道，特别是对官员的道德修养、勤政廉政都有要求、有标准、有规定。古代县衙的大堂里都悬挂有牌匾，上面写着“正大光明”、“两袖清风”、“公正廉洁”，等等，这些就是我国古代对为官之道的基本要求，就是我国古代廉政文化的基本体现。我个人认为，当代廉政文化主要反映的就是大家在各自的工作岗位中所体现出来的思想、理念、修养、文化氛围、职业道德和社会公德等。因此，传承和创新廉政文化，抓好党风廉政建设，对于建设一支高素质、德才兼备的干部队伍非常重要。大家当官，首先就要有廉政文化，只有拥有廉政文化并能够在实际工作和个人行为中展现出廉政文化，才能真正当好官，学校才能真正全面营造出阳光、正气的校园文化氛围，才能确保学校始终保持良好的发展势头，实现学校新的跨越发展。

廉政文化落实到我们每个人身上，我认为就是三点，即：修身、律己、珍惜当下。

(一) 修身。我们中国人从来都很讲究一个人的德行修养，因为道德修养是一切的根本，是治国安邦的基础。《大学》里面讲“修身、齐家、治国、平天下”，其中把“修身”放最前面，可见“修身”的重要性。古代在选官用官的过程中，相对于“才”，往往更看重“德”。《资治通鉴》里根据人所具有的“才”、“德”情况，把人分成了四种类型，我的理解是：德才兼备的人叫作“圣人”，德胜于才的人叫作“君子”，有德无才的人叫作“愚人”，有才无德或无才无德的人叫作“小人”。才是德的基础，德是才的统帅。所以，古时候选取人才的办法是首选圣人，如果选不到圣人就选取君子，选不到君子就宁愿选愚人也不选小人。这四类人说的就是过去的选官、为官之道。那么，我们今天的领导干部要传承和创新廉政文化，就要从自己做起，从修身做起。我们川大是具有百年悠久历史的综合性大学，文化底蕴深厚，我们作为川大人，就应该要学点文化，要有修养，都应该以“圣人”的标准来要求自己，以“君子”的标准管理自己。如果做不到“圣人”和“君子”，我们至少不能做“小人”，大家都说要防小人，首先自己就不要去做小人，不做“小人”是最低的要求。

什么是“小人”？小人肯定不光明正大，就是搞阴谋诡计，表面一套、背后一套，阳奉阴违；小人会造谣生事，捕风捉影，胡编乱造，搬弄是非，挑拨离间；小人总是自私自利，处处想着自己，只从一己私利出发去想问题、干事情；小人就是处处都想占小便宜，什么都是自己占、自己要，不廉政，甚至贪污腐化，以权谋私，侵犯集体利益；小人肯定就不硬气，做不到敢作敢当，心里发虚，不敢严格要求别人，对错误的行为也不敢批评；小人就是看不得别人好，总想把别人拉下来，总想踩在别人的肩上爬上去，想方设法攻击、诬陷那些想干事、能干事、干成事的人。有句古话叫“以小人之心度君子之腹”，因为在小人看来，干事业和维护单位利益的人肯定是有所求、有所图的，他们自己不干事，就等着占便宜，占了便宜还要说干事的人不对。小人的各种表现，大家都看得到，我们身边可能也有。当然，我们绝大多数干部都是好的，“小人”只是极个别人，但是这些极个别人的“小人”行为也会败坏我们党的形象，也会影响我们学校的形象。我希望我们的领导干部们，一定要努力做坦坦荡荡的“君子”，一定不要做“小人”。“小人”是经不起时间考验的，他们即便得了势，也一定不会长久的。

一个好干部关键是要做到“三个正”：正心、正身、正行。正心，就是要把心放正，在领导干部的岗位上，就应该把为民办事的“公心”放在首位，绝不能把做“官”当成获取钱财、满足欲望的渠道。正身，就是要把身子摆正，把自己的地位摆正。很多人都有这样一种心态，老是认为自己应该当更大的官，却从来都不思考自己是不是有足够的能力来胜任自己现有的职位。大家要知道，我们每个人的职位，都是在党和组织的培养下，是基于人民的信任和自己的努力才得到的，大家就应当把岗位责任放在第一位，要在其位谋其政，凡事以身作则，身先示范，要做弘扬新风正气的标杆。正行，就是行为要正气，待人处事要正直、公正，要表里如一、言行如一，说到就要做到，不要表面是君子，私下是小人。

一个人心正了身自然就会正，行为举止也跟着就端正了，就会自然而然地拥有“其身正、不令而行”的人格魅力，就会拥有与自己地位相当的威信。就能够从根本上使自身拥有面对不正当、甚至丑恶行为的“硬气”，才敢抓工作，使群众“服气”。威信不是靠摆架子摆出来的，而是靠自己的人品、品德和人格魅力自然形成的。所以，只要大家真正做到了正心、正身、正行，就一定不会成为“小人”，即便你岗位再平凡、工作再平凡，那也一定是内心很强大、品德很高尚、群众很拥护的人。

（二）律己。律己就是要严格要求自己。《论语》里面曾经讲过，“吾日三省吾身”，提倡每天多次反省自己。为什么要反省？就是因为人无完人，每个人都有缺点和不足，我们做事也不可能尽善尽美，但是只要在每一件事上都能够经常反思、反省，我们就能不断提高和完善，就能干成事业、干成大事业。这就是文化自觉。文化自觉怎么做到，实际就是要从小事做起，不断反省自己、要求自己、规范自己。如果我们领导干部在各种腐蚀和诱惑面前都能管得住自己的思想、管得住自己的欲望、管得住自己的言行，那就是高度的廉政文化自觉。

律己是反腐的根本。“木自腐而后生虫”，一个人要变坏、要变质，那都是从放松自我要求、放纵个人欲望开始的。能够改变一个人的，永远是他自己而不是别人，只有自己放松了才会变坏，内因是决定因素。你如果自己都没有底线，那就无论什么诱惑都可以腐蚀你；你如果对自己要求严格，一身正气，就谁也奈何不了你。所以，律己，不断提高对自己的要求，才是防止变质的根本。要做到律己，就要有底线，有敬畏，有责任。

第一，要有底线。我经常讲，我们做人要有人格底线，做事要有法律底线，做学问要有学术道德底线。人最重要的是人品，人品最重要的是不忘本。我们有些同志出问题，就是因为没有底线，如果大家做事都能从良心出发、从党性出发，从党纪国法出发，从学术道德出发，按照要求开展工作，就不会出问题。希望我们的同志不仅自己要守底线，对上级、对领导也要守底线，领导不守法、不清廉，我们不能盲目服从、盲目听话，要有底线。因为你最了解你的岗位职责，有的时候可能你比你上级更加清楚在具体的岗位上哪些行为是违规的，哪些行为是违法的。如果你的领导是一位正直的人，那么他就一定能认识到你对他的及时提醒是在帮助他，那他就不但不会怪罪你，反而会更加敬重你。所以，对于学校的事情，我一直坚持一个原则，那就是，合理合法的事情我们就要大胆去做，但是如果是破底线、违法违纪的事情，那就无论是谁我们也不能办。

第二，要有敬畏。敬畏就是要懂得害怕。人如果没有敬畏之心，如果不知道什么是害怕，那就可以为所欲为；如果人人都为所欲为，那社会就没有秩序。所以，我们的领导干部要有敬畏之心：一要敬畏历史，要使自己的工作能经得起时间和历史的检验。我作为川大的校长，我所做的任何决策既要对得起现在的人，也要对得起将来的人；我的决策就应该是我在位时大家都没有怨言，在我离任后，大家也同样没有怨言。只有经得住历史考验的决策，才是公正的、符合实际的决策。二要敬畏人民，让自己做的事情能对得起老百姓，对得起培养我们的人民。三要敬畏人生，每个人的人生都很短暂，只有敬畏人生才能使人生变得精彩，不要给自己的人生添污点，不要因为自己的不坚守而给自己后悔的可能。

第三，要有责任。责任就是要“在其位、谋其政”。大家作为大学的领导干部，首先要有对社会的责任，主动以自身的言行影响社会的风气、风貌。过去学校都要求师生职工佩戴校徽，这其实是一种很好的做法。大家佩戴上了校徽，无形之中就是在提示我们自己的身份，提示我们作为大学的一员，我们的言行举止就不光是代表自己，还代表着学校；我们作为社会的一员，就要通过自己的言行去影响社会的风气和风貌。其次，要有对学校的责任。大家都是经过群众推荐、组织考评和任命才走上了现在的管理岗位，这个岗位，是学校的岗位，所以就要对学校负责。大家要主动把精力投入到工作上、投入到管理中，不推诿、不扯皮，敢于承担责任，时刻以学校利益为重。最后，还要有对自己的责任，时刻以责任来约束自己，以身作则，要管好自己、带好班子，管好下属、抓好风气。

（三）珍惜当下。佛家倡导“珍惜当下”，我们的管理干部也要“珍惜当下”。我听说上次中层干部调整后，有些新上任的同志或者是轮岗的同志由于对新岗位的工作不是太了解，吃不下饭，睡不好觉，一天到晚地想着补课、尽快上手。我听了之后很感动。去年制定“十二五规划”时，我到各个学院去调研，听学院的领导讲规划和思路，从中也感受到了他们为谋划学院的发展下了很大的功夫，是真的很想干一番事业。我觉得，这正恰好说明了这些同志很珍惜自己的机遇、珍惜已有的岗位，事业心强、责任感强，他们对工作有很高的标准、很高的要求，不是应付了事，不是为了当官而当官，而是真正想做点事情。当然，我们也有极个别同志，“没有提拔有意见，提拔慢了有情绪，提拔了不满意”，似乎组织永远是欠他的，整天满腹牢骚、怨天尤人，这其实就是不懂得珍惜也没有自信的表现。国外很多大学采取的是聘用秘书制，如财务秘书、科研秘书等，秘书们工作都很拼命，生怕因为工作不努力而被解雇。我们学校现在正在进行人事制度改革，就是要制定完善的人事管理体制，真正实现竞聘上岗、能上能下，促使大家珍惜当下、珍惜岗位。

第一，要珍惜岗位，多一些“家国情怀”。在座各位干部，无论是书记、院长，还是科长，无论岗位、出身如何，都是在党和人民的培养和教育下，通过自己的奋斗和努力才有今天的，大家都很不容易，都经过了艰辛的打拼，甚至做出了很多牺牲，来之不易。所以，我们一定要珍惜好自己的岗位，只有珍惜了才会觉得可贵，才会去想如何把这个岗位的工作做好，而不是成天想着如何去贪。希望大家看到，每个岗位都是为学校服务的机遇，是为师生员工服务的平台，只要大家把自己的岗位干好，就是对党和组织培养的回报，就是对国家和群众给予的信任和支持的回报，就是对自己过去努力的回报，就是对家庭和父母付出的回报。相反，如果我们不珍惜岗位，不洁身自爱，利用岗位去追求微不足道的小利、不义之财，那很可能就会身败名裂，一下子回到“解放前”。

第二，要珍惜名誉和身份。无论大家是书记、院长，还是处长、科长，大学老师是我们的第一身份，大学干部是我们的名誉。我一直记得美国著名文学家、诺贝尔文学奖得主索尔·贝娄曾经说过，人生的价值和一个人的成功不取决于他一生中的财富和获得的多少次胜利，而在于社会对他的尊重。所以，尽管我们的官职可能不大，但我们奋斗到今天不容易，我们有今天的身份和地位不容易，我们要自己看得起自己，要珍惜自己。作为一个人，名声最重要。无论是个人还是学校，名声是我们立足社会的根本，这是金钱买不来的。学术声誉是学术研究的生命之基，对于学者来说，学术研究就是我们终生经营的一项事业。一个人什么都可以破产，但是名誉不能破产，做人的人格更不能破产。我作为川大的校长，我的行为就不仅代表着我个人，还代表着川大校长的水平；我们在座的每位干部，也不仅代表着自己，还代表着川大干部的整体形象。同样，我作为院士，也十分注重我的学术形象，如果我没有做好充分准备，我就不会去参加学术会议和学术活动；如果我没有准备好，我就宁愿少发一篇文章、少获一项奖、少拿一个项目。因为，名誉对院士来讲更重要。我们的干部也一定要用严谨的态度来维护自己的名誉和名声，因为你做任何事情不仅影响你自己，还影响你所在的学校和学科。所以，我希望各位领导干部，一定要守住自己的道德底线和品德底线，时刻反思自己的奋斗历程，把自己的名誉和身份当作生命一样来爱护。

第三，要珍惜自己。我相信大家对2008年“5·12”汶川大地震的印象还很深刻，虽然大家没有身处震源，但当时地动山摇的感觉应该一辈子也不会忘。当时在汶川、北川，无论震前有多少房产、多少财富，地震一瞬间可能就什么都没有了。无论你是富豪、是官员，还是普通老百姓，从废墟中爬出来能喝上矿泉水、能吃碗方便面，就觉得很幸福了。在地震的那一瞬间，人们的心灵都变得很纯洁。所以说，追求幸福不是追求财富，财富只是个数字。人生是很短暂的，大家要珍惜自己的生命，让自己活得健康一点、体面一点、有价值一点才是最重要的。珍惜自己就是要有一种境界、一种胸怀，人的一生中都可能会遇到挫折和打击，遇到挫折要想得开，要对别人多包容一点；遇到打击要放得下，要活得坦然一点，真正做到“大其心，容天下之物；虚其心，受天下之善”。

当前，全国正在倡导开展学雷锋活动，我们学校党委也正在全面布置学习雷锋。学习雷锋，那“雷锋精神”是什么？我认为雷锋精神可以用三句话来概括：一是认真负责，就是要发扬“螺丝钉精神”；二是一心为公；三是关心他人。这三句话，我认为每个人都能做到，学雷锋每个人都能学好，我们身边也有大量的“活雷锋”，有很多优秀的老师、优秀的学生，我们都可以向他们学习。我们领导干部学雷锋，就是要学习他立足自己的岗位，认真承担起对学校发展的责任，主动为学校努力，主动为学校付出，主动关心学校的发展和师生的利益，真正做一个廉洁、自律、自重、自爱、一心为公的好干部。

二、以规范管理为抓手，严把七个关口，全面推进学校党风廉政建设

我十分赞同袁贵仁部长讲过的一句话。他说，社会上有些不文明的现象、有些不道德的人、有些急功近利的浮躁风气，虽然我们管不了别人，但我们可以管好自己、管好自己的队伍。因此，对于党风廉政工作，学校一定要严要求、强管理。严格管理，就是践行“爱学校、爱学生、爱校园”的川大“大爱”文化的最好体现。

（一）严把科研经费关。当前，国家的科研经费投入力度很大。2011 年，我国科研经费投入达到了 8610 亿元，占 GDP 总量的 1.83％，2010 年只占 GDP 总量的 1.76％。随着科研经费投入总量的增加，现在人文社科的项目科研经费可以达到几百万元、上千万元，而理工医领域的项目经费可以达到一个亿甚至两个亿。所以，国家对科研经费的使用管理越来越重视，并多次强调要加强管理。有学校已在科研经费管理使用上发生了案件，社会影响很坏。2011 年，我校科研总经费达到了 16.5 亿元，这是我们学校核心竞争力的重要体现，是学校发展的重要标志，同时也是对学校廉政建设工作的重要挑战。目前，学校已经制定出台了新的科研经费使用管理办法，我们还要进一步严格管理。对于纵向科研经费，国家科技部、基金委已经明确提出了相关要求，出台了一系列政策，学校要按照这些政策和要求对我校纵向经费进行更好的管理；对于横向科研经费，虽然国家还没有出台管理政策，但是各个高校都十分重视，我们要争取尽快制定出台四川大学横向科研经费管理办法。

对于科研经费，大家现在有一个误区，认为科研经费来之不易，不舍得花或者将它视为自己的“私有财产”。其实，所有的科研经费，无论是纵向的还是横向的，都是国家的钱，都是国家对你进行科学研究的肯定和支持。因此，大家一定要改变过去错误的观念，要将科研经费真正投入到科学研究中。目前，我国借鉴了国外的一些科研经费管理办法，以促进科研经费的合理使用，例如要求一个科研项目到一定年限必须结题，结题时未用完的科研经费必须归还国家。科研经费是十分宝贵的，希望我们所有的科学家、所有部门严格按照国家政策法规进行管理和要求；同时学校也要从保护科学家、保护学者的角度出发，发动他们按规定使用经费、按规定报账。也希望每个学院、每个老师、每个部门都能自觉严格执行好国家对科研的法律法规和学校制定的一些规定，把科研经费这个关口把好。

（二）严把校办企业关。校办企业是当前高校党风廉政建设的热点问题，中央和教育部高度关注，要求高校进一步加强和改进校办企业监管工作。教育部今年将出台高等学校校办企业规范管理意见、校办企业领导人廉洁从业规定，还将召开全国高校校办企业工作会议并对直属高校校办企业管理情况和企业领导人员廉洁从业情况进行检查。由于历史原因，川大的校办企业数量多、种类杂，很多校办企业并没有真正盈利，有的甚至打着学校的牌子，赚了钱归自己，出了问题就由学校来承担责任。近年来，学校加大了对校办企业的整顿力度，现在川大的校办企业已经从过去的几百家整改为几十家，但我们还要进一步加大整顿和管理力度。我们一定要把好校办企业这个关口，进一步完善企业治理结构，规范校办企业重大经济行为决策程序，加强对重大投资、企业改制、兼并重组、资产评估、产权交易等经济行为的监管，提高国有资产使用效益，防止国有资产流失。

（三）严把物资采购关。高校物资设备采购点多、面广，具有较高廉政风险，学校过去曾发生过此类案件，我们一定要高度重视这一工作。学校多年来一直规范执行政府采购有关规定，今年在成立5个专业招投标小组的基础上，要进一步建立健全学校内部采购监管制度，对大宗物资设备实行统一采购、阳光采购，对少量物资采购严格审批、规范程序，防止发生商业贿赂。相关职能部门要加强政策法规和业务知识学习，提高管理水平和监督效力，严控廉政风险。现在的商家十分精明，在单位采购实行招投标制度后，他们就千方百计贿赂招投标的小组成员，因此，学校也要加强对招投标小组成员的管理和监控，要制定相关政策和办法，提高监管效力，严控招标风险。教育部正在探索建立“网上竞价”采购管理系统和进口仪器设备、图书采购联盟。我们学校也要积极探索一些新的途径，既要保障廉洁从政和公平、公开、公正，同时也要维护学校的利益。

（四）严把学术诚信关。川大是在海内外享有良好声誉的百年名校，必须有良好的学术品格和严谨的学术文化，这就要求每位老师、每位干部都必须首先守住学术道德和学术诚信的底线。近年来学校全面加强学术道德和学术规范教育，对老师和研究生，包括本科生进行全覆盖的学术道德教育，学术诚信教育成为了研究生开学第一课，得到了中国科协的高度重视和肯定。我们要坚持对学术不端行为“零容忍”、“出重拳”，维护川大的学术形象。学术声誉是学术研究的生命之基，学术研究是学者和科学家终身经营的事业，我们要像珍惜生命一样珍惜学术声誉。相关部门一定要严格管理，切实把好学术诚信关口，对学校科学家负责，对学校发展负责，对学校声誉、形象负责，科学家、老师、同学也要为自己的人生、学术生命负责，自觉遵守好学术道德和规范。

此外，我们还要严把工程建设关，严把招生录取关，严把财务管理关。这三关很重要，社会也很关注。对工程建设、招生录取、财务管理，学校都要做到阳光透明，公开、公平、公正。我们还要进一步健全基建项目集体决策、审批报批、招标投标、资金支付等制度，加强基建项目审计和日常监管，确保工程优质安全和干部廉洁，严把工程建设关；继续实施招生“阳光工程”，进一步规范招生特别是特殊类型招生行为，确保招生公开、公平、公正，严把招生录取关；严格执行财务决算制度，加强预算外资金管理，严格治理小金库，确保财务管理规范高效，严把财务管理关。严格把好这七个关口，是党中央国务院、教育部党组对高校反腐倡廉提出的明确要求，对学校改革发展和教育功能发挥至关重要，对保护学校人才健康成长具有重要意义，我们一定要高度重视，从爱护干部、爱护老师、爱护川大的角度出发，严格要求，规范管理，切实抓好这几项重点工作。

三、以落实责任为关键，形成工作合力，确保反腐倡廉各项任务落到实处

这次会议后，学校今年党风廉政建设和反腐败任务更加明确，刚才杨书记和徐书记已经对川大今年的反腐倡廉工作进行了具体布置。现在的关键是要改进作风，落实责任，强化执行，把各项工作落到实处。

（一）把“抓落实”作为文化建设的重要内容。抓好“落实”，是做好工作的基础和前提。当前学校个别单位、一些干部抓落实的动力不够，总是习惯于上传下达，浮在文件上、停在口头上，只说不干；抓落实的作风不实，思路不切实际，以会议落实会议，以文件落实文件，形式上层层做文章、落实中处处打折扣；抓落实的能力不足，忙得不可开交却看不出成效，交不出成绩。这些现象从本质上反映了一个部门、一个单位思想认识、能力素质的问题，归根结底是对廉政文化的认识不到位，是文化建设问题。今年是“校园文化建设年”，大家要把“抓落实”作为改进作风、改善“五风”的关键，作为推进校园文化建设的重要方面和核心指标。大家再忙都要抓好执行力、抓好落实，抓紧抓好、抓出成效，在廉政建设涉及的大是大非问题上坚决抓到位，抓落实，促进各项任务落实到位。

（二）把“执行力”作为任务落实的强劲动力。工作落实，必须有切实可行的执行措施和“立说立干”的执行能力。会前，纪检监察部门传达了今年反腐倡廉任务分工，各单位要认认真真研究，切实强化对工作任务的执行力度，做到工作部署有思路，工作开展有步骤，具体安排有章法。要善于抓住工作重点，分清轻重缓急，明确主攻方向；要实施精细管理，细化目标、量化任务、硬化责任；要对任务逐项梳理，抓好分解落实，拿出时间表，定好路线图，明确责任制，确保任务落到实处，取得实效。

（三）把“责任制”作为形成合力的关键抓手。推进反腐倡廉建设必须形成合力，才能取得实效。学校党风廉政工作由党委统一领导，党政齐抓共管，这就形成了合力，其他二级单位也要抓合力，全力保障反腐倡廉工作的顺利开展。要以责任制为抓手，努力促成全校师生员工共同推进学校反腐倡廉建设的良好局面。各单位要切实履行好“一岗双责”，搞清楚自己承担的究竟是什么责任，有些什么内容，签订廉政责任书，真正把廉政责任放在心里，把反腐倡廉摆在重要位置，建立起良好的责任传导机制，做到人人身上有责任、件件工作有着落。要高度重视和正确认识纪检监察工作，推进反腐倡廉建设，从根本上说，这是对学校事业、干部和人才的保护和爱护，我们一定要多理解、多支持纪检监察工作，从各个方面努力为纪检监察部门开展工作提供条件和保障。我们一定要认识到，纪检工作是学校又好又快科学发展的重要保障，是保证学校良性发展势头的重要保障。同时，我也希望纪检监察部门忠实履行职责，带头保持党的纯洁性，不断提高履职能力，切实改进工作作风，努力搞好部门廉政文化建设，当好“党的忠诚卫士，群众的贴心人”，为推进反腐倡廉建设，保障学校科学发展做出更大贡献。

同志们，传承和创新廉政文化，建设充满正气和阳光的校园，关键在干部，关键在我们每一个人。这并不是要求我们比其他人有什么特殊之处，说到底就是要在工作中和在思考问题时，都能够从小处着眼，以小见大。川大人一定要有文化、有修养。自从来到川大以后，我就一直在给自己补文化，努力提升自己、完善自己，我深知当一名合格的综合性大学校长不容易，我很珍惜川大校长这个岗位。在学习中华传统文化，特别是儒、释、道家文化的过程中，我深深感悟到，我们做人要力争做到小我、勿我、无我。“小我”、“勿我”是一种修养、一种境界，“无我”是人生的最高境界。“小我”就是为人处世低调谦让，包容他人，虚心从善；“勿我”就是不唯我独尊，不以自我为中心，为人做事尊重别人，欣赏别人，集思广益，与人为善；“无我”就是大公无私，完全忘我，真正把自我完全融入国家、融入社会、融入集体，一切都从广大人民的利益出发。“无我”是做人的最高境界，要求每个人都做到是不现实的，但是，“小我”和“勿我”的境界是可以达到的。如果人人都能做到“小我”，社会就能和谐；人人都能做到“勿我”，我们的集体就能更加民主。如果我们每个干部都能多关心别人一点，多看重他人一点，多为师生职工考虑一点，多为学校奉献一点，我相信我们川大建成一流大学的步伐就一定能够迈得更大一点。

同志们，保持党的纯洁性，推进党风廉政建设和反腐败工作，责任重大，使命光荣。让我们在党中央、国务院和教育部党组的正确领导下，把建设阳光、正气的校园文化，有机融入学校“校园文化建设年”各项工作之中，求真务实，扎实工作，不断开创学校反腐倡廉建设新局面，以优异的工作成绩，迎接党的十八大胜利召开！

谢谢大家！

抓“五风” 促“四力” 提升文化自觉自信为建设中国一流研究型综合大学而努力奋斗

——在四川大学三届二次教代会暨二届二次工代会上的工作报告

校长 谢和平 院士

（2012年4月27日）

各位代表，同志们：

现在，我代表学校向大会作《校长工作报告》，请各位代表予以审议。

报告共分四个部分：第一部分，2011年工作简要回顾；第二部分，加强校园文化建设的重要性及重点工作；第三部分，以校园文化建设为重点，全面推进学校改革发展；第四部分，真情关爱师生员工，激发爱校建校热情。

一、2011年工作简要回顾

2011年，在党的十七大和十七届五中、六中全会精神指引下，学校全面贯彻落实胡锦涛总书记清华百年校庆和“七一”重要讲话精神，按照国家教育规划纲要精神要求，锐意进取，改革创新，各项事业继续保持了良好发展局面。下面，我从2011年学校重点推进的六项工作、取得的八项重大进展，向各位代表作简要汇报。

第一，成功召开学校第七次党代会，积极开展创先争优和庆祝建党90周年纪念活动。2011年，学校成功召开了第七次党代会，选举产生了新一届党委领导集体和纪委领导班子，为全面加快建设中国一流研究型综合大学提供了坚强的思想政治和组织保证；成功举办了纪念建党90

周年系列活动；继续深入推进创先争优活动，开展了党员公开承诺、领导点评、群众评议阶段性工作和“为民服务创先争优”活动，学校被评为四川省高校“四好班子”创建活动先进单位。

第二，制定出台《四川大学改革和发展“十二五”规划》以及各学院“十二五”发展规划。在深入调研、广泛征求教职工意见的基础上，学校制定出台了《四川大学改革和发展“十二五”规划》，提出了“七项行动计划”和“五项改革创新举措”，明确了以五个“15”和一个“25”为主要核心竞争力的指标体系和建成中国一流研究型综合大学的奋斗目标，为学校“十二五”期间的改革发展指明了方向。同时，各学院也制定了“十二五”发展规划，进一步明确了未来五年的发展方向。

第三，深入学习贯彻十七届六中全会精神，大力推进文化传承创新。2011年，学校率先在全国高校开展了“大学文化自觉与自信”大讨论，与《光明日报》联合举办了“大学文化自觉与自信”论坛，积极倡导大学应当成为文化自觉与自信的主要引领者。同时，学校积极履行文化传承创新职能，着力加强人文素质教育，《中华文化》课程建设工作持续推进；大力繁荣发展哲学社会科学，制订了《四川大学哲学社会科学繁荣计划（2011—2020年）（草案）》；着力促进艺术与科学汇聚，积极筹建世界首个“文化艺术与科技创新汇聚中心”；深入推进文化资源整合，形成了具有川大特色的文化品牌；大力弘扬川大精神，在央视成功举办《毕业歌》川大专场节目。

第四，教育部与四川省签署了新一轮“985工程”部省共建协议，为学校未来发展提供了有力保障。在教育部的直接关怀和四川省的大力支持下，在新一轮“985工程”建设中，四川省根据中央财政专项投入7.2亿元的建设经费，按照1∶0.35的配套比例给予我校2.52亿元的经费支持，实现了部省共建经费配套的重大突破，为学校未来发展提供了切实保障。

第五，继续深入推进教育改革创新，努力构建川大精英教育体系。学校进一步完善、落实体现精英教育、个性化教育、全面发展教育的“323＋X”创新人才培养体系，小班化教学班次已达到全校总开课班次的40%，增设面向全校学生的创新探索型、实践应用型课程43门，建设面向全球招生的全英语授课专业7个，有57个专业顺利开展本科毕业论文高质量、多样化改革试点工作。同时，初步构建了“433”研究生拔尖创新人才培养体系，实施了优秀本科生“3＋2＋3”本硕博连读计划，率先在全国推行了个性化拔尖人才培养模式改革。

第六，着力加强学术道德建设，进一步规范师生学术行为。从2011年秋季入学开始，学校把“学术道德与学术规范”作为研究生入学第一课，专门购买了近1.5万册《科研诚信读本》，发放给老师和新入学研究生。同时，对一位教师的学术不端行为进行了严肃查处，维护了学校的学术尊严和社会声誉。

在圆满完成以上工作的基础上，经过全校师生员工和离退休老同志的共同努力，2011年学校各项事业都取得了显著成绩，特别是在以下八个方面取得了重大进展。

一是人才培养质量不断提高。新增国家教学名师2人，总数达到12人，两门课程入选教育部首批试点建设的“中国大学视频公开课”，新入选“卓越工程师计划”学科专业7个，获准教育部“专业综合改革试点”项目4个，获批“国家级工程实践教育中心”3个，本科教学教改获得国家立项经费4400万元。新增全国百篇优秀博士论文3篇，总数达到20篇。学生在各类竞赛中获国际二等奖2项、三等奖1项，获全国特等奖15项、一等奖21项。学校入选首批全国高校试点学院改革计划。

二是师资队伍建设取得了新进展。新增“长江学者”1人，总数达到32人；新增“杰青”（A类）2人，总数达到38人；新增“千人计划”入选者3人，总数达到23人，新增“外专千人计划”1人，新增“青年千人计划”8人。新引进了4位高端外籍教师，目前，学校已与8位高端外籍教师签订了引进协议。

三是科研工作取得了新成就。全年到校科研总经费达到16.5亿元，其中，国家自然科学基金项目经费比2010年翻一番，达到2.33亿元，列全国高校第10位；SCI收录论文数达到2355篇，列全国高校第5位，华西医院“表现不俗”论文数在全国医疗机构中排名第1位；获国家“973”项目1项，总数达到10项；获国家社科基金项目42项，列全国高校第9位，其中，获国家社科基金重大招标项目2项。口腔疾病研究国家重点实验室获准正式挂牌。

四是学科建设工作持续推进。新增一级学科博士学位授权点11个，新增数并列全国高校第1位，总数达到44个，位列全国高校第4位。获准全国首批工程博士专业学位授权点试点单位。灾后重建与管理学院，文化艺术与科技创新汇聚中心，新能源、新材料与低碳技术研究院，航空航天学院等4个高水平交叉学科平台建设顺利推进，特别是，文化艺术与科技创新汇聚中心已得到财政部1亿元专项经费支持。

五是国际交流合作工作取得了新进展。接待了美国副总统拜登、世贸组织总干事拉米、泰国公主诗琳通等政要来校访问或演讲。与美国匹兹堡大学、密歇根州立大学等19所国外高水平大学签署了校际交流合作协议，各类校际交流项目共派出学生327人。继续推进中层干部海外培训计划，选派了35名中层干部赴美国加州大学欧文分校进行短期培训。

六是社会服务能力持续增强。重大灾害危机应对研究工作持续推进，成功举办了“日本‘3·11’大地震”专题研讨会等系列学术活动。医疗服务质量和水平进一步提高，4家附属医院全年共收治门诊、急诊病人560多万人次，手术11万多台次，获批国家临床重点专科14个，华西医院在全国最佳医院排行榜中蝉联排名第二。产学研工作取得新成绩，新签订产学研科技合作项目7.65亿元，与德阳市、常州市签订了战略合作协议。

七是党建及思想政治工作进一步加强。认真贯彻落实《基层组织工作条例》，进一步完善了党支部设置和支部书记改选，基层党组织建设持续加强。全面实施了科级干部竞聘上岗工作，实施了新一轮中层干部培训计划。党风廉政建设工作持续深入推进，惩治和预防腐败体系逐步完善。思想政治理论课“123+X”教学改革全面推进。意识形态领域工作与监管机制进一步完善。民主政治建设和工会工作有力推进，各民主党派和无党派代表人士参与民主管理和民主监督工作取得新成效。

八是为师生职工办实事取得新进展。2011年，学校共发放各级各类学生奖贷助学金、困难补助金、勤工助学费等2.24亿元；设立了学生食堂价格平抑基金，专门拨款900万元用于补贴学生食堂，有效缓解了价格上涨给广大学生，特别是贫困学生基本生活带来的压力。同时，进一步提高了教职工和退休老同志待遇，在职教职工年岗位津贴人均增加了1万元；根据教育部和地方有关政策要求，专门拨款约1亿元，按照属地政策“就高不就低”原则提高了退休老同志待遇，并补发了2010年退休职工生活补贴。进一步改善了广大教职工住房条件，建成“文星花园”二期教职工住宅1832套，核发住房补贴2000余人次，1054万元。制定了《校园交通秩序管理暂行办法》，对校内主干道乱停乱放现象进行了集中整治；望江竹林村、华西鲁村等小区公共环境和基础设施改造工程全面完成，为广大师生工作、生活提供了更加良好的校园环境。

各位代表，同志们，2011年学校“双代会”以“改革创新促发展，整合资源上水平”为主题，明确提出了整合公房资源、学科资源、实验仪器设备资源、社会及校友资源、周边土地资源、文化资源等六大资源的重点工作。一年来，教代会提出的资源整合各项重点工作全面推进。在公房资源整合方面，出台实施了《四川大学公房使用管理办法（试行）》，完成了经管楼、新校区文科楼群等公房的调配工作，建立了公房巡查制度，清查、核定了学院用房近20万平方米，初步建立了公平、公正的公房分配机制以及有偿使用的公房管理机制。在学科资源整合方面，在新一期“985工程”建设中，实施了“高标准交叉学科研究平台/基地建设计划”，着力促进文理工医学科深度交叉融合；出台了专业学位与学科资源共享政策，正在制定《四川大学全日制专业学位研究生培养方案》。在实验仪器设备资源整合方面，优化升级了实验仪器设备共享网络平台，促进了全校仪器设备面向广大师生，特别是本科生开放、共享，共有22个单位、366台仪器设备参与共享，设备共享使用共计28万机时。在社会资源和校友资源开发方面，新成立了3个地方校友会，学校教育基金会全年到账3100余万元，国家配比奖励2157万元。在校园周边资源开发方面，出台了《四川大学关于周边开发的意见》，对3个校区的13个地块项目进行了重新定位，新签订了华西胜利村地块合作项目，已签约的科华北路4号地块项目已全部完成拆迁工作。在文化资源整合方面，积极发掘、整理博物馆、档案馆和图书馆馆藏资源，正式出版了《川大记忆：校史文献选辑》等系列丛书。资源整合是一项长期、系统工作，学校将在以上改革顺利实施的基础上，持续、深入推进这项工作，全面提升学校的办学水平和办学效益。

2011年，学校各项事业都取得了可喜成绩、实现了跨越发展。这些成绩的取得，是在社会各界的大力支持下，全校师生员工和离退休老同志齐心协力、共同奋斗的结果。在此，我代表学校党委和行政向各位代表，并通过你们向全校师生员工和离退休老同志，表示衷心的感谢！

2012年是实施“十二五”规划承上启下的关键一年，也是全面贯彻落实国家教育规划纲要的关键一年。国家刚刚召开了全面提高高等教育质量工作会议，强调要以质量提升谋求内涵发展。加强大学文化建设，是促进学校内涵发展、提高教育质量的内在要求，更是加快建设中国一流研究型综合大学步伐的内在要求。今年，我们将以加强校园文化建设作为重点，全面推进学校各项工作。

二、加强校园文化建设的重要性及重点工作

各位代表，同志们，大学之大，最重要的是大学有精神，大学有文化。大学文化是一所大学办学历史、办学传统和校园风气在精神层面的集中体现，是大学的物质文化、精神文化、制度文化和行为文化的总和。在一定程度上讲，大学文化具有超越物质存在的历史价值，大学的物质存在可以模仿、新建和改进，甚至可以依靠成倍增长的投入实现超越发展，但大学文化却不可能一朝一夕形成，需要长期积累积淀，需要历代师生传承弘扬。

大学文化是大学的灵魂。综观世界一流大学之所以成为一流大学，除了他们拥有世界一流的学术大师、一流的学生以及一流的教学科研设施，关键就在于他们拥有风格独具的校园文化。无论是哈佛、耶鲁，还是剑桥、牛津，都没有学校围墙，但只要置身校园，我们马上就会被学校鲜明的文化标识、浓郁的学术氛围和高雅的文化品位所吸引，让每位师生都能安心读书、潜心治学，让全世界一流的学者、一流的教师和一流的学生都能无限向往。因此，大学文化已经让大学校园成为神圣的学术殿堂、诚信的文化高地、社会的精神家园。

作为一所具有116年悠久办学历史的大学，我校始终保持高度的文化自觉，不断加强校园文化建设。从吴玉章校长首开“崇尚学术、启用新派”，到张澜校长倡导“学术自由、思想自由”，体现了学校始终加强教风学风建设的治学理念；从胡峻校长提出的“仰副国家、造就通才”，到张凌高校长倡导“培养高尚品格，教授高深学术，造就专门人才，适应社会需要”，形成了独具川大特色的人文教育传统；从任鸿隽校长倡导“建设西南文化中心、担负民族复兴责任”，到张颐校长主张“努力使川大的文化水准和欧美大学同等”，更代表着学校历来重视大学文化，始终坚持服务国家的办学思想。以上这些文化思想，不仅逐渐形成了以“厚德博学、虚心从善、追求卓越”的育人文化，“崇尚学术、兼容并包、求真求是”的学术文化，“振兴民族、服务国家、引领社会”的治校文化为主要内容的川大文化，更有力推动了学校各项事业的建设与发展。

当前，我们正处于建设中国一流研究型综合大学的关键历史时期。要建成一流大学，不仅必须拥有一流的人才、一流的师资、一流的科研，更必须拥有一流大学的校园文化和环境氛围。

从国家层面来看，加强大学文化建设，是全面贯彻落实六中全会精神，推动文化大发展大繁荣的必然要求。党的十七届六中全会对推动社会主义文化大发展大繁荣做出了全面部署，提出了建设社会主义文化强国的战略目标。胡锦涛总书记在清华百年校庆时，明确指出了文化传承创新是提升国家民族精神之所在，大学应担当起文化传承创新的职能。川大要履行好这一职能，就必须具有高度的文化自觉与自信，更加坚定不移地用社会主义核心价值体系引领校园文化建设，把社会主义核心价值体系融入大学教育和校园文化建设的全过程，率先成为社会主义核心价值观的自觉坚守者、社会公德和正义的自觉维护者、修养境界和诚信道德的自觉践行者。

从历史层面来看，加强大学文化建设，是传承、弘扬和创新川大文化和川大精神，坚守川大精神家园的文化使命。我们川大由三所全国重点大学合并组建而成，合校前的三所大学都有着自己独特的文化精神，这是川大历史留给我们最为珍贵的财富，也是我们每个川大人共同的精神家园，这就要求我们更加坚定不移地推进校园文化建设，不仅促进原三校校园文化的深度融合，更进一步凝练、弘扬和创新川大文化和川大精神，真正内化为我们每个川大人的理念追求，外化为全校师生员工的行为风范。

从现实层面来看，加强大学文化建设，是凝聚人心、达成共识，引领学校内涵发展的精神力量。经过近几年的跨越发展，学校综合实力显著提升，各项核心竞争力指标快速发展，三个校区的办学环境和办学条件全面改善。现在，我们已经处于新的发展阶段，要实现由外延式发展向内涵式发展的转变，最需要的就是人心、凝聚力和竞争力。这就要求我们更加坚定不移地推进大学文化建设，真正形成一种川大的文化认同、强大的精神力量，引领学校各项事业科学发展、又好又快发展。

从未来发展层面来看，加强大学文化建设，是增强学校文化软实力，建设一流大学的动力源泉。大学文化的软实力就是大学发展的原动力。我们要真正建成一流大学，不是简单依赖物质的积累，而必须依靠能充分体现一流大学特征的文化内涵、环境氛围。这就要求我们更加坚定不移地推进大学文化建设，校园规模再大、大楼再多、设备再先进都不等于有文化、有精神，关键就是要形成一流大学的育人环境、科研环境、工作环境和服务环境，真正使川大成为学生更有自豪感、教职工更有成就感、世界一流科学家和学者更向往的精神高地和大爱校园。

面对这样的新形势和新要求，学校将今年确定为“校园文化建设年”，通过抓“五风”，即进一步加强和改进校风、教风、学风、文风和机关作风，真正促进“四力”，即不断增强广大师生员工的凝聚力、学校工作的执行力，以及学校的社会影响力、国际竞争力，深入推进校园文化建设，全面促进学校各项事业发展。

校园文化建设永无止境。目前，学校在校园文化建设方面仍然存在一些亟待改进的问题。为了能够更准确地把握校园文化建设方面存在的问题，学校进行了广泛调研，先后召开了 25 次座谈会，并通过纸质或电子邮件方式，向全校 4100 多位老师、45000 多位学生、2000 多位离退休老同志发放了调查问卷，全面、全方位征求了一线师生员工的意见和建议。通过整理、分析问卷，目前我校校园文化建设存在的问题，主要集中在学校的校风、教风、学风、文风和机关作风等方面，特别表现在以下六个方面。

第一，学校的文化自觉和自信有待进一步提升。长期以来，学校一直重视校园文化建设，有些部门、学院还凝练出了本单位的文化，广大师生员工对校园文化建设的认同度和关注度不断增强。同时，一些干部师生仍然缺乏一种对川大文化和川大精神的自信心和自豪感。最近，一位大一学生给我来信，专门谈到了“川大的大学精神传承并不理想”的问题，有 22% 的学生在调查中反映自己并不了解川大历史上的杰出校友和著名学者。去年，一位同学也在 BBS 上发表帖子，提出了“为什么川大的学生总是缺乏作为名校生应有的自信”问题。这些都反映出，学校少数师生员工还没有强烈的文化自觉和文化自信。

第二，校风建设有待进一步加强。在长期的办学历程中，我校形成了“严谨、勤奋、求是、创新”的优良校风。但面对当前社会上一些浮躁、功利心态，学校的校风也受到了不同程度的影响。据一项问卷调查显示，有 22.7% 的学生反映，目前学校还缺少一种“崇尚学术、追求真理”的文化氛围，有31%的学生认为周围只有少数老师是在潜心治学，有学生认为身边只有少数同学是在努力追求真知；还有个别师生不关心做不做学问，只看重能不能赚钱，逐渐远离了书桌和讲台。

第三，教风建设有待进一步加强。我校教师始终把“学为人师、行为世范”作为自己的价值追求，一直默默无闻教书育人。但是，也有少数老师存在一些教风问题，集中表现为“四个不够”：一是个别老师的责任心、事业心不够，心思根本不在课堂，简单应付、对付教学工作，甚至由于备课不认真而出现一些低级错误。二是个别老师的能力水平不够，在课堂上只能对着课件照本宣科，无法与学生进行教学互动，从评教结果来看，64.7%的学生认为课堂教学沉闷乏味、效果不够理想。三是个别老师对学生的关爱不够，“上课匆匆来，下课匆匆走”，16.9%的学生反映，任课教师从来没有通过邮件、电话等方式与自己进行过交流。四是个别老师对学生的要求不够，只顾自己讲好课，对学生上不上课、听不听课不闻不问。

第四，学风有待进一步好转。学校一直大力倡导积极向上的优良学风，但在毕业生问卷调查中，15.8%的学生认为“我校的学风问题依然突出”。最近，我收到一封学生来信，信中谈到，“一部分川大学子缺乏对人生的思考，特别是没有切实可行的规划”。甚至还有个别学生调侃说：“读大学的人越来越少，混大学的人越来越多。”个别学生平时上课找人代替签到，经常旷课玩网络游戏，考前临时突击应付，考试作弊，甚至考试结束后还会找老师要考分；还有少数学生在学习过程中存在着浮躁、浮夸情绪，根本不能静心读书。特别是，极个别学生缺乏基本的诚信道德底线，为了发表论文以便评优、保研，甚至去找论文代写公司，或者抄袭、剽窃。

第五，机关部门和领导干部文风仍需进一步转变。在文风方面，由于深入基层调研不够，个别部门制定出台的文件仍然缺乏针对性、指导性和可操作性。在会风方面，由于会前的准备沟通不够充分，个别会议往往会而不议、议而不决，特别是个别领导干部还不能带头坚持讲短话、讲实话、讲真话，甚至有群众调侃、批评极个别干部是“常说的老话多，正确的废话多，漂亮的空话多”，这些都严重影响了会议质量。

第六，机关职能部门工作作风还有待进一步改进。从2011年群众对机关单位网上满意度测评的结果来看，有87.7%的师生对机关部门工作表示“满意”或“比较满意”，有15个职能部门的师生满意度超过90%，但也有个别部门的师生满意度仅为73.1%。无论是在调研还是群众来信中，仍然有师生反映个别部门门难进、脸难看、事难办。个别干部和工作人员仍然不能准确定位机关工作，接听咨询电话语气生硬，对待来访师生敷衍应付；总是喜欢围在领导身边，不愿意真情服务广大师生员工。特别是，极个别机关工作人员缺乏基本的职业素养，由于自身工作的疏漏、差错，出现管理事故，给师生造成了难以挽回的损失，给学校声誉造成了深深伤害。

各位代表，同志们，以上这些不足与差距，既是广大师生员工共同关注的热点问题，更是学校推进校园文化建设必须解决的重要问题。我们推进校园文化建设必须抓住这些关键、突出工作重点，必须制定具体举措、抓出实际效果，必须从实际工作做起、从自己做起。今年，学校全面加强校园文化建设，就是要集中精力抓好“五风”、实实在在促进“四力”。

第一，进一步抓好校风建设。大学的校园风气，是一所学校存在和发展的深厚土壤，它不仅决定着大学的内在品质，更决定着学校未来的发展方向。围绕校风建设，我们将重点抓好以下两个方面工作。

一是弘扬、创新和发展川大文化和川大精神。持续开展以校训“海纳百川、有容乃大”和校风“严谨、勤奋、求是、创新”为核心的川大文化和川大精神主题教育活动，重点打造以“知川大、爱川大”为主题的“爱校日”活动，以“爱校荣校、感恩奉献”为主线的开学典礼和毕业典礼，进一步增强广大师生员工对川大文化和川大精神的认同感、归属感和自豪感；广泛开展以“一本书、一堂课、一次参观”为核心的校史文化教育，给每位师生发放《川大校史简本》，把“川大传统与川大精神”作为新入校师生的第一课，把参观“四馆一廊”作为入校教育的重要内容，真正使每位师生都能深入了解川大的历史、人物和精神；积极开展川大文化研究，设立华西边疆史料研究、川大与巴蜀文明研究、川大著名学者学术思想研究等课题，进一步发掘、弘扬川大文化和川大精神。

二是积极倡导文化自觉和文化自信。目前，各个学院、部处都在积极打造各具鲜明特色的文化理念。在此基础上，每个单位要进一步结合工作实际，凝练形成自身文化，真正使每个机关部门、每个学院、每个学科、每个系（教研室）都能提出体现自身特色的文化精神和核心价值；积极开展“学习身边的雷锋”主题活动，倡导认真负责、一心为公、关心他人的良好行为习惯，真正使每位师生员工都能首先成为文化人。

第二，全面推进教风建设。教风不仅深刻影响着学校的教育教学质量，更直接关系着学生的健康成长。教风好，则学风浓；教风正，则校风正。今年，我们要把抓教风作为加强“五风”建设的关键，着力做好以下六个方面工作。

一是进一步加强师德师风建设与考核。坚持把师德师风教育贯穿教师培训全过程，把师德表现作为每位老师年度考核、职称评聘、评优奖励的首要内容；强化教师的责任感、荣誉感和使命感，真正使川大每位干部、教职工都能把老师作为第一身份、把上好课作为第一要务、把关爱学生作为第一责任、把培养人才作为第一宗旨。

二是加大教师教学能力培养力度。深入推进“323＋X”创新人才培养体系和“433”研究生拔尖创新人才培养体系，全面优化教师的教育教学理念；充分依托“教师教学发展中心”，强化青年教师“首开课培训”，开展“名师对话”活动，加强教学研讨咨询，着力提升中青年教师的教学能力；实施“优秀课程、优秀教师和教学团队奖励计划”，重点表彰教学效果好、育人成果突出的先进典型。

三是加强课堂教学督导评估。在把学生评教作为重要参考的基础上，进一步完善课堂教学评价体系，构建校院两级教学督导组评教、教研室同行评议、校院领导听课相结合的教学质量监督、评价机制，鼓励教师严格要求学生，引导广大教师全身心投入课堂教学。

四是完善保障教学中心地位的体制机制。强化教学基层组织建设，提高系（教研室）主任选聘标准、明确基本权责，充分发挥系（教研室）在教学过程管理、组织教研活动等方面的基础作用；严格执行知名教授、高水平学者为本科生授课制度，在教授，特别是博导中倡导落实“五个一”工程；探索设立教学型教师职称序列，鼓励广大教师积极开展教育教学研究。

五是进一步健全教书育人激励机制。实施“优秀教师示范引导计划”、“名师采访计划”，积极发掘身边一线教师的先进典型；完善“十佳”系列奖项、“最受学生欢迎教师奖”的评选表彰制度，激励和引导每位教师把全身心投入教书育人作为自己的最大成就，把受每位学生尊敬、让学生毕业后还能津津乐道作为自己的最大梦想。

六是全面实施教师优秀教案、笔记采集示范工程。广大教师的优秀教案和笔记，不仅是学校珍贵的档案文献，更是我们宝贵的精神财富。今年，我们将面向全校广泛征集广大教师，特别是老教授、老专家保存的优秀教案和课堂笔记资料，举办“校院两级优秀教案和课堂笔记展”，真正使青年教师和学生通过观摩、学习，进一步提高青年教师的教学能力和水平，促进青年学子成长成才。

第三，进一步加强学风建设。良好的学风不仅是学校人才培养质量的重要保证，更是形成优良校风的重要基础。今年，学校要把抓学风作为加强“五风”建设的重点，着力做好以下六个方面工作。

一是加强对学生的管理、激励和引导。加强学生思想政治教育，坚持以社会主义核心价值体系引导学生树立正确的世界观、人生观、价值观和荣辱观。针对不同年级学生的特点，采取灵活多样、行之有效的动态管理，既坚持严格规范的统一管理，又重视激励成才的个人设计，促进学生良好学风的养成。加强学生生涯规划教育，全力、全程帮助每个学生制定切实可行的大学梦想和生涯规划，真正使川大的每个学生都有梦想、有追求、去奋斗。构建完善人性化的学籍管理制度，搭建学生个性化成长通道，真正使每个学生在任何时候努力都不晚，真正使每个学生都能取得进步、都能成为优秀。

二是丰富学生校园文化活动载体。坚持以社会主义核心价值体系为统领，面向全校学生，打造“人文大讲堂”、“科学文化大讲堂”等系列学术讲坛，开设经典性、普及性相结合的多学科精品系列学术讲座，开展以“阅读经典、书香校园”为主题的系列读书活动，开展以“社团节”、“科技节”等为代表的多样化学生校园活动，真正使每个学生都有参加各类课外活动的机会，努力营造健康良好的校园氛围。

三是强化学生学术诚信教育。我们将进一步加强学生诚信教育，严肃考风考纪，真正实施教考分离制度，建立完善学生诚信档案，在学生评奖、评优和保研过程中，注重学生的真才实学，引导每位学生严谨为学、诚信为人。同时，进一步强化学术道德教育，实施学术道德读本及教材全覆盖，学术道德和学术规范教育全覆盖，以及论文学术不端检测全覆盖，引导每位学生自觉坚守学术道德底线，形成良好的学术规范习惯。

四是充分发挥学生身边先进典型的引领示范作用。持续开展“感动川大学生新闻人物”、“双十佳学生标兵”、“十佳团员青年标兵”、“十佳社团之星”等评比表彰活动，以学习身边榜样加强自我教育，以宣传身边典型引领优良学风。

五是全面实施名誉班主任计划。在继续强化“四位一体”学生成长关爱服务新体系的基础上，进一步健全完善班主任、学分制指导教师等制度，探索建立名誉班主任制度，由校院两级领导干部、知名专家、教授兼任学生名誉班主任，坚持每学期与学生见一次面、做一次交流，激励和引导每位学生做人、做事、做学问。

六是探索建立面向学生的学术动态信息通报制度。从今年开始，学校鼓励各学院面向每个班级、面向广大学生，定期（每季度或每学期）发放本学院专家、学者的教学、科研和学术活动情况简报，真正让每位学生都能及时、全面了解专家、学者的学术动态和学术活跃度，进一步增强每位学生对学院的认同感和自豪感，对学科和专业的自信心。

第四，进一步改进文风会风。习近平同志在中央党校开学典礼上强调："文风不是小事，而是事关党风、作风的大问题。"文风会风也直接关系着学校风气，影响着学校形象。今年，学校将集中精力抓好以下三个方面工作，形成良好的文风会风。

一是各级领导干部要带头改进文风。校院两级领导干部要做好"三个带头"，即带头坚持讲短话、讲实话、讲真话，带头坚持少开会、开短会、开好会，带头全程参与重要文稿的起草、把关工作，真正成为优良文风的倡导者、实践者和推动者。

二是大力倡导深入基层、调查研究的优良作风。文风不实根本就在于作风不实，转变作风是倡导优良文风的前提。要进一步加强基层调研，更多地深入教学科研一线、深入基层单位、学生宿舍，更多地与一线教职工面对面交流、与每位学生心与心沟通，及时了解、掌握和解决一线教职工和广大学生的实际困难和热点难点问题。

三是积极倡导"精简、规范、高效"的良好会风。完善会议程序和议事规则，严格规范会议的数量、规模和时限，坚持能合并的会合并开，能不开的会不开，没准备好的会坚决不开；坚持会前充分沟通协调、会上以决策为主、会后加强督促落实。

第五，进一步加强机关作风建设。机关职能部门的工作作风，不仅直接影响着各项工作的顺利开展，更深刻影响着广大师生对学校的认同感、凝聚力和向心力。今年，学校将以加强机关作风建设作为抓"五风"的突破口，着力做好以下三个方面工作。

一是凝练形成优良的机关文化。广泛开展"建设机关文化、凝练部门精神"活动，真正形成以"强服务、顾大局、高效率、创一流"为核心内容的川大机关文化，努力打造让广大师生员工满意的服务型机关。

二是制定实施机关工作服务公约。以制定出台"学校机关服务公约"为契机，进一步强化服务意识，真正把管理岗位作为服务学校、服务师生的机会，全心全意为广大师生员工服好务，特别是为基层一线教职工服好务；进一步端正服务态度，再烦也要保持微笑，再急也要注意语调，热情、诚恳、主动地服务每位师生。同时，校院两级机关部门也要结合自身实际，尽快制定出台本单位服务公约，进一步明确服务宗旨、服务承诺、服务和监督举措，着力提高服务师生的质量和水平。

三是构建完善机关管理考核与激励的制度体系。制定出台学校机关干部、职工岗位考核实施办法，加强对机关干部、职工的岗位绩效考核，探索建立可量化、可操作的机关管理考核与激励制度体系，充分调动广大机关干部、职工推动学校发展的激情与活力；制订完善机关激励政策，真正使工作业绩突出的机关部门得到应有的奖励和表彰，真正使我们身边"老黄牛”式、任劳任怨的机关干部、职工受到更多的关注与支持。

第六，进一步提高广大师生员工的凝聚力。目前，仍然有极个别师生员工缺乏爱校热情，对学校的指责多、建议少，要求多、作为少，索取多、贡献少，甚至在不了解学校政策的情况下，随意发表不负责任的言论，损害了学校的利益和名誉。川大是我们每个川大人的川大，川大的发展、振兴与我们每个人息息相关，必须依靠全体川大人的共同努力。我们每位干部应该带头树立全局观、集体观，始终站在学校发展全局的高度思考和推进本单位工作；每位师生员工应该把学校当成自己的家，时常想到“我要为川大做点什么，我为川大做了点什么”，努力营造“人人爱川大”的校园氛围，使每个川大人自觉地把个人荣誉与学校荣辱统一起来，真正把个人发展与学校建设紧密相连。

第七，进一步增强学校工作的执行力。学校的发展靠改革，改革的关键在落实。近年来，学校提出了很多先进的工作理念和工作举措，但由于个别部门和干部执行力不强，造成一些好的理念和思路总是悬浮在空中，不能落地生根、开花结果。我们要重点加强职能部门效能建设，确保学校的工作思路切实转化为具有可操作性的实施方案和具体措施，多点实干、少点浮躁，多出实招、少喊口号，多干实事、少做虚功。建立完善重点工作进展情况通报制度、重大改革举措落实情况督查机制，确保每项工作都能落到实处。同时，每位师生员工都应该主动关心、了解和理解学校的工作思路，自觉贯彻、执行和落实好学校的各项改革举措。

第八，进一步扩大学校的社会影响力。一所大学对社会的贡献度、支撑力的大小，直接决定着学校的社会影响力。目前，由于我们主动参与社会公共事务的积极性还不够高，在促进经济社会发展方面具有较高显示度、贡献度的成果还不够多，仍然未能形成与川大地位相称的社会影响力。我们要进一步加强应用对策研究，鼓励各类研究机构，主动对外发布具有影响力的评估报告和研究报告，积极构建国内高校评估报告的发布体系，在全社会发出川大的声音；鼓励和支持知名专家、教授、广大师生以及海内外校友，通过不同岗位、平台和渠道，向全社会展示、宣传川大，进一步提升川大的社会知名度和影响力。

第九，进一步提升学校的国际竞争力。只有关注全球热点问题的大学才能受到全球的关注；只有面向全球，以探讨和解决世界重大问题为己任的大学，才能成为引领国际社会的一流大学。为了进一步提升学校的国际影响力，我们将设立“国际学术活动专项经费”，鼓励和支持专家、学者和广大师生广泛参与高水平、高层次的国际事务和学术交流；实施“国际科技合作与交流计划”，鼓励科学家主动参与国际科研合作；整合现有的高水平国别问题研究机构，积极推进国际关系研究院和若干国际问题研究中心的建设，鼓励和支持专家、学者广泛开展全球问题、热点区域问题和国别问题专题研究，提升学校的国际知名度和活跃度，增强学校的国际竞争力。

各位代表，同志们，校园文化建设是一项长期、复杂而艰巨的系统工程。在推进校园文化建设过程中，应当坚持“四个结合”。远近要结合，既要有紧迫感，也要看到长期性；既要坚持做好长远规划，也要注重落实当前工作。上下要结合，推进学校文化建设需要校、院、系（教研室）共同努力，学校要全面推动校园文化建设，各基层单位也要切实加强自身文化建设，抓好“五风”、促进“四力”。内外要结合，既要关注表面的物质文化，加强育人环境、人文景观、文化标识建设，也要注重深层的文化内涵，推进精神文化、制度文化建设，启动大学章程制订工作。点面要结合，既要注重整体，也要关注细节；既要全面推进，也要突出重点。只有坚持以上“四个结合”，扎实落实每项工作，才能深入推进校园文化建设；只有形成良好的校园文化，才能全面带动、推进学校各项事业的科学发展。

三、以校园文化建设为重点，全面推进学校改革发展

各位代表、同志们，校园文化建设无时不在、无处不在，涉及学校工作的方方面面，贯穿学校改革发展的整个过程。深入推进校园文化建设，是今年学校各项工作的重中之重，也是全面带动学校改革发展的重要抓手和有力支撑。今年，我们将以校园文化建设为重点，全面推进以下五项工作。

第一，全面实施校园文化标识和文化视觉建设工程。校园文化视觉不仅是一所大学独有的文化名片，更体现着大学的文化内涵和精神气质。世界一流大学大都拥有自己鲜明的文化标识，“哈佛红”、“剑桥蓝”早已分别成为哈佛、剑桥的主色调，加州大学欧文分校的吉祥物“食蚁兽”、洛杉矶分校的“棕熊”都给人们留下了深刻印象。作为一所综合性大学，我们更应该在保持多元、开放文化的基础上，形成具有川大特色的校园文化标识和文化视觉，使校园里的每处建筑都有标识、每个角落都有文化、每面墙壁都能“说话”。

今年，学校将全面实施校园文化视觉形象识别系统建设工程，重点推进校园主色调、校旗、校歌等基础标识系统完善项目，校园道路、楼宇命名及铭牌改造升级项目，重要建筑场所人文环境建设项目，宣传橱窗、公告栏及标语横幅统一规划治理项目，电子动态视频系统新建项目，校园网主页及新闻网站形象改版优化项目，以及文化用品和纪念品开发项目七大建设专项，构建完善体现川大文化、带有川大烙印的校园文化标识和文化视觉系统。

第二，全面实施教育质量工程。人才培养是大学的中心任务，提高教育质量是学校的永恒追求。今年，我们将以贯彻落实全面提高高等教育质量工作会议精神为契机，召开全校本科教学工作会，研究制订《四川大学教学质量工程实施计划》，特别要重点抓好以下四个方面工作。

一是进一步优化人才培养结构。从今年开始，学校将逐年减少本科生招生规模，全面扩大研究生和留学生招生规模，到“十二五”末，力争使本科生与研究生比例达到1：1。

二是深入推进人才培养模式改革。全面落实体现精英教育、个性化教育、全面发展教育的“323＋X”创新人才培养体系，努力使每个学生都能接受最适合自己的教育。完善“433”研究生拔尖创新人才培养体系，推进学术型、应用型、管理型、复合型“四大类”拔尖创新人才培养，完善开放式专业学习、高水平科学研究、多样化特色培养“三位一体”培养模式，落实全过程拔尖创新人才培养、全方位国际化教育、全新专业学位教育“三大类”研究生培养手段，全面提升研究生培养质量和水平。

三是强化精英教育过程。积极推进“大班授课、小班研讨”试点工作，聘任具有教学能力的研究生助教参与小班化课堂讨论，努力使小班化教学班次达到全校总开课班次的60%，真正实现小班化教学。实施探究式课堂教学改革，强化师生互动环节，鼓励、引导广大教师开展研讨式教学、启发式讲授、探究式讨论、非标准答案考试，改革学生学业评价体系，使教学过程考核成绩不低于50%，全面提升课堂教学效果。加强本科教学质量管理体系建设，规范课堂教学各环节基本要求，真正使每个学生在学习的全过程中都能享受优质教育资源，都能接受到最好的教育。

四是深入推进国际化教育。全面实施“本科生留学奖励计划”、“本科生国际交流计划”、“优秀博士生国际学术交流计划”，定期举办全球性夏、冬令营，力争使在校本科生至少有一次海外交流经历。加快建设20个左右面向全球招生的全英文授课专业，建立面向全球招生的研究生导师库，全面推进“成都美国海外留学中心”建设，与成都市共同设立海外留学生奖学金，在全球范围内吸引、招收一流学生，力争使我校留学生规模达到在校学生总数的10%。

同时，学校将进一步强化教育教学的各方面工作，特别是着力加强学生实验室建设，在去年投入9000万元全面改扩建学生专业实验室的基础上，继续每年投入3000万元左右的资金，进一步推进基础和专业实验室的全面改造，大力改善学生实验教学条件，为全面提升学校人才培养质量提供更加良好的条件保障。

第三，加强高水平师资队伍建设。有好的老师，才会有好的学生，才会有高质量的教育，才会有积极向上的教风学风。今年，我们将重点做好以下四个方面工作，努力建设一支潜心育人、素质优良、竞争力强的高水平教师队伍。

一是全面落实青年教师培养的“三个全覆盖”。目前，学校青年教师科研启动经费、青年教师导师制已经基本实现了全覆盖。今年，我们将全面实施“青年教师博士学位提升计划”，重点资助优秀青年教师参与“国际名校联合培养博士计划”，鼓励和支持每位青年教师在职攻读博士学位，到“十二五”末，力争实现青年教师博士学位和海外经历全覆盖。

二是为中老年教师创造更加良好的事业发展条件。中老年教师是学校事业发展的骨干。我们将更加关心、关注在岗中老年教师的发展，鼓励中老年教师参加访问学者计划、研究生导师合作交流计划，为中老年教师实现自己的事业追求搭建更好平台、创造更好条件。鼓励广大中老年教师充分发挥传帮带作用，以高尚的人格魅力、严谨的治学精神、丰富的教学科研经验，指导、引导广大青年教师成长、发展。

三是加大高端外籍教师引进力度。大力实施“高端外籍教师聘任计划”，通过灵活的全职到校、半职到校、短期到校和不定期到校四种形式，全方位引进诺贝尔奖获得者和发达国家的院士，活跃在国际科技前沿的著名教授，在海外有一定知名度的具有重大科技创新潜力的优秀中青年学者“三个层次”的海外高端人才，力争引进高端外籍教师20～30人；全面实施“全职外籍教师聘任计划”，力争使编制内的外籍教师达到教师总数的5%，大约200人左右。

四是全面实施“海纳人才”工程。在深入推进“优秀青年教师国际名校深造计划、名师培育计划”，加大青年教师培养力度的同时，学校将大力实施“海外名校优秀青年学者引进计划”，设立“特聘研究员、副研究员”岗位，重点引进35岁以下，在国际著名大学获得博士学位的青年人才；实施“卓越学者计划”，重点引进一批国内著名学者；实施“学科跨越定向引智计划”，针对具有发展潜力的学科领域，定向引进高水平学科人才和创新团队；实施“文科优秀青年百人计划”，力争引进100名以上，具有海外博士学位的人文社科优秀青年人才。

第四，深化人事管理体制机制改革。只有真正构建与国际高水平大学相适应的人事管理制度、科学合理的薪酬分配制度，才能充分调动广大教职工的工作积极性和主动性，才能激发每个教职工的激情与活力。今年，学校将进一步推进人事管理体制机制改革，重点做好三个方面工作。

一是探索建立科学、合理、有效的现代大学人事管理体制。继续深化项目助理制改革，构建完善项目制教职工专业技术职务晋升、科研启动经费申报通道，建立健全聘用制和项目制教职工转轨的评价考核、遴选、激励和淘汰机制，真正实现同工同酬、同标准同待遇，努力构建以教师队伍和教学、科研辅助队伍“两支队伍”，以项目助理制、合同聘任制和固定编制“三个层次”为鲜明特色的现代大学人事管理体制。

二是全面深化人事分配制度改革。从今年开始，学校将构建实施“基本工资+岗位津贴+绩效奖励”的分配制度，进一步提高奖励性绩效比例，全面加强岗位绩效考核，计划将基本工资以外薪酬的70%作为岗位津贴、30%作为奖励性绩效，根据岗位目标考核情况以及业绩贡献大小发放，真正实现多劳者多得、优劳者优酬。在加强绩效考核的基础上，进一步提高教职工待遇。

三是积极稳妥推进职员制改革。加快研究制定管理人员职员制改革的具体实施方案，以工作绩效和实际贡献为导向，以奖励和鼓励先进为目标，进一步强化岗位聘任和岗位考核，切实增强管理干部、职工的岗位意识、责任意识。

第五，积极推进协同创新。协同创新是大科学时代对科技创新的必然要求，也是全面提升高校创新能力的根本要求。学校将按照“长远规划、重点推进、开放包容、分类建设”的基本原则，制定实施《四川大学“2011计划”实施方案》，按照“国家急需、世界一流”的要求，深入推进更高水平、更深层次的协同创新。为此，我们将重点做好以下三个方面工作。

一是推进学校层面协同创新平台建设。全面整合学校文理工医优势资源，积极汇聚国内外优质学科、科研资源，努力培育建设一批覆盖多学科的高水平协同创新平台，包括与美国加州大学等共建九寨沟生态环境与可持续发展国际研究中心、与香港理工大学等共建灾害科学技术与管理协同创新平台、与成都市共建天府新区文化园、与德阳市共建产业研究院等协同创新中心。

二是推进学科层面的协同创新平台建设。瞄准科学发展前沿，围绕行业产业核心关键技术，以现有优势和特色学科为基础，培育一批协同创新体。推进生物医药协同创新中心、皮革产业协同创新与成果转化中心、生物医用材料协同创新中心、口腔医学协同创新中心、先进磷化工技术与装备协同创新中心、数学协同创新中心等的建设。

三是推进区域协同创新和文化传承创新平台建设。紧紧围绕区域发展的重大战略需求，以服务地方经济社会发展为引导，大力推进成渝经济区发展研究院、中国边疆安全战略研究院等区域协同创新平台建设，积极为地方政府决策提供高水平、应用性强的战略咨询服务。面向文化传承创新的迫切需求，积极推进文化遗产与文化复兴研究院等协同创新平台建设，努力推动文化大发展大繁荣。

各位代表，同志们，2012年是学校的校园文化建设年，加强“五风”建设是学校工作的重中之重。为此，我们将向大会提交《四川大学机关服务公约（征求意见稿）》《四川大学关于进一步加强教风学风建设的若干意见（征求意见稿）》《四川大学关于进一步完善校园文化视觉形象识别系统的实施意见（征求意见稿）》《四川大学校园交通与环境整治方案（征求意见稿）》以及《四川大学各学院发展评估报告（2011年）》五份文件，请各位代表讨论、审议，并提出意见和建议。

四、真情关爱师生员工，激发爱校建校热情

各位代表，同志们，以人为本是大学文化和大学精神的核心和本质，更是加强校园文化建设的出发点和落脚点。今年，我们要通过推进校园文化建设，全面促进广大师生员工的凝聚力、向心力，全面激发每位师生员工爱校建校的热情和激情，真正使每位教职工都能在自己的工作岗位上有作为、有地位、有待遇，使每位师生员工在川大更幸福、有尊严、有成就。

我们要更加投入感情关爱每位学生，努力为全体学生成长成才创造更加优越的条件。今年，学校将进一步加大教学投入，计划增加教育教学经费约1.3亿元，教育教学总投入将达到4.35亿元；提高研究生奖助学金额度，计划在去年基础上增加约6000万元专项投入，使研究生奖助学金经费总投入较2011年翻一番；另增加1000万元鼓励优秀博、硕士生兼任公共课程助教。进一步实施人性化管理，把关爱、教育和服务每个学生作为每位干部、教职工的第一责任，校领导要坚持带头在江安校区上班，学院领导要经常到江安校区看望、关心学生，全面了解学生的真实困难和实际需求；鼓励每位老师下课晚几分钟离开，主动留下自己的手机号、邮箱地址，经常与学生交流；每位管理人员要用良好的服务态度，真诚对待、热心帮助学生。进一步做好学校食堂工作，探索建立食堂供餐前食品安全监测体系，切实保障食堂食品卫生安全。同时，加强门诊式心理健康咨询体系建设，开设系列心理健康专题讲座，使每个学生都能得到专业的心理辅导、咨询和关怀。进一步改善学生学习、生活条件，正在研究制定教室和学生宿舍空调安装，以及学生宿舍热水供应方案，为每位学生潜心学习、健康成长提供有力保障。

我们要更加充满真情关爱每位教职工，努力为广大教职工的事业发展和安居乐业提供更加良好的环境。今年，学校将进一步加强对教师个人学术生涯规划的指导，在改革举措、制度设计上体现对教师的真情关怀，把教师的事业追求作为学校目标来管理、作为学校行为来实现。学校还将逐步提高奖励性绩效工资，合理提高教职工住房公积金计提基数、青年教职工住房补贴计提基数，以及基本医疗保险、工伤保险、失业保险缴费基数，进一步提高广大教职工收入待遇；进一步加快望江校区青年教职工周转房建设，并逐步扩大周转房覆盖范围，做好文星花园二期选房工作，继续努力在江安校区周边争取土地，建设2000套左右的经济适用房和临时周转房，进一步改善教职工住房条件；持续开展丰富多彩的群众性体育活动，丰富教职工业余文体生活。特别是今年，学校将把加大校园交通秩序整治力度，作为校园环境整治的重中之重，全面实施校园交通“净、畅、宁”工程，完善电子门禁计时收费系统，严格控制外来车辆在校园通行和停放；加强校园安保工作，完善分校区、分片区巡逻体系；强化校园环境卫生整治工作，加强校园环境净化、美化，加大校园“牛皮癣”专项整治力度，全力为广大教职工营造更加安全、整洁、舒心的校园环境。

我们要更加满怀热情关爱每位离退休老同志，努力为广大老同志幸福生活营造更加良好的环境。广大老同志不仅是学校改革发展的功臣，更是学校未来发展的宝贵财富。只要国家有政策、有要求，即使学校财力再困难，我们也一定千方百计执行相关政策、千方百计落实老同志待遇，真正使广大老同志老有所养、老有所医、老有所教、老有所学、老有所乐、老有所为。学校将在去年退休同志按属地政策“就高不就低”落实生活补贴的基础上，今年按同样原则落实离休同志的生活补贴；将以往退休同志两年一次体检，改为每年一次体检；进一步增加退休同志活动费，将关工委、老年大学和老年文体协会的日常经费纳入老同志活动经费预算，进一步丰富离退休同志活动；进一步加强离退休活动中心建设，尽最大努力为每位老同志做好服务工作；大力推进关工委建设，充分发挥老同志在教学督导、关心教育下一代、促进学校改革发展等方面的重要作用。

我们要更加真情关心每位干部，努力为广大干部提升整体素质和管理服务水平创造更加良好的条件。加强校园文化建设，干部是关键。如果我们的干部没有文化自觉和自信，就不可能带领广大师生员工推进文化建设。学校将进一步加强干部队伍建设，真正使每位干部都能成为有修养、有公德、有境界、有胸怀的好干部；继续实施学校中层干部海外培训计划，进一步提升干部的水平和境界、拓展干部的思维和视野；大力加强廉政文化建设，让我们每位干部都学会修身，真正做到正心、正身、正行，学会律己，真正做到有底线、有敬畏、有责任，学会珍惜当下，真正做到珍惜岗位、珍惜名誉和身份、珍惜自己，真正使整个校园充满阳光和正气。

各位代表，同志们，全面加强校园文化建设是学校今年的重点工作，抓好“五风”、促进“四力”是推进文化建设的主要抓手。面对当前发展的良好局面，我们没有满足的资本，更没有停步的理由，只有拼搏才有出路，只有奋进才能发展。我们坚信，只要以一流的大学文化、良好的文化氛围凝聚人心，以强大的精神力量、扎实的工作成效推动发展，我们就一定能够全面加快建设高水平研究型大学的历史进程，以更加优异的工作成绩迎接党的十八大胜利召开！

大力推进校园文化建设　坚定不移地推进科学发展 为建设中国一流研究型综合大学而努力奋斗

——在四川大学三届二次教代会暨二届二次工代会闭幕式上的讲话

校党委书记　杨泉明

（2012年4月28日）

各位代表，老师们，同志们：

四川大学第三届教职工代表大会暨第二届工会会员代表大学第二次会议，经过全体代表的共同努力，圆满完成各项议程和任务，即将胜利闭幕。我代表学校党委、行政及大会主席团，向各位代表以及为这次大会成功召开而付出辛勤劳动的同志们，表示衷心的感谢！

这次“双代会”从大会主题、《校长工作报告》到提交大会讨论的各项文件，都紧紧围绕贯彻落实党的十七届六中全会精神和胡锦涛总书记清华百年校庆重要讲话精神，认真思考和谋划如何加强校园文化建设、增强文化自觉和自信、加快建设中国一流大学步伐这一重大问题。大会上，代表们认真听取和讨论了谢和平校长代表学校所做的《校长工作报告》，并对《报告》给予高度评价。代表们还认真听取并审议了李光宪常务副校长代表学校所做的《四川大学2011年财经工作报告》和校工会林红常务副主席所做的《四川大学2011年教代会和工会工作报告》，对这两个报告给予了充分的肯定。代表们还讨论了《四川大学加强教风、学风建设的实施意见》《四川大学机关服务公约》《四川大学关于进一步完善校园文化视觉形象识别系统的实施意见》《四川大学校园交通环境整治方案》《四川大学校旗设计与标准色设计方案》等方案，对这些方案的原则思路也表示认同。对于《四川大学教职工代表大会实施细则（修订稿）》，部分代表提出从名称到内容都还需要进一步研究和广泛征求意见，因此，经昨晚大会主席团会议慎重研究并于今天上午征求各代表团意见，同意在进一步广泛征求意见后提交下一次会议审议通过。在全体代表的共同努力下，本次“双代会”开得很成功、很圆满，进一步统一了思想，振奋了精神，明确了任务。这次大会是一个团结奋进的大会，一个求真务实的大会，一个凝聚全校师生职工力量、努力推进学校文化建设和科学发展的大会。

会议期间，各位代表本着对学校改革发展高度负责的态度，认真履行代表职责，正确行使民主权利，紧紧围绕会议的中心议题，畅所欲言，共商大计，对提交大会讨论审议的报告和方案提出了很多修改和完善的意见，并就校园文化建设涉及的各个方面的工作，提出了许多富有建设性的意见和建议，这充分体现了全体代表与与会同志对学校发展高度负责的精神。对于这些意见和建议，尤其是教职工共同关心的问题，各部处、各单位都要认真梳理、认真研究、认真采纳，根据大家的建设性意见认真修改完善报告和方案，认真办理代表提出的各项提案，特别是对涉及全面工作的提案、就一个问题多次提出的提案，更要认真办理，认真回复，着力推动有关事项的解决和落实，决不辜负各位代表和广大教职工的殷切期望和信任。

四川大学作为一所高水平大学，在116年的历史传承中，形成了深厚的人文底蕴、扎实的办学基础和以校训“海纳百川，有容乃大”、校风“严谨、勤奋、求是、创新”为核心的川大精神。特别是三校合并以来，学校坚持社会主义先进文化的发展方向，坚持主旋律、高格调、高品位、高质量，切实推进具有鲜明特色的校园文化建设，对内形成了强大的凝聚力，对外产生了重要的影响力，校园文化建设取得了显著成效。但是，我们在提升文化品位、营造文化氛围、发挥文化育人功能、提高学生文化素养、引领社会发展等方面，与社会的要求和师生的期盼相比还存在一定差距，学校的校风、教风、学风、文风和机关作风还有待根本好转。这次“双代会”对今后一个时期学校加强校园文化建设、推进改革发展进行了全面系统部署。能不能把工作思路和部署转化为工作实效，关键取决于我们工作的推进力度和落实程度，取决于我们的精神状态和工作作风。在大会即将闭幕之际，我就会议精神的贯彻落实作几点强调：

一是文化建设要坚持以社会主义核心价值体系为引领

党的十七届六中全会对高校提出了一系列新要求，其中最根本的就是推进社会主义核心价值体系建设。文化的精神价值是文化之“魂”，当代中国文化的“魂”就是社会主义核心价值体系。社会主义核心价值体系凝练着我们党的基本理论和政治主张，反映了全体人民的价值共识和精神追求，是社会主义意识形态的本质体现。我们应当以高度的文化自觉和文化自信，在建设社会主义核心价值体系中走在时代前列，坚持把社会主义核心价值体系贯穿校园文化建设全过程，渗透人才培养各环节，融入学校教育管理服务各领域。要毫不动摇地坚持社会主义办学方向、坚持党对高校的领导，牢牢把握意识形态工作主导权，把学校建设成为主流意识形态的坚强阵地。要坚持用马克思主义中国化最新成果武装师生头脑，扎实推进中国特色社会主义理论体系进教材、进课堂、进头脑。要用中国特色社会主义共同理想凝聚师生力量，大大突出理想信念教育，引导广大师生坚定对中国特色社会主义的信心和信念。要大力开展以爱国主义为核心的民族精神教育和以改革创新精神为核心的时代精神教育，激励广大师生始终保持昂扬向上、奋发有为的精神状态。要坚持用社会主义荣辱观引领校园风尚，树立和践行以八荣八耻为主要内容的社会主义荣辱观，加强学风校风教风建设，形成知荣辱、讲正气、树新风、促和谐的良好校园氛围。

二是校园文化建设要围绕教育质量提升的中心工作来展开

胡锦涛总书记在清华百年校庆重要讲话中指出，当前高等教育要坚定不移地走以质量提升为核心的内涵式发展道路。坚持走内涵式发展道路、全面提高教育质量是当前高等教育改革发展最重要、最紧迫的任务。近日，教育部召开了提高高等教育质量工作会议，下发了《教育部关于全面提高高等教育质量的若干意见》《高等学校创新能力提升计划》等文件。在今年的校园文化建设中，我们要花最大的精力来抓好教育部“提高高等教育质量若干意见”和“高等学校创新能力提升计划”的贯彻落实，切实把质量提升摆到更加核心、更加重要的位置上来。我们要以这次“双代会”的召开为重要契机，把校园文化建设与质量工程紧密结合，通过校园文化建设，通过抓“五风”，特别是通过加强教风学风建设，努力推动学校教育质量的全面提升。要认真筹备和召开好本科和研究生教育工作会议，各部处、各学院和各单位要牢固树立科学的教育观、质量观、人才观和发展观，进一步深化教育教学改革，完善高素质创新人才培养模式，着力提升协同创新能力，着力加强教师队伍建设，着力推进体制机制创新，真正把提高教育质量的要求落到实处，取得实效。

三是文化建设要坚持共性要求与分类指导相结合

我校作为规模比较大的综合性大学，学科众多，岗位各类，不同学科、不同岗位具有不同的情况。我们在推进校园文化建设中，要坚持共性和个性相结合，既要把握共同规律和共性要求，又要坚持分类指导，在不同学院、不同岗位体现不同要求，各学院、各系统要根据自身实际，突出自身特色。文理工医各学院的文化建设要丰富多彩，充分反映自己的历史文化传统和专业特色，这次提交大会学习参考的三个学院的文化建设方案就很有特色。各个岗位、各个部门在“五风”建设中也要突出有针对性的要求。对领导干部要大力倡导勤政文化、廉洁文化和开拓进取、求真务实的精神；对教学科研人员要倡导师德文化、学术文化，树立良好的师德师风和学术道德；对管理人员要倡导先进的管理文化，切实转变文风、会风和机关作风；对医务人员要强调仁心仁术、救死扶伤，树立良好的医德医风；后勤服务系统的文化建设主要应突出对师生服务意识的增强和服务质量的提高；在离退休同志中则要大力弘扬健康的老年文化，等等。这次各机关部门提出的服务公约，体现了突出特色和针对性的要求，希望各部门根据大家的意见，结合岗位职责和管理规章制度进一步完善并认真落实好、实践好。共性和个性的有机结合，正是学校校园文化建设丰富多彩的魅力之所在，坚持共性要求与分类指导的有机统一，学校文化建设就一定能不断取得实效。

四是文化建设要与迎接和贯彻党的十八大、与创先争优活动、基层组织建设年活动和学雷锋活动紧密结合

今年是一个特殊而重要的年份，我们党将召开十八大，这是全党全国各族人民政治生活中的一件大事。“迎接十八大，学习宣传贯彻十八大”，是全党全国今年的工作主线。按照中央、教育部党组和省委的要求，为党的十八大胜利召开创造和谐稳定的良好氛围，是当前学校首要的政治任务。每逢党和国家事业面临大事，每当改革发展处于关键时期，社会思潮往往更加活跃，一些噪音杂音也会明显增多。在这个时候，需要全校师生员工尤其是党员干部正确认识形势、统一思想，在大是大非上头脑清醒，在路线原则上立场坚定，把思想和行动统一到中央对国际国内形势的判断上来，统一到中央对今年工作的总体要求和决策部署上来。要紧紧围绕党的十八大这个大局思考问题、开展工作，增强政治敏锐性，提高政治鉴别力，严守政治纪律，在任何情况下不为噪音杂音所扰、不为传闻谣言所惑，不信谣传谣、不乱发议论、不传播小道消息，真正在思想上、行动上同以胡锦涛同志为总书记的党中央保持高度一致。要以高度的政治责任感和饱满的政治热情，扎实抓好迎接党的十八大召开和学习、贯彻党的十八大精神的各项工作。要以“基层组织建设年”为契机，深入贯彻落实《基层组织工作条例》，进一步加强基层党组织建设；继续深入开展创先争优活动，通过党组织和党员的创先争优，进一步带动全校师生员工创先争优，在推进校园文化建设和改革发展中建功立业。要深入开展学雷锋活动，推动学雷锋活动常态化，大力弘扬雷锋精神，促进社会主义核心价值体系建设，不断提升师生的公民道德素质。要严格落实稳定是硬任务、稳定是第一责任的要求，继续推进和谐校园和“平安川大”建设，提高安全防范水平，确保校园安全与和谐稳定，努力为党的十八大胜利召开营造良好氛围。

五是文化建设关键是狠抓落实

这次大会讨论中，代表们对校园文化建设如何抓落实给予了普遍的关注和重视。推进校园文化建设，一方面要有思路、有理念、有方案；另一方面要加强实践，身体力行，全面落实。这次“双代会”确定了一个很好的主题，明确了校园文化建设的工作思路和方案。要把好的思路和方案变成现实，关键是狠抓落实。大会闭幕以后，各部门、各学院、各单位要认真传达会议精神，切实抓好各方面的贯彻落实工作。在抓落实的工作中，要坚持“四带头”，即在校园文化建设特别是在“五风”建设中坚持干部带头、党员带头、机关带头、教师带头，全体领导干部、广大党员和机关部门要带头保持昂扬向上的精神状态和求真务实的工作作风，不懈怠、不动摇、不空谈，认认真真抓落实，一心一意谋发展。广大教师在教风学风建设中要率先垂范，为人师表，切实肩负起教书育人的神圣职责。要坚持“三落实”，一是任务和责任落实，二是措施和时限落实，三是督促和考评落实。通过“三带头”、“三落实”，使各项工作落到实处，各个方案落地生根。校园文化建设关键在于增强执行力，我们要一件一件抓落实，每项工作讲实效，各项工作有检查，扎扎实实抓出成效。同时，我们还要充分认识到，文化建设是一项长期、艰巨的任务，不可能一蹴而就，我们还要花极大的精力来研究文化建设的长效机制建设问题，认真落实文化建设的制度保障和各方面的条件保障。

最后我要特别强调，我们要继续全面贯彻落实全心全意依靠教职工办学的方针，最大限度地调动教职员工的主人翁积极性和创造性。要进一步完善“双代会”制度，努力推进民主政治建设。“双代会”是教职工依法参与学校民主管理、民主监督的基本形式，是建立和完善现代大学制度，促进学校民主治校、依法治校的基本途径，是广大教职工依法维护合法权益的重要保障。要进一步健全完善“双代会”制度，切实调动广大教职工的积极性、主动性和创造性，努力汇集广大教职工的智慧和力量。学校工会组织和教代会工作机构要坚持把代表教职工利益、维护教职工合法权益与积极参与学校民主管理和民主监督结合起来，与汇聚教职工智慧力量、促进学校科学发展结合起来，不断创造新的工作业绩。希望“双代会”代表带头宣传好本次会议精神，认真贯彻好本次会议的决议，团结带领全体教职工为学校的改革发展贡献聪明才智，为加快建设中国一流研究型综合大学做出更大的贡献。要进一步充分发挥老同志、民主党派和无党派人士的重要作用。要认真落实老干部和离退休政策，建设好老同志发挥作用和开展活动的平台，充分发挥老同志在推动学校改革发展、关心教育下一代和促进和谐校园建设方面的重要作用。要继续高度重视统一战线工作，进一步拓展渠道、搭建平台，积极支持各民主党派搞好自身建设，努力为民主党派和党外人士参政议政和民主监督创造更好的条件。要真情关怀服务师生员工，努力为师生员工办实事。要把关注和改善校园民生放在更加突出的位置，坚持发展为了师生、发展依靠师生、发展成果由师生共享，不断健全完善师生员工利益协调、诉求表达、矛盾调处和权益保障机制，坚持实施为师生办实事制度，进一步完善校园公共服务体系，认真解决师生员工最关心、最直接、最现实的利益问题，多为师生办实事、做好事、解难事，真正使广大师生员工生活得更有尊严、工作学习更加舒心，不断增强师生员工对学校的归宿感，努力实现学校事业全面进步与师生员工全面发展的有机统一。

各位代表、同志们，我们这次大会明确了文化建设年的任务和近一个时期校园文化建设的思路，进一步统一了认识，振奋了精神，明确了目标，我们要坚持以邓小平理论、“三个代表”重要思想为指导，深入贯彻落实科学发展观，切实增强工作的责任感和使命感，坚定信心、开拓奋进，认真落实好本次会议精神，大力推进校园文化建设，坚定不移地推进科学发展，为建设中国一流研究型综合大学而努力奋斗，以优异成绩迎接党的十八大胜利召开！

最后，祝愿各位代表、同志们“五一”劳动节节日快乐，并祝愿大家工作顺利，身体健康，阖家幸福！

提升质量　内涵发展
以优异成绩迎接党的十八大胜利召开

——在四川大学2012年下半年工作布置会上的讲话

校党委书记　杨泉明

（2012年8月31日，根据记录整理）

老师们，同志们：

刚才，谢校长对上半年工作做了总结，对下半年工作做了部署，讲了十项工作，重点突出。大家要认真把握，按照要求安排布置好本部门、本学院和本单位的工作，抓好会议精神的传达学习和贯彻落实。

今年是实施“十二五”规划承上启下的重要一年。上半年学校以“校园文化建设年”和“基层组织建设年”为牵引，在各个方面做了大量的工作，学科建设、人才培养、科学研究、社会服务、师资队伍建设、国际合作办学等方面都取得了显著的成绩，体现学校核心竞争力的许多指标都上了一个新水平。党建工作也取得了明显的进展，我们顺利接受了中央巡视组的巡视，学校各级党政班子、领导干部和广大师生员工积极支持、全面配合，确保了巡视工作的顺利开展，巡视组对我们的工作非常满意，对整个学校的发展也给予了充分的肯定。“基层组织建设年”各项工作也富有成效。在调研的基础上，我们制定下发了七个制度性文件，这是过去多年工作经验的总结，非常重要。上学期，我们的党员、党支部全面接受了民主评议，党支部开展了分类定级活动，全校 806 个党支部绝大多数是优秀支部，另外也有几个不合格支部，这种实事求是的做法我是非常赞赏的，基层党委把关把得很好，有些支部不合格就是不合格，不合格就加强整改。此外，我们在干部队伍建设、党员发展、反腐倡廉、学生思想政治教育、意识形态工作、民主政治建设等方面都取得了很好的进展，今年上半年还成功地召开了双代会，并保持了学校的持续和谐稳定，这些工作都是全校师生员工和全体干部共同努力的结果。

关于下半年的工作，这里我想就怎样把握好工作大局、怎样抓好落实作几点强调。

一是坚持以迎接、学习、宣传、贯彻十八大为工作主线。中央确定了全党全国今年下半年的工作主线，这个主线就是围绕迎接、学习、宣传、贯彻十八大来开展好各方面的工作。这是全党全国各方面工作的主线，也是整个高等教育战线和我们学校工作的主线。中央希望高等院校在迎接十八大胜利召开工作中，在思想准备、氛围营造、维护社会和谐稳定方面做出更大的贡献。希望各部门、各学院、各单位以及全体干部很好地把握这条主线，这学期的川大应该是个更加和谐稳定的川大、更加积极向上的川大。同时，希望全体干部进一步增强政治意识，严守政治纪律。前几天，我们在武汉参加教育部直属高校咨询工作会后，教育部又召开了稳定工作会。有关领导同志特别批评了一种现象，说有些高校的一些专家学者发表了不少不负责任的言论，与中央唱反调。我们听后感到非常吃惊。川大的情况是很好的，我们的干部要很好地坚持这一点，与中央保持高度一致，维护学校持续和谐稳定的局面，把握好下半年的工作主线。

二是认真贯彻中央创新驱动发展战略和教育部直属高校第 22 次咨询工作会精神，围绕质量提升和内涵发展这一中心任务，全面推动学校的各项工作。今年 7 月份召开了两个重要会议，一个是全国科技创新大会，一个是省部级主要领导干部专题研讨班，胡锦涛总书记在这两个会议上明确讲，我们要实施创新驱动发展战略。创新驱动发展是在深刻把握当代经济发展特征的基础上，为我国未来发展打造核心驱动力而做出的重大部署。要牢牢把握发展主动权，抢占发展先机，其中最根本的就是要依靠科学技术的力量，最关键的是要大幅度提高自主创新能力。这是中央一个非常重要的新认识，一个非常重大的发展战略思考，这对高等教育如何更好地提升办学质量和水平，如何更好地培养创新人才，如何更好地增强自主创新能力，提出了更高的要求，希望我们的干部很好地把握中央这个精神。再一个会就是 8 月 20 日—21 日召开的教育部直属高校第 22 次咨询会，这个会议每年召开一次，既是咨询会也是工作会，各直属高校的书记、校长都要参加，主管教育的中央和国务院领导同志也每年参加。今年中央政治局委员、国务委员刘延东同志也参加了，她在会上发表了非常重要的讲话，讲话高度概括了近年来中央关于高等教育的九条新思路、新举措，明确提出了高等教育“三步走”的发展战略，并把高等教育下一步的发展定位为“六个发展”。这几个要点，对于我们把握高等教育发展趋势非常重要。下面我就把这几个要点给大家简单讲一讲。近年来中央关于高等教育一系列新举措、新思路主要概括为九条：第一，是提升了高等教育的战略地位，特别是把高等教育作为人才第一资源和科技第一生产力的结合点；第二，明确了高等教育的内涵式发展道路，高等教育发展的生命线是质量提升、内涵发展；第三，提出了建设有特色、高水平高等教育的目标要求；第四，拓展了高等教育的基本功能，构建了人才培养、科学研究、社会服务和文化传承创新四大功能相互支撑的格局；第五，明确了人才培养的中心定位，把育人为本作为高等教育的首要任务；第六，明确了高等教育体制改革的方向，就是建设中国特色社会主义现代大学制度；第七，明确了教师队伍建设是最重要、最基础的工作；第八，把开放、合作作为高等教育发展的战略抓手；第九，大力提升高等教育党建和思想政治工作的科学化水平。刘延东同志根据胡锦涛总书记清华百年校庆讲话以及中央近年来的一系列新考虑，作了九个方面的概括，这实际上为高等教育今后的发展进行了重要的定位，我们要很好地理解把握。同时，刘延东同志明确提出了高等教育“三步走”的发展目标：第一步是2015年实现“十二五”规划的目标；第二步是2020年全面实现教育改革发展规划纲要的目标；第三步是到21世纪中叶全面实现高等教育现代化，进入高等教育强国行列。在此基础上，刘延东同志把高等教育下一步的发展概括为“六个发展”：一是坚持协调发展，主动适应经济社会发展、民生改善和建设学习型社会的需要，培养更多高素质劳动者和拔尖创新人才，加速科研成果转化，不断提高服务经济社会发展的水平。二是要坚持内涵发展，树立科学的质量观，完善资源配置机制，健全教育质量保障体系，稳定规模、优化结构，全面提高高等教育质量。三是要坚持特色发展，实行分类管理，鼓励高校合理定位，各展所长，争创一流。四是要坚持创新发展，深化教育体制机制改革，加强党的领导，完善学校内部治理结构，落实和扩大高校办学自主权，激发高校生机和活力。五是要坚持开放发展，完善高校面向科研院所、企业、地方开放合作机制，加快引进先进教育理念和优质教育资源，积极推动我国高等教育走出去。六是要坚持可持续发展，注重科学规划，加强制度建设，增强工作连续性、预见性、创造性和系统性，努力形成我国高等教育持续健康发展的良好局面。这六个“发展”，中央领导同志和教育部以前也曾分别讲过，但把它作为科学发展的一个整体进行集中表述，还是第一次，需要我们深入理解把握。刘延东同志在第22次咨询会上的讲话非常重要，立意高远，视野开阔，绝不仅仅只是一年的工作总结。袁部长在武汉召开的稳定工作会议上特别讲了一句话：刘延东同志讲的“六个发展”，中心思想就是要走好质量提升的内涵式发展道路。这就进一步明确，当前整个高等教育的中心任务就是质量提升，内涵发展。我们整个学校的工作部署，都要围绕这个中心任务来展开，要围绕这个重心，把我们的教学工作、创新人才培养、学科建设、队伍建设、协同创新、联合办学等各项工作抓出新的水平。刘延东同志讲话的正式文件来了后，要印发下去，各单位要利用中心组学习、政治学习、组织生活等进行认真学习。

三是切实落实“文化建设年”、“基层组织建设年”的各项工作部署。现在是一年的中期，要把握全年工作的连续性。今年是学校的“文化建设年”，也是中央部署的“基层组织建设年”。定位为工作年，意味着有明确的工作任务，这些任务年初的时候已经作了全面部署。各方面工作上半年有很好的进展，但由于上半年有一些特殊的工作任务，我们不得不把更多的精力放在那些任务上，所以年初布置的有些工作下半年必须抓紧，要对照这些工作部署，把各方面工作抓到位、抓落实。

四是要把抓好巡视整改与推进各方面工作紧密结合起来。今年下半年乃至明年大半年，我们非常重要的一项工作就是做好中央巡视组巡视意见的整改落实。巡视组要求我们今年 9 月 15 日以前上报整改方案，整改方案报送后的 12 个月是整改期，整改期满后报送整改工作报告，之后巡视组还要专门安排回访，或者通过其他方式来检查。回访主要看存在的问题改了没有，发现新问题没有，特别强调不要老问题没有改，又发现新问题。所以说，12 个月整改期满之后，不是说报了整改意见就行了，很有可能还要回访，即便不回访也有其他的检查形式。所以校院两级领导班子、各个部门都必须高度重视这项工作，好多工作涉及每个部门和各个学院，一定要抓到位。学校党委常委会已经召开了专门会议，成立了专门机构，我和谢校长当组长，全体校领导都作为整改工作领导小组成员，徐兰书记担任整改工作督查小组组长。15 号以前，我们要集中精力研究整改方案，首先要把整改方案制定好。希望校院两级领导班子、各学院、各部处高度重视，把落实整改任务和推进各项工作很好地结合起来。这里面好多工作是一致的，落实了整改任务，也就推进了工作。中央巡视组很支持我们，很肯定学校的工作，很关心学校的发展，我们一定要把整改工作做好，交出一个比较圆满的答卷。

党建及思想政治工作方面，上半年我们取得了可喜的进展，下半年，学校改革发展稳定的任务相当繁重，我们要深入贯彻落实科学发展观，继续坚持“围绕中心抓党建、抓好党建促发展”的思路，进一步解放思想，深化改革，提高质量，维护稳定，奋力开创学校改革发展的新局面，以优异成绩迎接党的十八大胜利召开。这里，我就下半年的党建及思想政治工作再着重强调几个方面。

第一，切实抓好迎接、学习、宣传、贯彻十八大精神的各项工作。要把会前、会后的工作做到位：会前主要是营造环境，加大宣传的力度，展示十七大以来我国社会主义建设事业和学校改革发展取得的巨大成就，凝聚人心；会后及时掀起学习、宣传、贯彻、落实十八大精神的热潮，把学习十八大精神作为今后一个时期学校各级党委中心组、党员组织生活、师生职工政治学习和两课的主要内容，并采用十七大召开以后学校成立讲师团的办法，组建十八大精神宣讲团，到校内各单位广泛深入地开展学习辅导和宣讲活动。同时，围绕十八大关于高等教育的部署，提出进一步深化改革、促进发展的新思路和新举措。

第二，扎实抓好中央第三巡视组巡视意见的整改落实。上学期，中央第三巡视组对我校进行了集中巡视，并全面反馈了巡视意见。巡视反馈意见对学校各方面工作给予了充分肯定，同时也实事求是、客观中肯地指出了学校在办学质量、内部管理、大学生思想政治教育等工作中存在的问题和不足，提出了科学合理的建议。巡视意见具有很强的针对性和指导性，充分体现了中央对川大的殷切期望和亲切关怀。我们必须坚决贯彻，高效落实，认认真真抓好整改。假期中，学校收到了中央第三巡视组的巡视意见正式文件，放假前，学校党委常委会就已经专门召开会议，按巡视意见进行了整改任务分工，明确了各位校领导牵头主抓以及各部门、学院、单位的任务。开学前，校领导班子学习会又进行了讨论，目前正在深入研究，以形成正式的整改方案。所以，抓好中央巡视组巡视意见的整改落实，将是新学期以及明年上学期的一项重要工作。凡是整改任务涉及的主要领导、主管部门、相关学院、单位和基层党组织，一定要把这项工作作为当前和今后一个时期一项重点工作，针对在教育教学和管理、干部作风、党风廉政建设等方面存在的薄弱环节，逐条研究对照，深入剖析问题根源，进一步细化整改方案，层层分解整改任务，明确责任、狠抓落实，按照巡视组的整改要求和整改时间表把整改任务抓好、抓实、抓到位；各级党政班子要加强督查，切实解决突出问题，通过整改推动学校工作科学发展。同时，我们还要以整改落实为契机，进一步加强干部教育，增强自觉接受监督的意识，建立健全监督长效机制，促进学校各项工作科学化、规范化和程序化，不断提升管理水平，巩固和扩大改革发展成果，更好地完成党和人民赋予的光荣使命。

第三，进一步抓好领导班子和干部队伍建设。要推进干部选拔任用实施条例的制定工作。这学期还有一些处级干部的公开选聘工作，比如公选国际交流合作处处长，要尽快选聘到位。还有科研机构的换届，上学期已经开了头，这学期要实施。在干部培训方面，要继续抓好处级和科级干部的培训工作。要做好试用期满处级干部的考核和续聘，还要尽快完成尚未聘任的几十个科级岗位干部的选聘工作。

第四，深化“基层组织建设年”各项工作，切实加强基层组织建设和党员队伍建设。这学期要把七个相关文件的落实作为基层组织建设的重点，特别要做好党支部的晋位升级。同时，制订进一步加强党员发展工作的实施意见，特别是加强学生党员和青年教师党员的发展工作。

第五，认真抓好创先争优总结表彰，努力构建创先争优长效机制。首先，在十八大召开以前，按照中央和教育部的部署，做好全面的总结表彰工作，希望各个党委（总支）根据上学期工作部署，做好总结表彰。其次，按照中央的部署，学校和学院都要认真制定长效机制文件。

第六，进一步加强和改进大学生思想政治教育和教职工思想政治工作。这学期要进一步抓好思想政治理论课的改革。马克思主义学院做了大量的探索，这学期还要检查、验收，继续把这方面工作做好。同时，这学期是对学生进行理想信念教育的大好时机，要利用十八大的召开，加强十八大精神的学习、宣传力度，进一步加强对广大青年学生的理想信念教育。还要进一步完善“四位一体”的管理服务体系，并抓好落实。研究生思想政治教育工作方面，希望结合推进研究生创新能力培养这一工作，全面、系统考虑怎样加强研究生思想政治教育，出台一个符合实际、操作性强的办法。研究生工作部已经在做这项工作，要继续推进。

第七，深入开展党风廉政建设和机关作风建设。党风廉政建设非常重要，我们要把它作为党建工作的重中之重来抓。近年来我们已经制定了一些专门文件，要继续抓好政治纪律教育、重大决策落实的监督，以及三重一大决策制度和党政联席会议制度等落实情况的督查。要进一步推动信息公开，加强法纪教育，特别是科研经费的管理教育。这次在武汉会议上，有关领导对科研经费方面的问题讲得特别严厉，用的词汇是“贪污科研经费”，这是对着领导班子讲的，所以这项工作要抓紧。要做好廉政风险防控的试点工作，目前我们已经对此做了部署。机关作风建设要常抓不懈，做好服务公约的履行，工作流程、考核办法的完善，把机关作风建设作为一项非常重要的工作抓好。

第八，进一步加强学校宣传工作和意识形态工作。本学期，宣传和意识形态工作具有特殊的重要性，不仅不能放松，还要抓得更加到位。当前特别要加强讲座、论坛、网络和各种会议的管理。现在非政府组织、宗教组织的渗透非常厉害，要向我们的教师讲清楚，与国外组织打交道一定不要仅仅看重那点资助，要搞清楚它的政治背景。宣传部、国际合作与交流处、社科处、统战部和学工部等部门及相关校领导要把好关，大家分工都很清楚，一定要严格落实责任制，管好这项工作。另外，还要继续抓好民族教育和宗教教育。

第九，大力推进民主政治建设。抓好“双代会”精神的落实、提案的办理，启动好大学章程的制定工作，做好统一战线和老同志的工作。统战工作方面，明年初政府要进行换届，我们要抓住这个机会，大力做好人才输送推荐。老同志工作要始终作为重点，中央最近特别下了一个文，就是做好新中国成立初参加工作的离退休同志工作，涉及面特别宽。我曾经在很多次会议上讲到，要特别做好老同志的工作。学校态度非常明确，只要国家有政策，我们不仅要积极贯彻落实，还要按照最有利于老同志的条款来落实，这点我们要坚持不懈。平时我们要关爱老同志，要逐步把老同志的活动平台建好。同时，对一些因政策突破不了而无法解决的问题，要注意引导解释。学校和不和谐、稳不稳定，老同志这个群体的工作很重要，一定要做好。

第十，切实抓好学校安全稳定工作。这次教育部在咨询会后专门召开了高校稳定工作会议，参加这个会议的人员除了参加咨询会的原班人马，还增加了每个省的教育工委书记和教育厅厅长。这是近年来教育系统高教稳定工作会议中最高层次的会议。袁部长首先讲为什么要开这个会，他用了几个“特别”，他说高校稳定工作特别重要、特别复杂、特别艰巨、特别紧迫。中央的要求也非常高，总书记“7·23”讲话中多次涉及高校稳定，中央召开稳定工作电视电话会议，对高校提出了明确要求。中央还召开了社会管理工作会议、信访工作会议，都对高校提出了明确要求。这是国家大局的需要、高校特点的需要、当前形势的需要。他特别讲到，高校师生特别活跃，纵观整个世界，维稳工作重点是知识分子，难点是青年学生，这些判断对我们增强做好工作的自觉性，提高认识非常有好处。对这项工作要做到全面部署，要求按照抓源头、抓根本、抓基础的思路，来抓好高校的和谐稳定，正确处理好改革发展稳定的关系，以科学发展奠基和谐稳定；关注民生、发扬民主，以民生改善维护和谐稳定；坚持为民、务实、清廉，以优良作风保持和谐稳定；加强学习调研宣传，以正确的舆论促进和谐稳定；要做好识人选人用人工作与队伍建设，支撑和谐稳定。同时对开学阶段抓部署、抓督促、抓落实的工作做出了部署，特别要求要抓好开学的各项工作，要抓好安全稳定的检查、排查，要加强思想文化阵地的管理，要强化对重点人头的监控，加强对周边环境的治理，高度重视信访工作。开学初，教育部要派督查组到各个学校督查、检查安全稳定工作。这项工作非常重要，具有特殊的重要性，希望各部门、各学院的干部高度重视这项工作，始终把正确处理改革、发展、稳定的关系作为我们工作的指导原则。无论什么工作，都要把稳定考虑进去。我们一定要保持和谐稳定和积极向上的局面，这既是大局的要求，也是我们顺利推进各项工作的要求。

最后，我提两点希望，与大家共勉。

一是进一步增强责任感、使命感，确保工作的投入。这次在武汉会议上，几位领导同志讲话，强调最多的一个问题就是投入问题，特别是对教学工作的投入。一是高校的一些领导干部对工作投入不够，不光是校级干部，也包括一些院级、处级干部，在其位不谋其政，不抓工作，老想自己，拿公家的钱到处讲学，不是宣传学校、学院、学科，而是宣传自己，而且到处兼职。二是对本科教学、人才培养工作投入不够。在北京调查了20多所高校，有的高校常委会、校务会一年都不研究本科教学问题，校领导班子一年一节课也没听。领导同志批评的这“两个不足”，我们要认真防范。我们学校的干部在这两方面的投入情况总的讲是不错的，但是不是所有干部都做得很好？不可估计过高。做得好的要做得更好，做得不太好的同志要进一步增强责任感，把它做好。

二是在坚持为民、务实、清廉方面进一步做好表率。几个会议上，领导同志强调最多的另一个问题就是廉洁自律问题。这次武汉会议上，给我印象特别深的就是袁部长在讲稳定工作的时候，从以优良作风保持和谐稳定这个角度来讲稳定，认为一个学校和谐稳定与否，决定性因素是学校的干部是否坚持为民、务实、廉洁。我认为这个认识很深刻，确实是抓住了问题的本质所在，干部形象对学校长远的和谐稳定太重要了。袁部长特别批评当前的一些现象，说有的班子不安排学习，有的干部精力投入严重不足，拿着公款讲学，到处宣传自己，突破道德底线，贪污科研经费，插手不该插手的事情，这些话讲得很严厉，我想他一定是有针对性的。我们一定要把廉洁自律的相关规定落实好，把行为管好。现在这个社会是网络时代，社会对高校的领导干部、知名人士以及整个学校的一言一行关注度是越来越高。最近陕西延安特大交通事故中，安监局长的一个表情就引来网民的非议。我们也随时可能受到这种关注，你现在的一言一行，穿什么衣服，说什么话，什么表情，戴什么表，会场上你是什么表现，是认真听讲还是打瞌睡，都有可能被关注，如果言行不谨慎，给你弄到网上去，是什么概念？所以大家一定要严格要求自己，要做勤政、廉洁的表率，通过辛勤的工作和自律的行为，树立良好的干部形象，团结带领全校师生员工做好各项工作，圆满完成年度工作任务，以优异的成绩迎接党的十八大胜利召开！

谢谢大家！

坚持科学发展　狠抓工作落实
努力推进学校工作再上新台阶

——在四川大学2012年下半年工作布置会上的讲话

校长　谢和平　院士

(2012年8月31日，根据记录整理)

各位老师，同志们：

今天，我们在这里召开新学期工作布置会。我主要讲两部分内容：一是对上半年工作进行总结，二是对下半年工作进行部署。

第一部分　上半年学校主要工作的进展和成绩

今年上半年，在学校党委的领导下，在全体教职工的共同努力下，学校在教育教学、学科建设、科学研究、校园文化建设、国际交流合作以及社会服务等方面都取得了明显进展。特别是，我们集中精力做好了三件大事，大力推进了八项重点工作。

第一，集中精力做好了三件大事

一是全力支持和配合中央第三巡视组来校集中巡视试点工作。今年，中央巡视组第一次到高校开展巡视工作，特别把川大、浙大两所中管高校作为巡视的试点单位。按照中央巡视工作的统一部署，中央第三巡视组利用一个半月时间，对我校开展了巡视试点工作。学校高度重视此次巡视工作，并把此项工作作为上半年的工作重点来抓，在全校干部职工、离退休老同志的全力支持和积极配合下，我们圆满完成了这次巡视工作。按照巡视组工作要求，学校召开了专题汇报会、座谈会11次，落实安排了巡视组与120多名干部、教师的单独谈话，学校干部、教师接受巡视组的监督检查、巡视组调阅相关文件、档案、会议纪要，进行民主测评和问卷调查等相关工作。中央巡视组根据对我校的巡视情况，提出了极具针对性和指导性的巡视意见，对我校近年来改革发展所取得的突出成绩给予了充分肯定，对学校发展存在的主要问题提出了意见和建议，并就学校发展面临的一些困难和问题，向中央和有关部门、四川省委提出了意见建议，教育部和四川省委表示将继续对我校的建设发展给予大力支持。此次中央巡视组对我校进行集中巡视，既是对学校工作的最大鼓舞、支持和鞭策，更是对学校未来改革发展的有力指导。对于中央巡视组反馈的意见，我们要深刻领会、全面贯彻，把全力抓好整改工作，作为本学期的重要工作任务。

二是抓“五风”，促“四力”，全面推进校园文化建设。学校把今年确定为“校园文化建设年”，以“抓‘五风’，促‘四力’，提升文化自觉自信”为主题，成功召开了新一届“双代会”，明确提出了通过抓“五风”，真正促进“四力”。也就是，进一步加强和改进校风、教风、学风、文风和机关作风，不断增强广大师生员工的凝聚力、学校工作的执行力，以及学校的社会影响力、国际竞争力，深入推进校园文化建设，全面促进学校各项事业发展。目前，校园文化建设的各项工作正在顺利推进，为学校各项事业发展营造了良好氛围。

在校风建设方面，学校开展了“最好的时光——川大记忆”主题展览等系列川大文化和川大精神主题教育活动，增强了川大人对川大的认同感、自豪感和归属感。同时，我们正在编写《川大校史简本》，预计将于年底完成，真正使每位师生都能深入了解川大的历史、人物和精神。学校还在组织专家整理编印一批博物馆、校史馆、图书馆和档案馆的馆藏珍贵文物系列丛书，可以说，学校馆藏的很多历代书画、资料文献都是无价之宝，比如，学校图书馆珍藏的《四川全图》，就是由清代大学士董邦达以工笔画形式手工绘制的地图，具有重要的历史价值。目前，学校已经与四川省古籍保护中心共同出版了《四川全图》，向全社会展示和弘扬了川大的文化底蕴，在社会上产生了重大影响。此外，我们还设立了《著名学者学术思想研究》《华西边疆史料研究》2个校级研究课题，进一步发掘、弘扬川大文化和川大精神。

在教风建设方面，学校正在制定出台《四川大学关于进一步加强教风学风建设的若干意见》等系列文件、政策；启动了优秀教师教案、笔记征集示范工程，面向全校广泛征集了广大教师，特别是老教授、老专家早年保存下来的教案和课堂笔记；实施了“优秀教师示范引导计划”、“名师采访计划”，积极发掘身边一线教师的先进典型。

在学风建设方面，我们全面启动实施了名誉班主任计划。目前，学校领导都带头兼任了一个班的名誉班主任，并通过多种形式与学生进行交流。我还专门给每个学院的书记、院长以及所有副教授以上的专家、学者写了一封信，希望大家都能够亲自担任名誉班主任。华西临床医学院的郑尚维书记、石应康院长还专门回信告诉我，他们学院不仅实施了名誉班主任计划，还实施了“班主任导师制”和“优秀学长制”，鼓励和引导学生做人、做事。学校大概统计了一下，目前，已经有13个学院启动了名誉班主任计划，我希望这学期所有学院都能全面启动这项计划。

在文风建设方面，学校正在制定《四川大学关于进一步加强文风会风建设的若干意见》，进一步改进文风会风。

在机关作风建设方面，学校已经制定出台了《四川大学机关服务公约》，正在形成以“强服务、顾大局、高效率、创一流”为核心内容的机关文化和部门文化，很多单位都将本部门的服务公约和岗位服务要求上网、上墙，自觉接受广大师生员工的监督。同时，学校已经初步形成了《四川大学机关干部、职工岗位考核实施办法（讨论稿）》，全面加强对机关干部、职工的岗位绩效考核。今天，我还专门带队检查了各机关部处新学期开学的工作情况，可以说，各部处工作人员的工作状态、精神面貌都很好。

可以说，学校“五风”建设已经取得了初步成效，通过抓“五风”，广大师生员工的凝聚力、学校工作的执行力，以及学校的社会影响力、国际竞争力都在不断提升。

三是举办了系列高层次学术活动，提升了学校的国际知名度和社会影响力。学校成功举办了中国化学会第28届化学年会。中共中央政治局委员、国务委员刘延东发来贺信，中国科学院院长、党组书记白春礼院士，中国科协党组书记、常务副主席陈希等领导出席了大会，共有50余位两院院士，以及来自全球的5500多名专家、学者参加了大会。经过精心组织、周密安排，在全校干部师生，特别是广大志愿者的辛勤努力下，我们妥善解决了数千位参会人员在校就餐问题，精心做好了志愿者服务工作，积极创造各种条件解决了经费问题，确保大会取得了圆满成功，成为历届化学年会中参会人数最多、层次最高、规模最大的一届大会，大大提高了学校的社会影响力。

同时，学校还与成都市共同成功承办了第九次世界生物材料大会。本次大会是自1980年第一届世界生物材料大会召开以来，首次在发展中国家举行。中共中央政治局委员、国务委员刘延东，全国人大常委会副委员长陈昌智专门发来贺信；原中共中央政治局委员、全国政协副主席杨汝岱，中国工程院院长周济，中国科协党组书记、常务副主席陈希，四川省省长蒋巨峰，教育部副部长杜占元，科技部副部长王伟中等领导出席了会议。我校生物材料工程研究中心主任张兴栋院士担任了大会主席。来自全球57个国家和地区的3000余位代表参会，其中包括16位国外院士、近20位国内院士。中央电视台《新闻联播》和《晚间新闻》节目先后两次对大会进行了专题报道，大大提升了学校的国际知名度和社会影响力。

第二，大力推进了八项重点工作

今天，在座的各位同志都已经拿到了今年上半年工作总结。这里，我就简要讲一些主要数字。

一是教育教学改革继续推进，创新人才培养质量不断提高。学校圆满完成了招生录取工作，本科生生源质量稳步提升。我们严格按照教育部提出的“十个严禁”要求，全面实施阳光工程，坚决做到阳光招生。今年，我校在有计划的全国31个省（区、市）中，文、理科录取平均分超过当地重点线30分以上分别有29个和31个省（区、市），高出当地重点线40分以上分别有27个和30个省（区、市）；理科录取平均分高出当地重点线90分的有7个省（区、市），特别是，学校在北京市高于当地重点线100分，在内蒙古自治区高于当地重点线101分，在云南省高于当地重点线104分，在贵州省高于当地重点线105分。同时，学校在省内的文、理科录取平均分也比往年有了较大提高，其中，文科录取平均分在全省排名第一位。这些都说明我校本科生生源质量稳步提升，学校的社会知名度和影响力也在不断提高。我们之所以能取得这些成绩，关键就在于学校加强了优质生源基地建设，利用川大名师宣讲团、学科专业夏令营、川大学子家乡行、川大校园开放日等多种形式，扩大了学校在中学，特别是一些重点中学里的影响力。

同时，教育教学改革不断深化。上半年，学校共开设小班课2213门次，占课程总门数的42.5%，我们的目标是努力使小班化教学班次达到全校总开课班次的60%；新增49门校级“创新探索型、实践应用型”课程，我们的目标是开设5000门左右；共有49个专业776名本科毕业生，参加了“高质量、多样化”本科毕业论文改革试点。同时，顺利完成了“双特生”选拔工作，我们一直强调，自主招生就是要真正选拔具有特长、潜质的学生，而不是简单进行一次联考，把自主招生变成第二次高考。因此，学校在自主招生过程中增加了面试比例，联考分数只占总成绩的60%，以后还要继续降低这个比例，真正突出学生的真才实学。此外，学校首次试行了“实践及国际课程周”，开展了“暑期国际交流营”项目；获准立项建设教育部“中国大学视频公开课”4门；获批建设国家工程实践教育中心3个，获得建设经费600万元。

二是人事管理体制机制改革不断推进，师资队伍建设取得新进展。新增“千人计划”3名，总数达23人，新增“青年千人计划”6名，总数达8人；引进高端外籍教师15人，全职外籍教师达到54人，我们的目标是力争使编制内的外籍教师达到教师总数的5%，大约200人左右。同时，进一步加大了青年教师培养力度，选派43名优秀青年教师赴国际名校访学，6名博士在读的青年教师获得了联合培养项目资助到国际高水平大学深造。

三是学科建设稳步发展，科学研究取得丰硕成果。学科建设取得了显著成效，完成了新一轮“985工程”的阶段检查工作，对15个建设专项、20个平台基地建设进展进行了检查和总结。完成“211工程”三期整体总结验收，对20个重点建设学科项目进行了校内验收。同时，科学研究取得了新成绩，获国家自然科学基金项目370余项，总经费达到2.38亿元，社科科研经费达到4580万元。申报国家科技三大奖9项，其中3项已通过评审答辩。3人通过“杰青”专家评审，1个创新群体通过评审。获准国家社科基金项目立项28项，立项数居全国高校第10位。

四是国际化进程持续推进，社会服务能力及医疗卫生服务水平持续提升。学校进一步加强了国际交流合作工作，建设了7个面向全球招生的全英文授课专业。中层干部海外培训继续推进，共选派了2批，70人分赴美国加州大学欧文分校、密歇根州立大学进行培训。

同时，进一步深化医学改革，医疗卫生服务水平和质量进一步提高。学校获批成为“教育部直属高校医学教育管理体制改革首批试点单位”；四个附属医院共收治门、急诊病人255万多人次，手术6万多台次；华西医院成功开展了世界首例“全胸腔镜支气管肺动脉双袖式成形肺癌切除术”。各附属医院积极落实医疗卫生体制改革工作任务，全面推进“医疗质量万里行”活动，建立了附属医院之间转诊和会诊绿色通道。

此外，学校产学研合作取得了新成绩，与中石油、中石化，以及五粮液集团等大型企业，签订产学研合作项目2.5亿元。

五是着力加强学术道德建设，进一步规范师生学术行为。学校实施了全覆盖的学术道德和学术规范教育。学校专门组织专家编写《学术道德与学术规范》《人文素养与科学精神》以及《论文写作》3本学术道德教材，并作为一门有18课时的必修课，就是要教会学生懂得什么是学术道德规范、什么是科学修养、如何引用他人的论文和标注文献出处。目前，《学术道德与学术规范》已经编写完成，并作为研究生素质教育系列教材，免费发放给每位新入学研究生。同时，学校将“学术道德与学术规范”作为研究生新生入学第一课，在开学典礼以后请院士主讲这一课，要求进入川大的每个研究生在科研创新过程中，首先要坚守学术道德规范。

同时，学校实施了论文学术不端检测全覆盖，校、院两级都已经使用“学术不端文献检测系统”，对2012级所有申请学位的本科生和研究生的学位论文、教师职称评定的论文，进行全面检查或自查。我们要求自查，不是为了查出什么，而是要让学生养成严治学谨、不抄袭剽窃的习惯。

此外，进一步加强了规范管理，完善了体现学术道德表现的考评机制。学校进一步加大了对特长生招生的管理力度，一旦发现有违规现象，将坚决取消考生考试资格，对在读学生将给予劝退处理。同时，学校进一步加强了自主招生、评优保研、本硕博连读选拔的考核管理，制定考核细则进行严格评估，突出每个学生的真才实学，引导他们严谨为学、诚信为人。过去，我们比较注重结果，比如，只要在重要期刊上发表论文就可以获得创新学分，这样就出现了极个别学生找论文代写公司发表论文的造假现象。从今年开始，我们将更加注重学生参与科研创新的过程，要求学生参与学术型社团和“三进”等科研创新的全过程。

六是内部治理结构改革持续推进，管理体制机制不断完善。学校不断深化机关服务管理改革，目前，学校机关部门正在全面加强作风建设，各部门都结合自身实际，制定了本部门的服务公约，不断提高服务广大师生员工的质量和水平。比如，财务处就采取了很多方便教职工报账的实际措施，全面推行了网上自助报账、委托财务秘书代理报账等报账方式，开通了江安校区报账通道，在很大程度上缓解了师生“报账难”现象。同时，还进一步加强了预算执行的监管，获得了教育部预算执行和化债奖励。

同时，初步建立了“管、办、评”分离的校内办学和管理评估机制，发布了各学院年度发展评估报告。从今年开始，学校每年都要发布各学院发展评估报告，对每个学院的年度发展情况进行排位，真正使每个学院都可以通过这个报告，进一步了解、掌握学校以及各学院的年度发展状况，从而相互学习、相互参考，以此促进自身发展。

此外，系统梳理并整理汇编了学校规章制度，学校正在修订机关各部门与各业务单位工作职责、科室职责、工作人员的岗位职责以及办事指南。

七是为师生职工办实事取得新进展。进一步加大了教育教学投入，学校增加教育教学经费约1.3亿元，教育教学总投入达到4.35亿元；研究生奖助学金增加了6000万元，较2011年翻了一番；另增加1000万元鼓励优秀博、硕士生兼任公共课程助教。核发了住房补贴60余人次，620余万元；核发租房补贴128人，约26万元；核发14名新进具有博士学位的教职工安家费约34万元。办理完成了794户“川大花园”住户的产权证。同时，发放了国家助学贷款等各级各类学生奖贷助学金、困难补助金、勤工助学费等共计1.32亿元。此外，学校正式启用了“校园一卡通”系统，信息化校园建设持续推进，望江校区公共区域无线网络覆盖全面完成。

八是和谐校园建设取得新成效。上学期，学校“双代会”召开期间，一些教职工对校园交通秩序、校园“牛皮癣”等问题提出了意见，学生也通过校长信箱向我反映了类似问题。对此，学校进一步加大了校园交通秩序整治力度，着力加强了校园环境卫生整治工作，努力为每位师生员工学习、工作和生活创造更加良好的条件，营造安心、整洁的校园环境。其中，学校后勤、保卫队伍为校园环境整治提供了强有力的支撑，辅导员队伍发挥了很强的战斗作用，全校干部、教职工付出了巨大努力、做出了很大贡献，离退休老同志们也热情关心、大力支持，积极参与和推进各项工作顺利开展。在此，我代表学校党委和行政，向大家并通过你们向全校师生员工和离退休老同志，表示衷心的感谢！

但是，我们也应当清醒地看到，在取得以上成绩的同时，学校未来发展仍然面临着一些问题和差距。我们必须要认清自己与其他一流大学存在的差距，增强自己的危机感和紧迫感，进一步树立竞争意识和奋起精神，必须从实际工作做起，必须从真抓实干做起，突出工作重点，抓出工作成效，努力解决好制约学校科学发展的突出问题，努力解决好师生员工普遍关心的热点和难点问题。

第二部分　2012 年下半年学校重点工作的思考和布置

今年下半年的工作要点已发给大家，有 36 点。这里，我集中讲 10 个方面重点工作。今年下半年，党的十八大即将召开，对于党和国家、高等教育事业以及学校的改革发展，都是非常重要的一年。所以，学校今年下半年的工作，更具有特殊性和重要性。

第一，以高度的政治责任感，扎实抓好迎接党的十八大召开、学习贯彻党的十八大精神的各项工作

下半年即将召开的党的十八大是全党、全国人民政治生活中的一件大事、喜事，举国关注，举世瞩目。首先，我们要从讲政治、讲大局的高度，以更加饱满的精神状态、更加优异的工作成效，喜迎党的十八大的召开，精心做好学习、贯彻党的十八大精神的准备工作。二是要全力做好校园和谐稳定工作。我们也许管不了社会、管不了别人，但至少可以管好自己、可以管好自己的队伍。对于学校而言，管好自己，就是要确保校园的持续稳定，为党的十八大胜利召开营造良好的环境氛围。三是要以迎接党的十八大为东风，进一步加强学校党建工作，特别是基层党组织建设工作。四是要进一步贯彻、落实中央巡视组巡视反馈意见，切实抓好整改工作。上学期中央巡视组对学校进行了全面巡视，并反馈了巡视意见。为了进一步做好中央巡视组反馈意见的落实、整改工作，学校专门成立了整改工作领导小组，制定了整改落实的工作方案，把每项整改任务都分工到人、责任落实到人。我们要以十八大为东风，进一步抓好学校各项工作，以新的面貌、新的姿态、新的工作成效，迎接党的十八大胜利召开。

第二，紧紧围绕“校园文化建设年”，继续深入推进校园文化建设

学校事业发展有很多方面，但我们每年都突出一个重点，今年的工作重点就是校园文化建设。全面加强校园文化建设，不仅是贯彻落实党的十七届六中全会精神的必然要求，更重要的是大学本身就要有文化、有精神，川大作为一所综合性大学，加强大学文化建设尤为重要。校园文化建设是一项长期、复杂而艰巨的系统工程，贯穿于学校改革发展的全过程。今年上半年，学校校园文化建设工作推进顺利，下半年要继续全面推进、做好重点工作。

一是进一步加强机关作风建设。机关作风建设是校园文化建设工作的重点。上学期，学校制定出台了《四川大学机关工作服务公约》，形成了以“强服务、顾大局、高效率、创一流”的机关文化氛围和行为价值取向。这学期，我们要进一步加强机关工作作风建设，特别是要着力抓好机关服务公约、各职能部处岗位责任以及文化建设，真正使我们川大机关的每个部门，无论怎么换届，都能把本部门的优秀机关文化传承和弘扬下去。我们要不断完善《机关工作服务公约》，再造机关服务流程，进一步提高机关工作服务质量，这不仅是机关工作发展的需要，更是学校各

项工作顺利开展的重要保障。因此，加强机关工作作风建设要作为本学期校园文化建设工作的重中之重，要继续努力抓好。

二是全面实施校园文化标识和文化视觉建设工程。校园文化标识和文化视觉建设是学校文化建设的一项重点工程，在校园文化视觉建设方面，我们要真正体现出川大作为一流大学的水平，不能以过去的观点来看川大，而是要以未来的目标来规划、建设川大。首先，要进一步加快推进校园道路、楼宇和铭牌改造升级项目，今年暑假，学校已经通过校园网，面向全校师生和校友广泛征集各校区道路、景点及部分建筑名称。第二，要全面实施电子动态视频系统新建工程，今后，学校的道路标识都要制成电子地图、安装电子显示屏，真正体现出川大一流大学的水平。第三，要重点推进校歌、校旗、校园主色调等基础标识系统完善项目。我们在座的很多同志都参加了中层干部海外培训，大家可以看到，国外的著名大学几乎都拥有自己独特的校园标识，比如，美国马里兰大学就把红色作为自己的主色调。作为一所综合性大学，我们也应该形成具有川大特色的校园文化标识和文化视觉。在学校110周年校庆时，我们就重点抓了校歌的编写工作，也形成了一份初稿，今年要继续做好这项工作。

三是重点推进“两大工程”。我们要进一步加快艺术和科学汇聚中心大楼建设。目前，学校已经得到了财政部1亿元的专项建设经费，以及教育部的大力支持。同时，我们还在积极争取社会捐赠。此外，艺术学院也在积极融资，目前进展顺利，我们要争取在今年动工建设。同时，要积极推进喜马拉雅文化与宗教研究中心以及锦江书院筹建工作。目前，有位企业家愿意把自己收藏的2000多件文物无偿捐赠给学校，并且有意向捐款在江安校区“不高山”附近筹建喜马拉雅文化与宗教研究中心，我们双方正在商谈相关事宜。我希望有关部门能够尽快拟定初步的合作方案进行洽谈，实实在在地推进喜马拉雅文化与宗教研究中心以及锦江书院的筹建工作。

同时，我们还要进一步抓好博物馆、图书馆和档案馆馆藏精品系列丛书出版工作，以及《川大校史简本》的编写出版工作。加快推进开发一系列校园文化产品和纪念品，抓好校园景观的建设和维护工作。此外，各单位、各学院也要以校园文化建设年为契机，进一步抓好本单位的作风建设，真正把本单位、本学院的文化建设抓出成效。目前，学校两办也建立了工作督查机制，确保学校校园文化建设顺利开展、取得实效。

第三，全面推进教育质量工程

推进教育质量工程，关键就在于真抓实干。近年来，我们已经提出了精英教育理念，构建了本科“323＋X”创新人才培养体系，现在，我们重点不是再提什么新目标和新理念，关键就是要抓好落实。这学期，我们要开好两个大会：本科教学工作会和研究生教学工作会。

一是开好本科教学工作会。这次会议要重点做好三件事情。首先，要进一步落实精英教育理念。今年，学校已经全面实行了小班化教学，新生入学时已经全部按照20人至25人的规模编排班级。我们要真正实施探究式小班化教学改革，关键就是课堂上要有师生互动、交流，全面实施启发式讲授、批判式讨论和非标准答案考试，真正使每个学生在学习全过程都能享受到优质教育资源，都能接受到最好的教育。同时，我们还要充分发挥与密歇根大学共建“教师教学发展中心”的作用，进一步提高广大教师的教学能力和水平。第二，要重点解决好教育教学精力投入的问题。我们要进一步倡导和要求每位干部、每位教职工都要全身心投入到教学当中，真正把老师作为第一身份，把上好课作为第一要务，把关爱学生作为第一责任。校院两级领导要把更多精力投入到教育教学工作当中，带头去听课，与我们每位专家、教授一起带头担任一个班的名誉班主任，每学期与学生见一次面，走进班级与学生交流；每位老师更要把自己的精力投入到教育教学当中，用爱心、情感讲好每一门课、每一堂课，而不是去简单地应付、对付，坚持把为自己的学生讲好课作为最基本的要求，坚持把不能随意调课、换课作为最基本的原则、作为教师的法定要求；每位青年教师要把怎么备好课、怎么讲好课作为自己进入川大的首要任务。学校相关部门也正在制定相应文件，激励和引导每位老师把自己的精力投入到教学当中，努力达到最理想的教学效果。同时，学校还要进一步加强教师校外兼课的规范管理。作为川大教师，首先应该承担好川大的教学科研任务，应该把为自己的学生讲好课作为第一责任。现在，仍然有个别老师把自己的本职工作当成第二职业，对学校安排的课程不用心，简单敷衍对付，甚至请人代课，对于这些情况，校院两级都要进一步严格管理。目前，学校正在制订《四川大学教职工兼职若干规定》，要求在职教师校外兼课必须由所在学院与校外单位直接洽谈，由学院进行统筹安排、统一协调。学校专门制订教师校外兼课的管理办法，就是要使每位川大教师都能把自己的心思、精力投入到川大各项事业当中，投入到本职工作当中。此外，还要进一步加强基层教学组织建设，明确系（教研室）主任的责权利，充分发挥系（教研室）在教学过程管理方面的基础作用。第三，要全面提升教学质量，关键就在于进一步完善现有的专业课程体系。可以说，现在学校文理工医各个学科的专业课程体系，基本上仍然在延续原四川大学、原成都科技大学和原华西医科大学的课程设置。三校合并以后，一直没能及时调整、形成新川大的专业课程体系。我们说，医科有医科的规律，理工科有理工科的特点，文科有文科的要求，但是，我们作为一所文理工医学科齐全的综合性大学，就应该在保持不同学科特点的基础上，尽可能发挥综合性大学多学科交叉融合的优势，尽快重新梳理每个学科的课程体系，对所有专业课程重新进行科学设置。比如，原来的医学课程，只是适应当时的时代需要，现在，根据最新的发展趋势和学科进展情况，我们就应该把人文素质的内容补充进去，逐步形成川大新的医学专业课程体系。我希望相关部门能尽快对我们每个学科现有的课程体系进行系统梳理。同时，还要进一步加强对教学质量的评估和教学成果的总结。今年，四川省将进行第七届高等教育教学成果奖评审工作，明年，教育部也将进行国家级教学成果奖评审工作，希望相关部门能够精心组织，积极争取更好的成绩。

二是争取今年召开研究生教学工作大会。首先，要积极构建有川大特色的专业学位研究生教育。目前，我们国家的研究生教育正处于一个重大变革时期。过去，我们培养的研究生大多是学术型研究生，都是采用相同的培养模式、课程体系设置和学位授予方式。现在，国家开始大力推进研究生教育改革，把研究生培养分为学术学位研究生和专业学位研究生，并且提出到2015年争取把专业学位研究生占整个硕士生招生比例提高到50%以上，培养更多国家亟须的，面向经济社会建设第一线的应用型人才。可以说，目前，全日制专业型学位研究生的培养还处于探索阶段，其课程体系设置、培养模式都应该与学术型学位研究生有所不同，我们川大应该具有体现自身特色的专业学位研究生培养模式，这就需要我们共同去思考、去研究、去探索。其次，要全面推进研究生教育教学改革，真正按照培养拔尖创新人才的要求和模式，不断提高研究生教育教学质量。第三，要进一步提高研究生导师队伍建设水平。导师的水平和研究生教育的质量息息相关。我们要进一步加强导师队伍建设，提升导师自身水平，真正使川大研究生导师队伍建设成为具有高水平，拥有创新想法的群体。

第四，全面推进协同创新，努力推动科研工作再上新台阶

今年5月，教育部和财政部联合下发了《关于实施高等学校创新能力提升计划的意见》，简称“2011计划”。“2011计划”的重点就是全面推进协同创新，带动学校自主创新能力的进一步提升。首先，我们要树立敢于争第一的意识。前不久，国家刚刚召开了全国科技创新大会，胡锦涛总书记和温家宝总理都在会上强调，当前，我国正处于转变经济发展方式、调整经济结构的关键时期，要实现国家发展战略目标，必须依靠创新驱动，坚持把科技摆在优先发展的战略位置，把科技创新作为经济发展的内生动力，加强企业技术创新的主体地位，深化产学研结合。因此，我们要通过体制机制创新，与企业、科研机构开展深度合作，全力组织好专家积极申报协同创新项目。8月29日，我参加了教育部、中科院“科教结合协同育人行动计划”启动仪式。国务委员刘延东同志出席了启动仪式并作重要讲话。按照这项计划，中国科学院将把所有的尖端设备和仪器以及国家重点实验室全部面向大学生开放，并与高校以结对子的方式联合培养学生，同时，各高校人文社科领域的专家、学者也将被邀请到中科院讲授人文知识。实施这项计划，对于促进科研与教学互动、科研与人才培养结合有着重要意义。我们也应该把握好此次契机，促进学校人才培养水平和科技创新能力的进一步提升。其次，要主动出击，敢于做一流的事情。胡锦涛总书记和温家宝总理在全国科技创新大会上，都特别强调国家将进一步加大科技投入。2011年，我国科技投入占GDP的1.83%，约8600亿元。我们按照GDP年均增长8%的速度计算，到2020年，国家科技投入比例如果达到GDP的2.5%以上，就将投入约2.3万亿元；即使按照GDP比例的2%计算，也将达到1.8万亿元，与现在的科技投入相比大概要翻两番。在这种大背景下，我们作为川大这样一所一流研究型大学的科学家，就应该有胆量去思考、去参与世界前沿领域的事情，就应该去做一流的事情。因此，学校组建了灾后重建与管理学院、新能源与低碳技术研究院以及航空航天学院等一批处于世界前沿的高水平交叉学科平台，鼓励广大科学家以世界一流的眼光，去抢占先机、去争取重大科研项目。同时，要全面推进产学研合作，特别是在产学研重大专项方面要进一步加大投入力度。此外，我校人文社科领域的专家、学者，也应该主动走出去，主动去做具有影响力的大事情，形成川大的主流观点、川大的学术流派。我们人文社科的研究机构，也可以主动对外发布具有影响力的评估报告和研究报告，在全社会发出川大的声音。

第五，加强高水平国际交流合作，进

一步加大高端人才引进力度

一是全面实施“高端外籍教师聘任计划”和“全职外籍教师聘任计划”。我一直强调，川大要建成一流大学，就一定要有不同肤色的教师、不同肤色的学生。所以，我们要进一步加大高端外籍教师引进力度，全面实施“高端外籍教师聘任计划”，力争引进高端外籍教师 20～30 人，特别是，要全面实施“全职外籍教师聘任计划”，目前，学校已经引进了 54 位全职外籍教师，我们的目标是力争使川大编制内的外籍教师达到教师总数的 5%，大约 200 人左右的规模。

二是大力推进国际化教育。从国家层面讲，我们的目标是把中国建设成世界最大、最好的留学所在国，在这个大前提下，我们川大也应该努力成为全世界最好的留学目的地。目前，学校已经与成都市共同建立了成都美国海外留学中心，由成都市与学校共同出资设立了 2000 万元的海外留学生基金，鼓励我们在全球范围内吸引、招收高水平的留学生。这项工作也得到了教育部领导的重视和支持。我们的目标就是，努力面向全球建立 20 个左右的全英文授课专业，力争使学校留学生的规模达到在校生的 10%左右。

三是进一步加强高水平国际交流与合作。暑假期间，李克强副总理代表中国政府邀请了 300 名莫斯科大学学生来华研修。我们川大接待了由莫斯科大学 150 名师生组成的研修代表团，广大俄罗斯师生，特别是莫斯科大学副校长、学生研修代表团团长谢明尼古拉先生，都对我校的办学水平以及提供的条件保障，给予了高度评价。8 月 24 日，李克强副总理在人民大会堂会见参加中俄大学生研修活动师生代表时，也专门对我们川大给予了充分肯定。

四是积极构建一系列高水平国际研究机构。我一直要求，我们川大要与国际一流大学，特别是每个国家前十名的大学开展高水平国际合作，希望每个学院、每个学科都有与国际一流大学的合作项目。这学期，我们要重点推进与密歇根大学共建“教师教学发展中心”，与哈佛大学燕京学社共建“西南文化研究中心”，与加州大学伯克利分校共建“亚洲问题研究中心”的工作，加快推进高水平国际研究机构建设。

第六，深入推进人事管理体制机制改革，进一步加强师资队伍建设

一是进一步加大高端人才引进力度。我们要进一步加大“千人计划”、“青年千人计划”、“外专千人计划”等高端人才的引进力度。现在，中央组织部又即将启动实施“万人计划”，我们要抓住这个机会，大力引进海内外优秀人才。

二是进一步对青年教师的培养力度。目前，学校已经全面实施了青年教师科研启动经费、青年教师导师制、青年教师博士学位和海外经历全覆盖。我们希望每位书记、院长都能进一步抓紧落实，特别是要把青年教师导师制落实到位，每个学院都要为本学院的每位青年教师提供一对一的导师指导，确保每位青年教师都能在导师的指导下进团队、进科研、进实验室。同时，学校将全面实施“青年教师博士学位提升计划”，重点支持、资助优秀青年教师到国外一流大学进行联合培养，力争到“十二五”末，实现青年教师博士学位和海外经历全覆盖。

三是进一步完善“两支队伍、三个层次”的现代大学人事管理制度。我们要继续深化项目助理制改革，对所有新进职工都要实行项目制，特别是要进一步提高项目制教职工的选聘门槛和标准。同时，要

进一步完善项目助理制教职工转轨的评价考核和淘汰机制，真正使表现优秀的项目制教职工经过考核能够转入合同聘任制，表现优秀的合同聘任制教职工经考核能够转入固定编制。此外，要真正实现项目制教师在职称申报、社保福利待遇以及在职攻读博士等方面，与固定编制人员享受相同待遇、执行相同标准，真正实现同工同酬、同标准、同待遇，努力构建以教师队伍和教学、科研辅助队伍“两支队伍”，以项目助理制、合同聘任制和固定编制“三个层次”为鲜明特色的现代大学人事管理体制。

四是继续深化人事分配制度改革。从今年开始，学校全面启动了收入分配制度改革，在加强绩效考核的基础上，增加了教职工绩效工资。我统计了一下，增加绩效工资以后，学校在职教职工人均收入增长了3.04万元/年，最低也增长了2.2万元/年，目前，在职教职工平均收入已经达到了10.3万元/年，可以说，我们已经提前实现了到“十二五”末使所有在职教职工年均收入达到10万元左右的目标。今后，学校还会想方设法继续提高教职工收入，我一直强调，只有把学校的办学水平提高上去，才能使学校有地位；只有把广大教职工收入水平提高上去，才能使川大教职工过上体面的生活。我们提高绩效工资，关键就是要进一步加强对教职工的岗位绩效考核，将聘期考核与年度考核相结合，将校院两级考核相结合，实现多劳者多酬，优劳者优酬。目前，学校正在制订相应的绩效考核方案，对各学院、各单位进行总体宏观考核，各学院、各单位再拿出具体的考核方案，对本学院、本单位的教职工进行具体考核。学校将根据各单位目标任务完成情况整体发放岗位津贴、绩效奖励，各学院、各单位再结合自身实际，进行二次分配，充分调动广大教职工的工作积极性和主动性。

五是全面启动职员制改革。目前，我们正在加快研究制定机关和学院管理人员职员制改革的具体实施方案。我们推行的职员制改革，不是简单的熬年限、算资历，而是要突出以工作绩效和实际贡献为导向，进一步强化岗位聘任和岗位管理考核，增强学校机关干部和工作人员的竞争意识、服务意识、岗位意识。

第七，切实做好现代大学制度建设、制订大学章程和管理体制机制改革的调研工作

近年来，学校每年都有一个工作重点，今年的重点是校园文化建设，明年我们将以“现代大学制度建设和完善大学治理结构”作为工作重点。这学期，我们要着力做好完善大学治理结构方面的前期调研和探索工作。比如，目前，重庆大学、浙江大学、武汉大学等高校，都在实施学部制，我们可以到这些高校进行调研，了解他们的实施情况。大家都知道，学院是大学基本的组成单位，但却没有任何一个专门的机构负责各学院的发展状况。再比如，现在，我们文理工医每个学科都有本学科的学位委员会、职称委员会和学术委员会，但主要还是在项目评审、职称评定等方面发挥作用，对于整个学科的发展重点和发展趋势、发展规划和发展布局，以及各学院的学术发展状况评估等方面，并没能完全体现出咨询、研究、决策和管理功能。所以，我们要深入调研和探讨如何进一步完善大学治理结构，充分发挥学术委员会在学科建设、学术评价、学术发展中的重要作用，充分发挥教授、一线教师在教书育人、科学研究、参与学术事务决策等方面的主导作用。

同时，要全面启动《四川大学章程》

制定工作。刘延东国务委员早在2010年教育部直属高校工作咨询委员会会议上就提出，各高校要制定和完善富有特色的学校章程和制度。教育部党组对此也有详细的要求。我们制定大学章程重点要体现出“党委领导、校长负责、教授治学”等大学治理理念，建立起学生、教职工共同参与的具有中国特色的现代大学内部治理结构。

第八，大力加强学术道德建设，进一步规范师生学术行为

一是进一步重视和加强学术道德建设。提高教育质量永无止境，但教育质量必须坚守底线，这个底线就是学术道德，至少不能出现学术造假和学术不端行为。我一直讲，做人，人品第一；做学问，学术道德第一。所以，我们要进一步重视和加强学术道德建设，包括在自主招生、保研评优等方面，都要加强对学生在学术道德方面的考核力度。

二是加强学术型社团建设，加大学术社团活动力度。我们要把学术型社团活动和“三进”，也就是进课题组、进实验室、进科研团队结合起来，把学生申请创新学分和“三进”的过程结合起来，培养学生的科学感悟和创新能力，特别是要注重学生的参与科学训练的过程，突出学生的真才实学。

三是进一步加强学术道德和学术规范教育。在2012级研究生开学典礼上，学校要坚持把“学术道德与学术规范”作为研究生新生开学第一课，邀请高洁院士为新生讲这一课。同时，编写出版《学术道德与学术规范》《人文素养与科学精神》《论文写作》3本教材，目前，《学术道德与学术规范》已经出版完成，要面向全体研究生新生发放，实施全覆盖的学术道德与学术规范教育。此外，要进一步强化对广大教师，特别是研究生导师的科研诚信教育，我们的导师学术观点可以异想天开，但学术态度一定要严谨求实。

第九，真情关爱师生员工，努力构建和谐校园

一是加大整治力度，努力解决校内交通、环境和治安问题。暑假期间，经过学校和相关部门多次沟通协调，开通了江安校区至望江校区的67路公交车，8月25日已经开始试运行，9月1日开始就将正式运行。此外，在校园环境整治方面，我希望有关部门负责人能够经常到学校每个地方多走一走、看一看，重点要加大卫生死角垃圾的清理力度，加大对校园“牛皮癣”的专项整治力度。

二是进一步改善教职工居住条件。目前，学校已经与双流县政府签订了协议，争取了1070亩土地，主要用于建设华西航都国际医院、国际校区、科技工业园和教职工住宅，其中，学校将拿出大概200亩土地，修建2000套左右的教职工过渡性住房，进一步改善广大教职工的居住条件。

三是进一步加大对离退休老同志的关心力度。离退休老同志是学校的宝贵财富，他们是学校改革发展的功臣，为学校事业发展做出了重要贡献。所以，只要国家有政策、有要求，无论是提高工资还是福利待遇，学校一定会千方百计执行相关政策、落实老同志待遇。

同时，还要进一步加快推进教室和学生宿舍空调，以及学生宿舍热水供应系统安装工作，进一步改善学生的学习、生活环境。此外，要进一步推进博物馆、校史馆和图书馆维修工程。

第十，进一步加强廉政建设和干部队伍建设

一是进一步加强学校的廉政建设。川

大的发展关键在干部，干部的关键在真抓实干。我们每位干部都应该务实、投入、廉洁；学会修身，真正做到正心、正身、正行；学会律己，真正做到有底线、有敬畏、有责任，因为任何事情都有底线，在干任何工作、行使任何权力时都要遵守国家法律，无论多大的干部都要遵纪守法；学会珍惜当下，真正做到珍惜岗位、珍惜名誉和身份、珍惜自己，真正使整个校园充满阳光和正气。

二是进一步加强对科研经费的使用管理。去年11月，教育部下发了《教育部关于进一步贯彻执行国家科研经费管理政策加强高校科研经费管理的通知》，对科研经费的使用管理做出了详尽的规定。当前，全社会都很关注科研经费的使用管理。近几年，国家科研经费投入增长速度很快，预计2013年前后，国家的科研经费投入将从2011年的8600亿元增长到1.8万亿元；到“十二五”末，国家科研经费投入大约将增长到2.3万亿元。过去，我们要申请几十万元的科研项目都很难，现在，几千万元甚至上亿元的科研项目都很多。因此，我们必须要进一步加强对科研经费的使用管理，必须尽快出台相关政策，特别是横向科研经费的使用管理办法，严格规范科研经费的使用管理。我们每个学院的书记、院长要做好宣讲工作，必须要跟每位科学家、每位学者讲清楚，科研经费的使用管理必须按照国家相应的政策和文件坚决执行。我们既要保护每位科学家、每位学者，又要为他们做好服务工作，比如，在申请科研项目的预算方面、科研经费使用以及项目结题等方面都要进一步服务到位。同时，我们每位科学家、每位学者也要爱护自己的名誉，规范使用科研经费。大家奋斗到今天都十分不容易，更要珍惜自己的名誉，我们什么都可以破产，但是自己的名誉不能破产，自己的人格更不能破产。

三是希望每位干部都能做到干真事、讲真话、做真人。我们要干真事。每位干部的工作不是说得好，关键是要干得好。在其位，就要谋其政，就要把自己的岗位工作做好。作为管理岗位上的干部，就应该把主要精力投入到学校的管理工作当中，时刻以学校利益为重，既要管好自己、带好班子，同时也要管好下属，形成好的风气。同时，要真抓实干，任何工作都要落地生根。学校提出了很多先进的工作理念和工作举措，但一些好的理念和思路总是悬浮在空中，没有落地生根，如果这些政策和理念能够真正落到实处，学校发展就一定会取得更大成就。因此，我们每位干部一定要多点实干，多去抓落实，实干才有成就。只要我们做好每件平凡的事情就是不平凡，只要我们做好每件简单的事情就是不简单。

我们要讲真话。每位干部要勇于讲真话，敢于反映真实情况，不要夸大成绩，不去掩饰问题。如果我们不了解问题，制定的政策措施就没有针对性，更解决不了问题。在座的同志都知道，学校领导班子在每年召开“双代会”前都是最忙的，都会围绕“双代会”的主题，深入到全校30个学院去调研、去座谈，主要就是去听取各学院反映的真实问题，去获得大量一手材料。只有真正了解问题、掌握真实情况，我们制定出台各项政策才有针对性、实效性。

我们要做真人。现在，社会作假现象严重，文凭可能是造假的，个人简历可能是造假的，各类证书也可能是造假的，但是我们每个人必须是真的。做真人，就是要做真实的自我，要活的自然，活的真实，要有学养，要学养人生。大家都知道，我们传统文化当中的儒、释、道三家，都崇尚做人要努力达到一种“小我”、“勿我”、“无我”的修养、境界。道家强调“小我”，推崇人们处世低调、谦让，要“大其心容天下之物，虚其心受天下之善”；儒家倡导“勿我”，就是不唯我独尊，不以自我为中心，对待自己多一些约束和反省，对待别人多一些欣赏和尊重；佛家则追求“无我”的精神境界，就是要超脱、放下，完全忘我，是一种高度自律。峨眉山有一副对联，就是强调每个人要高度自律，我认为讲得很好，这里，我也想用这副对联与大家共勉。这副对联的内容是：人不如我意是我无量，我不如人意是我无德。我的理解就是，别人做的事，自己感到不满意，只能说明自己的肚量太小；自己做的事情，别人感到不满意，只能说明自己的德行还需要修养。我想，如果我们每个干部都能达到“小我”、“勿我”、“无我”的境界，那么就一定能带好自己的队伍，就一定能完成学校布置的各项工作任务，就一定能为学校事业发展做出更大贡献，就一定能以优异的成绩迎接党的十八大胜利召开！

谢谢大家！

在大学校园　老师是我们的第一身份

——在四川大学教师节庆祝暨表彰大会上的讲话

校长　谢和平　院士

（2012年9月10日，根据记录整理）

尊敬的各位老师，同志们：

今天，我们在这里隆重集会，共同庆祝第28个教师节。首先，请允许我代表学校向在座各位老师，并通过你们，向长期以来默默耕耘在学校教学、科研以及管理工作第一线的全体教师和教育工作者，致以节日的祝贺和崇高的敬意！向全校离退休老同志、老教育工作者，致以节日的慰问和衷心的感谢！向受到表彰的50位优秀教师、22位优秀教育工作者，以及25位优秀医务工作者，表示热烈的祝贺！

在党的十八大即将召开之际，我们迎来了第28个教师节。今年教师节的主题是“忠诚党的教育事业，争当教书育人模范”。今天，即将受到表彰的97位优秀教师，就是过去一年里在教学、科研及管理工作第一线做出突出成绩的杰出代表，就是我们身边4100多位专任教师当中教书育人的行动楷模。可以说，这些优秀老师，都有着一个共同的鲜明特征，那就是：他们始终忠诚教书育人事业，坚持把老师作为自己的第一身份；始终全身心投入教育教学，坚持把上好课作为自己的第一要务；始终投入全部的爱心和情感，坚持把关爱学生作为自己的第一责任。

我们说把老师作为第一身份，就是要忠诚教育事业、担当育人责任。捷克教育家夸美纽斯曾经说过：“教师是太阳底下最光辉的事业。”我们从小就听过这句话，也应该记得这句话。现在，我们作为一个大学老师，就应该把当好老师作为最神圣的事业，而不仅仅是一份职业。如果我们仅仅把老师当作一份职业选择、一种谋生手段，那就只能成为“教书匠”；我们只有把教师工作当作太阳底下最光辉的事业，去热爱、去珍惜、去投入，才可能真正成为一个好老师。我们历代川大教师，就是用这种对教育事业的认识，用这种对教育事业的忠诚和责任，实现了自己的人生价值，赢得了社会的尊重。荣获“优秀教师”的历史文化学院李永宪教授，执教30多年，从来没有离开过三尺讲台，坚持每年为本科生授课4门以上，特别是，不畏条件艰苦，常年带领学生进藏区、到乡村，开展实践教学、考古实习，在他的辛勤劳动和付出下，获得了国家级教学成果一等奖。荣获“优秀医务工作者”的华西医院严律南教授，作为国内肝脏移植领域的著名专家，始终坚守在医疗卫生一线，一直用自己全部的精力、情感对每个病人负责，带领科室成功完成了世界上第二例合成肝移植手术，创造了无数的生命奇迹。

我们说把上好课作为第一要务，就是要全心投入、执着付出。只有潜心读书的学生才是好学生；只有把全部精力投入课堂教学的老师才是好老师。作为川大的老师，我们只有扎根在川大的讲台上，才能真正体现出来自己的价值；我们只有全身心投入到课堂教学当中，才真正对得起学生称呼我们一声“老师”，才可能受到每个学生的热爱和欢迎。荣获“优秀教师”的外国语学院张露露老师，从教15年来一直潜心钻研课堂教学，探索形成了“语言知识技能发展与思维创造能力开发并重、与人文精神培养融合”的独特教学模式。前不久，我有幸听了张老师的小班化授课，在课堂上，她通过研讨式教学、启发式讲授，很好地与学生开展互动、交流，整个讲课过程充满了感情、激情和真情，很受学生欢迎，被同学们评为川大首届“我最喜爱的老师”。荣获“优秀教育工作者”的华西临床医学院万学红教授，十几年如一日，始终把自己的精力投入教学一线，坚持每年为本科生授课，在全国率先组成了课程教学团队，改革实施了新型整合课程“临床医学导论课”，并且在国内数十所医学院校推广，获得了国家级教学成果一等奖。

我们说把关爱学生作为第一责任，就是要融入情感、传递爱心。我一直认为，教育是有生命的，教育的生命就在于爱心的传递、情感的投入、教与学的互动。没有爱就没有教育。作为大学老师，关键不在于我们讲了多少节课、多少门课，最重要的就是要用自己的爱心去传授知识，把自己的真诚和情感融入课堂当中。我想，我们每个人都可能有这种体会，从小学、中学到大学，我们的老师在课堂上的一次互动、一次微笑、一句鼓励，都可能会影响自己一辈子，甚至改变我们的一生。荣获“优秀教师”的电子信息学院严华老师，经常利用自己的QQ、邮件和微博，在课余时间与同学们交流、谈心，做学生的知心朋友，特别是关心、帮助每个后进学生、困难学生，使他们都能取得进步、都能成为优秀。实际上，我们每个老师都应该有这份责任，也应该尽到这份责任。直到现在，我还记得，2010年，学校发生了“3·30”、“4·7”两起突发性刑事案件，我们感到很震撼也很痛心。但让我很感动的是，在事发第二天就有老师给我写了信，对自己进行了深刻反省。这位老师说，在事发后的第一时间，他想知道自己的学生怎么样，觉得应该马上联系自己的学生，与同学们沟通、交流，但是却找不到学生的联系方式。所以，第二天一上课，他就给学生们作了检讨，觉得很对不起自己的学生，在学生最需要关心的时候，却找不到他们的联系方式。我想，只要我们每个老师都能用这种情感和爱心，去关心、去关爱自己的每个学生，教师这份职业就真正是光辉而伟大的事业。荣获“优秀教师”的马克思主义学院肖旭教授，在汶川地震发生后，自发组织了学校百余位志愿者与灾区中小学生开展“五彩石作文交流活动”，以结对交流的形式，为灾区学生送温暖、送知识、送情感，通过知识的辅导、心灵的交流，帮助他们进行心理重建。同时，她坚持利用课余时间，开设心理讲座100余场，接待学生个别咨询200余人次，对待学生热心、耐心、贴心，被同学们亲切地称为“慈母和益友”。

老师们，同志们，川大今天的发展，离不开你们的辛勤耕耘；川大今天的声誉和地位，更离不开你们在教书育人工作中投入的热情和智慧。你们用自己的教学实践、科研创新、科学管理，推动了学校各项事业的科学发展。

今年上半年，学校集中精力做好了三件大事：一是全力支持和配合中央第三巡视组来校集中巡视试点工作，努力推动学校各项事业再上新台阶。二是抓“五风”，促“四力”，全面推进校园文化建设，通过进一步加强和改进校风、教风、学风、文风和机关作风，进一步增强广大师生员工的凝聚力、学校工作的执行力，以及学校的社会影响力、国际竞争力，促进了学校各项事业科学发展。三是成功举办了第九次世界生物材料大会、中国化学会第28届化学年会等一系列高层次学术活动，提升学校的国际知名度和社会影响力，促进了学校未来发展。

同时，我校在核心竞争力指标方面也实现了四个方面的新突破：一是教育教学改革继续推进，人才培养质量不断提高。学校开设了小班课2213门次，占课程总门数的42.5%，我们的目标是要努力使小班化课程达到全校课程总数的60%。我一直强调，小班授课的重点就是师生在课堂上要有互动、有交流，要实施启发式讲授、批判式讨论和非标准答案考试。我想，只有我们每位老师都能真正落实好这些要求，才能真正使我们川大的教育成为一种精英教育，成为一种能够培养每个学生自由全面发展的教育，成为一种能使每位学生都能找到适合自己的教育。同时，我们已经建设了7个面向全球招生的全英文授课专业，学校的目标是要建成20个全英文授课专业。上学期，学校首次试行了“实践及国际课程周”，培养学生的实践能力和创新能力，获准立项建设了教育部“中国大学视频公开课”4门，获批3个国家工程实践教育中心。此外，本科生源质量也在稳步提升，今年我校文、理科平均录取分超过当地重点线40分以上分别有27个和30个省（区、市），其中，理科平均录取分超过当地重点线100分有4个省（区、市），我们在北京市高于当地重点线100分，在内蒙古自治区高于当地重点线101分，在云南省高于当地重点线104分，在贵州省高于当地重点线105分。二是科研工作成效显著，获国家自然科学基金2.38亿元，申报国家科技三大奖9项，其中3项已通过评审答辩，3人通过“杰青”专家评审，1个创新群体通过评审。同时，获准国家社科基金项目立项28项，立项数居全国高校第10位。三是师资队伍建设进一步加强，新增“千人计划”3名，总数达23人，新增“青年千人计划”6名，总数达8人；引进高端外籍教师15人，全职外籍教师达到54人。四是学科建设持续推进，圆满完成了新一轮“985工程”阶段检查工作，以及“211工程”三期整体总结验收。同时，灾后重建与管理学院、文化艺术与科技创新汇聚中心、新能源与低碳技术中心以及航空航天学院4个多学科交叉平台建设正在稳步推进。特别是，文化艺术与科技创新汇聚中心已经得到财政部1亿元的专项经费支持，教育部也准备投入专项经费。此外，我们还获得了3000万元的企业捐赠。

这些成绩的取得，归功于全校师生职工的共同努力，也归功于学校拥有一支素质精良、乐于奉献、勤奋工作、团结实干的教师队伍和管理队伍。在此，我再次代表学校向大家，并通过你们向全校师生员工和离退休老同志，表示最衷心的感谢！

高素质教师队伍是大学的核心竞争力。没有高水平的教师队伍，就没有高水平的教学，就谈不上培养出高水平的人才。近年来，学校始终高度重视师资队伍建设，努力建设一支潜心育人、素质优良、竞争力强的高水平师资队伍。

一是大力引进高端外籍教师。我们在进一步加大“千人计划”、“青年千人计划”引进力度的同时，全面实施了“高端外籍教师聘任计划”，力争引进20～30位高端外籍教师，现在，我们已经与美国耶鲁大学的Garen教授、德国亚琛工业大学的多曼教授、日本东京大学的藤井明教授等15位高端外籍教师签订了引进协议，我们签订合同中的第一条就是要求他们给本科生上课，我一直希望川大的每个学生都能在川大校园里直接聆听到世界一流学术大师的课程。同时，学校全面实施了“全职外籍教师聘任计划”，我们说，川大要建成一流大学，校园里就一定要有不同肤色的老师、不同肤色的学生。所以，我们要进一步加大外籍教师的引进力度，力争在“十二五”末，使编制内的外籍教师达到教师总数的5%，大约200人左右。同时，正在建设20个左右面向全球招生的全英文授课专业，设立了2000万元的留学基金，在全球范围内吸引招收一流的留学生，力争使我校留学生规模达到在校学生总数的10%。

二是全面落实青年教师培养的“三个全覆盖”。我一直强调，青年教师是学校未来发展的希望，青年教师的水平、师德和品行就决定了川大的未来。目前，我们正在全面落实青年教师的“三个全覆盖”，要实现青年教师科研启动经费的全覆盖，我们提出，作为川大的青年老师，就应该有优质的教学、有高水平的科研，因此，学校为每位进入川大工作的青年教师都提供了科研启动经费，文科教师是3万元至5万元、理工医科教师是6万元至10万元，帮助每位青年教师迈出从事科研的第一步；同时，要实现青年教师导师制的全覆盖，学校要求每个学院都要为本学院的每位青年教师提供一对一的导师指导，确保每位青年教师在导师的指导下，进入一个教学科研团队、进科研、进实验室；此外，还要实现青年教师博士学位和海外经历的全覆盖，我们正在全面实施青年教师博士学位提升计划，重点资助优秀青年教师到国际名校联合培养，力争到“十二五”末，实现青年教师博士学位和海外经历全覆盖。可以说，青年教师“三个全覆盖”关系着学校的未来，我们一定要努力为每个青年教师成长进步创造更加良好的条件，同时，也希望每位中老年教师都能用更多的爱心去传帮带。我想，如果我们能够真正落实好“三个全覆盖”，未来的川大就一定会充满希望。

三是全面实施了“海纳人才”工程。实施了“海外名校优秀青年学者引进计划”、“卓越学者计划”、“学科跨越定向引智计划”、“文科优秀青年百人计划”，构建由高端人才、学术带头人和青年学术骨干构成的高素质人才梯队。

四是建立完善科学、合理的现代大学人事管理体制。我们要继续深化项目助理制改革，从今年开始，学校所有新进教职工都实行了项目助理制，并且提高了项目制教职工的选聘门槛和标准，使表现优秀的项目制教职工经过考核能够转入合同聘任制，使表现优秀的合同聘任制教职工经过考核能够转入固定编制。同时，我们还要使项目制教师在职称申报、社保福利待遇以及在职攻读博士等方面，与固定编制人员享受相同的待遇、执行相同的标准，真正实现同工同酬、同标准、同待遇，努力建立以教师队伍和教学、科研辅助队伍“两支队伍”，以项目助理制、合同聘任制和固定编制“三个层次”为鲜明特色的现代大学人事管理体制。

五是全面启动了收入分配制度改革。从今年开始，学校进一步加强了岗位绩效考核，将聘期考核与年度考核相结合，将校院两级考核相结合，努力实现多劳者多得、优劳者优酬。在加强绩效考核的基础上，学校增加了教职工的绩效工资，提前实现了在“十二五”末，使川大教职工的年均收入达到10万元的目标。我一直强调，只有把学校的办学水平提高上去，才能使川大有地位；只有把广大教职工的收入水平提高上去，才能使川大教职工过上体面的生活。所以，学校一直在想方设法提高教职工待遇，这次在增加绩效工资以后，学校在职教职工人均收入增长了3.04万元/年，最低也增长了2.2万元/年，目前，在职教职工平均收入已经从去年的7.2万元/年，增长到了10.3万元/年。学校就是要通过推进收入分配制度改革，进一步加强对教职工的岗位绩效考核，充分调动每位教职工的工作积极性和主动性。

同时，学校全面加大了教育教学投入，今年，我们增加了教育教学经费约1.3亿元，使教育教学总投入达到了4.35亿元，并且提高了研究生奖助学金额度，在去年基础上增加了约6000万元的专项投入，使研究生奖助学金经费总投入比2011年翻了一番，另外，专门增加了1000万元鼓励优秀博、硕士生兼任公共基础课程助教。此外，我们全面加强了校园环境建设，华西校区改造工程全面完成，江安校区文科楼群全面竣工并投入使用；进一步加大了校园交通秩序整治力度，在提高学校交通车服务质量的同时，经过我们的努力协调，开通了江安校区至望江校区运行的67路公交车，方便广大师生员工；校园环境卫生整治工作持续加强，校园环境更加整洁、管理更加有序；信息化校园建设持续推进，“校园一卡通”系统正式启用，校园网运行性能进一步提高，望江校区公共区域无线网络覆盖全面完成。我们的目的就是要尽学校之力，尽可能地为每位教职工创造更好的学习、工作和生活环境。当然，我们深知，学校现在还有很多方面，还有一些地方做得还不够好，但是，我们会努力地去实现、去改进，使川大越来越好。我相信，在所有教职工的共同努力下，我们的校园环境、办学条件一定会越来越好，我们川大未来的发展也一定会越来越好。

老师们，同志们，学校已经为大家创造了良好的工作和生活环境。因此，我们更应该热爱川大，更应该珍惜自己在川大的工作岗位，真正把老师作为自己在川大校园里的第一身份，去成就自己的理想追求；真正把上好每节课作为自己的第一要务，去实现个人事业的成功；真正把关爱每个学生作为自己的第一责任，去赢得学生的信任和尊重。我记得，诺贝尔文学奖获得者索尔·贝娄曾经说过，人生的真正价值不在于生活中的胜利，而在于在社会上得到的尊严。我们作为大学老师的真正价值，就应该在于上好每节课、关爱每位学生，真正得到每个学生的尊重、得到全社会的尊重。

我希望川大的每位教职工，都能把老师作为自己的第一身份。我曾经讲过，在川大校园里，不管是校长、院长，还是院士、博导、教授，“老师”才是我们的第一身份。大学的根本任务是要培养人，没有学生就不叫大学。我经常说，我之所以是大学校长，是因为大学要培养学生，需要这个校长；我们之所以有学院、部处，有院长、处长，也是因为大学要培养学生，需要设置这些工作岗位。所以，无论我们在学校里是什么职位、什么岗位，老师才是我们的第一身份，也是我们每个人的唯一角色。只要我们选择了在川大工作，就意味着已经选择了“老师”这个身份，就应该发自内心去热爱、去珍惜自己的职业，把“老师”这份职业作为自己一生的事业，去倾注全部的知识、能力、智慧和情感。我们每个老师讲课，不是简单地把课讲完，不是简单地去完成45分钟的课程内容。好的老师讲课，应该是用情感、爱心去教会学生，应该把自己的全部精力都投入到课程当中，而不是去简单地应付、对付。只要我们选择了“老师”这个称谓，就应该时刻敬畏“老师”的身份。当一个老师容易，但当好一个老师不容易。我们川大的每个老师，首先都应该是一个文化人，而不是普通的市民或世俗的社会人，应该有文化人的品德、修养和境界，就要坚持导向，不被市场化、世俗化，用自己的言谈、举止和品行去教化学生、去引领社会风气；就要坚守道德底线，不被功利化，时刻珍惜自己的学术声誉，坚守住自己的人格底线，真正成为大学精神家园的守护者和创造者。

我希望川大的每位教职工，都能把上好每节课作为自己的第一要务。我们要成为一名好老师，追求永无止境，优秀永无止境，我们可以把优秀作为一种习惯，但首先必须要坚守基本责任。这个基本责任就是要把讲好每一门课、上好每一堂课，作为自己的天职。要上好每节课，就必须全身心投入课堂，我们每位老师都应该充分准备好每节课，而不是把一份讲稿从这届学生用到下一届学生，从上学期讲到下学期，讲稿的内容可能没有改变，但每节课讲的内容，都应该有不同的精彩、不同的效果和不同的感受。我们每位老师都应该用全部的精力忠实搞好教学，用专注的情感诚恳带好学生，只要是学校的课程就是头等大事，要坚持把为自己的学生讲好课，作为最基本的要求；只要是排好的课程就不可变更，要坚持把不能随意调课、换课，作为最基本的原则，作为每个老师的法定要求。我在欧洲讲学时，包括在英国、德国的大学里，只有正教授才有资格给本科生上课，副教授和讲师可以给研究生上课，但却不能为本科生讲课，所以，这些大学里的教授，都把能给本科生上课当作一种荣誉、一种地位。我们在邀请一些国外著名教授来川大讲学时，这些教授、专家首先都要把给本科生上课的时间确定下来，再来安排自己的行程，绝不会耽误学生的课程。同时，我们要上好每节课，就必须提高自己的教学水平，老师只有学而不厌，才能做到诲人不倦。我们每位老师都应该自觉提高自己的学识水平和教学能力，积极参与探究式课堂教学改革，加强课堂教学互动、研讨，特别是广大青年教师，更应该多向身边的中老年教师学习、请教，都应该把怎么上讲台、怎么备课作为自己进入川大的首要任务，真正把上好每一堂课作为自己永远努力的目标，真正把让学生一辈子记住你所讲的一门课、记住你这位老师，作为自己最大的幸福。

我希望川大的每位教职工，都能把关爱每个学生作为自己的第一责任。面对生死考验把希望留给学生的“最美女教师”张丽莉曾经说过，“只要我们用心去关爱每个学生，他们的世界就永远充满阳光”。只有有爱心的教育，才是真正有生命的教育；只有有爱心的老师，才能培养出有作为的学生。希望我们每位老师都能成为学生的“亲师”，主动给学生留下自己的邮箱、手机号，多与学生交流；下课自觉晚几分钟离开，多和学生沟通，真正把每个学生都当作自己的孩子来关爱、教化，把促进每个学生自由全面发展作为自己的本能。今年4月，我倡导实施了名誉班主任计划，并且受邀成为建环学院2010级力学1班的名誉班主任，我还专门给每个学院的书记、院长以及所有副教授以上的专家、学者，都写了一封信，要求大家担任并积极推动学生名誉班主任工作，希望我们每位干部，每位专家、教授，都能带头担任一个班的名誉班主任，坚持每学期至少与自己的班级见一次面、做一次交流，真正走进班级、走近学生，去了解学生学习、生活中的实际困难和需求，激励和引导每位学生做人、做事、做学问。同时，也希望我们每位老师都能成为学生的“严师”，严师出高徒，要敢于要求、严格管理。我曾经讲过，每个老师在第一堂课上，就应该给学生留下联系方式，讲清楚自己对这门课的要求，讲清楚应该阅读哪些参考书，考试形式是什么，怎么计算平时成绩等等，特别要对学生提出管理要求，要求所有学生都要按时上课、都要积极参加课堂互动、都要遵守课堂纪律，不能只顾自己讲好课，对学生上不上课、听不听课都不闻不问。最近，我在听课的时候，看到我们很多老师在上课时，都能给学生明确提出课堂的基本规范和要求，并且积极与学生互动，课堂教学效果很好。我想，严格要求、严格管理同样是对学生的热爱和关怀。

老师们，同志们，你们身上不仅承载着川大跨越发展的成就，更担当着续写川大辉煌的重任。希望我们每位老师，都能以更加执着的事业追求，做忠诚教育事业的楷模；以更加专注的精力投入，做献身教书育人工作的榜样；以更加博大的爱心情感，做关爱学生成长的模范，用自己的实际行动，为推进学校各项事业科学发展做出更大贡献，以更加优异的成绩迎接党的十八大胜利召开！

最后，我再次代表学校向全体教职员工、离退休老师们，致以节日的祝贺和崇高的敬意！祝大家工作顺利、身体健康、阖家幸福！

谢谢大家！

全面推进川大的教育：精英教育 全面发展的教育 个性化教育

——在四川大学2012年本科教学工作会议上的讲话

校长 谢和平 院士

（2012年9月19日，根据记录整理）

尊敬的各位老师、各位领导、同志们：

今天，我们在这里隆重召开四川大学2012年本科教学工作大会。这次大会是一次非常重要的大会，因为，人才培养是学校的中心工作，所以，学校对此次会议高度重视，并希望扩大参会人员范围，把会议的内容开全面，把会议的效果开长久。

首先，扩大参会人员范围。参加此次大会的人很多，除了全体校领导、校长助理，机关各部处主要负责人，学工部、校团委、人事处、教务处、招生就业处的全体工作人员以外，校院两级督导组全体同志，各个学院的书记、院长、分管教学的副院长、分管学生工作的副书记、教学秘书、各个系或者教研室主任、辅导员代表和学生代表等都应邀参加。把辅导员请来开这个会很重要，因为辅导员是代表学校直接跟学生打交道的，只有他们充分了解了学校的教育教学方针、教育理念、人才培养的改革创新举措，才能向学生宣传到位，才能把学校的教育教学思路贯彻落实到位。考虑到会场位置不足，最终只选派了辅导员代表前来参加，但以后这种会一定要争取让全体辅导员参加。

二是要把会议的内容开全面。本科教育教学工作不仅仅是分管教学副校长和教务处的事情，还牵涉到校风、教风、学风、机关作风等方方面面。所以，我们专门请石坚副校长讲了学校的师德建设，请李向成副书记谈了谈学校的学风建设，请步宏副校长介绍了近两年我校教育教学工作的整体情况，还邀请了四个学院向大家做典型经验报告，我听了以后收获很大、很有感触。我们一定要把会议开实在，不说空话，校领导就说一说学校人才培养过程中还存在的问题，四个学院具体说一说自己是怎么做的。

三是要把会议的效果开长久。今年是2006年以来学校首次召开的全校性的教育教学工作大会，以后我们要争取每年都能召开一次，并把这个会开出成效。四川大学长期重视本科教育教学，这次会议的召开，可以看作是我校本科教育教学新的起点、新的标杆。

下面，我主要讲四个方面的内容：一是全面、准确认识和理解近年来我校本科教育教学的成绩和面临的问题；二是关于教育教学的要求；三是关于教育教学管理的要求；四是进一步健全教书育人激励机制的要求。

第一部分：近五年来我校本科教育教学工作取得的成绩和面临的问题

第一，近五年来我校本科教育教学工

作取得的成绩

一、本科教育教学改革创新不断深化，建立并完善了创新人才培养体系

作为一所历史悠久、文化底蕴深厚、多学科交叉融合的综合大学，学校一直强调要努力形成川大的教育。所以，近十年来，学校提出了一系列关于提高人才培养质量的理念、思路和举措，核心就是四点：一是提出了我们川大的办学理念，也就是“以人为本，崇尚学术，追求卓越”。二是提出了新的创新人才培养目标，即我们要培养“具有深厚的人文底蕴、扎实的专业知识、强烈的创新意识、宽广的国际视野”的国家栋梁和社会精英。2004 年以前，川大的人才培养目标与其他教育部直属高校并没有太大的差异，突出的是宽基础、强能力、重创新等等。2004 年学校提出的关于创新人才培养目标，更加强调学生的人文底蕴、专业知识、创新意识和国际视野，也更加符合川大作为一所综合性大学的特色和要求，更加符合国内外高等教育发展的趋势。三是明确了川大特色的人才培养模式，即“人性化管理，个性化培养，国际化教育”的人才培养模式。川大的人才培养模式不能行政化、命令式，我们的辅导员、管理人员对待学生都必须要人性化，要体现个性化的培养。四是形成了有自身特色的川大教育。川大应该提供什么样的教育？川大要建一流大学，首先就要培养一流的学生，要提供符合川大特色的一流的教育。我想可以概括为三点：一是，川大应该是一所提供精英教育的学校，无论高等教育大众化到什么程度，川大都必须坚持精英教育。二是，川大应该是一所能培养每个人自由全面发展潜质与能力的学校。川大是一所综合型大学，所以，不能仅仅进行单一型的教育，川大的教育不能是有所缺失的教育，应该是能够培养每个学生自由全面发展能力和潜质的教育。三是，川大应该是一所能提供每个学生真正找到真正适合自己教育的学校，也就是要提供个性化的教育。

在这个基础上，我们形成了“323+X”本科生高素质创新人才培养体系，真正体现了川大人才培养的特色。其中，前一个“3”是指“三大类创新人才培养”，第一大类是综合创新人才培养，这一部分学生占到全校学生总数的 80%；第二大类是拔尖创新人才培养，是要让特别优秀的学生能够脱颖而出；第三大类是“双特生”培养体系，学生只要有特长、有潜质，川大就能够为他提供成长的空间、搭建成长的舞台。“2”则是指“两阶段培养过程”，就是在实行课程前置改革的基础上，把大学四年分为通识教育和专业基础教育、个性化教育两个阶段。通识教育和专业基础教育阶段，主要进行基础课和专业基础课的学习，在大学前两年或两年半完成。个性化教育阶段，主要加强大学生的创新创业就业教育，在大学的最后一年半或两年来完成。后一个“3”是指“三大类课程体系”，就是面向所有学生，在个性化教育阶段设置学术研究型、创新创业型、实践应用型三大类课程体系供学生选择学习，为不同的成长需求提供不同的课程体系。学生如果今后想从事学术研究、成为学者和科学家，就可以选择学术研究型课程体系；如果今后想创业办公司，进行创新创业，就可以选择创新创业型课程体系，并做一些创业尝试；如果毕业以后想先就业，就可以选择实践应用型课程体系，提升自己的就业能力和竞争力。“X”就是实现“323”人才培养体系的具体支撑项目，包括实施小班化开课、课程改革等。所以说，“323+X”人才培养体系的内涵，充分体现了川大的教育，是充分体现了川大水平的教育。

近十年来，川大的教育教学改革也正是在按照这一教育教学理念和思路不断进行的。2004 年，学校提出了新的人才培养目标，就是培养“深厚人文底蕴、扎实专业知识、强烈创新意识、宽广的国际视野的国家栋梁和社会精英”。2004 年 9 月，学校提出了“本科教学‘412’质量工程”。2005 年，学校开设了《中华文化》公共课程，把《中华文化》课程作为一门必修课和人文教育平台，对学生进行人文素质教育，努力培养川大学生深厚的人文底蕴。2007 年，学校在全国率先构建的“四川大学创新人才培养体系”，实行了新的人才培养管理模式，包括单元式、围合式管理，以及“四位一体”成长关爱新体系。2008 年，学校提出了“确立三个面向、实现两个结合、树立三种意识”的工作思路，推动了以创新、创业、就业教育为主体的全方位教育教学改革。2009 年 12 月，学校提出了本科毕业论文“高质量、多样化”改革，英语口语、听力课教学改革，“双特生”选拔培养制度改革，“两阶段、三大类课程体系”等教育教学改革创新，构建了“三大类创新人才培养体系”。2010 年，提出了具有川大特色的“教育四观”和“三个全”的人才培养体制机制，完善了“323＋X”本科创新人才培养体系。2011 年，全面启动实施了公共课课堂教学创新与改革，探究式小班化课堂教学改革，并从 2012 级开始，在新生中全部实行小班化编班，所有的班级都在 25 人左右。小班化课堂教学改革虽然增加了成本，但只要将钱花在学生身上，学校就应该投入。2012 年是校园文化建设年，学校强调要抓五风，即校风、教风、学风、文风和机关作风，其中重点抓教风和学风。所以，本次大会下发了《四川大学关于进一步加强教学学风建设的若干意见》等系列文件，希望大家高度重视。

这几年，学校教育教学改革的成效十分突出：在人才选拔改革方面，至今，已选拔了 22 名双特生，其中，自主招生选拔 9 名，校内选拔 13 名。2007 级“双特生”张聪同学对日本社会史、日本文学和文化进行了较全面的学习，撰写了长达 5 万字的大三学年论文《日式企业制度对日本战后社会的影响》，获得了日本北海道大学的校长奖学金。在课程设计改革方面，目前，已开设了探究式小班化课程 4427 门次，约占全校总开课门次的 42.3%，我们的目标是要达到 60%；开设了全英语课程 242 门，创新创业型、实践应用型课程 160 余门。在本科毕业论文“高质量、多样化”改革方面，到 2012 届，已有 49 个专业 776 名本科毕业生参加。我记得，2009 年首次进行本科毕业论文“高质量、多样化”改革时，大家都不敢报名，全校只有 4 名学生提交了非传统的毕业论文（设计），舆论炒作得很厉害。即便这样，我们还是坚持下来了，也做得很有成效。

二、教育教学成果显著，人才培养质量大幅提升

一是生源质量稳步提高。学校一直强调要全面提高生源质量。今年，我校在有计划的全国 31 个省（区、市）中，理科录取平均分高出当地重点线 90 分的有 7 个省（区、市），其中，在北京市的高考录取线高出当地重点线 100 分，在云南省的录取线高出当地重点线 104 分，在贵州省的录取线高出了当地重点线 105 分。我们就应该让所有的考生都觉得，川大是一所非常好、很难考的学校，考上川大不容易。

二是师资队伍建设成绩突出。提高教育教学质量的关键在教师。近年来，学校出台了“四川大学海纳人才工程”，大力实施了海内外高端人才引进计划、青年教师培养的“三个全覆盖”，重点推进了“全职外籍教师聘任计划”，力争使编制内的外籍教师达到教师总数的5%，大约200人左右。川大要建成一流大学，校园里就一定要有不同肤色的老师和不同肤色的学生。5年来，学校新增两院院士5人，总数达到13人，新增“杰出教授”4人，总数达到6人。国家“千人计划”专家已达32人，全职外籍教师达到54人，特别是，新增国家教学名师7人、国家级教学团队11个。

三是教育教学成果丰硕。五年来，学校新增国家教学成果奖8项、国家精品课程20门、国家级特色专业28个；新增国家理科基础科学研究和教学人才培养基地3个，获建7个国家级实验教学示范中心；获批成为全国首批“改革试点学院”、“基础学科拔尖学生培养试验计划”、“卓越工程师培养计划”试点高校，入选了首批“国家级教师教学发展示范中心”。

四是学生科研创新能力进一步提升。学校面向全体学生加强了“三进”、“三结合”教育。五年来，有5600多人次的学生先后获得国际或全国各类竞赛奖，其中获“挑战杯”中国大学生创业计划竞赛金奖5项。近3年，本科学生参与发表SCI、EI和核心期刊论文收录论文370余篇，申请并获得发明专利30余项。

五是毕业生质量显著提高。学校本科毕业生一次性就业率连续三年超过90%。学校到国际一流大学留学的学生人数由2007年的7.5%上升至2011年的15%，翻了一番。全校毕业生就业平均供需比保持在1∶8左右，最高专业供需比达到1∶70，进入世界500强企业就业的学生达到1000余人。

六是国际化教育取得了很大进展。在实施“高端外籍教师引进计划”的过程中，学校要求所有与“千人计划”、海外高端教师签订合同的第一条就是要给本科生上课，这样做的目的是使川大每个学生都能在川大校园里直接聆听到世界一流大学的一流老师的课程。同时，学校实施了“本科生留学奖励计划”、“本科生国际交流计划”、“本科生留学奖、助、贷学金计划”，建立海外实习基地，举办各类特色夏令营、冬令营活动，力争使在校本科生至少有一次海外交流经历。学校鼓励学生参加海外交流活动，不是希望学生多学点英语，而是希望大家通过亲身参与国际交流活动，提升自己参与国际事务的胆量和魄力。同时，我校还与成都市共同出资2000万元，联合设立了“高层次来华留学博士和高级进修生奖学金”；开设了20个全英文授课专业，在全球范围内吸引、招收一流的学生。

第二，目前面临的差距

一是先进的办学理念贯彻落实不够。近年来，学校提出了创新人才培养新目标，确立了人才培养管理新模式，形成了特色鲜明的教育质量观、教育公平观、教育多样观和全面发展教育观，强调要形成有川大特色的教育——精英教育、全面发展的教育、个性化教育，大家都觉得很好。但是，也有很多老师、很多院系的基层工作人员并不知道什么是川大的教育，并不知道“323+X”中的数字和字母代表的是什么意思，甚至极个别院系领导对于学校的思路和理念都不完全了解。学校关于教育教学的理念和提法，很多都还是浮在空中，没有落地、生根、开花。

二是从学校领导、院系领导到教师，

对本科教育的重视程度还不够。比如说，有的学院对本科教育的管理、重视还很欠缺；还有个别学院认为本科教育质量是教务处的事情，和学院根本没什么关系。我们一些领导，特别是一些双肩挑的领导，很重视自己的科研工作，重视自己的项目，但对教学工作，特别是在教学和科研的结合方面并不重视，把教学作为附带的事情来完成、来应付。另外，在管理方面，还存在领导不敢管教师、教师不敢管学生的现象。我们实行了学分制，实行了改革试点，学生要对教师教学情况进行打分、评估，有的教师为了迎合学生，就对学生放宽要求，给学生高分。在教学环节中明显出现了一些教学事故，但学院领导并没有高度重视、严肃处理。

三是多学科资源优势还未充分体现在人才培养上。首先，促进学科深度交叉融合的体制机制还没有完全形成，不少学科交叉工作仍停留在浅表层次，特别是还缺乏实质性多学科交叉的科研和人才培养。其次，多学科交叉形成的专业学位点还仅局限于单一学科招收、培养学生，多学科交叉培养的课程体系、培养方案、评价标准还没有形成，多学科资源还没有充分发挥应有效益。

四是高水平专业化师资队伍还未完全建立。好的教师，不仅能站在学科前沿进行学术研究，还必须能站在讲台上教书育人。在国外著名大学中，只有好老师、名教授才能给本科生上课，教授能给本科生上课是非常有地位和非常荣耀的事情。目前，我校在师资队伍建设方面还存在三个问题：首先是师资队伍整体水平还不够高，其次是教授、博导投入本科生教育的时间、精力、热情还不够，最后是真正能够为学生进行启发式教授、探究式教学、互动式授课的教师还不多。培养高素质学生的关键在于要有高素质的老师，在于老师应该要有较高的教育教学能力来启发学生的想象思维、逆向思维、批判式思维，在于老师应该有足够的能力为学生出非标准答案考试的题目，我校的老师在这些方面还有一定的差距。

五是教学成果和教学改革中，真正有显示度的标志性成果还有待提高。在2009年国家级教学成果奖评选工作中，我校获得了8项，但是北京大学获得了15项，清华大学获得了14项，浙江大学获得了12项，“7+2”高校平均获得了8.67项，我们还有较大差距。国家级教学成果奖评选四年一次，明年又将开启新一轮的评选，希望大家提前做好准备。

六是教风、学风、校风还有待进一步改进。今年学校抓“五风”，就要抓到实处，抓在关节点上。学校教风问题集中表现为“四个不够”：一是个别老师的责任心、事业心不够，心思不在课堂，简单应付、对付教学工作，甚至由于备课不认真而出现一些低级错误。二是个别老师的能力水平不够，在课堂上只能对着课件照本宣科，无法与学生进行教学互动。我们现在有些老师，学位很高了，学术水平很高了，但是由于没有用心去提高自身的教育教学水平，所以教学水平仍然很低。从评教结果来看，64.7%的学生认为课堂教学沉闷乏味、效果不够理想，甚至有个别学生认为我们的极个别老师还没有中学老师讲课讲得好。三是个别老师对学生的关爱不够，“上课匆匆来，下课匆匆走”，16.9%的学生反映，任课教师从来没有通过邮件、电话等方式与自己进行过交流。四是个别老师对学生的要求不够，只顾自己讲好课，对学生上不上课、听不听课不闻不问。前天，我在新校区听新生的第一堂课时就发现，有的新生在第一堂课上就打瞌睡，但是任课老师不管不问，自己讲自己的。

学风方面。在毕业生问卷调查中，15.8%的学生认为“我校的学风问题依然突出”。最近，我收到一封学生来信，信中谈道：“一部分川大学子缺乏对人生的思考，特别是没有切实可行的规划。”甚至还有个别学生调侃说：“读大学的人越来越少，混大学的人越来越多。”个别学生平时上课找人代替签到，经常旷课玩网络游戏，考前临时突击应付，考试作弊，考后找老师要考分，甚至威胁老师；还有少数学生在学习过程中很浮躁，根本不能静心读书。特别是，极个别学生缺乏基本的诚信道德底线，为了发表论文以便评优、保研，甚至去找论文公司代写，或者抄袭、剽窃。现在，社会上存在的作假行为很多，文凭可能是假的，论文可能是假的，证书也可能是假的，这些在我们川大是坚决不允许的。那么，我们在管理上，就要积极“打假”、严防“造假”。

我希望大家在看到我校这几年取得的巨大成绩和进展的基础上，更要清醒地认识到存在的问题和不足，要以高水平研究型大学的标准来要求我们的干部、教师和学生，要进一步加强校风、教风、学风、班风建设。

第二部分：关于川大教育教学的要求

今天，学校之所以希望这次会议的规模更大、范围更广，能有更多的师生参加，就是想通过这次大会真正使广大师生都能了解川大的教育是什么。刚才，我已经对川大的教育作了详细说明。我们说，川大的教育应该是精英教育，是能够培养每个学生自由全面发展的教育，是能使每个学生都能找到真正适合自己的教育。现在，我们的重点就要把这些理念落到实处，关键就是要把“323+X”创新人才培养体系当中的每项具体工作、每个具体要求都落地生根，真正成为我们每个老师的习惯，成为全校教职工的实际行动。下面，我就从精英教育、个性化教育和全面发展教育这三个方面谈一谈关于川大教育教学的要求。

第一，关于精英教育的要求。我们说，川大的精英教育不是贵族教育，不是培养几个尖子生，而是真正让川大的每个学生都能享受优质的课堂教学、优质的课程体系、优质的教育资源以及优质的教育环境和条件。从今年开始，学校在新生入学时就已经全部按照20人至25人的规模编排班级，这样就使我们的办学成本翻了一番，但是学校愿意增加这样的投入和成本。同时，我们还专门改建了一批用于小班化教学的教室，特别是在江安校区新建成的文科楼，可以说已经达到了国际一流大学的硬件标准，完全可以满足师生课堂互动、研讨的要求。去年，学校还专门投入9000万元，改造了学生专业实验室和基础教学实验室。可以说，在教育教学方面，学校都不惜增加投入和成本，坚持按照国际一流大学的标准来建设我们的教学设施，确保总体上30年不落后。我们已经为实施精英教育创造了优质的教育教学条件，现在，关键就是要重点抓好两方面工作。

一是要抓好小班化教学。我们只有实施小班化教学，才能真正实现教与学的互动，才可能真正构建精英教育体系。一方面，我们已经从今年招生开始，全部把班级编成每班20人至25人的小班，实行小班化教学；同时，我们还要通过大班授课、小班研讨，对规模较大的班级，实现理念上的小班教学，比如，每堂课45分钟，我们的任课老师可以讲授30分钟，然后留出15分钟时间，把学生分成不同小组与老师进行互动讨论、提问交流。我们说，小班授课的核心不是开出多少门次的小班课程，关键就在于师生在课堂上要有互动、要有交流，要真正实现启发式讲授、批判式讨论和非标准答案考试。目前，我们已经开设了小班课程4427门次，约占全校总开课门次的42.3%，我们的目标是要使小班化课程达到全校课程总数的60%左右。尽管现在学校小班课程已经有4000多门次，但能够积极与学生互动、进行研讨式教学，真正达到小班教学效果的课程还不足20%。因此，我们要进一步推进小班化教学改革，要把保证学生积极参与课堂互动、交流作为小班授课的最低要求，并且聘任一批具有良好教学能力的研究生助教协助开展课堂研讨，真正实现最好的课堂效果，努力使每个学生在学习全过程中都能接受到最好的教育。

二是要抓好教师教学能力。学校与美国密歇根大学共建了“四川大学教师教学发展中心”，最近，还入选了首批“国家级教师教学发展示范中心”。因此，我们应该充分发挥学校教师教学发展中心的作用，重点培训每位老师怎么开展小班化教学研讨，重点指导每位青年教师怎么备好课、怎么上讲台，不断提升全校教师的教学能力和水平。

第二，关于个性化教育的要求。一方面，我们要重点抓课程数量。要真正实现个性化教育，关键就在于能够使进入川大的每个学生，都能根据自身需要找到适合自己的课程。大家都知道，很多世界一流大学，包括哈佛、耶鲁基本上都已经开设了10000门左右的课程，提供给不同类型的学生自由选择、学习，而我校目前只开设了4800门左右的课程。我们说，川大要真正建成世界一流大学，不仅要在学术科研方面与一流大学接轨，更要在课程体系设置、教学管理水平和课堂效果方面与一流大学接轨。因此，我希望有关部门能够尽快制订《四川大学课程建设十年规划》，争取利用10年时间开设10000门左右的课程，真正使川大的课程数量、课程设置与世界一流大学接轨，使每个学生想学习哪方面的知识，都能在川大找到相应的课程体系。特别是，过去我们开设的课程大多数都是学术型课程，但我们有很多学生毕业以后想创业办公司，成为企业家，就找不到相应的创新创业型课程，因为我们的老师基本上都是从学校到学校，毕业以后就直接从事教学工作，缺少社会实践经验和创业经历，这就需要我们想办法请一些校友企业家和社会知名人士开设这类课程。同时，还有一些学生毕业以后想先就业，找工作减轻家庭负担，这就需要我们提供一些实践应用型课程，培养他们的就业能力和社会实践能力，这方面课程我们的差距也很大。所以，我希望我们有关部门能专门成立课程设置委员会，通过未来10年时间建设10000门左右的课程，使学术型课程至少达到4000～5000门，创新创业型课程至少达到2000～3000门，实践应用型课程达到2000门左右。其中，关于学术型课程，我们可以按照现有的课程体系，去进一步归纳、总结和完善；关于创新型、实践型课程，我们完全可以邀请一些杰出校友、一些知名的企业家和管理专家来开设课程，来给学生授课。

另一方面，要重点抓课程设置。我们川大三校合并至今已经10多年了，我一直要求要真正建立体现综合性大学多学科交叉融合优势的新课程体系。学校有关部门一直在努力做这项工作，但还没有完成。可以说，现在学校文理工医各个学科的专业课程体系，基本上还是在延续老川大、老科大和老华西的课程设置，没能充分发挥、体现出综合性大学的优势。因此，我们要尽快重新梳理每个学科的课程体系，对所有专业现有的必修课、选修课设置进行系统梳理；同时，要重新对每个学科的专业课程进行科学设置，在遵循不同学科基本特点、规律的基础上，充分发挥综合性大学多学科交叉融合的优势，对所有专业课程的设置、课程内容进行调整，形成新川大的专业课程体系。

第三，关于全面发展教育的要求。一方面，我们要促进每个川大学生都能自由全面发展。作为一所综合性大学，我们川大的教育不应该是单一、缺失的教育，而是要真正培养每个学生自由全面发展的潜质和能力。所以，在教育教学过程中，我们应该在培养学生知识和技能的同时，加强学生的品德、责任、法律意识教育，鼓励学生有理想、有追求。在前年的本科生开学典礼上，我就希望，进入川大的学生首先要有自己的梦想。去年，我也给每位新生讲了入学的第一课，希望川大的每个学生要有梦想更要有追求。今年，我又给新生讲奋斗，希望他们作为90后学生，要有梦想、有追求，更要为之去努力、去奋斗。同时，我们还要进一步加强学生的人文素质教育，真正使川大培养的学生多一份人文素养和人文境界，不仅有知识、更有文化，不仅有智慧、更有责任。

另一方面，我们要促进整个学生群体自由全面发展。现在，我们很多领导、老师和辅导员往往都喜欢成绩好的学生，这也是很自然的人之常情。但是，我一直认为，考入川大的每个学生，都应该是我们自己的学生。他们成绩不好、考试不及格甚至不能顺利毕业，实际上，这也是我们每个老师应该承担的责任，是我们每个教育管理者应该承担的责任。我们不能总是理直气壮地认为，学校实行学分制，如果学生学不好，就是他们自己的问题，完全是学生自己上网、打游戏，不努力学习造成的。我们应该把真正使整个学生群体都能自由全面发展，让进入川大的每个学生都能取得进步，作为我们每个老师、每个教育管理者应尽的责任。因此，我们应该从制度管理层面，去关注、去重视整个学生群体的自由全面发展，要构建使每个学生在任何时候努力都不晚的学籍管理机制和成长通道，真正使每个学生在任何时候通过奋斗都能取得进步、都能成为优秀学生。

第三部分：关于学校教育教学管理的要求

我们要进一步加强教育教学管理，关键就是要做好三个方面工作，即加大教学监督力度、加大财政投入程度和加大领导重视程度。

第一，要进一步加强教育教学监督的力度。一是要加强辅导员队伍建设。这学期开学初，我带队检查学校教学运行情况时，就专门和学工部的负责同志进行了座谈。当时，我就说，我们学校辅导员队伍的工作能力很强，关键时刻也很有战斗力。但是，也仍然有个别辅导员不同程度地存在一些问题。我还记得，2010年，学校发生“3·30”和“4·7”两起突发性刑事案件以后，我和学生座谈时，就有个别学生反映，只要不出事，平时就很难见到辅导员；出了事，才能见到自己的辅导员。所以，我们应该进一步加强辅导员队伍建设，一方面，要真正使辅导员队伍有待遇、有地位，有相应的职称评定、评奖评优等激励机制；另一方面，要进一步提高要求，进一步明确具体的工作细则和岗位责任。特别是，我们每位辅导员也应该积极参与学生教学管理，至少做好四个方面的具体工作：首先，要统计出学生的平均听课率，要对大一、大二不同年级学生的听课率、到课率，进行统计和分析，并且根据这些数据形成学生平均听课率曲线，找到其规律特征。其次，要对自己分管学生的类型、个性和发展潜能进行统计、分析，用半年时间统计出有多少学生属于内向型、多少属于封闭型、多少属于开放型，对封闭型学生要重点关注，对开放型学生加强引导，同时，还应该对学生的自我管理能力、协作能力等方面进行统计、分析。再次，要与自己分管的学生交朋友，进行紧密型的心灵沟通，当良师益友。这样，四年下来，每个辅导员不仅都能得到大量的具体数据，还可以根据统计数据画出相应的曲线和图表，更可以对这些一手数据资料进行分析，写出高质量的教育管理研究论文。这样，我们的辅导员就不再只是命令学生必须参加什么活动，或者只是给学生传达什么事情，而是能够真正成为一个学生管理方面的专家、成为一个教育家。最后，要经常直接走进学生宿舍、走进学生班级，对每个学生班级和宿舍的自律程度、活跃程度进行统计、分析。关于这四项工作，我已经对学工部的负责同志提出了具体要求，希望我们每个辅导员都能统计、分析和提供一些学生管理的具体数据，这样几年时间下来，我们就可以通过这些数据，归纳总结出一些基本规律，真正实现学生管理的科学化、定量化。

二是要加强校院两级教学督导组建设。我们要充分发挥校院两级教学督导组在监督课堂教学效果、指导教育教学等方面的重要作用，进一步扩大校院两级督导组队伍的规模，真正实现对全校所有课程进行教学督导的全覆盖，特别是要对每位青年教师的课堂教学效果进行重点督导。我们就是要使每位任课教师在上课时，都能意识到有督导组的老师来听课，都能自觉做到认真备好每堂课、讲好每堂课。

三是加强课堂教学视频督导员队伍建设。现在，学校已经投入了近千万元，在新老校区教学楼都安装了教学质量督导视频设备。通过视频屏幕，我们能够对学校每个教室的课堂教学情况进行视频监督。我们说，进行视频督导，不是简单地通过屏幕了解课堂情况，而是要监测、统计出我们每天有多少课堂有互动，有多少课堂没有师生交流，要统计出我们每个任课老师在讲课过程中，有多少课时与学生进行了深入互动，有多少课时没能开展很好的课堂交流。所以，我们要专门设置“课堂教学视频督导员”岗位，聘任一些具有一定学术水平、文理工医不同学科背景的视频督导员，坚持每天对全校每一门课、每一堂课，特别是要对小班课的课堂师生互动情况进行监督，并且统计出详细的数据。

这样，我们就可以从三个不同方面，得到反映学校教育教学的实际情况和具体数据。辅导员都要对学生的到课情况、听课情况进行自然态统计，督导每个学生自觉上好课、听好课；校院两级督导组成员要全面督导每位任课老师讲好课，积极与学生互动；课堂教学视频督导员要对全校每个月、每个学期、每个学年的课堂互动情况、课堂教学效果以及学生迟到早退情况进行宏观监测统计。通过这些具体数据，我们就能归纳总结出一些基本规律，努力使学校教育教学更加有序，课堂教学效果更加良好。

第二，要进一步加强教师教育教学的投入程度。我曾经讲过，在川大校园里，不管是校长、院长、处长，还是院士、博导、教授，“老师”才是我们的第一身份。

大家想一想，如果校园里没有学生，怎么能叫大学？我之所以是大学校长，就是因为大学要培养学生，需要这个校长；我们之所以有学院、部处，有院长、处长，也是因为大学要培养学生，需要设置这些工作岗位。所以，我们川大的每位教职工，都应该带好学生、管好学生、教育好学生，把老师作为自己的第一身份，把上好每节课作为自己的第一要务，把关爱每个学生作为自己的第一责任。我们校院两级领导要把自己的主要精力投入教育教学工作；每位老师要全身心投入课堂，把讲好每一门课、上好每一堂课，作为自己的天职；每位青年教师要把怎么备好课、怎么讲好课作为自己进入川大的首要任务。为此，我们至少要做到两个基本要求。

一是严禁随意调课、换课。只要是排好的课程就不能随意变更，绝不允许任课老师随意调课、换课，要把按时上课作为每个老师最基本的要求。在欧洲的大学里，每个教授都把能给本科生上课当作一种荣誉、一种地位。我记得，我们有一次在邀请一位联合国著名经济学家来川大讲学时，他首先就提出要考虑自己为本科生上课的时间，然后再来安排具体的行程，绝不会因为开会、参加学术活动耽误学生的课程。我们有位老师在参加一次学术会议时，听到国内高校的一位教授说，因为自己第二天安排有本科生的课程，当晚就必须赶回去，确保能准时为学生上课。今天开会之前，我们有位院长专门给我请假，说自己因为要给本科生上课不能参加会议，我很赞成这种做法。所以，我们首先就提出严禁任课老师因为任何理由随意调课、换课，更不允许随意请他人代课，对于极个别老师让自己的研究生代课的现象，我们必须坚决予以制止。

二是严禁擅自到校外兼课。现在，学校仍然有个别老师为了赚取课时费，把校外兼课当成自己的主业，却把本职工作当成副业，对学校安排的课程不用心，随意对付应付；还有极个别学院的一些优秀老师在校外兼课，本学院的一些课程却由青年老师来承担。对于这些情况，我们必须要进一步严格管理。以后，凡是在职老师校外兼课，都必须由所在学院直接与校外单位进行洽谈，由学院进行统筹安排、统一协调。今天，学校专门向大会提交了《四川大学教职工校外兼职管理规定（试行)》，广泛征求意见，就是要进一步加强教职工校外兼课的规范管理，希望我们每位老师都能提出自己的意见和建议。学校在进行严格管理的同时，也一直在尽全力逐步提高教职工的收入待遇。从今年开始，我们在加强绩效考核的基础上，增加了教职工绩效工资，使在职教职工人均收入增长了3.04万元/年，最低也增长了2.2万元/年，使教职工平均收入从去年的7.3万元/年，提高到了今年的10.3万元/年。尽管我们可能做得还不够好，但是，我们会努力地去改进，真正使每位川大教职工都能具有与川大地位相当的收入。我们提高绩效工资，关键就是要进一步加强对教职工的岗位绩效考核，关键就是要把不能随意换课、调课，不能擅自到校外兼课作为最基本的考核要求。作为川大的老师，我们首先就应该承担好、完成好川大的教学科研任务，这样才能对得起川大的待遇，才能享受到川大的待遇。

第三，要进一步加强校院两级领导的重视程度。我们校院两级领导要进一步高度重视教育教学工作，关键就要在三个方面大力投入，真正做到精力投入、经费投入和管理投入到位。

一是精力要投入。校院两级领导要把更多精力投入到教育教学工作当中，亲自抓好本科教学，带头经常去听课、带头深入教学一线、带头指导青年老师，特别是要与我们的专家、教授一起担任一个班的名誉班主任，走进班级、走进学生。我们说，校院两级领导要投入精力，就是要把抓好本科教学作为自己的天职、作为最基本的责任。但是，像今天这么重要的本科教学工作会，仍然有个别学院的书记和院长没有任何理由就不来参加，还有个别同志在会议中途就擅自离开。可以说，从这些细节当中，就完全能体现我们的领导是不是真正重视本科教学工作。

二是经费要投入。今年，学校已经增加了教育教学经费约 1.3 亿元，使教育教学总投入达到了 4.35 亿元，并且在去年基础上增加了约 6000 万元的专项投入，比 2011 年翻了一番，另外，我们还专门增加了 1000 万元鼓励优秀博士生、硕士生兼任公共基础课程助教。学校已经把这些教育教学经费打包划拨到各个学院，我们希望每个学院都要做到“三个全部”，真正把学校划拨的教学经费全部保证教学需要，全部投入课堂教学一线，全部用于学生培养，绝不能挪作他用。凡是教学经费用不完、用不好的学院，学校不仅要把经费收回来，还要减少下一年度拨款额度。

三是管理要投入。我们至少要做到“三个到位”：首先是每位领导干部自身要把对本科教学工作的重视落实到位。我们要求每个学院的所有领导干部，不仅是分管教学的副院长，其他院领导都必须把本科教学和人才培养工作放在第一位，并作为自己的首要责任。其次，名誉班主任计划要落实到位。今年 4 月，我倡导实施了名誉班主任计划，并且专门给每个学院的书记、院长以及所有副教授以上的专家写了一封信，希望大家都能亲自担任名誉班主任，坚持每学期至少与自己的班级见一次面、做一次交流。目前，学校已经有 20 个学院启动了名誉班主任计划。在这方面，华西临床医学院做得很好，他们不仅实施了名誉班主任计划，还实施了“班主任导师制”和“优秀学长制”，鼓励和引导学生做人、做事。学校希望每个学院都能启动这项计划，每位干部、每位专家教授都能在上好自己课程的同时，带头去担任一个班的名誉班主任，坚持每学期至少与学生见一次面、做一次交流。第三，青年教师导师制要落实到位。我一直强调，青年教师是学校发展的未来和希望。目前，我们正在全面落实青年教师的“三个全覆盖”，要实现青年教师科研启动经费的全覆盖，学校为每位进入川大工作的青年教师都提供了科研启动经费，文科教师 3 万元至 5 万元、理工医科老师是 6 万元至 10 万元，帮助每位青年教师迈出从事科研的第一步。同时，要实现青年教师导师制的全覆盖，我们每个学院都要为本学院的每位青年教师提供一对一的导师指导，使他们都能在导师的指导下，进教学科研团队、进科研、进实验室，不仅有优质的教学，更有高水平的科研。此外，还要实现青年教师博士学位和海外经历的全覆盖，力争到“十二五”末，使每位青年老师都能具有博士学位，都至少有一次到世界高水平大学学习、培训的机会。我想，如果我们能够真正落实好“三个全覆盖”，川大的未来就一定会更加充满希望。因此，我们每个学院都要抓紧把青年教师导师制的全覆盖落实到位。

第四部分：进一步健全教书育人激励机制的要求

温家宝总理曾经指出：“只有尊重老师，重视教育，国家才会兴旺发达。”我们只有把奋斗在教育教学第一线的老师的积极性调动起来，学校的教育教学、人才培养才有保障。因此，我们要对长期奋斗在本科教学第一线，并进行教学研究、富有教学思想的教师进行奖励，激励教师在教育教学中发挥自己的作用。

第一，对教育教学标兵要重奖。对于那些长期奋斗在教育教学一线的教师、辅导员，他们全身心投入到了教书育人的岗位，并取得了突出成绩，我们都应当重奖。所以，从明年起，每个学院要公开竞争，选出一名教育教学骨干标兵，给予重奖，奖金可以是 5 万元到 10 万元。我们要让全校教职工都能意识到，如果老师们对待教育教学工作像对待科研一样认真研究、全身心付出并做出了成效，那么，这些老师的收入也会得到大幅度提高。第二，最受学生欢迎的老师要重奖。这一项奖励要由学生来评选，因为学生的评价很重要，学生从老师的课堂上是不是真的学到了东西很重要。第三，对课堂效果最佳的老师要重奖。这项奖励由校院两级督导组的同志评选出来。

对于这三个重奖的奖项，大家要优中选优，选出真正为了学生的全面成长尽心尽力、呕心沥血、默默无闻，为学校的发展、为学校的人才培养做出了巨大贡献的老师。明年，学校会继续加大教育教学投入，并特别拿出一笔钱来对真正投入教学、真正在岗位发挥作用、真正推动川大教学质量提升的教职员工进行重奖，通过提高他们的收入来调动广大教师的积极性。

此外，学校还将实施“优秀课程、优秀教师和教学团队奖励计划”、“优秀教师示范引导计划”，完善“十佳青年教师教学奖计划”、“十佳教师传帮带奖”、“十佳关爱学生教师奖”、“最受学生欢迎教师奖”等奖励的评选表彰制度，重点表彰教学效果好、育人成果突出的先进典型。

同志们，本次大会颁布了《四川大学本科教学质量报告》《四川大学关于进一步加强教风学风建设的若干意见》《四川大学本科教学贯彻落实“教育部关于全面提高教育质量的若干意见”的实施方案》《四川大学本科课程教学基本规范》《四川大学“探究式—小班化”教学的基本要求》以及《四川大学教职工校外兼职管理规定（试行）》6 个文件。希望大家对这些文件提出修改意见，使之最后能够成为学校进行绩效考核、评奖评优的重要依据。我们的目的就是要进一步在全校牢固树立人才培养是学校的中心工作的理念，希望全校教职工都能进一步规范本科教学、强化教师职责、提高教学生质量，弘扬高尚师德，强化“人才强校”的意识，营造“爱岗敬业”的浓厚氛围，培养造就高素质的教师队伍，充分调动广大教职员工，特别是一线老师的积极性和创造性。

同志们，回顾五年来学校的办学发展，我校本科教育教学工作取得了比较明显的成绩，办学水平迈上了一个新台阶，为实现“建成一流的研究型综合大学”打下了坚实基础。这些成绩的取得，是全体教职员工努力拼搏的结果，是各位老领导、老专家共同努力奋斗的结果。在我国高等教育步入大众化时代的今天，我们川大更要强化精英教育，要让学生享受最优质的教育，为社会输送高素质的人才，这是我们川大永恒的追求目标。希望大家继续围绕“以人为本，崇尚学术，追求卓越”的办学理念，努力办好川大的教育——精英教育、全面发展的教育、个性化教育，为把四川大学真正建成一流研究型综合大学做出新的更大贡献！

谢谢大家！

强化人才培养中心地位 切实提高本科教学质量

——在四川大学2012年本科教学工作会议上的讲话

校党委书记 杨泉明

（2012年9月19日，根据记录整理）

同志们：

我们今天的会开得很好，石坚副校长、李向成副书记就师德与教风、学风问题做了很好的发言，讲了工作的思路；步宏副校长总结了近年以来学校的本科教学工作，对下一步的工作作了安排；四个学院作了典型发言，这些发言都非常好。我们对先进集体、先进个人进行了表彰，希望受表彰的单位、老师再接再厉，在人才培养、本科教学工作中取得更好的成绩。刚才谢和平校长对学校的人才培养工作、本科教学工作作了全面的总结，提出了全面的要求。今天这个会是一个重要的会议，最后，我想就加强本科教学工作和会议精神的贯彻落实，谈几点认识，作几点强调。

一、必须把本科教学工作进一步重视起来，牢固确立人才培养的中心地位和本科教学工作的基础地位

胡锦涛总书记在清华百年校庆上重要讲话指出：要把人才培养作为高等教育第一位的、核心的任务。《国家中长期教育改革和发展规划纲要（2010—2020年）》明确指出：必须牢固确立人才培养在高校工作中的中心地位。最近下发的《教育部关于全面提高高等教育质量的若干意见》明确提出要求：要巩固本科教学基础地位。确立人才培养的中心地位、本科教学的基础地位，这是从中央层面、国家层面对高等教育提出的一项基本要求。办学校就要育人才，本科教育对于高素质的人才的成长，具有举足轻重的作用，本科教育的质量对高校的声誉和发展具有决定性的影响，现在很多用人单位都非常注重受聘人员的第一学历。我们的人才培养目标是“具有深厚人文底蕴、扎实专业知识、强烈创新意识、宽广国际视野的国家栋梁和社会精英”，这样的目标首先要在本科教育得到落实、打牢基础。本科教育的任务十分繁重，半天会议讲的话有限，再开半天会，再开几天会，我们都有很多话要讲，但我想今天这个会，首先要解决好的问题是思想认识问题，要把本科教育进一步重视起来。总的来讲，川大对本科教育是非常重视的，我们这些年做了大量工作，工作也卓有成效，但是重视程度是不平衡的，有重视的，有特别重视的，也有不够重视的，今天到会的情况就是一个表现。现在我们很多会议，不光是今天这个会，很多人不到场，尤其是学院的同志。包括今天上午新进教职工岗前培训，我主持介绍参会人员包括学院的负责人，后来一看没有几位，这都是思想认识问题，重不重视的问题，特别是学院。今天这个会最重要的就是要解决一个导向问题，一个认识问题，要把本科教育工作进一步重视起来，重视的要更重视，不重视的要重视起来，要把中央提出的中心地位、基础地位像钉子一样扎在我们的脑子里，体现在学校工作的各个方面，硬化为工作的流程设计和制度机制。这是我想强调的第一点。

二、教师必须把主要精力投入教学工作

教师节前，国务院召开了教师工作会议，温家宝总理作了重要讲话，总理特别强调教师教书育人的职责。在武汉召开的教育部直属高校工作咨询会上，几位领导同志，比较严厉的批评现在高校一种不投入的现象：一个是干部的不投入，占了位置，不干工作；一个是教师的不投入。当然，我们也要讲两句话，川大的干部、川大的教师，总体上投入是不错的，但是我们投入的问题是不是就解决得很好了，现在看还有很多问题。今年开学第一天，教务处安排教学检查，我在望江校区，第一天第一堂课，一个教学楼，按课表看有三个教室的教师没有到岗。这算什么问题？现在随意停课、随意调课、随意挪课的情况不在个别。假期几十天，上班第一天你要干什么，这是应该在脑子中反复过的事情，你居然把上课给忘记了，把课表给看错了，能说得过去吗？教学工作，人才培养，本科教育，我们要扎扎实实地把一些基础工作、基本要求抓到位，教师的投入问题、课堂教学的问题，这无疑是最重要的基础工作、最基本的要求，今后的监督也好、制度建设也好、各方面的考核也好，这个环节无疑要作为一个十分重要的环节，必须扭转任意调课、任意停课、把课程给搞忘记了这样一些现象，如果这些得不到扭转、纠正，谈什么高质量的本科教育。这要引起我们的高度重视。

这里想特别强调一下对教师的基本要求。一是要确保对教学的投入，认真地上好每一堂课，绝对不能随意停课、调课、挪课；二是要坚持既教书又育人，既关心学生的学业进步，也关心学生的思想进步，与学生交朋友，言传身教，做学生全面成才的引路人；三是要认真研究教学内容和方法的改革，按照培养创新人才的要求，不断探索教学改革的新思路、新方法。本科教育、人才培养，一个十分基础的环节就是“教”，广大教师是这个环节的主体，责任重大，使命光荣。

三、进一步深化教学改革，强化实践育人，促进学生全面成才

首先要特别强调对学生的素质教育、思想品德教育。要坚持用马克思主义中国化最新成果武装学生的头脑，坚持用爱国主义和改革创新的强大精神力量激励学生，坚持把培养民族精神和社会责任感贯穿人才培养的全过程，引导广大学生自觉把个人理想融入共同理想，保持奋发有为的精神状态，教会学生怎么样做人？解决好思想素质的问题。

要不断改革教学方法，不断创新，大力鼓励小班教学，开展启发式、讨论式、参与式教学，让学生的创新思维在教学全过程中得到激发，特别是教师们要加强与学生的联系、交流。现代信息技术非常发达，除了与学生面对面的交流，很多老师都利用博客、手机短信、网络聊天等工具跟学生进行思想交流。同时要强化实践教学环节。今年年初，教育部会同中宣部、财政部、文化部、解放军总参谋部、总政治部、团中央下发了《关于进一步加强高校实践育人工作的若干意见》，要充分认识高校实践育人工作的重要性，切实加强对实践育人工作的组织领导，统筹推进实践育人的各项工作，强化实践教学环节、深化实践教学方法改革。近期，教育部办公厅又颁发了“关于印发《普通本科学校创业教育教学基本要求（试行）》的通知”，要求各高校要通过开设创业教育课程，坚持理论讲授与案例分析相结合、小组讨论与角色体验相结合、经验传授与创业实践相结合，调动学生学习的积极性、主动性和创造性，激发学生的创业意识，提高学生的社会责任感、创新精神和创业能力，我们要很好地贯彻通知要求。

要特别注意学风问题，我们教风有很多值得关注的问题，学风也存在很多值得关注的问题。川大的学生总体上素质是不错的，学风总体上也是比较好的，但也不是没有问题，主要表现：少数学生一是学习不投入，二是学习不得法，三是学习太功利。不投入的学生是把时间花在打游戏上，不得法的学生是把时间花在死记硬背上，而功利性学生把分数、证书、文凭作为主要目的，他们片面追求分数，个别学生甚至不惜采取抄袭、作弊等不正当手段，以违背学术道德来换取分数，换取文凭，获取保研、评奖的资格。加强人才培养，加强本科教学，两个最基础环节：一是教，一是学。今天前面两位校领导，一个就“教”来谈问题谈思路，一个就“学”来谈问题谈思路。就是说既要解决好教的问题，也要解决好学的问题。我们要下决心来解决少数学生不投入、不得法、太功利的问题，今后关于学生的考评，学生的管理，也要针对这样一些主要问题来想办法，来增添措施，来设计机制，以取得新的成效。

四、进一步为加强本科教学营造良好环境，提供有力保障

校院两级领导干部要高度重视本科教学，要把本科教学提上首要的、经常性的议事日程，定期研究本科教学。学校从今年开始，每年召开一次本科教学工作会议，学院也应该召开。校领导班子，机关部处、学院领导都要经常深入教学一线，坚持听课制度，了解和掌握教学一线的情况，帮助一线教师解决实际困难。

要通过机制创新激励本科教学。我们正在进行考评、聘任制度的改革，这些改革都要突出对教学完成情况的评价、对教学质量的评价。在评奖、评优、职称评定中，对那些热爱教学、投入教学，热爱学生且教学业绩突出的教师要有体现，甚至要有倾斜。相反，对那些不关心人才培养，不投入教学，不参与本科教学，特别是出现教学事故，尤其是严重教学事故的老师，应该实行评奖、评优、职称评定一票否决。这一次国务院教师工作会议，特别强化了两个要求：一个是师德，一个是教学，我们必须严格地执行。

要确保本科教学的各方面投入，包括经费投入。近年学校对于本科教学做了大量投入的增加，今后这方面的投入还要不断地改善，希望各个学院也要加大对本科教学的投入，要把钱主要用在人才培养上，不断地改善教学基本条件，不断地改善学生实践基地的建设，使我们的教育教学改革有足够的保障。

要通过管理来规范本科教学。多年来学校在教学管理，特别是本科教学管理上形成了很多很好的管理经验和管理办法，这次会议又下发了《四川大学关于进一步加强教风学风建设的若干意见》《四川大学本科教学贯彻落实“教育部关于全面提高高等教育质量的若干意见”的实施方案》《四川大学本科课程教学基本规范（征求意见稿）》和《四川大学“探究式-小班化”教学基本要求（征求意见稿）》，希望各学院的同志认真学习、讨论，提出进一步完善的办法，尽快下发实施。

最后我特别强调，要举全校之力服务本科教学。教学工作与学校其他一切工作都密切相关，它涉及学校的每一个部门、每一个环节、每一项工作。教学工作，本科教育，绝不仅仅是管教学的校长、管教学的部门、管教学的院长的事情，也绝不仅仅是教师的事情，而是学校所有部门，所有教职工共同的职责和任务，希望我们每一位同志都要意识到我们的工作是在为学生服务、为教学服务、为人才培养服务。我们每一个同志都应从自身工作岗位、工作职责出发，认真思考一下，我们在为学生服务、为教学服务、为人才培养服务等方面做得怎么样，还需要为学生做什么、还需要为老师做什么、还需要为教学做什么。同时通过今天的会议，我们要进一步思考怎样才能为学生做得更好，怎样才能为教师做得更好，怎样才能为教学工作做得更好。特别是机关各部处，要认真地思考这些问题。我相信，我们全校各职能部门，都密切配合本科教学工作，都积极主动地为本科教学工作服务，全体教职员工都来关心、支持、投入本科教学工作，都来为本科教学工作出谋划策、尽心竭力，我们学校的本科教学工作就一定会呈现新的面貌，我们的人才培养、本科教学就一定能再上新的台阶。

我就作这样几点强调，这也是贯彻会议精神的要求，今天的会议精神要很好的传达、贯彻、落实。

深入开展创先争优活动
全面加快一流研究型综合大学建设步伐

——在四川大学创先争优活动总结表彰大会上的讲话

校党委书记　杨泉明

（2012 年 10 月 12 日）

同志们，同学们：

在全党全国喜迎党的十八大胜利召开之际，今天我们召开四川大学创先争优活动总结表彰大会，全面总结学校创先争优活动，系统表彰在创先争优活动中做出突出成绩的先进集体和优秀个人。在此，我代表学校党委、行政，向受到表彰的先进集体、优秀个人表示热烈的祝贺！向关心支持学校建设发展的离退休老同志和辛勤工作在教学、科研、医疗、管理、服务一线的全体教职员工，表示亲切的问候和衷心的感谢！

刚才，罗书记宣读了中组部、四川省委和学校的表彰文件，学校对这些先进集体和优秀个人代表进行了表彰颁奖。希望受到表彰的先进集体和优秀个人再接再厉，开拓进取，永葆先进，继续当好各项工作的排头兵。水电学院党委陈建康书记和文新学院王红教授，分别代表受表彰的先进集体和先进个人，结合单位工作、亲身经历和本职岗位畅谈了对创先争优的体会。讲得都非常好，听了以后深受感动、深受启发。

2010年4月以来，按照中央和教育部党组的部署要求，学校以“深入学习实践科学发展观，改革创新，推动发展”为主题，在全校各级党组织和广大党员中深入开展了创先争优活动。目前，创先争优集中开展活动阶段基本结束。两年多来，学校各级党组织和广大党员在推动科学发展、促进校园和谐、服务师生员工、加强基层组织的实践中，做了大量富有成效的工作，积累了许多成功做法和有益经验，取得了显著成效，形成了党群齐创共建、师生职工积极参与的良好局面，为推动学校事业发展和和谐稳定提供了重要动力和坚强保证。下面，我就学校创先争优活动的做法、成效和巩固扩大创先争优活动成果，主要讲三个方面。

一、加强组织领导，抓好各个环节，创先争优活动全面深入开展

学校党委根据中央和教育部党组的总体部署和要求，结合学校实际，制定了《四川大学关于在校内基层党组织和党员中开展创先争优活动的实施意见》，明确了学校创先争优活动的主要目标、主要步骤和主要内容，成立了学校创先争优活动领导小组；校内各基层党委（总支）也相应成立了领导小组，切实加强组织领导和工作指导。学校按照既要长期坚持抓，又要突出阶段性重点抓的要求，统筹做好公开承诺、领导点评、群众评议等各环节工作，努力使创先争优活动各环节有机衔接、有序推进，圆满完成各项任务。

（一）认真做好公开承诺工作。学校印发了《关于在创先争优活动中深入开展党员公开承诺的通知》，对公开承诺提出了明确要求；各基层党委（总支）制定了开展公开承诺活动的实施方案，各党支部公开了开展公开承诺活动的具体办法；对管理岗位上的领导干部党员、管理服务岗位上的职工党员、教师党员、党员学术带头人和学术骨干、医务工作岗位上的党员、后勤保障服务岗位上的党员、离退休教职工党员、学生党员等不同类别党员分别确定了相应的承诺内容。在开展创先争优活动中，学校于2010年6月和2011年5月先后两次开展了党员公开承诺活动，各基层党组织和广大党员紧紧围绕学校和本单位中心工作、立足本职岗位做出公开承诺，做到了向群众公布、接受群众监督，公开承诺事项取得了明显成效，受到了群众好评。

（二）认真做好领导点评工作。学校按照中央提出的“每名书记都作点评，每个党组织和党员都被点评”的原则和“四看四评”的总体要求，围绕中心工作，统一制定点评时间安排，明确领导点评要求和内容，将领导点评工作责任落实到人，校领导负责对所联系的学院和所分管的机关部处、业务单位党委（总支）及其书记进行点评；校内各基层党委（总支）书记负责对所属党支部及其书记进行点评；党支部书记负责对本支部党员进行点评。并按照“实事求是、客观全面、有利于推动工作”、“分级负责、层层落实”和“全覆盖”的原则，采取集中点评、个别点评、随机点评等多种方式开展领导点评。通过层层落实点评责任、创新领导点评方式、围绕中心开展点评、注重点评活动实效，使领导点评成了督促创先争优活动深入开展、推动整改措施落实、解决基层党组织突出问题的有力抓手，确保了点评质量。

（三）认真做好群众评议工作。学校党委紧紧围绕教育系统“为民服务创先争优”活动主题，深入调研、结合实际，制定了《群众评议的实施方案》，明确了群众评议对象、评议内容、评议形式及组织实施、参评人员范围、评议程序和群众评议工作的具体要求。校内各基层党委（总支）按照要求，把群众评议与学校和本单位的中心工作结合起来，与领导班子和领导干部年度考核、教职员工年度考核、创先争优评选表彰等工作结合起来，认真做好评议工作，及时公开评议结果，群众评议范围广、效果实。全校42个基层党委（总支）共召开群众代表评议会768场，服务对象代表评议会45场，共有3889人次的群众代表和2437人次的服务对象代表参加了评议。在全校806个党支部群众评议中，所有党支部的满意和基本满意率都在90%以上。服务对象代表对党支部满意和基本满意超过90%以上的党支部占99.6%。同时，还通过群众评议会、公开评议电话、邮箱和设置群众评议意见箱、个别访谈等方式，对广大党员进行了评议。

（四）认真开展基层组织建设年活动。学校党委紧紧围绕“强组织、增活力，创先争优迎十八大”的主题，按照“抓落实、全覆盖、求实效、受欢迎”的工作要求，分类指导、扎实推进基层组织建设年活动。一是认真做好调查摸底、分类定级工作。校内42个基层党委（总支）按照要求，围绕组织设置是否合理、支部班子是否健全、组织制度是否完善、发展思路是否清晰、活动开展是否正常、作用发挥是否充分、经费场所保障是否落实等，认真进行调查摸底。通过分类定级，在全校806个支部中，462个评定为先进党支部，318个评定为较好党支部，19个评定为一般党支部，7个评定为后进党支部。二是认真做好对标整改、晋位升级工作。校内各基层党委（总支）认真把握整改要求，按照巩固先进、推动一般、整顿后进的要求，结合调查摸底发现的突出问题，围绕抓发展、明思路，抓覆盖、建组织，抓规范、建制度，抓阵地、建场所，抓保障、增投入等六项重点任务，认真做好基层党组织的整改提高工作，使每一个党支部在原有基础上都有新的提高，普遍实现了晋位升级。

二、围绕发展大局，突出活动特色，创先争优活动取得显著成效

两年多来，学校各级党组织认真贯彻落实党的十七大及历届中央全会精神、胡锦涛总书记清华百年校庆重要讲话精神和国家教育发展规划纲要，紧紧围绕学校中心工作，推动改革发展，坚持为民服务，创新活动载体，突出活动特色，引导广大党员和师生履职尽责、争做贡献，全面推动了学校各项工作。学校创先争优活动在以下几个方面呈现出显著特点，并取得了明显成效。

（一）始终紧紧围绕学校中心工作创先争优，有力地推动了学校的改革发展。推动科学发展是创先争优活动的最大实践。学校各级党组织始终坚持“围绕中心抓党建，抓好党建促发展”的工作思路，紧紧围绕学校及各单位的中心工作确定创先争优的主题和载体，努力避免创先争优活动与中心工作脱节。在创先争优活动中，学校结合贯彻落实国家教育发展规划纲要和胡锦涛总书记清华百年校庆讲话精神，制订实施了《四川大学发展战略行动计划》，胜利召开了学校第七次党代会，全面总结了过去五年的工作，科学绘就了未来五年发展的美好蓝图；精心制定实施了四川大学改革和发展“十二五”规划，在学科建设、人才培养、科学研究、师资队伍建设、国际合作与交流、社会服务、医疗卫生、文化传承创新、内部体制机制改革等方面均取得了新的成绩。两年多来，学校学科建设再上新台阶，获批全国首批工程博士专业学位授权点试点单位，新增17个博士学位一级学科授权点，总数达到44个，位列全国第4位。教育教学改革不断深化，人才培养质量有了新提升，新增国家级精品课程5门、国家级教学团队2个、国家教学名师2人；新增全国百篇优秀博士论文9篇，总数达到23篇。学生参加各类国内外竞赛获全国三等奖以上奖项730多项。师资队伍建设取得新成绩，新增长江学者2名，总数达33人；新增国家杰青（原A类）5人，总数达41人；国家“千人计划”入选者34人；引进高端外籍教师5人。科学研究取得新突破，获国家“973”及重大研究计划首席项目5项、总数达10项；全校科研总经费2010年突破15亿元，2011年达到16.5亿元；新获国家科技三大奖7项；2011年SCI收录论文2355篇（比2009年增加669篇），列全国高校第5位。国际交流合作开创新局面，2011年来校留学生总人数创学校历史新高，达1777人；各类短期出国学术交流共计782人次，各类校际交流项目共派出学生317人；与美国匹兹堡大学、密西根州立大学等19所世界知名大学签署了校际交流合作协议。医疗卫生和社会服务取得新进展，2011年学校附属医院收治门、急诊病人超过500万人次，出院病人21万余人次，手术11万余台次；学校还在灾后重建、干部教育培训、决策咨询、继续教育等方面为国家和地方经济社会发展做出了重要贡献。文化传承创新大力推进，制定了贯彻落实十七届六中全会精神的实施意见，举办了“大学的文化自觉与文化自信”论坛等一系列促进文化建设的研讨会，并将2012年确定为四川大学“校园文化建设年”，全面加强文化建设，积极发挥大学在文化大发展、大繁荣中的引领作用。

校内各基层党委（总支）也紧紧围绕学校中心工作，紧密联系本学院本单位实际，确定创先争优的主题，着力推动本单位的改革发展。如水电学院党委以“突出特色强党建，创先争优促发展”为主题开展创先争优，促进了学院的事业发展。近年来，学院引进“千人计划”2人，长江学者1人，新增国家重点学科3个、国家特色及卓越工程师专业3个，年科研经费突破1亿元，获国家科技奖6项。华西临床医学院（华西医院）党委以“筑坚强堡垒，做行业模范，促学科发展，建一流学（医）院”为主题，深入开展创先争优活动，进一步加强了重点学科建设，促进了人才培养，提升了医疗质量，提高了病人满意度，近年获评国家临床重点专科24个，居全国第1位，华西医院在全国最佳医院排行榜中蝉联第二。建筑与环境学院党委充分发挥党支部的战斗堡垒作用和党员的先锋模范作用，立足本职岗位，发奋努力、建功立业，实现了学院学科建设的重点突破与整体提升，教学科研和人才引进工作取得了新成绩，新增4个一级学科，引进国家“千人计划”1名、海外高端外籍教师3名。

（二）始终坚持围绕抓基层、打基础创先争优，有力地加强了基层党组织建设。学校党委将创先争优作为加强基层党组织建设的重要契机，将深入开展创先争优活动与深入学习贯彻落实《中国共产党普通高等学校基层组织工作条例》紧密结合，根据党员分布的新变化和党员活动的新特点，优化基层党组织设置形式，加强基层党组织带头人队伍建设，创新基层党组织活动方式，建立健全基层党组织工作机制，进一步提升了学校党建科学化水平。一是成功召开了学校第七次党代会。全面总结了过去五年的工作，科学绘就了未来五年发展的美好蓝图；选举产生了新一届学校党委领导集体和纪委领导班子；使全校师生员工进一步统一了思想，凝聚了共识，鼓舞了士气，理清了发展思路，为全面加快建设一流研究型综合大学提供了更加坚强有力的思想政治保证和组织保证。二是开展了校内各基层党委（总支）的换届选举工作。校内 42 个基层党委（总支）中已有 36 个成功召开了党员大会或党员代表大会，并顺利进行了换届选举工作，进一步加强了基层党委（总支）的组织建设。三是创新组织设置，支部建设积极融入教学科研第一线。坚持探索与教学科研组织对应设置基层党组织，在坚持把大学生党支部建在班级、年级的同时，进一步加大了在实验室、学科组、课题组、创新团队、社团、宿舍等教学科研和学生工作最活跃的环节设置党组织的工作力度。目前，学校党组织健全完善，实现了党组织和党的工作全覆盖。四是选好配强党组织负责人，着力加强党组织带头人队伍建设。进一步明确了不同类别党支部书记的任职条件、工作待遇和条件保障，并对全校的党支部书记进行了确认和改选，注重从学科带头人、教学科研骨干和优秀学生党员中选好配强党支部书记。通过改选，党支部书记队伍的年龄、学历、职称等结构进一步优化，整体素质进一步提升。同时，健全了培训制度，不定期对党务工作者队伍进行培训，不断提高基层党务工作者的理论和政策水平。五是全面深化干部人事制度改革，干部队伍建设取得明显成效。学校抓住新一轮中层干部换届调整契机，全面深化干部人事制度改革，通过换届调整，干部选拔任用的民主参与度进一步提高，选拔任用制度进一步完善，中层领导班子年龄、学历、职称等结构进一步优化。启动实施了新一轮中层干部培训计划，通过多层次、多渠道、高质量的教育培训，提高了领导干部的政治素质和办学治校能力。六是建立和完善了基层党建长效机制。在对全校 42 个基层党委（总支）贯彻落实《条例》及推动改革发展的情况进行全面调研的基础上，制定下发了学校《关于贯彻落实〈条例〉的实施意见》《校内二级单位贯彻落实“三重一大”集体决策制度的实施意见》《关于建立共产党员教育、管理、监督和服务长效机制的实施办法》等 7 个长效机制文件，进一步加强了基层党组织的思想、组织、作风、制度和反腐倡廉建设。校内各基层党委（总支）也建立健全了加强基层党组织建设的工作机制。如历史文化（旅游）学院党委在创先争优活动中深入开展基层组织建设年活动，建设服务型党组织，坚持每周一次党政联席会议，定期安排组织各党支部专题理论学习，严格执行党务、院务公开制度，将教学与人才培养、师资队伍建设、职称评定等涉及师生切身利益的事项及时公开。化学学院党委先后建立完善了党内民主参与制度、党员联系群众、服务群众制度、党员学习培训制度、学院领导干部廉洁自律制度等长效性制度，促进了党组织建设，增强了党组织的凝聚力、创造力和战斗力。

（三）始终坚持分类指导、结合本职岗位创先争优，有力地促进了党员先锋模范作用的充分发挥。在创先争优活动中，学校坚持分类指导，针对领导干部及管理人员、教师、学生、医务工作者、后勤保障人员、离退休人员等不同类别的党员，进一步完善了争做各自领域排头兵的具体目标，引导各个岗位的党员立足本职创先争优，把创先争优与日常工作、学习融为一体，在本职岗位上带头创业绩。各基层党组织还以庆祝建党 90 周年为契机，不断强化党员的先进性意识、责任意识、服务意识和竞争意识，结合实际开展各种形式的争创活动和优秀党员评比表彰活动，并注重发挥党员示范岗的表率作用，在全校形成了师生员工齐创共建的良好局面，带动广大师生职工圆满完成了学校“211 工程”和“985 工程”验收、华西医学百年暨合校十年庆典、庆祝建党 90 周年、第七次党代会召开等重大工作，整个学校的党员先锋模范作用发挥更加突出，推进了事业发展，促进了校园和谐。近年来，学校获省级和国家级教学名师中，80%是党员；承担重大科技项目的首席科学家和项目主持人中，73%是党员；在获得各类奖学金的学生中，68%以上是党员。文新学院王红教授，长期坚持在本科教学一线，将时间、精力、热情全部用于教学，根据学生特点设计课程的总体思路、教学方法，课外利用个人博客、QQ 群等学生喜爱的交流方式，与学生保持交流互动，积极引导和帮助学生成长成才。学校保卫处袁斌同志带领部门职工，牢牢抓住“保卫稳定，服务师生”这第一要务，以“整交通、保平安”为突破口，深入实施校园交通“净、畅、宁”工程，校内交通秩序整治初见成效。

（四）始终坚持在真情服务师生职工中创先争优，有力地推进了和谐校园建设。在创先争优活动中，学校每年都确定了为师生要办的 10 件实事，并采取措施确保实事完成，兑现了学校对师生职工的承诺。同时师生职工关注的贫困生资助、毕业生就业、学生食堂建设、教职工住房补贴、教职工公积金补贴标准、教职工住房建设、老校区教职工住宅小区改造等都取得了新的进展。2011 年，学校发放各级各类学生奖贷助学金、困难补助金、勤工助学费等 2.24 亿元，受益学生 5.7 万余人次，确保了没有一名学生因为经济困难而辍学；在毕业生就业形势依旧严峻的情况下，学校毕业生就业率稳中有升，近三年来毕业生年终就业率达 92%以上。面对物价上涨等因素，学校切实保证学生食堂的公益性，设立了学生食堂价格平抑基金，每年拨款 900 万元用于补贴学生食堂的亏损，并通过各种途径降低成本，保证了学生食堂的安全运行以及饭菜价格和质量的基本稳定。学校在教育部支持下，两年多来已发放教职工住房补贴 3.56 亿元，还提高了教职工公积金补贴标准；建成交付了教职工住宅“文星花园”二期住房 1832 套，大幅改善了教职工的住房问题。2011 年，学校在近年来已三次提高岗位津贴的基础上，再次提高在职教职工岗位津贴，使在职教职工年岗位津贴人均增加 1 万元；2012 年又提高了绩效工资；并专门拨款约 1 亿元用于进一步提高离退休老同志待遇。在创先争优活动中，各基层党组织也深入开展创先争优为民服务活动。如华西第二医院党委以“群众满意”为努力方向，整合资源、改善服务流程，在全国率先开通门诊“诊间缴费”，继续推行全年无假日门诊和夜间门诊，积极搭建医患沟通平台，努力创建人民满意医院。9 月 25 日，卫生部《医政工作简讯》把华西第二医院作为开展“三好一满意”活动的亮点医院进行了宣传报道。学校机关党委结合基层组织建设年以及校园文化建设年工作，牵头制定了《四川大学机关服务公约》等一系列制度，进一步明确服务宗旨、服务承诺、工作举措，不断强化服务意识，提高服务水平。其所属财务处党支部不断强化责任意识和服务意识，全面推行财务秘书计划，试行网上自助+无等候报账方式，多途径解决师生“报账难”问题，受到了广大师生的好评。同时，学校把深入开展创先争优活动与维稳工作结合起来，加强教育引导，健全工作机制，完善应急预案，认真做好涉日维稳、涉藏涉疆维稳等维稳工作，大力推进和谐社区和“平安川大”建设，确保了学校的持续稳定。在创先争优活动中，广大学生还深入开展了“和谐驻川大、志愿满校园、服务献社会”志愿活动300多项，4万余人次学生积极参与，为和谐校园建设做出了重要的贡献。

（五）始终坚持通过党群联动创先争优，有力地形成了齐创共建的良好局面。学校党委坚持党群联动共建，以党组织和党员创先争优带动全校各级工会、共青团组织和全校师生职工的创先争优，有力地激发了学校创先争优的活力。创先争优活动中，校工会以党建带工建，工建服务党建，以服务学校科学发展、服务教职工群众为基本目标，巩固和建设“模范教职工之家”，广泛开展“十佳师德奖”、“十佳医德奖”、“十佳管理服务奖”、“十佳青年教师奖”等10个“十佳”创先争优评选表彰活动，在全校营造了学习先进、争当先进、赶超先进的良好氛围，广大教职工把创先争优转化为追求事业、爱岗敬业、为人师表的自觉行动，涌现了一大批先进事迹、先进人物。如华西医院感染性疾病中心工会小组长刘聪同志，立足本职工作，发扬求实、创新、团结奋进的作风，关心职工生活，替职工办好事办实事，把职工安危冷暖挂在心上，为需要帮助的职工雪中送炭、排忧解难。离退休老干部党总支通过开展关心教育下一代、教学督导、传帮带青年教师等工作，建设老年大学、新四军研究会以及老年文体社团等平台，形式多样开展创先争优。学校280多位老教授、老专家参加教学督导，对青年教师实行传、帮、带，促进了青年教师的健康成长。2011年，关工委党建指导部为22个学院的入党积极分子上党课15场，参与发展党员谈话736人。原校党委书记饶用虞等一大批学校老领导，紧紧围绕迎接学校第七次党代会的召开、“十二五”规划的制定、资源优化整合改革、校园文化建设等，积极为学校改革发展献计献策。学校共青团以“扩大组织覆盖，增强组织活力，增强团员意识，发挥带头作用”为主题，以“积极创建五四红旗团组织，争当优秀共青团员”为主要内容，大力开展“学习争先、服务争先、工作争先”的“三争先”活动和“感动川大10大学生新闻人物”、“每月之星”、“团员青年标兵”等创先争优评选活动，涌现了一大批先进基层团组织和优秀团员。如马克思主义学院分团委创新红色教育宣讲渠道，逐渐将影响力从院内扩展到学校，在全校范围内开展以红色教育为主题的讲座、论坛数百场次，覆盖三个校区的学生近3万人次。华西药学院2011级本科生陈体佳同学，在幼年失母的贫困单亲家庭中，主动分担家庭重担，刻苦学习、成绩优异，并积极参加学校各类志愿服务与实践活动，受到了老师和同学的好评。

我校创先争优的相关做法和经验，中央创先争优活动领导小组办公室、教育部教育系统创先争优活动领导小组办公室的简报多次专门做了刊发和转发。2011年，学校“四好班子”创建活动中，再次获得“四川省高等学校‘四好’班子创建活动先进单位”称号。去年，学校华西临床医学院（华西医院）党委被中组部表彰为“全国先进基层党组织”，上月评为全国卫生系统创先争优先进党组织，在彝良抗震救灾中做出重要贡献。今年7月，水利水电学院党委被中组部授予“全国创先争优先进基层党组织”荣誉称号；9月，文学与新闻学院王红教授被中共四川省委授予“全省创先争优优秀共产党员”荣誉称号。今年5月，华西口腔医院被授予“四川省五一劳动奖状”，陈志新、李尚为教授被中国教科文卫体工会评为“全国卫生系统职工职业道德建设标兵”。校团委荣获“四川省灾后恢复重建优秀青年志愿服务集体”等荣誉称号。

回顾两年多的实践，创先争优活动为我们深入贯彻落实科学发展观，推进党的先进性和纯洁性建设积累了丰富经验。主要是，开展创先争优，必须坚持围绕中心、服务大局，为全面提升人才培养、科学研究、医疗卫生及社会服务质量和水平，加快学校建设中国一流研究型综合大学步伐，提供强大动力和坚实保证；必须坚持因地制宜、分类指导，根据学校不同岗位的责任、任务、岗位特点，有针对性地提出主题、目标，精心设计活动载体，引导广大党员和广大师生立足本职创先争优；必须坚持真抓实干、务求实效，集中精力研究解决学校和本单位改革发展稳定中的现实问题，集中精力研究解决师生职工关注、关心的热点、难点问题，始终把广大师生满意作为衡量标准，切实为师生办实事办好事，以实实在在的成效取信于广大师生职工；必须坚持改革创新，立足学校实际丰富活动内容，创新活动形式，深入推进党建工作的观念、机制和方法创新，持续提升基层党建工作科学化水平；必须强化制度建设，不断总结好经验、好做法，建立健全创先争优长效机制，用制度固定下来，坚持下去，推动创先争优常态化、长效化，使创先争优融入基层党组织和党员的日常工作，成为基层党组织和广大党员的自觉追求；必须坚持党群齐抓共建，以党内带党外，党员带群众，使学习先进、争当先进、赶超先进成为全校的价值取向和良好风尚，切实形成党群齐创共建，师生职工共同创先争优的良好局面。这些经验和启示，我们要在今后的工作中继续坚持、不断丰富完善。

两年多来，学校创先争优活动取得了显著成效，但我们也要清醒地看到，学校创先争优活动与中央和广大师生的要求相比还有一定差距，我们的工作还存在一些不足：一是个别基层党组织对开展创先争优活动重视不够，工作还存在不平衡的现象；有的基层党组织存在畏难等思想情绪，抓活动浮在表面，没有抓到每一个支部、抓到每一名党员。二是个别基层党组织在抓创先争优与中心工作的结合上还有待改进，要进一步处理好创先争优与本职工作的关系，克服“两张皮”现象。三是少数党员争创目标设计不够合理，先锋模范作用发挥不够。四是全员创先争优的工作还有待进一步深化，等等。对于工作的差距和不足，我们要下最大的决心、花最大的力气去解决。

三、巩固扩大成果，强化制度建设，推进创先争优活动常态化长效化

两年多的活动实践充分说明，创先争优是学习实践科学发展观活动的延展和深化，是推动学习实践科学发展观向深度和广度发展的重要举措，是贯彻落实中央、教育部关于教育重大决策部署、推动学校事业科学发展的重要抓手，是新形势下加强党的先进性、纯洁性建设的有效载体，是提升基层党建科学化水平的重要途径。我们必须高度重视，常抓不懈，长期坚持。按照中央的部署，创先争优集中活动即将告一段落，但创先争优永无止境。我们要始终保持创先争优的精神追求，不断深化和拓展创先争优，在建设中国一流研究型综合大学的实践中创先进、争优秀、立新功。

（一）切实做好迎接党的十八大、学习宣传贯彻十八大精神的各项工作。中央确定了全党全国今年下半年的工作主线，这个主线就是围绕迎接、学习、宣传、贯彻十八大来开展好各方面的工作。这是全党全国各方面工作的主线，也是整个高等教育战线和我们学校工作的主线。中央希望高校在迎接十八大胜利召开工作中，在思想准备、氛围营造、维护社会和谐稳定方面做出更大的贡献。学校各部门、各学院、各单位以及全体党员干部和师生职工，要将继续深入开展创先争优活动与深入学习贯彻落实胡锦涛同志“7·23”重要讲话精神相结合，进一步增强政治意识、大局意识和责任意识，把思想和行动统一到中央对国际国内形势的判断上来，始终与党中央保持高度一致，自觉服从于中央和教育部党组的决策部署，为促进经济平稳较快发展与社会和谐稳定做贡献，努力为十八大胜利召开营造良好的氛围。十八大召开后，要以创先进争优秀的良好状态，迅速掀起学习贯彻落实十八大精神的高潮，用十八大精神来统一思想、武装头脑、指导工作，努力开创学校工作的新局面。

（二）奋力推进学校各项事业科学发展。当前，四川大学正处于改革发展的关键时期。要实现建设中国一流研究型综合大学的奋斗目标，需要全校各级党组织和广大党员团结带领广大师生职工，紧紧围绕学校发展大局，持续开展创先争优活动，更好地为学校中心服务、为改革发展出力。我们要坚持“围绕中心抓党建、抓好党建促发展”的工作思路，深入贯彻落实国家教育发展规划纲要和胡锦涛总书记清华百年校庆重要讲话精神，抓住国家实施高等教育质量工程和创新能力提升计划的机遇，坚定不移地走以提高质量为核心的内涵式发展道路，并以做好中央第三巡视组巡视意见整改落实为契机，全面实施学校改革和发展“十二五”规划，把创先争优作为推动学校科学发展的经常性动力，充分发挥党的理论优势、政治优势、组织优势、制度优势和密切联系群众优势，在围绕中心、破解难题、创建一流、搞好教学科研、多出人才多出成果上创先争优，着力提高人才培养水平、增强科学研究能力、服务经济社会发展、推进文化传承创新，进一步提升学校的影响力和竞争力，推动学校事业科学发展，全面加快建设中国一流研究型综合大学步伐。

（三）认真抓好创先争优长效机制建设，推动创先争优常态化、长效化。要深入贯彻落实习近平同志在全国创先争优表彰大会上的讲话精神，系统总结学校创先争优活动开展情况，集中展示活动成果，深刻把握主要经验，把在活动中形成的、师生员工认可的、务实管用的经验和方法用制度巩固提升，努力构建创先争优的长效机制，推动创先争优常态化、长效化。构建创先争优长效机制，这是当前校、院两级的一项重要任务。一是完善教育引导机制。坚持不懈地用中国特色社会主义理论体系武装党员干部、教育广大师生，进一步树立创先争优的思想意识，提高参与创先争优的积极性和主动性，使创先争优成为广大党员的自觉行动和广大师生的共同行动，永葆党的先进性和纯洁性。二是完善党建工作机制。要把创先争优作为加强基层党建的经常性要求，不断扩大党组织覆盖面，完善制度，拓展内容，丰富形式，探索途径，深入推进基层组织建设年活动，强化组织功能，增强生机活力，进一步增强学校基层党组织的凝聚力、创造力和战斗力。三是完善服务师生机制。要牢固树立宗旨意识，积极搭建为民服务平台，把创先争优作为促进校园和谐、稳定、平安的经常性保证，作为服务师生的经常性机制，更加贴近师生的需求，主动回应师生的关切和期待，在主动排查隐患、调解纠纷、化解矛盾、办实事好事、保平安维稳定促和谐中创先争优。四是完善监督评价机制。要探索建立目标考评体系，把师生满意不满意、高兴不高兴作为衡量创先争优成效的重要标尺，形成创先争优的正确导向。五是完善激励保障机制。要深入开展典型培育宣传表彰工作，用身边鲜活生动的先进典型影响人、教育人、鼓舞人，持续深入推进创先争优，激发创先争优的内在动力，在全校形成学习先进、争当先进、赶超先进的浓厚氛围，使学校各级党组织和广大共产党员、干部以及全校师生员工，以更加昂扬的状态投身于学校的改革发展。同时，要大力借鉴兄弟院校的先进经验做法，对已建立的制度不断完善，使基层党组织和党员焕发蓬勃生机和无限活力。

同志们，党组织创先进、党员争优秀是党建工作永恒的主题。学校各级党组织和广大党员要紧紧围绕学校发展大局，切实抓好当前各项重点工作落实，努力成为各自工作岗位上的排头兵、领头雁，以自己拼搏奋进的实际行动，带领、感染和凝聚广大师生职工，形成创先争优的强大合力，全力创科学发展之先、争校园和谐之优，为建设中国一流研究型综合大学再创佳绩、再立新功，以优异成绩迎接党的十八大胜利召开！

谢谢大家！

学校工作计划、总结

四川大学2012年工作要点

（川大委〔2012〕19号）

2012年学校工作的总体要求是深入贯彻落实党的十七届六中全会精神，坚持以社会主义核心价值体系武装师生头脑、凝聚师生力量，切实加强学校文化建设，推动改革发展，以优异的成绩迎接党的十八大胜利召开；深入贯彻落实教育规划纲要，抓住部省共建的契机，扎实实施学校“十二五”发展规划，进一步深化体制机制改革，不断提升学校办学质量和水平，全面加快建设中国一流研究型综合大学步伐；深入贯彻落实《基层组织工作条例》和第二十次全国高校党建会精神，继续落实学校第七次党代会精神，进一步加强党建和思想政治工作，确保持续稳定，推进学校发展新跨越。

一、以高度的政治责任感和饱满的政

治热情，扎实抓好迎接党的十八大召开和学习、贯彻党的十八大精神的各项工作

1. 认真做好迎接党的十八大召开和学习宣传、贯彻落实党的十八大精神的各项工作。各级党组织要结合本单位实际，以组织生活、政治学习、座谈会、社会实践等多种形式，组织广大党员和师生职工开展主题教育活动，进一步统一思想，以高昂的政治热情和精神面貌迎接党的十八大胜利召开。要充分发挥校报、电视台、校园网、宣传橱窗等舆论阵地的作用，高扬主旋律，大力宣传十八大的重大意义，展示十七大以来我国社会主义现代化建设事业和学校改革发展取得的巨大成就，为十八大胜利召开营造良好浓厚的舆论氛围。党的十八大胜利召开后，要及时组织学习传达十八大精神，制定学习宣传、贯彻落实十八大精神的文件，精心组织、多层次多角度地宣传十八大精神；把学习十八大精神作为学校各级党委中心组、党员组织生活、师生职工政治学习的主要内容，迅速掀起学习贯彻落实十八大精神的高潮，以十八大精神来统一全校党员和师生职工的思想、武装头脑、指导工作，真正把十八大精神落实到各项具体的工作中，努力开创学校工作的新局面。

二、大力加强大学文化建设，积极推进文化传承创新

2. 大力加强大学文化建设。学校确定今年为四川大学“文化建设年”，要深入贯彻落实党的十七届六中全会精神，大力建设以社会主义核心价值体系为主导、大学精神为核心的大学文化，进一步加强川大文化标识和标志性文化符号体系建设，提升学校文化建设的特色、质量与品位。继续发挥“四馆一长廊”等校园人文环境的育人功能。打造一批以《中华文化》为核心的优秀传统文化普及与人文素质教育精品课程和系列讲座，开展具有川大特色的高品位校园文化活动与实践活动，推进文化育人。加强校园网络思想文化阵地建设。突出人文优势，打造高水平学科交叉平台和人文基地，整合文化资源，形成一批学校大学文化建设精品。加快“文化艺术与科技创新汇聚中心”建设，促进人文与科学的交融。秉承办学传统，凝练办学理念，大力倡导崇尚学术之风，以科技创新和学术实践引领校园文化；以师德师风和学生品德建设为突破口，建设优良校风、教风、学风、文风和机关作风，积极倡导爱学校、爱学生、爱校园，大力弘扬川大精神，不断增强四川大学的凝聚力、自信力和社会影响力、国际竞争力。

3. 积极服务社会主义文化建设发展。以高度的文化自觉和文化自信，加快构建大学文化服务体系，加强文化类相关专业建设，为国家培养大批高素质文化人才。发挥学校人文社科综合优势，加强优秀传统文化研究，推出一批社会主义先进文化建设的标志性成果。面向社会开设“四川大学名师大讲堂”，开展“四川大学理论名家社会行”活动。积极探索校地、校企文化协同创新模式，争取在重点领域实施一批重大文化科技项目，加快文化原创成果向产业化方向转化，更好地服务经济社会发展。推进孔子学院建设和海外中国学研究，探索建立海外中国学研究中心；多渠道多形式开展对外文化交流，为增强中华文化的国际感召力和影响力多做贡献。

三、深化教育教学改革，全面提升人才培养质量

4. 进一步完善本科创新人才培养体系。继续落实本科“323＋X”创新人才培养计划，深入推进探究式、小班化课堂教学改革，创设有利于探究式、小班化教学的环境和制度保障；改革教学方法和考试方法，加强课程教学过程管理，着力打造一批高质量、有特色的公共课程。继续扩大按大类招生和培养的范围，积极鼓励开办交叉学科专业。进一步加强实践教学工作，大力推进精品实验建设和本科毕业论文（设计）“高质量、多样化”改革，力争50%的专业进入改革试点。加大“大学生三大计划”和各类学科竞赛支持力度，推进协同创新，着力拓宽与科研院所、企事业单位合作育人途径，扎实推进“一基础、一卓越”拔尖人才培养的探索和试点工作；继续扩大“双特生”培养范围，让更多具有特殊兴趣、特殊专长的学生能够享受到适合他们的优质教育，充分发挥自我潜能。积极争取“卓越医师、卓越法律人才、卓越文科人才”等系列“卓越计划”试点，开拓多元化、多模式拔尖创新人才培养新局面。进一步落实“本科生国际化教育拓展计划”，启动第二、第三批全英语授课专业和课程建设，不断提升学生的国际竞争力。建立健全本科教育质量保障体系，实现以学生评教和学院自评为主要手段，以课程评估、人才培养方案评估、专业认证、国际评估及教学基本状态数据分析为主要内容，校院两级专家评价和校外专家评价及社会评价等相结合的多元评价机制。推进“四川大学教师教学发展中心”建设，积极申报国家级示范中心，开展各类培训和研讨。设立教学岗教授，进一步促进教师对教学工作的认同感，激励教师对教学的投入，切实提升教师教学工作责任心和教学能力。

5. 深入推进研究生培养机制改革。进一步完善研究生拔尖创新人才培养体系和研究生培养质量保障体系，加强研究生精品课程建设和精品教材建设；完善研究生科研创新激励机制，构建以科学研究和实践创新为主导的导师负责制。积极推进研究生教育国际化，完成9个研究生全英语授课专业建设；加强国家建设高水平大学公派研究生项目执行力度，支持研究生参加国内外高水平学术交流活动。完善专业学位研究生培养总体方案，突出专业学位研究生教育特色。推进与科研院所、企事业单位联合培养，鼓励跨学科合作指导研究生。探索实行专业学位研究生双导师制。健全研究生考核、申诉、转学等机制，完善在课程教学、中期考核、开题报告、预答辩、学位评定各环节的合理分流，严格淘汰制度。加强对研究生学位论文质量的抽查和管理。继续做好全国百篇优秀博士论文的推荐工作。深入实施“五个一工程”，进一步加强研究生导师队伍建设。建立研究生导师招生资格动态管理制度，以高质量学术成果和完成创新工作为核心指标，完善导师遴选、考核、问责等机制。

6. 深化考试招生制度改革。探索建立分类考试、综合评价、多元录取的招考制度，完善和规范自主招生选拔录取改革，做好自主选拔录取、双特生、艺术特长生、保送生等特殊类招生工作。进一步推进“学校＋学院＋各地校友会”三位一体的联动招生宣传举措，推进优秀生源基地建设，继续通过人才选拔专家库、川大名师宣讲团、重点中学校长论坛、学科夏令营等途径，加大招生宣传力度，吸引更多优质本科生源。推进研究生招生选拔评价方式、评价标准和内容体系等改革，突出创新能力、专业能力倾向和综合素质的考查，大力提高研究生生源质量。继续深入实施“3＋2＋3”本硕博连读计划。推动高水平大学优秀研究生生源互推联盟建设，提高研究生奖学金，争取更多优秀研究生生源。

7. 切实做好毕业生就业工作。完善学生职业生涯教育与就业指导体系，加强就业服务机构、指导课程与指导教师、就业工作信息化和网络化建设，深入开展职业生涯规划和创业就业指导，大力提供优质就业信息服务，基本实现职业指导服务全覆盖。加强毕业生就业思想教育，积极鼓励和引导毕业生到城乡基层、中西部地区、中小企业以及地震重灾区就业和自主创业，到公共文化服务岗位和文化产业领域就业创业。继续采取优先推荐、技能培训和求职补贴等办法，帮助有困难的毕业生实现就业。进一步加强实习基地和创业就业基地建设。进一步完善行业需求与学校毕业生就业对接机制。建立科学的就业工作考核评价体系。

四、强化学科内涵建设，发挥学科特色优势

8. 全面加强学科建设。创新新形势下“985工程”、“211工程”管理与服务理念、机制，完善学科建设管理体制和运行机制。根据世界科技前沿和国家战略需求，建立学科动态调整机制，优化学科专业结构，强化学科内涵建设。进一步加强交叉学科平台建设，深入推进灾后重建与管理、艺术与科学、新能源、新材料与低碳技术、航空航天等新兴交叉学科群建设。完善实施学校《医学中长期发展规划》，加大医学与文理工多学科交叉融合力度，全力打造中国西部医学中心。大力加强学科带头人和创新团队建设，形成学科整体创新优势。继续加强“985工程”签约平台/基地人才队伍建设，推进平台/基地建设计划全面实施；扎实推进“985工程”各专项建设的进度；做好“985工程”新增平台和定向建设平台的组织、论证、启动工作；完成2013年“985工程”中央财政专项预算申报，确保顺利通过审核。做好“211工程”三期建设的总结验收和四期建设的申报准备工作；加强一级学科博士点建设，科学合理地自主设置博士、硕士二级学科，做好重点学科的评审工作。积极参加全国第三轮一级学科排位评估，力争取得优异成绩。

五、加强科学研究，不断提升自主创新能力

9. 大力增强科技创新能力。进一步完善学校科技创新体系，加强重点科研基地与科技创新平台建设，加快国家（重点）实验室、国家工程技术（研究）中心及部省级重点实验室、工程技术中心的建设与发展。创新科研组织模式，实施有组织创新，促进跨学科交叉融合，跨领域合作共享，形成重大技术创新平台。依托重大科研项目和重点学科，加强科技队伍人才建设；加大青年科学家培养力度，让更多的优秀拔尖人才脱颖而出。加大“十二五”国家重大科技专项、“973计划”项目、国家军工项目等重大科研项目，以及国家杰青、优秀青年基金和创新群体的申报工作，力争层次和获准率不断提高；加强科研成果鉴定和专利申报；切实做好2012年国家科技三大奖推荐申报工作。完善科研管理制度，围绕激发活力、提高质量，形成科学规范、开放合作、运行高效的现代科研管理体制；改进科学研究评价方法，转变单纯以论文数量、获奖为主的评价方式，加强过程管理和阶段性评估。

10. 大力繁荣发展哲学社会科学。制定实施《四川大学哲学社会科学繁荣计划（2011—2020）》及相关配套措施。积极参与马克思主义理论研究和建设工程。积极参与实施“四个一批”人才培养工程和文化名家工程，全面实施学校“人文社科青年百人计划”，通过内培外引，加强以高水平创新团队和学术梯队建设为重点的哲学社会科学人才队伍建设。推进人文社会科学重点研究基地建设，力争新获准1～2个以国家重大需求为导向和新兴交叉领域的重大研究基地。实施文化传承创新工程，努力推出一批精品力作。瞄准国家和地方发展战略，与各级政府部门合作共建高水平咨询研究机构，强化应用对策研究，努力建设西部智库。成立四川大学国际关系研究院，深入进行全球问题、热点区域问题和国别问题研究，积极服务国家外交战略。大力实施哲学社会科学“走出去”计划，推进优秀成果和优秀人才走向世界，提升国际学术话语权和影响力。做好人文社科科研项目的申报和成果评奖工作，力争立项数量和层次在2011年的基础上有新突破。

11. 大力推进协同创新。认真落实“高等学校创新能力提升计划”，从重大前瞻性科学问题、行业产业共性技术问题、区域经济与社会发展的关键问题以及文化传承创新的突出问题出发，充分发挥学校多学科、多功能的综合优势，积极与兄弟院校、科研机构、行业企业、各级政府部门以及国际一流大学、研究机构等开展深度合作，在更大的范围内整合资源，建立一批国家创新型团队、国际重大科技问题联合研究中心、前沿技术联合实验室和区域创新中心等协同创新平台，形成“多元、融合、动态、持续”的协同创新模式与机制，培养大批拔尖创新人才，取得满足国家战略需要的重大科技创新成果，产生引领社会发展潮流的思想文化成果，使四川大学逐步成为具有国际重大影响的学术高地、行业产业共性技术的研发基地和区域创新发展的引领阵地。

12. 大力推进科技成果转化。按照“立足四川，服务西部，重点布局，辐射全国”的产学研合作思路，创新体制机制，充分挖掘学校科技资源，发挥人才团队优势，拓展合作渠道，完善合作体系，积极组织和融入各级各类产学研创新联盟，推进协同创新，培养和打造科技成果转化重大项目和重大平台，充分发挥示范引领作用，全面加快科技成果转化。利用四川省启动“重大科技成果转化工程”契机，筹建“四川大学产业技术研究院”，支撑我校科技成果在川就地转化。探索新的运营模式，将“四川大学国家技术转移中心”有机融入“四川省技术转移中心”和“成都市技术转移服务公司”，进一步提升我校技术转移工作水平。改进奖励和考评考核机制，对教师科研成果转化给予政策倾斜和奖励，激发科技成果转化的积极性和主动性。推进国家大学科技园的建设，力争培育1～2家高新技术企业；加大对校办优势企业的扶持，重点抓好华西药业、科技园、工程设计院等重点企业的发展。

六、深入实施人才强校战略，扎实推进人才队伍建设

13. 全面加强高水平师资队伍建设。以教育部启动实施“卓越教师培养计划”为契机，着力提高教师质量，建设一支“师德高尚、业务精湛、充满活力”高水平师资队伍。坚持培养和引进相结合，深入实施国家“千人计划”、“青年千人计划”、四川省“百人计划”等人才项目，加大优秀人才引进力度，大力引进海内外高层次人才。完善青年教师联系制，深入推进“青年教师学术生涯规划”、“关心青年教师五项工程”和青年教师科研启动经费全覆盖、导师制全覆盖、博士学位与海外培训经历全覆盖的“三个全覆盖”，不断提升青年教师的教学科研水平。继续加强对中老年教师的关心、培养。大力支持和鼓励教师参加国际学术会议和到国际知名大学进行科研合作。进一步加强实验教辅队伍建设。积极推荐我校教师或海外优秀人才申报国家和地方的各类人才计划与专家称号。做好博士后科研流动站申报工作，加强博士后流动站的内涵建设。做好专业技术岗位等级的再次聘任工作和2012年度专业技术职务聘任相关工作。

14. 积极深化人事管理制度改革。进一步完善以“两支队伍、三个层次”为鲜明特色的用人机制，深化以“全员聘用”为核心的人事制度改革，健全教师准入、使用、转岗和退出机制。以绩效工资改革为契机，规范现有津补贴，深化学校分配制度改革。完善教职员工分类管理和分类评价机制，明确不同类型教职工的岗位职责和工作要求，完善岗位、聘任、考核、奖惩办法及津贴标准，建立与一流大学接轨的教职工考核评价体系。在部分学院改革试点基础上，建立职称分级评定体制，充分发挥学院的学术核心作用。进一步深化校院两级考核管理体系，修订完善工作量计算办法，强化二级单位考核及分配自主权，增强基层办学活力。全面推进管理岗位职员制改革，加强管理队伍建设。

七、加强国际交流合作，不断提升学校的国际影响力

15. 不断深化国际交流合作。积极适应高等教育国际化发展趋势，进一步深化与国际高水平大学构建有深度、更持久的合作共赢关系。继续推进与美国密西根大学、马萨诸塞大学、英国剑桥大学等国外一流大学的合作交流，抓好与匹兹堡大学联合学院的筹建工作，拓展联合培养本科生和研究生项目，扩大“3+1+X”国际联合培养模式和专业；建立校内中外联合培养学院，实施“2+2”、“3+1”、“3+1+1”等培养模式，实行双方教授共同授课。深入实施“高端外籍教师聘请计划”和“外专千人计划”，引进一批国际公认的高水平专家学者和团队来校从事教学、科研和管理工作。瞄准世界科技发展前沿，开展国际学术交流，切实做好第九次世界生物材料大会等国际学术研讨会的筹备工作；积极组织申报国家新一轮引智创新基地，深入推进国际科研合作平台建设；做好CMB国际医学新项目的启动实施和建设评估工作以及新项目申报工作。以开展文化交流为主线，多举措扩大学生的国际交流，大力培育学生包容多元文化的胸怀和跨文化学习研究的能力。启动实施新一轮中层干部海外培训、青年骨干教师海外培训、辅导员海外培训以及首批科级干部海外培训等项目。

16. 进一步加强留学生工作。做好港澳台侨学生的招收培养工作，及与港澳台地区高校交流学生的派遣、接收工作。创新管理模式，建立健全留学生教育管理制度。积极参与“留学中国计划”，以国际课程、英语授课专业建设为推力，大力拓展留学生招生点，不断扩大在校学生中海外留学生规模。

八、加强医疗卫生和社会服务工作，积极服务经济社会发展

17. 进一步加强医学人才培养和医疗卫生服务工作。以国家医药卫生体制改革和教育部卫生部两部共建医学为契机，集成学校多学科优势力量，争取获得国家更大的支持。积极参与教育部卫生部医学教育改革方案的研究论证，推进医学教育综合改革。坚持需求导向，优化医学教育人才结构，创新人才培养模式，改进教学方法，深化临床实践教学内容和实践模式改革，强化实践教学环节，全面提高医学学生职业道德和临床实践能力。加强附属医院建设，做好获批国家临床重点专科建设项目的管理实施及新项目的申报工作；全力做好三级综合医院等级评审和国家优质医院创建工作；积极探索华西医疗集团发展思路，筹建华西航都国际医院、华西医院锦江分院及华西第二医院新院区，推动医学资源利用和跨区域医学合作，不断扩大华西医学优势资源辐射范围，带动西部医疗卫生服务水平的不断提高。加强各医院间的信息共享，优势互补。编制发布《医学事业年度发展报告》，对附属医院的质量效益、技术水平和工作业绩进行全面评估。勇担重任，做好全科医师、住院医师规范化培训工作，促进全科医生人才培养。继续完成好卫生部、教育部、四川省等下达的对口援助以及三下乡任务。

18. 全方位服务经济社会发展。继续发挥学校的学科、人才、科研、资源等优势，主动融入新一轮西部大开发战略、成渝经济区域规划以及四川科技强省、文化强省战略，为国家和地方经济社会发展提供高水平、高层次和多形式的服务。完善体制机制，强化规范管理，进一步加强教育部“高等学校继续教育示范基地”和人社部“国家级专业技术人员继续教育基地”建设，积极拓展各类高层次、高等级、高质量的继续教育新项目，加快发展继续教育，促进人力资源强国建设。继续组织动员科技人员深入基层、企业、农村、社区等，大力支持地方和企业提高自主创新能力。继续面向国计民生和社会热点难点问题，积极开展战略研究和政策咨询，努力成为国家和区域高水平的知识库、思想库和智囊团。全面加快国家保密学院暨国家保密教育培训基地成都分基地、四川大学—香港理工大学灾后重建与管理学院、四川大学全国干部教育培训高校基地等的建设，推进“四川大学德阳研究院”筹建工作，致力于国家与地方相关领域管理和技术人才培养、科学研究、学科建设与创新，不断扩大学校的社会影响力。

九、着力推进体制机制改革，积极探索建立现代大学制度

19. 积极完善内部治理结构。加快国家教育改革试点项目“改革大学内部治理结构”实施进程，切实在重要领域和关键环节取得实质性突破。进一步完善党委领导下的校长负责制，健全党政议事规则和决策程序。推进大学章程研究制定工作。优化学校、学科、学院三级学术组织架构，探索建立学术权力与行政权力的协同制衡机制，发挥学术委员会和教授在教学、学科建设、学术研究、学术评价、学术发展中的重要作用。健全校院两级、以院为主的管理体制和运行机制。完善学院党政联席会议制度。推进学校机关部处和学院管理体制改革试点。完善校内各方面工作的管理规程和运行流程。推进校内办学质量和办学效益评价改革，健全“管、办、评”分立机制，构建科学的绩效评估体系。推进“试点学院”综合改革，扩大学院教学、科研、管理自主权，推进教授治学、民主管理。

20. 继续深化资源整合改革。进一步完善资源管理体制，深入推进学校各类资源整合改革，不断提高资源使用效率和办学活力。继续推进学校公房管理使用改革，加强对学校公房的巡视和查处力度，以历史文化学院、文新学院搬迁以及学校新增公房配置为重点，做好公房调整、分配和维修工作。启动实施《四川大学实验仪器设备开放共享管理办法（试行）》，大力整合实验仪器设备资源。扎实推进科华北路4号地块项目、胜利村项目等学校周边重点项目建设，并力争完成游泳池地块、东区印刷厂地块、北苑学生七舍地块等地块的签约工作和启动新校区周边开发。进一步整合校友资源和社会资源，加强校友联络和校友会平台建设，完善四川大学校友会第三届理事会，筹建“四川大学校友企业家联谊会”；以深化产学研合作为契机，筹备组建新四川大学校董会，进一步加强与政府、企业的全面合作，构建双边良性互动、双赢共进的长效机制；深入推进四川大学教育基金会建设，不断壮大基金规模，更好地服务于学校改革发展。

21. 进一步加强国有资产管理。完善学校国有资产管理的规章制度，进一步规范国有资产的购置、使用与处置。加强国有资产管理信息化建设，进一步理顺固定资产建账、对账、调配和报废程序，做好各类国有资产的统计、报告和报表工作。进一步加强招投标管理，理顺各招投标专业组的业务范围和工作关系，规范招投标审批程序。扎实稳妥推进校办企业改制工作，做好已立项的全民所有制企业改制工作中的清产核资、资产评估、备案和产权登记工作。抓好科技企业规范化建设，进一步加强学校经营性资产的监管，做好资产经营收益和股权投资收益。加强对学校土地和无形资产的管理工作。推进双流国际学校、国际医院等项目的建设工作。认真做好有关单位经济目标的解缴工作。

22. 深化财务管理体制改革。积极探索建立学校总会计师制。选择学院试点深化“财力集中、财权下放”的校院两级财务管理体制改革，充分调动学院的积极性。积极推进国库集中支付改革，加强预算执行、绩效考评和精细化管理。健全和完善财经规章制度和国拨及校级分配制度，强化内部监控，确保资金安全，提高资金使用效益。全面实行财务秘书计划，推行网上自助+无等候报账方式，根本性解决师生报账难问题。加强信息化建设和财会队伍建设，创新机制、再造流程，进一步提升财务管理水平。积极开拓财力，加大合法筹措资金的力度和学校创收的能力。

23. 进一步加强审计工作。完善学校审计规章制度和内部管理制度，继续坚持“全面审计，突出重点”的工作方针，做好干部届满与离任经济责任审计、重点单位财务预算执行与决算审计、专项资金审计、新建单体工程项目的财务决算审计、建设工程与修缮工程审计，以及做好对基建、大宗物资、设备采购、图书等招投标过程的监督及审签工作。加强审计队伍建设，规范审计程序，对审计意见的整改落实进行跟踪监督，不断提高审计工作质量与水平。

十、完善公共服务体系，努力改善办学条件和师生生活条件

24. 进一步加强实验室及仪器设备建设。实施“985工程”专业实验室建设专项第二批，实施中央财政修购专项实验设备2012年批准计划，组织申报2013年计划。加强本科生专业实验室建设，加大研究生专业实验室升级改造，全面提高学校实验室的综合实力，为提升人才培养质量创造良好条件。进一步加强全校仪器设备资产的规范化建账管理。组织迎接国家级实验教学示范中心的验收及新一轮申报。进一步加强实验技术队伍建设。完善“实验室安全与环保防范保障体系”，切实加强学校各级各类实验室的安全与环保工作。

25. 进一步加强信息化建设和图书档案工作。全面推进信息化校园建设；健全校园网建设与运行安全管理长效机制。完善文献资源保障管理体制，加强文献资源建设和数字图书馆硬件平台建设，多形

式、多渠道为师生学习工作和学校各项工作提供更加优质高效的文献信息保障。制定学报改革发展规划，推进学报名刊工程建设，不断提高学术质量和学术地位。稳妥顺利完成出版社改制工作，加快建立现代企业制度，强化质量意识和精品意识，不断提高出版社的社会效益、经济效益和综合竞争力。完善实施《四川大学档案管理和校史工作“十二五”发展规划》，加强全校档案管理工作目标考评，推进《四川大学名人档案》有关整理和编研工作，实施“四川大学档案数字化工程”和“四川大学校史文化工程”，切实提高档案管理和校史工作现代化水平；做好四川省高校档案规范化管理达标认定迎检工作。

26. 加快推进教学科研用房和后勤保障服务建设。进一步完善校园总体规划，深入推进校园基础设施建设。全面完成灾后重建与管理学院大楼、望江校区滨江楼、江安校区文科楼群（1、2 区）、基础医学实验楼等建设工程。开工建设文化艺术与科技创新汇聚中心大楼、文科楼群（3、4 区）、东苑研究生宿舍、生命科学楼 B 区等项目。制订校园维修改造计划，组织实施好校园维修和教育部修购专项项目，不断改善校园环境。继续深化后勤管理改革，强化后勤服务目标管理，加强对后勤资产使用效益监管，使其发挥更大效益。强化后勤临时用工、招标采购等的规范管理，防止运行管理风险。进一步深化用能管理改革，加强节能技术改造，建设校园能耗监测平台，完成年度水电气净支出较上年下降 2%的目标。切实加强学生食堂的管理，保持学生食堂饭菜价格和质量基本稳定。加大对校医院硬件建设，努力提高医疗水平，改善服务态度。继续做好住房建设、选购、调配管理和住房补贴发放等工作；做好公有住房使用协议和安全使用承诺书签订工作，加大对出租房的清理、整治力度。

十一、全面加强党的建设，保障学校科学发展

2012 年学校党建和思想政治工作的总体要求是：紧紧围绕“迎接十八大召开，学习宣传贯彻十八大精神”的工作主线，全面贯彻落实党的十七届五中、六中全会和胡锦涛总书记“七一”重要讲话精神、第二十次全国高校党建工作会议精神以及《基层组织工作条例》，深入贯彻落实学校第七次党代会精神，坚持“围绕中心抓党建，抓好党建促发展”，继续深入开展创先争优活动，全面加强党的建设及思想政治工作，不断提升学校党建科学化水平，为学校事业发展提供坚强有力的思想、政治和组织保证。

27. 进一步加强学校领导班子和干部队伍建设。推进领导干部带头践行社会主义核心价值体系，在坚持用马克思主义中国化最新理论成果武装头脑、指导实践、推动工作上狠下功夫。按照普通高校党委领导下的校长负责制的要求，进一步健全党政议事规则和决策程序。加强学院党政领导班子建设，认真实施党政联席会制度和“三重一大”集体决策制度。切实做好干部换届调整后续工作，进一步采取选送培训、海外培训、校内培训等途径加大干部教育培训力度。继续做好党政领导班子和领导干部年度考核以及试用期满干部考核工作。切实加强校内处级后备干部队伍建设。坚持党管人才，努力使人才工作取得新突破。

28. 继续深入推进学习型党组织建设和深入开展创先争优活动。进一步推进学习型党组织建设，通过坚持和完善各项学习制度，搭建多层次、网络化的学习培训体系，创新和丰富学习内容与形式，拓展学习阵地，开展多样性的主题活动，促进学习常态化。继续以“落实教育规划纲要、服务学生健康成长”为主题，以“三亮”（亮标准、亮身份、亮承诺）、“三比”（比技能、比作风、比业绩）、“三评”（群众评议、党员互评、领导点评）为抓手，贴近师生实际，创新活动载体，坚持分类指导，进一步深入开展“为民服务创先争优”活动；扎实做好创先争优活动的阶段性总结表彰工作，推进创先争优活动常态化。

29. 全面加强基层党组织和党员队伍建设。中央确定今年为“基层组织建设年”，要继续深入贯彻落实《中国共产党普通高等学校基层组织工作条例》，制定和修订四川大学贯彻《条例》的实施意见，《建立和完善基层单位党政联席会议制度的若干规定》《基层党委、党总支工作实施办法》《教职工党支部工作实施办法》《学生党支部工作实施办法》《关于建立共产党员教育、管理、监督和服务长效机制的实施办法》等制度。进一步加大在实验室、学科组、课题组、创新团队、学生社团、学生宿舍等教学科研和学生工作最活跃环节设置党组织的工作力度。创新基层党组织工作思路，探索立体化、互动式、信息化的工作平台，积极开展务实管用、吸引力强的活动方式，增强党支部活动的吸引力感召力。以选好配强党支部书记为重点，加强基层党务工作者队伍建设，强化教育培训、激励保障和工作考核。注重选拔高年级优秀学生党员担任学生党支部书记。进一步加强校院两级党校建设，加大入党积极分子培养力度。按照中央提出的“控制总量，优化结构，提高质量，发挥作用”的总要求，处理好党员发展数量与质量的关系，加大优秀青年教师的“双向培养”工作力度。创新党员教育管理服务模式，加强党员队伍建设，进一步发挥党员的先锋模范作用。积极推进党内民主建设，实行党代表任期制。

30. 进一步加强和改进大学生思想政治教育和教职工思想政治工作。把社会主义核心价值体系融入人才培养全过程，深入推进中国特色社会主义理论体系进教材、进课堂、进头脑。进一步加强思想政治理论课建设，加强思政课教师培训，提高思政课教学质量和教学水平。加强形势与政策教育教学规范化、制度化建设。制定研究生思想政治教育实施意见，实施研究生导师全面参与研究生思想教育计划。创新网络思想政治教育，建设一批主题教育网站、网络社区；坚持开展学生科技创新创业活动，进一步提升学生的创新实践能力；大力推进实践育人工作。加强学生创业就业指导服务；完善困难学生资助奖励体系，特别是要完善研究生资助奖励体系；加强心理健康教育中心的专业化建设，建立大学生社区参与式心理危机干预模式和心理健康教育模式，通过开好心理健康教育课程等多种形式普及心理健康知识。加强辅导员队伍培养培训力度；完善辅导员、班主任、导师、教导员“四位一体”的学生管理服务新体系；启动立德学者计划，培养一批高水平思想政治教育专家。实施“立德树人工程”，制定大学生思想政治教育工作测评体系，提高工作科学化水平。同时，进一步加强和改进教职工思想政治工作，以十七届六中全会精神、十八大精神等为学习重点，丰富学习内容，创新学习形式，增强学习实效。深入细致地做好青年教师的思想引导工作。以学习贯彻《高等学校教师职业道德规范》为契机，加强师德和学术道德建设，深入开展教职工十个“十佳标兵”评选表彰和宣传活动。

31. 深入推进党风廉政建设和反腐败工作。继续加强对执行政治纪律、贯彻教育改革发展重大决策部署、落实“三重一大”决策制度以及推进党务公开、校务公开等情况的监督检查。修订学校党风廉政建设责任制相关制度，建立反腐倡廉巡查工作制度，完善责任体系，继续强化各级领导班子和领导干部抓反腐倡廉建设的政治意识和政治责任。进一步加强学校各级领导干部和机关作风建设，健全密切联系师生制度，认真解决师生反映强烈的热点难点问题。扎实推进校园廉政文化建设，大力开展反腐倡廉宣传教育与大学生廉洁教育，加强师德建设和学风建设，努力把优良学风内化为师生的自觉行动。深入贯彻落实《关于加强高等学校反腐倡廉建设的意见》，在全面总结学校惩治和预防腐败体系建设工作基础上，研究制定2013—2017年工作规划，切实推进反腐倡廉制度建设。全面推进廉政风险防控体系建设，加强对重点领域和关键环节监管，严把招生录取、基建项目、物资采购、财务管理、科研经费、校办企业、学术诚信“七个关口”，强化对领导干部的监督，切实规范权力运行。严肃查处各种违纪违法行为，充分发挥查办案件的治本功能。继续加强反腐倡廉理论研究和专兼职纪检监察干部队伍建设，不断提升学校反腐倡廉建设科学化水平。

32. 进一步加强学校宣传工作和意识形态工作。继续通过校园各种媒体，积极宣传报道学校学习贯彻十七届六中全会精神、推进文化传承创新的成效。继续加强与媒体特别是主流媒体的联系与合作，围绕学校重大活动、典型人物、重要事件以及特色、亮点工作，全面对外宣传学校改革建设发展新成果，进一步提升学校的公众形象和社会影响力。按照“谁主管、谁负责”的原则，落实责任，完善工作机制，切实加强学校意识形态领域工作。认真贯彻执行党的民族宗教政策，做好民族宗教工作。进一步加强对课堂教学、论坛讲座、校园网和出版等领域以及各种研究会、协会、社团、涉外交流与合作项目的管理。

33. 大力推进学校民主政治建设。认真贯彻落实《学校教职工代表大会规定》，进一步完善校院“双代会”制度，推进学校民主管理、民主监督。以大学文化建设为主题召开好学校2012年度“双代会”。继续深入开展“模范教职工之家”建设等系列主题活动。深入推进党务公开、校务院务公开；切实做好校领导接待日工作。健全完善内部调解机制，切实维护教职工合法权益。进一步做好关工委工作和离退休工作，全面落实相关政策，充分发挥老同志在传帮带、教学督导以及促进学校改革发展、构建和谐校园与关心教育下一代中的重要作用。充分发挥共青团、学生会、研究生会等群团组织在校园民主管理中的重要作用。进一步加强统一战线工作，围绕迎接十八大胜利召开和学习贯彻十八大精神，进一步夯实共同的思想政治基础；紧紧抓住换届工作的有利契机，进一步加强党外代表人士工作和队伍建设。切实做好成都市武侯区、双流县人大代表换届选举川大选区选举相关工作。

34. 大力推进和谐社区建设。进一步巩固与地方政府建立的社区共建机制，继续强化社区党组织、居民委员会及社区工作站服务功能，为居民多办实事好事。启动第三批次小区公共环境改造和基础设施改造工程。建立小区业委会和自治管理小组与相关部门的沟通协商机制，加强对各社区自治工作的指导，进一步提高社区自治水平。

35. 切实抓好安全稳定工作。进一步贯彻落实教育部“教育系统突发事件总体应急预案”，强化学校安全稳定工作责任制，加强“平安校园”建设，完善各项校园安全管理制度和应急处置预案。拓宽信息收集渠道，及时做好学校舆情和各类不稳定因素汇集、分析和上报工作。健全安全预警机制，深入排查和化解矛盾纠纷。完善校园治安防控体系，扩大人防、技防、物防范围，继续加大治安安全和消防安全检查与隐患整改力度，坚决遏制重特大安全事故发生。加强校园环境综合治理，加大校园交通秩序整治力度。进一步加强安保队伍建设，不断提升服务水平和应急处置能力。

36. 坚持实施为师生员工办实事制度。2012 年，学校重点办好以下 10 件实事：

（1）进一步完善贫困生资助体系、学生激励机制和医疗保障体系，构建多层次、全方位的学生服务网络，保证学生健康顺利成长。

（2）进一步完善立体式、全覆盖就业指导服务体系，加大联合见习基地建设，对就业困难学生实施“一对一”的就业指导与帮扶，帮助他们顺利实现就业。

（3）进一步健全完善教职工医疗、养老、失业、工伤、生育五大保障体系；完善合同制工人的养老保险。同时，加大对生病教职工、经济困难教职工等的帮扶力度。

（4）加快学校无线校园网络建设，完成部分重要区域的无线网络覆盖，为师生职工提供更多更便捷的信息服务。

（5）做好 2012 年教职工住房补贴、安家费及相关住房补贴的发放工作以及售房区教职工未售住房房改工作。

（6）完成望江校区青年教职工周转房的建设；做好文星花园二期选房相关工作；继续推进学校与文里等区域的搬迁安置工作及住房建设，改善教职工住房条件。

（7）开展第三批次教职工小区公共环境改造和基础设施改造工程。

（8）启动“校园天网工程”建设，加快江安校区“校园天网”监控平台建设，提升校园安保监控力度。

（9）进一步加大校园文化建设力度，加强校园环境综合治理，深化校园交通“净、畅、宁工程”建设，净化育人环境。

（10）继续加强与地方公安部门的协作，加强户政中心建设，简化办事程序，为师生员工提供便捷、优质的咨询和服务。

四川大学 2012 年下半年工作要点

（川大委〔2012〕69 号）

根据学校 2012 年全年工作要点的总体要求，结合工作进展情况，2012 年下半年的工作思路是：以迎接党的十八大召开、学习宣传贯彻十八大精神为主线，进一步巩固上半年取得的工作成绩，以抓好中央第三巡视组巡视意见整改落实为契机，深入贯彻落实教育规划纲要，全面实施学校“十二五”发展规划，推进以质量为核心的内涵建设，加快创建中国一流研究型综合大学步伐；深入贯彻落实《基层组织工作条例》，进一步加强党建和思想政治工作，推动改革发展，确保持续稳定，以优异成绩迎接党的十八大胜利召开。

一、以高度的政治责任感和极大的政治热情，扎实抓好迎接党的十八大召开和学习、宣传、贯彻十八大精神的各项工作

1. 认真做好迎接十八大胜利召开的各项工作。以党组织生活、政治学习、社会实践、座谈会等多种形式，开展迎接党的十八大系列主题教育活动；充分发挥校园舆论阵地的作用，大力宣传十八大的重大意义，展示十七大以来我国社会主义现代化建设事业和学校改革发展取得的巨大成就，为十八大胜利召开营造良好的氛围；加强校园舆情动态的掌控，对不稳定因素做到及时发现、及时排查、及时整改，使学校始终保持生动、和谐、团结、稳定的政治局面。

2. 认真学习、大力宣传和深入贯彻落实十八大精神。十八大召开后，学校要及时组织传达十八大精神，制定学习贯彻十八大精神的文件，迅速掀起学习贯彻落实十八大精神的高潮；把学习十八大精神作为今后一个时期学校各级党委中心组、党员组织生活、师生职工政治学习的主要内容，通过自学、报告会、座谈会、研讨会等多种方式组织开展学习活动，以十八大精神来统一思想、武装头脑、指导工作。认真搞好党的十八大精神的宣传，编印学习参考资料，将学习十八大精神融入思想政治理论课教学，组建十八大精神宣讲团，到校内各单位广泛深入地开展学习辅导和宣讲活动。校内各主要媒体要开设专栏、专题，集中宣传十八大精神。充分发挥学校人文社会科学的优势，积极对十八大精神和党的理论创新成果进行深入研究，力争取得一批新的理论成果。各单位要对照十八大对高等教育提出的新要求，认真思考本单位的工作，提出进一步深化改革、促进发展的新思路和新举措，真正把十八大精神落实到各项具体工作中，努力开创学校工作的新局面。

二、认真抓好巡视意见的整改落实，推动学校工作再上新台阶

3. 扎扎实实做好巡视意见整改工作。把落实中央第三巡视组巡视意见、抓好整改作为当前的重点工作，按照巡视组的整改要求和整改时间表，针对在教育教学和管理、干部作风、党风廉政建设等方面存在的薄弱环节，逐条研究对照，深入剖析问题根源，认真制定整改方案，层层分解整改任务，细化方案，狠抓落实，加强督查，切实解决突出问题。以整改落实为契机，进一步加强干部教育，增强自觉接受监督的意识，建立健全监督长效机制，促进学校各项工作科学化、规范化和程序化，不断提升管理水平，巩固和扩大改革发展成果，推动学校工作科学发展。

三、大力加强大学文化建设，积极推进文化传承创新

4. 大力加强大学文化建设。深入推进“文化建设年”各项任务的落实，切实抓“五风”、促“四力”。全面实施校园文化标识和文化视觉建设工程。持续开展以校训、校风为核心的川大文化和川大精神主题教育活动。确定“爱校日”，打造以“知川大、爱川大”为主题的“爱校日”活动。编写并向每位师生发放《川大校史简本》。积极开展川大文化研究。推进各单位自身文化凝练形成工作。加强师德师风和学术道德建设，实现学术道德教育全覆盖。加强对学生的管理、激励和引导，强化诚信教育，严肃考风考纪。持续举办健康高雅的文艺活动、形式多样的科技创新活动和丰富多彩的群众体育活动，营造浓郁的校园文化氛围。深入开展教职工十个“十佳标兵”、“最受学生欢迎教师奖”、“感动川大学生新闻人物”、“双十佳学生标兵”等评比表彰和宣传活动。进一步加强文风建设和机关作风建设，倡导深入基层、调查研究的优良作风和精简、规范、高效的良好会风；实施机关工作服务公约，形成良好的机关文化。

5. 积极服务社会主义文化建设发展。以高度的文化自觉和文化自信，加快构建大学文化服务体系。加强文化类相关专业建设，为国家培养大批高素质文化人才。发挥学校人文社科优势，实施基础研究中长期重大专项和学术文化工程，推出一批标志性成果。积极探索校地、校企文化协同创新模式，推进文化遗产与文化复兴研究院等协调创新平台建设，与成都市共建天府新区文化园，争取在重点领域实施一批重大文化科技项目，加快文化原创成果向产业化方向转化。推进孔子学院建设和海外中国学研究；加快外文学术期刊、国际性研究数据库和外文学术网站建设；积极推动“中美人文交流专项奖学金项目”的实施，多渠道多形式开展对外文化交流，为增强中华文化的国际感召力和影响力多做贡献。

四、全面实施教育质量工程，着力提高人才培养质量

6. 深入推进本科教学改革创新。进一步完善和全面实施本科“323＋X”创新人才培养体系，健全以提高教学质量为导向的管理制度和工作机制，巩固本科教学基础地位。召开“2012 年本科教学工作会”，着力解决人才培养和教育教学中的重点难点问题。修订和完善本科教学计划，启动本科专业教学计划同行评估和部分试点进行国际评估、课程质量评估以及课程考试考核水平和质量的评估。推进精品视频公开课建设，启动精品资源共享课程建设。进一步加强交叉复合型拔尖人才培养平台建设，开设多个学科交叉和类型多样的特色班级。扩大“大班授课、小班研讨”试点工作实施范围，继续推进小班化探究式课堂教学改革，不断提高其实效性。加强实验教学管理、教学实习管理、毕业论文（设计）高质量多样化改革、“大学生创新性实验计划”以及大学生科研训练计划管理，提高实验实践教学质量。拓宽与企事业单位合作育人途径。做好“卓越法律人才教育培养计划”、“卓越医师教育培养计划”的申报工作，力争成为首批入选专业。总结吴玉章学院的阶段性成果，改进选拔和培养工作。加强本科教学质量管理体系建设，建立校院系三级质量评价体系，规范课堂教学环节，大力推进教学评估与质量监督工作。扩大与国外著名大学开展拔尖创新人才培养规模；建立本科教育国际化进程监督机制，探索构建四川大学国际化教育质量保障体系。启动国家、省和学校教学成果奖的评审和申报工作。

7. 深化研究生培养机制改革。召开全校研究生教育工作大会。进一步完善“433”研究生拔尖创新人才培养体系，深入推进学术型、应用型、管理型、复合型“四大类”拔尖创新人才培养，完善开放式专业学习、高水平科学研究、多样化特色培养“三位一体”培养模式，落实全程拔尖创新人才培养、全方位国际化教育、全新专业学位教育“三大类”研究生培养手段。完善研究生科研创新激励机制，逐步推进各学院“研究生创新实验平台”建设工作。做好2012年研究生教育创新计划“全国研究生学术交流平台”的申报工作。做好新一轮全国百篇优秀博士论文的选拔、表彰和奖励工作。修改完善全日制专业学位研究生培养的总体方案和非全日制研究生教育管理办法，突出全日制专业研究生教育特色。完善非全日制研究生培养质量保障体系。开展精品课程建设和精品教材建设。积极推进研究生教育国际化的配套改革。深入实施“五个一工程”，进一步加强研究生导师队伍建设。建立研究生导师招生资格动态管理制度。

8. 多途径提高生源质量。按照学校综合创新人才、拔尖创新人才、“双特生”三个类别的培养要求，进一步探索建立分类考试、综合评价、多元录取的人才选拔模式。继续开展“学校＋学院＋各地校友会”三位一体的联动招生宣传举措，进一步推进优秀生源基地建设，通过川大名师宣讲团、重点中学校长论坛等途径，加大招生宣传力度，吸引更多优质生源。积极推进研究生招生选拔评价方式、评价标准和内容体系等改革，突出创新能力、专业能力和综合素质的考查，大力提高研究生生源质量。进一步加强防控机制建设，完善特殊类招生工作职责，细化工作流程，确保各项招生工作有序、圆满、安全。

9. 切实做好毕业生就业创业工作。推进四川大学“985工程”2010—2013年“本科生创新创业就业能力与载体建设专项”工作，以提高毕业生就业质量为目标，以课程建设为重点，以提高学生就业创业能力为核心，进一步加强“四川大学生涯辅导和就业指导三级服务平台”的建设，将创业教育课程列入必修课，为毕业生提供更加优质高效的就业指导和服务，进一步提高毕业生就业率和就业质量。加强宣传，完善具体政策，积极引导和鼓励毕业生到城乡基层、中西部地区、艰苦边远地区和部队建功立业。加大对就业困难学生的援助力度；加强就业工作信息化建设；进一步拓展高品质、宽领域的就业市场。加强就业市场及学生就业情况调研工作，为系统科学地开展就业工作提供依据，为招生和培养提供更准确的信息反馈，充分实现人才培养、社会需求与就业的良性互动。

五、强化学科内涵建设，着力提高学科建设水平

10. 全面加强学科建设。进一步优化学科结构，突出学科特色，强化学科内涵，拓展学科外延，着力培育国家和省重点学科新的增长点。深入推进灾后重建与管理、艺术与科学、新能源、新材料与低碳技术、航空航天等新兴交叉学科群建设，促进学科的交叉与融合。大力实施学校《医学中长期发展规划》，促进医学学科的建设与发展。做好“211工程”三期国家抽查验收工作。积极参加全国第三轮一级学科评估，以评促建，提升学科建设水平。按照二级学科自主设置调整工作的程序，完成学校各分委员会和校学位委员会的学科评审工作。全面推进“985工程”创新平台/基地建设。扎实做好“985工程”定向平台的论证、立项建设工作。改革、创新和完善新形势下“985工程”建设管理体制和运行机制，加强绩效考评，提高资金使用效益。做好2013年“985工程”中央财政专项预算申报。

六、大力推进自主创新和协同创新，着力提升科学研究水平

11. 进一步提升学校科技创新能力。改革完善学校科技管理制度，建立科学规范、开放合作、运行高效的现代科研管理机制和质量管理体系，激发创新活力、提高创新质量。加强国家自然科学基金等重大科研项目的申报与管理工作，力争层次和获准率有新突破。积极组织争取各类国家军工项目，拓展项目渠道。做好四川省杰出青年的选拔工作。积极组织申报2012年教育部科技成果奖。进一步加强科研基地建设，做好“制革清洁技术国家工程实验室”、“皮革化学与工程”教育部重点实验室、“妇女疾病与出生缺陷教育部重点实验室”的评估验收工作；力争获得四川省环境保护重点实验室和四川省环境保护工程技术中心1～2个。严格保密制度，强化军工项目科研管理。加强国家知识产权基地的建设。严格执行国家经费管理规定，加强科研经费使用的管理。

12. 大力繁荣发展哲学社会科学。启动实施《四川大学哲学社会科学繁荣计划(2011—2020)》。加大人文社科领域海外高层次人才引进力度，全面实施学校“人文社科青年百人计划”，力争引进10至20位海外高水平人才。坚持内培外引，加强以高水平创新团队和学术梯队建设为重点的哲学社会科学人才队伍建设。以新获批的3个教育部区域和国别研究基地为平台，加强对俄罗斯、东南亚国家及拉美地区的研究，围绕国际热点问题和重大现实问题开展高水平的国际问题研究。加强我校哲学社会科学研究高水平学术交流平台建设，大力推进哲学社会科学的国际交流与合作，与美国密西根州立大学联合召开“全球变化科学”国际学术会议，与美国华盛顿大学、印度高校联合召开中印比较国际学术会议。加强应用对策研究，建设西部智库，更好地服务国家战略、地方经济社会发展。加强人文社科研究基地建设，力争在教育部新一轮重点研究基地建设计划中取得新突破。

13. 大力推进协同创新和科技成果转化。贯彻教育部“2011计划”，按照“国家急需、世界一流”的原则，启动实施四川大学创新能力提升计划，大力提升学校的创新能力。充分发挥学校的综合优势，积极与兄弟院校、科研机构、行业企业、各级政府部门以及国际一流大学、研究机构等开展深度合作，力争建立一批国家创新型团队、国际重大科技问题联合研究中心、前沿技术联合实验室和区域创新中心。大力推进重大疾病生物治疗协同创新中心、皮革产业协同创新与成果转化中心、生物医用材料协同创新中心、口腔医学协同创新中心等协同创新平台建设。建立中国西部边疆安全协同研究中心、成渝经济区发展研究院等人文社科协同创新平台。按照“立足四川，服务西部，重点布局，辐射全国”的产学研合作思路，加强

"四川大学国家技术转移中心"建设，建立"四川大学产业技术研究院"，支持我校科技成果在川就地转化。进一步做好东莞川大生物医药研究院、产业技术（德阳）研究院、川大—中石化 CCUS 研究院、磷化工等重大产学研项目的组织实施，推进与贵州省、德阳市、苏州市、东莞市、五粮液集团等的合作，拓展产学研用合作渠道。加大对校办优势企业的扶持，重点抓好华西药业、科技园、工程设计院等重点企业的发展。

七、深入实施人才强校战略，着力加强师资队伍建设

14. 全面加强高水平师资队伍建设。继续利用好"千人计划"、"百人计划"等人才工程，大力实施"高端外籍教师聘任计划"和"全职外籍教师聘任计划"，加大海外高层次人才引进力度。进一步加强中青年教师培养，完善青年教师联系制，认真落实青年教师"三个全覆盖"，加强教师个人学术生涯规划指导。积极推荐我校优秀教师申报国家和地方的各类人才计划与专家称号。推进教师教学发展中心建设，持续开展教师培训、教学咨询等，提升教师专业水平和教学能力，力争建成国家级教师教学发展示范中心。继续实施"四川大学教师本科课堂教学授课资格认证制度"。设立国际学术活动专项经费，实施国际科技创新交流计划，鼓励教师参加高水平国际学术会议，开展国际学术科研合作。进一步加强实验教辅队伍和管理队伍建设。做好博士后联谊会理事会换届工作，组织申报第 52 批中国博士后科学基金。做好 2012 年度专业技术职务评聘相关工作。

15. 全面深化人事分配制度改革。签订年度目标任务书，实施对二级单位年度目标任务完成情况整体考核，考核结果作为岗位津贴、绩效奖励发放依据。构建实施"基本工资＋岗位津贴＋绩效奖励"的分配制度，全面加强岗位绩效考核。启动专业技术岗位首次聘期考核和新一轮专业技术岗位聘任工作。严格按照上级文件精神，对全校在职职工实行及时准确的薪级工资。制定《四川大学教育职员岗位设置及聘任管理办法》，启动四川大学职员首次聘任工作。进一步建立健全聘用制和项目制教职工转轨的评价考核、遴选、激励和淘汰机制。

八、坚持国际化发展战略，着力推进国际交流与合作

16. 大力提升国际交流合作层次和水平。深入推进与美国加州大学伯克利分校、哈佛大学等国际一流大学的合作与交流；与美国马赛诸塞大学医学院共建"四川大学—麻州大学联合梅罗诺奖实验室"；与英国伦敦大学玛丽皇后学院共建"中英联合材料研究所"；做好"川大—匹兹堡联合学院"的申报工作。推进与国外一流大学联合培养本科生和研究生，增加中外合作培养学生数量。全面实施本科生留学奖励计划、本科生国际交流计划、优秀博士生国际学术交流计划。积极举办高水平国际学术会议以及学术活动。做好 CMB、NIH、CIDA、欧盟等国际医学新项目的启动实施、建设评估以及新项目申报工作。做好国家公费出国留学和国家建设高水平大学公派研究生，以及学校重点交流团组和交流项目师生的选派工作。继续实施中层干部海外培训、科级干部海外培训以及青年骨干教师海外培训。做好港澳台侨学生的招收培养工作。组织开展与港澳台地区大学生交流活动。积极参与"新汉学计划"和"留学中国计划"，全面推进"成都美国海外留学生中心"建设，在全球范围内招收一流学生，不断扩大在校留学生规模，力争实现规模新突破，人数达到2000人；创新管理模式，建立健全留学生教育管理制度。

九、加强医疗卫生和社会服务工作，积极服务经济社会发展

17. 加强医学教育和医疗卫生服务工作。制定实施《四川大学医学教育管理体制改革实施方案》，深化医学教育综合改革。进一步整合医学资源，集成华西各学科优势力量配合新医改，争取在重大项目、重大课题、卫生人才培养方式转变以及区域卫生服务示范等方面获得国家更多的支持。加大医学与文理工多学科交叉力度，推动学院与学院、学院与医院跨学科基础上形成的11个项目深入实施。筹备第八届交叉学科论坛。积极探索华西医疗集团发展思路，推动医学资源利用和跨区域医学合作，不断拓展发展空间和辐射面。大力推进附属医院建设，积极申报国家临床重点专科、卫生行业科研专项等。做好学校卫生部重点实验室的评估和新建工作。加强附属医院院间信息共享、优势互补，进一步提升医学学院、附属医院的医疗技术水平和管理质量。编制发布《医学事业2012年度发展报告》，全面评估附属医院的质量效益、技术水平和工作业绩。切实做好全科医师、住院医师规范化培训工作。继续完成好卫生部、教育部、四川省等下达的对口援助任务。

18. 持续增强服务社会的能力。继续发挥学校的优势，主动为国家和地方经济发展方式转变、产业转型升级和文化建设提供高水平、高层次和多形式的服务。瞄准经济社会发展重大理论和现实问题，加强与相关部门和地方政府合作，建设一批高水平咨询研究机构，努力成为国家和区域高水平的知识库、思想库和智囊团。进一步稳定规模，注重内涵发展，努力提高成人教育和远程教育质量。进一步加强教育部“高等学校继续教育示范基地”、人社部“国家级专业技术人员继续教育基地”和中组部“四川大学全国干部教育培训高校基地”建设，积极拓展各类高层次、高等级、高质量的继续教育新项目。全面加快国家保密学院暨国家保密教育培训基地成都分基地、四川大学—香港理工大学灾后重建与管理学院的建设和发展。

十、深化体制机制改革，着力提升管理水平

19. 积极推进校内管理体制改革。加快国家教改试点项目“改革大学内部治理结构”实施进程，切实在重要领域和关键环节取得实质性突破。进一步完善党委领导下的校长负责制，健全党政议事规则和决策程序。研究制定大学章程。加强学术组织建设，优化校院两级学术组织构架，实施新修订的《四川大学学院教授委员会章程》，推进教授治学。坚持完善学院党政联席会议制度。推进学校机关部处和学院管理体制改革试点。完善校内各方面工作的管理制度、管理规程和运行流程。推进校内办学质量和办学效益评价改革，健全“管、办、评”分立机制，构建科学的绩效评估体系。推进“试点学院”综合改革。筹建新四川大学董事会，建立健全社会支持和监督学校发展的长效机制。

20. 进一步深化资源整合改革。继续推进学校公房管理使用改革，做好历史文化（旅游）学院、马克思主义学院、文学与新闻学院整体搬迁以及新滨江楼等新增公房配置工作。加强对学校公房的巡视和查处力度，完善公房数据。制定出台《四川大学实验仪器设备开放共享管理办法（试行）》，推进全校实验仪器设备开放共享。加快校园周边开发，推进科华北路4号地块、胜利村项目和江安校区1号地块一期项目实现年内开工建设，并力争招商签约2个新合作项目。进一步整合校友资源和社会资源，加大各地校友会、行业校友会建设力度，加强校友联络平台和综合服务平台建设，积极筹建“四川大学校友企业家联谊会”，深化校友企业与学校的合作。深入推进四川大学教育基金会建设，加大宣传力度，拓宽筹资渠道，不断壮大基金规模，更好地服务于学校的发展。

21. 进一步加强国有资产管理。健全完善学校国有资产管理制度，进一步规范招投标管理和国有资产的购置、使用与处置。加强国有资产管理信息化建设，做好各类国有资产的统计、产权登记、变更、界定等工作。稳妥推进校办企业的改制工作，抓好参控股企业的规范化管理，促进现代企业制度的建立，提升企业效益。切实加强学校经营性资产的监管，抓好资产经营收益和股权投资收益。定期对学校土地进行巡查，确保学校土地的完整性。加强学校无形资产的监控，防止无形资产流失。推进双流国际学校、国际医院、国家大学科技园等项目的建设工作。

22. 深化财务管理体制改革。创新财务管理机制，完善制度和流程，强化内部控制，确保资金安全和财务稳健运行。在全面推行“财务秘书＋无现金＋短信银行”报账方式基础上，加大推行“投递式＋无等候”报账方式和“网上自助＋无等候”报账方式的力度，彻底解决师生“报账难”问题。继续深化学院二级预算管理改革试点，强化预算执行、过程监控和绩效考评。修订完善分配政策，充分调动各单位开拓财力积极性，增强学校创收能力。认真做好有关单位经济目标的解缴工作。加强财务信息化和财会队伍建设，进一步提升财务管理的专业化和职业化水平。

23. 进一步加强审计工作。完善学校审计规章制度和内部管理制度，推进审计制度科学化、规范化建设。继续做好干部经济责任审计工作。进一步加强重点单位财务预算执行与决算审计、专项资金审计、新建单体工程项目的财务决算审计、建设工程与修缮工程审计等。加强对审计意见整改落实情况的跟踪监督，切实增强审计监督的执行力。

十一、加强公共服务体系和校园建设，不断提高后勤服务质量

24. 进一步加强实验室及仪器设备建设。完成“985工程”三期第二批专业实验室的立项审批和建设工作。组织申报2013年实验设备中央财政修购专项，完成2012年度批准额度的建设实施。着力加强学生实验室建设，推进基础和专业实验室全面改造，优化升级“虚拟大型设备管理中心”，为提升人才培养质量和科研水平创造良好条件。进一步加强实验仪器设备管理和实验技术队伍建设。切实加强学校各级各类实验室的安全与环保工作。认真做好学校国家级实验教学示范中心的迎评验收工作。

25. 进一步加强信息化建设和图书档案工作。全面加快信息化校园建设；健全校园网建设与运行管理长效机制。进一步推进文献资源建设、数字图书馆建设和RFID图书馆智能管理系统建设，多形式、多渠道为师生学习工作和学校各项工作提供更加优质高效的文献信息保障。深入推进学报名刊工程建设，不断提高学术质量和学术地位。稳妥顺利完成出版社改制工作，建立适合市场需求、高效畅通的企业组织结构模式；强化质量意识，不断提高出版社的社会效益、经济效益和综合竞争力。全面实施《四川大学档案管理和校史工作“十二五”发展规划》，大力推进“四川大学校史文化工程”和“四川大学档案数字化工程”。做好四川省高校档案规范化管理达标认定迎检工作；开展《吴玉章与四川大学》等专题校史研究，完成历史档案数字化一期、《川大影像》专题网站等建设项目。

26．加快推进教学科研用房和后勤保障服务建设。推进校园基础设施建设和校园维修改造，切实加强灾后重建与管理学院大楼、望江校区东一教学楼、华西校区七教学楼等在建工程、新开工项目和维修改造工程的监管工作，确保按时优质竣工。推进校园环境卫生整治工作，不断美化校园环境。做好2013年度教育部水电基础设施修购基金的申报工作。进一步深化水电气管理改革，加快节能平台建设，力争完成年度能源净支出同比下降2%的目标。继续深化后勤管理改革，加强对后勤服务目标的管理和后勤资产使用效益监管。引入师生职工代表参与后勤服务质量的监督考核，不断提升后勤服务水平。切实加强学生食堂的管理，确保食堂饭菜价格和质量稳定。继续做好教职工住房建设、选购、调配管理和住房补贴发放等工作。

十二、进一步加强党建和思想政治工作，保障学校事业科学发展

2012年下半年学校党建和思想政治工作的总体要求是：紧紧抓住“迎接十八大，学习宣传贯彻十八大”的工作主线，认真学习贯彻党的十八大精神，以十八大精神统领学校党建工作全局；根据十八大对党建工作提出的新要求，全面思考和谋划新时期学校党建工作和思想政治工作的新思路、新举措，不断提升党建科学化水平，为学校事业发展提供坚实的思想、政治和组织保证。

27．进一步加强学校各级领导班子和干部队伍建设。以学习贯彻党的十八大精神为重点，将政治理论学习与学校中心工作、重点任务相结合，不断提高各级领导干部的理论水平和治校能力。按照普通高校党委领导下的校长负责制的要求，进一步健全党政议事决策规则。认真实施党政联席会制度和“三重一大”集体决策制度，加强学院党政领导班子建设。推进干部教育培训改革创新，进一步加大干部教育培训力度。认真做好试用期满处级干部的考核和续聘工作。制定《四川大学中层领导干部选拔任用工作实施办法》，进一步加强干部选拔、考核、教育和管理的制度建设。继续做好学校专职科研机构负责人换届调整工作和50个尚未聘任的科级岗位的聘任工作。积极探索加强校内处级后备干部队伍建设的机制办法。坚持党管人才原则，进一步加强高层次人才队伍建设。

28．认真抓好创先争优总结表彰，努力构建创先争优长效机制。围绕十八大的召开，继续深入开展创先争优活动，组织开展一系列形式多样的主题学习活动和实践活动，推动各级党组织和广大党员在推动科学发展、促进校园和谐、服务师生员工、加强自身建设的实践中创先争优。认真做好创先争优活动的总结、表彰和先进典型宣传工作。以建立健全长效机制为重点，制定《四川大学关于建立健全创先争优长效机制的实施意见》，扎实开展创先争优理论研究和长效机制建设，进一步巩固提升创先争优活动成果，推动创先争优常态化长效化。

29．全面加强基层党组织和党员队伍建设。深入贯彻落实《中国共产党普通高等学校基层组织工作条例》，认真落实四川大学关于贯彻落实《条例》的实施意

见、《关于建立共产党员教育、管理、监督和服务长效机制的实施办法》等制度文件。扎实推进“基层组织建设年”各项工作，全面推动基层党组织整改提高晋位升级，努力打造一批基层党建工作示范点。进一步加大在实验室、学科组、课题组、创新团队、学生社团、学生宿舍等教学科研和学生工作最活跃环节设置党组织的工作力度。深入推进学习型党组织建设，不断完善学习制度，创新学习形式，增强学习实效。加强基层党建工作的调查研究，创新基层党组织工作思路，探索立体化、互动式、信息化的工作平台，积极开展务实管用、吸引力强的活动方式，增强党支部活动的吸引力感召力。加强基层党务工作者队伍建设，强化教育培训、激励保障和工作考核。创新党员教育管理服务模式，加强经常性教育和管理，充分发挥党员的先锋模范作用。进一步加强校院两级党校建设，加大入党积极分子培养力度。处理好党员发展数量与质量的关系，高质量做好党员发展工作，尤其是加大优秀青年教师的“双向培养”工作力度。全面完成校内各基层党委（总支）的换届改选，并做好相关总结工作。以抓落实求实效为重点，继续加强基层组织建设年工作督查指导，力求真正推动工作。

30. 进一步加强和改进大学生思想政治教育和教职工思想政治工作。加大思想政治理论课教育教学改革力度，以精品视频课建设为突破口，以思想政治理论课资源网站共建为牵引，重点抓好专题教学、案例教学、实践教学、多媒体教学和非标准答案考试改革，进一步提高思想政治理论课的教学质量。做好迎接教育部思想政治理论课督查工作。制订全校研究生思想政治教育实施办法，实施研究生导师全面参与研究生思想教育计划。深入推进“青马工程”，加强大学生骨干队伍培养力度。大力推进实践育人工作，广泛组织开展各类社会实践活动。建立健全学雷锋长效机制，继续深入开展学雷锋活动和青年志愿服务活动，促进学雷锋活动常态化。进一步完善经济困难学生资助保障体系，为学生成长成才提供良好条件。完善学生心理健康服务体系和危机干预工作体系，加强心理健康教育课程、专题讲座、门诊式心理咨询等建设，举办多种形式心理健康教育活动，切实增强学生心理素质。加大辅导员队伍培养培训力度，推进辅导员队伍职业化、专业化。完善辅导员、班主任、导师、教导员“四位一体”的学生管理服务新体系。全面实施名誉班主任计划。进一步加强和改进教职工思想政治工作，以党的十八大精神为学习重点，丰富学习内容，创新学习形式，增强学习实效。深入细致地做好青年教师的思想引导工作。

31. 深入开展党风廉政建设和机关作风建设。进一步加强学校各级领导班子、领导干部和机关作风建设，健全密切联系师生制度，认真解决师生反映强烈的热点难点问题。坚持开展分层分类、有针对性的反腐倡廉宣传教育，大力加强校园廉洁文化建设。继续加强对执行政治纪律、中央重大决策部署、学校重大改革举措、党风廉政建设责任制、“三重一大”决策制度等情况的监督检查，建立健全重点工作进展情况通报制度、重大改革举措落实情况督查机制，切实增强工作的执行力。进一步厘清职能部门和部门岗位工作职责，完善管理流程，并强化对各级领导干部特别是“一把手”的监督，着力规范权力配置与运行。加强对重点领域和关键环节的监管，严把招生录取、基建项目、物资设备采购、财务管理、科研经费、校办企业和学术道德等重要关口。研究制定学校

《2013—2017年党风廉政建设工作规划》，健全廉政风险排查、预警、防控机制，制定学校加强廉政风险防控的实施意见，推进惩防体系和廉政风险防控机制建设。继续深化工程领域突出问题、公务用车问题、小金库问题、教育乱收费问题以及违规办学办班行为等专项治理。加大案件查办工作力度。在专兼职纪检监察干部队伍中开展“三项建设”主题活动，进一步加强反腐倡廉理论研究，不断提升学校反腐倡廉建设科学化水平。

32. 进一步加强宣传工作和意识形态工作。继续通过校园各种媒体，积极宣传报道党和国家事业的辉煌成就及学校改革发展的成果。精心组织，多层次多角度地宣传十八大精神。加强与媒体特别是主流媒体的联系与合作。按照“谁主管、谁负责”的原则，完善工作机制，进一步加强学校意识形态领域工作。进一步加强对课堂教学、论坛讲座、报告会、研讨会、校园网、校报校刊、广播电视和出版等领域以及各种研究会、协会、社团、涉外交流与合作项目的管理。认真贯彻执行党的民族宗教政策，做好民族宗教工作。

33. 大力推进学校民主政治建设。认真贯彻落实《学校教职工代表大会规定》，完善我校教职工代表大会制度，进一步加强校院两级“双代会”制度建设，推进学校民主管理、民主监督。开展“模范教职工之家”建设复查工作，深化和巩固建家成果。深入推进党务公开、校务院务公开，切实做好校领导接待日工作。健全完善内部调解机制，认真做好矛盾纠纷的化解与协调工作，切实维护教职工合法权益。认真落实老干部和离退休政策，建设好老同志发挥作用和开展活动的平台，充分发挥关工委和老同志在推动学校改革发展、关心教育下一代和促进和谐校园建设方面的重要作用。充分发挥共青团、学生会、研究生会等群团组织在校园民主管理中的重要作用。切实加强统一战线工作，围绕迎接十八大召开和学习贯彻十八大精神，进一步夯实共同的思想政治基础；紧紧抓住换届工作的有利契机，进一步加强党外代表人士队伍建设。拓展渠道、搭建平台，努力为民主党派和党外人士参政议政和民主监督创造更好的条件。

34. 大力推进和谐社区建设。加强与地方政府的协调，进一步巩固社区共建机制。加强对各社区自治工作的指导，进一步提高社区自治水平。加强小区改造成果和小区自治的宣传工作，推进社区文化建设，努力构筑社区和谐人际关系。

35. 切实抓好安全稳定工作。进一步强化安全稳定工作责任制，完善各项校园安全管理制度和应急处置预案；拓宽信息收集渠道，及时做好学校舆情和各类不稳定因素汇集、分析和上报工作；健全安全预警机制，深入排查和化解矛盾纠纷。完善校园治安防控体系，推进校园指挥中心监控系统项目一期工程建设，完善分校区、分片区巡逻体系，扩大人防、技防、物防范围。继续加大治安安全和消防安全检查与隐患整改力度，坚决遏制重特大安全事故发生。加强校园环境综合治理，深入推进校园交通“净、畅、宁”工程，形成改善校园交通秩序长效机制。进一步加强安保队伍建设，健全望江校区接处警制度，不断提升服务水平和应急处置能力。

36. 继续坚持实施为师生员工办实事制度。认真抓好年初提出的为师生员工所办10件实事的检查、督促和落实工作，确保学校对师生员工的承诺件件落到实处，真情关怀服务师生员工，努力改善校园民生。

四川大学2012年上半年工作总结

（川大校〔2012〕51号）

根据《四川大学2012年工作要点》，2012年上半年，学校重点推进了十一个方面的工作，各项事业都取得了显著成绩。现将学校2012年上半年主要工作完成情况总结如下。

一、创先争优活动深入推进，基层组织建设年活动全面开展

学校继续以“落实教育规划纲要、服务学生健康成长”为主题，以创建“五个好”先进基层党支部、“五带头”优秀共产党员为主要内容，坚持分类指导，创新活动载体，贴近师生实际，继续深入开展创先争优活动。在群众评议工作中，全校42个基层党委（总支）的806个党支部和3万多名党员接受了群众评议，共召开有3889人次参加的群众代表评议会768场、2437人次参加的服务对象代表评议会45场，群众和服务对象满意度均超过90%。

学校以“基层组织建设年”为契机，继续深入贯彻落实《基层组织工作条例》，制定和修订了《中共四川大学委员会关于贯彻落实〈中国共产党普通高等学校基层组织工作条例〉的实施意见》《四川大学关于建立和完善校内基层单位党政联席会议制度的若干规定》等七个制度文件，进一步强化基层党组织建设。学校对基层组织进行分类指导，通过对校内42个基层党委（总支）进行调查摸底，对806个党支部认真开展了分类定级活动，462个评定为先进党支部，同时，扎实抓好整改工作，使每一个党支部在原有基础上都有新的提高，普遍实现了晋位升级。

二、积极支持、全面配合，中央第三巡视组来校巡视工作顺利开展

按照中央统一部署，2012年3月中旬至4月下旬，中央第三巡视组在我校进行了中管高校巡视试点工作。巡视期间，巡视组对学校领导班子及其成员贯彻执行党的路线方针政策和决议决定，特别是深入贯彻落实科学发展观、坚持党的教育方针和正确办学方向等各方面的情况进行了监督检查。按照巡视组的工作要求，学校召开了汇报会、座谈会11次，落实完成了巡视组与120多名干部、教师个别谈话，调阅相关文件、档案和会议记录，进行民主测评和问卷调查等的相关组织和安排工作。学校对巡视组的反馈意见进行了认真学习、研讨，成立了整改工作领导小组和整改工作督查小组，进行了整改任务分解，以巡视整改为契机，努力推动学校各项事业再上新台阶。

三、抓“五风”，促“四力”，校园文化建设全面推进

2012年是学校“校园文化建设年”，学校第三届教代会第二次会议暨第二届工代会第二次会议以“提升川大文化自觉自信，切实加强‘五风’建设”为主题，明确提出要进一步加强和改进学校的校风、教风、学风、文风和机关作风，真正促进“四力”，即不断增强广大师生员工的凝聚力、学校工作的执行力，以及学校的社会影响力、国际竞争力。

学校就校园文化建设，进行了广泛的专题调研，先后组织召开了25次座谈会，并以纸质或电子邮件方式向全校4100多位老师、45000多位学生、2000多位离退休老同志发放了调查问卷，全方位征求一线师生员工的意见和建议。目前，已制定出台了《四川大学机关服务公约》，努力形成以“强服务、顾大局、高效率、创一流”为核心内容的川大机关行为价值取向；制定出台了《四川大学校园文化视觉形象识别系统实施方案》，提出了完善校园文化视觉形象识别系统的七大类项目，校园大楼、道路命名等基础标识系统建设工作正在有序推进；制定了《四川大学关于进一步加强教风学风建设的若干意见（征求意见稿）》《四川大学校园交通与环境整治方案（征求意见稿）》等文件。目前，校园文化建设各项工作推进顺利，为学校事业发展创造了良好的氛围。

四、教育教学改革继续推进，创新人才培养质量不断提高

（一）本科教育教学改革创新继续推进，创新人才培养体系不断完善。新一轮人才培养方案修订工作全面启动。进一步强化了学术研究型、实践应用型、创新探索型三大类课程体系建设，新增49门校级“创新探索型、实践应用型”课程。开设小班课2213门次，占课程总门次数的42.5%；适应“大班授课、小班研讨”需求的教室已基本调整完成。“高质量、多样化”本科毕业论文改革稳步推进，共有49个专业776名本科毕业生参加，并顺利通过答辩。全面提升学生的创新创业就业能力，首次试行了“实践及国际课程周”，开展“暑期国际交流营”项目17个，举行境外学习经验交流会和境外联合培养项目咨询会40场次；获批国家级“大学生创新创业训练计划”项目200项、经费200万元，校级“大学生创新创业训练计划”立项896项、经费600万元，国家级和校级“大学生创新创业训练计划”共覆盖学生4378人。获批3个国家级工程实践教育中心，建设经费600万元。在全国高校中率先举办暑期中学学生科学夏令营的先进做法，被教育部、中国科协作为典型经验在全国“985工程”建设高校中推广。

拔尖创新人才培养改革全面深化。制定出台了《四川大学“基础学科拔尖学生培养试验计划”实施办法（试行）》等管理制度文件。完成了2012年“双特生”的选拔工作，通过自主招生选拔录取“双特生”3名，在校学生中选拔“双特生”4名，初步探索形成了“双特生”培养的创新模式和特色。

（二）教学成果丰硕。4门课程获准教育部“中国大学视频公开课”立项建设。组织学生参加了全国大学生英语竞赛、第三届全国高等医学院校大学生临床技能竞赛、第七届“挑战杯”四川省大学生创业计划竞赛等大型比赛，获得全国一等奖17项、二等奖66项、三等奖130项。

（三）研究生教育教学改革不断深化。制定并实施了《四川大学研究生奖助金实施方案（试行）》。“口腔医学博士论坛”获准全国研究生学术交流平台项目建设。在“四川大学博士研究生国际学术交流基金”的资助下，49名博士生参加了高水平国际学术会议。

（四）积极吸引优质生源，学生就业

工作势头良好。继续推进了优质生源基地的建设，充分发挥各地校友会作用，建立并维护与中学间的长效交流合作关系，通过川大名师宣讲团、学科专业夏令营、川大学子家乡行、川大校园开放日等措施，全面提高了生源质量。今年共录取本科生9500人，在全国31个省（自治区、直辖市）中，录取平均分高出重点线30分以上的文科有29个，理科有31个；录取平均分高出重点线40分以上的文科有27个，理科有30个；录取平均分高出重点线90分的理科有7个，录取平均分高出重点线100分的理科有4个。招收硕士研究生5593人，招收博士研究生1186人；授予博士学位951人，授予硕士学位5231人。

就业工作势头良好。“四川大学学生职业生涯辅导和就业指导三级服务平台”建设顺利推进，进一步扩大了就业指导课程覆盖面；开展职业生涯规划、就业创业指导讲座及团体辅导100余场。组织专场招聘会346场，近500家用人单位到校招聘。学校成了中央电视台“金伙伴合作计划”高校，与上海人社局、哈尔滨电气集团等地方政府及知名企业建立了新的长期人才战略合作关系。在全国毕业生人数增加、就业形势依然严峻的情况下，截止到2012年8月30日，2012届毕业生16162人，就业率达到92.20%，较2011届同期增长2%。其中，到基层就业2400余人、地震重灾区就业150余人，在艰苦地区、艰苦行业就业290余人。

（五）成人教育、网络教育稳步发展。非学历教育培训工作发展势头良好，获批人社部“国家专业技术人员继续教育基地”、教育部“高等学校继续教育示范基地”和中组部“全国干部教育培训基地”。承办国家级、高层次继续教育项目数显著增加，财税类、司法类、教育类、医学类继续教育品牌逐渐形成。

五、人事制度改革继续深化，师资队伍建设力度不断加强

（一）人事管理制度改革进一步深化。正在制定《四川大学教职工岗位考核管理办法》《四川大学关于进一步完善收入分配制度的实施方案》《四川大学职员岗位设置及聘任管理办法》，突出岗位考核、聘期考核、绩效考核，构建优劳优酬的人事管理机制，新一轮人事制度改革方案初步形成，聘期与年度相结合、学校与二级单位相结合的岗位考核评价和激励机制初步建立。

（二）师资队伍建设力度进一步加强。正在制定“四川大学海纳人才工程”中的《四川大学海外优秀博士选聘计划》《四川大学卓越学者计划实施办法》等管理制度文件。新增“千人计划”3人，总数达到23人，新增“青年千人计划”6人，总数达到8人，获“高端外国专家项目”2项，引进人文社科优秀青年学者百人计划11人；引进高端外籍教师15人、普通外籍教师1人，其中，全职外籍教师5人；聘任了诺贝尔奖获得者杰克·绍斯塔克、美国科学院院士David Celerley等14名国际著名学者为学校名誉教授。截至6月中旬，学校新进教职工50人，其中，引进人才16人、新进聘用制教职工17人、新进项目制工作助理17人。

（三）青年教师工作取得新进展。进一步落实“青年教师联系制”和青年教师“三个全覆盖”，制定出台了《〈四川大学优秀青年教师国家名校、名师深造计划〉补充规定》《四川大学青年教师国际名校联合培养博士暂行管理办法》等文件，启动了优秀教师教案笔记征集示范工程。有123名青年教师报考了博士学位入学考试，选派了43名优秀青年教师到国际名校访学，6名博士在读青年教师获得了联合培养项目资助。

六、科学研究取得丰硕成果，学科建设稳步发展

（一）科研项目和经费保持良好增长势头。上半年，学校科研经费超过了4亿元，其中，理工医科研经费超过了3.7亿元，社科科研经费达到了4580余万元。理工医科研项目方面，获准科技部各类项目49项，总经费8439万元，其中，“973”计划重大项目课题1项、“863计划”课题4项、国家科技支撑计划2项、国际合作项目课题10项；获准国家自然科学基金项目370余项，总经费2.38亿元；获国防军工项目57项，经费2502.98万元，其中，获准军品配套项目1项，经费425万元，国防领域重大专项课题3项，军工横向项目48项，经费1102.98万元。社科科研项目方面，获教育部人文社科重大攻关项目1项；获准国家社科基金面上项目立项28项，立项数居全省高校第一、全国高校第十。

（二）科研基地与人才队伍建设持续推进。1个国家自然基金创新群体顺利通过专家组评审。教育部重点实验室“能源工程安全与灾害力学”通过论证，获批设立“国家知识产权培训（四川）基地”。获批“四川大学欧盟研究中心”等3个教育部区域和国别研究培育基地。3人已通过国家自然科学“杰出青年基金”专家组评审。7人获得国家自然基金优秀青年基金资助。

（三）科研成果突出。申报国家科技三大奖9项，其中3项已经通过专家评审。获教育部第六届高等学校科学研究优秀成果奖69项。申请专利301项，其中，发明专利278项、国防专利2项、PCT申请2项、实用新型19项；专利授权178项，其中，发明专利141项、国外专利1项、实用新型32项、外观设计4项。学校人文社科的2项研究成果分别被全国哲社办《成果要报》和教育部《专家建议》刊用。

（四）学科建设稳步发展。完成了新一轮“985工程”阶段检查工作；进一步强化“大师+团队”的“985”平台/中心建设模式，目前平台基地已聘任首席科学家或召集人20人、学术带头人120人，其中，院士7人、杰出教授5人。顺利完成了“211工程”三期学校整体总结验收。组织了全校56个一级学科参加全国一级学科评估工作，占全校一级学科总数的86%。

（五）成功举办了中国化学会第28届学术年会和第九次世界生物材料大会。学校承办的中国化学会第28届学术年会以“化学的使命”为主题，邀请了50位两院院士和来自全球的5500名专家学者参加，是历届化学年会中参会人数最多、层次最高、规模最大的一届。中共中央政治局委员、国务委员刘延东发来贺信，中国科学院院长、党组书记白春礼出席大会并致辞。

学校与成都市共同承办的第九次世界生物材料大会以“新型生物材料及其与再生医学交叉的前沿”为主题，共有来自全球57个国家和地区的3000余位代表参会，其中，包括16位国外科学院、工程院院士，我国10余位院士和110余位专家代表。中共中央政治局委员、国务委员刘延东，全国人大常委会副委员长陈昌智发来贺信；原中共中央政治局委员、全国政协副主席杨汝岱，中国工程院院长、中国工程院院士周济等出席大会，中央电视台先后两次对大会进行了专题报道。

七、国际化进程持续推进，对外交流与合作不断加强

（一）国际化进程进一步加快。聘请了来自美国、日本、加拿大等10余个国家的长、短期外国专家和外籍教师500余人次，其中，长期专家61人次。各类校际交流项目派出学生367人，98名学生被录取为2012年国家建设高水平大学公派研究生。

（二）对外交流进展顺利。上半年共接待外国团组102个，与国外大学或研究机构签署合作协议11个，举办国际会议或双边会议9次。获中华医学基金会（CMB）项目、欧盟（EU）项目、NIH项目等国际项目9个，资助金额300多万元人民币。

（三）留学生工作进展顺利。积极推进国际课程、英语授课专业建设，开设国际课程7门。校际交流来华学生人数显著提高，留学生人数达到963人，其中，本科生452人、硕士研究生109人、博士研究生28人。接待了华盛顿大学等高校的短期访问团8个234人次。

（四）港澳台工作进一步拓展。与东海大学、逢甲大学续签了学生交流项目协议，与逢甲大学签署了“双联学制”合作协议。主办或承办海峡两岸和港澳学术会议和大型活动4次，选派4批13人赴台湾参加大学生夏令营活动，共接待港澳台团17批次185人。

（五）教师海外培训继续推进。组织赴美国、英国、新加坡等国家交流培训项目7项，共158人次，其中，“四川大学处级领导干部赴海外培训”项目选派了2批，共70人分赴美国加州大学欧文分校和密歇根州立大学进行培训，“高等学校青年骨干教师出国研修项目”选派了2批，共45人。

八、社会服务不断强化，医疗卫生和产学研成效显著

（一）医学改革进一步深化，医疗卫生服务水平和质量进一步提高。学校获批成为教育部直属高校医学教育管理体制改革首批试点单位，初步制定了《四川大学医学教育管理体制改革实施方案》。四川大学华西儿童医学中心正式挂牌成立，建立了学校附属医院之间转诊和会诊绿色通道。各附属医院积极落实医疗卫生体制改革公立医院改革工作任务，全面推进“医疗质量万里行”活动，华西医院成功开展了世界首例“全胸腔镜支气管肺动脉双袖式成形肺癌切除术”。附属医院共收治门、急诊病人255万多人次，出院病人90476人次，手术6万多台次。

（二）科技产业发展势头良好。进一步细化和明确了公司管理各层级职责，实施经营绩效考核暨总经理经营目标考核，落实了经营目标责任制。进一步加强了对所属企业和参股公司的管理，启动了15家全民（集体）所有制企业改制程序，完成了11家企业的清产核资工作；对25家参股公司进行了清理，完成3家参股公司的股权转让工作。校园周边整体规划和开发进一步推进，完成了望江校区周边改造规划等方案设计及评审。川大科技园获评为2011年A类国家大学科技园。

（三）产学研合作内涵和内容不断丰富。与邛崃市、中国石化集团公司、中石油四川石化公司、五粮液集团有限公司、贵州盘江投资控股（集团）有限公司等政府和企业积极开展了产学研合作。新签重大产学研合作项目9项，合同经费达2.5亿元。

（四）校友工作再创佳绩。组织了北京、青岛、香港等地的校友联谊活动，成立了四川大学山东校友会、济南校友会等

5个地方校友会，邀请了杰出校友王跃林、郑强等做客“四川大学杰出校友论坛”。四川大学教育基金接受各类捐赠1024万元。

九、体制机制不断完善，管理工作进一步规范

（一）学校内部治理结构改革持续推进。学校进一步健全民主集中制，制定出台了《四川大学关于校内二级单位贯彻落实“三重一大”集体决策制度的实施意见》等制度文件；努力探索教授治学的有效途径，加强了学术委员会、学位评定委员会、教学指导委员会、教师职务评审委员会4个学术组织建设，进一步修订完善了《四川大学学院教授委员会章程》；《四川大学章程》的制定工作稳步推进，成立了《四川大学章程》起草领导小组、专家委员会和文字起草小组；初步建立了“管、办、评”分离的校内办学和管理评估机制，发布了2010年和2011年的《四川大学各学院年度发展评估报告》。目前，正在系统梳理并整理汇编学校规章制度，修订机关各部门与各业务单位工作职责、科室职责、工作人员岗位职责以及办事指南。

（二）财经管理工作进一步加强。全面推行“投递式+无等候”、“网上自助+无等候”等报账方式，有效缓解了师生报账难现象。设立了“预算执行奖”、“本科教学质量工程贡献奖”，加强了预算资金执行的监管。进一步加强对科研项目预算编制的指导，逐步对不同类型科研经费的预算建账、经费使用、执行进度等进行全过程控制。

（三）审计工作顺利开展。开展各类审计项目505项，其中，跟踪委托社会中介机构审计27项。共提交审计报告书486份，审计涉及总金额394，399.19万元，审减金额933.46万元，提出审计意见和建议49条。

（四）资产管理力度不断加强。加强招投标管理，制定出台了《四川大学招投标专业工作组管理实施细则》，通过公开招标等各种采购方式，为学校节约资金1842.51万元。深入开展公房管理改革，建立公房巡查制度，全面实施学院公用房有偿使用改革，完成公房调整44间，使用面积2407平方米，同时专项开展了校园违章搭建和违规使用公房的清理整治工作。完成了13件“川大”商标的续展工作。

十、校园公共服务体系和校园建设进一步加强，校园环境进一步改善

（一）文化资源整合力度进一步加大。深入发掘、整理博物馆、图书馆馆藏资源，组织专家整理编印出版了馆藏珍贵文物《四川全图》和《格萨尔唐卡》，整理定稿了“四川大学藏品精萃丛书”。学校成为国家文物系统外唯一的“国有可移动文物普查试点”单位。

（二）实验室建设和管理工作进一步加强。投入3000万元进一步加强学生实验室建设。完善了“仪器设备管理系统”，完成了全校2011—2012学年实验室信息的统计、审核工作，对原“VEMC系统”进行了升级改造。完成新增设备建账账卡4772台件，8065万元。制定出台了《四川大学教学实验技术人员聘期考核办法》《四川大学实验室仪器设备操作规程》等规章制度。

（三）图书馆服务质量和水平进一步提高。新引进18个国内外数据库，新增5份Nature系列期刊，CALIS三期特色数据库顺利完成并通过验收。上半年图书馆到馆171万人次，借还图书107万册次；图书馆系统主页访问量140万，数字资源访问量147万人次。

（四）校园网建设和管理工作进一步完善。“川大信息化校园”银校合作项目实施顺利，已完成迎新系统、校园卡系统的建设工作和校园卡的发放工作。完成了校园网核心设备的升级改造及应用，大大提高了校园网运行的性能和可靠性；完成了望江校区主要公共区域无线校园网的覆盖；学校电子邮箱服务用户已开通5.7万余个，校园网用户达5.2万余户。

（五）校园建设稳步推进。完成了生命科学楼B区等10余个项目的规划设计管理等工作；完成了望江校区青年教师公寓（宿舍）工程等5项工程的建设，建筑面积达7万余平方米；初步编制完成校园基础设施维修五年规划；完成学校2012年度校园维修（维护）改造项目财务预算编制49项。

（六）后勤管理和保障工作取得较好成绩。进一步完善后勤资产数据库管理，加大对后勤服务项目的管理力度和监管力度，进行食堂食品卫生安全检查3次。继续推进校园节能管理改革工作，对全校各单位2011年用能情况进行了统计分析和考核，完成住建部高校建筑能耗监管平台的前期准备工作。

（七）档案管理和校史工作得到切实加强。正式启动“四川大学档案数字化工程”，举办了《辛亥川大：辛亥革命时期的四川大学师生》等专题展览；启动了《四川大学校史简编本》编写工作，出版了《川大名言》等校史图书。

（八）学报和出版社工作取得进一步发展。文科学报获第一批国家社科基金学术期刊资助。出版社加快建立现代企业制度，逐步完成改制收尾和后续工作。上半年，申请图书在版编目数据（CIP号）241个，申报选题659个；出版图书411种，其中，新书223种、重印书188种，总生产码洋3966万元。

十一、党建和思想政治工作取得新进展，为师生职工办实事成效显著

（一）校内各级领导班子和干部队伍建设进一步加强。完成了对校级领导班子、中层领导干部2011年度的考核和对169名试用期满处级领导干部的试用期满考核；完成了部分中层干部的换届调整工作。选派19位校内各级干部参加高校领导干部各级各类培训学习；选派3位同志赴地方挂职锻炼。

（二）党员发展工作不断加强。上半年举办入党积极分子培训班16期，培训入党积极分子5208人，其中，本科生4828人、研究生380人；发展新党员5612人，其中，教职工36人、研究生599人、本科生4977人。推荐了37位同志为党的十八大代表候选人推荐人选，5位同志为省第十次党代会代表候选人推荐人选。

（三）党风廉政建设和反腐败工作深入开展。修订完善了《关于执行党风廉政建设责任制的实施办法》，形成了网格化的反腐倡廉责任体系。加强人事纪律执行情况的监督检查、认真开展执法监察等，参与监察事项368人次。在全校范围组织开展“保持党的纯洁性，构筑崇尚廉洁的大学文化”反腐倡廉主题教育宣传周活动，对机关新任科级干部、重要岗位工作人员、科研工作者进行了专题教育培训，受教育者超过2000人。

（四）大学生思想政治教育工作进一步加强。思想政治理论课建设在四川省思政理论课督查中获得专家好评。在全体学生中开展了学校学风情况调研，促进了校风、学风建设。编写了《四川大学大学生思想引导手册》，进一步探索了分类引导青年成长成才的有效路径和载体。探索建立了名誉班主任制度，校院两级干部、知名专家、教授积极兼任学生名誉班主任，进一步加强了师生之间、学校与学生之间的互动交流。组织开展了“高雅艺术进校园”、学生学术科技活动节、“凤凰展翅”文化艺术节等系列学生活动，参与学生达到了数万人次。举办“四川大学人文大讲堂”等各类学术文化讲座20余场，参与学生达8000多人。

（五）宣传工作和意识形态工作不断加强。制定了《四川大学关于深入开展学雷锋活动的实施意见》，加强了对学雷锋活动、雷锋式典型人物的宣传报道。正式推出了《媒体看川大》简报，及时收集、整理、编发（转发）校外媒体对学校的新闻报道，共出版20期。采写校园动态500多条，其中，大型专题或深度报道近40篇；校园网发布新闻近千条，总体点击率超过120万次。中央电视台、《人民日报》《光明日报》等媒体报道学校重要进展近100篇（条），其中，中央电视台8条、中国教育电视台2条、《人民日报》6篇、《光明日报》6篇、《中国教育报》8篇。向中宣部报送了10余篇舆情稿件，2篇被采用。

（六）民主政治建设和统战工作进一步推进。组织召开了2012年双代会，大会听取和讨论了校长工作报告、2011年财经工作报告、2011年教代会和工会工作报告，对《四川大学关于进一步加强教风学风建设的若干意见（征求意见稿）》等文件进行了讨论并提出了建议，共收到代表提案107份。“教职工之家”建设不断深化，评选出了学校“十佳模范教职工之家”。校务公开栏公开校务6期，共22项，各学院（单位）共公开事项近400项。校领导接待日接待9次，接待教职工135人次。顺利完成了致公党四川大学总支委员会、民革四川大学委员会等民主党派和四川大学侨联的换届工作，建立了校级领导对口联系党外代表人士交友制度，组织开展了纪念张澜诞辰140周年系列活动。积极培养推荐党外代表人士，向省委统战部推荐66位党外代表人士后备人选，推荐我校3名党外人士赴地方挂职锻炼。

（七）离退休工作进一步加强。提高和规范了学校离、退休人员的生活补贴。为2500位离退休同志进行年度体检，为161位退休职工发放生日慰问金1.61万元。坚持离休老干部及退休独居老人的定人定时联系制度，帮助解决具体的生活困难。

（八）校园安全稳定工作成效显著。进一步完善了《四川大学突发事件校园安保应急预案实施方案》，实施“创安保序”校园安全稳定工程，做好了重大敏感时期的安全维稳工作。进一步加强“校园110”建设，实施“保卫在身边，安全有保障”的防控工程，校园“110”报警中心共受理求助110次，调解各类轻微交通事故15起，调解各类民事纠纷98起。进一步加强校园交通“净、畅、宁”工程建设，严控办证，严格管理，车辆分区停放，取得了明显成效。

（九）和谐社区建设工作进一步加强。启动了望江校区新南村、南园和华西校区南台村等老旧小区公共环境和基础设施改造工程。积极做好社区防盗、防火、食品安全等的宣传、教育、防范、管理工作，加强了对业主委员会以及自治管理小组的指导，积极推动各小区自治管理和物业服务工作。

（十）为师生职工办实事取得显著成效。进一步改善教职工居住环境和条件。初步形成了文星花园二期100套解困房实施方案、新建青年教师公寓使用方案、周转房管理办法、“无房”教职工住房补贴计算基数调整方案等；进一步推进了与文理住房搬迁安置和人民南路市政改造涉及学校的住房拆迁及维修工作，目前，绿阳村6、7、8栋和铮楼9栋已全部搬迁完毕并已拆除；核发住房补贴60余人次，金额约624万元，核发租房补贴128人，金额26.28万元，核发14名新进具有博士学位的教职工安家费，金额约34万元；办理完成794户“川大花园”住户的产权证。校医院望江医院新建的1900平方米住院大楼已投入使用，口腔、理疗和病房搬驻新楼，极大地改善了师生就医条件和环境。

发放国家助学贷款等各级各类学生奖贷助学金、困难补助金、勤工助学费等1.32亿元，受资助学生超过3.34万人。全面开始了空调进学生宿舍、开水器进学生宿舍、全校油浸式变压器改造等工程建设。

上半年，在全校师生员工的共同努力下，学校各项工作取得了较好成绩，为下半年各项工作的开展打下了坚实基础。下半年，学校将继续深入学习实践科学发展观，深入贯彻党的十七届六中全会和国家教育规划纲要，全面推进学校改革发展，切实加强校园文化建设，不断加快建设中国一流研究型综合大学步伐，以优异的成绩迎接党的十八大胜利召开。

四川大学2012年工作总结

（川大校〔2013〕1号）

2012年，学校坚持以邓小平理论和“三个代表”重要思想为指导，深入学习实践科学发展观，认真贯彻落实党的十八大精神，各项工作扎实推进，各项事业持续发展，综合实力进一步增强，社会影响力稳步提高。现将学校2012年主要工作完成情况总结如下。

一、认真抓好迎接、学习、宣传、贯彻党的十八大的各项工作，进一步开展创先争优活动

（一）全校师生员工以高度的政治责任感和饱满的政治热情迎接十八大。各基层党组织和校内各单位以多种形式开展迎接党的十八大系列主题教育活动。充分发挥校园舆论阵地的作用，大力宣传改革开放的重大成就和十八大的重大意义，为十八大胜利召开营造了良好的氛围。

（二）认真组织学习宣传、贯彻落实党的十八大精神。制定了《四川大学关于深入学习宣传贯彻党的十八大精神的实施意见》；召开了“四川大学传达学习党的十八大精神大会”；把十八大精神作为校院两级党委中心学习组学习、党支部组织生活、教职工政治学习、思想政治理论课、形势与政策教育等的重要内容；制定了《推进十八大精神“三进”工作实施方案》。成立了四川大学学习贯彻十八大精神宣讲团，校领导带头宣讲。通过宣讲报告、座谈会、理论研讨会、主题论坛、演讲比赛、舆论宣传等多种形式，组织引导广大党员和师生全面、准确地学习领会党的十八大精神。邀请中共四川省委、省共青团宣讲团来校宣讲报告2场；组织校内专家宣讲团宣讲报告40余场；召开座谈会、主题论坛、演讲比赛等学习宣传活动100多场；通过微博平台开展网上宣传教育活动，吸引了近万名学生参与。

（三）创先争优活动成果不断巩固。学校对创先争优活动进行了再布置、再落实，继续以“落实教育规划纲要、服务学生健康成长”为主题，深入开展“为民服务创先争优”活动。全校42个基层党委（总支）的806个党支部和3万多名党员接受了群众评议，共召开有3889人次参加的群众代表评议会768场、2437人次参加的服务对象代表评议会45场，群众和服务对象满意度均超过90％。召开了创先争优活动总结表彰大会，对创先争优活动中涌现出的“全国创先争优先进基层党组织”等189个先进集体和421名优秀个人进行了表彰，水电学院党委被中组部表彰为“全国创先争优先进基层党组织”，文新学院王红教授被四川省委表彰为“全省创先争优优秀共产党员”。

制定了四川大学《关于建立健全创先争优长效机制的实施意见》和《四川大学关于进一步推动创先争优长效机制建设的工作计划》，努力构建创先争优长效机制，进一步巩固提升创先争优活动成果，推动创先争优常态化、长效化。对我校创先争优的相关做法和经验，中央创先争优活动领导小组办公室、教育部教育系统创先争优活动领导小组办公室的简报多次专门做了刊发和转发。

二、中央第三巡视组来校巡视工作顺利开展，巡视反馈意见整改落实工作深入推进

（一）认真配合中央巡视组开展巡视工作。学校各级领导班子、领导干部和广大师生认真配合巡视组开展巡视工作，确保巡视工作顺利开展。巡视期间，召开了汇报会、座谈会11次，落实完成了巡视组与120多名干部、教师个别谈话，调阅相关文件、档案和会议记录，进行民主测评和问卷调查等相关组织工作。巡视组充分肯定了我校各方面工作取得的成绩，也十分中肯地指出了学校工作中存在的问题和不足，并提出了改进的意见和建议。

（二）切实做好巡视反馈意见的整改落实。学校认真学习巡视反馈意见，成立了整改工作领导小组以及督查小组；逐项研究整改工作措施，细化整改方案，明确整改责任，落实整改任务，界定完成期限，形成了四川大学《关于对中央第三巡视组反馈意见的整改方案》，并上报中央巡视工作领导小组。同时，狠抓整改落实，强化督促检查，分解细化的174项整改任务中2012年内需完成整改的52项已完成51项，完成率达到98.1％，另外1项已启动整改；其他需年内启动的122项基本上都已启动。

三、“抓五风、促四力”，校园文化建设成果喜人

2012年是学校“校园文化建设年”，学校第三届教代会第二次会议暨第二届工代会第二次会议以“提升川大文化自觉自信，切实加强‘五风’建设”为主题，明确提出要进一步加强和改进学校的校风、教风、学风、文风和机关作风，真正促进“四力”，即不断增强广大师生员工的凝聚力、学校工作的执行力，以及学校的社会影响力、国际竞争力。目前，已启动实施了校园文化视觉形象识别系统工程七大建设专项，提出了学校主色调、校旗和校歌方案，并对123处校园道路、楼宇、景观进行了重新命名，初步构建了体现川大文化的校园文化标识系统。学校校园文化建设成果获教育部全国高校校园文化建设优秀成果特等奖。

校风建设方面，学校开展了“最好的时光——川大记忆”主题展览等系列川大文化和川大精神主题教育活动，增强了川大人对川大的认同感、自豪感和归属感。完成了《四川大学校史简编本》初稿和《张澜与四川大学》编写研究工作，正式出版了《川大名言》等校史图书。组织出版了图书馆珍藏的《四川全图》以及博物馆珍藏的《格萨尔唐卡研究》等珍贵历史文献，并通过《著名学者学术思想研究》《华西边疆史料研究》等研究课题，进一步展示和弘扬了川大文化和川大精神。

教风建设方面，制定出台了《四川大学关于进一步加强教风学风建设的若干意见》等系列文件；推动了优秀笔记教案征集示范工程。

学风建设方面，各学院全面实施了“名誉班主任”制度，部分学院在此基础上还实施了“班主任导师制”和“优秀学长制”。

文风和机关作风建设方面，制定了《四川大学贯彻落实中央改进工作作风、密切联系群众〈八项规定〉和〈实施细则〉的实施办法》《四川大学机关服务公约》，形成了以“强服务、顾大局、高效率、创一流”为核心内容的机关文化和部门文化。各单位结合自身实际开展了“凝练部门（学院）精神”主题活动。

四、大学内部治理结构不断完善，现代大学制度建设有序推进

全面探索建立现代大学制度，不断改革完善大学内部治理结构，各项改革试点工作稳步推进。人事制度改革不断深化，全面推进新进教职工合同聘用制及项目助理制，构建了以“两支队伍，三个层次”为鲜明特色的用人机制，建立了以岗位考核、年度考核和聘期考核为重点的三级考核评价体系。对各类现行规章制度进行了收集和系统梳理，组织编撰了《四川大学规章制度汇编》。对部门职责、岗位职责、工作流程、责任追究等程序进行了规范再造，推进了学校各项管理工作制度化、规范化和科学化。“管、办、评”分离的校内办学和管理评估机制进一步健全，发布了2010年和2011年《四川大学各学院年度发展评估报告》。成立了《四川大学章程》起草领导小组、专家委员会和文字起草小组，形成了学校章程的总体框架。

五、教育教学改革持续推进，创新人才培养取得显著成效

（一）成功召开了本科教学工作大会。会议认真分析了近年来学校本科教育教学取得的成绩和面临的问题，提出了重点推进探究式、小班化课堂教学改革，进一步要求强化教师对教育教学的投入程度，加强对教育教学过程的监督力度，全面推进我校精英教育、个性化教育、全面发展教育，并着重提出了实施强化基础学科教育、加强课程数量质量建设、扩大实施交叉培养专业试点工程等六项计划或工程，进一步打造具有国际竞争力的人才培养体系。

（二）本科“323+X”创新人才培养计划进一步落实。不断强化学术研究型、实践应用型、创新探索型三大类课程体系建设，新增80门校级“创新探索型、实践应用型”课程。进一步推动探究式、小班化课堂教学改革，开设小班课5926门次，占课程总门次数的54%；“高质量、多样化”本科毕业论文改革稳步推进，共有49个专业776名本科毕业生参加，并顺利通过答辩。“实践及国际课程周”活动顺利开展，开设学术前沿及创新创业系列讲座150多场、短期课程/国际课程109门，开展创新创业和科研训练项目1096项，参与学生达4500多人，举办了40余场海外留学经验交流活动。

拔尖创新人才培养改革进一步深化。获批成为教育部直属高校医学教育管理体制改革首批试点学校，入选教育部、卫生部首批“卓越医生教育培养计划”单位，成为国家首批卓越法律人才教育培养基地。启动了新一轮四川大学本科人才培养方案修订工作。启动了“交叉培养专业试点工程”，实施了“工程—管理”“生物—计算机”等8个交叉培养专业改革。选拔了7名“双特生”，校内选拔4名、自主招生3名，逐步形成了“双特生”培养的创新模式和特色。教育部第十四巡视组和国家教育体制改革咨询小组对我校本科拔尖创新人才培养模式给予了充分肯定。学校以教学竞赛、教学能力发展月等形式开展了丰富多彩的教学研讨活动，促进教师教学能力的进一步提升。发布了《四川大学本科教学质量分析报告》，启用了本科课堂教学视频督导系统，加强教学管理，进一步提升课堂教学质量。

（三）本科教育教学成果丰硕，人才培养质量不断提高。4门课程获批教育部精品视频公开课程，2门课程在中国大学视频公开课官方网站成功上线，截至目前，全校累计上线课程4门，总数位居“985”高校前列。4个专业获准国家“专业综合改革试点”项目，新增国家大学生校外实践教育基地4个，获批国家级工程实践教育中心19个。学校教师教学发展中心获批国家级教师教学发展示范中心。全年获得中央财政本科教学专项资金4180万元。

学生科研创新与实践能力不断提高。近9000名学生参加国内外各级各类竞赛，获奖学生超过1100人次，其中，国际一等奖4项、国际二等奖6项、全国特等奖13项、全国一等奖29项。获得“挑战杯”中国大学生创业计划竞赛金奖，至此，我校已连续四届获此殊荣。

（四）研究生教育教学改革继续深化，拔尖创新人才培养取得新成效。继续实施“3+2+3”本硕博连读计划，选留了92名优秀本科生提前进入硕士研究生阶段的学习，来自“985工程”和“211工程”建设高校的推免生较2011年分别增长了123%、75%。完善了专业学位研究生教育体系，制定并实施了《四川大学专业学位研究生总体培养方案》。大力营造研究生拔尖创新人才培养的良好校园文化氛围，全年举办各类讲座论坛100余场，“口腔医学博士论坛”获准全国研究生学术交流平台项目建设。1950余名研究生赴120余家知名企事业单位挂职锻炼。新增博士后科研流动站5个，总数达到33个；新增全国百篇优秀博士论文2篇；获“全国工程硕士研究生教育创新院校”荣誉称号，水利工程、化学工程、项目管理领域获得了“全国工程硕士研究生教育特色工程领域”称号。

（五）生源质量进一步提高，就业工作成效显著。进一步丰富招生宣传方式，实施了招生宣传学院责任制，继续推进“学校+学院+各地校友会”三位一体的联动宣传工作，并通过川大名师宣讲团、重点中学校长论坛等途径进一步加大宣传力度，吸引了更多优质生源。继续推进阳光招生工作，进一步规范了招生工作程序。录取本科生9500名，在有招生计划的全国31个省（自治区、直辖市）中，平均录取分高出当地重点线50分以上的文科有18个、理科27个，特别是在北京、内蒙古、贵州和云南的平均录取分高出当地理科重点线100分。

就业服务工作水平不断提升。以学生为本，进一步完善并优化了《四川大学毕业生就业签约管理办法》《四川大学校园招聘管理办法》等规定。积极帮扶就业困难群体，实施了校院两级“就业困难群体就业援助计划”，为每个就业困难学生提供至少“一次个体咨询、一次技能培训、一次就业补贴”，开展职业指导讲座和团体咨询辅导100余场，接待学生咨询与辅导2000人次左右。截止到2012年12月31日，2012届毕业生16162人，就业率达95.5%，到基层就业2586人、西部就业7932人、预征入伍119人。

（六）成人教育和网络教育稳步发展。获批人社部“国家专业技术人员继续教育基地”。录取各类成教新生11453人，自考助学生新生14365人，网络教育本专科学生16971人。举办各类教育专题培训班700余个，培训学员3万余人次。

六、科学研究成果丰硕，学科建设稳步发展

（一）科研项目和经费增长势头良好。全校科研总经费18.41亿元，其中，理工医科研经费达到16.97亿元；社科科研经费达到1.44亿元。获准科技部各类项目180项，专项经费4.27亿元。其中，“973”及重大科学研究计划课题13项，国家重大科技专项2项，“863”课题5项；获准国家自然科学基金各类项目394项，经费2.45亿元。获准国防军工各类项目139项，经费6728万元，其中，首次获批国防基础科研重点项目和总装探索重点项目各1项。获教育部人文社科重大攻关项目1项；获国家社科基金项目45项，其中，国家社科基金重大招标项目2项。

（二）人才队伍和科研基地建设持续推进。新获国家自然科学基金委创新群体1个，新增国家自然科学基金委优秀青年基金获得者7人、“杰出青年科学基金”获得者3人、教育部创新团队2个、教育部新世纪优秀人才获得者17人。口腔再生医学国家地方联合工程实验室获准建设国家级基地；制革清洁技术国家工程实验室顺利通过验收；“皮革化学与工程”教育部重点实验室顺利通过评估。

（三）科研成果成绩突出。获国家科技奖4项，其中，自然科学奖1项、科技进步奖2项、技术发明奖1项。SCI收录论文数达2448篇，较上年增加93篇，列全国高校第5位；EI收录论文1489篇，列全国高校第18位；MEDLINE收录论文1592篇，列全国高校第5位。国内期刊论文3923篇，列全国高校第7位；国际论文被引篇数2942篇，列全国高校第8位；“表现不俗”论文（即被引用次数高于该学科的国际平均线）732篇，列全国高校第7位。特别是，华西医院“表现不俗”论文数在全国医疗机构中排名第1位；华西口腔医院“表现不俗”论文数在全国医疗机构中排名第21位，是唯一进入排名的口腔专科医院。率先在全国发布了《“美丽中国”省区建设水平（2012）研究报告》《“美丽中国”省会及副省级城市建设水平（2012）研究报告》，引起了社会的广泛关注。

申请专利810项，其中：专利合作条约（PCT）申请3项，发明专利690项，实用新型115项，国防专利2项。获得专利授权476项，其中：国外专利2项，发明专利366项，实用新型100项，外观设计专利5项，国防专利2项。获教育部第六届高等学校科学研究优秀成果奖15项，获奖数列全国高校第10位。

（四）“985工程”和“211工程”建设深入推进。完成了新一轮“985工程”阶段检查工作。强化“大师+团队”的建设模式，支持学术大师和国际水准领军人才进入平台和基地。目前，平台基地已聘任首席科学家（召集人）20人、学术带头人120人、学术骨干227人。完成了“211工程”三期总结验收工作，较好完成了目标建设任务。

（五）学科建设再上新台阶。根据教育部2012年一级学科评估结果显示，我校口腔医学排位前5%，第三次获得全国同类排名的第一位；除口腔医学外，还有护理学、数学排位前10%；新闻传播学、材料科学与工程等17个学科排位前15%。与上轮评估结果相比，我校排位前15%的学科由2个增加到了17个。

（六）“2011计划”全面推进。制定了《四川大学贯彻落实“高等学校创新能力提升计划（2011计划）”的办法》，组织校内研讨会20余次，邀请教育部专家来校指导5次，向教育部推荐评审专家156名，咨询委员1名。启动了首批9个协同创新中心建设，我校牵头组建的3个协同创新中心中，“生物治疗协同创新中心”、“生物材料科技协同创新中心”已推荐申报国家级协同创新中心。同时，积极参加了“三峡库区效益农业与生态环境保护协同创新中心”等6个协同创新中心建设。

七、人事制度改革进一步深化，师资队伍建设成绩突出

（一）人事制度改革不断深化。进一步加强人事管理和岗位考核，制定出台了《四川大学教职工岗位考核管理办法》《四川大学外籍教师聘任管理办法》等管理办法。进一步完善收入分配制度改革，按照“按劳分配、以岗定薪、优劳优酬”的原则，重点向一流人才和一线教师倾斜，并强化二级单位的考核及分配自主权，增强基层办学活力。积极推进教育职员制改革，制定了《四川大学职员制申报条件》，并进行了摸底申报。

（二）高水平师资队伍建设成效显著。“海纳人才工程”七大计划正式启动实施，特别是通过“高端外籍教师计划”新引进了耶鲁大学Garen院士等8位高端外籍教师。新增长江学者特聘教授2人，总数达34人；新入选四川省百人计划15人；新增“青年千人计划”3人，总数达11人；新增定向引智计划和卓越学者6人，文科优秀青年百人计划12人，海外名校博士（博士后）30多位。

（三）青年教师培养工作不断加强。进一步落实青年教师“三个全覆盖”工作，制定出台了《四川大学青年教师国际名校联合培养博士暂行管理办法》《〈四川大学优秀青年教师国家名校、名师深造计划〉补充规定》。67名青年教师被录取为博士研究生，5名青年教师赴国际名校攻读博士学位，近200名青年教师赴斯坦福大学等海外著名高校深造或交流培训。目前，全校青年教师拥有博士学位和海外交流经历的比例分别超过60%和30%。

八、教育国际化全面推进，对外交流合作开创新局面

（一）留学生规模继续扩大。目前，学校共招收了来自80个国家和地区的留学生1956名，其中，学历生人数比例达到55%。“成都美国海外留学中心”项目顺利推进。

（二）校际交流合作深入开展。与美国匹兹堡大学、法国图卢兹大学等31所国外著名院校签署了校际交流合作协议。聘请长期外国专家和外籍教师共计95人。112名学生被录取为国家公派出国留学研究生，其中，博士生55名，联合培养博士57名；派出各类学生赴境外学习共计575人。

（三）对外交流与合作力度进一步加大。成功接待了俄罗斯联邦委员会主席马特维延科女士，法国、瑞典等国政要，以及巴里·马歇尔教授等4位诺贝尔奖得主来校访问或讲学。举办高水平双边会议和国际会议40次，特别是成功举办了中国化学会第28届学术年会和第九次世界生物材料大会。全年共接待来访团组210批次，来访总人数达3000余人次。

（四）与港澳台地区的交流合作领域进一步拓展。参与签署了《香港与内地高等学校关于进一步深化交流与合作的意见书》，与香港中文大学等3所学校续签了合作协议。承办了“2012海峡两岸儒学交流研讨会”、“中华文化研习营”等重要学术活动9次，接待来访港澳台团组38批694人，赴港澳台地区进行各种形式交流活动共457人次。

（五）出国培训与海外教育取得新进展。完成教育部公派留学人员培训322人，培训基金委师资班出国人员752人；组织国家级外语考试和海外考试394场。

九、社会服务能力持续增强，医疗卫生和产学研工作成效显著

（一）医疗卫生工作成绩突出。新增8个国家临床重点专科建设项目，总数达到32个，其中，华西医院重点专科数已达24个，居全国医院第1位。亲属活体肾移植数量连续4年排名全国第1，成功开展了第三例心死亡器官捐献的器官移植和世界首例“全胸腔镜支气管肺动脉双袖式成形肺癌切除术”。华西医院获批首批国家优质医院创建重点联系单位，四川大学华西儿童医学中心正式挂牌成立，建立了院间转诊和会诊绿色通道。四所附属医院共完成门、急诊637.14万人次，出院病人24.66万人次，各类手术14.15万台次。华西网络医院总数达532家，服务人口超过5亿人。华西医院连续三年位居复旦大学医学管理研究所发布的中国医院排行榜第二名，并荣获中国健康年度总评榜“全国最受欢迎三甲医院”、“最受欢迎便民门诊医院”称号。

（二）科技产业管理不断规范。完成了13家全民（集体）所有制企业清产核资工作，初步建立了学校所属企业的现代企业管理框架。积极发展四川大学城市建设设计研究院等企业实体，促进优势产业发展壮大。学校产业工作荣获全省高校校办产业年度考评一等奖，并在教育部评审中首次跃入B（良好）级。国家大学科技园被科技部、教育部评为A类，列全国高校第7位。

（三）干部教育培训工作取得重要进展。全年共举办各类教育专题培训班92个，培训各类干部4527人次，培训范围涉及辽宁、吉林等24个省市自治区。

（四）产学研工作取得新成绩。新签产学研科技合作项目1308项，合同总经费8.15亿元。与中石化共建了“中国石化—四川大学CCUS及CO_2矿化利用研究院”，联合承担国家科技支撑计划项目；与贵州省、宁波市等省市签订了战略合作协议；创建了“四川大学产业技术研究院”和“四川大学德阳产业技术研究院”，与德阳企业签订了13个科技成果转化和科研合作项目，项目经费超过1亿元。

十、管理体制机制改革不断深化，办学条件进一步改善

（一）财务管理成效显著，审计工作

不断加强。严格执行财经政策，规范财经行为；加强预算管理和执行进度考核，获得教育部化债奖励和预算执行奖励共3570万元；通过设立重大科研项目负责人绿色通道、推行“投递式+无等候”和“网上自助+无等候”报账方式，以及电子支票支付等方式，有效缓解了师生报账难问题，并进一步保障了资金安全；完善了财务信息发布和查询平台分级授权制度，方便师生查询财务信息。

学校进一步完善审计公开机制，积极推进审计关口前移，努力探索推行经济责任审计结果公告制，逐步提升审计工作透明度。截至2012年12月，共开展各类审计项目884项（其中跟踪审计37项），已完成847项（其中跟踪审计33项），审计涉及资金624484.46万元，审减金额2551.24万元，针对审计发现的问题，提出审计意见和建议72条。

（二）国有资产管理进一步规范。继续做好公房管理和配置工作，实现了学院和独立科研机构用房的有偿使用，基本完成马克思主义学院等4个单位的新校区搬迁工作，全年配置、调整公房500余间。完成教育修购项目1项、财政部建设项目4项，建设资金共2400多万元。加强招标投标行为管理，出台了《四川大学招投标专业工作组管理实施细则》，完成各类招标项目400余项，采购金额达4亿元。与双流县政府签订了合作协议，积极推进国际医院等项目用地的征地工作。

（三）实验室及设备管理工作进一步加强。获准1个国家级实验教学示范中心。“十一五”期间获准的7个国家级实验教学示范中心顺利通过教育部专家组评估验收，近20个专业实验室的设备条件得到重点改善和提升。新增仪器设备11149台件，共计2.54亿元。仪器设备开放共享机制进一步健全，400余台大型仪器设备面向全校开放共享。实施定期决标制度，进一步提高招标采购的效率性和规范性。建立了学生安全与环保协防队伍，进一步加强实验室安全与环保管理工作。

（四）校园信息网络建设迈上新台阶。实施了“川大信息化校园”银校合作项目，推广了校园卡服务系统。学校中文门户网站被教育部评为全国高校百佳网站；国家CNGI——“四川大学校园网IPv6技术升级”项目顺利通过了国家验收；开通了望江和华西校区重点公共区域无线校园网服务。目前，校园网用户4.3万余户，学校电子邮箱用户5.7万余个。

（五）图书馆和出版社工作取得新成就。引进了中外文数据库36个，图书馆电子文献数据库达216个，电子期刊64727种，电子图书242.9万册。全年到馆读者约300万人次，借还纸本图书171万册次。组织编纂了《四川大学馆藏珍稀方志（续编）》《四川大学图书馆珍稀书影集刊》和《建国前四川大学毕业论文》等书目。《楚简帛逐字索引》荣获2013年国家出版基金资助。出版社出版图书1109种，总印数723万册，总生产码洋1.38亿元，总发行册数517万册，总发行码洋1.23亿元。

（六）档案管理和校史工作切实加强。全面启动了档案数字化工程，实施了“档案馆数字化、信息化建设项目”建设，完成第二专业学生成绩查询系统开发等工作。举办了《辛亥川大：辛亥革命时期的四川大学师生》专题校史展览活动，成功开展了老校长张澜诞辰140周年纪念活动。

（七）校友联络工作取得新成绩。新成立了四川大学山东校友会、湖南校友会等6个地方校友会。学校教育基金会全年接受各类捐赠到款金额共6668.9万元。

（八）后勤保障工作取得较好成效。通过建立食堂价格平抑基金、农产品联合采购和期货采购等措施，保证了食堂饭菜价格和质量的基本稳定。深化水电气管理改革，顺利完成了节能灯和空调节能控制器安装工程，年节约用电约100万度，对全校各单位的用能进行量化定额管理，全校2012年水电气较2011年净支出下降2.78%。

（九）校园建设稳步推进，安全稳定工作卓有成效。全校共建设和维修项目15项，建筑面积共计约14.6万平方米，其中，总建筑面积约9万平方米望江校区青年教师公寓（宿舍）和滨江楼工程、成都美国留学中心维修改造工程等10项工程已经全面竣工。修订了《四川大学校园交通治理方案》，继续加大对校内车辆乱停乱放整治力度，保障车辆停放规范有序，校园交通“净、畅、宁”工程整治成果进一步巩固。启动了“校园天网工程”建设，提升了校园安保监控力度；加强消防安全的宣传教育、培训和检查工作，全年无重大事故发生；“110”报警中心共出警2115次，受理报警求助565次。

十一、党建和思想政治工作进一步加强，为师生职工办实事取得实效

（一）基层党建工作深入推进。制定和修订了四川大学贯彻《中国共产党普通高等学校基层组织工作条例》的实施意见等7个党建长效机制文件。新增党支部24个，全校党支部已达830个，37个基层党委顺利召开了党员代表大会并完成了换届选举工作。制定了《在创先争优活动中深入开展基层组织建设年活动的实施方案》，462个党支部被评定为先进党支部，并扎实抓好对标整改、晋位升级工作，使每个支部在原有基础上都有新的提高。举办入党积极分子培训班28期，新发展党员7449人，其中，学生党员7361人。

（二）干部队伍建设工作扎实推进。研究制定《四川大学干部选拔任用工作实施办法》，进一步健全完善学校选人用人的基本规章制度。新聘任中层干部15人，部门工会主席1人，专职科研机构负责人11人，科级干部20人。以党的十八大精神等重大会议精神作为学习的重要内容，不断提高领导班子的思想政治素质。坚持和健全民主集中制，实施了学院党政联席会议制度和“三重一大”集体决策制度。选派了19人参加各级各类培训学习、7人赴地方挂职锻炼；举办第十一、十二期处级领导干部赴海外培训项目，选派了63名处级干部分赴美国加州爱尔文分校和美国密歇根州立大学参加培训学习。制定了《四川大学机关部处和业务单位中层领导干部岗位绩效考核实施办法》，进一步加强对干部的教育、管理、监督和考核。对全校65个单位169名试用期满处级领导干部进行了考核，169名试用期满处级干部全部考核合格，完成了20个科级干部的考核续聘工作。

（三）大学生思想政治教育进一步加强。大力推进“四讲”教育活动，加强大学生理想信念教育。建成了“四川大学思想政治理论教育中心”实验室和“四川大学思想政治理论课在线”网站，举办了10期思想政治教育大讲堂。召开了研究生思想政治教育工作座谈会，制定了《加强和改进研究生思想政治教育工作的实施意见》，逐步形成了导师、辅导员、学生骨干三支队伍紧密配合、和谐联动的研究生思想政治教育新机制。开展思政干部队伍交流培训活动40余次，进一步加强辅导员队伍建设。设立了青年基金思政专项和思政课研究项目，加强对学生工作的研究。坚持政工干部全面入住学生宿舍制度，及时掌握学生思想动态。建立了学校心理健康中心和华西医院心理卫生中心的绿色通道。

（四）意识形态和宣传工作取得积极成效。进一步明确分工，落实责任，完善工作机制，进一步加强了对师生民族与宗教政策法规的教育引导，强化了少数民族学生事务管理服务工作；加强了对课堂教学、论坛讲座、报告会、研讨会、校园网、校报校刊、广播电视和出版等领域以及各种研究会、协会、社团、涉外交流与合作项目的管理。同时，宣传工作取得积极成效。主动向中央及省市媒体编发提供、推荐反映学校重大事件的新闻文稿、新闻素材40余次。国内各大新闻媒体报道学校改革发展取得的新进展、教学科研取得的新成就合计近200篇（条），其中，中央电视台14条（其中新闻联播1条）、中国教育电视台1条、《人民日报》10篇、《光明日报》14篇、《中国教育报》13篇、新华网16篇、人民网9篇。

（五）民主政治建设和工会工作进一步推进。组织召开了第三届教代会暨第二届工代会，会议以“提升川大文化自觉自信，切实加强‘五风’建设”为主题，审议并通过了《校长工作报告》《财经工作报告》等报告，对107份提案进行了整理、归纳和处理。校务公开栏公开校务13期共57项，公开院（处）务823项。

（六）党风廉政建设工作取得显著成效。成立了四川大学预防腐败研究中心。举办反腐倡廉专题报告63场，新出台反腐倡廉制度10项，对2008年至2012年惩防腐败体系建设进行全面总结，形成六大机制、14项任务、150项举措为内容的惩防腐败体系基本框架。开展了“三重一大”事项集体决策制度执行情况专项检查和廉政风险防控试点工作。聘请7位特邀监察员参与监督工作，在全校专兼职纪检干部中开展了“能力建设、作风建设和组织建设”主题活动。全年开展各类监察事项1540余人次，受理信访62件，立案2件，结案2件，为学校挽回经济损失122万元。

（七）统战工作进一步加强。充分发挥党外人士在学校改革发展中的作用，向省委统战部推荐了66位党外代表人士后备人选。加强党外人士队伍建设，发展民主党派新成员20名，完成1位党外干部挂职一年期满考察工作，选派了4名党外人士参加省、市地区挂职锻炼，7名党外人士被选举为武侯区、双流县人大代表或政协委员。提交市级以上参政议政提案及建议348份、调研报告34份，参与各项社会服务60余次，43人获得了市级以上参政议政各类表彰。

（八）离退休工作稳步推进。为离休人员补发了从2010年至2012年的生活补贴；向全校退休人员购买发放米、油慰问品6000余份，并为343位退休职工发放生日慰问金3.43万元。对4225位离退休人员进行了健康体检，为4752名退休教职工购买了补充医疗保险。组织离退休人员参加各类参观学习活动6500余人次。

（九）和谐社区建设切实落实。进一步加大小区公共环境和基础设施改造工作力度，全面启动了望江校区新南村、南园和华西校区南台村、宁村的老旧小区公共环境和基础设施改造工程，大幅改善了周边居民的居住环境。加强对业主自治工作的指导培训，指导召开业主大会16次，涉及住户8000余户，社区民主自治能力和水平进一步提升。

（十）为师生职工办实事取得新进展。

进一步加大学生奖助学金投入力度。在校生获得国家奖学金 562 名，国家励志奖学金 1338 名，国家助学金 11745 名，奖助学金总金额 2878.25 万元。校级社会奖助学金项目增加 9 项，总数达到 46 项，奖助学金总额 689.81 万元。发放勤工助学经费 300 多万元，覆盖学生近万人。大幅提高了研究生奖助学金额度，奖助学金经费在 2011 年的基础上翻一番，减免学费和经费发放金额达 2.7 亿元。增加了 1000 万元鼓励家庭经济困难优秀博、硕士生担任公共课程助教。启动了新校区学生宿舍开水房改造工程，为学生日常生活提供方便。完成了江安校区学生宿舍 6808 台空调安装工作，为学生创造了更加良好的学习、生活环境。

进一步改善教职工居住条件，完成了文星花园（二期）选购房、解困房报名审核以及 1432 套商品房的选房工作。青年教师公寓周转房建成并投入使用，共安置引进人才 7 人、“985”人员 5 人、博士后 68 人，其他新进人员 110 余人。核发住房补贴 1700 余人次，金额约 1450 万元；核发租房补贴 897 人次，金额 33 万元；核发具有博士学位的新进教职工安家费 76 人，金额约 168 万元。

2012 年，在全校师生员工的共同努力下，学校各项工作取得了显著成就，但也要清醒地认识到工作中的不足，突出表现在现代大学制度仍需不断完善、校园文化建设工作还需长期深入推进、人才培养改革还需进一步深化、学科建设力度仍需进一步加大、社会服务能力还需要不断增强等方面。

2013 年，学校将继续深入学习贯彻党的十八大精神，以科学发展观统领学校工作全局，努力构建完善现代大学制度，坚持以提高质量为核心，走内涵式发展道路，全面加快中国一流研究型综合大学建设步伐，为建设高等教育强国做出新的更大贡献！

其他重要文件

四川大学关于执行党风廉政建设责任制的实施办法

（川大委〔2012〕26 号）

第一章 总 则

第一条 为加强学校党风廉政建设，进一步明确各级党政领导班子和领导干部在党风廉政建设中的责任，保证中央、教育部和学校党风廉政建设决策部署的贯彻落实，促进学校事业科学发展，根据中共中央、国务院《关于实行党风廉政建设责任制的规定》和教育部《关于执行党风廉政建设责任制的实施办法》，结合学校实际，制定本实施办法。

第二条　执行党风廉政建设责任制，以邓小平理论和“三个代表”重要思想为指导，深入贯彻落实科学发展观，围绕建设中国一流研究型综合大学的目标，坚持党要管党、从严治党，坚持标本兼治、综合治理、惩防并举、注重预防，扎实推进惩治和预防腐败体系建设。

第三条　执行党风廉政建设责任制，坚持和完善“党委统一领导，党政齐抓共管，纪委组织协调，部门各负其责，依靠群众的支持和参与”的领导体制和工作机制。把党风廉政建设与学校改革发展紧密结合，作为党的建设的重要内容，列入学校事业发展规划、年度工作计划和领导班子、领导干部工作目标管理，一起部署、一起落实、一起检查、一起考核。坚持集体领导和个人分工负责相结合，谁主管，谁负责，一级抓一级、层层抓落实，做到责权明确，常抓不懈。

第四条　学校成立党风廉政建设责任制领导小组，党委书记和校长任组长，党委常务副书记、副书记兼纪委书记任副组长，其他校领导为成员，领导小组下设办公室，由党委副书记兼纪委书记任主任，成员由党委办公室、党委组织部、党委宣传部、纪委办公室、校办、人事处、财务处、国资处、审计处、后管处、监察处等部门主要负责人组成，具体组织和实施学校党风廉政建设责任制。纪委办公室、监察处牵头负责党风廉政建设的日常工作，建立健全办公室联席会议制度。

第二章　责任内容

第五条　学校党政领导班子对学校党风廉政建设负全面领导责任，承担以下领导责任：

（一）贯彻落实中央、教育部及四川省委等上级机关关于党风廉政建设的部署和要求，结合学校实际研究制定党风廉政建设工作计划、目标要求和具体举措，每年召开党风廉政建设工作会议，对学校党风廉政建设工作任务作出部署，进行责任分解和任务分工，推动工作落实；

（二）领导和组织学校党员、干部学习党风廉政建设的理论和法规制度，开展理想信念教育、党的宗旨教育、党性党风党纪教育和廉洁从政、廉洁从教教育，加强校园廉政文化建设；

（三）贯彻执行党风廉政法规制度，结合学校实际情况，不断完善党风廉政建设规章制度，深化体制机制改革，推进廉政风险防控机制建设，进一步完善学校惩治和预防腐败体系，从源头上预防和治理腐败；

（四）带头执行“三重一大”事项集体决策制度，强化权力制约和监督，按照现代大学制度的要求，建立健全决策权、执行权、监督权相互制约又相互协调的权力结构和运行机制，推进权力运行科学规范和公开透明；

（五）领导组织对学校党风廉政建设情况，中层领导班子、领导干部履行党风廉政建设责任和廉洁从政情况，进行监督检查和考核；

（六）严格按照规定选拔任用干部，防止和纠正选人用人上的不正之风；

（七）加强作风建设，纠正损害群众利益的不正之风，解决党风行风校风学风方面存在的突出问题；

（八）领导并支持学校纪委和纪检监察部门依法依纪履行职责，定期听取工作汇报，解决工作中遇到的重大问题。

第六条　学校党委书记和校长是学校

党风廉政建设第一责任人，对学校党风廉政建设承担以下领导责任：

（一）认真研究并切实抓好中央、教育部以及四川省关于党风廉政建设决策部署在学校的贯彻落实。

（二）对学校党风廉政建设的重要工作亲自部署、重大问题亲自过问、重点环节亲自协调、重要案件亲自督办，每学期至少听取一次党风廉政建设专题汇报。

（三）领导学校党风廉政建设责任制领导小组工作，组织党风廉政建设和反腐败工作的检查、考核，督促党风廉政建设各项任务目标和规章制度的落实。

（四）认真贯彻执行民主集中制，“三重一大”事项决策，必须集体讨论决定。

（五）对学校党政领导班子成员勤政廉政、执行党风廉政建设责任制的情况进行监督检查，发现问题及时提醒，促其纠正，切实管好班子，带好队伍。召开校级领导班子成员专题民主生活会，对执行廉洁自律有关规定的情况进行检查，开展批评与自我批评。

（六）严格遵守各项党风廉政建设法规制度，在廉洁自律方面自觉做出表率；管好配偶、子女和身边工作人员，不得利用自己的职务和影响，谋取私利。

第七条 学校班子副职成员对分管、协管单位和联系单位及其主要负责人的党风廉政建设承担主要领导责任，在学校党风廉政建设中负以下责任：

（一）积极协助校党委书记和校长落实好党风廉政建设责任制，具体负责职责范围的党风廉政建设工作。

（二）抓好分管、协管和联系单位党员、干部的廉政教育和干部廉洁自律；督促分管、协管和联系单位建立健全监督制约机制，防止和遏制不正之风和腐败现象的发生。

（三）定期听取分管、协管和联系单位党风廉政建设和反腐败工作情况汇报，及时掌握其领导班子的廉政勤政情况，并对分管、协管和联系单位党风廉政建设和反腐败工作提出指导意见。

（四）参加分管、协管和联系单位的领导班子民主生活会，加强对分管、协管和联系单位领导干部的教育、管理和监督，解决党风廉政建设中存在的问题。

（五）督促分管、协管和联系单位认真贯彻落实党风廉政建设责任制，按规定进行检查考核，并将情况和关于加强党风廉政建设的建议向校党委书记、校长报告；。

（六）严格遵守各项党风廉政建设法规制度，在廉洁自律方面自觉做出表率；管好配偶、子女和身边工作人员，不得利用自己的职务和影响，谋取私利。

第八条 学校纪委在学校党委和上级纪检机关领导下，负责组织协调学校党风廉政建设工作，协助学校党政抓好党风廉政建设责任制落实，对全校各单位落实党风廉政建设责任制的情况进行监督检查。具体承担以下责任：

（一）按照上级党委和纪检机关的部署，结合学校实际，协助学校党政抓好党风廉政建设工作部署和任务分解，并对实施情况进行监督检查。

（二）协助学校党政组织开展党性党风党纪教育，加强领导干部廉洁自律，推进大学生廉洁教育和校园廉政文化建设。

（三）协助学校党政制定有关党风廉政建设的规章制度，并对执行情况进行指导、督促和检查。

（四）对党员领导干部行使权力进行监督，推进学校廉政风险防控机制建设。

（五）受理党员的控告和申诉，保障党章规定的党员权利不受侵犯。按照党章和其他党内法规，查办违纪违法案件。

第九条 学校各学院、职能部门、直属（附属）单位、群团组织党政领导班子（以下统称中层领导班子）对本单位党风廉政建设负全面领导责任：

（一）按照学校党委、行政和纪委关于党风廉政建设的部署和要求，结合本单位实际制定党风廉政建设工作计划，落实党风廉政建设各项任务。

（二）组织开展本单位党员干部党性党风党纪教育，切实加强党员干部作风建设，深入开展廉洁从政、廉洁从教的教育，增强党员干部廉洁自律和师生员工遵纪守法意识。

（三）贯彻落实党和国家廉政法规以及学校的有关规章制度，结合管理和业务工作，制定、完善本单位的党风廉政规章制度，防止和纠正不正之风。

（四）坚持民主集中制，建立健全“三重一大”事项集体决策制度和处（院）务公开制度，增强工作透明度，在群众关心的热点问题上做到公开、公平、公正，定期向职工报告本单位财务收支等情况，接受群众监督。

（五）做好干部廉洁自律工作，开好每年一次的领导班子成员廉洁自律专题民主生活会，对照《中国共产党党员领导干部廉洁从政若干准则》（以下简称《廉政准则》）自查自纠，开展批评与自我批评，并在适当范围内通报情况。

（六）及时报告本单位的违纪违法问题和案件线索，做好或配合做好信访核查和案件查处工作。

（七）每学期听取同级纪委（纪检委员）汇报工作不少于一次，帮助解决工作中的困难与问题。

第十条 学校中层领导班子正职是本单位党风廉政建设第一责任人，对本单位领导班子及其副职成员党风廉政建设负以下主要领导责任：

（一）根据学校工作的部署和目标要求，落实本单位领导班子成员执行党风廉政建设责任制的分工和具体责任，加强对本单位党风廉政建设情况的调查研究，强化规范管理和优化业务工作流程，努力防控廉政风险。

（二）加强领导班子建设，坚持民主集中制，健全和完善领导班子议事制度，“三重一大”事项坚持集体讨论决定，定期向教职工报告本单位人事、财务、物资设备采购等情况，接受群众监督。

（三）重视党风廉政建设工作，每年对本单位党风廉政建设工作情况进行一次检查，并将检查情况报告分管领导和学校党风廉政建设责任制领导小组办公室。

（四）对本单位的重要信访件及重大案件线索及时向学校党委和纪检监察部门报告，组织调查或支持配合有关部门做好对违纪违法案件的查处工作。

（五）教育和监督领导班子副职成员执行廉洁从政相关规定，组织开好领导班子民主生活会，督促领导班子副职成员对党风廉政建设方面存在的问题进行整改，负责或受主管领导、纪检监察部门的委托，与职责范围内管理的干部进行廉政谈话。

（六）严格遵守各项党风廉政建设法规制度，在廉洁自律方面自觉做出表率；管好配偶、子女和身边工作人员，不得利用自己的职务和影响，谋取私利。

第十一条 学校中层领导班子副职根据分工对分管范围内党风廉政建设承担以下主要领导责任：

（一）协助领导班子正职搞好本单位党风廉政建设工作，自觉把党风廉政建设与分管范围内的业务工作紧密结合，做到一起部署、一起落实、一起检查、一起考核。

（二）正确行使职权，严格执行“三重一大”事项集体决策制度，涉及“三重一大”事项主动上报本单位领导班子集体讨论决定。

（三）加强对职责范围内干部的教育、监督和管理，解决党风廉政建设中存在的突出问题，按规定向单位正职领导干部报告职责范围内的党风廉政建设情况。

（四）及时发现分管范围内党风廉政建设方面存在的苗头性、倾向性问题，协助做好职责范围内信访件的核查工作，支持学校纪委和纪检监察部门依法依纪查办案件工作。

（五）加强职责范围内业务工作的规范管理，建立健全规章制度，优化业务流程，提高制度执行力，做好廉政风险防控工作。

（六）认真参加领导班子廉洁自律专题民主生活会，严格遵守各项党风廉政建设法规制度，在廉洁自律方面自觉做出表率；教育管理好亲属、下属和工作人员，防止违纪和不廉洁行为发生。

第十二条 学校科级干部在学校党风廉政建设中承担的责任由所属学校中层领导班子结合本单位实际情况，依据本实施办法的精神具体规定。

第三章 检查考核

第十三条 责任考核实行分级负责的原则。对校级党政领导班子和领导干部的责任考核，由教育部党组组织实施。中层领导班子和领导干部的责任考核，由学校党风廉政建设领导小组组织实施；对中层以下领导干部的责任考核，由各中层领导班子负责组织实施。

第十四条 学校党委按要求每年年底向教育部党组和中纪委驻教育部纪检组报告学校党风廉政工作情况；学校党政领导班子成员每年按要求述职述廉，报告个人有关事项，报告职责范围内及分管部门和联系单位党风廉政建设责任制执行情况。

第十五条 中层领导班子按要求每年年底向学校提交的工作总结中，要专题汇报党风廉政建设情况和领导班子贯彻落实党风廉政建设责任制情况，并同时报送党风廉政建设责任制领导小组；中层领导班子成员每年按要求述职述廉，报告个人有关事项，报告职责范围内党风廉政建设责任制执行情况。

第十六条 检查考核的重点是：

（一）履行党风廉政建设责任的情况。

（二）坚持民主集中制，执行“三重一大”事项集体决策制度和实行院（处、中心）务公开制度的情况。

（三）惩治和预防腐败体系建设和廉政风险防控管理的情况。

（四）执行《廉政准则》等廉洁自律相关规定的情况。

（五）对领导干部教育、管理和监督的情况。

（六）对职责范围内领导干部重要信访件的处理情况。

（七）纠正职责范围内违纪违法行为以及支持学校有关部门依法查处违纪违法案件等情况。

（八）完成学校反腐倡廉年度任务情况。

（九）其他需要实施责任考核的事项。

第十七条 检查考核可以专门组织进行，也可以与领导班子、领导干部工作目标考核、年度考核、巡视检查等结合进行。

第十八条 检查考核的基本程序：

（一）公布和组织学习党政领导干部

党风廉政建设责任检查考核的内容以及实施办法。

（二）检查考核对象按考核内容向考核工作组提供本单位领导班子和领导干部履行党风廉政建设责任制情况报告和相关支撑材料。

（三）考核工作组对考核对象进行民主测评和收集群众意见。

（四）考核工作组对检查考核对象做出综合评定，并将在适当范围内反馈给考核对象。

（五）对检查考核中发现的问题，责令检查考核对象限期整改，对违纪违法问题，按规定作出处理。

（六）考核工作组将检查考核结果向学校党风廉政建设领导小组报告，并由学校纪委存入干部廉政档案，作为对领导干部的业绩评价、职务晋升、奖励惩处和选拔任用的重要依据；对领导班子检查考核的结果，作为对领导班子总体评价的重要依据。

第十九条 对学校中层以下干部的考核由各中层单位领导班子参照学校对中层领导干部的考核程序进行。

第四章 责任追究

第二十条 责任追究坚持从严治党、实事求是、纪律面前人人平等、教育与惩处相结合及逐级追究原则。

第二十一条 责任追究要分清集体责任和个人责任，主要领导责任和重要领导责任。追究集体责任时，领导班子主要负责人和直接分管的领导班子成员承担主要领导责任，参与决策的班子其他成员承担重要领导责任。对错误决策提出明确反对意见而没有被采纳的，不承担领导责任。错误决策由领导干部个人决定或者批准的，追究该领导干部责任。

第二十二条 责任追究的方式：

（一）组织处理。

对党政领导干部的组织处理方式包括：批评教育、诫勉谈话、责令写出书面检查、取消评比先进和晋级资格、调离工作岗位、改任非领导职务、责令辞职、降职使用、免职。

（二）纪律处分。

1. 党的纪律处分包括：警告、严重警告、撤销党内职务、留党察看、开除党籍；

2. 学校行政纪律处分包括：警告、记过、记大过、降职、撤职、开除留用察看、开除。

组织处理和纪律处分可以单独使用，亦可合并使用。

第二十三条 实施责任追究，应在校党委的统一领导下，严格按照干部管理权限，依据纪检监察部门和组织人事部门的职责分工负责执行。

第二十四条 实施责任追究不因领导干部工作岗位或职务变动而免于追究。已退休但按照本办法应当追究责任的，仍须进行相应的责任追究。

第二十五条 领导班子和领导干部违反或者不能正确履行党风廉政建设职责，有下列情形之一的，必须追究责任：

（一）对党风廉政建设工作领导不力，对责任范围内落实党风廉政建设责任制存在问题不及时纠正处理，或因防范不力，处理不当以致职责范围内明令禁止的不正之风得不到有效治理，造成不良影响的。

（二）对上级领导机关交办的党风廉政建设责任范围内的事项不传达贯彻、不安排部署、不督促落实，或者拒不办理的。

（三）对本单位发现的严重违纪违法行为隐瞒不报、压案不查的。

（四）疏于监督管理，致使领导班子成员或者直接管辖的下属发生严重违纪违法问题的。

（五）违反规定选拔任用干部，或者用人失察、失误造成恶劣影响的。

（六）放任、包庇、纵容下属人员违反财政、金融、税务、审计、统计等法律法规，弄虚作假的；或隐瞒、截留应上交国家和学校收入，私设“小金库”，或挪用学校教学、科研、基建等专项资金的。

（七）不认真、不及时处理群众反映本单位党风廉政建设方面的突出问题和信访举报，致使对学校正常工作秩序造成干扰和不良影响的。

（八）对配偶、子女和身边工作人员教育、管理、监督不严，致使发生与领导职权和业务范围相关的违纪违法问题并包庇纵容的。

（九）有其他违反党风廉政建设责任制行为的。

第二十六条 领导班子有本办法第二十五条所列情形，情节较轻的责令做出书面检查，上报学校党风廉政建设责任制领导小组和学校纪委；情节较重的，给予通报批评；情节严重的，进行调整处理。

第二十七条 领导干部有本规定第二十五条所列情形，情节较轻的，给予批评教育、诫勉谈话、责令做出书面检查；情节较重的，给予通报批评；情节严重的，给予党纪政纪处分，或者给予调整职务、责令辞职、免职和降职等组织处理。涉嫌犯罪的，移送司法机关依法处理。

以上责任追究方式可以单独使用，也可以合并使用。

第二十八条 领导班子、领导干部具有本规定第二十五条所列情形，并具有下列情节之一的，应当从重追究责任：

（一）对职责范围内发生的问题进行掩盖、袒护的；

（二）干扰、阻碍责任追究调查处理的；

（三）明知故犯，致使损失和危害扩大的；

（四）职责范围内多次发生重大案件或严重问题的。

第二十九条 领导班子、领导干部具有本规定第二十五条所列情形，并具有下列情节之一的，可以从轻或者减轻追究责任：

（一）对职责范围内发生的问题及时如实报告并主动查处和纠正，有效避免损失或者挽回影响的；

（二）对存在的问题认真整改，成效明显的；

（三）对职责范围内的领导干部和工作人员经常开展党风廉政教育，积极开展廉政风险防控的。

第三十条 受到责任追究的领导班子、领导干部，取消当年年度考核评优和评选各类先进的资格。

单独受到责令辞职、免职处理的领导干部，一年内不得重新担任与其原任职务相当的领导职务；受到降职处理的，两年内不得提升职务。同时受到党纪政纪处分和组织处理的，按影响期较长的执行。

第五章 附 则

第三十一条 学校各学院、职能部门、直属（附属）单位、群团组织根据本办法，结合本单位工作实际，制定或修订本单位执行党风廉政建设责任制的具体实施办法。

第三十二条 本办法自发布之日起施行。2006年制定的《四川大学关于贯彻中共中央、国务院〈关于实行党风廉政建设责任制的规定〉的实施办法》同时废止。

四川大学关于在创先争优活动中深入开展基层组织建设年活动的实施方案

（川大委〔2012〕29号）

根据中央组织部、教育部创先争优活动领导小组关于在创先争优活动中开展基层组织建设年活动的有关文件精神，为全面加强基层组织建设，提高党的建设科学化水平，为学校事业科学发展提供坚强保证，结合学校实际，制定本实施方案。

一、总体要求

紧紧围绕“强组织、增活力，创先争优迎十八大”主题，按照“抓落实、全覆盖、求实效、受欢迎”的工作要求，因地制宜、分类指导、扎实推进。抓落实就是要结合学校和本单位基层党组织实际，认真落实关于加强基层党组织建设的政策措施，大力推广成功的经验做法；全覆盖就是坚持一抓到底，推动学校每个党支部都积极行动起来，引导全体党员都自觉参与进来；求实效就是着力解决学校基层组织建设中的突出问题，着力增强学校基层党组织特别是党支部的创造力、凝聚力、战斗力，着力完善加强基层党组织建设特别是党支部建设的体制机制；受欢迎就是贴近基层需要，回应师生关切，顺应师生期盼，使学校基层组织建设年活动让党员满意，受师生欢迎。通过基层组织建设年活动的开展，使学校基层党组织推动科学发展、促进校园和谐、服务师生群众的能力进一步增强，充分发挥基层党委的政治核心作用和党支部的战斗堡垒作用，以创先争优、加强基层党组织建设的优异成绩迎接党的十八大胜利召开。

二、组织领导

学校创先争优活动领导小组负责领导和指导校内各级党组织开展基层组织建设年活动，创先争优活动领导小组办公室负责基层组织建设年活动的日常工作，创先争优活动检查组负责基层组织建设年活动的督促检查。

三、主要目标

通过开展基层组织建设年活动，主要实现以下五个目标：

1. 党支部战斗力进一步提升。按照“围绕中心、服务大局、拓宽领域、强化功能”的要求，进一步巩固和加强校内各基层党组织。重点目标是进一步提升党支部战斗力，巩固扩大先进党支部、提升一般党支部、转化后进党支部。学生党支部和教职工党支部都要努力成为先进或较好党支部。

2. 党支部书记素质进一步提升。按照守信念、讲奉献、有本领、重品行的要求，加强党支部书记队伍建设。党支部书记每半年接受一次集中培训，每年参加一次实践活动。通过教育培训和实践锻炼，着力增强党支部书记的事业心、责任感和推动学校事业发展、服务师生群众的能力。

3. 党员队伍生机活力进一步提升。按照中央提出的"控制总量、优化结构、提高质量、发挥作用"的要求，在学生党员发展工作中严把质量关；加大在青年教师中发展党员力度，积极引导学术带头人和学术骨干等各类优秀人才向党组织靠拢，使新发展的党员质量进一步提高；以学雷锋精神活动为契机，积极开展内容丰富、形式多样的主题教育和志愿服务活动，推动党的建设与校院两级中心工作紧密结合，使为民服务创先争优成为广大师生党员的内在要求和自觉行动；校内各级党组织进一步加强党员教育、管理、监督和服务，使党员的党性观念和党员意识不断加强。

4. 校内基层党组织的基础保障水平进一步提升。校内各基层党委（总支）要结合本单位实际，加强领导，确保本单位党务工作者队伍专业化水平进一步提高，党建工作经费投入落实到位，活动场所建设不断加强，基层党建工作信息化深入推进。

5. 基层党建制度化水平进一步提升。按照学校党委制定印发的关于基层党组织建设一系列长效机制文件，校内各基层党委（总支）结合本单位实际建立和完善本单位党支部职责，党组织生活及支部活动保障制度，党员教育、管理、监督、服务制度，党支部民主生活会制度和民主评议党员制度，困难党员帮扶制度，联系服务群众制度等，健全校内各基层党组织党建工作制度体系，不断提升校内各基层党组织党建工作规范化、制度化水平。

四、工作任务

按照中央关于基层组织建设年活动的统一部署，围绕活动的主要工作目标，着力建设好队伍、谋划好思路、建设好制度、管理好阵地、健全好机制、发挥好作用。

1. 选优训强一个好书记。进一步加强学校党支部书记队伍建设，使每一个党支部都有好的带头人。要注重选拔政治坚定、实绩突出、作风过硬、师生信任的党员担任党支部书记，提倡党支部书记和行政负责人交叉任职或兼行政职务，确保党支部书记参与本单位本部门重要事项的讨论和决定。继续抓好党支部书记培训，新任党支部书记在半年内完成任职培训。

2. 研究谋划一个好思路。围绕学校人才培养、科学研究、社会服务、文化传承创新的中心任务，发挥战斗堡垒和先锋模范作用，形成推进学校各项事业科学发展的新局面。

3. 建立完善一套好制度。总结提炼创先争优活动的有效做法和经验，推动每个党支部至少建立一项务实管用的制度，促进公开承诺、领导点评、群众评议、定期反馈等做法规范化、长效化。健全完善基层党务公开制度，落实"三会一课"、民主评议党员、党员教育培训等制度，健全流动党员管理服务、党员党性定期分析制度。建立健全党内激励关怀帮扶机制，注重关心和帮助老党员、生活困难党员。推行发展党员记实制、公示制、票决制，保持党员队伍的先进性和纯洁性。

4. 建设管理一个好阵地。针对基层党组织存在的突出问题和薄弱环节，进一步加大人力、物力和财力投入，切实解决党支部的实际问题，保证党支部工作有力量、办事有经费、活动有阵地。

5. 健全落实一个好机制。着力建立经费保障机制，加大支持力度，把基层党组织工作和活动经费纳入单位年度预算，专项列支，充分保证基层党组织日常活动的开展和党支部书记的待遇。

五、方法步骤

校内各基层党委（总支）要切实按照基层组织建设年活动的方法步骤，认真开展各项活动。

1. 调查摸底、分类定级。校内各基层党委（总支）要扎实开展所辖党支部基本情况调查，重点调查组织设置是否合理、支部班子是否健全、组织制度是否完善、发展思路是否清晰、活动开展是否正常、作用发挥是否充分、经费场所保障是否落实，切实摸清底数、掌握情况、找准问题。分类定级的方法步骤是：首先，由各支部按照学校制定的党支部分类定级标准分类进行自评，自评得分的40％计入总分；其次，各基层党委（总支）结合2011年年度考核、创先争优群众评议结果，对所辖每一个党支部进行考评打分，得分结果的60％计入总分；最后，基层党委（总支）计算出每个党支部的总得分，按得分情况评定为先进、较好、一般和后进，各基层党委（总支）分类定级工作应于4月初之前完成，每个党支部填写四川大学党支部调查摸底与分类定级表，交校内基层党委（总支）汇总留存。

2. 健全组织、理顺关系。教职工党支部的设置，要分别与行政、教学、科研、医疗、管理服务等一线基层单位进行统一规划，科学布局，及时在新批准的国家工程中心等科技创新平台和社科创新基地中建立和完善基层党组织，找准党政工作的结合点，真正使党支部工作面对中心任务，解决现实问题，推动学校、学院科学发展；离退休党员可以编入在职教职工党支部，也可单独成立党支部；社区党总支可根据社区党员分布状况、党员类别建立党支部或党小组。学生党支部的设置，要按照“低年级有党员，高年级有党支部”的总体要求，在高年级本科生班中设立党支部、低年级本科生年级中设立党支部；研究生按学科专业或研究方向、科研团队设置党支部；也可根据情况在学生社团、学生公寓设置党支部。理顺党员组织关系，将流动党员有效纳入组织管理、参加党内生活。各基层党委（总支）指定专人加强对毕业生中的流动党员的管理和联系，以QQ、微博等多种形式开展组织生活、政治学习，通过发放流动党员证等形式，加强对毕业生流动党员的管理工作。

3. 对标整改、晋位升级。校内各基层党委（总支）要认真分析所辖党支部的分类定级结果，帮助先进党支部梳理有效做法，总结工作经验，引导后进党支部剖析自身存在问题和薄弱环节，查找问题原因。在此基础上，按照巩固扩大先进党支部、提升一般党支部、转化后进党支部的要求，指导党支部确立对照标准，明确改进提高的目标、责任和措施，认真抓好整改落实，整改责任落实到基层党委（总支）和党支部书记。在对标整改、晋位升级阶段，要注意发现先进典型进行宣传，发挥先进典型的示范带头作用；着力整顿软弱涣散党支部，使每一个党支部在原有基础上都有新的提高，普遍实现晋位升级。

4. 学习先进、创先争优。结合创先争优表彰先进基层党组织、优秀党务工作者、优秀共产党员和2012年度考核等评选表彰总结工作，学校党委对校内各基层党委（总支）在基层组织建设年活动中，调查摸底和分类定级是否准确、整改措施是否落实、晋级效果是否明显进行考评，把成熟做法转化为制度措施，推进创先争优长效机制建设，组织引导基层党组织在服务中心促发展、广大党员在立足岗位做贡献上“学先进、见行动”，形成学习先进、崇尚先进、争当先进的良好环境，带动全体师生员工争科学发展之先、创校园和谐之优，为党的十八大胜利召开营造良好氛围。

六、考核评价

校内各基层党委（总支）要高度重视，加强领导，精心组织，把基层组织建设年活动和创先争优活动结合起来，确保各项任务落到实处。

1. 落实工作责任。校内各基层党委（总支）要高度重视，精心组织，书记作为第一责任人，把基层组织建设年活动与创先争优活动结合起来，以创先争优为动力，确保基层组织建设年活动各项任务落实和完成。

2. 建立领导干部直接联系服务群众制度。坚持校领导联系基层制度，定点指导所联系基层党委（总支）和党支部开展基层组织建设年活动，帮助基层加强组织建设；与他们一起过组织生活，倾听师生员工的意见建议，帮助他们解决实际困难。

3. 建立“联述联评联考”制度。按照中央和教育部创先争优活动领导小组文件精神，“联述”由学校党委向教育部、四川省委教育工委进行专项述职；“联评”由学校党委组织部牵头，组织校内党支部书记、党员和群众代表集中对学校抓基层党建工作情况进行评议；“联考”是学校领导班子、领导干部要把抓基层党建工作情况作为年度考核的重要内容。

校内各基层党委（总支）请于4月5日前，将基层党组织（党支部）分类定级汇总表、基层党组织（党支部）整改汇总表，报送党委组织部，并将电子版发至85998061@163.com。

中共四川大学委员会关于贯彻落实《中国共产党普通高等学校基层组织工作条例》的实施意见

（川大委〔2012〕46号）

为认真贯彻落实《中国共产党普通高等学校基层组织工作条例》（以下简称《条例》），现根据《条例》要求，结合学校实际，对贯彻落实《条例》提出以下实施意见。

一、抓好学习培训，营造浓厚氛围，充分认识贯彻落实《条例》的重要意义

中共中央新修订的《中国共产党普通高等学校基层组织工作条例》，是一部具有指导性、规范性、纲领性的文件，是高等学校党的工作必须遵循的基本规章。学校各级党组织要把《条例》作为学习的重要内容，把学习《条例》作为创建学习型党组织的重要任务，通过多种形式，组织党员深入学习和准确理解《条例》。要充分发挥校园媒体的作用，大力宣传学习贯彻《条例》取得的新成效新进展，宣传好的经验和做法，把学习宣传贯彻落实《条例》不断推向深入。

学习贯彻《条例》是坚持社会主义办学方向的需要。实践证明，办好中国特色社会主义大学，必须坚持党的领导，坚持中国特色社会主义理论体系。新修订的《条例》充分反映了坚持党的领导的根本要求，通篇贯穿了中国特色社会主义理论体系的新思想、新精神。认真贯彻落实《条例》，对于确保正确的办学方向，全面贯彻落实党的教育方针，培养造就中国特色社会主义事业合格建设者和可靠接班人，必将产生重要而深远的作用。

学习贯彻《条例》是推动高等教育事业科学发展的需要。新修订的《条例》着眼于新的形势任务需要，在高校党的思想建设、组织建设、作风建设、制度建设和反腐倡廉建设等方面做出了新的规定，贯彻落实好《条例》，加强和改进学校党建工作和党的基层组织建设，充分发挥学校党委领导核心作用、基层党委（总支）政治核心和保证监督作用、党支部战斗堡垒作用和党员先锋模范作用，对于推动高等教育事业科学发展，强化人才培养、科学研究、社会服务和文化传承创新四大功能，必将发挥强有力的思想、政治和组织保证作用。

学习贯彻《条例》是提高高等学校党的建设科学化水平的需要。制度建设是党的建设科学化的重要内容，新修订的《条例》根据世情国情党情的深刻变化，在继承原《条例》基本精神的基础上，在党对高校的领导、基层党组织建设、党员队伍建设、党内民主建设、学校思想政治建设等方面进行了系统、科学的修订，把一些行之有效的经验做法用制度形式固定下来，并提出了新的规定和要求，是党的理论创新、实践创新、制度创新的最新成果。认真贯彻落实《条例》，对于进一步加强学校党的基层组织建设，不断提高学校党的建设科学化水平，必将起到重要的推动作用。

二、进一步坚持党委领导下的校长负责制，充分发挥学校党委的领导核心作用

《条例》规定，高等学校党的委员会按照党委领导下的校长负责制，发挥领导核心作用。要按照《条例》和中共中央关于普通高等学校党委领导下的校长负责制的实施意见规定，修订完善《四川大学关于进一步完善党委领导下的校长负责制的若干规定（试行）》，按照“集体领导、民主集中、个别酝酿、会议决定”的要求研究决定重大事项，进一步规范党委全委会、常委会和校务会的会议制度和议事规则，健全民主集中制，认真贯彻落实《四川大学关于进一步贯彻落实“三重一大”决策制度的实施办法》（川大委〔2011〕62号），规范提出议题、沟通酝酿和会议讨论的决策程序，提高决策的民主化、科学化水平，形成党委统一领导、党政分工合作，协调配合的工作局面。

三、加强学校基层党组织建设，不断增强学校基层党组织的创造力、凝聚力和战斗力

《条例》对高校党的基层组织的设置和主要职责做出了明确规定，学校基层党组织是党在学校全部工作和战斗力的基础，担负着把党的路线方针政策落到实处的重任。结合学校的实际，校内基层党的委员会、纪律检查委员会和总支部委员会的任期为4年。要按照《条例》规定修订完善《中共四川大学委员会基层党委、党总支工作实施办法》，制定《四川大学关于建立和完善校内基层单位党政联席会议制度的若干规定》，校内基层党委（总支）

要进一步完善工作机制，建立和完善本单位的党政联席会议制度，充分发挥政治核心和保证监督作用。校内基层党委（总支）要本着全覆盖、实效性和分类指导原则，科学设置党支部，创新组织生活形式，丰富组织生活内容。党的支部委员会和不设支部委员会的支部书记、副书记每届的任期为3年。要按照《条例》修订完善《中共四川大学委员会教职工党支部工作实施办法》和《中共四川大学委员会学生党支部工作实施办法》，校内各基层党委（总支）要保障教职工党支部书记待遇，提供组织生活所需要的必要条件保障，为广大党员发挥作用不断拓展空间、搭建平台，切实增强学校基层党组织对全校师生的凝聚力。

四、加强学校的纪律检查工作，构建具有川大特色的预防与惩治腐败工作体系

按照《条例》规定全面落实党的纪律检查工作，准确把握党中央、教育部党组和四川省委关于反腐倡廉建设的路线方针政策和重大决策部署，把纪律检查工作放到学校改革发展事业的全局去谋划和推进，全面贯彻《中央纪委教育部监察部关于加强高等学校反腐倡廉建设的意见》，不断提升保障学校事业科学发展和人才健康成长的能力和水平。继续抓好党风廉政建设责任制的落实，夯实“一级抓一级、层层抓落实”的反腐倡廉责任体系；继续加强对学校党组织和党员遵守党章和其他党内法规，贯彻执行党的路线、方针、政策和上级党组织决议、决定、工作部署等情况的监督检查；继续扎实开展党性党风党纪教育，深化领导干部廉洁自律，推进大学生廉洁教育和校园廉政文化建设；继续抓好制度建设，逐步建成内容科学、程序严密、配套完备、有效管用的反腐倡廉制度体系；继续加强对各级党政领导班子和党员领导干部行使权力的监督，抓好反腐倡廉重点部位关键环节监管体系建设，全面推进廉政风险防控管理；继续加强信访举报工作，严肃查办违纪违法案件；继续做好受理党员的控告和申诉工作，保障党的章程规定的党员权利不受侵犯；旗帜鲜明地支持校院两级纪委和学校纪委办公室履行反腐倡廉组织协调和监督检查的职能，强化各级纪检组织及干部队伍建设，配强班子、充实力量、优化结构，不断增强纪检干部队伍活力；进一步发挥学科和人才优势，深入开展反腐倡廉重大理论和现实问题调查研究，不断推出有分量的研究成果，提升纪律检查工作科学化水平。

五、加强学校党员队伍建设，建立健全党员教育、管理、服务、监督和发展的长效机制

学校广大教职工、大学生党员是学校党委发挥领导核心作用的坚实基础，坚持党对学校的领导，必须努力建设一支素质优良、作用突出、始终站在时代前列的高校党员队伍。要按照《条例》规定修订完善《中共四川大学委员会关于建立共产党员教育、管理、监督和服务长效机制的实施办法》，校内各基层党委（总支）要紧密结合本单位党员队伍的特点和实际，建立健全党员教育、管理、服务和发展的长效机制，寓教育管理于服务关爱之中，通过服务关爱加强教育管理，不断增强党员队伍的生机活力。要突出重点，扎实抓好大学生“推优”入党工作和教职工“双向培养”工作，积极引导学术带头人和学术骨干等各类拔尖人才向党组织靠拢，把优秀中青年教师、医生党员培养成为业务骨干和学术带头人。要坚持以德为先，把政治标准放在首位，严格把好教育关、考察关、审批关，确保党员发展质量。要建立健全激励机制，增进党员对党组织的情感认同，通过政治上关怀、思想上关心、精神上激励、业务上提高、物质上帮扶，让党员切身感受到党组织的温暖，始终保持对党的深厚感情。要围绕学校教学、科研、医疗、管理等工作，积极搭建发挥党员作用、展示党员形象的事业平台，充分发挥党员先锋模范作用。

六、坚持党管干部和党管人才原则，切实加强学校干部和人才工作

坚持党管干部原则，对学校干部实行统一管理，按照德才兼备、以德为先的用人标准和坚持民主、公开、竞争、择优的原则，按照干部队伍革命化、年轻化、知识化、专业化的方针，深化干部人事制度改革，把各类优秀人才充实到各级领导班子和干部队伍中。要加强对干部的教育和培养，制定干部培训计划，通过政治理论培训、岗位锻炼、海外培训、参观学习、业务进修、上挂下派锻炼、专题讲座和研讨等方式，按照高标准严要求，不断提高我校干部的思想政治素质，增强政治敏锐性和政治鉴别力，不断提高领导和推动学校科学发展的管理水平和业务能力。要不断建立健全干部考核制度，加强对干部的试用期满考核、年度考核、届中考核、届满考核。

坚持党管人才原则，充分发挥学校党委在人才工作中的牵头抓总作用，制定切实可行的实施意见，科学界定人才标准，统筹做好人才工作规划和人才引进、培养、考核评价等工作。要进一步建立健全学校人才工作体制机制，大力营造激发创造活力的工作环境，不断提高各类人才的思想政治素质和业务素质，做到人尽其才、才尽其用，将学校建设成为培养人才的基地、汇聚人才的高地。

七、加强思想政治工作，牢牢把握党对学校意识形态工作的主导权

要坚持学校党委统一领导学校思想政治工作方针，牢牢把握党对学校意识形态工作的主导权。要认真学习领会《条例》相关精神，高度重视思想政治工作，不断加强和改进思想政治教育。

要按照育人为本、德育为先的要求，进一步加强和改进大学生思想政治教育工作，切实推进马克思列宁主义、毛泽东思想、中国特色社会主义理论体系和社会主义核心价值体系进教材、进课堂、进头脑工作；要加强辅导员队伍建设，提高学生思想政治工作队伍的专业化和职业化水平，建立和完善具有四川大学特色的辅导员、班主任、导师、教导员“四位一体”的学生管理服务新体系，全方位推进教书育人、管理育人、服务育人。

要加强和改进教职工思想政治工作，坚持用马克思列宁主义、毛泽东思想、中国特色社会主义理论体系武装头脑，把社会主义核心价值体系教育融入师德师风建设、教育教学工作全过程，在教职工思想政治工作中特别要大力加强青年教师的思想政治工作，帮助师生员工树立正确的世界观、人生观和价值观，坚定走中国特色社会主义道路的信念。

要高度重视学校意识形态工作，按照“学术研究无禁区、课堂讲授有纪律、公开宣传有要求”的原则，切实加强对课堂、讲座、论坛、研讨会、报告会和社团等的管理，加强对校报、校刊、出版、校内广播电视和校园网的建设和监管。要大力加强学校文化建设，加大对师生进行社会主义核心价值体系和中华优秀文化传统教育的力度，吸纳世界一流大学的先进经验和优秀文化，整合校园文化资源，构建大学文化建设的长效机制。

八、充分发扬民主，切实加强党组织对群众组织的领导

按照《条例》规定，制定《中国共产党四川大学委员会党员代表大会代表任期制实施细则》文件，实行和完善党代表大会代表任期制，建立健全党代表参与重大决策、干部推荐和民主评议、列席党委有关会议、联系群众等制度；要坚持党务公开制度，认真贯彻落实《中共四川大学委员会关于深入推进党务公开工作的实施意见（试行）》（川大委〔2011〕63号）文件精神，坚持把党务公开和校务公开、院（部、处）务公开有机结合、相互促进，完善公开制度，丰富公开内容，创新公开形式，不断提高党员对党内事务的知情权、参与权和监督权；要落实党员主体地位，完善党内民主参与、决策、选举、监督制度，拓宽党员意见表达渠道，切实保障党员的民主权利。

要切实加强党组织对学校工会、共青团、学生会、学生社团等群众组织和教职工代表大会的领导并充分发挥其作用，不断提高民主办学、民主治校的水平。要认真落实老干部和离退休政策，建设好关心下一代工作委员会和老同志发挥作用和开展活动的平台，充分发挥老同志在推动学校改革发展、关心教育下一代和促进和谐校园建设等方面的重要作用。

要切实做好统一战线工作，加强新形势下党外代表人士队伍建设，支持各民主党派组织搞好自身建设，充分发挥各民主党派、侨联和无党派人士民主监督和参与学校管理、建言献策的重要作用，支持各级人大代表、政协委员依法参政议政，履行职责，发挥积极作用。

九、认真落实党建工作责任制，为贯彻落实《条例》提供组织保证

要把党的建设与学校改革发展和教学、科研、医疗、管理等工作一同规划、一同部署、一同检查，进一步完善党委统一领导、行政支持配合、各单位齐抓共管的学校党建工作机制。要把贯彻《条例》作为加强学校党建工作的一项重要任务，强化“书记抓”的责任和要求，形成党委重视，书记带头，党员干部人人有责，一级抓一级、层层抓落实的工作格局，不断加强和改进党建工作，推动学校事业科学发展。

十、加强制度建设，为贯彻落实《条例》提供制度保障。

《条例》要求，要完善保障机制，为党的建设和思想政治工作提供经费和物质支持。学校党委要根据学校工作实际，认真梳理学校的党建制度规定，建立健全和进一步修订完善党委领导下的校长负责制、“三重一大”决策制度、基层党委（总支）和党支部工作实施办法、基层单位党政联席会议制度、党员的教育、管理、监督和服务长效机制、学校党员代表大会代表任期制等配套文件。要以《条例》为遵循，不断解决新形势下学校党建工作中面临的新情况和新问题，总结学校党建工作的新鲜经验和成功做法，提炼升华为制度性规定。校内各基层党委（总支）要认真贯彻落实《条例》和学校配套文件精神，结合本单位实际情况，制定科学有效的实施细则，为贯彻落实《条例》提供制度保障。

四川大学关于建立和完善校内基层单位党政联席会议制度的若干规定（试行）

（川大委〔2012〕47号）

第一章　总　则

第一条　为进一步规范校内基层单位党政联席会议制度，保证决策的民主化、科学化，根据《中国共产党章程》《中国共产党普通高等学校基层组织工作条例》《中华人民共和国高等教育法》以及《中共四川大学基层党委（总支）工作实施办法》等有关文件规定，结合学校实际，制定本规定。

第二条　党政联席会议是基层单位议事决策的主要形式，讨论和决定基层单位工作中的重要事项。

第三条　党政联席会议要以马列主义、毛泽东思想和中国特色社会主义理论体系为指导，坚决贯彻执行党的路线、方针、政策和上级领导机关以及学校的各项决定。

第四条　党政联席会议坚持民主集中制原则，实行集体领导与个人分工负责相结合的制度。基层单位党政之间既要明确职责，合理分工，又要协同合作，形成合力，不断健全党政相互配合、协调运转的工作机制。

第二章　议事规则

第五条　党政联席会议的主要组成成员为基层单位党政领导和工会主席。党政联席会议的组成成员具有议事与表决权。议题涉及学术、教学、科研、学科建设、队伍建议等问题时，教授委员会主席（主任）应参加；议题涉及教职工利益时，系（教研室）主任可参加。党政办公室主任列席会议并做好会议记录。根据会议议题的需要，由党政主要负责人研究确定其他需要列席人员，列席人员无表决权。

第六条　党政联席会议主持人由基层单位党政主要负责人商定，涉及党委（总支）的工作事项由党委（总支）书记主持；涉及行政的工作事项由行政主要负责人主持；属于党政工作交叉性质的议题由基层单位党委（总支）和行政主要负责人协商确定议题主持人。会前党政主要负责人要充分沟通酝酿，交换意见。特殊情况下，基层单位党委（总支）书记和行政主要负责人也可委托其他党政联席会议成员主持会议，但必须出具书面委托意见，并归档保存。

第七条　党政联席会议原则上每周召开一次，根据工作需要，可提前或延期召开。党政联席会议应严格按照预定议题进行，一般不得临时动议。如有紧急事项需临时增加议题，须征得参会的党政联席会议组成成员半数以上同意，方可列入议题。

第八条　党政联席会议须有三分之二

以上的组成成员到会方可召开。在讨论“三重一大”问题时，党政主要负责人必须同时参加；讨论其他问题，至少有一位党政主要负责人到会。

第九条 党政联席会议讨论决定问题，实行少数服从多数的原则。决定重大问题要进行表决，获得应到会的党政联席会议组成成员半数以上同意方可形成决议、决定。表决可采取口头表决、举手表决或无记名投票表决等方式进行。党政联席会议实行一题一议。由主持人确定专人就议题作简要说明，集体讨论研究决定。参会的党政联席会议组成成员要充分发表意见，并明确表达自己同意、不同意或弃权。对意见分歧较大的议题，表决同意意见等于应到会党政联席会议组成成员人数一半时，原则上应暂缓做出决定，待进一步听取群众意见，经过充分酝酿、协商，条件成熟后重新提交党政联席会议讨论决定；在紧急情况下由党政主要负责人协商决定。

第十条 党政联席会议实行回避制度。凡议题涉及参会的党政联席会议组成成员本人或其亲属的，参会的党政联席会议组成成员应当回避。

第十一条 党政联席会议与会人员须遵守会议制度和纪律。因故不能出席会议要向党政主要负责人请假，会上主持人要说明其未到会原因，会后由党政主要负责人或党政办主任向其通报会议形成的决议、决定；凡属保密事项和会议成员个人意见，会议组成人员必须严格保密，如果违反会议制度和纪律，应追究当事人的责任。

第三章 议事范围

第十二条 党政联席会议议事范围：

1. 传达学习上级和学校有关重要文件、指示和会议精神。研究贯彻落实党的路线、方针、政策，上级领导机关和学校有关决议、决定以及工作部署等。

2. 在经教授委员会和“双代会”充分酝酿的基础上，研究制定基层单位发展战略规划、年度工作计划以及教学、科研、医疗、管理等方面的重大改革方案和重要规章制度。

3. 研究决定人才培养、科学研究、师资队伍建设、学科建设、学生教育管理、学术交流、招生、就业指导、社会服务等工作中的重要事项。

4. 研究决定本单位人员岗位设置、聘任、人才引进、考核、奖惩、出国、晋级、专业技术职务评聘等工作中的重要事项。

5. 研究决定本单位年度经费预算，通报财务收支情况、大额经费使用、大型设备购置、办学资源调配、奖酬金分配等财经方面的重要事项。

6. 研究决定本单位党的建设、思想政治工作、党风廉政建设、工会、共青团、统战工作、离退休工作等方面的重要事项。

7. 研究制定本单位的维稳工作方案，研究排查本单位影响稳定和安全的各类隐患。

8. 其他需要研究决定的重要事项。

第四章 议事保障

第十三条 党政联席会议议事程序：

1. 会前协商确定议题。党政联席会议讨论的议题，由党政领导班子成员根据工作分工事先提出，由基层单位党政办公室汇总后报党政主要负责人审定，议题负责人应做好会议讨论和相关材料的准备。

2. 会上讨论研究。会上由党政联席

会组成成员对议题充分发表意见，逐项进行讨论研究。

3. 形成决议、决定。在充分讨论研究的基础上，按照议事规则，会议成员进行表决，形成决议、决定。

第十四条 党政联席会议在决策过程中，要充分发扬民主，广泛听取教职工意见和建议。讨论“三重一大”问题时，须严格执行《四川大学关于校内二级单位贯彻落实“三重一大”集体决策制度的实施意见》规定的基本程序和其他各项规定。

第十五条 党政联席会的每一次记录，由党政主要负责人共同签字确认后归档。会议讨论决定的重要事项和问题，要及时形成会议纪要，由基层单位党政主要负责人签发后，按分工职责贯彻落实。党政办公室应协助分管领导对贯彻落实情况进行检查、督办，并将检查落实情况及时向党政主要负责人报告，定期在党政联席会议上进行通报。

第十六条 对党政联席会议做出的决定，党政联席会议组成成员必须严格执行，有不同意见可以保留，但无权改变决定。决议、决定在执行过程中，党政联席会议组成成员要及时收集掌握师生员工的意见反映，如果确有必要改变的，应提请党政联席会议进行复议，按照本规定的议事规则和程序做出适当调整。

第五章 附 则

第十七条 校内各基层单位可参照本规定，结合实际情况制定本单位的实施细则。

第十八条 本规定由学校党委组织部负责解释。本规定经学校讨论通过，自发布之日起试行。

四川大学关于校内二级单位贯彻落实“三重一大”集体决策制度的实施意见（试行）

（川大委〔2012〕48号）

为进一步规范校内二级单位领导班子的决策行为，防范决策风险，推动学校事业科学发展，按照中共中央关于凡属重大决策、重要人事任免、重大项目安排和大额度资金使用（以下简称“三重一大”）事项必须由领导班子集体研究决定的要求，根据教育部《关于进一步推进直属高校贯彻落实“三重一大”决策制度的意见》和《四川大学关于进一步贯彻落实“三重一大”决策制度的实施办法》的精神，现就加强校内各基层单位贯彻落实“三重一大”决策制度提出如下指导意见。

一、总体要求

（一）以邓小平理论和“三个代表”重要思想为指导，深入贯彻落实科学发展观，进一步加强校内基层单位领导班子建设，规范集体决策程序，健全民主决策机制，强化监督检查措施，加大责任追究力度，有效防范决策风险，提高领导班子决策水平和办学治院能力，推动事业科学发展。

（二）校内各二级单位“三重一大”决策要遵循高等教育规律，切合学院实际，坚持务实高效，保证决策的科学性；要充分发扬民主，广泛听取意见，完善群众参与、专家咨询和集体决策相结合的决策机制，保证决策的民主性；要遵守国家法律法规、党内规章制度和有关政策，保证决策的合法性。

二、主要范围

（三）重大决策事项，是指事关本单位改革发展稳定全局和师生员工切身利益，依据有关规定应当由领导班子集体研究决定的重要事项。主要包括：贯彻执行党和国家的路线方针政策、法律法规和重大决策的重要部署、措施；贯彻落实学校的办学方针、指导思想、发展规划、重大改革措施；党的建设、党风廉政建设和思想政治工作方面的重要工作；发展规划、重大改革方案和改革措施；重要规章制度的制订、修改和废除；内部组织机构的设置与调整；重大科研项目的申报；教职工收入分配及福利待遇方案和关系学生权益的重要事项；审定各级表彰、奖励人选；安全稳定工作的重大事项和重大突发事件的处理；其他重大决策事项。

（四）重要人事任免事项，是指本单位内部组织机构干部的任免和需要报送学校审批的重要人事事项。主要包括：内部组织机构主要人员配备、调整及其他重要岗位人员的任免；专业技术职务评聘工作；人才引进、出国人员选派、业务骨干和管理骨干的选拔与培养等人事管理工作中的重要事项；推荐后备干部、人大代表、政协委员以及学校党代表和“双代会”代表等人选；其他重要人事任免事项。

（五）重大项目安排事项，是指对本单位规模条件、办学质量或生产经营等产生重要影响的项目申报和实施。主要包括：以本单位为主承担的国家各类重大建设项目；本单位承担的国内国（境）外科学技术文化交流与合作方面的重要项目；本单位承担的重要合资合作项目；重要设备、大宗物资采购和购买服务；基本建设和基建修缮项目；其他重大项目安排事项。

（六）大额度资金使用事项，是指超过本单位所规定的党政领导干部有权调动、使用的资金限额的资金调动和使用。主要包括：年度预算内大额度资金的调动和使用；未列入年度预算追加预算和大额度支出；重要捐赠以及其他大额度资金运作事项。

三、基本程序

（七）校内各二级单位“三重一大”事项集体决策的会议形式为党政联席会议。

（八）凡属“三重一大”事项在提交党政联席会议决策之前，应当认真调查研究，经过必要的论证程序，广泛听取并充分吸收各方面的意见。本单位发展规划等重要事项，应提交教代会审议或通过。岗位设置、教职工奖惩等与师生员工利益密切相关的事项，应通过“双代会”或其他形式听取教职工意见和建议。学院重要学术事项，应提交学院教授委员会审议或通过。对专业性、技术性较强的其他重要事项应进行专家评估论证和进行政策、法律咨询。

（九）“三重一大”事项不得以传阅会签或个别征求意见等方式代替会议集体决策。会议的议题应经党政主要负责人审阅并充分沟通后确定。除紧急情况外，不得临时动议，不得由个人或少数人临时决定重大事项。紧急情况下由个人或少数人临时决定重要事项的，决定人应对决策负责，事后应及时报告并按程序予以追认。对各种重要合作，特别是对外投资、办学、办院等经济合作，国内国（境）外科学技术文化交流等方面的重大事项的决策，必须在报经学校校务会审核批准后，方能生效实施。

（十）会议决策“三重一大”事项应采取表决制。会议研究决定“三重一大”事项应坚持一题一议，与会人员应充分讨论，对决策建议分别表示同意、不同意或缓议的意见，并说明理由。党政主要负责人应待其他成员充分发表意见后，提出明确意见，通过后形成会议决定或决议。

（十一）会议决策中意见分歧较大或者发现有重大情况尚不清楚的，应暂缓决策，待进一步调研或论证后再作决策。参与“三重一大”事项决策的个人对集体决策有不同意见可以保留或向上级反映，但不得擅自改变或拒绝执行，如遇特殊情况需对决策内容作重大调整，应当重新按规定履行决策程序。

（十二）会议决定的事项、决策过程、参与人及其意见、表决情况、决策结论等内容，应当有完整、准确、客观、详细的记录并存档。会议记录应专人负责整理和保管。

四、保障机制

（十三）“三重一大”事项决定后，由领导班子成员按照分工组织实施。对未能出席会议的成员，会后应由党政主要负责人或授权党政办公室主任向其转告本次会议的情况及其决定。

（十四）如有涉及本人或配偶、子女及其配偶以及其他亲属利害关系，或其他可能影响公正决策的情形，参与决策或列席人员应当回避。

（十五）除涉密事项外，“三重一大”决策事项应按照《高等学校信息公开办法》（教育部令第29号）、《中共四川大学委员会关于深入推进党务公开的实施意见》和《四川大学校务公开实施细则》（川大委〔2009〕32号）要求予以公开。

（十六）“三重一大”事项决策制度的执行情况，作为党风廉政建设责任制考核的重要内容和领导班子成员经济责任审计的重要事项；作为领导班子民主生活会、领导班子成员述职述廉的重要内容；作为领导干部考核、任用的重要依据。

（十七）学校纪委办公室、监察处和基层单位纪委（纪检委员）负责对各单位贯彻落实“三重一大”事项集体决策制度情况进行监督检查。

（十八）领导班子成员违反本意见规定，有以下情况的，要依纪依法分别追究班子主要负责人、分管负责人和其他负责人的责任：不执行或不正确执行“三重一大”决策制度的；不执行或擅自改变集体决定的；未经集体讨论而个人决策的；未提供全面真实情况而直接造成决策失误的；执行决策后发现可能造成失误或损失而不及时采取措施纠正的；给国家、学校和基层单位造成重大经济损失和严重后果的。

（十九）校内各二级单位要结合本单位实际，制定贯彻落实本意见的实施细则。具有独立法人资格的校办企业制定贯彻落实“三重一大”决策制度实施细则，如有本意见与中共中央办公厅国务院办公厅印发的《关于进一步推进国有企业贯彻落实“三重一大”决策制度的意见》不一致的情况，以后者为准。

（二十）校内实行行政领导人负责制的独立法人单位，凡涉及本单位“三重一大”事项，党组织必须参与决策。决策前，党政主要领导对决策议题要充分酝酿，沟通协调，党组织要及时召开会议研究讨论，形成集体意见；决策时，参加会议的党组织领导成员要认真履行职责，保证党组织的意见得到充分表达和体现；决策后，党组织要发动党员团结带领职工保证决策顺利实施。在制定贯彻落实本意见的实施细则时，要将党组织参与“三重一大”事项决策的内容和程序具体化、制度化，在实践中不断完善党政联席会议制度的运行机制。

中共四川大学委员会
关于建立共产党员教育、管理、监督和服务
长效机制的实施办法

（川大委〔2012〕52号）

第一章 总 则

第一条 根据《中国共产党章程》《中国共产党普通高等学校基层组织工作条例》等有关文件精神，结合我校实际情况，制定本实施办法。

第二条 建立共产党员教育、管理、监督和服务长效机制，包括建立健全有效的学习、教育、管理、监督、服务和激励等方面的工作制度、措施、手段和方法。

第二章 党员的学习教育

第三条 构建多层次、多渠道的党员经常性学习教育制度，制定《四川大学党员思想理论学习教育实施细则》，通过学习教育培养和提高党员的综合素质、政策理论水平和工作能力，促使党员在思想、政治、工作等方面始终保持共产党员的先进性，在完成学校各项任务中充分发挥先锋模范作用。

第四条 党员的学习教育应坚持理论学习与社会实践相结合，增强教育的针对性；坚持从实际出发，注重实效；坚持以正面教育为主，组织培训与自我教育相结合；坚持分类指导，分层施教；坚持加强教育同改进管理、严肃党纪相结合，教育教师党员带头执行“学术研究无禁区，课堂讲授有纪律，公开宣传有要求”等规定；坚持继承和创新相结合。

第五条 党员学习教育要根据党的基本路线和高校党的中心任务来进行，基本内容为：思想理论教育，包括马列主义、毛泽东思想和中国特色社会主义理论体系的教育；党性教育，包括党章、党纲、新时期党员标准、党员的权利和义务教育，社会主义核心价值体系的教育与实践；党的基本路线、基本纲领和基本知识教育；增强文化自觉和文化自信、推动社会主义文化大发展大繁荣的教育，努力掌握科学文化知识和专业技能，包括社会主义市场

经济基本知识教育、中华优秀传统文化、现代科学文化知识教育；党风廉政教育，包括党的纪律教育、法律法规教育、廉洁自律教育等。党员的学习教育要根据党的中心工作任务和党员的思想实际而不断充实和发展，不断提高党员的思想政治素质和业务素质。

第六条 要按照建设学习型党组织、争当学习型党员的要求，改进党员学习教育的方法、拓宽党员教育渠道、创新党员教育形式，坚持集中教育与日常教育相结合，自我教育与互动教育相结合，课堂教育与课外活动、理论学习与社会实践相结合，政治理论学习与业务水平提高相结合。坚持和完善“三会一课”制度以及校、院两级中心组学习制度、校内外党校集中培训轮训干部制度、党员领导干部带头学习和定期讲党课制度，建立健全党员述学、评学和督学制度。

第三章 党员的管理

第七条 党员管理是党员队伍建设的一个重要环节，根本目的是坚持用《中国共产党章程》《中国共产党普通高等学校基层组织工作条例》等党内法规规范和约束党员行为，把党员置于党组织的管理监督之下，切实履行党员义务，正确行使党员权利，充分发展党员先锋模范作用。要坚持党要管党、从严治党的原则，注重实效，规范管理，把组织管理与思想教育结合起来，把继承与创新结合起来，努力探索党员管理的新机制和新办法。

第八条 根据党员管理的任务，引导党员严格履行义务，保障党员正确行使权利；严格党员组织关系和党籍管理；严肃处置不合格党员；建立健全党员日常管理的组织生活制度、民主生活会制度、谈话制度、谈心制度、党员定期汇报思想制度、民主评议党员制度、党员目标管理考核制度，自觉执行党费收缴制度、流动党员管理制度，努力提高党员队伍的整体素质。

第九条 建立健全对党员实行分类、分层、灵活、动态的管理制度，努力使每一位党员都置于党组织的有效管理和监督之中。

建立健全党员领导干部管理制度。制定《四川大学党员领导干部管理工作实施细则》《四川大学党员领导干部监督实施细则》，坚持和完善对党员领导干部的双重管理，严格执行双重组织生活制度、专题民主生活会制度、密切联系群众制度、述职述廉制度、党员领导干部廉洁从政制度、重大事项报告制度、兼职兼薪情况报告制度，领导干部谈话、戒勉、函询制度以及经济责任审计制度。

建立健全在职教职工党员管理制度。坚持用《中国共产党章程》《中国共产党普通高等学校基层组织工作条例》等党内法规严格规范党员行为，使广大教职工党员认真履行党章所规定的党员义务，自觉遵守法律法规和党内各项规章制度，积极参加党内生活和党内活动，按时按规定缴纳党费。要按照《中国共产党普通高等学校基层组织工作条例》《中国共产党党内监督条例（试行）》《中国共产党纪律处分条例》《关于党内政治生活的若干准则》等党内法规和要求，激励和约束每一个党员。

建立健全离退休党员管理制度。制定《四川大学离退休党员管理实施细则》，从思想上、政治上尊重和关心老同志，千方百计地落实好老同志的各项待遇，注意充分发挥老同志的作用。按分类管理的原则，离休党员干部单独建立党组织进行管理；全校党员退休人员由原单位党组织进行管理；易地安置的党员离退休人员，实行安置地党组织和原单位党组织的双重管理，以安置地党组织管理为主。

建立健全学生党员管理制度。制定《四川大学学生党员管理实施细则》，以全面提高学生党员综合素质、增强学生党员的党性、全面培养学生成长成才为目的，不断创新学生中设置党组织的形式，健全完善对学生党员的管理体制，积极探索在学生公寓、学生社团和科研团队等组织中建立党组织，坚持对学生党员实行校院两级、纵横交叉、上下结合的管理制度，对学生党员实行分类、分级的管理形式，不断强化对学生党员的管理环节和过程，建立健全《四川大学学生党员严格组织生活制度》《四川大学学生党员缴纳党费制度》《四川大学学生党员汇报思想制度》《四川大学学生党员考核评价体系》等。

建立健全流动党员管理制度。按照《中国共产党普通高等学校基层组织工作条例》《中共中央组织部关于加强党员流动中组织关系管理的暂行规定》（组通字〔1994〕1号）等党内法规，制定《四川大学流动党员管理实施细则》，加强流动党员管理和服务，及时将流动到本校的党员编入党的基层组织，积极配合做好流动到校外党员的教育管理工作。建立流动党员登记簿和信息库，建立流动党员与党组织的双向联系机制，通过网络设定与流动党员的联系，要求流动党员定期向原单位汇报思想、工作等情况，按时按规定交纳党费，坚持每年一次评议党员制度。本着教育、挽救为主的原则，对未发挥先锋模范作用的党员进行批评教育，对不合格党员，按照组织程序严肃处理。

第四章 党员的监督

第十条 对广大党员，特别是党员领导干部实行全方位、全过程的党内监督，这是促进党员认真履行党员义务，正确行使党员权利，切实加强对党员管理的重要途径。学校各级党组织要坚持用《中国共产党章程》《中国共产党普通高等学校基层组织工作条例》等党内法规规范党员行为，确保党员自觉履行义务，正确行使权利。

第十一条 对党员监督的内容，包括监督党员执行党的路线、方针、政策的情况，完成工作任务的情况，思想作风建设的情况，遵纪守法、廉洁自律的情况，自觉参加党内生活、组织生活情况，党员工作圈、生活圈和社交圈的情况。

第十二条 坚持党内监督和党外监督相结合，采取党组织监督、纪监部门监督、法规监督以及群众监督、舆论监督和民主党派监督等各种监督形式，通过坚持党的民主集中制、党务公开，坚持党的组织生活会制度和民主生活会制度，坚持党员民主评议制度，建立健全听取党员意见和向党员通报情况制度，强化党员监督，形成自下而上和自上而下的党内双向监督渠道，确保党员充分行使知情权、参与权、决策权和监督权等基本权利。通过群众参与、群众评价、群众监督，形成客观公开的党外监督党员制度体系，督促党员自觉履行义务。

第五章 党员的服务

第十三条 关心党员学习、工作和生活，建立健全党内激励、关怀、帮扶机制，把党员教育管理与对党员的服务关怀结合起来。拓宽党员服务群众渠道，建立党员联系和服务群众工作体系。

推进党内激励、关怀、帮扶机制建设。充分发挥激励机制的作用，采取党内表彰、优先安排培训进修等多种激励方式，将对党员的关怀、帮扶由临时性向经常性转变，从制度层面推动党内帮扶工作规范化、经常化、长效化。各级党组织要主动了解党员在工作、学习中遇到的困难和问题，进行有针对性的帮助，提高他们的自身素质和业务能力。利用慰问生病住院党员、生活困难党员、节假日走访慰问老党员等多种方式，真情关怀和真心帮助基层普通党员和困难党员。

推进党员联系和服务群众机制建设。通过进一步完善校领导接待日、校领导联系基层单位、领导干部联系群众、领导干部深入基层调研、接待群众来信来访等多种制度，以及通过学校党委书记、校长信箱、基层单位主要负责人信箱等多种方式和渠道，听取群众意见、了解群众愿望、倾听群众诉求，密切党和群众的血肉联系，多为群众、为基层做好事、办实事。

第十四条 按照《中国共产党普通高等学校基层组织工作条例》《中国共产党党员权利保障条例》等党内法规，尊重党员主体地位，保障党员民主权利，推进党务公开，积极推进党内民主建设。

建立健全维护党员民主权利的保障机制，确保党员的主体地位落到实处。建立健全党内民主决策制度，进一步激发党员对参与党内生活的光荣感和责任感，增强党组织的凝聚力和调动广大党员的积极性。

建立健全党内事务对党员公开制度，保障党员知情权。从制度上保障党员及时参加其应当参加的各种会议，及时阅读其应当阅读的各种文件，及时了解其应当了解的各种事务。学校党委党务公开的主要内容包括：重大决策及落实情况、思想建设情况、组织建设情况、校领导班子建设情况、干部和人才队伍建设情况、党员队伍建设情况、服务群众情况、党风廉政建设情况以及其他应该公开的事项。校内各基层党委（总支）党务公开的主要内容包括：一是贯彻执行上级党组织政策、决议、决定和工作部署等情况；党政联席会议制度贯彻落实情况；各基层党委（总支）对重大问题的决策及执行情况；年度工作计划及完成情况。二是各基层党委（总支）机构设置、主要职责；各基层党委（总支）领导成员简介、分工及参加党组织活动情况。三是各基层党委（总支）对下级党组织工作的指导和考察情况。四是教职工和学生思想政治工作开展情况。五是教职工队伍建设和离退休工作开展情况。六是入党积极分子培训、党员发展情况；党费收缴和使用情况；党员评优表彰情况。七是接待教职工、学生等来信来访情况；听取、采纳党员群众意见和建议、群众反映突出问题的解决落实情况；办理涉及党员、群众切身利益重要事项情况。八是其他应当公开的事项。

第六章 党员教育、管理、监督和服务的保障

第十五条 落实领导责任制。校内各级党组织要进一步建立健全抓好党员教育、管理、监督和服务工作的责任制。校内各级党组织书记是本党委（总支）、党支部所属党员教育、管理、监督和服务工作的第一责任人。要把党员的教育、管理、监督和服务制度体系的建设作为学校和基层党委（总支）党建工作的重要内容。结合本单位实际，研究落实具体的措施，形成各级党组织主要负责同志亲自抓，其他领导和有关职能部门协同抓，基层党支部书记具体抓，逐级负责、层层落实的工作格局。

第十六条 保证人、财、物落实到位。健全完善各级党组织建设，配齐配强

各级党务工作干部队伍，进一步落实党务工作者的各项待遇。校内各基层单位每年要列出党建工作的适当经费，并落实到每一个党支部，在教育活动阵地方面要积极创造和提供平台条件。

第十七条　切实加强对党员教育、管理、监督和服务的督促、检查。学校相关党务部门和各基层党委（总支）要加强对党员教育、管理、监督和服务工作的具体实施和检查指导，及时研究党员教育、管理、监督和服务工作中出现的新情况、新问题，不断探索新的途径，健全完善对党员教育、管理、监督和服务的考核制度。把党员教育、管理、监督和服务工作的成效作为基层党组织负责人和党务工作干部考核的重要内容。

第七章　附　则

第十八条　本实施办法由学校党委组织部负责解释。学校相关部门和基层党委（总支）要结合实际情况，制定具体的实施细则。

第十九条　此实施办法自下发之日起试行。

四川大学关于建立健全创先争优长效机制的实施意见

（川大委〔2012〕58号）

根据中央创先争优活动领导小组《印发〈关于各地区各部门各单位建立健全创先争优长效机制的指导意见〉的通知》和教育系统创先争优活动领导小组转发文件要求，结合学校实际，就建立健全创先争优长效机制提出如下实施意见。

一、总体要求

建立健全创先争优长效机制，是巩固和扩大创先争优活动成果，推动创先争优常态化、长效化，保持党的先进性和纯洁性的重要举措，总体要求是：

（一）坚持务实管用，把创先争优与中心任务和日常工作融为一体，充分发挥党组织和广大党员的先进模范作用。

（二）坚持突出重点，顺应师生员工期待，推动解决师生员工关心的热点难点问题。

（三）坚持集思广益，充分尊重和依靠师生员工，认真倾听他们的意见建议，虚心接受群众监督，始终把群众满意作为衡量标准。

（四）坚持创新完善，要尊重基层党组织和党员群众的首创精神，总结好经验、好做法，用制度固定下来，坚持下去，并注意与时俱进，搞好衔接配套，不断完善已有的制度规范。

二、主要内容

紧紧围绕学校中心工作，按照学校创先争优的目标要求，建立健全具有较强针对性和操作性的长效机制。

（一）推动科学发展。

1. 健全学习型党组织建设机制。健全完善校院两级党委中心组学习和理论务虚会制度，创新学习方式，丰富学习内容，坚持集中学习和个人自学相结合，提高领导班子和领导干部的思想理论水平和分析与解决实际问题的能力，为推动学校科学发展提供组织保障。

2. 健全干部选拔任用和教育管理监督工作长效机制。学校制定《四川大学中层干部选拔任用工作实施办法》，建立健全干部选拔任用基本制度；完善多层次、多渠道、多形式的干部培训体系，进一步坚持上级干部培训机构、海外、校内集中等培训方式，坚持专题讲座、考察学习、交流汇报等形式，建立健全干部教育长效机制；坚持新任用干部任职谈话和廉政责任承诺制，坚持校内中层干部述职述廉、个人重大事项报告、民主生活会、试用期满考核、年度考核、届终考核和离任经济责任审计等制度，规范领导干部离任交接办法等，建立健全干部管理监督工作长效机制。

3. 建立健全学校各类人员绩效考核机制。学校制定《四川大学机关部处和业务单位中层干部岗位绩效考核实施办法》《四川大学教育职员岗位设置及聘任管理办法》《四川大学教职工岗位考核管理办法》，校内各单位要完善绩效考核的操作办法。

（二）促进校园和谐。

1. 健全民主政治建设机制。坚持党要管党、党管干部、党管人才的原则，坚持党委领导下的校长负责制。不断完善党委全委会、常委会、校务会等会议制度和重大决策、重要人事任免、重大项目安排和大额度资金使用事项集体决策制度，健全民主集中制和民主决策机制。认真贯彻《四川大学关于建立和完善校内基层单位党政联席会议制度的若干规定》，健全完善校院两级教代会、工代会制度，健全党务、校务、院务公开制度，进一步加强民主政治建设。

2. 健全和谐校园建设工作机制。建立完善校园安全稳定的两级责任体系和工作机制；坚持校领导接待日和群众来信来访工作制度；坚持和完善应对各类突发事件应急处置预案制度；充分发挥学校工会、人事争议调解委员会、心理健康教育中心和社区办公室等部门在反映师生员工诉求、心理健康调适和危机干预、化解矛盾纠纷的重要作用；学校保卫、社区管理等相关部门以学校社区管理体制机制创新为重点，与地方政府密切配合，不断完善建设和谐校园的长效机制。

（三）服务师生员工。

1. 建立健全为民服务创先争优长效机制。坚持校党委常委联系基层党委、校领导联系学院制度；坚持学校每年为师生员工办实事制度；机关部处要坚持“服务承诺制”、“岗位责任制”、“首问责任制”、“限时办结制”等制度，增强服务意识，提高服务质量，加强机关作风建设，逐步形成有川大特色的为师生员工服务长效机制；附属医院和后勤保障部门等窗口单位通过总结“三好一满意”、“三亮三比三评”、争创群众满意窗口等活动的好经验和做法并形成长效机制；坚持大学生社会实践和青年志愿者活动，建立健全大学生关爱社会、服务基层的长效机制。

2. 健全大学生思想政治教育工作机制。坚持辅导员、班主任、学生导师与全职教导员“四位一体”的学生思想政治教育和管理服务体系，坚持学生分类精细化管理帮扶工作制度，完善困难学生资助体系，大力推进毕业生就业工作，加强学生的心理健康教育和引导，加强少数民族学生的教育和服务，形成全员育人、全方位育人、全过程育人的良好氛围和工作机制。

（四）加强基层组织。

1. 建立健全典型示范工作长效机制。坚持领导干部及管理人员、教师、学生、医务工作者、后勤保障人员、离退休人员等不同岗位党员承诺践诺评诺制度；坚持党员示范岗制度；坚持先进典型的发现培养、遴选推荐、宣传学习、表彰奖励和典型宣传的制度；坚持“十佳师德标兵”、“十佳医德标兵”等十个“十佳”创先争优和“最受学生欢迎教师奖”评选表彰活动工作长效机制。

2. 健全基层党组织和党员队伍建设长效机制。认真贯彻落实《中共四川大学委员会关于贯彻落实〈中国共产党普通高等学校基层组织工作条例〉的实施意见》等系列学校党建工作制度文件，不断创新党组织活动方式、增强党员队伍生机活力、建设高素质的基层党组织负责人队伍、增强基层党组织服务功能，健全基层党组织和党员队伍建设长效机制。

三、加强组织领导

1. 学校创先争优活动领导小组要加强领导和指导，校内各基层党委（总支）要精心组织、狠抓落实，积极总结创先争优活动中的好做法、好经验，把建立健全创先争优长效机制作为巩固和扩大创先争优活动成果的重要内容。

2. 要充分发挥校报、广播、电视、校园网、简报、墙报、宣传栏等宣传阵地，采用多种形式，加大宣传力度，建立健全创先争优长效机制工作，营造良好氛围。

3. 校内各单位各部门要抓好学校创先争优长效机制建设工作的具体落实，确保长效机制建设工作落到实处、取得实效。学校创先争优活动领导小组检查组将通过召开座谈会、经验交流会、经常性督查、随机抽查等方式，对长效机制建设工作情况进行检查。

四川大学关于深入学习宣传贯彻党的十八大精神的实施意见

（川大委〔2012〕80号）

校内各单位：

为组织引导广大师生员工认真学习、全面贯彻党的十八大精神，切实把全校广大师生员工的思想和行动统一到党的十八大精神上来，全面推进学校建设中国一流研究型综合大学的步伐，根据中央和教育部党组的部署，结合学校实际，现就学习宣传贯彻党的十八大精神提出以下实施意见：

一、统一思想，充分认识学习宣传贯彻党的十八大精神的重大意义

党的十八大是在我国进入全面建成小康社会决定性阶段召开的一次十分重要的大会，是一次高举旗帜、继往开来、团结奋进的大会，对凝聚党心军心民心、推动党和国家事业发展具有十分重大的意义。大会高举中国特色社会主义伟大旗帜，以马克思列宁主义、毛泽东思想、邓小平理论、“三个代表”重要思想、科学发展观为指导，分析了国际国内形势的发展变化，回顾总结了过去5年的工作和党的十六大以来的奋斗历程及取得的历史性成就，确立了科学发展观的历史地位，提出了夺取中国特色社会主义新胜利的基本要求，确定了全面建成小康社会和全面深化改革开放的目标，对新的时代条件下推进中国特色社会主义事业做出了全面部署，对全面提高党的建设科学化水平提出了明确要求。胡锦涛同志代表十七届中央委员会作的《坚定不移沿着中国特色社会主义道路前进，为全面建成小康社会而奋斗》的报告，描绘了全面建成小康社会、加快推进社会主义现代化的宏伟蓝图，为党和国家事业指明了方向，是全党全国各族人民智慧的结晶，是我们党团结带领全国各族人民夺取中国特色社会主义新胜利的政治宣言和行动纲领，是马克思主义的纲领性文献。大会通过的《中国共产党章程（修正案）》，体现了党的理论创新和实践发展的成果，体现了党的十八大确立的重大理论观点和重大工作部署，对以改革创新精神全面推进党的建设新的伟大工程、提高党的建设科学化水平提出了明确要求。

认真学习宣传贯彻党的十八大精神，关系党和国家工作全局，关系中国特色社会主义事业长远发展，对于动员全党全国各族人民在以习近平同志为总书记的党中央领导下，高举中国特色社会主义伟大旗帜，满怀信心为全面建成小康社会、夺取中国特色社会主义新胜利而奋斗，具有重大现实意义和深远历史意义。各级党组织、各单位要充分认识到学习好、宣传好、贯彻好十八大精神，是动员和激励全校广大师生员工解放思想、实事求是、与时俱进、求真务实，以更加奋发有为的精神状态投身教育改革发展伟大实践的迫切需要；是进一步把科学发展观贯彻到教育改革发展全过程、体现到学校党的建设各方面的迫切需要；是全面贯彻党的教育方针，全面落实教育规划纲要，推动学校事业科学发展，办好人民满意的教育的迫切需要。因此要在全校范围内迅速掀起学习宣传贯彻十八大精神的热潮，把广大党员干部、师生员工的思想和行动统一到党的十八大重大决策部署上来。

二、提高认识，全面准确学习领会党的十八大精神

党的十八大鲜明地向党内外、国内外宣示了我们党举什么旗帜、走什么道路、保持什么样的精神状态、朝着什么样的目标继续前进的重大问题，充分体现了党中央对当前世情、国情、党情的全面把握，对我国发展新要求和人民新期待的全面把握。全面准确学习领会党的十八大精神，要深刻领会党的十八大的主题，深刻领会过去5年和10年党和国家事业取得新的历史性成就，深刻领会科学发展观的历史地位和指导意义，深刻领会中国特色社会主义的丰富内涵，深刻领会夺取中国特色社会主义新胜利的基本要求，深刻领会全面建成小康社会和全面深化改革开放的目标要求，深刻领会社会主义经济建设、政治建设、文化建设、社会建设、生态文明建设等方面的重大部署，深刻领会全面提高党的建设科学化水平的重大任务。

一是要深刻领会党的十八大主题，坚定不移地高举中国特色社会主义伟大旗帜。紧紧围绕大会确立的鲜明主题，深化对高举中国特色社会主义伟大旗帜，坚定道路自信、理论自信、制度自信的认识，以旗帜坚定信念，以道路指引方向，以理论体系汇集力量，以制度统筹全局，更加坚定不移解放思想，坚定不移推进改革开放，坚定不移沿着中国特色社会主义道路前进，坚定不移推动科学发展、促进社会和谐，坚定不移改善人民生活、增进人民福祉，为全面建成小康社会，努力开创中国特色社会主义新局面而奋斗。

二是要深刻领会过去 5 年和 10 年党和国家事业取得的新的历史性成就。充分认识党的十六大以来尤其是十七大以来中央在社会主义经济建设、政治建设、文化建设、社会建设以及生态文明建设和党的建设方面取得的巨大成就，从而更加深刻认识到，只有社会主义才能救中国，只有改革开放才能发展中国、发展社会主义、发展马克思主义，更加自觉地贯彻党的理论和路线方针政策，进一步增强对党和国家事业发展的信心，增强对全面建成小康社会的信心。

三是要深刻领会科学发展观的历史地位和指导意义。全校广大师生员工要用科学发展观统领学校教育事业改革发展全局，牢牢把握科学发展观的第一要义、核心立场、基本要求和根本方法，全面把握科学发展观的科学内涵和精神实质，求真务实、真抓实干，增强为教育事业不懈奋斗的自觉性、坚定性。要深刻认识科学发展观是中国特色社会主义理论体系最新成果，是中国共产党集体智慧的结晶，是指导党和国家全部工作的强大思想武器，同马克思列宁主义、毛泽东思想、邓小平理论、“三个代表”重要思想一道，是党必须长期坚持的指导思想。从而更加自觉地坚持以科学发展观为指导，以更加昂扬向上的精神状态，以促进教育事业科学发展的实际行动、办好人民满意教育的宗旨信念，努力把教育规划纲要绘制的宏伟蓝图落到实处，坚定不移地沿着中国特色社会主义发展道路奋勇前进。

四是要深刻领会中国特色社会主义的丰富内涵。要深刻领会中国特色社会主义是由道路、理论体系、制度三位一体构成的，中国特色社会主义道路是实现我国社会主义现代化的必由之路，中国特色社会主义理论体系是马克思主义中国化最新成果，中国特色社会主义制度是中国发展进步的根本制度保障。深刻领会中国特色社会主义道路、中国特色社会主义理论体系和中国特色社会主义制度的科学性和优越性，更加深刻地认识到，在当代中国，坚持中国特色社会主义道路，就是真正坚持社会主义；坚持中国特色社会主义理论体系，就是真正坚持马克思列宁主义和毛泽东思想；坚持中国特色社会主义制度，就是真正坚持党的领导、人民当家做主和依法治国。进一步坚定对中国特色社会主义道路、中国特色社会主义理论体系、中国特色社会主义制度的自信。

五是要深刻领会夺取中国特色社会主义新胜利的基本要求。“八个必须”的基本要求进一步回答了在新的历史征程上怎样才能夺取中国特色社会主义新胜利的基本问题。要坚持不懈把改革创新精神贯穿到学校发展改革各个环节，进一步消除制约学校发展和创新的体制机制障碍，全面形成与社会主义市场经济体制和全面建成小康社会目标相适应的充满活力、富有效率、更加开放、有利于科学发展的教育体制机制。只有这样，才能更好凝聚力量、攻坚克难，继续推动科学发展，促进校园和谐。

六是要深刻领会实现全面建成小康社会奋斗目标的新要求和社会主义“五位一体”建设等方面的重大部署。要把贯彻落实党的十八大精神与全面建成小康社会和深化改革开放的目标相结合，与全面落实教育规划纲要相结合，进一步激励广大师生员工更加紧密地团结在党中央周围，勤奋工作，刻苦学习，意气风发地投身教育改革发展和社会主义现代化建设，更加自觉地贯彻落实党和国家的各项方针政策和重大举措，为夺取全面建成小康社会新胜利做出应有贡献。

七是要深刻领会全面提高党的建设科学化水平的重大任务。要牢牢把握党的执政能力建设、先进性和纯洁性建设主线，更加自觉地加强党的思想建设、组织建设、作风建设、反腐倡廉建设、制度建设，建设学习型、服务型、创新型的马克思主义执政党，努力构建保持党的先进性长效机制，进一步提高党的执政能力，确保党始终成为中国特色社会主义事业的坚强领导核心。全面提高学校党的建设科学化水平，为推进学校科学发展提供坚强的政治思想组织保障。

三、联系实际，深入学习贯彻党的十八大对教育工作提出的各项要求，推动学校内涵式发展

党的十八大明确提出要努力办好人民满意的教育，提出到2020年全民受教育程度和创新人才培养水平明显提高，进入人才强国和人力资源强国行列，教育现代化基本实现。明确指出教育是民族振兴和社会进步的基石，要坚持教育优先发展，全面贯彻党的教育方针，坚持教育为社会主义现代化建设服务、为人民服务，把立德树人作为教育的根本任务，培养德智体美全面发展的社会主义建设者和接班人，为全面落实教育规划纲要、推动教育改革发展进一步指明了方向，提出了具体的任务。十八大报告提出“推动高等教育内涵式发展”，对于全面提高高等教育质量、推动高等教育科学发展具有重要而深远的意义。

学校各级党组织和广大师生员工要深刻领会党的十八大对高等教育战线提出的新使命、新任务、新要求，进一步增强政治意识、大局意识、责任意识，把学习宣传和贯彻落实党的十八大精神与全面落实教育规划纲要紧密结合起来，与做好实际工作、推动事业发展紧密结合起来，与落实学校“十二五”规划紧密结合起来，全面贯彻党的教育方针，牢牢把握立德树人这一根本任务，以党的十八大精神推动学校各项事业发展，不断提高学校党的建设科学化水平，把为党和人民事业贡献力量作为最高追求，为坚持和发展中国特色社会主义、建设中国一流研究型综合大学而不懈奋斗。

要始终高举中国特色社会主义伟大旗帜。按照“八个必须”基本要求，密切结合学校实际，坚持和拓展中国特色社会主义教育道路。切实加强科学发展观的学习实践，用科学发展观统领学校教育事业改革发展全局。增强宗旨意识，始终把人民放在心中最高位置，把人民是否满意作为检验学校工作的最高标准。

要进一步落实立德树人这一教育的根本任务。坚持育人为本、德育为先，全面实施素质教育，培养学生社会责任感、创新精神、实践能力，把社会主义核心价值体系融入学校教育全过程，坚持不懈用中国特色社会主义理论体系武装师生头脑，引导广大学生树立正确的世界观、人生观、价值观。要努力提高人才培养水平。突出人才培养适应经济社会发展需要的导向，抓住实践这个创新人才成长的最关键环节。进一步探索全面发展与个性发展相结合的培养机制，尊重并适应学生的个性选择，最大限度地发展个人兴趣专长和开发优势潜能。加大人才培养的保障力度，优化资源配置，确保新增经费优先保证教育教学需要。

要加强教师队伍建设，提高师德水平

和业务能力，增强教师教书育人的荣誉感和责任感。要大力提高教师队伍素质，落实好“师德为先、教学为要、科研为基”的要求。优化教师队伍结构，加强高层次人才的引进和培养，加强青年教师队伍建设，切实解决青年教师关心的成长环境问题、专业发展问题、生活条件问题等。增强教师队伍活力，探索教师岗位分类管理，细化分类体系，实行不同的人事管理政策和办法。创新教师薪酬激励机制，建立科学的绩效工资水平决定机制、完善的分配激励机制、合理的经费分担和保障机制。

要加快建设现代大学制度，积极探索现代大学制度的实现形式。加强大学章程建设，凝练学校特色，推动学校形成以章程为核心的依法治理机制。坚持和完善党委领导下的校长负责制，认真贯彻民主集中制原则，改进领导方法，创新工作机制，不断增强领导班子的凝聚力、创造力和战斗力。加强学术组织建设，扩大学术组织在学科建设、专业设置、制定学术规划、配置学术资源、处理学术争议等方面的权力，处理好学术委员会和职能部门的关系。加大力度推进试点改革，重点改革人才招录与选拔方式，改革人才培养模式，改革教师遴选、考核和评价制度。

要进一步加强学校党的建设，坚持解放思想、改革创新，全面加强学校党组织的思想建设、组织建设、作风建设、反腐倡廉建设、制度建设，增强自我净化、自我完善、自我革新、自我提高能力，深入开展基层党组织建设，建立创先争优的长效机制，充分发挥党委（总支）的政治核心、党支部的战斗堡垒和党员的先锋模范作用，建设学习型、服务型、创新型的党组织，不断提高学校党建科学化水平，为学校建设与发展提供保证。

要进一步加强作风建设，履行好岗位职责。要用十八大精神和学校十年发展的辉煌成就激励全校师生员工倍加珍惜我校来之不易的党建、教学、科研、管理、服务等成果，来之不易的良好发展态势，来之不易的和谐奋进局面。每个川大人都要多谋学校发展大事，多想岗位职责任务，努力在领会精神、研究问题、推动工作上有新的收获、新的进步，及时将学习的过程和成果转化为促进我校高水平大学建设、推动学校科学发展的动力，以学校发展的新业绩体现十八大精神的学习宣传和贯彻落实。

四、精心部署，全面开展学习宣传贯彻党的十八大精神的各项活动

学习宣传贯彻党的十八大精神，是学校各级党组织、各单位当前和今后一个时期的首要政治任务，各级党组织和各单位要高度重视，加强领导，密切联系本部门和本单位的实际，精心组织安排，把学习贯彻党的十八大精神不断推向深入。

1. 学校各级领导班子带头学习贯彻党的十八大精神，发挥表率示范作用。领导干部要带头学习宣传党的十八大精神，做到先学一步、学深一步。校、院党委和直属党总支理论学习中心组要把学习党的十八大精神作为中心内容，制订系统学习培训计划，列出专题进行研讨，力求学深学透、融会贯通。

2. 学校各级党组织、各单位要扎实抓好党员和教职工的学习。各级领导干部在带头学习的同时，要认真组织好本单位和本部门的学习，要把学习党的十八大精神作为党员组织生活和教职工政治学习的主要内容，把集中学习与个人自学结合起来、通读文件与专题研讨结合起来、学习理论与思考工作结合起来，力求真正学透、学懂。

3. 精心组织引导广大青年学生认真学习党的十八大精神。要充分发挥思想政治理论课的主渠道作用，抓好党的十八大精神进教材、进课堂、进学生头脑的工作。在近期的形势政策教育中，要着重组织好学生对十八大精神的学习讨论。学生党校、学生党团组织、学生中国特色社会主义理论及党的知识学习小组等都要把十八大精神作为重要学习内容，引导学生党员和共青团员带头学习。还要在大学生中广泛开展学习贯彻党的十八大精神主题学习实践活动，开展学雷锋活动和主题社会实践活动，积极培育当代大学生核心价值观，引导大学生积极践行社会主义核心价值体系。

4. 积极组织开展学习贯彻党的十八大精神宣讲活动。由党委宣传部牵头，组织校内有关领导和专家组建党的十八大精神宣讲团，组织有关专题讲座，深入解读十八大精神，帮助广大党员干部和师生员工不断深化认识、全面领会党的十八大提出的一系列新思想、新论断、新观点、新举措。

5. 充分发挥学校哲学社会科学和思想政治理论课教师的骨干作用。学校哲学社会科学教师要把学习党的十八大精神同自身理论修养和业务素质的提高结合起来，按照中央的部署和要求，加强对十八大精神的理论研究，努力推出一批高质量、有深度、有分量的理论成果，不断推动我校哲学社会科学繁荣发展。学校思想政治课教师要以高度的政治热情，把对党的十八大精神的学习研讨与实际的教学工作紧密结合起来，使学习工作双促进。

6. 加强宣传力度和舆论引导力度，营造良好的学习氛围。学校校报、电视、校园网等舆论阵地，要加强对党的十八大精神的宣传，通过开办“学习贯彻党的十八大精神”专题网站，开设专栏、专版，宣传报道各级党组织、各单位学习贯彻党的十八大精神相关情况。党委宣传部牵头召开一次全校学习贯彻党的十八大精神理论研讨会，出版一本全校党员干部和理论骨干研讨学习贯彻党的十八大精神的理论成果汇编，进一步营造学习贯彻党的十八大精神的浓厚氛围。各部处、各单位通过部门、单位主页对学习贯彻活动进行宣传报道，及时更换南门橱窗，进行主题宣传，把学习十八大精神的活动引向深入。

五、加强领导，切实把学习宣传贯彻党的十八大精神工作落到实处

1. 高度重视，精心组织。各单位要高度重视，紧密结合本单位实际，及时制定学习贯彻党的十八大精神的计划和方案，对今后一个时期的学习贯彻活动做出全面部署。要通过党委中心组学习会、领导班子理论务虚会、党团组织生活、教职工政治学习以及学生思想政治理论课和形势政策教育等形式，坚持集中学习与自学相结合，组织党员干部、师生员工深入学习、领会党的十八大精神。要针对党员干部、教职员工、学生、民主党派人士、离退休人员等不同群体，采取多种方式，通过座谈会、理论研讨会、主题论坛、演讲比赛、征文活动、知识竞赛、形势政策大讲堂、辩论赛等形式，分层次、分专题组织开展好丰富多彩的学习宣传贯彻活动。要为党员干部、师生员工的学习活动编印、提供必要的专题学习资料，确保学习贯彻活动顺利开展。

2. 加强领导，明确责任。各单位、各基层党组织领导班子及成员，要带头学习、带头宣讲党的十八大精神。要加强对学习贯彻活动的领导，围绕党的十八大对教育系统提出的各项目标任务，结合各单位实际，细化措施，明确责任，确保各项贯彻落实工作有计划、分步骤地稳步推进。要把学习贯彻党的十八大精神的工作纳入考核评价体系，作为衡量各级领导班子和领导干部工作业绩的重要依据。

3. 学以致用，指导实践。各单位要把学习贯彻党的十八大精神的热情转化为实际行动，将学习贯彻党的十八大精神落实到学校改革发展的各个方面，体现到推动高等教育内涵式发展上来，体现到加快推进协同创新，全面提高人才培养质量上来，体现到切实推进党的基层组织建设，建立创先争优长效机制上来，体现到进一步加强教风学风和机关作风建设，营造先进高雅的校园文化氛围上来，及时将学习成果转化为推动学校科学发展的实际行动。

四川大学关于进一步加强和改进研究生思想政治教育的实施意见（试行）

（川大委〔2012〕98 号）

为深入贯彻党的十八大精神，认真落实中共中央、国务院《关于进一步加强和改进大学生思想政治教育的意见》（中发〔2004〕16 号）和教育部《关于进一步加强和改进研究生思想政治教育的若干意见》（教思政〔2010〕11 号）要求，进一步加强和改进研究生思想政治教育，促进研究生全面发展，现结合学校实际，提出以下实施意见。

一、进一步完善研究生思想政治教育的领导体制和工作机制

1. 健全领导体制和工作机制，明确工作责任。建立和完善由学校党委统一领导、党政齐抓共管、专兼职队伍相结合、全校紧密配合、研究生自我教育的领导体制和工作机制。学校把研究生思想政治教育纳入大学生思想政治教育整体规划，统一部署、统一实施、统一检查和评估。学校党委分管副书记全面负责研究生思想政治教育工作，分管研究生培养工作的副校长应高度重视、密切配合，共同做好研究生思想政治教育工作。研究生院要把研究生思想政治教育与学科建设、招生录取、业务培养、学位授予等环节相结合，形成“思想政治教育与专业培养紧密结合”的研究生教育工作格局。研究生工作部具体负责全校研究生思想政治教育工作，落实学校相关工作规划和部署。各学院（中心、所）党委（党总支）负责按照学校要求认真筹划、落实本单位研究生思想政治教育的各项工作。研究生导师是研究生思想政治教育的首要责任人。研究生辅导员是研究生日常思想政治教育和管理工作的组织者、实施者和指导者。

二、加强研究生思想政治理论课及专业课课程建设，充分发挥课堂教学在研究生思想政治教育中的主渠道作用

2. 加强研究生思想政治理论课课程

建设。认真落实《中共中央宣传部教育部关于高等学校研究生思想政治课课程设置调整的意见》（教社科［2010］2号）要求，做好研究生思想政治理论课课程新方案试点和实施工作，落实研究生思想政治理论课建设专项经费，加强师资队伍建设，深化教学改革，推进启发式、参与式、研究式教学。将社会主义核心价值体系融入研究生教育全过程，坚持不懈地用马克思主义中国化最新成果武装学生头脑，更好地帮助研究生深入学习和掌握马克思主义基本理论，树立正确的世界观、人生观、价值观和事业观，提高运用马克思主义立场、观点、方法分析和解决问题的能力。

3. 大力加强研究生形势与政策教育。把形势与政策教育作为研究生综合素质培养课程体系板块的重要内容，与学术道德教育、人文精神教育等内容有机结合，以必修课的形式面向一年级研究生开设。形势与政策教育要根据研究生教学需要和研究生学习科研特点，编写教学大纲，采取灵活多样的教学方式，努力做到系统讲授与形势报告、专题讲座相结合，请进来与走出去相结合，课堂教学与课外研讨相结合，正面讲解与自我教育相结合，一、二课堂有效呼应，确保课堂教学的针对性和实效性。

4. 发挥研究生专业课的育人功能。研究生各类专业课都具有育人功能，研究生任课教师都负有育人职责。教师要言传身教，率先垂范，以高度负责的态度、良好的思想品德、严谨务实的作风感染和熏陶研究生。深入发掘各类专业课的思想政治教育资源，把思想政治教育融入研究生课程和专业学习的各个环节，把教学内容的科学性和思想性结合起来，重视研究生治学态度、科学精神的培养和人生价值、职业道德的引导。

三、不断拓展新形势下研究生思想政治教育的有效途径，丰富教育形式和内容

5. 以学术道德与学术规范教育为主线，引导研究生树立追求真理、勇于创新的学术精神。加大研究生学术道德与学术规范教育的力度，在巩固现有教育途径、方式的基础上，各研究生培养单位要结合本学科、专业特点，积极探索学术道德与学术规范教育的有效形式，构建研究生学术道德教育课程新体系。研究生导师要在日常的科研训练中不断强化对研究生的学术道德与学术规范教育。要进一步健全完善预防和惩治研究生学术不端行为的规章制度，严格执行《四川大学关于学位（毕业）论文抄袭、剽窃等学术不端行为的处理办法》，教育广大研究生自觉抵制学术造假行为，切实形成严谨、勤奋、求是、创新的学术研究风气。

6. 强化社会责任意识，引导研究生积极参与社会实践和志愿服务活动。把社会责任意识教育融入研究生培养的各环节，将社会责任意识作为研究生各类考核评价的重要内容。鼓励研究生承担助教、助研、助管工作，参与学校教育教学改革；开展形式多样的社会服务活动，不断提高研究生的科学研究水平和知识运用能力；倡导研究生参加各种公益活动，促进他们了解社会、了解我国改革开放的历史成就，激发他们积极投身建设小康社会、实现中华民族伟大复兴的责任感。依托社会资源，广泛建立研究生社会实践和科技创新基地，构建研究生社会实践长效机制，不断丰富研究生社会实践的内容和形式。

7. 以培养勤奋、顽强、乐观、向上的优秀人才为目标，加强研究生心理健康教育。针对研究生特点，重点研究探索进一步加强心理健康教育的内容、途径和形式。认真做好研究生的心理测评，做好心理健康状况摸排工作，建立研究生心理档案；举办形式多样的心理健康教育活动，宣传普及心理健康知识，传授心理调适方法，增强心理健康意识，帮助他们提高社会适应能力、挫折承受能力、人际交往能力、团结协作能力，树立正确的婚恋观；充分利用网络技术、新媒体沟通手段努力把心理健康教育延伸到每一位研究生身边。学校心理健康教育中心要建立协调机制，切实做好心理问题高危人群的管理、服务和应急干预，广泛开展对研究生导师、研究生辅导员进行心理健康教育知识培训，建立研究生心理联络员队伍，完善心理危机干预的五级网络。

8. 在学术创新活动中潜移默化地开展研究生思想政治教育工作，大力营造高品位、高层次的校园文化氛围。积极引导研究生将自身的学术研究与国家经济社会发展的需要相结合，在学术活动中不断提升研究生的道德品质和思想境界。广泛开展研究生优秀典型的选树活动，促进研究生树立崇高的学术理想。充分发挥综合性大学的学科优势和人文底蕴，积极开展以“川大论坛”“博士论坛”及各学院学科性论坛为核心的论坛讲座，广泛邀请国内外著名科学家、知名学者到校做学术报告，开拓研究生学术视野。积极鼓励研究生组建学术性社团，支持研究生开展学术沙龙活动，活跃校园学术研讨氛围。开展丰富多彩的课余文化、艺术、体育活动，大力弘扬积极、健康的校园文化，引导广大研究生不断提高自身综合素养，培养高尚的生活情趣。

9. 加强研究生管理服务工作，把思想政治教育与解决学生实际问题相结合，努力为研究生健康成长创造良好条件。真情关怀研究生，精心做好研究生事务管理与服务工作。深入推进研究生培养机制改革，进一步规范研究生奖助学金评定工作，做到评审过程公开透明、公正公平。完善研究生资助保障体系，积极争取社会资源，进一步加大研究生社会奖助学金的覆盖面，做好研究生参加基本社会医疗保险和补充医疗保险工作，帮助经济困难研究生申请国家助学贷款，切实帮助研究生解决在完成学业过程遇到的各种生活困难。学生就业管理服务部门和各学院（中心、所）要针对研究生成长的不同阶段和各专业的特点开设课程或讲座，积极开展就业指导工作，努力开拓渠道提高研究生就业质量。进一步改善办学条件，为研究生学习生活提供更好的环境。

10. 加强研究生安全教育与法治教育，解决研究生关注的焦点问题，切实维护校园和谐稳定。把研究生实验室安全教育、日常安全教育常态化、制度化，强化安全责任，杜绝安全事故发生。进一步深化研究生法治教育和珍爱生命、安全急救等方面的教育，引导研究生加强理解沟通，学会合理表达利益诉求、合法维护自身权益。加强研究生思想状况调研，全面了解、分析和把握研究生思想动态，关注研究生中的热点、难点问题，及时化解和消除各类不稳定因素，坚决杜绝重大事故和群体性事件发生。完善研究生诉求表达、利益协调、矛盾调处、权益保障等机制，畅通研究生表达诉求的渠道，积极处理学生来信来访，解决研究生提出的实际困难；研究生工作部门要依托研究生会等学生组织建立信息渠道，为学校和各部门进一步改进工作提供信息依据，切实维护校园和谐稳定。

11. 充分利用现代信息技术，通过网络和新媒体大力加强研究生思想政治教育。网络和新媒体是研究生群体获取各类信息的重要渠道，要充分利用新媒体、新技术不断提高研究生思想政治教育工作的针对性、时效性和覆盖面。加强研究生院、研究生工作部、校研究生会等与研究生学习生活联系密切的网站建设，提高其思想政治教育的功能。加强网上舆情信息、各类新媒体信息收集，强化新媒体的舆论引导。对研究生辅导员、学生骨干开展定期培训，学习使用广大学生喜闻乐见的网络技术和沟通平台，通过使用现代技术不断提高研究生思想政治教育的精细化和人性化。

四、把握研究生成长规律，充分发挥研究生在思想政治教育中的主体作用

12. 教育和引导研究生进一步强化主体意识，增强他们把自己培养成为国家栋梁和社会精英的自觉性。主体意识是内因，是一切外在教育活动最终内化为学生内在意识的基础。具备较高的思想政治素质和道德水平是社会对研究生群体的基本要求。研究生应该在努力提高自身专业素质和创新能力的同时，努力提高自身思想政治素质和道德修养，自觉把人生理想与建设有中国特色社会主义伟大事业相统一，认真学习中国特色社会主义理论体系，胸怀远大理想，陶冶高尚情操，培育科学精神，立志为国奉献，立志为民服务。日常学习中，研究生应积极发挥主观能动性，主动融入导师的科研团队，认真按照导师要求在科研实践中学习科研技能和学术规范。

13. 加强研究生党建工作，切实加强研究生基层党组织建设和党员先进性教育。把研究生党建作为进一步加强和改进研究生思想政治教育工作的中心环节，把加强研究生党建作为对广大研究生进行理想信念教育的重要途径，切实抓好研究生基层党组织建设和党员教育培养。针对各研究生培养单位的实际特点，以进一步增强党支部活力为目标，积极探索多样化的研究生党支部组建形式，可按照年级、班级或课题组组建学生党支部，也可以按照课题组、教研室、医学业务科室组建师生混合党支部。认真做好党支部书记的配备工作，选拔政治辅导员、优秀业务教师中的党员同志或优秀研究生担任党支部书记。加强研究生党支部书记培训工作，充分发挥党支部战斗堡垒作用，形成研究生党建带团建、学建的工作模式。党委组织部、研究生工作部要采取有效措施，以“学生党员信念大讲堂”等丰富多彩的形式强化党员的理想信念教育。开展党员主题实践活动，为广大研究生党员在专业学习、科学研究、志愿服务等方面体现党员的先进性提供平台。

14. 大力加强团学组织和班级建设，搭建研究生自我教育、自我管理和自我服务平台。积极探索专业学习、学术科研和行政管理紧密结合的研究生班级组建模式，促使研究生在班集体中开展学术研讨、增进人际交往，增强集体荣誉感和归属感。进一步加强研究生团组织、研究生会、研究生社团等学生组织建设，使其成为广大研究生文化素质教育平台、学术交流平台、学生干部服务广大同学的平台，使其成为学校与广大研究生的情感沟通、信息交流平台。加大对研究生学生骨干的培养，举办研究生骨干培训班，把他们培养成为加强和改进研究生思想政治教育的重要力量。

15. 把握研究生成长的阶段性特点，努力构建研究生成长成才支持体系。把研究生思想政治教育与学生成长成才、专业培养紧密结合，针对不同学习阶段的研究生实施引领起航计划、成长助推计划、职业奠基计划。以研究生入学教育为起点，深入抓好研究生新生的爱校教育，增强对学校的归属感，着力引导研究生做好学术发展规划。以日常教育为重点，大力提升研究生的创新意识和创新能力。以毕业教育为契机，引导研究生树立正确的就业观和创业观，提升就业和创业能力。

五、切实加强研究生思想政治教育工作队伍建设，构建责任明确、分工合作的联动机制

16. 加强研究生思想政治工作队伍建设，为加强和改进研究生思想政治教育工作提供组织保证。根据研究生的特点和教育规律，建立以研究生导师和辅导员为主体、研究生骨干队伍为辅助的研究生思想政治教育工作队伍。研究生工作部门加强组织协调，建立联动机制，充分发挥学校职能部门与学院、研究生导师与辅导员以及研究生骨干等在研究生思想政治教育中的各自优势，多管齐下，形成合力。

17. 明确导师职责，充分发挥导师在研究生思想政治教育中首要责任人的作用。教书和育人是导师的两大基本职责。导师负有对研究生进行思想政治教育的首要责任。导师要把思想政治教育与对研究生专业学习、科研训练的指导工作相互渗透、有机结合，做到“导思想”、“导人生”、“导学习”、“导科研”、“导心理”、“导生活”。第一，导师要指导研究生不断提高思想道德修养。导师应深入了解和准确掌握研究生的思想动态，引导研究生树立正确的人生价值追求，培养研究生健全的人格和优良的道德品质。第二，导师要指导研究生做好人生规划。导师应根据学生的基础和潜质，指导研究生做好学术生涯和人生发展规划。第三，导师要做好研究生日常学习的指导工作。导师应根据学生的人生规划，制订具体的培养计划，因材施教，促进学生全面健康成长。第四，导师要指导研究生做好科研训练工作。导师应注重学生科研基本知识学习和基本技能训练，强化学术道德及学术规范教育，加强研究生实验室安全教育，切实增强实验安全意识。第五，导师要关注研究生的心理健康教育。导师应关注研究生由于学业、就业、经济、婚恋等因素可能引发的心理健康问题，及时发现、疏导和化解学生遇到的各类矛盾和问题。第六，导师要关注研究生的生活状况。导师应关心学生生活，了解学生基本生活情况；要加强就业指导，积极发挥自己在相关专业领域的影响力，为研究生就业提供力所能及的帮助。

18. 完善制度体系，为导师开展研究生思想政治教育创造条件。首先，进一步完善导师遴选和培训机制，把具有相应的思想政治素质、积极主动承担教书育人责任作为遴选研究生导师的重要条件；强化导师岗前培训，将研究生思想政治教育作为岗前培训的重要内容；各学院（中心、所）每学期至少要召开一次导师工作会，组织导师学习有关政策制度，交流开展研究生思想政治教育的成功经验；鼓励导师开展关于研究生思想政治教育和日常管理方面的理论研究。第二，完善培养单位内部的信息沟通机制，各学院（中心、所）分管学生工作的负责人、研究生辅导员要主动与导师保持紧密沟通；在研究生入党、评奖评优、中期分流等方面，要认真听取并充分尊重导师的意见。第三，完善考评和奖惩制度，制定研究生导师招生资格动态管理的相关办法，把导师开展研究生思想政治教育工作的情况作为首要考核内容；定期开展“四川大学教书育人优秀研究生导师”的评选活动，树立教书育人的先进典型；对疏于管理、日常指导不力的导师，基层培养单位应及时警示，并视其情况减少招生指标或停止招生；对因导师工作失误、渎职引起学生在思想政治、学术道德、安全稳定等方面发生重大问题或对学生造成重大伤害的，应按学校相关规定给予行政处分，并减少或停止招生，直至报请学校学位委员会解除导师资格。

19. 进一步明确研究生辅导员的工作职责和任务。研究生辅导员是开展研究生思想政治教育的骨干力量，是研究生日常教育和管理工作的组织者、实施者和指导者。研究生辅导员要深入了解和掌握研究生思想动态，组织研究生开展经常性思想教育活动，重点抓好道德品质教育、心理健康教育、形势与政策教育、学风与学术道德教育、安全与法纪教育等研究生思想政治教育任务；要指导研究生组织开展好以学术科技、文化体育、生活服务、社会实践为内容的校园文化活动，丰富研究生课余文化生活；要负责做好研究生奖助学金评定及评优、经济困难学生资助保障、就业指导和服务等研究生日常事务管理工作；要针对学生关心的热点、焦点问题，及时进行教育和引导，化解矛盾冲突，参与处理有关突发事件，维护好校园安全和稳定；要抓好研究生党建工作和团学组织建设，充分发挥研究生骨干的桥梁纽带作用；辅导员要与导师建立经常性联系，共同做好研究生的思想政治教育工作。

20. 采取切实措施，加强研究生辅导员队伍建设。要按照《普通高等学校辅导员队伍建设规定》（教育部24号令）相关精神和《四川大学辅导员工作条例》等规定，坚持“严进、优培、专管、劣汰”的原则，进一步加强研究生辅导员队伍建设。要进一步明确研究生辅导员编制，根据研究生教育管理的特殊规律，研究生在200人以上的培养单位应设置专职辅导员，人数较多的单位按照1∶300的师生比配备专职辅导员，研究生不足200人的应按照1∶100设置兼职辅导员。在研究生辅导员职称评定、职务晋升、工资福利等方面进一步加大支持力度，加强辅导员业务培训，设立“四川大学研究生思想政治教育工作研究专项基金”，提升研究生辅导员的理论研究能力，定期进行工作研讨，实现研究生辅导员的专业化、专家化、职业化。学校定期评选“优秀研究生辅导员”和“优秀研究生思想政治教育工作先进集体”，进行表彰奖励。

21. 加强组织协调，发挥各方优势，形成工作联动机制。建立分管校领导总体负责、研究生工作部门组织协调、学院（中心、所）具体实施、研究生导师和辅导员密切配合、研究生骨干积极参与的工作格局。研究生导师和辅导员、学院（中心、所）分管研究生思想政治教育工作的负责人、研究生工作部门主要负责人要掌握研究生思想动态并经常沟通信息。在导师与辅导员的密切配合中，导师应注重发现学生中存在的各类问题，辅导员应积极发挥自身在学生思想政治教育和事务处理方面的优势，共同做好相关工作。各学院（中心、所）分管研究生思想政治工作的负责人要随时掌握和研判本单位研究生思想动态，有针对性地开展教育和管理工作，为导师、辅导员营造良好的工作氛围并提供相应的保障条件。研究生工作部门要及时掌握全校研究生的思想动态，积极会同相关职能部门对各学院（中心、所）存在的问题和处理相关具体事务提出指导意见并提供条件支持。要充分发挥研究生骨干的重要作用，使他们成为研究生思想政治教育工作的有力助手。

六、采取切实措施，为研究生思想政治教育工作持续深入开展提供保障，努力形成全员育人的工作氛围

22. 加强对研究生思想政治教育工作的领导。学校党委、行政定期听取研究生思想政治教育工作的汇报，及时研究解决研究生思想政治教育工作的实际问题。校、院两级领导班子成员定期与研究生代表座谈交流，为广大研究生做形势政策报告。切实落实研究生思想政治教育工作经费，在大学生思想政治教育年度经费预算中单独安排研究生思想政治教育经费，确保研究生思想政治教育、日常事务管理、突发事件处理等方面的经费保障。

23. 全校各单位要密切配合，为研究生思想政治教育工作的顺利开展和研究生健康顺利成长成才营造良好氛围。研究生思想政治教育工作是一项系统工程，学校各职能部门要各尽其责，注意运用政策法规、资源配置、信息服务和必要的行政手段配合研究生思想政治教育工作，切实承担起在研究生思想政治教育中的责任，全校上下切实形成教书育人、管理育人、服务育人的良好氛围。

四川大学人文社科科研经费管理办法（暂行）

（川大社科〔2012〕7 号）

第一章 总 则

第一条 为进一步规范和加强我校人文社会科学研究经费的管理，提高经费使用效益，保证科研项目的顺利实施，促进人文社会科学研究的发展和繁荣，根据国家有关财务制度和审计制度的要求，参照各有关主管部门制定的科研经费管理办法，结合我校实际，特制定本办法。

第二条 本办法所指人文社科科研经费来源包括：

（一）国家、省、市社科规划办设立的规划、委托、招标项目经费；

（二）教育部、省教育厅等教育系统设立的规划、委托、招标项目经费；

（三）中央各部委的规划、委托、招标项目经费；

（四）教育部和省人文社会科学重点研究基地及其他部委基地、科研机构建设经费；

（五）地方各级政府的委托、合作、招标项目经费；

（六）企事业单位委托、合作、招标项目经费；

（七）国际合作项目、境外合作项目经费；

（八）学校（含院系）设立的人文社科科研项目；

（九）其他人文社科科研项目经费。

第三条 人文社科科研经费根据经费来源和合作方式分为纵向经费和横向经费两部分。

纵向科研经费是指学校经各级政府部门批准立项并由财政拨款渠道获得的科研

资助经费和科研项目经费，包括全国哲学社会科学规划办、教育部、国家自然科学基金委、中央其他各部委、四川省社科联、四川省各厅局、成都市社科规划办直接下达给我校的各类研究课题经费和我校作为合作（协作）单位承担上述来源的项目，由项目主持单位转拨到我校的经费，以及学校自主科研经费（包括中央高校基本科研业务费）等。

横向科研经费是学校开展人文社科科研活动取得的除上述纵向科研经费以外的科研经费。包括各类各级机关、社团、部队、学校、企业和个人委托及合作研究的项目经费；境外（含港、澳、台）基金和非基金类资助的研究项目经费。

第四条 凡我校人员或以我校名义取得的各类人文社科科研经费，不论其资金来源渠道，均应进入学校科研经费专用账户统一管理，集中核算。科研经费到校后，社会科学研究处（以下简称“社科处”）和财务处为项目负责人办理科研经费到账确认、登记手续，建立专项经费卡，专款专用。

第五条 科研经费的使用管理。

科研项目经费的来源应当合法，其中横向科研项目应当由学校与委托方签订符合《中华人民共和国合同法》规定的书面合同，禁止通过设立虚假项目取得横向科研项目经费。纳入国库集中支付系统的科研项目经费，其支付方式须遵守相关的国库集中支付管理规定。科研项目经费使用中涉及政府采购的，按照政府采购有关规定执行。

我校人文社科科研经费的使用管理实行“项目负责人负责制”，项目负责人应对所承担项目经费的使用和管理负主要责任，对科研经费使用的相关性、真实性、有效性和合理性承担相应责任。科研经费到校后，项目负责人应按项目下达（委托）部门（单位）和学校的有关规定，认真履行职责。所有支出必须由项目负责人审批签字后，到财务处报销。科研经费使用手续必须完整，票据必须真实、合法，项目负责人对票据内容的真实合法性负责，并承担相应的法律责任。

（一）纵向科研经费的使用管理。

纵向科研经费使用时，凡项目下达部门或经费来源单位有明确经费管理规定的，按其管理规定执行；无相应经费管理文件时，依据申请书预算经费开支项目内容按国家相关文件规定进行报销。

（二）横向科研经费的使用管理。

横向科研经费开支：凡项目委托方或合作方在项目合同中对经费使用有明确规定的，按合同规定执行；无明确规定的，按国家有关政策法规，以及学校相关规定和合同约定管理。

第二章　管理职责分工

第六条 学校人文社科科研经费管理实行“分级负责、分工协作”的机制，即在校长统一领导下，由分管人文社科、财务工作的校领导对科研经费的管理和使用具体负责，财务处、社科处、纪委监察处、审计处、院（所、基地）等单位以及项目负责人各司其职、各负其责。

第七条 学校法定代表人对学校科研项目经费管理负总责，分管人文社科和财务的校级领导对学校人文社科项目经费管理负直接领导责任。

第八条 社科处在科研经费管理中的职责：社科处是学校人文社科科研工作的主管职能部门，承担相应的科研管理责任。

（一）负责科研项目的过程管理和合同管理。

境内的横向项目，须签订科研合同，

社科处为人文社科科研合同的审查授权部门。

境外的横向项目（指境外合作项目、国际合作项目），项目负责人须填写《四川大学申请（接受）境外资助项目申报表》，经所在单位、国际合作与交流处/港澳台事务办公室和社科处审核同意后，项目负责人方可与资助方签署接受境外资助协议。

（二）与财务处共同指导科研项目负责人编制经费概算和预算。

（三）协助课题组在四川大学人文社科项目信息系统中录入项目信息并完成经费建卡前期相关手续。

（四）协助财务处做好项目经费管理、使用的审核、监督等有关工作。

第九条 财务处在科研经费管理中的职责：负责人文社科科研项目经费的财务管理和会计核算，加强指导项目负责人编制项目经费预算，审查项目决算，指导、监督项目负责人按照项目立项通知书（任务书）或合同约定以及有关财经法规，在其权限范围内规范、合理使用科研项目经费，承担相应的财务管理责任。

（一）与社科处共同指导项目负责人编制经费概算和预算；

（二）指导、监督项目负责人和项目组按照项目预算书（或任务书或合同书）的要求合理使用科研经费，严格执行科研经费预算，包括科研经费使用过程中的财务管理与会计核算、预算调整报告的审批等；

（三）指导和审查项目负责人编制项目财务决算，指导项目负责人完成项目结题审计和财务结题报告的编制与上报；

（四）牵头配合项目主管部门开展项目执行过程中的监督检查和抽查审计，并根据监督检查过程中形成的相关文件，组织完成整改工作。

第十条 审计处在科研经费管理中的职责：审计处负责科研项目经费的审计，按项目管理要求对科研项目经费使用和管理进行不定期审计或专项审计，出具经费审计意见，承担相应的审计责任。

第十一条 各学院（所、基地）负责本单位科研工作的正常开展，督促项目负责人按照项目任务书和项目经费预算开展科研工作。

第十二条 项目负责人的职责：科研经费的管理实行项目负责人负责制。项目负责人应按项目下达部门的有关管理办法和学校的有关财务管理规定，以及项目的经费预算，合理使用经费，并对科研经费使用的真实性、有效性承担经济和法律责任。

（一）在学校财务处和社科处的指导下，按国家和学校的规定编制项目的经费预算和决算。我校作为项目合作单位时，课题负责人和参研人员应当主动参与牵头单位的预算编制工作，确保专项经费的分配与预算的科学合理性。

（二）严格按预算核定的用途、范围和开支标准使用项目经费，自觉控制经费的各项支出，保证科研经费全部用于科研活动；相关计划任务确需调整时，按规定的程序和要求办理相关调整报批手续或与合作方签订补充协议。

（三）完成年度财务检查、项目中期财务检查、结题审计和财务验收，根据项目验收意见办理经费结转手续。

第十三条 学校科研主管部门、财务部门、审计部门和项目负责人应各司其职，各尽其责，紧密配合，加强对科研项目经费的监督检查，实现科研项目全过程管理，逐步形成良好的校内监督长效机制，共同做好科研项目经费管理工作。

第三章　各类项目的预算与决算管理

第十四条　人文社科科研项目的经费管理实行预算控制办法。国家社科基金项目、教育部及其他部委人文社会科学研究项目，严格按国家有关部门的规定执行。省市人文社科规划项目及校级项目的预算管理参照国家社科基金项目预算管理。

横向科研项目按合同约定编制经费预算和使用经费。

第十五条　项目经费预算一经批复，必须严格按预算规定的开支范围、金额和项目进度执行；纵向科研经费预算确需调整的，按管理部门关于相应类型计划项目的经费管理文件的规定履行报批手续。

第十六条　纵向科研项目负责人应当按照管理部门的要求上报财务决算报告。项目执行期结束后，项目负责人应当按相关规定及时完成结题审计和申请财务验收。财务处和社科处指导项目负责人编制项目财务决算、完成结题审计和准备财务验收。

科研项目的预算申报书、预算书、财务决算报告、财务验收申报书须由财务处审核盖章再加盖学校公章后，由项目负责人上报，同时向社科处、财务处备案。

第四章　经费收支管理

第十七条　人文社科科研经费的收支必须符合国家有关规定，经费的使用要符合开展科研活动的实际需要，有专项财务管理办法的科研项目，其列支比例按专项财务管理办法有关规定执行。

第十八条　科研经费进入学校后，经社科处将项目审核录入四川大学人文社科科研项目信息系统并办理经费分配单后，由财务处按项目进行编号、建卡，按“统一管理、单独设账、专款专用”的原则管理。财务处根据有关规定、项目预算或合同、合法的财务凭证等文件资料确认科研经费支出。

第十九条　科研经费的开支范围。

（一）纵向科研项目经费的开支范围一般包括：资料费、数据采集费、差旅费、会议费、国际合作与交流费、设备费、专家咨询费、劳务费、印刷费、出版/文献/信息传播/知识产权事务费、管理费等。

（二）横向科研项目经费开支范围包括：资料费、数据采集费、差旅费、通讯费、会议费、国际合作与交流费、设备费、专家咨询费、劳务费、印刷费、出版/文献/信息传播/知识产权事务费、管理费、办公费、业务费及与项目研究直接有关的其他支出。

第二十条　管理费是指用于项目研究过程中学校科研管理部门所提取的管理成本的费用。对各类项目，如项目主管部门有明文规定管理费比例的，按规定提取；有明文规定不能提取管理费的，免提管理费。学校设立的项目不提管理费，除有规定的外，不能提取劳务酬金。其他项目，原则上学校提取总经费的5%作为管理费。管理费由学校统筹安排。

第二十一条　劳务费（或人员费）用于支付参与项目科研活动的学生、临时聘用人员等无工资性收入人员的补助和劳务酬金。对于纵向科研项目，根据国家相关专项经费管理办法的要求，按批复的预算据实报销劳务费（或人员费）。

第二十二条　加强对科研项目经费购置固定资产的管理。除项目管理办法或项目合同另有规定外，凡使用科研项目经费购置的固定资产，均属于学校的国有资产，纳入学校资产统一管理。

第五章 协作经费的转拨

第二十三条 我校与其他单位联合申请纵向科研项目，各方应当签订联合申报协议书，明确各方的任务分工、知识产权归属和经费分配比例（包括配套经费的承担）。

第二十四条 纵向项目专项经费进校后办理经费卡前，应当根据批准的预算书确认预算内拨款单位、科研合作单位和转拨经费总数；转（外）拨专项经费前，须签订《子课题任务预算合同书》（或《科研合作协议》）。项目负责人要按项目下达部门和学校的相关规定对项目总体负责，监督子课题单位（或科研合作单位）按《子课题任务预算合同书》（或《科研合作协议》）的约定完成科研任务并合理使用我校拨付的经费。

跨学院科研协作各方签订《科研合作协议》后，可按学院单独建经费卡。

第二十五条 申请转（外）拨经费或为跨学院科研协作单独建卡的，须由社科处和财务处共同审核。转拨经费，项目负责人需向社科处提出申请并提供项目批复、合同（协议）和其他必要的资料。社科处批准后，由财务处办理手续。转出经费的接收单位原则上应是项目立项时，申请书、计划书或合同（协议）书中列入的合作单位。除合同（或协议）有明确规定外，转出的合作（协作）经费原则上不能超过总经费的50%。合作项目在研究过程中增加与第三方签订新的合作（协作）协议的，应按国家科研经费管理相关规定办理，并由社科处和财务处共同审核批准后方可转拨；转拨的合作（协作）经费原则上不能超过总经费的30%。严格限制校内转拨：课题之间不能随意转拨经费。

第六章 项目结题与经费结账

第二十六条 科研项目执行期结束后或任务完成后，应按相关管理规定或项目任务书或合同规定的时间及时完成结题审计和申请验收。

（一）对于准备结题的科研项目，项目负责人应当全面清理项目经费收支和应收应付等往来账款。应收及暂付款应在结题验收前完成报销或归还等结算手续。项目如有应付未付账款的，应留足金额以备后续支付。后续支付的金额必须有合理的用途说明和测算依据。

（二）项目负责人应当按照项目结题的要求，对照预算批复数，会同财务处清理账目，如实编报经费决算表，并根据有关要求报送和接受验收，完成结题。

第二十七条 各类科研项目按计划完成后，原则上不列入学校下一年度科研计划，应及时进行经费结算。结余经费按以下办法处理：

（一）对纵向科研项目结余经费，有关项目管理办法或项目下达部门有明确规定原渠道收回的，从其规定；无明确规定的，纵向科研项目结余经费全额转入其科研预研或续研基金。纵向项目应当在收到上级科研管理部门的结项证书后3个月内到社科处和财务处办理结账手续，国家专项资金管理有规定的项目，严格按规定办理，其他无具体规定的项目将剩余经费转入结余经费卡。

（二）对横向科研项目结余经费，全额转入其科研预研或续研基金。横向项目在项目完成后6个月内，应当到社科处和财务处办理结账手续，并将符合合同规定的项目剩余经费转入结余经费卡。

对已结题而无正当理由逾期不办理结账手续的科研项目，学校财务处将根据社科处提供的相关资料予以结账，项目剩余经费转作学校科研基金使用。

科研预研或续研基金由项目负责人用于课题组的继续研究和探索研究。可以用于科研仪器设备的运转维护、人才培养及其他研究发展项目的预研和启动等。

第七章　经费使用的监督

第二十八条　财务处要加强对科研经费收支的会计监督，审计部门要加强对科研经费收支的审计监督，切实防止弄虚作假、截留、挪用、挤占科研经费等违反财经纪律的行为发生。项目单位、项目负责人要自觉接受并积极配合中央和地方各级管理部门和科研经费提供方或其委托的社会中介机构，依据国家有关法规、预算和科研合同对科研经费的管理和使用情况进行的检查监督。

第二十九条　项目负责人对科研经费使用的合理性、真实性负责，对须严格控制开支的费用（如劳务费或人员费、专家咨询费、国际合作与交流费、外协费等）应由项目负责人所在学院（所、基地）、社科处和财务处共同严格审批。

第八章　附　则

第三十条　我校退休人员承担科研项目取得经费按本办法相关规定管理。

第三十一条　项目负责人调动工作，其以学校名义申请的项目经费原则上仍留在校内，国家有明确规定的除外。非正常脱离学校工作岗位的，先冻结其科研经费，由社科处和财务处共同研究后进行处理。

第三十二条　本管理办法自公布之日起执行。

第三十三条　本管理办法由学校授权社科处、财务处负责解释和修订。

第三十四条　本管理办法中如与国家有关部门新规定不符的，一律按国家有关部门最新文件执行。

四川大学研究生奖助金实施方案（试行）

（川大研〔2012〕34号）

为了进一步加强拔尖创新人才培养，吸引优秀学生报考硕士和博士研究生，充分调动研究生的学习积极性和学术创造力，促使研究生的全面发展，本着“增强激励作用，完善奖助体系，提升培养质量，鼓励助研助教”的原则，特制定《四川大学研究生奖助金实施方案（试行）》。

一、资助对象

除委培以外的四川大学全日制博士和硕士研究生均有资格申请。

二、资助体系与资助标准

研究生奖助金体系由学业奖学金、助研助学金和助教助学金三部分组成，以鼓励研究生参与科研和助教工作，资助标准及相应的资助比例如下表所示。

<table>
<tr><td></td><td>等级</td><td>学业奖学金</td><td>助研助学金</td><td>公共基础课助教助学金</td></tr>
<tr><td rowspan="3">博士研究生</td><td>一等 15%</td><td>奖励全额学费</td><td>2500 元/月×12 月</td><td rowspan="2">A类：1600 元/月×10 月</td></tr>
<tr><td>二等 70%</td><td>奖励全额学费</td><td>1800 元/月×12 月</td></tr>
<tr><td>三等 10%</td><td>奖励全额学费</td><td>1200 元/月×12 月</td><td>B类：800 元/月×10 月</td></tr>
<tr><td rowspan="3">硕士研究生</td><td>一等 10%</td><td>奖励全额学费</td><td>1200 元/月×12 月</td><td rowspan="2">A类：1600 元/月×10 月</td></tr>
<tr><td>二等 40%</td><td>奖励全额学费</td><td>600 元/月×12 月</td></tr>
<tr><td>三等 25%</td><td>奖励半额学费</td><td>500 元/月×12 月</td><td>B类：800 元/月×10 月</td></tr>
</table>

说明：

（1）博士研究生助研助学金金额包括博士生导师承担不少于 500 元/月×12 月。硕士研究生助研助学金金额中，一等奖获得者研究生导师承担不少于 200 元/月×12 月，二等奖获得者研究生导师承担不少于 100 元/月×12 月。

（2）学校设立“研究生指导专项基金”，文、史、哲、政学科每名博士生导师每年可根据科研经费的实际情况提出申请，由该基金资助一名博士生的助研助学金导师承担部分，但对同一导师同一年级招收的第二名及以后的博士生，则按照与其他学科相同的要求执行。

（3）学校引进人才在其来校后第一年招生时，参照上述第二条执行。

（4）为鼓励招收外国留学研究生，学校设立“外国留学生奖励基金”，外国留学研究生的助研助学金导师承担部分由该基金解决。

（5）上述第二条规定的学生之外，博士生导师须在每年 4 月底以前，按当年计划招生数将每位学生三年的助研助学金中导师支付部分由学院组织统一转至学校“指导教师支付博士生助研助学金”账户中。如导师没有按时划拨导师支付部分到统一账户，则当年不能招生。如已支付但当年未招收到博士生，将于当年 6 月底以前由学院组织统一退还导师或按导师意见留作下一届使用。

（6）对于享受一等、二等奖助金的硕士研究生，参照上述办法执行。鉴于硕士生招生与博士生招生过程存在差异，不要求硕士导师将钱划拨到统一账号，由硕士生导师直接支付硕士研究生。

（7）学业奖学金部分由学校在学生入学时为其代缴纳；助研助学金依据资助等级按月支付给学生；公共基础课助教助学金根据教务处考核情况及工作量等级按月支付给学生。

三、奖助金获得者的责任与义务

1. 奖助金获得者应当认真投入学术研究，认真完成导师指定的助研工作，提高个人的学术研究水平，加强学风道德建设，端正个人品行，充分调动个人学习和研究的积极性。

2. 教学工作能力训练是研究生培养的一个重要环节，参与教学工作有助于培养研究生的表达沟通能力、协调组织能力，对专业课程的学习也有促进作用。所有享受奖助金的学生都应参与本科教学，整个学习期间每人至少完成 20 个学时的助教工作，并纳入研究生培养考核环节。此方面的助教工作由各单位根据教学计划任务需要统一安排。

3. 教务处设“公共基础课助教岗”，分为 A、B 两类（见下表）。经过专门的助教培训并取得证书的研究生方可获得这一教学实践机会。获得岗位资助的研究生应完成教务处下达的、每周不少于 5 或

10个学时的本科助教工作量。

公共基础课助教岗位类型	公共基础课助教助学金
A类：每年两聘，每个聘期工作5个月，每周工作不少于10学时	1600元/月
B类：每年两聘，每个聘期工作5个月，每周工作不少于5学时	800元/月

助教工作职责如下：

（1）日常学习管理，包括协助教师完成批改作业、批阅试卷等。

（2）教学管理，根据老师要求随堂听课，并协助老师完成课堂教学。

（3）组织学生进行小班研讨、集体自习、集中答疑、辅导习题等与课程相关的形式多样的活动。

（4）研究生助教属于教学辅助岗位，不得安排或要求研究生承担本应由主讲教师承担的主讲工作。否则，作为违纪行为，要追究主讲教师的责任。

四、评审原则与评审标准

1. 坚持公开、公平、公正的原则。奖助金获得者应有良好的思想品德和学术道德、优良的学业成绩和综合表现。公共基础课助教助学金根据申请人员的思想素质、业务水平、工作态度、参加教师教学发展中心助教培训考核结果择优评选。

2. 在校研究生严格按照学籍情况及人事关系情况进行奖助金评定。

3. 研究生休学期间，暂停其助学金发放，复学后恢复发放。休学一年以上的研究生，在第二次奖助金评定时可跟随实际就读年级进行奖助金评定。

4. 研究生公派出国，脱离学籍者取消其奖助金，未脱离学籍者保留其学业奖学金部分，暂停助学金发放。研究生按期回国，恢复助学金发放。若不按时回国者，取消其奖助金。

5. 研究生退学，取消其研究生奖助金。

6. 研究生在校期间出现违反国家法律或违反学校管理规定事件，取消其研究生奖助金。

7. “学业奖学金”和“助研助学金”的评定原则上以三年为限，共评定两次，第一次为入学时评定，第二次为第二学年结束时（每年5～6月）评定，实施动态管理。第一次评定的主要依据是入学考试的初试和复试成绩，结合各学院招生人数，按比例分配。第二次评定的主要依据是导师的考核意见、前一年半的学习成绩、科研成绩和综合表现。

8. “公共基础课助教岗位”原则上面向二、三年级硕士研究生及一、二年级博士研究生开放，最低聘期为一学期。为保证工作的连续性，“公共基础课助教助学金”原则上按学期进行考核、评定。第一次评定的主要依据是导师推荐意见及教师教学发展中心组织的上岗培训、认证，名额分配比例结合公共基础课程改革需求进行。第二次参加评定的主要依据是前一学期的工作表现、课程主讲教师的考核意见及学生评价等。获得“公共基础课助教助学金”资助的学生必须完成相应岗位工作职责要求，接受每学期考核，若不合格，下一学期不予录用。

9. 各学院招收的非委培研究生总数乘以一、二、三等奖比例系数，即为各学院的相应奖助金名额。

10. 对重点学科以及优秀生源比例高、培养质量高的学科可在分配奖助金名额时给予适当倾斜。

五、申请和评审程序

1. 学业奖学金和助研助学金评审程序：

(1) 学校按上述分配原则统一下达各学院的学业奖学金和助研助学金名额。

(2) 学生本人提出学业奖学金和助研助学金申请。

(3) 学院奖助金评定小组按照学校制定的评审原则和各学院的实施细则进行评审。

(4) 学院将初步确定的奖助金人员名单报研究生奖助金管理办公室审核确定。

(5) 第一次奖助金评定结果由研究生院以录取通知书的方式告知录取考生，第二次奖助金评定结果由学院通知学生。

2. 公共基础课助教评审程序：

(1) 每年6月前，学生填写研究生助教申请表，取得导师同意后提交申请，各学院汇总申请书统一交到教师教学发展中心。

(2) 首次申请并经过初步筛选的学生参加教师教学发展中心组织的培训，合格者发放证书。

(3) 获得培训证书的研究生助教接受主讲教师分派的任务，并在其指导下于正式行课周伊始即参与辅助教学工作。研究生助教的工作量应满足所属岗位类别的要求，其工作质量应接受主讲教师的考核。

(4) 已担任过助教且考核合格的学生，第二次申请无须参加面试和培训，其余程序参照以上要求进行。

六、评定机构及经费管理

1. 研究生奖助金管理办公室专门负责研究生奖助金的日常管理工作。

2. 研究生奖助金经费统筹统支，并由学校实施专项管理。凡学校用于研究生奖助金的经费先进入研究生奖助金专项经费，再由该专项经费统一支出。

3. 奖助金的管理设校、院两级。学校制定奖助金有关政策。各学院或研究机构根据其具体情况，设立由导师参与的奖助金评定小组，具体执行学校政策，并可在此基础上制定实施细则，进行“学业奖学金”和“助研助学金”的评审，评审结果报研究生奖助金管理办公室审核确定。“公共基础课助教助学金”由教务处评定。

本方案由研究生院和教务处负责解释，自发布之日起执行。

四川大学贯彻落实“高等学校创新能力提升计划（2011计划）”的办法（试行）

（川大科技〔2012〕11号）

根据教育部、财政部〔2012〕6号文件精神，结合学校实际情况，制定四川大学贯彻落实“2011计划”的办法。

一、“2011计划”的重要意义

为贯彻落实胡锦涛总书记在清华大学百年校庆大会上的重要讲话精神，国家决定实施“高等学校创新能力提升计划”

（简称“2011 计划”），其基本思路是以“国家急需、世界一流”为根本出发点，以人才、学科、科研三位一体能力提升为核心任务，以协同创新项目为载体，构建四类协同创新模式，以机制体制改革为重点推进八个方面机制体制改革。该计划的总体目标是构建协同创新的新模式与新机制，形成有利于协同创新的文化氛围，建立一批“2011 协同创新中心”，积聚和培养一批拔尖创新人才，取得一批重大标志性成果，同时推动知识创新、技术创新、区域创新的战略融合，支持国家创新体系建设。“2011 计划”是贯彻落实胡锦涛总书记重要讲话精神的战略举措，是推进高等教育内涵式发展的现实需要，是深化科教体制改革的重大行动，也是我校建设一流研究型大学的一个重要机遇和挑战。实施“2011 计划”，对于大力提升学校的创新能力，全面提高教育质量，深入贯彻落实科教兴国、人才强国战略，都具有十分重要的意义。

二、总体目标

通过实施“2011 计划”，充分发挥我校多学科的综合优势，以人才、学科、科研三位一体的创新能力提升为核心，充分利用我校已有的基础，围绕“国家急需，世界一流”的目标，坚持“高起点、高水准、有特色”，对内加强校内学科交叉融合，对外积极联合汇聚海内外的优质资源，突破现有体制、机制障碍，构建一批“2011 协同创新中心”，建立协同创新机制与体制，全面带动学校的体制、机制改革创新，大幅提升学校的创新能力和人才培养质量。通过实施“2011 计划”，促进我校向国际一流大学迈进，为建设创新型国家做出重要贡献。

具体目标为：在若干优势领域形成国际领先的研究发展方向，成为具有重要国际影响的学术高地；成为国家文化传承创新主力阵营的重要组成部分，在西部文化、巴蜀文化、边疆文化等方面形成特色，传承和发展先进文化；形成行业产业共性技术的主要研发基地和区域创新发展的引领阵地，为国家、行业和区域经济发展提供具有自主知识产权的技术支撑。

三、建设任务

根据教育部、财政部〔2012〕6 号文件规定，“2011 计划”建设任务包括以下几方面：

1. 构建协同创新平台与模式

根据“2011 计划”要求，协同创新中心分为面向科学前沿、面向文化传承创新、面向行业产业和面向区域发展四种类型。

（1）面向科学前沿的协同创新中心

以自然科学为主体，以世界一流为目标，通过高校与高校、科研院所以及国际知名学术机构的强强联合，成为代表我国本领域科学研究和人才培养水平与能力的学术高地。

（2）面向文化传承创新的协同创新中心

以哲学社会科学为主体，通过高校与高校、科研院所、政府部门、行业产业以及国际学术机构的强强联合，成为提升国家文化软实力、增强中华文化国际影响力的主力阵营。

（3）面向行业产业的协同创新中心

以工程技术学科为主体，以培育战略新兴产业和改造传统产业为重点，通过高校与高校、科研院所，特别是与大型骨干企业的强强联合，成为支撑我国行业产业发展的核心共性技术研发和转移的重要基地。

（4）面向区域发展的协同创新中心

以地方政府为主导，以切实服务区域

经济和社会发展为重点，通过推动省内外高校与当地支柱产业中重点企业或产业化基地的深度融合，成为促进区域创新发展的引领阵地。

2. 建立协同创新机制与体制

实施“2011 计划”，建设协同创新中心平台，提出了方向选择、机制创新、资源汇聚、前期基础、基本条件 5 个方面的准入标准，其中最为关键的是机制创新。机制创新不仅是组建培育阶段的核心任务和难点，也是评审认定的重要内容。机制创新主要包括如下 8 个方面的改革：

（1）构建科学有效的组织管理体系

成立由多方参与的管理机构，负责重大事务协商与决策，制定科学与技术的总体发展路线，明确各方责权和人员、资源、成果、知识产权等归属，实现开放共享、持续发展。

（2）探索促进协同创新的人事管理制度

建立以任务为牵引的人员聘用方式，增强对国内外优秀人才的吸引力和凝聚力，造就协同创新的领军人才与团队。推动高等学校与科研院所、企业之间的人员流动，优化人才队伍结构。

（3）健全寓教于研的拔尖创新人才培养模式

以科学研究和实践创新为主导，通过学科交叉与融合、产学研紧密合作等途径，推动人才培养机制改革，以高水平科学研究支撑高质量人才培养。

（4）形成以创新质量和贡献为导向的评价机制

改变单纯以论文、获奖为主的考核评价方式，注重原始创新和解决国家重大需求的实效，建立综合评价机制和退出机制，鼓励竞争，动态发展。

（5）建立持续创新的科研组织模式

充分发挥协同创新的人才、学科和资源优势，在协同创新中不断发现和解决重大问题，形成可持续发展、充满活力和各具特色的科研组织模式。

（6）优化以学科交叉融合为导向的资源配置方式

充分利用和盘活现有资源，集中优质资源重点支持，发挥优势和特色学科的汇聚作用，构建有利于协同创新的基础条件，形成长效机制。

（7）创新国际交流与合作模式

积极吸引国际创新力量和资源，积聚世界一流专家学者参与协同创新，合作培养国际化人才，推动与国外高水平大学、科研机构等建立实质性合作，加快我国高等学校的国际化发展进程。

（8）营造有利于协同创新的文化环境

构建自由开放、鼓励创新、宽容失败的学术氛围，倡导拼搏进取、敬业奉献、求真务实、团结合作的精神风尚。

四、组建原则

根据教育部、财政部〔2012〕6 号文件规定，协同创新中心的组建方向选择必须符合“国家急需、世界一流”的要求，同时必须有良好的前期培育工作基础和推进校内外资源整合、形成创新机制的有利条件，具体包括以下几个方面：

1. 符合国家规定的申报“协同创新中心”必要条件

面向科学前沿的协同创新中心。

牵头高校以及主要参与高校，依托的主体学科原则上应进入 ESI 学科排名的前 1%，并建有国家重点实验室、国家科学研究中心或优秀类教育部重点实验室。

面向文化传承创新的协同创新中心。

牵头高校以及主要参与高校，在该方向上应具有较强的学术积淀和较明显的学科优势，依托的主体学科应处于国内领先水平，并已建有相应教育部重点研究基地。

面向行业产业的协同创新中心。

牵头高校以及主要参与高校，须在行业产业内具有明显特色和行业企业的影响实力，依托的主体学科应处于国内领先行列，并建有相应的国家或教育部重点实验室、工程（技术）研究中心、工程实验室等研发基地。参与企业、研究院所等应是行业内领先、影响力强，具有较好研发基础和对重大技术创新的需求与接受能力。有效地聚集了多方资源，得到了参与企业的实质性投入。

面向区域发展的协同创新中心。

牵头高校依托的主体学科应切合区域发展的重大需求，并建有相应的国家级或教育部重点科研基地。

得到省级协同创新的支持，在支撑区域创新发展中发挥了示范带动作用，并产生了显著的经济社会效益。

2. 有建立实质性的协同创新体的基础和保障

组建创新中心，首先在学科、基地、人才等方面在国内外本领域应有足够的影响力，必须是国内本学科领先的优势学科团队，这是组建中心的基础条件；同时，要得到国内外同行的认可，能团结、吸引和汇聚国内外优秀人才，整合校外本领域优势资源，围绕“国家急需，世界一流”目标，形成有机结合的实质性协同创新体；组建的协同创新中心应该是国内该领域的高水平中心，能代表该领域国家最高水平（国家在同一领域不会重复建设相同的中心）；中心的单位组成应该是强强联合优势互补；参与单位数量不作限制，但要求是实质性参与和发挥作用，绝不搞凑数和拼盘。同时，也应注意参与单位不是越多越好，不是要搞大联盟，不需要大而全。重在建立各方任务明确、职责清晰、优势互补、互利共赢的协同机制和形式，形成良好的协同创新氛围。

我校各学科可根据实际情况组织优势学科联合其他优势单位组建协同创新中心或加入其他优势团体组建协同创新中心。

3. 突出机制改革创新

拟组建的协同创新中心必须在内部管理、运行机制建设等方面有实质性的进展和创新。需要考虑如下4个方面：

（1）人事管理制度和考评制度的改革

中心要建立全新的人事聘用和管理制度。根据创新目标和任务，科学明晰职责和任务，合理设置岗位；可采用与国际接轨的PI制等方式聘任中心研究队伍和相关人员；在创新任务协同实施方面，统筹安排每个岗位任务；每个任务多团队、多单位协作实施；以平台为纽带，开放式科研协作，以重大科学问题为导向，分工协作（团队—团队，高校—高校，校—所）。在考评方面，可以采取国际性第三方委员会评价机制，采用年度报告与聘期考核相结合等方式，由平台统一考核，形成激励机制，促进科技资源成果共享。原则上成果归属人事所在单位，平台内共享，对社会开放。

（2）建立资源共享的机制

创新中心要能形成资源共享机制。创新中心构成单位对相关资源具有所有权，中心内部完全开放使用。如仪器设备共享机制、协同的研究生培养机制等。形成平台内仪器设备开放共享，联合招生，统一培养方案，成员单位间课程开放、学分互认。平台内可采用多导师或轮训制等培养方式，提高研究生待遇，助研津贴与国际接轨，向高端人才计划倾斜。

（3）建立成果共享的机制

创新中心要有成果归属及知识产权明晰的共享机制。比如，成果归参加者原单位所有，创新平台内共享等。

（4）建立新的管理机制

创新中心要形成新的管理机制，实行“特区制”管理。可考虑成立“理事会”，负责中心主任选聘、机制确定等重大事项。成立“专家委员会”，负责重大学术事项的确定。中心主任负责中心运行机制、经费支持、人员管理、团队建设、评估激励等方面工作。相关工作不受目前体制和机制的局限。如，人员流动不调动，国际交流合作常态化、实质性，向公派留学、引进外专、研究生合作培养、国际科技合作等计划倾斜支持。

面向科学前沿的协同创新中心的体制机制改革，应更加注重协同国际前沿解决重大问题；面向文化传承创新的协同创新中心的体制机制改革，应注重先进文化发展方向；面向行业产业的协同创新中心的体制机制改革应更注重知识产权的明晰与共享；面向区域发展的协同创新中心的体制机制改革中应注重与地方政府的紧密合作。

五、具体实施办法

根据教育部、财政部〔2012〕6号文件精神，协同创新中心的组建采取“先学校组建培育，后国家择优批准运行，再投入支持”的方式进行。我校协同创新中心的建设采取学科带头人申报与学校组织相结合的模式进行筹建。具体过程是先组建培育，在此基础上经考核后择优推荐申报国家协同创新平台。实施办法如下：

1. 申请培育建设

“2011计划”是以机制创新为特色的一个改革性计划，机制创新是其核心任务和难点，因此，拟组建创新平台应首先考虑如何突破现有模式建立新的管理运行机制，形成改革机制的思路，并做出操作性强的方案，向学校提交申请。在此基础上学校组织专家进行评审，按照教育部、财政部文件规定的方向选择、机制创新、资源汇聚、前期基础、基本条件五个标准条件评审通过后报学校批准进行培育建设。

2. 考评验收

经批准组织的学校协同创新中心在培育过程中应积极尝试创新平台的有效运行，在实际过程中不断探索完善相关管理运行机制，及时沟通、解决出现的问题。在规定的期限内应该达到预期的建设目标，在此基础上由学校组织专家评审。学校组织评审通过的协同创新中心做好申报国家级协同创新中心的各项工作准备。

3. 推荐国家级中心建设

学校批准的协同创新中心经过培育运行取得实质性进展基本达到预期目标后，通过学校组织的专家评估验收，在此基础上学校将择优向国家推荐，争取建成国家级协同创新中心。

四川大学关于进一步加强教风学风建设的若干意见

（川大校〔2012〕49号）

教风学风是大学精神的具体体现，优良的教风学风是学校提高人才培养质量的根本保证。四川大学为践行让每一位学子都能够获得“精英教育、个性化教育、全面发展的教育、科学精神与人文精神相统一的教育”的教育理念，必须进一步加强教风学风建设，形成全校教职工“爱教学、爱学生、爱学校”，全体学子“爱学习、爱老师、爱校园”的文化氛围，增强我校的“凝聚力、自信力、影响力、竞争力”。针对我校教风学风中存在的主要问题和薄弱环节，特制定进一步加强我校教风学风建设的若干意见。

一、充分认识教风学风建设的重要意义，在体制机制上为教风学风建设提供切实保障

1. 明确教风学风建设的指导思想

以我校的“教育质量观、教育公平观、教育多样观和全面发展教育观”为指导，围绕“培养具有深厚人文底蕴、扎实专业知识、强烈创新意识、宽广国际视野的国家栋梁和社会精英”的人才培养目标，着力培养信念执着，品德优良、知识丰富、本领过硬的高素质专门人才和拔尖创新人才。坚持弘扬社会主义核心价值观，建立和完善教风学风建设长效机制，全面贯彻《高等学校教师职业道德规范》；以增强教师的责任心、使命感为核心，倡导广大教师珍惜我们拥有的这份天底下最崇高、倍受尊敬的职业；以激发教师的爱岗敬业精神为重点，提高全体教师参与教学的激情和积极性，认同并践行“老师是第一身份、上好课是第一要务、关爱学生是第一责任”，使教书育人、为人师表成为每位川大教师的自觉行为。以优良的教风促进学风建设，强化学生责任意识，增强学生学习的主动性、积极性，养成良好的学习风气，不断提升我校老师“爱教、善教、乐教”和学生“勤学、好学、会学”的良好教风学风。

2. 建立和完善教风学风建设的长效机制

教风学风建设是一项系统工程，优良教风学风的形成需要校、院各部门和广大师生的共同努力。学校将成立教风学风建设领导小组，负责全校教风学风建设的规划部署与监督评估。人事处、教务处、学工部是学校教风学风建设的重要部门，具体负责教风学风建设的制度设计、监督检查和宣传表彰。各学院是教风学风建设的主体，应在内容和方式上积极探索、大胆创新，将教风学风建设更好地融入学院的日常工作中。各学院要成立相应的工作小组，实行目标责任制，院长、书记为教风学风建设的直接责任人，负责制定体现本学院特点的教风学风建设具体方案，并组织实施和监督检查。教风学风建设成效将成为各单位年度考核重要内容。

学校、学院和各部（处）党政负责人每学期应深入课堂、实验室、生活区等，关心老师和学生，了解教风学风实情，发现问题，分析原因，及时解决。人事处、教务处、学工部定期发布《四川大学教风学风简报》。

3. 加强基层教学组织建设，为教学质量提供体制保障

各学院应健全本科教学管理机构，配备素质高、能力强的优秀专职人员从事本科教学管理工作。

进一步加强基层教学组织（系或教研室）的建设，充分发挥其作用，积极组织教师开展教育教学理念、内容、方法及教学过程管理等教研活动，指导青年教师备课、撰写教案、改进教学方法、考核学习过程、批改作业、批阅试卷及做好教学总结等，不断提升教师教学能力和水平。各学院应将教学研讨活动定期发布到学院网站。

4. 进一步推进人事制度改革，保证教师对教学工作的投入

坚持实行以学生评教、同行评教、学院评教和校院两级督导评教有机结合的综合教学评价体系，加强学生评教宣传与管理，提高评教结果的准确性，鼓励教师严格管理学生，达不到教学基本条件的人员，不能评聘高一级技术职称。将教学业绩和各级教育教学研究成果、教学成果奖与科研业绩、科研项目、科研成果同等对待，作为岗位考核、职称晋升、评优评奖的重要依据，引导、鼓励教师精心教学、潜心育人，创造性地开展教育教学研究与改革，以自己的人格魅力和学识魅力教育感染学生，做学生健康成长的指导者和引路人。

对教学效果很好的教师，在职称晋升和岗位考核方面，在同等条件下要优先考虑；对长期和主要承担大面积全校公共课教学任务的教师，其职称晋升和岗位考核的重点要放在教学任务的数量与质量、教育教学研究的水平与成果、青年教师的传帮带与教改成果推广情况等方面。

5. 认真落实教授为本科生授课制度，使学生最大程度获得优质教育

教授、副教授每学年至少主讲一门本科生课程。连续两年不为本科生上课者及授课质量不合格者，不再续聘教授、副教授职务。

全校设立每周一天的“无会日”，确保学校各级领导干部带头参与本科教学，亲临课堂听课和授课。

认真落实我校教授特别是博导“五个一”工程，即：坚持每年认认真真“讲好一门本科课程、做好一项专业研究、发表一篇高质量论文、做一次高水平讲座、带好一名青年教师”。

6. 建立教学工作和学生工作的联动机制，形成育人合力

定期召开教务和学生工作联席会议，由各学院分管教学的副院长、分管学生工作的副书记共同就教风学风建设进行研讨。要求学工干部熟悉教学规律和过程，熟知专业要求和教学状况；要求教务管理者熟悉学生思想教育管理的内容和特点，掌握学生学习动态。要求辅导员加强与任课老师的联系，配合任课老师建设良好的课堂教学秩序，督促学生踏实学习；要求任课老师及时与辅导员进行学生学习状况的沟通，协助辅导员加强对学习困难学生的关心和辅导。

7. 发挥“四位一体”学生成长关爱体系作用，增强班级和宿舍管理工作实效性

重视发挥辅导员、党团员骨干、优秀学生在班级建设中的重要作用，通过开展贴近学生的主题班会、组织丰富多彩的集体活动，促进优良学风的形成。

进一步建立和完善学生宿舍社区委员会，组织同学们共同自觉维护公共安全、环境卫生，构建和谐、文明的集体家园，把宿舍建设成为和谐温馨的生活空间、愉悦的交流空间、有效的学习空间。

依托学院学生工作组和“学生助理”信息调研团队，每学期开展问卷调查，了解学生学习状况及成长需求；重点关注学业困难学生，找准根源，有针对性地制定帮扶措施，实现全校学生健康成长。

充分发挥辅导员、指导教师、兼职班主任、全职教导员“四位一体”学生管理服务体系的作用；进一步加强学生辅导员队伍建设、技能培训、工作研究和工作考核，实行辅导员工作日志和周报、月报制度；选聘优秀青年教师担任学生兼职班主任；校院领导及知名学者要主动担任本科生名誉班主任，定期与本科学生见面、交流，引导学生成人、成才。

二、多种形式地宣传学校、宣传关爱学生的老师、宣传爱学习会学习的学生，在教学科研过程中实现师生之间“爱的传递、心的交流、精神的碰撞”

8. 开展丰富多彩的开放交流活动，增强学生对学校的认同感

充分发挥我校“四馆一廊”的育人功能，完善校情校史教育，让学生从历史发展过程中感受学校深厚的人文底蕴、光荣的办学传统，从而激发他们作为川大学子的自豪感和获取知识的激情与动力。

邀请优秀教师特别是知名专家开设新生研讨课，让学生进校之初就能了解学科前沿，领悟科学、世界和人生真谛，养成探究学习的习惯，形成勤奋好学、善于思考、追求真理的优良学风。

各学院要积极组建学术型社团、组织开展“国际交流营”、“学院开放日”、“实验室开放周”等活动，邀请知名学者、专家与学生交流，让学生了解学校、学院的优质办学资源、领略教师风采，感悟求知乐趣。

实施优秀毕业生和在校本科生、高年级学生与低年级学生结对子的“学友计划”，帮助学生深化对学校的情感和认识。

9. 表彰先进，树立典范，弘扬教学文化

实施名师采访计划。采访我校的名师、名家，宣传他们教书育人的感人事迹和精彩瞬间，传承他们为人师表的高尚人格、言传身教的育人经验和丰富优秀的教育教学成果。

延聘和返聘一批教学效果好、愿意为本科教学奉献自己的智慧和热情且健康状况良好的优秀老教师，继续从事本科教学工作和青年教师帮扶工作。

开展“名师对话”活动，定期邀请教学名师名家与青年教师、学生开展对话与交流，感受名师风采，分享治学之道，领悟作为学者、学子应恪守之本分；传授讲课经验和技巧，定期举行名师授课观摩，推广优秀教学成果。

加大对教学效果好、育人成效明显的教师、教学团队和优秀学生的激励、表彰和宣传力度，发挥师生典范的引领示范作用，宣传优秀学生和他们的成才经验，激励学生树立勤奋学习、刻苦钻研的学习积极性。

10. 实施学业评价改革，建立研究生助教制度，引导教风学风建设

积极推行学业考核全程式多样化改革，引导学生全过程、全身心投入学习。在教学过程中广泛采用平时测验、大作业、课程论文（综述）、读书报告、研究报告等多种评价形式；重视过程考核，要求期末考试成绩占总成绩的比例不得超过50%，从根本上改变期末“一考定成绩”

的不合理现象；倡导考试形式的多样化，可以是笔试、开卷考试、口试或几者结合；提高试题命题质量，要求多出能启发学生思维，激发学生智慧，利于培养学生创新能力的试题，并以定期公布已考试题的方式促使命题质量的有效提升。

逐步完善学生学业综合评价体系，将学生主动实践、科技创新等内容纳入学年学业评价。在各项学生评优评奖活动中，注重考核学生学业质量，学习态度和掌握真才实学的本领。

全面推行研究生助教制度。助教协助主讲教师实施小班讨论、辅导、答疑及各项考核工作，指导学生完成老师布置的学习任务，帮助学生拓宽视野，引导学习风气的改善，提升学习效果。将助教岗位纳入研究生奖助金体系，激励研究生强化教学实践，端正学习风气，有效提升自身适应能力。

11. 营造浓郁的校园读书氛围，形成清新校园风尚

以社会主义核心价值观为统领，广泛开展“公民法律意识讲座”、“心理健康知识普及”、“校园精品文化系列讲座”，既相互交融又自成体系，雅俗共赏，做到“学术、通俗、经典”三者统一，让学生经常性地在学术、文化、科学知识的海洋中浸润成长。

开展“书香校园”经典著作阅读活动。邀请我校著名专家、学者为学生开列经典书目，让学生静下心来多读书、读好书，在阅读中思考，在思考中进步。通过“好书评鉴会”、“读书报告会”等延伸性读书活动，陶冶学生性情，培养学生能力。

三、健全约束机制，杜绝违背教育规律和学术诚信的现象发生

12. 完善制度，加强考核

进一步完善《四川大学教师本科教学工作基本要求》《四川大学教师考核办法》《四川大学学分制指导教师工作管理办法》《四川大学本科学生学习基本要求》等规章制度，明确教育教学基本规范、大学教师应有的职业形象、学生应遵守的基本要求等。

加强对教学质量的监管力度，严格执行未完成年度教学工作量或教学质量不合格者不能晋职、评优、评奖的制度。凡教学质量不合格的教师应在学校教师教学发展中心接受教学能力培训，培训之后仍然不能达到要求者，应调离教学岗位。

13. 加强纪律约束和诚信教育，规范学术管理

各院系（教研室）要采取有力措施，加强管理，定期对课堂进行检查和督导。学生干部要充分发挥作用，共同维护课堂纪律，杜绝旷课、迟到、浮躁、投机、不注重学习过程单纯追求分数等不良现象。

各学院要大力加强考风建设，把考风建设与学生公德教育、诚信教育贯穿于整个教风学风建设的全过程。严明考试纪律，强化诚信迎考，诚实做人的教育，塑造良好考风，教师不能在考试前突击划定复习范围和重点，不以任何方式泄露考试内容；监考教师要严格履行职责，对学生考试违纪行为要重在教育、重在预防，若确有违纪行为发生，应果断处理并及时上报。

重视并开展全体学生的学术道德和科研诚信教育，教育学生树立正确的学术道德与学术规范。加强对毕业论文（设计）的指导，启用“大学生论文抄袭检测系统”，对本科生毕业论文（设计）进行抽检，防止出现论文抄袭、论文作假等学术不端行为，提高论文写作质量。

四川大学本科教学贯彻落实“教育部关于全面提高高等教育质量的若干意见”的实施方案

（川大校〔2012〕50号）

2012年3月，教育部发布《关于全面提高高等教育质量的若干意见》，这是深入贯彻落实胡锦涛总书记在庆祝清华大学建校100周年大会上的重要讲话精神和《国家中长期教育改革和发展规划纲要(2010—2020年)》，大力提升人才培养水平、增强科学研究能力、服务经济社会发展、推进文化传承创新，全面提高高等教育质量的重要的指导性文件和行动纲领。为进一步提升本科教学质量，结合我校本科教育教学实际，特制订如下实施方案：

一、注重人才培养，巩固本科教学基础地位。把本科教学作为学校最基础、最根本的工作，书记、校长亲自领导和主持召开一年一度的本科教学工作会议总结、部署年度教学工作；每学期召开1～2次专题校务会，专门讨论、解决本科教学中的重点难点问题；对每一个学院、每一个部处、每一位教职员工的工作业绩考核都要以提升或保障本科教学工作质量以及对人才培养的贡献大小为首要指标；学校经费重点用于支持本科教育教学改革与创新、改善本科教学条件、奖励本科教学先进单位和个人。

二、调控招生规模，着力本科教学内涵建设。2012年我校本科生招生规模已由原来的10200人减少到9500人，今后，将继续逐年减少招生计划，最终把本科生在校人数控制在30000人左右。在科学控制规模的基础上，加强教育教学过程管理，重点关注每一个教学环节中的质量问题，走以质量提升为核心的内涵式发展道路。

三、优化专业结构，彰显学校人才培养特色。充分发挥我校办学历史、资源条件及区位优势，顺应学科发展及国家建设需求，根据教育部新修订的学科专业目录及设置管理办法，合理优化学科专业结构，重点建设10个交叉专业和20个全英语授课专业，进一步形成我校人才培养特色。

四、完善培养模式，实施优质个性化教育。扎实推进本科“323＋X”创新人才培养体系，精心组织实施“基础学科拔尖学生培养试验计划”、“卓越工程师教育培养计划”，适度扩大“吴玉章学院”优质教育受益面，力争首批加入“卓越法律人才等教育培养计划”、“卓越医生教育培养计划”；强化通识教育，探索科学基础、实践能力和人文素养融合发展的人才培养模式；进一步扩大学生选择专业自主权，增设辅修专业面，鼓励跨专业选修课程；努力让川大的每一个学生都能享受到适合自己的优质教育。

五、优化人才培养体系，开展人才培养方案、工程专业教育和课程建设的国内外同行评估。依据我校“培养具有深厚的人文底蕴、扎实的专业知识、强烈的创新意识、宽广的国际视野的国家栋梁和社会精英”的人才培养目标修订和完善各专业人才培养标准和计划，并送同行一流专家评审，条件具备的专业人才培养方案和计划要送国际一流专家评审。

六、创新教育教学方法，提高课堂教学质量。每一位教师都必须为本科生上课；让最优秀的教师为本科一年级学生上课，鼓励知名教授开设新生研讨课，激发学生专业兴趣和学习动力；实施名誉班主任计划，校、院两级领导干部、著名专家学者、教授兼任学生名誉班主任，每学期与学生见面交流；制定并落实《四川大学本科教学基本规范》《四川大学“探究式—小班化”教学基本要求》，倡导启发式、探究式、讨论式、参与式教学；全面推行研究生助教制度，实施“大班教学—小班研讨”，助教协助主讲教师实施小班讨论、辅导、答疑及各项考核工作，指导学生完成老师布置的学习任务，帮助学生拓宽视野，提升学习效果。

七、改革学业考核评价方法，注重学习过程考查和学生能力评价。积极推行学业考核全程式多样化改革，要求期末考试成绩占总成绩的比例不得超过50%，从根本上改变期末“一考定成绩”的不合理现象；倡导考试形式的多样化，可以是笔试、开卷考试、口试或几者结合，在教学过程中广泛采用平时测验、大作业、课程论文（综述）、读书报告、研究报告等多种评价形式；提高试题命题质量，要求多出能启发学生思维，激发学生智慧，利于培养学生创新能力的试题，并以定期公布已考试题的方式促使命题质量的有效提升。

八、加强基层教学组织建设，充分发挥教研室作用，定期开展教学研讨活动。完善教研室、教学团队、课程组等基层教学组织；坚持集体备课、集体研讨教学重点难点问题、相互听课共同提高；健全老中青教师传帮带机制，坚持新开课、开新课试讲制度。

九、弘扬优良师德师风，提升教师专业水平和教学能力。认真履行《高等学校教师职业道德规范》，营造浓厚教学文化氛围，把本科教学工作的质与量作为聘用、考核、晋升、奖惩的首要指标，务使川大的每位教师都能把老师作为第一身份、把上好课作为第一要务、把关爱学生作为第一责任；以“四川大学教师教学发展中心”为平台，开展教育教学研讨，传播先进教育教学理念，推广科学的教学方法和技术，指导中青年教师提升教学水平。

十、大力推进实践教学改革，强化创新能力和实践能力培养。创新实验教学方法，完善实践教学体系：建设精品实验项目，提高综合设计与创新探索性实验课程比例，促进实验教学内容从验证、认知型向综合、创新型转变；通过“创新创业计划”、科研训练计划，学科竞赛，促进本科生“进实验室、进课题组、进科研团队”（“三进”），建立多层次创新能力培养体系；稳步推进高质量、多样化毕业论文改革，促进综合创新能力培养；增加实践教学经费投入，改善实践教学条件；创新校企合作机制，通过“卓越工程师教育培养计划”建立一批长期稳定、高水平的实习实训基地；强化实践教学师资队伍建设，建立健全激励机制，促进实践教学师资队伍从教辅、技能型向教学、研究型转变，促进工学和医学的实践教学从辅助、服务性向主体、主导性转变；将每年春节学期末的2～4周设立为“实践及国际课程周”，以科研训练、短期课程、系列讲座、读书活动、国际交流营等丰富多彩的活动确保各类专业人才的实践能力、动手能力、综合能力的培养。

十一、推进协同创新，将科研强势转化为教学优势。与同行高校、科研院所及先进企事业单位密切合作、集成优势，形成共同培养拔尖创新人才的新格局；以推免研究生指标、仪器设备购置指标、项目资助指标等激励国家及省部级（重点）实验室、教师科研项目进一步向本科生开放，扎实推进“三进”。

十二、健全校院两级教学质量评估、监控体系，保障人才培养质量。制定校级教学评估办法和指标体系，针对30个学院每六年进行一次本科专业教学评估，每年评估5个学院；坚持校院领导、督导委（组）专家和教学管理人员听课制度，建立学生评教、同行评教、校院两级督导委（组）评教相结合的全方位立体评教系统；建立用人单位信息反馈系统，收集社会对我校培养学生的评价；通过发布校院本科教学质量年度报告、教学基本状态数据常态监测、实施工科和医科专业认证/评估以及部分专业的国际评估等健全校内质量监控体系，保障我校人才培养质量的持续提升。

十三、加强国际化教育，培养国家栋梁和社会精英。继续加强与国外名校联合办学的工作力度，努力使每年参与国际合作交流项目的学生数达到3000人次；进一步扩大外国留学生规模，到“十二五”结束时，使我校留学生人数达到2500人次；以实施海外名师项目和学科创新引智计划等为牵引，引进一批国际公认的高水平专家学者和团队，使我校外籍教师人数达到200人；力争让我校每一位学子都能有国际化经历、国际化视野、国际性竞争力。

四川大学专业学位研究生总体培养方案（试行）

（川大研〔2012〕73号）

大力发展专业学位研究生教育是我国经济发展对高层次应用型人才需求持续增加和完善我国高层次人才培养体系的必然要求。为了更好地适应国家经济建设和社会发展对高层次应用型人才的迫切需要，必须紧紧抓住国家大力发展专业学位研究生教育的契机，按照国务院学位委员会《硕士、博士专业学位研究生教育发展总体方案》《硕士、博士专业学位设置与授权审核办法》以及教育部《关于做好全日制硕士专业学位研究生培养工作的若干意见》等文件精神，积极发展和完善具有四川大学特色、体现四川大学水平的全日制专业学位研究生教育体系。

一、四川大学专业学位研究生的培养目标

四川大学专业学位研究生的培养目标是：培养具有良好的基础理论、扎实的专业技能、突出的实践能力和优秀的综合素质的高层次专业技能型人才。

四川大学专业学位研究生教育应紧密围绕“三个不同”，着力培养真才实学，即：与学术学位研究生相比，专业学位研究生的课程体系不同；培养过程不同；授位标准不同。

二、建立专业学位研究生“3×4 矩阵式”培养体系

针对专业学位研究生的要求和特点，应将打造高水平专业技能和实践能力放在突出的位置，将基础知识学习、专业技能培养、实践能力训练和综合素质培养四大内容有机结合，通过课程学习阶段、实践训练阶段和应用检验阶段三个阶段，培养高水平专业学位研究生。

在课程学习阶段，专业学位研究生的培养方案包括基础课程、专业课程、案例课程和综合素质课程四个板块。

在实践训练阶段，研究生完成相关课程实验、课程实习，并进入实践基地进行实践能力训练。在有职业资格要求的专业，应尽可能地将专业学位研究生教育与职业资格认证紧密联系。

在应用检验阶段，研究生在校内导师的指导下，综合运用基础知识，另一方面在校外合作导师的指导下解决具体的实际应用问题，同时在校内外导师的联合指导下提高专业技术能力，在此基础上完成达到分类授位要求的学位论文。

四川大学专业学位研究生“3×4 矩阵式”培养体系

	基础知识	专业技能	实践能力	综合素质
课程学习阶段	基础理论课程	专业技能课程	案例课程	综合素质课程
实践训练阶段	课程实验	课程实习	实践基地训练	职业资格认证
应用检验阶段	校内导师指导	联合指导	校外导师指导	分类授位要求

专业学位研究生的培养方案（包括课程设置、实践训练、学位论文等）应按照这一体系框架配置，实践训练阶段的相关培养内容应计入学分。

三、强化专业技能，完善具有专业学位特点的课程体系

专业学位研究生的课程设置必须明显区别于学术学位研究生。应逐步为专业学位研究生开设出 2000 门专业技能课程、1000 门案例分析课程和 2000 门创新创业课程。

专业学位研究生的课程体系应体现以下特点：第一，除公共平台课可与学术学位研究生相同外，应为专业学位研究生设置专门的专业平台课；第二，增加专业技能选修课的课程数量，为专业学位研究生提供更大的专业技能课程选择空间；第三，压缩基础理论性课程，以保证案例课和实践训练的实施；第四，对于必要的基础理论性课程，鼓励为专业学位研究生专门开设不同于学术学位研究生的精练的基础理论课。

专业学位研究生的学术交流活动应多样化、实用化，应以参加实践性强的学术交流活动为主，培养单位应为此创造良好的条件。鼓励以实践交流活动学分替代学术交流活动学分。

各培养单位应按照上述要求重新修订专业学位研究生的课程设置方案，不断完善专业学位研究生的课程体系。

四、秉持三个兼顾，大力加强案例教学和案例库建设

案例教学和案例库建设是专业学位研究生培养的重要内容，各培养单位、导师和任课教师应对此给予高度重视。

应聘请具有丰富实践经验的高水平的杰出校友、行业优秀人才和社会知名人士来校开展案例教学。来自校外的授课专家的聘任可与双导师制有机结合。校外专家的授课费用及相关成本由学校统一支付。要多途径对校内任课教师进行技能课程和案例课程的教学培训。

案例教学可采取单独开设案例教学课程或与专业学位课程相衔接的方式。对适合开展案例教学的专业学位课程，要逐步达到案例教学课时不少于该门课程总学时的30%。各专业学位点均应设置独立的综合案例课程。

根据我校专业学位点的具体情况，将以专项资助的方式分类建设一批案例库。各专业学位点均应制订案例库建设计划，并按计划尽快实施和完成案例库建设。在案例库建设中要重视三个兼顾，即正面案例与负面案例兼顾；传统案例与新生案例兼顾；国内案例与国际案例兼顾。

五、系统组织实施，大力加强专业学位研究生实践基地建设

通过与大型企事业单位等合作，重点建设一批具有一定规模的专业学位研究生实践基地，以此带动实践基地的专业全覆盖，满足专业学位研究生规模不断扩大对实践基地的需求。

实践基地的建设应系统组织、责任到位，研究生院负责大型综合性实践基地建设，学院负责所含专业的实践基地建设。

实践基地的建设应重点与大型企事业单位合作，做到实效化、时代化、综合化的良好结合。校内培养单位应与合作单位建立稳定的实践基地管理协调机构和定期协商机制。

学校设立“专业学位研究生实践基地建设专项基金”。各培养单位应制定实践基地建设方案，经研究生院审定后，由该专项基金资助实施。基地建设完成后，由研究生院组织专家进行验收。验收的主要内容包括基本条件、实践方案、管理机构、协商机制等。

对于条件适合的单位，可将研究生实践基地建设与已有的本科生实践基地建设相结合，以提高实践基地的运行效果和管理效率。对于实践基地建设成绩显著的单位，应在分配专业学位研究生招生指标中予以适当倾斜。

临床类专业学位研究生的实践训练可在我校附属医院进行。

六、高标准全覆盖，完善专业学位研究生双导师制

双导师制是专业学位研究生教育必不可少的重要环节。培养单位必须为所有专业学位研究生配备高水平的合作导师。

应在深入调研的基础上，根据专业学位研究生培养的需求，主动吸引杰出校友、行业优秀人才和社会知名人士担任专业学位研究生的合作导师。鼓励合作导师承担案例课程的教学工作。

应进一步完善双导师制的规范化建设。合作导师原则上应具有副高以上的专业技术职务（成就突出者须具有本科以上学历）、丰富的专业实践经验和高度的责任心。合作导师的选配采用校内导师选择、学院审核汇总、研究生院备案、学校颁发聘书的方式。专业学位研究生在确定培养方案、开题报告、申请授位、答辩等环节应有双导师共同签署意见。

校内导师有责任向合作导师介绍我校专业学位研究生培养的相关政策和要求，校外导师应认真履行导师职责。对于指导工作突出的合作导师，学校将给予适当奖励；对于履职情况差的合作导师，在其合作指导的研究生毕业后不得再列为合作导师；如遇个别极不负责的合作导师，经校内导师申请、学院同意、研究生院批准，可予以更换。学校将根据校内导师和学院的评价意见，按照一定的标准，向合作导师支付报酬。

临床类专业学位研究生的合作导师可聘请我校附属医院具有丰富临床经验的专家担任。

七、整合提升，进一步强化研究生综合素质课程

综合素质教育无论对学术型还是专业型研究生，都具有十分重要的意义，我校始终对此高度重视。四川大学研究生综合素质教育应重点针对三个方面，即学术道德、人文素养和科学精神。

为了进一步提高我校研究生的综合素质，树立良好的学术作风，培养深厚的文化底蕴，奠定扎实的创新基础，在已开设的“当代科学发展的动态与展望·英文论文写作（含学术道德与学术规范）”（文科）和“中国文化·英文论文写作（含学术道德与学术规范）”（理、工、医科）课程多年经验积累的基础上，进一步强化和完善，将上述课程提升为研究生综合素质系列课程，包括《学术道德与学术规范》《人文素养与科学精神》和《学术论文写作》。该系列课程总学时定为18学时，计1学分。

学术道德教育是综合素质培养中至关重要的环节，应在现有的基础上，进一步实施入学时的学术道德承诺制度、注册前的学术规范测试制度等，使学术道德教育贯穿整个培养过程。

除上述研究生综合素质系列课程外，应从文、史、哲、管、艺等学科的已有课程中选择若干门通用性强的平台课程，以选修课的方式列入各专业的研究生培养方案，方便学生选修。恢复体育选修课，并大力开展素质类第二课堂活动。

八、课程支撑与政策激励相结合，大力推进职业资格认证

在有职业资格要求的专业领域，应将专业学位研究生教育与职业资格认证紧密联系，努力打造具有毕业证、学位证和职业资格证“三证”资历的优秀专业学位研究生。

应将职业资格认证内容纳入这些专业领域的培养体系。通过与相关教指委、协会开展合作，将职业资格认证内容与相关的专业课程内容有机结合。对于有条件的专业，鼓励开设专门的职业资格认证课程，此类课程将纳入四川大学研究生精品课程建设并给予资助。

建立优秀专业学位研究生奖励基金，对成功获得职业资格认证的优秀学生给予适当奖励。

九、分类确定标准，完善专业学位研究生授位标准体系

研究生授位标准的控制与把握，是研究生培养质量保证的关键环节之一。四川大学专业学位研究生的授位标准体系应充分体现以真才实学为核心标准的形式多样化原则。

专业学位研究生完成培养方案中规定的所有环节，获得培养方案规定的学分，成绩合格，以及符合学校的相关规定要求的，方可申请论文答辩。学位论文的写作与答辩通过，是研究生获得学位授予的前提。根据专业学位研究生的培养目标及培养计划，专业学位论文在保证专业基本规范及标准的前提下，可实行学位论文内容的多样化，如应用研究性论文、案例分析、产品开发、创作性作品、管理方案、设计方案等形式，但应完成学位论文写作。学位论文要体现研究生综合运用专业理论、方法和技术解决实际问题的能力。学位论文字数，可根据选题灵活确定，由培养单位制定具体要求。

专业学位论文的选题应符合行业领域的实践要求，论文的评审除经校内、外导师写出详细的评阅意见外，还应有两位本领域或相近领域的专家评阅。

对于获得学位前的科研成果要求，根据专业学位培养计划及论文内容，实行符合专业学位特点的多样化考核标准，对应用研究性论文、案例分析、产品开发、创作性作品、管理方案、设计方案或其他应用性成果等不同类型的成果分类确定标准。具体要求由校学位委员会制定。

发展专业学位研究生教育是我国高等教育改革的重要举措之一，各培养单位和研究生主管部门应进一步深入研究专业学位研究生教育的规律和特点，不断完善专业学位研究生培养体系，打造四川大学专业学位研究生教育品牌，为我国高层次专业技能型人才的培养不断做出新的贡献。

四川大学教职工岗位考核管理办法（试行）

（川大人〔2012〕42号）

为进一步建立健全科学合理的教职工评价机制，构建与现代大学管理体制接轨的人事管理制度，全面提升学校核心竞争力，根据《教育部关于全面提高高等教育质量的若干意见》（教高〔2012〕4号），结合我校实际，特制定本实施办法。

一、指导思想

围绕建设中国一流高水平大学的奋斗目标，坚持以人为本，强化岗位意识；突出一线调控管理，通过分级分类目标考核，形成“能进能出、能上能下”的岗位管理模式；坚持客观公正、民主公开、实事求是，准确评价岗位绩效，逐步实现考核管理从“身份管理”到“岗位管理”的转变，建立健全能够充分发挥全体教职工创造性和潜在能力的现代大学岗位考核激励机制。

二、考核原则

（一）聘期与年度考核相结合

聘期考核：专业技术各级岗位以4年为一个聘期（今后根据需要，可经学校研究决定做适当调整），对教师在聘期内科研、教学、公共服务等岗位职责履行情况进行全面考核，考核结果作为教师下一轮岗位聘任的依据。

年度考核：学校在每个考核年度的3月以前与二级单位签订年度目标任务书，对二级单位的教学、科研、学科建设、师资队伍建设等工作下达目标任务，每年7月、次年1月对二级单位进行中期、年终考核，考核结果作为学校下拨岗位津贴和绩效奖励的依据。

（二）校院两级考核相结合

学校制定各级各类岗位聘期、年度考核基本要求；与专业技术三级及以上岗位签订聘期目标任务书，实施聘期考核；对二级单位下达年度工作任务，实施对二级单位的年度考核。

二级单位根据学校制定的各级各类岗位年度、聘期基本要求，结合学科特点，与专业技术四级及以下岗位签订聘期目标任务书，实施聘期考核；根据学校下达的年度目标任务，对本单位全体教职工实施年度考核。

三、考核范围

全体在编教职工和学校计划项目制工作助理。

副处及以上现任党政领导干部由党委组织部或上级部门进行考核；思政、图书资料及机关部处其他管理岗位学校另行制定考核管理办法；年薪制教师按聘任合同相关要求进行考核。

四、考核内容及等次

（一）聘期考核

1. 聘期考核内容：专业技术岗位聘期基本要求。

2. 聘期考核等次：分为优秀、合格、不合格三个等次。出现以下任一情况，聘期考核不合格：

（1）聘期内未完成受聘岗位规定的岗位职责或工作任务；

（2）聘期内有两个年度考核结果为不合格的；

（3）无正当理由拒绝参加聘期考核的。

3. 聘期考核结果的使用：

聘期考核	优秀	直接续聘，或晋升高一级岗位时同等条件下优先
	合格	直接续聘并签订新的岗位目标任务书，或晋升同级职务高一级岗位的必要条件。副教授6级及以上岗位，在同一级岗位连续2个聘期考核合格及以上，可签订本级岗位的长期聘任合同
	不合格	不予续聘，根据不同情况，给予低聘、转岗直至解聘

（二）年度考核

1. 年度考核内容：

（1）学校与二级单位签订年度目标任务书，对教学、科研、学科建设、师资队伍建设等工作进行全面考核。

根据学校战略发展目标，结合二级单位历史工作任务完成情况、学科发展规划、人员结构等因素，与二级单位签订年度基本任务和目标任务，对人才培养、科学研究、学科建设、师资队伍建设等工作进行全面考核。其中，基本任务完成情况与本单位岗位津贴挂钩，目标任务完成情况与本单位绩效奖励挂钩。

（2）学校制定各级岗位年度基本要求，二级单位以此为基础制定本单位岗位年度考核要求。

学校制定各级岗位在公共服务、本科教学、研究生培养、科学研究等方面的年度最基本要求。二级单位在此基础上，结合与学校签订的年度工作任务及学科特点，制定本单位各级各类岗位年度考核具体要求和实施细则（不得低于，但可高于学校各级岗位基本要求）。

（3）二级单位对本单位教职工进行考核，考核结果作为岗位津贴、绩效奖励发放的依据。

二级单位根据本单位岗位考核具体要求和实施细则，对教职工实施年度考核，考核结果作为教职工岗位津贴、绩效奖励发放的依据。对于违反学校制定的各级岗位基本要求的教职工，年度考核为不合格，学校将从打包给二级单位的津贴中扣发相应岗位津贴和绩效奖励。

2. 年度考核等次：教职工年度考核分为优秀、合格、基本合格、不合格四个等次。其中优秀等次人数一般不超过本单位参加年度考核教职工人数15%。出现以下任一情况，年度考核不合格：

（1）违反职业道德，造成恶劣影响；

（2）违反各级各类岗位年度基本要求，未完成本岗位年度工作任务；

（3）未经学校批准，工作时间内在校外兼课或兼职；

（4）弄虚作假，谎报成果或剽窃他人成果；

（5）因本人渎职，出现严重教学事故或其他责任事故；

（6）受到学校行政警告及以上处分或党内警告及以上处分；

（7）有其他严重违纪违法情况；

（8）无正当理由拒绝参加年度考核的。

3. 年度考核结果的使用：

		岗位考核结果的使用
年度考核	优秀	1. 按照有关规定增加薪级工资 2. 全额领取岗位津贴和绩效奖励，并根据各单位绩效分配办法予以奖励 3. 连续2次年度考核优秀者，在参加高一级岗位竞聘时，同等条件下予以优先考虑
	合格	1. 按照有关规定增加薪级工资 2. 全额领取岗位津贴，并根据各单位绩效分配办法领取相应的绩效奖励
	基本合格	1. 视情况扣发部分或全部绩效奖励 2. 全额领取岗位津贴
	不合格	1. 扣发全年绩效奖励 2. 根据不同情况，扣发部分或全部岗位津贴 3. 连续两次年度考核不合格，视为聘期考核不合格

五、考核机构及权限

（一）学校考核工作委员会：由校领导、专家代表和相关部处负责人组成，分管人事校领导任第一责任人。负责组织实施专业技术岗位三级及以上岗位聘期考核、对二级单位的年度考核、审定二级单位考核分配方案、监督和指导二级单位日常考核工作、协调和处理考核工作中遇到的问题。

（二）各单位考核工作小组：由院领导、教授委员会成员组成，院长任第一责任人。负责组织实施本单位各级各类岗位的年度考核、专业技术四级及以下各级各类岗位的聘期考核、对专业技术三级及以上岗位聘期考核提出初步审核意见。

六、考核程序

包括考核对象公开报告、服务对象评议、专家评议，公示等环节，详见年度考核、聘期考核实施办法。

七、各二级单位根据《四川大学教职工岗位考核管理办法》的相关要求，结合自身实际制定本单位教职工考核管理办法，报学校考核领导小组批准后实施

八、本办法自发布之日起施行，由人事处、教务处、社科处、科学技术发展研究院、研究生院、实验室及设备管理处、医管处负责解释

学科与师资队伍建设篇

学科建设

一、“985 工程”建设

1. 完成新一轮“985 工程”阶段检查工作。按照国家部署，在全校各相关单位的努力和配合下，组织了我校“985 工程”的 15 个部处建设专项、20 个平台基地的阶段检查工作，对阶段建设目标和任务完成情况、改革方案的实施情况、资金使用管理情况、项目管理情况以及建设中存在的主要问题等方面进行了总结，完成了学校的阶段总结报告，并参加了国家“985 工程”建设座谈会交流。通过“985 工程”阶段检查，总结经验，发现问题，及时进行了改进。同时，根据国家“985 工程”阶段总结座谈会精神，吸取其他高校的成功经验，进一步明确目标，规范管理，加强了绩效考评，以提高资金使用效益，全面深入推进我校“985 工程”建设。

2. 积极推进平台基地的人才队伍建设工作。进一步强化“大师+团队”的建设模式，支持高水平师资和国际水准领军人才进入平台和基地。2012 年，各平台/基地完成了科研队伍的组建，汇聚了大量优秀人才。截至 2012 年年底，平台基地已聘任首席科学家/召集人 20 人，学术带头人 120 人，学术骨干 227 人。全校共有院士 7 人，杰出教授 5 人，长江学者 12 人，杰青 14 人投入了平台基地的建设。

3. 高效完成“985 工程”专项建设资金执行任务。根据《教育部、财政部关于加快推进世界一流大学和高水平大学建设的意见》以及《“985 工程”中央财政专项资金管理要求》的精神，按照科学化、合理化、精细化管理要求，精心编制了 2013 年预算，并顺利通过预算审核。2012 年，“985 工程”国拨专项资金执行进度良好，预算执行率高，年度“985 工程”国拨专项资金全部执行完毕。

二、学科建设

1. 顺利推进一级学科评估工作。根据教育部学位与研究生教育发展中心《关于参加第三轮学科评估的邀请函》的要求，学校领导高度重视，积极在全校进行动员，我校共有 56 个一级学科参评，占全校一级学科的比例达到 86%。

2. 积极组织二级学科自主设置调整工作。按教育部学位办《关于做好授予博士、硕士学位和培养研究生的二级学科自主设置工作的通知》和教育部办公厅下发的《授予博士、硕士学位和培养研究生的二级学科自主设置实施细则》的要求，我校对自主设置与调整目录内二级学科，以及目录外二级学科或交叉学科进行调整，经过积极动员，本次我校涉及调整的二级学科有 356 个，涉及学院和中心、所 32 个，涉及相关一级学科 44 个，经各学院申报，网上公示，校学位委员会讨论通过，自主设置二级学科调整后目录内二级学科 268 个，目录外二级学科 148 个，新增交叉学科 9 个，调整后共设置二级学科 416 个，较调整前增加 60 个，交叉学科 9 个。

三、“211 工程”三期建设

按照 211 工程部际协调小组办公室《关于做好“211 工程”三期验收工作的通知》（211 部协办〔2012〕1 号）和《关于做好“211 工程”三期第三方验收工作的通知》（211 部协办〔2012〕7 号）文件的要求，通过校内验收、国家验收、第三方验收完成了“211 工程”三期总结验收。“211 工程”三期检查验收专家组听取了谢和平校长“211 工程”三期建设情况汇报和答辩，审核了学校有关材料，验收意见如下：四川大学“211 工程”三期建设，全面、高质量地完成了各项目标建设任务，实现了预定的建设目标，部分指标较大幅度超过了预期；形成了学科交叉渗透、综合发展的新格局，教学改革取得显著成绩，初步形成了由高端人才领军的结构合理的高水平师资队伍；建设项目资金投入、使用、设备购置和管理，符合审计所依据的有关文件规定的要求；整体成效显著。重点学科水平进一步提升，以优势学科为主干的综合性学科体系进一步得以完善，学科整体实力得到快速发展，核心竞争力明显提升，取得了一批领先的创新理论与技术成果；人才培养的结构、制度、环境得到改善，教育质量和声誉进一步提高；师资队伍结构进一步优化、学校活力明显增强，人才引进取得重大进展，师资整体水平明显提升；建立了项目建设工作组三级管理体制，实行项目负责人负责制，有比较完备的规章制度和监督检查机制。

（以上资料由研究生院代振东提供）

师资队伍建设

一、概况

2012 年，学校进一步加强高层次人才队伍建设工作，出台的文件有《四川大学“海外名校博士选聘计划”实施办法（试行）》（川大人〔2012〕33 号）、《四川大学“卓越学者计划”实施办法（试行）》（川大人〔2012〕32 号）、《四川大学年薪制教师聘任管理办法》（川大人〔2012〕31 号）等。截至 2012 年 12 月，学校有两院院士 13 人，外籍院士 1 人，特聘院士 32 人，四川大学杰出教授 6 人，国家“千人计划”入选者 23 人，国家“外专千人计划”专家 1 人，国家“青年千人计划”入选者 11 人，四川省“百人计划”入选者 28 人，四川省“青年百人计划”11 人，教育部“长江学者”特聘教授 24 人，教育部“长江学者”讲座教授 9 人，国家杰出青年基金获得者 41 人，高等学校教学名师奖获得者 12 人，国家“973”项目首席科学家 9 人 12 项，国家“973”青年科学家专项首席科学家 1 人 1 项，国家社科基金重大招标（委托）项目首席专家 14 人，人事部“新世纪百千万人才工程”国家级人选 16 人，教育部新世纪优秀人才支持计划入选者 162 人。

2012 年进站博士后 140 人；截至

2012年12月，学校共有博士后科研流动站33个。

2012年顺利完成了专业技术职务评审工作。通过评审，2012年新聘正高级专业技术职务共90人，新聘副高级专业技术职务共155人，新聘中级专业技术职务共207人，新聘初级专业技术职务共56人。

2012年，我校一线教学科研岗位新进教师173人，其中引进47人，外籍16人，聘用制教师110人。新进教师中具有博士学位的共170人，占98.27%；男教师134人，占77.46%，女教师39人，占22.54%；学缘结构为本校的共44人，占25.43%；外校129人，占74.57%。同时，进一步深化“两支队伍、三个层次”的用人机制改革，2012年学校新进教学科研岗位助理制人员共80人，其中学校计划教学助理、科研助理34人，项目助理46人。

2012年学校组织320余名新进教师参加四川省高校新任教师岗前培训工作。开展国家留学基金委教师英语高级培训班及国家外专局“高校师资外语培训计划”英语培训班，共有80名教师参加培训。开展教师赴海外培训项目，共选拔47名教学科研一线青年骨干教师至美国西密西根大学州立大学和美国加州州立大学长滩分校进行为期1月的语言培训和文化交流。开展“四川大学优秀青年教师国际名校、名师访学计划”，派出第二批38名青年教师、第三批16名青年教师分别前往哈佛大学、斯坦福大学、耶鲁大学、剑桥大学等国际名校访学。为310名教师申请、办理了教师资格证。

二、两院院士

徐僖 中国科学院院士，我国著名高分子材料科学家。现任四川大学教授、高分子研究所所长，上海交通大学教授、高分子材料研究所所长，《高分子材料科学与工程》《油田化学》期刊主编。兼任浙江大学、西安交通大学、北京化工大学、南京化工大学、华南理工大学、华中理工大学等10余所高校教授，《高分子学报》《化工学报》、*International Material Reviews* 和 *Progression Polymer Processing Series* 等期刊和丛书编委。曾担任《中国大百科全书·化工卷》高分子化工分支主编，《中国大百科全书·化学卷》高分子化学分支副主编，《中国材料科学技术百科全书》高分子材料分支主编。曾担任成都科技大学副校长、高分子材料系主任，曾任第三、第五、第六、第七、第八届全国人大代表。1991年增补为中国科学院院士。

刘应明 中国科学院院士。1963年7月毕业于北京大学数学力学系，毕业后到四川大学任教。1983年评为教授，1984年1月担任博士生导师。1989年2月起任四川大学副校长。曾任第六届、第七届全国人大代表，第八届全国政协常委。现任全国人大常委，九三学社中央副主席，国务院学位委员会委员。1985年起任国务院学位委员会评议组成员，国家博士后管委会数学与系统科学专家组召集人，中国数学学会副理事长，中国工业与应用数学学会副理事长。国家天元数学基金领导小组副组长，中国学位与研究生教育学会副会长，教育部高校数学研究中心主任，教育部理科数学与力学教学指导委员会副主任，国际模糊系统协会理事，第五届副理事长兼中国分会主席等职。1995年11月增补为中国科学院院士。

涂铭旌 中国工程院院士。1928年11月15日出生于原四川省巴县。1951年毕业于同济大学机械系，1955年北京钢铁学院金属材料系研究生毕业。历任同济大学助教，上海交通大学助教、讲师，西安交通大学讲师、副教授、教授、博士生导师、材料系主任、研究所所长。1983年赴德国卡尔思鲁厄大学访问研究1年，1984年被评为国家级有突出贡献的中青年专家，1991年享受政府津贴，1995年被增选为中国工程院院士。现兼任四川省机械工程学会及四川省纳米技术协会名誉理事长等职。长期从事金属材料、强度与断裂的研究，作为主研人员，在发挥金属材料强度潜力的理论与应用，综合强化，耐寒高强钢的低温脆断规律、机理、判据及安全评价，以及重大机械装备失效分析等方面的研究中，获国家自然科学三等奖，国家科技进步三等奖各1项，省、部级成果奖10项，社会经济效益显著。1990年被授予"全国高等学校先进科技工作者"称号，1991年被收入《二十世纪中国名人辞典》。涂铭旌院士自1988年以来主要从事稀土功能材料及纳米材料的研究与应用，其中有10余项被列入"十五"、"十一五"、"863"高技术材料项目；与合作者申报国家发明专利105项，获国家及部、省级奖10项，其中2006年国家科技进步二等奖1项；发表论文300余篇。在四川大学培养了近50名博士及9名博士后。编写了《钢的热处理》《机械零件失效分析与预防》《材料创造发明学》《科技竞争谋略36法》《辩证思维与科技谋略》5本专著。

高洁 中国工程院院士，中共党员，研究员。1962年9月毕业于北京大学物理系，现任四川大学凝聚态物理学科首席教授。1978年获全国科学大会奖。1985年12月负责完成国家重点项目"利用超导约瑟夫森效应监督并保持国家伏特基准"并通过国家鉴定，日后获国家科学技术进步二等奖。1987年晋级为研究员。1987年10月至1990年10月在美国国家标准与技术研究院进行合作研究，任客座研究员，获美国商务部NIST奖状。1988年获国家级有突出贡献中青年专家称号。1993年12月负责完成了"国家电压基准"并在北京通过国家鉴定，并获国家质量技术监督局科技进步一等奖，国家科学技术进步二等奖。1993年6月在巴黎米制公约大会上当选为国际计量委员会委员（该委员会为米制公约组织最高学术机构，由48个会员国政府代表无记名投票选举出的18名委员）。1994年以来先后任中国科学院计量测试高技术联合实验室（北京）学术委员会副主任、北京大学量子电子学研究所客座教授、电子科技大学高能电子研究所客座教授、中国测试技术研究院副院长、中国测试技术研究院科学技术委员会主任。1999年12月当选为中国工程院院士。2000年4月获国务院"全国先进工作者"称号。

赵尔宓 中国科学院院士。现为四川省学术带头人，1951年毕业于华西大学，曾为美国康乃尔大学高级访问教授、美国伯克利加州大学客座教授。命名38个新种和亚种，发现15个我国新纪录，建立两个新属，报道我国1个科的新纪录。发表论文120余篇，指导研究生论文21篇，出版著作39种，其中在美国出版的英文版《中国两栖爬行动物学》一书，是第一部全面系统介绍我国661种两栖和爬行动物的专著。1976年提出对新疆西部草原毒蛇危害的生态防治措施；1979—1980年命名新种"蛇岛蝮"，并提出它在蛇岛上的起源和演化见解；1992年首次提出"我国毒蛇咬伤的医学地理学"概念，指导毒蛇咬伤防治实践；筹组全国两栖爬行动物学会；创办《四川动物》《两栖爬行动物学报》、*Asiatic Herpetological Research* 3 种期刊和《蛇蛙研究丛书》（已出 11 辑）。2001 年增补为中国科学院院士。

谢和平 中国工程院院士。博士、教授、博士生导师，首批国家杰出青年科学基金获得者。科技部 973 国家重大基础研究项目“灾害环境下重大工程安全性的基础研究”首席科学家，国家自然科学基金委创新研究群体首席科学家。1978—1987 年在中国矿业大学力学专业读本科、研究生，获硕士、博士学位。1998 年任中国矿业大学校长、党委副书记，北京校区校长、党委副书记。2003 年任四川大学校长。他是国务院学科评议组成员、中国力学学会理事、中国岩石力学与工程学会常务理事、中国科协委员、中国煤炭学会副理事长、中国煤炭工业协会副会长。兼任《力学学报》《岩土工程学报》等 10 余种科学刊物的主编或编委。他长期致力于矿山岩体力学与工程研究和实践，其成果集中体现在他的《岩石混凝土损伤力学》、*Fractal In Rock Mechanics* 等 6 本中英文专著、190 篇论文及有关工程实践中，成果被 SCI 收录 34 篇、引用 299 次，EI 收录 47 篇，CSCD 和 CSTPC 引用 346 次。其科研成果 1995 年获国家自然科学三等奖 1 项，1999 年获国家科技进步三等奖 1 项，2000 年获国家科技进步二等奖 1 项。获煤炭部、教育部等省部级二等以上奖励 6 项（均为第一获奖人）。1991 年被美国犹他大学聘为客座教授。1992 年 10 月至 1993 年 8 月被聘为英国皇家学会客座研究员和英国南安普敦大学客座教授。1994 年和 1996 年应邀为客座教授赴德国汉诺威大学讲学。1993 年、1997 年和 1999 年 3 次应邀作为客座教授赴波兰西里西亚工业大学讲学与合作研究。2001 年 11 月增补为中国工程院院士。

魏于全 中国科学院院士，博士，教授，博士生导师，肿瘤免疫学家，教育部“长江学者奖励计划”第二批特聘教授，1997 年国家杰出青年科学基金获得者，“十五”、“863”生物与农业技术领域生物工程技术主题专家组组长，国家自然科学基金创新研究群体负责人，现任人类疾病生物治疗教育部重点实验室主任。同时，他也是国家自然科学基金第七、第八届学科评审组成员，国家新药评审委员会评审专家，第五届教育部科学技术委员会委员，中国临床肿瘤学会常委委员，《癌症》杂志副主编，*Stem Cell and Cellular Therapy* 副主编、《中华医学遗传学杂志》编委、《科学通报》《中国科学》等特邀审稿人。1996 年获日本京都大学医学院博士学位。回国后任四川大学华西医院教授，负责建立了肿瘤生物治疗研究室及有 80 个床位的肿瘤内科治疗病房。该研究室现已成为人类疾病生物治疗教育部重点实验室及国家新药临床试验基地。魏于全教授主要从事肿瘤生物治疗的基础研究、应用开发与临床医疗实践，尤其是致力于肿瘤免疫基因治疗的新途径，将主动免疫治疗与抗肿瘤血管治疗研究领域相结合，为肿瘤疫苗及抗肿瘤血管治疗研究提供了新思路。将生物进化中的异种同源基因与异种免疫排斥反应及自身免疫反应相结合，用于探讨肿瘤治疗，可以克服自身抗原的耐受性。此外，对淋巴细胞在肿瘤微环境内能杀伤自身癌细胞现象进行了观察。发现阻断 HSP70 表达，诱导癌细胞凋亡，而对正常细胞相对无作用。有关研究结果已发表在 *Nature Med.*，*PNAS*，*Cancer Res.*，*Blood*，*Journal of Immunol.* 等国际著名杂志上，为癌症治疗基础研究提供了新思路。现担任了国家“863”计划生物工程技术主题专家组组长。此外，还作为负责人承担了国家“973”前期专项、“973”分题及国家自然科学基金重点课题等。已培养硕士和博士生多名。2003年11月增补为中国科学院院士。

林祥棣 中国工程院院士。1934年生，江苏南通人，中共党员，1956年毕业于浙江大学光学仪器专业，1997年当选为中国工程院院士。林祥棣院士是我国光学和光电跟踪测量系统工程研究的主要开拓者之一，是我国知名的光学技术与仪器工程专家和学科带头人，获国家科技进步特等奖、光华科技二等奖、中科院科技进步一、二、三等奖共7次，他任国家“863”—“409”直属主题专家已十几年，现任国家“863”计划“808”重大专项专家组组长。林院士曾先后担任中国科学院光电技术研究所副所长、中科院成都分院院长、西南科技大学校长，以及中国光学学会常务理事、副秘书长、四川省光学学会理事长、中国宇航学会测控专委会副主任等职，并任四川省政协常委、四川省政协科技委副主任、四川省科技顾问团副主任。

张兴栋 男，1938年4月生，生物材料学家，毕业于四川大学。于国际率先发现并确证无生命的多孔磷酸钙陶瓷可具有活性生物物质特有的诱导骨再生的作用，提出通过材料自身优化设计可赋予其诱导新骨形成的生物功能，建立原创性生物材料骨诱导理论雏形，进一步提出“组织诱导生物材料”，开创了生物材料学及产业发展新方向。于国内率先开展生物活性人工骨（牙）及涂层植入体研究，对促进我国生物活性人工骨和植入体跨入国际先进水平做出了贡献。生物材料方面获国家科技进步二等奖和自然科学二等奖各1项。多次参与制订我国生物材料发展规划，主持和参与组织大型生物材料国际大会多次，在全国材料学界及各级政府支持下，成功赢得第九次世界生物材料大会在华主办权，对促进我国生物医学材料的发展和提高国际地位做出了重要贡献。于2007年当选中国工程院院士。

李安民 中国科学院院士。1946年9月生。四川大学数学学院教授，博士生导师，教育部长江学者特聘教授，教育部科技委员会学部委员，中国数学会副理事长，四川省数学会副理事长，九三学社中央委员。2009年当选中国科学院院士。数学学报（中、外文版），德国期刊 *Results in Math*. 编委。曾任九三学社四川省常委，四川省政协常委。李安民教授长期从事整体微分几何、辛几何、辛拓扑的科学研究工作。先后主持和承担国家自然基金重点项目、教育部博士点基金项目、国家科委“937”核心数学项目等，在国内外重要刊物上发表论文40余篇，在德国出版专著1部，在世界科学出版社出版专著1部。研究成果被广泛引用。先后获得国家中青年有突出贡献专家，国家自然科学三等奖、国家教委科技进步一等奖、香港求是科技基金会首届“杰出青年学者奖”，全国优秀教师，教育部提名国家自然科学一等奖等。

石碧 中国工程院院士，皮革化学与工程专家。出生于四川成都。1982年和1986年在四川大学皮革工程系获学士和硕士学位，1992年作为四川大学—英国谢菲尔德大学联合培养博士生获得博士学位。1994年晋升为四川大学皮革工程系教授，2001年受聘为教育部长江学者特聘教授，2003年获国家杰出青年基金资助。培养博硕士研究生52人、博士后14人。

现任四川大学制革清洁技术国家工程实验室主任，兼任国际皮革工艺师和化学家协会联合会主席、国务院学位委员会轻工技术与工程学科评议组召集人。石碧教授主要从事制革化学、制革清洁技术、皮胶原高值转化利用、植物单宁化学研究。研究成果获得7项国家和省部级奖励；申请和获得国家发明专利17项，已应用实施了9项；以第一或通讯作者发表论文203篇（其中SCI和EI收录144篇）、出版专著和教材5部。1997年获“全国优秀留学回国人员”称号，2004被评为全国模范教师，2008年获得全国五一劳动奖章。

三、外籍院士

张慕圣 加拿大工程院院士，土木工程领域专家。

四、特聘院士

何德全 中国工程院院士。1933年出生，在国家安全部从事信息技术与信息安全领域研究，1994年当选为中国工程院院士。曾获国家发明二等奖1项，国家科技进步三等奖1项，作为第一完成人获部省级科技进步奖10项。

沈昌祥 中国工程院院士。长期进行计算机信息系统安全性研究和开发，先后完成重大科研和工程项目20多项，在信息保密和网络安全等多项领域取得突破性进展，达到国际先进水平。曾获国家科技进步一等奖2项、二等奖2项、三等奖3项，获军队科技进步奖十几项。著有《实时系统软件设计初步》专著。在国内外发表有影响论文20余篇。1995年5月当选为中国工程院院士。

周仲义 中国工程院院士。长期从事信号与信息处理研究工作，曾创造性地解决本专业领域关键性技术课题和重大技术难题，曾获国家科技进步一等奖1项、国家科技进步三等奖2项。现为总参谋部第三部研究员。

刘宝珺 中国工程院院士，沉积地质学家。1931年出生，1956年毕业于北京地质学院岩石学专业研究生班。从事教学及科研40余年，在沉积学、地理学、全球变化等方面是我国先驱者及学术带头人，公开发表中英文论文百余篇，出版专著15部，其学术观点被广泛引用，在国外有一定影响。主编过我国第一部沉积学及岩相古地理学专业教材（统编教材），1986年被选为国家级有突出贡献中青年专家，享受政府特殊津贴。1989年获第一届李四光地质科学奖，1996年在第30届国际地质大会上获斯潘迪亚洛夫奖（100年来第二十位、我国第一位获奖者），1997年获“全国优秀科技工作者”称号。

马志明 中国科学院院士。四川成都人。1978年毕业于重庆师范学院数学系。1981年获中国科学技术大学研究生院数学硕士学位。1984年获中国科学院应用数学研究所数学博士学位。1999年当选为第三世界科学院院士。中国科学院数学与系统科学研究院应用数学研究所研究员，中国数学会副理事长。主要从事概率论与随机分析方面的研究，在狄氏型与马氏过程、维纳空间容度理论、Feynman-Kac半群、薛定锷方程、随机线性泛函、无处Radon光滑测度环空间的对数Sobolev不等式等研究中获多项国际领先的或国际先进的成果。突破“局部紧”及“正则”两大限制所提出的拟正则狄氏型新数学框架，解决了该领域存在20年之久的难题，是研究奇异问题与无穷维问题的有力数学工具并已在许多领域得到日益增长的应用。1995年当选为中国科学院院士。

樊代明 中国工程院院士，现任第四军医大学全军消化病研究所所长，1978

年毕业于第三军医大学军医系。承担国家“973”、“863”等攻关项目的课题，承担国家自然科学基金重点课题及国家杰出青年基金课题，发表论文181篇，其中英文40篇，获国家科技进步二等奖、三等奖各1项，国家发明三等奖1项，省部级科技进步一等奖3项。担任中华医学会理事等全国性学术职务12个，其中包括国务院学位委员会学科评议组成员、国家自然科学基金委学科评议组组长、国家新药审评委员会委员、中华内科学会常委等，担任21本专业杂志编委，11种杂志的副主编。

经福谦 中国科学院院士，物理学家。原籍江苏淮阴，出生于江苏南京。1952年毕业于南京大学物理系。中国工程物理研究院研究员、科技委顾问。现任武汉理工大学理学院名誉院长、西南交通大学理学院院长和西南科技大学材料科学与工程学院院长。在爆炸力学领域，在内爆动力学模型实验设计技术研究中提出了“严重稀疏范围”和信号保护通道设计的“绝对保护”概念。在高压物理领域，为地下核爆条件下超高压物态方程测量解决了关键性技术，提供了大量有关材料的高压物性和高压物态方程数据，负责建成了国内一流水平的冲击波物理与爆轰物理实验室。1991年当选为中国科学院院士（学部委员）。

金鉴明 中国工程院院士。1932年出生。环境生态学专家。浙江省杭州人。1955年毕业于上海复旦大学，1960年毕业于苏联列宁格勒大学获副博士学位。国家环境保护总局研究员。在环境工程学科领域中做出了重大贡献和富有创造性的成就。生物多样性保护研究、物种移地、就地保护工程和自然保护区设计、建设工程等领域的开拓者和奠基者之一。在生态定量化的研究和应用、广西花坪银杉自然保护区定位站研究和辽宁蛇岛保护区的建设、麋鹿回归大自然的遗传生态工程的设计等都取得突破性的进展，其成果具有开创性、创导性。应用性和操作性。1997年当选为中国工程院院士。

黄志镗 中国科学院院士。1951年毕业于同济大学化学系。中国科学院化学研究所研究员。20世纪50年代从事有机硅化合物和有机硅高分子的研究。60年代起从事酚醛树脂、环氧树脂等增强塑料及耐高温高分子的研究，为防热材料的发展做出了贡献。在交联型聚酰亚胺和合成三嗪交联的新型耐高温高分子上都有创新。80年代起进行杂环化学的研究，系统研究杂环烯酮缩胺的合成及反应，合成了1000个以上的新杂环化合物，与国内外有关研究单位协作进行生物活性试验，以筛选药物及农药。其后又开展杯芳烃化学的研究，在合成和包合性能等方面皆取得有意义的结果。1991年当选为中国科学院院士（学部委员）。

白以龙 中国科学院院士，力学家。1940年12月22日出生，1963年毕业于中国科学技术大学。1991年当选为中国科学院学部委员，中国科学院力学研究所研究员。他突破国际惯用的最大应力经验描述，建立了关于热塑剪切模型方程及变形局部演化等一系列新结论，被称之为“白模型”、“白判据”。创立了亚微秒尖力脉冲技术；建立了微损伤的非平衡统计演化的理论和实验基础，取得了突出成果。现任中国科学院力学研究所学术委员会主任、非线性力学国家重点实验室主任，中国力学学会理事长，国家自然科学基金委员会数理学部主任等职。主要研究方向为：统计细观损伤力学和变形损伤局部化；材料的细 - 微观结构和宏观力学性能；固体的冲击动力学；复杂现象的不确定性和预测。

刘盛纲 中国科学院院士。1955年毕业于南京工学院无线电系。电子科技大学教授，四川大学特聘教授，中国电子学会副理事长，中国真空电子学会会长；曾任电子科技大学校长。刘院士在电子回旋脉塞、自由电子激光与高功率微波、微波电子学及微波等离子体电子学、生物电子学等领域做出了开创性、奠基性的工作，是我国该领域的先驱者。他曾获国家自然科学三等奖、四等奖，国家技术发明三等奖。1980年当选为中国科学院学部委员。荣获1999年度陈嘉庚信息科学奖等。2001年荣获国家高科技“863”突出个人贡献奖。2003年，国际K. J. Button奖获得者。

魏复盛 中国工程院院士，环境化学、环境监测专家。1938年11月出生，1964年毕业于中国科技大学化学系，1985年到中国环境监测总站工作，曾任副站长、总工程师、研究员。中国环境科学学会副理事长，全国环境监测专业委员会主任，第十届全国人大常委委员。1985年领导和组织了全国监测分析方法的研究、验证和统一及标准化工作。负责组织并承担国家科技部一系列重大攻关课题，取得了具有国际先进水平的重大科研成果。近10余年负责承担了多项中美科技合作课题。曾获国家科技进步二等奖2次，获部级科技二等奖2次、三等奖1次。编著或组织编写的专著10余部。在国内外学术刊物上发表论文170余篇。主要研究方向：环境化学、环境监测技术、环境污染与健康等。

蔡吉人 中国工程院院士，长期从事信息处理研究工作，在信息压缩、转换、传输等方面做出卓著成绩，主持过10多个重大科研项目的研究工作，主持审查过30多个设计方案，是我国信息安全领域的主要学术带头人，担任国家重点基础研究发展规划项目“信息与网络安全体系研究”首席科学家。曾获国家科技进步奖二等奖4项，多次获国家、省部级其他奖励，发表学术论文和研究报告30余篇。

闵恩泽 中国工程院院士。1946年中央大学化工系毕业。1951年获美国俄亥俄州立大学博士学位。1993年当选第三世界科学院院士。1994年当选中国工程院院士。中国石油化工股份有限公司石油化工科学研究院学术委员会主任、高级工程师。20世纪60年代开发了混捏—浸渍新流程；通过中型试验提出了铂重整催化剂的设计基础；研制成功小球硅铝催化剂；又为重油加工，开发了微球硅铝裂化催化剂；以上催化剂都已投入生产。70年代至80年代领导了钼镍磷加氢催化剂、一氧化碳助燃剂、半合成沸石裂化催化剂等的研制和开发，也均投入生产和应用。1980年以后，指导开展新催化材料和新化学反应工程的导向性基础研究；新化学反应工程。已开发成功己内酰胺磁稳定床加氢、烯烃与苯烷基化的悬浮催化蒸馏等新工艺。近年来，进入绿色化学的研究领域，曾任国家自然科学基金委员会“九五”重大基础研究项目“环境友好石油化工催化化学和反应工程”的主持人。1980年当选为中国科学院院士（学部委员）。

张亚平 中国科学院院士，分子进化生物学和保护遗传学家。1965年生于云南昭通，原籍四川资中。1986年毕业于复旦大学生物系，1991年获中国科学院昆明动物研究所博士学位。现任中国科学院昆明动物研究所研究员、副所长，云南大学教授。从事灵长类、食肉类等一系列动物类群的研究，澄清了这些类群系统与演化中的一些重要问题。以线粒体基因组作为主要遗传标记研究东亚人群的遗传多样性，揭示了东亚人群进化的一些规律，并阐述了我国一些民族的演化历程。系统研究了野生动物和家养动物的遗传多样性，发现遗传多样性贫乏与物种濒危之间没有必然的对应关系，证明东亚是家养动物驯化的重要区域。在脊椎动物中首次发现微进化时间范围内DNA异速进化的现象。对基因起源进化的研究，揭示了一些新基因的形成和基因的变异在生物适应进化中的意义。2003年当选为中国科学院院士。

刘昌孝 中国工程院院士。1965年北京医学院药学专业毕业，1986—1987年在瑞典Lund Draw研究所做访问学者，从事手性药物的动力学研究，2003年12月当选为中国工程院院士。现任天津药物研究院新药评价研究中心主任，中国药理学代谢委员会主任。出版了国内第一本《药物代谢动力学》专著，创建了国内第一个药物动力学实验室，第一个将药物代谢动力学用于我国的新药鉴定和评价，发表了国内第一篇应用HPLC研究药物动力学的论文。获得过27项目次的省级以上科技成果奖励和国际学术成果奖励。2000年获得首届香港紫荆花医学成就奖。

许祖彦 中国工程院院士。2001年12月当选为中国工程院院士。1963中国科大技术物理系毕业。中科院物理所研究员，四川大学特聘教授。他主要从事可调谐激光，全固态激光和超快激光的理论和应用研究。在有机染料可调谐激光技术研究上获国家科技进步二等奖1项，中科院科技进步二等奖2项，电子部科技进步二等奖1项；在非线性光学和光参量宽调谐激光研究上获国家发明二等奖1项，中科院科技进步一等奖一项；大功率全固态激光研究也取得多项国内外领先成果和发明；超快激光研究方面在国内首创全固态飞秒光源和国际领先宽调谐飞秒激光器等。

马洪琪 中国工程院院士。1967年毕业于清华大学水利系，历任水电十四局技术员、副总工程师、总工程师、局长兼总工程师、澜沧江水电开发有限公司总工程师。2001年当选为中国工程院院士。目前受聘为四川大学兼职教授、博士生导师。马洪琪院士先后参加并负责了鲁布革、漫湾、广州抽水蓄能、天荒坪、大朝山、黄河小浪底、长江三峡澜沧江小湾等大型电站工程的建设。他总结并完善了地下工程施工技术，提出了加快大型洞室群施工的平面多工序立体多层次的施工方法，为复杂洞室群的施工规划和组织提供了导则。他总结了高压长斜井快速施工方法，研制的XHM型斜井滑模填补了我国此项技术空白，属世界领先水平。岩锚吊车梁施工技术、无钢衬高压钢筋混凝土岔管施工技术，达到世界先进水平。他认真探索项目法施工科学管理获得成功。他参与的广蓄电站一期工程的关键技术研究和实践获国家科技进步二等奖，工程施工质量获国家鲁班奖。他认真探索项目法施工科学管理，为我国水电事业改革做出贡献。其间，他获得国家级和省部级科技进步奖10项、国家专利1项，他优质工程奖8项、国家鲁班奖1项、科学管理成果奖1项，被评为国家有突出贡献专家、中国优秀企业经营者，获全国五一劳动奖章。

吴以成 中国工程院院士。长期从事无机非线性光学晶体材料研究，在新型非线性光学材料探索、晶体生长及非线性光学特性研究、晶体结构与非线性光学性能相互关系等领域取得了突出成绩，共发表论文100余篇，获中国发明专利授权12项、美国发明专利授权3项、日本发明专利授权2项，是“新型非线性光学晶体LBO”的第二发明人、“新型非线性光学晶体CBO”的第一发明人、“新型非线性光学晶体LCB”的第一发明人。曾获得国家教委、国务院学位委员会颁发的“做出突出贡献的中国博士学位获得者”称号、国家发明一等奖（排名第2）、中国科学院科技进步一等奖（排名第2）、光华科技基金奖一等奖、福建省王丹萍科学奖二等奖等奖励。

陆埮 中国科学院院士，天体物理学家，教育家，现为中国科学院紫金山天文台教授。1932年生于江苏常熟，1957年毕业于北京大学物理系。毕业后先后工作于中国科学院原子能研究所、哈尔滨军事工程学院、长春防化学院（原哈军工六系）、南京电讯仪器厂。1978年调入南京大学天文系，1981年任教授，1984年任博士生导师。2003年调入中国科学院紫金山天文台，同年当选为中国科学院院士。

管华诗 中国工程院院士，我国著名食品及海洋药物、生物学家，中国海洋大学前任校长，山东省科协主席，教育部轻工与食品学科教指委主任。管华诗院士长期从事海洋生物资源的综合开发利用及海洋药物与食品工程的教学和科研工作，开创了我国海洋药物新研究领域，已获授权国内外发明专利13项，申请并受理国家发明专利27项。已指导培养博士26名、硕士25名。先后获全国科技大会奖、农业部科技进步二等奖、山东省科技进步一、二等奖、国家科技进步三等奖、国家教委科技进步二等奖、美国世界成就奖、山东省最高科学技术奖等。

李焯芬 中国工程院院士，工程与技术科学基础学科（岩土工程、地质工程）专家。1945年生于广东省中山市，1972年毕业于加拿大西安大略大学，获博士学位。曾任加拿大安大略水电土木建筑部主任，现任香港大学副校长、香港工程科学院院长。李焯芬院士参与并主持了加拿大多座大型火、水和核电站的地质论证、环境评价和土建工程，为解决复杂地质条件下建设大型工程的岩土问题，如大坝安全、核废料处理、核电站抗震等，取得新的进展；主持了多项地质灾害防治和工程科研工作；对香港暴雨触发滑坡和风化土破坏机制有重要理论创新；支持国内建设，对三峡、大亚湾等工程做了大量咨询；培养年轻人才，贡献突出。李焯芬院士在工程实践和理论研究中做出了重大贡献，对国际学科发展有重要影响，荣获香港工程科学院和加拿大工程院（CAE）院士的称号，2003年当选为中国工程院院士。

柴之芳 中国科学院院士，放射化学家，中国科学院高能物理研究所研究员。1964毕业于复旦大学物理二系放射化学专业。1980年至1982年获洪堡基金资助，在德国科隆大学从事核技术的应用研究。其后，曾在美国Purdue大学、法国Strassburg核研究中心、荷兰Delft大学、ECN能源研究中心、东京都立大学等地短期工作。2007年当选为中国科学院院士。柴之芳院士长期致力于核分析方法学的发展，并将其应用于一些交叉学科中。建立了铂族元素放射化学中子活化方法，发现了一些与生物灭绝事件有关的地质界线铂族元素丰度特征及其多种化学种态，丰富和发展了地外撞击理论；倡导并建立了分子-中子活化方法，实现了细胞、亚细胞及分子水平的多种微量元素化学种态的研究。建立并应用多种核分析方法研究金属组学、环境毒理学、纳米安全性，和核爆炸现场快中子谱等。共发表论文300余篇，其中SCI收录200余篇，中文著作6本，英文3本，国际会议特邀报告30多次。现为国际纯粹与应用化学联合会（IUPAC）的Titular委员、国际原子能机构（IAEA）的顾问，以及其他5个国际学术组织的委员或顾问。曾获全国科学大会奖，国家科技进步二等奖、中科院自然科学一等奖等国家级和部委级奖7项。2005年获国际放射分析化学和核化学领域的最高奖—George von Hevesy奖。

袁道先　中国科学院院士、博士生导师，中国地质大学、华中科技大学、桂林理工大学兼职教授，享受国务院颁发的政府特殊津贴。我国地质学、岩溶地质学学科带头人之一，国际知名水文地质学专家，为我国水文地质、工程地质、岩溶环境地质的研究做出了重大贡献。20世纪50年代，袁道先就承接了拉萨第一座水电站从勘察、设计到施工建成的全部地质工作，还查勘了雅鲁藏布江和贵州乌江沿线的水能资源，做了黄河三门峡坝址的勘探工作。1990年至今分别在联合国教科文组织国际地质对比计划IGCP299项目（1990—1994）、IGCP379项目（1995—1999）和IGCP448项目（2000—2004）中当选为国际工作组主席。袁道先院士在水文地质学、环境地质、地球化学、岩溶学方面做出了创造性贡献，在国内外重要学术刊物上发表论文共40余篇，出版专著（译著等）4部。1996年，国际水文地质学家协会授予袁道先院士主席奖（该奖是该协会的最高奖，每年只授予1位国际知名学者）。1997年，全国科协授予袁道先院士“优秀科技工作者”称号。

姜伯驹　北京大学教授，中国科学院院士、第三世界科学院院士。他在不动点理论中Nielsen数的计算方面取得突破性进展，所创的方法在国外称为“姜子群”、“姜空间”。他运用低维拓扑学的理论和方法，全面解答了已有半个世纪之久的Nielsen不动点猜想，并开拓了Nielsen式的周期点理论。曾任科技部“973”计划《核心数学中的前沿问题》项目的首席科学家，先后获国家自然科学奖三等奖和二等奖、陈省身数学奖、何梁何利基金科学技术进步奖、华罗庚数学奖、中华全国总工会的全国五一劳动奖章、教育部的高等学校教学名师奖，是我国杰出的数学家和教育家。

张恭庆　北京大学教授，中国科学院院士、第三世界科学院院士，主要从事非线性分析领域的研究。在非线性泛函分析及非线性偏微分方程理论研究中获得国际领先成果，特别是他建立和发展了孤立临界点无穷维Morse成果，把几种不同的临界点定理纳入了一个新的统一的理论框架，由此又发现了好几个新的重要的临界定理，运用这一理论，得到了一批重要理论成果。此外，他发展了集值映射拓扑度和不可微泛函的临界点理论，解决了一批有实际应用的非线性偏微分方程的自由边界问题。张恭庆院士先后获得国家自然科学三等奖和二等奖、陈省身数学奖、第三世界科学院数学奖、何梁何利科技进步奖、教育部高等学校教学名师奖。他曾任中国数学会理事长，是我国早期在世界数学家大会上作45分钟应邀报告的少数几个杰出数学家之一。

黎乐民　中国科学院院士，化学家。1959年北京大学技术物理系毕业，1965年该校技术物理系研究生毕业。北京大学化学与分子工程学院教授、博士生导师、院学术委员会主任、理学部和校学术委员会委员；兼任《稀土材料化学及应用》国家重点实验室学术委员会主任、《理论与计算化学》国家重点实验室学术委员会主任、《中国科学》(B辑：化学)执行副主编、《高等学校化学学报》副主编、《中国化学快报》副主编等学术职务。早年主要从事核燃料络合物化学和萃取化学研究，开展溶液中络合物的化学平衡、平衡常数测定方法、平衡常数与络合物组成及结构的关系等方面的实验与理论研究，以及核分析化学、同位素化学分离和核废液处理等方面的工作。1977年以后主要从事量子化学和理论无机化学研究。与他人合作，在同系线性规律、双层点电荷配位场模型、分子中的原子与原子轨道、振动力常数计算方法、某些麻醉镇痛剂的构效关系等方面得到有特色的成果；系统研究稀土化合物的电子结构和成键特征以及相对论效应产生的影响，阐明了这类化合物稳定性变化规律的微观机制；发展了四分量、两分量和标量相对论以及非相对论的高精度密度泛函计算方法和程序等。迄今发表学术论文近200篇，研究成果“应用量子化学—成键规律和稀土化合物的电子结构”获得1987年国家自然科学奖二等奖，还获得过部委省级科技成果奖多项。

王浩 中国工程院院士、中国水科院水资源所所长、教授级高级工程师。长期从事水文水资源研究，在流域水循环过程模拟、水资源评价、水资源规划、水资源配置和调度、生态需水理论及其计算方法、水价理论与实践、水资源管理以及节水型社会建设等方面取得了一系列成果。曾主持完成国家项目及其他部门和地方项目数十项，世行、亚行以及其他国际合作项目多项。发表学术论文200余篇，出版专著20余部。其中《西北地区水资源合理配置与承载能力研究》一书分别获得“国家优秀图书奖”和“河南省优秀图书荣誉奖”。获得国家科学技术进步二等奖5项，省部级奖励10项。2004年荣获中央国家机关工会联合会国家机关“五一劳动奖章”，2006年被评为“全国杰出专业技术人才”，2009年被评为“全国水利系统奉献水利先进个人”。

陈永川 中国科学院院士。1964年出生，四川南充人。1984年获四川大学计算机软件学士学位；1987年赴美国麻省理工学院学习；1991年获应用数学博士学位，同年被美国洛斯阿拉莫斯国家实验室授予奥本海默研究员奖。现任天津市第十二届政协副主席，九三学社中央常委、市委会主委，南开大学副校长。主要研究领域包括经典组合数学，代数组合学，组合数学在生物、物理和金融领域的应用等。由他构造的“Schroder trees”的计数算法是组合数学中最漂亮的算法之一；他建立的指数型结构的上下文无关文法的计数模型被公认为“陈氏文法”。先后获得了美国李氏基金会学术成就奖、联合国教科文组织侯赛因青年科学家奖、国家杰出青年基金、教育部科技进步一等奖、全国五四青年奖章、中国青年科技奖、第十三届陈省身数学奖等奖项。

袁亚湘 中国科学院院士。1960年出生于湖南资兴。18岁考上湘潭大学，1982年3月至1982年11月在中国科学院研究生院就读研究生，师从冯康教授。1982年11月起在剑桥大学应用数学与理论物理系攻读博士，师从M. J. D. Powell教授。1986年获博士学位。现任中国科学院数学与系统科学研究院研究员。在非线性优化计算方法及其理论方面，取得了一系列的重要成果。他的贡献主要集中在信赖域法、拟牛顿法和共轭梯度法三个方面。在信赖域法算法设计和收敛性分析方面所做的工作是开创性的，特别是对于非光滑优化信赖域方法的研究得出了一系列重要的收敛性定理，给出了超线性收敛的充分必要条件。曾获首届“FOX”奖二等奖、首届冯康科学计算奖、中国青年科学家奖、北京市科技进步一等奖、国家自然科学二等奖、并荣获国家级有突出贡献的中青年专家、全国优秀科技工作者以及中国十大杰出青年等称号。

鄂维南 中国科学院院士。1963 年出生。1982 年获得中国科技大学学士学位，1985 年在黄鸿慈教授指导下获得中科院计算数学所硕士学位，1989 年在著名应用数学家 Bjorn Engquist 教授指导下获得美国加州大学洛杉矶分校博士学位。现任普林斯顿大学数学系和应用数学及计算数学研究所教授和北京大学长江讲座教授。研究领域分布在数学、力学和理论物理的诸多方向，并均有重要的发现和贡献。他的研究把数学模型、分析和计算美妙地结合起来，并能对现实世界的重要现象提供新的见解。1996 年获得美国青年科学家和工程师总统奖，1999 年获得冯康科学计算奖，2003 年获第五届国际工业与应用数学家大会科拉兹奖（Collatz Prize）。

五、四川大学杰出教授

项楚 四川大学杰出教授。1940 年 7 月出生，我国著名的敦煌学家、文献学家、语言学家和文学史家，国家级重点学科“中国古典文献学”学科带头人。现为国务院学位委员会学科评议组成员，国家古籍整理出版规划领导小组成员，中国敦煌吐鲁番学会副会长，四川大学中文系教授，中国古代文学、中国古典文献学、汉语言文学学博士生导师。教育部人文社会科学重点研究基地四川大学中国俗文化研究所所长。他的研究领域以敦煌学为核心，涵盖了语言学、文学、文献学和佛学等诸多方面，其中对于敦煌俗文学的研究居于世界领先地位。出版《敦煌文学丛考》《敦煌变文选注》《王梵志诗校注》《敦煌诗歌导论》《敦煌歌辞总编匡补》《著名中年语言学家选集·项楚卷》《柱马屋存稿》等专著多种，发表学术论文 70 余篇。其中，《敦煌变文字义析疑》等系列论文获中国社科院青年语言学家奖金一等奖，《敦煌文学丛考》获全国高等学校首届人文社会科学研究优秀成果一等奖，《王梵志诗校注》获全国高等学校第二届人文社会科学研究优秀成果一等奖，《寒山诗注》获四川省哲学社会科学优秀成果一等奖。他具有深厚的国学根底，熟读佛藏和四部典籍，精于校勘考据，擅长融会贯通，在研究中熔语言、文学、宗教于一炉，形成了独具的治学特色，他对敦煌学的研究折服了自诩“敦煌学在外国”的外国学者，为祖国赢得了荣誉。

卿希泰 四川大学杰出教授。1928 年出生，四川三台县人。1949 年 5 月参加中共地下党领导的革命青年组织“中国火星社”，并任四川大学分社社长。新中国成立初，曾参加接管川大的工作。1951 年四川大学法律系本科毕业。1954 年中国人民大学哲学研究生毕业。1959 年曾负责创建四川大学哲学系，并任该系党总支书记、副系主任、副教授。1980 年负责创建四川大学宗教研究所，并任所长、教授、博士生导师。曾任国家社科基金宗教学科规划评审组副组长，首届全国高校哲学学科教学指导委员会委员，中国宗教学会副会长，四川省首批学术和技术带头人。现任四川大学文科杰出（资深）教授，国家“985 工程二期四川大学宗教与社会研究创新基地”首席科学家，宗教研究所名誉所长，全国首批社科重点研究基地四川大学道教与宗教文化研究所学术委员会主席，四川大学学术委员会委员，中国宗教学会顾问，CSSCI 和中文核心刊物《宗教学研究》主编；蓬瀛仙馆道教文化资料库主编；《儒释道博士论文丛书》主编，该丛书到 2007 年为止已出版了 70 卷；《中国宗教与中国社会》系列丛书主编，现已出版 10 多卷。曾为国家培养了数十硕士生和博士生（包括部分港、台生），还为日、美等国培养了数十名留学生和高级进修生。1991 年起，享受国务院政府特殊津贴，并先后被评为四川省优秀教师，四川省优秀博士生导师，成都市劳动模范，四川省优秀共产党员。

游志胜 四川大学杰出教授。1945 年 9 月出生。1968 年四川大学物理系本科毕业，从事电子技术工作；1978 年至 1981 年为四川大学无线电系硕士生，1981—1983 年在美国密执安州立大学计算机系做访问学者。1983 年起在四川大学计算机系从事教学科研工作。现为四川大学计算机学院教授、博士生导师，四川大学国防科技研究院副院长、教育部现代交通管理工程研究中心主任。主要研究方向是模式识别、图象处理、信息融合及其在空中管制和地面智能交通系统的应用。主持国家和军队有关重大项目 20 余项。作为第一完成人获得国家科技进步一等奖 1 项、二等奖 2 项，省部级一等奖 4 项，对我国民航、军航空管系统现代化做出重要贡献，被中国民航总局聘为特聘专家，国务院中央军委国家空管委办公室评为“全国空管先进个人”。游志胜是国家有突出贡献的中青年专家、四川省学术和技术带头人、全国优秀留学归国人员、五一劳动奖章获得者、全国先进工作者，并担任教育部科技委学部委员、中国图像图形学会副理事长。

罗志田 1952 年出生于。1977 年考入四川大学历史系 1981 年毕业后到四川师范大学历史系，任助教、讲师，1986 年留学美国，获新墨西哥大学硕士学位，普林斯顿大学博士学位。1994 年至今任四川大学历史文化学院教授、博士生导师、文科杰出教授，研究方向主要为中国近代文化史、中外关系史。著作有《再造文明的尝试：胡适传》《民族主义与近代中国思想》《权势转移：近代中国的思想、社会与学术》《乱世潜流：民族主义与民国政治》《国家与学术：清末民初关于“国学”的思想论争》《裂变中的传承：20 世纪前期的中国文化与学术》《近代中国史学十论》《激变时代的文化与政治——从新文化运动到北伐》《变动时代的文化履迹》《近代读书人的思想世界与治学取向》等。

曹顺庆 1954 年 2 月出生于。1980 年毕业于复旦大学，同年考上四川大学研究生，1983 年获硕士学位，1987 年获博士学位。现任四川大学文学与新闻学院院长、教授、博士生导师，教育部“长江学者奖励计划”特聘教授，国家级重点学科比较文学与世界文学学科带头人，教育部跨世纪优秀人才，霍英东教师基金获得者，做出突出贡献的中国博士学位获得者，享受政府特殊津贴专家，四川省学术带头人，中国比较文学学会副会长，中国古代文学理论学会副会长，中国中外文论学会副会长，四川省比较文学学会会长，美国康乃尔大学、哈佛大学、香港中文大学访问学者，台湾南华大学、佛光大学、淡江大学客座教授；国家社科基金评委，教育部本科教学评估工作专家委员会委员，教育部教学指导委员会中文学科副主任委员。主持国家社科基金重点项目“中外文学发展比较研究”等多个项目，担任“十五”、“211”重点项目“中外文学与俗文化”负责人；多次获国家级优秀教学成果奖、教育部人文社科奖及四川省政府社科一、二、三等奖。《文学评论》编委、《中国比较文学》编委、英文刊物 *Comparative Literature*：*East & West* 主编。出版了《中西比较诗学》《中外比较文论史》《比较文学史》《中国文化与文论》《两汉文论译注》《东方文论选》《比较文学新开拓》《中国古代文论话语》《中外文学跨文化比较》《比较文学论》《比较文学学科理论研究》《世界文学发展比较史》《比较文学学》等著作 20 多部，发表学术论文百余篇。

钟本和 1937 年 11 月出生。现任化工学院教授、博士生导师。长期从事磷复肥、磷化工教学科研工作。负责完成的“料浆法制磷铵”新工艺、创造性地解决了我国大量中品位磷矿长期不能生产高效复肥磷铵的难题，成为该领域的开拓者。经过 20 余年的研究和攻关，完成了该工艺的基础研究、模试、中试。3 万吨/年工试和装置技术国产化、大型化，并在全国推广。已形成具有中国特色的 20 万吨～30 万吨/年装置的成套先进技术，成为我国高浓度磷复肥生产的主导技术路线。被原国家计委列为“六五”以来我国科技战线的八大成果之一（计科 1988〔570〕号文）。主持完成的“6 万吨/年料浆法磷铵”，被国家计委列为全国“八五”攻关突出的五项重大成果之一；主持完成的 15 万吨/年多项关键技术的“九五”攻关获得重大经济效益。2007 年全国产量达 900 余万吨，占磷铵总产量 60%以上。近十年还主持完成国家发改委和科技部下达的“生活垃圾制有机复合磷肥 10 万吨/年工业性试验”及对磷化工行业技术进步、产量升级换代具有重大意义的、低能耗、低成本制高纯度湿法磷酸新工艺，完成了 1 万吨/年、5 万吨/年工业试验并在全国推广。在上述领域取得的多项重大成果，获多项奖励，其中以第一完成人获国家科技进步一、二等奖各 1 项，部省级特等奖 1 项，一等奖 2 项，二等奖 4 项。先后被评为省、市劳动模范，国家人事部“有突出贡献的中青年专家”，1991 年享受国务院府特殊津贴；四川省委、省政府科技重奖，省优秀共产党员。国家“六五”、“七五”、“八五”科技攻关先进个人，全国高校先进科技工作者，首届“亿利达”科技奖，首届四川大学“五粮液校企合作贡献奖”。合作出版专著 4 本，在国内外主要刊物发表论文百余篇，并获多项发明专利。为四川省学术和技术带头人。中国磷肥协会常务理事、中国磷肥专家组副组长，硫酸协会理事，全国化工硫酸和磷肥设计中心理事，中国化工学会化肥专业委员会委员。

六、教育部“长江学者奖励计划”特聘教授、讲座教授

王琪（特聘教授） 主要从事高分子间复合物、聚合物共混物和复合材料，以及高分子力化学等方面的研究。承担并完成国家科技部、国家自然科学基金、国家教委、中国石化总公司、中国石油天然气总公司、四川省科委等资助的多项科研课题，以及与美国 Rohm&Haas 公司、DoW 化学公司、荷兰 DSM 公司的国际合作科研项目。在用催化接枝技术制备新型聚合物/纤维复合材料，用高分子间分子复合方法制备新型高分子固体电解质、新型复合纤维、新型聚合物驱油剂，研制新型力化学反应器及用力化学方法制备新型高分子材料以及聚合物加工中的流变学和化学流变学等研究方面取得成果。发表学术论文 100 余篇。其中不少论文被 SCI 和 EI 等收录。申请中国专利 10 项，已授

权3项，公开3项。科研成果曾获国家教委（教育部）科技进步一等奖（1998年）、二等奖（1992年）、三等奖（1998年）和中国石化总公司科技进步三等奖（1991年）。1999年被国家教育部“长江学者奖励计划”专家评审委员会批准为四川大学高分子材料学科特聘教授。

李安民（特聘教授） 见两院院士介绍

魏于全（特聘教授） 见两院院士介绍

石碧（特聘教授） 见两院院士介绍

徐寅峰（特聘教授） 男，吉林人，教授、博导。中国科学院应用数学研究所运筹与控制专业博士，西安交通大学管理科学与工程专业博士后。“新世纪百千万人才工程”入选者（2008年），教育部“长江特聘教授”（2006年），“国家杰出青年基金”获得者（2005年），“全国优秀博士论文指导教师”（2006年）；国际期刊 *International Journal of Applied Evolutionary Computation* 副主编。*Information* 编委，国际期刊 *Journal of Combinatorial Optimization* 客座编辑，国际期刊 *Theoretical Computer Science* 客座编辑。担任全国应用统计专业学位教学指导委员会委员，中国运筹学会理事，中国运筹学会企业运筹学分会副理事长，陕西省运筹学学会理事长。担任 *The First International Conference on Algorithmic Applications in Management*（AAIM’05）大会主席，*The First International Conference on Combinatorial Optimization and Applications*（COCOA’07）大会主席。

罗懋康（特聘教授） 1956年2月出生。博士，四川大学数学学院教授、博士生导师，教育部“长江学者奖励计划”特聘教授，国家“杰出青年科学基金”获得者，先后主持或承担国家教委“优秀年轻教师基金”、教育部“跨世纪人才培养计划”、“高等学校骨干教师资助计划”项目、国家自然科学基金重点项目、教育部博士点基金项目、国家科委专项基金项目、教育部“高等学校数学研究与高等人才培养中心”项目、教育部重点项目、国家“杰出青年科学基金”项目等。在《中国科学》《科学通报》《数学学报》《数学年刊》等国内杂志及 *J. Math. Anal. Appl. Top. Appl. Theoretical Computer Science* 等国际杂志上发表论文40余篇，美国《数学评论》、原苏联《数学进展》等多次摘评介绍，称为“非常重要”、“深入的分析研究”、“一系列具有吸引力的、重要的结果”、“强烈影响”、“原创性工作”、“非常吸引人”、“充分新颖”等等。

许唯临（特聘教授） 主要从事工程水力学科和教学工作。近年来，共负责或主研各类科研项目20余项，包括主持了国家自然科学基金项目、国家重点科技攻关项目、部省级基金项目及国家重点工程科研项目等；曾获四川省科技进步一等奖、电力部科技进步二等奖；发表学术论文50余篇，其中被国际三大检索系统SCI收录2篇，EI收录15篇。所完成的“高坝大流量泄洪消能及水垫消能机理研究”被鉴定为“总体达到国际先进水平，水垫消能机理研究具有国际领先水平”，并于1998年获四川省科技进步一等奖。所完成的“高水头大流量泄洪消能研究——水垫塘水力特性及体型优化研究”于1997年获电力部科技进步二等奖，该项目还曾于1996年获水电力利规划总院科技进步一等奖。所完成的“水工水力学中开发与应用紊数学模型几个关键问题研究”因在自由面问题、复杂边界问题、三元效应问题以及固壁边界问题等方面取得的创新性成果，于 1997 年获国家教委科技进步三等奖。

周总光（特聘教授） 从事外科学工作多年，学风严谨，学术造诣高，在胰腺外科和微创外科领域成绩突出，在国内的实验基地取得了多项国际水平的重要成果。国内外同行评审专家一致认为：这些成果对于阐明胰腺的生理及病理生理、对急性坏死性胰腺炎的防治乃至整个胰腺学科的发展都有深远的影响；达国际同类研究的领先水平。周总光教授是四川省腹腔镜外科的开拓者之一，他用微创外科手段已为 5000 多例患者解除了痛苦而无并发症，良好的手术效果为广大患者所赞誉并得到同行的肯定。先后获 1997 年度四川省科技进步一等奖、1998 年度卫生部科技进步一等、1999 年国家科技进步三等奖。1999 年获国家有突出贡献的中青年专家，百千万人才工程第一、二层人选；同年获国家杰出青年基金资助，2001 年 9 月聘为“长江学者奖励计划”第四批特聘教授。

傅强（特聘教授） 1993 年 12 月获四川大学高分子材料成型加工专业博士学位；1995 年 1 月至 1997 年 11 月，美国阿克隆大学博士后；分别于 1999 年 8 月至 2000 年 9 月和 2001 年 10 月至 2001 年 12 月在德国弗赖堡大学作洪堡学者。1997 年 12 月至今，任四川大学高分子科学与工程系教授、博士导师，2001 年 7 月起任高分子科学与工程学院副院长。傅强教授先后承担完成国家自然科学基金重大项目、重点项目和面上项目多项。目前作为负责人主持的项目有：国家杰出青年基金，国家教委跨世纪优秀人才基金，国家自然科学基金，国家教育部博士点基金、国家教育部优秀年轻教师基金、归国留学基金、四川省杰出青年基金和省重点科技基金。先后在国内外发表学术论文 80 余篇，论文被 SCI 收录 50 余篇，论文被 SCI 等引用达 120 次，1997 年 3 月获北美热分析学会优秀论文奖，1998 年 12 月获国家教育部科技进步二等奖（第一完成人），1999 年 12 月获宝钢优秀教师奖。

刘进（特聘教授） 医学博士，主任医师，博士生导师。1989 年至 1993 年在美国从事麻醉学的科研和临床工作。1994—1999 年任中国医学科学院阜外医院麻醉科主任，2000 年至今任四川大学华西医院任麻醉科主任，ICU 主任和麻醉与危重医学教研室主任并在华西医院成功建立麻醉学博士点。刘进教授为我国培养的第一批临床型医学博士。致力于血液保护，心血管麻醉、术中心功能调控、临床麻醉质量控制的临床实践和研究。已获卫生部科技进步二等奖 1 项、中国医学科学院科技进步一等奖 1 项。1995 年获国家杰出青年基金和国家教委优秀青年教师基金。1996 年获求是科技基金会杰出青年学者奖。已完成 8 项国家、部、委和国际合作科研项目，现正主持 6 项科研课题。1997 年享受政府特殊津贴并入选国家“百千万工程”中百千人选，1998 年获吴阶平医学奖二等奖，2002 年获卫生部有突出贡献中青年专家奖。

曹顺庆（特聘教授） 见四川大学杰出教授

冯小明（特聘教授） 1993—1996 年在中国科学院化学研究所学习，获理学博士学位；1988—1993 年在西南师范大学化学系从事有机化学教学和科研工作，历任助教和副教授；1996—2000 年在中国科学院成都有机化学研究所从事研究工作，历任副研究员和研究员，并被评聘为博士生导师。在此期间，在美国

Colorado State University 化学系做博士后研究；2000 年至今在四川大学化学学院工作，担任博士生导师，四川大学学术委员会委员，四川大学学位委员会委员，绿色化学与技术教育部重点实验室副主任，四川大学国家工科基础化学基地学术委员会副主任。在国家自然科学基金委重大项目、国家杰出青年科学基金和重点项目等国家和部省项目的资助下，冯小明教授在不对称合成方法学及手性医药、农药和具有生理活性化合物的合成研究领域里取得了重要成果，发展了不对称合成方法学。现已分别在 *J. Am. Chem. Soc.*, *Chem. Eur. J*, *J. Org. Chem.*, *Org. Lett.*, *Tetrahedron*, *Synlett* 等刊物上发表论文 100 多篇，近年所发表的论文被 SCI 刊物他引近 400 次，单篇他引大于 30 次，多篇论文被评述性论文正面评述，多次被邀请在国际、国内会议上做邀请报告。作为主研人员获得 2002 年四川省科技进步壹等奖（排名第 7），2001 年入选教育部《跨世纪优秀人才培养计划》，2002 年获国家杰出青年科学基金资助，2002 年获国务院政府特殊津贴，2002 年获四川省有突出贡献优秀专家称号，2004 年入选四川省学术与技术带头人，入选教育部 2005 年度长江学者特聘教授。

辛洪波（特聘教授） 1991 年 7 月获北京大学医学部（原北京医科大学）药理学博士学位。1993 年 10 月至 2005 年 11 月分别在美国 Vanderbilt 大学、宾夕法尼亚大学和康奈尔大学从事博士后研究或任讲师，研究助理教授和助理教授（博士生导师）。2005 年 11 月至今为四川大学生物治疗国家重点实验室教授，华西医院心血管疾病实验室主任，博士生导师，2005 年度教育部“长江学者奖励计划”特聘教授。现为美国生物物理学会和美国糖尿病学会会员。赴美后主要从事心肌，骨骼肌和平滑肌肌质网钙释放通道（calcium release channels /ryanodine receptors）的生理学，生物化学和分子生物学研究，其论文曾在国际知名学术期刊如《自然（*Nature*）》，《生物化学杂志（*Journal of Biological Chemistry*）》及《核酸研究（*Nucleic Acids Research*）》等发表。现已申报国际专利两项，其中“组织或细胞特异性基因敲除载体构建（Vectors for conditional gene inactivation）”专利技术能迅速、有效、低成本地用于研究小鼠的基因功能，由于小鼠具有与人类基因组的高度同源性，该项技术将为研究小鼠及人体的发生，发育及发展，为人类疾病的诊断及治疗和新药开发提供重要的工具。

王玉忠（特聘教授） 1994 年在四川大学获得（高分子）材料学博士学位后一直在四川大学工作，1995 年晋升教授，1997 年获博士生导师资格。1999 年德国 Max Planck 高分子所（DAAD）访问教授，2002 年英国 Nottingham 大学（皇家学会）访问教授。先后在 6 个全国性学会/协会或组织任副会长/副理事长、主任委员、理事等，IUPAC 和 ASTM 会员。负责创建的降解与阻燃高分子材料研究中心现已建设成为省重点实验室。主要研究方向为环境友好材料，特别是在无卤阻燃高分子材料、低成本生物降解塑料和废弃高分子材料的回收利用等领域取得了一批创新成果。截至 2006 年，他负责承担了包括国家杰出青年基金、国家“863”、国家重点科技攻关、国际科技合作重点项目等国家和部省级纵向课题 30 余项，发表期刊论文 140 余篇（近五年 SCI 收录 59 篇）、国际学术会议邀请报告 18 篇/次，出版专著 3 部，申请发明专利 34 项，成果被列为国家级重点推广成果和新产品各1项。获各类科技成果奖12项，其中作为第一完成人，获得国家科技进步二等奖1项、教育部科技进步一等奖和高校技术发明一等奖各1项、其他省部级科技进步奖4项。已培养硕、博士研究生40多人，获得“四川省优秀研究生导师”称号，并获得宝钢教育奖优秀教师奖。获得中国工程院光华工程科技奖青年奖、四川省杰出青年科技创新奖，入选“教育部跨世纪优秀人才培养计划”和“新世纪百千万人才工程”国家级人选，四川省学术与技术带头人、四川省优秀青年，享受国务院特殊津贴。2006年被教育部评为“环境友好材料”学科“长江学者奖励计划”特聘教授。

黄卡玛（特聘教授） 1964年，出生，分别于1985年、1988年和1991年在电子科技大学获得学士、硕士和博士学位，2001年美国Clemson大学访问教授。长期致力于微波与复杂媒质相互作用的研究。作为第一获奖人获得国家技术发明二等奖1项，其他省部级奖4项。曾受邀在第三届国际微波化学大会上作“Microwave Chemistry in China”大会特邀报告，并担任大会顾问委员会唯一中国成员。近5年申请国家发明专利12项，其中4项已获得授权。在国内外学术刊物发表论文130多篇，其中SCI、EI检索论文75篇，出版专著3本。曾被邀到美国、意大利、奥地利等国合作研究或讲学。现为享受政府特殊津贴专家，首批新世纪百千万人才工程国家级人选，国家杰出青年基金获得者，教育部跨世纪优秀人才，四川省学术和技术带头人，四川省专家评议委员会委员。曾为中国电子学会理事、国家自然科学基金委员会信息科学部专家评审组成员；现为中国电子学会会士、美国IEEE高级会员、教育部高等学校电子信息与电气学科教学指导委员会电子科学与技术专业指导分委员会委员、教育部留学回国人员科研启动基金评审专家、《微波学报》《电波科学学报》《四川大学学报》编委；多种国外著名期刊的论文评阅人。

林鹏智（特聘教授） 1991年获天津大学土木结构工程学士学位，1993年获美国夏威夷大学（University of Hawaii，Manoa）环境工程科学硕士学位，1998年获美国康奈尔大学（Cornell University）水利工程哲学博士学位。1998年至2000年，分别在美国康奈尔大学和香港理工大学进行博士后研究。2000年至2005年任教于新加坡国立大学（National University of Singapore）土木工程系，历任助理教授、副教授、终身教授（Assistant Professor and tenured Associate Professor）。自2004年起，任四川大学水力学与山区河流开发保护国家重点实验室特批教授、教授、博士生导师。主要从事计算水动力学（CFD）及其在水利、海岸与海洋工程中的应用。在本学科领域的著名国际学术刊物发表学术论文40余篇（SCI收录），他引共计300余次。2008年通过国际著名出版社Taylor & Francis，Co. 出版英文学术专著1部*Numerical Modeling of Water Waves*。担任*Ocean Engineering*，*Journal of Earthquake and Tsunami*等5种国际学术期刊的副编辑或编委。获2004年教育部自然科学一等奖（自由面紊流数值模拟方法研究），2005年国家杰出青年科学基金（紊流自由面掺气机理及数值模拟研究）以及2007年教育部《长江学者奖励计划》特聘教授。目前主要进行各种二维、三维紊流数值模型的软件开发，复杂紊流中边界效应（如水面掺气、水底冲刷、流-固耦合、液体在运动箱体中震荡、多孔介质流等）的基础研究，以及全球气候变化对水资源和环境的影响、植物护岸对水流结构及行洪安全的影响、重大工程灾变（如溃坝、大跨度桥梁在极端风浪作用下的破坏、滑坡与地震引发的库区涌浪或海啸）机制与减灾措施的工程应用基础研究。

余孝其（特聘教授） 1987 年毕业于四川大学化学系，并分别于 1990 年、1993 年获四川大学化学系生物有机化学方向硕士、博士学位，博士毕业后留校任教；1999 年起任四川大学化学学院教授，其中 1998—2001 年在香港大学化学系任 Research Associate。教育部长江学者特聘教授（2009 年）、入选国家七部委新世纪百千万人才工程国家级人选（2009 年）、国家杰出青年基金获得者（2007 年），享受国务院特殊津贴专家（2006 年），入选教育部新世纪优秀人才资助计划人选（2003 年），四川省学术与技术带头人（2006 年），入选四川省杰出青年学科带头人培养计划资助人选（2003 年）。现任中国化学会化学生物学专业委员会委员，绿色化学与技术教育部重点实验室副主任。主要从事小分子与生物大分子之间的相互作用、绿色有机合成方法学等领域的研究。共培养博士研究生 25 名、硕士研究生 33 名。共参编著作 3 部，申请发明专利 4 项（已授权 2 项），在国际重要刊物如 *Angew. Chem. Int. Ed.*，*J. Am. Chem. Soc.*，*Org. Lett.* 等共发表研究论文 180 多篇，其中 SCI 收录论文 130 多篇。国际国内会议大会报告、邀请报告 27 次。曾获四川省科技进步二等奖、三等奖各 1 次；曾荣获“四川省做出突出贡献的博士学位获得者”称号。

徐玖平（特聘教授） 清华大学应用数学博士、四川大学物理化学博士，国际系统与控制科学院终身院士。教授、博士生导师。国家杰出青年科学基金获得者，中国青年科技奖获得者，长江学者特聘教授，新世纪百千万人才工程国家级人选。国际管理科学与工程管理联合会主席，*International Journal of Management Science and Engineering Management* 主编；中国系统工程学会副理事长，《系统工程理论与实践》副主编。主持过国家自然科学基金重点项目、国家社科基金重大招标项目等科研项目 50 余项；获国际运筹学进展奖，部省级一、二、三等奖项 17 次。在 *Mathematical Analysis and Applications*、*Ieee Transaction on Fuzzy Systems*、*Information Sciences*、*The International Journal of Management Sciences*、*Expert Systems with Applications* 等 40 余家国际学术杂志及 100 余家国内学术期刊上发表论文 360 余篇，SCI、SSCI、EI 检索论文 150 余篇；在 Springer、科学出版社等出版著作 30 余部。1994 年至今为国家培养应用数学、运筹学与控制论、管理科学、技术经济及管理等专业的硕士、博士 180 余名。组办大型国际学术会议 12 次，7 次担任大会主席，5 次担任大会组委会主席；与美国、加拿大、澳大利亚、奥地利、日本等国家的大学或研究机构建立了长期合作研究关系。近 5 年来主持完成的主要成果：《不确定多目标决策理论与方法》为完善不确定决策理论做了开创性、基础性的工作；《循环经济系统理论及其应用》在循环经济系统理论上有重大创新，在循环经济系统分析与规划技术上有集成创新，为循环经济建设提供了理论依据，间接经济效益达 110 多亿元；《完井管柱受力分析及其应用》在数学建模、理论分析、计算方法方面具有原始创新，在解决完井管柱受力分析难题方面有重大突破，开发了具有自主知识产权的完井管柱受力分析软件，在石油天然气领域得到了应用，直接经济效益达1亿多元。

胡静（特聘教授） 1984年毕业于华西医科大学口腔医学系，1991年获博士学位。1999—2000年在美国匹兹堡大学医学中心任客座教授。现为四川大学华西口腔医院正颌及关节外科主任，中华口腔医学会口腔颌面外科专委会委员、颞下颌关节病专委会副主任委员、全国正颌外科学组组长；国家自然基金委生命科学部第11，12届学科评审组成员。主要从事口腔颌面整复外科的临床及基础研究工作，擅长牙颌面畸形的外科矫正及面部轮廓整形，主刀为上千例来自全国各地甚至海外的患者解除了病痛。近几年在牵张成骨、颞下颌关节重建与组织工程等领域开展研究工作并取得突出成绩，主持国家及省部级课题 10余项，在 *Bone*，*Biomaterial*，*s* 及 *J Dent Res* 等本专业知名期刊发表SCI论文40余篇，获包括教育部科技进步一等奖在内的科技奖励6项。主编专著《正颌外科》及全国高等学校研究生规划教材《正颌外科学》。2005年被评为四川省有突出贡献的优秀专家，2008年获国家杰出青年科学基金资助，2009年受聘为教育部“长江学者”特聘教授。

褚良银（特聘教授） 博士、教授、博士生导师。1989年和1992年分别在成都科技大学（今四川大学）获学士和硕士学位，1995年在东北大学获博士学位。1995年至1997年在四川大学做博士后，1999年至2001年在日本东京大学做博士后，2006年8月至2007年2月在美国哈佛大学做高级研究学者，2007年12月至2008年2月在法国巴黎ESPCI做访问教授。作为课题负责人承担了国家“973”计划课题、国家杰出青年科学基金项目、国家自然科学基金项目等多项科研课题。近期一直从事环境响应型智能膜与控释系统、膜分离过程传质强化、新型分离技术等方面的研究工作，相关学术成果已发表在 *Chem. Soc. Rev.*、*Angew. Chem. Int. Ed.*（包括扉页插图论文1篇）、*Adv. Mater.*（封面导读论文）、*Adv. Funct. Mater.*（包括封面导读论文3篇）等杂志上，已申请中国专利17项（已授权14项）和国际专利6项（已授权2项）。教育部跨世纪优秀人才计划入选者（2002年），教育部优秀青年教师资助计划入选者（2002年），成都市优秀青年（2003年），四川省杰出青年学科带头人培养计划入选者（2003年），四川省学术和技术带头人（2004年），国务院享受政府特殊津贴专家（2004年），科学中国人年度人物（2006年），四川省十大杰出青年（2007年），国家杰出青年科学基金获得者（2008年），教育部长江学者特聘教授（2009年）。获教育部自然科学奖二等奖（2003年），四川省青年科技奖（2005年），山东省科技进步二等奖（2009年）。

霍巍（特聘教授） 男，1957年2月25日生，主要从事中国汉唐考古、美术考古、西藏考古、文物学与艺术史、中外文化交流等方面的研究。考古学与博物馆学专业教授，博士生导师。现任历史文化学院院长、四川大学博物馆馆长、教育部人文社会科学重点研究基地中国藏学研究所所长等职，兼任中国社会科学院考古研究所、吉林大学、四川美术学院、日本文部省国际日本文化研究中心、香港城市大学客座教授，任中国考古学会理事、四川省历史学会副会长、四川省博物馆学会副理事长等学术职务，受聘为四川省高等院校高级职称评定委员会学术委员、四川省文博考古系统高级职称评定委员会学术委员、四川大学历史学科学术委员会委员等。曾在日本文部省国际日本文化研究中心、美国西雅图华盛顿大学、德国欧亚考古研究所等大学和研究机构交流访问。近十余年来，霍巍教授主持有国家社科基金重大招标项目，教育部人文社会科学重点研究基地重大研究项目，国家文物局边疆考古研究项目，中日、中美国际合作项目，美国亚洲文化协会（ACC）资助项目，重庆三峡考古项目等多项科研课题，开展以我国西南地区为中心的田野考古与综合研究，具有丰富的田野考古经验及综合研究能力。先后出版有《西藏古代墓葬制度史》《吐蕃时代考古新发现及其研究》《西藏西部佛教文明》《长江上游早期文明的探索》《战国秦汉时期中国西南的对外文化交流》《西南考古与中华文明》等学术专著多部，研究成果曾获得省部级二等奖4次，在中外权威其核心学术刊物发表论文百余篇。曾获得四川省教委“有突出贡献的中国学位获得者”、宝钢优秀教师奖、教育部全国模范教师称号，系教育部“跨世纪优秀人才”专家、四川省学术带头人、国务院特殊津贴获得者。2012年聘为教育部“长江学者奖励计划”特聘教授。

阮勇斌（讲座教授）“长江学者奖励计划”讲座教授。1963年出生，1982年在四川大学获学士学位，1985年在川大获硕士学位，1991年在美国加州大学伯克利分校获博士学位，1991—1993年任密执安州立大学 Research lnstructor，1993—1995年任犹他大学助理教授，1995年起任威斯康星大学副教授，1999年起任该校教授。阮勇斌在辛拓扑与量子上同调等方面的开创性研究在国际数学界有重要影响。基于阮勇斌的出色工作，他获得了美国 Sloan 研究基金，并且被邀请在1998年的国际数学家大会上做45分钟报告。他的工作被这个大会的两个1小时报告和4个45分钟报告所引用。

张曙光（讲座教授） 美国麻省理工学院（MIT）高级研究员，生物医学工程中心副主任，美国纽约科学院院士，清华大学及四川大学生物医学工程客座教授。1990年发现了第一个左旋 Z-DNA 结合蛋白质并克隆了它的基因，1993年发现“短肽自行聚集和自我互补”，被誉为“麻省理工学院1970年以来最重要的15项科研成果之一”；1997年开创了生物表面修饰工程技术的崭新研究领域，被选为美国纽约科学院院士。

蒲林（讲座教授） 1984年获四川大学学士学位；1990年获加州大学圣地亚哥分校博士学位。1991年至1994年先后在斯坦福大学、加州理工做博士后工作。2003至今任弗吉尼亚大学化学系教授。蒲林教授先后承担了20多项科研项目，包括美国国家自然科学基金、NIH 基金、石油研究基金，共获得研究经费500多万美元。在手性光电材料、手性荧光传感器、不对称催化等方面做出了突出成绩。发表论文104篇，SCI 收录论文93篇，其中 Chem. Rev. 3篇、PNAS 1篇、Angew. Chem. 3篇、J. Am. Chem. Soc. 17篇，影响因子介于3~6之间的论文56篇，这些论文被引用近3000多次，单篇引用最高超过300次。研究结果以“What′s Up With BINOL and BINAP?”为题在 *Chemical & Engineering News* 杂志上得到详细评论。

孙晓峰（讲座教授） 现在瑞典林克平大学肿瘤科工作并担任该科肿瘤研究实

验室主任，主要从事肿瘤分子生物学方面的研究。在潜心致力于直肠癌研究的10余年时间里，共发表研究论著74篇，其中包括国际颇具影响的医学杂志，如*Lancert*，影响因子为19，*J Nat*1 *Cancer*影响因子为19，*J Clin Oncol*影响因子为11，*Clin Cancer Res*影响因子为7，及*Oncogens*影响因子7等。15篇代表性论文共被引用127次，其中他引116次，自引11次。13篇被作为有代表性论著要求再版或载入书中。孙教授同时承担了瑞典国家多项大肠癌研究项目，瑞典国家及省报曾多次报道孙教授及其团队的科研成果及对社会的贡献，因此，他曾被瑞典国家誉为“有突出贡献的青年科学家”。其所在实验室已成为国际上本专业第一流可信得过的实验室，享有很高的威望。世界肿瘤研究顶级杂志的总编辑（*Editor in chief*，*Journal of Clinical Oncology*）称赞其团队为“well respected research investigators”。

赵越（讲座教授） 1982年获成都科技大学工学学士学位；同年考上出国研究生，1987年获巴黎大学博士学位；1987年至1990年底在加拿大Laval大学作博士后；1991年起在加拿大Sherbrooke大学化学系任教，现为该大学Full Professor，在高分子化学物理、功能高分子材料、分子材料自组装等研究领域学术造诣深。主要从事新的功能高分子材料和液晶材料的设计、合成、基础理论和器件应用的开发研究，在世界上首次设计和展示了多种新的、有发展和应用潜力的功能高分子和液晶材料，包括独创的光控高分子胶束、可用力场、电场和光场调节的衍射光栅材料以及液晶的光取向技术，取得了许多原创性的研究成果并得到了社会的广泛关注和认可。“光控高分子胶束”被*Quebec Science*杂志评选为2005年加拿大魁北克省10项重要发明之一，曾获得“Public Prize for the Discovery 2005”等奖励。近5年，在国际著名期刊（如*Angew. Chem. Int. Ed*.（IF 9.596），*Adv. Mater*.（IF 9.107），*J. Am. Chem. Soc*.（IF 7.419），*Adv. Func. Mater*.（IF 6.77）等）上发表SCI论文近40篇（IF>6，10篇）。到2006年底，共发表论文近90篇，被他引约550次。多次在国际学术会议作邀请报告，是加拿大全国高分子科学会的组织者之一，担任2007年第33届大会的主席。

郭鸿（讲座教授） 1979年12月毕业于四川师范学院（现四川师范大学）物理系后留校任教。1981年考取CUSPEA第一届赴美国留学。1981年9月至1987年8月，在美国匹兹堡大学获实验原子物理学硕士，计算机科学硕士，理论凝聚态物理学博士学位，博士导师是David Jasnow教授。1987年9月至1990年10月，郭鸿教授在美国坦普尔大学和加拿大麦吉尔大学物理系作博士后研究，导师是Jim Gunton教授和Martin Grant教授。1991年1月开始在加拿大麦吉尔大学物理系任教，从助理教授起，至1999年6月升为正教授。2004年6月至今为麦吉尔大学的James McGill讲座教授。2004年获得加拿大Council for the Arts颁发Killam Research Fellowship，2006年被加拿大物理学会授予Brockhouse奖章。郭鸿教授于2004年当选为美国物理学会会士，并于2007年当选为加拿大皇家科学院院士。郭鸿教授目前是美国橡树岭国家实验室的访问科学家，中国科学院北京物理研究所量子结构中心成员，香港大学物理系Honory Professor。郭鸿教授目前的主要研究方向是介观物理，纳米尺度的量子输运理论和纳米电子器件物理。他的研究小组在过去的十余年里主要集中于纳米器件电子和自旋输运的定量分析和物理模型，把量子物理、材料物理及非平衡态物理结合起来，发展了一整套新的理论及其相应的计算方法。郭鸿教授和他的合作者们在非平衡态量子输运、非平衡格林函数理论（NEGF）、分子电子学，自旋电子学，半导体纳米结构中的电子散射和强关联现象，含时与高频量子输运以及相关的材料物理中做出了有益的工作。迄今为止，共有21名研究生在郭鸿教授指导下获得博士学位，并有10余位博士后在他的小组里完成了博士后研究，这些小组成员们目前大多活跃在中国、美国、加拿大、欧洲和亚太地区的凝聚态物理和电子工程研究的前沿。

董崇英（讲座教授） 美国加州大学Santa Cruz分校教授。主要从事无穷维李代数和顶点算子代数研究，在顶点算子代数（Vertex operator algebras）、Orbifold理论以及广义月光（Generalized moonshine）等方面的研究做出了令世界数学界交口称赞的工作。1993年以来连续主持美国国家科学基金，其中，近5年主持3项，2004年至2006年获中国国家杰出青年基金B类；1985年以来已在国际数学杂志上发表论文68篇，其中近5年发表22篇，包括国际著名数学杂志*Acta Math*. 1篇，*Duke Math*. *J*. 1篇，*Comm*. *Math*. *Phys*. 11篇，*Adv*. *Math*. 2篇，等等，在国际同行中具有重要影响，得到包括fields奖获得者Drinfeld、Zelmanov和Borcherds以及著名数学家如Beilinson和V. Kac等人的重要引用。

表1 2012年度国家“千人计划”入选者名单（含“青年千人计划”）

序号	姓名	性别	单位	专业技术职务
1	苏丹	男	生物治疗国家重点实验室	教授（青年千人计划）
2	冯明业	男	华西口腔医学院	教授（青年千人计划）
3	唐华锦	男	计算机学院	教授（青年千人计划）

表2 2012年度四川省“百人计划”入选者名单（含“青年百人计划”）

序号	姓名	性别	学院	专业技术职务
1	Kenji kida（木田建次）	男	建筑与环境学院	教授
2	曹旭	男	华西口腔医学院	教授
3	陈传	男	商学院	研究员（青年百人计划）
4	陈小俊	男	数学学院	教授（青年百人计划）
5	成果	女	华西公共卫生学院	教授（青年百人计划）
6	戴峰	男	水利水电学院	教授（青年百人计划）
7	董崇英	男	数学学院	教授
8	董琳	女	华西药学院	副教授（青年百人计划）

续表2

序号	姓名	性别	学院	专业技术职务
9	李惠萍	女	华西医院	副教授（青年百人计划）
10	吕克宁	男	数学学院	教授
11	毛剑	男	华西口腔医学院	教授
12	许华曦	男	华西口腔医学院	教授
13	杨成	男	化学学院	教授（青年百人计划）
14	杨璐铭	女	轻纺与食品学院	教授（青年百人计划）
15	袁久洪	男	华西医院	教授

表3　2012年度国家杰出青年基金获得者名单

序号	姓名	性别	学院	专业技术职务
1	赵长生	男	高分子科学与工程学院	教授
2	王琼华	女	电子信息学院	教授
3	黄灿华	男	生物治疗国家重点实验室	教授

表4　2012年新聘正高级专业技术职务人员名单

单位	姓名	性别	最后学历	拟聘职务	聘任时间
经济学院	张　蕊	女	博士	教授	2012年7月
文学与新闻学院	操　慧	女	博士	教授	2012年7月
文学与新闻学院	陆正兰	女	博士	教授	2012年7月
文学与新闻学院	张　怡	女	博士	教授	2012年7月
外国语学院	赵艾东	女	博士	教授	2012年7月
艺术学院	李　晟	男	博士	教授	2012年7月
数学学院	邹云志	男	博士	教授	2012年7月
化学学院	郑成斌	男	博士	教授	2012年7月
生命科学学院	王胜华	男	博士	教授	2012年7月
电子信息学院	张蓉竹	女	博士	教授	2012年7月
电子信息学院	赵　翔	女	博士	教授	2012年7月
材料科学与工程学院	李　卫	男	博士	教授	2012年7月
制造科学与工程学院	王　玫	女	博士	教授	2012年7月
电气信息学院	王渝红	女	博士	教授	2012年7月
建筑与环境学院	张　鲲	男	硕士	教授	2012年7月

续表4

单位	姓名	性别	最后学历	拟聘职务	聘任时间
建筑与环境学院	李晋川	男	博士	教授	2012年7月
水利水电学院	王玉蓉	女	博士	教授	2012年7月
化学工程学院	唐盛伟	男	博士	教授	2012年7月
化学工程学院	杨华清	女	博士	教授	2012年7月
化学工程学院	方为茂	男	博士	正高级工程师	2012年7月
高分子科学与工程学院	任显诚	男	博士	教授	2012年7月
华西基础医学与法医学院	王雅静	女	硕士	教授	2012年7月
华西基础医学与法医学院	刘延友	男	博士	研究员	2012年7月
华西医院	李　园	女	博士	教授	2012年7月
华西医院	马小红	女	博士	教授	2012年7月
华西医院	邹立群	女	硕士	主任医师	2012年7月
华西医院	陈　茂	男	博士	主任医师	2012年7月
华西医院	王　刚	男	博士	主任医师	2012年7月
华西医院	毛　辉	女	博士	主任医师	2012年7月
华西医院	赵　宇	男	博士	主任医师	2012年7月
华西医院	张　岚	女	博士	主任医师	2012年7月
华西医院	刘　芳	女	博士	主任医师	2012年7月
华西医院	杨家印	男	博士	主任医师	2012年7月
华西医院	刘艳辉	男	博士	主任医师	2012年7月
华西医院	郭应强	男	博士	主任医师	2012年7月
华西医院	王丽春	女	博士	主任医师	2012年7月
华西医院	徐严明	男	博士	主任医师	2012年7月

续表4

单位	姓名	性别	最后学历	拟聘职务	聘任时间
华西医院	李富宇	男	博士	主任医师	2012年7月
华西医院	王自强	男	博士	主任医师	2012年7月
华西医院	车国卫	男	博士	主任医师	2012年7月
华西医院	吴锦晖	女	博士	主任医师	2012年7月
华西医院	惠旭辉	男	博士	主任医师	2012年7月
华西医院	李　响	男	博士	主任医师	2012年7月
华西医院	周宗科	男	博士	主任医师	2012年7月
华西医院	徐建国	男	博士	主任医师	2012年7月
华西医院	刘　凌	女	博士	主任医师	2012年7月
华西医院	雷学忠	男	博士	主任医师	2012年7月
华西医院	王文涛	男	博士	主任医师	2012年7月
华西医院	伍　兵	男	博士	主任医师	2012年7月
华西医院	曹　钰	女	博士	主任医师	2012年7月
华西医院	范天勇	男	博士	主任医师	2012年7月
华西医院	李　秋	女	博士	主任医师	2012年7月
华西医院	田　蓉	女	博士	主任医师	2012年7月
华西医院	费小凡	男	学士	主任药师	2012年7月
华西医院	胡　雯	女	硕士	主任技师	2012年7月

续表4

单位	姓名	性别	最后学历	拟聘职务	聘任时间
华西医院	秦永平	男	硕士	主任技师	2012年7月
华西医院	罗艳丽	女	本科	主任护师	2012年7月
华西第二医院	梁　娟	女	硕士	研究员	2012年7月
华西第二医院	谭世桥	男	硕士	主任医师	2012年7月
华西第二医院	楼江燕	女	博士	主任医师	2012年7月
华西第二医院	李春梅	女	博士	主任医师	2012年7月
华西第二医院	唐　军	女	博士	主任医师	2012年7月
华西第二医院	罗碧如	女	硕士	主任护师	2012年7月
华西口腔医学院	楼北雁	男	学士	主任医师	2012年7月
华西口腔医学院	毕小琴	女	硕士	主任护师	2012年7月
华西口腔医学院	龙　洁	男	博士	教授	2012年7月
华西口腔医学院	王　航	男	博士	教授	2012年7月
华西口腔医学院	项　涛	男	博士	教授	2012年7月
华西口腔医学院	李小兵	男	博士	教授	2012年7月
华西口腔医学院	罗　云	男	博士	主任医师	2012年7月
华西口腔医学院	苏　勤	女	博士	主任医师	2012年7月
华西口腔医学院	华成舸	男	博士	主任医师	2012年7月
华西公共卫生学院	朱彩蓉	女	博士	教授	2012年7月
华西公共卫生学院	苏　维	女	硕士	教授	2012年7月
华西药学院	宋振雷	男	博士	教授	2012年7月
华西药学院	孙　逊	女	博士	教授	2012年7月
华西药学院	贺英菊	女	硕士	教授	2012年7月
公共管理学院	吴　敏	女	博士	教授	2012年7月

续表4

单位	姓名	性别	最后学历	拟聘职务	聘任时间
公共管理学院	史云贵	男	博士	教授	2012 年 7 月
公共管理学院	刘润秋	女	博士	教授	2012 年 7 月
商学院	王　虹	女	博士	教授	2012 年 7 月
马克思主义学院	刘吕红	女	博士	教授	2012 年 7 月
道教与宗教文化研究所	李　裴	女	博士	研究员	2012 年 7 月
原子与分子物理研究所	彭　放	男	博士	教授	2012 年 7 月
原子核科学技术研究所	汪　渊	男	博士	研究员	2012 年 7 月
高分子研究所	李　姜	男	博士	教授	2012 年 7 月
生物材料工程研究中心	梁　洁	女	硕士	正高级工程师	2012 年 7 月
图书馆	黄毕惠	女	学士	研究馆员	2012 年 7 月
科学技术发展研究院	吴　尧	女	博士	研究员	2012 年 7 月
社科处	李　昆	男	博士	教授	2012 年 7 月

表5　2012 年博士后进站人员名单

序号	姓名	性别	来源单位	流动站所在单位	备注
1	蒲曦鸣	女	厦门大学	材料科学与工程学院	川大薪
2	王文武	男	四川大学	材料科学与工程学院	川大薪
3	费小兵	女	西南科技大学	道教与宗教文化研究所	原单位
4	李斯斌	男	四川师范大学	道教与宗教文化研究所	原单位
5	刘　茜	女	嘉兴学院	道教与宗教文化研究所	原单位
6	美朗宗贞	男	西藏大学	道教与宗教文化研究所	原单位
7	张丽娟	女	厦门大学	道教与宗教文化研究所	川大薪
8	张韶宇	男	贵州省社会科学院	道教与宗教文化研究所	原单位
9	王　君	男	四川大学	电子信息学院	原单位
10	黄云松	男	四川大学	法学院	原单位
11	李文军	男	成都理工大学	法学院	原单位
12	李运才	男	贵州师范大学	法学院	原单位
13	王有粮	男	四川大学	法学院	川大薪
14	尹　怡	女	四川大学	法学院	原单位

续表5

序号	姓名	性别	来源单位	流动站所在单位	备注
15	俞凌云	女	四川出入境检验检疫局	高分子科学与工程学院	原单位
16	尹朝露	女	四川大学	高分子科学与工程学院/公安部四川消防研究所	联合培养
17	钟淦基	男	四川大学	高分子科学与工程学院/新疆蓝山屯河化工股份有限公司	联合培养
18	龚凤鸣	女	四川大学	华西第二医院	川大薪
19	吴　婷	女	成都市妇女儿童中心医院	华西第二医院	原单位
20	朱文超	男	四川大学	华西公共卫生学院	川大薪
21	彭小东	男	川北医学院	华西基础医学与法医学院	原单位
22	乔祥晨	男	英国利兹大学	华西口腔医学院	川大薪
23	谭培勇	男	四川大学	华西口腔医学院	川大薪
24	陈勃江	女	四川大学	华西临床医学院	川大薪
25	范川文	男	四川大学	华西临床医学院	川大薪
26	王　茹	女	四川大学	华西临床医学院	川大薪
27	吴秦洁	女	四川大学	华西临床医学院	川大薪
28	杨　曦	男	四川大学	华西临床医学院	川大薪
29	钟晓蓉	女	四川大学	华西临床医学院	川大薪
30	陈桃林	男	北京师范大学	华西临床医学院	川大薪
31	付维力	男	北京大学	华西临床医学院	川大薪
32	龚　梅	女	四川大学	华西临床医学院	川大薪
33	雷　都	男	华东师范大学	华西临床医学院	川大薪
34	倪培燕	女	四川大学	华西临床医学院	川大薪
35	唐　磊	男	中国科学院成都有机化学研究所	华西临床医学院	川大薪
36	王　朴	男	武汉大学	华西临床医学院	川大薪
37	周西坤	男	四川大学	华西临床医学院	川大薪
38	邓力珲	女	四川大学	华西临床医学院	川大薪
39	邓文骞	男	成都体育学院	华西临床医学院	原单位
40	郭　建	男	四川大学	华西临床医学院	川大薪
41	韩鹏飞	男	四川大学	华西临床医学院	川大薪
42	胡发云	男	四川大学	华西临床医学院	川大薪

续表5

序号	姓名	性别	来源单位	流动站所在单位	备注
43	李名立	男	四川大学	华西临床医学院	川大薪
44	郑珍珍	女	四川大学	华西临床医学院	川大薪
45	聂　涌	男	四川大学	华西临床医学院	川大薪
46	范敏敏	女	四川大学	华西药学院	川大薪
47	吴建明	男	成都康弘药业集团	华西药学院/成都康弘制药有限责任公司	联合培养
48	谭平华	男	西南化工研究设计院	化学工程学院/海洋聚苯树脂有限公司	联合培养
49	王玉建	男	中国科学院成都生物研究所	化学工程学院/攀枝花钢铁集团公司	联合培养
50	徐慧远	男	宜宾学院	化学工程学院/宜宾天原集团	联合培养
51	刘颖颖	女	中国成达工程有限公司	化学工程学院/中国成达工程有限公司	联合培养
52	李金金	男	华中科技大学	化学工程学院/中国石油四川石油管理局、西南油气田分公司	联合培养
53	刘坤平	男	成都大学	化学学院	原单位
54	许　涛	男	中国地质科学院	化学学院	川大薪
55	杨　光	男	吉林大学	化学学院	原单位
56	张云峰	男	成都大学	化学学院	原单位
57	甄文娟	女	成都体育学院	化学学院	原单位
58	席　军	男	四川大学	化学学院	原单位
59	王俊胜	男	公安部天津消防研究所	化学学院/公安部天津消防研究所	联合培养
60	陈　力	男	四川大学	化学学院/广东生益科技股份有限公司	联合培养
61	郑保战	男	四川大学	化学学院/四川金路集团股份有限公司	联合培养
62	孙照勇	男	日本熊本大学	建筑与环境学院	川大薪
63	王　军	男	同济大学	建筑与环境学院	川大薪
64	董江峰	男	四川大学	建筑与环境学院	川大薪
65	郑义征	男	四川建筑职业技术学院	建筑与环境学院	原单位
66	刘永杰	男	四川大学	建筑与环境学院	川大薪
67	蔡栋梁	男	西南财经大学	经济学院	川大薪

续表5

序号	姓名	性别	来源单位	流动站所在单位	备注
68	曹满云	男	西南民族大学	经济学院	原单位
69	陈冬冬	男	四川农业大学	经济学院	原单位
70	董　亮	男	西南民族大学	经济学院	原单位
71	傅彦铭	男	广西大学	经济学院	原单位
72	高　昊	男	西南政法大学	经济学院	原单位
73	黄文	女	西南民族大学	经济学院	原单位
74	廖维晓	男	广西大学	经济学院	原单位
75	卢建平	男	成都医学院	经济学院	原单位
76	顾　婧	女	四川大学	经济学院/泸州老窖集团有限责任公司	联合培养
77	邓群刚	男	重庆交通大学	历史文化学院	原单位
78	董春林	男	重庆三峡学院	历史文化学院	原单位
79	葛宝森	男	铁道警官高等专科学校	历史文化学院	原单位
80	郝　永	男	周口师范学院	历史文化学院	原单位
81	何子君	男	甘肃民族师范学院	历史文化学院	原单位
82	蒋　英	女	中央民族大学	历史文化学院	川大薪
83	史振卿	男	华中师范大学	历史文化学院	原单位
84	王万洪	男	四川师范大学	历史文化学院	川大薪
85	吴龙灿	男	宜宾学院	历史文化学院	原单位
86	赵宠亮	男	四川省文物考古研究院	历史文化学院	原单位
87	郑建钟	男	重庆理工大学	历史文化学院	原单位
88	谷　敏	女	成都市市委党校	历史文化学院	原单位
89	刘宗灵	男	电子科技大学	历史文化学院	原单位
90	吴擎华	男	四川省社会科学院	历史文化学院	原单位
91	杨　冬	女	成都大学	历史文化学院/四川省社会科学院	联合培养
92	马治鸾	男	成都理工大学	历史文化学院	原单位
93	王及宏	男	西南交通大学	历史文化学院	原单位
94	白红伟	男	四川大学	轻纺与食品学院	川大薪
95	刘鹏清	男	四川大学	轻纺与食品学院	川大薪

续表5

序号	姓名	性别	来源单位	流动站所在单位	备注
96	张　良	男	西华大学	轻纺与食品学院/四川剑南春集团有限责任公司	联合培养
97	何　源	男	双流县发展和改革局	商学院	原单位
98	王智猛	男	四川大学	商学院	原单位
99	李　凡	男	四川大学	商学院	川大薪
100	梁学栋	男	四川大学	商学院	原单位
101	王敏晰	女	成都理工大学	商学院	原单位
102	赵京东	男	四川省团委	商学院	原单位
103	周贵川	男	四川大学	商学院	原单位
104	倪冠群	男	西南交通大学	商学院	川大薪
105	向　锐	男	四川大学	商学院	原单位
106	沈学善	男	四川省农业科学院	商学院/四川省农业科学院	联合培养
107	林　海	男	四川大学	生物材料工程研究中心	川大薪
108	尹彦存	男	四川大学	生物材料工程研究中心	川大薪
109	陈　珂	男	四川大学	生物材料工程研究中心	原单位
110	沈国波	男	四川大学	生物治疗国家重点实验室	川大薪
111	张义文	男	四川大学	生物治疗国家重点实验室	川大薪
112	邓启民	男	成都云克药业有限责任公司	生物治疗国家重点实验室	原单位
113	张　萍	女	四川大学	生物治疗国家重点实验室	川大薪
114	张　双	男	四川大学	生物治疗国家重点实验室	川大薪
115	董立华	男	四川大学	生物治疗国家重点实验室	原单位
116	叶昊宇	男	四川大学	生物治疗国家重点实验室/广东众生药业股份有限公司	联合培养
117	马梵辛	男	武汉人福医药集团股份有限公司	生物治疗国家重点实验室/武汉人福医药集团股份有限公司	联合培养
118	韩建智	男	中国科技大学	数学学院	川大薪
119	蒋　毅	男	四川师范大学	数学学院	原单位
120	刘长丽	女	复旦大学	数学学院	川大薪
121	任　丽	女	东北师范大学	数学学院	川大薪
122	邵亚斌	男	西北民族大学	数学学院	原单位
123	赵　新	男	天津大学	水利水电学院	川大薪
124	马旭东	男	四川大学	水利水电学院	川大薪

续表5

序号	姓名	性别	来源单位	流动站所在单位	备注
125	吴国成	男	内江师范学院	水利水电学院	原单位
126	李云祯	男	四川省环境科学研究院	水利水电学院	原单位
127	王英奎	男	长江水利委员会长江勘测规划设计研究院	水利水电学院/长江勘测规划设计研究院	联合培养
128	阿布杜外力克热力	男	西北民族大学	文学与新闻学院	原单位
129	郭士礼	男	成都理工大学	文学与新闻学院	原单位
130	黎保荣	男	肇庆学院	文学与新闻学院	原单位
131	李怀杰	男	电子科技大学	文学与新闻学院	原单位
132	刘永红	男	青海师范大学	文学与新闻学院	原单位
133	罗执廷	男	暨南大学	文学与新闻学院	原单位
134	杨　柳	女	北京联合大学	文学与新闻学院	原单位
135	尹　泓	女	河南省固始县委党校	文学与新闻学院	原单位
136	袁　莉	女	四川师范大学	文学与新闻学院	原单位
137	郑海涛	男	西华师范大学	文学与新闻学院	原单位
138	朱丽晓	女	四川大学	文学与新闻学院	川大薪
139	张学勤	男	四川文化产业职业学院	文学与新闻学院	原单位
140	陈　侃	男	西南交通大学	制造科学与工程学院	川大薪

表6　2012年博士后情况　　（单位：人）

进站	140	国家资助	35
		自筹经费	87
		企业联合	18
在站	352	2010年	111
		2011年	101
出站	53	2010年	28
		2011年	30

（以上资料由人事处王兰提供）

人才培养篇

研究生教育

一、招生工作

1. 创新博硕士招生改革的新举措

(1) 继续举办四川大学优秀大学生暑期夏令营。

为提升生源质量，早日锁定优质生源，做好拔尖创新人才培养的基础工作，继续举办优秀大学生暑期夏令营。2012年，支持文学与新闻学院等16个招生单位举办优秀大学生暑期夏令营活动，有来自“985”、“211”等高校的700余名优秀大学生参加。2013年接收校外推免和硕士报名情况表明，夏令营工作成效卓著。接收校外来自“211”院校的2013年的推免生较2012年增长了75%。

(2) 深入推进与高水平大学互推联盟高校生源互推工作。

2012年，四川大学担任2012年高水平大学互推联盟轮值主席。6月，四川大学研究生院承办互推联盟2012年互推联盟工作会，18所“985”高校主管研究生招生工作负责人参会。会议制定保送生定额定向互推的具体操作流程，将优秀生源的校际交流与互推落到实处。在教务处等部门大力支持下，我校接收来自校外“985”高校的2013年推免生较2012年增长了123%。

(3) 主动出击，加强宣传，扩大优秀生源。

学校分批次组织文、理、工、医各学科主动出击，针对性地对高水平兄弟院校进行学校对学校、学科对学科的面对面交流，开展优质生源组织工作。在交换推荐免试研究生、吸引优秀生源报考和扩大学校影响力等方面取得良好成效。

(4) 继续推动四川大学“3+2+3”本硕博连读计划的实施。

2012年9月，继续推行“3+2+3”本硕博连读计划，遴选100名本校的最优秀学生提前进入硕士研究生阶段的学习，落实创新人才培养长效机制，着力培养拔尖创新人才。

2. 硕士研究生招生工作

2012年硕士考生报名人数共21957人，较2011年增加2811人。录取了5593人（其中港澳台考生12人），较2011年录取的5484人增长了109人。

3. 博士研究生招生工作

2012年共有4072人报考我校博士研究生，较2011年的报考人数增加了150人。实际录取了1186人（其中包含9名港澳台学生），较2011年的1150人增加了36人。

二、培养工作

截止到2012年12月31日，全校在读研究生总数为21141人，其中博士研究生4787人，硕士研究生16393人；博士研究生中学术学位有4427人，专业学位有321人；硕士研究生中学术学位有11293人，专业学位有5100人。

2012年开展的研究生培养工作主要有：组织申报全国研究生学术交流平台项目，2012年获准实施1项，名称为口腔医学博士论坛；负责管理并组织学生申报《四川大学博士研究生国际学术交流基金》，2012 年共有 96 人获得资助资格；制订《四川大学专业学位研究生总体培养方案（试行）》，明确了我校专业学位研究的培养目标，并提出了一系列的质量保障措施；修订研究生手册中“研究生培养相关规定”，加强研究生培养管理制度建设；资助制造科学与工程学院、华西公共卫生学院、化学学院开展研究生实验平台建设；完成研究生教育管理系统中 2012 年科学学位硕士研究生、博士研究生和硕博连读研究生培养方案的维护和审核工作；组织相关学科、专业制订新增博士、硕士学位授权点研究生培养方案，并完成审核工作；根据（川大研〔2005〕27 号）文件的相关要求，完成 2010 级研究生的中期考核分流工作；完成 2012 年上半年和下半年全日制文、理、工、医博士和硕士研究生的毕业资格审核工作；组织完成 2012 年硕博连读研究生的选拔工作；完成研究生提前或延期毕业的审批工作；接收外单位人员旁听和跟读研究生课程；协助人事处完成四川大学教职工岗位考核管理办法和二级单位目标任务书的制定；完成 2012 年研究生政治、外语、数学、研究生综合素质等公共课以及医学类研究生专业课的排课、选课、行课、考试等组织安排管理工作；做好研究生上课教室、研究生教学大楼教室的管理安排工作，让其最大限度地发挥作用。研究生教学大楼教室除保证研究生教学考试使用外，还为全校研究生学术报告、十八大宣讲、化学年会、激光年会等活动提供场所；完成旁听、跟读人员的课程安排、学习和考试的组织管理工作；完成研究生成绩管理工作；强化并规范研究生学籍管理工作，处理并上报学籍异动的研究生情况，并加强了研究生证和火车票优惠卡的发放、保管、补办等管理工作；完成了博士、硕士研究生毕业证书颁发工作，并及时准确地完成了 2012 届毕业研究生博士 1164 人，硕士 4951 人，共计 6115 人的电子注册管理工作；完成教育部、四川省、学校等各级各类研究生基本情况报表工作；完成 2012 级研究生新生数据核对工作及学籍电子注册上报工作；完成年度学籍电子注册上报工作；组织完成即将毕业的 2010 级研究生 5549 人的信息照片采集工作；协助财务处核实欠费研究生的学籍异动情况。

三、学位工作

2012 年开展的研究生学位工作主要有：按学位条例和研究生培养方案，组织评定、授予博士和硕士学位及协调解决有关学位问题。2012 年全年博士授位人数 1134 人，硕士授位人数 6367 人，其中上半年授位博士 951 人、硕士 5213 人，下半年授位博士 183 人、硕士 1154 人；做好审定硕士生导师和博士生导师的组织工作。2012 年度共增列、外聘博士生导师 142 人，硕士生导师 192 人；协助外事部门做好公派研究生的工作，2012 年度共有 112 名学生被“国家建设高水平大学公派研究生项目”录取，其中博士生 55 名，联合培养博士生 57 名；在出境研究生的选拔方面，协助外事部门做好培训及对外联系工作，选拔赴台湾交流研究生共 26 人（春季 13 人，秋季 13 人）；积极组织全国优秀博士学位论文的申报，2012 年度我校有 2 人获得全国优秀博士学位论文，8 人获得全国优秀博士论文提名。

四、非全日制研究生教育工作

1. 2011 年在职人员攻读硕士学位全国联考

按照国务院学位委员会办公室《关于

做好2011年在职人员攻读硕士学位录取工作的通知》（学位办〔2011〕8号）的要求，在相关专业学位教育指导委员会建议录取分数线的指导下，顺利完成2011年在职人员攻读硕士学位全国联考工作。经我校招生领导小组研究决定，2011年我校各招生专业学位共录取1126人，报送各专业录取情况：法律硕士录取100人，公共管理硕士录取100人，公共卫生硕士录取61人，风景园林硕士录取40人，工程硕士录取825人。

根据《关于2012年招收在职人员攻读硕士学位工作的通知》（国务院学位办〔2012〕28号）的精神，编制《四川大学2012年在职人员攻读硕士学位招生简章》，积极组织生源，做好报名宣传工作以及考务准备工作。根据国务院学位办招生文件的精神，2011年6月25日至7月10日期间考生网上报名，7月13日至16日期间，共有1999名考生到四川大学进行现场确认，10月28日上午进行在职人员攻读硕士学位全国联考工作，四川大学作为四川省的考点之一，承担了全省工程硕士70%的考务工作，共有3210人参加考试。

按国务院学位办招生文件的要求，工程硕士及风景园林硕士学位的第二阶段考试工作于2011年12月29日上午进行，即我校自行组织的专业考试（笔试）及面试工作。第二阶段的考试工作将加强复试和录取工作的管理，确保复试录取工作的公开、公平、公正。将按照国务院学位办的要求，在2013年年初将在职人员攻读硕士学位（法律硕士、公共管理硕士、公共卫生硕士、风景园林硕士、工程硕士）、自主招生软件工程的录取数据汇总并上报。

2. 软件工程硕士的自主招生工作

按照学校整合资源且资源共享的原则，根据2012年各学院的招生情况，今年继续在有能力培养软件工程硕士的相关学院，招收软件工程硕士，并强调保证生源质量。顺利完成2012年春季、秋季软件工程硕士招生入学考试，分别有1567人、427人报名参加考试。2012年软件工程硕士共计录取1667人。

3. 工商管理硕士招生工作

顺利完成国务院学位办下达的高级管理人员工商管理硕士100名的招生任务。

4. 同等学力申请硕士、博士学位工作

按照国家要求，开展了同等学力申请硕士、博士学位人员信息网上填报工作。

5. 非全日制研究生的培养工作

组织学院做好2011级及2012级非全日制专业学位硕士生的报到、注册工作。规范非全日制硕士专业学位研究生的报到注册管理工作，清理了非全日制硕士专业学位研究生的报到注册情况，取消了没有在规定时间报到的197位2011级与2012级非全日制专业学位硕士生的入学资格。认真做好非全日制硕士专业学位研究生公共课程考试的组织工作，考题的保密工作，严格研究生课程考试的考风考纪。保证我校研究生良好的考风和严格的考试纪律。完成了2012届1200余名非全日制硕士专业学位研究生答辩资格审核工作，核实督促并保证1200余名非全日制硕士专业学位研究生在答辩前缴清学费。整理并完善非全日制研究生教育培养管理工作规章制度及工作实施细则，汇总成《四川大学非全日制硕士专业学位研究生培养管理工作手册》《四川大学非全日制硕士专业学位研究生培养方案》两本书，并处于校稿核对阶段。重新梳理了非全日制硕士专业学位研究生培养方案中的课程，并对课程进行编码，整理出非全日制硕士专业学位研究生课程库，并已导入研究生管理系统，非全日制硕士专业学位研究生培养方案已全部入库。为规范非全日制硕士专业学位研究生培养管理打下基础。重点关注软件工程硕士研究生学位论文工作，召开了软件工程硕士研究生学位论文规范工作培训会。邀请软件学院唐宁九院长对各软件工程硕士研究生招生学院的主管领导和教务干事进行培训。加强软件工程硕士研究生的学位论文开题报告工作。参加了商学院、经济学院、制造学院的部分软件工程硕士研究生的学位论文开题报告，并指出存在的不足，为学位论文工作打下好的基础。加强了研究生证的保管、补办等管理工作。

表 1 2012 年新增列博士生指导教师资格人选名单

单位（学科、专业）	姓名
马克思主义哲学	余 平
外国哲学	徐开来
宗教学	孙 林 闵 丽 田海华
世界经济	杨文武 龚秀国
民商法学	陈界融
诉讼法学	张 斌
马克思主义中国化研究	高中伟
文艺学	傅其林 刘文勇
中国古典文献学	何剑平
中国古代文学	丁淑梅
中国现当代文学	唐小林
英语语言文学	刘利民 任 文
新闻学	朱 天
专门史	赵心愚
中国古代史	粟品孝
管理科学与工程	董玉成 徐寅峰
技术经济管理	杨永忠
公共管理	罗中枢 周敬伟
艺术学理论	易 丹
设计艺术学	段禹农
基础数学	董崇英
应用数学	徐 冰 杜力力 张秉钰 吕克宁
运筹学与控制论	方亚平

续表1

单位（学科、专业）	姓名
原子与分子物理	李　萍　谷渝秋
凝聚态物理	朱　俊
分析化学	蒲雪梅
有机化学	刘小华　彭　强　兰静波　蒲　林
物理化学	郭　勇　李泽荣
动物学	孙青原　赖良学
微生物学	徐　恒
细胞生物学	韩源平
生物化学与分子生物学	陈国凯　朱晓峰
生态学	冉江洪
固体力学	黄崇湘
光学工程	李大海　周　昕
材料物理与化学	朱基亮　张静全　李　卫　武莉莉
材料学	冉　蓉　杜宗良　陈　枫　王　柯　张　晟　张楚虹
电力系统及其自动化	肖先勇　姚良忠
信息系统安全	刘嘉勇
岩土工程	刘恩龙　戴　峰
结构工程	申立银　余海岁
水工结构工程	杨兴国
化学工程	张志兵　谢　锐　杨　超　David A. Weitz
化学工艺	鲁厚芳
制药工程	廖　健
发酵工程	周荣清　高　鸿
核技术及应用	唐　军
环境科学	木田建次　多　曼　汤岳琴
人居环境	藤井明
生物医学工程	谢兴益　左　奕　吴　尧　李建树
农药学	王玉良
病理学与病理生理学	张红英
法医学	沈　敏　丛　斌
内科学	余希杰　陈　茂　贺建清　张　庆　刘　钢

续表1

单位（学科、专业）	姓名
儿科学	刘瀚旻　朱　军　熊　英
老年医学	邓珏琳
神经病学	徐严明
精神病与精神卫生学	张　伟　李　静
影像医学与核医学	罗　燕　李　林
临床检验诊断学	陶传敏
外科学	刘伦旭　徐建国　安　琪　车国卫
妇产科学	刘兴会
耳鼻咽喉科学	郑　芸
肿瘤学	李　炯
运动医学	李　箭
麻醉学	康　焰
临床遗传学	杨　元
口腔临床医学	祝颂松　李继华
药物化学	陈元伟　余洛汀　何　菱　李　锐
药剂学	尹宗宁
儿少卫生与妇幼保健学	张建新
细胞生物学	高光平　李玉华
药理学	钟志辉
民法总则	梁慧星
公共管理	阮曾媛琪
制药工程	赵　刚
物理科学与技术学院	杨海棠
数学学院	Pierre Magal
生命科学学院	刘健全
空天科学与工程学院	朱　东
高分子研究所	冯玉军
建筑与环境学院	熊渊博
华西临床医学院	张　康　袁久洪
生物治疗国家重点实验室	陈宇综　林　硕　俞德超

表2　2012年新增列硕士生指导教师资格人选名单

单位（学科、专业）	姓名

续表2

单位（学科、专业）	姓名
商学院	陈宏伟　陈　传　郭钊侠　应千伟　王元地
公共管理学院	王　谦　施雷格　刘明德　徐玉珍　张浩森 张　析
物理科学与技术学院	王　鹏
化学学院	杨　成　Jason Joseph Chruma
华西公共卫生学院	成　果　何　方
生物治疗国家重点实验室	Carl K. Edwards III
中国哲学	曾海军　胡　锐　查常平
伦理学	刘朝霞
高等教育学	刘　苹
法学理论	刘昕杰
宪法学与行政法学	李　累
民商法学	陈　实
诉讼法学	郭　松
政治学理论	王洪树　邓　勇
社会工作	张　威
国际关系	秦永红
中国现当代文学	姜　飞
比较文学与世界文学	赵渭绒
文学人类学	梁　昭
新闻学	陈华明
英语语言文学	王　安　赵艾东　王　欣
外国语言学及应用语言学	金学勤
艺术学	李振宇
音乐学	周冰琦
美术学	韩　刚　曾　妮
舞蹈学	尹德锦　李延浩
考古学及博物馆学	吕红亮　于孟洲　赵德云
专门史	陈　波　鲍成志
中国近现代史	范　瑛　徐　跃
世界史	刘　君
管理科学与工程	颜锦江　唐　柳

续表2

单位（学科、专业）	姓名
会计学	向　锐　王良成
企业管理	牛永革　周　浩
旅游管理	李志勇
行政管理	李强彬　衡　霞
社会保障	刘润秋
档案学	王　萍
社会医学与卫生事业管理	朱梦蓉
统计学	周永道
基础数学	陈兴武
概率论与数理统计	沈晓静
运筹学与控制论	付晓玉
理论物理	白春林
等离子体物理	王嘉琦
光　学	左浩毅
核技术及应用	杨吉军
无机化学	陶国宏
分析化学	吴　鹏
有机化学	彭　强　林丽丽　黄　艳
物理化学	何　玲
高分子化学与物理	曾建兵　陈　力
化学生物学	李　坤
遗传学	许文明
生物化学与分子生物学	朱晓峰
固体力学	黄志勇
工程力学	钟文宇
材料物理与化学	吴家刚
材料学	周　涛　邓　华　盖景刚
材料加工工程	廖　霞　刘正英　黄亚江
电机与电器	苗　虹
控制理论与控制工程	刘宜成
检测技术与自动化装置	刘　凯
计算机软件及理论	李　强

续表2

单位（学科、专业）	姓名
计算机应用技术	王丹霞　何　坤　张　轶　刘艳丽　段　磊
建筑设计与理论	赵春兰
岩土工程	周　成　王　琛　刘建锋
市政工程	王庆国　陈　尧
水文水资源	张文江
水力学及河流动力学	田　忠　杨奉广
水工结构工程	陈　媛　李洪涛
水利水电工程	陈云良
港口、海岸及近海工程	肖　鸿
生物医学工程	聂　宇
化学工艺	刘　昉　阮丽萍
应用化学	王　彬　廖　立
生物医学工程	郭立坤　李吉东　李洁华　李　莉　罗奎
医学信息工程	张俊然
制药工程	黄文才　姚　舜
环境工程	江　霞　李建军　刘本洪　余　江　第宝锋
供热、供燃气、通风与空调工程	王　峰
纺织工程	郭荣辉
纺织材料与纺织品设计	陈　胜
生物质化学与工程	陈　慧
影像医学与核医学	周　翔
外科学	王自强　杨家印　曾　浩
皮肤病与性病学	汪　盛
口腔临床医学	郭维华　李　一　李　宇　韩向龙　袁　泉
	王　剑　唐　甜　谭理军　敬　伟　程　然 彭　粟　邹　玲　江　潞　梅　李
儿少卫生与妇幼保健学	王艳萍
健康与社会行为学	刘巧兰
药物化学	罗有福　海　俐
影像医学与核医学	吕　粟　黄晓琦
肿瘤学	杨寒朔　宫友陵　朱　江
医学遗传学	闫乃红

续表2

单位（学科、专业）	姓名
眼科学	李　妮　范　玮
神经病学	洪　桢
病理学与病理生理学	陈　铌　叶　丰
细胞生物学	袁　铸
生物化学与分子生物学	勾蓝图
纳米材料与纳米技术	郭　刚
药物化学	杨　黎　何　谷　董　琳
药剂学	郑　瑀
药理学	万莉红　卿　勇
内科学	宗志勇　刘　芳　潘　峻
临床检验诊断学	康　梅
护理学	方进博　李　卡　张雪梅　杨　蓉
妇产科学	郑　莹
药物分析学	钱广生
细胞生物学	刘新宇　罗　彦　姚少华

表3　2012年全国优秀博士学位论文获奖情况

奖项名称	论文题目	作　者	指导教师
全国优博	多传感器分布式检查和估计融合	沈晓静	朱允民
全国优博	多酚接枝胶原纤维负载金属纳米催化剂的制备及其催化特性研究	吴　昊	石　碧
全国优博提名	女神论	刘　勤	项　楚
全国优博提名	网络人际传播中的印象形成研究	张　放	蒋晓丽
全国优博提名	注射成型聚合物/无机晶须复合材料界面结晶形态、界面相互作用及力学性能研究	宁南英	傅　强
全国优博提名	厚度多层次分布以及交替多层分布聚合物复合薄膜的制备、结构与性能研究	王　明	郭少云
全国优博提名	一种新型自组装短肽材料的性质及应用研究	阮丽萍	赵晓军
全国优博提名	MicroRNA145调控BNIP3并抑制前列腺癌演进	陈雪芹	周　桥
全国优博提名	外周细胞分化机制及其子组织工程血管化中的应用研究	蔡潇潇	宫　苹
全国优博提名	吲哚生物碱（±）－Vincorine的全合成	张　敏	秦　勇

2012 年授予博士、硕士学位名单

一、2012 年 6 月授位

(一) 学历博士 718 人

哲学 16 人

续　昕　俞森林　邢海晶　久　迈　王大伟　何子君　尹　怡　阳　淼　蓝李焰
陈　杉　于　飞　王　进　曹辉林　谌　娟　门力士　金英淑

经济学 48 人

秦　蕾　夏海清　张妍妍　宁　坚　洪武林　张俊刚　段　莉　胡　茜　何思好
王　丰　赵新军　陈艳丽　陈　磊　白玉刚　雷　玷　张千友　肖韶峰　夏程波
张　红　杨丙军　邱　鹏　董　君　赵　涛　戢梦雪　张胜军　屈　新　刘若霞
廖祖君　周卫江　陈雨柯　谢志超　李　俊　李　鸿　王兴华　刘　平　温　馨
孙志娟　谢春芳　杨云鹏　刘得扬　邓　莹　洪　运　赵世磊　罗　岚　陈吉祥
李　丽　黄志勇　向晓梅

法学 12 人

成　安　苏镜祥　王禄生　何洪兵　何维芳　丁忠毅　罗　静　赵　波　杨莉芸
马　晓　邓建华　陈德祥

文学 81 人

郑　宇　郭淑伟　尹曙光　汤巧巧　陆　霞　高　晨　王　佳　念　颖　杨　梅
门红丽　贺　骥　刘　云　高树博　向学春　李栋辉　康　鑫　谷玮洁　乔　琦
曾　翔　李艳琴　严红彦　孙金燕　熊晓霜　李　南　张璐燕　徐　琳　张乡里
罗海澜　杨玉英　张盛强　孙婷婷　罗　舒　李　黎　金安利　谭言红　李谢莉
刘晓萍　孙秀青　林阳华　刘　怡　王一平　陈　翔　王数财　章红梅　汪国林
嵇　敏　续　静　董子铭　郭　华　田启涛　常先甫　彭　荻　薛玉楠　赖新芳
袁莉容　李登桥　明月熙　王礼岚　林　咏　陈　功　饶广祥　鲁立智　张金华
卓　雅　龚　静　姚志文　余泽梅　邓星亮　刘川郁　蒋红柳　朱　洁　邓若伊
马卫华　秦　丽　尹　兴　司文会　李　德　蒋忠波　银　浩　李　弋　汤天甜

历史学 31 人

洪闫华　梁　刚　李世佳　崔昆仑　何文华　刘向阳　彭　燕　郭雪飞　刘雪怡
杨光辉　何　苗　张晓燕　秦　慧　王有粮　吉正芬　李常宝　黄云松　唐贞全
王阿陶　成　荫　张松涛　李　俊　刘思伟　王松平　谭宏玲　胡海霞　黄　娅
刘　渟　贾玉平　廖嘉良　袁霜凌

管理学 35 人

郑建国　吴志彬　陈志明　周　蓉　但红燕　李桂华　宋绍富　黄梅萍　李恒浩
袁光珮　陈伟德　庄爱玲　赵红军　耿子扬　杨智恒　彭　双　周贵川　马　琳
徐武明　王新辉　林进智　汤　晖　孙永生　张　瑾　徐　雷　田　超　黄　菊
戴　彬　马小琴　刘高福　郭涛力　李　斌　付剑峰　朱鸿鸣　张力文

理学 195 人

苏　萍　肖　波　高洁莹　杨柳涛　刘　睿　蒋昭琼　黄振芬　杨学刚　夏福婷
刘景景　宋红杰　曹红岩　郭春凤　汪海洋　涂喆研　宋永燕　蒋小明　张秋林
候志凌　吴　刚　王全德　孟　尧　王玉珍　朱建强　卢　熙　郭　滨　郑　柯
董丙君　余乐正　董　亮　罗　明　杨　宇　张　祺　王　勤　吴　刚　刘靖丽
田文艳　杜　琳　胡小蕾　彭　锐　李闻达　刘柳斜　谭福元　李正凯　赵东兵
戚文华　钱俊伟　余　岩　陈顺德　伍林涛　叶丽娟　邱敦莲　杨　肖　王　伟
龙　凤　程　鉴　王　铬　秦　华　廖晨阳　蓝　芳　李玉芝　刘继恺　徐　辉
李洪雯　王建辉　张　路　姚允怡　王　轶　伍志伟　刘绵学　任天恒　赵永红
黄胜雄　蔡　峰　王　丹　曾　博　尚　静　高仕龙　罗　笛　张　庆　吴秦洁
柴　靓　徐　飞　胡朝浪　张丽丽　刘　鋆　于景新　高云东　李　凡　张文萌
尹忠旗　石勇国　付志坚　苏　东　王跃忠　邓廷源　唐国吉　刘　磊　段满益
刘永欣　苑晓丽　罗　宏　陈　斌　李　林　孔　博　张　伟　朱晓玲　王中宝
唐明君　孙小伟　曾阳阳　李慧芳　邓邦林　董海妮　张正荣　张金平　田晓峰
赵亚儒　胡　峰　迭　东　黄晓玉　刘　科　卢　鹏　周西坤　孙　环　张　娟
师　帅　叶昊宇　李敏敬　周　锐　李青为　王　成　曹治兴　任吉霞　尹彦存
倪培艳　沈国波　傅少志　郑仁林　黄　奇　张　凌　余守洋　周　艳　蔡璐璐
陈　健　邵振俊　蒋　琳　谢焕章　林　燕　邱雪兰　袁雯旻　罗新峰　蒋　坤
梁　臻　金　韵　吴成龙　周　旋　李　杰　尹　平　彭　强　程　刚　张　勤
陈　雷　熊小峰　刘小宇　耿　倩　张　会　王　镇　冯　杰　于林涛　何桂添
千国有　黎定仕　李　硕　易仕旭　洪剑勇　熊　敏　吴永科　滕玲莹　文　君
杨美家　付昌建　李　懋　徐友才　阎大伟　杨　阳　周　茹　何　平　陈善俊
罗静聪　范兆心　张　涛　张若琪　李艳芳　白文斯密

工学 188 人

张宝玲　魏　巍　江　虹　周天楠　温雅琼　袁红照　胥建卫　穆子龙　龚　梅
邹嘉佳　李运奎　倪云竹　陈　科　惠　锦　黄　棣　翁更生　刘文龙　林　珣
谢　利　张　逸　田　猛　亢　健　岳丽丽　欧　鹏　李　婧　韩　旭　王践云
于　游　刘　丽　胡大裟　吴文娟　周国瑞　冉　奋　李晓丹　张义文　王冬磊
梁文峰　范卫星　曹建国　刘源森　刘　韬　罗　谦　虞　游　冯　琛　孟　兵
闫　宁　张　意　王　刚　范　强　杨丽玲　李澜鹏　王　斌　龚　梅　张卫华
侯海军　陈德良　尹朝露　李海龙　胡金蓉　黎立云　程　江　翟爱平　王　艳
孙　艳　张瑞瑞　谭显东　游潘丽　付福兴　杨雅琦　金长义　杨梦龙　张雪乔
胡　驰　贾　凯　罗　锋　张峰榛　董　伟　刘　琛　马明星　宋呈群　白红伟
彭　健　郑旭飞　肖　鸿　曾　明　祁　林　范敏敏　张海广　马晓旭　王　彬
俞海军　邓　欢　曲艳斌　李新利　杨邓奇　余　波　黄　媛　肖永亮　甄卫军
金　央　王　建　冯　丽　李成鑫　窦蕴甫　王志高　叶长文　吴　麒　董江峰
沈晓东　薛俊鹏　陈　学　刘海峰　谭　骏　文星跃　刘亚梅　张生军　张　伟
汪　伟　胡红莉　廖　洋　徐方维　吴　锡　武迪蒙　黄太鹏　兰时勇　罗建勋

李兰芳 刘　影 陈姝帆 程　蓉 杨　军 黄　庆 方　勇 罗小兵 苏智青
汪全义 王　涛 刘书亮 王少江 欧彦江 尹　洋 米　良 杨宝全 牛志攀
宋　娜 迟原龙 肖文谦 王安文 赵　涛 孙　一 陈以会 李　靖 李彩侠
卢明湘 脱友才 陈剑刚 杨威特 毛　卉 江　雯 杨红星 马旭东 刘　达
张　敏 黄　鑫 高志升 陈建叶 邱　春 程　飞 王　利 余祖孝 薛宇锋
周宏伟 廉玲军 汪嘉杨 倪福全 黎小东 黄炜斌 周秀平 谢凌志 高春玉
罗　林 彭华备 华才健 聂　涌 蒋红海 阳　红 刘树新 杨世洲

农学 1 人

张新刚

医学 111 人

赵永旗 张春乐 林　森 向浩天 徐　策 夏　萍 李　敬 黄　浩 张晓蕴
孟　娟 黄迎春 杨　义 张永洪 徐思成 李名立 冯　俊 陈　晨 沈卓之
扈正桃 杨　婷 王　鹏 邓麟宇 赵志伟 朱从会 李　健 黄　娜 王思宇
陈巧玲 高鸿霞 杨　娟 樊文星 任炳秀 张　双 刘　芳 王永伟 段泽艳
洪　涛 何　次 彭星辰 曹　康 邓　茜 左　卓 邓力珲 褚志刚 路泽军
王　欢 刘蜀坤 李　娜 陈恩强 刘　婷 李　蕊 陈　丽 石　磊 张有成
张馨琢 曾婷婷 李　会 旷兴林 左浩江 邹　恋 孙晓东 袁三英 李鸿浩
郑崛村 陈　翔 向许进 曹明明 杨　俭 张伶俐 裴德翠 胡　佳 黄毅娜
李　燕 王默进 韩鹏飞 徐佳楠 范川文 陈　波 曾　雯 梁冠林 谢宇平
陈　尹 张　萍 柯　琦 赵　婧 张　蛟 仇丽颖 马　妍 龚凤鸣 周　萍
熊　涛 常　超 杨平亮 韩军鸽 王大山 梁冬妮 吴　刚 杨晓波 陈永林
张录顺 王　云 杨群培 谷莹丽 郑　兰 丁雪琴 张　丽 薛林云 郝子龙
蒋兰慧 扎拉嘎白乙拉 美朗曲措

（二）专业博士 233 人

临床医学 152 人

池　魁 王　婕 袁嘉玲 姬巧云 黄晓丽 朱育春 韩振伟 张　昕 何　帆
周　淑 胡发云 沈朋飞 邹　昌 李洁清 唐　静 刘　颖 陈　宁 柳良仁
白志轩 李　烨 朱　敏 杨　帆 郭　建 刘振华 杨　曦 李　慧 李　宁
林　玲 卢　漫 郭　娜 尹　源 郑珍珍 白云丹 刘洪倩 杨　帆 彭　雪
李　晨 邓窈窕 邹鹏飞 范　羽 李　昂 杨　帆 朱　达 王怡思 刘　冬
肖　军 陈小东 白　瑜 谭春路 王　犇 王　粲 李　晨 蒋　辉 王卡娜
昝　昕 崔贝贝 黄慧琼 兀　威 熊　飞 廖　华 廖邦华 陈建敏 杨莉莉
马步云 曾国军 祝　茜 申永春 单　丹 刘　坤 岳树锦 陈利平 胡　婷
谢　盛 郑　研 韩　梅 谢天鹏 袁　勇 陈　俊 何威宏 张　婧 方嘉佳
董祥林 李　勇 郭善娴 张　琨 周丁子 李思远 冯　曦 郑晓佐 宁　涛
李舍予 李聪慧 崔　玲 刘承飞 程相俊 郭　华 徐　林 郝晓婷 赵　静
张　瑜 王贝宇 仇艳华 郭林杰 王　晗 蒋　娟 陈　宇 喻　林 黄　蕾
谭培勇 陈　瑶 代　莉 陈勃江 汪　雷 钟云青 刘梦奇 马俊梅 崔凯军

董　天　兰志刚　尹　耕　邹　黎　黄　庆　李　斌　邝　璞　李　强　王　瑾
宋涂润　王　斯　漆　锐　郭　勇　华益民　石小军　唐　怡　吴　琳　薄　虹
王　昆　易　勤　龙皆然　廖　琼　唐万欣　高　赟　王晓宇　方　媛　林　静
李佳岑　谢其冰　舒德芬　王　茹　唐晓平　蒋易容　高　峰　司马秀田

口腔医学 81 人

杨运强　张　林　贠晓非　杨　惠　杨孝勤　廖培希　周红波　税雪苹　杨苗苗
何利邦　李旭东　张春香　李　昆　周　媛　曹真胜　关晓旭　周　昊　周　益
朱文超　臧程程　马　贺　舒　毅　闫　冰　侯永福　肖　力　张书垣　付莹莹
黄雪莲　张富贵　李小洁　龙　刚　黄　玮　程　立　郑庆华　赵　君　何　浩
刘　超　翁肇嘉　于　涛　苏盈盈　余永春　曹　礼　李双君　葛建埔　李承浩
王　辉　郭丽娟　唐　娜　刘济远　刘博进　刘　洋　孙　珺　李　锐　王　璟
杨建堂　黄建文　廖正宇　高　雱　彭　燕　孙　洁　王　萍　曾吉杉　钦传奇
王压冲　刘　蝶　张晓歌　吕胡玲　杨家华　孙建勋　宋冬惠　潘兰兰　堵安庆
杨会肖　周公亮　陈　筑　朱桂全　马媛媛　陈建伟　敖丹婷　邱俊贤　张　茹

（三）学力硕士 3432 人

哲学 44 人

陈　雷　杜海峰　裴　骞　杨俊英　陈　亮　王建波　席　娟　唐炜琛　邓晓可
王姗姗　褚晓玲　潘家猛　王明华　康　茜　李梦思　沈　岚　吴　华　刘利霞
张应平　石闯伟　陈雅文　邓　刚　孙　涛　田　润　吕述华　李　山　王天啸
崔可伟　褚国锋　易海燕　苏　振　葛玉海　朱承钊　王少俊　卢彦融　杨　蒙
郑　超　张广宗　王江顺　江　淼　陈　松　李正辉　高春林　西乃降初

经济学 185 人

王　亮　费日鹏　马蕾蕾　欧阳芳　邓　莉　蒲　斌　林　越　刘　毅　毛岚玉
钟　竞　王　霞　游　宇　胡航军　郭飞飞　魏敏琼　张　煦　王燕娜　彭晓琴
阳尚兵　汪凤娇　王　琦　汤　栎　周柳岑　田　洁　冯　磊　顾业强　张　丹
唐　祺　贺　薇　范玉兰　孟凡敏　马晓辉　逄格丰　沈正栋　刘洪梅　罗　敏
张之光　赵文雯　孟　帅　张婷婷　沈小红　邓晓梅　熊玉春　陈秋频　李太辉
王　娟　刘　行　郎　颖　潘国龙　杨　胤　贾　荣　王羽蓓　何家乐　杨　辽
景婷婷　王　领　王兆海　王　琼　段雪萍　杨宝华　韩琛原　曹　滨　余洪亮
过家宗　蒲　杰　林　娜　袁铁真　李思瑶　张　原　朱晋川　白　霜　聂　莹
李佳霓　江宛峰　周雄杰　白　鹏　杜　娟　李谕齐　熊　燕　邱　萍　张国兴
陈维操　吴　丹　孙海燕　刘倩岑　周小燕　张　耿　林战旗　尹俊丽　王泪娟
傅　钢　李庆永　苏德欢　朴真莹　李亚妮　阮玉婷　张　婕　宁立盛　陈旺华
袁　维　赵　睿　卢莉梅　王小雅　赵　珍　刘彬彬　杨　静　黎灿明　许立平
张奇伟　黄忠强　刘　英　曾泉皓　刘　琳　时　蕾　吴艺雯　王红明　张　夏
余　慧　谭华芳　杜　璐　唐冬梅　李克强　韩周瑜　赵　斌　陈　勇　贲　驰
杜　平　郑少波　甘　羽　刘　圆　杨　颖　汪海涛　黎春玲　冉　芳　刘海琼
林　玲　刘　鑫　刘旭东　高　攀　廖　悦　李峻兰　甘国轩　李　晴　沈　策

向道军 肖新怡 张洁 刘浩明 施丽丽 蒋坤宏 吴海燕 韩院院 吴毓建
许多 饶莹莹 蒋亢 陈凌 周伟 高少丽 贾姣姣 廖泽洋 王营涛
经婷 胡晓磊 沈業鑫 杜建 罗丽丽 王楠 李武 袁锦芝 吉文君
龚倩倩 高菁 聂少军 钟小明 华夏欣 刘丹 梁婧博 王晨 侯蕊芳
赵英阳 刘慧婷 许畅 欧阳占远 阿作海石

法学 240 人

张天如 曾阳 王晓兰 赵倩 翟春晓 唐庆龄 毛晓宁 张瑜 张恒康
陈思 范琨琨 孙晓杰 刘亮 兰宇 高蕊华 毛恩检 邓保群 王世友
刘铖 赵洹溯 谢巍 邹媛媛 罗遥凌 刘嫦 范杰 郑旖心 兰琴
李普微 焦婧宇 吴柳雪 宁凯 章怡 李帅 杨梅 涂鹏 胡琳
王盈杏 陈容妹 李凤林 刘潇蔚 李丽娟 雷晓琴 马建帅 杨帆 刘洋
王艳丽 曹丽 董媛春 文爽 黄勤 贾凌云 段婧 熊宗丽 许肖阳
郑维权 赖远龙 谢敏 刘劲秋 潘语 夏群 李风易 刘越平 鲁欢
邓晓 邱艳林 袁神 张玲 孙琦琳 殷慧慧 唐姝 林茂松 吕凤良
邓蕾 张静 王青 何勋 李玉环 佘欢 李杰 裴倩茹 李青霞
陈烁 单翔宇 王凡 焦海恩 李东岳 余鹏 雷蕾 景昭 周茂磊
付贤禹 宋石磊 陈巍 孟昱妍 张怡 戈啸 李德刚 倪文娟 文冠斌
黄卉 彭思旗 秦晓婷 龙涛 邓静 何姝 徐茄 田勤 余红军
付丽 李艾蔚 钟兴全 张华 谢静 侯海中 杨丽 卿旻 周维珩
杨伟 董鹏彦 肖金华 许佳 景小力 张韦碧 冯伟 曹乐凡 隆运
庞博 兰霞 贺杏天 寇淋 彭念 王凯 吉晓玲 肖磊 赵红
肖永飞 张德明 曹冰冰 刘占昌 尚存良 席晨琳 周娓 田振 柏杨
黄春燕 刘晓艳 王其杰 吴芸廷 李寿晏 张曼 黄先 黄河 谢明希
肖世襄 李景峰 袁颖 张骞 袁露 宋军 李浪 张英花 吴美岭
曾玉梅 兰婷 唐聪丽 史晓鹏 吴善善 蔡明洋 卓敏 杨玲 秦英涛
费然 黄珊 赵志刚 何政金 邓安宁 满婷 郭泽晋 陈木之 李紫涵
杨千玲 刘虹霞 庞峰伟 马云飞 张静 周高艳 卜洁文 吴庆 庄乾
吴凯 李雪瑶 吴昕瑾 他代丽 彭盼熙 高存玲 刘浒斌 郭春雪 黄滔
唐良艳 林碧兰 赖晓林 贾杨 王小方 田维 杨娟 任倩 符俊杰
李文富 郦金梅 闫红霞 居玉洁 张凌子 陈彦伶 钟中 宋蔓 石庆增
石雪 肖丽娟 杨珪 崔淑芳 杨志兰 陆彦朱 张舒 臧璐 王成名
刘建平 宁华 毋小君 王下雨 岩盛兰 吴运亮 孙忠英 邹小凤 张璐
杜江 曹绮 李墨刚 胡迪 哈丽努·哈力木拉提 欧阳国杏

教育学 80 人

谢丽虹 丁元 刘果 罗雪 卓岩 陈巧 寿刘星 吴颖 贾云月
向书清 郑小龙 高月梅 滕晓 陈青 朱贵廷 黄晶晶 王芳 王圣鑫
刘冬瑜 陈月竹 覃婕 王红伟 肖洪 王翠斌 倪婷 黄锐 曹一心
文闻 李鲁云 于倩倩 罗建新 章珍 周欣 陈星全 李龙 白金明

杨紫君 单贝 胡斌 张一民 刘苏莹 阿布都热西提·艾力 徐婷婷
艾松松 金敏 覃远楷 马士烈 古丽娜尔阿布力米提 苟城尧 刘桂斌
党永炜 刘莉 于福易 喻丽 卢艳萍 刘琴 徐雅珺 窦晶晶 蔺浩
谭苏洋 李超钥 公衍磊 齐珊珊 刘勇 王勇 王翾 江璇 李金峰
游来燕 陈静 陈蕾 蔡菲 邵建勋 王倩 林楠 王晓 李军伟
梁田 王淑平 庞龙

文学 518 人

何媚 张丽丽 赵良杰 陈方超 王正佳 吴思雨 崔洋 王薇 张明睿
曾露 刘宇 孙榕蔚 杨航 黎珂帆 李云峰 祝超 靳倩倩 伍希
庞玉艳 吴胜余 张丽 陈雅庆 青雪琪 蔡明 李生羽 张昭楠 魏溪
孙莹莹 郭家宏 李丽 王娜 房文静 徐慧媛 杨容 何苗 张芩僖
刘乐 欧风偃 孙哲 贺博 黎颖 李晓瑞 向策 王若涵 王小琴
李卉 钟怡 刘倩兮 魏萌萌 何雪 陈英 林玉蝶 廖银叶 雷方超
伍建国 赵静文 闫谨 荣婷 李欢 莫蒽 李林俐 王艳 刘韵飞
田洁 王宇 李松 张郑波 刘莎莎 曾庆熹 王希 舒虹 王思棋
张默然 李少慧 李红萍 杨敏 张菲菲 宋晓希 赵姣奕 曾婷 赵建平
罗艺 张雪媚 韩秀芳 包力维 余顺国 王广瑞 孙宇 邱漫 成海明
李亚慧 潘岳风 梁晶 李润权 焦雅虹 陈学利 张利 李玉琦 王倩菁
朱钊 马芸芸 侯东菊 周丹丹 曹逸梅 陈博 周丽娜 方梅香 袁曦
王清清 沈扬 张瑜 梅世华 黄水英 季金红 陈思芮 马振伟 韩菲怡
周霞 康宇 邹小舒 熊莹 胡珊 赵晓霞 李未 何昱佳 翟乃民
冯濡墨 丁璐 范丽丽 龙春晖 张露 张潇爽 杨江吟 高松涛 黄玉凤
周丽娜 李悦 王怡潇 陈珊 陆会琼 高敏 兰玢 李瑞侠 宋丽君
李江山 张博文 雷懿 叶舟 刘炳红 王虹 彭越 李万营 卜晓梅
李融 许丹 侯新建 周攀 郭芳芳 唐渊媛 蔡汶秀 陈映竹 俞方洁
全纪宇 金必成 石琳 李仁 刘中科 陈离弦 吴斐 龙锐 赵可嘉
张琴 罗静 张秋霞 王盼 谢俊梅 曲桑吉 雷玲 李琴 杨芳
王任瑜 邓琳 姚婷 甘明杨 吴永威 黄炼 伏济君 康书雅 吴璇
余黎 杨胜希 王霞 罗淞文 符治菊 肖玉圆 刘识萌 黄林玲 黄波
赵楠楠 罗明朗 李佳韬 杨叶 王梦炯 谭丽 张帆 何思妤 赵星植
王玉兰 郝会菊 吴蕾 杨睿 甘立芬 廖云路 任雯静 蒙婷 吴海英
罗然 王静 高利亚 郑皓月 邓顺 李莹莹 张警之 孔惠楠 范育富
蒲雅竹 李绍君 张欣 李媛媛 杜琦慧 陈潇潇 庄严 周星余 王娜娜
刘洁莲 胡琰 吴迪 黄蕴婷 罗霞 刘佳利 孟美辰 刘肖娜 徐明明
熊勤 郑金莲 邹巧都 何碧华 谢秋霞 苟希敏 杨眉 王雪梅 赵璐璐
姜秀炅 黄丹丹 刘橙晨 唐玫 徐艾 李静 崔银花 孙倩 彭泌溢
范晓琳 王婧 刘玉磊 魏艳苹 刘超 叶璐璐 彭廷敏 杨乔 吕洪波
张起季 张琴琴 侯初初 洪舒 费健博 李梦龙 王珏 杨形涛 詹建英

余婧　周奕　邓洁茹　邓童童　魏芸洁　白小琼　毛佳　周怡伶　沙召超
刘菲　黎安康　苏静怡　曾兴　杨柳　姜阳阳　吴绪虎　熊戈　豆欢欢
向宇　谭永婷　王珏菲　郭永旭　王丽　杜冉乐　李洪　周安琪　韩晓芳
郑佐丽　罗昕　张恒山　宋丽华　黄倩　王凤　李玮　王明莲　李莉
张婧　高婷　严迅　吴刘娟　高延超　吴曦聪　董烨芸　赵秋英　徐凌峰
杜玄图　张莉　杨桂芳　陈雪婷　师罂　王玺　张芳芳　田田　曹旭
向瑜　赵晓燕　刘渊　刘娴　覃兰　向文平　任雪花　毛彬丁　王平
罗维斯　张莉　李娜　刘亚东　王智培　张峰　蔡晶　王嚣轩　谭美玲
牛绿林　喻琰　曲世锋　马凤　苟莉莉　李俨　王晓丹　龚红琼　李娟
王一铢　余帅　游航　罗玉添　蔚钰　齐高鹏　吴近宇　张力　胡冉冉
杨依然　曹飞越　张肖肖　何文静　胡琍　周琴　闫颖聪　陈翀　孙瑞娟
赵丽蓉　邓颖　王磊　张倩　马琳　向长琼　朱昕笛　侯沁奕　黄颖
郑志　陈蕾　牧夏女　韩田田　尹雯婷　钟滔　胡启菲　石胜　贺庆
张跃　郭恋恋　周菲　贾璟轶　罗园园　钟极南　刘旭娟　王开云　蓝朝晖
张映成　吴梦　郑莉　程小燕　张甄　罗阳　钟欣颖　吴园英　张东
张许平　邱清　邹小燕　冉宇　游槟菁　秦凤　董鸣鹤　陶忻玥　许韵
闫现磊　刘照娟　幸文静　郭清源　范春莉　马丽　苗玉红　张继文　曾敏
王稀　田蕾　蔺琳娜　杨砚钊　许成刚　刘少梅　魏荣凯　刘扬　谢敏
黄岩　申雪莎　陈熹　朱琪　王秀　陈丽瑾　王鑫　郝珊　赵培
徐亚蕾　刘双　蒋翠　傅晓霞　邓小龙　郭小红　吕满金　张沁　张丹
程荣　徐克　齐艳艳　伍丽云　冯萱　潘希　刘珂嘉　张岩　谢雪扬
李青霜　王霞　王楠　王雪娇　张艳　左鹏　余海蔚　刘卿钦　钟莉丽
邓梦雅　李婧　陈鸿亮　李珊珊　王少博　崔超峰　方伟绩　柴华方　罗亮
姜龙霞　郑曦　张金霞　李觉明　宋晓煜　姚雪培　郭娟　骆谊恒　马清亮
罗涛　孙莉莉　李江薇　葛丽　张璐璐　胡琴　罗思思　何宏颖　戴路
程通　武晓丽　李琳琳　李腾　曾露璐　王一先　叶天露　边绍萍　张金莲
杨勇　吴丹萍　李勋昌　蒋明霞　贾巴阿叁

历史学 113 人

何杨坤　何超　任大彬　燕啸波　刘丽　冯韧　张东京　刘杰　杨婧文
石杰　张荣杰　梁振丽　赵其旺　姚朵　李文波　张玮苇　王雯婷　田园
韩莎　冯旭云　林明誉　潘俊芳　杨德森　赵海渊　卢玥颖　钟雅琼　李寅
黄明　王帅　薛媛　余小洪　向娜依　郭露媛　胡中华　聂娟　周海芳
陈超　汪舒旋　李云彪　董安军　黄泽芳　杨盛翔　吴彬　刘惠　沈勇
陆义　李德鑫　黄喆　李金凤　刘蕾　马春焰　张海军　张立妮　田顺静
赵文玉　郭亚利　彭亮　刘丽平　梁静　李茸　刘婵　谢睿　张艳
罗红　廖文辉　李倩　王硕　吴文兵　周博　王晓芬　赵力　刘仲敬
肖碧瑞　赵淑亮　王建玲　叶礼华　廖劲　余江龙　吴仲哲　高健　王恺玮
刘童　蔡炯昊　杨雲舒　李玉牛　薄兆山　陈希丰　黄晴　孙黎　李自勇

高　羽　张孝朋　张曼迪　陶　超　刘　静　贺　丹　王　敏　张　崇　伍丹丹
王　建　吕　途　黄　娅　袁永东　梁小平　韩小琴　丁　晓　刘明义　张　威
陈世锋　段碧波　黄志华　邱明峰　吴佳蔓

管理学 355 人

吴　懈　唐瑞阳　李凯歌　刘　莉　石　豪　谢小琴　程晓玥　姚　琳　赵璐璐
王　厅　晋佑顺　蒋志慧　郝梦婷　彭　露　苏　亮　李莎菲　覃梦河　刘翠萍
万新夫　郭　靖　杜阳阳　刘雅芳　徐珍珍　娄　瑛　杨　练　王　帅　马　鹂
杨　丽　李　俊　邹婧洁　钟　霞　王　鹏　胡　琴　吴　洁　陈　征　张　伊
牛　旭　左　宇　杨付勇　郭文学　陈　亮　高　君　杨　洋　宋小翠　吴庆悦
何　晔　易彬彬　兰　洋　王　琳　马丹妮　杨　莹　何永强　胡园园　王渊敏
马敬文　熊万玲　王　霞　周姝婧　杨　祎　王志敏　任之蓉　刘　翔　李　洁
刘晓灵　郭美娟　霍曼曼　林　子　薛海霞　祝　东　吕　维　苏　阳　马海青
韩东晟　刘成希　杨　奥　樊慧莉　陈　环　邢　慧　黄浩菲　艾则提　李正彬
李丽娜　胡文春　刘　俊　陈　昊　郑忠敏　张　敏　李　岩　孟丽慧　宋丰印
严　浩　彭雪红　廖　晶　杨驭豪　刘卫平　杜　轩　尚海燕　张　杰　王秀娟
汪　建　李园园　依帕尔古丽买买提明　张淑珍　孙春和　陈　榄　杨激文
侯　旭　王西枘　张拯霖　刘红艳　王春燕　张雪梅　王　娟　袁　媛　丁　怡
季明博　龚　佳　孟祥晶　肖永禧　张　媛　陶文昊　田　昭　熊　宇　刘况驰
刘宗鑫　袁振玲　韦向明　苏文浩　周　宇　谭莹颖　杨　东　李若冰　谢　鹏
杨淑林　李金花　吕　键　白　雪　张坤杰　彭新月　吴　静　张　菁　张素华
陈启胜　谢小雨　信晓阳　周　鑫　刘　艳　王方民　冯　春　刘　维　郭　田
杨清壹　黄　涯　王　坤　肖　瑶　何　璨　李　双　廖　欣　景东辉　张　丹
李晓玉　邹　怡　柴　念　巩喜梅　张　婧　姜明明　于江波　张　翼　唐光超
赖　力　张　娇　申志红　舒　伟　王俊川　吴建碧　廖丽华　胡直江　任君宜
杨梦麟　焦　娇　王晓琴　费文斌　熊谊文　王　晗　黄雪莹　郑沙沙　胡莎莎
柴成桂　牛宏帅　王江沄　江　超　杨　轶　陈思佳　宁小姣　赵　敏　折磊磊
姜大鹏　王红梅　杨忆竹　岳红印　陈　敏　叶学芳　孔庆文　沈沾伟　王　丹
罗　涛　胡　博　蒲应钦　尹丽娟　朱彧玲　周　雪　汪雅琴　刘　祚　武　奔
吴华丹　梁晓萌　黄元灏　李晓萍　张兰兰　潘　涛　蔡　鹏　刘　立　杨全良
宋莹莹　李　鹏　邓险锋　周诗�　李　利　牟　宏　冯雨州　牛世鹏　郭彦玎
谢珍君　甘　婷　何明太　张　勇　徐　江　吴　艳　张　琦　田济睿　张冯婧
蒋国虹　张继友　冯　安　王　颖　张　扬　张小英　栗　卜　徐　燕　郑　涛
黄镁银　潘　莲　李黎明　杨颖诗　赵雁名　刘浩林　李毅光　丰子英　罗　曼
莫丽雯　聂翯序　刘雅琼　张晓政　吴　倩　周　锐　梁雨薇　王　茜　张丽丽
蔡小娇　彭建辉　张宝华　王　琳　卢林行　张　军　刘　璐　黄　玲　胡婷畔
王世青　韩立娜　周　驰　白广斌　翟丽丽　杨晴晴　唐　敏　郭世月　张明超
蓝　睿　纪　玲　王　博　周俊丹　张　仙　冯　韵　谢春梅　申大伟　王淑云
杜芳芳　彭文凤　刘琰秋　余蝉杉　李欣欣　孔维红　陈玉梅　于蓓莉　李　楠

闫磊 刘亚 邢思雅 李虔 薛小婕 张婷婷 税章林 聂小会 赵晓平
严婷 王静 何沂镃 张海荣 乔恩凤 皮海燕 杨丽 刘聪彪 黄孟
荣巍 朱学同 郝芹 许锦霞 符琼 陈玮睿 曲佳彬 朱江群 许晓蒙
邱红 唐璞妮 刘倍贝 宋文洁 朱俊华 马琴 蒋秋怡 柴苗岭 王夏赟
王淑洁 吴佳薇 周媛媛 陈丽 淳姣 尹娇 徐琳 黄延坤 夏建萍
蔡彦 江群 张俊燕 黄黄 孔渝 四郎旺秋

理学 736 人

胡松柏 罗双 潘宇晟 朱存智 段茗 张静 付文博 尹金珠 王春林
丁有源 徐茂阳 王莉 杨与光 刘冲 王邦延 方芳 朱旻芸 王竹
陆超 廖丽欢 苏全超 张鹏 林大云 姚力尹 柏雪 郭培俊 张晓磊
李江波 王师逸 王智慧 何华龙 刘威 陈友明 吴丹 王春涛 敬海英
赵建涛 石鑫 李鹏 秦湘清 方智阳 安培云 李璐璐 窦亮 李永华
孔祥国 杨丹 唐群星 陈青梅 文韬 张坤 崔容宇 段云飞 温四兰
张睿 李创 李军燕 姜浩然 蓝静 祝艺娟 毕泽 李锐 郭建苍
潘蕾 梁军 肖瑶 韩振伟 汪先丁 何胜 王汉斌 陈超 王磊
薄健康 吴亚娟 皮良雅 谭祖骏 杨善敏 蒋德锡 崔鑫 吕逢春 杨向东
王春晖 王正霞 蔡秀凤 周凤 牛可钦 孟强 黄毳丽 蔡富强 康丽梅
罗江勇 喻川 任远 李勋 陈嘉迅 马宇峰 刘曦 王殊睿 韩冬春
陈世爵 罗忠奎 蔡加琴 吴志云 苗晓翔 佘东明 刘晨光 余孟泽 申理
卢峰 何雪梅 张毅然 童星 郑敏芝 周彦来 申红波 王思佳 余礼江
张顺 高荣星 和丽芬 胡凯 李杰 陈忠均 王洋 朱锴 余录
尹志超 陈凤莲 洪春 李西猴 陈鹏 程里玲 杜明德 赵长宏 李雪芳
王静 赵小明 周俊翔 李磊 于士强 佘志恒 邓杨 张晓琳 王瑜
张华彬 任鹏飞 王粟 罗丽芬 张欣 杜姗 陈彦龙 谢瑜 杨松
杨秋菊 陈学慧 梁毅 王东 严安心 黎森 吴凯凯 徐小伟 刘秀美
吴祎 李晓荣 尹修草 汤坤 王豪 吴佳怡 蔡苹杨 刘敏 李晓明
代金波 郭佳 佘雪珂 徐柳 杨佳希 刘华蓉 罗琦山 吕涛 潘华
汪夏 滕腾 周明 周科 石丹 陈怡 马晓敏 彭骅 屈仁春
朱国康 邹兴 金潇 罗娅敏 桂俊鸿 钟远明 寇勇 夏春兰 潘立立
庞道林 李非凡 陈浪 甘志凤 王立 薛斐 田先清 周扬 张杨文
温韬 范正娟 邓丽敏 肖秀婵 赵培虎 王智强 刘学文 赵安元 朱梦
高倩倩 吕林峰 叶波 滕晓婷 李雯 万剑飞 朱丽娟 米刚 那海峰
付宁 边霞 傅慧敏 王忠辉 蒋春 山述强 李旋 詹晓倩 崔瑜霞
王莉萍 岑锋 于翔 吴际洲 吕若楠 吴越 李娟 彭忱晨 唐适宜
尹作为 牟颖 占美 陈晨 张单 李欣 汪华龙 何中海 余文韬
杨黎 张树军 赵惠茹 全中禹 金宇 刘姝 何璇 曹艳茹 刘建勋
洪涛 张源 太颢然 赵慧晖 李少贺 赵小明 杨夫坤 佟明明 黄婷婷
唐小净 张聪聪 何雪梅 陈泓竹 第五雷 王应婧 潘旭松 杨潇燕 孙秀辉

张江 宋佳 罗珣 刘聪 王淼 汤林龙 朱宁宁 卿小玉 王佳
焦玲 刘颖逸 连校许 苏智超 王燕燕 林昌海 牛莹 唐瑗璘 王贵喜
雷振宇 钟世杰 李超 邓翼 李增婷 黄德权 邓亮 姜忠良 王远琪
李丽超 何容 吴元杰 郑锦锋 詹兰芬 王玲 陈攀科 伍明 许可
谢传柳 谭显曙 林采余 沙静 林国秀 杜景晖 杨筱宇 郇丹 刘佳
柏芳 李珍 赖财锋 张晋 黄源芳 甘凌雪 董雪婷 孙英成 董清
刘磊 王德健 杨伟伟 朱群英 丁文 苏锐 吕建清 匡文娟 韩园园
曾令羲 张卫威 陈家胜 邱龙金 刘立涛 赵金璇 秦文丽 府跃军 王皓民
张帝 邱飞远 闫女 邓慧 李晶 郝新彦 车宇 俞燚 郭灵丽
张丽 黄小菲 田晓飞 于绍林 李凯 乔梁峻 彭晓曦 赵森林 刘少英
杨晓宾 易智 黄益洲 李小双 石超 蒋佳春 付丹丹 李雪 段伟伟
彭娜 范雯 黎锋 刘佳 雷健 李明星 徐倩倩 刘兆枫 赵志通
段意 刘启洪 张震 业海平 胡莲 陈杰 刘澜 朱颖熹 夏祥颖
何胜楠 胡盾 张婷婷 梁毅 姚念 张南南 何小丽 蔡哲 潘磊
戈文一 石浙秦 滕秀 张为 杨洁 喻寅 邓勇 周思丽 马艳利
许勇 黄桂安 卢忠文 骆键 陈湜 何红 连爽 何夏萍 张丽然
毛刚 杨明蓉 邓崇洋 徐加泉 罗熙 汪子超 马建庭 邓昱星 曾笑菲
耿俊霞 邵欢欢 朱廷儒 何林 何东升 代磊 李莉莉 施慧敏 毕勇
周洪宇 王强 马清平 田甘 崔旸 张光华 周宗毅 王淑燕 周世杰
王航 张艺琼 王潇 赵玉航 金晓董 张珂 陈敏 范智勇 李艳红
周大威 丁晓勇 汪平 杨婷 韩婷婷 冯柳宾 韩坤 昂韦 潘有礼
周良春 曹庆华 张燚 宋歌 张娜娜 代晓云 邱春天 田永帅 付佳
陈晓丰 赵吉业 吴丹 刘波 白光明 惠博 李峰 董江红 王雪薇
李雪 钟贵买 刘臣姬 黄宇飞 徐克磊 孙萍 闫朝阳 付莉 张文凯
陈安太 王鹏 田红卫 罗秀超 常孟杰 孙志鹏 丁清 钟川龙 孙文翠
郭涵 赵金明 曹德峰 侯美华 孙先伟 李军宏 周菊发 冉静 刘成亮
何宇矗 李言华 赵丹华 吴汉宇 王尊 管俊伟 许金生 雷洁 刘路宏
吴珊珊 刘浩 徐书伟 覃丕七 贾知军 陈勉之 王莹希 蔡黎 李凤姣
颜世佳 李晖 梁航 岳亚荣 莫明雅 王艳飞 祝团飞 郭扬明 高宏伟
易韬 尹利 张锐 吴保华 卿钦 何静 刘俊良 徐漪沙 王凯雪
李建锋 许载阳 王宇 李升 樊佳 张伟斌 乔图 李小丝 刘芳
莫敏 乔麦菊 魏明宾 别佳 张莉 代丽霞 董逵逵 郭子婵 汪明明
蒋艳军 高敬轩 李萌 曾晖 赵萍萍 华心仲 苏锋 何爽 马聪
陈子毅 部鹏 陈冠宇 颜剑 刘兴 邓林 马祥 万娟 汪国秀
宁黎苗 余凤玮 叶灵 陈超 肖寒 康书英 谢从盛 黄蕊 杨蔚菡
杨芳 陈蕤坤 张颖 韩洪良 李攀 李怡 叶洋宏 李展 葛绪雷
任小华 张全 唐平 周黎 刘波洋 高静 张琦 马伟从 贺海云
汪伟 李涵静 姜帆 闫二辉 张娜 史宣红 邓巧 易欣 聂晓飞

汪波 钟磊 李志 郭阿容 文旭 高玉峰 张利强 童廷德 陈韬
李财虎 陈姹月 赵林娜 王呈鹏 王晓艳 伍杨 邹勇 肖英勇 姜晓旭
李丰茂 曹琳洁 徐勤元 黄志勇 王丹 贾婷婷 沈阳 张青 冯杉
肖克毅 张勇 陈士娟 王敞 曾琴 邱爽 张露昀 钟美玲 田芳
高广强 杨金燕 周天 武垒垒 林浩 万智 雷厚卿 胡顺文 邵雪
杨鸣鸣 闵雷 巨姣 赵辛晨 徐颖 樊萍 包海生 陈国迪 张娟
罗云 黄娟 宁良菊 何迟酩 陈汕翔 金星星 汪归归 夏玫 李锐
雍仲禹 王兆敏 彭金凤 吴琼 张艳琳 朱文海 郑雯 刘瑜 刘丽
王钟磊 张家兴 王莹 寸红强 熊政伟 高春梅 帕哈尔定·帕拉哈提
陈丽宇 宋婷 王中凯 肖凤 艾娟娟 冉妮 陈思穆 骆元媛 陈丽莉
单小琴 唐苏 石俊 尹愈佳 陈忠贵 郭睿 孔浩冉 梁汉常 唐建兵
文飞燕 杜芳 孙玉波 秦富军 刘旭 王亮 王冬冬 贾建静 章施媛
尹光 余颖 陈港 蔡娟 仲慧慧 廖菊容 蒋靓 郑正中 赵书文

工学 939 **人**

王先良 张海静 侯羽佳 殷灵 彭小阳 赵蕾蕾 兰礼 龚欣鑫 张宇
蒋凯 殷燕 滕晖 孙化冬 陈涛 朱家玉 陈小林 徐永强 陈荣刚
王丽艳 叶虹呐 李少杰 孟潇 伍松 柏君励 刘操 史国凯 刘庆
周莹 彭泽维 谭升魁 秦志桂 唐路路 郜永娟 程橙 何东 徐叶松
田海曼 刘军 王盼 王盼 陈康 何东京 李曾 吕虎 柯凯
杨宏辉 朱肃敬 刘志利 吴结凤 张政 朱红 康超 但建波 邓奎
谢秀群 寇峻 张萌 葛兰兰 王维忠 胡岚平 尹媛媛 刘晓青 张贻川
黄章勇 王曦 覃文文 朱和聪 徐小清 陈龙 王继伟 卢春晖 余飞
程兴凯 倪瀚洋 牛鹏飞 雷雳光 潘洁 蒋胜银 陈安斌 刘树 文睿
毛雪峰 李文菊 何丹 张承 郭天鹏 张全超 杜光超 苗苗 姚志华
刘勇 李凯 梁水泊 张莹 赵欣 黄浩 程四兴 苗飞 李洁
蔡梦蝶 王姗姗 耿清华 于鹏飞 曹杰 王维康 龙雨谦 邹永鹏 杜军凯
李紫源 吴垚群 危加丽 孙思 曹凤梅 李晓星 蒲云体 卓越 孙囡
郑佳 贺贤贤 张秋菊 徐福 陈雨 徐玲 刘良政 彭洲 乔睿至
姚超 董鹭 李丽萍 董娟 贺丽蓉 张潇潇 易亮 胡丽 张凯
向叶楠 黎艳莹 刘睿 方明月 刘伊凡 张适龄 苏伟伟 程文 向芳
白庆星 李伟 雷航鑫 王子松 高明 颜真梅 许建华 赵鹏 史林峰
周霞 陈帅 谢勇 何绪林 刘慧 杨竣棋 任泽民 秦臻 李杰
王明松 夏俊杰 苏晋升 周朗 李慧 赵伟 徐婷 郭佳 余伦铨
杨平 陈爽 阳帆 田彩娟 李乔峰 黄晶芸 唐红 刘琨毅 侯小波
唐萍 林佳森 张杰 邹鸿 王健 陈晶 刘凌云 袁传虎 徐伟
唐湘 吴冬梅 苏燕 郝霞 倪强 王蓓蕾 李雪 吴霞 卫太祥
罗坤 丁永华 赵洪波 张恪 王然然 陈梁 文高原 李旭 梁晓敏
王小敏 吴炼 蒋红霞 陈超 向林 战振生 张鹏 滕博 刘芝

王新鑫　王传喜　孙彦红　林　琳　张　浩　李佳蕾　涂姜磊　陈世超　赵丽萍

林　茜　金　扬　王巧霞　李正荣　殷　乐　付小敏　李乔婧　许冰斌　黄钰凯

李琳娜　杨　毅　李璐璐　阳启华　杨　方　王云翔　陈艺文　易　雲　刘　凯

杨　阳　吴思蝶　路永珍　李　磊　赵建华　万鹏君　白珂珂　杨　燕　任浩楠

郑　卓　邓　婕　胡晶莹　张　红　赵　玲　崔华丽　胡　萍　曾小倩　刘　逸

李方明　张　芳　曹　磊　肖　程　陆晓迪　葛　宝　艾　强　郭宗琴　徐元金

赵　聪　汪　杰　周　鹏　梁艳霞　张　伟　王宏超　赵俊杰　王　刚　牟　亮

卢春林　张家鑫　彭　晶　黄志芬　刘金明　陈　静　王苏川　邵小华　杜新亮

李世成　黄　佳　王　歆　刘俊杰　曹丽平　任永强　喻　冲　曾凡松　张恒宁

贾　东　董杭波　卢荻秋　陈　亮　李玟静　沈　磊　包　锐　左　玲　黄　靖

温浩宇　宋天明　黄　东　邢利利　王　巍　吕洪旭　刘恕骞　谢俊希　陈　一

刘　严　刘珺琬　王慧娟　孟　欣　尹　恒　吴　婷　周汝超　邓　茹　聂　明

蓝　鹏　李　宗　贾二鹏　姚　红　陈　新　周晓明　马　瑜　姚　权　杨天乐

张德茂　夏淳淳　杨永涛　余鹏飞　袁兰杰　石继梅　蔡元丽　夏　燕　罗开泰

杨　红　付航宇　王　正　张　振　喻伟才　于忠锋　杨　凯　王　艳　胡　军

洪东银　张惟雯　柏洪雪　葛向南　杨成恩　董书娟　杨丹娜　李　晶　段　波

李　渊　王福兴　张萌萌　李丹丹　张晓霞　王　飞　卫冬娟　王元龙　聂　振

郝肖丽　孙青永　任德强　宋利旺　付光荣　武慧智　张力丹　郭　军　唐　诗

杨　嘉　李倩茹　郭东阳　崔艳南　王建宇　陈　俊　罗孜怡　孙　帆　李　言

刘　静　罗　魏　邓　春　白改玲　查　凯　李明科　张晓峰　王　毅　郭　鑫

李绍敏　胡小桃　刘　磊　李慧馨　刘跃红　王靳君　李平平　张　宏　严玉芝

狄姗姗　黄晓兵　崔　波　张严之　张　谦　王丙寅　张　暴　乔煦玮　章　伟

毛　茂　李晓龙　舒　峻　杨莹莹　李　燕　张香平　李祖亮　李佳节　吴　桐

刘　婷　李大峰　谢达昕　李高英　羊建林　张　帆　雷　华　尼海峰　卜登学

葛　权　臧建魁　韦　啸　张雪莲　周书来　刘　在　管东波　胡　巍　刘　明

郭　萍　赵盈盈　于文浩　罗　轶　黄晓强　高　翔　余　佳　刘　琳　应夏钰

刘文忠　赵伟杰　张　鹏　敬玲玲　马丽莉　韩　涛　刘小勇　许春阳　张光亚

张　涛　饶　箐　王朝平　吴伟煌　李　滔　赵贵红　曾　浩　李海涛　胡　静

杨晓娇　彭　帝　谢利平　彭　琦　刘中科　陈德平　付　锴　杨巨龙　郭春桔

贺世超　吕思宁　张万虎　陈艳丽　郝优优　朱　俊　杨应虹　刘克霞　张　懿

马铁军　袁　诚　于云龙　罗　骥　夏　兵　张太平　焦盈盈　严　云　孔祥坤

杜翔宇　丁洁涛　胥冬琴　张　驰　郑　敏　韩晓鹃　苏艳红　徐灿灿　林　波

吴　敌　刘良彪　徐德根　凌慧娇　陈思佳　张志平　范帅军　周宜波　叶锦刚

王　蒙　张　丽　曾　力　谢俊虎　李　钱　付兴伟　范　杰　陈君泽　赵成仁

刘晓庆　汪先涛　赵卫宙　柳启平　马　娜　梁恩志　王　勇　王　刚　陈燕华

许自娟　杨　菁　肖河川　项英桐　谭登龙　彭雄厚　冯仕财　郭　筵　林兴泰

李　樊　李　刚　赵永超　王利朋　曾晓波　王　蕾　刘　阳　张长山　丁晶晶

景冰琦　李奎锋　曹志华　程向辉　张玉军　刘增金　廖　丹　王　扬　梁晓鸥

韩　睿　王　吉　惠江涛　徐　姝　杨　珊　杨　光　张　鹏　高　霞　王　郗
刘　含　张家静　张婕妤　杨　柳　姚雪琴　汪　英　刘　波　张　壮　宋　林
赵国帅　张江平　易江松　宋　捷　陈　滔　张鹏飞　王　松　郭　佩　杨　凡
曹雪梅　谢　聪　蒲　娟　吕连洁　钟　倩　喻　琴　申静书　王　东　伍婧劲
陈　博　刘俊伍　刘东明　曾　笑　康　楠　苏周银　黄　霞　刘　翔　申晓华
喻　敏　向金圆　陈　杰　邓　启　王　红　丁国静　邱　寒　李烨民　杨　武
李思思　雷　翔　胡　伟　梁　瑞　杨　青　冯　烨　张云勇　李科伟　夏　超
李碧勇　池　源　李　锦　刘俊南　李春燕　魏　倩　苟小平　刘发智　邓婷婷
邓盼盼　杨振威　李　婕　刘卫国　周　磊　张健俊　涂小伟　贺从勇　夏飞翔
朱文吉　王蛟龙　朱　觅　鲜　辉　杨　卓　宋　宇　苏杨中　梅若愚　魏宏芬
崔凯洪　孙慧敏　敬　璇　辛永政　龚向前　袁　龙　朱海涛　张　娜　侯　萍
宋天文　袁　洁　付　锦　马兴寰　杨明珠　肖蓉蓉　孙启亮　樊　帆　程秀娟
柳　岂　谭　亮　曾令强　何　芳　杨海川　郭晓鸣　方振超　刘　勇　罗　乐
陈兴泽　唐　艳　李霏霏　张大志　徐　瑞　苏　虹　常承亮　张　祺　王晓寅
肖　静　王志强　王超龙　岳克栋　蒋维旭　刘小江　李松鹤　刘　骐　张　军
唐　玥　赵国奇　刘　张　罗　林　伍　毅　唐玉凤　程黎明　杨盛雄　徐　飞
胡清华　姜彦东　岳　峻　赵　炜　王　勇　聂雅卓　李长春　杨　丞　文　林
杨清清　马再敏　白天宇　周　宁　胡　亮　谭　婷　崔冬冬　刘　松　林茂君
王金鹏　章鹏兴　王建军　罗　荣　陈章平　付　婷　张　懿　曾　静　彭剑飞
左雅楠　何　伟　代晓倩　李芳馨　张　丽　胡　蝶　柴明海　杜辰蕊　程道卫
杨馥显　王　魁　邱　诚　李洪涛　张建权　邓继宇　余　帅　李磊磊　江传春
胡升伟　谭　俊　李　滨　李　磊　陈　妙　刘　超　伍仪保　王　磊　何洪业
周晓亮　王腾蛟　汪　莉　宋　寅　王　鹏　董青迅　陈　雷　陈　鹏　方维凯
赵雪茹　张鲁海　陈　虎　申庆超　曾凡苏　胥芸博　张　楠　陈　林　周思明
张艳丽　李　洁　黄　娜　王利容　周春生　刘亚栋　刘来财　高　钰　徐　啸
龙吉平　肖　平　井艳清　方晓翠　李素娟　符苗苗　马德萍　何赛松　程　寅
张泽杰　周维礼　董三凤　李啸啸　陈乃玉　陈　丽　吴　勋　胡慧慧　程淑君
雷　蕾　王旗华　何　笠　赵　新　郑志坚　查　磊　吕文龙　张　帅　张国松
王小红　董　兵　赵欢欢　曾　文　王小兵　雷浩辖　孟　晔　王　栋　李晓铃
雍晓东　黄娟娟　蔡　钦　苟争旭　张　来　王佳媛　贾国珍　赫　磊　翁　桃
陈　闻　马岩龙　李颖谦　林陶枫　李东灿　周　何　熊培杰　陈　兰　黄婧雯
钱小燕　李绘超　盛　贤　刘方圆　陈　忠　李晶晶　张祖新　刘　爽　李振立
顾　洋　赵淑贤　蔡金娥　张　玄　刘洋志　邱　宇　罗培培　文嘉杰　吉敏婕
谭燕平　涂建伟　刘　雄　官青松　赖振尧　欧阳茜　李　艳　郭晓强　刘奇琦
侯惠娟　钟捷敏　郑　健　张　沁　李　拓　卜　涛　徐灵杰　赵浩川　冉　旭
曾　赟　张　凯　邹　杰　张　旭　邓淑元　薛　冲　徐兰兰　刘兴业　程　琨
李佳慧　罗　稳　周志荣　文　靓　程　渤　张国龙　何郁嵩　王锐思　敬发铭
龙启建　张　强　冯智博　尚吉焕　刘海燕　韩治勇　张斯华　刘小平　张　鹏

黄锦涛 陈　思 邢银行 孙　泺 杨才久 张洋溢 吴　显 田　文 韩　唯
陈　奕 吕小强 武雪梅 綦宝文 黄　波 曾小灵 刘家富 杨　艳 张瑞娟
刘　恩 王　琳 陈　文 陈海宏 温显超 聂文仲 甘露淼 杨　文 谭莲飞
李建华 归艳华 邓　羽 孙　鑫 崔艳杰 杨万科 刘　璐 章　燕 杜艳琴
吴　波 胡　强 Pradeep Karn

农学 12 人

杨凌云 许小娟 华　欣 程　诗 乐　毅 王　蕾 范婕妤 杨宇萩 张晶晶
李　冰 左蕾蕾 曾　娟

医学 210 人

时淑燕 周　颖 刘晓岑 韩丽娜 李　阳 景秋平 赵甜甜 李　娟 郑凤家
张紫媛 张本贵 林　燕 潘　倩 崔方方 张　杰 车婷婷 杨　健 李　娜
朱剑军 杨　沫 薛　勇 田翠杰 张树良 高　伟 关　望 崔　杰 江　阳
冯银合 刘国明 谢小均 左　斌 张　琴 高文凤 邓小明 田新立 唐　娴
丛瑞娟 李　文 黄渐青 刘　洋 刘少锋 刘　佳 吕连辉 陈玉翠 马丽源
欧　艳 邓毅磊 何　威 孙小丽 王冬迎 赵　娜 马春兰 陈小亮 程兴旺
杨玉有 次　松 王志敏 赵芷婧 刘　皎 聂燕丽 刘晓菲 冯延芳 官海静
韦　馨 陈晓波 周世红 赵　欢 须文柳 陈　娜 韩晓宇 包平倩 彭彦卿
谌霞灿 赵俊丽 明平勇 杨婵娟 张　勤 冉文斌 李钢琴 程　懿 王传勇
肖国光 张　霓 何军慧 姜　喆 于凤梅 吕　迪 李艳丽 李婷婷 吴宇侠
郑雪妮 胡艳丹 黄文静 许　晋 程　冉 黄文治 李元昊 覃芳葵 刘美延
邱博芸 朱红梅 党　好 侯雪飞 杜　渝 张永红 张灿飞 钟仁明 潘　薇
姜　恬 余　利 张丽慧 钟婧捷 葛　俊 夏　勇 李青青 屈鹏峰 张伟华
何国倩 李黎博 朱　玲 陈　颖 姚晓芬 喻　娜 何　莎 伏晓月 罗云梅
吕斯涵 罗　丽 卢礼兵 吴月静 邓　益 陈喜凯 郭鹏飞 田　晋 马超逸
于　跃 张　森 费扬帆 李　晨 袁国婷 王　芬 李晓靖 王　谦 田春祥
宛云英 李　丹 尼　珍 闫　敬 左艳艳 刘施佳 罗　敏 张　伟 余建华
李　娜 付　鹏 李　婷 张玥娇 卿　艳 邵振勇 陈　爽 盛　博 杨晶艳
吕　行 郭海东 赵　龙 杨　玲 罗金凤 杨文斌 田　智 陈　权 李星斓
邵　恒 杨丽君 陈　荣 冯　虹 张　莎 吴秀丽 王海娟 孔翔瑜 代　洁
徐　昕 何芙蓉 涂　媛 郭　艳 郝　园 何红燕 刘雅倩 刘裔莎 李思阋
牟桔红 陈智瑾 文永思 任　琳 喻琴梅 宁红霞 白俊兴 杜凌遥 李　鸿
何康昊 林　娟 罗俐梅 吴文桥 卜司元 王　睿 戴锐睿 单卿卿 付　阳
胡立强 张　爽 尼玛曲措

（四）同等学力硕士 47 人

经济学 3 人

邓　磊 刘文韬 胥泽扬

教育学 2 人
贺庆军 卿 平
管理学 1 人
许海洋
理学 2 人
张 珏 叶晓林
医学 39 人
苏鸣岗 马 林 安晶晶 何 佳 刘 颖 王 雪 曾明曦 姚 刚 白阳静
宋 亮 姚晓军 钟册俊 邱 煦 刘 建 梁国鹏 戴 维 王 业 高燕渝
罗 贞 李 娟 余 荷 胡成功 邹雨珮 王 芳 李鹏程 张 翔 凤 婧
姜 坤 魏平波 徐 炼 唐 新 郭 敏 秦 恳 李 俊 黄 璐 喻 韬
黄中力 刘祚燕 郭 璐

（五）高校教师 46 人

哲学 1 人
钱秋伶
经济学 1 人
杨健雄
教育学 4 人
杨 科 曾宏广 徐永桑 罗小兵
文学 22 人
崔 伟 谢 茵 罗薇薇 李晓华 杨 静 张久美 杨 玲 肖玉清 范 敏
宋 雨 唐 薇 王 毅 吕佳音 饶晓露 曹 艳 肖 敏 罗倩妮 宦晓渝
文劲松 余莲君 周 乐 刘春燕
历史学 2 人
崔亚强 雷 源
管理学 8 人
王 鹏 谢 卫 谢天慧 郑 强 李怡然 王 敏 刘秋灵 赖 举
理学 6 人
陈碧琼 廖昌军 曹丽萍 伏秦超 周先容 雷 松
工学 1 人
黄 琴
医学 1 人
赵 辉

（六）专业硕士 1688 人

工商管理硕士 153 人
张彤婕 刘 波 陈 渝 周 婷 叶 未 张 鹏 黄 玮 孙学辉 刘文章
查劲涛 谢 光 唐和莲 徐彬斌 朱 勤 韩 琪 詹 雪 陈其晖 樊锋旭
刘绍华 邹荣前 钟 琳 高 鹏 蓝 蔚 王恩涛 陈颖文 刘天格 尹林怡

黄续 宋静 包韬 罗畅 季寒 冯骞驹 王春 许锋 曾可
冷术环 张粤 蔡讯 王悦 孔全 王晓莹 胡勉 杨健 米晓川
陈伟 余丽娜 古烨 徐浩泉 李文莲 杨洋 陆春雷 李媛 莫伟
陈双 晋钰杰 周一 游建国 李真强 邵林峰 谢涛 侯磊 聂涛
姚建萍 姚刚 刘琪 刘婷婷 王勇 冯灵 谭沁雪 罗永忠 罗江辉
郑李辉 邱敏 陆智杰 李立 杨旸 张玉杰 喻垒 赵泽明 钟彦
李弘宇 张忠平 杨柱中 赵琴 马春杰 郭上上 杨顺洪 陈洁 余平昌
李晓玲 熊婷 李英亭 皇超奇 程耀贵 刘凌川 刘汀 喻良洲 李阳
李煜堃 江域会 罗竞春 蔡敏 柏本宣 周洪 王军 蒋治其 吴立凡
何佛 邵峰 唐贤文 勒文端 李彬 吴垒 肖美蓉 郭俊超 李焱生
汤国良 刘滨 方丽烨 魏仕兵 段建英 王毅 敬梁渝 汪开承 罗九天
田浪 聂祥 薛飞 欧晓英 王树坤 王钧 熊峰 彭道富 李秋豫
李莎 向东 郑丹凤 黄莹 洪延龙 刘启望 马建龙 杨齐 黄维仪
陈超 温建国 陈玺 杨洪平 余雁冰 李慧慧 胡晓 夏丹 索朗卓嘎

法律硕士 145 人

陈雪琳 费婷 张杰 朱小伟 孙雪 赵元章 董帅弘 李艾 唐洁
刘源 贾捷 刘巍 张红海 谢雨蒙 王栩姝 陈洪斌 韩凯星 贾志冰
姜定伟 侯铭轩 曾华 谢美荣 李政林 夏五一 叶青 沈晋生 陈瑜
赵晓鹏 应明媚 张盼盼 赵珮 罗剑韬 张宇 王磊 陈卓 仇小辉
张蓓蓓 瞿懿韬 曾亮 张彦君 何娟 刘双双 原晓丽 张茂伟 张倩
牛红霞 邓鸣瑛 郭艺菲 李海林 武天义 冯照宇 胡铃敏 杨峰 苗宇婷
聂富强 宋三君 齐婷婷 刘敏 李雨珂 王驰 谢帅 田玲 王世巨
童文婷 蚩金霞 秦雪 杨国徽 杨会彦 高慧楠 张龙刚 张敏 张静
李瑾 文亚均 王波 张坤 王玉辉 刘佩云 凌玲 吴锡健 党权泳
杨健 丁英 赵静 陈黎 龙章剑 陈学峰 孟丽婷 周佳丽 曹倩
胡云 黄博 于艳霞 成溢 金跃 江小舟 李君 邱倩 秦曼
邓雪影 蔡虎 周勇 赵婷婷 夏璐 林晓俊 何霞 梁勇祥 熊文
赵宁宁 罗雅梦 杨树东 向玉梅 樊岑遥 王舒 郑晓瑜 蒋希萌 杜超
浦伟 虞华锋 文莉 卢炳忠 王羽 徐瑞 刘洪明 陶庭谱 周静
杨尊 周第蕴 李景 李远翔 陈建强 刘东 孙毅 钟宁婧 邱鲁明
李三保 张钊 王磊 李雅男 贺伟 张开超 王芳 李飞霏 李光发
何颖雪

公共管理硕士 97 人

李阳柯 于里嘉 易婧梅 伍一婧 李锟 荣培 王杨 罗文君 张浩
张安林 李大波 蹇宪 罗廷坚 徐佳 黄其刚 张军梅 王敏 颜成文
黄毅翔 王一光 曾维红 罗力鹏 黄莉君 王圆秋 叶力 钟希 熊宏宇
胡蓉 李泓睿 刘明 廖海燕 祝蔚 徐航 陈亮亮 易娜 肖红
段昌昌 叶婧薇 母姗 吴振宇 叶婷 吴洁 李丽 向常中 张诚

吴方银 朱胜国 谭 瑾 刁元园 游 婧 秦高瞻 谭 烜 彭长江 赵 强
齐晓飞 易川莉 李 睿 谭立薇 曾 涌 黎德庆 谭 莹 尹 超 周俊梅
谢祥智 刘 甜 李 方 覃姜岚 刘芯宏 魏 锋 付 娜 邓雨佳 潘 霞
谭 静 杨东强 杨洋艾 吕 杰 陈 锦 孙 勇 张安静 黄 坤 朱福强
江 璐 杨冬雪 杨东霖 邓 怡 邵 莉 贾 煜 蒋 静 赵鹏程 郑 茜
周 余 文 雅 兰卡卓玛 周 新 刘长虎 闫广华 胡新兵

汉语国际教育硕士 63 人

李 娜 杨 涛 唐若瑜 王宗楚 王金鑫 柳 娟 林 竺 田雪萍 李 霞
许小腾 牛 莉 王晓红 毛 丽 李 腾 袁 源 周 艳 李 莉 赵立兵
王 敏 朱 粼 刘勤博 欧阳丽 陈秋作 周仰恩 陈 颖 许延华 林 琳
左丽娟 李 梅 刘珺莹 宋 妍 袁 春 马欢琪 苏 静 李 鑫 林 山
唐 夏 杨 倩 陈冬蕾 赵 静 胡 翼 都玉欗 周晓倩 李晓杰 罗 黎
尹思思 黄 娟 张 琪 陈仁莉 陈 婕 唐巍人 尹 浩 周文文 封月葵
罗海燕 唐 婉 刘 莉 曾 敏 闫 伟 邹雅文 王 欢 施晓慧 郝晶晶

翻译硕士 35 人

史文华 梁敏枝 朱明伟 张雨芹 蒋 岩 郑 尧 郭云景 王丹丹 黄春利
赵 丹 史国栋 张月祎 程雯雯 游润霞 张 璇 钟 玲 李素梅 蔡雨赤
张 萍 王晶艾 杨春燕 刘晓峰 何 叶 李 由 刘墨妮 罗思琦 何 裕
陈 适 张 奥 田晓宇 任松玲 吕 凯 顾 环 杜 倩 严 羽

社会工作硕士 8 人

陈小龙 赵晨曦 周川玉 李 琳 时 玥 武姣宁 张 淼 历梓焜

工程硕士 827 人

刘华敏 常爱军 刘 鹏 马梓珺 孙大飞 魏永臣 许发伦 雷兆佛 陈朝平
曹国霞 方秀宁 文庆发 万芹方 李 勇 郑 凤 唐 珂 周 凡 李兴锐
李仁顺 孙 静 苏小明 赵 晨 李 冰 孙光勇 刘虓瀚 王 阳 肖旭伟
刘 平 张永齐 王 远 孙伟中 任志刚 张冲杰 高光顺 钱 慧 徐骁廉
张江云 杜 宇 李静容 王维山 王正庚 何 艳 牟学文 路国庆 郭碧珠
赵树江 刘海强 卢文兴 韩凤禹 刘洪波 昝小刚 明晓莉 魏颖颖 成亚谊
李 霞 裴海龙 黄仙希 孔令军 刘颖佳 王钰淞 陈 娅 刘进辉 吴 坚
武建设 赵 寅 谭诗瀚 王晓容 徐炳男 唐玉泰 王延良 黄 苹 王玉洁
何治华 曹凤新 陈少平 隋立东 邹 嵩 董文娟 毛 锐 汪 辉 蔡 敏
董玉亮 何 盼 徐 伟 杨 昕 黄金国 洪靖茹 徐蓬勃 钟全民 袁韵涛
邓 舰 潘伯杰 林乙煌 贾风双 石文仙 王 棣 边成明 黄远征 魏 弘
常大春 张 一 闫 超 陈明俊 吴 宁 倪列波 朱 茜 梁有伟 陈志钊
陈 冬 雷自鹏 陈穆珩 卢 锋 黄德志 王 敏 何俊刚 王怀阳 任 静
张 娟 刘力为 王春梅 吴文虎 吴晓婧 侯 刚 杨学然 彭文炫 车玉婧
冉 耀 张元榕 叶 飞 温建生 刘 东 翟永久 沈科洋 张宝华 徐 辉
韩 林 李 岩 杨茂巍 张鹏程 梁松刚 瞿世平 李 超 王 聪 毛 灵

曹勇 张玉梅 韩敏 刘栋 张曼 朱相印 程国良 刘志铨 黄磊
庄伟 宋远卿 戴超 高玉香 苏燕玲 韩先锋 王南 何尖 许海涛
蒋信海 吕瑞清 孙军 刘江红 蒋世俊 彭通 冷丹 王琦 姜蛟
白玉东 严山明 李运涛 黎爽 乔华峰 王喆 王利华 郑贤 袁俊玲
林宁 包萍 谢祥颖 卢小荣 胡贵 冯丽云 刘友清 余政纲 周岩
李巍 张建威 杨春标 龙建银 王晓均 尹红 刘淑颖 顾鑫 陈旭东
罗金忠 曹永东 蔡振芳 张丽 郭超 张前 王建东 乐子祺 石平
陈战成 王琦 国庆波 吴勇 刘书亮 杨娜 张静 刘春亮 陈花
徐仁树 夏欣 白建军 卫晓明 梅永佳 王娜娜 欧慷 晏子刁 景卫华
齐舒怡 陈正广 胡诗未 黎莉 祝承义 徐雅楠 杜星 柴越 陈志猛
于新华 侯玉龙 李海莲 程迪伟 张玉良 石东旭 王华全 刘垚杉 王丹
郑宇 王实 陈娱 徐小松 谈小兵 刘殿凯 李志贤 邓波 崔杰
刘婵 邢波 吕村景 汪海亮 石琳娜 王强 余震 罗莉 陈朗
林瀚 张晓露 蒋冬梅 郭鹰 刘璐 孟凡成 潘恺晔 琚亮 王小巍
黄霞 廖明海 胡浩 艾明 郭辉 李雪峰 王胜永 杨梅 张爱鹏
王瑛 郎志冲 赵丽娜 杜丽娟 陈燕 申丽 张祥辉 尹静 陈笠
张爱萍 陈锐 蒋华锋 余佳佳 王颖 黄艳娟 郭双田 袁子程 郑向军
黄祖奋 王帅 皇甫鑫 韩睿 赵欣 齐岩 金晖 许沛沛 汪春霞
宋继宏 康毅 张汀 周刚 张志伟 周裕 刘永宾 谢旻 孙捷
范昌硕 吕一清 齐重阳 孔晋红 杨薛亮 陈汶静 戴良芳 晏转运 青鹏
梁刚 王宏 石玉成 张国峰 佘小艳 李静娜 周莉 王玉 何灵艳
陈家新 周二 王志慧 万谦 肖勋 李津舟 赵华伟 何疌舟 杨胜
周勇 赵程 邓丽 闫旭日 尉康 袁晓梅 高忠坤 杨勇 戚克磊
徐红军 刘发强 霍金华 李军 谢小强 李雨珂 田园 钟静 韩东升
李瑾杰 秦瑗 冯祥 郭俊 兰盾 田兆运 牛元慧 范雄宇 王亮
刘静 文博 任吉萍 孟谢琦 郭玉乾 黄丹 袁治 孙慧 吴干学
裴少华 黄泽华 康彪 杨丽颖 叶锦 廖发明 黄志亮 李辉 赵云
汪凯 都培田 黄程兰 霍明明 李勇 黄果 范馨 李一凡 李媛
王虎英 钱科 周峰 余良 王香芳 张擎翰 赵文良 危亮 肖林
许霄逍 赵力焓 王锐 马霖 周健 张潇 蒋鹏飞 徐斯 方利原
柴瑞龙 张爱明 李凌 周良 王珊珊 薛雪 兰尔祺 王金晶 刘必章
刘望微 余春兰 雷飞迪 赵水萍 林华勇 杨振铭 张龙安 邢金凤 杨曦
许晓林 黄斌 林玉凤 唐云容 章怡 史建建 张向宏 王东强 毛茂山
顾继锐 朱博航 杨小雪 金忆 刘鸿 石浩 汤荣 柯少生 蒋中林
姚欢欢 张高峰 蒋国发 黄俊峰 吴乔 应志君 陈健斌 邹昆 李凤
杨涛 崔刚 崔俊虎 陈志 巫传玲 檀晓翔 甘霖 徐美娇 王艳
何晓锋 邓洪峰 黄国辉 王俊锋 黄鑫 李攀 高建军 王铎 林恒志
池明阳 罗嘉 王磊 沈燕 卿孝海 吴昀 张公平 王亚楠 樊武厚

周　斌　杨　刚　翁海鸿　满　媛　代　叶　彭昱雯　付曙平　曾　颖　林　铮
周毓勤　张　露　李成霞　门高礼　阚伟伟　柳勍婧　何　欣　丁雨佳　陈　哲
唐劲松　陈小芳　黄　勇　王　璨　郑晓湞　谢树忠　易　帅　许文蓉　林文麟
邓　懿　赵志纬　崔　敏　黄　轩　王增海　陈　虹　康向文　赵　洋　宋玲玲
王　春　张旭东　柯晓蕾　崔　博　胡长杰　刘　转　姚　健　陈　嵩　龚祖金
邓　洪　尹　宏　刘　义　夏柱锋　路　聪　郑学樑　汪　雄　赵自虎　桑小雪
贺　毅　张天晓　官　平　袁刚强　张仑祥　张　艳　赵南威　杨双林　李　楹
梁　洪　龙　毅　崔　超　张　捷　冯自臣　焦　楠　魏　勇　董　静　朱　亮
彭　奎　黄　晋　张茜茜　朱小涛　汤　伟　贾倩倩　林　婧　贾　勇　黄　涛
张　科　简　洁　袁美华　左继英　李　焱　周洪彬　罗　瑛　高艳芳　袁晓燕
万　庆　冀向民　余恒锋　王生鹏　周　芹　周火祥　田应富　谢红星　李　雪
费　宇　陈　澂　崔　龙　周　林　程　茜　邓志鸿　陈小怡　王　伟　刘亮亮
张秋琼　袁　军　王　璟　蔡毅伦　姜华磊　张　亚　肖广钰　王朝晖　秦　伟
任　帅　郝明涛　袁红英　朱　江　杨延昆　孟庆福　周　丹　付耀国　岳建辉
刘宏林　贾　伟　刘廷玉　徐先锋　刘卫东　李芳莲　庞　旭　王怀志　牛家玮
钟　言　袁高明　蒋　燕　聂世平　郭德强　罗　翔　费　佳　司振兵　陈刚毅
王晓锋　张金淼　郑加佳　续　颖　涂开慧　李　博　吕耀江　房　超　刘　源
孙怀兵　许　强　李春玲　赵　宁　王晓霆　马文卿　刘丽娟　刁晶晶　罗文广
王　静　杨　彬　张　聪　杜仕骞　王　勃　袁　萍　田斌强　曹建军　杨　帆
严　香　胡诗婧　邱　勇　刘　颖　李湘黔　罗冠宇　王晓涛　刘　杰　张　楚
彭　琦　梁　浩　周宇宏　徐海霸　谢　维　徐建柱　高　扬　苑　彬　林　捷
戴　旭　李士玲　黄　敏　童永梅　冯　帆　潘益飞　杨文武　程远梅　罗　潘
唐　华　仪淑军　汪小波　高　岩　高　晶　乔玉龙　杜　凡　蔡小东　朱长锋
罗　磊　王　颖　吴　伟　孙　翔　张安杰　麻少秋　冯　景　唐守强　赵彦植
张彬彬　王建新　林跃伟　宋秋池　孔秋婵　张　群　郑彦宇　魏　勇　沈海湉
李　政　谭得勤　唐　鹏　陈永诚　李骁潇　杨伟伟　陈井锐　王永法　曾海波
漆　罡　郭晓磊　许航进　类延民　万甜明　邓　娟　殷　玲　张　青　吴旻峰
王学友　彭耀东　汪明川　杨　林　赵小飞　祝俊捷　梁建宾　陈　果　宋宏伟
杜　关　傅章磊　毛佳伟　樊昆博　王　进　白　俊　范宇斐　陈梦佳　陈乃激
王　超　陈韶华　李俊涛　逯　海　周小淦　董晓敏　魏艳芳　冉　红　王院生
王延峰　万晋杉　蒋　谦　赵　文　羊　龙　罗堉平　王正攀　王茜睿　张晓晖
施叶玲　王晓文　覃康才　李志勇　杜　璞　王意中　丁　卫　李彩琴　陈月安
冯光辉　郑金魁　华树明　何鹏飞　李亚茹　白燕羽　盛于蓝　倪丽琛　沈律玢
赵小锐　刘华玉　刘　毅　冯　宁　吴晓辉　马晓春　李　冲　唐　波　杨建忠
荣世生　叶峻锋　沈　恺　汪义文　李　英　赵金泥　陈　伟　吴　欣　张　涛
吴　可　苟　苹　杨　涛　李　林　曾文锋　刘　锴　李　柯　范文杰　李双枝
贾鲁宁　王　钢　李青岛　谢　伟　马　磊　于　水　李承业　黄思育　郝建平
郭毓灵　傅春蓉　邓　怡　熊志军　林谋雄　管清洁　万富元　喻建明

风景园林硕士 11 人

申治琼　樊瑞莲　胡洪沙　朱凯华　谢　礁　王晓松　郭亚婷　杨晓清　张　媛
刘　佳　邓安平

临床医学硕士 234 人

张　敏　谢　军　姚　明　王　芳　毛　犇　喻思源　李　敏　景显超　程　燕
谢宗志　钟兰萍　田黎丽　张建文　王　慧　周彩云　雷建勇　杨　艳　杨志勇
李艳秋　程桂静　吴　仲　梁宝权　蔡昀夏　田　璨　吴　敏　张　威　刘王卫
汪　傲　冯爱敏　肖贵宝　吕　敏　骆洪浩　郝　德　王　颖　王小嘉　魏　冕
郑家群　李学明　杨　杰　贾月改　尚玉超　于睿超　万里艳　凌文武　汤俊佳
战　军　满福云　牟　一　王　恋　张紫寅　章笑忠　张　硕　伊晓倩　何　敏
郭丽琳　杨　慧　陈　宝　王　明　赵立芳　孙月池　黄佑群　王晓东　曹双双
张　丽　张春艳　刘晓霞　范颖楠　王成龙　姜　勇　黄丽萍　连洋洋　雷　鸣
麻亮亮　陈荟竹　杨红胜　张先娟　刘云飞　李龙心　王莹莹　葛　冉　张清峰
袁莉敏　舒丽娟　王洪霞　冯秀娟　梅小莉　王　川　谌福霞　黄福森　李　蕴
杨程蓉　李夏卉　张　杰　吕小慧　陈　丽　臧　丽　罗朝蕊　杨　静　任尚青
刘　宝　孙　燕　陈　欢　卢　聪　朱仕超　程书文　鲜依鲆　周裕凯　赵　丽
杨文旭　陈晶晶　谢礼波　郑文璐　戴　勇　李　青　杨云帆　龙　纳　陈秀峰
黄晓旭　张　晗　张　旭　黄　楠　段　迎　陈建斌　杨　宁　许琳涓　孔令秋
付俊鲜　吴学华　李　森　刘萃红　任海涛　王凤燕　王小双　郑儒君　梅龙勇
岳丽艳　李　娟　于笑笑　潘艳莎　张璐姣　肖硕萌　李　波　张红萍　魏华华
邓嫒嫒　王　颖　罗江蓉　徐建乐　薛奇明　史学菲　孙倩倩　张汉超　李之曦
祁聪聪　张绍敏　杨柳娟　刘　东　张巾娜　刘韶华　胡　佳　杨　慧　肖　聪
罗大先　周国艳　尹延英　徐晓玉　张真铭　李丹丹　李天红　袁婷婷　张　明
蒋　露　阳　丹　严冬梅　李楠楠　谢　飞　陈拥华　张　娜　谢　雪　苏　伟
林天海　任海波　雷　娜　王雪梅　韩文杰　梅建东　张豆豆　蔡　凡　袁　进
周华勇　靳艳文　周程沛　李永霞　刘　运　郎　琪　冯　品　杨周健　贺莎莎
魏　艳　朱鸿儒　苗振军　罗　磊　王立帅　朱林林　吴金燕　杨章超　谭　钢
刘　珂　左秋南　张　蕾　员海超　游小林　蒋　勰　陈科帆　焦晓燕　付　博
贾西彪　王　淼　娜仁其木格　蒋浪彭涵　Subhash Yogi　Mahesh Mahaseth
Arun Kumar Singh Yadav　Ram Babu Sah　Resam Raj Pun　Kanchan Gautam
Pankaj Prasoon　Ashok Kumar Kunwar　Khadka Ajay　Dilip Gurung
Sanjaya Shakya　Riwaz Acharya　Paras Kumar Rajbhandari　Amrit Bogati

口腔医学硕士 109 人

张越茗　苟文亭　焦延卿　王　瑞　叶　俊　杜洪明　陈　正　李　昕　尹国柱
阳　婵　朱丽丽　梁倩倩　廖　文　尹秋丹　缪　亮　王　博　安　舒　李娟娟
吴瑞卿　卢慧连　尹星泉　林　琳　雷　丹　丘小丽　姚　洋　马红芳　陈　静
陈　陶　宋大为　赵　慧　吕宗凯　项陈洋　田　野　王　春　田媛媛　张利平
陈国生　袁　鹤　刘　柳　张　莹　李　鑫　曹　阳　尹鸿民　李　立　鲍　泓

曹丹娜 孙 军 郭洪莲 钟天航 李菁文 叶 翠 黄玉辉 齐聪聪 彭骊苏
刘 浩 赵 莹 王 思 李 蕾 朱晓寒 雷巧玲 崔 涵 马向玉 刘 佳
杨 波 马向瑞 浩志超 林 云 段沛沛 沈 琴 吕 俏 张凌楠 李 玥
李长真 刘劭晨 李传述 郭 蓝 毛传霞 张 琳 吕 俊 高倩华 胡 蓉
王 爽 姜春苗 肖 娟 潘涛华 王 艳 张 琪 童 娟 肖喜梅 李 果
周 谧 董稳航 程 倩 苏瑞英 牛晓阳 陈 瞰 赵 岩 阙佳佳 江 喆
唐 毅 张东姣 武 媛 王 晟 黄蓓蕾 喻 譞 石 雪 田婷玉 杨冬梅
刘雯雯

公共卫生硕士 6 人

潘 明 郝彩霞 陈剑宇 姜 晓 吴 莹 曹一鸥

二、2012 年 12 月授位

（一）学历博士 165 人

哲学 8 人

崔 森 陈 云 张天和 张 苏 陈伟涛 吴瑞龙 廖 宇 刘军峰

经济学 19 人

吴兴敏 王 贝 王忻怡 张海燕 崔民强 独 娟 张泽梅 钱 霞 谢莲碧
余梦秋 张雄化 徐 菲 李 江 饶静安 田家琳 吴大鹏 许华伟 王 蓓
刘雪梅

法学 3 人

钟朝阳 艾 明 陈松涛

文学 20 人

李权文 熊宣东 胡正旗 许良越 杨颖育 王凤杰 史鹏路 李 静 杨先明
陈君慧 孙 莉 杜光霞 焦鹏帅 付玉贞 李东平 宁智锋 李 懿 陈星宇
代玉梅 朴钟茂

历史学 6 人

周克林 宋秋 张晓霞 刘金霞 黄小忠 范习中

管理学 17 人

刘丹萍 宋婷婷 陈昌华 李宏伟 李 强 卢 毅 熊礼明 罗 霞 杜陵江
姚黎明 李 琳 龚柳元 万晓文 刘 进 邓志华 高 伟 赵艳林

理学 31 人

邓 涛 莫 燕 樊汶樵 陈 剑 苏红莹 邵 佳 林晓东 杨帅军 王有良
刘 伟 吴荣军 王 婷 陈海川 邹树良 向俊蓓 汤 科 刘 涛 许 旭
冯友君 张玉荣 梁 剑 王广珺 刘 楠 钱玟琳 齐卫艳 童芯锌 郭春晓
尹湧华 邱才炜 严亨秀 张 铮

工学 43 人

刘显坤 苏白海 陈治良 汤 蓉 邵党国 许松梅 赖 奇 翟元明 刘 旭
阿都建华 乔 雪 宋宏梅 陈 湘 赵 培 冉茂飞 万紫骞 陈 杰 潘卫军
黄丽宏 朱世鹏 焦艳娜 王 喆 余 兰 尹贤刚 李文博 陈 蓉 余晓鹏

常化文 程 飞 黄宗柳 张 健 杨建华 何贤江 古 博 蔡 曼 刘 鑫
曹良成 张甜甜 李 纲 李武劲 李季衡 梅筱琴 张庆功

医学 18 人

邹 晏 丁 艳 乔莉娜 童 欢 叶苏娟 黄俊华 成姝婷 王恩银 聂 玲
刘英华 李新丽 姚永成 孙 虹 黄明金 王 瑞 谭 波 张 坤 况 杰

（二）专业博士 16 人

临床医学 13 人

张明智 林 辉 谭世桥 月 强 熊 菲 曾筱茜 朱启波 王晓琴 赵咏梅
蒙 俊 姜小飞 周俊英 张鹏宇

口腔医学 3 人

高 波 许桢睿 陈铭晟

（三）同等学力博士 2 人

历史学 1 人

黄贤全

管理学 1 人

张国新

（四）学历硕士 59 人

哲学 1 人

张泰范

法学 1 人

杨小明

文学 12 人

张光林 胡芳梅 李碧凝 黄 燕 刘思涵 文 薇 敬雁飞 孟珊珊 欧万玲
舒洪成 孙 彦 李昌学

历史学 2 人

陈 理 杜 康

管理学 4 人

袁灵杰 陈文贵 肖 靖 黄雪晴

理学 27 人

李福成 丛雪丰 李凤英 谭 帅 马成贵 汪明寅 陈 超 饶 彬 范 勇
冷 波 张道平 陈 繁 兰小岚 蒋海军 涂 丽 杨 磊 姚 静 刘 媛
弓培源 潘 莉 邓 缅 臧 康 张荣芸 梁 川 高 原 余 敏 梁 楠

工学 6 人

张 皓 张 伟 王 冠 吕 品 支红文 潘海敬

医学 6 人

刘 明 顾金金 张 舫 张洋洋 肖玉玲 李立萍

（五）同等学力硕士 6 人

文学 1 人

王雅姝

管理学 1 人

陈　茜

医学 4 人

吴　丹　李艳莹　罗　勇　吴　玫

（六）高校教师 30 人

文学 18 人

余丽涛　贾丽萍　刘　莹　刘　畅　胡　芳　朱德珍　钟　虹　罗　钰　杨　凯
邓　敏　冉明志　曾红琳　李　蓓　张　欣　高　菲　陈桂林　赵　晓　何　煦

管理学 5 人

万春林　康宇飞　谷一明　兰　芳　田　丰

理学 4 人

聂　政　汪　红　周丽萍　陈广萍

工学 3 人

黄春玲　王　赛　罗宗平

（七）专业学位 1059 人

工商管理 380 人

郑玉玲　赖晓宇　成　艳　龙雪丹　何　宇　宁志贤　周可璋　杜　娟　高　霞
周绍德　蒋春莲　彭济明　杨　峰　古　霞　杨　茜　于　洁　李剑海　任　伟
苟　姝　唐朝国　李　戈　杨飞燕　李一帆　宋智超　童小彤　王婧怡　王　斌
曹　红　梁海波　涂　利　韦　鹏　李　告　涂　俊　田昌华　林晶晶　韦海栋
赵　曦　黄　方　周　汶　张　宇　刘良婕　徐翠莲　江雯璆　左小权　黄　可
马　力　刘晓青　杨子舟　许　丰　林　琳　向　林　李斌成　卢　燕　印福达
刘　文　李　黎　王璞燚　慕容蓉　吕成城　俞向前　陶书波　郝世强　胥　锋
温光银　罗　芬　张　薇　宋　琪　陈艳莉　陈　可　崔伟胜　罗红兵　郑志强
李　砚　张燕民　钟　希　温演驰　潘　楠　曹　晓　李兴涛　杨　沛　刘利豪
尹草发　彭建军　陈国开　肖　秋　蒋怡然　余小红　杜　岗　彭思超　戴春晖
许　娟　孙　强　阮　沛　石　雄　苏德强　韩红星　李金柱　任国蓉　陶华星
胡　宾　田　甜　黄国龙　程显华　邹　晓　曾　诚　李　园　王　群　黄新洲
郭　佳　赵勋锋　尹　丹　欧阳荃　吴春虎　刘其平　陈　曦　欧　兵　余　爽
欧晓春　陆柏青　刘　松　潘思洁　汪　琳　袁　泉　汪　博　严鲜林　鲁恩辰
杨雪涛　黄春艾　史富坤　佟云霞　俞　琪　马伟什　刘　启　唐　黎　车丹丹
王　永　余永华　聂丽莎　罗波波　李　婕　傅　皓　张　薇　何　祥　汪　庆
谢　斌　杨　骋　杨　锐　葛　波　钱一伟　王朝霞　刘　波　李　弦　张建华
陈　如　黎志银　王玉秀　肖　舸　杨　洋　谭海燕　张　怀　郑小平　杨　波
辜习勤　洪　航　武良杰　徐　辉　李志军　杨梅萍　李　锦　蒋　宇　王春来

张星亮 于武 杨新 曾琛 张珑译 张显柯 张校 蒋笃能 尹光荣
魏靖明 胡健 戚太林 吴红彦 石亚林 张彦鹏 王学义 周礼 赵正清
吴家龙 吴春阳 周蓉 彭晓红 钟昊宏 任栓宝 谢璐 高仪华 朱光
熊雷 赖煜寰 李安华 熊影洁 陈跃敏 何旭蕾 林欣灏 丁军 唐珂
杨场斌 林振栋 杨舒涵 吴晋尧 向锟 杨一帆 詹卫钧 方静娜 王琦
吴昊 聂珂 葛金朋 张罡 黄林 黄铭锋 喻媛媛 王秀鹤 阎强
张华锋 王立波 孙命阳 叶潇 丁微波 胡秀梅 赵佳 宣刚 陈冬林
朱文祥 冯伟洲 李丹丹 朱仲冬 曾杏华 高春国 杜鹃 武斐蔚 何兴玉
邹琴 徐韵雅 李海燕 李丽 谢语 沈沙 左安杰 张立立 颜宏宜
梁菁 雷斌 王颖 李春喜 张劲 朱超群 徐锋 蔡禹洁 朱煜
汪英明 杨凌艳 林庆权 谢宏利 张文品 胡舒 孙建 何亮 祁红威
游蕊 郭娅 郑捷 王敏 邢大为 徐栋华 辛欣 夏梦 陈旭
何永琦 谭国平 李欣 喻治中 陈依贵 桂俊黎 林绍华 张海龙 梁敏
陈刚 刘昕 郭海 潘柯含 唐怀军 万斌 周义文 吴涛 童媛媛
唐毅 甘洪艺 刘翠屏 蒋莹佳 黄元伟 赵妍 刘宇 罗艳君 王长纯
向星 葛力威 钱文元 吴洪波 吴天合 徐昆 胡素 张佳艳 黄宏新
赵文凤 王伟东 郑晓梅 陈蔚 马瑛 刘斌 程灵博 王强 林超
张婷 罗金水 郑江 卫冬 程永明 赵荣 王玮 赵斌 居英俊
梁钰栋 王建中 刘丹枝 尹雪莲 龚泽勇 肖辉 陈海阳 张雪满 龚付松
蔡筱 邵先宇 潘东生 陈建霞 艾勇 王锐 杨琴 许文强 邓惠军
陈结林 周扬 刘榴 刘延霞 罗刚 刘丽 陈钦周 朱宏 赖甜甜
向海昀 田雯媛 赵春波 董兰芳 顾振新 宋莉圆 王浩 陈振 谢国富
范敏 韩艳 王雪崟 郑常金 郭洪胜 杨铁龙 高义琼 李煜 万全林
刘珂 拉巴曲宗

法律硕士 178 人

孙石磊 邹敏 金靖 王刚 曹烜 吴枚 夏振怀 秦丹 丁向波
田静 黄俊杰 李小花 张亚敏 沈孝清 李翔 卢林艳 何科 黎佳平
张源 罗娟 张元芬 卿玲 李驰 周建玲 马昭平 周庆 魏华
董婷瑶 杨猛 陈敏 缪雯 李晓兰 陈海春 罗婷凡 彭悦 林斌
石伟 顾小涵 王惠英 刘阳 李昆 罗莉 刘伟 王斌 吴念滋
龙君 张锴 赖骥 蒋婷婷 母清源 范乘侥 苏正 陈慧昌 王健兰
张勤 陈柳洁 杨立源 任亮 吕科佳 涂伟 高薇 刘祖萍 林强
郭宇 刘勇 刘欢 吴晓姣 吴紫竹 李树尧 张洪剑 司锴 辜波
张莉 许明 代玉彬 戴璐 郭倩 王祖留 唐含梅 左大彩 吴子晗
张亚丹 罗曦 胥敏 唐菠 浦耀 夏军 李代根 巫卓宸 张建
王子豪 张淑君 陈春 罗旭 夏红梅 徐玲 夏超 施丽 黎霞
何涛 黄策 杨少华 邢琼芳 赵海莲 曹建强 伍德福 杨军 万易明
庞晓洲 黄杰 陈坤 巫珂 冯咏 李毅 李柯 李清燃 张弘扬

龙 科 陈智刚 杨 勰 李青妃 陈永兴 董 亮 杨 忠 高喜梅 张 翼
鞠 锋 黄源润 邓 涛 王 飞 向 茜 任 涛 莫丝丝 古登鹏 陈沅梅
张 慧 成冬娟 孙国华 雷玲玲 贾 琳 余金汶 牟乃东 杨云皓 李艳萍
彭 强 曾 云 熊娇妮 杨 军 袁梓嘉 黄纯玉 石德马 李依喆 甘露梅
叶永森 黄生富 麦 苗 廖天舒 刘明晶 刘丽珍 李彦洁 熊百祥 陈 莹
徐 文 溥金芝 周冬青 黄 前 王爔聆 周于涵 唐 斌 杨 波 杨 帆
谢子懿 袁建波 谭 颂 倪平钰 向伶俐 曹建中 余海森

公共管理硕士 33 人

扎 桑 李雅源 吕洋娜 朱 荚 王锐鸿 马勇斌 卢飞凤 鲜 英 陈章君
雷世闻 张瑜琴 卢炜升 温立省 何建有 侯文春 张业辉 余风华 陈 慧
杨 勇 曾学良 魏 尉 孙建祥 尚 祥 杨晓梅 王 欢 王万芬 刘 雨
高 展 李 伟 袁 媛 喻云玲 罗 平 熊华明

翻译硕士 4 人

廖扬思 王 静 赖辉辉 张永莲

高级管理人员工商管理 6 人

李龙威 李友成 罗汉胜 陈颖锐 胡雪雨 宁 洪

汉语国际教育硕士 15 人

宋 雯 刘承黉 何 美 陈 准 许 琴 范 琦 徐艳丽 刘 颖 赵 昆
高 静 王惠娇 冯 静 徐秀兰 邱小燕 黄淑华

工程硕士 423 人

杨 年 何灵芝 于 洋 周 伟 林剑勇 纪 欣 简 明 陈 锦 黄 诚
张力文 章 涛 马到原 曾博才 师永林 任 维 闵晓英 高 博 李建军
张金龙 张明星 常 涛 陈 宁 刘 微 王永帆 张 曌 欧道蓉 刘 伟
唐 乐 林佳佳 刘鼎琨 陈 莉 穆大春 谷 陈 刘 凯 张 薇 章 萍
杨 彪 韩继炯 柳 恒 吴文贤 白雁飞 陈日森 马晓婷 张忠全 吕 伟
王功名 黄晓峰 谭 冰 孙柳红 胡 丞 郭晓峰 马 骏 林 颖 吴 强
彭建财 陆大军 张 磊 高 颖 汪一舟 董湛涛 宋洪刚 车怀勇 熊广琪
耿 晶 林小倩 陈莜虹 刘高明 罗明华 李 智 韩 怡 周 浅 汪华莉
李 凯 付家毅 徐 照 张 艺 黄佩蓓 杨小仪 郭利瑞 何志群 张 薇
张庆玲 林 通 董 超 万新燕 张 泳 颜雅惠 竺笑聆 许月明 佘 艳
张东泽 谢紫薇 陈晓明 李晓宇 邓晓红 黄 宇 张剑平 王梦远 颜 毅
张可可 陈正星 曾 耀 韩 雷 张春芳 涂霄夷 窦一鸣 苏 霹 刘晓佳
陈 军 李志如 林碧清 路 丹 林 志 刘 明 刘 芸 颜晓琴 林春兰
陈 纯 虞晓敏 余 渝 陈义刚 李凌璐 黄佳敏 管秀芬 张晓野 程 吉
雷 毅 田晓刚 郭庆豫 单镛锟 徐 波 焦 敏 张鸣镝 冯科佳 许庆裕
彭俐玮 王赛赛 曾 虹 向六昭 朱瑞昕 许淑玲 张俊丽 伍建平 刘 筝
龙 伟 吴秒秒 楼巧艺 加沙拉提 郭建立 周吉清 黄双庆 曾玉芳 洪艺萍
刘 鹏 邵 娜 曹 阳 杨 茂 王 雍 郑剑飞 郭红莲 江公亚 汤 静

李杨　刘智翔　郑欣怡　李乐　潘海参　林珊珊　符俊　邓清卫　马爱平
夏天　应艳　刘宝军　赵恒　冯涛　林正荣　肖翔　柳晓东　康维
张栗　龙鹏　张驰　袁泉　王玺钦　赵怡　周军良　衡志　林祥辉
李建武　李晓波　李函　向奇　施冠廷　廖一　任杰　王晨筱　冯金钰
张燃　汪漫　唐国凯　马爽　张健　林卫　查也博　张运廷　季芳
嵇然　马磊　张天云　蔡匀　何长青　蒲铭　倪志刚　沈宸　冯恒
李麒　李文升　张莉　孙静　段小雨　王可铮　段纯爽　王竞　章伟
彭小平　马彤彤　赵希　王晓茜　朱成　莫维　蒋麒霖　李阳　杜晓
曾安奎　兰培峰　何南山　王程　范怡然　汤智猛　崔川安　肖强　张悦琪
齐育军　王海滨　李静　唐若蜜　季华　何友民　崔术行　李伟　唐芳
罗灿　张咸蔚　荀斌　张帅　王亚宁　陈蜀源　陈沉　刘明　付陶
田留彬　于超　徐艳　林峰　余米　饶军　姜昊　郭周　王刚
龚名茂　谢成云　唐晓曼　程伯辉　丛子程　华小军　王波　江科　仲晓天
连蔡煜　王玉博　杨益扬　胡维悌　彭辉　付吉星　卢彬　卢岩　杨家蓉
徐琨然　赵海明　瞿多尔　黄元元　王海辉　张敏　周春梅　黄益波　党维
余静　秦晓静　谢光蓉　朱斌　吴喆　刘晓明　张蕾　冯进修　秦晓明
谭鑫　刘军　周鹏　潘超　马坤　梁文清　丁宁　李金凤　尤晓静
朱必熙　牟兴建　曹利　张晨　杜茜　詹代俊　徐小骄　王宗元　巫兴胜
王绍惇　陈俊瑜　徐珩　林文志　崔有为　易姗姗　万莹　严檑　吴志峰
董晨燕　李长忠　刘军华　要瑶　柯毅峰　孙红涛　洪波　孙凯　龚德华
周礼学　林彩莲　侍元元　严鹏　徐超楠　罗郁雯　周建伟　张双平　张博
程晔　林卉　蒲治军　殷明均　胡振烽　王劲超　郑则凌　王强　赵宇亮
敖江丽　刘翔　陈秉洁　王浩然　马新波　赵瑞奇　台庆宇　黄铭杜　袁艺标
李诺　孙娟　张友鹏　吴坤　谢志盛　周昊明　高已兴　任军丞　冯霞
徐美燚　陈锦标　芮国华　余萍　张珊珊　周姝　杨林茂　庄一鹏　何炎晟
陈雄峰　雷钢　时全领　徐万鑫　石清辉　腾德山　许逸仙　马原　王楚
杨文良　林锃锭　员婵茹　倪时龙　邢晓燕　徐治洲　张波　郑锦材　周波
何增平　杨桂　古行乾　邱萱　苏庚胜　张毅　丁艳婷　李珂　卢丹
郭海奇　郑志强　金圣乔　林恒成　邹志艺　杨威　李宏路　吉地阿依　宋瑱

风景园林15人

全钢　李谦　史继术　向肖　傅琰华　严愚　王希　周雨莲　张可跃
李旭升　鲜博　杨晓丹　王衍睿　张跃华　方草

临床医学3人

曾艳　卓帅　Rajendra Shrestha

公共卫生2人

王坤　邱乐平

（以上资料由研究生院代振东提供）

本科生教育

一、招生工作

1. 2012年招生工作圆满完成，生源质量稳步上升

围绕我校本科创新人才培养改革，招生工作进一步推进按大类招生进程，积极探索建立分类考试、综合评价、多元录取的招考制度，圆满完成了2012年的招生计划。2012年我校共招收本科生9500名，生源质量稳步提高，高分段学生数量大幅度增加。其中，文科录取平均分高出重点线30分以上的有28个省、高出40分以上的有26个省、高出50分以上的有18个省、高出60分有11个省、高出70分有6个省、高出80分有2个省、高出90分有1个省；理科录取平均分高出重点线30分有31个省、高出40分有28个省、高出50分有28个省、高出60分有22个省、高出70分有19个省、高出80分有12个省、高出90分有8个省、高出100分有4个省。

2. 创新招生宣传举措，吸引更多优质生源

2012年，在进一步做好川大名师宣讲团、学科专业夏令营、川大学子家乡行、中学校长川大行等活动的同时，积极推进了“学校+学院+各地校友会”三位一体的宣传举措。具体实行招生宣传学院责任制，由各个学院具体承担一个片区的宣传工作，充分发挥知名教授、学院领导的影响力，利用其家乡的资源优势，相对固定地深入到优秀重点中学，对我校进行充分、有效的宣传。此外，针对生源竞争日益激烈的现状，我校将招生宣传工作全年化、常态化开展，在认真调查考生需求、广泛听取各招生宣传小组建议以及仔细提炼历年我校招生宣传资料的基础上，精心制作通用版的《报考指南》。

3. 进一步探索人才选拔录取模式，为我校创新人才培养选优才

紧紧围绕我校“323+X”创新人才培养模式的构建，本着为学校选优才的基本宗旨，我校进一步探索特殊类招生选拔模式的创新，进一步完善细化了各类特殊类招生简章和程序，顺利完成了2012年各类特殊类招生选拔工作。根据《教育规划纲要》和教育部关于高等学校自主选拔录取改革试点工作的有关规定，结合我校人才培养的总体目标和办学特色，2012年我校自主招生选拔录取参加了由北大等11所大学组织的综合性大学自主选拔录取联合考试。共有9962人在网上注册报考我校，4852人获得了笔试资格，1607人进入了面试，658人获得了我校自主招生资格，最终录取292人。

4. 夯实制度建设基础，规范招生录取过程，将“阳光工程”落到实处

根据教育规划纲要精神，结合我校教育教学改革创新和作风建设年的要求，我校招生工作一手抓改革创新、一手抓规范管理，在贯彻“六公开”原则基础上，严格执行“十条禁令”的政策，将“阳光工程”落到实处。在新形势下，结合教育部

的要求，我们在原有制度基础上逐步完善了相应的双特生、自主选拔录取、艺术特长生、保送生、高水平运动员等各种特殊类招生录取工作制度。从招生工作机制、职责权限、具体监察事项、制度要求等各方面都进行了严格的规定，并将各项招生录取制度上墙。各类特殊类招生录取，提前公开选拔标准和录取办法，严格测试程序，加强对测试过程的监督，并严格按照教育部实行入选考生三级公示制，确保招生录取工作全程公开、信息透明。严格选拔招生录取工作人员，上岗前开展详尽的政策和业务培训，实行责任追究制，签订《录取人员责任承诺书》，由学校纪检监察部门对整个招生录取过程进行全程参与和监督，切实做到了招生录取的公平、公正、透明。

表 4　2012 年四川大学本科招生专业一览表

学院名称	专业名称
制造科学与工程学院	机械设计制造及其自动化
	材料成型及控制工程
	工业设计
	测控技术与仪器
艺术学院	美术学
	艺术设计（环境艺术设计）
	艺术设计（平面艺术设计）
	动画
	绘画（油画）
	绘画（国画）
	广播电视编导
	舞蹈学
	表演（影视戏剧表演）
	音乐学
华西药学院	药学
	临床药学
物理科学与技术学院	物理学类（含基地班、应用物理学、核物理）
	微电子学
	核工程与核技术
文学与新闻学院	新闻传播学类（含新闻学、广播电视新闻学、广告学、编辑出版学）
	中国语言文学基地班
	中国语言文学类（含汉语言文学、汉语言、对外汉语、戏剧影视文学）
外国语学院	俄语
	法语
	日语
	西班牙语
	英语

续表4

学院名称	专业名称
水利水电学院	热能与动力工程
	水利类（含水利水电工程、水文与水资源工程、农业水利工程）
数学学院	数学类（含数学与应用数学、信息与计算科学、统计学）
	数学基地班
	数学与应用数学（数学经济创新班）
生命科学学院	生物科学类（含生物科学、生物技术、生态学）
	生物学基地班
	生命科学与技术基地班
软件学院	软件工程
轻纺与食品学院	服装设计与工程
	纺织工程
	轻工生物技术
	轻化工程
	食品科学与工程
华西临床医学院	护理学
	临床医学（五年制）
	临床医学（八年制）
	医学技术（含眼视光学、康复治疗学、医学技术）
	医学检验
历史文化学院（旅游学院）	历史学基地班
	历史学类（含基地班、考古学、博物馆学）
	旅游管理（含旅游管理、会展经济与管理）
华西口腔医学院	临床医学（口腔医学）
	口腔医学（五年制）
	口腔医学（七年制）
经济学院	国际经济与贸易
	经济学类（含经济学、国民经济管理、财政学）
	金融学（含金融学、金融工程、保险）
建筑与环境学院	城市规划
	工程力学
	环境工程
	环境科学
	建筑学
	景观建筑设计
	土建类（含土木工程、给水排水工程、工程造价、建筑环境与设备工程）
计算机学院	计算机科学与技术（含计算机科学与技术、网络工程）
	物联网工程

续表4

学院名称	专业名称
华西基础医学与法医学院	基础医学基地班
	法医学
化学学院	化学类（含基地班、化学、应用化学）
	化学基地班
化学工程学院	过程装备与控制工程（含过程装备与控制工程、安全工程）
	化学工程与工艺（含化学工程与工艺、冶金工程）
	制药工程（含制药工程、生物工程）
华西公共卫生学院	预防医学
	卫生检验
公共管理学院	档案学
	公共管理类（含行政管理、公共事业管理、劳动与社会保障、土地资源管理）
	社会工作
	信息资源管理
	哲学
商学院	信息管理与信息系统
	电子商务
	工程管理
	工商管理（运营管理）
	工商管理类（含市场营销、会计学、财务管理、人力资源管理）
	工业工程
	管理科学
高分子科学与工程学院	高分子材料与工程
	高分子材料加工工程
法学院	法学
电子信息学院	电子信息科学类（含电子信息工程、电子信息科学与技术）
	光信息科学与技术（含光信息科学与技术、电子科学与技术）
	信息安全
电气信息学院	电气信息类（含电气工程及其自动化、自动化、通信工程）
	医学信息工程
材料科学与工程学院	材料科学类（含材料物理、材料化学）
	金属材料工程
	生物医学工程
	无机非金属材料工程
	新能源材料与器件

表 5　2007—2012 年四川大学本科生源情况统计表

类别＼年度		2007 年	2008 年	2009 年	2010 年	2011 年	2012 年
招生计划		10200	10200	10200	10200	10200	
平均分高出重点线 30 分以上的省（自治区、直辖市）（个）	文科	22	19	23	27	28	28
	理科	30	29	29	29	28	31

表 6　2012 年四川大学本科生源情况统计表

平均分高出重点线	文　科（个）	理　科（个）
30 分以上的省（自治区、直辖市）	28	31
40 分以上的省（自治区、直辖市）	26	28
50 分以上的省（自治区、直辖市）	18	28
60 分以上的省（自治区、直辖市）	11	22
70 分以上的省（自治区、直辖市）	6	19
80 分以上的省（自治区、直辖市）	2	12
100 分以上的省（自治区、直辖市）	—	4

表 7　四川大学 2012 年分省录取情况统计表

文史类					
省份	重点线	提档线	最高分	最低分	平均分
北京	495	513	607	513	545
天津	549	612	625	612	615
河北	572	612	622	612	615
山西	539	575	587	575	580
内蒙古	492	541	576	545	562
辽宁	563	611	623	611	615
吉林	529	572	595	572	577
黑龙江	526	575	610	575	588
上海	438	447	459	447	452
江苏	341	365	387	365	369
浙江	606	647	662	648	651
安徽	577	618	620	618	620
福建	557	607	618	608	610
江西	570	604	610	604	606

续表7

文史类					
省份	重点线	提档线	最高分	最低分	平均分
山东	573	618	634	618	623
河南	557	602	610	602	604
湖北	561	598	609	598	601
湖南	571	614	629	614	618
广东	589	614	624	614	616
广西	544	593	607	594	598
海南	668	752	776	752	762
重庆	554	610	629	610	615
四川	516	544	581	544	553
贵州	539	606	619	606	610
云南	520	594	629	595	600
陕西	556	617	629	617	622
甘肃	533	578	595	578	584
青海	433	495	523	495	505
宁夏	489	531	553	531	541
新疆	493	551	570	551	560
西藏（汉）	490	543	543	543	543
西藏（藏）	320	368	414	378	396
理工类					
省份	重点线	提档线	最高分	最低分	平均分
北京	477	508	650	508	577
天津	530	602	671	602	615
河北	564	615	659	615	621
山西	530	584	629	584	592
内蒙古	469	486	630	547	570
辽宁	517	587	642	587	600
吉林	515	545	628	545	570
黑龙江	514	547	629	550	586
上海	423	449	485	449	458
江苏	340	366	396	366	370

续表 7

理工类					
省份	重点线	提档线	最高分	最低分	平均分
浙江	593	644	682	645	652
安徽	544	615	644	615	621
福建	546	614	644	615	622
江西	547	598	634	598	605
山东	582	639	678	639	647
河南	540	600	630	600	605
湖北	551	601	632	601	605
湖南	520	583	633	583	590
广东	585	611	652	611	618
广西	528	587	637	587	602
海南	614	695	752	695	712
重庆	522	589	663	589	606
四川	518	557	645	557	572
贵州	470	575	639	575	584
云南	465	569	648	570	588
陕西	517	597	664	597	613
甘肃	517	524	662	536	595
青海	401	446	557	453	498
宁夏	440	507	536	507	518
新疆	445	520	612	520	542
西藏（汉）	460	469	535	469	506
西藏（藏）	280	340	372	348	360

（以上资料由招生就业处张晓路提供）

二、培养

1. 深入推进本科“323＋X”创新人才培养计划，进一步完善创新人才培养体系

按照《“985 工程”本科“323＋X”创新人才培养专项整体推进方案责任书》的要求，学校召开了四川大学“985 工程”本科“323＋X”创新人才培养计划整体推进方案中期考核汇报会。各个整体推进改革的学院、公共课改革学院汇报了项目建设的进展情况及后期工作计划，展示了各学院依托“985”平台，积极开拓创新，深化教育教学改革所取得的成效，认真分析了项目建设过程中存在的问题和障碍，并就进一步深化体制机制改革等积极建言献策。各学院通过相互交流，共同分享了推进本科“323＋X”创新人才培养的好的做法和宝贵经验，为进一步深化教育教学改革、更好地落实和完善本科“323＋X”创新人才培养体系奠定了坚实基础。

启动了本科人才培养方案的修订工

作，自2013级开始将启用新修订的教学计划。本次修订工作的主旨是：进一步强化文理基础教育，构建以人文为根基、以理学为核心、文理工医交叉融合的知识结构和学科体系，打造具有国际竞争力的高素质人才。学校制定了《四川大学本科创新人才培养方案修订原则意见》，各学院教学指导委员会在调研国内外一流高校人才培养方案基础上，对各专业的人才培养方案进行了修订和完善。学校还分文、理、工、医四个学科分别召开了教研室主任座谈会，就各专业教学计划修订情况展开研讨。同时，邀请国内外一流高校的专家对新修订的各专业教学计划开展了国际国内评审工作，确保人才培养方案既具有我校特色又科学先进。

学校召开了2012年本科教学工作会，总结了近五年来有关本科教学各方面工作取得的成果与经验，部署了下一阶段落实“323+X”创新人才培养体系的改革工作，表彰了教学工作先进单位10个，本科公共基础课教学工作先进单位4个，有9个单位获本科拔尖人才培养贡献奖，360名教师分获课堂教学质量优秀奖、最受欢迎的文化素质公选课教师奖、拔尖创新人才培养优秀指导教师奖、大学生课外科技实践活动优秀指导教师奖、视频公开课程建设突出贡献奖，调动了教师参与本科“323+X”创新人才培养计划的积极性，对提高本科教育教学质量起到了重要的激励和引导作用。

2. 精心组织实施本科教学工程项目，扎扎实实提高人才培养质量

为深入贯彻落实教育部《关于全面提高高等教育质量的若干意见》，学校制定并发布了《四川大学本科教学贯彻落实“教育部关于全面提高高等教育质量的若干意见”的实施方案》，精心组织实施“本科教学工程”项目，促进本科人才培养质量的进一步提升。

教育部正式发布《普通高等学校本科专业目录（2012年）》后，学校依据新修订的本科专业目录，完成了本科专业整理工作，专业数调整为133个，从2013年起，学校将按照整理后的10个学科门类、57个专业类、133个本科专业进行本科招生及其培养工作。

学校入选全国首批“卓越法律人才教育培养”基地（包括应用型、复合型法律职业人才教育培养基地和西部基层法律人才教育培养基地2大类基地）；“大学生创新创业训练计划”等6个项目获批教育部“十二五”“高等学校本科教学质量与教学改革工程”立项，到校经费1000万元，其中，考古学、生物技术、生物科学、临床医学4个专业获批为国家“专业综合改革试点”项目，四川大学—中国石化集团四川维尼纶厂工程实践教育中心等19个中心被教育部批准为国家级工程实践教育中心；录制完成高清视频课程12门，3门课程成功入选教育部精品视频公开课，通过“爱课程”网和其合作网站——中国网络电视台和“网易”同步向社会公众免费开放，上线课程门数位居“985”高校前列；14门课程被四川省教育厅推荐申报国家级精品资源共享课；“云计算与应用”课程获教育部——IBM专业综合改革项目课程立项；30本教材入选教育部第一批国家级普通高校本科“十二五”规划教材，53本教材入选四川省“十二五”普通高校本科规划教材；4个专业被列入四川省本科院校“专业综合改革试点”省级立项建设项目；6个本科专业获批为四川省“卓越工程师教育培养计划”试点专业；3门课程获批省级精品资源共享课；组织了4年1次的校级教学成果奖的申

报、评审和奖励工作以及省级教学成果奖的鉴定、推荐工作，69 项教学成果获得校级一等奖，71 项教学成果获得校级二等奖，在校级获奖教学成果基础上，学校推荐了 65 项教学成果申报省级教学成果奖。

3. 大力开展教师培训和教学改革，提升教师教学能力和水平

教师教学发展中心新聘任 38 名优秀教师作为教学导师，中心的教学导师数达到 96 人。开展了多种形式的教学研讨、培训，参与各项活动的教师逾千人次。在“教学能力发展月”系列活动中，校长谢和平院士、新加坡国立大学“博学计划”项目委员会副主任 Martin Henz 博士等国内外知名专家的报告带来高等教育的先进理念和发展的最新态势；开设的全英语授课教师教学能力提升班有效地促进了我校全英语授课专业和课程的建设；以 PPT 制作、录播教室的使用、课堂投票器的使用、课程中心的建设、科学发声等为主题的教学技巧培训使青年教师们受益匪浅。教师中心组织了“午餐沙龙”特色教学研讨活动，研讨主题包括“探究式—小班化”教学改革、“学分制指导教师的指导工作”等等，邀请了数学学院、物理科学与技术学院、电气信息学院、制造科学与工程学院、历史文化学院、经济学院、华西药学院的老师们参加，受到相关学院和老师的充分肯定。举行了“大学英语”青年教师教学竞赛，承担“大学英语”本科教学任务 45 岁以下的 55 名青年教师全员参赛，评选出一等奖 4 名，二等奖 9 名，三等奖 12 名。建立了研究生助教培训与管理体系，实施以研究生助教辅助开展“大班授课、小班研讨”为特色的、理念上的“探究式—小班化”课堂教学改革。“大班授课、小班研讨”课程教学改革适用于更多类型的课程：非语言类公共基础课、专业基础课、文化素质公共选修课等等。2012 年春季学期，率先针对“大学数学”开展了此项改革试点，2012 年秋季学期，“大班授课、小班研讨”课程改革推广到全校。参与培训的研究生超过 2013 人次，培训合格 1708 人，当年度受聘上岗研究生 663 人，覆盖课程 319 门，1059 门次，课程改革受益学生超过 10 万人次。2012 年 10 月，教师教学发展中心被批准成为全国 30 个“十二五”国家级教师教学发展示范中心之一，获得中央财政 500 万元建设经费支持。

4. 加大实践教学投入力度，加快推进实践教学改革

学校投入 2000 万元用于实习基地建设，与中国第二重型机械集团公司、四川省文物考古研究院、中国工程物理研究院总体工程研究所等 68 家企事业单位签订实习基地共建协议，建立了一批长期稳定的、高质量的实习基地，为提高学生的实践动手能力奠定了良好的基础。

投入 800 万元用于“大学生创新创业训练计划”，推进科研训练和创新创业活动的开展，学校获批“大学生创新创业训练计划”国家级项目立项 200 项，批准校级立项 896 项，项目数比去年增长近 60%，近 5000 名本科生参与其中，另外还有 10 个学院设立了院级“大学生科研训练”项目 292 项。

投入学科竞赛经费 320 万元，拓宽学科竞赛种类和形式，推动学科竞赛管理规范化、科学化，增大学生受益面。承办或参加省级以上学科竞赛 93 项，参赛学生 8530 人次，较去年参赛学生人数增加 58.16%；获省以上奖项 599 项，较去年增加 24.53%；共计获奖 1034 人次，较去年增加 46.87%。

进一步推进“实验室开放式、方法探

究互动式、设备共享式”的实践教学模式改革，建设精品实验项目59项，“创新型实践性课程计划”51项，近7000名学生参与。

继续深化多样化毕业论文（设计）改革，修订完善了《多样化毕业论文（设计）改革管理办法》，参与本科毕业论文（设计）多样化改革的专业达到49个，776名本科生参加，并顺利通过答辩。组织开展本科优秀毕业论文（设计）评选，评出优秀毕业论文（设计）839篇。

举办主题为“大手拉小手，放飞科学梦——走进四川大学”的“全国青少年高校科学营——四川大学分营”活动，来自我省91名、云南省30名，共计121名优秀高中生参加了本届夏令营。

学生实践创新成果不断涌现，学生发表论文1197篇，其中核心期刊、CSSCI、SCI、EI、ISTP期刊209篇，专利36项。

5. 深化拔尖创新人才培养改革，积极探索拔尖创新人才培养新模式

吴玉章学院修订了2012级人才培养方案，改革突出了3个方面的内容：一是实施文理基础教育强化计划，着重加强拔尖学生的理科基础教育，要求所有拔尖学生必须修读数学、物理、化学、生物和力学等理学基础知识；二是启动“交叉学科复合课程计划”，扩大学生交叉培养试点范围，首批试点学科包括“数学－金融”“生物－金融”“数学－管理”“经济－法律”“经济－新闻”“工程－经济”“工程－管理”，有30名学生参加了“交叉学科复合课程培养计划”；三是开展“Academic English”英语教学改革，英语教学采用英语教师和学科专业教师相结合，以不同专业内容为中心进行英语教学，通过专业知识的学习获得语言技能，培养学生阅读英文专业文献的能力，进一步强化学生用英语直接从事专业学习和参与科学研究的能力，提升学生在所学专业领域的国际竞争力和国际交往能力。

进一步完善和规范“双特生”培养，制定了《四川大学“双特生”人才培养方案制定的原则性意见》和《四川大学“双特生”特色课程实施及管理办法》。2012年选拔7名“双特生”（其中校内选拔4名，自主招生3名）。2010级“双特生”唐晟和秦汉韬通过了阶段性考核，2009级“双特生”李佳树和张东杰学业成绩优秀，特长发展突出，同时被推荐免试攻读研究生。

数学学院、物理科学与技术学院、化学学院、生命科学学院各选出15名学生入选“基础学科拔尖学生培养试验计划”，截止到2012年，该“计划”学生人数已达到232人。学校在江安和望江校区建立“思辨”、“明理”、“格物”、“致知”4个研讨室，供“计划”入选学生研讨学习。进一步完善了相关管理文件，制定了《四川大学“基础学科拔尖学生培养试验计划”实施办法（试行）》和《四川大学“基础学科拔尖学生培养试验计划”经费使用管理办法（试行）》。组织了“卓越工程师教育培养计划”实施学院项目负责人和教学管理骨干17人赴德国克劳斯塔尔工业大学培训学习。

6. 拓展本科生国际化教育渠道，开阔国际化视野，提升国际竞争力和国际参与力

学校与美国、英国等国外知名大学签署联合培养本科生协议，新增联合培养本科生项目16个，总数达到91个；国际（境外）联合培养项目派出学生人数449人，比2011年增长12.5%；在建第二批全英语授课专业4个，包括政治与公共行政、国际工商管理、中国学、信息安全；举办了两期“全英语授课教师教学能力提

升班”，参与培训合格教师97人，为全英语授课专业建设打下了良好基础。

首次试行“实践及国际课程周”，开设了短期课程/国际化课程109门、学术前沿或创新创业系列讲座150余场次、学科竞赛培训、创新创业训练和科研训练1096项、以“美洲日”、“欧洲日”、“澳洲日”、“亚洲日”、“港澳台日”为主题的“海外留学经验交流会”活动40余场次，以及各类学科竞赛培训、读书—报告会、实习实训等多种创新实践活动，近3000人参与。同时开展了暑期“国际交流营”活动项目17个，有来自美国、加拿大、英国等多个国家的留学生146名、外籍教师和我校1438名本科生参加活动。

在国内联合培养本科人才方面，选拔了12名项目学生赴中国南方航空股份公司学习；选派44名学生参加“四川大学—山东大学”交换生项目，拓宽学生国内交流学习的渠道，同时接收了20名山东大学学生。

完善基层教研组织，健全教学质量保障体系。鼓励基层教研组织开展教研活动，向每个学院下拨10万元专项经费支持教研室（或系）开展教学活动，切实提高教学质量；起草《四川大学“校院系”三级本科教学质量保障和评价体系》，开展《四川大学本科教学基本教学状态数据库》和“四川大学本科教学与质量评估”网站的前期建设工作，为全面推进四川大学校院系三级本科教学质量评估体系建设和开展院级本科教学评估做好准备；组织开展江安校区“教学质量视频督导”工作，使其成为一项常态化、制度化的本科教学质量监控活动；拟定了四川大学《本科教学质量督查网络平台岗位职责》《本科教学质量督查网络平台岗位工作流程》，整理完成《本科教学质量督查统计数据日报告》和《本科教学质量督查统计数据周报告》；撰写了四川大学江安校区《本科教学质量视频督导网络平台上半学期数据分析报告》和《四川大学本科课堂教学质量分析报告》；完成《2011年本科教学质量分析报告》的编写，作为2012年“本科教学工作会”重要资料向全校发布，整理完成了《四川大学2011年本科学生学情调查报告》；制定《四川大学优秀公共基础课教师副高级专业技术职务晋升绿色通道暂行办法》，开展了外国语学院、数学学院、马克思主义学院副高级专业技术职务的评审工作。受教育部委托，举办了2012年第一期工程教育专业认证培训会；“土木工程”专业通过教育评估，“化学工程与工艺”、“水利水电工程”两个专业通过了教育部组织的工程专业认证。

【教风学风建设】 2012年是我校的校园文化建设年，为落实让每一位学子都能够获得“精英教育、个性化教育、全面发展的教育，科学精神与人文精神相统一的教育”的教育理念，针对我校教风学风中存在的主要问题和薄弱环节，我校制定了《四川大学关于进一步加强教风学风建设的若干意见》（川大校〔2012〕49号）。《意见》经学校“双代会”讨论通过后在全校贯彻实施，引导老师认同并践行“老师是第一身份、上好课是第一要务、关爱学生是第一责任”，强化学生增强学习的主动性、积极性，不断提升我校老师“爱教、善教、乐教”和学生“勤学、好学、会学”的良好教风学风。

【课程中心】 我校本科教学及教学管理支持系统（简称“课程中心”），是基于数字化网络环境进行课程建设、教与学互动、教学过程管理、优质教学资源共建共享的教育教学管理平台。其目的是为教师、学生和教学管理人员提供一个教与学互动、教学资源、教学管理方式和沟通传播方式数字化的教学环境。通过“课程中心”，教师可以为自己所讲授的课程建设网站，提交教学大纲、多媒体课件、教案、教学日历、教学视频、参考书籍、课外资料等；可向学生布置作业、进行网上答疑辅导、组织专题讨论、进行阶段考核等。学生可以通过本平台进行自主学习、参与研讨，实现师生个性化交流与辅导。优质课程建设资源以及优秀教师的教学录像还可以实现资源共享，为其他教师学习、观摩和教师之间交流课程建设和教学经验提供了良好的平台。截至2012年底，已有191门课程进入了“课程中心”（含163门精品课程）。同时，课程中心向社会免费开放部分优质课程资源，体现我校以优质教育资源践行高校文化传承创新的社会职责。

【制定了新一轮本科教学工作考核办法】 2012年，学校制定了新一轮本科教学工作考核办法。根据学校人事考核制度基本精神，教务处制订了四川大学专业技术岗位本科教学年度基本要求、四川大学专业技术岗位本科教学聘期基本要求；明确了学校对二级单位（各学院）本科教学考核的基本任务、考核指标和目标任务考核指标。根据新的考核办法，2012年底学校分别对二级单位的2012年本科教学基本任务和目标任务进行了考核，同时签订了《2013年度二级单位工作目标任务书（本科教学部分）》。

【人文大讲堂】 围绕“润身立德，人己兼全”的主旨，继续邀请人文学科知名教授在江安校区为本科生开设人文素质系列讲座——“四川大学人文大讲堂”，共计开设14讲，至2012年底已开设40讲。

表8 2011年本科教学工作先进单位

华西临床医学院	建筑与环境学院
华西口腔医学院	文学与新闻学院
高分子科学与工程学院	经济学院
生命科学学院	电子信息学院
外国语学院	制造科学与工程学院

表9 2011年本科公共课教学工作先进单位

数学学院	外国语学院
马克思主义学院（政治学院）	体育学院

表10 2011年本科拔尖人才培养贡献奖

吴玉章学院	经济学院
高分子科学与工程学院	电气信息学院
数学学院	生命科学学院
历史文化学院（旅游学院）	建筑与环境学院
材料科学与工程学院	

表 11 2011 年课堂教学质量优秀奖

华西临床医学院	唐承薇、欧阳钦、游泳、陶冶、左川、宋彬、刘宏伟、梁宗安、付平、李宁、宁宁、谢红、余建群、杨小东、向波、陈大鹏、黄蕤、粟军、王茂筠、张尚福
外国语学院	方伶、黄丽君、黄星、李晖、王倩、夏婉璐、肖阳敏、徐光源、杨帆、张帆、张露露、陈晓琴、池济敏、胡学敏、李志强、孙蕾、王蜀豫、张珏、张平
体育学院	赵志进、张晓波、廖沛然、官长春、刘晓刚、李小蓉、张扬、宋建洪、杜林、谭月华、杨红、谢维军、赵建春、邓维、潘峰、李珊珊
数学学院	陈鸿建、陈丽、邓英、罗伟、闵心畅、徐小湛、朱瑞、邹云志、彭国华、谭友军、张德学
计算机学院（软件学院）	张朔、梁刚、黄武、秦燕、夏欣、李征、陈鹏、唐宁九、杨频、赵奎
艺术学院	应桃、黄龙珠、刘燕青、王彬、许春林、卢丁、周冰琦、高承俊、朱毅、段七丁
文学与新闻学院	李春霞、陈思广、谢谦、毛迅、冯川、王红、段弘、马睿
建筑与环境学院	第宝锋、雍化年、但德忠、金燕、秦世伦、李晋川、张静、王启智
马克思主义学院（政治学院）	陈智、何洪兵、李燕红、陈波、李琰、张践、熊伶
物理科学与技术学院（核科学与工程技术学院）	吴丽萍、龚敏、陈钢、何原、张纪平
电气信息学院	刘婕、周群、梁斌、肖勇、陈彬兵
制造科学与工程学院	王杰、王玫、马咏梅、熊艳、蒲小琼
华西基础医学与法医学院	杨志梅、周雪、李华、杨芳炬、陈道邦
经济学院	陈羽、陈小凡、张红伟、贾文
法学院	刘畅、李侠、高跃先、张晓远
化学学院	张骥、李瑛、李瑞祥、童冬梅
水利水电学院	张志龙、何鹏、鞠小明、梁川
化学工程学院	穆畅道、闫康平、朱家骅、姚舜
公共管理学院	余平、熊林、范逢春、罗哲
电子信息学院	严斌宇、严华、赵翔
高分子科学与工程学院	冉蓉、孙树东、赵长生
材料科学与工程学院	张云、李伯刚、苟立
轻纺与食品学院	傅师申、何有节、陈敏
华西口腔医学院	李晓箐、郑谦、陈宇
华西公共卫生学院	严浩英、朱昌蕙、邹晓莉
商学院	段颖希、郝勇

续表11

华西药学院	郭丽、莫正纪
历史文化学院（旅游学院）	周毅
生命科学学院	魏炜

表12　2011年最受欢迎的文化素质公选课教师

文学与新闻学院	王红、谢谦、冯勤、李春霞、罗鹭、王彤伟、伍晓蔓、陈翔
法学院	张晓远、高跃先、潘利平、刘畅
历史文化学院（旅游学院）	周鼎、周毅、郭书愚、刘世龙
华西基础医学与法医学院	田玉、周雪、李永红、刘戟
材料科学与工程学院	刘蓉生、唐永柏、杨之地
建筑与环境学院	卢红雁、颜炯、杨志山
华西公共卫生学院	刘毅、李云、刘巧兰
化学学院	陈力、秦松
生命科学学院	孙群、邹方东
电子信息学院	荀旭、严斌宇
高分子科学与工程学院	李建树、孙树东
商学院	段颖希、何跃
华西药学院	严忠勤、何菱
马克思主义学院（政治学院）	陈智、黄丽珊
外国语学院	雷丽敏、黄丽君
艺术学院	黄丽场
物理科学与技术学院（核科学与工程技术学院）	朱俊
制造科学与工程学院	蔡鹏
公共管理学院	刘朝霞
华西临床医学院	郑芸

表13　2011年拔尖创新人才培养优秀指导教师

经济学院	杜江、蒋瑛、刘用明、马德功、肖慈方、吴永红、张红伟、邓菊秋
高分子科学与工程学院	杨鸣波、汪映寒、傅强、顾宜、赵长生

续表13

物理科学与技术学院（核科学与工程技术学院）	安竹、杨朝文、岑理相
数学学院	黄南京、邹云志
化学学院	胡常伟、王玉忠
电气信息学院	肖先勇、王忠
文学与新闻学院	谭伟
历史文化学院（旅游学院）	李永宪
电子信息学院	冯国英
制造科学与工程学院	姚进
计算机学院（软件学院）	李涛
建筑与环境学院	张鲲
商学院	干胜道
生物治疗国家重点实验室	黄灿华
国家生物医学材料工程技术研究中心	艾华

表14　2011年大学生课外科技实践活动优秀指导教师

电子信息学院	张乐、刘亮、傅友登、徐家品、植涌、李智、王正勇、卿粼波、吴晓红、华伟、宁芊、周新志
数学学院	韩会磊、陈琼、何腊梅、邓瑾、黄丽、陈敬敏、钮海、谭英谊、周杰、邹述超、徐有才
电气信息学院	佃松宜、李小根、钟俊、王忠、肖先勇、涂国强、高博、雷勇、周凯、涂海燕、吴长雷
计算机学院（软件学院）	倪胜巧、方芳、李征、左劼、胡晓勤、林峰、刘东权、张卫华、赵辉、梁刚
高分子科学与工程学院	赵长生、汪映寒、冉蓉、李忠明、李建树、张倩、杨伟
化学学院	游劲松、余孝其、王玉忠、冯小明、胡常伟、袁立华
制造科学与工程学院	王杰、罗阳、姚进、梅筱琴、胡瑞飞、许有元
建筑与环境学院	傅昶彬、刘百仓、阎慧群、王庆国、李晋川、魏永涛
化学工程学院	罗仕忠、党亚固、吕松、宋航、穆畅道
华西临床医学院	万智、陈晓理、李立、黄进
经济学院	李航星、张红伟、肖慈方
材料科学与工程学院	尹光福、邹远文、王瑞林
轻纺与食品学院	张文学、林炜、曾凡骏

续表14

公共管理学院	黄春毅、朱红波、廖喜生
外国语学院	任文、胡敏霞
生命科学学院	曹毅、鲍锦库
商学院	黄勇、王维成
华西口腔医学院	史宗道、李晓菁
法学院	周伟
文学与新闻学院	杨效宏

表15　2012年视频公开课程建设突出贡献奖

文学与新闻学院	王红
马克思主义学院（政治学院）	阎钢

表16　2012年入选教育部“中国大学精品视频公开课”建设课程名单

学院名称	主讲教师	课程名称
生命科学学院	邹方东	细胞的命运（细胞生物学）
法学院	李　平	公司法原理

表17　2012年四川省教育厅推荐申报国家级精品资源共享课程名单

学院名称	课程负责人	课程名称
华西口腔医学院	周学东	口腔内科学
华西基础医学与法医学院	侯一平	法医物证学
外国语学院	任　文	英汉口译
华西基础医学与法医学院	廖林川	法医毒物分析
轻纺与食品学院	陈武勇	鞣制化学
材料科学与工程学院	赵北君	现代材料制备科学与技术
华西口腔医学院	赵志河	口腔正畸学
生命科学学院	邹方东	细胞生物学
文学与新闻学院	王　红	中国诗歌艺术
华西药学院	张志荣	药剂学
华西临床医学院	母得志	儿科学
生命科学学院	林宏辉	普通生物学
华西临床医学院	孙学礼	精神病与精神卫生学
华西临床医学院	冯先琼	护理学基础

表 18　2012 年获批省级精品资源共享课程一览表

学院名称	课程负责人	课程名称
历史文化学院	霍　巍	考古学导论
文学与新闻学院	刘亚丁	外国文学
华西基础医学与法医学院	郑　煜	生理学

表 19　2012 年获批教育部“本科教学工程”项目立项名单

序号	项目名称
1	大学生创新创业训练计划
2	四川大学法学教育实践基地
3	专业综合改革试点——高分子材料与工程专业
4	专业综合改革试点——机械设计制造及其自动化专业
5	专业综合改革试点——水利水电工程专业
6	专业综合改革试点——轻化工程专业

表 20　2012 年获批四川省本科院校“专业综合改革试点”省级项目立项名单

序号	专业名称	项目负责人
1	工程力学	王清远
2	材料成型及控制工程	李　宁
3	纺织工程	兰建武
4	土地资源管理	姜晓萍

表 21　2013 届各学院推免研究生人数统计表

学院	人数	学院	人数
艺术学院	43	制造科学与工程学院	84
经济学院	99	电气信息学院	89
法学院	31	计算机学院	77
文学与新闻学院	88	建筑与环境学院	88
外国语学院	34	水利水电学院	66
历史文化学院	58	化学工程学院	94
公共管理学院	62	轻纺与食品学院	65
商学院	71	软件学院	51
数学学院	54	华西基础医学与法医学院	28
物理科学与技术学院	72	华西临床医学院	71
化学学院	109	华西口腔医学院	24

续表21

学院	人数	学院	人数
生命科学学院	95	华西公共卫生学院	40
电子信息学院	80	华西药学院	53
高分子科学与工程学院	78	吴玉章学院	84
材料科学与工程学院	52		

表22 2013届各学院“3+2+3”本、硕、博连读计划学生人数统计表

学院	人数	学院	人数
艺术学院	0	制造科学与工程学院	2
经济学院	4	电气信息学院	3
法学院	2	计算机学院	3
文学与新闻学院	3	建筑与环境学院	6
外国语学院	2	水利水电学院	3
历史文化学院	4	化学工程学院	4
公共管理学院	1	轻纺与食品学院	4
商学院	1	软件学院	2
数学学院	6	华西基础医学与法医学院	2
物理科学与技术学院	4	华西临床医学院	5
化学学院	5	华西口腔医学院	1
生命科学学院	5	华西公共卫生学院	3
电子信息学院	3	华西药学院	2
高分子科学与工程学院	4	吴玉章学院	5
材料科学与工程学院	2		

表23 2012年人文大讲堂讲座一览表

主讲人	主讲题目
雷汉卿	阅读：让心灵拥有一方净土
李光金	我为大学生创业支几招
石　硕	琼鸟之巢：探寻青藏高原碉楼起源之谜
阎　嘉	“时空压缩”与审美体验
杨天宏	科举制度的废除及其影响
陈　波	现代性的哲学话语
张红伟	金融危机与中国资本市场发展

续表23

主讲人	主讲题目
姜晓萍	社会建设与管理创新
刘　莘	哲学视野中的大学精神与大学治理
周　鼎	礼失求诸野——论二十世纪中国的文明焦虑症
刘利民	中西思想文化差异问题的语言视角
王建平	大学生精神田园的法律素养
陈维政	怎样做一个成功高效的管理者
李　怡	民国历史与中国文学

表24　2012年省级“卓越工程师教育培养计划”试点专业名单

序号	学院名称	专业名称
1	电气信息学院	医学信息工程
2	软件学院	软件工程
3	计算机学院	计算机科学与技术
4	制造科学与工程学院	材料成型及控制工程
5	轻纺与食品学院	食品科学与工程
6	电子信息学院	信息安全

表25　本科学生学科竞赛获奖对比情况表

奖项类别 截止时间	国际一等奖	国际二等奖	国际三等奖	全国特等奖	全国一等奖	全国二等奖	全国三等奖	省特等奖	省一等奖	省二等奖	省三等奖	省以上获奖总数	省以上获奖总人次	其他奖项	参赛人数	培训人数
2011年12月		2	1	15	21	74	135	1	60	81	91	481	704		5393	1715
2012年12月	4	6	21	13	29	101	160	2	52	79	119	599	1034	53	8530	4560
增长率												24.53%	46.87%		58.16%	165.88%

表26　2012年入选教育部国家级工程实践教育中心名单

序号	共建企业名称	级别	共建学院
1	成都锦江电子系统工程有限公司	国家级	电子信息学院
2	鹤山市洪萍皮业有限公司	国家级	轻纺与食品学院
3	国辉（中国）有限公司	国家级	轻纺与食品学院
4	河北东明实业集团有限公司	国家级	轻纺与食品学院
5	四川长虹电器股份有限公司	国家级	电子信息学院
6	四川达威科技股份有限公司	国家级	轻纺与食品学院

续表26

序号	共建企业名称	级别	共建学院
7	四川化工控股（集团）有限责任公司	国家级	化学工程学院
8	四川省金路树脂有限公司	国家级	高分子科学与工程学院
9	四川蓝星机械有限公司	国家级	制造科学与工程学院
10	四川美丰化工股份有限公司	国家级	化学工程学院
11	四川省水利水电勘测设计研究院	国家级	水利水电学院
12	特步（中国）有限公司	国家级	轻纺与食品学院
13	浙江红蜻蜓鞋业股份有限公司	国家级	轻纺与食品学院
14	中国成达工程有限公司	国家级	化学工程学院
15	中国石化集团四川维尼纶厂	国家级	高分子科学与工程学院
16	四川国能伟业科技有限公司	国家级	高分子科学与工程学院
17	中国石油天然气股份有限公司兰州石化分公司	国家级	高分子科学与工程学院
18	中国水电顾问集团成都勘测设计研究院	国家级	水利水电学院
19	中兴通讯股份有限公司	国家级	电子信息学院、电气信息学院

表27 2012年入选教育部第一批“十二五”普通高等教育本科国家级规划教材名单

序号	学院	书名	主要作者	第一作者单位	出版社
1	外国语学院	大学英语阅读教程（2）	黎　宏	四川大学	北京大学出版社
2	古籍整理研究所	集部要籍概述	曾枣庄	四川大学	江苏教育出版社
3	华西临床医学院	循证医学（第2版）	李幼平	四川大学	高等教育出版社
4	华西公共卫生学院	医学统计学（第2版）	李晓松	四川大学	高等教育出版社
5	华西公共卫生学院	卫生微生物学（第4版）	张朝武	四川大学	人民卫生出版社
6	华西公共卫生学院	健康教育学	马　骁	四川大学	人民卫生出版社
7	华西临床医学院	精神病学（第2版）	孙学礼	四川大学	高等教育出版社
8	华西临床医学院	临床免疫学与检验（第4版）	王兰兰 吴健民	四川大学	人民卫生出版社
9	华西临床医学院	临床流行病学（第3版）	王家良 王滨有	四川大学	人民卫生出版社
10	物理科学与技术学院	医学物理学（第7版）	胡新珉	四川大学	人民卫生出版社

续表27

序号	学院	书名	主要作者	第一作者单位	出版社
11	华西临床医学院	诊断学（第7版）	陈文彬 潘祥林	四川大学	人民卫生出版社
12	华西口腔医学院	口腔修复学	巢永烈	四川大学	人民卫生出版社
13	华西口腔医学院	口腔材料学（第4版）	陈治清	四川大学	人民卫生出版社
14	华西口腔医学院	口腔临床药物学（第3版）	史宗道	四川大学	人民卫生出版社
15	华西口腔医学院	口腔黏膜病学（第3版）	陈谦明	四川大学	人民卫生出版社
16	华西口腔医学院	牙合学（第2版）	易新竹	四川大学	人民卫生出版社
17	华西基础医学与法医学院	法医物证学（第3版）	侯一平	四川大学	人民卫生出版社
18	华西临床医学院	病理学与病理生理学（第2版）	步　宏	四川大学	人民卫生出版社（供护理学类专业用）
19	华西临床医学院	护理管理学（第2版）	李继平	四川大学	人民卫生出版社
20	华西基础医学与法医学院	人体形态学（第2版）	项　涛 周瑞祥	四川大学	人民卫生出版社
21	华西药学院	药剂学	张志荣	四川大学	高等教育出版社
22	华西基础医学与法医学院	人体解剖生理学（第5版）	岳利民 崔慧先	四川大学	人民卫生出版社
23	华西药学院	药事管理学（第4版）	吴　蓬 杨世民	四川大学	人民卫生出版社
24	华西药学院	药物化学（第6版）	郑　虎	四川大学	人民卫生出版社
25	数学学院	解析几何教程（第二版）	廖华奎 王宝富	四川大学	科学出版社
26	化学学院	大学化学（第二版）	胡常伟 周　歌	四川大学	化学工业出版社
27	计算机学院	数据结构与算法（C++版）	唐宁九 游洪跃 朱宏等	四川大学	清华大学出版社
28	水利水电学院	水力学（上、下）（第4版）	吴持恭	四川大学	高等教育出版社
29	华西临床医学院	儿童保健学（第2版）	黎海芪 毛　萌	重庆医科大学/四川大学	人民卫生出版社
30	华西临床医学院	医学心理学（第5版）	姚树桥 孙学礼	中南大学/四川大学	人民卫生出版社

表28 2012年入选四川省“十二五”普通高等教育本科规划教材名单

编号	书号	书名	出版社	主编姓名	主编单位	出版时间
1	ISBN978－7－0401－9460－0	比较文学教程	高等教育出版社	曹顺庆	四川大学	2006年5月
2	ISBN978－7－0401－9280－3	常微分方程	高等教育出版社	张伟年 杜正东 徐　冰	四川大学	2006年4月
3	ISBN978－7－1220－5632－0	聚合物成型加工基础	化学工业出版社	杨鸣波	四川大学	2009年7月
4	ISBN978－7－0402－2676－8	水力学（上册）	高等教育出版社	吴持恭	四川大学	2008年1月
	ISBN978－7－0402－2677－5	水力学（下册）	高等教育出版社	吴持恭	四川大学	2008年1月
5	ISBN978－7－0301－7102－0	物理化学教程	科学出版社	周　鲁	四川大学	2006年8月
6	ISBN978－7－1171－1939－9	法医物证学	人民卫生出版社	侯一平	四川大学	2009年7月
	ISBN978－7－1171－0414－2	法医物证学实验指导	人民卫生出版社	张　林	四川大学	2008年8月
	ISBN978－7－1171－9941－2	法医毒物分析	人民卫生出版社	廖林川	四川大学	2009年7月
	ISBN978－7－1171－0459－3	法医毒物分析实验指导	人民卫生出版社	廖林川	四川大学	2008年9月
	ISBN978－7－0402－4573－8	法医学	高等教育出版社	侯一平	四川大学	2008年9月
7	ISBN978－7－1170－7665－8	口腔修复学	人民卫生出版社	巢永烈	四川大学	2006年6月
8	ISBN978－7－0302－0069－3	商法学原理	科学出版社	李　平	四川大学	2007年12月
9	ISBN978－7－1220－5849－2	大学化学	化学工业出版社	胡常伟	四川大学	2009年9月
10	ISBN978－7－0402－8059－3	电工学实验	高等教育出版社	雷　勇	四川大学	2009年12月
11	ISBN 978－7－1170－7782－4	病理学与病理生理学（第2版）	人民卫生出版社	步　宏	四川大学	2006年7月
12	ISBN978－7－0402－5525－6	医学统计学（第2版）	高等教育出版社	李晓松	四川大学	2008年12月

续表28

编号	书号	书名	出版社	主编姓名	主编单位	出版时间
13	ISBN 978－7－5614－4058－2	材料力学	四川大学出版社	秦世伦	四川大学	2008年7月
14	ISBN 978－7－5614－3906－7	国民经济管理	四川大学出版社	张红伟	四川大学	2008年1月
15	ISBN978－7－0402－4872－2	大学物理实验	高等教育出版社	王植恒	四川大学	2008年12月
16	ISBN 978－7－5635－1536－3	机械制图（第4版）	北京邮电大学出版社	马　俊 王　玫	四川大学	2007年12月
17	ISBN978－7－3021－8894－0	数据结构与算法（C＋＋版）	清华大学出版社	唐宁九	四川大学	2009年2月
18	ISBN978－7－0402－3638－5	精神病学（第2版）	高等教育出版社	孙学礼	四川大学	2008年4月
19	ISBN978－7－0301－9802－0	运筹学（Ⅰ类）	科学出版社	徐玖平 胡知能 王　绥	四川大学	2007年9月
20	ISBN978－7－0402－2879－3	药剂学	高等教育出版社	张志荣	四川大学	2007年12月
21	ISBN 978－7－5614－3738－0	国际经济学	四川大学出版社	李天德	四川大学	2007年7月
22	ISBN978－7－2200－7058－6	中国文学（明清卷）	四川人民出版社	谢　谦	四川大学	2006年2月
	ISBN978－7－2200－7058－6	中国文学（宋金元卷）	四川人民出版社	吕肖奂 周裕锴 金　铮	四川大学	2006年2月
	ISBN978－7－2200－7058－6	中国文学（魏晋南北朝隋唐五代卷）	四川人民出版社	王　红 周啸天	四川大学	2006年2月
	ISBN978－7－2200－7058－6	中国文学（先秦两汉卷）	四川人民出版社	刘黎明	四川大学	2006年2月
23	ISBN978－7－0301－9068－0	解析几何教程	科学出版社	廖华奎 王宝富	四川大学	2007年6月
24	ISBN978－7－1220－4599－0	生物医用高分子材料	化学工业出版社	赵长生	四川大学	2009年3月

续表28

编号	书号	书名	出版社	主编姓名	主编单位	出版时间
25	ISBN978－7－0401－8257－2	材料制备科学与技术	高等教育出版社	朱世富	四川大学	2006年2月
26	ISBN 978－7－5064－4665－5	轻化工清洁生产技术	中国纺织出版社	但卫华	四川大学	2008年1月
27	ISBN978－7－0402－0741－5	概率论与数理统计	高等教育出版社	王明慈 沈恒范	四川大学	2007年4月
28	ISBN978－7－0402－8551－2	循证医学（第2版）	高等教育出版社	李幼平	四川大学	2009年12月
29	ISBN978－7－0402－4420－5	医学影像学	高等教育出版社	周翔平	四川大学	2008年12月
30	ISBN978－7－1180－5244－2	电子与光电子材料	国防工业出版社	朱建国	四川大学	2007年8月
31	ISBN978－7－0402－4571－4	外科学	高等教育出版社	周总光	四川大学	2009年9月
32	ISBN978－7－1170－9685－0	口腔黏膜病学	人民卫生出版社	陈谦明	四川大学	2008年1月
33	ISBN 978－7－5614－3391－1	广播电视学导论	四川大学出版社	欧阳宏生	四川大学	2007年1月
34	ISBN978－7－0301－7680－6	生物化学教程	科学出版社	张洪渊	四川大学	2008年1月
35	ISBN978－7－1120－9689－3	工程估价	中国建筑工业出版社	谭大璐	四川大学	2008年2月
36	ISBN 978－7－5084－5533－4	随机水文学	中国水利出版社	王文圣 丁　晶	四川大学	2008年8月
37	ISBN978－7－0301－7639－4	化工原理（下册）	科学出版社	朱家骅 叶世超	四川大学	2006年6月
38	ISBN978－7－0401－7820－6	信息管理导论	高等教育出版社	党跃武	四川大学	2006年1月
39	ISBN978－7－1170－9533－4	口腔临床药物学	人民卫生出版社	史宗道	四川大学	2008年1月
40	ISBN978－7－1170－8745－2	卫生微生物学	人民卫生出版社	张朝武	四川大学	2007年7月
41	ISBN978－7－0402－1970－8	临床药动学	高等教育出版社	蒋学华	四川大学	2007年8月
42	ISBN 978－7－5411－2419－2	西方艺术简史	四川文艺出版社	何　平	四川大学	2006年4月

续表28

编号	书号	书名	出版社	主编姓名	主编单位	出版时间
43	ISBN 978-7-8111-4998-2	社会心理学	电子科技大学出版社	肖 旭	四川大学	2008 年 9 月
44	ISBN978-7-0402-3349-0	信息系统安全理论与技术（第 2 版）	高等教育出版社	方 勇	四川大学	2008 年 3 月
45	ISBN978-7-0301-8795-6	高分子化学教程（第二版）	科学出版社	王槐三	四川大学	2007 年 4 月
46	ISBN978-7-0401-9318-3	近代化学基础（上册）	高等教育出版社	王世华 刘玉鑫 鲁厚芳	四川大学	2006 年 5 月
	ISBN978-7-0401-9319-1	近代化学基础（下册）	高等教育出版社	王世华 刘玉鑫 鲁厚芳	四川大学	2006 年 5 月
47	ISBN978-7-3022-1068-9	软件开发实践	清华大学出版社	郭 兵	四川大学	2009 年 12 月
48	ISBN978-7-1170-8774-2	人体解剖生理学	人民卫生出版社	岳利民	四川大学	2007 年 7 月
49	ISBN978-7-0402-7941-2	大学物理学（上册）	高等教育出版社	王 磊 陈 钢 聂 娅	四川大学	2009 年 12 月
	ISBN978-7-0402-8356-3	大学物理学（下册）	高等教育出版社	王 磊 陈 钢 聂 娅	四川大学	2009 年 12 月
50	ISBN978-7-1151-9037-6	计算机操作系统	人民邮电出版社	刘 循	四川大学	2009 年 2 月
51	ISBN 978-7-5064-5358-5	染织色彩原理及配色	中国纺织出版社	朱谱新	四川大学	2009 年 2 月
52	ISBN978-7-0402-4549-3	物理化学	高等教育出版社	詹先成	四川大学	2008 年 5 月
53	ISBN978-7-0402-0088-1	人力资源管理（第二版）	高等教育出版社	陈维政	四川大学	2006 年 10 月

（以上资料由教务处张伟提供）

三、就业

1. 以课程建设为重点，丰富就业指导形式，大力提升服务水平

2012 年由招生就业处组织开展全校

的就业指导类课程，以学院为单位全面铺开就业指导课程建设。通过组建授课小组、假期集体备课、课后总结交流等方式方法，加强了教学师资队伍的团队建设，对课程内容、讲授形式等进行了改革和创新，进一步扩大了课程覆盖面，提升了教学质量，受到选课同学的热烈欢迎和普遍好评。学校职业指导老师、校外专家、企业 HR 等为学生提供职业指导讲座和团体咨询辅导 100 余场，校院两级接待生涯个体咨询与辅导 2000 人次左右，取得了良好效果。此外，还通过举办四川大学职业生涯规划大赛来普及职业规划意识，我校学生参加全国第二届职业生涯规划大赛获得了全国三等奖的好成绩。

2. 积极展开调查研究，充分发挥“晴雨表”作用

为进一步提升就业工作水平，促进毕业生充分就业，加强就业指导的针对性，同时为学校人才培养提供反馈信息，我招生就业处开展了 2012 届未就业毕业生情况调查。调查内容涵盖学生基本资料、暂未就业原因、限制自身就业的因素、目前最需要得到的帮助等。调查结果显示，因无单位接收而未就业的毕业生只有 122 人，占未就业学生的 15%；而准备明年继续升学、报考公务员、申请出国的毕业生占未就业学生的 53%；女生、少数民族毕业生的未就业率明显高于全校平均值。此次调查为招生就业处有针对性地做好就业指导及就业困难学生帮扶提供了有力的参考。

3. 就业工作流程再造，提升就业管理服务水平

响应学校作风建设的相关要求，从科学化、规范化、人性化出发，根据 2012 届毕业生实际情况，用人单位及社会各部门接收毕业生的新要求，梳理再造了毕业生生源信息审核、就业推荐、签约、改派、单位招聘申请、招聘场地管理等工作规范及服务流程，出台了《四川大学毕业生就业签约管理办法》《四川大学校园招聘管理办法》等规定明确、流程规范的工作制度，方便毕业生以及各用人单位办理各项就业具体事务。

4. 关注就业困难群体，实施校、院两级就业援助计划

四川大学地处西部，毕业生中就业困难学生比例相对较高，2012 届来自地震灾区的毕业生有 811 人。针对就业困难群体，学校继续实施校院两级的“就业困难群体就业援助计划”。2012 届华民慈善受助学生就业率达到 98%，受助总金额为 50 万元；学校发放“四川大学帮扶贫困毕业生就业专项经费”20 万元；学院建立“就业困难学生求职档案”，针对每个就业困难学生提供至少“一次个体咨询、一次技能培训、一次就业补贴”。对个别毕业时尚未落实就业单位的同学进行毕业后的就业情况跟踪与服务，切实把学校“毕业生就业援助计划”落实到位。

5. 2012 届毕业生顺利派遣，各项跟踪、服务工作有序进行

2012 年是学校实施就业工作校院两级管理的第一年，加之派遣时间紧，工作任务重，为确保毕业生就业信息的准确性，保证毕业生派遣工作平稳、有序地进行，校领导高度重视，多次召开相关会议部署工作，招生就业处也就派遣工作分期对学院工作人员进行了 4 次培训，在 1 个月内完成了全校 16132 名毕业生就业信息的核对，制定了《派遣工作手册》、“学生离校须知”等管理办法，顺利完成 2012 届毕业生派遣工作。此外还进行了未就业调查和就业追踪，共追踪回 832 名毕业生已就业信息。

6. 加大力度拓展就业市场，搭建高质量的就业平台

从数量上看，2012 年，招生就业处共组织小型专场招聘会 1749 场，大、中型招聘会（5 家以上）47 场，共接待和组织近 2660 余家用人单位到学校进行校园现场招聘，通过就业网发布近 7000 家用人单位的就业需求信息，同时采用现场招聘和网络招聘相结合的方式接待了近 200 余家知名企业到我校招聘暑期实习生。从质量上看，今年学校招聘会质量较往年有显著提高，关系国民经济命脉的国有大型企业和重点行业的外资企业数量明显增长，诸如中国电信、建设银行、宝洁公司等优质用人单位将我校作为西部甚至全国的重中之重的人才资源高校。同时，学校不断探索和完善就业市场建设的服务机制，充分利用科研合作优势和校友资源，抓住相关行业及优质企业，巩固长期友好合作关系。2012 届招聘年中，继续与中国广东核电集团、长江电力等知名企业进行“订单+联合”培养，同时与河北省人事厅、深圳市人事局、华为公司等地方政府及知名企业签订共建人才培养基地协议，进一步拓展了我校高品质、宽领域的就业市场。除继续加固、深化我校在国家重点建设领域、经济发达地区的就业市场之外，学校还积极开创基层就业的各种渠道和机会，引导毕业生面向基层，今年有江苏常州武进区、甘肃武威、广西柳州、四川达州等地方政府组团进校招聘或邀请学生参加当地交流会。

2012 届毕业生就业工作再创佳绩，截止到 2012 年 12 月 31 日，毕业生就业率达到 95.51%，毕业生行业、地区流向合理，就业质量好，签约的毕业生当中有 80%以上进入到我国经济建设、科技教育、社会管理及其他社会发展事业的重点行业和领域。

表 29　四川大学 2012 届毕业本科生分专业就业情况统计表

数据截止时间：2012 年 12 月 31 日

定向	非定向	定向		非定向				升学合计	考研率	总计	
		总数	考研	未签	已签	免研	考研			总人数	就业率
经济学院	经济学			3	47	13	1	14	21.88%	64	95.31%
	国际经济与贸易			7	113	30	8	38	24.05%	158	95.57%
	财政学				31	6	2	8	20.51%	39	100.00%
	金融学			10	121	32	18	50	27.62%	181	94.48%
	国民经济管理			1	46	8	1	9	16.07%	56	98.21%
	金融工程			3	50	10	4	14	20.90%	67	95.52%
	汇总			24	408	99	34	133	23.54%	565	95.75%
法学院	法学	83	1	21	127	31	19	51	18.15%	281	92.53%
	汇总	83	1	21	127	31	19	51	18.15%	281	92.53%

续表29

定向	非定向	定向		非定向				升学合计	考研率	总计	
		总数	考研	未签	已签	免研	考研			总人数	就业率
文学与新闻学院	汉语言文学	1		14	75	40	15	55	37.93%	145	90.34%
	对外汉语			8	33	14	8	22	34.92%	63	87.30%
	新闻学			4	45	14	4	18	26.87%	67	94.03%
	广播电视新闻学			3	28	10	3	13	29.55%	44	93.18%
	广告学			3	27	9		9	23.08%	39	92.31%
	编辑出版学			4	19	6		6	20.69%	29	86.21%
	汇总	1		36	227	93	30	123	31.78%	387	90.70%
外国语学院	英语	1		6	131	23	8	31	18.34%	169	96.45%
	俄语				17	3	1	4	19.05%	21	100.00%
	法语				20	4		4	16.67%	24	100.00%
	日语			3	16	3	7	10	34.48%	29	89.66%
	汇总	1		9	184	33	16	49	20.16%	243	96.30%
艺术学院	音乐表演			1	25	6	1	7	21.21%	33	96.97%
	绘画			7	35	8	4	12	22.22%	54	87.04%
	艺术设计			10	90	15	3	18	15.25%	118	91.53%
	舞蹈学			3	31	4		4	10.53%	38	92.11%
	表演			3	31	5	2	7	17.07%	41	92.68%
	动画			2	33	6	1	7	16.67%	42	95.24%
	广播电视编导			2	55	10	7	17	22.97%	74	97.30%
	汇总			28	300	54	18	72	18.00%	400	93.00%
历史文化学院	历史学类			6	16	27		27	55.10%	49	87.76%
	考古学			7	5	13	1	14	53.85%	26	73.08%
	旅游管理			20	124	18	1	19	11.66%	163	87.73%
	汇总			33	145	58	2	60	25.21%	238	86.13%
数学学院	数学类			1	19	20	1	21	51.22%	41	97.56%
	数学与应用数学			6	56	18	2	20	24.39%	82	92.68%
	信息与计算科学			2	12	8		8	36.36%	22	90.91%
	统计学			3	38	11	3	14	25.45%	55	94.55%
	汇总			12	125	57	6	63	31.50%	200	94.00%

续表29

定向	非定向	定向		非定向				升学合计	考研率	总计	
		总数	考研	未签	已签	免研	考研			总人数	就业率
物理科学与技术学院	物理学			1	18	15	2	17	47.22%	36	97.22%
	应用物理学			1	38	8	2	10	20.41%	49	97.96%
	微电子学			10	40	11	10	21	29.58%	71	85.92%
	核工程与核技术			19	72	26	10	36	28.35%	127	85.04%
	汇总			31	168	60	24	84	29.68%	283	89.05%
化学学院	化学			5	56	62	20	82	57.34%	143	96.50%
	应用化学			5	88	28	11	39	29.55%	132	96.21%
	汇总			10	144	90	31	121	44.00%	275	96.36%
生命科学学院	生物科学			15	36	50	1	51	50.00%	102	85.29%
	生物技术			6	29	52	6	58	62.37%	93	93.55%
	生态学			2	5	4	2	6	46.15%	13	84.62%
	园林			4	7	4		4	26.67%	15	73.33%
	汇总			27	77	110	9	119	53.36%	223	87.89%
电子信息学院	电子信息科学与技术				49	11	6	17	25.76%	66	100.00%
	光信息科学与技术				15	11	3	14	48.28%	29	100.00%
	信息安全			1	35	8	10	18	33.33%	54	98.15%
	电子信息工程			2	146	43	26	69	31.80%	217	99.08%
	电子科学与技术			1	39	11	5	16	28.57%	56	98.21%
	汇总			4	284	84	50	134	31.75%	422	99.05%
材料科学与工程学院	材料物理			3	42	10	5	15	25.00%	60	95.00%
	材料化学			1	39	10	9	19	32.20%	59	98.31%
	金属材料工程			8	68	19	4	23	23.23%	99	91.92%
	无机非金属材料工程			3	29	8	5	13	28.89%	45	93.33%
	生物医学工程			6	29	12	5	17	32.69%	52	88.46%
	汇总			21	207	59	28	87	27.62%	315	93.33%
制造科学与工程学院	机械设计制造及其自动化	3			272	51	22	73	20.98%	348	100.00%
	材料成型及控制工程			2	74	15	5	20	20.83%	96	97.92%
	工业设计			1	34	8	2	10	22.22%	45	97.78%
	测控技术与仪器			1	69	13	4	17	19.54%	87	98.85%
	汇总	3		4	449	87	33	120	20.83%	576	99.31%

续表29

定向	非定向	定向		非定向				升学合计	考研率	总计	
		总数	考研	未签	已签	免研	考研			总人数	就业率
电气信息学院	电气工程及其自动化			12	255	44	10	54	16.82%	321	96.26%
	自动化			7	128	14	3	17	11.18%	152	95.39%
	通信工程			5	41	16		16	25.81%	62	91.94%
	医学信息工程			3	31	10	2	12	26.09%	46	93.48%
	汇总			27	455	84	15	99	17.04%	581	95.35%
计算机学院	计算机科学与技术			7	314	74	13	87	21.32%	408	98.28%
	网络工程				42	8	2	10	19.23%	52	100.00%
	汇总			7	356	82	15	97	21.09%	460	98.48%
建筑与环境学院	环境科学			2	11	4	6	10	43.48%	23	91.30%
	建筑学			3	52	6	4	10	15.38%	65	95.38%
	城市规划			1	20	4	1	5	19.23%	26	96.15%
	土木工程	10	1	9	131	33	19	53	26.24%	202	95.54%
	给水排水工程			5	61	14	1	15	18.52%	81	93.83%
	景观建筑设计			2	15	7		7	29.17%	24	91.67%
	环境工程			4	36	11	9	20	33.33%	60	93.33%
	工程力学			5	23	9	6	15	34.88%	43	88.37%
	汇总	10	1	31	349	88	46	135	25.76%	524	94.08%
水利水电学院	热能与动力工程	2		1	84	4		4	4.40%	91	98.90%
	水利水电工程			13	135	49	28	77	34.22%	225	94.22%
	水文与水资源工程			5	29	4	2	6	15.00%	40	87.50%
	飞行器设计与工程			1	2	3	3	6	66.67%	9	88.89%
	农业水利工程			2	46	7		7	12.73%	55	96.36%
	汇总	2		22	296	67	33	100	23.81%	420	94.76%
化学工程学院	冶金工程			8	28	7	4	11	23.40%	47	82.98%
	过程装备与控制工程	1		7	111	19	5	24	16.78%	143	95.10%
	安全工程			1	28	6	2	8	21.62%	37	97.30%
	化学工程与工艺	2		13	144	33	8	41	20.50%	200	93.50%
	制药工程			10	62	18	17	35	32.71%	107	90.65%
	生物工程			4	28	8	1	9	21.95%	41	90.24%
	汇总	3		43	401	91	37	128	22.26%	575	92.52%

续表29

定向	非定向	定向		非定向				升学合计	考研率	总计	
		总数	考研	未签	已签	免研	考研			总人数	就业率
轻纺与食品学院	食品科学与工程			11	87	20	4	24	19.67%	122	90.98%
	轻化工程			7	111	25	4	29	19.73%	147	95.24%
	纺织工程			7	49	9	2	11	16.42%	67	89.55%
	服装设计与工程			6	64	11	2	13	15.66%	83	92.77%
	轻工生物技术			1	31	8		8	20.00%	40	97.50%
	汇总			32	342	73	12	85	18.52%	459	93.03%
高分子材料科学与工程学院	高分子材料与工程			9	151	55	40	95	37.25%	255	96.47%
	高分子材料加工工程			2	140	34	10	44	23.66%	186	98.92%
	汇总			11	291	89	50	139	31.52%	441	97.51%
软件学院	软件工程			2	253	54	7	61	19.30%	316	99.37%
	汇总			2	253	54	7	61	19.30%	316	99.37%
华西基础医学与法医学院	基础医学			4	9	10	15	25	65.79%	38	89.47%
	法医学	2		4	26	7	2	9	21.95%	41	90.24%
	汇总	2		8	35	17	17	34	43.04%	79	89.87%
华西临床医学院	临床医学	1	1		42	51	12	64	60.38%	106	100.00%
	医学检验				39	9	5	14	26.42%	53	100.00%
	医学技术				89	9	2	11	11.00%	100	100.00%
	护理学	3	2		56	7	1	10	14.93%	67	100.00%
	汇总	4	3		226	76	20	99	30.37%	326	100.00%
华西口腔医学院	口腔医学			3	18	29	22	51	70.83%	72	95.83%
	汇总			3	18	29	22	51	70.83%	72	95.83%
华西公共卫生学院	预防医学			3	69	20	24	44	37.93%	116	97.41%
	卫生检验			3	29	8	6	14	30.43%	46	93.48%
	公共事业管理			4	54	8	3	11	15.94%	69	94.20%
	汇总			10	152	36	33	69	29.87%	231	95.67%
华西药学院	药学			16	98	52	36	88	43.78%	201	92.04%
	汇总			16	98	52	36	88	43.78%	201	92.04%

续表29

定向	非定向	定向		非定向				升学合计	考研率	总计	
		总数	考研	未签	已签	免研	考研			总人数	就业率
公共管理学院	哲学			5	17	9	2	11	33.33%	33	84.85%
	信息管理与信息系统			1	42	6	3	9	17.31%	52	98.08%
	行政管理			1	45	10	3	13	22.03%	59	98.31%
	公共事业管理			1	31	7	5	12	27.27%	44	97.73%
	劳动与社会保障			3	32	7		7	16.67%	42	92.86%
	土地资源管理			2	19	8	4	12	36.36%	33	93.94%
	档案学			1	37	8	6	14	26.92%	52	98.08%
	信息资源管理			3	39	11	1	12	22.22%	54	94.44%
	汇总			17	262	66	24	90	24.39%	369	95.39%
商学院	管理科学			1	29	4	1	5	14.29%	35	97.14%
	工业工程				45	11		11	19.64%	56	100.00%
	工程管理			1	40	4	2	6	12.77%	47	97.87%
	工商管理				15	1		1	6.25%	16	100.00%
	市场营销				30	5	1	6	16.67%	36	100.00%
	会计学				129	22	3	25	16.23%	154	100.00%
	财务管理				48	11	4	15	23.81%	63	100.00%
	人力资源管理				54	6	3	9	14.29%	63	100.00%
	电子商务				24	8		8	25.00%	32	100.00%
	汇总			2	414	72	14	86	17.13%	502	99.60%
马克思主义学院	国际政治			7	37	10	10	20	31.25%	64	89.06%
	汇总			7	37	10	10	20	31.25%	64	89.06%
全校合计		109	5	498	6829	1901	691	2597	25.90%	10028	95.03%

注：就业率=（统分已签人数+定向生人数+升学人数）/人数

表 30　四川大学 2012 届毕业研究生分专业就业情况统计表

数据截止时间：2012 年 12 月 31 日

学院	专业	博士					硕士							总计	
		定向人数	统分		人数	就业率	定向		统分			人数	就业率	总人数	就业率
			未签	已签			总数	考博	未签	已签	考博				
经济学院	理论经济学	4	1	4	9	88.89%								9	88.89%
	政治经济学	20	9	6	35	74.29%			3	14		17	82.35%	52	76.92%
	经济思想史	1		1	2	100%				5		5	100.00%	7	100.00%
	经济史	1			1	100%				2		2	100.00%	3	100.00%
	西方经济学	1		2	3	100%			1	6		7	85.71%	10	90.00%
	世界经济	7	2	7	16	87.50%	1		2	21		24	91.67%	40	90.00%
	人口、资源与环境经济学	1			1	100%				3		3	100.00%	4	100.00%
	国民经济学			1	1	100%			1	10	2	13	93.31%	14	92.86%
	区域经济学									8		8	100.00%	8	100.00%
	财政学									10		10	100.00%	10	100.00%
	金融学								3	44		47	93.62%	47	93.62%
	产业经济学						1		2	9		12	83.33%	12	83.33%
	国际贸易学								1	23	1	25	96.00%	25	96.00%
	劳动经济学									3		3	100.00%	3	100.00%
	统计学								1	2		3	66.67%	3	66.67%
	数量经济学									4	1	5	100.00%	5	100.00%
	国际关系								2	18		20	90.00%	20	90.00%
	土地资源管理								1	20		21	95.24%	21	95.24%
	汇总	35	12	21	68	82.35%	2		17	202	4	225	92.44%	293	90.10%

续表30

学院	专业	博士					硕士							总计	
		定向人数	统分		人数	就业率	定向		统分			人数	就业率	总人数	就业率
			未签	已签			总数	考博	未签	已签	考博				
法学院	民商法学						2		7	27		36	80.56%	36	80.56%
	刑法学						3			10	1	14	100.00%	14	100.00%
	人口学									5		5	100.00%	5	100.00%
	诉讼法学	1		3	4	100%	5		4	26		35	88.57%	39	89.74%
	宪法学与行政法学						1		1	12		14	92.86%	14	92.86%
	法律硕士（法学）						127		13	120		260	95.00%	260	95.00%
	法律史									2		2	100.00%	2	100.00%
	法学理论									4	1	5	100.00%	5	100.00%
	国际法学								2	10		12	83.33%	12	83.33%
	环境与资源保护法学						2		1	6		9	88.89%	9	88.89%
	经济法学						1		1	9		11	90.91%	11	90.91%
	汇总	1		3	4	100%	141		29	231	2	403	92.80%	407	92.87%
文学与新闻学院	新闻学	4		4	8	100%	2		4	40	2	48	91.67%	56	92.86%
	文艺学	16	1	15	32	96.88%			4	25	3	32	87.50%	64	92.19%
	语言学及应用语言学	2		2	4	100%	1		2	22		25	92.00%	29	93.10%
	中国少数民族语言文学	1			1	100%								1	100.00%
	中国现当代文学	2		3	5	100%	5		3	19	1	28	89.29%	33	90.91%
	中国古代文学	5		6	11	100%	3		5	26	4	38	86.84%	49	89.80%
	中国语言文学	3		1	4	100%				15		15	100.00%	19	100.00%
	中国古典文献学			1	1	100%				9	2	11	100.00%	12	100.00%
	比较文学与世界文学	12		6	18	100%			2	26	2	30	93.33%	48	95.83%
	传播学									44	1	45	100.00%	45	100.00%
	汉语言文字学	3		6	9	100%	1		2	24	2	29	93.10%	38	94.74%
	汉语国际教育								4	37		41	90.24%	41	90.24%
	汇总	48	1	44	93	98.92%	12		26	287	17	342	92.40%	435	93.76%

续表30

学院	专业	博士					硕士							总计	
		定向人数	统分		人数	就业率	定向		统分			人数	就业率	总人数	就业率
			未签	已签			总数	考博	未签	已签	考博				
外国语学院	日语语言文学						2			17		19	100.00%	19	100.00%
	外国语言学及应用语言学						3		3	49		55	94.55%	55	94.55%
	英语语言文学	8		4	12	100%	3			33	1	37	100.00%	49	100.00%
	英语笔译硕士						1		1	14		16	93.75%	16	93.75%
	英语口译硕士									19		19	100.00%	19	100.00%
	俄语语言文学									4		4	100.00%	4	100.00%
	法语语言文学									5		5	100.00%	5	100.00%
	汇　总	8		4	12	100%	9		4	141	1	155	97.42%	167	97.60%
艺术学院	美术学						5		1	38		44	97.73%	44	97.73%
	设计艺术学						1			26		27	100.00%	27	100.00%
	舞蹈学						1			3		4	100.00%	4	100.00%
	戏剧戏曲学						1			3		4	100.00%	4	100.00%
	音乐学						1			3		4	100.00%	4	100.00%
	艺术学						3		1	20		24	95.83%	24	95.83%
	中国少数民族艺术									1		1	100.00%	1	100.00%
	汇总						12		2	94		108	98.15%	108	98.15%

续表30

学院	专业	博士					硕士							总计	
		定向人数	统分		人数	就业率	定向		统分			人数	就业率	总人数	就业率
			未签	已签			总数	考博	未签	已签	考博				
历史文化学院	旅游管理	4	1	4	9	88.89%	2		2	35		39	94.87%	48	93.75%
	民族学						4		1	1		6	83.33%	6	83.33%
	历史文献学	1		3	4	100%				3	2	5	100.00%	9	100.00%
	历史学		1		1	0.00%								1	0.00%
	历史地理学								1	6		7	85.71%	7	85.71%
	世界史	3		5	8	100%			1	16	3	20	95.00%	28	96.43%
	史学理论及史学史			1	1	100%					1	1	100.00%	2	100.00%
	中国古代史	1		2	3	100%			2	13	2	17	88.24%	20	90.00%
	中国近现代史	4		5	9	100%	1		4	31	2	38	89.47%	47	91.49%
	考古学及博物馆学	1		1	2	100%				12	1	13	100.00%	15	100.00%
	专门史	7	1	2	10	90.00%				11	1	12	100.00%	22	95.45%
	汇总	21	3	23	47	93.62%	7		11	129	11	158	93.04%	205	93.17%
数学学院	运筹学与控制论	1		2	3	100%				2		2	100.00%	5	100.00%
	应用数学	7		5	12	100%				3	5	8	100.00%	20	100.00%
	数学	1		2	3	100%				4		4	100.00%	7	100.00%
	概率论与数理统计	2		2	4	100%				11		11	100.00%	15	100.00%
	基础数学	3		3	6	100%				21	6	27	100.00%	33	100.00%
	计算数学	2		1	3	100%	1			4		5	100.00%	8	100.00%
	汇总	16		15	31	100%	1			45	11	57	100.00%	88	100.00%

续表30

学院	专业	博士					硕士							总计	
		定向人数	统分		人数	就业率	定向		统分			人数	就业率	总人数	就业率
			未签	已签			总数	考博	未签	已签	考博				
物理科学与技术学院	物理学									4		4	100.00%	4	100.00%
	理论物理									1		1	100.00%	1	100.00%
	粒子物理与原子核物理						1			2		3	100.00%	3	100.00%
	微电子学与固体电子学									9		9	100.00%	9	100.00%
	有机化学									1		1	100.00%	1	100.00%
	原子与分子物理	5		15	20	100%			2	29	8	39	94.87%	59	96.61%
	凝聚态物理			7	7	100%			1	13	3	17	94.12%	24	95.83%
	等离子体物理			1	1	100%			1	1		2	50.00%	3	66.67%
	光学	1			1	100%				7	2	9	100.00%	10	100.00%
	核燃料循环与材料						1					1	100.00%	1	100.00%
	核能与核技术工程								1	9		10	90.00%	10	90.00%
	核技术及应用			3	3	100%				5		5	100.00%	8	100.00%
	汇总	6		26	32	100%	2		5	81	13	101	95.05%	133	96.24%
化学学院	化学			4	4	100%				15		15	100.00%	19	100.00%
	物理化学			9	9	100%				13		13	100.00%	22	100.00%
	无机化学	1		1	2	100%				3	1	4	100.00%	6	100.00%
	有机化学	1		16	17	100%				30	2	32	100.00%	49	100.00%
	分析化学	1		6	7	100%				22	1	23	100.00%	30	100.00%
	高分子化学与物理	1		3	4	100%				13		13	100.00%	17	100.00%
	环境科学									1		1	100.00%	1	100.00%
	汇总	4		39	43	100%				97	4	101	100.00%	144	100.00%

续表30

学院	专业	博士					硕士							总计	
		定向人数	统分		人数	就业率	定向		统分			人数	就业率	总人数	就业率
			未签	已签			总数	考博	未签	已签	考博				
生命科学学院	生物学			1	1	100%	1		2	9	1	13	84.62%	14	85.71%
	生物医学工程								1	5	1	7	85.71%	7	85.71%
	环境科学			1	1	100%								1	100.00%
	生物工程硕士								1	11	2	14	92.86%	14	92.86%
	生物化学与分子生物学		2	9	11	81.82%			3	18	2	23	86.96%	34	85.29%
	生态学	1		6	7	100%	1		2	9		12	83.33%	19	89.47%
	微生物学	5		7	12	100%				21	2	23	100.00%	35	100.00%
	细胞生物学			3	3	100%			1	10	2	13	92.31%	16	93.75%
	遗传学	4		8	12	100%			2	12	3	17	88.24%	29	93.10%
	园林植物与观赏园艺								1	4		5	80.00%	5	80.00%
	农药学	2		2	4	100%				2		2	100.00%	6	100.00%
	植物学	1	1	6	8	87.50%			2	14	3	19	89.47%	27	88.89%
	动物学	1	1	5	7	85.71%			1	6		7	85.71%	14	85.71%
	建筑学									5		5	100.00%	5	100.00%
汇总		14	4	48	66	93.94%	2		16	126	16	160	90.00%	226	91.15%

续表30

学院	专业	博士					硕士							总计	
		定向人数	统分		人数	就业率	定向		统分			人数	就业率	总人数	就业率
			未签	已签			总数	考博	未签	已签	考博				
电子信息学院	光学工程	1		14	15	100%	2			9		11	100.00%	26	100.00%
	信号与信息处理	1		1	2	100%	1			26		27	100.00%	29	100.00%
	物理电子学									8		8	100.00%	8	100.00%
	通信与信息系统	3		5	8	100%	8			42	2	52	100.00%	60	100.00%
	无线电物理			2	2	100%				8		8	100.00%	10	100.00%
	模式识别与智能系统									11		11	100.00%	11	100.00%
	电路与系统									19	1	20	100.00%	20	100.00%
	电磁场与微波技术									11		11	100.00%	11	100.00%
	电子与通信工程硕士									20		20	100.00%	20	100.00%
	光学			4	4	100%				13	1	14	100.00%	18	100.00%
	光学工程硕士			1	1	100%				10		10	100.00%	11	100.00%
	汇总	5		27	32	100%	11			177	4	192	100.00%	224	100.00%
材料科学与工程学院	生物医学工程			2	2	100%				11		11	100.00%	13	100.00%
	凝聚态物理			1	1	100%				6		6	100.00%	7	100.00%
	材料物理与化学			7	7	100%				20		20	100.00%	27	100.00%
	材料学	2		1	3	100%	1			39	2	42	100.00%	45	100.00%
	材料科学与工程			1	1	100%				9		9	100.00%	10	100.00%
	汇总	2		12	14	100%	1			85	2	88	100.00%	102	100.00%

续表30

学院	专业	博士					硕士							总计	
		定向人数	统分		人数	就业率	定向		统分			人数	就业率	总人数	就业率
			未签	已签			总数	考博	未签	已签	考博				
制造科学与工程学院	人机与环境工程									1		1	100.00%	1	100.00%
	仪器仪表工程									3		3	100.00%	3	100.00%
	有色金属冶金									1		1	100.00%	1	100.00%
	测试计量技术及仪器	2		1	3	100%				9		9	100.00%	12	100.00%
	材料学	1			1	100%								1	100.00%
	材料加工工程			1	1	100%				15		15	100.00%	16	100.00%
	车辆工程	1		1	2	100%								2	100.00%
	钢铁冶金									1		1	100.00%	1	100.00%
	工业设计工程									1		1	100.00%	1	100.00%
	机械设计及理论	1		3	4	100%	1			16		17	100.00%	21	100.00%
	机械制造及其自动化	2		1	3	100%	1			25		26	100.00%	29	100.00%
	机械电子工程			1	1	100%				8		8	100.00%	9	100.00%
	机械工程									25		25	100.00%	25	100.00%
	精密仪器及机械									2		2	100.00%	2	100.00%
	汇总	7		8	15	100%	2			107		109	100.00%	124	100.00%

续表30

学院	专业	博士					硕士							总计	
		定向人数	统分		人数	就业率	定向		统分			人数	就业率	总人数	就业率
			未签	已签			总数	考博	未签	已签	考博				
电气信息学院	信号与信息处理									7		7	100.00%	7	100.00%
	电力系统及其自动化	4		8	12	100%	2			47		49	100.00%	61	100.00%
	电力电子与电力传动									5		5	100.00%	5	100.00%
	电气工程									21		21	100.00%	21	100.00%
	电工理论与新技术									2		2	100.00%	2	100.00%
	电机与电器						1			1		2	100.00%	2	100.00%
	高电压与绝缘技术									1		1	100.00%	1	100.00%
	检测技术与自动化装置									5		5	100.00%	5	100.00%
	生物医学工程									6		6	100.00%	6	100.00%
	控制理论与控制工程						1			2		3	100.00%	3	100.00%
	汇总	4		8	12	100%	4			97		101	100.00%	113	100.00%
计算机学院	计算机科学与技术	8	1	9	18	94.44%	27		2	158		187	98.93%	205	98.54%
	计算机软件与理论	1	1		2	50.00%								2	50.00%
	计算机系统结构									2		2	100.00%	2	100.00%
	计算机应用技术	9	1	6	16	93.75%	1		1	9		11	90.91%	27	92.59%
	计算机技术								2	39		41	95.12%	41	95.12%
	汇总	18	3	15	36	91.67%	28		5	208		241	97.93%	277	97.11%

续表30

学院	专业	博士					硕士							总计	
		定向人数	统分		人数	就业率	定向		统分			人数	就业率	总人数	就业率
			未签	已签			总数	考博	未签	已签	考博				
建筑与环境学院	流体力学									3		3	100.00%	3	100.00%
	市政工程									6		6	100.00%	6	100.00%
	建筑学									4		4	100.00%	4	100.00%
	生物医学工程	1			1	100%								1	100.00%
	水土保持与荒漠化防治									1		1	100.00%	1	100.00%
	城市规划与设计								1	10		11	90.91%	11	90.91%
	固体力学			1	1	100%				2		2	100.00%	3	100.00%
	建筑与土木工程硕士								2	9	1	12	83.33%	12	83.33%
	工程力学	1			1	100%				3		3	100.00%	4	100.00%
	环境科学与工程	2		1	3	100%								3	100.00%
	环境工程	3		2	5	100%			1	41		42	97.62%	47	97.87%
	结构工程			2	2	100%	1			19		20	100.00%	22	100.00%
	建筑设计及其理论									4		4	100.00%	4	100.00%
	环境科学	3	1	4	8	87.50%				11		11	100.00%	7	94.74%
	建筑技术科学									2		2	100.00%	2	100.00%
	汇总	10	1	10	21	95.24%	1		4	115	1	121	96.69%	142	96.48%
水利水电学院	水利水电工程			1	1	100%				12		12	100.00%	13	100.00%
	水利工程	6	1	1	8	87.50%				5		5	100.00%	13	92.31%
	水力学及河流动力学	2	2	4	8	75.00%	1			23	1	25	100.00%	33	93.94%
	水文与水资源	2		3	5	100%			2	21		23	91.30%	28	92.86%
	水工结构工程	1		2	3	100%				25		25	100.00%	28	100.00%
	岩土工程	3		2	5	100%	1		1	18	1	21	95.24%	26	96.15%
	农业水土工程									2		2	100.00%	2	100.00%
	港口、海岸及近海工程									3		3	100.00%	3	100.00%
	汇总	14	3	13	30	90.00%	2		2	110	2	116	98.28%	146	96.58%

续表30

学院	专业	博士					硕士							总计	
		定向人数	统分		人数	就业率	定向		统分			人数	就业率	总人数	就业率
			未签	已签			总数	考博	未签	已签	考博				
化学工程学院	生物工程									4		4	100.00%	4	100.00%
	生物化工			5	5	100%				6	1	7	100.00%	12	100.00%
	有色金属冶金									2		2	100.00%	2	100.00%
	应用化学			2	2	100%				18	2	20	100.00%	22	100.00%
	冶金物理化学									1		1	100.00%	1	100.00%
	钢铁冶金									2		2	100.00%	2	100.00%
	工业催化									2		2	100.00%	2	100.00%
	化学工艺	2		3	5	100%			1	46	1	48	97.92%	53	98.11%
	化学工程	1		2	3	100%				39	1	40	100.00%	43	100.00%
	化学工程与技术	1		2	3	100%				35	2	37	100.00%	40	100.00%
	化工过程机械			2	2	100%				19		19	100.00%	21	100.00%
	汇总	4		16	20	100%			1	174	7	182	99.45%	202	99.50%
轻纺与食品学院	轻工技术与工程									6		6	100.00%	6	100.00%
	制糖工程			4	4	100%				3		3	100.00%	7	100.00%
	水产品加工及贮藏工程									1		1	100.00%	1	100.00%
	食品科学									16		16	100.00%	16	100.00%
	农产品加工及贮藏工程									3		3	100.00%	3	100.00%
	皮革化学与工程	4		3	7	100%				14	1	15	100.00%	22	100.00%
	材料学			1	1	100%				2		2	100.00%	3	100.00%
	纺织材料与纺织品设计									6		6	100.00%	6	100.00%
	纺织化学与染整工程									1		1	100.00%	1	100.00%
	发酵工程	1		1	2	100%				12	2	14	100.00%	16	100.00%
	服装设计与工程						1			6		7	100.00%	7	100.00%
	汇总	5		9	14	100%	1			70	3	74	100.00%	88	100.00%

续表30

学院	专业	博士					硕士							总计	
		定向人数	统分		人数	就业率	定向		统分			人数	就业率	总人数	就业率
			未签	已签			总数	考博	未签	已签	考博				
高分子材料与工程学院	材料学	2		21	23	100%			3	83	3	89	96.63%	112	97.32%
	材料加工工程			6	6	100%			3	43	2	48	93.75%	54	94.44%
	生物医学工程	1		2	3	100%			1	1		2	50.00%	5	80.00%
	材料科学与工程									1		1	100.00%	1	100.00%
	汇总	3		29	32	100%			7	128	5	140	95.00%	172	95.93%
华西基础医学与法医学院	免疫学	4	1	2	7	85.71%								7	85.71%
	人体解剖与组织胚胎学	1			1	100.00%				4		4	100.00%	5	100.00%
	生物医学工程	2		1	3	100%								3	100.00%
	生物化学与分子生物学	2			2	100%				2		2	100.00%	4	100.00%
	药理学			2	2	100%	1			6	1	8	100.00%	10	100.00%
	细胞生物学									3		3	100.00%	3	100.00%
	病理学与病理生理学	2			2	100%								2	100.00%
	生物医学工程								1	2		3	66.67%	3	66.67%
	医学生理学与时间生物学								1			1	0.00%	1	0.00%
	病原生物学			3	3	100%				2		2	100.00%	5	100.00%
	法医学	2		2	4	100%				7	1	8	100.00%	12	100.00%
	汇总	13	1	10	24	95.83%	1		2	26	2	31	93.55%	55	94.55%

续表30

学院	专业	博士					硕士							总计	
		定向人数	统分		人数	就业率	定向		统分			人数	就业率	总人数	就业率
			未签	已签			总数	考博	未签	已签	考博				
华西临床医学院	麻醉学	2		3	5	100%				26	1	27	100.00%	32	100.00%
	老年医学	2			2	100%				4		4	100.00%	6	100.00%
	临床药物与器械评价学	1			1	100%								1	100.00%
	临床医学	1		76	77	100%				3		3	100.00%	80	100.00%
	临床检验诊断学	1			1	100%				7		7	100.00%	8	100.00%
	神经病学	2		6	8	100%			1	11	1	13	92.31%	21	95.24%
	药物分析学	1			1	100%								1	100.00%
	生物化学与分子生物学			2	2	100%								2	100.00%
	外科学	6		34	40	100%				52	14	66	100.00%	106	100.00%
	眼科学			4	4	100%				5		5	100.00%	9	100.00%
	运动医学									1		1	100.00%	1	100.00%
	药剂学	1			1	100%				2		2	100.00%	3	100.00%
	影像医学与核医学	7		2	9	100%				15		15	100.00%	24	100.00%
	管理科学与工程						1			1		2	100.00%	2	100.00%
	内科学	9		27	36	100%	6			75	3	84	100.00%	120	100.00%
	皮肤病与性病学	1		2	3	100%				6	1	7	100.00%	10	100.00%
	中西医结合临床			2	2	100%				1	2	3	100.00%	5	100.00%
	肿瘤学	1		13	14	100%				13	4	17	100.00%	31	100.00%
	病理学与病理生理学	2		5	7	100%	2			3	1	6	100.00%	13	100.00%
	耳鼻咽喉科学	1		2	3	100%				4		4	100.00%	7	100.00%
	儿科学	4		5	9	100%				8	2	10	100.00%	19	100.00%
	妇产科学	2		9	11	100%	1			22	1	24	100.00%	35	100.00%
	护理学			3	3	100%				14		14	100.00%	17	100.00%
	急诊医学	1			1	100%				2		2	100.00%	3	100.00%
	精神病与精神卫生学	1		5	6	100%				5	2	7	100.00%	13	100.00%
	康复医学与理疗学			1	1	100%				1	1	2	100.00%	3	100.00%
	汇总	46		201	247	100%	10		1	281	33	325	99.69%	572	99.83%

续表30

学院	专业	博士					硕士							总计	
		定向人数	统分		人数	就业率	定向		统分			人数	就业率	总人数	就业率
			未签	已签			总数	考博	未签	已签	考博				
华西口腔医学院	口腔医学	1	1	52	54	98.15%			3	56	14	73	95.89%	127	96.85%
	口腔医学八年制			20	20	100%								20	100.00%
	口腔医学七年制									28	8	36	100.00%	36	100.00%
	口腔医学科学	1		3	4	100%				9	1	10	100.00%	14	100.00%
	汇总	2	1	75	78	98.72%			3	93	23	119	97.48%	197	97.97%
华西公共卫生学院	劳动卫生与环境卫生学			3	3	100%				8		8	100.00%	11	100.00%
	社会医学与卫生事业管理	1			1	100%				7		7	100.00%	8	100.00%
	卫生毒理学									3		3	100.00%	3	100.00%
	营养与食品卫生学	1		3	4	100%						12	100.00%	16	100.00%
	管理科学与工程									5		5	100.00%	5	100.00%
	流行病与卫生统计学			3	3	100%	1		1	24		26	96.00%	29	96.55%
	公共卫生与预防医学			2	2	100%	2			18		20	100.00%	22	100.00%
	健康与社会行为学									3		3	100.00%	3	100.00%
	汇总	2		11	13	100%	3		1	80		84	98.81%	97	98.97%
华西药学院	药学			5	5	100%				15	1	16	100.00%	21	100.00%
	生药学										2	2	100.00%	2	100.00%
	微生物与生化药学									3		3	100.00%	3	100.00%
	药理学	1		3	4	100%	2		2	2		6	67.67%	10	80.00%
	药物分析学									17		17	100.00%	17	100.00%
	药物化学			13	13	100%			3	20	4	27	88.89%	40	92.50%
	药剂学	2		8	10	100%	1		5	23	3	32	84.38%	42	88.10%
	汇总	3		29	32	100%	3		10	80	10	103	90.29%	135	92.59%

续表30

学院	专业	博士					硕士							总计	
		定向人数	统分		人数	就业率	定向		统分			人数	就业率	总人数	就业率
			未签	已签			总数	考博	未签	已签	考博				
生物治疗国家重点实验室	临床医学		1	7	8	87.50%				4		4	100.00%	12	91.67%
	生物医学工程	1			1	100%				1	2	3	100.00%	4	100.00%
	化学工程与技术								1	4	1	6	83.33%	6	83.33%
	生物化学与分子生物学	2		2	4	100%				10	3	13	100.00%	17	100.00%
	细胞生物学		3	13	16	81.25%				32	9	41	100.00%	57	94.74%
	遗传学	1			1	100%				2	2	4	100.00%	5	100.00%
	药理学									3	1	4	100.00%	4	100.00%
	药物化学			2	2	100%			1	6		7	85.71%	9	88.89%
	药剂学		1		1	0.00%								1	0.00%
	化学		1	7	8	87.50%			1	7		8	87.50%	16	87.50%
	汇总	4	6	31	41	85.37%			3	69	18	90	96.67%	131	93.13%
移植工程与移植免疫重点实验室	移植科学与工程学								1	2		3	66.67%	3	66.67%
	汇总								1	2		3	66.67%	3	66.67%
循证医学教育部网上合作研究中心	临床医学	1	1	1	3	66.67%				5		5	100.00%	8	87.50%
	汇总	1	1	1	3	66.67%				5		5	100.00%	8	87.50%

续表30

学院	专业	博士					硕士							总计	
		定向人数	统分		人数	就业率	定向		统分			人数	就业率	总人数	就业率
			未签	已签			总数	考博	未签	已签	考博				
公共管理学院	美学									3		3	100.00%	3	100.00%
	哲学								1			1	0.00%	1	0.00%
	马克思主义哲学						1		1	4	1	7	85.71%	7	85.71%
	伦理学									1	1	2	100.00%	2	100.00%
	情报学						1			11		12	100.00%	12	100.00%
	行政管理						8		1	78		87	98.85%	87	98.85%
	社会学									18		18	100.00%	18	100.00%
	社会保障						4		2	50		56	96.43%	56	96.43%
	社会工作									8		8	100.00%	8	100.00%
	外国哲学								1	2	3	6	83.33%	6	83.33%
	图书馆学						1			12		13	100.00%	13	100.00%
	应用心理学								3	38	1	42	92.86%	42	92.86%
	中外政治制度									5		5	100.00%	5	100.00%
	中国哲学						1		2	7	2	12	83.33%	12	83.33%
	档案学						1			7		8	100.00%	8	100.00%
	技术经济及管理									8		8	100.00%	8	100.00%
	教育经济与管理						2			15		17	100.00%	17	100.00%
	宗教学	9	1	8	18	94.44%			3	10		13	76.92%	31	87.10%
	汇总	9	1	8	18	94.44%	19		14	277	8	318	95.60%	336	95.54%

续表30

学院	专业	博士					硕士							总计	
		定向人数	统分		人数	就业率	定向		统分			人数	就业率	总人数	就业率
			未签	已签			总数	考博	未签	已签	考博				
商学院	旅游管理		1		1	0.00%								1	0.00%
	物流工程									32		32	100.00%	32	100.00%
	企业管理	10	1	8	19	94.74%				24	1	25	100.00%	44	97.73%
	管理科学与工程	4	1	8	13	92.31%			3	30		33	90.91%	45	91.30%
	工商管理			2	2	100%	140		10	342	1	493	97.97%	495	97.98%
	工业工程									25	1	26	100.00%	26	100.00%
	会计学			1	1	100%			3	20		23	86.96%	24	87.50%
	技术经济及管理	2		2	4	100%								4	100.00%
	汇总	16	3	21	40	92.50%	140		16	473	3	632	97.47%	672	97.17%
纳米生物医学技术与膜生物学研究所	生物化学与分子生物学			1	1	100%				2		2	100.00%	3	100.00%
	药物化学									1		1	100.00%	1	100.00%
	化学生物学									1		1	100.00%	1	100.00%
	汇总			1	1	100%				4		4	100.00%	5	100.00%
生物材料工程研究中心	生物医学工程	1	1	4	6	83.33%			1	4	1	6	83.33%	12	83.33%
	有机化学			1	1	100%								1	100.00%
	材料学									7		7	100.00%	7	100.00%
	高分子化学与物理			1	1	100%				1	2	3	100.00%	4	100.00%
	化学生物学									1		1	100.00%	1	100.00%
	汇总	1	1	6	8	87.50%			1	13	3	17	94.12%	25	92.00%
发展研究中心	高等教育学						1			5		6	100.00%	6	100.00%
	汇总						1			5		6	100.00%	6	100.00%

续表30

学院	专业	博士					硕士							总计	
		定向人数	统分		人数	就业率	定向		统分			人数	就业率	总人数	就业率
			未签	已签			总数	考博	未签	已签	考博				
马克思主义学院	马克思主义中国化研究	5		7	12	100%	1		3	5		9	66.67%	21	85.71%
	马克思主义基本原理									8	1	9	100.00%	9	100.00%
	思想政治教育									9		9	100.00%	9	100.00%
	政治学理论									15	1	16	100.00%	16	100.00%
	国际政治								1	3		4	75.00%		75.00%
	汇总	5		7	12	100%	1		4	40	2	47	91.49%	59	93.22%
体育科学研究所	民族传统体育学								1	3		4	75.00%	4	75.00%
	体育人文社会学						2			3		5	100.00%	5	100.00%
	体育教育训练学						6		2	13		21	90.48%	21	90.48%
	运动人体科学									2		2	100.00%	2	100.00%
	汇总						8		3	21		32	90.63%	32	90.63%
分析测试中心	生物医学工程	1		3	4	100%								4	100.00%
	材料学									1		1	100.00%	1	100.00%
	环境科学									3		3	100.00%	3	100.00%
	汇总	1		3	4	100%				4		4	100.00%	8	100.00%
全校合计		328	41	774	1143	96.41%	424		187	4175	205	4991	96.25%	6134	96.28%

注：博士生就业率=（统分已签人数+定向生人数）/人数
硕士生就业率=（统分考博人数+统分已签人数+定向生人数）/人数

表31 四川大学2012届毕业生就业地区分省统计表

制表时间：2012年12月31日

单位地区	本科生人数	本科生比例	研究生人数	研究生比例	小计	比例
四川省	2332	23.25%	3137	51.14%	5469	33.84%
广东省	778	7.76%	506	8.25%	1284	7.94%
重庆市	531	5.30%	326	5.31%	857	5.30%
北京市	351	3.50%	161	2.62%	512	3.17%
江苏省	257	2.56%	178	2.90%	435	2.69%

续表31

单位地区	本科生人数	本科生比例	研究生人数	研究生比例	小计	比例
浙江省	223	2.22%	117	1.91%	340	2.10%
湖北省	212	2.11%	98	1.60%	310	1.92%
云南省	217	2.16%	100	1.63%	317	1.96%
上海市	172	1.72%	83	1.35%	255	1.58%
山东省	87	0.87%	139	2.27%	226	1.40%
陕西省	129	1.29%	124	2.02%	253	1.57%
河南省	70	0.70%	151	2.46%	221	1.37%
湖南省	107	1.07%	74	1.21%	181	1.12%
贵州省	146	1.46%	79	1.29%	225	1.39%
广西壮族自治区	151	1.51%	58	0.95%	209	1.29%
新疆维吾尔自治区	167	1.67%	33	0.54%	200	1.24%
福建省	98	0.98%	50	0.82%	148	0.92%
甘肃省	102	1.02%	52	0.85%	154	0.95%
河北省	52	0.52%	62	1.01%	114	0.71%
安徽省	61	0.61%	50	0.82%	111	0.69%
天津市	55	0.55%	52	0.85%	107	0.66%
山西省	34	0.34%	56	0.91%	90	0.56%
辽宁省	72	0.72%	20	0.33%	92	0.57%
西藏自治区	67	0.67%	36	0.59%	103	0.64%
江西省	32	0.32%	36	0.59%	68	0.42%
内蒙古自治区	47	0.47%	27	0.44%	74	0.46%
吉林省	47	0.47%	6	0.10%	53	0.33%
黑龙江省	35	0.35%	15	0.24%	50	0.31%
海南省	33	0.33%	10	0.16%	43	0.27%
宁夏回族自治区	26	0.26%	12	0.20%	38	0.24%
青海省	28	0.28%	5	0.08%	33	0.20%
出国、出境深造	706	7.04%	75	1.22%	781	4.83%
升学	2597	25.90%	205	3.34%	2802	17.34%
港、澳、台	6	0.06%	1	0.02%	7	0.04%

表 32 四川大学 2012 届毕业生就业单位性质统计表

制表时间：2012 年 12 月 31 日

单位性质	本科生人数	本科生比例	研究生人数	研究生比例	小计	比例
国有企业	1610	16.06%	721	11.75%	2331	14.42%
其他企业	1949	19.44%	1393	22.71%	3342	20.68%
三资企业	463	4.62%	347	5.66%	810	5.01%
高等学校	36	0.36%	882	14.38%	918	5.68%
其他事业	533	5.32%	582	9.49%	1115	6.90%
医疗卫生	304	3.03%	747	12.18%	1051	6.50%
其他灵活就业	405	4.04%	51	0.83%	456	2.82%
科研设计单位	97	0.97%	276	4.50%	373	2.31%
党政机关	258	2.57%	331	5.40%	589	3.64%
部队	30	0.30%	93	1.52%	123	0.76%
中等、初等教育事业单位	27	0.27%	89	1.45%	116	0.72%
艰苦行业企业	100	1.00%	13	0.21%	113	0.70%
艰苦行业事业	9	0.09%	31	0.51%	40	0.25%
自主创业	76	0.76%	11	0.18%	87	0.54%
国家项目就业	11	0.11%	3	0.05%	14	0.09%
地方基层项目	24	0.24%	13	0.21%	37	0.23%
自由职业	177	1.77%	42	0.68%	219	1.36%
预征入伍	118	1.18%	1	0.02%	119	0.74%
升学	2597	25.90%	205	3.34%	2802	17.34%
出国	706	7.04%	75	1.22%	781	4.83%
待分	498	4.97%	228	3.72%	726	4.49%

（以上资料由招生就业处张晓路提供）

成人教育 继续教育 职业教育

继续教育（成人教育、职业技术）学院实行三块牌子一套班子运行机制，是学校成人高等学历教育、高等职业技术教育、高等教育自学考试及各类继续教育培训的业务主管部门和办学主体，是学校为社会服务，为构建终身教育体系和学习型社会服务的学院，是对党政干部、各系统公务员、专业技术人才、企业管理人员进行综合教育培训的基地。

2012年继续教育学院按照学校“集中办学、独立运行、确保质量、做大做强”十六字方针，确保继续教育、成人教育、自学考试、职业教育的全面发展。

大力发展非学历继续教育，加强全校非学历教育培训的统一归口管理，强化教育培训项目的审批备案制度，为学校大力发展继续教育提供有力保障。共举办了各类继续教育培训项目585个，为政府机关、行政事业、企业、医院等培训干部、管理及技术人员20972人次。

控制成人教育招生规模、稳步发展自学考试。2012年与5个单位续签了成人高等教育联合办学协议，向四川省教育厅备案我校省内省外招生教学站点18个。在6个省（自治区）投放了成教招生计划，在川设置专业代码186个。2012年成教实际报到新生10648人，成教本专科毕业生7802人，注册自考新生14365人，办理自考转免考6156科次，自考本专科毕业生11242人。

继建立职业技术学院龙泉校区后，签订了建立职业技术学院德阳校区合作协议，并于2012年6月25日举行了挂牌仪式。四川大学职业技术学院龙泉校区共招收1608名学员参加职业教育培训，设有7大类，23个职业教育培训方向，共30个培训班次。

【对成人教育和自学考试教学站点进行专项检查】根据四川省招考委、四川省教育厅的文件精神，2012年1月至2012年5月，对校内外成人教育和自学考试教学站点及办学单位开展自查和抽查工作。由学校组成的检查组对南充、阆中、广元、绵阳、甘孜、乐山、峨眉、自贡、泸州等地的教学站点进行了专项检查。

【继续教育教学管理督导组换届】2012年3月，继续教育教学管理督导组成员进行了换届调整。聘请唐登学等四位同志为四川大学继续教育教学管理督导组第二届督导。

【承办纪念张澜诞辰140周年及张澜教育思想研讨会】2012年5月11日，由四川大学和民盟四川省委联合主办的“纪念张澜诞辰140周年暨张澜教育思想研讨会”在四川大学隆重举行。继续教育学院承办了这次研讨会。

【召开2012年教学站点工作会】2012年6月15日召开了“2012年教学站点工作会”。学校成人高等教育和自考助学校外各办学站点主要负责人、校内参与成教和自考助学办学的学院负责人共80余人参加了会议。学校分管副校长步宏教授、教学督导组成员出席了会议。

【研发四川大学“教育培训管理系统”】完成多元化的教育培训合作平台的创建，实现教育培训项目的数字化和网络化管理。

【成立了“四川大学现代企业高管总裁同学会”】在学校校友总会的管理指导下，于2012年7月15日成立了“四川大学现代企业高管总裁同学会”。

【获批成为高等教育自学考试“全国示范学习服务中心”】2012年12月，四川省高等教育自学考试“全国示范学习服务中心”评估会在我校举行，全省包括我校在内共两所高校获批成为高等教育自学考试“全国示范学习服务中心”。这是全国高等教育自学考试指导委员会办公室在四川省首次开展全国示范学习服务中心试点建设工作。

【制定非事业编制人员薪酬体系 开展新一轮全员岗位竞聘】在征求全院职工意

见并进行充分论证的基础上，制定了非事业编制人员薪酬体系方案。公开公平公正实施了学院2012年新进人员的选聘和全院非事业编制人员重新竞聘上岗。通过公开招聘，从75名报名人员中新招聘了16名非事业编制人员。

（以上资料由成人教育学院吴钟萍提供）

网络教育

2012年，网络教育学院在学校党委和行政的正确领导下，在学校各职能部门、各办学学院和各校外学习中心的大力支持以及全院教职员工的共同努力下取得了如下成绩：一是网络教育教学改革取得新进展，教学计划进一步规范，教学过程管理进一步加强；二是非学历教育取得新突破，与汕头经济干部管理学校合作的一系列培训取得了良好的社会影响；三是服务水平进一步提升，一站式服务的落实提升了对校外学习中心和学生的服务；四是与校外学习中心的联系进一步加强，校外学习中心的一百多次的走访以及奥鹏校外学习中心工作会和校外学习中心工作年会加强了与校外学习中心的交流和沟通；五是2012年10月成功承办了由教育部职业教育与成人教育司主办的“高校继续教育改革发展研讨会”，进一步扩大了学校的社会影响。

机构设置方面。四川大学网络教育学院成立于2000年5月，是经教育部批准，被列入国家2000年正式启动的“现代远程教育”首批试点院校之一。2012年网络教育学院设有学院办公室、学生服务中心、教学服务中心、技术开发中心、数字化教学资源中心、远程教育培训中心、校园文化建设中心及教学质量管理办公室共8个部门。

师资队伍方面。2012年网络教育学院共有教职工71名；其中编制内职工25名、院聘职工44名、退休返聘职工2名；具有高级职称者6名，中级职称者25名，初级职称者4名；师资队伍平均年龄38岁，30岁至50岁教师占83%。根据学校人事处核定的用工指标，结合网络教育学院的具体情况，2012年网络教育学院完成了对原有编制外职工的合同续签和新聘人员的招聘等有关工作。2012年，网络教育学院邀请校内及兄弟院校的专家、教授进行专题讲座11次，以加强职工素质和业务培训，不断提高教职工综合素质和业务能力。

学科建设方面。网络教育学院依托校内各学科丰富的教学资源和强大的师资力量，开办了专科与专升本两个层次，共计43专业，涉及理、工、文、法、经、管等学科门类。2012年，网络教育学院调整了成绩的构成比例，细化了实践环节要求，改变了毕业论文答辩方式，修订了37个专业的教学计划。建设网络课件428门，课程学习指导资料450门，教学大纲422门，课程作业402门。“土木工程经济”、“国际私法学”2门课程入选教育部国家级网络教育精品资源共享课立项项目。

人才培养方面。2012年在全国27个省、市、自治区设有自建学习中心131个，启动招生97个；授权奥鹏学习中心97个，启动招生68个。2012年新增9个自建校外学习中心和2个行业办学单位。顺利完成了21个省、市、自治区自建学习中心的由各省教育行政主管部门组织的年检年报工作和奥鹏21个省、市、自治区组织的年检年报工作。2012年春秋两季共录取学生16971人，并完成了本、专科学历学生16792人电子注册。2012年，网络教育学院在校生人数为57661人；毕业学生15542人，授予成人学士学位519人。

科研方面。根据《教育部、财政部关于批准“终身学习服务体系的建设与示范”系列项目的通知》和《教育部办公厅关于启动“高等学校继续教育示范基地”项目的通知》，四川大学是“高等学校继续教育示范基地”项目的50家参与单位之一，是西部组（四川大学、西藏大学、新疆大学、西北大学、西南科技大学）的组长单位，划拨课题经费共20万元。网络教育学院是该项目的具体负责单位，需要完成项目建设研究报告、2篇研究论文、2篇典型案例等工作以及组织、协调、指导其成员高校的工作。项目建设周期两年。

党建方面。网络教育学院作为四川大学二级廉政风险防控管理工作试点单位之一，认真学习贯彻《中国共产党普通高等学校基层组织工作条例》，按照学校党委要求结合网络教育学院工作实际，认真收集材料组织全院党员干部及全体教职员工学习中央纪委、学校下发的相关文件，通过大、小会议、集中培训等方式，针对反腐倡廉各重点部位和关键环节开展经常性的警示教育，重温网络教育学院各项规章制度，岗位责任制度，使每一位教职员工在岗位上廉洁自律，积极稳妥地推进了廉政风险防范工作。同时，网络教育学院按照四川大学党风廉政建设工作要点的布置，认真落实四川大学2012年党风廉政建设工作任务分解书，完成了牵头任务和配合任务并做好自查工作总结。在创先争优活动中深入开展基层组织建设年活动，以创先争优为动力，确保基层组织建设年活动各项任务落实和完成。推举网络教育学院1名同志到雅安市宝兴县基层挂职锻炼1年。积极开展支部活动，结合学校创先争优、学雷锋等活动，先后开展4次活动。2012年网络教育学院有1位同志被确定为培养对象，4位同志送四川大学党校培训学习。

学生工作方面。2012年网络教育学院组织、开展了第三届网络汉字录入技能竞赛初赛，共29个学习中心50名教师、257名学生参赛，经过预决赛最终有25名学生、24名教师分获各组奖项。启动“圆梦川大”项目，支持老少边穷地区的人才培养，第一期网络教育“圆梦川大”项目由网络学院与四川省贸易学校学习中心、宝兴县团委携手实施，在宝兴县招收了分别就读法学、工商管理、行政管理、会计学、人力资源管理及汉语言文学等专业的27名学员。10月进行了2012年度优秀班主任评选，评选出112名优秀班主任。12月进行了2012年度优秀学生、优秀学生干部评选，评选出优秀学生812名，优秀学生干部398名。4月7日，网络教育学院在四川大学望江校区基础教学楼A座508举行了校本部2012级（春季）新生的开学典礼。6月2日，网络教育学院在四川大学望江校区校史馆举行了2012年毕业生学士学位的授位典礼。9月

22 日，网络教育学院在四川大学望江校区基础教学楼 A 座 308 举行了校本部 2012 级（秋季）新生的开学典礼。

【四川大学网络教育学院召开 2012 年秋季校外学习中心工作会】5 月 9 日，四川大学现代远程教育 2012 年校外学习中心工作会在杭州召开。全国高校现代远程教育协作组秘书长严继昌教授、浙江省教育厅副处长韩天琪等领导应邀出席会议，来自全国 61 个校外学习中心、9 个办学学院和网络教育学院的领导及有关人员共计 148 人参加了会议。

【“高等学校继续教育示范基地建设”第四组第二次工作会议顺利召开】6 月 7 日，教育部“高等学校继续教育示范基地建设”项目第四组第二次工作会议在都江堰召开，来自项目总课题组清华大学和项目第四组四川大学、西南科技大学、新疆大学、西藏大学、西北大学等 5 所院校，共 30 多名与会代表参加了会议。会议由四川大学网络教育学院院长冉蜀阳主持。

【中国高校现代远程教育技术创新与应用研讨会召开】6 月 14 日，由《中国远程教育》杂志社和四川大学网络教育学院联合举办的“中国高校现代远程教育技术创新与应用研讨会”顺利召开。来自北京大学（医学）、江南大学、山东大学、西安电子科技大学、华中科技大学、中国地质大学（武汉）、电子科技大学、西南科技大学、西南交通大学、西南财经大学、重庆大学、四川大学等 12 所高校网络教育学院的院长及上海蓝卓教育信息科技有限公司、成都依能科技有限公司、《中国远程教育》杂志社的相关负责人等共 30 余人参加了会议。

【四川大学网络教育学院 2012 年暑期干部培训工作会在青海举行】8 月 19 日至 22 日，四川大学网络教育学院 2012 年暑期干部培训工作会在青海举行。会上，冉蜀阳院长阐述了 2012 年下半年的工作思路与想法及网络教育学院在高效与质量、改革与创新等方面所要做的进一步的工作。网络教育学院其他院领导分别就自己分管的工作进行了汇报。步宏副校长在听取了网络教育学院领导汇报后做了重要讲话。他说稳定与发展是必须重视的问题，现代远程教育手段与学历教育二者哪个更重要是我们必须要思考的问题；他要求网络教育学院在继续教育培训方面要应用“现代远程教育手段”，在培训手段和内容上应有所突破。步宏副校长还就自己对网络教育的感受与与会人员进行了共享并对网络教育学院今后的发展思路做了重要指示。

【“高校继续教育改革发展研讨会暨高校继续教育服务学习型城市、学习型企业发展论坛”在召开】10 月 10 日至 12 日，由教育部职业教育与成人教育司主办，四川大学、中国成人教育协会、清华大学、对外经济贸易大学承办的“高校继续教育改革发展研讨会暨高校继续教育服务学习型城市、学习型企业发展论坛”在成都召开。教育部鲁昕副部长出席研讨会并做重要讲话。研讨会由教育部职业教育与成人教育司刘建同副司长主持。四川大学教育学院为了会议的顺利召开专门成立了由冉蜀阳院长担任组长，乔长江任总指挥的领导小组。

（以上资料由网络教育学院岳华香提供）

留学生教育

表 33 四川大学 2012 年留学生情况统计表

	长期生					短期生	合计
	普通进修生（包括语言生）	高级进修生	本科生	硕士生	博士生		
在校生	639	4	591	153	44	525	1956
毕业生	/	/	101	28	2	/	131

表 34 四川大学 2012 年港澳台侨学生统计数据

	本科生	硕士生	博士生	合计
在校生	41	27	16	84
毕业生	2	18	1	21

（以上资料由国际合作与交流处黄娟提供）

出国培训

出国留学人员培训部与出国留学预备学院按“一套班子、两块牌子”运行，部（院）下设党政办公室、招生科、教务办公室（学生外语服务中心）、考务办公室、学生管理办公室、留学预科项目管理办公室等部门；设英语、日语、德语、俄语 4 个专业外语教研室。

2012 年有在职教职工（含项目制助理）44 人。其中，专职行政人员 15 人，专职教师 29 人（教授 4 人，教授 14 人，教师 9 人，助教 3 人）。另外，2012 年度出国留学人员培训部聘有外籍专家 12 人，兼职外教 21 人，合同制行政教学辅助管理岗位人员 21 人。

出国留学人员培训部共有美国、英国、日本、加拿大、澳大利亚、俄罗斯、德国、西班牙、荷兰、爱尔兰等不同国别的从预科、专科、本科到硕士层次，覆盖会计、金融、建筑、酒店管理等热门专业的中外联合办学项目和预科共 14 个项目。2012 年留学项目招生总人数为 400 余人。

2012 年完成教育部公派留学人员培

训 322 人，基金委师资班 752 人，开展团培班 41 个；面向社会开展各级各类全日制、夜校、周末、考前等语言培训项目，2012 年共开设 192 个教学班，培训学员 4850 多人/次。

2012 年，组织国家级外语考试和海外考试共 394 场，各类考试人数达 28345 人次。

出国留学人员培训部确定 2012 年为教学质量年，并制订《四川大学出国留学人员培训部（出国留学预备学院）科研奖励计划》。2012 年申报了四川大学“短期外语强化教学·教育国际化”课题，共有 15 个项目社科处批准立项；有 4 名教师申报了“青年教师科研启动基金项目”；日语教研室车小平教授的著作《新编旅游日语》获得 2012 年度社会科学优秀成果奖。

出国留学人员培训部组织外教到江安校区为大学生作了第七期和第八期共 29 场文化背景讲座（上半年 11 场，下半年 18 场），在出国留学人员培训部（院）组织文化背景讲座 26 场。

出国留学人员培训部深入开展创先争优活动，召开了创先争优活动群众评议大会；召开党风廉政建设工作会，落实党风廉政建设责任制，进行了党风廉政宣传周活动；做好院务公开各项工作；认真学习贯彻党的十八大精神。同时，部（院）加强对各类学员实施教育管理，重点做好国家公派出国留学人员和各团体培训班学员的沟通、服务工作以及留学预科项目学生的教育、管理、咨询、服务工作。

2012 年 5 月，出国留学人员培训部召开了以“科学管理、精心教学、全面提升整体竞争力，为建设一流的出国培训基地而努力奋斗”为主题的二届一次教职工大会暨二届一次工会会员大会。大会审议并通过了出国留学人员培训部（院）《工作报告》《2011 年财经工作报告》和《工会工作报告》。

2012 年 6 月 16 日，出国留学人员培训部举办了十周年院庆暨留学开放日活动。校党委书记杨泉明教授、校长谢和平院士亲临大会并为部（院）题词，石坚副校长、晏世经副校长也出席大会。

2012 年 11 月，出国留学人员培训部申请成立“教育部出国留学培训与研究中心”，全面加强国家公派留学人员行前培训工作和出国留学安全教育研究工作。11 月 26 日，教育部国际合作与交流司批复，同意试点成立“教育部出国留学培训与研究中心”。

（以上资料由出国留学人员培训部彭蕾提供）

科学研究与
科技产业篇

哲学社会科学

一、哲学社会科学人才队伍概况

2012年，我校哲学社会科学院所教学科研人员总数1149人，其中教授人数280人，副教授381人，讲师409人，其他岗位教师79人。

2012年，我校哲学社会科学各类在职在岗的优秀人才总计241人，其中“杰出教授”4人，“长江学者”4人，“杰出青年”2人，“新世纪百千万人才”3人，“国务院特殊津贴人员”27人，“教育部跨世纪和新世纪优秀人才”32人，四川省学术带头人53人，四川省有突出贡献专家18人，四川省学术带头人后备人选61人，四川大学青年学术人才37人。

二、哲学社会科学科研项目和科研经费概况

2012年，我校哲学社会科学纵向项目469个。其中国家社科基金项目45个，教育部人文社会科学项目39个，其他部委项目7个，四川省哲学社会科学规划项目51个，省级其他纵向项目12个，市厅级项目51个，校级项目264个。全年哲学社会科学科研经费总额1.442亿元。

三、哲学社会科学科研成果与获奖概况

2012年，全校哲学社会科学科研成果总量1733部/篇。其中论文1514篇(其中A刊论文55篇，B刊论文185篇)，出版著作201部，重要咨询报告18篇。

2012年，全校哲学社会科学科研成果获省部级以上奖72项，其中四川省哲学社会科学研究科研成果奖69项，其他省部级奖3项。

四、科研管理获奖概况

2012年，我校社科处被教育部社科司评为“高校哲学社会科学研究管理先进集体”，我校社科联获四川省社科联“2011—2012年度先进高校社科联”荣誉称号。

【科研经费和科研项目持续增长】 2012年，我校人文社科科研经费达1.442亿元。除去各类校级项目、省部级以下项目和研究经费之外，2012年共获得省部级及以上纵向项目154项，到校经费1931.34万元，横向项目到校经费8100万元。

【国家社科基金项目立项情况】 2012年度，我校共获得国家社科基金项目45项，其中重大招标项目2项，重点项目7项，面上项目31项，后期资助项目3项，国家社科基金学术期刊资助2项。重大招标项目分别是文学与新闻学院刘亚丁教授主持的“俄罗斯《中国精神文化大典》中文翻译工程”和商学院院长徐玖平教授主持的“重特大灾害社会风险演化机理及应对决策研究”。

【教育部项目立项情况】 2012年度，我校共获得教育部项目39项，其中重大攻关项目1项，基地重大项目8项，一般项目30项。重大攻关项目是文学与新闻学院院长曹顺庆教授主持的“英语世界中国文学的译介与研究”。另获得其他部委

项目7项。

【省市项目立项情况】 2012年度，我校共获得四川省社科规划项目51项；另获省级其他项目12项。市厅级项目51项。

【校级项目立项情况】 2012年度，我校中央高校基本业务费专项合计立项207项。其中高水平学术团队建设项目5项，学科前沿与交叉创新研究项目53项；四川大学杰出青年基金项目10项，“走出去”项目1项，海外优秀博士资助项目6项，出版基金项目9项，校青年教师科研启动基金项目78项，决策咨询项目15项；重大攻关培育计划30项。

【哲学社会科学科研成果获奖情况】 2012年，我校哲学社会科学科研成果获奖总数86项。四川省第十五次哲学社会科学优秀成果奖69项，其中一等奖7项，二等奖19项，三等奖32项，优秀奖11项。其他省部级奖3项。此外，还获得第九届四川省教育厅哲学社会科学科研成果奖11项，其中一等奖2项，二等奖3项，三等奖6项。成都市第十次哲学社会科学优秀成果奖3项，其中一等奖2项，二等奖1项。

【我校获得教育部科普项目三项，位列全国高校第三】 2012年度教育部哲学社会科学研究普及读物项目共立项54项，我校获准3项，与南开大学并列全国高校第三。项楚教授的《敦煌文化》、霍巍教授的《西藏考古文物新发现之旅》、蔡尚伟教授的《文化产业通俗读本》获准立项。

【我校获批3个教育部区域和国别研究培育基地】 2012年1月，我校美国研究中心、欧盟研究中心、南亚研究所获批成为教育部区域和国别研究培育基地。教育部区域和国别研究培育基地是教育部为促进教育对外开放、服务国家外交战略、推进区域和国别问题研究以及国际教育研究，提升高校与研究机构为国家决策提供咨询的能力，使之发展成为国家重要决策的“智囊团”和“思想库”，而在部分高校和研究机构设立的。

【《今注本二十四史·三国志》出版发行】 2012年1月，由我校历史文化学院中国古代史专业博士生导师杨耀坤教授校注的《今注本二十四史·三国志》，由巴蜀书社出版发行。该书分装为12册，长达341万字。该书系由中华文化促进会主持编纂，国家“十一五”重点图书出版规划项目、国家财政部重大出版工程资助项目的最终成果《今注本二十四史》中的一史。较之以前的同类著作，该书有两大特色：一是部头最大，注文最长，注文的内容最丰富，研究得最深，涉猎的问题和方面也最多；二是在中国古代史学史和古籍整理研究史上也给裴松之的古注做了注，且较详尽深入，具有拓展之功。

【应用对策研究成果显著】 2012年，我校有18篇研究成果分别入选全国哲学社会科学规划办《成果要报》、教育部《专家建议》、四川省规划办《重要成果专报》。

【《四川大学学报》（哲学社会科学版）入选第一批国家社科基金学术期刊资助名单】 2012年6月，全国哲学社会科学规划办公布了国家社科基金学术期刊资助第一批入选名单，《四川大学学报》（哲学社会科学版）继入选教育部名刊建设工程后，入选本次国家社科基金学术期刊资助第一批100家。这是西南地区唯一一家获资助的高校期刊。

【教育部重大攻关项目顺利开题】 2012年9月23日，以长江学者、四川大学文科杰出教授、四川大学文学与新闻学院院长曹顺庆教授为首席专家的2012教育部哲学社会科学研究重大课题攻关项目“英语世界中国文学的译介与研究”开题报告会成功举行。教育部社科司及国内外相关专家学者出席会议。

【主办“全球变化下的人类发展”国际学术研讨会】2012年10月23日至25日，由四川大学和密歇根州立大学共同主办的“全球变化下的人类发展”国际学术研讨会在四川大学举行。四川大学副校长晏世经教授出席了研讨会开幕式，并致辞。四川大学社科处、国际合作与交流处、建筑与环境学院、经济学院等相关单位负责人和师生与20名来自密歇根州立大的教授共同出席了此次会议。在本次研讨会上，来自我校和密歇根州立大学相关领域的专家学者以及学生针对全球气候变化下的人与自然的相互作用、自然灾害管理及灾后重建，以及城乡一体化与政策研究等主题进行了学术交流。两校学者确定了合作领域和行动方案，并由我校唐亚教授和密歇根州立大学Jiaguo Qi教授作为具体的项目联系人，推动项目申报和具体项目的实施。

【《宗教学研究》荣获国家社科基金第二批学术期刊资助】2012年11月，四川大学道教与宗教文化研究所主办的《宗教学研究》刊物获得国家社会科学基金第二批学术期刊资助。《宗教学研究》是全国高校中唯一公开出版发行的宗教学专业学术期刊。

【加快科研管理系统信息化建设】2012年11月，为提高日常科研管理信息化水平，整合科研工作流程，社科处加强科研管理信息化平台建设，新的社科科研管理系统已开始试运行。

【我校社科联获“2011—2012年度先进高校社科联”荣誉称号】2012年11月，四川大学社科联被四川省社会科学联合会评选为“2011—2012年度先进高校社科联”。

【国家社科基金重大招标项目顺利开题】2012年12月，由我校当代俄罗斯研究中心学术委员会主席、文学与新闻学院教授刘亚丁为首席专家的国家社科基金重大招标项目“俄罗斯《中国精神文化大典》中文翻译工程”项目成功举行开题报告会。国内外专家出席开题报告会。目前，该项目的研究工作正井然有序地开展。

【首次获得国家社科基金跨学科研究类重大招标项目】2012年12月，由我校商学院徐玖平教授申报的2012年国家社科基金重大招标项目（第四批，跨学科研究类）：重特大灾害社会风险演化机理及应对决策研究，获批立项。这是我校获得的首个跨学科研究类的国家社科基金重大招标项目，也是徐玖平教授作为首席专家主持的第二个国家社科基金重大招标项目。

【召开人文社科科研工作座谈会】2012年12月14日，社科处组织全校文科各学院（所）主管科研工作的负责人、科研秘书及部分项目负责人，召开了2012年人文社科科研工作座谈会。座谈会上，副校长晏世经教授简要回顾了“十二五”开局以来，我校哲学社会科学取得的成绩，并对当前及今后一个时期深入学习贯彻落实党的十八大精神，推动我校哲学社会科学繁荣发展做了工作部署。

【我校首个2011人文社科协同创新中心——中国西部边疆安全与发展战略协同创新中心揭牌】2012年12月28日，由我校牵头联合国家民委、云南大学、西藏大学、新疆大学共同组建的“中国西部边疆安全与发展战略协同创新中心”在北京举行了揭牌仪式，教育部副部长李卫红、教育部社科司司长杨光、教育部社科司规划处处长徐青森、国家民委科教司副司长边境、四川大学校长谢和平院士、四川大学党委常务副书记罗中枢、国家民委民族问题研究中心正司级副主任黄忠彩、四川大学副校长晏世经、云南大学副校长肖宪、西藏大学副校长鲍志东、新疆大学副校长努尔夏提·朱马西，以及中心各平台负责人、部分专家出席仪式。

【《新一轮西部大开发经济社会发展若干重大课题研究》出版发行】四川大学校长谢和平院士担任主编、校党委常务副书记罗中枢教授担任副主编，由四川大学出版社出版的《新一轮西部大开发经济社会发展若干重大课题研究》出版发行，全书60万字，得到了社会强烈反响。该书的出版是我校服务于国家西部大开发战略的重要体现，有助于推动我国西部地区加大发展，实现社会进步，保护生态环境。

【加强科研经费管理】为进一步规范和加强我校人文社科科研经费的管理，提高人文社科科研经费使用效益，促进学校人文社科科研工作协调、健康、可持续发展，保证科研项目的顺利实施，社科处根据国家和学校相关政策法规，制定并发布了《四川大学人文社科科研经费管理办法（暂行）》（川大社科〔2012〕7号）、《四川大学人文社科科研经费使用报销规定》（川大社科〔2012〕1号）。

【加强部门文化建设】社科处以“服务专家学者、繁荣人文社科”为工作理念，以争创“一流的工作形象，一流的思想作风，一流的业务水平，一流的服务质量”为工作目标，积极营造“博雅文华、经纬至道”的部门文化，制定并严格履行《社科处服务公约》，全面实施首问责任制、办事承诺制和限时办结制，工作月报制，加强工作考核；进一步优化工作流程，简化办事手续，改进工作作风，提高工作质量与工作效率。

【新增校批科研机构15个】2012年新增校批科研机构：四川大学中国发展研究咨询中心、四川大学创造力研究所、四川大学国际关系研究院、四川大学博物馆展陈设计研究所、四川大学旅游发展研究所、四川大学科普文化产业研究所、四川大学长江区域发展战略研究所、四川大学人力资本开发研究所、四川大学小微企业发展研究所、四川大学现代企业管理技术与可持续发展研究所、四川大学东亚汉籍研究所、四川大学政府法治研究中心、四川大学中国学研究中心、四川大学预防腐败研究中心等共15个。

表1 四川大学2012年社科科研经费总量及其结构（万元）

项目 / 时间	总经费	其中：纵向经费	横向经费	国际合作经费
2012年	14420.00	6317.78	7807.42	292.58

表 2　四川大学 2012 年社科纵向科研项目一览表

项目名称		个数（个）
纵向项目	国家社科基金项目	45
	教育部人文社会科学项目	39
	其他部委项目	7
	四川省哲学社会科学规划项目	51
	省级其他纵向项目	12
	其他纵向项目	315
共计		469

表 3　四川大学 2012 年科研成果统计表

成果形式		成果数量
出版著作		201 部
发表 CSSCI 以上论文	A 刊	55 篇
	B 刊	185 篇
	C 刊	589 篇
一般论文（除 A、B、C 刊以外）		685 篇
重要咨询报告		18 篇
总计		1733 部/篇

表 4　四川大学 2012 年科研成果及科研管理获奖情况

奖项名称	奖项等级				获奖者	合计
	一等奖	二等奖				
四川省第十五次哲学社会科学优秀成果奖	7	19	32	11		69 项
第四届钱端升法学研究成果奖			2		龙宗智、左卫民	2 项
国家旅游局优秀旅游学术成果奖		1			程励、王挺之	1 项
第九届四川省教育厅哲学社会科学科研成果奖	2	3	6			11 项
成都市第十次哲学社会科学优秀成果奖	2	1				3 项
高校哲学社会科学研究管理先进集体					四川大学社科处	1 项
2011—2012 年度先进高校社科联					四川大学社科联	1 项

（以上资料由社科处刘小娟提供）

自然科学

一、科技项目与经费

2012年全校到校科研总经费达18.45亿元，其中，理工医17.01亿元，人文社科1.44亿元，比2011年增长1.98亿元，增长率为12.05%。

获准国家重大科技专项和国家科技计划专项课题203项，专项经费5.04亿元。其中：我校牵头承担的主要包括"973"及重大科学研究计划课题13项、ITER计划和科技部其他项目5项、国家重大科技专项2项、国家科技支撑计划课题7项、"863"计划课题7项、国际合作课题（不含自然基金国际合作）24项，以及国家重点实验室专项。其中，国家科技支撑计划项目3项（谢和平，二氧化碳矿化利用技术研发与工程示范，专项经费2000万元；张兴栋，骨科/神经及术中新型生物医用材料，专项经费3255万元；樊瑜江，软骨诱导性胶原水凝胶材料的研发及临床应用，专项经费815万元），国家重大科技专项2项（李虹，四川省绵阳市艾滋病、乙肝和结核病规模化现场流行病学干预及分级协同综合防治一体化示范研究，专项经费2349.5万元；魏于全，综合性新药研究开发技术大平台，专项经费2135.55万元），"973"计划首席科学家项目3项（"973"计划项目：黄卡玛，支撑微波能高效工业应用中的新型微波源基础问题研究，专项经费3112万元；重大科学研究计划项目：黄灿华，病毒诱导肿瘤发生的氧化还原蛋白质组研究，专项经费2240万元；青年科学家专项：张楚虹，安全、轻质、高效的新型全固态锂电子电池关键材料纳米制备科学问题研究，500万元），"863"主题项目1项（游劲松，新型纳米能源材料与器件关键制备技术，专项经费2317万元），ITER计划1项（王嘉琦，托卡马克撕裂模不稳定性的驱动与控制研究，专项经费300万元）。

获准国家自然科学基金各类项目394项，经费2.48亿元。其中：面上项目201项，青年基金149项，重大科研仪器设备研制专项1项（郭少云，聚合物微纳层次形态结构调控仪与分析表征系统，经费860万元）、国家自然科学基金委创新群体1项（李安民，数学物理，经费420万元）、杰出青年科学基金3项（王琼华，3D显示理论与器件，经费200万元；黄灿华，肿瘤蛋白质组学，经费200万元；赵长生，膜材料的研究，经费200万元）、优秀青年基金7项，重点类项目10项。

获准教育部项目124项，经费3516.4万元。其中高等学校创新引智基地：通过评估获滚动资助1项（谢和平，山地资源工程与生态安全创新引智基地，经费450万元）；新获准1项（李光宪，高分子材料科学与工程学科创新引智基地，经费450万元）。获准四川省、成都市及国家其他部委项目348项，经费6715.7万元。

获准国防军工各类项目139项，经费6728万元。其中：获准纵向项目36项，获准经费3586万元；横向项目103项，获准经费3142万元。在军工重点项目的争取上有较大突破，首次获准国防科工局国防基础科研重点项目1项，获准经费800万元；获准总装探索重点项目1项，获准经费200万元。

新签企事业技术合同1308项（不包括学校二级独立法人单位），合同总经费8.15亿元；横向项目到校总经费4.56亿元；新签合同总经费及到校总经费在去年获得高增长的情况下今年又有增长。新签项目中，合同经费500万以上的项目24项。

二、科研基地和人才队伍建设

国家级科研基地方面：获准建设国家级基地1个，国家发改委批准依托我校建设“口腔再生医学国家地方联合工程实验室”（华西口腔医学院）；制革清洁技术国家工程实验室顺利通过验收。

部省级科研基地方面：四川省科技厅与重庆市科委联合批复依托我校建设“特色生物资源及生物技术川渝共建重点实验室”（生命科学学院）。四川省环境保护厅批准我校建设2个省环境保护工程技术中心：四川省环境保护环境催化材料工程技术中心（化学学院）、四川省环境保护土壤环境保护工程技术中心（建筑与环境学院）。“皮革化学与工程”教育部重点实验室顺利通过评估，“能源工程安全与灾害力学”教育部重点实验室建设计划通过论证。

新获准国家自然科学基金委创新群体1个（数学学院李安民院士团队），新增教育部创新团队2个（数学学院张旭团队、华西医院龚启勇团队）。

新增杰出青年基金获得者3人（高分子科学与工程学院赵长生、电子信息学院王琼华、生物治疗国家重点实验室黄灿华）；新增国家自然科学基金优秀青年基金获得者7人，新增教育部新世纪优秀人才获得者17人，中国科协求是青年成果转化奖1人。

三、科技成果

2012年度获各级各类科技成果奖励60项。其中，获国家科技奖励4项：化学学院冯小明教授等完成的“含氮手性催化剂的设计合成及其不对称催化有机反应研究”获得国家自然科学奖二等奖，水力学与山区河流开发保护国家重点实验室许唯临教授等完成的“高水头大流量泄水建筑物分级防冲防蚀成套技术”获得国家技术发明奖二等奖，生命科学学院王红宁教授等完成的“猪鸡病原细菌耐药性研究及其在安全高效新兽药研制中的应用”获得国家科技进步奖二等奖，华西口腔医学院的李龙江教授等参与完成的“涎腺肿瘤治疗新技术的研究及应用”获得国家科技进步奖二等奖。获高等学校科学研究优秀成果奖（科学技术）8项，其中，一等奖5项、二等奖3项。获四川省科技进步奖32项。其中，一等奖10项、二等奖4项、三等奖18项。获重庆市科学技术奖励3项，其中，一等奖1项、二等奖1项、三等奖1项。获湖北省科学技术奖励自然科学奖二等奖1项。获中华医学奖3项，其中，二等奖1项，三等奖2项。获成都市科技奖励9项，其中，一等奖2项、二等奖2项、三等奖4项，成果转化推进奖1项。

产学研奖励方面：获得教育部和福建省联合颁发的“第十届中国海峡项目成果交易会”高校优秀参展项目奖、四川省科技服务“示范机构”称号、教育厅高校科技成果转化奖、2012年“上海工博会优秀组织奖”等多项奖励、“第十六届中国科协求是杰出青年成果转化奖”等多项奖励。荣获2011年度“中国科技论文在线期刊”优秀组织单位。

中国科技信息研究所2012年发布的数据显示，2011年度我校SCI收录论文数2448篇，较2010年增加93篇，在全国高校排名中列第5位；发表国内统计源期刊论文3923篇，在全国高校排名中列第7位，较2010年上升1位；EI收录论文1489篇，较2010年增加80篇，在全国高校排名中列第18位，较2010年上升1位；MEDLINE收录论文1592篇，较2010年增加396篇，在全国高校排名中列第5位，较2010年上升1位。

2011年度我校国际论文被引篇数2942篇（被引用8449次），在全国高校排名中列第8位，较2010年上升了2位；2002—2011年国际论文累计被引用8596篇（累计被引用70947次），列全国高校第8位。

2011年我校发表“表现不俗”论文732篇（2010年该数据为369篇），占全部论文的29.9%，比2010年提高了14个百分点，在全国高校排名中列第7位，较2010年上升3位。

全年申请专利978项，较去年增长77.5%。其中，发明专利777项，PCT申请7项，实用新型191项，外观设计3项。

获得专利授权507项，较去年增长32.72%。其中，发明专利383项，较去年增长23.72%；美国专利3项；实用新型113项，外观设计8项。

表5 2012年纵向项目获准经费来源情况 单位：万元

	国家自然科学基金（含国际合作）	科技部	教育部	省市等	军工
2012年	24815.64	50370.17	3516.40	6715.70	3586.00
2011年	23300.00	31559.00	3011.00	5081.00	6495.50
增长率（%）	6.5%	59.6%	16.79%	32.17%	-44.79%

表6 2012年到校科研经费来源分布 单位：万元

经费来源		金额	经费来源	金额
教育部	科研项目	1084.46	国家自然科学基金	20194.49
	其他	1405.00	国务院其他部门	8019.80
	小计	2489.46	军工项目	5371.32
科技部	支撑计划项目	2923.07	省市自治区	6727.59
	“863”计划项目	3734.15	企事业单位委托	105046.13
	“973”计划项目	4454.09	校资助和转让咨询	3376.19
	国家科技重大专项	3830.25	国际合作	2175.24
	其他	1773.81	合计	170115.59
	小计	16715.37		

说明：包含国家重点实验室基本科研业务费、开放运行费、仪器设备购置费、科技部国际合作项目等。

表 7　2012 年科研项目情况　　单位：项

任务来源	科技部					军工项目	国家自然科学基金	教育部	国务院其他部门	省市自治区	企事业单位委托	自选	国际合作	合计
	“973”项目	“863”项目	支撑计划	重大专项	其他									
新上项目	16	27	31	20	14	139	395	124	42	426	1433	148	17	2832
结转项目	33	11	14	6	12	109	662	304	137	1004	1507	319	13	4131
合计	49	38	45	26	26	248	1057	428	179	1430	2940	467	30	6963

表 8　2011 年度科技论文情况

	数量（篇/次）	全国高校排名
SCI 论文数	2448（2355）	5（5）
表现不俗论文	732（369）	7（10）
EI 论文数	1489（1409）	18（19）
CPCI－S 论文数	157（318）	77（60）
MEDLINE 论文数	1592（1196）	5（6）
国际论文被引篇数	2942（2229）	8（10）
国际论文被引次数	8449（5770）	8（10）
国内论文总数	3923（4147）	7（8）

注：1. 表中数据来源于中国科学技术信息研究所 2012 年发布的《2011 年度中国科技论文统计结果》；

2. 2011 年 SCI 论文数只含 Article、Review 两类文献收录；

3. 括号中为 2010 年度数据。

表 9　2012 年度各学院（中心）获奖情况

序号	院系所名称		合计	国家奖		部省奖			其他奖		
				一等奖	二等奖	一等奖	二等奖	三等奖	地市奖	个人奖	行业
1	华西医院（含生物治疗国重室）		16			4	1	6	3	2	
2	水利水电学院	水力学与山区河流开发保护国重室	5		1	1	1				
		水利水电学院						2			
3	生命科学学院		5		1	2		2			
4	化学学院		3		1	1	1				

续表9

<table>
<tr><th rowspan="2">序号</th><th rowspan="2" colspan="2">院系所名称</th><th rowspan="2">合计</th><th colspan="2">国家奖</th><th colspan="3">部省奖</th><th colspan="3">其他奖</th></tr>
<tr><th>一等奖</th><th>二等奖</th><th>一等奖</th><th>二等奖</th><th>三等奖</th><th>地市奖</th><th>个人奖</th><th>行业</th></tr>
<tr><td>5</td><td colspan="2">华西口腔医学院（含口腔疾病研究国重室）</td><td>5</td><td></td><td>1</td><td>2</td><td>1</td><td></td><td>1</td><td></td><td></td></tr>
<tr><td>6</td><td colspan="2">商学院</td><td>4</td><td></td><td></td><td>1</td><td></td><td>2</td><td>1</td><td></td><td></td></tr>
<tr><td>7</td><td colspan="2">华西第二医院</td><td>2</td><td></td><td></td><td>1</td><td></td><td>1</td><td></td><td></td><td></td></tr>
<tr><td>8</td><td colspan="2">制造科学与工程学院</td><td>3</td><td></td><td></td><td>2</td><td></td><td>1</td><td></td><td></td><td></td></tr>
<tr><td>9</td><td colspan="2">计算机学院</td><td>1</td><td></td><td></td><td>1</td><td></td><td></td><td></td><td></td><td></td></tr>
<tr><td>10</td><td colspan="2">材料科学与工程学院</td><td>2</td><td></td><td></td><td>1</td><td></td><td>1</td><td></td><td></td><td></td></tr>
<tr><td>11</td><td colspan="2">轻纺与食品学院</td><td>2</td><td></td><td></td><td></td><td>2</td><td></td><td></td><td></td><td></td></tr>
<tr><td rowspan="2">12</td><td rowspan="2">高分子科学与工程学院</td><td>高分子研究所</td><td rowspan="2">1</td><td></td><td></td><td></td><td>1</td><td></td><td></td><td></td><td></td></tr>
<tr><td>高分子科学与工程学院</td><td></td><td></td><td></td><td></td><td></td><td></td><td></td><td></td></tr>
<tr><td>13</td><td colspan="2">建筑与环境学院</td><td>1</td><td></td><td></td><td></td><td>1</td><td></td><td></td><td></td><td></td></tr>
<tr><td>14</td><td colspan="2">化学工程学院</td><td>1</td><td></td><td></td><td></td><td></td><td>1</td><td></td><td></td><td></td></tr>
<tr><td>15</td><td colspan="2">华西基础医学与法医学院</td><td>1</td><td></td><td></td><td></td><td></td><td>1</td><td></td><td></td><td></td></tr>
<tr><td>16</td><td colspan="2">电气信息学院</td><td>1</td><td></td><td></td><td></td><td></td><td>1</td><td></td><td></td><td></td></tr>
<tr><td>17</td><td colspan="2">科学技术发展研究院</td><td>1</td><td></td><td></td><td></td><td></td><td></td><td>1</td><td></td><td></td></tr>
<tr><td>18</td><td colspan="2">电子信息学院</td><td>1</td><td></td><td></td><td></td><td></td><td></td><td>1</td><td></td><td></td></tr>
<tr><td>19</td><td colspan="2">华西公共卫生学院</td><td>1</td><td></td><td></td><td></td><td></td><td></td><td>1</td><td></td><td></td></tr>
<tr><td rowspan="3">20</td><td rowspan="3">物理科学与技术学院</td><td>物理科学与技术学院</td><td rowspan="3">1</td><td></td><td></td><td></td><td></td><td></td><td>1</td><td></td><td></td></tr>
<tr><td>720所</td><td></td><td></td><td></td><td></td><td></td><td></td><td></td><td></td></tr>
<tr><td>原子分子所</td><td></td><td></td><td></td><td></td><td></td><td></td><td></td><td></td></tr>
<tr><td>21</td><td colspan="2">华西药学院</td><td>1</td><td></td><td></td><td></td><td></td><td></td><td></td><td>1</td><td></td></tr>
<tr><td>22</td><td colspan="2">公共管理学院</td><td></td><td></td><td></td><td></td><td></td><td></td><td></td><td></td><td></td></tr>
<tr><td>23</td><td colspan="2">分析测试中心</td><td></td><td></td><td></td><td></td><td></td><td></td><td></td><td></td><td></td></tr>
<tr><td>24</td><td colspan="2">生物材料工程研究中心</td><td></td><td></td><td></td><td></td><td></td><td></td><td></td><td></td><td></td></tr>
<tr><td>25</td><td colspan="2">数学学院</td><td></td><td></td><td></td><td></td><td></td><td></td><td></td><td></td><td></td></tr>
<tr><td>26</td><td colspan="2">其他单位</td><td>2</td><td></td><td></td><td></td><td>2</td><td></td><td></td><td></td><td></td></tr>
<tr><td colspan="3">合计</td><td>60</td><td></td><td>4</td><td>16</td><td>10</td><td>18</td><td>9</td><td>3</td><td></td></tr>
</table>

表 10 各单位 SCI、EI 论文情况

单位：篇

<table>
<tr><th rowspan="2">序号</th><th rowspan="2" colspan="2">学院（所，中心等）名称</th><th colspan="4">SCI 论文</th><th colspan="4">EI 论文</th></tr>
<tr><th colspan="2">2011 年</th><th colspan="2">2010 年</th><th colspan="2">2011 年</th><th colspan="2">2010 年</th></tr>
<tr><td>1</td><td colspan="2">华西医院（含生物治疗国重室）</td><td colspan="2">644</td><td colspan="2">615</td><td colspan="2">42</td><td colspan="2">50</td></tr>
<tr><td>2</td><td colspan="2">化学学院</td><td colspan="2">285</td><td colspan="2">262</td><td colspan="2">131</td><td colspan="2">143</td></tr>
<tr><td rowspan="2">3</td><td rowspan="2">高分子科学与工程学院</td><td>高分子科学与工程学院</td><td rowspan="2">224</td><td>169</td><td rowspan="2">201</td><td>123</td><td rowspan="2">237</td><td>167</td><td rowspan="2">226</td><td>137</td></tr>
<tr><td>高分子研究所</td><td>55</td><td>78</td><td>70</td><td>89</td></tr>
<tr><td rowspan="3">4</td><td rowspan="3">物理科学与技术学院</td><td>物理科学与技术学院</td><td rowspan="3">179</td><td>85</td><td rowspan="3">164</td><td>86</td><td rowspan="3">130</td><td>67</td><td rowspan="3">120</td><td>81</td></tr>
<tr><td>720 所</td><td>21</td><td>11</td><td>5</td><td>2</td></tr>
<tr><td>原子分子所</td><td>73</td><td>67</td><td>58</td><td>37</td></tr>
<tr><td>5</td><td colspan="2">材料科学与工程学院</td><td colspan="2">127</td><td colspan="2">119</td><td colspan="2">141</td><td colspan="2">127</td></tr>
<tr><td>6</td><td colspan="2">华西口腔医学院（含口腔疾病研究国重室）</td><td colspan="2">124</td><td colspan="2">159</td><td colspan="2">6</td><td colspan="2">14</td></tr>
<tr><td>7</td><td colspan="2">生命科学学院</td><td colspan="2">98</td><td colspan="2">109</td><td colspan="2">11</td><td colspan="2">18</td></tr>
<tr><td>8</td><td colspan="2">化学工程学院</td><td colspan="2">83</td><td colspan="2">96</td><td colspan="2">79</td><td colspan="2">85</td></tr>
<tr><td>9</td><td colspan="2">电子信息学院</td><td colspan="2">75</td><td colspan="2">76</td><td colspan="2">148</td><td colspan="2">114</td></tr>
<tr><td>10</td><td colspan="2">华西第二医院</td><td colspan="2">75</td><td colspan="2">64</td><td colspan="2">0</td><td colspan="2">1</td></tr>
<tr><td>11</td><td colspan="2">华西药学院</td><td colspan="2">74</td><td colspan="2">82</td><td colspan="2">12</td><td colspan="2">15</td></tr>
<tr><td>12</td><td colspan="2">数学学院</td><td colspan="2">69</td><td colspan="2">78</td><td colspan="2">39</td><td colspan="2">28</td></tr>
<tr><td>13</td><td colspan="2">轻纺与食品学院</td><td colspan="2">59</td><td colspan="2">52</td><td colspan="2">59</td><td colspan="2">37</td></tr>
<tr><td>14</td><td colspan="2">华西基础医学与法医学院</td><td colspan="2">43</td><td colspan="2">43</td><td colspan="2">4</td><td colspan="2">3</td></tr>
<tr><td>15</td><td colspan="2">分析测试中心</td><td colspan="2">37</td><td colspan="2">36</td><td colspan="2">34</td><td colspan="2">32</td></tr>
<tr><td>16</td><td colspan="2">生物材料工程研究中心</td><td colspan="2">36</td><td colspan="2">33</td><td colspan="2">21</td><td colspan="2">31</td></tr>
<tr><td rowspan="2">17</td><td rowspan="2">水利水电学院</td><td>水力学与山区河流开发保护国重室</td><td rowspan="2">27</td><td>13</td><td rowspan="2">24</td><td>17</td><td rowspan="2">94</td><td>37</td><td rowspan="2">85</td><td>31</td></tr>
<tr><td>水利水电学院</td><td>14</td><td>7</td><td>57</td><td>54</td></tr>
<tr><td>18</td><td colspan="2">制造科学与工程学院</td><td colspan="2">23</td><td colspan="2">18</td><td colspan="2">62</td><td colspan="2">58</td></tr>
<tr><td>19</td><td colspan="2">华西公共卫生学院</td><td colspan="2">21</td><td colspan="2">15</td><td colspan="2">1</td><td colspan="2">0</td></tr>
<tr><td>20</td><td colspan="2">计算机学院</td><td colspan="2">19</td><td colspan="2">18</td><td colspan="2">82</td><td colspan="2">47</td></tr>
<tr><td>21</td><td colspan="2">建筑与环境学院</td><td colspan="2">17</td><td colspan="2">22</td><td colspan="2">34</td><td colspan="2">49</td></tr>
<tr><td>22</td><td colspan="2">电气信息学院</td><td colspan="2">1</td><td colspan="2">7</td><td colspan="2">74</td><td colspan="2">99</td></tr>
<tr><td>23</td><td colspan="2">其他单位</td><td colspan="2">108</td><td colspan="2">62</td><td colspan="2">48</td><td colspan="2">27</td></tr>
<tr><td colspan="3">合计</td><td colspan="2">2448</td><td colspan="2">2355</td><td colspan="2">1489</td><td colspan="2">1409</td></tr>
</table>

注：2011 年 SCI 论文数只含 Article、Review 两类文献收录。

表 11 各单位“表现不俗”论文情况

单位：篇

序号	学院（所，中心等）名称	2011 年		2010 年	
		“表现不俗”论文（篇）	占 SCI 总数比例%	“表现不俗”论文（篇）	占 SCI 总数比例%
1	华西医院（含生物治疗国重室）	172	26.71	100	16.26
2	化学学院	120	42.11	53	20.23
3	高分子科学与工程学院（含高分子材料工程国重室、高分子研究所）	74	33.04	23	11.44
4	材料科学与工程学院	47	37.01	13	10.92
5	物理学院（含 720 所、原子分子所）	42	23.46	14	8.54
6	华西口腔医学院（含口腔疾病研究国重室）	29	23.39	27	16.98
7	生物材料工程研究中心	26	72.22	11	33.33
8	华西药学院	26	35.14	19	23.17
9	电子信息学院	26	34.67	13	17.11
10	化学工程学院	24	28.92	15	15.63
11	生命科学学院	24	24.49	17	15.60
12	数学学院	17	24.64	10	12.82
13	轻纺与食品学院	16	27.12	10	19.23
14	华西第二医院	15	20.00	8	12.50
15	分析测试中心	11	29.73	7	19.44
16	华西基础医学与法医学院	8	18.60	4	9.30
17	制造科学与工程学院	6	26.09	4	22.22
18	计算机学院	5	26.32	4	22.22
19	华西公共卫生学院	3	14.29	2	13.33
20	水利水电学院（含水力学与山区河流开发保护国重室）	3	11.11	8	33.33
21	建筑与环境学院	2	11.76	2	9.09
22	电气信息学院	1	100	0	0
23	其他单位	35	32.41	5	7.25
合计		732	29.90	369	15.67

表 12 各单位发明专利授权情况

单位：项

<table>
<tr><th>序号</th><th colspan="2">学院（所，中心等）名称</th><th colspan="2">国家发明专利</th><th>国防专利</th><th>国外专利</th><th colspan="2">2012 年合计</th><th colspan="2">2011 年合计</th></tr>
<tr><td rowspan="2">1</td><td rowspan="2">高分子科学与工程学院</td><td>高分子科学与工程学院</td><td rowspan="2">48</td><td>27</td><td></td><td></td><td rowspan="2">48</td><td>27</td><td rowspan="2">35</td><td>23</td></tr>
<tr><td>高分子研究所</td><td>21</td><td></td><td></td><td>21</td><td>12</td></tr>
<tr><td>2</td><td colspan="2">华西医院（含生物治疗国重室）</td><td colspan="2">42</td><td></td><td></td><td colspan="2">42</td><td colspan="2">17</td></tr>
<tr><td>3</td><td colspan="2">化学学院</td><td colspan="2">40</td><td></td><td></td><td colspan="2">40</td><td colspan="2">21</td></tr>
<tr><td>4</td><td colspan="2">轻纺与食品学院</td><td colspan="2">38</td><td></td><td>1</td><td colspan="2">39</td><td colspan="2">26</td></tr>
<tr><td>5</td><td colspan="2">生命科学学院</td><td colspan="2">26</td><td></td><td></td><td colspan="2">26</td><td colspan="2">29</td></tr>
<tr><td>6</td><td colspan="2">材料科学与工程学院</td><td colspan="2">24</td><td>2</td><td></td><td colspan="2">26</td><td colspan="2">13</td></tr>
<tr><td>7</td><td colspan="2">电子信息学院</td><td colspan="2">23</td><td>1</td><td></td><td colspan="2">24</td><td colspan="2">11</td></tr>
<tr><td rowspan="3">8</td><td rowspan="3">物理科学与技术学院</td><td>物理科学与技术学院</td><td rowspan="3">18</td><td>12</td><td></td><td></td><td rowspan="3">19</td><td>12</td><td rowspan="3">23</td><td>16</td></tr>
<tr><td>720 所</td><td>5</td><td></td><td></td><td>5</td><td>4</td></tr>
<tr><td>原子分子所</td><td>1</td><td>1</td><td></td><td>2</td><td>3</td></tr>
<tr><td>9</td><td colspan="2">计算机学院</td><td colspan="2">17</td><td></td><td></td><td colspan="2">17</td><td colspan="2">2</td></tr>
<tr><td>10</td><td colspan="2">制造科学与工程学院</td><td colspan="2">16</td><td></td><td></td><td colspan="2">16</td><td colspan="2">14</td></tr>
<tr><td>11</td><td colspan="2">化学工程学院</td><td colspan="2">16</td><td></td><td></td><td colspan="2">16</td><td colspan="2">31</td></tr>
<tr><td>12</td><td colspan="2">华西药学院</td><td colspan="2">14</td><td></td><td></td><td colspan="2">14</td><td colspan="2">15</td></tr>
<tr><td>13</td><td colspan="2">华西口腔医学院（含口腔疾病研究国重室）</td><td colspan="2">14</td><td></td><td></td><td colspan="2">14</td><td colspan="2">5</td></tr>
<tr><td>14</td><td colspan="2">建筑与环境学院</td><td colspan="2">12</td><td></td><td></td><td colspan="2">12</td><td colspan="2">12</td></tr>
<tr><td rowspan="2">15</td><td rowspan="2">水利水电学院</td><td>水利水电学院</td><td rowspan="2">11</td><td>3</td><td></td><td>2</td><td rowspan="2">13</td><td>5</td><td rowspan="2">20</td><td>3</td></tr>
<tr><td>水力学与山区河流开发保护国重室</td><td>8</td><td></td><td></td><td>8</td><td>17</td></tr>
<tr><td>16</td><td colspan="2">分析测试中心</td><td colspan="2">8</td><td></td><td></td><td colspan="2">8</td><td colspan="2">8</td></tr>
<tr><td>17</td><td colspan="2">生物材料工程研究中心</td><td colspan="2">6</td><td></td><td></td><td colspan="2">6</td><td colspan="2">6</td></tr>
<tr><td>18</td><td colspan="2">华西第二医院</td><td colspan="2">4</td><td></td><td></td><td colspan="2">4</td><td colspan="2">6</td></tr>
<tr><td>19</td><td colspan="2">华西基础医学与法医学院</td><td colspan="2">2</td><td></td><td></td><td colspan="2">2</td><td colspan="2">4</td></tr>
<tr><td>20</td><td colspan="2">电气信息学院</td><td colspan="2"></td><td></td><td></td><td colspan="2"></td><td colspan="2">5</td></tr>
<tr><td>21</td><td colspan="2">华西公共卫生学院</td><td colspan="2"></td><td></td><td></td><td colspan="2"></td><td colspan="2">1</td></tr>
<tr><td>22</td><td colspan="2">其他单位</td><td colspan="2"></td><td></td><td></td><td colspan="2"></td><td colspan="2">8</td></tr>
<tr><td colspan="3">合计</td><td colspan="2">379</td><td>4</td><td>3</td><td colspan="2">386</td><td colspan="2">312</td></tr>
</table>

表 13 2012 年度国家科技奖获奖项目

序号	项目名称	获奖等级	完成单位	主要完成人
1	含氮手性催化剂的设计合成及其不对称催化有机反应研究	自然科学二等奖	四川大学	冯小明，刘小华，林丽丽
2	高水头大流量泄水建筑物分级防冲防蚀成套技术	技术发明二等奖	四川大学	许唯临，周 钟，张建民，吴建华，刘善均，邓 军
3	猪鸡病原细菌耐药性研究及其在安全高效新兽药研制中的应用	科技进步二等奖	四川大学，重庆大学，天津瑞普生物技术股份有限公司，洛阳惠中兽药有限公司，中国农业大学，四川农业大学	王红宁，王建华，曹 薇，张安云，杨 鑫，李守军，刘兴金，高 荣，李保明，邹立扣
4	涎腺肿瘤治疗新技术的研究及应用	科技进步二等奖	北京大学，四川大学	俞光岩，马大权，李龙江，温玉明，高 岩，彭 歆，郭传瑸，黄敏娴，赵洪伟，李盛林

表 14 四川大学理工医各单位 2012 年到校科技经费统计表

（单位：万元）

单位名称	自然基金	重大专项	“973”计划	支撑计划	“863”项目	教育部	国务院其他部门	中央其他部委项目	省市项目	军工纵向	校资助	企事业单位委托	合计
经济学院	75	0	0	0	0	28	0	0	9	0	0	0	112
历史文化学院	0	0	0	0	0	0	0	0	0	0	0	0	0
体育学院	0	0	0	0	0	4	0	0	0	0	0	0	4
数学学院	794	0	14	0	0	123	10	0	0	95	10	82	1127
物理科学与技术学院	421	0	0	0	0	98	44	30	25	120	0	417	1155
720 所	289	0	0	42	0	182	213	550	34	0	6	143	1459
原子分子所	111	0	15	0	0	0	0	0	0	3	1	176	307
化学学院	1669	0	176	9	143	234	0	0	104	233	73	624	3264
生命科学学院	894	40	551	693	454	135	571	30	603	0	5	835	4811
电子信息学院	346	0	30	0	240	90	182	0	25	949	31	858	2750
材料科学与工程学院	283	2	72	43	74	157	0	0	15	375	17	387	1425
制造科学与工程学院	450	39	0	30	0	32	94	0	277	69	11	915	1918
电气信息学院	89	0	0	5	128	47	20	0	159	0	0	2113	2561
计算机学院（软件学院）	286	0	43	138	23	324	0	6	282	184	5	3230	4522
建筑与环境学院	525	0	25	23	41	153	588	67	163	0	31	2024	3639
水利水电学院	289	0	219	10	0	222	152	5	20	0	17	4610	5544
水力学与山区河流开发保护国重室	481	0	259	89	0	35	900	0	25	0	40	3354	5183
化学工程学院	616	0	114	0	176	239	7	0	39	116	3	8751	10062

续表14

单位名称	自然基金	重大专项	"973"计划	支撑计划	"863"项目	教育部	国务院其他部门	中央其他部委项目	省市项目	军工纵向	校资助	企事业单位委托	合计
轻纺与食品学院	257	0	0	100	245	138	125	5	264	0	58	1293	2485
高分子科学与工程学院	1508	40	281	0	0	138	0	0	171	64	3	1945	4150
高分子研究所	981	0	0	0	280	107	855	0	84	224	41	1677	4248
华西基础医学与法医学院	389	125	0	10	0	48	0	0	55	0	43	161	831
华西医院	5433	1123	437	750	608	250	104	102	2152	7	249	150	11366
生物治疗国重室	0	1720	498	0	853	48	1522	0	0	0	22	1233	5895
华西口腔医学院	1392	0	513	210	320	141	2113	0	445	0	43	260	5435
华西公共卫生学院	92	69	0	20	0	43	17	43	34	0	3	267	588
华西药学院	446	380	171	0	0	70	10	0	112	0	50	1202	2440
华西第二医院	884	59	578	85	0	207	20	149	755	40	121	342	3240
公共管理学院	0	0	0	0	0	0	0	0	24	0	0	0	24
商学院	181	0	0	0	0	57	10	10	37	0	0	0	295
空天科学与工程学院	0	0	0	0	0	0	0	0	0	0	0	133	133
马克思主义学院	0	0	0	0	0	0	0	0	3	0	0	0	3
科研院	26	0	0	0	0	1405	0	0	510	100	108	19	2167
人事处	0	0	0	0	0	0	0	0	0	0	0	0	0
医管处	0	0	0	0	0	0	0	0	0	0	0	0	0
国际合作与交流处	0	0	0	0	0	0	0	0	0	0	0	0	0
科产集团	0	0	0	0	0	0	0	0	0	0	0	0	0

续表14

单位名称	自然基金	重大专项	“973”计划	支撑计划	“863”项目	教育部	国务院其他部门	中央其他部委项目	省市项目	军工纵向	校资助	企事业单位委托	合计
图书馆	0	5	0	0	0	0	0	0	0	0	0	0	5
实验动物中心	0	0	0	0	0	0	0	0	20	0	0	0	20
分析测试中心	255	230	98	9	80	28	725	0	110	120	4	499	2157
生物材料工程研究中心	711	0	361	658	69	44	110	16	12	0	44	24	2047
工程设计院	0	0	0	0	0	0	0	0	0	0	0	9483	9483
其他单位	23	0	0	0	0	4	2000	0	75	0	0	0	2101
合计	20194	3830	4454	2923	3734	10391	4828	1013	6643	2699	1038	47206	108953

（以上资料由科研院韩枫提供）

科技产业

2012年，科产集团以“规范整顿、稳妥发展”为指导思想，深入推进产业规范化建设，进一步加强对所属企业的管理，切实维护出资人的合法权益，确保国有资产保值增值。

2012年，科产集团管理的企业共61家，其中全民所有制及集体所有制企业21家，学校参股企业6家，科产集团控股企业16家，科产集团参股企业19家。科产集团参控股企业2012年年末合并资产总额62049.76万元，合并所有者权益39041.16万元，同比分别增长980.25万元和1506.92万元；2012年度合并营业总收入29118.24万元，合并净利润2947.15万元，分别同比增长1.27%和29.48%。

为确保各企业规范运营和持续发展，科产集团通过不断深化对所属企业管理体制机制的改革，加大制度建设及实施力度等管理措施，加强对所属企业的管理，主要有：一是法人治理结构不断完善。在2011年出台总经理任期制和任期目标责任制等5个所属企业管理制度的基础上，2012年又出台了人事薪酬管理等2个制度文件，至此初步建立起所属企业现代企业管理基本框架；加强董事、监事履职，重新确认或调整了所属企业的法定代表人、董事会、监事会、经营班子成员等人员，其中，更换了9家企业的董事、监事，调整和任命了11家控股公司负责人；督导大多数控股公司定期召开了董事会、监事会；首次推行所属企业董事会每半年向集团汇报的工作制度；对全部所属企业的公司章程进行了梳理和完善，进一步强化了公司各层级的职责。二是企业经营绩效考核机制逐步推行。在2011年出台《四川川大科技产业集团有限公司所属企业主要负责人任期管理暂行规定》和《四川川大科技产业集团有限公司所属企业总经理经营业绩考核办法（试行）》的基础上，2012年首次实施控股公司总经理经营目标考核，通过各公司总经理与集团签订“经营目标责任书”，对全部控股企业下达了经营目标。按照相关要求，完成经营目标后绩效薪酬将上浮1～2倍，连续两年考核不合格不再聘任。经2012年年终考核结果显示，多年亏损及长期无效益的企业都实现了大幅减亏、扭亏甚至盈利，资产公司控股企业总体经营指标创历年最好水平。三是参股公司管理进一步加强。2012年科产集团对集团或学校参股的24家公司进行了甄别，根据各公司具体经营状况，分别采取退出、减资、扩股及加强管理等策略，加强风险防范，确保了我方权益。2012年度，完成了中自尾气、川科化工和绵阳新康的股权转让工作，并启动了包括川大阳光、正光科技、川大沃地在内的6家参股企业的退出程序。同时，对现继续保留股权的公司，科产集团重新选派了董事、监事，通过对委派参股公司的董事、监事及股权代表的履职要求，加强对这些公司的管理；对长期失去联系的公司，通过各种方式和渠道，积极努力，现已取得联系并基本了解到相关公司的情况。四是财务管理进一步深化，审计工作进一步加强。制定出台《四川川大科技产业集团有限公司所属企业财务管理规定（试行）》，严格执行所属企业财务报告报送制度，进一步实施对所属企业财务人员派驻制，选择了2家控股公司首次开展预决算试点工作，并通过业务指导和工作会议召开等措施，进一步提高了所属企业财务人员业务水平；按照《党政主要领导干部和国有企业领导人员经济责任审计规定》，首次推行内审制度，并已完成6家所属企业总经理的离任经济责任审计和任期经济责任审计，通过外部审计和内部审计相结合，加强对所属企业的经营管理进行审计监督。五是人事管理工作进一步规范。制定出台了《四川川大科技产业集团有限公司所属企业人事管理工作暂行规定》，对所属企业的用人和招聘提出了规范化要求；拟实施干部备案机制，加强用人监督；明确了所属企业主要负责人薪酬与经营绩效挂钩；逐步建立所属企业人员数据库，2012年完成了对所属企业人员的基本数据采集。同时强化规范用工，避免了人事风险。六事“三康”问题妥善解决。2012年积极解决历史遗留问题——三康公司非法集资案件，配合政法部门、公安机关开展相关工作，完成解决方案。清退工作的结束，标志着困扰学校稳定的“三康”问题从根本上得到解决。

【企业改制领导小组成员调整】2012年1月16日，学校发文对四川大学全资企业改制领导小组成员进行了调整。其中，组长为李光宪，副组长为石坚、徐兰、安小予，成员分别为科产集团、国有资产管理处、人事处、审计处、财务处、监察处、校工会、法律顾问室等单位主要负责人。

【企业改制及关停并转工作全面展开】2012年，学校剩余的还未改制的全民所有制及集体所有制企业有21家，按照“非改即撤”的原则，学校全面展开对这剩余21家企业进行改制或撤并工作，其中，拟改制13家，拟注销5家，拟撤销3家。科产集团多次会同学校国资、审计、财务、人事等部门，组织召开专题会议，针对这些企业中存在的债权、人员、投资等遗留问题研究解决办法，推进相关工作。按照教育部要求，学校经营性资产应全部划转至科产集团，已划转18家企业至科产集团，划转金额累计18696.85万元；剩余学校投资企业26家中已启动股权划转的有3家，拟改制划转13家，拟注销（撤销）10家。

【校园周边项目顺利推进】2012年，科产集团继续贯彻学校对校园周边开发的要求，加大推进开发力度，办理了科华北路4号地块项目的规划许可证和施工许可证，并与投资商就该项目BOT的模式管理签署补充协议，项目进入实质性建设状态；完成了胜利村项目的规划方案设计，积极重新办理环评和节能评估，争取尽早获批规划许可证；同时，积极推进新地块招商工作，就每个地块与多家投资商进行了洽谈。

【大学科技园建设】四川大学国家大学科技园以建设公共服务平台和优化园区创新创业环境为重点，积极开展成果转化、企业孵化以及创新创业人才培养，并取得一定成绩。2012年，“川大科技园产学研成果转化服务平台建设”项目获四川省科技厅立项支持；武侯区川大科技园青年（大学生）创业园获四川省人保厅“省级高校毕业生创业园区（孵化基地）”项目支持；四川川大科技园发展有限公司通过国家级科技企业孵化器复核；由我校大学科技园牵头组建的四川省大学科技园联盟正式揭牌，该联盟将积聚四川省5所高校的科研成果、人才及力量，逐步形成具有辐射功能的孵化体系建设平台。在大学生创新创业人才培养任务方面，举办了第三期四川大学创业实践操盘项目，开展了四川大学“实践及国际课程周”科技园大学生创新创业讲座。截至2012年底，园区孵化场地约22000平方米，入驻企业110家，在孵企业70家，毕业企业31家，高新技术企业18家，依托学校科技成果创办的企业33家。

【科产集团新一届党员大会召开】 2012年7月9日，科产集团召开党员大会，选举产生由宋江洪、王安文、何琪、钟武、刘若冰、刘娅、牟群为成员的新一届党委委员，宋江洪为党委书记；选举产生由刘若冰、杨爱民、谢刚、刘兴萍、徐辉为成员的首届纪委委员，刘若冰为纪委书记。

（以上资料由科技产业集团严萍提供）

医疗卫生篇

医学管理

一、进一步深化医学改革

深入调研医学各学院医院党政领导班子、专家教授、师生职工等各个层面意见建议。同时，调研吉林大学、浙江大学、山东大学、武汉大学、中南大学、中山大学、西安交通大学、兰州大学等试点学校医学教育管理体制情况，最后拟订方案，经校务会审议通过并发文《四川大学关于报送医学教育管理体制改革实施方案的报告》（川大校〔2012〕46 号），报送教育部。组织学习《教育部 卫生部关于实施临床医学教育综合改革的若干意见》（教高〔2012〕6 号）。举办四川大学 2012 年医学工作总结暨发展研讨会，进一步理清发展思路，明确发展举措。进一步修订完善《四川大学医学中长期发展规划》。

二、加强与卫生部联系，争取资金和政策支持

组织做好卫生部副部长陈啸宏调研考察华西相关工作。卫生部对我校附属医院常规性拨款增加 35.7%。华西第二医院“锦江分院”工作取得突破性进展，已正式奠基。华西第四医院“职业病防治综合大楼”项目已经完成立项审批。邀请卫生部部长陈竺出席第九次世界生物材料大会。陈竺部长为大会发来亲笔签名贺信。

三、加大学科交叉，促进医学资源整合

加大医学学科资源整合和学科交叉融合，推动在学院与学院、学院与医院跨学科基础上形成的课题项目实质性实施。四川大学华西儿童医学中心已于 2 月 21 日正式挂牌成立。该中心在华西医院、华西二院分设儿内、儿外科会诊室，建立院间转诊和会诊绿色通道，优化服务流程，切实解决广大儿童患者看病难、入院难、重复检查等问题。截止到 2012 年 11 月 30 日，儿外科门诊会诊患儿 5323 人次，通过门诊直接进入华西医院手术的病人 529 人次。编制完成《2012 年医学事业年度发展报告》，评估医学学院、附属医院的质量效益、技术水平和工作业绩。加强全科医学教研室及全科医学师资培训基地建设工作。推进华西校区西区停车场修建工作。协助举办了四川大学第八届交叉学科论坛暨 2012 华西医学合作论坛“医学教育发展与挑战”。

四、加强附属医院服务协调

组织华西各附属医院落实医疗卫生体制改革公立医院改革工作任务，推进“医疗质量万里行”、“三好一满意”、“优质护理服务”、“创建优质医院”等活动。积极协助各附属医院完成一级学科评审、国家临床重点专科申报、医院等级评审等工作。组织医学学院医院申报 2012 年四川省医学重点学科（实验室）及重点专科建设项目，筹备申报国家重大卫生课题。组织附属医院参与完成卫生部《医院评审员手册》和《三级综合医院评审标准》编写工作。组织推荐 14 名大型医院巡查检查组专家调研北京有关医院。联合中国医学院医院管理处，邀请各大学医管处长研讨

编写工作。组织举办医院评审评价培训宣讲会。指导协助各附属医院做好全国医院评价评审暨优质医院建设迎检筹备工作。召开附属医院院间协调会，推进统一预约就诊卡工作，优化医疗资源配置，提高医疗服务质量。完成“四川大学住院医师规范化培训管理委员会和专家委员会”换届工作；制定《四川大学住院医师规范化培训合格证书管理办法》；组织召开四川大学住院医师规范化培训管理委员会工作会；研究、协调解决华西医院缩短专业学位硕士博士研究生住院医师规范化培训年限问题及华西第二医院住院医师规范化培训学员住宿问题。完成阶段培训证书颁发管理和管理委员会及专家委员会办公室日常组织、协调、服务等工作。对住院医师规范化培训人员进行审核、颁证（第一阶段118名，第二阶段55名）。完成执业医师报考、注册、变更及认定6人次。完成华西口腔医学院2005级7年制33名同学报考执业医师管理工作。完成“四川大学先进护理集体和十佳护士评选工作领导小组”换届调整工作。组织遴选优秀护理集体和个人。举办2012年护士节表彰暨护理学科发展座谈会。

五、组织应对突发事件，做好医疗保障工作

协调华西医院做好云南省5.7级地震抗震救灾工作，紧急派遣专家和医疗队驰援云南彝良地震灾区。共完成伤员转运7名，巡诊灾民安置点1000余人次。针对学生反映的“医学科学学位研究生参加医师考试报名资格”事宜，立即召集学校及医学单位研究生工作会，听取学生诉求，积极疏导情绪，及时联系省人民政府学位办、省卫生厅及卫生部等行政主管部门，获得政策支持。组织华西四所附属医院及校医院，圆满完成第九次世界生物材料大会医疗保障工作。

六、积极开展“校园文化年”活动

组织华西各附属医院，以“弘扬雷锋精神，服务人民健康”为主题，围绕实施“三好一满意”“为民服务创先争优”“优质医疗服务”“创建国家优质医院”等活动，以实际行动学习雷锋精神。加强机关作风建设，制定机关工作服务公约。医学管理处党支部在机关党委党支部分类定级工作中，考核“先进”，排名第9。加强制度建设，推行处务公开。协调推进“华西大讲堂”等医学生素质教育活动开展，全年共举办6期。将组织医学新生参观华西医学展览馆列入医学新生入学教育常规活动之一。全年共接待医学新生7批次，1200余人次；团队5批次，个人参观者1800余人次。

七、加强四川大学医学政府沟通和社会服务工作

组织做好医学对口支援湖北民族学院、西北民族大学和岳池县有关工作。协调安排岳池县6名医务人员进修。汇总完成《四川大学2011年城乡医院对口支援工作总结及2012年工作计划》，在卫生部医管司对口支援工作会上做大会交流获得好评。协调做好美国贝勒医学院、内布拉斯加大学、麻省理工学院及西班牙海瑞拉大学与我校医学交流合作工作。组织我校专家完成中南大学“湘雅名医”、吉林大学“医疗护理成果奖”等校际协同项目的评审工作。组织华西临床医学院和华西公共卫生学院等单位与五粮液集团考察洽谈，建立产学研战略合作关系。组织遴选推荐专家300余人次。接待卫生部、国家食品药品监督管理局、省（市）卫生厅局领导来访30余人次，接待厦门大学、兰州大学、中南大学、吉林大学、广西医科大学及湖北民族学院等20余所院校来访。

八、开展“蒋庆云·德医奖学基金”相关工作

召开“蒋庆云·德医奖学基金”管理委员会工作会议，进一步规范“蒋庆云·德医奖学基金”的管理，开展2012年“蒋庆云·德医奖学基金”评选工作，评选出受资助本科生21名，研究生14名，出国进修青年教师3名。举行2012年“蒋庆云·德医奖学基金”奖助学金表彰会议。

九、加强药物试验管理及四川大学医学伦理委员会建设

举办4期药物临床试验质量规范（GCP）培训班，培训800余人次。调整四川大学医学伦理委员会组成人员，明确了人员职责分工，修订工作制度和标准操作规程，使委员结构更合理，确保工作规范运行，提高工作质量与效率；完成了25个项目伦理审查工作。协助附属医院药物临床试验机构建设工作。

十、其他管理工作

联系协调各级领导干部医疗保健工作，约计200余人次。处理医疗纠纷投诉10人次。更新维护华西医学中心、医学管理处网页。组织编写了《四川省卫生厅年鉴》《中国科学院年鉴华西分院》《四川大学年鉴》医学章节共计9万余字。编写《四川大学医学管理处工作简报》2期。

（以上资料由医学管理处李夏提供）

医院管理

华西临床医学院（华西医院）

【概况】华西医院与华西临床医学院实行两块牌子、一套班子的管理体制，称为四川大学华西临床医学院（华西医院）。有业务用房50余万平方米，职能部门25个，临床科室48个，医技科室13个，中心开放实验室29个。

师资队伍方面。2012年全院从业人员8916人。其中正高级职称426人，副高级职称442人，中级职称1087人，其中硕士研究生指导教师301人、博士研究生指导教师199人。有中国科学院院士1人（魏于全）、“长江学者”特聘教授5人（魏于全、周总光、刘进、李涛、孙晓峰），国家杰出青年基金获得者11人。全国教学名师2人（欧阳钦、李甘地）、四川省教学名师3人（欧阳钦、李甘地、万学红）。

学科建设方面。2012年有博士后流动站6个（临床医学、护理学、基础医学、生物学、生物医学工程、管理科学与工程）、国家重点学科7个。分别是：内科学（呼吸系病）、外科学（普外）、外科学（胸心外科）、外科学（骨科）、内科学（消化病系）、肿瘤学、影像医学与核医学。国家重点（培育）学科2个。分别是：麻醉学、精神病与精神卫生学。四川省一级重点学科2个（临床医学、中医学结合），四川省医学重点学科7个（省卫生厅批准），国家重点实验室1个，部级重点实验室2个，教育部网上合作研究中心1个/中国临床试验注册中心（全球第

4个WHO认可的国际临床试验一级注册平台）。学科专业建设持续优化完善。2012年新增全科医学硕士学位点，新增重症医学和再生医学两个目录外二级学科；新增博士生导师26人、硕士生导师25人。

人才培养方面。2012年招收本科生445人、硕士研究生417人、博士研究生164人、规范化住院医生310人、规范化技师147人、规范化护士466人、留学生124人，毕业本科生398人、硕士研究生327人、博士研究生169人、规范化住院医生31人、规范化技师80人、规范化护士226人、留学生97人，除留学生以外的毕业生就业率均为100%。加强医学教育区域辐射和社会服务。接受海南等14家医疗机构委培118名住院医师；临床技能中心完成华西唐氏虚拟现实临床技能实验室一期工程和华西—爱尔博电外科临床培训中心建设，开展GME、CME以及公益技能等对外培训项目37586人学时，服务社会公众2567人。努力孵化教学标志性成果。在第三届全国高校大学生临床技能竞赛中获一等奖、首次获全国大学生“外研社杯”英语演讲比赛特等奖、获教育部博士研究生学术新人奖。获批国家级视频公开课1门，主编、副主编全国高等院校第八轮五年制规划教材10本、教育部“十二五”普通高等教育规划教材9本。学生综合素质、社会技能、能力培养取得成效。2012年研究生以第一作者发表SCI论文388篇；本科生出国出境学术交流45人次，研究生参加国际交流97人次，住院医师参加国际交流16人次，均创新高。

科研方面。2012年重大项目获得突破，获准“973”计划首席科学家1名、国家自然科学基金杰出青年基金1名、优秀青年基金3名、教育部创新群体1个，牵头国家科技重大专项2项、牵头卫生部行业专项基金1项；在国家自然科学基金各种类型项目获准全覆盖，其中自然科学基金获得123项（重大项目4项，杰青1项），总科研经费达2.4亿元，SCI论文数845篇，专利授权数45项。成立西部医药技术转移中心，搭建产业转化开放平台，该中心有会员联盟单位85家，到账经费1100万元，收集、优选有转化前景的项目和技术信息721项。科技论文成绩显著。中国科学技术信息研究所2012年底公布“2011年中国科技论文统计结果”，全院SCI学科影响因子前1/10的期刊论文、科学引文索引扩展版（SCIE）收录论文、作为第一作者国际合著论文、即年被引用论文、工程索引核心部分（EI）收录论文等指标在全国医疗机构排名中列第1名。

合作交流方面。2012年全院共接待参观来访430批3200人次。其中国内机构270批次，国际机构来访160批次。

党建与学生工作方面。2012年全院下设党支部107个，党员4169人，其中学生党员2266人，离退休党员246人。新发展177名，转正297名，培训入党积极分子336人、党务骨干60人。集中力量以“七个一”活动（召开一次党政领导班子中心组学习会、收看一部警示教育片、举办一次廉政文化警语格言征集活动、学习一本党风廉政行业作风建设专题读本、举办一次主题教育宣传展览、举行一次主题组织生活、开展一次主题教育学生活动）为主要内容开展了“党风廉政教育宣传月”活动。11月，卫生部到四川大学华西临床医学院/华西医院进行惩治与预防腐败体系检查，对四川大学华西临床医学院/华西医院惩防结合、多管齐下的党风廉政体系建设给予了充分肯定。以学生典型示范活动为抓手，推进创先争优活动的深入开展和全面总结。以“双学”（学党章、学雷锋）活动为载体，积极推进十八大精神在学生中的学习。坚持党团组织抓思想教育，群团组织抓规范管理，社团组织抓个性发展，全年组织各类思想教育和素质教育活动近1000次。学生申请大学生科技创新计划数量和经费占全校20%以上，22人获国家级奖励。由25名名誉班主任、28名优秀学长、辅导员和教导员初步构建起“四位一体”的教育服务体系。

医疗工作方面。2012年门急诊人次院本部387万人次、全院（含上锦医院）400万人次，出院人次院本部17.76万人次、全院（含上锦医院）18.80万人次（均含肿瘤日间病房出院人次），手术台次院本部10.12万台次、全院（含上锦医院）10.63万台次，平均住院日院本部9.85天、全院（含上锦医院）10.57天。2012年继续深入开展单病种管理和临床路径管理。全面开展卫生部第一、二批单病种质控指标的网络直报工作，累计网报13042例；有22个科、75个病种实现临床路径管理，累计完成路径病例27270例，其中17个病种19个路径实现信息智能化管理；卫生部要求的7个病种患者入组率均大于50%。2012年继续深入开展抗菌药物专项整治活动，全院抗菌药物使用强度逐月递减，由整治前的79.27降至41.34；抗菌药物使用率逐月递减，由61.27%降至45.54%，已明显低于卫生部要求的60%；使用特殊类抗菌药物患者的病原微生物送检率由58.13%升至85.73%。2012年继续改进输血管理工作，推动合理、安全用血目标。2012年较2010年同期相比，全院手术量上升24%，用血量下降30%，管理成效明显。2012年继续深入推动医院感染管理工作。在13个护理单元进行兼职感控护士试点，组织培训50余次；开展医院感染目标监测；加强手卫生管理，作为大陆唯一一家医院入围“亚太区优秀手卫生奖”。

【双代会工作】2月9日召开2012年全院第三届第二次双代会，收到提案117份，评选出优秀提案10份；2012年4月26日至28日参加学校2012年双代会，获“十佳模范教职工之家”和“2009—2011年度院务公开工作先进单位”荣誉称号。坚持民主评议干部，双代会代表对中层干部平均满意度为99.06%。

【抗震救灾工作】9月7日，云南省彝良县境内发生5.7级地震。医院选派5名医生作为卫生部专家组成员于当晚赶赴云南支援抗震救灾，同时成立云南地震抗震救灾前线医疗队，29名队员通宵疾驰赶赴灾区，于8日凌晨6：45分抵达彝良。抗震救灾期间，四川大学华西临床医学院（华西医院）前线医疗队转运并救治危重伤员5名；预检分诊30人次，危重查房48人次，诊治地震伤员24名；开展地震伤员心理评估近百人次；巡诊安置灾民1100人次；在昭通的四川大学华西临床医学院（华西医院）专家组共诊治地震伤员97人，完成手术36台次。抗震救灾期间，中央电视台3次专题报道四川大学华西临床医学院（华西医院）前线医疗队救援情况，获卫生部领导和云南省政府高度评价。

【建院120周年】2012年是四川大学华西临床医学院（华西医院）建院120周年。医院举办了系列活动：一是举办了“世纪华西、光影故事”大型历史文献图片展，用400幅老照片展现中加友谊和医院建设发展历程，加拿大驻中国新任大使专程赴医院参观；二是举办了“唱响华西”歌手大赛、“华西力量”文艺晚会等17场各类文体活动，讴歌20年跨越式发展成果；三是弘扬华西文化，征集职工自创文化精品，其中书画23幅、诗歌29首、摄影42幅、词曲10首传承华西精神；同时编制新画册，600幅照片浓缩120年华西历史；四是以院庆为契机，以学术交流为纽带，举办了315场学术活动，包括国际交流64场，国家级活动47场，参加人数11.79万，创下历年新高，有力促进了学术交流与合作。

【医院文化建设】2012年全院大力推广自下而上、发动群众、增加管理创新参与度的医院文化。一是鼓励各部门、科室自主开展的医院管理创新项目，全年共立项59个；二是以员工为主导成立品管圈298个，结题77个，并组织赴台湾地区交流，《健康报》也专题报道了医院品管圈活动3例；三是创新文体活动开展模式，职工自发成立、自主管理的14个各类文体协会共发展3200名会员，全年举办了1470场活动，约16000人次参与；四是转变工作作风，变管理为服务，职能部门全年开展走基层学科调研12站，收集学科评议表195份，解决实际问题80项；五是大力开展党风廉政与行业作风建设，选用部科自创廉政格言警句92条，行风信息系统录入4000余条，表扬信2587件，退感谢费32万余元。

【远程医学网络建设】2012年新增11家医疗机构加入华西远程医学网络，远程网络医院总数达532家，全年参加远程教学培训的基层医务人员达338057人次，完成远程疑难病例会诊1862例次，较2011年同期增长16%。区域协同医疗平台项目在2012年新增5个试点科室，试点科室总数达到11个，共完成了327例科室“桌面对桌面”会诊查房。远程医院转诊的门诊病人37例，转诊住院12例。

【构建全科医学人才培养模式】四川大学华西临床医学院（华西医院）逐步构建具有华西特色的全科医学人才培养模式，积极推进与社区卫生服务中心的合作。2012年5月23日，医院举办首届“华西—社区卫生服务管理学术论坛”，成都市26家社区卫生服务中心及相关单位的80余位管理者和医务工作者参会；与加拿大西安大略大学舒利希医牙学院合作，开展“中加基层全科医生远程教育”培训课程，150余名基层全科医生接受了远程培训；武侯区卫生局选派5名应届医学生参加医院全科住院医师规范化培训，第二批6家社区卫生服务中心确定了辅导导师。

【所获荣誉】2012年12月，在由三九健康网主办的“全国最受欢迎三甲医院”评选中，四川大学华西临床医学院（华西医院）荣获第二名，并获“最受欢迎门诊便民医院”。获2012年中国医院协会医院科技创新奖三等奖、亚洲医院管理奖企业社会责任类银奖各一项。四川大学中国公立医院社会贡献度研究所2012年12月底公布的《2012年中国公立医院社会贡献度排行榜》，四川大学华西临床医学院（华西医院）排名全国第二。

〔以上资料由华西临床医学院（华西医院）刘琴、廖志林、朱方提供〕

华西第二医院

【概况】四川大学华西第二医院有编制床位600张，医疗业务用房面积4.1万平方米，有15个临床科室和5个医技科室。2012年荣膺“2011年全国最佳医院排行榜”第53位，比2010年排名提升14位，位居全国妇幼医院第一名。

师资队伍方面。医院有职工1500余名，其中正高级师资69名，副高级师资94名，博士生导师42名，硕士生导师88名。国家杰出青年科学基金获得者1人，教育部新世纪人才5名，四川省学术和技术带头人11人，四川省卫生厅学术和技术带头人43人，享受国家级政府津贴和部、省级有突出贡献的中青年专家36人，教师队伍中留学回国人员占40%。下属西部妇幼医学研究院有PI实验室17个、Co－PI实验室4个、公共实验室1个；有专职PI\Co－PI 8名、兼职PI\Co－PI 17名。

学科建设方面。妇产科学和儿科学均为博士学位授权点及博士后流动站。妇产科学和儿科学均为国家重点学科，儿科学为国家精品课程，妇科、产科、儿科新生儿专业为国家临床重点专科建设项目。有出生缺陷与相关妇儿疾病教育部重点实验室（四川大学），"早期发育与损伤的基础与临床嵌合研究"教育部长江学者创新团队。妇科恶性肿瘤诊治、小儿血液病及小儿肿瘤诊治、早产儿支气管肺发育不良防治体系的建设与完善为卫生部临床学科重点项目。全国救治农村儿童白血病、先天性心脏病区域协作中心、中国出生缺陷监测中心、全国妇幼卫生监测办公室、国家药物临床试验机构、卫生部四级妇科内镜手术培训基地、专科医师培训基地、临床药师培训基地、儿科专业临床药师培训基地、卫生部心血管疾病介入诊疗培训基地、全国产前诊断超声影像技术骨干培训基地、四川省妇产科质量控制中心、四川省儿科质量控制中心、四川省产前诊断中心、四川省NICU专科护士培训基地和四川省产科母婴护理专科护士培训基地等均设在华西第二医院。

人才培养方面。2012年完成华西临床医学院本科教学任务4403人次、2852学时，完成637人的临床实习带教任务，接受并管理来自17所学校的331名外校实习生的临床实习，培养在读研究生269人（其中博士生66人），规范化培训学员243人。在华西临床医学院《2012年教学工作年度报告》中，本科教学管理和教学质量成绩优异，儿科学在"课程教学排名"中名列第2位，妇产科的留学生实习在"临床医学专业实习教学质量评估排名"中名列第3位。医学毕业后教育管理方面，华西第二医院获准成为西部地区唯一的卫生部儿科专业临床药师培训基地（全国仅4家），在"抗肿瘤药物用药"专业基础上，新增"小儿用药"专业；新增医院"检验技士"和"调剂药师"两个规范化培训基地。继续医学教育管理方面，2012年获批继续医学教育项目共25项（国家级17项，省级8项）；举办继续医学教育项目20项，参会人员达3000余人次；培养来自全国各地进修医生215人次。通过华西第二医院远程医学分中心完成网络医院的妇产儿科的远程医学教育29690人次。

科研方面。2012年获准科研项目156项，其中国家自然科学基金项目20项，部省级课题43项，获批科研经费3338.8万元；获得四川省科技进步一等奖和三等奖各1项，成都市科技进步二等奖1项，四川省医学科技一等奖1项；获得国家发明专利5项，实用新型专利2项；发表论文447篇，其中SCI论文113篇，较2011年增长43%；出版专著37部。

合作交流方面。2012年共接待参观交流的国内机构、同行共计15批110人次；在国际交流方面，接待境外专家、学者15批次、63人次；派出81人次参加国际会议、学术交流或访问。经香港理工大学多名康复专家现场考察和评审，确认医院儿童神经发育与康复中心在儿童康复技术软硬件上都具备开展儿童康复治疗学的教学优势，2012 年春，医院儿童神经发育与康复中心正式成为四川大学—香港理工大学灾后重建与管理学院物理治疗学本科专业实习基地。

党建工作方面。推进民主化管理，推行廉政风险防控机制建设。完善招投标等相关制度，成立政府采购工作领导小组，完善制度，梳理重点岗位、关键环节，加强监督，制定防控措施，规范操作程序。打造核心文化，秉承“尊重妇幼生命、传承华西精神、实现员工理想、铸就医院辉煌”的办院理念，以“博爱、精业、创新、奉献”为院训，以“患者至上、员工至尊、医德至善、技术至精”的核心价值观，努力实现“创建国内一流、国际知名的妇幼医学疑难重症诊疗中心、妇幼医学教育示范基地、妇幼医学科技核心平台和优秀人才培养基地、使体现医院整体水平的综合指标领先全国同类医院”的“十二五”规划目标。

医疗工作方面。2012 年门、急诊病人量达 160 万人次；全院实际投放号预约挂号率 58.40%，较 2011 年增长 169.21%；住院病人 4.5115 万人次，较 2011 年同期增长 8.28%；手术 2.8286 万人次，较 2011 年同期增长 25.69%；分娩 9642 人次，较 2011 年同期增长 26.87%；平均住院日为 6.41 天，较 2011 年减少 5.32%。继续实行周末及节假日专家专科门诊，实现“全年无休日门诊”，有效地缓解了病人看病难的问题。

【四川大学华西儿童医学中心正式成立】 3 月 1 日，四川大学华西儿童医学中心正式成立。华西第二医院儿内科与华西医院儿外科深度融合、优势互补，以患儿为中心，建立院间病人转诊和会诊绿色通道，切实地缓解了“看病难”的问题。

【四川省妇产科质量控制中心和四川省儿科质量控制中心成立并挂靠在华西第二医院】 3 月 19 日，经四川省卫生厅批准，四川省妇产科质量控制中心和四川省儿科质量控制中心成立并挂靠在华西第二医院，对全省各级各类医疗机构妇产儿科进行全面的质量控制，以提高全省妇产儿科的临床诊疗水平，确保患者的医疗救治和服务的效果，整体推进全省妇产科和儿科发展。

【周晨燕医师获全省妇女儿童工作先进个人及“四川省三八红旗手”称号】 3 月 2 日，在“四川省纪念‘三八’国际劳动妇女节 102 周年大会暨四川省家庭文化建设年启动仪式”上，医院周晨燕医师被授予“四川省三八红旗手”称号。

【医院荣获“全国三八红旗集体”及“全省妇女儿童工作先进集体”称号】 4 月，全国妇联、四川省人民政府妇女儿童工作委员会分别授予四川大学华西第二医院“全国三八红旗集体”和“全省妇女儿童工作先进集体”称号。

【产科被卫生部评为“全国第一批优质护理示范病房”】 5 月 11 日，卫生部在北京召开纪念“5·12 国际护士节 100 周年暨深入推进优质护理服务”视频会议，卫生部医政司副司长郭燕红宣读了全国第一批 123 个优质护理示范病房，医院产科一区成功进入第一批阵队。

【儿童心血管科正式成为卫生部举行心血管疾病介入诊疗技术培训基地】 6 月 27 日，医院儿童心血管科正式成为卫生部举行心血管疾病介入诊疗技术培训基地，为全国 33 家培训基地中仅有的两家儿童心血管疾病介入诊疗技术培训基地之一。

【医院荣获“全省医药卫生系统创先争优先进集体”称号】 9月28日，在四川省医药卫生系统创先争优活动总结表彰大会上，医院荣获“全省医药卫生系统创先争优先进集体”称号，产科陈英同志获“全省医药卫生系统创先争优先进个人”称号。

【四川省人类精子库在四川大学华西第二医院成立】 四川省卫生厅于11月正式批准四川省人类精子库在华西第二医院成立。四川省人类精子库以高起点、高规格、高质量的科学规范化管理，为四川省及西南地区人民生殖健康搭建起全方位的技术服务平台和网络。

【四川大学华西第二医院锦江院区成功奠基】 成都市政府划拨净地96亩用于四川大学华西第二医院锦江院区的建设，总建设规模约20万平方米，四川省卫生厅批准编制床位1500张。锦江院区项目已取得国土意向意见函、建筑项目选址意见书和项目规划红线图，医院总体发展建设规划方案已获卫生部批准。12月18日，举行了锦江院区的奠基仪式，卫生部副部长陈啸宏等部、省、市及学校领导出席了奠基仪式。

（以上资料由华西第二医院袁梅提供）

华西口腔医学院（华西口腔医院）

【概况】 华西口腔医学院、华西口腔医院、华西口腔医学研究机构实行三位一体的管理体系。华西口腔医学院设有6个系、34个教研室、1个国家级实验教学示范中心。华西口腔医院设有29个科室（中心），有4个国家临床重点专科（牙体牙髓科、牙周科、口腔颌面外科、口腔修复科），以及23个特色专科门诊。华西口腔医学研究机构方面，口腔疾病研究国家重点实验室设在医院，同时还有口腔生物医学工程教育部重点实验室、卫生部口腔生物医学工程重点实验室、口腔生物医学工程四川省重点实验室、口腔再生医学四川省工程实验室、四川省牙病防治实验室。2012年经国家发改委批准建设口腔再生医学国家地方联合工程实验室，经科技部批准建设口腔疾病国际联合研究中心。主办英文杂志2本：*International Journal of Oral Science*（*IJOS*）、*Bone Research*。主办中文杂志4本：《华西口腔医学杂志》《国际口腔医学杂志》《中国口腔医学年鉴》《中国口腔医学信息》。*IJOS* 是我国口腔医学专业的第一本有国内统一连续出版物号和国际标准连续出版物号的英文期刊，2012年成为NATURE系列合作期刊，影响因子（Impact Factor，IF）达到1.411，在SCI收录84种期刊中排名31，进入Q2方阵，IF排名进入前50%。*Bone Research* 2012年经教育部及国家新闻出版总署批准，正式出版并全球发行。

师资队伍方面。医院有教职工756人（包括在编职工、聘用职工，不含项目制人员），高级职称154人（有教授、主任医师、副教授、副主任医师124人），博士生导师40人，硕士生导师57人，获得博士学位教师162人，占教师总数的84.4%。教育部科技创新团队1个，国家级教学团队1个，国家级教学名师2人，长江学者特聘教授2人，“973”首席科学家1人，国家杰出青年基金获得者2人，国家“千人计划”入选者4人，国家“青年千人计划”入选者2人，四川省“百人计划”入选者12人，四川大学高端外籍教师2人，人事部新世纪百千万人才工程国家级人选2人，教育部跨（新）世纪人才16人，卫生部有突出贡献的中青年专家4人，享受国务院特殊津贴专家35人，四川省学术技术带头人 12 人，四川省卫生厅学术技术带头人 20 人。2012 年，赵志河教授获国务院特殊津贴专家称号；袁泉、江潞入选教育部新世纪优秀人才支持计划；蔡潇潇博士获全国百篇优秀博士论文提名奖、指导老师为宫苹教授；李龙江和于海洋获四川省有突出贡献中青年专家；于海洋获省卫生厅有突出贡献中青年专家，叶玲和白丁入选省卫生厅学术带头人，罗恩、王军、邹静、潘剑入选省卫生厅学术带头人后备人选；袁泉获得四川省杰出青年基金；苏勤、王航、罗云、李小兵、项涛、华成舸、毕小琴、楼北雁、龙洁聘任正高职称。

学科建设方面。2012 年教育部一级学科整体水平评估中，四川大学口腔医学一级学科第三次获得全国排名第一。华西口腔医学一级学科、口腔基础医学和口腔临床医学二级学科，均为国家重点学科。华西口腔还创建了目前国内口腔医学领域唯一的国家重点实验室。即口腔疾病研究国家重点实验室，2012 年度国重室举办高水平学术讲座 20 次，设自主研究课题 8 项，青年学者启动基金 12 项，开放课题 5 项。此外，2012 年经国家发改委批准成立“口腔再生医学国家地方联合工程实验室”，经科技部批准成立“口腔疾病研究国际联合研究中心”。

人才培养方面。2012 年共毕业学生 279 人，其中博士研究生 64 人（含港澳台博士 9 人），硕士研究生 82 人，七年制学生 37 人，八年制学生 20 人，五年制及台湾班本科学生 76 人。合计招收学生 376 人，其中硕士研究生 113 人，博士研究生 57 人，港澳台学生 16 人（博士 8 人、硕士 8 人），招收留学生 4 人（硕士 3 人，博士 1 人），八年制学生 30 人，七年制学生 40 人，五年制学生 116 人。在读学生 1572 人，其中在读博士研究生 178 人，硕士研究生 330 人，在读留学博士生 1 人，留学硕士生 17 人，在读港澳台硕士研究生 29 人，在读港澳台博士研究生 22 人，在读八年制、七年制、五年制学生 995 人。

科研方面。2012 年度获准各类科研项目共计 83 项，经费 5435.4 万元，获各类科技成果奖 7 项。李龙江等“涎腺肿瘤治疗新技术的研究及应用”获国家科技进步奖二等奖（第二完成单位）；陈谦明等“口腔黏膜癌变及转移的新分子事件与防治研究”获教育部科技成果二等奖；于海洋等“牙齿磨损机理及抑制研究”获教育部科技成果一等奖（第二完成单位）；陈谦明等“口腔鳞癌发生发展及转移的分子机制与防治研究”获华夏医疗保健国际交流促进科技二等奖；叶玲等“牙髓疾病的基础与临床研究”获省医学奖一等奖；赵志河等“颜面畸形现代综合治疗技术的基础和临床研究”获重庆市科技进步奖一等奖（第二完成单位）；叶玲等“牙髓疾病的基础与临床研究”获成都市科技进步奖一等奖。2012 年共发表 SCI 论文 206 篇，单篇最高影响因子 25.42，表现不俗论文名列全国医疗机构第 21 名。

合作交流方面。先后与日本齿科大学医牙博物馆、泰国朱拉隆功大学牙学院、香港大学牙学院等签订合作协议。完成 2012 年国家公派出国留学项目和国家建设高水平大学公派研究生项目工作；2012 年共计派出 90 人次前往国外讲学、参加国际学术会议、进修和学习。接待来自美国、德国、日本、加拿大、英国、丹麦等国家和中国香港、台湾、澳门地区的专家 314 人次，举办“科学与中国”暨“《中国科学》《科学通报》走进科研院校”活动，2012 国际牙医师学院中国区院士授予仪式，第11届“中国（西部）国际口腔设备及材料展览会暨口腔医学学术会”，“2012中日口腔医学大会”，“国际牙发育学术研讨大会”，“牙与骨发育及再生国际学术会”，“免疫耐受与黏膜免疫国际会议”，“口腔生物材料与组织工程学术研讨会”等大型学术活动。此外还举行了26场国际学术活动、学术报告。

党建及学生思想政治工作。2012年，院党委紧紧围绕“迎接十八大、学习宣传贯彻十八大精神”的主线，深入贯彻落实《基层组织工作条例》和第二十次全国高校党建会精神，坚持“围绕中心抓党建，抓好党建促发展”，相继开展了学习贯彻党的十八大精神系列活动、开展了中层党政领导干部、科主任、党支部书记暑期干部培训、深入开展“为民服务创先争优”和学雷锋活动，创新性地提出“党支部建在学科，建在导师课题组，建在年级和班级，培养五爱人才”。截至12月，发展新党员104名，按期转正党员77名。开展了党风廉政教育宣传周“六个一”活动，促进了医院党风廉政建设和行风建设。完成了中国口腔医学博物馆新馆建设并隆重开馆，并以科室文化建设为抓手，调动了科室职工的积极性和创造性。群团、统战和离退休工作取得显著成效，院团委获成都市“五四红旗团委”称号，陈宇教授当选四川大学归国华侨联合会主席。坚持用社会主义核心价值体系武装大学生，进一步完善了本院特色的创新教育平台和载体，大学生创新实践能力不断提升，2008级博士研究生孙建勋荣获第七届“百人会英才奖”。加强了学生的心理健康教育和研究生精细化管理工作，辅导员队伍建设也进一步得到加强，确保了学生的安全稳定。2012年，院长周学东教授担任2012级创新班班主任。

医疗工作方面。2012年门诊人次616978人次，比2011年增加10.25%；住院病员5303人次，比2011年增加4.9%；住院手术4346台次，比2011年增加6.86%。组织主题义诊、“口腔健康讲座”、幼儿、少年口腔卫生宣教等活动百余次；组织安排医护人员卫生下乡20人次；长期对新疆及四川甘、阿、凉少数民族地区进行医疗卫生对口支援；开展了藏区“9+3”学生美牙行动，为藏族学生提供口腔保健治疗，全年共接治学生1500余人，成绩显著，得到了省委省政府和中央领导的高度肯定。护士龚彩霞、左珺还分别荣获“四川最美女护士”、“最佳服务女护士”称号。

【荣获全国、全省多项殊荣】 1月，华西口腔医院荣列全国最受欢迎口腔医院排行榜榜首；4月，医院荣获四川省五一劳动奖章；10月，周学东教授获全国医药卫生系统创先争优活动指导工作先进个人，院党委被评为全省医药卫生系统创先争优活动先进集体，胡静教授获全省医药卫生系统创先争优活动先进个人。

【胡德渝教授主编国内首部口腔健康蓝皮书】 3月，胡德渝教授主编的国内首部口腔健康蓝皮书《中国人牙本质敏感状况》正式发布。

【承办国际牙医师学院中国区2012院士授予仪式】 4月，国际牙医师学院中国区2012院士授予仪式在成都隆重举行。ICD2012年国际主席Dr. Garry Lunn，Icd国际理事及中国区主席周学东教授等出席大会，ICD中国区秘书长陈谦明教授主持。全国口腔医学领域33名专家当选ICD院士（Fellow of Icd，Ficd），学院叶玲、汤炜、赖文莉、罗恩、包崇云教授当选。

【承办2012中日口腔医学大会】 4

月，口腔疾病研究国家重点实验室承办2012中日口腔医学大会。大会由日本齿科医学会会长江藤一洋教授、日本齿科医学会会长大久保满男教授、中华口腔医学会王兴会长、中国医师协会口腔医师分会会长俞光岩教授以及华西口腔医学院院长、口腔疾病研究国家重点实验室主任周学东教授担任大会主席，日本齿科大学理事长中原泉教授、大阪齿科大学理事长川添尧彬教授、东京齿科大学理事长金子让教授担任大会副主席。近500位来自日本、韩国、泰国、中国等国家和地区的专家学者、研究人员和学生参加了会议。大会举办了20余场高水平学术交流。

【中国口腔医学博物馆新馆开馆】因汶川大地震破坏的中国口腔医学博物馆古建筑，经卫生部专项经费投入改建，4月22日举行隆重的博物馆新馆开馆，15位华西口腔创始人的后代受邀专程回来，参加典礼。

【口腔健康教育博物馆开建】4月，医院向成都市政府和市建委提交报告，建议人民南路三段和小天竺交汇处古建筑保留，建设中国口腔健康教育博物馆。6月，市政府召开专门会议，决定保留医院内华西古建筑，共同出资修缮，建设中国口腔健康教育博物馆，交由口腔医院管理，免费向公众开放。

【赵志河等教授参加第112届美国正畸年会】5月，第112届美国正畸年会在夏威夷召开。赵志河教授等9位学者受邀在大会上作了发言，会议期间，赵志河主委率团分别与美国正畸学会（AAO）、亚太正畸学会（APOS）、印度正畸学会（IOS）等，就学会间的国际合作、资源共享等主题进行了亲切友好的会谈。

【华西协合大学牙科楼正式挂牌】华西协合大学牙学院原址，现华西校区第四教学楼经修缮后于5月正式挂牌。华西协合大学牙科楼，内设中国口腔医学博物馆分馆。

【世界著名口腔医学专家受聘四川大学名誉教授】5月，世界著名口腔医学专家、丹麦奥尔胡斯皇家大学牙学院前任院长Prof. Ole Fejerskov教授受聘四川大学名誉教授，校长谢和平院士颁发了聘书。OLE教授为医院本科生讲授龋病学和口腔医学教育国际化。

【周学东教授当选全国高校博物馆育人联盟会副会长】6月，全国高校博物馆育人联盟成立大会在上海交通大学召开，中国口腔医学博物馆馆长周学东教授当选为副会长。

【举行本科生科研实践及国际课程周】6月，医院本科生科研实践及国际课程周设立了临床技能训练、科研能力提升，国际视野拓展、社会实践锻炼的四大教学模块，让每个学生都能充分参与。特邀美国国立卫生研究院（NIH）高级研究员杨英姿博士做客“大师讲堂”，为参加“实践及国际课程周”的同学做了题为“Wnt Signaling in Skeletal Development and Diseases”的讲座。

【新设交叉学科系】7月，口腔医学在已有5个学科系的基础上，新设交叉学科系，内设口腔医学实验学、口腔设备学、口腔循证医学、口腔药物学、口腔护理学、残障口腔医学、口腔法医学、运动口腔医学、航天航空口腔医学、口腔信息学10个教研室。

【叶玲教授撰写的论文在国际顶级学术期刊发表】7月，叶玲教授与美国加州大学洛杉矶分校牙学院王存玉教授合作研究“Histone Demethylases Kdm4b and Kdm6b Promote Osteogenic Differentiation of Human Mscs”论文发表在国际顶级学术期刊 *CELL STEM CELL*，并成为该期封面文章。

【周学东教授和王翰章教授主编《中华口腔医学词典》正式出版发行】周学东教授和王翰章教授共同主编《中华口腔医学词典》2012 年 7 月由人民卫生出版社正式出版发行。

【国家重点实验室举行“2012 牙发育国际学术研讨会”】7 月，国家重点实验室举行“2012 牙发育国际学术研讨会”，赵志河教授和美国贝勒牙学院冯健全教授任大会主席，大会邀请了 9 位世界牙发育领域的知名专家，美国南加州大学的柴洋教授应邀作了题为“牙冠和牙根发育的分子调控机制”的大会主题报告。

【主办“2012 牙与骨发育及再生国际学术会”】8 月，“2012 牙与骨发育及再生国际学术会”在成都召开，田卫东教授和美国杜兰大学细胞与分子生物学系陈一平教授共同担任大会主席。大会邀请了美国、韩国、日本等国家和香港地区 10 位牙/骨发育及再生领域的知名专家做了大会主题发言，国内 18 位优秀青年研究者做了最新研究成果汇报。

【周学东教授当选 IADR 中国分部主席】9 月，周学东教授在国际牙科研究协会（IADR）中国分部第 12 次年会上当选 IADR 中国分部主席。

【与新疆、西藏、宁夏等地医院签署对口支援协议】9 月，医院与新疆医科大学第一附属医院、石河子大学医学院、西藏自治区人民医院、宁夏医科大学口腔医学院签署对口支援协议。

【联合主办免疫耐受与黏膜免疫国际会议】10 月，口腔国家重点实验室与美国颅颌面口腔研究所（NIDCR）联合主办免疫耐受与黏膜免疫国际会议。美国国立卫生研究院口腔颅颌面研究所陈万军教授，口腔疾病研究国家重点实验室陈谦明教授担任大会主席。来自美国、英国、法国、日本等国家的十余名世界顶级知名专家汇集一堂，与来自全国近 300 名学者、学生参加会议。

【承办第八次全国口腔黏膜病大会、第六次全国口腔中西医结合大会】10 月，第八次全国口腔黏膜病大会、第六次全国口腔中西医结合大会在成都召开，中国工程院院士邱蔚六教授、中华口腔医学会会长王兴教授、副会长及秘书长王渤教授出席开幕式，来自全国各高校的委员及学生代表共 200 余人。邱蔚六院士、沈洪兵教授、张乐薇教授等五位教授在大会上做了特邀报告。

【医院建成我国口腔医学领域第一个国家地方联合工程实验室】11 月，国家发展改革委员批准建设“口腔再生医学国家地方联合工程实验室”，成为我国口腔医学领域第一个国家地方联合工程实验室，田卫东教授任实验室主任。

【获批“口腔疾病国际联合研究中心”】12 月，国家科技部国际合作司在北京组织举行“国家国际科技合作基地证书授予仪式”，科技部曹健林副部长、国际合作与交流司靳晓明司长等领导为新批准国际联合研究中心等国际合作基地授予证书。医院获得“口腔疾病国际联合研究中心”，周学东教授担任中心主任。

【周学东教授当选四川省医学会副会长、四川省医师协会副会长】12 月，周学东教授被四川省医学会第七次会员代表大会和四川省医师协会第二次会员代表大会推选为省医学会副会长、省医师协会副会长。

〔以上资料由华西口腔医学院（华西口腔医院）赵熙提供〕

华西公共卫生学院（华西第四医院）

【概况】华西公共卫生学院是我国目前唯一一所拥有附属医院的公共卫生学院。设有15个教研室、2个研究所、3个省重点实验室和4个基础课程实验室；并设有分析测试中心、计算机分中心、毒理学实验室、实验动物房、《现代预防医学》杂志社和资料室以及挂靠的4个省级以上学会。华西卫生管理干部培训中心承担了卫生部、省卫生厅以及其他卫生部门管理干部的培训任务等。华西第四医院是一所集临床、教学、科研、预防和康复为一体的职业病专科教学医院。有11个临床科室，7个医技科室；以职业中毒、尘肺、睡眠呼吸疾病、职业体检、工伤鉴定等医疗服务为特色。

师资队伍方面。有在职教职工234人。其中教授40人、副教授47人（含在职博士生导师14人、硕士生导师39人）；专任教师92人，讲师、主治医师60人；助教18人；研究人员、教辅人员18人；行政人员78人，工勤人员29人。国家杰出青年科学基金（B类）获得者1人、四川省学术带头人3人、四川省卫生厅学术带头人11人、四川大学教学名师2人。四川省百人计划1人。

学科建设方面。拥有1个国家重点学科，4个省级重点学科。拥有公共卫生与预防医学一级学科博士学位授权点和博士后流动站，6个二级学科博士点和9个硕士点，2个专业学位硕士点。在公共卫生与预防医学一级学科下设置有5个本科专业（专业方向）。建立30余个教学实习基地。营养与食品卫生学科于2007年成为国家重点学科。1人进入教育部2012年“新世纪优秀人才支持计划”入选名单，并入选2012年四川省百人计划。新申报6个二级学科；“姑息医学”和“卫生检验”获批为“四川省医学重点学科建设项目”。

人才培养方面。2012年有学生1426人，建立有30余个教学实习基地。全年招收本科生228人，硕士研究生95人，博士研究生18人，公共卫生专业硕士研究生61名。在读本科生941人，硕士研究生257人，博士研究生68人，专业学位116人。2012届有本科毕业生231人。

科研方面。2012年科研经费945.362万元，科研项目129项。其中，获国家自然科学基金1项（面上项目），获准金额85万元；教育部博士点基金1项，获准金额12万元；四川省卫生厅项目5项；成果教授获批教育部“新世纪优秀人才支持计划”；四川大学青年教师科研启动基金项目5项，获准金额39万元。共发表科技论文231篇，在国外刊物发表58篇，被SCI收录49篇，被Medline收录23篇，被CSSCI收录2篇；编写出版各类科技专著8部；编写出版各类教材18部。

合作交流方面。2012年外事活动40余次，其中参加会议13人次，主办国际会议1次，派出师生学习11人次。加拿大驻华大使马大维（David Mulroney）以及加拿大驻华领事馆总领事Philippe Rheault一行、美国亚利桑那州立大学常务副校长Keith D. Lindor教授、约翰·霍普金斯大学公共卫生学院院长Michael J. Klag等均来学院进行了交流访问。

党建及学生工作方面。进一步加强党风廉政建设与思想政治工作，深入开展创先争优，贯彻落实党风廉政建设责任制，强化组织建设，深入推进作风建设，召开学院（医院）第三次党代会，做好关工委工作和院民主党派统战工作等。坚持“以服务大学生成长成才”为中心，积极推进学生思想政治教育与管理手段创新，全面提高学生的综合素质。抓好日常思想政治教育工作、党团建工作、心理健康教育、“奖、勤、助、贷、免”、招生就业等各项工作，并召开2011—2012学年教学研讨会。2012年发展预备党员127名。

医疗卫生方面。以医疗质量、医疗安全为核心的管理理念，以创建三级甲等医院为契机，进一步加强医院管理，深入开展“廉政文化进医院”活动等。2012年医院总收入13646.40万元，总支出12858.02万元，收支结余788.38万元。至2012年11月底，医院实际开放总床日数118301，门诊113751人次，其中体检50484人次；出院病人7760人次；入院病人7764人次；治愈率8%，好转率84.1%，病死率4.3%；病床使用率110.4%，平均住院日17.1天。职业健康监护项目和数字化建设项目（二期）共获财政拨款580万元，项目已完成验收。职业病防治综合大楼基建项目进展顺利，预计将于2013年上半年正式动工建设。

【成立食品安全监测与风险评估四川省重点实验室】2月，成立食品安全监测与风险评估四川省重点实验室，营养与食品卫生教研室张立实教授任实验室主任，学术委员会主任委员为陈君石院士，聘请国际谷物科技协会秘书长兼执行总裁Roland Poms博士为学术委员会副主任委员。

【成为首批国家级卫生监督培训基地】2月，学院成为首批国家级卫生监督培训基地，主要承担《培训规划》国家级卫生监督专家、首席卫生监督员和管理干部等高端、骨干人才培训任务，以及医改重大专项卫生人员培训项目中“卫生监督业务培训”等相关任务。

【举办西藏基层骨干医师第二期培训班】4月，由胡锦华健康教育促进中心主办、华西公共卫生学院承办的“援藏计划”西藏基层骨干医师第二期培训班经过为期10天的培训，圆满结束。

【圆满完成全省防灾救灾大演练“危化品爆炸火灾处置”科目】5月11日，“5·12”防灾救灾综合实战演练在四川省省委书记刘奇葆亲自指挥下正式开始。作为四川省化学中毒救治基地，华西第四医院圆满完成抢险救援中“危化品爆炸火灾处置”科目。卫生部副部长陈啸宏问候参演人员，给予了“很专业、很到位、很认真”的高度评价。

【重症医学科顺利通过四川省卫生厅专家组评审】7月27日，四川省卫生厅专家组按卫生部《重症医学科建设与管理指南》及相关文件要求，对重症医学科的人员资质、规章制度进行了核查，现场检查了重症医学科病房、仪器设备等，专家组就现场评审意见作了反馈，对重症医学科的建设工作给予了高度肯定，并提出了进一步完善的建议。

【卫生部规划财务司刘殿奎副司长一行莅临检查指导工作】8月23日，卫生部规划财务司刘殿奎副司长一行莅临检查指导医院发展规划和基本建设工作，表示将大力支持医院的规划建设并就医院整体建设规划等相关问题进行了沟通与交流。

【分析测试中心获得食品检验机构资质认定资格】10月15日至16日，四川省质量技术监督局专家组对分析测试中心进行了为期两天的现场评审。评审确认并建议批准的食品检验能力共计196项。中心获得了四川省质量技术监督局颁发的食品检验机构资质认定证书。

【举办2012年四川省化学中毒救治培训班】12月11日至14日，受四川省卫生厅应急办委托，医院举办了“2012年四川省化学中毒救治培训班”（第四期），全省各级卫生行政部门指定的化学中毒救治医院医师100人参加了培训。

【卫生部副部长陈啸宏一行莅临调研指导工作】 12月17日，卫生部副部长陈啸宏莅临学院（医院）调研并指导工作，听取了学院（医院）办院方向和发展定位等专题汇报。陈啸宏副部长给予了高度评价，规划财务司李斌司长也表示支持建设，打破制约学院（医院）进一步发展的瓶颈问题。

【尘肺病患者杨能芬受到央视和中央领导关注】 12月27日，央视《新闻联播》连续报道了在华西第四医院住院的患者杨能芬的10岁儿子胡镓豪独自照顾患病母亲的感人故事，引起了中央领导和社会的广泛关注。国务院领导对此高度重视，指示国务院医改办和所在地卫生行政部门报送患者的情况，帮助解决患者困难。医院选派医护业务骨干精心医疗护理，减免部分住院费用，倡议爱心捐款，并与社会慈善团体和多家新闻媒体联系，为该患者救助献爱心。

〔以上资料由华西公共卫生学院（华西第四医院）张琦提供〕

合作与交流篇

2012年，学校的国际交流工作以切实落实科学发展观、深刻领会党的“十八大”精神为契机，以党风廉政建设为保障，以机关文化建设为活力，围绕学校发展规划，积极推进国际化进程，大力提升国际交流层次，为把四川大学建设成国内一流、国际知名的高水平研究型综合大学，在对外交流与合作领域和推进教育国际化进程方面做出了积极的贡献。

2012年，学校共接待来访团组209批次，来访总人数达3000余人次。与国外高校新签协议31个。举办了40次国际会议和双边会议，从规模到层次，都上一个新台阶。本年度，教育部资助我校聘请外国文教专家经费共计864万元，聘请长期外国专家和外籍教师计95人，引进“千人计划”专家34人，“外专千人计划”专家1人，高端外籍教师14人。短期来访外国专家3000余人次，其中包括4名诺贝尔奖得主：诺贝尔生理医学奖得主马歇尔教授、诺贝尔化学奖得主阿达·尤纳斯、诺贝尔医学奖得主杰克·绍斯塔克、诺贝尔化学奖得主白川英树教授等。2012年度医学国际项目执行情况良好，项目申请和资金引进取得重大进展，CMB西部卫生政策研究与发展中心项目和CMB循证数据平台项目终于获得批准。本年度，获中华医学基金会（CMB）项目、欧盟（EU）项目、NIH项目等，共计12个，资助金额600多万人民币；引进客座教授10人。

2012年，学校共有112名学生被“国家建设高水平大学公派研究生项目”录取，其中博士生55名，联合培养博士生57名，超额完成协议计划。各类校际交流项目（包括夏令营）共派出学生333人。选派了13名教师参加国家留学基金委“2012年国家公派高级研究学者、访问学者（含博士后研究）项目”，35名教师参加国家留学基金委“青年骨干教师1∶1配套项目”，22名教师参加国家留学基金管理委员会及校级的其他14个项目。积极配合组织部、人事处等相关部处，圆满完成了学校中层干部海外培训项目、青年教师海外培训项目、马克思主义学院青年教师赴新加坡国立大学培训项目、外国语学院英国赫尔瓦特大学进修项目和“卓越工程师教育培训计划”项目负责人和教学管理骨干赴德国培训项目等7个团共177人次的派出工作。办理各类短期因公出国1041人次。为进一步加强和规范因公出国人员的管理工作，修订了《四川大学因公短期出国（境）管理办法》和《四川大学公派长期出国（境）管理办法》。

2012年，学校共接待来访港澳台团组36批654人次。因公赴港澳台人员457人次。积极配合学校组织部、人事处、学工部等相关部处，圆满完成了学校教务管理院长培训计划、科级干部境外培训计划、学生辅导员境外培训计划等3个团共82人次的派出工作。与香港、台湾地区6所高校续签、新签了7项交流协议。本年度，学校共派出各类校际交流项目学生139人，接收交流学生22人。招收港澳台侨新生84名。共有31名港澳台侨学生学成毕业。积极参加内地高校与香港大学深化交流的“千人计划”，共有3个项目获教育部批准。

2012年，来华留学生人数再创新高，达到1956人，其中长期生1431人，短期生525人，分布在学校20个学院52个专业；学历生共有788名，占长期生总人数的55%；本科生591名，硕士研究生153名，博士研究生44名。2012年，全英文课程建设是我校来华留学生教育的亮点。目前，临床医学（MBBS项目）、口腔医学、能源与环境、软件工程、土木工程、中国经济、中国旅游文化与管理共7个专业是我校首批全英文授课专业。积极落实“985专项来华留学生奖学金”项目、中国政府奖学金生项目、孔子学院奖学金项目、自主招生项目，有效地扩大了我校留学生的规模，并提高了我校留学生的层次。2012年“成都美国海外留学中心”落户我校华西校区。

2012年，学校被成都市公安局评为“2012年成都市涉外高校常驻境外人员管理先进单位”。

【诺贝尔化学奖获得者阿达·尤纳斯教授访问我校】4月12日上午，诺贝尔化学奖获得者，以色列科学家阿达·尤纳斯教授（Ada Yonath）来我校访问。常务副校长李光宪教授代表四川大学对来访我校的阿达·尤纳斯教授一行表示热烈欢迎。随后尤纳斯教授为川大学子带来了一场题为“From basic science to advanced clinical compounds”的精彩学术报告。

【我校代表团访问哈佛大学等五所美国知名高校】为进一步提高我校国际合作与交流的层次和水平，实施“走出去”战略，加强与世界一流名校的合作与交流，推动我校人文社科“百人计划”以及“外籍教师海外招聘计划”的实施，晏世经副校长于4月22日至5月3日率团赴美国访问，先后访问了哈佛大学、芝加哥大学、华盛顿大学、乔治城大学和密歇根州立大学。

【诺贝尔奖得主 Jack Szostak 访问我校】5月25日，2009年度诺贝尔生理学和医学奖得主 Jack William Szostak 教授访问我校。校长谢和平院士会见了 Jack Szostak 教授，并向 Jack Szostak 教授颁发了“四川大学名誉教授”聘书。

【成功举办第九次世界生物材料大会，大力提升了我校的国际影响力】6月1日第九次世界生物材料大会在成都隆重开幕。第九次世界生物材料大会是大会创办32年来首次落户发展中国家举办，也是近年来在成都举办的规模和影响最大的国际学术会议之一，标志着中国生物材料科学与工程的发展已进入世界前列，而成都市已成为国际生物材料研究开发与学术交流的一个重要中心。本次大会以“新型生物材料及其与再生医学交叉的前沿”为主题，覆盖前沿研究、传统材料和提高两个方面，旨在展示四年来全球生物材料科学与工程研究和发展的最新成果和进展，探讨进一步发展方向，将极大促进中国生物材料科学与工程的发展及与国际间的合作交流，将有利于加快成都生物医学材料产学研医一体化进程，同时对推进四川大学生物材料领域各相关学科建设和一流大学建设都将产生重大意义和深远影响。

【第二届中加研究生教育创新论坛】由中国国家留学基金管理委员会和加拿大阿尔伯塔大学主办、我校承办的“第二届中加研究生教育合作论坛”于8月3日至5日在成都举行。校长谢和平院士出席论坛并在开幕式上致辞。本次中加研究生教育合作论坛，是继2010年在加拿大阿尔伯塔大学举办“第一届中加研究生教育合作论坛”以后，首次在我国国内大学举办。此次论坛邀请了来自包括北大、清华、人大、复旦、川大等在内的43所中方高校代表和包括戴尔豪西大学（Dalhousie University）、拉瓦尔大学（Laval University）、麦吉尔大学（McGill University）等在内的15所加方高校代表，以及相关政府和企业代表参加，旨在进一步加强中加两国在研究生教育领域的交流与合作，从创新角度看研究生教育和国际化，创新培养新模式，提高研究生质量，深化两国在该领域的国际合作。

【成功举办莫斯科大学学生研修代表团活动】应我国政府邀请，俄罗斯莫斯科国立大学150人学生代表团于8月19日至23日在我校开展了研修活动。活动期间，我校刘亚丁教授、池济敏教授分别用流利的俄语作了题为《中国文化》和《成都的面孔》的精彩讲座。莫斯科大学师生在川大俄语系的志愿者们带领下还参观了世界自然及文化遗产都江堰和青城山。为了增进两国、两校的友谊，两地师生及艺术家轮番登台，联袂演出了一场中俄文化交流的视觉盛宴。此次活动促进了我校与莫斯科国立大学间的合作，同时对中俄两国加强人文交流起到了积极的推动作用。代表团在我校研修活动结束后，我校22名师生应教育部邀请，于8月24日在人民大会堂与莫斯科大学学生一起接受了李克强副总理接见。此举充分展现了中国人民对俄人民的传统友好情谊，表达了李克强副总理对两国青年成为中俄薪火相传者的殷切希望。

【俄罗斯联邦委员会主席马特维延科来访并发表演讲】9月8日上午，在成都参访的俄罗斯联邦委员会主席瓦莲京娜·伊万诺夫娜·马特维延科，在俄罗斯联邦委员会副主席乌马哈诺夫陪同下，率代表团到我校访问并发表演讲。俄罗斯驻华大使拉佐夫，全国人大常委会副委员长桑国卫，四川省人大常委会副主任彭渝等领导随同参加了访问。学校常务副校长李光宪教授、副校长晏世经教授与马特维延科主席做了简短会晤。马特维延科主席对我校与俄罗斯大学之间的合作交流表示赞赏。希望双方进一步加大交流合作的力度。马特维延科主席在学校华西逸夫楼演讲厅面向广大青年同学发表了演讲，就中俄两国关系、中俄青年交流等多个方面阐述了自己的观点。马特维延科主席的来访，促进了我校对俄交流的进一步发展。

【澳大利亚诺贝尔生理医学奖获得者巴里·马歇尔教授一行访问我校】10月15日上午，副校长晏世经教授会见了来访我校的2005年诺贝尔生理学或医学奖获得者巴里·马歇尔教授（Barry Marshall）一行。学校国际合作与交流处、华西临床医学院、生命科学学院等有关单位负责人陪同参加了会见。巴里·马歇尔教授（Barry Marshall）感谢四川大学的热情接待，希望通过此次访问的机会，进一步了解四川大学，加强西澳大学马歇尔中心与川大华西医院感染性疾病中心的长期合作。随后，副校长晏世经教授向巴里·马歇尔教授（Barry Marshall）颁发了“四川大学名誉教授”聘书，并赠送了礼物。会见结束后，巴里·马歇尔教授（Barry Marshall）在江安校区水上报告厅为我校学子作了题为“Beyond the Nobel Prize , Human and Helicobacter pylori”的讲座，受到同学们的热烈欢迎。

【诺贝尔化学奖获得者白川英树教授一行访问我校】10月29日上午，常务副校长李光宪教授会见了来访的日本诺贝尔化学奖获得者白川英树教授一行。中国科学院院士曹镛教授，学校国际合作与交流处、高分子材料工程国家重点实验室等有关单位负责人参加了会见。学校始终高度重视国际合作与交流，近年来更是实施了包括引进高端海外专家在内的多项国际高端人才引进计划并开展了“诺贝尔奖校园行”等活动。常务副校长李光宪教授希望能以白川英树教授此次来访为契机，进一步加强四川大学与筑波大学的交流。白川英树教授感谢四川大学的热情接待，在简单介绍了筑波大学后，他说，筑波大学历来重视与中国大学的交流合作，希望能与四川大学建立起长期稳定合作的伙伴关系，共同发展。

表1 四川大学2012年与外国机构签署协议统计表

序号	国外机构名称	签署时间	我校签字人	对方签字人	备 注
1	新加坡国立大学	2012/2/9	谢和平	Tan Chorh Chuan	续签校际合作协议
2	美国亚利桑那州立大学	2012/2/14	谢和平	Michael M. Crow	校际合作协议以及2+1+1交换生协议
3	美国佛罗里达大学	2013/2/25	李 虹	David Sammons	医学生交流协议
4	比利时布鲁塞尔自由大学	2012/2/28	谢和平	Paul De Knop	校际合作协议
5	俄罗斯乌拉尔联邦大学	2012/3/2	谢和平	郭克沙洛夫	校际合作协议
6	英国中央兰开夏大学议	2012/3/8	谢和平	Malcolm Mcvicar	校际合作协议
7	莫斯科大学国际教育中心	2012/4/18	段 峰	兹维列夫	院系合作协议
8	美国加州大学河滨分校	2012/5/12	谢和平	Dallas L. Rabenstein	校际合作协议
9	挪威阿哥德大学	2012/5/30	谢和平	Torunn Lauvdal	校际合作协议
10	比利时根特大学	2012/6/5	谢和平 石 坚	Paul Van Cauwenberge Herwig Reynaert	校际合作协议
11	韩国建国大学	2012/6	晏世经	韩成一	学生交流备忘录
12	英国伦敦大学玛丽皇后学院	2012/7/2	谢和平	Simon Gaskell	校际合作协议
13	美国纽约州立大学阿尔巴尼分校	2012/7/6	谢和平	George M. Philip	校际合作协议及2+1+1交换生协议
14	日本冈山县立大学	2012/7/22	谢和平	Nobuo Sannomiya	续签校际合作协议
15	加拿大戴尔豪斯大学	2012/8/4	晏世经	Dr. Carolyn Watters	校际合作协议
16	加拿大西蒙弗雷泽大学	2012/8/4	晏世经	Dr. Mario Pinto	校际合作协议
17	拉筹伯大学	2012/9/20	谢和平	John Dewar	校际框架协议
18	巴基斯坦伊克巴尔开放大学	2012/9/24	晏世经	纳兹尔·桑吉	校际合作协议
19	美国康涅狄格大学	2012/10/24	晏世经	Mun Choi	校际合作协议

续表1

序号	国外机构名称	签署时间	我校签字人	对方签字人	备 注
20	英国伦敦大学玛丽皇后学院	2012/11/26	晏世经	Jeremy Kilburn	3+2 项目协议
21	法国图卢兹大学	2012/11/27	石 坚	Marie-Prance Barthet	校际合作协议
22	英国诺丁汉大学	2012/12/5	谢和平	Tim Health Christine Ennew	项目协议
23	美国佛罗里达大学	2012/12/5	李 虹	David J. Sammons	校际合作协议
24	美国波士顿大学医学分校	2012/12/19	李 虹	Jean Morrison	校际框架协议
25	德国哥廷根大学	2012	石 坚	Hiltraud Casper-Hehne	校际合作协议
26	法国布尔日工程师学校	2012	谢和平	Joel Allain	校际合作协议
27	葡萄牙波尔图大学	2012	谢和平	Jose Carlos D. Marques dos Santos	校际合作协议

表 2 四川大学 2012 年与港澳台地区大学签订合作协议统计表

序号	协议单位	时间	名称	有效期
1	台湾东海大学	2012/1/6	四川大学与台湾东海大学学生交流项目协议书	5 年
2	台湾逢甲大学	2012/5	四川大学与逢甲大学双年学制合作项目协议书	5 年
3	台湾逢甲大学	2012/9/29	四川大学与逢甲大学学生交流学习合作项目协议书	5 年
4	台湾辅仁大学	2012/12/10	四川大学与台湾辅仁大学学生交流协议书	3 年
5	台湾辅仁大学	2012/12/10	四川大学与台湾辅仁大学学术交流合作协议书	5 年
6	香港中文大学	2012/9/27	四川大学与香港中文大学学术交流协议	5 年

表 3 四川大学 2012 年举办国际会议统计表

序号	会议时间	会议名称	主办学院名称
1	2012/3/30	欧债危机背景下的中德跨国公司管理策略研讨会	经济学院
2	2012/4/7—12	等离激元光子学前沿论坛国际会议	物理科学与技术学院

续表3

序号	会议时间	会议名称	主办学院名称
3	2012/4/19－21	中英科技桥：医用技术先进材料第二次研讨会	高分子材料工程国家重点实验室
4	2012/4/20－22	中法精神分析研讨会	公共管理学院
5	2012/5/6－9	后里斯本时代欧盟的全球化角色对非欧洲地区的影响	欧洲文化研究中心
6	2012/5/26－27	“公民协商调查方法研讨会”	公共管理学院
7	2012/6/1－5	第九次世界生物材料大会	国家生物医学材料工程技术研究中心
8	2012/6/11－14	2012年高等教育创造力研究会议	中美大学战略规划研究所
9	2012/6/23－24	2012亚洲软件基础研讨会议	计算机学院
10	2012/7/8－11	《宗教文化与社会关怀》学术研讨会	道教和宗教文化研究所
11	2012/07/10－11	牙发育国际研讨会	华西口腔医学院
12	2012/7/14－15	亚洲小儿麻醉会议	华西医院
13	2012/7/30－ 8/3	反问题及偏微分方程的控制理论国际学术研讨会	数学学院
14	2012/8/30－9/2	国际外科消化及肿瘤科医师协会（IASGO）腹腔镜外科学术会议	华西医院
15	2012/9/7－13	中日友好微分几何会议	数学学院
16	2012/9/17－19	东方外交与印度国际学术研讨会	南亚研究所
17	2012/09/17－20	国际阻燃材料与技术研讨会	化学学院
18	2012/9/20－21	药物制剂大会	华西药学院
19	2012/9/20－23	中印城乡发展研讨会	南亚研究所
20	2012/10/9－11	免疫耐受与粘膜免疫国际专题研讨会	华西口腔医学院
21	2012/10/12－14	国际华人玻璃体视网膜专家会议	华西医院
22	2012/10/23－26	全球变化科学学术研讨会	公共管理学院
23	2012/11/23－25	吴天墀教授百年诞辰国际学术研讨会	历史文化学院
24	2012/11/30－12/2	山地户外安全与健康国际会议	户外运动研究所
25	2012/12/3－4	2012年中美基因及细胞治疗发展与展望研讨会	生物治疗国家重点实验室
26	2012/12/7－12	“四川盆地及中国的早期冶铁与中国古代社会”国际学术研讨会	历史文化学院

表 4　四川大学 2012 年外籍教师名单

序号	外教姓名	国籍	工作单位
1	Elisa Szabo	英国	出国留学人员培训部
2	Martin Fuller	南非	出国留学人员培训部
3	Yeshurun Meir Glinert	英国	出国留学人员培训部
4	Oswald Michael Hotz De Baar	英国	出国留学人员培训部
5	Susanna Samantha Bertos	英国	出国留学人员培训部
6	Edmund Saley	加拿大	出国留学人员培训部
7	Gloria Canini	意大利	出国留学人员培训部
8	Wenguang Li	美国	高分子科学与工程学院
9	Zhang Wei 张威	德国	公共管理学院
10	Jesper Schlaeger	丹麦	公共管理学院
11	Zhijuan Luo 罗志娟	加拿大	华西基础医学与法医学院
12	Kang Yu JianJames 康裕建	美国	华西医院
13	Guohua Li	加拿大	华西医院
14	Li Hedong	美国	华西医院
15	Yu Mei	加拿大	华西医院
16	He Jianqing	加拿大	华西医院
17	Jason Joseph Chruma	美国	化学学院
18	Liu Dong Chyuan 刘东权	美国	计算机学院
19	Yao Gang 姚刚	美国	建筑与环境学院
20	木田建次	日本	建筑与环境学院
21	Stephen William Attwood	美国	生物治疗国家重点实验室
22	Zhang Yujin 张渝君	美国	生命科学学院
23	Xiao Zhixiong 肖智雄	美国	生命科学学院
24	Johann Sebastian Bergholz Villafane	比利时	生命科学学院
25	Farkhod Eshmatov	乌兹别克斯坦	数学学院
26	Jonathan Paul Baird	澳大利亚	外国语学院
27	Zeta Ellizabeth Vincent	美国	外国语学院
28	Levi Dale Loran McIntire	美国	外国语学院
29	Sonja Joy Jimenez	美国	外国语学院
30	Michael Alan Jimenez	美国	外国语学院
31	Robert Tanner	加拿大	外国语学院

续表4

序号	外教姓名	国籍	工作单位
32	Lisa Mary Yeo	英国	外国语学院
33	Norman	英国	外国语学院
34	Andrew George Malcolm Tebbutt	英国	外国语学院
35	Thomas David Nicholls	英国	外国语学院
36	Claran John Reilly	爱尔兰	外国语学院
37	Zachary Robert Baker	美国	外国语学院
38	Matthew Sigfried Muller	美国	外国语学院
39	Michael Patrick Deibert	美国	外国语学院
40	Gavin Noel Mccloskey	英国	外国语学院
41	Andrea Noelle Niehause	美国	外国语学院
42	Ryan Kenneth Salvesen	美国	外国语学院
43	Timothy Joseph Stalker	美国	外国语学院
44	Ian Lee Clavis	英国	外国语学院
45	Roy Alan Jones	美国	外国语学院
46	Daryl Alexander Smiton	英国	外国语学院
47	Marco Antonio Lanz	美国	外国语学院
48	Justin Neal Sobania	美国	外国语学院
49	Brian Donald Wytcherley	美国	外国语学院
50	Alizee Nora Jeanne Zimmermann	法国	外国语学院
51	Stanislava Sunajko	英国	外国语学院
52	Wasif Haneef	英国	外国语学院
53	Erin Elizabeth Hughes	英国	外国语学院
54	Ryan Burke Thayer	美国	外国语学院
55	Daniel Hickey	爱尔兰	外国语学院
56	Mariam Emily Rogers	美国	外国语学院
57	Mary Elizabeth Bruner	美国	外国语学院
58	Danielle Marie Jones	美国	外国语学院
59	Robert Tomlin Mayfield	美国	外国语学院
60	Christopher Michael Tebbe	美国	外国语学院
61	Peter Joseph Vernezze	美国	外国语学院
62	Neil Kenneth Brewster	加拿大	外国语学院

续表4

序号	外教姓名	国籍	工作单位
63	Svetlana Krasnova	俄罗斯	外国语学院
64	Almudena Cano Cano	西班牙	外国语学院
65	中田撤	日本	外国语学院
66	Anna Friedrichs Moriarty	西班牙	外国语学院
67	Martine Francoise Darragon Boccara	法国	文学与新闻学院
68	Galina Diveeva	俄罗斯	艺术学院

表 5　四川大学 2012 年国家公派出国留学＼校际交流及短期出访统计表

国家公派出国留学				校际交流及出访		
国家建设高水平大学公派研究生项目	青年骨干教师1∶1配套项目	留基委全额资助项目	处级干部培训项目	青年教师培训项目	学生交换项目	教师短期出访
112 人（博士生 55 名，联合培养博士生 57 名）	35 人	13 人	63 人	114 人	333 人	1041 人

表 6　四川大学 2012 年赴港澳台人员情况统计表

	学术会议	交流考察	培训及短期学习	总计
赴港澳	24	40	112	176
赴台	48	21	166	235
总计	72	61	278	411

（以上资料由国际合作与交流处黄娟提供）

党的建设篇

党建及组织工作

一、中央第三巡视组来校开展巡视工作

认真配合中央巡视组开展巡视工作。2012年3月15日至4月23日，中央第三巡视组对四川大学进行了巡视。学校各级领导班子、领导干部和广大师生认真配合巡视组开展巡视工作，确保巡视工作顺利开展。巡视期间，召开了汇报会、座谈会11次，落实完成了巡视组与120多名干部、教师个别谈话，调阅相关文件、档案和会议记录，进行民主测评和问卷调查等相关组织工作。巡视组充分肯定了我校各方面工作取得的成绩，也十分中肯地指出了学校工作中存在的问题和不足，并提出了改进的意见和建议。

切实做好巡视反馈意见的整改落实。2012年6月26日，中央第三巡视组组长孙晓群同志带队来校反馈了巡视四川大学的情况及意见。学校认真学习巡视反馈意见，成立了整改工作领导小组以及督查小组；逐项研究整改工作措施，细化整改方案，明确整改责任，落实整改任务，界定完成期限，形成了四川大学《关于对中央第三巡视组反馈意见的整改方案》，并上报中央巡视工作领导小组。同时，狠抓整改落实，强化督促检查，分解细化的174项整改任务中2012年内需完成整改的52项已完成51项，完成率达到98.1%，另外1项已启动整改；其他需年内启动的122项基本上都已启动。

二、党组织及党员队伍建设

以迎接党的十八大召开和学习贯彻十八大精神为主线，加强党员思想政治建设。学校修订完善了《中共四川大学委员会关于建立共产党员教育、管理、监督和服务长效机制的实施办法》，进一步健全完善了党员“长期受教育、永葆先进性”的长效机制。各基层党组织以多种形式，开展了迎接党的十八大系列主题教育活动。学校制定了《四川大学关于深入学习宣传贯彻党的十八大精神的实施意见》，印发了《关于在党员组织生活中认真学习宣传贯彻党的十八大精神的通知》；召开了“四川大学传达学习党的十八大精神大会”；把十八大精神作为校院两级党委中心学习组学习、党支部组织生活、教职工政治学习等的重要内容；成立了四川大学学习贯彻十八大精神宣讲团，校领导带头宣讲。通过宣讲报告、座谈会、理论研讨会、主题论坛、演讲比赛、舆论宣传等多种形式，组织引导广大党员和师生全面准确学习领会党的十八大精神。邀请中共四川省委、省共青团宣讲团来校宣讲报告2场；组织校内专家宣讲团宣讲报告40余场；召开座谈会、主题论坛、演讲比赛等学习宣传活动100多场，有效地提升了广大党员的思想政治素质。

创先争优活动成果不断巩固。学校对创先争优活动进行了再布置、再落实，继续以“落实教育规划纲要、服务学生健康成长”为主题，深入开展“为民服务创先

争优”活动。印发了《四川大学关于对党支部和党员开展创先争优活动情况进行群众评议的实施方案》，扎实开展创先争优活动群众评议工作，全校42个基层党委（总支）的806个党支部和3万多名党员接受了群众评议，共召开有3889人次参加的群众代表评议会768场、2437人次参加的服务对象代表评议会45场，群众和服务对象满意度均超过90%。认真做好创先争优总结表彰工作，召开了创先争优活动总结表彰大会，对创先争优活动中涌现出的“全国创先争优先进基层党组织”等189个先进集体和421名优秀个人进行了表彰；水电学院党委被中组部表彰为“全国创先争优先进基层党组织”，文新学院王红教授被四川省委表彰为“全省创先争优优秀共产党员”。制定了四川大学《关于建立健全创先争优长效机制的实施意见》《关于进一步推动创先争优长效机制建设的工作计划》，努力构建创先争优长效机制，进一步巩固提升创先争优活动成果，推动创先争优常态化长效化。我校创先争优的相关做法和经验，中央创先争优活动领导小组办公室、教育部教育系统创先争优活动领导小组办公室的简报多次专门做了刊发和转发。

深入开展基层组织建设年活动。制定了《四川大学关于在创先争优活动中深入开展基层组织建设年活动的实施方案》，紧紧围绕“强组织、增活力，创先争优迎十八大”的主题，按照“抓落实、全覆盖、求实效、受欢迎”的工作要求，分类指导、扎实推进基层组织建设年活动。认真做好调查摸底、分类定级工作，校内42个基层党委（总支）按照要求，围绕组织设置是否合理、支部班子是否健全、组织制度是否完善、发展思路是否清晰、活动开展是否正常、作用发挥是否充分、经费场所保障是否落实等，认真进行调查摸底。通过分类定级，在全校806个支部中，462个评定为先进党支部，318个评定为较好党支部，19个评定为一般党支部，7个评定为后进党支部；并扎实抓好对标整改、晋位升级工作，使每个支部在原有基础上都有新的提高。

基层党组织建设进一步加强。在广泛调研的基础上，制定或修订了四川大学《贯彻落实〈中国共产党普通高等学校基层组织工作条例〉的实施意见》《建立和完善校内基层单位党政联席会议制度的若干规定》《基层党委、党总支工作实施办法》《教职工党支部工作实施办法》《学生党支部工作实施办法》等7个党建制度文件，推进党建工作制度化建设。继续做好校内各基层党委（总支）的换届选举工作，37个基层党委顺利召开了党员代表大会并完成了换届选举工作。进一步优化学生党组织设置，对支部党员人数过多的党支部进行了调整，新增党支部24个，全校党支部达830个。加强党务工作者队伍建设，选送24名学生党支部书记参加了四川省高校学生党支部书记示范培训班。深入开展走访慰问困难党员、老党员活动，全年校级共计慰问生活困难党员、老党员298人，发放慰问金10.8万元。

加强入党积极分子培养和新党员发展工作。以“巩固培训规模、强化教学管理、增强培训实效”为目标，加强校院两级党校建设，举办入党积极分子培训班28期，培训学员8700人，合格结业7802人，进一步提高了入党积极分子培训质量。坚持数量与质量的统一，切实做好党员发展工作，全年新发展党员7449人，其中，学生党员7361人。

三、干部队伍建设

完善领导干部选拔任用机制。积极配

合中央巡视组做好选人用人专项检查的相关工作，及时提供学校中层干部的选拔任用实施办法、任免文件、干部档案等相关文件和材料，安排个别谈话152人次，随机抽检中层干部的人事档案18套，提供中层干部任免审批表402份及2010年以来中层干部换届调整全过程资料。落实中央巡视组巡视意见，抓好干部工作整改，研究制定《四川大学中层领导干部选拔任用工作实施办法》，进一步健全完善学校选人用人的基本规章制度。按照标准，严格程序，新聘任中层干部15人，部门工会主席1人，专职科研机构负责人11人，科级干部20人。

加强干部培训。研究制定《四川大学中层领导干部教育培训实施办法》；进一步完善多层次、多渠道、多形式的干部教育培训体系。坚持按需施教、保证质量，全员培训、统分结合，全面发展、注重能力，联系实际、学以致用，考核激励，训用并重的原则，通过举办培训班、选送培训、海外培训等途径，加大干部教育培训力度。选派了19人参加各级各类培训学习、7人赴地方挂职锻炼；举办第十一、十二期处级领导干部赴海外培训项目，选派了63名处级干部分赴美国加州爱尔文分校和美国密歇根州立大学参加培训学习。

做好干部考核工作。研究制定四川大学《机关部处和业务单位中层领导干部岗位绩效考核实施办法》《中层领导干部考核评价实施办法》。协助上级部门召开了校级领导班子和领导干部2011年度考核述职与民主测评会。完成校内中层党政领导班子和领导干部2011年度考核工作；组成4个处级领导干部试用期满考核工作小组，分别到全校65个单位对169名试用期满处级领导干部进行了考核，并进行了机关部处、业务单位87名试用期满处级领导干部的服务对象代表测评；做好2012年处级领导干部报告个人有关事项等工作。

四、做好党的十八大和四川省第十次党代会代表候选人推荐提名工作

按照推荐提名工作程序，充分发扬党内民主，推荐谢和平等37位同志为党的十八大代表候选人推荐人选，杨泉明等5位同志为四川省第十次党代会代表候选人推荐人选，全校共计822个基层党组织、27715名党员参加了党的十八大和省第十次党代会代表候选人推荐提名；学校党委组织部、纪委办公室、监察处，完成了对省第十次党代会代表候选人初步人选化学工程学院梁斌同志的考察工作；在校内各基层党组织和全体党员中对党的十八大候选人初步人选进行了公示。

【中央第三巡视组巡视四川大学工作动员会】2012年3月16日下午，中央第三巡视组巡视四川大学工作动员会在四川大学望江校区行政楼414报告厅召开。中央第三巡视组组长孙晓群在动员会上作了重要讲话，中央巡视工作领导小组成员、办公室主任王铁就配合做好巡视工作提出了要求，四川大学党委书记杨泉明在动员会上讲话。动员会由四川大学校长谢和平主持。动员会结束后，校党委书记杨泉明代表学校党委向中央巡视组作了题为《坚持科学发展，推进改革创新，努力建设中国一流研究型综合大学》的工作汇报。

【中央第三巡视组巡视四川大学情况反馈会】2012年6月26日下午，中央第三巡视组巡视四川大学情况反馈会在我校望江校区行政楼举行。中央第三巡视组组长孙晓群反馈巡视意见，对我校的各项工作给予充分的肯定，对学校在教育教学和管理、干部作风、党风廉政建设等方面存在的薄弱环节和问题提出了意见和建议。教育部党组副书记、副部长杜玉波代表教育部党组对学校抓好巡视反馈意见整改落实、进一步推动学校事业科学发展提出了要求。

【四川大学创先争优暨庆祝建党91周年座谈会】2012年6月29日上午，校党委书记杨泉明教授在江安校区行政楼301会议主持召开了四川大学创先争优暨庆祝建党91周年座谈会，师生党员代表以畅谈创先争优的感悟与体会的形式，庆祝中国共产党成立91周年。

【四川大学创先争优活动总结表彰大会】2012年10月12日下午，四川大学创先争优活动总结表彰大会在望江校区西五教演播厅隆重举行。大会全面总结了学校创先争优活动，对各级各类创先争优先进集体和先进个人进行了表彰。

【四川大学党校第133期教职工入党积极分子培训班结业典礼】2012年12月7日下午，四川大学党校第133期教职工入党积极分子培训班结业典礼在望江校区行政楼414报告厅举行。本次培训班共安排5次专题学习和1次优秀党员先进事迹报告会，并组织学员到双流县参观学习成都市统筹城乡发展和新农村建设成就；共有181名教职工参加培训，161名教职工学员顺利结业，评选产生22名优秀学员。

表1 2012年学校领导干部主要培训学习一览表

培训时间	参训人员	培训内容及举办单位
2012年10月8日—11月21日	校党委副书记周学东	国家教育行政学院第四十二期高校领导干部进修班
2012年2月15日—3月30日	校党委副书记李向成	国家教育行政学院第41期高校领导干部进修班学习
2012年11月1日—10日	校党委副书记李向成	教育部2012年中国延安干部学院第十期加强党性修养专题培训班
2012年7月9日—18日	副校长晏世经	教育部2012年中国延安干部学院第六期加强党性修养专题培训班
2012年4月10日—11日	校长助理、党委组织部部长李旭锋	教育系统创先争优理论研讨会暨高校基层组织建设年工作推进会
2012年2月15日—5月14日	校长助理、招生就业处处长李蓉军	国家教育行政学院第三十七期高校中青年干部培训班
2012年3月19日—23日	老干部党总支书记史冰川、后勤集团党委书记罗卡、历史文化学院（旅游学院）党委书记朱天沧、水利水电学院党委书记陈建康	四川省委教育工委举办的基层党组织负责人加强和创新社会管理专题培训班
2012年4月9日—27日	党委统战部部长邱梅	四川省委教育工委举办的第10期女干部培训班
2012年4月15日—21日	党校常务副校长范嗣云	教育部思政司与井冈山大学举办的高校党校校长培训班

续表1

培训时间	参训人员	培训内容及举办单位
2012 年 4 月 18 日—24日	制造科学与工程学院党委书记惠新强	教育部思政司与延安大学举办的高校院系分党委（党总支）书记培训班
2012 年 4 月 21 日—27日	华西口腔医学院（华西口腔医院）党委副书记谭静	教育部思政司与临沂大学举办的高校党建组织员培训班
2012 年 4 月 23 日—27日	化学学院党委书记王智猛	教育部举办的高校院系党组织书记示范培训班
2012 年 5 月 28 日—6 月 1 日	党委组织部副部长管清贵	中组部举办的中管高校党委组织部负责人干部人事制度改革专题培训班
2012 年 7 月—8 月	处级干部 63 人	第十一、十二期处级干部分别赴美国加州爱尔文分校和美国密歇根州立大学培训学习
2012 年 9 月 1 日—11 月 29 日	研究生院副院长兼“985 工程”和学科建设办公室主任陈谦明	国家教育行政学院第三十八期高校中青年干部培训班
2012 年 9 月 24 日—28 日	规划建设处综合科副科长姚向征	四川省委教育工委举办的基建工作专题培训班
2012 年 10 月 8 日—11 月 2 日	校刊编辑部主任侯宏虹	四川省委教育工委举办的第 3 期青年干部培训班
2012 年 11 月 5 日—9 日	国有资产管理处副处长徐明	四川省委教育工委举办的国有资产管理专题培训班

（以上资料由党委组织部王晖提供）

党风廉政建设

一、廉政责任体系建设

一是研究谋划学校党风廉政建设。2012 年年初，召开年度党风廉政建设工作会，制定了《2012 年党风廉政建设工作要点》。十八大召开后，校纪委和纪检监察部门认真学习贯彻十八大对反腐倡廉建设的部署和要求，科学谋划当前和今后一段时期反腐倡廉建设的目标、思路与任务，并在《四川大学报》上刊发评论员文章。二是落实党风廉政建设责任制。修订学校《关于执行党风廉政建设责任制的实施办法》，按照“权责相等、层次分明，传导顺畅、落实到人”的原则，进一步健全网格化责任体系。年初，对全年反腐倡廉工作进行任务分解，向校级领导班子成员、校内各单位送达党风廉政建设任务提示书或分解书 94 份，推动年度任务落实；就 2011 年落实两项法规（党风廉政建设责任制和《廉政准则》专项检查工作形成总结分析报告，并对相关单位整改情况进行了督导和回访；与领导干部年度考核相结合，进一步强化责任考核和追究，10名党员干部受到责任追究。

二、重大决策部署监督检查

学校纪委围绕党的纪律特别是政治纪律执行情况加强监督，强化学校思想文化阵地管理，切实维护了校园和谐稳定；围绕学习贯彻党的十七届六中全会和党的十八大精神、深化“基层组织建设年”、“文化建设年”各项工作、抓好中央第三巡视组巡视意见的整改落实等，加强督促检查，确保了政令畅通。围绕学校“十二五”发展规划、年度工作计划的实施，着力加强对重大改革措施执行、为师生办实事各项举措落实以及教育经费使用情况的监督检查，纪检监察部门开展执法监察、廉政监察及效能监察1540余人次，参与中层干部选拔任用及试用期满考核的过程监督178人，有力促进了学校深化改革和科学发展。

三、领导干部及机关作风建设

继续深化领导干部廉洁自律，出台《四川大学领导干部苗头性问题“早发现早提醒早纠正”机制建设实施办法》；严格落实领导干部报告个人有关事项、述职述廉、诫勉谈话等制度，2012年中层领导干部报告个人有关事项391人，述职述廉405人，诫勉谈话10人。加强机关作风建设，在学校机关确立“以人为本、优质服务、勤政廉洁、务实高效”的管理理念，制定并实施《四川大学机关服务公约》；督促各职能部门凝练部门文化、制定服务公约，梳理、再造工作流程，制定并实施具体量化的岗位绩效考核办法，推进绩效管理；结合“三制一考核”，多渠道开展机关作风建设考评，根据机关2012年网上满意度测评显示，有19个部门师生满意度超过90%。

四、反腐倡廉及纪律教育

廉洁文化建设方面，在全校范围组织开展“保持党的纯洁性，构筑崇尚廉洁的大学文化”反腐倡廉主题教育宣传周活动；开展科研经费管理形势与政策宣讲，实现教学、科研单位“全覆盖”；组织师生参加全国高校廉政文化作品大赛，获一、二等奖各1项。制度建设方面，全面总结学校2008—2012年惩防腐败体系建设，形成以五大机制为龙骨，14个事项为纽带，150余项制度举措为支撑的惩防腐败体系基本框架。监督制约方面，出台《建立和完善校内基层单位党政联席会议制度的若干规定》《关于校内各二级单位贯彻落实“三重一大”决策制度的实施意见》等，开展了对落实“三重一大”集体决策制度的专项检查，进一步健全科学民主决策机制；深化廉政风险防控机制建设，华西临床医学院、商学院、水利水电学院等6个单位试点工作取得初步成效。信访及案件查办工作方面，2012年，学校纪检监察机构受理来信来访62件，立案2件，结案2件，给予党纪处分2人，政纪处分1人，组织处理1人，通过办案直接为学校挽回经济损失124万元。廉政研究和平台建设方面，完成教育部、四川省委惩防办及省教育纪工委委托课题3项，获“四川省哲学社会科学优秀成果三等奖”1项；成立“四川大学预防腐败研究中心”及“四川大学研究生廉洁教育促进会”两个廉政研究平台，面向省预防腐败局、省纪委招监室、成都、达州、广安及多个县、市纪委等，开展政策咨询、制度廉洁性评估及实务研究等多项廉政建设公共服务。

五、纪检监察队伍建设

修订了《四川大学二级纪委工作职责》，完善二级纪委工作制度；建立附属医院纪委书记联席会议制度，加强对具有独立法人资格的各附属医院党风廉政建设的业务指导，强化医院纪检监察部门之间的沟通交流与协作配合；健全特邀监察员工作机制，召开聘任暨工作座谈会，首批聘请7位特邀监察员，加强了民主监督、群众监督力量；坚持《专职纪检监察干部分工联系校内各单位制度》，突出和强化纪检监察部门在学校反腐倡廉工作体系中的服务职能；开展四川大学纪检监察系统“能力建设、作风建设和组织建设”主题活动，召开纪检监察工作会暨二级纪委书记培训会，在专兼职纪检监察干部中开展征文活动，提升了全校纪检监察系统的整体履职能力。

【四川大学2012年党风廉政建设工作会】2012年3月29日下午，四川大学2012年党风廉政建设工作会在望江校区西五教演播厅举行。校党委书记杨泉明代表学校党委在会上作了题为《大力保持党的纯洁性，深入推进学校反腐倡廉建设》的重要讲话，就进一步推进学校党风廉政建设和反腐败工作提出了要求。校长谢和平以《加强廉政文化建设，建设充满正气和阳光的校园》为题做了重要讲话，就进一步做好2012年党风廉政建设工作做了强调。校党委副书记、纪委书记徐兰教授代表学校纪委作了题为《牢记使命，恪尽职守，奋力开创学校反腐倡廉建设新局面》的工作报告。

【开展党风廉政教育宣传周活动】2012年4月，在全校范围组织开展了以“保持党的纯洁性，构筑崇尚廉洁的大学文化”为主题的党风廉政教育宣传周活动，校内各单位开展主题学习讨论会、班子中心组学习会、廉政党课、学生活动、宣传展览（专栏）“五个一”活动80余项，对教职员工和党员干部实现“全覆盖”；同时，组织师生参与全国高校廉政文化作品大赛，获得艺术设计类一等奖和网络新媒体类二等奖各1项。

【推进“三重一大”决策制度落实】制定了《关于校内各二级单位贯彻落实“三重一大”决策制度的实施意见》，完善了二级单位领导班子议事规则和决策程序；对全校二级单位领导班子贯彻执行“三重一大”决策制度情况开展了专项检查，积极推进信息公开及党务、校务公开工作，督促具有财务二次分配权的单位对其财务分配办法及其执行情况、执行效果进行总结，深入查找问题并提出整改方案。9月，迎接教育部专项检查，我校贯彻落实“三重一大”决策制度情况获得肯定和好评。

【深化廉政风险防控机制建设】向校内单位转发教育部《关于转发中央纪委〈关于加强廉政风险防控的指导意见〉的通知》，并结合实际提出学校加强廉政风险防控的工作方案。继续推进学校反腐倡廉重点部位关键环节监管体系建设，在教务、保卫、财务处、科产集团等12个职能部门和业务管理单位推进廉政风险防控管理。积极开展二级单位廉政风险防控试点，在华西临床医学院、商学院、水利水电学院等6个单位的试点工作取得初步成效。

【强化廉政理论研究和平台建设】2012年，完成教育部、四川省委惩防办及省教育纪工委委托课题3项，新申报四川省哲学社会科学项目和学校社科重点项目2项，研究成果《高校重点部位关键环节廉政风险防控管理体系研究》获“四川省哲学社会科学优秀成果三等奖”。同时，校纪委协同马克思主义学院和研究生工作部，成立了“四川大学预防腐败研究中心”和“四川大学研究生廉洁教育促进会”，搭建起廉政理论研究平台。2012年与省预防腐败局、省纪委招监室、成都市、达州市、广安市及多个县、市纪委合作开展了政策咨询、制度廉洁性评估及实务研究等多项工作。

（以上资料由校纪委办公室、监察处廖毅提供）

宣传教育工作

一、理论武装及思想政治教育

学校制订了《四川大学关于深入学习宣传贯彻党的十八大精神的实施意见》，通过党委中心组学习、教职工思想政治学习、宣讲团、座谈会等形式，做好党的十八大精神的学习宣传贯彻工作。为学校党委中心组购买了《十八大报告辅导读本》等学习资料。组织成立了学校“学习贯彻党的十八大精神宣讲团”；邀请中共四川省委、省共青团宣讲团来校宣讲报告2场；组织校内专家宣讲团宣讲报告40余场。

加强中国特色社会主义理论研究中心建设，精心组织课题研究，宣传部与社科处合作完成了2012年度课题项目征集评审等相关工作。制订了学校党委中心组年度学习计划和学期学习计划，做好中心组学习的会议记录整理工作及部分学习资料的征集发放工作。

抓好学校教职工思想政治工作，撰写了《四川大学思想政治工作的现状和工作思路》。以“2012年全国两会”、学习贯彻党的十八大精神等为主题，安排了16次教职工政治学习。制订了《四川大学进一步加强和改进新形势下学校哲学社会科学课堂教学、报告会、研讨会、讲座、论坛、网络和接受境外基金资助等管理的实施方案》。制订了《四川大学法制宣传教育第六个五年规划（2011—2015年）》。完成6期《思想理论教育研究》的编辑出版工作。撰写了《依法治校 科学发展——四川大学“六五”普法的实践探索》。

加强中宣部舆情直报点工作，报送中宣部特约稿件3篇，组织师生报送稿件26篇，被综合采纳4篇。制定了《四川大学舆情报送奖励办法》。

二、新闻宣传工作

通过校园网“十八大专题网站”、校报庆祝十八大专版和“学习宣传贯彻党的十八大精神”专栏、学校教育电视台制作播出系列专题片，对学校领导、专家教授、党员干部、师生职工等各个层面代表的专题采访，对学校师生职工学习宣传贯彻党的十八大精神各类活动进行了全面跟踪报道。协助人民日报、四川电视台等新闻媒体来校完成专题报道。“十八大专题网站”发布相关学习宣传贯彻活动300多条报道。对第九次世界生物材料大会、中国化学会第28届学术年会暨中国化学会八十华诞庆典的等校内重大活动、中央巡视组来校巡视、俄罗斯联邦委员会主席马特维延科来访、“‘艺彩纷呈 撷影世界’——中国艺术摄影学会校园巡展”等重大工作进行了跟踪报道。开展对校园文化建设、学校名誉班主任制度建设、“实践及国际课程周”、机关文化及作风建设的专题采写报道，开设各类网上热点报道专题专栏共 8 个。实施“川大人物典型专访报道工程”。全年编发《媒体看川大》简报 30 期。

加强与校外媒体合作，协助中央电视台、人民日报、光明日报、新华社等媒体进校采访报道 70 多次；主动向中央及省市媒体编发提供、推荐反映学校重大事件的新闻文稿、新闻素材 40 余次；校外主流媒体发布我校新闻报道中央电视台 14 条、中国教育电视台 1 条、《人民日报》10 篇、《光明日报》14 篇、《经济日报》2 篇、《科技日报》5 篇、《健康报》6 篇、《中国青年报》5 篇、《中国日报（中文版)》5 篇、《中国教育报》13 篇、新华网 16 篇、人民网 9 篇。通过与主流媒体的联系与合作，加大了学校改革发展成果成效的宣传力度，进一步提升了学校的公众形象和社会影响力。

三、校园文化建设

学校把 2012 年确定为“校园文化建设年”，进一步加强和改进学校的校风、教风、学风、文风和机关作风，不断增强广大师生员工的凝聚力、学校工作的执行力，以及学校的社会影响力、国际竞争力。启动实施了校园文化视觉形象识别系统工程七大建设专项，提出了学校主色调、校旗和校歌方案，并对 123 处校园道路、楼宇、景观进行了重新命名，初步构建了体现川大文化的校园文化标识系统。学校校园文化建设成果获教育部全国高校校园文化建设优秀成果特等奖。

校风建设方面，学校开展了“最好的时光——川大记忆”主题展览等系列川大文化和川大精神主题教育活动，增强了川大人对川大的认同感、自豪感和归属感。完成了《四川大学校史简编本》初稿和《张澜与四川大学》编写研究工作，正式出版了《川大名言》等校史图书。组织出版了图书馆珍藏的《四川全图》以及博物馆珍藏的《格萨尔唐卡研究》等珍贵历史文献，并通过“著名学者学术思想研究”“华西边疆史料研究”等研究课题，进一步展示和弘扬了川大文化和川大精神。教风建设方面，制定出台了《四川大学关于进一步加强教风学风建设的若干意见》等系列文件；推动了优秀笔记教案征集示范工程。学风建设方面，各学院全面实施了“名誉班主任”制度，部分学院在此基础上还实施了“班主任导师制”和“优秀学长制”。文风和机关作风建设方面，制定了四川大学《贯彻落实“八项规定”的实施办法》《机关服务公约》，形成了以“强服务、顾大局、高效率、创一流”为核心内容的机关文化和部门文化。各单位结合自身实际开展了“凝练部门（学院）精神”主题活动。

制定了《四川大学关于深入开展学雷锋活动的实施意见》，探索学雷锋活动常态化机制建设，持续深入开展“校园里的活雷锋”报告会等活动；利用校内媒体加强了对新时期雷锋精神、校内各种学雷锋活动以及周晨燕、梁中和老师等新时期雷锋式典型人物的宣传报道。与中国艺术摄影学会、成都市文化局等联合主办了“‘艺彩纷呈　撷影世界’——中国艺术摄影学会校园巡展”活动。结合新闻网改版，全力加强网上校园文化建设工作，四川大学门户网站在由教育部思想政治工作司指导、教育部中国大学生在线网站主办的全国高校百佳网站评选活动中荣获“第五届全国高校百佳网站”称号。制定了四川大学《校园文化活动管理办法》《标语横幅、广告、校园橱窗的管理办法》等管理制度，全面加强对校园文化活动、标语横幅、网上学术看板等审批工作。督促指导各单位加强意识形态领域和舆论阵地建设。推进校园文化专题橱窗精品汇展工作，策划制作6期、3个校区合计192版大型橱窗展，校内各单位完成专题文化橱窗共4期、合计144版。

【四川大学举行庆祝中国共产党第十八次全国代表大会胜利召开座谈会】2012年11月8日下午，四川大学在望江校区行政楼320会议室举行庆祝中国共产党第十八次全国代表大会胜利召开座谈会，全体在校校领导，学校机关部处、各学院负责同志，民主党派代表以及各层级党委（总支）党员师生代表齐聚一堂，就胡锦涛总书记的十八大报告畅所欲言，热烈交流。

【四川大学隆重举行传达学习党的十八大精神大会】2012年11月19日下午，四川大学传达学习中国共产党第十八次全国代表大会精神会议在学校望江校区西五教演播厅隆重举行。学校各级领导干部、党员代表和师生职工代表参加了大会。校党委书记杨泉明教授在会上传达了党的十八大精神，校长谢和平院士主持传达学习会。

【四川省委宣讲团党的十八大精神高校首场报告会在川大隆重举行】2012年12月10日下午，四川省委宣讲团党的十八大精神高校首场宣讲报告会我校隆重举行，四川省委党校巡视员、省委宣讲团高校宣讲分团成员郭伟为川大干部师生作了主题为《学习贯彻十八大精神 深入推进中国特色社会主义事业》的宣讲报告。

（以上资料由党委宣传部罗云丹提供）

统战工作

一、党外干部队伍建设

学校有党外知识分子6800余人，7个民主党派基层组织，包括32个支部（支社），民主党派成员1266人。其中，民革117人，民盟378人，民建147人，民进93人，农工184人，致公党63人，九三学社284人。侨联基层组织成员800余人。各级人大代表35人。其中，全国人大代表3人，省人大代表9人，市人大代表14人，区、县人大代表9人。各级政协委员55名。其中，全国政协委员5人，省政协委员20人，市政协委员25人，区、县政协委员5人。省政府参事3人、市政府参事7人，省工商联会长1人，副会长1人，四川省文史研究馆馆员13人，四川省知识分子联谊会理事18人。

各民主党派发展新成员20人，其中教授3人。支持党派成员参加各级培训共28人次。协助各级民主党派做好换届工作，各民主党派已完成中央、省、市换届工作，学校有8名教职工分别当选民主党派中央委员，26人分别当选省级民主党派委员会成员，37人分别当选市级民主党派委员会成员。学校致公党、民革、民建、侨联等完成换届工作，产生新一届领导班子。学校统战部与民建川大委员会协商，组建了“四川同心·专家服务团——四川大学分团”，服务团专家主要由民建川大“三下乡”医疗专家组成，省委统战部为专家颁发了聘书。

学校向省委统战部推荐了 66 位党外代表人士后备人选，向市委统战部推荐了 126 名党外代表人士后备人选，完成学校党外代表人士后备人选推荐方案及党外后备干部推荐材料的上报工作。协助武侯区、双流县人大、政协完成换届工作，13 人分别当选武侯区、双流县人大代表、政协委员。推荐我校 4 名党外人士参加省、市地区挂职锻炼；完成 1 名党外干部挂职期满的考察工作。

二、民主管理和参政议政

积极引导统战人士参与学校教育教学改革创新。组织党外代表人士就《校长工作报告》召开征求意见会；召开“四川大学加强校园文化建设征求党外代表人士意见座谈会”；在党外教师中间征求对“教风、学风和机关工作作风”的意见和建议；组织落实校级领导对口联系党外代表人士交友制度，每个校领导对口联系 1 至 2 名党外代表人士；学校聘请史江、何昌荣、张彬、唐玥玓 4 名党外专家为我校首批特邀监察员。大力支持党外人士履行参政议政职能，党外人士在各级人大、政协提交提案及建议 348 份，调研报告 34 份，组织各项社会服务活动 60 余次，43 人次获得市级以上参政议政荣誉表彰。

三、思想建设、理论研究及工作交流

加强统一战线思想建设。围绕迎接十八大召开和学习贯彻十八大精神，组织引导统一战线广大成员深入学习中国特色社会主义理论体系，进一步夯实共同的思想政治基础；以多种方式和途径，引导广大统战成员认真学习贯彻十八大精神，深刻理解十八大的重大意义和精神实质，切实把思想认识统一到十八大精神上来，使广大统战成员始终与中国共产党在思想上同心同德、目标上同心同向、行动上同心同行，围绕“同心”凝聚共识，组织开展活动。

加强统战工作工作交流和理论研究。学校通过举办座谈会、中秋联欢会等形式，向学校统一战线人士通报学校改革发展进展情况，认真请求统战人士的意见建议。加强统战理论研究，《“同心思想”指导民主党派成员树立社会主义核心价值的思考》获全省统战理论研究成果三等奖；《对统战文化工作的几点思考》参加四川省党建理论研究会统战分会第一次年会大会交流发言；《论统战工作在加强党的先进性建设中的作用》入选参加四川省庆祝建党 91 周年暨创先争优理论研究会交流并获荣誉证书；2 名党外专家作为四川省党外专家学者代表，赴陕西西安参加由中央统战部组织的“关于巩固发展统一战线的核心是坚持中国特色社会主义政治发展道路”的调研座谈会。举办了纪念张澜诞辰 140 周年系列活动。与西藏自治区驻蓉办、武侯区等单位签署“6+1 民族宗教工作共建协议”。协助道教与宗教文化研究所举行成都市宗教界人才培训基地授牌暨首期研修班开班仪式。

【举行四川大学统一战线学习十八大精神座谈会】2012 年 11 月 28 日下午，四川大学统一战线学习十八大精神座谈会在学校望江校区行政楼 320 会议室举行。座谈会上，各民主党派、侨联负责人及成员代表和无党派人士代表也就学习十八大精神畅谈了各自的体会，纷纷表示要深入学习领会十八大精神，把学习大会精神与坚持中国共产党领导的多党合作和政治协商制度相结合，不断加强自身思想政治建设，立足本职工作，再接再厉，继续为学校发展建言献策，为四川大学建设一流研究型综合大学贡献新的力量。

【纪念张澜诞辰 140 周年系列活动】 2012 年 5 月 11 日上午，学校与民盟四川省委联合主办了“纪念张澜诞辰 140 周年暨张澜教育思想研讨会”。张澜先生的孙女、全国政协副主席、民盟中央第一副主席张梅颖出席了会议。学校档案馆、统战部举办了《辛亥川大》主题展览。学校还参加了 2012 年 4 月 1 日由民盟四川省委主办，民盟南充市委、西充县委县政府承办的纪念张澜先生诞辰 140 周年座谈会暨“中国民主同盟林”开林仪式。

（以上资料由党委统战部石琼提供）

离退休工作

截至 2012 年 12 月，我校共有离退休人员 7800 余人。其中，离休干部 189 人，退休校级干部 37 人，副处、副高以上 4200 余人。

一、“两项待遇”工作

全年组织党员骨干外出参观学习、离休干部为青年学生讲述革命往事等活动共计 16 次、300 余人次；组织了武侯区人民代表选举投票工作；组织召开了“2012 年老干部新春团拜会”；组织召开了退休老师代表参加的全校退休工作通报会；组织召开了校双代会《校长工作报告》征求意见座谈会；组织离退休党员代表、离退休民主人士代表及部分师生代表参加了庆祝十八大胜利召开座谈会。按照成都市的标准为离休干部提高了生活补贴；按照中央人社部 3 号文件精神，参照成都市市属高校退休人员生活补贴标准，两次提高和规范了退休人员的生活补贴；为 13 位新中国成立初期参加革命工作的退休干部提高了生活困难补助。首次召开了“2011 年新退休人员欢迎会”，并形成了今后每半年召开一次新退休人员欢迎会的制度。结合学校“抓五风、促四力”建设，向退休人员发放调查问卷 1000 份。完成了离退休人员选购文星花园二期的相关服务工作。

二、日常服务工作

安全顺利完成离退休人员的外出旅游及参观学习活动，共计 6500 余人次。组织好了对离退休人员的 2012 年年终慰问，发放米、油慰问品 6000 余份；完成了对离退休人员年终特殊困难慰问，共计 260 余人次、24 万余元。看望生病住院离退休人员 800 余人次，其中离休老干部 193 人次；为 343 位退休职工发放生日慰问金 3.43 万元；为 124 位老干部办理了校园一卡通；为离休人员补发了从 2010 年至 2012 年的生活补贴；协助二级部门做好离退休人员去世后的丧葬及善后事务，共 130 件；慰问遗属并发放慰问金 13 万元；全年下拨二级单位活动及福利经费 121.65 万元。全年组织 148 位离休和退休校级干部、4077 位退休人员进行了健康体检；为 4752 名退休教职工购买了补充医疗保险 71.1 万余元。

三、老年文化建设工作

建立了老年文化建设机制，更新完善了离退休工作网站；组织对学校老专家、老教授、老领导进行专访并编撰了《访谈录》；离退休处与学校电视台合作拍摄了 4 集《川大记忆》电视专题片；印发工作简报《秋实》2 期；出宣传橱窗 2 期。组织开展庆祝十八大系列活动，举办了“歌颂十八大、永远跟党走”四川大学离退休同志第七届主题性文艺汇演；配合老年大学、老年体协、省新四军协会川大分会及其他老年社团平台开展了座谈会、文艺演出、健步走、书法摄影展等形式多样的十八大庆祝活动；组织了离退休党员参加的“满怀豪情喜迎盛会，我校离退休同志寄语十八大”的活动；组织离退休党员集中收看了党的十八大开幕式及胡锦涛同志的工作报告，集中观看了大型党史纪录片《信仰》。

四、管理工作

为进一步加强离退休工作，提高管理效率和服务水平，首次组织召开了我校离退休工作二级管理部门联络员培训会，并在此基础上形成了每年培训一次的工作制度；离退休处领导班子分别带队到十余所部属高校进行了调研；深入学校 7 个二级单位进行了内部调研；组织召开了“成都地区部属高校离退休工作座谈会”。离退休处工作人员撰写论文及文章近十篇，分别被中组部老干部局、教育部离退休干部局、校关工委、老年大学二分校的出版书籍录用。在校创先争优活动总结表彰中，对 10 个离退休工作创先争优先进集体、52 名老有所为突出贡献先进个人进行了表彰；老干部党总支荣获“四川大学创先争优活动先进基层党委（总支）”称号；四川大学离休人员 2011 年数据库被教育部离退休干部局评为优。完成了望江东区离退休活动中心改造项目。

五、关工委、老年大学及各社团工作

依托四川大学关工委、老年大学和四川省新四军研究会川大分会及老年体协、老年艺术团等老年平台，充分调动和发挥离退休人员“老有所为”的积极作用。首次召开了四川大学老年大学工作座谈会；进一步健全了老同志的社团组织机构。校关工委积极配合学生工作部做好了“百家寝室”、“优秀班级”的推荐评选工作；完成了 2012 年“优秀学生奖学金”的评审和发放工作；编辑出版了《育人新风》——四川大学关心下一代工作委员会二十年实践与探索一书。3 个老年大学招收学员近 6000 人次，各校举办了喜迎党的十八大召开的系列活动；二分校举行了办校十周年校庆演出，召开了首届老年教育工作研讨会，结集了《夕阳辉煌》的内部纪念册，正式出版了《珠玉璀璨 人文情怀——四川大学老年大学二分校建校十周年书画摄影作品集》。四川省新四军研究会四川大学新四军研究分会召开了“纪念毛泽东同志在延安文艺座谈会上讲话发表 70 周年”座谈会；老年体协、老年艺术团开展了“庆祝十八大胜利召开”等系列活动。

（以上资料由离退休工作处徐建勇提供）

工会和教代会工作

一、“双代会”及民主参与工作

组织召开了四川大学第三届教代会第二次会议暨第二届工代会第二次会议，大会以“提升川大文化自觉自信，切实加强‘五风’建设”为主题，听取和讨论了校长工作报告；听取和审议了学校年度财经工作报告和学校教代会和工会工作报告；表彰了2011年度“双代会”代表优秀提案和提案办理工作先进单位、“十佳模范教职工之家”、院处务公开工作先进单位。大会还对四川大学《进一步加强教风学风建设的若干意见》《机关服务公约》《进一步完善校园文化视觉形象识别系统的实施意见》《校园交通环境整治方案》《校旗设计与标准色设计方案》（征求意见稿）以及历史文化学院、建筑与环境学院、华西临床医学院（华西医院）关于文化建设的方案和建议进行讨论并提出意见和建议。做好教代会代表提案工作，“双代会”共收到代表提案107份，内容涉及学校改革发展的方方面面，教代会4个专门工作委员会全体会议进行了初审，提案工作委员会进行了再审，上报校务会确定了立案提案5个（涉及8份提案），重要建议7个（涉及18份提案），一般意见建议81份；到2012年11月30日，所有提案已办理完毕并全部回复，并在提案人中进行了满意度测评，一次性提案回复的满意度为96.3%。做好教代会闭会期间的各项工作，全年共召开代表团团长联席会、专门工作委员会和各委员会会议8次；教代会主要负责人参加学校有关会议5次；完成了换届后教代会代表参与学校人事分配改革小组、收费委员会、住房委员会、学校特邀监察员、工程质量监督小组、公房管理监督小组等的调整工作。顺利完成武侯区、双流县人大代表的换届选举工作，校工会在学校选举工作领导小组的领导下，组织全校4个选区43561名选民顺利完成了武侯区、双流县人大代表换届选举工作，王杭、史江、刘兴年、张伟年、张晓远、李华强、李向成、肖阳当选为武侯区第六届人大代表，李虹当选为双流县第十七届人大代表。

二、校、院务公开及校领导接待日工作

完成学校校务公开领导小组换届工作。进一步深化校务、院务公开，校务公开栏公开校务13期，公开内容57项；指导二级单位做好院务公开工作，全年全校各单位共公开事项823余项。学校被省总工会评为“四川省厂务公开民主管理先进单位”。做好校领导接待情况的处理回复和统计、资料归档工作和服务工作，全年共接待教职工289人次。

三、创先争优工作

不断深化“教职工之家”建设。按照《四川大学工会关于进行“教职工之家”复查和评选“十佳模范教职工之家”的通知》，根据各单位申报及“教职工之家”复查情况，评选出了学校“十佳模范教职工之家”，并在2012年“双代会”上进行

了表彰；为不断巩固“建家”成果，在华西医院召开了“教职工之家”建设现场会，组织全校部门工会主席学习交流“建家”先进经验；继续开展“教职工之家”复查工作，至2012年末，已对全校36家单位进行了复查。开展工会系统创先争优先进评选和表彰工作，评选出了50名四川大学创先争优活动优秀工会工作者和100名优秀工会会员，在学校创先争优活动总结表彰大会上进行了表彰；推选学校华西口腔医院获得“四川省五一劳动奖”。深入开展学雷锋活动，以“践行雷锋精神，争做‘育人’楷模”为主题，号召全校工会组织坚持贴近实际、贴近生活、贴近师生，立足本职工作，爱岗敬业、开拓进取。

四、为教职工办实事工作

坚持以教职工为服务主体，贯彻落实科学维权观，努力为教职工办实事、办好事及时调解各类矛盾，妥善处理改革发展中所出现的劳动人事争议。全年共接受和进行了10人次的调解咨询和调解工作。召开了人事争议调解委员会会议一次，成功地调解了争议事项。根据省教科文卫工会安排，5月21日至25日，在望江校区开展了“入工会、维权益、促就业”宣传周活动，向毕业学生发放《中华人民共和国工会法》《中国工会章程》宣传资料等。校工会参加了全校30个学院、8个业务实体及机关各部处等76次共798名应聘人员的选留、选聘和续聘工作；参与了学校所有大宗物资采购招标决标；参与青年教师过渡房管理规定的讨论；组织教代会代表全程参与文星花园2期建设及售房工作。

做好劳模的推荐、管理和服务工作。春节慰问了全校省部级以上劳模；对我校省部级以上劳模社保和医保情况进行了摸底调查并及时将情况报送上级工会；组织部分劳模和教学名师到邛崃参观考察；按计划完成了劳模“三金”的申报和发放工作。

关注教职工身体健康，大力推进民生工程。邀请华西专家为女性教职工开展专题讲座；校工会会同人事处、离退休处和校医院，邀请华西第二医院妇科专家到校医院为女职工进行体检；为全校女教职工发放“三八”节纪念品，受到了广大女性教职工的好评；组织华西心理卫生专家参加省总工会举办的“女职工劳动保护特别规定”宣传活动。与后勤集团联合举办了后勤饮食中心职工烹饪技能比赛，并注意把编制外聘用人员、劳务派遣工纳入到竞赛中来；会同教务处选拔优秀选手参加四川省高校青年教师教学技能竞赛。针对青年教职工成长及其在婚姻家庭等方面存在的困难和问题，举办了青年教职工联谊活动，为青年教职工搭建交流平台。配合学校做好教职工子女小升初、高升大、科技夏令营的登记、跟踪等服务工作。

坚持开展困难帮扶行动。上报我校大病女困难教职工，落实补助金；办理临时困难补助，为突发困难的教职工及时给予了补助；教师节期间，对我校工作优秀、生活困难并长期工作在一线的教职工进行了慰问；会同人事处，继续开展困难在职教职工年终慰问工作；完成省总工会金秋助学的学生名单核实与慰问品的发放工作，共计发送80人次的慰问金。

积极开展各类文体活动。会同体育学院、校体委举办了2012年四川大学教职工象棋、围棋比赛、篮球（男子）比赛；在广大教职工中开展普及、推广排舞活动，举办了教职工排舞比赛并在学校运动会开幕式上进行了大型团体表演；组织了四川大学2012年教职工运动会；与校团委联合举办了"'川大好声音、献礼十八大'四川大学青年教职工歌手大赛"；选派教师参加四川省高校教职工桥牌比赛，获得团体第三名；参加四川省高校教职工网球比赛获得男双第三名、女单第五名、女双第六名；参加四川省高校校歌比赛，获得第二名。

五、自身建设、理论研究及宣传教育工作

加强文化及作风建设。2012 年，校工会把文化建设和作风建设作为提升服务能力，提高服务效能的重要抓手，围绕工会"维护、参与、建设、教育"四项社会职能和围绕中心、服务大局的工会工作总目标，提炼出"聚心促和谐，汇智谋发展"的工会部门及系统文化建设总体思路。通过学习，认真查找在为教职工服务方面存在的问题和差距。进一步修订完善校工会的相关规章制度、科室和岗位职责，优化工作服务流程。加强青工委、女工委工作。健全女工委、青工委组织结构。组织教代会团长、青工委委员、女工委委员进行了工作培训，并分别赴延安干部培训学院、重庆大学、西南大学、西安交通大学进行学习和交流。校女工委获得 2011 年四川省教科文卫工会女职工工作竞赛一等奖。做好工会理论研究工作。2012 年撰写的多篇论文被《中国教工》《中国高等医学教育论坛》《四川教工》等刊物刊用。完成《川大教工》4 期；制作宣传橱窗 8 期。加强工会经费审查工作，收好、用好、管好工会经费。严格实行年度预决算，校工会重大经费开支遵守相关制度。主动配合学校和上级工会对校工会经费使用情况进行年度审计。支持和配合校经审委开展工作。完成上解经费任务。对全部留存在二级工会的会员会费以及校工会下拨活动经费实行由财务处代管的规范管理。加强工会经审工作标准化建设，获得四川省教科文卫工会"工会经审工作标准化建设"一等奖。加强党风廉政建设。工会领导班子和工会干部认真履行党风廉政建设责任制，不断完善相关制度，开展党纪党规、法律法规、反腐倡廉和廉洁自律教育。

（以上资料由校工会吕海涛提供）

安全保卫工作

一、维稳工作

加强各主要敏感时期的维稳工作。进一步完善了《四川大学突发事件校园安保应急预案实施方案》，细化了各类应急处置子预案，在"涉藏、涉疆维稳""六四""涉日维稳""全国两会"、中央巡视组进校工作、十八大召开等特殊敏感时期，加强值班，密切关注学生以及校园网络等方面的动态，及时处置发生在校园内的不稳定的苗头。

加强防邪教专项工作。开展了以"崇尚科学文明、反对邪教危害、促进社会和谐"为主题的宣传教育活动月，摆放展板 50 多面，发放警示教育资料 4000 余本，参观师生万余人次。将反邪教警示教育内容纳入课堂教学和校园文化之中，纳入师生日常学习和思想政治工作之中，着力提高师生员工的反邪教意识，形成了长效的工作机制和教育体系。全年校园保持了政治稳定态势，没有发生“法轮功”成员上京上访和聚集活动，校内没有发生“法轮功”插播事件，没有发生其他邪教组织活动情况，帮教转化及巩固工作取得较为显著的成效。

顺利通过公安部、教育部联合检查组的安全检查。2012 年 11 月 7 日，公安部、教育部高校校园安全专项检查组在四川省教育厅、四川省公安厅有关负责同志陪同下对学校校园安全稳定工作进行专项检查，学校顺利通过了此项检查。

二、治安防范与治理

完成“四川大学校园指挥中心监控系统项目”招标工作。积极推动校内各二级单位的技术防范能力，共有 9 个二级单位自筹经费安装视频监控系统 9 套（摄像头 300 余个），红外报警系统 5 套。通过高科技防范手段，建立健全人防、物防、技防“三防一体”校园立体安防体系，推进校园治安综合管理水平上台阶。

加大校园安全宣传教育。制发四川大学《校园安全手册》16000 余册，向师生介绍保卫部（处）职能职责、安防体系、服务指南、安全常识、联系电话，进一步提高服务师生的水平和能力，进一步落实“保卫在身边，安全有保障”；制作《保卫工作流程》工作手册，坚持首问责任制，及时有效地为师生提供咨询和解答。

圆满完成各类勤务及大型活动安保任务。全年共完成各类大型勤务 30 余次，包括“中国化学会第二十八届技术年会”、“第 9 届世界生物材料大会”、“唐仲英奖学金交流会”等大型活动，3 个校区“110”勤务大队执勤总人数达到 3000 多人次，由于安保工作的精心组织，使每次活动都得以顺利进行。在中央第三巡视组进驻四川大学的巡视工作期间，校外单位“汇科科技”近百名集资人员围堵巡视组办公的八号院，拉横幅、喊口号，持续时间长，人员数量多，影响极其恶劣，学校立即启动相应应急预案，在政府执法机构的共同配合处理下圆满完成了安保工作，维护了学校的正常秩序。

开展集中清查整治行动。为确保校园良好的治安秩序，学校配合辖区派出所在望江校区开展 3 次集中清查行动，对东风楼、铮楼非法占房居住的外来人员进行清理，查出外来人员占房 4 套，移送望江路派出所处理的卖淫、吸毒等违法人员 16 人；封堵、清理公房 2 套，净化校园环境。

及时处置向阳村吸毒团伙等治安、刑事案件。会同望江路派出所 6 名警官对向阳村 3 栋进行突击检查，在 3 栋 87 号房间内现场挡获 5 名正在吸食毒品人员，收缴毒品 1 袋（约 0.5 克左右）、吸食冰毒工具 1 套、海洛因注射针筒 15 支、匕首两把、军刺 1 把。针对华西校区内发生夜间多辆机动车车窗被砸事件，保卫处紧急抽调 6 名干部及 10 余名队员连续坚持夜间守点布控，40 余天先后挡获进校盗窃嫌疑人员共 7 人。

三、消防安全工作

做好防灾救灾及消防安全宣传教育。健全安全应急联动机制，举行了“5.12”防灾救灾应急演练，宣传普及了防灾减灾知识，进一步增强了师生员工防灾避险自救意识，提升了防灾救灾应急能力和水平。在 2012 年 11 月开展了“防灾减灾宣传周”系列活动，组织学生参加成都市消防局举办的“第二届高校消防运动会”，举办“119 消防日”消防安全海报设计比赛，同时成立了“四川大学应急救护志愿者队”。

顺利通过教育部学校消防安全检查。2012 年 5 月 25 日，以湖北省教育厅副巡视员为组长的教育部消防安全检查组对我校消防安全工作进行了专项检查，学校顺利通过了此次检查。

完成消防器材购置计划。完成灭火器材供货商进行招标工作，共购买灭火器 7000 具，灭火器箱 400 个，消防水带 150 套；完成望江校区室外消火栓放水检修保养工作；完成 3 个校区室外消火栓损坏情况统计。完成了江安校区行政楼、江安二食堂消防自动报警联动系统的维修和更换工作。

及时处理高分子学院“光电材料研究室”火灾故事。2012 年 11 月 30 日凌晨 4 时 17 分，高分子学院“光电材料实验室”发生火灾，“校园 110”及 119 消防车及时抵达，在 30 分钟内将火势控制，火灾烧毁实验室仪器设备及档案资料，无人员伤亡。经成都市消防局现场勘查后确定此次火灾由夹墙内电源线老化短路引起。由于保卫部（处）消防科在事发前的日常消防安全检查中，已督促实验室将 5 个大型氢气瓶搬出了实验室大楼，避免了重大事故的发生。

四、校园交通秩序整治

积极推行疏堵保畅的交通管理服务工程，巩固校园交通“净、畅、宁”工程整治成果。恢复启用望江校区门禁计时收费系统，对外来车辆严格计时收费，严格执行大客车、大货车预约进校制度，避免校内停车资源被占用；制订《四川大学校园交通和环境治理方案》，向全校师生征求意见；在望江校区和华西校区开展清查机动车出入证的专项行动，共收缴伪造通行证 154 个，过期通行证 202 个；对违规停放车辆采取锁车、拖曳、贴告示单等措施，保障主干道规范有序；统筹规划教职工专用停车位，保障上班教师就近停放，在望江医院及公共管理学院道路重新规划新建停车位 138 个。

五、校园环境整治

继续落实“一整顿、三排查、四清理”具体措施，大力开展校园环境综合治理。一是加大对“牛皮癣”、非法广告的整治力度，及时清理“牛皮癣”。二是严格管理，规范校园摊点，拆除违章搭建，取缔占道经营。6 月 7 日，出动保卫干部 25 人，保安队员 40 余人，对望江东一舍与东五舍之间的店铺进行了全面的清理整治行动，共收缴违规制作炒菜、冒菜工具 10 余套，暂扣私自贩卖熟食食品车 1 辆，拆除违章搭建，取缔非法饮食摊点 4 家。三是加大对校内流动人口的管理、清查力度。四是加强校内营运性三轮车“小红帽”的管理，严厉打击“野三轮”。2 月，启动了对营运人力三轮车“小红帽”的整治月行动。组织“小红帽”营运人员集中学习相关交通法规和《四川大学校内营运性人力三轮车管理的暂行办法》等文件，纠正违规违章营运三轮 47 车次，挡获、暂扣非法营运电三轮 6 辆，校园营运性三轮车秩序整治取得了一定成效。四是顺利通过了成都市“打非办”对校园环境整治工作的验收。

六、户籍管理和证照办理

完成了毕业生离校户口派遣工作，在毕业典礼前将 9000 余份“户口迁移证”全部发到毕业生手中。完成新生、新进教职工入校户口迁移工作，入户新生 4458 人，其中研究生迁入户口 2366 人，本科生迁入户口 2092 人；为 100 余名新进教职工及时办好了入户手续。

七、安全保卫条件保障建设

加强保卫文化建设。贯彻落实机关作

风建设相关精神，进一步凝练“忠诚，责任，奉献”保卫文化的主要内涵，切实践行“保卫在身边，安全有保障”的工作理念。开展了主题为“灵因保憩，心由卫安”的保卫部（处）LOGO设计大赛。

加强安全保卫队伍建设。坚持开展干部培训，强化保卫干部为师生服务的理念和能力，共开展干部培训、讲座9次，保安队员培训2次。

顺利完成保卫部（处）新办公楼的装修和搬迁工作，新建“办证服务中心”和“校园110”接处警中心，制定并全面推行“五项制度”，即首问责任制、限时办结制、服务承诺制、责任追究制、绩效考核制，全心全意为师生服好务。

表2　2012年度安全保卫工作有关数据

一、维稳工作情况			
配合公安、国安机关来校开展调查工作	41批次82人次	收集上报学校党政和上级相关部门各类信息	40条
接待我校国家工作人员办理因私证照申领及咨询	145人次	配合学校保密委办公室、军工处，对全校涉密人员信息进行搜集、登记备案上报成都市公安局	155人
国家工作人员撤销信息	30人次	接待其他出国（境）人员的咨询	180人
学生参军、招工政审、涉密审查	845人次	收缴“法轮功”反动文字资料	35份
二、治安工作情况			
3个校区校园“110”报警服务中心接出警	2115次	挡获各类违法犯罪嫌疑人	145人
追回被盗电动自行车	12辆	追回被盗自行车	87辆
追回被盗笔记本电脑	6台	追回被盗手机	8部
调解各类民事纠纷	205起	调解各类轻微交通事故	25起
治安安全检查	320余次	下发整改通知书	206份
重大活动执勤参与人员	3000人次	受理求助	565次
违规停放车辆锁车	1000余次	粘贴违章停车告知单	3800份
开展“小红帽”检查	20余次	处理对“小红帽”的投诉	38起
纠正违规车辆	160车次	收缴、暂扣各种“野三轮车”	52辆
挡获非法张贴“牛皮癣”人员	28人	向街道办事处报送、呼停办证电话号码	100余个
没收广告传单	20000余份	拆除违章搭建，取缔非法饮食摊点	30家

续表2

三、消防工作情况			
重点单位/部位检查	388次	下发整改通知书	112份
整改重大消防安全隐患	8处	开展校内防火培训、演练	10次
更换学生宿舍应急指示灯、疏散标识	415处	组织各单位参加成都市公安消防支队培训	8人次
印发国家、省、市消防法规资料	600份	购买灭火器	7000具
更换失效灭火器	6800具	处理火灾事故	6起
四、户证工作情况			
毕业生户口迁移	9000余人次	接待新生	16000余人次
办理暂住手续	11542人	新生入户	4458人
接受咨询及办理其他各类手续	30000余人次	为新进教职工办理了入户	100余人次
办理机动车出入证	17000余个	印发《办理身份证须知》	10000余份

（以上资料由保卫部李琨、防范和处理邪教问题办公室康芮果提供）

保密工作

2012年，学校大力加强保密宣传教育，完善落实各项保密措施，努力提高保密工作科学化、保密管理法制化、保密技术现代化、保密队伍专业化水平，取得了较好成效，全年无失泄密事件发生，并顺利通过了新一轮二级军工保密资格审查认证。

一、保密管理工作机构及制度建设

学校调整完善保密管理工作机构，层层落实保密责任制。根据中层干部换届情况，对校保密委员会、学院保密工作领导小组成员进行了调整。学校成立了定密委员会，负责校内涉密事项的定密、密级变更及解密的审批；校内各二级学院成立了定密工作小组，负责本学院涉密事项的定密、密级变更及解密的初审。校保密委员会与校内各二级单位保密负责人重新签订了《保密责任书》，明确保密责任，做到了业务谁主管、保密谁负责。

学校对保密规章制度进行了一次全面的修订完善，修订后的制度涵盖了《武器装备科研生产单位二级保密资格标准》要求的14项基本制度、18项综合制度及专项制度。同时，校内8个重点涉密单位健全完善了二级保密制度。

二、保密工作日程日常审查及管理

做好涉密人员管理。学校坚持对涉密人员实行先审后用的原则，对新增的涉密人员均进行了严格资格审查，签订了保密承诺书。全年对涉密人员进行了一次全面清理，对部分不再承担涉密工作的人员办理了脱密手续。截至2012年底，全校有涉密人员160人，其中重要涉密人员28名，一般涉密人员132人。学校针对涉密人员和保密管理工作人员开展了5次保密培训，涉密人员培训率达100%，培训内容涉及保密法规及保密工作、安全保密工作的专业知识和基本技能、计算机保密技术等课程，学员通过专家授课、观看保密录像片等方式，系统地学习了保密法规和信息安全技术及计算机保密技术等方面知识，了解了当前安全保密的形势。同时，学校继续利用多种形式广泛开展师生职工的保密法制宣传教育。学校党校对8700名（其中，教职工181名，学生8519名）入党积极分子进行了保密教育；人事处对463名新上岗教职工进行了保密安全培训；保密办与校保卫处、外事处一起对出国（境）人员进行行前保密教育共1612人次，因私出境人员均发放了《四川大学出国（境）人员须知》，因公出境人员均进行了行前口头教育，回国人员均填写了《回国人员登记表》；利用《法律基础》《形势政策》《思想道德修养》等课程，并通过学生党团组织生活会、班会、年级大会等形式，继续加强对学生进行保密知识教育。2012年，我校订购了100份《保密工作》杂志，并由校保密办定期将其送到校领导及重点部门负责人手中，以保证他们能及时了解最新的保密工作动态。学校认真执行《四川大学研究生涉密学位论文工作管理暂行办法》，保密办对全校28名研究生的涉密论文答辩进行了保密审批。

做好涉密载体管理。学校认真做好涉密载体制作、收发、传递、借阅、使用、保管、销毁等环节的管理工作。对有的单位为了科研需要购买涉密地形图进行了审核备案，并要求管理使用单位严格按涉密资料进行管理。对涉密文件、内部资料集中销毁，2012年组织了5次涉密文件、资料集中销毁，共收集销毁废旧的涉密文件、内部文件资料达上万份，避免了个人私自留存、处理或销毁涉密文件事件的发生。

完善校、院两级保密工作档案。对全校保密工作档案进行了全面的梳理、健全和完善，校保密办、军工处、各涉密部门（学院）、涉密项目组均对保密工作开展情况进行了文字记载，建立了电子文档，内容完整翔实，并进行了分类归档，其中校级层面的工作档案共有5大类26卷。

三、保密防护设施设备建设

学校按照保密资格标准要求，拨出专项经费50余万元，健全完善了保密防护设施设备，为全校涉密计算机配备了42台视频干扰仪、64个主机监控与审计软件等设备，为全校保密要害部门部位安装了21处视频监控和31处电子门禁，并购买了计算机保密技术检查工具；在信息管理中心配备了1名涉密计算机技术管理人员，为计算机信息系统管理提供了必要的技术保障。

四、开展全面保密检查

2012年，校保密委、校保密办和军工处在校内开展了5次全面的保密检查和3次专项检查，对检查中发现的问题提出了书面整改要求，明确了整改时限，并督促各单位进行整改，整改情况向相关领导及部门进行了反馈。涉密部门和涉密人员每月均按规定进行了保密自查。学校和校内各单位对涉密人员履行保密责任的情况进行了考核，并把考核情况与年终业绩津贴挂钩。2012年，评选并表彰了6个保密工作先进集体，12个保密工作先进个人。

五、四川大学国家保密学院暨国家保密教育培训基地成都分基地建设

学校为国家保密学院暨国家保密教育培训基地成都分基地配备了办公室1间、教室2间、专职管理干部1名、教学计算机40台及相关保密设备，并批准配备实验室2间，用于重点建设信息安全综合实验平台和信息对抗与保密技术综合平台。保密学院承担了国家保密局委托的《通信安全保密》一书的编写，并会同四川省国家保密局，参与了国家保密局委托项目《国家秘密定密权授权研究》。2012年9月，保密学院招收信息系统安全（保密技术方向）硕士生4人。国家保密教育培训基地成都分基地于2012年上半年正式投入运行，2012年6月成功举办了第一期培训班“福建省保密局保密教育高级培训班”。

六、通过新一轮二级军工保密资格审查认证

2012年12月4日至5日，四川省军工保密资格认证委审查组一行7人，对学校申请二级保密资格进行了现场审查。现场审查学校实有项目总分值490分，实际得分468分，符合二级保密资格单位标准，顺利通过了新一轮二级军工保密资格审查认证。

（以上资料由校党委办公室李军提供）

社区工作

一、社区基础设施改造

学校分别启动了华西校区南台村、宁村和望江校区新南村、南园的第三批次老旧小区公共环境和基础设施改造工程，其中南台村、宁村分别于8月、12月竣工验收。组织光明路小区业委会、后勤集团建安公司、热心居民多次在现场广泛征求即将启动的光明路小区改造方案的意见和建议，并协助小区成立改造工作小组。指导光明路小区成立小区房顶补漏工作组和监督组，按相关程序合法、公开地使用房屋维修资金分批次对部分漏雨房顶进行全面整治，5月，第一批次涉及5幢居民楼房，共计2340平方米；12月，第二批次涉及8幢居民楼房，共计2800平方米。

二、社区安全整治工作

2012年对16个已售房小区进行拉网式安全隐患排查共3次，发放和张贴各类宣传资料2万余份。为光明路、宁村两个小区共增设消防栓5个；在宁村举行了由多部门联合举办的小区安全消防演习宣传活动；开展了“群租、短租房专项整治”活动，配合公安局、派出所民警对校内群租、短租、吸毒等进行突击检查。开展了2012年冬季“安全用气宣传月”活动，发放用气宣传资料1万余份，安装“安全用气宣传栏”共计564个。

三、指导、协调小区和物业工作

协助、指导高知楼业主委员会第十二届业主委员会、江安花园第三届业主委员会换届选举工作；协助农林村业主委员会、物管安装围墙铁丝网；指导竹林村自治管理小组开展日常工作；协助光明路小区业主委员会建立文化阅览室和业主活动室，指导制定管理细则；召开与速中路、高知楼业主委员会的沟通会2次，探讨合理整合资源和小区管理模式等问题；协助农林村、华西新村·十四宿舍业主委员会通过物业服务费调整方案。指导川大花园选聘物业服务企业就召开业主大会会议3次，涉及2694户居民，发放选票2694张，顺利选出新物业服务企业。邀请武侯区房管局两位专家开展了“四川大学教职工小区业主委员会、自治管理小组成员培训会”，有15个小区的业主委员会、自治管理小组成员代表及物业公司、文华社区工作站和社区办工作人员共45人参加了培训。邀请跳伞塔街道安检站、成都市消防大队在小区开展“消防宣传和演练”活动，对小区自治管理小组和物业公司人员进行培训。全年共指导小区召开业主大会会议16次，各类会议共计196次，涉及小区安全、物业服务质量、公共收益等方面。

四、调解社区居民内部矛盾

对新北村自治管理小组与门卫李某因解除志愿者服务产生纠纷进行调解。协调新南村三家住户因漏水而产生的纠纷。调解竹林村麻将、噪音扰民及商贩、三号门流动摊点扰民纠纷，小区1居民破坏车牌、乱丢垃圾、花盆事件。协调商校居民反映离退休工作处阅览室问题、川大花园老师丢自行车问题。配合规建处协调农林村与新青年教师公寓的用水问题，协助业主委员会就建设施工图、个别房屋漏水等问题与建安公司协商并妥善解决。积极协调处理新南村居民因改造而产生的误解纠纷等。全年为望江校区部分小区的40余住户针对房顶漏雨、主水管道损坏、化粪池外溢等情况上门取证，联系相关部门进行维修，保证了小区居民的正常生活。

五、社区志愿者服务队建设

组建了由学校本科生和硕士研究生组成的社区志愿者服务队，全年共参与社区社会实践工作120余人次。包括：流动人口的调查和数据录入；成都市武侯区人大代表的选举工作；免费为社区老年人提供身体检查；川大花园业主委员会换届和公开选聘物业服务企业表决票的上门发放工作；为川大花园发放积压信件；对武侯区望江路工疗站残疾人的相关帮扶志愿活动；南台村、宁村“共建共享”改造成果宣传活动；四川大学燃气安全宣传进小区活动；江安花园业主大会会议表决票统计工作；在光明路小区发动广大业主开展捐书建立小区图书阅览室等多项活动。

六、协助政府专项工作

一是做好综合治理工作。圆满完成第六届武侯区人大代表换届选举工作。成立学校与跳伞塔街道办事处共驻共建联席会，我校成为跳伞塔街道共驻共建联席会理事单位；对辖区数名“法轮功”重点监控对象及其他重点监控对象进行监控，确保了在两会、省党代会及党的第十八次代表大会期间辖区无事故发生。协同相关部门开展“保平安、护民生、压发案、促和谐”专题整治工作和“家庭拒绝邪教，共铸美好家园”防范抵御邪教的专题宣传工作，以及在文华社区开展治安防范、防火、防诈骗等宣传工作。张贴“低碳生活我先行”、“健康教育壁报”、除四害科普知识宣传壁报；按月按时完成所属管辖企业的各类报表工作。配合相关部门对所辖社区禁养家禽进行排查，成功劝其3户住户自行处理所养家禽；配合街办对社区26只犬免费进行狂犬疫苗注射；开展春季灭鼠、灭蟑及个人家庭鼠药、蟑药发放工作和“世界狂犬病日”宣传活动，做好秋季动物防疫工作，全年鼠药发放45000

余克；对本辖区从事第三服务产业污染源进行调查登记，对学校104栋建筑进行第二次《成都市民用建筑能耗信息统计表》的统计；对川大附小周边2家商店禁售三无产品的情况进行了复查。

二是积极推进劳动保障工作。全年安置并培训失业人员180人，为失业人员解决问题开具证明70余次；为辖区内24人申报、办理灵活就业社保补贴；对辖区内420名企业退休人员养老金领取资格进行了核查；为617人办理了城乡居民基本医疗保险并发放了医疗保险卡；春节、重阳节慰问企业退休社会化管理人员130人。

三是扎实做好民政及计生工作。全年共发放各类补助共计30余万元；发放100岁以上老人生活补贴9900元；2012年春节和重阳节慰问90岁以上老人和空巢特困老人113人，发放慰问金5.3万元。配合地方政府对文华社区内低保、贫困人员实施了一系列慰问、救助行动，共为723人次发放保障金及各类救济、补贴共计19.2万余元；办理经济适用房申请15户、廉租房租金补贴5户、限价房2户；新增44万物价上涨一次性补贴惠及我校内教职工和家属658人，在校困难大学生442人。全年向辖区内残疾人发放各种帮扶救济款和物品（折价）共计20.3万多元，并办理各种保险；为孤寡贫困残疾人周权实申请临时救助金4000元，区残联资助2000元；为川大化工学院职工杨颖申请特困补助，获资助共计2.4万元。同时，做好计划生育服务工作，为103名育龄妇女发放叶酸片927盒；组织22对新婚夫妇进行婚前检查；配合辖区内183名已婚育龄妇女采取综合避孕措施，并办理《成都市符合法律法规计划生育服务证》，并协助其他街道为560名群众办理此证；组织150名群众免费进行“三查”；为辖区22名、他街道为85名群众办理再生育申请；组织辖区居民参加早教讲座2次、流动人口座谈会2次；配合处理违法生育3例，征收社会抚养费31959元；办理计划生育家庭特别扶助34人次，发放扶助款50808元；为215名群众办理独生子女证，12名失业人员办理零星就业人员独生子女专项补贴。

四是加强社区文化建设。开展了“文华社区·市七医院·学雷锋·创和谐”义诊活动；组织居民参加了第二届“欢乐望江”健康跑活动，社区工作人员吴萍同志荣获“青年女组”冠军，文华社区荣获组织奖；组织四川大学老年大学学员参加了“欢乐望江·魅力太极”太极拳比赛，荣获“组织奖”；组织居民和川大留学生一起到望江楼公园参加了“诗竹文化”知识讲座，到锦城艺术宫观看由省人艺表演的话剧《第29棵树》。

（以上资料由社区建设办公室康劼提供）

大学生思想政治工作篇

理论教育与成长指导

一、时政学习及思想政治教育

以迎接党的十八大和学习宣传贯彻党的十八大精神为契机，全面加强大学生理想信念教育。将认真学习贯彻党的十八大精神作为首要政治任务，及时下发了《关于在我校学生中深入学习宣传贯彻党的十八大精神的通知》，对全校学生深入学习贯彻十八大精神做出了全面的部署和安排。组织学生收看了十八大开幕式，参加了省思政教育工作论坛，举办了学习贯彻十八大精神理论研讨会、座谈会，邀请专家领导进行十八大精神专题辅导报告会，举行十八大征文比赛、演讲比赛、摄影比赛、图片展等多种形式的活动，帮助学生全面了解、掌握和领会十八大报告的内容、实质和精髓。

深入开展学雷锋活动。制定了《四川大学关于深入开展学雷锋活动的实施意见》，以传承和弘扬雷锋精神为主题，加强雷锋精神学习研究，加强工作机制建设；在全校学生中广泛进行了雷锋事迹、雷锋精神和雷锋式模范人物的宣传教育，普及爱国、敬业、诚信、友善基本道德规范，积极开展学雷锋实践活动和社会志愿服务活动。

深入开展廉洁教育活动，提高学生的廉洁意识。认真落实《教育部办公厅关于举办全国高校廉政文化作品大赛的通知》文件精神，在全校范围内征集优秀作品，推动我校廉政文化创建。在学校4月廉政教育月期间，积极组织学生学习《国家教育考试违规处理办法》等法律法规，加强学生廉洁教育，强化学生诚信意识和遵纪守法观念，严肃考风考纪。

加强形势与政策课建设，充分发挥其思想政治教育重要途径的作用。围绕学习胡锦涛同志在中央党校的重要讲话精神、深入学习宣传贯彻党的十八大精神、当前经济形势和农业农村发展形势、当前两岸关系和平发展、大国内外政策及区域性局势、全球治理、我国周边形势等主题持续开展专题教育16次。加大形策教师支持和监督，增强课程的针对性和实效性。为每位教师征订《时事报告》杂志社出版的“形势与政策”专题讲稿及光盘；统一下发《高校“形势与政策”教育教学要点》以及相应教学计划；完善形势与政策教学骨干小组成员教师根据教学计划集体备课制度，制定每期形势与政策课程的参考课件。

积极做好大学生思想状况调研工作。相继完成了2012年高校学生思想政治状况滚动调查（四川大学部分）、高校师生民族团结教育调查、2012年中国大学生学习与发展追踪研究（四川大学部分）、大学生就业追踪调查（四川大学部分）、“四川大学本科生创新意识与现状调查”、“四川大学2012年本科毕业生大学教育满意度问卷调查”、“四川大学2011级、2012级本科生学情调查”以及全校学生参与的“四川大学校园文化建设年学生学风调研”。

不断加强大学生党建工作。不断创新学生中设置党组织的形式，积极探索在学生公寓、学生社团和科员团队等组织中建立党组织。组织学生党支部书记参加四川省高校学生党支部书记示范培训班，提高学生党支部的工作水平。加强学生党员理想信念教育，继续举办学生党员“信念大讲堂”；组织学生党员参加道德模范、先进党员事迹报告会，观看《人民的好儿女》《钱学森》《雨中的树》《信仰》等影片，引导广大学生党员向先烈学习、楷模学习，践行“讲党性、重品行、作表率”。坚持完善新生党员提前报到培训制度。加大学生入党积极分子培养和新党员发展工作，全年递交入党申请书学生12212人，其中6578名学生被确定为入党积极分子，新发展本科生学生党员4729人。

坚持党建带团建，推进大学生思想政治工作。开展了“学习创先争优典范，喜迎十八大胜利召开”团支部生活月、“喜迎十八大，青春铸辉煌”网络主题系列活动、新浪微博“川大青年聚焦十八大”系列活动，承办四川共青团党的十八大精神宣讲团成立仪式暨首场报告会，举行系列宣讲报告会、座谈会，引领青年学生深入学习贯彻党的十八大精神。以喜迎建团90周年为契机，深入推进创先争优。组织广大学生收看、学习胡锦涛同志在“纪念中国共青团成立90周年大会”上的讲话；组织召开学生座谈会；举行纪念中国共青团成立90周年五四表彰大会暨“红色青春金色华章”团支部风采大赛；下发《共青团四川大学委员会关于学习贯彻胡锦涛总书记在纪念中国共产主义青年团成立90周年大会上的重要讲话及深入推进创先争优活动的通知》。加强思想教育研究，召开第十届“川大人”论坛，向青年学生发起“学习贯彻党的十八大精神，推进新媒体时代大学生思想政治教育”大讨论；深入开展分类引导和《思想引导大纲》转化工作，编辑出版《四川大学大学生思想引导手册》；开展2012“感动川大”温暖绽放季“感动光影”摄影、“微爱而生”微电影评选等活动，6000余名同学参与投票。深入做好基层团建创新和团学骨干培养工作；继续深入推进“青年马克思主义者培养工程”，组织大学生骨干培养学校四期班开展“追寻红色足迹，重温历史征程”南充社会实践行，做好第五期培养班的学习培养。以“文化建设年”为契机，加强校风学风建设，制作了《四川大学考风考纪宣传片》，面向学生发出《诚信考试倡议书》，创建诚信校园，树立诚信学风；举办了第二届“最受学生欢迎教师奖”；发出《冬季健身倡议书》，组织“爱运动、有激情”第十届冬季环校跑；发起四川大学2012年度关键词评选征集活动。做好团属校园新媒体工作，开展校园学生记者节，“博闻川大人”好书推荐活动，做好“川大青梅”平面、网络、手机、音视频4类媒体方阵资源整合；建立了1183个腾讯班级团支部微博和28个学院分团委微博，川大团委腾讯官方微博影响力曾一度在全国高校团委新媒体系统中排名第一；推出“青梅QM”手机客户端校园资讯平台，在中国高校传媒联盟公布的影响力综合排名中位列第二；四川大学《川大人》报社原社长、文新学院2009级王诗瑶同学当选第五届中国（四川）高校传媒联盟主席。加强校园舆情监督引导员队伍建设，充分发挥网络学生思想动态分析平台作用，做好舆情监督，引导学生自觉维护校园和谐稳定；制作《舆情快报》《舆情邮件》《团情专报》；编写了《网络红客培训系列教程》《舆情工作守则》《“最in词”网络词汇手册》。

二、思想政治理论课教学

思想政治理论课在大学生思想政治教育中的主渠道作用进一步增强。制定出台了《四川大学关于推进十八大精神“三进”工作的实施方案》，开展了以“学习贯彻十八大精神”、“两会精神”等为主题的PPT宣讲大赛、专题讲座、征文活动、学术沙龙、读书会、红歌会、论坛等系列活动。开展了“自觉 自信 自强——我是川大学子”大型主题演讲比赛、“校园里的雷锋”报告会、“追梦川大人”大型主题演讲比赛、四川大学第二届青年马克思主义者论坛·西部高校学子看十八大报告会等系列专题活动。深入开展思想政治理论课教改活动，正式启动了“以红色理论引领研究生思想政治教育工作”精品项目；设立精品视频课专项11项；设立教学改革专项；设立课程网站建设专项，我校顺利进入教育部第二批思想政治理论课程网站共建团队；建成了“四川大学思想政治理论课在线”网站并正式上线。继续邀请国内外著名学者做客“思想政治教育大讲堂”，2012年共举办10期。以“创先争优”为中心，全面推进学生的思想政治教育。

顺利迎接省教育厅对思想政治理论课建设工作的督查。5月31日，以四川省教育厅巡视员周光富为组长的四川省教育厅督查组一行五人，通过听取我校工作汇报、听课、召开学生及教师座谈会、查阅资料等方式，对我校思想政治理论课建设进行了督查，学校党委书记杨泉明教授、党委副书记兼纪委书记徐兰教授分别就我校思想政治理论课的建设情况做了汇报。校党委常务副书记罗中枢代表学校听取了督查组的反馈意见。督导组认为，四川大学思政课建设迈上了一个大的台阶，走在了全省的前列。

做好思想政治理论课建设的保障工作。学校在新校区为马克思主义学院提供了2000余平方米的办公用房。落实了80万元思想政治理论课建设经费。挂靠我校的四川省高校思想政治理论课教师培训中心组织了3期培训，培训人数400余人。精心组织接待了3期中宣部、教育部思想政治理论课教师培训班，受到国家教育行政学院带队领导和培训班老师们的高度肯定。

三、大学生心理健康教育

继续做好大学生心理素质教育。做好心理健康教育教学工作，面向2011级、2012级本科生开设了《大学生心理健康》必修课，本年度总计95个教学班，累计选课学生19000余人；继续《应用心理学》《学习心理学》《成功心理学》《团体心理学》和《积极心理学》等系列公共素质平台的选修课程。充分发挥第二课堂的作用，共为我校师生开设心理讲座23场次，受众5000余人；在春季心理疾病高发期，制作印制心理健康宣传单40000余份。

继续做好学生心理咨询和心理危机干预工作。继续坚持每周在5个咨询室开展20个单元的普通心理咨询，2012年度个别咨询接待了1706人次，在新生适应、学习、人际交往和人际关系、求职择业、情感、个性发展等方面给予了力所能及的帮助；在心理咨询中发现并及时转介送诊了多位有心理疾患的学生。继续在3个校区开设了专家心理咨询门诊，2012年度专家咨询门诊共接待学生190人次。对所有2012级本科生和研究生进行心理普测，共筛查学生总数15600余人。

做好辅导员和学生工作干部精神救援培训工作，2012年度分5期对包括学院党委副书记，专兼职辅导员、教导员，学工部、团委、研工部工作人员、成教院相关人员等在内的学工干部进行精神救援培训 286 人次。

【学生深入学习宣传贯彻党的十八大精神系列活动】学校通过宣讲报告、座谈会、理论研讨会、主题论坛、演讲比赛、舆论宣传等多种形式，组织引导广大学生全面准确学习领会党的十八大精神；邀请中共四川省委、省共青团宣讲团来校宣讲报告 2 场；组织校内专家宣讲团宣讲报告 40 余场；召开座谈会、主题论坛、演讲比赛等学习宣传活动 100 多场；通过微博平台开展网上宣传教育活动，吸引了近万名学生参与。

【全国高校学工部长论坛在我校召开】2012 年 2 月 29 日上午，由教育部思想政治工作司指导、全国高校辅导员工作研究会和中国学位与研究生教育学会德育委员会主办、四川大学承办的 2012 年全国大学生思想政治教育处长论坛在我校举行，与会代表围绕“以社会主义核心价值体系为统领，进一步提升大学生思想政治教育工作科学化水平”主题进行了工作交流。我校大会交流发言和各学院学生特色工作展板受到了会议代表们的好评。

【第二届“最受学生欢迎教师奖”评选活动】第二届“最受学生欢迎教师奖”评选活动收到了全校 28 个学院、106 位老师的推荐材料。在 60 位学生评审专员的组织监督下，经过问卷调查、学生评教、公开讲座、现场投票以及网络投票等评选过程，评选产生了 25 位获奖教师，其中 10 位教师获得了“最受学生欢迎教师奖”、15 位老师获得了“学生喜爱教师奖”。此次活动是广大学子向老师表示喜爱、敬意的直接途径，也给予长期默默奉献于本科一线教学的老师们展示自我风采的宽阔舞台，在师生之间搭建了沟通交流的良好平台。

【“感动川大”学生新闻人物评选系列活动】从 2012 年起，“感动川大”系列活动以榜样力量季、温暖绽放季交替举行的全新模式再次起航，偶数年开展《温暖绽放季》——“感动光影”摄影比赛、“微爱而生”微电影比赛；奇数年开展《榜样力量季》——学生新闻人物评选活动“感动光影”摄影比赛，收到来自 32 个学院的 550 份作品，题材涉及校园生活、大学生情感、青春感悟、责任意识、奉献精神等方面，共有 1 万多名师生参与投票，在广大师生中引起了强烈反响和广泛好评。

【2012 年度心理健康教育工作大会】2012 年 4 月 25 日，四川大学 2012 年度心理健康教育工作大会在文华活动中心举行。校党委书记杨泉明在会上作重要讲话，对上一年度的工作给予高度肯定，同时就进一步做好我校心理健康教育工作提出了要求。校党委副书记李向成对当前和今后一个时期我校心理健康教育工作作了具体部属。大会总结表彰了一批上一年度在心理健康工作中做出突出贡献的集体和个人。

【西部高校学子看十八大报告会】2012 年 12 月 13 日下午，学校举办了“第二届青年马克思主义者论坛·西部高校学子看十八大报告会”，来自四川大学、电子科大、西南交大、西安交大、新疆大学、重庆大学、西北大学、云南大学、兰州大学 9 所高校的学生代表围绕“西部学子看十八大”主题，密切联系实际作了主题报告，畅谈了对学习贯彻十八大精神的感悟与收获。该论坛开辟了西部高校携手共创学习宣传党的十八大精神的新形式和高平台，在西部乃至全国高校产生了较大影响，教育部门户网站、《中国社会科学报》等媒体进行了专门报道。

【我校开展学生社区委试点工作】为进一步推动思想政治工作进宿舍，强化学生宿舍的育人功能，2012 年学校在江安校区部分学院推行了大学生社区委的试点工作，以学院学生居住宿舍所在的区域为划分而成立院级学生群众性组织，职责是发挥好“四自”作用，重点在社区文化建设、成人法治教育、公民意识教育、社会责任教育方面开展工作。

基础管理与服务

一、本科生管理服务

以育人为根本，进一步做好奖助金工作。顺利完成国家奖助学金评选、公示、报送及总结工作，其中国家奖学金 562 名，国家励志奖学金 1338 名，国家助学金 11745 名；完成国家奖助学金 2878.25 万元发放工作，其中国家奖学金 449.6 万元，国家励志奖学金 669 万元，国家助学金 1759.7 万元。完成 46 项校级社会奖助学金的评选、公示工作，社会奖助学金金额 689.8 万元。积极拓展更多社会助学渠道，2012 年度新增唐立新奖助学金、金发奖学金、赢创奖学金、中粮福临门助学金、刘光文水利奖学金、栋梁工程奖学金、美好环境助学金、TOM 毕启助学金、圣地瑞创业孵化奖学金。成功召开唐立新奖学金、栋梁工程助学金、和氏璧奖学金、中粮福临门助学金、雅居乐地产助学金、周大福奖学金等一系列签约、发放暨爱心见面会，并完成相关助学金发放工作。

继续加大学生关爱、资助力度。为寒假留校学生发放节日补助、春节团拜活动近 11 万元。“三八”节为全校女生发放节日慰问品、毕业年级照相以及毕业纪念册制作、中秋节全校学生发放月饼慰问等折合人民币 110 余万元。为 2012 届毕业的家庭经济困难学生发放路费补助 20 万元。为家庭经济困难学生发放应急临时困难补助和突发意外补助共 50 万余元。为 1090 余名家庭经济困难同学发放 21.8 万余元冬衣补助；为 442 名家庭经济困难学生按每生 400 元发放价格补贴，共计 17.9 万元。切实做好少数民族学生关爱工作，为 4599 名少数民族同学发放 23 万元少数民族补助；为西藏班 40 名同学按每学期 600 元发放补助；为 29 名新疆籍少数民族学生发放毕业生补助 4.4 万元；为少数民族同学节日举办各种联欢会发放餐券和补助 3 万余元。

继续做好国家助学贷款工作。为 2622 个生源地贷款学生录入回执校验码，其中 2570 名同学的 1529.9 万元生源地贷款已到账。完成 3131 名学生的国家助学贷款续贷和放贷工作。为 802 名同学办理国家助学贷款新贷工作，合同金额 1555.2 万元。为 9251 名同学办理学费缓交。制定出台《四川大学毕业生基层就业学费和国家助学贷款代偿暂行办法》，办理了学费代偿和贷款代偿事宜，2012 年共申报学费及贷款代偿 1119 人，955 人成功获得代偿，共计获得批复代偿款

633.3万元；2012届274名毕业生贷款代偿和学费代偿正在等待批复中。

表彰先进、树立典型。组织开展校内年度奖学金、优生、优干、优毕生、优毕干、省级优秀毕业生的评选工作，共评优16935人次。开展2010—2011年度“百佳”学生个人及集体的评选及表彰工作；启动“2011中国大学生年度人物”候选人的评选及推荐工作。

做好勤工助学工作。做好每月全校近千名学生的勤工助学费用的审核和发放工作，全年发放近300万元勤工助学费。建设好校外勤工助学平台，为即将上岗的勤工助学学生进行岗前培训；为近千名学生推荐安排了校外勤工助学岗位，报酬约50万余元。

加强学生日常管理。完成《四川大学学生日常安全管理制度汇编》，以中央巡视为契机，细化学生教育管理工作整改方案，完善学生管理制度体系建设。建立健全了教育管理和心理健康的联动预警机制、危机干预体系、政工干部全面入住学生宿舍值班制度、节假日和特殊时期值班制度，成功处置多起由于心理危机引起的校园突发事件。加强了学生突发事件快速反应队伍、工作网络体系及机制建设，充分发挥学生党员、学生干部和学生骨干作用。做好专项维稳工作，加强对校内非法宗教活动、非法基金会和非法组织等渗透活动的掌控和处理。做好流行病、传染病以及群体性事件的防控工作。重点加强学生基础管理数据管理，完善辅导员日常工作基本信息表，及时、准确分析掌握学生思想动态。加强学生日常纪律和安全教育，除在形教课和班团组织活动期间加强纪律、安全教育外，在大假以及节日等重要时间节点6次发布了学生学习生活的温馨提示。加强宿舍学生干部队伍建设，在江安校区实行大学生居住社区委员会的建设试点。

进一步加强吴玉章学院学生工作。做好党员教育管理，邀请学校组织部、机关党委及兼职组织员进行党务工作交流。多举措鼓励学生增进交流，促进学习实践。加强不同学科学生之间的交流，加强高年级优秀学生传帮带和示范引领作用；组织探访吴玉章故居、趣味运动会、捐书换书活动、各年级新年联欢会等。鼓励学生参与学校和专业学院科研活动，有超过300人次的学生参与了各项科研训练项目，共申请国家级科研训练项目30余项，发表论文70余篇。

二、研究生教育管理

进一步加强研究生思想政治教育。学校召开了研究生思想政治教育工作座谈会，制定了《加强和改进研究生思想政治教育工作的实施意见》，逐步形成了导师、辅导员、学生骨干三支队伍紧密配合、和谐联动的研究生思想政治教育新机制。制定了《关于在研究生中深入开展党的十八大精神学习宣传活动的通知》，开展以主题报告会、PPT大赛、征文比赛、演讲比赛等形式学习宣讲活动共计40余场。加强研究生学术道德与科学精神教育，继续开设包括学术道德与学术规范、人文素养与科学精神在内的“研究生综合素质系列课程”；编辑出版了《四川大学研究生素质教育系列丛书——学术道德与学术规范》；承办了“四川省科学道德与学风建设宣讲教育活动”。开设研究生形势政策大讲堂、党员信念大讲堂各2期；举办主题日活动16场；开展“研究生学习雷锋精神”主题教育系列活动。

进一步推进研究生进第二课堂教育活动。开展多种形式、不同层次的学术交流与课外活动，开展“川大论坛”精品学术讲座16场、学术沙龙活动12期；组织2012年博士生学术论坛、研究生学术之星评选宣传活动；组织举办模拟联合国活动，我校学生代表队参加2012全国模拟联合大会获得“最佳代表队奖”；组织参加校内外各级各类比赛、竞赛50余场，获得各类奖励、荣誉称号200余项。开展社会实践和公益活动，2012年共推荐8624名研究生到江苏、浙江、广东及四川省内240余家企事业单位挂职锻炼、实习实践；推选约2000人次参加校内助教助管工作；积极参与文化下乡、扶贫支教、助残助困等公益活动。开展丰富多彩的课余校园文化活动，持续推进系列高雅艺术在校园活动；组织开展研究生群众性体育锻炼系列活动；开展研究生义务维修日常服务活动；开展研究生宿舍文化建设活动。加强研究生校园媒体建设，形成了“一报（《川大研究生报》）一刊（《星期日》杂志）一网站（研究生凤华网）”的研究生校园媒体格局，《星期日》杂志获“全国研究生优秀媒体”称号。

进一步加强研究生事务管理与服务工作。进一步完善研究生资助保障体系，分别为500余名高年级研究生和600余名研究生新生办理缓缴学费；为符合标准的127名少数民族骨干计划研究生发放普通奖学金；研究生学业奖学金减免学费共计8785.6万元；做好各类社会奖学金评选活动。积极推进研究生“三助”（助教、助研、助管）工作的规范化、制度化，发放研究生各类助研助学金6902.5万元、助教助学金269.8万元；看望慰问重大疾病住院或突发意外的研究生，及时发放临时困难补助12万余元。修改编订了《研究生工作手册》。

三、学生思想政治管理队伍建设

加强学生工作队伍建设。定期召开研究生辅导员会议，促进研究生辅导员工作的专业化。通过个人申报、单位推荐、笔试面试、专家考核考评、心理测试、结果公示等程序，确定了2012年选留辅导员候选人选28人。完成思政系列职称申报单列以来的第一次评审推荐工作。做好辅导员业务交流、学习及培训工作，通过校内专题培训、学院副书记工作例会、江安校区辅导员例会、新学年选留辅导员岗前集中培训等方式提高学生工作队伍的工作能力和水平。推荐12名同志参加教育部思政司、四川省教育厅组织的大学生思政工作的专题培训；组织了22名同志参加了四川大学辅导员赴港学生事务专题培训。

加强思政教师理论研究工作。积极组织申报四川省教育厅思想政治教育研究课题。开展了第五届全国高校辅导员工作创新论坛论文的征集活动。启动2012年度全国高校辅导员优秀论文的推选活动，出版了工作研究论文集。

加强学生工作队伍的文化建设。召开了学风建设座谈会。召开了“社会主义大学精神”“当代大学生核心价值观”和“高校辅导员誓词”有关建议征求会。在全校辅导员中开展了“川大辅导员誓词”的征集。改善学工工作作风，修订完善有关制度汇编，进一步规范工作流程，提高服务意识。

创设名誉班主任制度。学校全面实施了“名誉班主任”计划，聘请校、院两级领导干部、著名专家学者、教授兼任学生名誉班主任。在2012年底实现了各专业“荣誉班主任”全覆盖，校院领导及知名学者主动担任本科生名誉班主任，定期与学生见面、交流，引导学生成人、成才。

【研究生教育管理工作全面加强】学校制定了《四川大学关于进一步加强和改

进研究生思想政治教育的实施意见》（川大委〔2012〕98号），紧紧围绕学校中心工作，紧密结合培养研究生拔尖创新人才和未来国家栋梁与社会精英的育人目标，以构建研究生思想政治教育工作“两大系统六大计划”为抓手，深入加强和改进研究生思想政治教育与管理服务工作。

【我校积极推行“名誉班主任”计划】为进一步培育学校优良校风、学风，学校在继续强化“四位一体”学生成长关爱服务新体系的基础上，从2012年起在全校范围内探索实施名誉班主任计划，由校、院两级领导干部、著名专家学者、教授兼任学生名誉班主任，每学期与学生见面交流，为学生的成长成才保驾护航。2012年底，实现了各专业“荣誉班主任”全覆盖。

【唐仲英德育奖学金第七次交流会在我校举行】2012年10月2日上午，第七次唐仲英德育奖学金交流会在我校华西校区临床医学院多功能会议厅隆重开幕。美国唐氏工业集团董事长、唐仲英基金会创始人及董事长唐仲英先生，与来自22所国内知名大学的师生代表，以及唐仲英基金会有关人员共600余人参加了开幕式。大会上，北京师范大学师英爱心社、四川大学馨心社等14所高校的爱心社团，围绕开展各具特色的公益项目介绍了各自特色活动项目。

素质拓展与实践

一、素质教育和创新教育

进一步加强学生创新创业教育平台建设。加快“985工程”专项“本科学生创新创业就业能力与载体建设”的建设进度，完成场地修缮、基础装修的规划设计工作；完成了“学生创新创业就业能力培育与孵化中心”基本设施建设招标工作，并拟定了该“中心”的相关运行及管理制度；各学院建立创业就业见习基地共169家；设置资助经费20万元，征集评选了学生创新基金项目40项。

进一步加强学生创新创业就业教育和指导工作。继续推进学生生涯规划教育辅导，进行了2012级学生职业规划在线测评工作；举行第四期“青年就业辅导班”，为全校120名就业困难学生进行就业辅导；在首个学校“实践与国际课程周”成功开展“四川大学大学生创业操盘实践项目”，通过创新创业培训、方案策划、实践操盘的形式，为学生提供就业创业的真实环境和直面市场竞争的机会；邀请国内知名企业家举办创业大讲堂6期，参与讲座学生人数约3500人次；建立学生创业团队32支，5支团队注册公司，3家团队入驻园区。

积极开展学生科技创新创业活动。学校学生团队在第七届“挑战杯”四川省大学生创业计划竞赛中荣获11个一等奖，9个二等奖；学校2012年“挑战杯”学生科技节开展了课外学术科技作品竞赛、创业计划竞赛、节能减排社会实践与科技竞赛等34项校级竞赛，以及口腔医学院

"林则杯"口腔技能大赛等143项院级特色科技创新活动，学生参与人次较上年增加了约15%。学校学生作品在第八届"挑战杯"中国大学生创业计划竞赛中荣获金奖，成为连续四届获得金奖的全国8所高校之一。

继续以吴玉章学院为主要平台，加强本科拔尖创新人才培养工作。组织开展了大量丰富多彩的学生活动，包括探访吴玉章故居、趣味运动会、捐书换书活动、各年级新年联欢会等，并鼓励学生参与学校和专业学院组织的各种活动，学院学生的思想教育、专业学习、个人发展取得丰硕成果。现吴玉章学院有学生党员176人，已连续多年毕业生党员比例超过60%。本年度，有超过300人次的学生参与了各项科研训练项目，共申请国家级科研训练项目30余项，发表论文70余篇。2012届147名毕业生中保研83人，考研4人，出国35人，继续学习深造的学生比例达到了83%。

大力举办各类讲座和教育活动。以学校"文化建设年"为契机，组织包括"四川大学人文大讲堂"、"四川大学杰出校友论坛"等各类学术文化讲座40多场，参与学生两万余人次；科技节期间，举办各类"学术大讲堂"等校级大型学术讲座、报告会35场，共1.4万余人次参与；学院举办特色学术论坛、报告会198场，共计5万余人次学生参加。组织开展了学术诚信道德宣传系列活动，举办了"大智于信，心诚则明"学术诚信讲座、"学术诚信主要靠自律还是他律"主题辩论赛，学术诚信道德宣传漫画比赛等，在《四川大学学生学报》《四川大学学生科技报》上开辟学术诚信专栏；组织师生参加四川省"奋进四川、科学发展、辉煌成就"形势报告会；承办"全国道德模范高校巡讲"在学校的巡讲活动等。

进一步加强各项文化艺术素质教育工作。组织学生艺术团参加各类艺术大赛及展演活动，四川大学学生民乐团、四川大学学生美术社在全国第三届大学生艺术展演中，获全国一等奖1个、二等奖1个；四川大学学生舞蹈队获第三届中国校园戏剧节优秀剧目奖、中国校园戏剧之星奖和组织奖；学生艺术团参加2012中央电视台"五月的鲜花"全国大学生五四大型文艺晚会表演；组织承办了高雅艺术进校园——东方演艺集团走进川大、留美大提琴演奏家赵明玮、留美钢琴博士李音辉的大提琴钢琴二重奏音乐会等多项艺术活动。加强教学研究与总结，《理论教学与实践活动相结合的综合性大学艺术教育模式探索与创新》获2012年四川大学教学成果二等奖。在2012年"凤凰展翅"四川大学文化艺术节期间，开展"凤舞川大"舞蹈大赛、"智慧川大人"辩论大赛、"凤鸣川大"校园歌手大赛以及"激情川大"合唱大赛四项校园精品活动。举办了"缤纷川大"系列文化艺术讲座。各学院广泛开展了"一院一特色"特色文化活动。

进一步加强学生对外学术交流活动。全年共组织学生参与了8项海内外学习交流项目。分别是：瑞典乌普萨拉大学夏令营、比利时布鲁塞尔自由大学夏令营，日本、欧美等国外夏令营，以及两岸学生领袖文化交流营、川港优秀青年学子巴蜀文化和佛文化研习营、台湾淡江大学"台湾文化体验营"、新纪元行政管理精英培训计划、海峡两岸杰出青年《生态与人文》研习营等学生境外交流活动。

二、学生社团工作

目前，学校在册学生社团共计181个，其中校级学生社团67个，较去年增加7个；院级学生社团114个，较去年增加15个。举行了为期3周的“逐梦青春”第十二届学生社团文化节，开展了“绮动青春”体育文化周、“绮梦绘彩”艺术文化周、“绮丽学海”理论文化周，为七大类学生社团提供了交流和展示的平台；大力加强学术型学生社团建设，截至2012年11月，全校共成立学术性社团44个，涵盖文、理、工、医各个领域。各类学术性社团积极参与学术性社团课题立项，在理论建设类和学术研究类各有15个学术性社团课题立项通过申请；积极参加各类竞赛，成绩突出，全年校级学生社团共获得国家级奖项15个，省级奖项4个。其中，演讲与交际协会荣获全国十佳学生社团荣誉称号，行知协会、环保志愿者协会、心理协会荣获四川省百佳社团荣誉称号，体育舞蹈协会获得“邮政杯”全国排舞大赛总决赛一等奖，表演艺术协会荣获第三届中国声乐孔雀奖“最佳演唱奖”，BOBO街舞协会在全国街舞邀请赛团体赛中获得冠军，京剧研习社郭佳炜和李竑锋、吴鹏同学分别荣获第九届全国高校京剧演唱研讨会青年组一等奖和二等奖，财经协会的晏雅寒同学在ACCA全国就业力大比拼中获西南赛区第二名。

三、青年志愿者工作

学校大力加强青年志愿工作，全年新增注册志愿者7829人，16个学院建立了201支班级服务队。学校研究生支教团规模扩大至18人，爱立方志愿扶贫工程第一个实体项目凉山州昭觉县瓦西爱立方小学落成；开展各类专题培训，如“防艾大讲堂”、志愿者手语培训、血车进江安服务培训等，超过900人次的志愿者参与其中；举办“青年志愿者走进高中”、关爱教师心血管健康公益检测、“文化助残，文明共享——5·20全国助残日特色活动”等一系列专项志愿服务活动，累计达1000余项，2万余名志愿者参与，并提供超过7000千小时的志愿服务；1040名学生参与血车进江安活动献血，献血总量达到31.2万毫升；承担多项校外大型活动的志愿者工作，如在第十三届中国西部国际博览会、第九次世界生物材料大会(WBC)、中国化学会第28届学术年会、四川大学第二届中加研究生教育创新论坛等活动中，学校青年志愿者协会承担了主要的志愿者组织或服务工作，前后投入志愿者服务超过3万人次。举办四川大学——台湾元智大学青年志愿者交流论坛、第七届四川大学志愿文化论坛、四川大学青年志愿者学习和践行十八大精神系列活动之2012年全国第四期大学生特奥教练员志愿者培训等交流培训活动。

四、军事教育和国防生工作

在教学实践周期间，我校2011级学生10200人，分别在什邡部队、崇州部队圆满完成了为期14天的军训工作。针对2011级学生，分两学期共完成50个教学班、900个学时，10000余人的军事理论教学及考试工作。慰问老红军、军烈属、伤残军人、复转退军人1949人次。

进一步加强国防生的选拔培养和管理教育工作。进一步完善国防生教育管理基本信息数据库；坚持定期召开国防生组织和骨干工作例会，对国防生组织和骨干进行培训；加强国防生的请销假及晚点名制度；形成国防生学期成绩检查以及学业规划制度；通过成为有关中小学国旗班的校外辅导员、参加升旗仪式、新生入学的教官等形式，在川大附小、北川西苑中学等设立国防生社会实践基地。截至2012年12月，在校国防生共406人，其中本科397人，研究生9人，分布在13个学院。同时，做好征兵工作，向部队输送了170名优秀大学生。

【我校学生参加“五月的鲜花”全国大学生文艺汇演】2012 年 5 月 4 日，由中宣部、教育部、共青团中央主办，中央电视台承办的《五月的鲜花——心中的歌儿唱给党》2012 年全国大学生文艺汇演在中央电视台一号演播厅举行。我校学子在央视舞台上展现风采，表演了民族歌舞《党啊，亲爱的妈妈》，节目通过对党的深情歌颂，弘扬了伟大的抗震救灾精神，展现了地震灾区恢复重建的伟大成就，节目感人至深、催人奋进，演出获得了圆满成功，为学校赢得了荣誉。

【“挑战杯”四川大学 2012 年学生课外学术科技活动节】2012 年“挑战杯”学生科技节开展了课外学术科技作品竞赛、创业计划竞赛、节能减排社会实践与科技竞赛等 34 项校级竞赛，和口腔医学院“林则杯”口腔技能大赛等 143 项院级特色科技创新活动。还举办了“学术大讲堂”等校级大型学术讲座、报告会 35 场，1.4 万余人次参与；学院举办特色学术论坛、报告会 198 场，共计 5 万余人次同学踊跃参加，参与人次较 2011 年增加了 15%，科技创新活动切实增强了学生的专业认同感和学习兴趣，提升了学生的专业知识和学术能力。

【2012 年“凤凰展翅”四川大学文化艺术节】2012 年，“凤凰展翅”四川大学文化艺术节打造了“凤舞川大”舞蹈大赛、“智慧川大人”辩论大赛、“凤鸣川大”校园歌手大赛以及“激情川大”合唱大赛四项校园精品活动；开展了“青春川大”周末舞会、“缤纷川大”文化艺术讲座，组织四川省爱乐乐团等多项高雅文化艺术形式进校园，5000 多名学生从中受益。各学院“一院一特色”特色文化活动，营造了良好的校园文化氛围，提升了学生的人文修养。

（以上资料由党委学生工作部谭新禹、研究生工作部马玲、校团委黄菲娅、马克思主义学院李建华、心理健康教育中心王英梅提供）

办学条件保障及
公共服务体系篇

基本建设

2012年，学校基本建设紧紧围绕学校的中心工作，把校园精神、办学理念和办学思路在基本建设中具体化，确立了“经世致用、正德厚生”的部门文化理念。进一步落实了基本建设岗位责任制，严格制度和办事流程，树立良好的职业道德，改进工作作风，全面落实了责任制和过错责任追究制度，全面强化首问责任制。

2012年，学校对招标事项的审批流程、招标专家组的组成和投标单位资格的审查等方面进行了进一步的修订和完善，深化了招标管理工作。学校规划建设部门坚持标本兼治、综合治理、惩防结合、以防为主的方针，积极探索规划建设处党风廉政建设和反腐败的工作机制，严格执行国家相关法规制度，使基本建设项目管理规范有效运行，保证了国家专项资金的合理有效安全使用，促进了基建领域的党风廉政建设。2012年，200万以上工程项目全部采用在政府工程交易中心进行的公开招投标的方式；按国家规定不需公开招标的项目，原则上也采取在学校网站发布公告公开招投标的方式。2012年共完成了江安校区文科楼群3区、4区，东苑学生宿舍1组团等80余项工程的公开招标工作。

2012年，基本建设工作加强建设资金的使用管理和工程项目过程审计工作，较好地完成了约20个建设项目的施工月形象进度费用审核、材料认质核价、工程成本跟踪管理等方面的造价管理工作。同时，积极推进已竣工项目结算审核工作，共计完成46项工程项目结算审核工作。

【工程项目建设情况】

（一）竣工工程

1. 望江校区青年教师公寓（宿舍）工程，建筑面积22400平方米，由中城建第六工程局集团有限公司承建，成都海诚建设监理有限公司监理，2010年10月28日开工，2012年5月10日竣工。

2. 江安校区基础医学实验楼一期工程，建筑面积6398平方米，由中建七局第四建筑有限公司承建、四川金帆工程建设监理有限公司监理，2009年12月31日开工，2012年5月31日竣工。

3. 江安校区文科楼群1区，建筑面积18476平方米，由福建路港工程有限公司承建，成都恒泰管理有限公司监理，2010年11月开工，2012年6月7日竣工。

4. 江安校区文科楼群2区，建筑面积19156平方米，由厦门中联建设工程有限公司承建，成都恒泰管理有限公司监理，2010年11月开工，2012年5月7日竣工。

5. 望江校区滨江楼工程，建筑面积13312平方米，由福建亨立建设集团有限公司承建，成都衡泰工程管理有限责任公司监理，2011年3月2日开工，2012年8月竣工。

6. 四川大学江安校区木田建次中试实验室工程，由四川希望华西建设工程总承包有限公司承建，四川金帆工程建设监理有限公司监理，2012 年 7 月 16 日开工，2012 年 9 月竣工。

（二）在建工程

1. 四川大学—香港理工大学灾后重建与管理学院大楼工程，建筑面积 19993 平方米，由四川星星建设集团有限公司承建，四川康立建设咨询有限公司监理，2011 年 9 月 30 日开工，计划 2013 年 5 月初竣工。

2. 四川大学新建江安校区东苑学生宿舍 1 组团项目，建筑面积 12500 平方米，由施工单位成都市第七建筑工程公司承建，成都海诚建设监理有限公司监理，2012 年 9 月开工，计划 2013 年 8 月竣工。

3. 文星花园二期教职工住宅，共计 1832 套，20 余万平方米，已基本完成房屋主体建筑施工，计划 2013 年 3 月竣工交付使用。

（三）大型维修改造项目

1. 成都美国留学中心（华西四教）维修改造工程，维修加固改造面积 3760 平方米，由四川关家建设股份有限公司施工，四川金帆工程建设监理有限公司监理，2011 年 11 月 21 日开工，2012 年 4 月 23 日竣工。

2. 四川大学望江校区东第一教学楼屋面治漏工程，由成都川亚工程技术总承包公司施工，四川金帆工程建设监理有限公司监理，2012 年 6 月 13 日开工，2012 年 9 月竣工。

3. 四川大学望江校区东第四教学楼屋面治漏工程，由成都市第八建筑工程公司施工，四川金帆工程建设监理有限公司监理，2012 年 6 月 13 日开工，2012 年 9 月竣工。

4. 四川大学江安校区学生宿舍增设分体空调供电线路改造工程，施工单位为四川希望华西建设工程总承包有限公司、成都川亚工程技术总承包公司、四川双兴建筑工程有限公司、四川关家建设股份有限公司、四川恒业建设工程有限公司、四川省亚辉建筑安装工程有限公司、四川建联建设有限公司 7 家单位，监理单位为四川金帆工程建设监理有限公司，2012 年 7 月 13 日开工，2012 年 9 月竣工。

5. 望江西二教学楼房屋维修工程，建筑面积 8034 平方米，由成都嘉崇建筑工程有限责任公司施工，成都衡泰工程管理有限责任公司监理，2012 年 11 月 5 日开工，计划 2013 年 6 月竣工。

6. 华西校区基础医学院人体解剖实验楼震后房屋维修工程，建筑面积 618 平方米，由成都嘉崇建筑工程有限责任公司施工，成都衡泰工程管理有限责任公司监理，2012 年 11 月 5 日开工，计划 2013 年 4 月竣工。

7. 望江东校区文科楼震后房屋维修工程，建筑面积 14488 平方米，由四川华贯建筑工程有限公司施工，成都衡泰工程管理有限责任公司监理，2012 年 11 月 27 日开工，计划 2013 年 4 月竣工。

【项目计划和立项】

1. 编制完成了四川大学 2012 年基建计划和 2012 年基本建设调整计划。

2. 完成了多学科交叉融合平台及艺术教育中心大楼可行性研究报告，通过了教育部项目可行性评估，取得同意建设批复。

3. 编制完成多学科交叉研究创新中心、江安校区东园高层学生宿舍 1 号楼项目可行性研究报告。

（以上资料由规划建设处崔波提供）

实验室及设备

2012年，学校有省级重点实验室59个，校、院两级管理的教学实验室66个(其中含10个校级基础实验教学中心)，国家级实验教学示范中心8个。

全校有教学实验室面积119710平方米。开出实验项目（教学）3826个，实验学时26392学时；完成实验人时数5455493，本科生人时数5455493。

全校教学实验室专职工作人员562人，其中高级职称141人，中级职称315人，其他人员106人。

全校现有教学科研仪器设备为92042台/件，总价值为147301.44万元（此值来源于设备实名制建账系统的统计，未含医口用于人才培养的60000万元)，其中10万元以上的教学科研仪器设备2050台/件，总价值为81521.04万元。

2012年年度增加教学科研仪器设备12199台/件，总价值27160.16万元；回收及公开处置报废仪器设备5932台/件，总价值5270.06万元；维修设备279台/件，维修金额113.54万元。

全年组织公开招投标工作290次，中标金额8550万元，节约经费488.06万余元。

【实验室建设与管理】

1. 完成“985”三期第二阶段专业实验室建设项目的立项审批和具体建设工作。

2. 修改完善“985”专业实验室建设与管理实施细则。

3. 完成2012年中央财政设备修购专项项目建设工作。

4. 完成2013年度中央财政专项设备购置项目的专家评审和立项等相关工作。

5. 完成两个国家级实验教学示范中心的申报组织工作，并获准1个国家级实验教学示范中心。

6. 组织并完成我校7个“十一五”国家级实验教学示范中心的验收工作。

7. 进一步开发和完善了“实验室综合管理系统”的各项功能，完成全校2011—2012学年实验室信息的统计、审核工作。

8. 完成2012年全校教学实验室内部维修计划的审核以及项目的实施工作。

9. 起草了四川大学教学实验技术人员聘期考核办法和四川大学实验技术人员年度考核办法，完成2012年新校区补贴和交通费的核定工作及实验耗材费额度的分配。

10. 全面做好了十大校级实验中心的维修与维护工作，启动了江安校区第一实验楼A区和D区的通风系统改造工作。

11. 完成《四川大学教学实验室内部小型维修费使用管理办法》《四川大学实验室工作秘书工作职责》《四川大学学生实验守则》文件的修订工作。

12. 对实验技术队伍建设问题，继续到相关学院和实验教学中心就实验技术队伍的现状、用人机制、培养提高、考核评估以及职称评聘等方面进行了调研；同时完成了《实验技术人员情况调查表》分发和回收汇总工作。

13. 完成2011—2012年实验技术立项项目的验收工作。

【仪器设备管理】

1. 仪器设备开放共享工作：进一步完成仪器设备开放共享调研工作，修改完善《实验仪器设备开放共享管理办法（试行）（征求意见稿）》相关内容，并提交校务会讨论；继续升级“VEMC”平台的系统功能并完善相关数据；开展大型设备共享系统平台的试点运行工作。

2. 进一步完善“仪器设备管理系统”，优化建账建卡工作程序。

3. 仪器设备招投标采购工作：组织完成2012修购计划项目、“985”专业实验室建设项目、全校教学科研仪器设备公开招投标采购290次，招标金额8550万元。

4. 进口仪器设备免税工作：配合华西附属医院完成科研用进口仪器设备的各项管理工作，协助华西附属医院办理进口仪器设备免税、进关、学校固定资产管理工作等；办理华西附属医院免税进口设备110万美元；办理完成249台捐赠进口设备（含旧机电产品）的免税手续，共计146万美元，以及该批设备的固定资产建账手续。

5. 设备管理文件修订工作：修订完成并发布《四川大学实验室仪器设备操作规程》《四川大学损坏、丢失设备器材赔偿办法》《四川大学仪器设备报废及处置管理办法》《四川大学科研教学用品进口管理办法》4个设备管理文件。

6. 报表工作：完成教育部、财政部、科技部以及学校各部门等要求填报的各类数据上报工作。

【实验室安全与环境管理】

1. 组织相关学院和部分老师启动“实验室安全与环境保护”教材的编写工作，已完成统稿并进入定稿阶段，为定稿、出版、进入课程开设及师资培训等完成了前期准备工作。

2. 起草、修订、完善和发布了《四川大学实验室安全与环保管理条例》《四川大学危险化学品管理办法》等7项规章制度。

3. 建立并执行了定期安全检查例行制度，对检查发现的安全隐患通过口头或书面提出整改要求的方式要求相关单位进行限期整改，并及时跟踪整改情况。

4. 完成江安校区污水处理站后续工作：完成成都市环保局要求的各项手续，初步确定了运行管理模式并制定了管理办法。

5. 完成原东区库房放射源废弃库房安全检测，所测各点结果均在国家相关标准规定限值内；组织完成辐射工种人员放射剂量检查及辐射、放射场所安全检测；进一步推进了同位素及放射装置实验室的规范化管理工作。

6. 组织并完成集中收集、处置全校三个校区各类实验室危险废弃物150余吨。

7. 完成“学生安全与环境保护协防队伍”的建立与启用，加强了全校实验室安全重点部位的例行检查力量。

8. 完成了科室职责及岗位职责的编制工作。

9. 根据国家实验教学示范中心验收评估要求，对本次相关七大实验中心安全与环保工作进行全面迎评准备，协助完成了验收评估工作。

10. 成功申报全国实验室研究会学术研究计划重点项目，为继续建设“四川大学实验室安全及环境保护综合保障体系”起到助推作用。

11. 完成望江校区第一理科楼实验室

废气排放调查工作，为预处理方案可行性分析提供了基础数据。

【实验技术物资供应管理】

1. 出台了《技术物资供应科职员评价考核办法》《技术物资供应科奖酬金分配方案》及《技术物资供应科考勤及奖惩制度》，并以此为抓手，加强机关作风建设，转变职工服务观念，培养顾全大局、服务于人的意识，使供应科职工的工作作风大为改观，工作纪律大有改进，工作效率得到了极大的提高。

2. 在不影响物资正常发放的情况下，利用周末及春节放假时间对数年未清库的各技术物资库房进行了全面彻底清查，保证了物资的账物相符，为良好有序地开展物资供应工作奠定了基础。

3. 完善了技术物资供货商的遴选机制，规范了采购及验收制度，尽力为教学科研提供质优价廉的技术物资供应。

4. 制定了《四川大学易制毒化学品管理条例》，修订了《技术物资供应科剧毒化学品领用办法》。

5. 高效完成学校进口物资及设备的免税、清关、商检、核销等各环节的执行工作。

6. 进一步加强安全防范措施，新增了监控装置，强化夜间值班管理，认真做好库房的防火、防盗及防爆等安全工作，全年无安全事故发生。

7. 在全科工作人员共同努力下，本年度为教学科研提供500余万元的技术物资供应服务，比2011年度增加40%。

（以上资料由实验室及设备管理处陈艳提供）

后勤管理与保障

一、后勤管理

后勤管理处内设综合科、后勤管理科和住房工作委员会办公室3个科室，在职职工24人，其中，事业编制20人（含编制内聘用3人），校聘项目制助理4人。

2012年，后勤管理处在学校党政班子的领导下，在各部处学院的大力支持下，紧紧围绕学校中心工作，努力拼搏，狠抓落实，圆满完成全年的各项任务，取得了显著成绩，荣获“2012年度全国高校后勤系统信息与宣传工作先进集体”、“2012年‘双代会’提案办理工作先进单位”。

【加强部门文化建设，提升后勤服务保障能力】后勤管理处提出“保障为先，服务至上”的部门文化理念。梳理自本处成立以来的规章制度，清理废除3项规章制度，制定实施了公有住房及周转房管理等2项规章制度。三次梳理、优化本处各岗位职责和11个内部工作流程，修改、规范12个对外的办事指南，并在各办公室将职责上墙、指南上墙。加强处内制度建设，制定了后勤管理处公章使用、文件收发、档案管理办法以及资产购置管理办法等。

【深化改革，规范管理，完成年度重点工作】与审计处共同牵头组织完成后勤集团校园物业管理中心、学生宿舍管理中心和水电气管理服务中心2010和2011年度拨付资金的效益审计工作，为不断提高后勤服务水平，进一步科学合理地制定后勤服务拨付标准和具体实施方案打下坚实基础。牵头组织完成江安校区学生宿舍6808台空调租赁安装工作。截至12月底，已有约6000个寝室申请开通使用空调，运行使用效果及学生反映良好。配合房产公司，在暑期顺利完成文星花园（二期）商品房约1430余套选房工作及后续两次递补选房工作。出台《文星花园二期解困房选购办法》，完成文星花园100套解困房的报名审核及公示工作。牵头组织中央普通高校改善基本办学条件专项资金项目9000万元的申报评审及基础设施项目的实施工作，提高资金使用效率和效益。顺利完成学校用能年度净支出较去年下降2%的目标，同口径比较净支出较2011年下降2.78%。经与成都市政府相关部门多次沟通协调，8月下旬正式开通了连接望江校区与江安校区的67路城市公交车，为我校师生新老校区间出行提供了新的选择。

【加强后勤监督管理与服务】探索科学的后勤服务质量考评体系及奖惩措施，加强后勤服务质量的监督。牵头成立由多个机关部门及师生代表组成的后勤服务质量监督小组，对后勤集团服务质量进行了8次考评，后勤服务质量日常检查60余次，下发后勤服务质量整改通知书并复查24次，形成甲方组织、多方协作、全校参与的最广泛的有效监督机制。加强后勤保障工作热点问题研究。通过对省内外高校的调研和校内相关单位座谈调研，协助后勤集团完成了校医院基本情况的调研，并就维持校医院稳定有关问题向学校提交了专项报告和建议方案，使校医院在编职工岗位津贴等经费问题得到合理解决。

【积极推进住房改革和管理工作】加强制度建设，出台了《四川大学周转房管理办法（暂行）》（川大后管〔2012〕8号）管理文件，使得住房管理工作得到进一步规范。全力推进与文里搬迁安置工作，全年共实施搬迁18户。完成华西口腔医院大楼脱群工作。在新建的青教公寓中，通过招标引入了社会化物业管理，公示入住教工信息，加强了周转房管理的透明化。加强公有住房的检查与整顿。与保卫处等部门开展公有住房清理，清理不规范用房12套。收回离校、占房等各类性质住房8套（间）。会同保卫处等有关部门开展了为期50天的冬季住房与燃气安全清查活动，对学校约4000套（间）公有住房进行了入户安全宣传与检查工作，处理消防隐患10余处，发出燃气整改通知500余份并督促住房户整改。全年审核新补交的住房调查表300余人次，核发住房补贴1700余人次，金额约1450万元。核发租房补贴897人次，金额33万元。核发新进具有博士学位人员的安家费76人，金额约168万元。

【继续做好校园维修改造和后勤物资招标采购工作】完成学校2012年度校园维修（维护）改造后勤保障项目财务预算编制，总经费约3303万元，并严格执行财务预算，节约学校经费支出。全年组织实施学校后勤服务运行保障项目27项，完成财务支付1822万元。多渠道筹措经费，切实改善学校办学条件。利用国拨资金完成望江校区中心教学区域的4条道路的雨污分流和周边环境改造工程。牵头组织实施华西校区女生三舍和四舍住宿条件的改善工作，利用节假日完成183间学生寝室共计732套组合床的更换安装工作。

【进一步加强节约型校园建设】顺利完成2011年定额管理工作的总结和奖惩

工作，下发2012年度校内各单位水电使用定额指标。配合省市有关部门成功举办高校节能宣传周启动仪式及相关节能宣传教育活动。加大节能技改力度，顺利完成国家财政补贴高效照明产品800只高压钠灯和10万只T5节能日光灯的安装任务，按时完成2013年度高效照明产品的申报工作。对机关部处及学院办公室安装单体空调节能控制器1000余台，完成望江西苑学生浴室空气源热泵热水系统和开水房即热式电开水改造，望江、华西校区更换了16台油浸式变压器为更加节能高效的干式变压器，对校园周边商铺主水管进行管网表计改造，有效减少了能源损耗。

【完善交通车运输服务保障工作】为确保江安校区教学工作的正常运转，避堵保畅，增加交通车4个班次，并适当调整个别班次的发车时间。针对师生员工对交通服务的意见，安排专人不定期跟车、暗访，约谈长运公司10余次，对长运公司实施经济处罚3次，责成长运公司处理相关责任人员8余人次，除名2人。为保障校车安全，会同长运公司制定了《校车安全应急预案》，并成立了多部门组成的校车安全监督小组，定期与不定期抽查车况、车速、违章记录等。顺利完成化学年会，学生军训，唐氏基金年会，四、六级英语考试，运动会等学校大型活动的交通运输保障任务。

（以上资料由后勤管理处贾丝云提供）

二、后勤保障

2012年，后勤集团以安全稳定工作为首要任务，以制度建设为重要抓手，以进一步提高服务质量和管理水平为工作重心，深化改革，理顺关系，整合资源，提高效率，圆满完成了各项服务保障任务，成功召开了后勤集团党员大会，凝聚了人心，鼓舞了士气，树立了良好新形象。

党建与思政方面：

1. 学习贯彻党的十八大精神。十八大召开前，集团制作了迎十八大主题展板和专题网页，大力宣传十八大的重要意义。十八大开幕后，及时组织员工收看、学习、讨论十八大报告，让广大干部员工深入领会十八大精神，并以十八大精神来指导各项工作。

2. 加强党风廉政建设和反腐败工作。集团设立了专职纪委书记抓廉政和反腐工作；进一步加强了惩防腐败体系建设和干部作风建设，深入开展了党风廉政建设专题教育，与各单位和干部签订了廉政风险防控表。认真落实党务公开、企务公开和党风廉政建设责任制；完善了督查工作制度，加强了对重点部位和关键环节的监管。

3. 开展创先争优群众评议和总结表彰。制定了《群众评议实施方案》进行详细部署。来自各单位各岗位的163名员工代表对15个党支部、395名党员进行了评议。11月召开了后勤集团创先争优活动总结表彰大会。

4. 搞好基层组织建设年活动。集团认真按照学校实施方案和要求，深入开展了基层组织建设年活动；制订了《后勤集团党政联席会议制度实施细则》等制度；重点抓好党员发展和组织生活，加强了党员数据库的管理，完成了支部调查摸底和分类定级工作。

改革与建设方面：

1. 进一步落实了学校财务委派制和定期财务报告制度，学校委派的财务总监正式履职，及时全面掌握集团财务状况。配合会计师事务所完成了集团2011年收支情况审计；配合学校完成了校园物管中心、宿管中心、水电中心的效益审计。

2. 按照逐步与市场接轨的思路，配

合学校重新核定了物管面积，调整了计费单价，完善了拨改付新机制。配合学校制定落实了校医院事业编制员工人头经费学校统一拨付实施方案，理顺了管理。

3. 收回了后勤集团接待服务公司北苑宾馆和红瓦宾馆两个外包给个人经营的餐厅，交由宾馆自行经营，转换了经营机制，改善了服务条件，大幅提高了服务水平和经营效益。宿管中心配合学校对蒸汽锅炉的全面改造，在市场调研基础上，经集团批准和公开招标，将学生卧具洗涤实行了整体外包。

4. 完成了望江东区分析测试中心周边、西五教周边、校医院周边、东四教周边等四条道路的改造建设，顺利通过学校验收；基本完成江安校区开水进宿舍工程的土建施工。

5. 完成了国家专项财政补助的10万支T5节能灯的安装，年节电约100万度；对全校行政办公空调试点安装了480多个节能控制器，规范享受性用电管理；完成了望江校区热泵系统改造；将全校油浸式变压器全部更换为干式变压器；对后勤集团下属单位用能进行严格定额管理。完成了节能监管平台招标；对望江校区所有建筑楼栋供水、供电和配套表计进行了梳理，制订了详细的平台建设规划，2013年全面启动了平台建设施工。

6. 为不断满足师生服务需求，在学校的大力支持下，集团加大了基础设施建设力度，如校园物管中心购置垃圾车、洒水车、抢险车共4台；校医院通过外联办获得了两台救护车资金的社会捐赠，新建住院大楼投入使用；水电中心改造了学生宿舍屋顶水箱和无塔上水装置等。

服务与管理方面：

1. 全面修订了规章制度。集团将5月作为“制度建设月”，将水电中心制度作为标本，通过总经理办公会，用解剖麻雀的方式，逐一、逐条、逐款进行剖析和梳理，几上几下，反复修改，基本实现了制度的流程化、菜单化和标准化；其他单位再参照实施，年底全部修订完毕。

2. 加强了员工培训。邀请经济学院蒋和胜教授等专家开展了有关法律法规、心理健康、十八大报告等内容的集中培训6次，参训员工500余人次。集团下属各单位按照分级分类培训的原则组织开展员工培训和业务练兵，累计参训员工3500余人次。

3. 强化了安全稳定工作。进一步加强了安全稳定的教育、培训和督查，层层签订安全稳定工作责任书；重点抓实抓细抓好了十八大召开前后和召开期间的安全稳定。宿管中心对各宿舍门禁系统进行了升级改造，实现了真正意义上的刷卡进出；饮食中心在全校学生食堂安装了视频监控系统，全面实现对了食堂操作间、留样间等关键点位的实时监控。

4. 圆满完成了重大活动的后勤保障。在完成学生饮食服务、宿舍管理服务、水电气管理服务、医疗卫生服务、校园物业、通讯保障、幼儿教育、建筑维修、酒店餐饮、商贸服务、工程监理、运输、汽修、印刷等各项服务保障基础上，还圆满完成了2012届毕业生离校、2010级学生搬迁、2011级学生军训、2012级新生入学、马尔代夫副总统来访、世贸组织总干事来访、唐氏基金会年会、中央巡视组驻校等重大活动的后勤服务保障。

【建成启用了望江北苑学生集中商业服务区】1月，由商贸公司投资，建安公司承建的望江北苑商业街已建成全面投入使用，极大地方便了师生，也为集团创造了新的经济增长点。

【拆除了新校区商业街楼顶临时搭建】

1月，商贸公司利用寒假学生放假时间，全部拆除了江安商业街楼顶零时搭建房屋，恢复了屋顶原貌，消除了安全隐患，为下一步全面整治做好了准备。

【建立了江安校区总值班制度】4月，后勤集团建立了江安校区24小时总值班制度，开设了总值班电话85993001，集团领导班子和全体中层干部轮流在江安校区负责总值班。

【成功召开了后勤集团党员大会】7月，后勤集团成功召开了党员大会，选举产生了后勤集团新一届“两委”委员和“两委”书记，审议并通过了“两委”工作报告，总结了集团过去五年来的主要成绩和成功经验，科学谋划了集团未来的发展，全面加快了集团改革发展步伐。

【顺利通过了教育部、公安部安全专项检查】11月，由教育部、公安部组成的检查组对我校学生公寓等安全工作进行了专项检查。通过现场检查、听取汇报、查看资料等程序，专家组对我校学生公寓的安全工作给予了充分肯定。

【召开了后勤集团双代会】11月，后勤集团二届职代会二次会议暨二届工代会二次会议在北苑会议室召开，集团“双代会”代表及列席代表200余人参加了会议。会议听取并审议通过了后勤集团工作报告、2011年财经工作报告、“双代会”和工会工作报告，通过了会议决议。

【完成了新校区空调进宿舍工程】以建安公司为主的施工单位利用暑假紧张施工，完成了江安学生生活区的电力增容改造、配电房建设、线路改造以及22个组团、6800余间学生宿舍的空调安装（其中建安公司完成11个组团、3300余间），12月份开始正式启用空调。

【确保了食堂价格稳定】为妥善应对市场物价波动和人工成本大幅增加的严峻困难，集团和饮食中心多措并举，学校食堂价格平抑基金加大补助力度，取得了良好的效果，确保了食堂饭菜价格和质量的稳定，突出了学生食堂的公益性。

【重要数据】2012年，集团实现整体服务满意率86.5%，较上年提高了2个百分点；员工总收入较上年平均增加15000元左右；上交学校工资和经济目标2703万元；实现产值4.33亿元；全校水电气费总支出9235万元，总回收5320万元，扣除水电气涨价和新增用户影响，全年净支出3832.3万元，较上年下降2.78%，顺利完成学校2%的下降目标；学生宿舍床位使用率老校区95.07%，新校区98.68%，超额完成学校老校区94%、新校区96%的控制目标；为2192名聘用制员工缴纳社保费用1144万元，为320余名在职员工及退休职工办理了意外伤害保险，为1320名职工办理了补充医疗保险。

【荣获奖项】集团荣获了全国高校后勤十年社会化改革先进院校、全国高校节能管理先进院校、四川大学2012年教职工田径运动会团体总分第一名、四川大学“十佳模范教职工之家”等荣誉称号。

（以上资料由后勤集团张一驰提供）

财　务

一、财务管理

【加强财务管理，规范会计核算】根据国家最新财经法规要求，结合学校发展和经费管理的需要，进一步健全和完善学校财经规章制度、财务管理办法和会计内控制度。制定了《四川大学关于加强后勤财务监管的试行办法》（川大财〔2012〕2号）、《关于成立“四川大学经济目标及政策工作小组”的通知》（川大财〔2012〕9号）和《四川大学公务卡管理暂行办法》（川大财〔2012〕20号）等财务管理制度，加强了学校财务监管，规范了管理。

【加强资金管理，做好增支节收】加大合法筹措资金力度，会同学校有关职能部门开展调研，与创收单位签订经济目标，合理制定分配比例。2012年校内创收单位总计向学校上缴经济目标15732.79万元，比2011年增长8.78%。2012年，学校获得了教育部中央高校资助工作绩效拨款和预算执行绩效奖励1850万元；获得自筹化债配套奖励2520万元；另外，2012年获得捐赠收入8666.57万元（含教育基金会6668.93万元），较2011年增加2894.57万元，增长50.14%。在符合国家相关法律规定和确保资金安全的前提下，经过学校批准，财务处通过合理运作资金，2012年利用结构性存款的方式为学校增加利息收入3680万元。继续利用间歇资金进行运作，节约新校区建设资金贷款利息约6041万元。截至2012年底，共计冲销3个月以上暂付款3720笔，合计4.26亿元，其中：冲销5年以上的历史遗留暂付款281笔，合计815.15万元。全校水电气费总支出为9235万元，回收5320万元，占总支出的57.61%（2011年为56.9%），回收额比2011年增加124万元，增长2.39%。2012年学校水电气同口径净支出3915万元，比2011年净支出3942万元下降2.78%。为学校开源节流做出了贡献。

【加强学生欠费清理，做好贫困生资助工作】通过继续利用学生综合信息服务平台对欠费学生选课等环节进行控制，加强对学生欠费的清理和催收工作。针对2012届欠费毕业生，打印个人欠费明细单给相关部门及学院，督促相关部门对学生欠费进行核实和催收，编制学生缴费、欠费等统计报表，并进行相关分析。以人为本，关爱学生，配合学生工作部门继续搞好新生入学助学贷款工作，全校共有新生2696人通过“绿色通道”享受了缓交学费的政策（金额1618万元），约占2012级新生的15.36%。完成生源地贷款2612人，金额为1554万元。

【创新运行机制，有效解决“报账难”问题】为有效解决师生报账难和报账排长队现象，财务处积极进行探索，推行“投递式+无等候”报账方式，减少师生等候时间，确保资金安全。投递的报账业务均能保证在承诺的3个工作日内完成，得到师生好评。同时，开通了建设银行和工商银行无现金支付服务和电子支票服务，报销款无现金打卡并短信通知，实现了除个别业务需现场处理以外，99%的报账业务均采取了投递方式。

【加强信息化建设，提升服务质量】 不断加强财务信息化建设，为师生提供方便、快捷的服务。在继续实行网上缴费方式基础上，进一步做好新老生银行代扣方式缴纳学杂费相关工作，2012 年完成新生共 16500 人的银行卡发放，完成 49934 人学杂费银行代扣工作。财务处组织人员及时将 18 万多份学生收费票据通过学院发放到学生手中。积极配合学校信息化建设，实施财务报文平台集成方案，开发迎新系统，简化了新生入学报到财务手续，通过建立分级授权的信息发布机制，使财务数据得到最有效的利用。设立了“重大科研项目负责人绿色通道”，以节省重大科研项目负责人的时间和精力，提高办事效率。对各科室办事流程进行梳理制作成服务指南和办事指南，通过财务“开源节流”QQ 群和学院分管财务院长邮箱定期或不定期发布国家和学校最新财经政策、规章制度、经费分配和使用管理规定等，以消除财务管理信息不对称状况。开通“财务 110”应急咨询电话（85401201），方便广大师生员工随时咨询和办理各项相关业务，解决师生办事时的应急需求。

【认真履行收费管理委员会职责，加强税收指导和票据监管】 加强收费项目管理、收费事项申报和收费政策宣传、咨询和指导工作，做好校内收费管理委员会办公室日常工作，顺利完成 2011 年收费与收费票据的年检工作。对全校各单位税收专管员进行税收知识培训，做好税收政策的宣传解释工作，指导校内各单位完成职工个人所得税的计算和代扣代缴工作，并做好 2011 年度年收入 12 万以上个人所得税纳税申报的宣传、办理工作。加强票据使用监管、政策宣传和业务指导，严格执行财务“收支两条线”管理。完成 2006 年—2011 年 90 万份票据存根的整理、装订、归档工作，在甘肃省财政厅票据监管中心对我校（含四川大学教育基金会）中央单位财政票据专项检查（交叉检查）中获得好评。

【强化预算执行进度管理，提高资金使用效率】 通过对 2011 年预算执行情况进行分析，认真做好 2012 年校院两级预算分配方案的测算、论证和完善工作。加强对预算经费执行的监控，加大预算经费使用的绩效考核和评估，每月向各单位通报国拨和校级预算执行情况。通过一系列强化措施，2012 年我校国库支出预算执行率 99.46%，而 2012 年教育部 76 所直属高校国库支出预算执行率平均为 97.61%，相关业务主管部门（研究生院、教务处、设备处、图书馆）的校级预算累计执行率从 2011 年的 73.04% 提高至 80.72%；机关部处的校级预算累计执行率从 2011 年的 93.27%提高至 95.24%。

二、经费概况

按照 2012 年度财务决算数据，学校总收入为 412230 万元，比上年增加 66313 万元，增长 19.17%，总支出为 314836 万元，比上年增加了 18165 万元，增长 6.12%。

表 1 四川大学 2012 年收入情况分析表 单位：万元

项目	2012年	2011年	增减±	
			增减数	增减%
教育经费拨款	199,083	164,319	34,769	21.16%
科研经费拨款	58,830	46,495	12,335	26.53%
其他经费拨款	8,356	6,922	1,434	20.72%
上级补助收入	31	43	−12	−27.91%
教育事业收入	67,441	52,700	14,741	27.97%
科研事业收入	54,579	55,116	−537	−0.97%
其他收入	23,910	20,322	3,588	17.66%
合计	412,230	345,917	66,313	19.17%

表 2 四川大学 2012 年支出情况分析表 单位：万元

项目	2012年	2011年	增减	
			增减数	增长%
工资福利支出	70,600	88,708	−18,108	−20.41%
商品和服务支出	136,261	126,013	10,248	8.13%
对个人和家庭的补助支出	65,867	56,634	9,233	16.30%
其他资本性支出	42,108	25,316	16,792	66.33%
合计	314,836	296,671	18,165	6.12%

表 3 四川大学 2012 年学生事务支出情况表 单位：万元

项目	2012年	较2011年增长的情况		备注
		增长数±	增长率%	
学生事务支出	17,691.27	5,390.61	43.82%	
其中:学生教育活动费	681.13	112.43	19.77%	
各种奖、助学金	14,681.33	3,939.43	36.67%	含港澳台学生和来华留学生的奖学金
各种补贴	1,315.74	668.88	103.40%	含生活费、助研费、医疗费和慰问费
勤工助学金	470.74	127.54	37.16%	

（以上资料由财务处龙雪娇提供）

审计

表 4　审计处 2012 年审计情况及审计绩效统计表

序号	类别	审计项目数				审计绩效							
		自审	跟踪审计	总计	提交审计报告（份）	提出审计意见和建议（条）	落实审计意见（条）	审减和节约投资经费（万元）	查纠违规资金（万元）	追收违规资金（万元）	纠正财务处理不当（万元）	移送纪监部门（件）	受党纪政纪处分（人）
1	2012 年度财务预算管理与决算执行情况审计	2		2	2	2	2						
2	2012 年度财务收支审计	6	3	9	9	14	14				696.30		
3	报表审计		1	1	1								
4	清产核资审计		12	12	12	14	14				72.83		
5	经济责任审计	24	3	27	27	42	42						
6	竣工财务决算审计		2	2	2								
7	建设工程和修缮工程审计	782	12	794	794			2551.24					
8	专项科研经费结题审签	367		367									
9	银行账户对账单复核审签	175		175									
	合　计	1356	33	1389	847	72	72	2551.24			769.13		

（以上资料由审计处胡卫忠提供）

国有资产

2012年，国有资产管理处提出“资浚其源，精勤唯公”的部门文化，按照“深化制度建设、强化过程监督、优化资产配置”的工作理念，在公房资源改革、国有资产管理、招投标管理、产权管理等方面取得了一定的成绩。

【资产管理】

1. 2012年，完成家具建账、建卡16347件，价值10547965.74元；报废家具1679件，原值357655.65元；回收家具1022件；调拨家具820件。

2. 完成教育部行政事业单位国有资产年度决算、事业单位资产统计、国有资本经营预算、国有资本收益、校办企业等国有资产各类报告和报表工作共7项。具体包括：《四川大学关于报送2013年中央国有资本经营预算支出项目计划的函》（川大国资〔2012〕14号）、《四川大学关于事业单位公务用车配备使用管理情况清查工作的报告》（川大国资〔2012〕16号）、《四川大学关于2011年度中央国有资本收益的报告》（川大国资〔2012〕17号）、《四川大学关于报送〈事业单位资产统计报表〉的函》（川大国资〔2012〕18号）、《四川大学关于报送〈2011年度中央行政事业单位国有资产年度决算报告〉的报告》（川大国资〔2012〕19号）、《四川大学关于报送集中清理整顿滥用中央和国家机关“特供”“专供”等标识问题的报告》（川大国资〔2012〕21号）及《教育部所属企业有关情况统计表》。

【公房管理】

1. 继续推进学校公房使用管理改革，完成2011年各学院公房有偿使用改革，收取超面积使用费，支付缺面积补贴。其中超面积使用公房的学院9家，缺面积使用公房的学院15家，持平5家；启动独立科研机构的公房有偿使用改革。

2. 全年共调整、配置公房516间，使用面积28184平方米，其中新增教学科研用房499间，使用面积24186平方米。重点完成江安校区文科楼群一、二区，木田建次中试实验室、第二基础医学实验楼一、二期，望江校区新滨江楼的资产移交工作；配置马克思主义学院、历史文化学院、文学与新闻学院、实验动物中心、新能源与低碳技术研究院、文科综合实验中心、考古实验中心、化学学院环保型国家地方联合实验室、社会发展与西部开发研究院、电子信息学院（保密学院）、空天科学与工程学院、生物材料工程研究中心、校团委、建筑与环境学院专业教室、产业技术研究院等用房。

3. 开展校园违章搭建专项工作。拆除违章搭建4处，使用面积670平方米。坚持公房巡查，重点巡查使用效率低的公房，纠正违规使用公房的行为。

【公房维修管理】做好教育部修购项目、财政部四馆建设项目和校园修购项目。其中，完成教育部2012年修购项目1项（经费460万元），包括分析测试中心主电路改造和化学学院环保型国家地方联合实验室维修改造项目；完成校园维修项目28项（经费420万元）；完成白蚁防治项目29项（经费15万元）；公房治漏项目13项（经费89万元）；基本完成财政部四馆建设项目4项（经费2000万元）；拆除望江西区老行政楼。

【招投标管理】加强招投标管理，提高工作效率。

1. 向教育部报送《四川大学关于报送〈四川大学关于政府采购工作专项调查情况的报告〉和〈教育部政府采购工作情况调查表〉的报告》（川大国资〔2012〕15号）。

2. 上报2012年政府采购信息统计报表。2012年四川大学采购预算为27176.65万元，其中：财政性资金25316.65万元，其他资金1860万元。实际采购金额为24995.13万元，其中：财政性资金23557.14万元，其他资金1437.99万元。通过公开招标、邀请招标、竞争性谈判、单一来源采购等方式，共为学校节约资金2181.52万元，节约率为8.03%。

【产权和土地管理】

1. 对学校经营性房产进行监督检查。完成2011年度科产集团经营用房房租收入统计工作。对学校科产集团经营性用房进行了全面的核查、测量、拍照、分类、统计，并制作了年度科产集团经营性用房图集。对学校与天地集团开发用地进行了资料的收集，参与土地的实地测量，会同规划建设处、科产集团对土地进行了核算和界址的认定。

2. 牵头完成12家全民所有制企业清产核资工作并向教育部报送，为企业改制打下基础。完成我校参股公司成都川科化工有限公司因股份转让而向教育部报送的资产评估项目备案工作。完成《关于四川大学出版社转制完成情况的报告》并报送教育部。

3. 牵头开展学校有关土地增购及参与有关报建工作。与双流县人民政府签约关于国际医院、国际校区、国家大学科技园、川大教职工住宅项目合作协议。正在推进落实各项目土地的增购。正在进行与文里区域和共和村区域校园整治前期土地报建相关工作。

【无形资产管理】完成13件“川大”商标的续展工作，坚持对学校土地边界的经常性巡查，完成与文里、共和村、胜利村、天地集团等项目用地的确界工作，出具各类产权、土地证明23份，完成天地集团项目借用土地事宜。

【公车管理】规范公车购置、使用和报废程序，纠正公车使用中的违规行为。全年新购公务用车5辆，销户16辆。

【其他工作】

1. 督促锦城学院、锦江学院执行合作办学协议，收缴各类经济目标。

2. 2012年5月20日四川大学与双流县政府签订《四川大学—双流县人民政府“国际医院、国际校区、国家大学科技园、川大教职工住宅项目”合作协议书》，积极推进各项目用地的征地工作；协助办理与文里、共和村教职工住宅、华西第四医院大楼、生命科学学院大楼二期用地的报建工作。

3. 协助办理华西第二医院高新区医院、智胜公司股权、东区印刷厂租借、华西药业股权设置等历史遗留问题。

表5　2012年四川大学校舍情况统计报表

校舍名称	学校产权建筑面积（m^2）				正在施工面积
	合计	其中：危房	其中：当年新增	被外单位借用	
总计	2546053	20441	79400		
一、教学及辅助用房	1266565		44000		
教室	225973		11000		
图书馆	62598				
实验室、实习场所	858465		23000		
专用科研用房	74361		10000		
体育馆	27809				
会堂	17359				
二、行政办公用房	145050		13000		
三、生活用房	787964	5651			
学生宿舍（公寓）	556778				
学生食堂	39608				
教工单身宿舍	4855				
教工食堂	7829				
生活福利及其他用房	178894	5651			
四、教工住宅	282732	14790	22400		
五、其他用房	63742				

表6　2012年政府采购方式统计表　　金额单位：万元

项目	合计	货物	工程	服务
合　计	24,995.13	18,843.56	6,009.57	142.00
一、公开招标	21,564.46	17,100.83	4,433.63	30.00
二、邀请招标	1,593.83	251.89	1,229.94	112.00
三、竞争性谈判	228.42	228.42	0.00	0.00
四、询价	120.80	120.80	0.00	0.00
五、单一来源	1，487.62	1，141.62	346.00	0.00

（以上资料由国有资产管理处蔡敏提供）

图书馆

2012年，图书馆在学校党政领导下，围绕学校中心工作，大力推进服务创新，积极服务学校教学科研和人才培养。加快“985工程”数字图书馆建设，完成了数据中心平台建设和图书馆自动化管理系统ALEPH 20版的升级工作，数字图书馆服务功能有了极大提高；电子文献数据库大幅增长，有效地提高了图书馆的文献资源保障能力。图书馆“全国古籍重点保护单位”建设取得较大进展，高校古文献资源库项目顺利完成并通过验收。加强与广大师生的联系，采集高质量的纸本书刊与电子数据库文献。读者服务工作成效明显，通过举办以“深化文献资源服务，推进校园文化建设”为主题的读者服务宣传周等各种活动，使广大师生对文献资源与图书馆服务有了更加深入的了解。全年到馆读者约300万人次，借还纸本图书171万册次，预约图书11377册次，为师生代为借还新校区（或老校区）图书45130册次。积极开展“学院行”活动，学科馆员深入部分院系宣传图书馆的资源与服务。荣获教育部中国高等教育文献保障系统（CALIS）表彰5项；荣获四川大学“2011—2012年度先进集体”。

【承办CALIS三期资源共享服务推广大会】 3月28日—30日，由CALIS管理中心、上海图书馆和国家科技图书文献中心联合主办，四川大学图书馆承办的2012年“CALIS（中国高等教育文献保障系统）”三期资源共享服务推广大会在图书馆文理分馆报告厅举行。来自CALIS全国中心、地区中心、省中心、馆际互借服务示范馆的代表近200人参加了会议。本次会议旨在进一步推动CALIS馆际互借与文献传递工作的开展，扩大对外合作和交流，宣传推广CALIS的文献获取服务。会上来自CALIS全国中心、北京大学图书馆、四川大学图书馆、上海图书馆的专家作了专题学术报告。会议还进行了广泛的业务交流和探讨。

【承办2012年四川省高校图书馆工作会议】 4月19日—20日，由四川省高校图书情报工作委员会主办，四川大学图书馆承办的“2012年四川省高校图书馆工作会议”在成都召开。来自省内79所高校图书馆的100多位代表同志出席了会议。会议就图书馆联盟、高校图书馆文献资源政府采购、资源建设、深层次信息服务、创新服务、特色图书馆建设、民办高校图书馆建设等内容进行了交流和探讨。

【举办“四川大学第七届大学生读书节”】 4月23日—5月11日，图书馆举办了“四川大学第七届大学生读书节”。本届读书节传承“品百年老馆，读万卷藏书”的读书节主题，并以“文化川大”为分主题，开展了读书节“真人图书馆”“图书漂流”“川大教授推荐图书”“名师启智系列讲座”等9个子活动。

【参建的CALIS三期特色数据库——“高校古文献资源库”通过验收】 4月，

四川大学图书馆参建的CALIS三期特色数据库——“高校古文献资源库”顺利完成并通过验收，“高校古文献资源库”面向所有提交馆藏的参建高校图书馆正式开通古文献传递实验服务项目。四川大学图书馆与复旦大学图书馆、吉林大学图书馆三馆一起成为首批提供该项服务的图书馆。

【完成CALIS“访问馆员培训”计划】5月4日—31日，图书馆完成了以提升全国高校馆员素养、促进西部馆员发展为目的的CALIS“访问馆员培训”计划，培训来自北方民族大学、西安文理学院、贵阳中医学院、北京科技大学天津学院的4位馆员。

【召开图书馆第二届双代会第二次会议】6月18日，图书馆第二届职代会第二次会议召开，会议代表审议和通过了《2011年度图书馆工作报告》《2011年度图书馆财务工作报告》《2011年度图书馆工会工作报告》以及《四川大学图书馆福利基金管理办法》。

【开展资源与服务“学院行”活动】6月，马继刚馆长带队到华西临床医学院、历史文化学院、高分子科学与工程学院、轻纺与食品学院调研，宣传图书馆的资源与服务，听取师生对图书馆工作的建议。

【图书馆讲座预约平台正式运行】9月，图书馆技术中心自主开发的图书馆讲座预约平台正式运行。读者可以在平台自主查询到本学期的讲座通知及相关信息，并在线提交预约请求；图书馆工作人员可通过讲座预约系统了解读者对于讲座需求的情况，进行讲座安排和调整；并自动向主讲人和读者发出讲座安排的电子邮件通知。

【校园卡在图书馆开通使用】9月，图书馆与学校信息管理中心和第三方公司合作，完成了校园卡集成工作，正式在图书馆启用校园卡。同时，确定了信息化校园与图书馆集成方案。

【培训西藏自治区高校图书馆馆员】10月15日—19日，图书馆为CALIS西藏自治区文献信息服务中心举办了CALIS馆际互借与文献传递服务推广培训。来自西藏大学、西藏民族学院、西藏藏医学院、西藏职业技术学院、西藏警官高等专科学校、拉萨师范高等专科学校图书馆的9位同志参加了培训。

【图书馆项目获得“2012四川大学教学成果一等奖”】10月31日，图书馆“大学生服务学习模式在高校图书馆中的构建与实践”项目获得“2012四川大学教学成果一等奖”。

【举办读者服务宣传周活动】为了推进校园文化建设，让读者深入了解图书馆的文献资源情况和读者服务工作，图书馆于11月19日—24日举办了以“深化文献资源服务，推进校园文化建设”为主题的读者服务宣传周活动。采取视频讲座、系列讲座（文献资源使用介绍）、学生志愿者队系列活动、“期刊论文文献传递”免费服务、优秀读者评选、“我与川大图书馆”征文活动、学院行调研、馆长接待日等多种形式，让读者更加深入地了解图书馆的文献资源情况和读者服务工作。评选出2012年度优秀读者20名，第4届“我与川大图书馆”征文一等奖4名、二等奖8名、三等奖15名、优秀奖15名。宣传周加强了图书馆与读者的沟通，受到了读者的好评。

【美国亚利桑那州立大学图书馆馆长等访问四川大学图书馆】11月21日—26日，美国亚利桑那州立大学图书馆馆长Sherrie Schmidt女士和亚洲项目协调人

Ralph Gabbard 博士来馆访问，与四川大学图书馆就馆际互借、人员互派、业务规范、储藏书库以及文献建设等合作事宜进行了广泛的交流。

表 7 图书馆相关情况统计表

文献资源建设	购置	图书	中文	69745 册
			外文	6131 册
		报刊	中文	5973 份
			外文	626 份
		数据库	中文	88 种
			外文	128 种
	受赠图书			2625 册
	期刊合订本			15201 册
读者服务	书刊借还册次		171 万	
	到馆读者人次		300 万	
	通借通还册次		45130	
	预约图书册次		11377	
	专题讲座人次		1719	
	文献检索课人次		9328	
	文献传递（篇）		10661	
	课题查新（项）		351	
	代查代检（项）		1184	
文献资源购置费	1579 万元			
总藏书量	619 万册			

（以上资料由图书馆袁学良提供）

档案馆（校史办公室）

2012 年，在学校党委和行政以及主管校领导的正确领导下，在相关部处和各学院的积极支持下，在全体职工的共同努力下，档案馆（校史办公室）立足档案管理和校史工作实际，坚持以“提升管理服务品质，促进大学文化创新”为主题，全面规划和积极实施学校“校园文化建设年”的各项工作，努力做到“文化强校立标杆，管理服务创新篇”，在机关党委对党支部的分类定级中被评为先进，获得

“四川省档案工作先进个人”和“四川大学保密工作先进集体”等荣誉称号。

第一，进一步深入开展创先争优活动，为学校档案管理和校史工作发展奠定良好的基础。坚持以“提升管理服务品质，促进大学文化创新”为主题，以“转作风，育馆风，创标杆”为载体，开展了“四个做起”活动，认真开展创先争优活动群众评议工作，设置“意见箱”，公示党支部和党员个人的活动总结，召开群众评议会、进行支部和党员个人的群众满意度测评，切实提高创先争优活动的实效性。认真学习党的十八大精神，积极组织收看报告，参加十八大宣讲报告学习活动，努力做到把学习和贯彻党的十八大精神的成果落实于实际行动，具体到管理服务，体现在工作岗位。全面加强党风廉政建设，促进廉政建设常态化，认真开展党风廉政教育宣传活动。积极开展学雷锋活动，不断强化主题活动的实践性，开展“立足岗位学雷锋，创先争优做表率”主题教育实践活动，切实将学习的成果具体体现在岗位职责和服务流程中。

第二，以档案馆文化建设为龙头，着力提高学校档案管理和校史工作水平。坚持开展以“校训—校风—馆训—馆风”为主要内容的精神文化建设，以管理服务环境优化为核心的物质文化建设，国家政策法规—学校规章制度—具体管理办法相配套的制度文化建设，以服务公约—服务准则—服务用语为载体的行为文化建设，确立了档案馆（校史办公室）“涵乾纳坤，启后承先”的文化理念，明确了“延存记忆，传承智慧；力学力行，以文化人”的组织文化内涵。重新修订公布《服务公约》和《服务准则》，公示档案馆的各项档案服务和校史工作服务的具体流程以及档案信息服务中的常见问题回答，全面更新“文化川大”网站的“为你服务”栏目。严格实行电子考勤，健全服务投诉机制，坚持考核工作，修订了《四川大学档案馆（校史办公室）职工考勤制度》，制定并完善了以《四川大学档案馆（校史办公室）绩效考核实施方案》等内部管理制度。

第三，在档案管理和校史工作委员会的领导下，学校档案收集、保管和利用工作再上新的台阶。2012 年共收集教学、党政、外事、基建、财会、科研、出版等普通档案 18627 卷，整理入库 16520 卷。加强了对规划建设处、国际合作与交流处、成人教育学院等单位档案的催收工作。改变了基建档案归档模式，实行了由规划建设处负责、施工单位立卷的归档制度。完成了新校区法学院楼工程、干部培训基地工程等工程的立卷归档工作。联系财务处相关人员并进行了业务指导，顺利完成了 10 年来财会账目档案的文件级和案卷级目录的输入工作。接收并整理进校教职工个人档案 83 卷，接收并装档各类干部档案归档材料 1806 份，调整移库 354 卷，重新编制目录 882 卷。接收本科新生档案 10370 余卷，接收退档 230 卷，目录编制 16200 条，学生档案移库 66000 余卷。在档案利用服务工作中，共出具各类证明 40000 余份，接待电话咨询 900 余人次，办理函查 316 人次，函办证明 636 份，信函收取及转递 200 余份。为学校各单位和师生、校外单位查阅利用、为校史研究提供编史修志材料共利用各类普通档案 19130 卷，6434 人次。人事档案共查阅干部档案 458 人次，查询 117 人次，借阅干部档案 37 卷，出具档案证明 450 余份，转出教职工档案 864 卷，转出材料 20 卷（份），校内转干部档案 5 卷。完成 2012 年毕业生及往届遗留学生档案转递、学生档案改寄共16800余卷，查阅学生档案1850余卷，接待查询4830余次，出具档案证明260余份。以实施四川大学档案数字化工程为重要抓手，全面促进学校档案规范化管理新一轮达标认定工作，进一步开展自查，做好迎接档案工作规范化管理考核的准备工作。认真贯彻执行党、国家及学校有关保密工作的法律法规和规定，积极配合上级保密部门对档案馆保密工作的检查、督促，加强保密专用档案库房的建设和管理，实现对保密档案的实时监控。积极组织人员参加学校举办的保密教育、培训，选派员工参加各级保密工作培训，切实做好保密安全工作。重视对全校专兼职档案工作人员的教育培训，组织全校各单位分管档案工作领导和全校所有专兼职档案人员参加了由国家档案局举办的“飞狐灵通杯”档案法制知识有奖竞赛活动。

第四，以校史教育全覆盖为重点，学校校史研究、展览和宣传工作不断取得新的成绩。校史展览全年共接待参观活动2万余人次，包括中央第三巡视组，原中共中央政治局委员、全国政协原副主席杨汝岱，全国政协副主席、民盟中央第一副主席张梅颖，教育部办公厅副主任王洪元等重要视察和参观活动。完成《四川大学校史文化》课程的教学活动，开设多场校史专题讲座。指导四川大学学生校史文化协会举办各种活动。在“校院两级优秀教师教案笔记征集示范工程”取得新的进展的同时，完成《川大名言》选编并已由四川大学出版社正式出版。在《四川大学报》长期开设“人文川大”专栏，连续撰写发表多篇校史文献。完成《张澜与四川大学》等专题校史研究，完成《四川大学校史简编本》初稿编写和“四川大学院士墙”设计制作工作。完成《辛亥川大：辛亥革命时期的四川大学师生》专题校史展览的布展工作。全年共发表有关校史编研文章20多篇，收集有关校史资料约100万字。《基于创新能力、国际视野和人文境界培养的四川大学校史教育探索与实践》获得2012年四川大学教学成果一等奖。

第五，积极开展校内外管理协作，扩大学校档案管理和校史工作的社会影响力。作为四川省高等学校档案工作协会理事长单位、中国高等教育学会档案工作分会副会长单位、四川省文献影像技术协会副理事长单位，组织召开四川省高等学校档案工作协会理事长办公会议、四川省高等学校档案工作协会第五届理事会第六次会议、四川省文献影像技术协会理事会暨文献保护技术研讨会。负责编辑《天府文讯——四川省高等学校档案工作协会工作简报》，组织完成2012年四川省哲学社会科学优秀成果评奖推荐暨四川省高校档案工作协会2012年优秀科研成果评奖的评审工作，获三等奖1项。组织四川省高等学校档案工作协会各成员高校参加“川渝高校档案协会第四届学术年会”。组织全省高校档案人员参加了由国家档案局举办的“飞狐灵通杯”档案法制知识有奖竞赛活动。党跃武馆长当选为四川省文献影像技术协会副理事长、中国文献影像技术协会理事和《数字与缩微影像》编委会编委。先后与美国印第安纳大学通识教育学院、东南大学档案馆、西南交通大学档案馆、西南财经大学档案馆、西南大学档案馆、四川师范大学图书信息中心、西南石油大学档案馆、成都理工大学档案馆、攀枝花学院档案馆、西昌学院综合档案室、启东市党史研究室、西华大学档案馆等单位进行对口交流，取得了有益的管理和服务经验，加强了相互之间的管理协作。

【新一届四川大学档案管理和校史工作委员会成立】为进一步加强学校档案管理和校史工作，根据《中华人民共和国档案法》《高等学校档案管理办法》和《四川省〈高等学校档案管理办法〉实施细则》的精神，结合学校实际，学校成立了新一届四川大学档案管理和校史工作委员会，由校长谢和平院士任主任委员，校党委副书记、纪委书记徐兰教授任常务副主任委员，为进一步加强学校档案管理和校史工作提供了强有力的保障。

【学校校园文化建设成果获全国高校校园文化建设优秀成果特等奖】与学生处、教务处和宣传部等合作完成的《在主题教育中增强文化自信，在文化自信中汇聚川大力量——四川大学创新入学教育和毕业教育》获得教育部全国高校校园文化建设优秀成果特等奖，荣获四川省高校校园文化建设优秀成果一等奖。

【四川大学"档案数字化工程"正式启动并完成第一期建设内容】为加强档案现代化建设，积极组织实施学校确立的"档案馆数字化、信息化建设项目"建设，顺利完成第一期工程的主要任务，包括所有项目招投标工作、"历史档案数字化检索及展示发布系统"建设、数字与缩微档案阅览室建设、校史展览馆监控系统建设、档案馆档案库房改扩建和历史档案库房恒温恒湿系统建设等内容。完成第二专业学生成绩查询系统等档案管理应用系统开发，更新"文化川大"网站有关栏目，完成四川大学大学文化研究中心"川大在线"网站建设，完成"川大记忆"专题网站的系统开发和试运行工作。《基于信息组织技术的档案资源开发实证研究》作为四川省的唯一项目获准列入《2012 年度国家档案局科技项目计划》（2012－X－27）。

【四川大学"优秀教师教案笔记征集示范工程"全面启动】作为学校校园文化建设年的重点工作，在现有的《四川大学教师教案展》的基础上，启动了四川大学"优秀教师教案笔记征集示范工程"。向全校教师发送了"校长谢和平院士致全校教师的一封信"，组织了"胡昭曦教授教学笔记手稿捐赠仪式"，谢校长出席并做重要讲话。已经征集到刘应明院士和高洁院士等著名学者教学科研笔记手稿，初步完成《翰墨飘香：四川大学教案展》的重新布展工作。

【全国政协副主席张梅颖出席纪念张澜诞辰 140 周年暨张澜教育思想研讨会】2012 年 5 月 11 日，由四川大学和民盟四川省委联合主办的纪念张澜诞辰 140 周年座谈会暨张澜教育思想研讨会在四川大学校史展览馆至公厅隆重举行。四川大学老校长张澜先生的孙女、全国政协副主席、民盟中央第一副主席张梅颖，民盟中央副主席、四川省政协副主席吴正德以及来自民盟中央、四川省政协、中共四川省委统战部、民盟四川省委、张澜先生家乡西充县以及四川大学各部处、学院和师生代表近百人出席了会议。在会上，张梅颖副主席发表重要讲话，四川大学杨泉明书记代表学校致辞，四川大学谢和平校长作主题发言，高度评价张澜先生光辉的一生以及对中国教育尤其是四川大学的重大贡献。在会上发言的还有民盟四川省委、中共四川省委统战部和四川大学师生代表。会后，张梅颖副主席同与会人员一起参观了《辛亥川大：辛亥革命时期的四川大学师生》专题校史展览。

表 8 2012 年普通档案管理和服务统计表

馆藏全宗（个）	馆藏档案（卷）	建国前档案（卷）	收集档案（卷）	入库上架档案（卷）	接待查借阅档案（人）	查借阅档案（卷次）
22	148418	8319	18627	16520	6434	19130

表 9 2012 年人事档案管理和服务统计表

馆藏档案（卷）	接收整理档案（卷）	归档材料（份）	转递档案（卷）	查借阅档案（卷、次）	清理档案（卷）
80504	10683	1806	17689	7292	19027

表 10 2012 年校史工作统计表

校史出版（万字）	接待参观（人、次）	接待咨询服（次）	授 课（课时）	组织和参加学术会议（次）
35	20000	87	32	3

（以上资料由档案馆党跃武、王娣提供）

博物馆

2012 年，博物馆紧密围绕学校中心工作，集中展示学校办学综合实力，针对 2012 级新生开展了“弘扬文化 了解国情”的爱国主义教育，共接待 2012 级新生近万人次。同时，根据本馆特点和工作计划，利用“国际博物馆日”、“科技活动周”、“五一”国家节假日等时机，围绕藏品管理、藏品展陈、藏品鉴赏及藏品保护开展一系列活动，取得了良好的社会效益。

【资源整合 促地方文化事业（产业）发展】2012 年，博物馆根据学校领导“资源整合破难题”的工作思路，大胆开拓，运用“科研规划与研发创新中心”、“四川省高校博物馆专业委员会”、“四川省展陈艺术专业委员会”等平台，在整合资源的同时，发挥高校智力资源丰富的优势，以资源整合为基础，多层面、多渠道拓展博物馆功能性活动，发挥了良好的效果。

一是发挥智力资源丰富优势，为地方文化发展与繁荣贡献力量。2012 年度，四川省高校博物馆专业委员会配合成都市及四川地区多个县市州文物主管部门，组织高校各博物馆相关专家参与了多项地方文化建设项目论证、评审及咨询活动。如：“中国民族博物馆建设论证咨询会”（2012 年 6 月，西南民大）、“成都市民营博物馆社会效益评估”（2012 年 4 月，成都市文物局）、“社会科学陈列馆建设项目咨询会”（2013 年 11 月，四川省社科联）等，并派出相关领域的知名学者、相关专家参与了四川地区多项地方博物馆建设及相关文化建设项目的项目论证、评审或评议活动。统计资料表明，仅本馆派员主持、组织或参与的涉及省市及川内各县市州的相关项目就达到17项。

二是加强四川地区各高校博物馆与境内外博物馆的沟通合作，促进文化交流和学术研讨。2012年6月，博物馆充分利用“高校博物馆专业委员会”平台，与历史文化学院共同与台湾金门大学相关单位合作，在本馆开展了“博物馆民族学展览评量专题研究与工作坊”——举行了为期一周的课题讲座和研讨，针对成都地区各基层博物馆工作人员及高校高年级学生开展了为期两周的专业教育和实践性培训。

三是加强科技创新与应用，不断提升博物馆事业的科学化水平。2012年度，博物馆通过与四川博物院合作构建的“科研规划与研发创新中心”，开展了系列文化建设项目研究，其成果之一——《藏格萨尔唐卡研究》2012年4月结题出版。8月，受四川省人力资源和社会保障厅委托，与四川省社科院合作，为“四川省专业技术人员继续教育公需科目”编撰《职业道德与创新能力建设读本》，该书已于10月内部出版，供2012年度四川省省属单位专业技术人员职业教育培训使用。在本馆工作人员努力下，以本馆典藏部老师为主撰写的“四川大学藏品精萃”丛书6本完成编撰，等待出版。

四是整合资源，发挥高校博物馆综合教育资源特色，进一步加大人才培养和交流的力度，为博物馆事业的可持续发展提供有力的人才支撑。博物馆充分认识到人才是博物馆事业实现可持续发展的重要保证，要适应世界博物馆事业发展的新要求，加快培养知识渊博、敬业奉献、热心公益、具有全球视野的博物馆专业人才和新型管理人才。博物馆利用“四川高校博物馆专委会”平台优势，积极整合高校博物馆与各高校间的智力资源，开展各种类型的讲座、培训和研讨会，积极拓宽人才交流的渠道。2012年10月底，川大博物馆会同川大历史文化学院相关专业老师为山西省晋城市的40多位基层干部和工作人员举办了为期七天题为“博物馆　旅游发展与环境保护”的培训研讨。2012年，据不完全统计，在本馆举行的各类讲座达到48场次，参与学生与人员近3万人次。

【开拓进取，优化管理，展“川大人文情怀”】2012年，博物馆紧密围绕学校中心工作，集中展示学校办学综合实力。5月，配合学校“校园文化建设年”各项工作，与学校宣传部、学生工作部及各个学院密切协作，推出“最好的时光——川大记忆”主题陈列展览。历时2个多月全校范围的展品征集和精心策划，得到了全校师生热烈响应，踊跃参与，征集宣传活动在学校望江校区、江安校区分别举行，此次共征集到实物、绘画、摄影、视频和文稿资料等多种形式展品数百件，上千名不同层次、不同专业的同学分别参与了撰文、摄影、策划、编辑、设计和陈列布展，发挥了博物馆传授技能、教授知识、弘扬文化、振奋精神的作用。“川大记忆”主题展览以11个板块分别展现当代学子及耄耋校友对百年老校的悠久记忆、感恩情怀、勤奋风貌和蓬勃精神，剖析校园时代的精彩，再现校园美好回忆。

同时，配合学生工作部、团委等单位，对2012级新生开展了“弘扬文化 了解国情”的爱国主义教育。博物馆根据本馆特点和工作计划，利用各种有利时机，开展了一系列活动，取得一定效益。

【文物普查试点　摸清家底　保值增值】2012年5月，四川大学受四川省文物管理局委托，开展“国有可移动文物普查”试点工作。学校领导高度重视，石坚副校长、晏世经副校长分别对此次委托组织实施国有可移动文物普查试点工作的意义、作用及工作任务、时间安排等进行了宣讲、阐述和布置，并要求全校各个单位积极配合，争取按时保质高效完成此次普查试点工作。2012年5月至12月，博物馆作为此项工作的重点单位，积极组织，稳步实施，全力以赴。截至2012年12月，博物馆典藏部已登录完成藏品基础信息采集8180件，部分藏品基础信息采集27351件；拍摄藏品17986件，图像32348祯。

【加紧配套服务基础建设　确保博物馆安全运行】学校领导历来十分重视文物工作、重视博物馆的工作和发展。2012年度，学校筹集资金专门为博物馆展区、库区配套服务设施设备进行购置或改造，整体分为8个类项目（16个子项目）。截至2012年12月31日，已完成子项目5个，在建4个，准备施工4个，进入招投标1个，设计阶段2个。

围绕这些工作的开展，博物馆积极组织全馆力量，重点抓了以下几点工作：一是利用政治学习、业务会议时机，组织全馆人员学习领会博物馆安全工作的意义和重要性；二是博物馆安全工作第一责任人宣讲和强调本馆建设和安全的联系和要点；三是加强管理，增加巡检和抽查力度，将事故苗头扼杀在萌芽中。全馆2012年无一安全事故发生，保证了博物馆治安、消防工作无事故率，确保博物馆各项工作的顺利进行。四是加强博物馆综合治理，节能环保，低成本高效率实现博物馆年度工作计划。2012年5月，博物馆被学校授予“2011年度四川大学节能达标单位”。

表11　博物馆相关情况统计表

项　目	内　容	数　量	备　注
新展陈列	“大地之书　一起去考古”（7月）	67件（套）	此次活动是历史文化学院博物馆学专业开设展陈实训新课程的首次尝试，学生通过本科学习期间全程参与博物馆展览设计工作，得到非同寻常的锻炼，是学校博物馆学专业发展与进步的成功摸索和尝试
	汉藏佛教艺术精萃	86件（套）	外展。与成都武侯祠博物馆合作举办
接待与讲解	接待社会各界人士	16175人次	其中，国外友人3320人次，国内游客11267人次
	免票参观	8400余人次	
	2012级新生	6991人次	19个学院已参观
	参观讲解	417场/次	可提供中、英日文字讲解
志愿者	讲解、宣传、藏品整理	约40人	
学术交流与讲座	48场次	30350余人次	与四川省文物管理局及学校历史文化学院、藏研所等联合举办

（以上资料由博物馆王川提供）

出版社

2012年，在学校党委行政的正确领导下，出版社认真学习贯彻党的十七届六中全会精神和党的十八大精神，认真学习贯彻教育部、新闻出版总署的各项要求，坚持大学出版社的出版宗旨，牢牢地把握党的出版方针和政策，继续稳步推进各项工作，取得了显著的成绩。

【取得中小学教辅材料出版全资质】为了努力提高中小学教辅材料的出版质量，进一步加强中小学教辅材料出版管理工作，按照《关于加强图书出版单位中小学教辅材料出版资助管理的通知》，2012年新闻出版总署进行了全国出版社中小学教辅材料出版资质审核。四川省的16家出版社中，仅四川大学出版社等两家出版社获得了中小学教辅材料出版全资质。

【多项图书荣获四川省重点出版项目】为繁荣发展我省新闻出版事业，扶持公益性出版物出版，推动出版创名牌、出精品，促使图书出版单位突出自身特色优势，四川省新闻出版局开展了“四川省重点出版物项目”评选工作。2012年，出版社共有9种图书入选此项目。根据《四川省新闻出版局重点出版项目资助资金管理暂行办法》，出版社获得资助资金30万元，极大地鼓舞与推进了出版社重点出版项目的工作。

【8本图书获得四川省图书奖】为了鼓励和表彰优秀图书的出版，促进四川文化大繁荣，四川省新闻出版局于2012年9月开展了四川出版物奖评审工作，出版社的《不同文化人群艾滋病问题的社会学研究》等8本图书获得了“四川省图书奖”。2012年，出版社共有32种图书获得四川省第十五次哲学社会科学优秀成果奖，占全省获奖总数的8%。

【2012年出版社出版的重点图书】《宋代诏令全集》：此项目为国家古籍规划整理办公室重点项目，全书共14册，约1300万字。凡有宋三百年间的诏文，均悉数收录，使本编成为现存收录宋代诏文最全的总集。通过此次对宋代诏令的重新整理，为研究宋代文化提供了一个完整的、可信从的文本。《宋代传状碑志全编》：此项目为四川师范大学重点规划项目。全书共14册，约1100万字。本书为大型资料书。有关宋人的史传（如《东都事略》《宋史》）较集中，易于查找，本书一律不收。本书只收宋人所撰的传、状、碑、志，并按传、状、碑、志四类分类编录。每类均以作者立目，以文系人，按作者时代先后编排。书前有长篇绪论，对宋人传、状、碑、志作综合介绍和阐述。《川陕革命根据地历史文献资料集成》：此项目为四川省哲学社会科学“十二五”重点规划项目。全书共3册，约270万字。本书汇集了川陕革命时期红四方面军与川陕苏区方面的文献资料，包括文献、电文、宣传资料、标语、石刻文献。对20世纪40年代以来川陕革命文献资料整理、出版过程中的错收、漏收情况做了整理工作，在补缺、正误、系年方面花了大量功夫，堪称川陕苏区历史文献

收集、整理之大成。《青少年心理深呼吸丛书》(《压力一边儿去》《焦虑一边儿去》《自卑一边儿去》《愤怒一边儿去》):此项目获得了第四届中华优秀出版物奖提名奖,系本社15年来第一次获得此殊荣。这套书是将心理学理论全书漫画化的原创图书,并被四川省委宣传部、四川省精神文明办公室、四川省新闻出版局作为向全省青少年推荐的优秀川版图书50种之一。这套书选取了中小学生在成长过程中容易出现的自卑、焦虑、压力和愤怒四个突出的心理困扰和心理问题,全书采用漫画形式阐释了这四类心理问题的原因、类型、利弊作用和应对方法,深受青少年读者欢迎。

【《楚简帛逐字索引》荣获国家出版基金资助】2011年,经多方努力与积极工作,出版社有3个项目获得国家出版基金资助,3个项目的图书已经顺利完成了出版工作。2012年,出版社再接再厉,通过努力工作,在激烈竞争中,又取得新成绩,《楚简帛逐字索引》获得了2013年度的国家出版基金资助。

【在省"青少年优秀川版图书"推荐活动中取得良好成绩】2012年出版社积极响应中共四川省委宣传部、四川省精神文明建设办公室、四川省新闻出版局共同发起的"关于向全省青少年推荐优秀川版图书的公告",结合青少年全面推进素质教育的实际需求,为青少年打造了一批精品图书。在此次活动中,出版社有4类19种图书被选中。

【"农家书屋"取得丰硕成果】"农家书屋工程"是由政府组织,在全国范围内实施的帮助农民群众解决"买书难、借书难、看书难"问题的国家重大工程,已经持续了3年。2012年出版社参加了此项工程在四川、云南、陕西等地的招标,取得了丰硕成果:中标册数322703册,中标码洋6477044元。

【中小学馆配图书取得较好成绩】2012年出版社积极响应教育部、新闻出版总署、省教育厅、四川省新闻出版局《关于进一步加强中小学图书馆(室)图书配备和管理工作的通知》的号召,结合中小学全面推进素质教育、课程改革、教育教学等工作的实际需求,为中小学馆配打造了一批精品图书,先后为中小学馆配提供图书约119230册,码洋约301万元。

【参加2012年第22届全国图书交易博览会】2012年6月上旬第22届全国图书交易博览会在银川举行。熊瑜社长、陈忠林副社长带队参加了会议。在参会期间,出版社与多家图书采购、发行单位进行了现场洽谈,现场成交额达到20万码洋,成交品种达50多种。

【队伍建设得到进一步加强】2012年,出版社先后安排社领导和编辑等专业人员40多人参加北京和本地由国家、省级主管部门举办的培训,有效地促进了职工思想水平和业务水平的提高。专业培训工作多次受到上级部门的表扬。在学校领导和有关部门的大力支持下,今年出版社又有一位专业人员晋升编审,这进一步增强了出版社的专业学术力量,鼓舞全体专业人员不断学习、不断提高专业水平和综合素质。

【2012年出版发行工作总体情况】截至2012年12月21日,出版社共申请图书书号777个,申报选题1067个;出版图书1109种,其中新书623种,重印书486种;总印数523万册(后更改为723万册),总生产码洋为1.21亿元(后更改为1.38亿元);总发行册数517万册,总发行码洋1.23亿元。

【认真学习贯彻十七届六中全会精神和党的十八大精神,进一步加强党建思想政治工作】认真学习贯彻党的十七届六中全会精神和党的十八大精神，紧密联系出版社建设实际，开展了“服务学校，面向市场，真抓实干，再创佳绩——为建设社会主义文化强国多做贡献”主题学习实践活动；举行了迎接党的十八大主题出版研讨会，确定了一批重要选题；以深入开展基层组织建设年活动为契机，大力加强了党支部建设；以各类小组活动为基本载体，以离退休党支部建设为保障，进一步加强了离退休工作；编印《出版学报工作简报》11 期，在学校校园网主页发表六篇新闻稿，加大了宣传力度；认真贯彻党政联席会议、“三重一大”集体决策、干部廉洁自律等各项规定，进一步加强了反腐倡廉工作。

（以上资料由出版社段悟吾提供）

信息管理中心

2012 年是四川大学校园网建设和信息化建设的重要一年。信息管理中心在巩固已有建设成果的基础上，继续推进四川大学校园网建设和信息化建设工作，并增加信息化校园管理与服务的理念，启动并完成了一批新的建设和应用项目。

【校园网建设与管理】在基本实现了校园网可控、可管和安全的目标基础上，顺利完成了校园网多策略计费系统改造的升级和数据迁移，为实施更合理、更个性化的网络服务创造好了条件；继续实施并完成国家 CNGI 项目“教育科研基础设施 IPv6 技术升级和应用示范”子项目，顺利通过国家组织的远程测试和现场验收工作。继续实施并完成国家科技支撑计划“新一代可信任互联网试验网”子课题研究和部署，顺利通过国家组织的远程测试和现场验收工作。完成无线校园网（一期、二期）的部署和实施工作，截至 2012 年 12 月底，无线校园网覆盖的重点公共区域有：望江校区的基教楼 A 座/C 座、研究生院大楼、文华活动中心演播厅、行政楼会议室、西五教演播厅、体育馆室内外等；华西校区的行政楼及附楼、医学图书馆、逸夫楼及演播厅、体育馆、第九教学楼演播厅、华西医院多功能演播厅等，基本上能够满足较大规模群体的移动上网需求。

【信息化建设】信息化规划、设计、建设、改造、管理、维护、服务、咨询等工作进一步加强，进展明显。在学校的领导下，“川大信息化校园”银校合作项目的实施顺利，已经部分完成第一阶段实施计划，主要包括：学生、教师“校园卡一卡通”系统已建成并投入使用；学生迎新系统已建成并投入使用；配套新机房改建工程已经建成并投入使用。部分完成信息化标准体系建设，软硬件基础平台：核心软件平台、应用支撑平台（信息门户、身份认证平台、共享数据库平台、数据交换集成平台、业务应用开发平台）等。主要业务系统整合：财务查询、本科教学教务查询、研究生查询、电子邮件等系统。截至 2012 年 12 月底，已启动信息化校园第二阶段的人力资源、科研管理、校友、就业、资产综合、干部管理、综合短信、离校等系统的建设。全面开通了学校英文门户及二级单位英文网站群，为学校与世界交流开设了一个新的窗口。

【校园网络与信息化服务】校园网络与信息化建设、管理、维护和服务能力明显提高。为全校师生开通了学术不端检测、网络防毒杀毒等服务；学校电子邮箱服务不断扩大，已开通达5.7万余个；校园网用户5.2万余户；接听、接待、回答用户相关咨询约7079人次，办理用户充值约14869人次，指导用户安装、使用认证客户端约280余人次，处理各类故障680件，故障率明显下降，回访用户450人次；妥善解决了2011级6700多名新入学研究生、2009级8000多名本科生由江安校区迁至望江校区/华西校区学生的上网服务工作。重大事件或特殊时期坚持24小时监控和值班，确保校园网安全畅通运行。

【校园卡系统建设与服务】校园卡系统于2012年8月1日按时建设完成并投入应用，现已整合了新生报到、饮食、浴室、用水、用电、宿舍门禁、图书馆门禁及借阅、小额缴费（英语四六级考试缴费、学生毕业照缴费）等服务功能为一体。信息管理中心校园卡服务分中心现设四个办理点，分别位于望江校区东区（桃林公寓1栋一楼北端头，东三食堂旁边）、望江校区西区（西区面包房对面）、华西校区（校东路学生男1舍一楼，华西财务处服务点旁）、江安校区（西一食堂内），为广大校园卡用户提供全年无休服务。截至2012年12月底，已提供服务的圈存机共49台（分布于各食堂内外）、消费POS机约600余台、浴室刷卡器约1300余个、浴室分号器12台、浴室结账机12台。

【信息统计工作】完成了《四川大学2011年度工作和发展基本情况统计资料》的编写及校内各部门发放工作。此书汇集统计全校当年各部门的数百个指标，进行了对比分析、图示，为校领导和各单位提供了数据参考，基本反映了我校2011年度各方面发展变化的情况（四川大学2011年白皮书）；完成国家教育部的大型报表《2012/2013学年初高等教育基层统计报表》的填报、校核、上报及分析报告的撰写工作；完成2012年教育部财政司《高等学校教育经费统计报表基层表》1、2、3、4季度报表；完成学校2011—2012四川大学事业发展状况统计分析报告。完成2012年《服务业单位基本情况调查表》《2012年高等学校综合办学条件数据库》《2012年普通高等教育招生计划执行情况》《2012年研究生招生计划执行情况》的填报工作。完成《汤森路透统计表》数据采集表的填报工作等。

（以上资料由信息管理中心许春提供）

对外联络工作

2012年，对外联络紧紧围绕学校中心工作，与地方政府和大型企事业单位的产学研合作稳步推进，确定省级定点扶贫县1个、国家级定点扶贫县1个；校友会全年成立地方校友会7个；四川大学教育基金会以“心向至善·胸怀苍生”为宗旨，进行制度化、规范化管理，各项工作进展顺利，全年接受各类社会捐赠资金6668万元。

校友工作。积极开展地方及行业校友会组织建设工作。1月1日成立了四川大学江苏连云港校友会；4月14日成立了四川大学山东校友会、济南校友会；4月23日成立了四川大学广安校友会；5月26日成立了四川大学江苏无锡校友会；7月15日成立了四川大学山东烟威（烟台、威海）校友会；12月15日成立了四川大学湖南校友会。加强指导，推进校友工作校院两级管理。2012年4月至5月，分别召开了医科、工科、文理科校友工作座谈会，进行学院校友二级岗工作培训，促进校院两级校友工作的联动和开展。

强化校友会的服务功能，悉心维护校友资源，积极参加各地校友会活动。1月党委副书记李向成教授率团赴港看望香港校友；5月6日校长谢和平院士会见贵州部分校友；6月9日常务副校长李虹教授率团拜访了青岛校友，并参加了四川大学青岛校友会第二届理事会成立大会暨2012年年会；7月14日副校长安小予教授率团参加四川大学陕西校友会第五届年会及校友联谊活动；9月校长谢和平院士看望在香港的部分校友。校领导还分赴北京、上海、江苏、湖南、济南、烟台、威海、常州等地参加、指导当地校友的换届及调整工作、联谊活动及产学研合作等。2012年9月16日至22日组织了以“拳拳校友心，悠悠母校情”为主题的青岛校友代表团返校活动。

培养在校大学生的校友意识。加强“学生校友联络协会”的指导工作。组织在校生参与校友返校、校友论坛、校友讲座、迎新等活动；指导学生社团在全校范围内开展“川大美丽瞬间——献礼十八大”摄影大赛。举办了两期“四川大学杰出校友论坛”。6月在毕业生典礼上，邀请杰出校友郑强进行励志教育。9月邀请了张宗益、高毅勤校友作为校友代表分别在本科生和研究生开学典礼上发言，为进校新生提供川大榜样。

完善校友工作联络平台。采编、出版了《川大校友》第31期、32期；推进校友数据库建设，完成四川大学校友管理系统软件开发，并进入试运行阶段；协调了在济南、青岛、烟台、常州、无锡、广安等地设立继续教育、工程硕士、干部培训等培训的教学点；配合学校招生就业处，利用校友资源做好地方优质生源的推荐工作和毕业生就业工作；完成了2012年四川省民政厅校友会年检工作；参加10月30日全国高校校友工作研究分会第十九次研讨会，并提交论文《科学转化校友影响力资源，创新发展高校办学优势》；参加3月23日在西南财经大学召开的四川省高校2012年校友工作研讨会。

四川大学校友会被增选为“中国高等教育学会校友工作研究分会”副会长单位，并于10月18日组织召开了第七届四川省高校校友及基金会工作研讨会，四川地区21所高校50余名高校校友工作代表。

产学研合作。3月15日《五粮液集团有限公司－四川大学战略合作框架协议》签订，同时还签订了总价约2000万元的科技合作项目协议。6月18日《贵州盘江投资控股（集团）有限公司－四川大学校企全面合作协议书》签订。10月24日《贵州省人民政府－四川大学战略合作协议》签订。11月16日《宁波市人民政府－四川大学战略合作协议》签订。

按中共四川省委办公厅、四川省人民政府办公厅印发的定点扶贫相关文件精神，确定广安市岳池县为我校省级定点扶贫县。2012年接待了岳池县政府扶贫工作对接团，并召开扶贫专题会议的，制定了《四川大学对口扶贫工作实施方案》。12月按国务院扶贫办、中组部等八部门联合印发的《关于做好新一轮中央、国家机关和有关单位定点扶贫工作的通知》（国开办发〔2012〕78号）文件精神确定凉山州甘洛县为我校国家级定点扶贫县。

教育基金会工作。截至2012年12月31日，四川大学教育基金会当年接受捐赠资金6668万元，累积接受捐赠金额为10690万元。四川大学教育基金会紧紧围绕四川大学教育基金会宗旨，弘扬公益精神，肩负社会责任，各公益活动顺利开展，获得社会各界的一致好评。如“无止桥”项目、“藏区学生美牙行动”、资助四川省映秀中学的40余名同学及老师去香港考察学习等。出台了《四川大学教育基金会社会捐赠管理办法（试行）》和《四川大学社会捐赠资金奖励办法（暂行）》《四川大学教育基金会项目管理办法（试行）》，拟定了《四川大学教育基金会财务管理制度》。通过了民政部、教育部对四川大学教育基金会的年检工作。获得财政部、国家税务总局和民政部联合审核确认的2011年度第二批获得公益性捐赠税前扣除资格。成立了四川大学教育基金会志愿者团队——四川大学至善社，旨在培养在校生的感恩情怀，引领慈善文化。开展与其他兄弟高校的交流合作，诸如西南交通大学教育基金会、电子科技大学教育发展基金会、重庆大学教育基金会、浙江大学教育基金会等，进一步加强四川大学教育基金会的宣传，扩大了基金会社会影响力。

表12　2012年四川大学成立地方校友会情况统计表

四川大学江苏连云港校友会	**成立时间**	1月1日
	名誉会长	沈来龙
	会长	陈永良
	副会长	苏中保、李洪、李洪联、邵亚玲、万延环、朱光甭、殷元、赵明光、田小平、何勇、张庆军、陈光辉、李刚
	秘书长	殷元
	副秘书长	钱福利、李白、陈小平

续表12

四川大学山东校友会	**成立时间**	5月13日
	名誉会长	汲斌昌
	会长	范素华
	执行会长	刘光烨
	常务副会长兼秘书长	王琦
	常务副会长兼执行秘书长	杨焕涛
	副会长兼常务副秘书长	范自哲
	副会长	李禄才、崔法强、刘光晨、张怀成、田国栋、徐强、赵延风、张自然、王晓光、张强云、殷延山、臧家业、邵宗卫
四川大学济南校友会	**成立时间**	4月14日
	名誉会长	郭大钧、魏奉才、汲斌昌、范素华
	会长	杨焕涛
	副会长	李禄才、许令川、田国栋、崔法强、刘光晨、徐强、张清、张怀成、范自哲、郭芳坤、亓庆国
	常务副会长	张东升、韩希江
	秘书长	
	副秘书长	
四川大学广安校友会	**成立时间**	5月23日
	名誉会长	侯晓春
	会长	魏建民
	名誉副会长	罗增斌、杨利民（女）、何玉平、陈全禄、刘兴汉、张能、杨天荣、高山、邹来云
	副会长	杨宁、罗庆红、兰华、罗成、范培、陈作强
	名誉秘书长	龙云、杨其玖、欧肇松
	秘书长	黄长才
	执行秘书长	屈波
	副秘书长	杨华、卿俊辉、李娜（女）、龙晓琳（女）
四川大学江苏无锡校友会	**成立时间**	5月26日
	会长	刘英进
	副会长	龙银梅、顾奕、曹云龙
	秘书长	郑军
	副秘书长	陈峰、杜洪发

续表12

四川大学山东烟威（烟台、威海）校友会	**成立时间**	7 月 15 日
	名誉会长	王全杰
	会长	邵宗卫
	副会长	王建斌、王升志、杨焕涛、王新、王旭东、姜在杰、李洪社、孙茂敏
	秘书长	周浩洁
	副秘书长	刘征、李志、王东、孙士妍、胡自强、王海东
四川大学湖南校友会	**成立时间**	12 月 15 日
	名誉会长	贺安杰、廖跃贵 、向曙光
	会长	张立忠
	副会长	陈小春 、蔡继锋、赵炳然、叶泽纲 、吴晶梅 、吴文平
	校友会顾问	姜舒
	秘书长	吴文平
	副秘书长	郭亚东 、王伯求 、刘杰

（以上资料由对外联络办公室郭红蓉提供）

学院篇

经济学院

【概况】经济学院下设经济学系、国民经济管理系、国际经济与贸易系、金融学系、财政与税务系、金融工程系、保险精算系、英语教学部等8个教学单位和经济研究所、世界经济研究所、中国西部金融研究中心、南亚研究所等23个研究单位。学院（含南亚所）拥有在职教职工147人（含外聘7人）。其中教授34人（不含学校编制教授），副教授43人，讲师38人，助教2人。博士生导师25人，国务院政府特殊津贴专家4人，四川省科技顾问团顾问3人，教育部“跨世纪优秀人才支持计划”1人，教育部“新世纪优秀人才支持计划”5人，四川省学科与技术带头人8人，四川省学科与技术后备人才3人，四川省突出贡献专家2人，四川省十大杰出青年经济人物2人，成都市突出贡献专家3人。

学科建设方面。2012年度，顺利完成了教育部第三轮学科评估的各项准备工作，按照我校《授予博士、硕士学位和培养研究生的二级学科目录》和《实施细则》规定，完成了二级学科的自主设置与目录调整工作；圆满完成了教育部“211”三期建设项目“马克思主义经济理论创新发展与实践”的国家验收，积极推进“985”三期建设项目“经济发展与管理创新研究基地”的平台建设。学院现有理论经济学、统计学一级学科博士学位授予点2个，二级学科博士学位授予点11个；一级学科硕士学位授予点2个，二级学科硕士学位授予点17个（含MPA专业），理论经济学博士后流动站1个，政治经济学国家重点学科1个，省级重点学科2个，本科专业7个。在学校2012年本科教学工作会上，学院喜获“本科教学工作先进单位”和“本科拔尖人才培养贡献奖”的荣誉称号，另有贾文、肖慈方、邓菊秋等15位教师获得先进个人奖励。

人才培养方面。2012年学院共招收本科生468人，硕士生211人，博士生56人；毕业本科生535人，硕士研究生210人（科学硕士授位204人，高校教师专业硕士1人，留学生2人），博士研究生75人，其中授位博士66人。同时，吸纳了110余名其他学院学生进入学院国贸、金融、经济和金融工程等专业学习；完成了2010年度、2011年度大学生三大创新项目的中期检查和结项工作，新建11个教学实习基地。2012年度，学院学生公开发表论文500余篇，其中CSSCI来源期刊论文194篇（本科生发表32篇），质量和数量均有所提高；学院将拔尖创新人才培养作为学生素质教育的重要方向和突破口，获得省部级以上各类学术竞赛奖励56人次。

科研方面。2012年度学院获得各类纵向项目22项，包括国家社科基金项目5项，国家自然科学基金2项，教育部项目1项，四川省哲学社会科学研究项目7项，四川省统计科学研究项目2项，四川省科技厅软科学项目1项，成都市社科规划项目 2 项，成都市软科学项目 2 项。科研总经费逾 1700 万元。2012 年度，学院教师共发表学术论文 115 篇。其中国际 SSCI 来源期刊 2 篇，A 级刊物 1 篇，B 级刊物 17 篇，C 级刊物 66 篇。出版专著（编著）8 部。与 2011 年相比，2012 年学院在国家级科研项目上有所增长。2012 年学院成功举办“教授论坛”“海外学术发展论坛”“博士论坛”“经济管理讲座”“兼职教授讲座”“金融论坛”等一系列学术讲座 38 场，极大地活跃了学术氛围。

合作交流方面。2012 年度，学院与国外著名大学新签署校际交流协议 2 个，总量已经达到 9 个，共派出各类校际交流项目学生 30 余名，聘请海外教师来学院讲学 20 余人次。学院接待了包括来自美国肯特州立大学国际教育办公室副主任、法国蒙彼利埃高等商学院外事处处长、荷兰奈耶诺德工商管理大学校长等知名人士来学院交流访问 30 余人次。2012 年学院组团参加美国经济学年会，与海外众多高校洽谈了海外人才引进相关事宜，对海外人才引进等方面的工作进行了有效推进。2012 年度，学院根据学校人才引进政策，结合学院自身特点，引进全职外籍教师 1 名、海外博士后 1 名、高端外籍兼职教授 5 名、外籍讲座教授 2 名。选派 1 名教师赴海外攻读博士学位，3 名教师赴国际著名高等院校进修学习，选派马德功教授赴韩国首尔建国大学交流访问 1 年。另有 12 名教师参加学校和学院组织的各类短期海外培训项目。

党建及学生工作方面。2012 年学院按照学校创先争优活动的总体部署和要求，围绕学校、学院中心工作，继续深入贯彻落实相关文件精神，坚持开展党建带团建、树立先进典型等活动。学院于 2012 年 9 月初，全面总结创先争优活动，对各类创先争优先进集体和先进个人进行了表彰。党的十八大召开后，学院党委立即号召全体教职工和学生党员行动起来，利用多种形式组织学习宣传贯彻十八大精神，推动学院各项工作的内涵式发展。2012 年度，学院继续加强了学生理论学习教育，加强了辅导员队伍建设，结合学院热点工作开展专题教育活动，通过形式多样、内容丰富的教育活动，增强了学生的政治理论修养。进一步规范了党员的发展流程，全年培养入党积极分子 297 人，发展和转正党员 390 人。学院重点加强对支部组织生活的指导和支部干部的培养，由辅导员交叉担任党支部书记，确保学生党支部的各项建设顺利有序推进。学院 2012 届毕业生共计 828 人，其中本科生 535 人，硕博士研究生 293 人。截止到 2012 年 8 月 31 日，2012 届毕业生就业率为 93.72%。其中，本科生就业率为 95.89%，研究生就业率为 92.44%。

【学院举行 2012 年行政工作研讨会】 3 月 17 日上午，学院举行 2012 年行政工作研讨会。全体学院领导班子成员、院教授委员会主席、系主任、院行政科室主任和全体行政人员参加了本次研讨会。本次行政工作研讨会进一步加大了各行政科室之间、行政科室与教师之间、学院领导和各行政科室之间的沟通交流，及时地解决了学院行政工作中存在的问题，总结了行政工作中的有益经验，收集了大量具有建设性的意见和建议，必将进一步推动学院行政工作的发展。

【学院“211 工程”三期建设子项目顺利通过验收】 3 月 17 日，由学院李天德教授担任首席专家的“211 工程”三期建设子项目“马克思主义经济理论创新发展与实践”专家验收会在经管楼东 105 会议室举行。

【第三届中德经济合作论坛在学院成功召开】2012 年 3 月 30 日，“第三届中德经济合作论坛：欧债危机背景下的中德经济合作及跨国公司管理”在经管大楼西 202 会议室成功召开。此次论坛由四川大学经济学院与德国不来梅应用科技大学共同举办。学院欧盟研究学者、全英文专业授课教师，德国不来梅应用科技大学教授出席并参与研讨。

【学院与澳大利亚昆士兰大学经济学院签订全面合作协议】2012 年 7 月 1 日上午，经济学院副院长邓翔教授与澳大利亚昆士兰大学经济学院［The University of Queensland（UQ）School of Economics］院长 Flavio Menezes 教授签署了本科“2＋2”和研究生互派的合作协议。

【校长谢和平院士出席“四川大学经济学院临商银行培养基地”揭牌仪式】四川大学经济学院与临沂商业银行股份有限公司合作共建的“四川大学经济学院临商银行培养基地”揭牌仪式于 2012 年 8 月 12 日在宁波举行。校长谢和平院士为基地揭牌并致辞，常务副校长李虹教授主持揭牌仪式。

【学院 4 位老师获得 2012 年度四川省哲社规划项目立项】2012 年四川省哲学社会科学规划各类项目已全部评审完毕。学校共获得四川省哲学社会科学规划各类项目 39 项，继续稳居全省第一位；学院共获得 4 项，位居全校第三名。

（以上资料由经济学院刘丸源提供）

法学院

【概况】法学院设有 17 个科研机构。根据教学科研的需要，设有法理、宪法与行政法、刑法、民法、经济法、诉讼法、国际法 7 个教研室。

师资队伍方面。2012 年，学院有教职员工 81 人，其中教授 23 人，副教授 27 人。硕士生导师 44 人，博士生导师 13 名。“985”首席科学家 3 龙宗智、顾培东、左卫民，协同创新项目专家杨翠柏教授，特聘杰出教授梁慧星。2012 年引进西南财大博士生导师张家勇教授，调入西南财大胡东飞副教授，选留德国波恩大学博士生袁嘉。

学科建设方面。本科专业为法学专业，具有硕士一级学科授权点和法律硕士专业学位授权点，法学博士一级学科授权点，以及法学博士后科研流动站。国家级知识产权基地开始运行。卓越法律人才培养基地投入建设。诉讼法学科在进入全国第 1 至第 2 名，人权法研究位于国内前列。

人才培养方面。2012 年，在校法学博士 68 人，法学硕士研究生 464 人，全日制法律硕士研究生 408 人，在职法律硕士研究生 280 人，政法干警硕士生 118 人，政法干警第二学位学士学生 149 人，本科生 803 人，成教生自考生 340 人，网络教育学生 1000 多人，学生总人数达 3000 多人。李平教授主讲的《公司法原理》、王建平教授主讲的《民事案例分析》

入选教育部公开视频课程选题立项；李平教授主持的《提升法学本科生就业竞争力和可持续发展能力之教学改革研究与实践》获川大教学成果一等奖；李平教授主编的《商法学》获四川省“十二五”规划教材立项；喻中教授的《社会主义法治理念概论》入选“21 世纪法学规划教材”；金明教授主编的《国际私法教程》获川大优秀教材一等奖。

科研方面。CSSCI 期刊及以上论文数 63 篇，其中权威期刊 3 篇；著作类共 24 部（含独著、合著、主编和参编）。2012 年度省部级以上纵向项目 12 项，其中国家社科基金项目 6 项，教育部规划基金项目 1 项，四川省社科规划项目 3 项，最高人民检察院重点项目 1 项，省科普规划项目 1 项。获得省部级以上哲学社会科学科研成果奖 9 项。马静华教授入选 2011 年教育部“新世纪优秀人才支持计划”。周伟教授与才让旺秀同学完成的《完善应对四川藏区群体聚众滋事后续事件的建议》被教育部《专家建议稿》采纳；周伟教授与陈超同学合作完成的《应对阆中市非登记基督徒群体事件的对策建议》、王天玉副教授完成的《我省群体性劳动争议事件的原因分析及对策建议》被四川省社科联《重要成果专报》刊发。举行第三期“民法典青年沙龙”。

合作交流方面。邀请了北海道大学法学院院松久三四彦教授、加拿大西安大略大学法学院院长 Iain Scott 教授、美国北卡罗来纳大学法学院的富布莱特学者 Joseph E. Kennedy 教授和 Maria Savasta－Kennedy 法律诊所教授、富布莱特学者 Erin Ryan，以及台湾学者熊秉元教授、中国社会科学院学部委员梁慧星教授、国家行政法院法学部博导杨小军教授、厦门大学博士生导师徐国栋教授、北京大学贺卫方教授、西南政法大学国际法学院王衡教授、南开大学法学院副院长侯欣一教授、省人大常委内务司法委员会副主任文敬来法学院讲学。法学院教师共有 43 人次参加国内外学术交流。

党建及学生工作方面。创先争优活动向纵深开展。组织创先争优群众评议，推动基层组织建设年活动。完成学院党政领导班子和领导干部 2011 年度考核工作，召开民主生活会，针对学院领导班子及领导干部的年度工作情况以及考核民主测评结果，开展批评与自我批评。深入开展社会主义法治理念教育。推进学习十八大活动。组织完成党支部书记群众评议、考核工作。学生工作方面，法学院获 2012 年暑期“三下乡”社会实践活动优秀团队，2012 年度心理健康教育工作先进集体，2012 年四川大学选树活动优秀推荐单位，2012 年“凤凰展翅”四川大学文化艺术节合唱大赛三等奖，“凤舞川大”舞蹈大赛三等奖。

【积极为国家的重大决策和地方经济建设和社会发展提供意见和建议有新的突破】周伟教授 3 份专家建议稿入选教育部 2011 年优秀咨询报告，应用研究报告被教育部《专家建议》采纳，有关藏区社会管理创新应用研究成果被《专家建议》采纳上报，《谣言传播不是言论自由》刊发在新华网“新华法治”栏目，2012 年 6 月，周伟教授参加《国家人权行动计划（2012—2015 年）》专家小组的工作。

【校友周长军荣获第二届“山东省十大优秀中青年法学家”】2012 年 2 月 8 日，校友周长军荣获第二届“山东省十大优秀中青年法学家”。周长军教授长期从事刑法和刑事诉讼法学的教学研究，特别是近年来在刑事诉讼法学领域颇有建树，在教学科研等方面成绩突出，在山东乃至全国有较大影响。

【人才培养模式改革】申报实施“卓越法律人才教育培养计划”工作取得阶段性成果。2012年4月，召开了省市县三级政法单位参加的“实施‘卓越法律人才教育培养计划’研讨会”调研会议，讨论法学教育与法律实践结合方式、卓越法律人才培养方案等问题。2012年6月，组织申报三种类型“卓越法律人才教育培养计划”。2012年8月，分别获批成为应用型、复合型法律职业人才教育培养基地和西部基层法律人才教育培养基地。2012年12月，我校入选首批卓越法律人才教育培养基地名单。

【实践基地建设提升】2012年3月，申报教育部2012年“本科教学工程”大学生校外实践教育基地建设项目。5月，入选教育部2012年“本科教学工程”大学生校外实践教育基地建设项目，获200万元建设经费支持。10月，通过学校与法院、检察院签订协议方式，建设国家级、校级法学专业校外实践教育基地12个。

【本科班级名誉班主任制度启动】2012年9月19日，学院“本科班级名誉班主任制度”启动仪式在江安校区法学院举行。四川大学党委副书记、华西口腔医学院院长周学东教授，四川大学985首席科学家、西南政法大学前校长龙宗智教授，四川大学“985”首席科学家、首届全国十大青年法学家顾培东教授，学院领导班子全体成员，学院党政办、工会负责人，学生工作组全体辅导员老师和学院180名本科学生代表参加了仪式。

【周应德教授被中国法学会授予“全国杰出资深法学家”称号】2012年9月，周应德教授被中国法学会授予“全国杰出资深法学家”称号。“全国杰出资深法学家”是表彰为我国社会主义法学理论体系建设和法治建设做出杰出贡献的老法学家。

【教学改革不断推进】2012年上半年在2008级试行毕业论文改革，下半年继续在2009级进行毕业论文改革；小班化教学稳步推进；按照学校要求，首次开展“实践及国际周”教学安排。

【全国外国法制史研究会第二十五届年会召开】2012年9月25日，由全国外国法制史研究会主办、四川大学法学院和华东政法大学法律史研究中心共同承办的全国外国法制史研究会第二十五届年会，在四川省成都市天使宾馆广益会堂召开。

【国家知识产权（培训）基地开始运行】2012年5月，国家知识产权培训（四川）基地申报成功并挂牌，招聘管理人员1人，开展了3期培训工作，获得初步好评。2012年11月27日至30日，国家知识产权局专利局人教部在国家知识产权四川大学培训基地成功举办“六五普法”第一期法律轮训班。

【“纪念现行宪法颁布实施三十周年暨四川省法学会宪法学研究会2012年年会”召开】2012年12月1日，“纪念现行宪法颁布实施三十周年暨四川省法学会宪法学研究会2012年年会”在四川省检察官学院召开。该会议由四川省法学会和四川省法学会宪法学研究会主办，四川大学法学院承办。

【“未成年人刑法学术研讨会暨青少年刑事犯罪的治理与预防工作座谈会”召开】2012年12月24日，由四川大学刑事政策研究中心倡议发起，四川大学刑事政策研究中心和武侯区人民检察院首次共同组织召开的“未成年人刑法学术研讨会暨青少年刑事犯罪的治理与预防工作座谈会”，在武侯区人民检察院召开。

（以上资料由法学院悦洋提供）

文学与新闻学院

【概况】文学与新闻学院下设中国文学系、中国语言学系、新闻学系、广告与传播学系、影视艺术系、艺术理论与文化产业系6个教学系，另设汉语言文学研究所、汉语史研究所、比较文学与比较文化研究所、新闻传播研究所、广播电视研究所、符号与传媒研究所、新媒体研究所、西部广播电视研究中心、文学艺术研究中心等13个科研机构；现有文艺学、中国古典文献学、中国古代文学、中国现当代文学、比较文学与世界文学、语言学与对外汉语、汉语言文字学、少数民族文学与文学人类学、新闻学、广播电视学、广告学、编辑出版学、戏剧与影视学、艺术理论与文化产业14个教研室。学院共创办学术刊物10种，其中《中外文化与文论》为CSSCI集刊；*Comparative Literature：East and West*为全英文集刊。

师资队伍方面。2012年学院有教职工128人。其中教授52人，副教授28人，博士生导师32人。其中有国务院学科评议组成员1人，教育部社科委委员1人，四川大学文科杰出教授2人，长江学者特聘教授1人，国家社科基金评委1人，教育部教学指导委员会副主任委员2人，国务院学位委员会专业学位教学指导委员会委员2人，教育部跨世纪优秀人才1人及教育部新世纪优秀人才8人，四川省学术带头人12人，享受国务院特殊津贴专家8人，全国百篇优秀博士论文获得者1人，国家级学会正副会长8人。

学科建设方面。学院拥有中国语言文学、新闻传播学、艺术学三大学科群，其中中国语言文学为国家重点一级学科；现有中国语言文学、新闻传播学、艺术学理论3个一级学科博士学位授权点，下含22个博士点；28个硕士点，其中有汉语国际教育、新闻与传播、出版3个专业硕士学位点。设有中国语言文学博士后科研流动站和新闻传播学博士后科研流动站；有汉语言文学、对外汉语、新闻学、广播电视新闻学、广告学、编辑出版学、戏剧影视文学、汉语言等8个本科专业；有2个四川省重点学科；1个“985工程”哲学社会科学创新基地；2个“211工程”重点建设学科；2个全国高等学校特色专业；1个教育部人文社会科学重点研究基地；1个文科国家基础学科人才培养和科学研究基地；1个国务院侨务办公室华文教育基地；1个四川省本科人才培养和科学研究基地，1个四川省哲学社会科学普及基地。

人才培养方面。2012年招收博士生78人，硕士生406人，本科生399人，留学生21人（博士5名，硕士16名）。2012年，学院积极推进课堂教学改革措施，完善听课制度，重点落实原典教学计划；通过落实好汉语言文学专业10门主干课程教材的使用夯实专业基础；在基地班尝试推行小班化课堂教学试点班；2012年，学院有4项教改项目分别获得四川大学优秀教学成果一、二等奖，并获四川大学2011年本科教学工作先进单位奖励，有多名教师获得教学先进个人奖励。陈思广教授获首届“四川大学唐立新教学名师奖”。

科研方面。为提升科研整体水平，学院组建了18个科研团队，着力于科研重大项目的申报、课题研究。2012年学院获得国家社科基金项目4项、教育部项目10项、四川省社科项目9项，中央高校经费12项，科研经费达414.5万元。在学校2012年社科工作会上，学院受到表彰，分别获得两个先进集体一等奖，项楚先生获重大成果奖，24位教师获重要成果奖，4位教师获重要贡献奖。

合作交流方面。2012年7月7日，学院与成都文旅集团联合主办了“当代艺术生产与文化旅游产业发展研讨会”。2012年11月，中国俗文化研究所一行15位老师赴日本对大阪大学、早稻田大学、东京大学等进行为期1周的学术交流访问，并于19日与大阪大学共同举行“中国俗文化研究会”。

2012年，学院继续坚持举办大型系列讲座，邀请了美国俄亥俄州立大学吴伟克（Galal Walker）教授、俄罗斯联邦乌拉尔大学新闻学、国际传播学专家D. L. 斯特洛夫斯基教授、清华大学王宁教授等近30位学者前来讲学。

党建及学生工作方面。通过各种途径、方式学习十八大精神，努力创建先进基层党组织；继续抓好学生日常管理和思想教育工作；积极组织学生参加各项活动，2012年学院荣获了成都市“五四红旗团委”称号；2009级本科生余石楠获得宝钢奖学金；2010级本科生沈文策在全国大学生英语竞赛中获一等奖；赵朝霞等成功申报获国家级创新创业三大计划资助项目。

【召开第三届第二次“双代会”】2012年5月18日，学院召开三届二次“双代会”，会议主题为“增强文化自信，突显人文关怀，共谋学院和谐发展”。

【曹顺庆教授申报的教育部哲学社会科学研究重大课题《英语世界中国文学的译介与研究》获准立项】该项目经费80万元，于2012年9月召开了开题报告会，此课题的研究，对促进中外文学与文化的交流，推进我国社会文化的发展，提升我国的文化软实力，以及为国内学术研究提供借鉴等方面，都具有重大的意义。

【刘亚丁教授申报的“俄罗斯《中国精神文化大典》中文翻译工程”，获国家社科基金重大招标项目】该项目经费80万元，于2012年12月召开了开题报告会，该课题力求通过艰巨的翻译研究，为中俄人文交流，中华文化国际传播做出贡献。

【《比较文学学科史》与《苏轼全集校注》获四川省第十五次哲学社会科学优秀成果一等奖】在2012年四川省第十五次哲学社会科学优秀成果评奖中，四川大学比较文学教学科研团队编著的《比较文学学科史》与张志烈、马德富、周裕锴、刘黎明、陈应鸾等教授编著的《苏轼全集校注》同时获得一等奖。

【新闻传播学获得国务院学位办批准设立博士后流动站】四川大学新闻传播学博士后科研流动站于2012年批准建立，并拟于2013年起招收第一批博士后研究人员进站工作。

【“中国传统文化社科普及基地”获得批准】2012年，学院申报的“中国传统文化社科普及基地”获得批准。该基地成为学院首个省级哲学社会科学普及基地。

【新建两处本科实习基地】为建立高

校、企业联合培养人才的新机制，2012年学院分别与峨眉影视集团和华西都市报签约建立实习基地，这对于提高本科生教学质量，增强就业竞争力将起到重要作用。

【文科实验教学中心新闻与传播分中心新校区实验室基本建成】四川大学文科综合实验教学中心新闻与传播分中心新校区实验室于2012年12月基本建成。新闻与传播分中心下面建有全新的一体化小型电视演播室、数字采编、传播效果、新闻摄影、广告摄影等实验室。

【学院举行名誉班主任聘任及实施启动仪式】9月14日下午，文学与新闻学院名誉班主任聘任及实施启动仪式在文科楼二楼阶梯教室举行。四川大学文科杰出教授项楚、曹顺庆以及学校党委常务副书记罗中枢教授受聘为名誉班主任。

【成功举办第二届优秀大学生夏令营】2012年7月7日至10日，学院成功举办了为期四天的第二届优秀大学生夏令营活动，来自全国27所“211”、“985”高校的中国汉语言文学学科中优秀的61名大学生参加了此次夏令营活动。

【成功举办“英国兰开夏大学孔子学院——四川大学学生国际交流营”活动】2012年7月17日至31日，来自英国、意大利、保加利亚等6名英国中央兰开夏大学孔子学院的学生与文学与新闻学院59名本科生齐聚四川大学，参加了为期两周的国际交流营。活动促进了中外学生的交流，传输了中国文化，为学院教师的教学国际化积累了经验。

【承办第十四期海外华裔青年企业家中国经济高级研修班】5月份，学院承办了“第十四期海外华裔青年企业家中国经济高级研修班”，本次研修班共吸引了来自13个国家和地区的51位华裔年轻企业家齐聚川大，促进了我校的对外交流。

【承办了海外华裔青少年“中国巴蜀文化行”金帝夏令营】2012年7月，学院承办了海外华裔青少年“中国巴蜀文化行”金帝夏令营。来自美国、法国、荷兰、瑞士、葡萄牙、老挝6个国家的100多名华裔青少年参加此次夏令营。

（以上资料由文学与新闻学院梁小梅提供）

外国语学院

【概况】外国语学院设英文系、日文系、俄文系、法德文系、西班牙文系、大学外语一系和大学外语二系7个系，设有美国研究中心、欧洲研究中心、当代俄罗斯研究中心、加拿大文化研究中心、日本文化研究中心、法国文化研究中心、现代外语教育技术研究室以及四川大学和亚利桑那州立大学美国文化中心8个科研机构，拥有可容纳近1700人的数字语言实验室、同声传译实验室、笔译实验室、多媒体电子阅览室、卫星电视、外语广播电台、网上自主学习系统。学院建有图书基藏室、教师阅览室、学生阅览室、犬饲和雄日语文库，拥有中、英、俄、日、法、德、西班牙、世界语等语种书刊7万多册，定期编辑出版《外语教学与探讨》

《外国语言文学文化论丛》《美国文化研究论文集》《外语 教学科研论文集》等学术刊物。

师资队伍方面。2012 年，外国语学院共有在职员工 245 人。其中教授（级）22 人，副教授（级）65 人。其中博士生导师 6 人，硕士生导师 33 人。2012 年共选留项目制教师 6 人，派出 25 名教师到海外进修。2012 年 9 月，外国语学院获得了“四川大学 2011 年本科教学工作先进集体”。俄文系申报的“拓展国际视野，提高俄文系学生综合实践能力”项目荣获 2012 年四川大学本科教学成果二等奖。10 月，在第三届“外教社杯”全国高校外语教学大赛（英语专业组）中，克非老师在四川省内 26 所高校中脱颖而出，荣获了四川赛区一等奖。12 月，刘利民老师获得四川大学第二届“最受学生欢迎教师奖”。

学科建设方面。外国语学院有外国语言文学博士学位一级学科授权点 1 个，英语语言文学博士学位二级学科授权点 1 个，招收西方文论与英美文学、美国文学、西方文化研究、翻译与跨文化研究、英语语言学等方向的博士研究生。外国语学院有外国语言文学硕士学位一级学科授权点 1 个，招收英、日、俄、法、外国语言学及应用语言学等专业的硕士研究生；翻译硕士专业学位授权点（MTI）1 个，招收英语口译和英语笔译两个专业方向的硕士研究生。外国语言文学一级学科为四川省重点学科。外国语学院设有英语、日语、俄语、法语、西班牙语等 5 个本科专业，其中英语专业为国家级特色专业，俄语专业为四川省特色专业。除外语专业教学外，外国语学院承担了全校文、理、工、医科研究生和本科生的外语教学任务。

人才培养方面，外国语学院拥有学籍学生人数 1420 人。其中本科生 963 人、科学硕士研究生 292 人、专业学位硕士研究生 88 人、博士研究生 77 人。在 2012 年 11 月举行的第四届海峡两岸口译大赛西南赛区决赛中，任文教授、吉晋老师指导的英文系学生分别获得第一、第二名的成绩；2012 年 9 月，外国语学院在我校全面推行公共外语小班教学，由外国语学院研制的“大学英语导学系统”在全校范围内正式投入使用。外国语学院“英汉口译”课为国家级精品课程，“大学英语”、“外国语文导论”为省级精品课程，“英语写作”、“翻译理论”为校级精品课程。

科研工作方面。2012 年，外国语学院教师发表 C 级以上刊物 40 篇，国外期刊 5 篇。在项目申报工作等方面，学院与南亚研究所共同执行四川大学“985”三期项目：南亚及当代国际问题研究创新基地，其中学院子课题为“欧盟及欧洲国家与中国关系”、“当代俄罗斯问题”、“北美问题”。外国语学院其他获批项目如下：当代俄罗斯研究中心获 2012 国家社科重大招标项目俄罗斯“中华精神文化大典”中文翻译工程，李志强为该翻译工程子课题《科技医疗卫生》卷负责人；王安获 2012 年国家社科基金一般项目；赵毅获 2012 年国家社科基金重大特别委托项目“西藏历史与现状综合研究项目”子课题项目；王欣、李晓红、席珍燕获 2012 年四川省哲学社科一般项目和青年项目；叶英、陈杰获 2012 年四川省社科规划高校语言文学学科建设与发展项目；王安、任文获 2012 年中央高校业务经费四川大学青年学术人才项目；查日新获 2012 年中央高校业务经费学科前沿与交叉创新研究；张维微等 30 名教师获 2012 年中央高校业务经费青年教师科研启动项目。外国语学院专题学习网站《大学英语测试导学系统》获四川省电教科研成果一等奖；“语言训练与文化素质教育相结合的大学英语课程体系”获2012年四川大学教学成果二等奖。

合作交流方面。2012年9月，外国语学院俄文系2008级毕业生李晓阁、张玉冰获得国家留学基金委公派，赴俄罗斯人民友谊大学攻读研究生。俄文系2010级本科生朱静因在中国俄语大赛中获奖，受留学基金委公派赴国立伊万诺沃大学留学1年。俄文系派出6名2010级本科生赴俄罗斯下诺夫哥罗德师大进行为期1年的交换学习。2012年3月，亚利桑那州立大学副校长Denis Simon来学院访问。4月，中联部副部长于洪君一行来川大调研了外国语学院当代俄罗斯研究中心的建设情况。8月，俄文系部分师生代表同莫大代表团一起在人民大会堂接受了李克强副总理、袁贵仁部长、俄联邦驻华大使拉佐夫先生等中俄官员的接见。同月，俄文系协助学校成功接待了俄罗斯联邦委员会主席马特维延科女士一行。西班牙系与哥伦比亚哥中商会成都办事处签订了长期的实习基地协议。

党建和学生工作方面。2012年，外国语学院共有15个支部定为四川大学先进党支部。2012年，全院组织了130名入党积极分子参加了党校的培训。截至12月，学院各支部共发展党员97人，转正89人。在学校创先争优表彰中，外国语学院小语种教工党支部获得“四川大学创先争优先进党支部”称号，外国语学院团委获得“四川大学创先争优活动先进分团委”的称号。截至2012年底，全院有学生党员390名。其中正式党员272名，入党积极分子270人，学生党员占全院学生总人数的28.6％。2012年，外国语学院新建立了什邡妇女儿童青少年活动中心等6个社会实习、实践基地和项目，开设了就业指导课程。2012年，外国学院培养应届本科毕业生238名，应届硕士毕业研究生155名，应届博士毕业研究生9名。截至9月1日，毕业生就业率本科为95.88％，其中英语96.86％、俄语100％、法语100％、日语89.66％，硕士研究生为96.77％，博士研究生为100％。

【3个二级学科博士点获得批准】 2012年，外国语学院获准在外国语言文学目录下自主设立翻译学、美国研究、欧洲研究3个二级学科博士点。2012年，外国语学院参加了教育部第三次一级学科整体评估，名列综合性大学外语类学院17名。

【建立名誉班主任制度】 2012年6月14日在江安校区综合楼C座106，为落实学校名誉班主任计划，构建“四位一体”的学生成长关爱新体系，学院举行了名誉班主任聘任暨工作启动仪式，聘请石坚副校长等学校、学院主要领导和各系主任、专业教授担任各本科班级的名誉班主任。

【学院召开“双代会”】 2012年10月，学院召开了第三届教代会暨工代会第二次大会，审议并通过了院长工作报告、财经工作报告、工会工作报告。

【首届中国翻译史高层论坛】 2012年11月2日至3日，由中国翻译协会翻译理论与翻译教学委员会、中国英汉语比较研究会翻译学科委员会主办，四川大学外国语学院和西南科技大学外国语学院承办的“首届中国翻译史高层论坛”在四川大学举行。

【各类专业赛事】 2012年学院主办了“2012年外研社杯全国英语演讲大赛”四川大学决赛和“2012第四届海峡两岸口

译大赛”四川大学选拔赛等大型外语竞赛。2009级研究生费健博同学获得第二届中译杯全国口译大赛总决赛交传组全国总冠军和同传组全国亚军（第二名），2010级研究生刘蓓同学获同传组全国三等奖（第五名），2012级研究生徐韵岚和2011级王希予分获第四届海峡两岸口译大赛大陆决赛二、三等奖，2010级本科喻静同学获得外研社亚马逊杯全国大学生英语辩论赛华西赛区季军，2009级本科廖翠玲同学获全国大学生英语竞赛特等奖，2010级本科郭佳炜同学全国高校京剧研讨会比赛青年组一等奖，2011级研究生王明玉同学获世界俄语节中国区预选赛歌唱比赛一等奖及总决赛优秀奖。

（以上资料由外国语学院黄小虎提供）

艺术学院

艺术学院下设美术学系、艺术设计系、绘画系、编导系、舞蹈系、表演系、声乐系、数字艺术系、基础教学部共9个系部，拥有美术研究所、环境艺术研究所、视觉艺术研究所、新艺术研究所4个科研机构。

师资队伍方面。2012年，学院有教师130人。其中专职教师112人，行政教辅及思政教师18人，校内外兼职教授15人；教授（研究员）23人，副教授（副研究员）33人，专职教师中高级职称比例为50%，具有硕士、博士学位比例为69%；艺术学科博士生导师19人，硕士生导师52人。学院不仅拥有一批国内外著名的艺术家和艺术教育家，还聘有一批海内外著名专家、学者担任名誉教授、客座教授。

学科建设方面。艺术学院专业设置齐全、办学层次丰富，构建本科、硕士、博士一体的人才培养体系，有8个本科专业、4个一级学科硕士学位授权点、3个一级学科博士学位授权点；学院是西南地区首个拥有艺术学一级学科博士授权点的单位，下设16个方向。

人才培养方面。2012年学院有在校本科生1443人，硕士研究生329人，博士研究生13人，各类成教学生近300人。学院有1个国家级特色专业和1个省级特色专业及2个校级特色专业，1门国家级精品课程，1个国家级实验教学中心。2012年新建四川大学文科综合实验教学中心艺术与媒介分中心。学院建设了12个教学实习实践基地，推行了“专业拓展计划”、“艺术论坛”每年定期为学生举办专业讲座40余场。

科研方面。2012年学院细化了《艺术学院科研与创作奖励办法》，对2010年、2011年的科研创作成果实施了奖励；在尊重艺术学科理论研究与艺术创作并重的前提下，学院加大了高级别、高水平的科研与创作成果的奖励力度，对教师的科研与创作积极性起到了激励作用。2012年度，学院教师获得教育部艺术规划课题3项，获得四川省社科规划课题3项，其中重点课题1项；发表论文35篇，其中15篇CSSCI或中文核心。艺术创作上，美术类教师出版个人作品集2本，在国内外学术专著上发表作品近40余幅；舞蹈系原创舞蹈《雪山箭歌》获第七届四川省巴蜀文艺奖银奖，《心中的花儿纳吉》获巴蜀文艺奖铜奖；表演系原创音乐话剧《狼雨》获第七届四川省巴蜀文艺奖铜奖。

合作交流方面。学院对外交流频繁、有序，交流层次和质量均有大幅度提高，实现了交流工作的常态化。学院与韩国、英国、美国、俄罗斯、日本、澳大利亚等国家的多所著名高校建立了学术交流。合作研究关系，签订了“2+2”“3+1+1”联合培养本科生、硕士研究生、博士研究生的人才培养协议。2012年度，学院邀请国内外著名艺术家、艺术教育家来学院讲学、办展，给学生授课共计42人次；学院教师外出参加各种学术会议、艺术展演计19人次，其中有7人次赴国外开办个人画展及开展学术交流活动，2012年2月，学院舞蹈系17名学生、声乐系3名学生赴美国纽约展开了为期1周的“三巡”演出活动。2012年，学院向韩国庆尚大学派出“2+2”项目学生2名（舞蹈专业本科），向香港浸会大学派出交换生1名（编导专业）；向英国南安普顿大学艺术学院派出平面设计专业方向“2+2”项目学生2名，编导专业硕士研究生1名。2012年11月，编导专业28名学生、美术类专业12名学生获得了南安普顿大学“2+2”或“3+1+1”项目的“条件”录取通知书。2012年，学院与英国伦敦艺术大学正式签订了人才培养协议并上报了执行计划。2012年12月，美国肯特大学就相关合作细则进行了再一次接洽，预计2013年将正式派出学生。

党建及学生工作方面。立足日常党建工作，开展创先争优系列活动，2012年，按照学校党委的部署，学院以举办系列讲座，开展主题学习和特色党建活动等多种形式丰富政治学习。举办了以“强组织、增活力，创先争优迎接十八大”为主题的党支部干部培训会，开展了“献礼十八大，艺术蕴华章”征文活动，举行了纪录片《信仰》观影、十八大宣讲报告、“四川大学艺术学院入党宣誓仪式”等活动，对推动党建工作起到很好的作用。学院党委高度重视党团教育工作，2012年学院共举办了2届业余团校、1届业余党校，开设了3场专题讲座。2012年，学院的党建工作也取得了较好的成绩，转正教师党员5人，推荐1名教师参加了学校党校的学习。在工作中，根据学院党建实际情况，增设了3个学生支部，使学院的师生党支部数达到10个，支部与党员人数达到比较合理的比例。截止到12月，教师党员共计55名，学生党员共计299人，其中本科生党员109人，占本科生总数的7.5%，研究生党员190人，占研究生总人数的57.6%，博士生党员3人，占博士生总数的23.1%，党员总数比例为17%，共计8个学生支部17个党小组。

【以建设和规范为基调，实现学科建设新突破】学院以现有的3个一级学科博士学位授权点及4个一级学科硕士学位授权点为基础，在充分尊重艺术学科规律及未来高等艺术教育建设与发展需求的前提下，完成设置了12个目录外二级学科和1个目录外交叉二级学科（服装设计）的论证工作。本着“正确面对、认真对待、寻找差距”为原则，学院3个博士一级学科全部参评了2012年教育部新一轮一级学科评估并取得好成绩。据2013年1月29日教育部发布的评估结果显示，艺术学理论位列第3，美术学排名并列第7位，设计艺术学排名并列第8位，全部进入前十，且在西部地区的所有参评艺术院校中稳居第一。

【中国·成都·综合大学艺术学科与专业建设研讨会隆重举行】在国务院学位委员会艺术学科评议组及教育部MFA教育指导委员会的召集和指导下，2012年11月30日至12月4日，国务院艺术学科评议组成员和部分“985”、“211”综合大学以及来自国内共计40多所综合大学艺术学院的领导、专家学者约计80多人莅临大会。大会共举办了5场相关艺术学科及专业建设的论坛，30位与会代表在论坛上发言，就国内外综合大学艺术专业教育的现状和发展趋势、综合大学艺术学科与专业建设面临的挑战和机遇、综合大学艺术人才培养创新模式的构建、综合大学艺术院系与专业之间的交流机制建设以及综合大学艺术学科研究生培养等问题展开了深入讨论。大会期间，与会代表参观了“四川大学艺术学院第十一届学院展”并观看了“四川大学艺术学院2012年度文艺汇演”，师生的创作能力和创作成果受到与会代表的一致好评。此次大会是历年来规模最大的一次高质量的院长高峰论坛。

（以上资料由艺术学院杨丙军提供）

历史文化学院（旅游学院）

【概况】历史文化学院下辖考古学系、中国古代史系、中国近现代史系、世界史系、中国藏学研究所、古籍整理研究所6个系所和城市研究所、人类学研究所、历史研究所、西南文献研究中心、东西方社会文化比较研究中心、三国文化研究中心、长江文明研究中心等科研机构以及1个区域历史与民族文化社科普及基地（四川省哲学社会科学普及基地）。旅游学院设有4个系所，即旅游与景观学系、酒店管理系、会展与休闲学系以及旅游规划与开发研究所。

师资队伍方面。2012年学院有在职教师120人。其中，专业教师97人，思政教师5人，教辅人员10人；教授（研究员）35名、副教授（副研究员）27名，其中博士生导师24人、硕士生导师46人，杰出教授1人，新增长江学者1人，新引进外籍高端教师1人及海外留学博士2人，二级教授7人。

学科建设方面。学院具有考古学、中国史、世界史、民族学及交叉学科5个一级学科，设有中国古代史，中国近现代史，专门史，历史文献学，考古学及博物馆学，世界史，史学理论与史学史，藏区历史经济与社会发展，文化遗产与旅游开发，文物学与艺术史，中国儒学，旅游管理等12个博士研究生专业；有中国古代史、中国近现代史、专门史、历史地理学、历史文献学、考古学及博物馆学、世界史、史学理论与史学史、民族学、中国儒学、旅游管理学11个硕士研究生专业及文物与博物馆硕士和旅游管理硕士2个专业学位硕士专业。2012年，学院新增考古学、世界史博士后流动站。2012年，学院新设本科专业——国际会展经济与管理专业，并面向全校选拔了35名学生。

人才培养方面。学院上半年在校本科生985人，下半年1000人。2012年度硕士研究生招生174人，博士研究生招生58人。2012年顺利审核通过进站16名博士后，现有在站博士后40名。在全院师生的配合下，教学与管理各方面工作正常运行。

科研情况方面。学院教师出版专著10余种，发表论文160余篇，其中CSSCI论文50余篇，在《历史研究》《考古学报》《新华文摘》等权威核心期刊上发表论文3篇；获得11项国家社科基金项目，6项教育部人文社会科学研究青年基金项目，2项教育部基地重大项目，申请到10项四川大学中央高校基本科研项目。

合作交流方面。学院积极支持在职教师通过参加国际、国内学术会议、外出访学等方式与国内外的学术研究机构和知名学者进行学术交流，邀请校内外的专家开展了102次学术讲座；陈波等6名青年教师获资助到外国名校进行访学。

党建及学生工作方面。学院党委深入开展了学习实践科学发展观活动和创先争优活动，开展丰富多彩的组织生活，加强对党员的管理和教育，学习贯彻落实党的十八大精神，学院各党支部按照要求开展了一系列活动；对党建活动做好经费预算，在经费的支持下，各党支部积极开展了一系列活动，如组织观看教育影片，举行专题讲座等；建立和完善党建长效机制，进一步加强思想、组织、作风、反腐倡廉和制度建设，深入开展基层组织建设年活动，建设服务型党组织。学院学生工作组全面贯彻党的教育方针，以迎接、学习、宣传党的十八大为主线，以加强学生思想政治教育为核心，以推动素质教育和创新人才培养为重点，以学风建设、学术交流活动、校园文化建设、社会实践为载体，以宿舍纪律管理、安全工作、心理健康教育为保障，各项工作取得了明显成效。

【四川大学211工程三期“中国区域历史与文化”子项目顺利通过评审验收】 3月3日，四川大学211工程三期“中国区域历史与文化”子项目验收专家评审会在文科楼藏研所会议室举行。该项目通过四年的建设取得显著成绩，经专家组实地审查验收，一致认为该项目高质量、超额的完成了项目预期，评审等级为“优秀”。

【历史文化学院全面启动校园文化建设系列活动】 2012年是我校校园文化建设年，历史文化学院团委、学生会、研究生会充分发挥专业优势，紧紧围绕校园文化建设主题，全面启动以文载德、以文促智，以“文化校园·书香校园”为主题的系列活动。活动之一：与名师对话，博学·诚信·创新；活动之二：好书品鉴会；活动之三：中华传统优秀文化巡展；活动之四：川大校史专题讲座；活动之五：“书生屋文化节”。

【蒙文通、吴天墀两位先生著作入选商务印书馆《中华现代学术名著丛书》】 四川大学有两种著作入选丛书首批第一辑40种之列，蒙文通教授的《佛道散论》和吴天墀教授的《西夏史稿》，两位先生著作的首批入选，是四川大学崇高学术声誉的体现，也将鼓励和推动我校学术研究事业的进一步发展。

【历史文化学院与武侯祠博物馆、成都市国家档案馆签订教学科研合作协议】 5月14日和23日，学院分别与成都武侯祠博物馆、成都市国家综合档案馆签订了合作框架协议，协议的签订将促进学术研究与档案利用之间的互助互进。

【著名历史学家德里克教授莅临学院讲学】6月18日至21日，著名历史学家、文化理论家阿里夫·德里克教授莅临川大历史文化学院访问，20日下午，德里克教授与学院师生一起座谈。

【2009级“实践与国际课程周”顺利结束】在“实践周”过程中，学院按照学校“323＋X”创新人才培养计划要求，着力提升本科教学质量，深入整合优质教学资源，结合实际，创新活动形式，丰富活动内涵，拓展活动视界，努力培养学生创新精神、实践能力，帮助学生开拓国际视野，提升综合素养，强化人文底蕴。

【历史文化学院（旅游学院）荣获“四川省教育工作先进集体”称号】9月7日，四川省庆祝第28个教师节暨“两基”工作表彰大会隆重举行，表彰会上，学院荣获“四川省教育工作先进集体”称号。

【历史文化学院（旅游学院）申报四项目分别获2012年四川大学教学成果奖一等奖、二等奖】《三位一体：新形势下考古学及博物馆学人才培养模式的新探索》获得一等奖；《教研相长——中国近现代史本科教学中融入学术前沿成果的探索》获得一等奖；《综合性大学旅游管理专业创新人才培养体系的探索与实践》获得一等奖；《新时期高校博物馆学专业建设与人才》获得二等奖。

【承办教育部社会科学委员会历史学学部2012年度工作会议暨考古学学科建设研讨会】10月20日在成都召开，会议主要围绕“2011计划的贯彻实施和成为一级学科后的考古学如何组织学科发展”两个议题开展。

【举办第一届“世界上古史研究青年论坛”】11月2日至5日，来自10余所高校的20余名世界上古史研究领域的青年学者齐聚蓉城，对世界上古史教学研究、学科合作与人才交流展开讨论。

【举办“吴天墀教授百年诞辰国际学术研讨会”】会议聚集了西夏学、宋史、元史和其他学科的众多一流专家和中青年优秀学者，阵容强大。来自中国社会科学院、北京大学、俄罗斯圣彼得堡大学、台北故宫博物院等40多个研究、教学单位的专家学者及吴先生亲属及生前友好共120余人参会。

【霍巍教授被聘为2012年度“长江学者奖励计划”特聘教授，李永宪教授荣获2012年度宝钢优秀教师奖】按照相关文件评议，学院李永宪教授荣获2012年度宝钢优秀教师奖。2012年霍巍教授被聘为教育部“长江学者奖励计划”特聘教授。

【主办“四川盆地及中国古代早期冶铁与中国古代社会国际学术研讨会”】本次学术研讨会12月8日至12日在四川成都召开，历时4天，以“四川盆地早期铁器与西南古代社会、东亚、南亚及东南亚地区早期冶铁技术及传播”为主要议题，共收到与会学者提交的论文30余篇，其中有18位学者做了大会发言。

［以上资料由历史文化学院（旅游学院）李雪梅提供］

数学学院

【概况】数学学院设拓扑学、几何代数、数论及其应用、微分方程、函数论、信息与计算科学、经济与金融数学、概率与统计、高等数学9个教研室；有专业实验室3个、多媒体实验室1个、教师机房1个、学生机房4个；设有图书馆数学学院分馆，具有中外文藏书近8万册，期刊300余种，现刊170余种。

师资队伍方面。学院教职工161人。其中专任教师134人，包括两名外籍教师；有教授44人，副教授38人；博士生导师33人，硕士生导师52人；有中科院院士2人，国务院学位委员会委员1人，国务院学位办学科评议组成员2人，教育部长江学者特聘教授2人，教育部长江学者讲座教授2人，国家杰出青年科学基金（A类及B类）获得者9人，国家有突出贡献中青年专家4人，国家百千万人才工程第一、二层次人才2人，国家千人计划入选者2人，享受政府特殊津贴专家13人，教育部跨（新）世纪优秀人才12人，教育部高校青年教师奖1人，教育部优秀青年教师资助计划6人，省部级有突出贡献优秀专家2人，四川省百人计划入选者2人，四川省学术带头人14人，省级教学名师2人。

学科建设方面。数学学科是一级国家重点学科，具有一级学科博士学位授予权，是“211”、“985”工程重点建设学科，首批进入国家基础科学数学人才培养基地和国家基础学科拔尖学生培养试验计划的学科。本科设有数学与应用数学、信息与计算科学、统计学3个专业。2012年5月25日，“非线性不确定工程系统控制四川省重点实验室”揭牌仪式在数学学院举行。同年，学院获得国家自然科学基金委创新群体项目——几何与拓扑中的模空间理论。该创新群体主要依托“长江数学中心”等四川大学的数学学科平台，一直致力于代数几何、规范场与辛拓扑中的模空间，以及相关的表示论和范畴的研究，形成了自己的特色。他们的工作大大推动了四川大学甚至四川省的数学学科建设。

人才培养方面。本科人才培养有数学拔尖班、数学基地班、数学—经济创新班、数学类等。2012年，学院在读本科生761名，硕士研究生190名，博士研究生87名，在站博士后研究人员11名；本科招生194人，硕士招生64人，博士招生28人；组织学生参加北美数学建模竞赛，获二等奖3队，三等奖18队；参加全国研究生数学建模竞赛，获一等奖3人，二等奖3人，三等奖6人；参加第三届全国大学生数学竞赛，决赛获二等奖2人，三等奖1人；参加全国大学生数学建模竞赛，获二等奖4人，获四川省一等奖5人，二等奖8人，三等奖20人；参加第四届全国大学生数学竞赛，获四川省一等奖7人，二等奖11人，三等奖14人；3人获四川省优秀毕业生称号。

教学科研方面。学院鼓励教师积极参

与教学研究与改革的实践，形成了一系列具有特色与创新性的教学改革思路与举措，取得了良好的人才培养成效和示范推广效应。2012 年，学院基金申请工作取得创纪录的最好成绩，获批项目数达 25 项，其中国家自然科学基金委创新群体项目 1 项，国家级重点基金项目 1 项，国家自然科学基金优秀青年基金 1 项，面上基金和青年基金项目共 15 项，人才基金项目 2 项，天元基金 1 项，教育部博士点基金项目 2 项，新教师基金项目 2 项。学院教师发表高质量 SCI 论文共计 69 篇。

合作交流方面。2012 年，学院召开两个国际学术会议；7 月 30 日至 8 月 4 日成功举办 Inverse Problems and PDE control（反问题与偏微分方程控制）国际学术会议，9 月 7 日至 9 日召开 The eight China－Japan Friendship Conference on differential geometry（第八届中日微分几何会议）。学院积极支持在职教师赴国外做短期访问及讲学，2012 年，有近 20 人次赴国外作短期访问和讲学，同时邀请 40 余位国内外高水平专家来学院讲学，极大地活跃了学院的学术氛围，加强了学院与国际国内的学术交流和合作。

党建及学生工作方面。2012 年，学院召开了全院党员大会，大会审议了中共四川大学数学学院党委和纪律检查委员会工作报告，选举产生了新一届学院党委和纪委领导班子。组织全院干部职工学习十八大精神，邀请王庭科教授做题为《旗帜、道路、目标——学习贯彻党的十八大精神》的专题讲座。学院陆续开展系列党风廉政教育宣传活动，紧密围绕“保持党的纯洁性，构筑崇尚廉洁的大学文化”活动主题，通过多种形式，组织全院广大党员及师生职工全方位多方面地深入进行了党风廉政教育宣传活动。坚持每周一次的院务会议，坚持间周一次的组织生活，坚持每年一次的干部民主生活会，坚持院工会、院教代会、教授、博导参与学院的管理与重大决策，使学院决策民主、公正、公开。按照学校党委的要求，2012 年组织开展了 5 次学院干部培训活动，取得较好效果。加强学院师生入党积极分子培训工作，加大党员发展力度。2012 年开办党校 1 期，共培训入党积极分子 120 人，全年共发展党员 46 人。

【师资队伍建设成绩优异】学院引进两名外籍教师，补充学院教师队伍，做好高层次人才引进工作。

【获全国百篇优秀博士论文奖 1 项】朱允民教授指导的沈晓静博士的博士论文《多传感器分布式检测和估计融合》获 2012 年全国百篇优秀博士论文奖。截至 2012 年，学院已有 3 位博士获此殊荣。

【第九届西部高校教师暑期学校成功举办】7 月，国家自然科学基金委第九届西部高校教师暑期学校成功举办。该暑期学校在促进西部高校的数学教学改革，拓宽西部高校数学老师的知识面，激发西部高校数学教师的数学研究兴趣，提高数学研究与教学水平，培养创新性数学人才等方面做出了重要贡献。

【数学拔尖学生联合暑期学校顺利开课】7 月 8 日至 28 日，四川大学、北京大学、南京大学、厦门大学、兰州大学五校数学拔尖学生联合暑期学校在学院开课，本次暑期学校开设了《几何 II》《拓扑 II》课程，主要是在 2011 年度基础上加以提高升华，从多角度由浅及深让学生对微分几何、代数几何、代数拓扑有一个具体而坚实的了解，掌握相关的基本知识和方法；把握经典理论，了解最新发展，培养良好的数学品味，开阔眼界。

【召开党员大会】根据《四川大学各

基层单位党的委员会和纪律检查委员会、总支部委员会换届选举实施意见》文件要求，中共四川大学数学学院党委于2012年1月4日下午在数学学院报告厅隆重召开了党员大会。审议中共四川大学数学学院党委和纪律检查委员会工作报告，选举产生新一届学院党委和纪委领导班子。

（以上资料由数学学院杨亚岚提供）

物理科学与技术学院（核科学与工程技术学院）

【概况】物理科学与技术学院（核科学与工程技术学院）下设2个相对独立的研究所（原子核科学技术研究所和原子与分子物理研究所）、3个系（物理学系、核工程与核技术系、微电子学系）和2个教学中心（基础物理教学中心和基础物理实验教学中心）。

师资队伍方面。学院有教职员工205人。其中院士2人，特聘和兼职院士4人，博士生导师34人，教授（研究员）52人，副教授（副研究员）55人；教育部长江学者讲座教授1人，国务院学位委员会物理学与天文学学科评议组成员1人，新世纪百千万人才工程国家级人选1人，教育部教学指导委员会委员3人，四川省学术和技术带头人13人，教育部新世纪优秀人才8名。

学科建设方面。学院有1个博士后流动站（物理学），2个一级学科博士授权点（物理学和核科学与技术），11个二级学科博士点，17个二级学科硕士点和1个工程硕士点，5个本科专业。核工程与核技术为教育部第一批高等学校特色专业建设点。学院建有辐射物理及技术和高密度物理及技术2个教育部重点实验室、核科学与核技术教育部网上合作研究中心以及原子分子工程与高压合成、微电子技术和光学3个四川省重点实验室。拥有原子与分子物理、核技术及应用2个国家重点学科，凝聚态物理国家重点学科培育学科。光学和理论物理为四川省重点学科。学院承担有“核科学与技术交叉创新研究科技平台”和“极端条件物理与技术研究科技创新平台”两个“985工程”平台建设项目。

人才培养方面。2012年，招收本科生279人，硕士研究生118人，博士研究生39人；在读本科生1140人，硕士生330人，博士生124人。开设本科生课程172门，其中新开课程17门、全校文化素质公选课7门，拥有国家级精品课程1门、省级精品课程2门；开设研究生课程79门，其中硕士生课程59门、博士生课程20门。学院积极开展教学改革，进一步完善了本科创新人才培养体系。2012年，承担国家基础科学人才培养基金1项、省部级以上项目2项；新增国家级规划教材建设项目3项、省级精品课程建设项目2项，省重点建设课程2项；获省级优秀教学成果一等奖1项，四川大学优秀教学成果奖3项，其中一等奖2项，发表教研教改论文63篇。自2010年成为教育部首批“国家基础学科拔尖学生培养试验计划”（珠峰计划）实施单位后，已遴选

45名同学进入拔尖试验班培养。科研方面，2012年度学院到校科研经费2945.08万元。全年获准国家自然科学基金项目16项，其中重点项目1项，重大研究计划培育项目1项。发表SCI、EI论文236篇，其中SCI论文172篇。在PNAS、PRL、PR系列等影响因子大于3的刊物上发表论文18篇。获省部级科技进步三等奖1项，授权国家发明专利36项。

合作交流方面。先后组织学术报告、学术交流活动60余场次，接待国内外学者120余人次，参加国内外学术交流和学术会议100余人次。聘请美国科学院院士David. Ceperley教授为四川大学名誉教授；先后举办了“第二届表面等离激元光子学前沿国际研讨会”、“量子信息、量子耗散及相关物理学术研讨会”及“量子物理新进展”等高水平学术交流会议；与英国伦敦大学玛丽皇后学院共建了“中英联合材料研究所”以及联合实验室。与中科院物理所、高能所、国家天文台等签订了《科教结合“菁英计划”合作协议书》，探索高层次物理学拔尖创新人才培养的新模式和新途径；与英国伦敦大学玛丽皇后学院商讨了物理类专业“3+2”交换生计划协议。2012年本科生境内交流和学习人数达75人、境外交流和学习人数达15人。

党建与学生工作方面，学院共设置基层党支部22个，其中学生党支部10个，教工党支部12个；共有党员573名，其中2012年新发展党员91名，转正53名。本科2009级党支部获得“四川大学创先争优先进基层党组织”称号。本科生积极申报科研训练计划及创新实验计划，获得国家级科研训练项目立项2项，校级科研训练项目立项23项，11人次获得国家级及省级学术竞赛奖项。15人次获得国家奖学金、38人次获得国家励志奖学金。学生工作组廖勇明老师获得“四川大学维护校园安全稳定先进个人”称号，许弋老师获得“四川大学青年骨干教师”和“四川大学关心帮扶学生先进个人”称号，纪智宏老师获得“四川大学学生创新创业与就业教育先进个人”，谷方蕊老师获得“四川大学优秀思政教师”称号，寿刘星老师获得“四川大学暑期三下乡社会实践优秀指导教师”。学院学生工作组获得“2012年度四川大学心理健康工作先进集体”称号，学院团委获得“2012年度四川大学科技活动奖”。

【承办第二届表面等离激元光子学前沿论坛国际会议】4月8日，由四川大学和中国科学院物理研究所共同主办的第二届表面等离激元光子学前沿论坛国际会议在望江校区文华活动中心开幕。第十一届全国政协常委、中国科学院田中群院士，四川大学常务副校长李光宪教授出席论坛开幕式。来自斯坦福大学、波士顿大学、劳伦斯国家实验室、香港大学、香港科技大学、台湾大学、北京大学、清华大学、南京大学、复旦大学、中国科技大学等国内外高校和科研院所的近二百余位学者参加了本次会议。在为期4天的会议中，与会代表们围绕等离激元光子学各个领域的最新研究进展，通过大会特邀报告、口头报告及墙报展讲等形式，进行了广泛深入的交流与讨论，充分展现了等离激元光子学的研究现状和发展应用前景。

【与英国伦敦大学玛丽皇后学院签署“中英联合材料研究所”协议】7月2日，校长谢和平院士在望江校区行政楼贵宾厅会见了英国伦敦大学玛丽皇后学院校长Simon Gaskell教授一行，并签署了“四川大学与英国伦敦大学玛丽皇后学院校际合作协议和中英联合材料研究所协议”。

“中英联合材料研究所”（Sino－British Materials Research Institute）是以物理学院和英国伦敦大学玛丽皇后学院物理系的凝聚态新材料研究团队为基础，吸收两校相关材料研究团队共同组建的合作研究实体。双方将发挥各自的特点和优势，在科研、实验室平台建设、人才培养等方面进行全面合作。

【承办第七届全国高校物理实验教学研讨会】 8月12日—15日，由四川大学物理学院承办的第七届全国高校物理实验教学研讨会在我校望江校区隆重举行。中国工程院院士、四川大学高洁教授，中国高校实验物理教学研究会理事长、北京大学张朝晖教授等出席开幕式。四川大学副校长步宏教授出席开幕式并致欢迎词。来自清华大学、北京大学、南京大学、上海交通大学、中国科技大学、四川大学等国内178所高校的教师和实验技术人员700余人参加了会议。本届研讨会在历次研讨会中规模最大、参加人数最多，共收到论文291篇，参评教学和科研论文38篇，参评教学仪器109台（套）。

【承办教育部高校核工程与核技术专业教学指导委员会第七次会议暨全国核学科院长/系主任联络会】 12月3日—6日，由四川大学物理科学与技术学院承办的“教育部高校核工程与核技术专业教学指导委员会第七次会议暨全国核学科院长/系主任联络会”在我校召开。四川大学副校长步宏，清华大学副校长、教指委主任康克军，清华大学副校长、教指委秘书长程建平，中国核学会秘书长王德林及国内40所高校及一些科研院所和企业单位的代表等80余人出席了会议。康克军教授作了2006—2012届教指委工作报告；四川大学核科学与工程技术学院副院长杨朝文作了《发挥优势，准确定位，走有自身特色的核专业人才培养道路》大会报告，详细介绍了四川大学核专业人才培养的思路与措施。与会代表对我国核专业的发展方向，核专业的课程设置与专业规范，核能行业核人才培养方面的现状、存在的问题等进行了热烈讨论，参观了四川大学核工程与核技术系实验室、原子核科学技术研究所、大学物理实验中心。

［以上资料由物理科学与技术学院（核科学与工程技术学院）刘宁提供］

化学学院

【概况】 化学学院已有逾百年的办学历史，学院现有化学系与应用化学系，分别设有无机化学、分析化学、有机化学、物理化学、高分子化学与物理、绿色化学、化学生物学、放射化学教研室。学院主办有国内核心期刊《化学研究与应用》。

师资队伍方面。学院现有在职教职工165人。其中教学科研岗专任教师118人，实验教辅人员27人；专任教师中教授42人，副教授48人，讲师28人；85%的教师具有博士学位，50%的教师具有半年以上海外科研经历或海外学历，其中45岁以下青年教师98%具有博士学位。学院现有博士生导师37人、硕士生导师74人（含博士生导师）；双聘院士1人，教育部长江学者特聘教授3人、讲座教授1人，国家杰出青年基金获得者5人（其中B类1人），千人计划教授1人，青年千人计划教授1人，新世纪百千万人才工程国家级人选3人，教育部高等学校教学名师奖1人，教育部跨世纪（新世纪）优秀人才17人，教育部高等学校优秀青年教师教学科研奖励计划资助2人，教育部骨干教师2人，教育部优秀青年教师资助计划3人，光华工程科技奖青年奖获得者1人，四川省学术和技术带头人8人。

学科建设方面。学院设有化学一级学科博士学位授权点，建有化学博士后科研流动站；建有环保型高分子材料国家地方联合工程实验室、绿色化学与技术教育部重点实验室、环境友好高分子材料教育部工程研究中心、绿色化学四川省高校重点实验室和降解与阻燃高分子材料四川省高校重点实验室等国家及省部级科研基地；有国家基金委创新研究群体1个（高选择性的有机合成新反应与新策略），教育部创新团队2个（绿色有机合成化学、环境友好高分子材料）。有机化学学科为国家重点学科，并积极参与了国家一级重点学科材料科学与工程的建设；化学一级学科为四川省重点学科；化学专业为国家特色专业；放射化学学科是获教育部批准并受国家基础科学人才培养基金资助的“特殊学科点”。学院本年度完成了由教育部相关部门组织的学科评估，结果良好；增设了放射化学二级学科。

人才培养方面。2012年，共招收本科生236人，硕士研究生163人，博士研究生51人；在校本科生总数1047人，硕士生381人，博士生145人；有国家教学团队1个（绿色化学），国家级精品课程1门（绿色化学），省级精品课程6门（有机化学等）。学院建有“理科基础科学研究和教学人才培养基地”，是“国家拔尖人才培养试点单位”。目前，学院基地班、创新人才试验班、双特生三类创新人才培养体系逐步完善。

科研方面。2012年，获准国家自然科学25项（包括特殊学科点1个、重大项目1项、重点项目1项、优秀青年基金1项、面上项目15项和青年基金6项），教育部新世纪优秀人才支持计划1项，教育部博士点基金优先资助领域2项、博导类基金3项、新教师基金3项，四川省青年基金项目1项，四川大学青年教师科研启动基金4项，新签各类单位委托和成果转让项目30余项；学院到校总经费3263.58万元。成果方面，论文数量稳步增长，论文质量和水平有稳步提升，2012年，学院收录的SCI收录论文289篇，EI论文131篇，年度新发表的SCI收录论文300余篇。获国家自然科学奖二等奖1项，四川省科技进步一等奖和二等奖各1项。新申请中国发明专利50余项，获准授权发明专利41项。

合作交流方面。2012年，学院共有150余人次参与国际国内学术会议及学术交流；邀请了国际国内30余位具有影响力专家教授来院讲学。学院作为主要参与单位组织承办了“中国化学会第28届学术年会”，主办“国际阻燃材料与技术研讨会”。

党建及学生工作方面。2012年，学院新发展党员212人，转正党员149人（其中发展教师党员2人，转正3人）；目前学院党员总人数已近700人。学院党委下设4个教师支部、1个教师学生混合支部、2个退休教师支部和7个学生支部。在学生工作方面，积极做好教育基金会工作，设立了车头制药、晓光、龙盛教育基金和山河奖学金，2012年度校友捐赠的奖助学金总额为26.8万元。2012年学院毕业本科学生272人，一次性就业率96.69%，其中读研率为50%；毕业硕士生101人、博士生43人，研究生就业率100%。2011级博士生蔡云飞入围2012年爱思唯尔博士奖；2010级本科生郭松松、李秋彤、代京杭、崔晓宇、王倩倩获得第十三届中国西部国际博览会优秀志愿者（国家级）；2010级本科陈晗、卢璐、刘学谦、方文翰荣获全国高校视频大赛优胜奖；2009级本科生赖宇声、胡宇斯荣获全国第三届大学生艺术节二等奖；2009级本科生周川、王章远荣获全国高校化学实验邀请赛二等奖。

【承办中国化学会第28届学术年会】 4月12日—16日，由四川大学主办的中国化学会第28届年会在我校召开，本次会议有包括50位两院院士和第三世界院士在内的5500名专家、学者等应邀参会，共设立19个分会场、9个论坛（包含6个中外双边论坛），是历届年会中参会人数最多、层次最高、规模最大的一届。化学学院在本次会议中主要承担了22个分会及论坛的组织协调工作，学院80余教师及300余学生参与会议筹备和服务工作，取得与会代表好评。

【主办国际阻燃材料与技术研讨会】 9月18日—20日，化学学院环保型高分子材料国家地方联合工程实验室主办的第二届国际阻燃材料与技术研讨会在成都召开。本次研讨会汇集了近300位来自不同国家的研究人员和企业代表，深入交流和展现了当前阻燃领域的科学前沿和热点问题、新技术及最新成果。

【获得国家自然科学奖二等奖】 冯小明教授带领的科研团队所完成的科研成果“含氮手性催化剂的设计合成及其不对称催化有机反应研究”获得2012年度国家自然科学奖二等奖。

【引进人才取得新进展】 为了配合学校国际化建设的需要以及学科发展的需要，学院经多方努力本年度引进全职外籍教授1人、青年千人计划支持者1人。同时，学院选拔了10余名优秀的青年教师参加各类海外教学科研培训。

【先进集体和个人表彰】 化学学院荣获2011—2012年度“先进集体”称号，李瑛和蒲雪梅两位教授获得2011—2012年度先进个人称号，张愉获四川大学优秀思政教师，荣获四川大学“十佳模范教职工之家”，获四川大学心理健康教育先进集体。

【四川大学创先争优活动表彰】 学院在创先争优活动中荣获一系列荣誉：学院党委荣获“先进基层党委”，环保型高分子材料党支部获“先进党支部”，徐定国获“优秀共产党员”，邓锦琳获“优秀工会工作者”，冯立获“优秀工会会员”，鄢国森获“老有所为”突出贡献优秀个人，学院团委获“先进分团委”，学院2009级12团支部和2010级14团支部获“先进班级团支部”，方文翰（2010级本科）获“校风学风建设优秀个人”。

【四川大学—唐立新教育发展基金】 在首次四川大学—唐立新教育发展基金奖励评选中，化学学院游劲松教授获“唐立新青年科学之星奖”，蒲雪梅教授获“唐立新教学名师奖”，彭革老师获“唐立新优秀辅导员奖”。

（以上资料由化学学院苏晓渝提供）

生命科学学院

【概况】生命科学学院是国家高等教育改革首批 17 个试点学院之一，是西部地区唯一的试点学院，也是全国唯一的试点生命科学学院。生命学院覆盖了作为现代自然科学基础领域的生命科学和作为现代高新技术前沿领域的生物技术，着力于生物、医学、农业、生态环境保护等方面的研究和应用，承担了为国家培养高层次专门人才和开展重大科学技术研究的双重任务。

师资队伍方面。学院现有教职工 140 人。其中院士人 1 人，特聘院士 2 人，国家“千人计划”3 人，长江学者 1 人，国家教学名师 2 人，国家杰出青年基金获得者 2 人，青年“千人计划”1 人，“973”首席 1 人，四川省“百人计划”1 人，高端外籍教师 2 人，四川省学术及技术带头人 9 人。教授 44 人，副教授 34 人，博士生导师 40 人，硕士生导师 71 人。专任教师中具有博士学位者占 92%，45 岁以下占 85%。

学科建设方面。学院拥有生物学博士后流动站 1 个，国家级重点学科 2 个：植物学和遗传学；拥有一级学科博士学位授权点 3 个：生物学，生态学，植物保护；一级学科硕士学位授权点 2 个：农业资源利用，风景园林学；教育部重点实验室 1 个（生物资源与生态环境教育部重点实验室），省级重点实验室 7 个（资源生物学及生物制药工程四川省重点实验室、濒危野生动物保护生物学四川省重点实验室、分子生物学及生物技术四川省重点实验室、动物疫病防控与食品安全四川省重点实验室、资源微生物及微生物生物技术四川省重点实验室、微生物与代谢工程四川省重点实验室以及新增的特色生物资源利用及医药技术川渝共建重点实验室）；研究中心 2 个，研究所 4 个（四川大学生物化学技术研究所、四川大学食品与发酵工程研究所、四川大学生物信息研究所、四川大学生物工程研究所）；四川大学自然博物馆拥有动物标本 13 万余号，植物标本 72 万余份，馆藏量居国内高校同类博物馆前列。教研教改成就突出，2012 年获批国家自然科学基金委基础学科人才培养基金“条件建设项目”和“野外实习基地建设项目”；获批国家大学生校外实践教育基地建设项目《四川大学—四川峨眉山环境科学、生物多样性野外实践教育基地》；创新改革《生物技术创新探索实验》课程及 2 项精品实验项目；生物科学、生物技术两个专业获批教育部“专业综合改革试点”项目。在已经进行的考试改革课程中，有 6 门课程获得一等奖，6 门获得二等奖。学院获得四川大学“本科教学工作先进单位”称号和“本科拔尖人才培养贡献奖”，魏炜副教授获得“课堂教学质量优秀奖”，孙群、邹方东教授获得“最受欢迎的文化素质公选课教师”称号，曹毅、鲍锦库教授获得“大学生课外科技实践活动优秀指导教师”称号。此外，王海燕副教授荣获“唐立新教学名师奖”。

人才培养方面。学院拥有“国家生物学人才培养基地”和“国家生命科学与技术人才培养基地”两个基地，拥有“国家级生物科学实验教学中心”，成立了“基础学科生物学拔尖创新人才培养试验班”。2012年，招收本科生227人，毕业本科生208人；招收硕士生154人，毕业授位132人；招收博士生71名，毕业授位57人；在站博士后9人。大学生创新性实验计划项目获批20项，其中国家级6项，校级重点项目6项；本科生共发表SCI论文19篇，其中以第一作者署名8篇；研究生以第一作者署名发表SCI文章共计111篇。2009级周程冉等6名同学参加“国际遗传工程机器大赛（iGEM）”亚太区比赛，并凭借《酵母人工细胞器YAO ♯1.0》课题荣获金牌；2008级本科生攻读国内研究生108人，出国留学11人；2008级博士研究生徐霄与导师岳碧松教授以共同第一作者署名于2012年9月21日在*Science*上发表研究论文；2010级博士研究生陶向（导师张义正教授）获得2012年度教育部“博士研究生学术新人奖”。

科研方面。2012年，学院到校经费4440.5万元；新增科研项目59项，其中新增国家973项目3项，国家“863”项目1项，国家科技支撑2项，国家自然科学基金18项；新增横向协作项目51项，到校经费512.3万元；申请专利20项，获得授权专利23项；发表SCI论文119篇，平均影响因子2.08，岳碧松教授与其指导的学生以共同第一作者署名在*Science*上发表文章，刘永胜教授参与的番茄基因组序列测定的文章以封面形式在*Nature*上发表；艾应伟教授参与的新型高效综合系列微肥的开发应用项目获得省科技进步一等奖，赵云教授和王海燕副教授参与的薯类原料高效乙醇转化技术项目获得省科技进步一等奖，杨志荣教授负责的若尔盖退化草地治理与退化湿地植被恢复关键技术及示范项目获得四川省科技进步三等奖。

合作交流方面。2012年，邀请国内外专家58人次来我学院讲学，包括诺贝尔奖得主哈佛大学医学院Jack. Szostak教授、2009年化学诺贝尔奖得主阿达·尤纳斯（Ada Yonath）教授等人；学院公派留学5名，15位同学出国到境外高校互换或交流访问；与康涅狄格大学签订了“3+2”联合办学协议，已有4位同学成功申请该项目；与华大基因研究院联合培养第二届“生物信息学”创新班，16名同学参加；与中国科学院上海应用物理研究所达成联合办学协议，采用“3+1”模式联合培养物理生物学交叉型复合研究型人才。

党建及学生工作方面。2012年，新组建动物生态专业实验室和资源微生物学实验室2个实验室研究生党支部；发展学生党员80人，转正学生党员72人；举办了学院第9期业余党校培训班，126名入党积极分子参加了培训；2011级研究生党支部评为“中共四川大学先进党支部”称号。学院团委荣获了“四川大学2010—2012年创先争优优秀分团委”、“四川大学五四红旗团支部标兵创建单位”、“四川大学团支部工作创新奖金奖”以及“四川大学2012年暑期社会实践先进集体”等4项集体荣誉称号。2009级生物科学基地班荣获“百佳优秀班级”称号；2010级生科2班获模范“百佳优秀班级”称号；院研究生会被评为“全校十佳研究生会”称号。开展4次心理健康教育专题培训，出版了4期《心律》杂志，荣获2012年度“学校心理危机干预先进集体”。2009级本科生推免研究生总数96人，其中直博生27人，保研率达43.05%。

【国家重大科学研究“973”项目“肿瘤发生发展中关键蛋白的功能与调控”正式启动】3月17日，国家重大科学研究“973”项目“肿瘤发生发展中关键蛋白的功能与调控”启动会在成都隆重举行。该项目由四川大学、北京大学、中国医学科学院、中国科学院上海药物研究所、中国科学院生物物理研究所和中国人民解放军军事医学科学院承担。项目首席科学家、国家千人计划特聘专家、四川大学生命科学学院院长肖智雄教授担任该项目首席科学家。

【成功举办2012年度第二届优秀大学生暑期夏令营】7月21日—7月25日，第二届四川大学生命科学全国优秀大学生暑期夏令营在成都举办。2012级录取的硕士研究生中，有7名来自首届暑期夏令营的优秀营员。

【承办“高校植物学骨干教师培训与研讨会”】7月29日—8月3日，2012年度“高校植物学骨干教师培训与研讨会”在成都召开。培训会邀请了国内外植物学领域的著名专家做专题报告，植物学国家级精品课程负责人分享课程建设经验，教学一线教师还就课程建设、教学内容、教学方法等交流与研讨。

【4项教研教改项目荣获四川大学教学成果奖一等奖】10月，在4年一度的四川大学教学成果奖评选中，学院获4项四川大学教学成果奖一等奖。

【“生物科学国家级实验教学示范中心”顺利通过验收】11月，中心顺利通过了四川省教育厅组织的国家级实验教学示范中心验收专家组验收。专家组充分肯定了中心的建设成效，对中心建立多层次化、多元模块化的创新实验教学体系，以及充分利用西部特色资源，积极促进科研对教学的支撑等方面给予了高度的评价。

【荣获2012年国家科技进步二等奖】2013年1月，王红宁教授负责的猪鸡病原细菌耐药性研究及在安全高效新兽药研制中的应用项目获得国家科技进步二等奖。

（以上资料由生命科学学院谭芙蓉提供）

电子信息学院

【概况】电子信息学院设有三个系（无线电电子学系、光电科学技术系、信息安全工程系），拥有3个专业实验室（电子信息技术专业实验中心、光电专业实验室、信息安全实验室）、2个本科创新实验室和7个研究所（应用电磁学研究所、图像信息研究所、通信工程与信息系统研究所、智能控制研究所、信息安全研究所、三维光电技术研究所、信息显示研究所），以及1个校级研究中心（四川大学光电子研究中心）。

师资队伍方面。现有在编教职工112人。其中中国工程院院士1人，教育部长江学者特聘教授1人，国家杰出青年基金获得者2人，新世纪百千万人才工程国家级人选1人，教育部跨世纪优秀人才1人，教育部新世纪优秀人才5人，省学术带头人3人，省学术带头人后备人选7人，国家突出贡献专家2人，省突出贡献专家1人，市突出贡献专家2人；博士生导师17人，硕士生导师45人，教授（级）31人，副教授（级）32人，专任教师80人，同时聘有6位院士担任兼职教授；75%的教师有海外留学和学术交流的经历。学院已经形成一支以优秀学科带头人为核心，以中青年学者为骨干的学术梯队和以中青年教师为主体的师资队伍。

学科建设方面。一级学科博士学位授权点2个（信息与通信工程、光学工程），均为博士后流动站；二级学科博士学位授权点6个（光学工程、光学、通信与信息系统、信号与信息处理、无线电物理、信息系统安全）；硕士点10个（通信与信息系统、信号与信息处理、电路与系统、电磁场与微波技术、无线电物理、模式识别与智能系统、光学工程、光学、物理电子学、信息系统安全）；工程博士招生领域1个（电子与信息），工程硕士招生领域3个（电子与通信工程、光学工程、软件工程）；信息与通信工程一级学科下新增二级学科通信系统电磁兼容与射频技术。本科专业5个（电子信息科学与技术、电子信息工程、电子科学与技术、光信息科学与技术、信息安全），四川省重点学科3个（光学、光学工程、通信与信息系统）。省部级重点实验室3个（光学实验室、信息安全实验室、国家信息安全产品测评技术实验室），人才培养基地2个（省级电子信息工程本科人才培养基地、校级电工电子基础课程教学基地）。

人才培养方面。2012年，招收本科生400人，硕士生217人，博士生28人；在读本科生1675人，硕士生716人，博士生92人。开设本科生课程111门（其中全校公共选修课11门），硕士生课程42门。信息安全专业获批四川省首批卓越工程师计划试点专业。学院获评校“本科教学工作先进单位”。组织教学指导委员会完成了2013级5个本科专业教学计划的全面修订。组织开展了《2012年校级教学成果奖励暨推荐四川省教学成果奖》申报工作，获得四川大学校级教学成果一等奖2项，二等奖1项。推荐申报四川省教学成果一等奖1项。2名教师获得国家留学基金委“青年骨干教师出国研修项目”资助赴海外研修。组织和完成了2013届免试攻读硕士学位研究生的推选工作，2009级本科应届生（419人）中有47人获保校内指标（其中“3+2+3”计划3人，创新人才3人），27人获保校外指标，6人获外校指标，推免率为19.1%。组织学院本科生参加多项科技竞赛，获全国二等奖4项，三等奖1项；获省级一等奖4项，二等奖4项；主办了第九届四川大学“锦电杯”科技创新大赛，参评作品63件，评出特等奖1项，一等奖9项，二等奖13项，三等奖15项。申报并获准“国家工程实践教育中心”2个，教育部高校国家大学生校外实践教育基地1个。组织完成了本科10级电子信息科学大类和光信息科学技术大类的分专业和专业方向分流工作。获准学校“985”三期建设经费400万元，进行了3个专业实验室的建设。自筹资金近20万，给新老校区本科创新实验室增加了近30台套的仪器设备。进行本科课堂教学质量评价和考核工作，对每学期确定的帮扶教师以及新开课的教师，督导组专家和学院领导进行了听课。

科研方面。2012年，新签横向合同

70项，启动纵向项目50项，承担军工项目38项，获准国家自然科学基金杰出青年基金1项，面上项目4项。2012年学院科研经费达到2750万元。获授权发明专利10余项。SCI检索论文75篇，EI检索论文148篇。

合作交流方面。积极邀请国内外学术专家到学院访问讲学，2012年共举办前沿领域学术讲座、交流等累计30余场。10月18日至21日，学院主办了第二十届全国激光学术会议，来自全国各地的光学届专家汇聚一堂，为全校师生带来几十场精彩的学术报告。

党建与学生工作方面，举办了四川大学第132期暨电子信息学院第15期党校培训，共有270名入党积极分子接受了培训；举办党员干部骨干培训班2期，培训了33名学生党员骨干；规范学生党员发展工作，一年来共计发展学生党员240余人，研究生毕业班党员比例达80%，本科毕业班党员比例达56%；关注贫困学生，积极协助学生办理国家助学贷款，对困难学生进行临时救助和长期帮扶相结合，开展学院“本科生—研究生”交流活动及高年级本科生和低年级本科生交流活动10次。开展学生心理健康讲座7次。

【学院喜获校“十佳模范教职工之家”】 4月27日，在四川大学第三届教代会第二次会议暨第二届工代会第二次会议预备会议上，学院喜获四川大学“十佳模范教职工之家”荣誉称号。

【学院科研工作再添佳绩】 10月中旬，由我校牵头组织、承担的“支撑微波能高效工业应用中的新型微波源基础问题研究”获得通过，为学院再添1项国家“973”项目。该项目以新型能源应用的国家节能减排的基本政策为导向，着力于解决大功率微波与工业物料的相互作用机理等关键科研问题，为微波能的高效工业应用提供理论和技术支撑。学院院长黄卡玛教授担任该项目的首席科学家，同时兼任“微波加热工业物料与多物理场协同计算”的课题负责人。同期，学院王琼华教授喜获国家杰出青年基金资助，为学院科研工作再添佳绩。

【成功举办第二十届全国激光学术会议】 10月19日，由中国工程院信息与电子工程学部、中国电子学会、中国光学学会主办，四川大学承办的第二十届全国激光学术会议在四川大学望江校区西五教演播厅隆重举行。大会主席——中国工程院院士、863计划第八领域专家委员会委员范滇元，中国工程院院士、四川大学电子信息学院教授周寿桓，中国工程院院士、四川大学校长谢和平，大会副主席——中国工程院院士、中科院理化所功能晶体与激光技术中科院重点实验室学术委员会主任许祖彦，中科院成都分院院长张雨东，以及多名来自全国各高校和研究所的激光学专家出席了开幕式。会议邀请了许祖彦院士、吕跃广院士等10位专家作大会特邀报告，报告反映了我国激光在各个方面的当前水平与研究进展状况。

【成功召开创先争优活动总结表彰大会】 12月11日下午，学院创先争优活动表彰大会在基础教学楼A303会议室举行。学院党委书记、创先争优活动领导小组组长蒋斌作了总结报告。院长黄卡玛宣读了表彰决定：授予无线电物理党支部等3个基层组织党“电子信息学院创先争优活动先进党支部”称号，授予王琼华等15名同志“电子信息学院创先争优活动优秀共产党员”称号，授予范德荣等2名同志“电子信息学院创先争优活动优秀工会工作者”称号，授予曹益平等11名同志“电子信息学院创先争优活动优秀工会会员”称号。

（以上资料由电子信息学院王绍朋提供）

材料科学与工程学院

【概况】材料科学与工程学院设有材料科学系、金属材料系和无机非金属材料及生物医学工程系3个教学系；1个国家级和省级实验教学示范中心“材料科学与工程实验中心”，1个“特种材料及制备加工技术”教育部B类重点实验室（均与高分子科学与工程学院共建），1个四川省材料科学类人才培养基地，5个部省级研究中心，8个校级研究所；设有材料物理、材料化学、金属材料工程、无机非金属材料工程、生物医学工程等5个专业实验室和1个学院中心实验室。

师资队伍方面。学院现有83名教职工，其中专任教师（含思政教师）66名（博士学位获得者53人），教辅人员6名，行政管理人员7名；教授25名，副高职称33名，中级及以下职称27名；博士生导师28名，硕士生导师23名；中国工程院院士1名，国家有突出贡献中青年专家1名，国务院学科评议组成员1名，国务院特殊津贴获得者8名，教育部高校教学指导委员会委员2名，四川省学术与技术带头人12名，四川省有突出贡献的优秀专家3名；入选教育部新世纪优秀人才支持计划4名。

学科建设方面。学院设有材料科学与工程、生物医学工程、物理学3个博士后科研流动站，有材料物理与化学、凝聚态物理、材料学、生物医学工程、纳米材料与纳米技术等5个博士和硕士学位授权点，在材料工程、生物医学工程2个领域招收工程硕士；设有材料物理、材料化学、金属材料工程、无机非金属材料工程、生物医学工程以及新能源材料与器件等6个本科专业，有材料科学与工程、生物医学工程等2个一级学科国家重点学科，有材料学、材料加工工程、材料物理与化学等3个二级学科国家重点学科；1个教育部本科特色专业（新能源材料与器件）、1个四川省本科特色专业（材料物理）。

人才培养方面。2012年，学院招收本科生295名，硕士研究生105名，博士研究生18名，博士后1名；在读本科生1195名，硕士研究生344名，博士生76名，博士后3名；开设本科生课程150门，研究生课程200门；国家级精品课程1门，省级精品课程5门，校级精品课程6门；1位老师获得四川省教学名师称号；1个教学团队获“四川省教学团队”立项建设。

科研方面。2012年，学院新获准军工项目6项，国家自然科学基金面上项目3项、青年项目2项，其他纵向和横向科研项目39项，到校科研经费1424万元；在国内外著名学术期刊和学术会议上发表论文，SCI收录128篇，人均发表SCI收录论文列全校前三名，EI收录141篇；获国家授权发明专利25项。

合作交流方面。继续扩大对内对外交

流与合作，加快教育国际化步伐。2012年，学院有4名学生参加国家留学基金委的公派出国项目出国留学，1名学生参加学院与英国拉夫堡大学的联合培养项目到英国留学；派出教师出国学习、访问共计2人/次；派出教师和学生参加各类国际学术会议共计人20/次。

党建及学生工作方面。2012年，学院新发展党员89名，预备党员转正81名。现有81名在职教职工中党员51人，党员比例为61.9%；现有1526名学生中党员308人，党员比例约为20.18%。其中本科生党员85名，约占本科生学生的7.11%，研究生党员223名，研究生党员比例为61.1%。聘请学院退休教师刘蓉生担任学院党建“组织员”，学院党建工作中取得了好成绩。学院学生工作再上新台阶。2012年，学院学生会评比列全校第11名；校运会上，学院运动健儿奋勇拼搏，以208分取得了全校团体总分第8的好成绩；学院先后4人次获四川省优秀毕业生或优秀毕业生干部称号；在2012年度大学生英语竞赛中，1人获全国二等奖，5人获全国三等奖；在2012年度全国大学生数学竞赛中，1人获全国二等奖。5月，重庆博赛矿业集团第六期奖助学金、奖教金20万元到校，学校隆重召开颁奖大会，李向成副书记代表学校出席了大会，向获奖的108位师生表示热烈祝贺。博赛集团阿坝铝厂邱志忠厂长代表校友、博赛集团董事长袁志伦先生感谢母校多年来对集团公司的厚爱和支持。杭州意派科技有限公司在学院设立“意派奖学金”，2万元已到校，资助品学兼优的学生。

【召开学院第二次党代会】1月5日，成功召开学院第二次党代会。大会总结了学院第一次党代会以来学院事业发展和党的建设取得的主要成绩和基本经验，分析了学院面临的形势、机遇与挑战，提出了今后五年学院改革发展的战略思路、奋斗目标、主要任务和重要举措。大会审议通过了党委、纪委工作报告和各项决议，选举产生了新一届学院党委会和纪委会。

【加强学生思想政治教育和素质教育，关心关爱特殊学生】进一步加强和改进大学生思想政治教育工作，加强形势与政策教育教学规范化、制度化建设，把社会主义核心价值体系融入人才培养全过程，深入推进中国特色社会主义理论体系进教材、进课堂、进头脑。1月，学院2009级金属材料工程专业学生王永康，罹患骨髓衰竭综合症和原发性肺纤维化。学院党政领导在第一时间到医院看望了王永康同学。学院征得博赛集团的同意，在博赛助学金中为王永康设立了特别助学金。学院及时向李向成副书记、学工部领导汇报，并在全校范围内组织了3天的募捐，共筹得捐款12万余元，全部用于王永康同学的康复治疗。

【召开学院第三届教代会、工代会第二次会议】3月30日召开了学院第三届教代会、工代会第二次会议，学院领导向学院双代会汇报了学院的教学、科研、管理、财政等工作。

【完成2011年度领导班子考核】7月5日，联系学院工作的石坚副校长主持召开了2012年学院领导班子民主生活会。与会院领导分别就分管的工作进行了汇报和交流，石校长介绍了学校关于人才引进和人才培养工作方面的政策，建议学院在工作中要拓宽思路、规划好骨干教师的培养工作，在人才队伍建设工作中尽快取得重大进展。

【完成“新能源材料与器件”专业的学生选拔和专业建设论证工作】5月16

日，学院召开了新能源材料与器件新专业专家论证会，邀请了7位专家（其中省外4位，省内3位）到会，对新专业的设置和教学计划等进行了论证。经过学生个人申报、系级审核、新能源材料与器件专业筹备组选拔了“新能源材料与器件”专业学生共21名。

【举办“实践及国际课程周”】组织学生到相关专业实习基地、企业实习参观，邀请相关专业的国内外专家，如美国普林斯顿大学教授Steven L. Bernasek、美国德州大学圣安东尼奥分校终身教授陈充林博士等为学生开设了专题讲座。

【规范科研经费管理】11月23日下午，学院邀请校纪委张学龙副书记、校审计处范瑾副处长等到学院进行了规范科研经费管理政策的宣讲。学院要求全院老师深入学习教育部文件精神、学校各项规章制度和相关法律法规，进一步规范和加强科研经费管理。

【认真学习贯彻落实党的十八大精神，总结表彰学院创先争优先进集体和个人】11月—12月，学院党委及时组织领导干部、教师代表听取了学校组织的“十八大精神报告会”；召开了学院党委中心组学习会议；邀请了张诚老师到学院为全院师生做党的十八大精神的宣讲报告；充分运用党支部组织生活、政治学习、形势教育课等形式，组织师生深入学习党的十八大精神。对学院创先争优活动进行了总结和表彰，学院表彰了4个优秀党支部和17名优秀党员，其中2010硕士支部还获学校优秀党支部，刘颖、付梅还获学校优秀党员。评选出一批优秀共青团员和共青团组织。

（以上资料由材料科学与工程学院付梅提供）

制造科学与工程学院

【概况】制造科学与工程学院是以机械制造为基础，拥有现代机械制造设计及测试控制、材料应用于一体的综合工科学院。学院发展方向定为“科研教学型”学院。

机构设置方面。学院下设4个系：机械工程系、工业设计系、材料成型及控制工程系、测试技术与控制工程系；4个四川省高校重点实验室：先进制造技术省重点实验室、人机系统及仿生省重点实验室、先进材料成型及模具技术省重点实验室、创新设计与创新方法省重点实验室；2个校级中心：四川大学工程设计中心和四川大学工程训练中心。

师资队伍方面。学院有教职工182人，其中专任教师及教辅人员98人，党政管理及思政教师22人，工程设计中心和工程训练中心62人。正高职称教师26人、副高职称教师37人；教职工平均年龄42岁，30岁至50岁教职工占78.5%；56.1%的教职工具有博士学位。

学科建设方面。有2个四川省一级学科重点学科，1个四川省二级学科重点学科，4个四川省重点实验室，2个国家级实验教学示范中心，1个教育部高等学校特色专业，2个四川省特色专业，1个四川大学特色专业，1个一级学科博士学位授权点，2个二级学科博士学位授权点，3个一级学科硕士学位授权点，1个二级学科硕士学位授权点，1个博士后流动站，7个工程硕士培养领域。

人才培养方面。2012年，学院招收本科生484人，在读本科生2214名，本科毕业生565人，其中547人授予学士学位；招收全日制硕士研究生136人，全日制博士研究生20人，非全日制硕士研究生97人；目前，在校全日制硕士研究生为393人，全日制博士研究生47人，非全日制硕士研究生465人。

科研情况方面。2012年，学院科研总经费1917.52万元，为历史新高，其中纵向科研经费995.34万元，横向科研经费922.18万元；团队科研经费1297.56万元，占学院科研总经费的68%；学院9名教师获得国家自然科学基金资助。SCI收录论文23篇，EI收录论文62篇；15项发明专利获得授权；学院科研系数为4.26。

合作交流方面。2012年，学院5名本科生赴德国伊尔梅瑙大学攻读“2+2”学位，1名研究生入选台湾清华大学2012年暑期实习计划，2名同学受邀参加了在北京举行的“中国学生观摩瑞士技术”活动，10余名研究生参加了国内外高水平交流活动；学院组织部分教授考察台湾义守等大学和台湾工业技术研究院，1名教师代表学院赴台湾义守大学进行为期两周的教学；学院接待国际、国内来访的代表团10余次，举办多次学术讲座。

党建及学生工作方面。2012年，学院党政重点抓好5方面的工作。一是认真开展党建工作，落实“创先争优”和贯彻学习十八大精神的活动，进一步加强党风廉政建设工作。二是积极加强对学院行政人员的学习，不断提高行政人员的专业素质和服务意识，把行政工作不断推向前进。三是结合学校“文化建设年”活动，认真开展学院文化提炼及相关宣传工作。四是突出加强对青年教师的培养工作。五是继续做好人才培养工作，进一步推动学生思政教育及组织发展工作。

【党校培训】3月10日，学院党校第十一期入党积极分子培训班开学典礼在望江校区基础教学楼C201举行。323名本科生和研究生入党积极分子参加了本次开学典礼，并进行了第一讲党课教育。

【青年教师外语培训】3月22日，学院针对青年教师外语学习及学术提高举办交流座谈会。院长赵世平教授就学院发展现状、科研学术水平及存在的问题向青年教师们提出了希望和要求，校出国留学人员培训部陈春发教授向青年教师介绍了听力、口语、阅读、写作四个部分的特点和学习技巧。

【学者来访】3月30日，日本北海道大学工学研究院院长马场直志教授等一行三人来学院访问；5月21日—23日，台湾义守大学机械与自动化工程学系徐祥祯教授来学院交流访问；6月8日，香港理工大学工业及系统工程系近净成形科技组陈联洲副教授一行3人来学院交流访问；10月美国肯特州立大学应用工程学院院长Prof. Simon Song一行来学院访问。

【教学实践周活动】6月25日—7月10日，学院各专业开展教学实践周活动。活动周期间，上海优立昂汽车部件有限公司、天津市百利溢通电泵有限公司等多家单位领导和专家为学院学生作了多场演讲。各专业还开展了现场参观、专题讲座、动手操作、互动交流等形式的实践活动。

【本科国际交流周活动】6 月 27 日—7 月 1 日，学院邀请来自尼泊尔、印度、斐济等国的海外留学生与学院 2009 级学生进行了为期 5 天的国际交流周活动。

【四川大学优秀教师评选】9 月 10 日，在学校召开的“四川大学第 28 个教师节暨四川大学‘先进集体、先进个人’表彰会”上，学院两位青年老师荣获“四川大学优秀教师”荣誉称号。

【海峡两岸青年学子科级交流】9 月 11 日，由中国科协组织的“第三届海峡两岸青年学子科技交流”活动在学院举行。台湾中技社能源发展中心以及台湾大学等 16 名硕博士研究生与学院教师、博士研究进行了交流。

【本科名誉班主任】9 月 11 日，学院聘请学院各级领导、教授以及诸多优秀教师为学院 2011 级学生的名誉班主任，他们将参与指导学院 2011 级大二学生的学习，关心同学们的健康成长。

【四川大学本科教学经验交流会】9 月 19 日，学院荣获学校“本科教学工作先进单位”，并作为代表工科学院在会上作了经验交流。学院 13 位老师荣获学校本科教学的各类表彰。

【本科学生就业】10 月 15 日，据学校学工部数据统计，学院 2012 届本科毕业生就业率再创新高，名列全校第一。

【国家自然科学基金申报讲座】10 月 24 日，国家自然科学基金委评委、机械工程系李彦教授在学院 208 会议室为学院中青年教师作了一场国家自然科学基金申报工作的专题讲座。

【学生比赛获奖】“凤凰展翅”——四川大学 2012 年文化艺术节“智慧川大人”辩论大赛总决赛上，学院参辩学生赢得本次比赛的冠军；工业设计系同学设计的作品“Lumigrids”获得国际红点设计大赛（Red Dot Design Award）“最佳概念”奖；2011 级研究生作品“EPMS 设备开发创业计划”在第八届“挑战杯”中国大学生创业计划竞赛中荣获金奖；工业设计系本科 2009 级学生在天府宝岛工业设计“未来设计之星”大赛上共获得两项优秀奖和四项星光奖。

【首届四川高校机械类学院联席会】11 月 15 日，四川大学、电子科技大学、西南科技大学、西华大学的机械学院（系）召开了主题为“院系合作，共谋发展”的第一届四川省高校机械类学院联席会议，旨在共同交流和深入探讨机械学院发展的先进经验和方法。

【科研经费管理讲座】11 月 23 日，由学校“四川大学科研经费管理和使用形势政策”宣讲组在学院 219 报告厅为学院师生作了科研经费管理和使用的相关政策和法规的宣讲。

【国家级实验教学示范中心验收】11 月 27 日—29 日，国家级实验教学示范中心验收专家组对工程训练国家级实验教学示范中心进行了现场验收工作，训练中心顺利通过验收。

【新进青年教师座谈会】11 月 30 日，学院召开新进青年教师座谈会。学院党委书记惠新强介绍了学院在人事考核制度方面的变化和调整；11 位青年教师就进校以来自己在各方面的工作情况，以及目前面临的困难和问题进行了交流。

【十八大精神宣讲报告】12 月 7 日，学校十八大精神宣讲团成员张诚教授给学院 200 余名学生党员和入党积极分子作了题为“深入学习贯彻党的十八大精神，努力争做高素质拔尖创新创业人才”的宣讲报告。

【第三届制造与设计科学国际会议】

12月11日至13日，第三届制造与设计科学国际会议（ICFMD2012）在香港召开。作为本次大会特邀的3位主题演讲专家之一，学院杨屹教授在大会上作了题为 A novel forming method for micro parts—Micro FAST 的主题演讲。

【“模范教职工之家”复查验收】 12月29日，“模范教职工之家”复查验收会在学院208会议室举行。学院工会以优异成绩通过了学校“模范教职工之家”建设的复查验收。

（以上资料由制造科学与工程学院徐祥羽提供）

电气信息学院

【概况】 电气信息学院设有6个教学研究单位：电气工程系、自动化系、通信工程系、医学信息工程系、电工电子基础教学实验中心和电气信息工程专业实验中心。拥有1个智能电网四川省重点实验室，拥有电能质量与电磁环境学、信息与自动化技术两个四川省高校重点实验室，建有省级电气信息科学与工程本科人才培养基地、校级工科电工电子基础课教学基地。

师资队伍方面。学院共有教职工153人，其中专任教师103人、教辅人员29人；教授22人，副教授39人，讲师41人，助教1人，高级工程师和高级实验师7人，工程师20人，助理工程师2人；博士导师8人，硕士导师36人。

学科建设方面。学院现有电力系统及其自动化、医学信息工程2个工学博士学位授权点，拥有电机与电器、电力系统及其自动化、高电压与绝缘技术、电力电子与电力传动、电工理论与新技术、控制理论与控制工程、检测技术与自动化装置、信号与信息处理、医学信息工程9个工学硕士学位授权点，以及电气工程、控制工程、软件工程3个工程硕士授权点，设有电气工程及其自动化、自动化、通信工程、医学信息工程4个本科专业。

人才培养方面。2012年共招收博士研究生10人，硕士研究生141人，本科生465人。在读博士研究生31人，硕士研究生398人，本科生2328人。2012年，各专业根据“卓越工程师”及“323＋X”的要求，适应行业发展和社会需要，重新改版2013年教学计划，并和星宇节能技术股份有限公司、华为—讯方卓越股份有限公司、依米康股份有限公司、成都奥泰股份有限公司签订了卓越工程师教育培养基地协议并启动了相关建设工作，完成了2011级“卓越工程师”试点班的选拔工作，成功申报医学信息工程专业成为四川省首批卓越工程师计划试点专业；完成“323+X”计划的中期总结，并按计划逐步推进小班化课堂、大班化授课小班化讨论等教学改革，毕业论文（设计）高质量多样化改革，个性化教育阶段三大类课程体系建设；实施以智能电网实验平台为核心的“985三期”本科专业实验室建设项目，学校1000余万元专项资金和学院100万元配套资金均已投入，目前已完成83.5%设备采购和部分实验室配套建设工作；学院在2012年四川大学教学成果奖评选中获得一等奖3项、二等奖3项，并推荐1项参加省级教学奖的评比。

科研方面。2012年，新获准国家自然科学基金3项，国家“863”计划主题项目子项目、国家科技支撑计划子项目各1项，教育部博士点基金（新教师类）1项，四川省科技项目5项，新签横向合同106项。合同经费5001.3万元，到校科研经费2560.8万元。SCI\EI光盘版论文检索共75篇。

合作交流方面。2012年，学院应邀参加了由中国国家自然科学基金会与英国科学研究理事会共同主办的“智能电网与电动汽车”研讨会，应邀参加了由国家科技部和国家自然科学基金会联合召开的“电网相关重大科学问题战略研讨会”；先后邀请了英国、美国、加拿大相关领域的国外专家学者共11人来校讲学、交流，并邀请海外专家来校开设暑期短期课程；接收海外留学生2名，选送22人赴海外深造。

党建及学生工作方面。2012年，电气信息学院举办了第25期党校，共有402名入党积极分子参加了党校学习，新发展党员416名，317名预备党员按期转正。完成下属22个党支部的分类定级评测工作和调查摸底，通过系列理论的学习，寓教活动的开展，并结合本职岗位进一步推进创先争优活动，切实做好基层组织建设。学院2012届毕业生中，研究生就业率99.11%。本科生中，电力专业就业率95.91%，考研率3.2%；通信工程就业率91.94%；自动化专业就业率92.76%，考研率2%；医学信息工程就业率91.3%，考研率4.3%，学生就业质量在全校名列前茅。通过组织与培养，各年级学生在各类大赛与活动中共获得国际级奖励2人次、国家级奖励24人次、省市级奖励74人次。研究生共发表核心期刊论文97篇、本科生发表核心期刊论文5篇；申请发明专利6项。

【邀请英国诺丁汉大学Greg Asher教授来校交流】4月7日—13日，学院邀请英国诺丁汉大学Greg Asher教授来校讲学、交流。Greg Asher教授长期致力于电机矢量控制系统、同步电机驱动器、模糊滑模控制等研究，曾任诺丁汉大学电力电子工程学院院长、工学院教学副院长、IEEE工业电子学会电力电子技术委员会主席，目前任*IEEE Transactions on Industrial Electronics*杂志副主编。本次讲授的课程*Vector Controlled Induction Motor Drives*为诺丁汉大学硕士阶段课程，这是电气信息学院首次邀请国外教授集中讲授完整的课程，也是学院加强教学科研国际化合作的第一步。同时，Greg Asher教授参观了多个教学实验室，并就其所在的诺丁汉大学科研团队的研究方向，青年教师在科研中应注意的问题，如何高效地利用实验器材进行教学等方面和学院教师进行了深入探讨。

【院长刘俊勇教授获国家自然科学基金重大国际合作项目资助】由刘俊勇教授带领的研究团队，获得国家自然基金委重大国际合作项目子课题资助，课题名称：智能电网状态在线感知与互动式风险平抑技术，项目经费100万元。刘俊勇教授，英国Brunel大学博士，现任四川大学电气信息学院院长，博士生导师，中国电力教育院校长联席会主席，中国电力教育电气工程学科教学委员会副主任，《电力系统自动化》《电力自动化设备》《现代电力》《电力系统及其自动化》编委，《四川电力技术》编委会副主任，四川省电机工程学会副理事长及川大分会主任，四川省电工技术学会副理事长，四川省电能质量及电磁环境重点实验室学术委员会主席，四川省教授级咨询师，IBM 特聘专家。

【院长刘俊勇教授获选连任中国电力教育大学院（校）长联席会主席】10 月 19 日—21 日，中国电力教育大学院（校）长联席会第四届第一次会议在成都市西南交通大学隆重举行，本次会议由西南交通大学电气工程学院承办，来自 27 个成员单位的代表及特邀嘉宾共计 50 余人参加了本次会议。本次大会主题为“智能电网探讨及创新人才培养”，会议听取了联席会秘书组做的联席会相关事务性工作规划和进展情况汇报并完成了联席会主席团的换届选举工作，四川大学电气信息学院院长刘俊勇教授获选连任联席会主席。

（以上资料由电气信息学院曾立渊提供）

计算机学院（软件学院）

【概况】计算机学院和软件学院实行“一套班子、两块牌子”的管理模式。目前学院下设 6 个系，即：计算机科学系、计算机网络与通信系、计算机工程系、软件工程系、数字娱乐系、信息安全系；一个所和两个校级中心：计算机图形图象研究所，计算机基础教学实验中心和 IBM 技术中心。此外，学院还有二个国家级重点实验室：视觉合成图形图像国防重点学科实验室和国家空管自动化系统技术重点实验室，现代交通管理系统教育部工程研究中心，两个四川省高校重点实验室：智能系统重点实验室和知识工程与网络智能重点实验室。

师资队伍方面。学院现有在职教职工 255 人，其中教师 192 人（包含思政教师 13 人；另有外聘教师 1 人、校内双肩挑 2 人），教辅人员 35 人，管理人员 24 人，工勤人员 4 人。其中，具有正高级专业技术职务 28 人（另有外聘教授 1 人、校内双肩挑 2 人），副高级专业技术职务 60 人（含思政教师 1 人），中级专业技术职务 100 人（含思政教师 8 人），初级专业技术职务 4 人（思政教师 4 人）；有全职博士生导师 17 人，硕士生导师 58 人；有理科杰出教授 1 人，省级教学名师 2 人。

学科建设方面。学院拥有计算机科学与技术一级学科博士学位授权点；有“计算机应用技术”国家二级重点学科和“计算机科学与技术”四川省一级重点学科各 1 个；拥有国家级重点实验室 1 个——视觉合成图形图像技术国防重点学科实验室，部级工程研究中心 1 个——教育部现代交通管理系统技术工程研究中心，四川省高校重点实验室两个——智能系统重点实验室和知识工程与网络智能重点实验室；有计算机科学与技术博士后科研流动站；本科专业设有：计算机科学与技术、软件工程、网络工程以及物联网 4 个专业。

人才培养方面。2012年，学院招收博士生27人，硕士生209人。在读硕博士研究生862人，软件工程工程硕士在读3006人。启动首批学院优博培养计划，共有4人获得资助。完成首次国家奖学金评定办法的制定与评审推荐工作，共有27人获得奖励（其中博士5人，硕士22人）。完成四川省科技厅“电子信息示范基地”苗子工程（研究生部分）的申报与评审工作，共15个项目获得示范基地首批资助。完成2012年度四川省科技厅苗子工程的申报动员与组织工作，共14个项目获得资助。加强研究生群体在学术/技术方面的活动组织，成立CCF（中国计算机学会）四川大学学生分会、EMC四川大学学生俱乐部等，加强面向研究生的学术氛围建设，促进企业交流与学术沟通。完成“电子与信息”领域工程博士培养方案的制定。新增校级立项教材1项，校级优秀教材1项，省级“十二五”规划教材2项。计算机学院招收本科生（大类招生）401人，在读1732人，物联网工程专业首次招生32名；软件学院招收本科生314人，双学位本科生3人，在校本科生1304人。新增校级教改项目3项，省级高等教育质量工程项目2项，校级优秀教学成果奖9项。计算机科学与技术专业和软件工程专业加入四川省卓越工程师计划。出版教改论文集《高素质应用型工程技术人才培养理论与实践探索》。软件学院2012年新增唐立新教学名师1项，新增省级重点教改项目1项，校级教改项目7项，省级教学成果奖1项，校级优秀教学成果奖6项。新增校级立项教材1项，校级优秀教材1项，省级“十二五”规划教材1项，校级本科教学优秀奖8项。作为学校首批开设全英语专业—软件工程的学院，设立了软件工程专业全英文课程，招收国际学生。2012年，学院制订并公布了软件工程专业双学位教学计划和培养方案，开始招收双学位学生，建立交叉人才培养模式。在专业培养标准与人才培养模式上进行了改革，从2012年开始，软件学院开始实施小班化教学。2012年，学院共开设全英文课程11门，双语课程19门。开设实践应用型课程15门，实验课程46门，综合性和创新设计性实验课程16门。

科研方面。学院全年到校经费合4521.66万元，进校经费首次突破4000万元。以到校经费统计，2012年共有187笔经费到校，其中横向83笔计3348.4万元，纵向104笔计1173.2万元。发表SCI、EI论文101篇（其中SCI 19篇，EI82篇），其中D级以上5篇，有4篇发表在IEEE汇刊上；授权国家发明专利17项。自然科学基金共申报33项，获准6项，首次申报杰出青年基金和优秀青年基金。本年度章毅教授获得省部级一等奖，张蕾教授入选教育部新世纪优秀人才支持计划，吕建成教授入选四川省杰出青年学科带头人支持计划，杨红雨教授荣获“第十五届中国科协求是杰出青年成果转化奖”，刘怡光教授获“唐立新青年科技之星”奖。完成了新一轮的学院科研机构调整，组建成立了9个科研团队。根据科研工作的变化，修订了以下科研管理条例：学院科研奖励条例，学院杰青管理条例，学院青年教师基金管理条例。

合作交流方面。2012年学院进一步加大对外交流与合作的力度。先后邀请国内外专家学者25位来院做学术报告，其中包括计算机科学家、数学家张景中院士；中国计算机软件奠基人之一，南京大学徐家福教授；光纤传送网与宽带信息网专家邬贺铨院士；资讯技术专家IBM院士萧慕岳博士；IEEE 计算智能协会主席，*IEEE FELLOW Gary* G. Yen 教授；神经网络专家、*IEEE FELLOW* 王钧教授；微软亚洲研究院，*IEEE* Fellow 吴枫研究员等业界知名学者。选派了 9 位教师出国交流访问，选派了 39 位本科生参加“3+2”、“3+1”、“2+2”项目或直接攻读博硕士学位项目到日本、芬兰、加拿大、美国、新加坡、墨西哥、法国的高校交流学习。今年新招收来自美国的博士研究生 2 名、硕士研究生 1 名，在校博硕博士留学生增至 6 人。从国外高校聘请 9 名教授来院为本科生开设了 9 门全英文课程。新增合作院校 1 所——挪威公立大学阿哥德大学。此外，从国外高校聘请了 19 名外教开设计算机系统结构、Android 手机编程、数据库系统、软件工程专题等 14 门课程。承办国内物联网高端学术会议 1 次。

党建及学生工作方面。2012 年在学校党委的领导下，学院党委坚持以邓小平理论和“三个代表”重要思想为指导，继续学习贯彻《教育改革纲要》和《基层组织条例》；深入贯彻科学发展观，组织好群众评议、支部分类定级等工作；深入开展创先争优活动，推动创先争优长效机制建设；学习、贯彻落实十八大精神。加强学院领导班子和干部队伍建设，做好中层干部年度考核工作；加强基层党组织建设，丰富支部生活内容；围绕学校“文化建设年”、学雷锋活动等一系列决策部署，积极开展各方面宣传教育工作，推动学院文化建设；组织好党的十八大代表候选人、省十大代表候选人推荐提名工作，组织好区、县人大代表投票点选举工作。加强党风廉政建设相关工作。围绕学校“文化建设年”加强思想政治工作。认真准备、积极迎接中央巡视组的检查、指导。高度重视毕业生就业工作，进一步完善就业指导与服务体系，积极引导和鼓励毕业生面向基层就业和自主择业，千方百计拓宽就业渠道，为毕业生就业创造条件。两院 2012 届本科毕业生一次就业率超过 97.97%和 99.68%，毕业研究生一次就业率超过 96.39%。加强学生工作队伍建设，严格条件、认真考核，选拔和充实辅导员队伍，努力提高辅导员专业化水平。做好安全稳定工作，推进和谐校园建设：认真了解师生员工情况，耐心做好工作，及时化解矛盾，注重解决关系师生员工切身利益的困难和问题，增强了学院的凝聚力和师生员工的集体荣誉感。为提高对各类突发事件的预警、防范和处置能力，学院党委制定了《四川大学计算机学院（软件学院）突发事件应急预案（总体）》《四川大学计算机学院（软件学院）学生心理健康工作应急预案（试行）》等系列应急预案。指导好工会和共青团工作、做好离退休工作，推进学院和谐发展。积极做好“教职工之家”建设，2012 年 5 月获得学校“十佳模范教职工之家”表彰。加强共青团建设，发挥好助手和后备军的作用。继续实施“大学生素质拓展计划”和青年志愿者服务计划，组织开展大学生社会实践活动，在实践中磨炼意志、增长才干。结合创先争优活动，2012 年，学院组织暑期“三下乡”活动队伍 7 支，参与 145 人次；组建志愿者服务队 20 支，参与 540 人次；结对帮扶、关爱留守儿童 15 对。

[以上资料由计算机学院（软件学院）唐宁九提供]

建筑与环境学院

【概况】建筑与环境学院现设力学科学与工程系、土木工程系、环境科学及工程系、建筑系；有固体力学、岩土工程、生物医学工程3个国家重点学科，能源工程安全与灾害力学教育部重点实验室，破坏力学与工程防灾减灾、生物力学工程、环境工程省重点实验室；有国家烟气脱硫工程技术研究中心、教育部西部资源与环境网上合作研究中心、四川省力学实验教学示范中心。形成了一套完备的人才培养体系和科研体系。

师资队伍方面。现有教职工220人，其中中国工程院院士1人、特聘院士2人，加拿大工程院院士1人，国家杰出青年基金获得者2人，教育部跨/新世纪优秀人才6人，国家“千人计划”特聘教授1人，国家“外专千人计划”特聘教授1人，四川省学术和技术带头人及后备人选20人，博士生导师16人，教授42人，副教授及高工70人，四川大学“高端外籍教师”特聘教授3人。聘请了包括美国国家科学院院士在内的30余名中外著名学者作为名誉或客座教授。

学科建设方面。学院有力学、土木工程、环境科学与工程、生物医学工程4个一级博士学位授权点，力学、土木工程、环境、生物医学工程4个博士后流动站；有力学、土木工程、环境科学与工程、建筑学、城乡规划学、风景园林学6个一级硕士授权点，土木与建筑、环境领域两个工程硕士授权点；有建筑学、城市规划、景观建筑设计、土木工程、给水排水工程、工程造价、建筑环境与设备工程、工程力学、环境科学、环境工程10个本科专业。学院现有研究所（中心）、实验室25个，实验室面积约8000平方米，设备约6000万元。学院充分发挥多学科综合优势，坚持“提高水平、鼓励交叉、形成特色、重点突破”建设方针，紧紧把握影响21世纪科技发展趋势的环保技术，新结构、新能源技术，在工程安全与灾害力学、新型材料超长寿命疲劳与动态破坏力学行为、工程防灾减灾、烟气脱硫脱硝、城市人居环境科学、山区环境演变与可持续发展、生物多样性与环境、生态环境保护等领域已形成鲜明特色。

人才培养方面。2012年学院招收本科生541人，硕士研究生146人，博士研究生32人。

科研方面。2012年，参与提成的到校总经费3219.1万元（纵向到校经费1333万元）。国家自然科学基金22项，合计到校经费524.9万元（自然科学青年基金11项，合计到校经费166.2万元）；国际合作与交流项目1项，到校经费39万元；国家科技支撑及其他科技计划8项，合计到校经费598.6万元；教育部回国基金等项目共到校经费93.4万元；中央其他部委项目4项，共到校经费67万元；四川省科技纵向项目7项，共到校经费145万元；其他纵向（包括校青年基金、中央高校基本科研业务费、重点实验室开放基金）30项，合计到校经费179.9万元。此外，发表SCI论文18篇，EI论文34篇。

合作交流方面。学院加强国际交流合作，成立多个高端外籍教师领衔的科研平台，如“中国西部抗震防灾研究中心”、“木田环境生物技术研究中心”、“四川大学城市·建筑设计院”，形成了强大的科研创新团队。设置多个国际合作中心，与美国加州大学、中国九寨沟管理局联合组建“中美九寨沟生态环境与可持续发展国际联合实验室”；与德国克劳斯塔尔工业大学联合组建“中德能源研究中心”；与日本日立公司联合成立“环境应用技术研究中心”。积极开展国际合作教育项目，与美国华盛顿大学、丹麦VIA大学学院交流培养本科生创新人才；与德国克劳斯塔尔工业大学进行“2+2”本科人才培养。

党建及学生工作方面。2012年共发展学生积极分子500余人，召开学生党校培训404人次，发展学生党员284余人，发展（调入）教师党员9人；转正学生党员291余人。党组织的战斗力明显增强，党员先锋模范作用进一步发挥。目前学院共有党支部25个，正式党员782人，其中在教职工党员116人，学生正式党员629人，离退休党员37人。2012年，学院本科毕业524人，就业率达92.75%；硕士研究生毕业121人、博士研究生毕业21人，共142人，就业率达96.48%。

【青年教师“三个全覆盖”已见成效】为落实青年教师“三个全覆盖”精神，新一届领导班子出台了相关政策与奖励计划。实施“建环学院青年教师奖励计划”，每年拿出15万元～20万元奖励优秀青年教师；2012年起，开设“教授讲坛”。为青年教师安排导师。邀请有经验的老师介绍如何书写国家自科基金申报书，开展多形式的青年教师座谈会，使他们在教学、科研中得到快速提高。经过努力，2012年有11位青年教师获准国家自科青年基金，获准率名列全校前茅。目前，学院青年教师有23位获国家自科青年基金，3位获国家自科基金面上项目支持，青年教师获准基金资助比列达36%。大力支持青年教师海外访问、留学。2012年，有郑庭辉等4位青年教师赴海外访问；建筑系杜娟老师被公派到香港理工大学攻读博士学位。截至2012年，具有海外经历的青年教师占青年教师总人数的36.4%。

【获评学校先进集体等荣誉】在学校各项创新争优活动中，获“2011—2012年度先进集体”、“2011—2012年度先进基层党委”等多项集体荣誉称号；力学科学与工程支部获“先进党支部”；同时，李晋川、卢红雁老师获学校“2011—2012年度先进个人（优秀教师）”称号，刘百仓同志获“优秀共产党员”称号。

【成功引进加拿大张慕圣院士】利用“985”定向引智成功引进加拿大工程院院士，香港科技大学土木与环境工程系原系主任、讲座教授，美国土木工程师协会、加拿大土木工程协会、英国结构工程师协会及香港工程师研究所资深委员张慕圣院士。张院士是土木工程领域顶尖专家，在桥梁、工程设计、防灾减灾等方面建树颇丰，发表学术文章240多篇，出版专著3本，会议论文集9本。

【土木工程专业成功通过专业评估】5月29日—30日，受住建部高等学校土木工程专业教育评估委员会委派，由重庆大学土木工程学院院长张永兴教授、中南大学土木建筑学院院长余志武教授、中国电子工程设计院副院长娄宇教授组成的视察评估专家组对学院土木工程专业进行了视察评估。学院土木工程专业成功通过第二次专业评估。

【本科教学工作取得可喜成绩】 9月19日，学校召开本科教学工作会，学院以第二名的成绩被评为“本科教学工作先进单位”，同时获“本科拔尖人才培养贡献奖”；第宝锋等8位老师获“课堂教学质量优秀奖”；卢红雁等3位老师被评为“最受欢迎的文化素质公选课教师”；张鲲老师被评为“拔尖创新人才培养优秀指导老师”；傅昶彬等6位老师被评为“大学生课外科技实践活动优秀指导老师”。

【学生获得多项奖励】 9月19日—22日，“全国高等学校城市规划专业教育指导委员会2012年年会”在武汉大学召开，建筑系杨祖贵等4位老师代表城市规划专业出席会议。学院参赛作品从近百所高校、300多份作品中脱颖而出。2008级规划专业曹炎等4位同学作品获全国一等奖，2008级规划专业卓想等2位同学作品、2009级规划专业曾志强等4位同学作品分别获佳作奖。10月25日—27日，“中建杯”第六届全国大学生结构设计竞赛在重庆大学A区举行。土木工程专业2010级何少阳等3位同学组成参赛队，由傅昶彬老师指导、陈江老师领队，在竞赛中获二等奖。

（以上资料由建筑与环境学院王友军提供）

水利水电学院

【概况】 水利水电学院由水力学与山区河流开发保护国家重点实验室、水利水电工程系、水文与水资源工程系、农业水利工程系、热能与动力工程系、岩土工程省重点实验室；水文及水资源工程省重点实验室、水利水电科学研究所、工程科学与灾害力学研究所、工程结构研究所、工程设计院水电分院、水资源研究中心组成。经过党政管理体制改革，学院下设党政管理办公室（综合管理科、本科教学管理科、研究生与学科建设办公室、科技产业科、对外交流与校友办公室、学生工作组）。

师资队伍方面。2012年，水电学院在职教职工185人，其中80%以上具有博士、硕士学位，包括正高级职称45人，副高级职称50人，博士生导师32人，中国工程院院士2人（特聘1人），长江学者特聘教授2人，长江学者讲座教授1人，“千人计划”2人（“青年千人计划”1人），国家杰出科学基金获得者3人，国务院学科评审组成员2人，新世纪人才5人，教育部高等学校骨干教师资助计划4人，四川省学术和技术带头人13人，后备人选10人，四川省突出贡献专家5人，成都市突出贡献专家2人。

学科建设方面。学院拥有水利工程、土木工程2个博士后流动站，水利工程、土木工程2个一级学科博士学位授予权，9个博士点和12个硕士点；拥有“水力学及河流动力学”（长江学者特聘教授设岗学科）、“岩土工程”两个国家重点学科和“水文学及水资源”国家重点学科培育学科，水利工程一级学科省级重点学科，农业水土工程省级重点学科，“现代水利水电科学与工程”国家211工程重点建设学科以及“985”工程“西南资源环境与灾害防治科技创新平台”等。2012年，水电学院完成水利工程、土木工程、农业工程一级学科评估工作，其中水利工程排名全国第6（较上次前进1位）；完成调整自主设置二级学科博士点工作，新设“水利水电建设工程与管理”、“地下工程”和“电站与动力系统”3个方向。

人才培养方面。2012年，水电学院招收本科生364人，硕士研究生138人，博士生31人。2012年度在读本科生1648人，硕士生390人，博士生118人。承担全校1400多名学生的测量学、土力学等6门课程和相关实验课程，全年开设本科生课程140门，研究生课程80门。全面完成4个本科专业教学计划的修订工作。

科研情况。2012年全年到校经费1.073亿元（其中纵向经费2762.71万元，横向经费7963.92万元）；新签科研项目395项（其中纵向项目55项，横向项目340项）。2012年获批自然基金共14项，批准金额789万元；科技获奖15项（其中国家级1项，省部级5项，其他9项）；出版专著4部，行业规范1部，授权专利19项（其中发明专利13项，实用新型专利4项，软件著作权2项）；三大检索论文123篇（其中SCI收录29篇，EI收录94篇），较2011年的68篇有大幅度提高。成功申报“985”第三批本科实验室建设项目。

合作交流方面。获准与成勘院和省水利院共建第一批国家级工程实践教育中心，建设经费200万元；获准四川大学校级实践基地建设经费150万元；水利水电工程专业获准教育部首批专业综合改革试点（全校共4个），建设经费150万元；水利水电工程专业顺利通过教育部专业认证；成功开展实践及国际课程周活动；成功举办“2012年优秀大学生暑期夏令营活动”。2012年度招收长江电力公司定向培养工程硕士40名，与四川水利干部学校签订联合培养四川水利行业工程硕士计划，录取26名学员。2012年度共有3名教师获准学校青年骨干教师海外培训计划，先后共有8名教师赴海外培训。

党建及学生工作。2012年，学院党委被中组部评为“全国创先争优活动先进基层党组织”。学院现有党支部17个，其中学生支部9个。2012年共发展党员207名，转正138名。举办入党积极分子培训班2期，培训学员600余名。以“创先争优”活动和建院60周年院庆为契机，组织多种形式的主题教育，支部互动“我与领导面对面活动”效果显著。2012年度共开展师生支部互动活动10余次，每位院、系室领导参加与学生面对面活动2次以上，形成了支部党员、院系领导与学生沟通的长效机制。构建了辅导员、班主任、名誉班主任以及学生教导员相结合的“四位一体”教育管理服务新体系；成功举办“六十周年院庆晚会”和第四届潘家铮奖学金颁奖典礼；全面落实班主任和名誉班主任制度；辅导员参加国际精神救援培训并取得相应的资质。学生奖励和资助体系得到进一步完善，制定了《水利水电学院研究生国家奖学金评审细则（暂行）》，顺利完成了研究生和本科生国家奖学金评比和发放工作，发放各类社会奖助金共计30余万元。2012届毕业本科生共420人，平均就业率达93.33%（其中热能专业达98.90%）；2012届毕业研究生共146人，平均就业率93.84%。本科教育获得3项校级一等奖（全校共69项），1项校级二等奖，2项获准申报四川省教学成果奖；“水利工程”获得“全国工程硕士研究生教育特色工程领域”称号；李克锋教授荣获“唐立新教学名师奖”，李艳玲副教授荣获四川大学第二届“最受学生欢迎教师奖”，骆红荣获2012年“全国水利工程领域工程硕士教育工作先进个人”荣誉称号；杨奉广、安瑞冬荣获“四川省优秀博士学位论文”奖。

【世界水日、中国水周现场宣传活动隆重举行】3月22日，由四川省水利厅主办，四川省农田水利管理局、四川省水土保持局、四川省地方电力局、四川省水产局、四川省都江堰灌区管理局、成都市水务局、温江区政府和四川大学水利水电学院联合承办的2012年“世界水日”、“中国水周”大型宣传活动隆重举行。

【“高坝工程前沿论坛”隆重举行】4月21日—22日，由水电学院承办的坝工领域高层会议“高坝工程前沿论坛”在成都市望江宾馆隆重举行，来自中国科学院和中国工程院近10位院士，以及来自各大水电开发公司、科研院所、大专院校、设计研究院、工程建设局等多家单位近150名专家、代表出席会议。

【水电学院建院六十周年庆典隆重举行】9月29日，四川大学水利水电学院建院六十周年庆典在蓉隆重举行，四川大学党委书记杨泉明教授、校长谢和平院士、校党委常务副书记罗中枢教授、副校长安小予教授，四川省水利厅常务副厅长胡云，四川省能源投资公司董事长、党委书记郭勇，中国水利水电第七工程局总经理申茂夏，国电大渡河流域水电开发公司副总经理王春云，中国水利水电第五工程局副总经理吴高见，中国水利水电第十工程局副总经理陈勇，以及来自各兄弟院校的嘉宾代表，水利水电学院校友代表等出席了庆典。清华大学、天津大学、河海大学、大连理工大学等兄弟院校发来贺电。

【水电学院水利水电工程专业认证现场考查顺利结束】10月17日—19日，根据教育部工程教育专业认证专家委员会安排，以中国水电顾问集团北京勘测设计研究院吕明治教授为组长的教育部专业认证专家组一行对水利水电工程专业开展了为期3天的认证现场考察工作。

【“水韵·川水韶华　甲子流芳”六十周年庆】11月25日晚，水电学院在江安校区青春广场隆重举办了“水韵·川水韶华 甲子流芳”主题晚会，热烈庆祝学院六十周年华诞以及2012级新生的到来。

【学院工会以优异成绩通过“教职工之家”复查验收】12月24日，水利水电学院“教职工之家”复查会在学院A312会议室举行，水电学院工会以优异成绩通过“教职工之家”复查验收。

（以上资料由水利水电学院毛华丽提供）

化学工程学院

【概况】化学工程学院设有化学工程系、过程装备与安全工程系、国家工科基础课程化学教学基地、制药与生物工程系、冶金工程系、化工工程设计研究所6个实体。学院有国家级技术中心“川大—瓮福磷化工工程技术中心”、教育部“磷资源综合利用与清洁加工工程研究中心”、“川大—开磷磷化工技术研发中心”。建立有“过滤与分离”、“多相流传质与反应工程”、“制药工程与技术”和“磷化学与工程”4个四川省重点实验室。望江和江安校区共计拥有教学实验大楼22000多平方米。

师资队伍方面。2012年，化学工程学院现有在职教职工182人。其中专任教师144人，专职思政教师6人。学院现有教授（研究员）45人，副教授（高工）51人。其中博士生导师23人，硕士生导师60人。学院拥有杰出教授1人，长江学者奖励计划特聘教授1人，国家杰出青年基金获得者1人，在职教职工中有5人享受政府津贴，6名四川省学术和技术带头人，7人入选教育部“跨世纪、新世纪人才”。2012年度项目制进人3人，新增兼职教授5人，新增高端外籍（兼职）教授2人，博士后进站5人。

学科建设方面。学院拥有“化学工程”国家重点学科，“长江学者”特聘教授岗位，“化学工程与技术”、“动力工程与工程热物理”两个一级学科博士学位授予权，“化学工程与技术”博士后科研流动站。涵盖的二级学科博士点：化学工程、化学工艺、化工过程机械、应用化学、生物化工、工业催化、制药工程、化工安全工程与技术、化学冶金与技术。四川省重点学科：化学工程、化学工艺、化工过程机械、冶金工程。工程硕士招生领域：化学工程、动力工程、生物工程、制药工程、安全工程。学院现设6个本科专业：化学工程与工艺（四川省特设专业）、过程装备与控制工程（四川省特设专业）、生物工程、制药工程（国家级特设专业）、安全工程、冶金工程，覆盖了化工、生工、过程装备、制药、冶金等各个领域。

人才培养方面。2012年全院在校学生2964人（其中本科学生2299人、博士研究生103人、硕士研究生562人）。学院2012年共招收本科生517人，硕士研究生195人（含全日制工程硕士52人），在职工程硕士生138人，博士研究生29人。2012年博士生授位19人，硕士生授位130人，全日制专业学位硕士授位47人。2008级化学工程与工艺专业6位同学提前毕业论文答辩。26位同学实践了毕业论文多样化。学院共计完成了574个本科学生毕业论文的指导管理工作，组织上报本科优秀论文23篇。选拔2012级优秀硕士生8人进行硕博连读，选拔2010级优秀硕士生12人进行提前攻博。博士生刘壮获得了2012年度教育部博士研究生学术新人奖。2012年，学院教学工作根据《四川大学发展战略行动计划》，以创新人才培养为中心，大力推进教育改革创新，进一步深入推进“323+X”创新人才培养模式，着力提高教育质量。大力推进谢校长提出的名誉班主任制度，聘任108名教师担任本科生名誉班主任。配套“323+X”人才培养模式实现了卓越工程师小班上课。52个“大学生创新创业训练计划”项目获得立项：其中国家级项目9项，校级项目43项。在教学改革方面，2012年省级“十二五”规划立项教材3项，校级立项教材2项；国家级实践教育中心3个立项；四川省质量工程项目3大类共计19项立项。在教学成果方面，2012年学院获得校优秀教学成果一等奖2项，二等奖6项；校级优秀教材一等奖1项，二等奖3项，校级考试多样化改革3

项二等奖。2012 年，学院与 11 个企业签订了校级基地建设协议，完成 6 个院级实践中心、实习基地建设。

科学研究方面。2012 年学院到校科研总经费为 10062.34 万元，其中横向项目经费为 8751.49 万元，纵向项目经费为 1310.85 万元（统计截止日期为 2012 年 12 月 31 日）。2012 年度共申报国家自然科学基金项目 45 项，最后获准基金项目 10 项。其中国家自然科学基金重点项目 1 项，经费为 300 万元。国家自然科学基金面上项目 6 项，国家自然科学基金青年基金项目 3 项。2012 年，学院获批博导基金 1 项，优先发展领域基金 1 项，博士点新教师基金 2 项。2012 年度学院教师发表 SCI 论文约为 84 篇、EI 论文约 79 篇。学院共申报专利 61 项，其中发明专利 60 项，实用新型专利 1 项，授权发明专利 15 项，实用新型专利 4 项。

合作交流方面。2012 年完成了 26 位来访外宾和专家的接待任务，为学生举办了 12 场学术讲座。国家公派出国共 6 人，其中联合培养博士 1 名，出国攻读博士 5 人。2012 年学院教师出席国际学术会议 6 次，做邀请报告 5 次，担任会议组委会成员、学术委员会成员和会场主席 7 次；出席国内学术会议 10 次，做邀请报告 5 次，担任会议组委会成员、学术委员会成员和会场主席 3 次。

党建及学生工作方面。2012 年，学院有教工和学生党支部共计 24 个。按照学校党委要求，深入贯彻落实党的十七届六中全会精神，坚持以社会主义核心价值体系武装师生头脑，切实加强学校文化建设，推动改革发展。以党的十八大召开为契机，进一步推动创先争优长效机制建设，促进学院持续稳定发展。坚持院务公开制度，加强民主建设和党风廉政建设。学院党委大力加强学生思政工作，努力培养高素质人才。目前设有 18 个学生党支部，本科生党员 377 人，占本科生总数的 16.4%，研究生党员 436 人，占研究生总数的 64.1%。举办了第 20 期和第 21 期党校，共有 622 名入党积极分子参加学习，其中 568 人结业。学生党支部 2012 年发展学生党员 160 人，转正党员 116 人。评选国家奖学金 34 人，国家励志奖学金 77 人，国家助学金 650 人，综合奖学金 271 人，单项奖学金 358 人，优秀学生、优秀学生干部 233 人，优秀毕业生、优秀毕业生干部 74 人。125 名学生获得社会奖助学金，总金额共计 40 万元。新增“赢创”、“E＋H”和“圣华曦”3 项奖助学金，总金额达到 23 万元/年。举办 20 余场大型学生活动。100 余名困难学生得到了临时困难补助。开办近 100 场招聘会，2012 届本科毕业生就业率 92%，研究生就业率 98.02%。学工组完成校级教学改革项目 1 项，校级课程考试改革项目 1 项并获得校二等奖，主持完成研究生思政工作精品项目 1 项（校级）。全年发表思政学术论文近 10 篇。

【承办“国家自然科学基金委员会化学科学部重大研究计划立项研讨会”】 3 月 7 日—9 日，“国家自然科学基金委员会化学科学部重大研究计划立项研讨会”在成都召开。此次会议由国家自然科学基金委员会化学科学部主办，化学工程学院协助承办。中国科学院副院长李静海院士、中科院大连化物所袁权院士、华东理工大学胡英院士和钱旭红院士、西安建筑大学徐德龙院士等 20 余名相关领域著名专家学者以及国家自然科学基金委副秘书长兼办公室主任高瑞平研究员、化学科学部主任林国强院士、副主任陈拥军研究员、计划局学科交叉处王岐东处长、化学科学五处孙宏伟处长和一处陈荣处长等基金委领导参加了此次会议。

【召开第三届“双代会”第二次会议】 5月21日下午，学院召开第三届“双代会”第二次会议，此次会议主题为“深入推进校园文化建设，全面促进学院各项事业发展”。

【学院获第六届“三井化学杯”全国大学生化工设计竞赛唯一金奖】 8月26日，历时三个月的“中国石化—三井化学杯”第六届全国大学生化工设计竞赛在中国石油大学（华东）落下帷幕。来自全国119所高校的562支队伍参加了本次大赛。由学院陈明、高文波、陈德权、钟伟良、李萍等5名2009级本科生组成的四川大学“尚川队”晋级全国赛，并在36支全国赛决赛队伍中脱颖而出，以第一名的成绩为四川大学赢得大赛唯一的金奖，取得学院历年参赛的最好成绩。

【举办第五届两岸化学工程暨学术工程高端学术研讨会】 10月21日—24日，由学院主办的“第五届两岸化学工程暨学术工程高端学术研讨会”在成都家园国际酒店国际会议厅举行。本届两岸化学工程暨产品工程高端学术研讨会共有40余位海峡两岸知名的化工专家参加，许多与会专家是国家杰青、长江学者和“973”首席科学家。为期4天的研讨会上，与会专家们分享了自己研究成果，内容涉及化学工程和产品工程的广泛领域。

【隆重举行建院60周年庆典大会】 2012年11月17日，化学工程学院举行建院六十周年庆典大会。校党委书记杨泉明教授等学校领导和各方代表参加此次庆典。

（以上资料由化学工程学院高敏提供）

轻纺与食品学院

【概况】 轻纺与食品学院由生物质与皮革工程系、纺织与服装工程系、食品工程系、制革清洁技术国家工程实验室、皮革工程国家专业实验室、皮革化学与工程教育部重点实验室、纺织研究所和食品工程四川省重点实验室、合成革研究中心构成；主办核心期刊《皮革科学与工程》，刊号为ISSN1004－7064。

师资队伍方面。轻纺与食品学院现有教职工130人。其中专任教师98人，教辅人员23人，管理人员9人；教授（研究员）34人，副教授（副研究员、高工）32人，博士生导师19人，硕士生导师49人，院士2人（其中1人为特聘院士），“长江学者”特聘教授1人，国务院学位委员会学科评议组成员2人，国家级教学名师1人，教育部教学指导委员会委员5人，国家杰出青年基金获得者1人，全国优秀百篇博士论文获得者1人，教育部创新团队和国家级、省级教学团队各1个。

学科建设方面。学院有本科专业5个，硕士学位授权点17个（其中专业学位点4个），一级学科博士授权点1个，博士学位授权点5个，博士后流动站1个，国家工程实验室1个，教育部重点实验室1个，四川省重点实验室1个，国家级重点学科4个（其中共建3个），省一级重点学科1个和二级重点学科3个，其中，皮革化学与工程学科是国家重点学科、国家“211工程”和“985工程”重点建设学科。轻化工程专业是国家级特色专业，入选首批国家级“卓越工程师教育培养计划”；食品科学与工程专业入选四川省卓越工程师教育培养计划；纺织工程专业获批四川省本科专业综合改革教改项目。轻纺与食品学院是教育部高等学校轻工与食品学科教学指导委员会副主任委员单位和轻化工程专业教学指导分委员会主任委员单位。

人才培养方面。本科生在校人数1615人，研究生在校人数358人（博士64人、硕士269人、工程硕士25人）。2名参与首届澳大利亚蒙纳什“2+2”合作项目的本科毕业生顺利毕业。与四川达威科技股份有限公司、河北东明实业集团有限公司、国辉（中国）有限公司、浙江红蜻蜓鞋业股份有限公司、广东洪萍皮业有限公司、特步（中国）有限公司等6家企业共同完成6个“四川大学—公司实践教育中心建设方案”，与此6家公司联合申报的轻化工程专业“国家级工程实践教育中心”获得批准开始建设。与四川华通工程技术研究院、四川圣山白玉兰制衣有限公司、四川徽记食品股份有限公司、四川紫金都市农业有限公司、泸州老窖签订了为期3—4年的共建专业实习基地协议，保障了实习环节的顺利、高效开展。新建轻化工程专业“卓越工程师”实习实践基地8个。2012年6月成立轻化工程专业2009级“达威卓越工程师班”。“高等教育轻化工程专业规范研制与实践”、“食品物性学实验立体化教学体系的构建”获四川大学教学成果一等奖；“中国酒系列课程的开设与实践”、“男装结构设计”获四川大学教学成果二等奖。

科研方面。2012年度学院科研总经费为2477.85万元。承担的项目有：国家科技攻关项目345.1万元，国家自然科学基金256.8万元，教育部项目37.5万元，部委与其他99.8万元，省市项目264.95万元，企事业单位委托1288.15万元，国际合作30万元，四川大学155.55万元。发表各类学术论文332篇，其中SCI、EI收录85篇，约占发表论文的25.6%；核心期刊170篇。撰写教材6部，共85.05万字。获得各类奖项9项，其中部省级二等奖2项，个人奖3项，参赛获奖4项。获发明专利38项，实用新型专利2项。

合作交流方面。2012年，制革清洁技术国家工程实验室主办的“皮革化学与工程”杂志与罗马尼亚Leather and Footwear Journal就双方杂志互换等达成协议。邀请包括英国南安普顿大学时装设计专业教学主任Cecilia Langemar、捷克托马斯拔佳大学（Tomas Bata University）Ales Gregar副校长一行、西班牙加泰罗尼亚大学依瓜拉达工程学院（Igualada's Engineering School, Universitat Politècnica de Catalunya, Spain）主任Anna Bacardit Dalmases教授、国际事务主任Felip Combalia Cendra教授，食品工程系客座教授宫尾茂雄博士，韩国明知大学生命科学情报学部事业团长徐肯源教授、金英宇博士，又松大学副校长兼甘瑞媛、金憓均、车贞秀等在内的国内外知名学者、专家来学院做学术交流或讲学。40余位学院师生出席国内外重要学术会议，7月5日至10日，食品系何强、高鸿、贾利蓉、吕远平、赵志峰、钟凯参加第八届中韩东亚食品国际学术会议。9月20日至10月3日，制革清洁技术国家工程实验室陈武勇教授、博士生滕博、硕士生刘晓玲和程凡一行4人应邀访问罗马尼亚并出席第四届ICAMS国际会议。11月12日，生物质与皮革工程系25位教师和硕博士研究生参加了第九届亚洲国际皮革科学与技术会议。

党建及学生工作方面。充分发挥学院党委的政治核心作用，大力开展创先争优活动，组织全院师生员工认真学习和领会十八大精神。新发展党员121名（其中教师两名），转正102名，培养入党积极分子300余名，申请入党人数达1000余人。加强党风廉政建设，进一步做好学院纪检监察工作。学院党委始终坚持“人性化管理、个性化教育”的工作理念，按照“优秀学生鼓励性教育、普通学生强化性教育、重点学生针对性教育”的分类指导原则，建立并完善集思想政治教育、日常管理、就业服务、助学保障、素质拓展等五位一体的学生工作体系。2012届本科生的一次性就业率为89.32%，研究生的一次性就业率为97.5%。已经建立起较为规范的学院评优、评助体系，本年度完成1669人次评优（助）工作，发放奖学金70.1万元、助学金151.8万元、专业奖助学金31.75万元，评定全过程实现零投诉。

【学院教师获评四川大学本科教学先进个人】9月19日下午，学校隆重召开了2012年本科教学工作会。依据近年反映本科教学运行与质量管理的各类状态数据，学校遴选了一批对本科教学工作贡献突出的先进集体和先进个人，在本次大会上给予表彰。学院有6位老师荣获先进个人表彰：傅师申、何有节、陈敏获“课堂教学质量优秀奖”；张文学、林炜、曾凡骏获“大学生课外科技实践活动优秀指导教师”奖。

【中国化学会第28届学术年会召开】4月12日—16日，第28届学术年会暨中国化学会八十华诞庆典在四川大学隆重举行。轻纺与食品学院承办的轻工与纺织第17分会场邀请到中国工程院院士石碧教授做邀请报告，设6个口头报告单元，分别由石碧院士、陕西科技大学王学川教授、郑州大学汤克勇教授、四川大学朱谱新教授和四川大学何有节教授主持会议。在墙报（poster）环节，本科生尹学武为第一作者的论文获得大会优秀论文奖。

【优秀毕业作品发布会举行】5月5日晚，四川大学服装设计与工程专业2012年“欧度杯”优秀毕业作品发布会在学校望江校区体育馆隆重举行。四川大学校长谢和平院士，欧度（国际）集团董事长毛卫君、副总经理李超，四川省经信委、四川省服装（服饰）行业协会、四川省皮革协会、成都市轻纺局、成都市服装（服饰）行业协会有关领导出席发布会。来自省内外服装界企业家、服装（服饰）行业协会、新闻界的有关代表，以及四川大学各有关部处负责同志、轻纺与食品学院赵毅书记、何有节院长、刘晓虎副书记及兰建武副院长、服装系张皋鹏主任及部分专家教授、学校师生代表参加了发布会。

【全国纺织工程领域第九届工程硕士培养工作研讨会召开】10月27日—28日，全国纺织工程领域第九届工程硕士培养工作研讨会在科华苑宾馆隆重举行。四川大学党委副书记李向成教授、全国工程硕士教指委秘书处高彦芳主任、全国纺织工程领域工程硕士培养协作组组长晏雄教授、四川大学研究生院培养办胡涛副主任，以及来自全国15所纺织院校相关领导、研究生院（部）的专家代表共计50余人参加了会议。

【廖隆理教授获第六届张铨基金奖】

12月21日，第六届张铨基金奖颁奖典礼在四川大学江安校区隆重举行。河北省皮革研究院魏世林教授、原四川大学轻工与食品学院院长廖隆理教授、世界台商皮革业协会制革委员会执行长黄珠芳先生、陕西科技大学资源与环境学院章川波教授、四川达威科技股份有限公司董事长严建林先生等5位奋战在行业不同岗位的突出贡献者获此殊荣。

（以上资料由轻纺与食品学院祝蔚提供）

高分子科学与工程学院

【概况】四川大学高分子科学与工程学院设有高分子材料工程国家重点实验室、新型聚合物加工技术及装备四川省重点实验室、高分子研究所、高分子科学系、高分子材料系、高分子材料加工工程系、医用高分子材料及人工器官系、化学纤维研究所和高分子材料与工程专业实验室等教学科研机构，是教育部直属重点高校中第一个以高分子学科为主体的学科型学院。

师资队伍方面。2012年学院有在岗教职工165人。其中专任教师125人，实验技术人员24人，行政人员14人，其他2人；教授、研究员44人，副教授、副研究员和高级工程师、高级实验师59人；博士生导师28人，硕士生导师62人。中科院院士1人，国家教学名师1人，国家“百千万人才工程”1人，长江学者特聘教授2人，长江学者讲座特聘教授1人，国家杰出青年基金获得者3人，教育部新世纪、跨世纪人才技术人选17人，教育部骨干教师计划人选8人，四川省学术和技术带头人10人，四川省学术和技术带头人后备人选12人，19人享受政府特殊津贴。

学科建设方面。学院本科专业设有高分子材料与工程、高分子材料加工工程，并与材料科学与工程学院联办生物医学工程。设有5个研究生培养专业：材料学（高分子材料）、材料加工工程（高分子材料加工工程）、高分子科学与工程、复合材料、生物医学工程（生物医用高分子材料及人工器官工程），5个学科点均具有硕士、博士学位授予权，并建有博士后流动站。材料科学与工程、生物医学工程为国家一级学科重点学科，材料学、材料加工工程为国家二级学科重点学科。所属高分子材料工程学科是“211工程”重点建设学科、“985工程”重点建设学科。高分子材料与工程是国家级特色专业，与材料了学与工程学院共同建有国家级“材料科学与工程实验教学示范中心”。

人才培养方面。2012年全院在读学生2305人，其中本科学生1509人、硕士研究生591人、博士研究生149人、工程硕士56人。学院2012年共招收本科生326人、硕士研究生210人、博士研究生44人。学院申请“大学生创新实验”项目69项；申报并获准高分子材料与工程专业综合改革试点；实施“323+X”创新人才培养体系，新增大学生校外实践教育基地3个。国家级实验教学示范中心“材料科学与工程实验教学示范中心”顺利通过了由四川省组织的教育部专家的验收。2012年，学院获得学校“本科教学先进单位”、“本科拔尖人才培养贡献奖”、“四川大学节能管理奖”等集体奖励，荣获四川大学教学成果一等奖1人、四川大学第二届“最受学生欢迎教师”1人、四川大学“拔尖创新人才培养优秀指导教师”4人、四川大学“课堂教学质量优秀奖教师”4人、四川大学“最受欢迎的文化素质公选课教师”2人、四川大学“大学生课外科技实践活动优秀指导教师”7人。

科研方面。2012年学院到校科研总经费8397.6万元。其中纵向项目经费4718.6万元，横向项目经费3679.0万元。2012年学院获准国家自然科学基金28项[其中面上项目14项、青年科学基金10项、优秀青年基金1项、杰出青年基金1项、国家重大科研仪器设备研制专项1项、国际（地区）合作与交流项目1项]、教育部博士点基金5项（其中博导类2项、优先发展领域2项、新教师1项）、新世纪项目1项、省市项目5项，项目批准总经费3999万元。2012年签订横向项目99项，合同总经费7156万元。学院发表SCI论文228篇，EI论文236篇。申请专利42项，获准授权发明专利49项。

合作交流方面。申请获准教育部、国家外专局“高等学校学科创新引智基地”——高分子材料科学与工程学科创新引智基地。邀请了诺贝尔奖获得者、日本筑波大学白川英树教授，美国纽约州立大学石溪分校副校长Benjamin S. Hsiao教授，中科院化学所何嘉松等国内外专家学者10余人次到学院讲学。与英国拉夫堡大学、英国伦敦大学、美国阿克隆大学3所大学开展“3+2”联合培养模式，2012年共选派了17人到对方学习。与贵州轮胎股份公司、自贡鸿鹤化工公司等大中型企业开展科技合作和博士后联合培养工作，目前在站博士后研究11人。

党建及学生工作方面。组织召开了高分子科学与工程学院第二届教代会第二次会议暨第二届工会代会第二次会议，推进“创先争优”，加强思想作风建设。组织了学生第16期（总第133期）党校入党积极分子培训班，望江校区85人和江安校区100人参加了学习。全院共有学生党员319名（本科生131名、研究生188名）。2012年，共有21人次获得国家奖学金、49人次获得国家励志奖学金、440人次获得国家助学金、142人次获得学院社会奖学金、30余人次获得学校各类社会奖助学金、175人次获得综合奖学金、230人次获得单项奖学金等奖励。2012届本科毕业生就业率为94.60%，研究生就业率为93.6%。

【学院承办中国化学会第28届学术年会高分子科学分会】 4月13日—16日，中国化学会第28届学术年会暨中国化学会八十华诞庆典在四川大学隆重举行。学院承办了高分子科学分会。分会主题是：高分子加工中的物理和化学问题。高分子科学分会注册代表227人，共计有101篇摘要编入大会论文摘要集。其中邀请报告14篇、口头报告24篇、墙报65篇。

【学院承办中国化学会“中—美高分子战略论坛”】 4月15日，高分子科学与工程学院承办了中国化学会“中—美高分子战略论坛”，会议邀请了来自美国Carnegie Mellon University的Krzysztof Matyjaszewski和中国科学院化学研究的李永舫研究员等12位国内外知名专家学者作高分子科学专题报告，会议就高分子科学发展的热点和前沿问题开展了热烈的交流和探讨。会议还举行了中国化学会授予Krzysztof Matyjaszewski教授为中国化学会“荣誉会士”的仪式。200余名代表和学生参加了会议。

【学院承办“2012第一届高分子材料制备及加工新技术应用研讨会暨第三届电子束固化技术高级研讨班”】 7月18日—21日，由高分子科学与工程学院与中国感光学会辐射固化专业委员会合作举办的“2012第一届高分子材料制备及加工新技术应用研讨会暨第三届电子束固化技术高级研讨班”在成都心族宾馆举行，来自国内外知名学者和企业家50余人参加了会议。会议邀请了10余位专家作了精彩的学术报告。会议现场演示了低能电子束设备对材料的处理技术，进一步加深了低能电子束辐射加工基础知识和应用技能。

【学院承办“国家基金委有机高分子材料学科中青年学者学科发展战略研讨会”】 11月20日—21日，由国家自然基金委工程与材料科学部主办，四川大学高分子科学与工程学院承办的有机高分子材料学科中青年学者学科发展战略研讨会在四川大学举行。来自全国著名高校和科研院所的60余名国家杰出青年基金和创新群体资助的学者及部分优秀中青年学者应邀参加了会议。有62名代表作报告，会后举行了专题讨论。

【赵长生教授获得国家自然科学基金杰出青年科学基金】 2012年，高分子科学与工程学院赵长生教授获准国家自然科学基金委杰出青年科学基金，资助课题名称为抗凝血功能高分子膜材料的研究，资助金额200万元。

（以上资料由高分子科学与工程学院陶全华提供）

华西基础医学与法医学院

【概况】 华西基础医学与法医学院设有13个教研室（人体解剖学、寄生虫学、组织胚胎学与神经生物学、药理学、病理生理学、生物化学与分子生物学、生理学、微生物学、免疫学、法医物证学、法医病理学、法医毒物分析、法医精神病学）；1个校级实验教学中心（基础医学实验教学中心，由解剖学实验室、形态学实验室、机能学实验室、生物分子实验室组成）；2个专业教学实验室（基础医学实验室、法医学实验室）；2个研究室（生物医学工程研究室、感染免疫研究室）；2个服务性科室（同位素室、电子显微镜室）。分布在华西校区第一、三、五、九教学楼，逸夫基础医学楼，法医楼和江安校区第一基础实验楼。

师资队伍方面。学院有教职员工196人。专任教师111人（其中教授35人、副教授30人、讲师46人）；研究人员13人（正高6人、副高3人、中级4人）；教辅人员48人（副高8人、中级28人、初级4人、工人8人）。有国家级教学名师1人，四川省教学名师1人，国家法医学教学指导委员会主任委员1人，国家基础医学教学指导委员会副主任委员1人，国务院学科评议委员会基础医学组召集人1人，国家百千万人才工程一、二层次人选1人，教育部跨世纪优秀人才1名；教育部新世纪优秀人才2人，国务院政府特殊津贴专家7人，四川省学术与技术带头人8人，四川省有突出贡献的专家6人。陈建平教授、万莉红讲师在校“十佳”评比中被评为校“先进个人”，侯一平教授推荐为教育部名师人选，周雪教授获“唐立新名师奖”、刘肖珩教授获“唐立新青年科学之星”奖，9名教师荣获2011年度“四川大学青年骨干教师”奖。学院4项教学成果获四川大学2012年度第六届优秀教学成果奖。

学科建设方面。学院有一级学科博士学位授权点4个（基础医学、生物学、生物工程、特种医学），硕士学位授权点13个（生理学、生物化学与分子生物学、生物医学工程、人体解剖与组织胚胎学、免疫学、病原生物学、病理学与病理生理学、法医学、药理学、医学生物化学与细胞生物学、医学神经生物学、医学生理学与时间生物学、特种医学），博士后流动站4个（基础医学、生物学、生物医学工程、特种医学），本科专业2个（基础医学、法医学）。学院有国家重点学科1个（法医学），“211工程”重点建设学科2个（病理生理学、法医学），四川省重点学科5个（人体解剖与组织胚胎学、生理学、生物化学与分子生物学、病理生理学、法医学）。有卫生部重点实验室1个（时间生物学），四川省重点实验室3个（医学分子生物学、疾病基因组与法医学、干细胞应用研究中心）。学院于2008年被教育部批准为国家“基础医学科学研究和教学人才培养基地”。有国家优秀教学团队1个（法医学），国家特色专业1个（法医学），四川省特色专业1个（基础医学）。有国家精品课程2门（法医物证学、法医毒物分析），四川省精品课程11门（法医物证学、法医毒物分析、法医学、生理学、病理生理学、人体解剖学、人体组织学与胚胎学、生物化学与分子生物学、医学微生物学、机能学、药理学）。学院公开出版刊物有《四川解剖学杂志》和《四川生理科学杂志》。

人才培养方面。2012年学院有本科学生总数375人。本年度招收基础医学本科学生40人、法医本科学生41人。毕业基础医学本科生39人、法医本科学生41人。招收博士研究生29人、硕士研究生48人。毕业博士研究生23人、硕士研究生34人。招收留学生85人，四川省司法厅法医临床类司法鉴定人转岗培训班学员280人、进修生5人。

科研方面。学院2012年中标国家自然科学基金和其他相关纵向项目基金共计18项，经费644万元；全年学院到校各类横向科研经费共162.06万元，两项合计共806.06万元。学院全年共发表论文123篇，其中SCI 43篇、EI 4篇、核心期刊76篇。3名教授获发明专利共3项。

合作交流方面。2012年4月，丹麦哥本哈根大学法医研究所所长Niels Morling教授来学院访问并举办学术讲座。8月，德国法医学遗传研究所Dr. Schneider Peter来学院讲学。10月，哈佛大学医学院马萨诸塞综合医院遗传学教授Dr. Jack William Szostak来学院交流。接待10批次来访的兄弟院校同行。学院教师参加国内外各类会议80余人次。院内各种学术报告和交流52次，共计102学时。

党建及学生工作方面。院党委认真贯彻落实十八大精神和科学发展观，完成以下各项工作：把握大局，探讨发展新思路；推进党组织建设，完善制度建设；加强领导班子建设，提高干部队伍素质；稳妥实施教研室、研究室主任的换届调整工作；加强基层党支部建设，深入开展创先争优主题实践活动；做好统战工作，完成四川大学党外人士推荐工作；宣传优秀教师，积极组织参与校“十佳”评比活动；加强学术道德和学风建设；加大特殊学生和特长生的管理；相继开展复旦大学、北京大学、第二军医大学、浙江大学来学院招收研究生和夏令营活动。学院获“四川大学2011—2012年先进集体”、“四川大学2011—2012年院务公开先进集体”称号；基础医学实验教学中心2012年8月获“十二五”国家级实验教学示范中心称号。

【举办国际法医遗传学学术报告会】 4月6日下午，由学院举办的国际法医遗传学研究进展报告会，在华西校区逸夫楼报告厅举行。本次讲座由丹麦哥本哈根大学法医研究所所长Niels Morling教授担任主讲，学院200多名同学聆听了此次报告。Niels Morling教授向学院师生介绍了国际前沿法医学研究进展和丹麦法医所的工作情况。

【基础医学实验教学中心被评为“十二五”国家级实验教学示范中心】 8月17日，基础医学实验教学中心被教育部评为“十二五”国家级实验教学示范中心。

【赵玉华老师荣获2012年AFCR－USCACA学者优秀奖】 9月，学院生物化学和分子生物学教研室赵玉华副教授荣获2012年亚洲癌症研究基金会（Asian Fund for Cancer Research，AFCR）和美中抗癌协会（US Chinese Anti－Cancer Association，USCACA）颁发的“优秀学者奖”（2012 AFCR－USCACA Scholar Excellence Award）。该奖项设立于2010年，每年评选1次，是为了奖励在美国留学期间或回国后在肿瘤学基础或临床研究领域做出杰出成绩的中国青年学者。赵玉华老师是2012年获得该项殊荣的5位学者之一。

【举行研究生导师培训会】 10月26日，学院召开研究生导师培训会，研究生导师约70余人参加了大会，会议由副院长黄宁教授主持。院长侯一平教授就学校新考核标准、学科公共平台建设、改善生源结构、公房使用情况和人才交流引进工作进行了介绍。副院长黄宁教授着重介绍了学院在学科设置、师资队伍建设、一级学科评估、人才培养质量和基金项目申报的情况。党委书记鲍朗教授对学院的教学、科研和人才培养等方面的工作做了指示。青年教师代表药理教研室赵健蕾老师和精神司法教研室顾艳老师就建立学术氛围、青年教师导师制度、培训制度、考评奖励制度以及学术交流做了交流发言。

（以上资料由华西基础医学与法医学院黄莉提供）

华西临床医学院（华西医院）

见医疗卫生篇的相关内容。

华西口腔医学院（华西口腔医院）

见医疗卫生篇的相关内容。

华西公共卫生学院（华西第四医院）

见医疗卫生篇的相关内容。

华西药学院

【概况】华西药学院有建筑面积27000平方米的教学楼和实验楼，设7系2中心，即药物化学系、药剂学系、天然药物学系、药物分析学系、药理学系、生物技术药物学系、临床药学与药事管理学系、“523”现代药学实验中心和分析测试中心，还有1个生药标本馆和药用植物园。

师资队伍方面。有教职工108人，专任教师62人，其中教授23人、研究员2人、副教授20人；在岗博士研究生导师24人，硕士研究生导师20人（不含博导）。有国务院学位委员会学科评议组成员1人，教育部“长江学者”特聘教授1人，国家杰出青年基金获得者4人，国家百千万人才工程第一、二层次人选1人，全国优秀百篇博士论文指导教师3人，人事部“新世纪百千万人才工程”国家级人选2人，教育部“优秀青年教师资助计划”入选者1人，教育部“新世纪优秀人才支持计划”入选者6人，卫生部有突出贡献中青年专家1人，省学术和技术带头人4人，省级突出贡献专家4人，省“百人计划”入选者1人。

学科建设方面。学院为药学一级学科博士学位授权单位，有药学博士后流动站1个，二级学科博士授权点3个（药物化学、药剂学、药物分析学），二级学科硕士授权点6个（药物化学、药剂学、药物分析学、生药学、微生物与生化药物和药理学）。可招收博士的学科包括：药物化学、药剂学、生药学、药物分析、药理学、临床药学、药事管理学、天然药物化学、靶向药物设计。可招收硕士的学科包括：药物化学、药剂学、生药学、药物分析、微生物与生化药学、药理学、临床药学、药事管理学、天然药物化学。其中药剂学为全国重点学科，药物化学和药剂学为四川省重点学科。

人才培养方面。2012年招收博士生27人、硕士生127人、研究生课程进修班70人；在读博士生94人、在读硕士生360人，在读研究生课程进修班150余人。2012年招收本科生201人，在读人数811人。2012年共毕业本科生201人，考研及保研总人数87人，占总人数比例43.28%；2012届本科毕业生一次性就业率79.10%。研究生毕业135人，其中博士32人，硕士103人。硕士攻博10人，占硕士毕业生人数的9.71%，研究生一次性就业率87.41%。学院获得四川大学教学成果奖一等奖1项（药剂），二等奖3项（临药、生药、523实验中心）。晁若冰教授荣获四川大学“第一届唐立新教学名师奖”，蒋学华教授（临床药学系）、黄园教授（药剂学系）荣获四川大学第二届“学生喜爱教师奖”。李涛副教授获得“四川大学优秀实习指导教师”一等奖，药用植物学野外实习队获得“四川大学先进实习队”一等奖。1名博士研究生获得四川大学博士研究生2012年学术新人奖。4名硕士研究生、1名博士研究生获得2012年国家建设高水平大学公派研究生项目资助。

科研方面。2012年获准科研项目20项，国家自然科学基金7项，其中面上项目4项（王锋鹏、詹先成、龚涛、徐亮），青年科学基金2项（董琳、旷喜），国际合作交流项目1项（秦勇），重大新药创制课题2项（张志荣、王凌），教育部项目1项，新世纪优秀人才支持计划1项（宋振雷）。鼓励教师与国内外企业加强科研协作，全年共签订科技协作项目96项，各项科研经费到款共计2162万元，其中纵向经费990万元，横向经费1171万元。获得相关科技奖3项：董琳副教授获得四川省百人计划青年项目1项；何菱教授与泸州医学院共同申报，获准中华医学科技二等奖；孙逊教授获得中国药学会—石药集团青年药剂学奖。申请发明专利19项，授权发明专利14项。发表SCI论文113篇，影响因子28.76论文1篇，影响因子21.64论文1篇，影响因子11以上论文4篇，影响因子5—9论文13篇。

合作交流方面。2012年共邀请11位海内、外专家来学院讲学；有1名学术骨干出国访问学习；参加国内外会议35人次，其中，在国内外学术会议作大会报告14人次，分会场报告3人次。

党建工作及学生工作。组织学院十八大学习宣传活动工作，深入学习党的十八大精神。完成学院各支部组织发展和培养工作，2012 年发展新党员 103 人，预备党员转正 112 人。学院荣获四川大学创先争优活动离退休工作先进集体。2012 年共有 11 名同学获国家奖学金，26 名同学获国家励志奖学金，220 名同学获国家助学金，214 人次获得校级综合及单项奖学金，评选蒋庆云德医基金奖学金 6 人，千金药业奖学金 3 人，永庄十佳大学生奖学金 1 人，日本第一制药奖学金 14 人，王振滔慈善基金会助学金 46 人，新长城助学金 16 人。此外，学院自主设立奖学金 7 项，总计发放金额达 25 万余元。

【“211 工程”三期重点学科建设子项目“创新药物与绿色合成”顺利完成验收】3 月 3 日，以四川大学石碧院士为组长，梁繁荣教授、张林教授、杨胜勇教授和徐超群研究员组成的专家组，在华西药学院对“211 工程”三期建设子项目“创新药物与绿色合成”进行了验收。专家组认真听取了子项目负责人张志荣教授的总结汇报，审阅了项目建设的有关材料，并进行了实地考察，经过反复讨论，一致认为：四川大学“211 工程”建设子项目“创新药物与绿色化学”经过 4 年（2008—2011）建设，在学科建设、人才队伍建设和科学研究等方面取得了突出成绩。专家组经过认真评议，该子项目完成情况优秀，一致同意通过验收，并建议继续资助。

【王曙教授获得“华夏医学科技奖”一等奖】3 月 25 日，中国医疗保健国际交流促进会在人民大会堂向学院教授王曙颁发了“华夏医学科技奖”（一等奖），以表彰其参与完成的“川贝母人工栽培技术——川贝母新品种（瓦布贝母）人工栽培技术研究及产业化推广示范”项目取得的实质性进展；该项目还获得了四川省人民政府颁布的科技进步奖（二等奖）。

【张志荣教授研究团队获得 2011 年度四川省科技进步奖一等奖】在 6 月 7 日举行的四川省科学技术奖励大会上，学院张志荣教授负责的项目“针对多种器官组织或细胞的靶向释药系统的构建、表征及靶向特性研究”获得了四川省科技进步奖一等奖。

【举办 2012 年中国药物制剂大会】由中国药学会主办、华西药学院、药物制剂国家工程研究中心等承办的 2012 年中国药物制剂大会于 9 月 19 日—21 日在四川省成都市金牛宾馆举行。大会包括中国药学会药剂专业委员会 2012 年学术年会、国际控释协会中国分会 2012 年学术年会和第四届亚洲阿登制药技术研讨会。本届大会受到国内外药剂学基础研究和应用领域人士的广泛关注，国内药剂学领域 600 多位专家、学者与会。来自中国、美国、澳大利亚、韩国、荷兰等国家的 30 多位国际著名药剂学专家、学者围绕国际前沿视点、最新成果作专题学术报告。本次论坛的主题是“纳米技术在药物递送中的应用”。纳米技术作为 21 世纪具有战略性意义的新技术，其在药学领域中的应用，已成为世纪崭新的前沿科学。本次学术会议对推进纳米药物传递系统的研究与开发，加强国内外药剂学界的合作与沟通等均具有重要的意义。

（以上资料由华西药学院谭畅提供）

公共管理学院

【概况】公共管理学院下设哲学系、社会学与心理学系、信息管理技术系、行政管理系、公共事业与公共政策系、社会保障与保险系、土地资源与房地管理系、秘书档案学习和信息资源管理系共9个教学单位和11个科研机构。

师资队伍方面。2012年学院有教职工117人。其中，教授（研究员）26人，副教授（副研究员）38人。国家社科基金重大招标（委托）项目首席专家1人，享受国务院特殊津贴专家12人，教育部教学指导委员会委员5人，四川省突出贡献专家5人，四川省教学名师1人，四川省学术带头人5人，四川省学术带头人后备人选14人，四川省十大杰出创新人才1人，四川大学教学名师2人，四川大学“青年学术人才”4人。具有博士学位和博士在读的教师69人，占学院教师总数的58.97%。2012年，学院共引进副教授4名，招聘博士2名、硕士3名，调入教授和讲师各1名，分别充实到学院的师资队伍和管理队伍中。

学科建设方面。学院拥有哲学和公共管理2个一级学科博士点，14个硕士点，5个专业学位授权点；融合哲学、管理学、法学、教育学4个学科门类，拥有哲学、公共管理、图书情报与档案管理、工商管理、管理科学与工程、社会学、政治学、心理学8个一级学科，其中基础学科4个，应用学科4个；建成了哲学、劳动与社会保障、档案学三个省级特色专业，行政管理、信息管理与信息系统两个校级特色专业。

人才培养方面。学院共有各级精品课程5门。2012年学院招收本科生448人，本科4个年级共有1691人在读；招收博士研究生17名；招收硕士研究生266名，共有481人在读；MPA招收183人，共有490人在读。学院2012年全部在读学生有6299人，含3620名在读成教学生。作为学校“985工程”本科“323+X”创新人才培养单位，学院深入推进创新人才培养体系“323+X”相关改革项目建设，并且结合学院实际情况，加大投入，鼓励教师进行课堂教学改革，支持学生课程实习实践活动。

科研方面。学院2012年共申报国际级和部省级科研项目50项，其中国家社科基金项目7项；教育部各类项目8项；省级社科和软科学项目12项。2012年，学院教师共发表学术论文219篇，其中权威刊物32篇，CSSCI论文82篇，《四川省重要成果专报》5篇，出版专著和教材28部。获省部级及其以上奖项14项，省级社科一等奖1项，省级社科二等奖5项，省级社科三等奖6项。

合作交流方面。学院邀请了多位来自美国、法国等国以及台湾地区著名专家学者来学院讲学或交流，如美国中佛罗里达大学（University of Central Florida）公共行政系主任，美国公共行政学会（ASPA）主席刘国材教授，法国

CHERPA 博士生院院长，国际公共管理学界著名学者让·皮埃尔·戈丹教授，台湾元智大学社会暨政策科学系教授兼人文社会学院院长谢登旺教授等。

党建与学生工作方面。2012 年学院党委继续加强基层组织建设和党员发展工作，培训入党积极分子 230 余人，新发展党员 259 人。2012 年，学院学子在各项国家级赛事中都取得了可喜的成绩，获"挑战杯"中国大学生创业计划竞赛国家金奖 1 人，获四川省大学生创业竞赛团体一等奖 2 人，获"挑战杯"全国大学生课外学术科技作品大赛国家二等奖 1 人。学生团体也表现出色，荣获了"四川大学五四红旗团委"、"四川大学十佳学生会"、"创先争优"优秀分团委、2012 年暑期"三下乡"社会实践先进集体、"挑战杯"四川大学学生学术科技文化节团体总分蝉联冠军、"凤凰展翅"2012 年四川大学文化艺术节二等奖、四川大学 2012 年秋季田径运动会冠军等多项骄人的成绩。

【公共管理硕士（MPA）专业学位教学评估工作圆满结束】 4 月 17 日，国家学位办委托由 5 位专家组成的评估组对四川大学公共管理硕士（MPA）专业学位教学进行评估。四川大学党委常务副书记、四川大学公共管理硕士（MPA）专业学位教育领导小组组长罗中枢教授出席了评估会并总结了我校 MPA 的教育现状。以公共管理学院为教学主体单位的四川大学 MPA 教育中心接受了评估并承担了评估会务工作。经过两天的材料审查和现场调研，专家组一致认为我校 MPA 教育基础扎实，程序规范，特色鲜明，达到了国家相关要求，同意通过评估。

【院长姜晓萍教授一行参加"公共部门人力资源管理研讨会"】 全国首届"公共部门人力资源管理研讨会"于 2012 年 4 月 28 日—29 日在中国人民大学召开。公共管理学院院长姜晓萍教授、四川大学全国干部教育培训基地副主任王谦教授、行政管理系系主任范逢春副教授应邀参加研讨会。院长姜晓萍教授主持了专题讨论，范逢春副教授以"公共部门人力资源编制管理流程再造：机理与策略——以四川省金堂县为例"进行了专题发言。

【成功举办"第八届两岸四地公共管理学术研讨会"】 5 月 5 日—6 日，由四川大学主办、四川大学公共管理学院承办的"第八届两岸四地公共管理学术研讨会"在成都召开。来自中国香港、澳门、台湾地区及大陆的 140 多位知名专家学者应邀参加此次会议，四川大学公共管理学院师生共计 300 余人参加了此次研讨会的学术交流和会务服务工作。本次研讨会在公共管理学界引起重大反响，得到了与会代表的一致好评。代表们一致认为，此次研讨会举办得很成功：一是学者参与踊跃，二是论文质量高，三是四川大学及公共管理学院为大会的举办提供了优秀的保障条件和周到的会议服务。

【获四川大学学生课外学术科技活动节最高荣誉"挑战杯"三连冠】 2012 年 5 月 25 日公共管理学院在"挑战杯"四川大学 2011 年学生课外学术科技活动节中以总分 5077.75 分的绝对优势获得团体总分第一名的好成绩，实现三连冠，获得永久保存"挑战杯"的权力。校长谢和平院士为学院颁发了代表四川大学学生课外学生科技活动节最高荣誉的"挑战杯"。

【与美国亚利桑那州立大学正式签署 MPA、MPP3+2 本硕项目合作协议】 9 月 18 日下午，学院院长姜晓萍教授与美国亚利桑那州立大学（Arizona State University）主管学生交流副校长 Denis Simon 教授、亚利桑那州立大学公共事务学院（School of Public Affairs）院长Jonathan Koppell教授等一行会面。双方正式签署了MPA、MPP3+2本硕项目合作协议，为两校MPA、MPP教育的交流奠定了坚实基础。

【**2012年教学质量建设专题会顺利召开**】为进一步加强教学质量，实现学院“十二五”规划的目标，按照学院的工作部署，11月9日，公共管理学院教学质量建设会顺利召开。会上，徐开来书记强调了教育教学质量建设，提升人才培养质量的重要性，充分肯定了公共管理学院近年来教学质量工程建设取得的显著成效和所呈现出的特色，并指出新一轮教学质量工程建设要结合我国高等教育改革发展所面临的新形势，明确自身定位，进行重点突破。

【**四川大学中国地方政府创新研究中心揭牌仪式暨“社会治理与政府创新”主题研讨会胜利召开**】2012年11月24日，由中共中央编译局比较政治与经济研究中心、四川大学中国地方政府创新研究中心主办，四川大学全国干部教育培训基地、四川大学公共管理学院承办的“四川大学中国地方政府创新研究中心揭牌仪式暨‘社会治理与政府创新’主题研讨会”在四川大学全国干部教育培训基地胜利召开。中共中央编译局副局长俞可平教授、四川大学党委副书记罗中枢教授、四川大学副校长晏世经教授等专家、领导参加了揭牌仪式。

【**勇夺“挑战杯”中国大学生创业计划竞赛金奖**】11月28日，由教育部、共青团中央、中国科协、全国学联、上海市人民政府共同主办的第八届“挑战杯”中国大学生创业计划竞赛在同济大学落下帷幕。由公共管理学院2009级公共事业管理专业本科同学李建伟担任队长的团队作品《成都超锐科技涂层技术有限公司新型涂层工艺推广与PEMS设备开发创业计划》喜获金奖。这是学院建院以来首次夺得“挑战杯”中国大学生创业计划竞赛金奖，也是本年度四川地区唯一的金奖作品。

（以上资料由公共管理学院马丹妮提供）

商学院

【**概况**】商学院设有5个教学系、6个业务中心、13个职能部门，并建有8个实验室和28个科研机构。

师资队伍方面。2012年学院有专任教师132名。其中教授32名（含研究员），副教授57名（含副研究员、高工），博士生导师17名，国际系统与控制科学终身院士1名，国家杰出青年基金获得者2名（徐玖平、徐寅峰），“长江学者”3名（特聘教授：徐寅峰、徐玖平，讲座教授：何佳），享受国务院政府特殊津贴专家4名（黎永泰、徐寅峰、徐玖平、赵昌文），新世纪百千万人才工程国家级人选2名（徐玖平、徐寅峰），中国青年科技奖获得者1名（徐玖平），教育部高校青年教师奖获得者1人（徐玖平），教育部新世纪人才6名（赵昌文、徐寅峰、顾新、干胜道、董玉成、杨永忠），四川省学术与技术带头人7名（徐玖平、贺昌政、陈维政、顾新、李蔚、赵昌文、任佩瑜），四川省有突出贡献的优秀专家4名（干胜道、赵昌文、徐玖平、李蔚），四川省学术与技术带头人后备人员4名（程宏伟、干胜道、胡知能、朱欣民），四川省师德标兵1人（朱欣民）。在专任教师中，中青年教师所占比例为85%，高级职称比例为67%，具有博士学位的比例为64%，另有11人正在国内外攻读博士学位。年度内引进人才7名。

学科建设方面。学院拥有管理科学与工程、工商管理2个一级学科博士点、2个博士后流动站，设有工商管理（运营管理）、市场营销、会计学、财务管理、人力资源管理、管理科学、工业工程、工程管理和电子商务共9个本科专业及1个会计学（ACCA）专业方向，有系统科学、管理科学与工程、会计学、企业管理、旅游管理、技术经济及管理、公司金融（自设）7个硕士点，并拥有工商管理硕士（EMBA、MBA）、工程硕士（ME，含工业工程、项目管理和物流工程3个领域）、工程管理硕士（MEM）、会计硕士（MPAcc）、审计硕士（MAud）等5个专业学位（8个专业方向）授权点。此外，学院建有2个四川省重点学科（管理科学与工程、工商管理）、3个省级特色专业（工商管理、管理科学、工业工程）和2个基地（省级人才培养基地——管理科学专业，四川省哲学社会科学重点研究基地——四川省系统科学与企业发展研究中心）。

人才培养方面。2012年学院招收本科生496人（包括ACCA专业100人），本科四个年级共有2061人在读；招收博士研究生55人，3个年级共有在读博士166人；招收硕士研究生105人，3个年级共有在读硕士研究生311人；MBA招收499人，共有1506人在读；EMBA招收100人；ME招收337人（单证286人，双证51人），共有在读生1507人。商学院2012年全部在读学生7661人（含1992名各类在职成教学生）。学院全面推进“985工程”本科“323+X”创新人才培养各项工作，注重拔尖人才与双特生的培养，对2012级管理科学专业的专业基础课和专业必修课实行全英文授课，开展国际化教育教学。在MBA教育中，学院改革培养方案、推进国际化进程、启动CAAMBA认证工作，在提高培养质量的同时，加强品牌宣传推广。2012年度内，MBA获得2012年《福布斯》（中文版）中国最具价值在职MBA、腾讯网2012“回响中国”中国十大MBA教育学院、2012全国MBA超级经理人对抗赛冠军等荣誉。

科研方面。2012年度全院教师共获准纵向项目49项（含国家级项目6项、省部级项目16项），合计到账科研经费1355.12万元（纵向项目454万元，横向项目901.12万元）；获得省部级科研奖励15项；出版著作19部，发表论文340余篇（其中SSCI论文12篇，SCI论文45篇，EI论文20篇，CSSCI论文135篇）。

合作交流方面。2012年学院有国内交流合作办学项目2项、国际交流合作办学项目1项（ACCA），全年有8名同学参加境内交流、学习，有28名同学参加“2+2”、“3+1”、“3+2”等国际交流项目赴外学习。另外，商学院接待澳大利亚、美国、法国、韩国等国多所高校来访，就合作办学、培养留学生等进行交流。

党建与学生工作方面。商学院宣传动员并引导全院教职工特别是领导干部、部门（系）负责人树立廉政风险意识，查找风险点，并编写《四川大学商学院廉政风险防控机制》，建立了廉政建设长效机制。学院还以“落实教育规划纲要、服务学生健康成长”为主题，开展“人生导师”、优秀教学课件竞赛等活动，将“为民服务创先争优”落到实处。此外，学院举办各类学生活动，如“大学的文化自信与自觉”学习交流会、“建文化强国我们在行动”征文比赛、“风雨辉煌九十年——党的征程”电影展播、献礼十八大之 G9 峰会特色活动等，还组织学生参加校内外各类文体、科技、社会实践活动，加强学生思想政治教育，丰富校园文化生活，提高学生的实践、创新能力。2012 年，商学院学生获各级奖 87 项（含国家级竞赛奖项 10 项、省市级竞赛奖 13 项）。至 2012 年末，商学院本科毕业生 494 人，就业率达 99%。其中，有 26.5%的毕业生进入世界 500 强企业，有 9%的毕业生继续到境外深造。2012 届毕业研究生共计 672 人（普通硕士研究生 81 人），共就业 650 人，就业率达 96.73%。

【第三届双代会第一次会议】2012 年 1 月 6 日，商学院召开第三届双代会第一次会议，与会正式代表 55 人，特邀代表 14 人及列席代表共同听取并讨论了由院长徐玖平教授所作《四川大学工商管理学院院长工作报告》，审议了徐玖平院长所作《四川大学工商管理学院财经工作报告》和工会主席钟胜教授所作《四川大学工商管理学院教代会和工会工作报告》，并通过会议决议。

【科研成果奖】2012 年 2 月，徐玖平教授主持的科研成果“农田系统循环产业综合集成关键技术与应用”获得教育部高等学校科学研究优秀成果（科学技术进步奖）一等奖。另外，徐玖平教授领著的《循环经济系统论》《地震救援·恢复·重建系统工程》两部专著同时获得四川省第十五次哲学社会科学优秀成果一等奖。

【ACCA 优秀教师奖】2012 年 5 月，商学院李双海老师获 ACCA 第一届优秀教师奖，成为 70 所院校 10 名获奖教师之一，并作为主讲教师应 ACCA 上海代表处之邀参加了 ACCA 教师培训（TTT）。

【承办全国工业工程领域工程硕士教指委会议】2012 年 8 月 18 日，商学院承办“第六届全国工业工程领域工程硕士培养工作交流研讨会”，邀请教指委和领域协作组的领导以及相关院校专家、学者，就工业工程领域工程硕士的培养与管理、职业资格认证、新设工程管理硕士（MEM）等主题发言和探讨。谢和平校长出席会议并致辞。

【工商管理学院更名为商学院】2012 年 11 月 23 日，在全院教职工大会上，学校常务副校长李光宪代表学校党委行政宣布：“四川大学工商管理学院”更名为“四川大学商学院”。自此，学院发展进入新阶段。

【商学院学生获海洋知识竞赛“南极特别奖”】2012 年 11 月，商学院 2010 级本科市场营销专业的黄加顺同学夺得第五届全国大中学生海洋知识竞赛电视总决赛个人赛的最高荣誉——特等奖“南极特别奖”，以及个人竞赛一等奖。

【徐玖平教授荣获国家社科基金重大招标项目】2012 年 12 月，徐玖平教授作为首席专家获准国家社科基金重大招标项目——“重特大灾害社会风险演化机理及应对决策研究”（批准号：12&ZD217），这是我校首次获准跨学科研究类国家社科基金重大招标项目。

【教材建设成果】2012年，商学院陈维政老师的《人力资源管理》获国家精品教材称号；徐玖平/胡知能/王緌的《运筹学（Ⅰ类）》、王明慈/沈恒范的《概率论与数理统计》、陈维政的《人力资源管理》3本教材获批四川省“十二五”普通高等教育本科规划教材；陈维政的《劳动关系管理》获2012年度校级优秀教材一等奖；张黎明的《管理沟通》讲义获2012年度校立项建设教材。

【MBA教育国际化】2012年，商学院从校际合作、国际招生、国际交流、海外游学等方面推进MBA教育国际化进程：招收5名海外学生就读MBA；与美国西敏大学（Bill and Vieve Gore）商学院签订协议，于2013年开办四川大学—美国西敏大学MBA双学位项目；全年接待100余名国际学生到川大短期游学；参加泰国国际教育展，并访问泰国各商学院。

（以上资料由商学院孙志宏提供）

马克思主义学院（政治学院）

【概况】政治学院成立于2001年，系由原四川大学马列部、思政部和华西医科大学人文社会科学部合并组建而成，2010年7月，正式成立马克思主义学院（政治学院）。学院现下设马克思主义基本原理教研室、马克思主义中国化教研室、思想道德修养与法律基础教研室、中国近现代史纲要教研室、研究生思想政治理论课教研室等5个教学单位，并设有四川大学农村发展研究中心、四川大学应用心理与心理健康教育研究所、四川大学国际关系研究所等研究机构，四川省高校思想政治理论课教师培训中心、四川省大学生心理健康教育师资培训基地也设在马克思主义学院。学院主要承担全校文、理、工、医各学科的博士、硕士研究生和本科生的思想政治理论课的教学任务。

师资队伍方面。2012年，共有教职工89人，专任教师74人。其中，教授11人，副教授35人，并聘请有一批海内外著名专家、学者担任名誉教授、客座教授。现任教师中，国务院政府津贴获得者2人，教育部新世纪优秀人才3人，全国大学生心理咨询专业委员会副主任1人，四川省学术和学科带头人3人，“四川省有突出贡献的优秀专家”1人，四川省教学名师1人，四川省学术和学科带头人后备人选3人，四川大学教学名师3人。

学科建设方面。学院有“马克思主义中国化研究”1个二级学科博士点、“马克思主义理论”和“政治学”2个一级学科硕士点，以及“国际政治”本科专业1个。其中，马克思主义理论一级学科硕士点包括5个二级学科，政治学一级学科硕士点包括7个二级学科硕士点。在2012年教育部全国高校学科评估中，马克思主义学院马克思主义理论在全国参评的121所高校中，与华中师范大学、同济大学等并列排名全国第17名，进入全国前15%之列，并列西部地区第一名；政治学理论在全国参评的34所高校中，与同济大学等并列全国第18名，在西部地区并列第2名。

教育教学方面。2012年1月，阎钢教授的中国大学视频公开课《现代公共生活与社会公德修养》正式上线，这是全国首批思想政治理论领域的中国大学视频公开课；高中伟教授入选全国首届高校思想政治理论课教学能手（排名第四）；在2012年四川大学教学成果评选中，获得一等奖2项，二等奖3项，其中推荐为四川省一等奖候选成果1项、二等奖候选成果1项。研究生管理更加规范，入选四川省优秀博士学位论文1篇、优秀硕士学位论文3篇。

科研方面。获得各类校级以上纵向课题立项30项、经费119.5万元。其中，国家社科基金项目3项，教育部项目3项；横向项目经费66.9万元，到校经费47.9万元。3项科研成果被四川省哲学社会科学规划办采纳。发表C刊论文47篇，其中A刊3篇，B刊11篇。学术论文的社会影响进一步提高，在《光明日报》发表论文3篇，在《四川日报》发表论文5篇。在四川省第十五次哲学社会科学评奖中，马克思主义学院取得历史最好成绩，荣获一等奖1项、二等奖1项、三等奖4项。

对外交流方面。与俄罗斯乌拉尔联邦大学建立起意向性合作协议，赴新加坡国立大学开展了首批青年教师海外培训，与香港理工大学师生代表联合开展了灾后重建系列实践活动。

党建及学生工作方面。大学生思想政治工作进一步加强。一是以主题教育为中心，开展了以“学习贯彻十八大精神”、“两会精神”等为主题的PPT宣讲大赛、专题讲座、征文活动、学术沙龙、读书会、红歌会、论坛等系列活动，正式启动了“以红色理论引领研究生思想政治教育工作”精品项目。二是以“创先争优”为中心，全面推进学生的思想政治教育。2012年，发展学生新党员19名，党员比例达到74.8%；入党积极分子24名，占非党员人数的90%以上。三是开展丰富多彩的校园文化体育活动，促进学生全面发展。

【认真学习宣传贯彻落实党的十八大精神】制定出台了《四川大学关于推进十八精神“三进”工作的实施方案》，大力推进党的十八大精神系统进教材、生动进课堂、扎实进头脑；组织开展了系列学习宣传贯彻活动，其中学院组织召开学习宣传贯彻活动5场；组建了党的十八大精神宣讲专家组，学院专家组由14名专家组成、面向全院师生开展宣讲活动20多场，6人入选学校宣讲团，面向全校师生开展宣讲活动近20场，1人入选四川省高校宣讲团，面向省内高校开展宣讲活动8场；组织召开了“四川大学深入贯彻十八大精神，扎实推进高校思想政治理论课建设”座谈会，邀请教育部社科司副司长徐维凡结合思想政治理论课程建设工作深度解读十八大精神；广泛组织开展十八大精神的理论研究，多篇理论文章分别在《光明日报》（理论版）和《四川日报》（理论版）发表。

【顺利迎接省教育厅对学校思想政治理论课建设工作的督查】5月31日，以四川省教育厅巡视员周光富为组长的四川省教育厅督查组一行5人，对我校思想政治理论课建设进行了督查。学校党委书记杨泉明教授、党委副书记、纪委书记徐兰教授分别就我校思想政治理论课的建设情况做了汇报，校党委常务副书记罗中枢教授代表学校听取了督查组的反馈意见。在认真听取汇报后，督查组对我校思想政治理论课建设情况进行了检查并做了督查反馈和交换了意见。督查组认为，四川大学迎接省思想政治理论课建设督查的各项工作做得非常好，工作汇报全面总结了学校的做法成效，凝练形成了主要特色和宝贵经验，下一步建设思路清晰，四川大学的思政课建设迈上了一个大的台阶，走在了全省的前列，给督查组留下了十分深刻的印象。

【深入开展思想政治理论课教改活动】以项目为平台和支撑，学院思想政治理论课的理论研究和教学改革全面开展、深入推进。设立精品视频课专项 11 项，鼓励高水平教师积极申报教育部精品视频公开课建设计划。设立教学改革专项，重点支持教材内容改革、教学模式改革、实践教学改革、考试改革、质量监测改革。设立课程网站建设专项，教育部首批思想政治理论课程网站共建团队建设成效排名全国高校第 11 位，“四川大学思想政治理论课在线”网站建成并正式上线。主题教育活动全面展开，与学校教务处、宣传部、学工部、团委等联合举办了 4 项全校性的主题教育活动，举办思想政治教育大讲堂 10 期。

【开创西部学子论坛，学院社会影响力进一步提高】12 月 13 日下午，马克思主义学院与学校教务处、宣传部、学工部共同主办的西部高校学子看十八大报告会在江安校区水上报告厅隆重举行，校党委书记杨泉明教授作了重要讲话。来自四川大学、电子科技大学、西南交通大学、西安交通大学、新疆大学、重庆大学、西北大学、云南大学、兰州大学等 9 所西部高校 12 名学生代表围绕“西部学子看十八大”主题，密切联系自身学习、生活、工作实际，先后作了主题报告，畅谈了他们对学习贯彻党的十八大精神的点点感悟与收获。这是西部高校首次共同开展此类主题教学活动。该论坛开辟了西部高校携手共创学习宣传党的十八大精神的新形式和高平台，在西部乃至全国高校产生了较大影响。教育部门户网站、《中国社会科学报》等媒体进行了专门报道。

【继续改善办学环境，大幅提高社会服务能力】学院整体搬迁至新校区文科楼群二区 3–6 楼。新办公大楼的面积 2000 余平方米，办学条件大大改善。80 万元思想政治理论课建设经费全部落实，使用规范，进一步改善了学院的教育教学运行条件。挂靠马克思主义学院的四川省高校思想政治理论课教师培训中心组织了三期培训，培训 400 余人。同时，精心组织接待了三期中宣部、教育部思想政治理论课教师培训班。四川大学中国学中心、四川大学预防腐败研究中心正式获批，这将大大提高马克思主义学院协同创新能力。

[以上资料由马克思主义学院（政治学院）李建华提供]

体育学院

【概况】 四川大学体育学院下设体育健康教育系（一系、二系）、竞技体育系、社会体育系（筹）3个教学单位，并设体育科学研究所、武术文化研究所、公共健康与社会研究所、户外运动研究所4个科研机构。学院还设置校体育运动委员会办公室、学生体质测试中心、体育场馆管理中心、体育器材装备部等机构，全面展开体育教学、运动训练、运动竞赛、群众体育活动、体育科研、体育场馆管理等方面工作。

师资队伍方面。2012年，学院共有教职工110人，教师90人，其中正教授8人，副教授44人，讲师30人，助教及以下8人。教辅人员2人，行政人员11人，工人7人。博士3人，在读博士4人，硕士研究生25人。专业技术称号上，国际级裁判5人，国家级裁判5人，国家级社会体育指导员1人，国家级健身指导员5人。

学科建设方面。学院是体育学一级学科硕士授权点，拥有运动训练学、体育社会学、人体运动科学和民族传统体育4个二级学科专业。拥有体育高等学校教师在职攻读硕士学位招生资格，通过国务院学位办第二批体育专业硕士招生资格。

人才培养方面。学院自体育硕士研究生招生以来，已培养毕业生240人。截至2012年底，学院在读体育研究生83人。

交流合作方面。加强与兄弟院校的合作交流，2012年内学院派出多名教师与全国其他高校进行学术交流；台北市体育代表团来学院进行学术交流访问；与重庆大学体育学院开展学术交流，广泛进行了体育管理、体育教学、体育训练、运动队健身、体育场馆、体育经营等专题研讨，并组织了传统的“川渝足球对抗赛”。

教学方面。2012年承担了全校一至二年级本科学生4万余人体育公选课教学，承担体育舞蹈、游泳、武术等5个体育项目的文化素质选修课的教学。

运动队训练和群体工作方面。2012年承担足球、田径、女子排球、游泳、网球5个高水平运动队和体育舞蹈、健美操、武术、定向运动4个普通运动队的训练和竞赛工作。在群体方面，负责学校18个体育单项协会（俱乐部）的业务指导工作，2012年共组织开展了7项全校群体竞赛。2012年，学校运动代表队共参加了8次省级以上比赛，获得省级以上冠军共计6项（包括前三名共计15项）的优异成绩；举办了7项校内群体活动；承办了“2012年全国大学生足球联赛”（四川赛区）和“四川省高校‘智博杯’网球赛”以及校田径运动会等省级赛事。2012年度对学校新、老校区学生进行一轮体质测试，共测试了2万余人次学生，为学生提供了体质健康标准情况，为学校体育工作提供决策依据。

科研方面。2012年学院整体科研水平有所提升。学院教师在公开刊物发表论文20篇，其中C级期刊上发表论文4篇，出版著作 2 部；申报各级各项课题共计 30 余项，其中纵向课题立项 11 项，横向课题 1 项。科研经费达到 60 万元；承办国际学术会议 1 次，参加各级学术科研论文报告会近 20 人次，开办学术讲座 6 次；获各级科学论文报告会奖励共计 10 项，其中省部级奖 5 项。

体育竞赛获奖方面。共获得了包括世界大赛冠军在内的 20 多个奖项。2012 年 5 月，参加“四川省大学生台球锦标赛”，获得斯诺克团体冠军；2012 年 5 月，参加“2012 年四川省大学生田径运动会”，共获得 2 项冠军和奖牌总数第四的成绩；2012 年 6 月，参加“2012 年四川省高校智博杯网球赛”，共获得 3 项冠军、3 项亚军和 3 项季军；2012 年 7 月，参加“2012 年第十七届全国大学生暨校长网球锦标赛”，共获得 1 项冠军（校长丁组冠军）、两项第三名（女子双打和团体）；2012 年 8 月伦敦奥运会，我校高水平运动员蒋婷婷、蒋文文获得花样游泳集体项目亚军；2012 年 9 月天津大运会，足球队获得决赛第 15 名，排球队获得决赛第 12 名；2012 年 11 月，参加“中国大学生 CUBA 篮球蓝赛（四川赛区）”获得男子组第五名；2012 年 11 月，参加“2012—2013 年中国大学生足球联赛（四川赛区）”获得冠军；2012 年 12 月，参加“四川省大学生羽毛球比赛”获得团体冠军。

（以上资料由体育学院陈清提供）

灾后重建与管理学院

【概况】灾后重建与管理学院是由四川大学与香港理工大学合作建设的致力于在全球范围内提高人类抵御各类灾害综合能力的一所新型学院，2010 年 8 月正式启动学院建设工作。学院设有 4 个系（灾害社会工作与心理系、灾区规划与建设系、灾害康复与医学系、灾害护理系），3 个研究中心（香港马会灾害科技研究中心、灾害信息资源中心、西部抗震减灾研究中心），7 个实验室（社会工作与心理实验室、物理治疗实验室、作业治疗实验室、假肢矫形实验室、灾害护理实验室、能源工程安全与灾害力学实验室、岩土力学与灾害防治研究中心实验室）。

学科建设方面。学院初步确立了学院学科发展灾害及重大危机处理相关科学技术与工程、医学、人文社会科学 3 个领域，具体的学科建设规划拟设立 6 个系、16 个专业。2012 年陆续编制完成了学科与学系建设方案，具体有：《学科与学系建设发展规划》《灾害康复医学系及灾害护理系建设方案》《灾害社工与应用心理系建设方案》《环境规划与工程系建设方案》。为配合学科与学系建设，2012 年 1 月四川大学与香港理工大学相关部门负责人及专业教师在香港理工大学召开了香港马会援助实验室项目建设工作协调会，正式启动香港马会援助实验室项目建设工作。在考察香港理工大学相关实验室和大楼建设工地后，学院展开了各实验室建设规划和方案编制工作。在多次组织专家论证的基础上，2012年11月1日向香港马会提交了包括假肢矫形、物理治疗、作业治疗、灾害护理、灾害心理与社会工作5个实验室和灾害信息资源中心建设与设备清单的《实验室建设及设备采购方案》。实验室建设工作随即进入实施阶段。

人才培养方面。按照与香港马会的协议，学院将完成45名防灾减灾与灾后重建相关专业的博士生培养，培养方式采取四川大学与香港理工大学“2+2”双导师、双学位联合培养模式。2012年共招收11名博士生，加上2011年已经招收的12名博士生，累计已完成23名博士的招收工作，余下22名博士生的招收，将于2013—2014年完成。2011年第一批12名联合培养博士生已完成在四川大学的学习，顺利前往香港理工大学学习。2012年获教育部批准4个内地香港联合培养硕士教育项目。按照与香港马会的协议，学院将以内地与香港合作办学的方式由四川大学与香港理工大学联合培养义肢矫形、灾害护理、物理治疗、作业治疗和社会工作5个专业240名硕士生。2011年按计划向教育部申请合作举办的4个的专业联合培养硕士教育项目，2012年已经全部获得批准。批准文号：义肢矫形（MOE51HK1A20121284N）、灾害护理（MOE51HK1A20121283N）、物理治疗（MOE51HK1A20121311N）、作业治疗（MOE51HK1A20121312N）。

科研方面。学院积极为国家决策提供参考咨询和为地方政府及社会提供服务。2012年学院参与了国务院应急办《东日本大地震应对工作案例》和《突发事件应急预案管理办法》的专家评审工作，对中国地震局的《中国地震动参数区划图》和《地震应急救援条例》等法律规范提出专家建议并被部分采纳。参与教育部关于“中国中小学安全管理标准”课题的研究。在国家减灾防灾和灾后重建的干部培训方面，学院教师在浦东干部学院、国家行政学院、国家减灾中心、中国地震局、国家人防办、教育部等国家部委和党政培训机构授课，听课的干部达1000多人、中小学校长达2000多人。此外，在学习党的十八大会议精神期间，学院教师多人接受主要媒体采访，在防灾减灾、减灾文化、公共安全等方面发表体会和见解。在为地方政府和社会服务方面，学院带头参与老北川地震遗址区发展战略和成都（邛崃）防灾减灾安全产业园区建设规划编制和研究工作，参加了汶川地震灾后重建世界银行优惠紧急贷款雅安宝兴县与芦定县项目考察和评估工作。学院教师还主持和承担了中国扶贫基金会专项委托的《灾后生计重建项目跟踪评估和社区扶贫模式研究》，全程跟踪评估10个社会组织在汶川灾区的灾后重建工作。

合作交流方面。2012年，学院开展和参与了多种以防灾减灾为主题的活动，并积极展开与国际减灾机构、国家减灾部门、国内外大学、机构，以及知名专家的交流合作。派员出席美国灾害医学研讨会、汶川地震的经济恢复与发展研讨会、日本地震灾后重建第三次专家会议、东日本地震海啸灾害一周年纪念的国际合作研究论坛、亚太经合组织灾后恢复重建能力建设研讨会、世界减灾首脑会议、东亚峰会备灾能力建设研讨会、日本阪神淡路地震《人与防灾未来中心》开馆10周年“减灾社会与国际携手合作”国际论坛、亚洲防灾减灾法律比较国际研讨会、巨灾灾后重建战略与各部门的作用国际研讨会、世界民防组织的防灾减灾信息技术研讨会、第八届APRU（Association of

Pacific Rim University）国际研讨会、英国无国界地震专题研讨会、法国开发署四川灾后重建项目总结及经验交流会等。组织开展了 IDMR 大讲堂、北川论坛、印象四川、灾区文化考察之旅等在内的“5·12”周年大型纪念活动、2012 灾难康复高峰论坛暨四川省康复医师培训班等等活动、社会工作与救灾工作经验分享暨研讨会，参与协办了灾后重建项目规划理念创新论坛。接待了南加州大学社工学院、法国企业发展促进委员会访问团、日本东京大学访问团、联合国 IRP 专家访问团、日本协力机构专家团，以及 BP 能源安全专家等 Laurence Barry 的来访。拓展了与国家民政部、世界银行和中国地震局等机构的交流与合作关系。

（以上资料由灾后重建与管理学院王建敏提供）

空天科学与工程学院

【概况】 空天科学与工程学院有航空宇航科学与技术一级学科 1 个，先进引导与飞行模拟技术、飞行器推进与燃烧动力学、飞行器结构与机构学、航空宇航力学与工程、航空宇航材料科学研究方向 5 个。

师资队伍方面。有在编固定和非在编固定教职工共 48 人，教学科研人员 43 人，行政管理人员 5 人，正高职称 34 人，副高职称 7 人，博士生导师 30 人，硕士生导师 8 人。其中，国务院学科评议组成员 4 人，何梁何利基金科学与技术奖获得者 2 人，长江学者 2 人，国家杰出青年 2 人，教育部新世纪（跨世纪）优秀人才 5 人，国务院特殊津贴获得者 9 人。

学科建设方面。有人机与环境工程 1 个硕士学位授权点；共享学校机械工程、计算机科学与技术、力学、化学、化学工程与技术、材料科学与工程 6 个一级学科博士学位授权点和物理化学、固体力学、机械制造及其自动化、机械设计及理论、材料学、计算机应用技术、应用化学 7 硕士学位授权点。

人才培养方面。学院于 2012 年 4 月获准成为独立招生单位，向研究生院提交硕、博士研究生专业设置、招生计划及培养方案，并将于 2013 年开始正式招收硕、博士研究生。

科研方面。2012 年新立项教育部博士点基金优先发展领域项目 1 项，项目经费 40 万元。承担国家重大科技专项 1 项、总装备部预先研究项目 1 项以及国家自然科学基金重大研究计划 1 项。学院正式启动“985 工程”建设，本期“985 工程”投入建设经费 1500 万元，将搭建“航空航天工程关键科技创新平台”。

合作交流方面。10 月，应法国 ENVISA 的邀请，学院参与“加强中国欧洲双边合作和研究—开拓创新合作项目”并签订意向书。经过多次实地考察和交流研讨，学院与中国航空工业集团、空军 5719 厂、航天七院、东电、东汽等多个航空航天领域相关单位达成合作意向。

【中航领导来访与校领导讨论合作共

建学院】2 月 17 日，中航工业集团魏进钟部长一行 7 人来访四川大学进行共建空天学院的前期考察工作。由常务副书记罗中枢主持，常务副校长李光宪、相关部处及学院领导出席会议，王家序院长在会上作了空天学院发展工作汇报，双方与会领导就中航工业与四川大学共建空天学院合作事宜进行了讨论并达成初步共识。

【参加教育部第三轮学科评估】 3 月 18 日，教育部第三轮一级学科评估工作正式启动，学院将计算机、机械工程、力学、化学、材料等校内与“航空宇航科学与技术”一级学科相关的科研资源进行合理整合，于 2012 年 7 月顺利参加第三轮学科评估工作，最终取得全国排名第八位的优异成绩。

【王家序院长带队参观访问德阳二重集团】 4 月 18 日，学院王家序院长带领校内相关学科方向的教授专家一行 10 人参观访问德阳二重集团并举行座谈会，就川大在高性能材料领域的研究基础和与二重可展开合作的工作等方面进行了深入交谈。

【学院与省内相关单位商讨建立协同创新中心】 4 月 28 日，在四川省、德阳市领导带领下，王家序院长与中航工业成都飞机工业有限责任公司领导一行同赴德阳市明日宇航公司、二重等地调研。交流会上王家序院长做了“四川省航空航天产业发展若干问题与解决思路”的报告，各航空航天领域相关单位共同提出共建协同创新中心的建议。

【林建鸿博士来校举行学术报告】 10 月 16 日，学院客座教授、空中客车英国有限公司（AIRBUS）疲劳与损伤容限总工程师林建鸿博士等来我校召开学术报告并与学院进行学术交流，提出下一步项目合作意愿。

【航空航天学院更名为空天科学与工程学院】 10 月 30 日，四川大学党委常委会讨论决定，原四川大学航空航天学院正式更名为四川大学空天科学与工程学院。

【确定学院新大楼设计方案】 11 月 9 日，学院与学院规划建设处共同协商确定学校将在江安校区修建的空天学院科研教学办公大楼实施方案，并定于 2013 年上半年正式动工。

【学院召开各学科负责人会议】 11 月 23 日，学院组织校内与航空航天相关的主要学科带头人召开了第一次学术研讨会，重点讨论了目前学院的各学科方向建设、研究平台搭建、人员团队情况、项目申报合作以及下一年人才需求计划等。研讨会进一步凝聚了校内各相关学科的资源和力量，实现各学科在航空航天科技研究领域紧密结合的一致性。

【朱东教授参加美国机械工程师学会年度大会】 11 月，学院朱东教授参加了在美国休斯敦举行的美国机械工程师学会年度大会（ASME 2012 Congress），与多位国际同领域专家沟通交流，对国际学术动态有了进一步了解。特别是与美国通用电气、德州 A&M、马里兰大学以及清华航空航天学院的专家建立了联系，为学院今后的国际交流和学术活动开辟了途径。

【举办“先进钛合金材料与制造学术报告交流会”】 12 月 6 日，由材料科学与工程学院和空天科学与工程学院联合举办“先进钛合金材料与制造学术报告交流会”。会上邀请澳大利亚昆士兰大学马前教授围绕“冶金创造业中金属快速或短流程成型技术”以及“如何充分利用四川地区所具有的丰富钛资源创造健康发展及高附加值的钛产业链”等问题做了详细深入的学术报告，并与攀枝花市科技局、攀钢研究院等与会代表进行了交流和座谈。会后，学院与马前教授讨论并初步确定了聘任马前教授为学院讲座教授的合约内容。

【王家序院长和朱东教授赴美国高校访问】12月，王家序院长和朱东教授访问了美国从事航空航天研究最为著名的多个高校，包括佐治亚理工学院航空航天系、普渡大学航空航天学院、得克萨斯州农工大学航天系和转子及透平机械实验室，以及匹兹堡大学工学院机械系，对各校的教学、实验室及人员配置、研究能力与主攻方向进行了深入考察与学习。王院长在访问期间表达了与各高校合作的愿望并邀请回访四川大学，各校领导也表现出极高的合作意愿。

（以上资料由空天科学与工程学院胡萍提供）

附　录

学校概况

岷峨挺秀，锦水含章。巍巍学府，德渥群芳。

四川大学是教育部直属全国重点大学，是布局在中国西部、“985 工程”和“211 工程”重点建设的高水平研究型综合大学。学校现任党委书记杨泉明教授、校长谢和平院士。

四川大学地处中国历史文化名城——“天府之国”的成都，有望江、华西和江安 3 个校区，占地面积 7050 亩，校舍建筑面积 254.6 万平方米。校园环境幽雅、花木繁茂、碧草如茵、景色宜人，是读书治学的理想园地。

四川大学由原四川大学、原成都科技大学、原华西医科大学三所全国重点大学经过两次合并而成。原四川大学起始于 1896 年四川总督鹿传霖奉光绪特旨创办的四川中西学堂，是西南地区最早的近代高等学校；原成都科技大学是新中国院系调整时组建的第一批多科型工科院校；原华西医科大学源于 1910 年由西方基督教会组织在成都创办的华西协合大学，是西南地区最早的西式大学和国内最早培养研究生的大学之一。1994 年，原四川大学和原成都科技大学合并为四川联合大学，1998 年更名为四川大学，江泽民、李鹏等党和国家领导人就两校合并为学校题词并寄予深切厚望。2000 年，四川大学与原华西医科大学合并，组建了新的四川大学。李岚清同志在考察新四川大学时说：“四川大学是我们改革最早的大学，对我国高校的改革做出了历史性的贡献，可以说是高校体制改革的先锋。”在 2008 年“5·12”汶川特大地震抗震救灾期间，吴邦国、温家宝等党和国家领导人先后到四川大学视察慰问。

四川大学承文翁之教，聚群贤英才。百余年来，学校先后汇聚了历史学家顾颉刚、文学家李劼人、美学家朱光潜、物理学家吴大猷、植物学家方文培、卫生学家陈志潜、数学家柯召等大师。历史上，吴玉章、张澜曾执掌校务，共和国开国元勋朱德、共和国主席杨尚昆、文坛巨匠郭沫若和巴金、一代英烈江竹筠（江姐）和毛英才等曾在川大求学。中国科学院和中国工程院院士中，有 50 余位是川大校友；2001 年评选的近代 50 位“四川文化名人”中，有 36 人是川大校友。

四川大学学科门类齐全，覆盖了文、理、工、医、经、管、法、史、哲、农、教、艺 12 个门类，有 30 个学科型学院及研究生院、海外教育学院等学院。现有博士学位授权一级学科 44 个，博士学位授权点 277 个，硕士学位授权点 361 个，专业学位授权点 32 个，本科专业 131 个，博士后流动站 33 个，国家重点学科 46 个，国家重点培育学科 4 个，是国家首批工程博士培养单位。

四川大学大师云集，名师荟萃。截至 2012 年年底，有专任教师 4292 人，具有正高级职称的 1188 人。学校有中国科学院和中国工程院院士 12 人，“杰出教授”

6人，国家“千人计划”入选者35人（含“青年项目”11人，“外专项目”1人），“长江学者奖励计划”特聘教授24人和讲座教授9人，国家自然科学“杰出青年基金”获得者41人（原A类），“973”首席科学家10人、牵头“973”重大基础研究项目12项，国家社科基金重大招标（委托）项目获得者14人（15项），国家教学名师奖获得者12人，四川省“百人计划”与“青年百人计划”入选者39人。

四川大学在长期的办学历程中，形成了深厚的人文底蕴、扎实的办学基础和以校训“海纳百川，有容乃大”、校风“严谨、勤奋、求是、创新”为核心的川大精神。近年来，学校围绕创建一流研究型综合大学的奋斗目标，确立了“以人为本，崇尚学术，追求卓越”的现代大学办学理念，建立了“以院系为管理重心，以教师为办学主体，以学生为育人中心”的管理运行新机制，提出了“精英教育、质量为本、科教结合、学科交叉”的人才培养指导思想，确立了培养“具有深厚人文底蕴、扎实专业知识、强烈创新意识、宽广国际视野的国家栋梁和社会精英”的人才培养目标，探索构建了“323+X”创新人才培养体系。现有全日制普通本科生4万余人，硕博士研究生2万余人，外国留学生及港澳台学生2000余人。2003年以来，学校获得国家教学成果奖19项、国家精品（视频）课程36门，获得百篇优秀博士论文21篇。

四川大学科研实力雄厚，标志性成果不断涌现。学校现有12个国家重点实验室、国家工程实验室及国家工程技术研究中心，11个教育部重点实验室和4个教育部工程研究中心，3个卫生部重点实验室；有9个国家人才培养和科学研究及课程教学基地，8个国家级实验教学示范中心，1个国家大学生文化素质教育基地，4个教育部人文社会科学重点研究基地，2个国家药物临床实验机构，1个国家药品临床研究基地。2005年以来，学校共获国家科技三大奖19项。2012年，学校科研经费达18.45亿元，发表国内科技论文总数列全国第7位，SCI收录论文数列全国高校第5位。在人文社会科学方面，学校先后编撰出版了《汉语大字典》《全宋文》《中国道教史》《儒藏》等大型文化建设成果。

四川大学积极服务于国家和区域经济社会发展，服务社会的能力不断增强。学校是全国高校中最早设立的6家国家技术转移中心之一，2008年被国家科技部授予首批“国家技术转移示范机构”，2009年成为首批获得“全国企事业知识产权示范单位”称号的4所高校之一。四川大学科技园是国家最早批准的15个国家大学科技园试点之一，2012年被评为国家A类（优秀）大学科技园，已孵化包括1家上市公司在内的科技企业50余家。近年来，学校与江苏、四川、西藏、新疆等50多个省（自治区）、市和3000多家企业建立了产学研合作关系，建立了近百个高水平校地企产学研平台。学校接受了全国上千家企业委托进行的技术开发、技术改造项目1万余项，一大批重大科技创新成果已成为相关行业的主导技术。2009年，学校被批准成为首批13个“干部培训高校基地”之一。学校设有4所卫生部直属附属医院，在汶川特大地震和青海玉树地震等重大自然灾害伤员救治过程中发挥了重要作用，为促进我国卫生事业发展、提高人民群众健康水平做出了重要贡献。

四川大学坚持开放办学，不断推进国

际交流与合作，国际影响力和竞争力显著提升。目前，学校已与32个国家和地区的170余所大学和研究机构建立了交流合作关系，与美国、加拿大、欧洲、澳大利亚以及港澳台等10多个国家和地区的近70余所国际知名大学构建了全方位、多层次、多形式的学生联合培养体系。与韩国、美国的国际知名大学合作共建了4所孔子学院。与美国加州大学、华盛顿大学联合建立了九寨沟生态环境与可持续发展国际研究中心，与美国亚利桑那州立大学共同组建了中美大学战略规划研究所、美国文化中心，与德国克劳斯塔尔工业大学共同组建了中德能源研究中心，与国务院扶贫办、国务院原西部开发办、联合国开发计划署和世界银行共同组建了中国西部反贫困研究中心，与香港理工大学共同组建了四川大学—香港理工大学灾后重建与管理学院。

四川大学图书馆藏书620万册，人文博物馆珍藏文物5.4万余套（8万余件），自然博物馆收藏动、植物标本84余万件（份），档案馆和校史展览馆收藏各类档案25余万卷（其中珍藏历史档案9000余卷）。学校体育场馆设施齐全、设备先进。学校还建有校园网、分析测试中心、现代教育技术中心、国家外语考试与出国留学人员培训机构以及成人教育与网络教育学院等，主办有49种面向国内外发行的学术刊物。

锦江黉门，弦歌铿锵。展望未来，四川大学将始终肩负集思想之大成、育国家之栋梁、开学术之先河、促科技之进步、引社会之方向的历史使命与社会责任，再谱中国现代大学继承与创造并进、光荣与梦想交织的辉煌篇章！

2012 年大事记

1 月

4 日，“四川大学中国西部反贫困研究中心”荣获“全国扶贫开发先进集体”称号。

4 日，我校召开 2011 年社科基金工作总结暨 2012 年申报培训会。

5 日，我校举行 2011 年度机关部处和部分业务实体单位年度工作暨领导班子述职考核会。

6 日，我校推荐申报的 6 名海外青年学者进入国家第二批“青年千人计划”公示名单，总数与南京大学、华中科技大学、西安交通大学一起并列全国第 7 位。

8 日，我校 24 名青年教师赴美国亚利桑那州立大学开展学术交流和培训。

9 日，我校 2011 年医学工作总结暨发展研讨会举行。

9 日—14 日，我校与匹兹堡大学签署全面合作备忘录。

12 日，我校华西第二医院周晨燕医生荣获全国 2011 年“我最喜爱的健康卫士”称号。

20 日，我校举行 2012 春节留校学生新春团拜会。

2 月

4 日，2012 年世界癌症日全国性主题科普宣教活动在我校举行。

5 日，成都市市长葛红林以“当好城市 CEO”为题给我校学子做了报告。

7 日—13 日，由教育部主办的全国第三届大学生艺术展演在杭州举行。我校学生艺术团两个项目代表四川省参加了全国的展演，其中李鹏飞同学参展作品——《公益海报》获得工艺设计类全国一等奖，民乐团的《酒歌》获得器乐类全国二等奖。

9 日，“食品安全监测与风险评估四川省重点实验室”在我校华西公共卫生学院建立。

13 日，我校召开“211 工程”三期验收工作会议。

15 日，我校华西第二医院周晨燕医生当选“成都好人”。

17 日，我校召开校园文化建设座谈会。

20 日，学校机关召开联席会议研究部署启动机关作风建设和岗位考核工作。

21 日，中国致公党四川大学总支部委员会换届大会举行。

22 日，教育部副部长杜占元来我校考察指导工作。

23 日，我校举行 2012 年人才工作会议。

24 日，由我校发起并主办的生物技术药物研发与成果转化“协同创新联盟”研讨会在成都召开。

24 日，我校召开专题会贯彻落实“教育系统在创先争优活动中深入开展基层组织建设年活动视频会”精神。

27 日，德国赢创工业集团大中华区副总裁陈宝树博士一行来访我校。

27日，我校顺利进行武侯区第六届人大代表、双流县第十七届人大代表换届选举。

28日，我校组织召开国家重大科学仪器设备开发专项“创新型多功能激光光谱分析仪器的研发与应用”项目启动会。

29日，2012年全国大学生思想政治教育处长论坛在我校举行。

3月

3月，我校学子刘勇成为华人首位“攀登奥斯卡奖”国际评委。

3月，马拉维共和国驻华使馆副大使亨利·蒙巴到校访问。

3月，我校“信息化校园”项目建设全面启动。

3月，校长谢和平院士先后深入华西、望江、江安校区，专题调研校园文化建设工作，召集各相关学院负责人及教师代表座谈，听取大家对推进校园文化建设的意见和建议。

1日，我校华西儿童医学中心正式成立。

1日，我校国家空管自动化系统技术重点实验室揭牌仪式举行。

2日，我校组织召开国家自然科学基金重大项目“人体硬组织生物活性材料与宿主的相互作用”启动会。

6日，我校召开教风建设座谈会。

6日，我校召开学风建设座谈会。

7日，我校召开对口支援西北民族大学工作座谈会。

7日，我校召开文科人才引进工作座谈会。

7日，我校召开特邀监察员聘任暨工作座谈会。

8日，“四川大学—中国石化 CCUS 项目”合作交流会在我校举行。

8日，我校“211工程”三期建设子项目验收会召开。

8日，英国中央兰开夏大学校长一行来访我校。

8日，我校纪委召开第四次全体委员会。

10日，“千名硕博进达州”行动2012专场招聘会在我校隆重举行。

14日，我校召开机关部门作风建设座谈会。

15日，成都川科化工有限公司与我校签署捐赠协议。

16日，中央第三巡视组巡视四川大学工作动员会召开。

17日，由我校牵头承担的国家重大科学研究计划“肿瘤发生发展中关键蛋白的功能与调控”项目启动会在成都举行。

18日，我校2012年自主选拔录取面试及“双特生”测试工作顺利进行。

20日，我校召开校园文化标识和文化视觉建设工作座谈会。

21日，“四川大学—东莞市产学研合作交流会”在我校举行。

23日，四川省高新技术产业发展推进工作会在自贡召开，省委副书记李春城参观我校国家大学科技园展区并听取汇报。

27日，校党委书记杨泉明教授主持召开教职工思想政治工作座谈会。

29日，我校召开2012年党风廉政建设工作会。

29日，“成都美国海外留学中心”美国代表团一行访问我校。

30日，2012年度“四川大学—北海道大学交流日”活动在我校举行。

30日，我校举行青年教师海外培训总结交流会暨宝钢教育奖、青年骨干教师奖表彰会。

31日，我校科技园被科技部、教育部评为A类国家大学科技园。

4月

4月，中国生物材料学会成立大会在京举行，我校张兴栋院士当选为学会理事长。

4月，我校常务副校长李虹教授率团赴美国参加第二届川大—美国麻州大学联合学术论坛。

4月，校长谢和平院士深入各校区，召集各相关学院负责人及教师代表座谈，专题调研校园文化建设工作，听取大家对推进校园文化建设的意见和建议。

4月，我校召开2012年“教职工代表大会暨工会会员代表大会”《校长工作报告》征求意见会。

1日，校党委书记杨泉明教授参加纪念张澜先生诞辰140周年座谈会暨“中国民主同盟林”开林仪式。

5日，四川大学·德阳市协同创新体系建设座谈会在德阳召开。

6日，校党委书记杨泉明教授会见湖北民族学院考察团。

6日，我校召开加强大学生思想政治理论与形势政策教育课程座谈会。

6日—7日，国家审计署、教育部检查小组到校检查指导基本建设工作。

6日—7日，我校博士后服务团赴眉山市洪雅县开展科技服务活动。

8日，第二届表面等离激元光子学前沿论坛国际会议在我校召开。

8日—9日，我校学生党员信念大讲堂开讲。

9日—10日，由全国工程教育专业认证专家委员会主办、我校承办的2012年第一期全国工程教育专业认证培训会在成都天使宾馆召开。

10日，我校举行“国家教育体制改革试点学院”建设责任书签字仪式。

12日，我校召开2012年就业工作会。

12日，四川大学“赢创奖学金”签约暨陈宝树博士客座教授聘任仪式在我校举行。

12日，中国科协党组书记、常务副主席陈希莅临我校考察指导工作。

12日，诺贝尔化学奖获得者阿达·尤纳斯教授到校访问。

13日，中国化学会第28届学术年会暨中国化学会八十华诞庆典在我校举行。

16日，台湾逢甲大学代表团一行访问我校。

17日，我校召开与武汉大学对口交流会。

17日，国务院学位办专家组赴我校评估公共管理硕士专业学位教学工作。

17日，瑞典驻华大使罗睿德一行访问我校。

17日，我校召开机关文化建设与作风建设座谈会。

17日，我校召开2012年“双代会”筹备工作检查会。

17日，校长谢和平院士会见武汉大学校长李晓红一行。

18日，我校召开校园交通与环境治理征求意见会。

18日，我校举行2012年“双代会”代表团团长联席会。

18日，我校能源工程安全与灾害力学教育部重点实验室建设计划论证会举行。

20日，校党委书记杨泉明教授、校长谢和平院士视察江安校区学生食堂。

20日，我校机关部门工会召开第三届工会会员代表大会第二次会议。

20日—21日，第二届“中英医用先进材料研讨会”及“中英先进材料研究中心”揭牌仪式在我校举行。

21日，我校承办的高坝工程前沿论坛在成都举行。

21日，《中华医学百科全书·医学教育卷》第四次编委会在我校召开。

23日，我校华西医院与加拿大西安大略大学舒利希医牙学院合作的中加基层全科医生远程教育项目正式启动。

23日—24日，我校承办的中国水利学会第五届青年科技论坛举行。

24日，加拿大西安大略大学代表团一行访问我校。

24日，台湾义守大学校长萧介夫一行访问我校。

24日，伦敦大学玛丽皇后学院代表团访问我校。

25日，校长谢和平院士率先作为名誉班主任赴江安校区参加建筑与环境学院2010级力学一班的班会，与同学们畅谈学习和人生。

25日，外交部大使吴元山一行到我校宣讲。

25日，我校2012年度心理健康教育工作大会举行。

25日，由我校华西口腔医学院筹建的中国口腔医学博物馆新馆开馆典礼在我校华西口腔医学院举行。

26日，我校召开第三届教职工代表大会第二次会议暨第二届工会会员代表大会第二次会议预备会。

27日，我校第三届教代会第二次会议暨第二届工代会第二次会议开幕。

27日，四川大学—杜邦科技合作交流会暨项目签约仪式在我校举行。

27日，中国口腔医学博物馆与日本齿科大学医牙博物馆签署合作协议书。

27日，新加坡管理大学代表团一行来访我校。

27日，我校经济学院2011级研究生陈莹莹，2009级本科生刘莹，2010级本科生高博楠、王一迪、姚佩等5位同学组成的Amazing Spanker团队在全国高校学生商业案例分析大赛中获全国二等奖。

28日，我校第三届教代会第二次会议暨第二届工代会第二次会议胜利闭幕。

5月

5月，中联部于洪君副部长一行到我校调研。

5月，2012中日口腔医学大会在我校华西口腔医学院举行。

5月，阻燃材料与技术协同创新联盟启动会在厦门召开，启动会由我校王玉忠教授主持。

5月，我校与常州企业合作开发抗丙型肝炎国家一类新药。

5月，我校外国语学院俄文系同学赴俄罗斯参加“乌拉尔之春”国际大学生联欢节。

2日，我校与四川能投集团签署校企合作框架协议。

2日，我校“凤凰展翅”2012年文化艺术节开幕式暨合唱大赛举行。

4日，校党委书记杨泉明与团员青年学习座谈胡锦涛总书记在纪念共青团成立90周年大会上的讲话精神。

4日，我校纪念中国共青团成立90周年“五四”表彰大会暨“红色青春·金色华章”团支部风采大赛决赛举行。

5日，我校服装设计与工程专业2012年“欧度杯”优秀毕业作品发布会举行。

5日，校长谢和平院士会见美国公共管理学会会长刘国材并为其颁发四川大学客座教授聘书。

5日—6日，我校主办的“第八届两岸四地公共管理学术研讨会”在成都召开。

6日，校长谢和平院士一行赴瓮福（集团）有限责任公司考察访问。

7日，我校李平教授讲授的“公司法原理”、王建平教授讲授的“民事案例分析”和邹方东教授讲授的“细胞命运（细胞生物学）”三门课程成功进入“2012年中国大学精品视频公开课”第一批建设选题。

7日，高等学校创新能力提升计划工作部署视频会议在北京召开，我校认真部署贯彻落实会议精神。

7日，校党委常务副书记罗中枢会见来我校参加“后里斯本时代欧盟全球化角色及其在非欧盟区域的影响”学术会议的中外代表。

8日，我校举行学习贯彻胡锦涛总书记在纪念共青团成立90周年大会上重要讲话精神座谈会。

8日，四川大学—中国石油化工集团公司“CCUS与CO2矿化利用项目交流会”在北京举行。

9日，我校“5·12”防灾救灾应急演练成功举行。

9日，伦敦卫生与热带病学院代表团访问我校。

10日，我校举行2012年度节能工作布置会暨2011年水电定额管理工作总结表彰会。

10日，我校举行2012年护士节表彰暨护理学科发展座谈会。

11日，国家知识产权培训（四川）基地落户我校。

11日，纪念张澜诞辰140周年暨张澜教育思想研讨会在我校举行。

11日，我校举办“5·12”汶川地震四周年系列纪念活动启动仪式暨IDMR大讲堂。

12日，“中国科学院女科学家进校园”报告会在我校举行。

12日—13日，由我校华西临床医学院2006级八年制廖明恒、刘洋洋、杨晨露和罗翼四人组成的“四川大学代表队”在全国大学生临床技能竞赛总决赛中获一等奖。

14日，我校举行“灾后重建、发展振兴—灾后重建与北川地震遗址区发展战略探索学术研讨会”。

15日，我校与五粮液集团签署战略合作协议。

15日，美国鲍尔州立大学《爵士风》音乐会在我校举行。

17日，四川省大学科技园联盟揭牌仪式暨产学研领域合作协议（联盟—成都高新区）签字仪式隆重举行。

18日，我校举行机关党委中心组学习扩大会暨科级干部培训会。

18日，我校参加2012第七届中国常州先进制造技术成果展示洽谈会并签订武进—高校产学研合作战略联盟协议。

18日—20日，我国首次专科医师准入考试在我校华西医院考试基地举行。

19日，我校举行2012人事工作交流会。

19日，我校主办的2012年海峡两岸儒学交流研讨会在成都举行。

19日，尼泊尔国会议员、青体部前部长卡玛拉·罗卡女士率青年代表团访问我校。

21日，校长谢和平院士会见参加“智能信息系统——前沿与应用”论坛院士及专家一行。

21日，“四川大学—泰州市产学研合作交流会”在我校举行。

21日，我校举行纪念毛泽东《在延安文艺座谈会上的讲话》发表70周年座谈会。

21日，我校2012年国家社科基金年度项目立项取得好成绩，获准面上项目立项28项（其中重点项目3项、一般项目15项、青年项目10项），西部项目5项，立项数位居四川省第一。

22日，美国东新墨西哥大学（ENMU）校长Steven Gamble博士来我校演讲。

22日，我校举办2012年“自觉 自信 自强——我是川大学子”大型主题演讲比赛。

22日，我校2012年教职工篮球赛开赛。

23日，四川大学广安校友会成立大会隆重举行。

25日，校长谢和平院士督促各学院进一步探索建立名誉班主任制度。

25日，校长谢和平院士会见诺贝尔生理医学奖得主杰克·绍斯塔克教授。

25日，教育部学校消防安全检查组莅临我校检查指导工作。

25日，“挑战杯”四川大学2011年学生科技节总结表彰大会暨2012年学生科技节开幕式举行。

25日，卫生部科教司医疗高新技术评估会在我校华西医院召开。

25日，“非线性不确定工程系统控制四川省重点实验室”揭牌仪式在我校举行。

26日，我校2012年毕业晚会隆重举行。

28日，美国科学院院士、哈佛大学教授David A. Weitz来校作题为“科学与烹饪”的科普报告。

29日，住建部高等教育土木工程专业评估专家组莅临我校检查指导工作。

29日，校长谢和平院士会见美国科学院院士、美国伊利诺伊大学David M Ceperley教授。

29日，校长谢和平院士为世界知名口腔龋齿病研究专家Fejerskov教授颁发名誉教授证书。

30日，我校与双流县人民政府签订合作协议。

30日，全国道德模范高校巡讲活动在我校举行。

31日，四川省教育厅督查我校思想政治理论课建设工作。

31日，Nature封面文章发表我校刘永胜教授参与的番茄基因组测序研究成果。

6月

6月，据国家自然科学基金委员会出版的《化学十年：中国与世界》学科发展态势评估报告显示，我校高分子学科2010年SCI论文发表总数为244篇，在全球高校和科研机构中排名第一，SCI论文引用也位居世界前列。

6月，我校华西第二医院“妇儿疾病与出生缺陷”教育部重点实验室顺利通过建设验收。

6月，我校土木工程专业全票通过国家住房与城乡建设部高等教育评估。

6月，我校华西医院成功开展世界首例“全胸腔镜支气管肺动脉双袖式成形肺癌切除术”。

1日，科技部王伟中副部长一行来我校考察指导国家重大科学仪器设备开发专项实施工作。

1日，校党委书记杨泉明教授出席中国生物材料学会第一次会员大会。

1日—2日，我校外国语学院2009级硕士研究生费健博在第二届中译杯全国口译大赛中获交传组全国总冠军和同传组全国亚军。

1日—5日，由国际生物材料科学与工程学会联合会、中国生物材料学会主办，成都市政府和我校承办的第九次世界生物材料大会在成都举行。

2日，我校聘请国际生物材料领域尼古拉斯·佩帕斯、片岗一泽、岗野光夫、安东尼·米科斯、约阿吉姆·柯恒、巴迪·拉特纳、艾伦·霍夫曼等七名外籍顶尖专家为名誉教授。

4日，胡锦华健康教育促进中心“援藏计划”四川藏区基层骨干医生第一期培训班在我校开学。

4日，美国四院院士、著名华裔科学家钱煦为我校学生做了《科学与人生》的专题讲演。

4日，西藏自治区财政厅曲扎副厅长一行到我校访问。

4日，我校举行张慕圣院士加盟四川大学签约仪式。

5日，我校杰出校友、美国布朗大学终身教授孙守恒受聘我校名誉教授并为我校学生做了题为“我的求学和科研生涯”的演讲。

5日，校党委副书记李向成受聘轻纺与食品学院名誉班主任并与学生亲切交流。

6日，纽约州立大学石溪大学分校副校长 Benjamin S. Hsiao 教授到我校访问。

6日，校党委书记杨泉明教授主持研究部署社会主义法治理念教育工作。

6日，我校2012年“校园里的雷锋”报告会在江安校区水上报告厅举行。

7日，尼泊尔驻华大使马赫什·库马尔·马斯基博士到我校访问。

7日，“四川大学·唐立新教育发展基金”签字仪式在我校举行。

7日，“绽放青春华彩，抒写梦想礼赞”四川大学2010—2011年度“百佳”学生个人及集体颁奖典礼在江安校区水上报告厅举行。

7日，校长谢和平院士视察江安校区学生食堂。

8日，美国加州大学伯克利分校东亚研究中心主任叶文心教授到我校访问。

8日，由教育部、文化部、财政部联合举办、以“走近大师、感受经典、陶冶情操、提高修养”为主题的高雅艺术进校园——中国东方演艺集团走进四川大学演出活动在我校望江校区体育馆举行。

8日，校党委书记杨泉明教授主持召开本科教学工作座谈会。

8日，副校长步宏教授参加软件学院2009级创新班名誉班主任日活动。

8日，高分子科学与工程学院高等学校科技创新重大项目培育资金项目通过结题验收。

11日，美国联邦储备银行数量分析部主任查涛教授到我校访问。

11日，“四川省教育系统节能宣传周活动启动仪式暨四川大学节能宣传周活动开幕式”在我校举行。

12日—13日，高等教育创造力研究国际会议（2012HECC）在我校举行。

13日，校党委书记杨泉明教授主持召开党支部晋位升级工作交流座谈会。

14日，副校长石坚教授受聘担任外国语学院名誉班主任。

15日，美国总统国际事务顾问朱兆吉博士到我校访问。

15日，由教育部政策法规司主办、我校承办的“建设中国特色现代大学制度试点工作中期总结暨研讨会”在成都举行。

16日，我校出国留学预备学院成立十周年庆典暨留学开放日活动举行。

18日，美国杜克大学阿里夫·德里克（Arif Dirlik）教授到我校访问。

18日，全国人大常委会副委员长、全国妇联主席陈至立到我校华西第二医院考察指导工作。

18日，郭重庆院士做客我校中国西部发展高端论坛。

18日，我校与四川蓝雁集团签署了新药研发战略合作框架协议。

18日，我校与贵州盘江投资控股（集团）有限公司校企全面合作洽谈会及协议签约仪式在望江校区举行。

18日，我校举行胡昭曦教授教学笔记手稿捐赠仪式。

19日，美国工程院院士 John Crittenden 教授受聘我校名誉教授。

19日，校党委书记杨泉明教授出席法学院深入开展社会主义法治理念教育座谈会。

19日，四川大学、武汉大学、华北电力大学、西南财经大学、上海电力学院等五所高校与四川省电力公司校企战略合作协议签字仪式在四川省电力公司举行。

20日，我校杰出校友郑强教授出席“四川大学校友大讲坛”，为我校学生做了题为“文化、教育、修养、视野——当代大学生的价值取向与历史责任”的讲座。

20日，校党委书记杨泉明教授作为名誉班主任参加经济学院学生主题班会。

21日，四川大学—苏州市科技成果对接交流会暨全面合作协议签约仪式在我校举行。

21日，我校2012届本科生毕业暨授位典礼和2012年博士、硕士学位授位典礼在望江校区举行，校学位评定委员会主席、校长谢和平院士分别发表了题为《做负责任的川大人》和《坚守学术精神 做民族和社会的脊梁》的讲话。

21日—23日，第三届中德双边睡眠医学高层论坛在德国柏林召开，我校华西医院睡眠医学中心唐向东教授和德国柏林大学 Charité 医院的 Thomas Penzel 教授分别担任会议的中方和德方组织者和主席。

25日，美国亚利桑那州立大学常务副校长 Keith D. Lindor 教授、副校长 Denis Simon 教授一行到我校访问。

25日，我校2011—2012学年“实践及国际课程周”拉开序幕。

26日，美国麻省大学常务副校长兼医学院院长 Michael F. Collins 教授到我校访问。

26日，中央第三巡视组巡视四川大学情况反馈会举行。

26日，教育部党组副书记、副部长杜玉波到我校考察指导工作。

26日，“千人计划”特聘教授段忆翔为吴玉章学院学生做了题为“Magic Plasmas”的报告。

28日，由国家外国专家局主办、我校承办的“第四届重点聘请外国文教专家资格单位外事处长培训交流会”在成都举行。

28日，四川省委教育工委、省教育厅领导到我校调研检查基层组织建设年活动。

28日，我校职业技术学院德阳校区正式成立。

28日—29日，国家住房与城乡建设部“住建部建筑学专业评估专家指导小组”到我校指导建筑学专业评估工作。

29日，我校举行创先争优暨庆祝建党九十一周年座谈会。

29日，校长谢和平院士会见美国劳伦斯—伯克利国家实验室刘会海教授。

7月

7月，《四川大学学报》（哲学社会科学版）获第一批国家社科基金学术期刊资助。

7月，2012年度教育部哲学社会科学研究重大课题攻关项目评审结果揭晓，由我校文科杰出教授、长江学者曹顺庆教授作为首席专家牵头申报的课题“英语世界中国文学的译介与研究”获准立项，这是我校自2009年以来获得的又一项教育部哲学社会科学研究重大课题攻关项目。

7月，我校华西口腔医学院叶玲教授与美国加州大学洛杉矶分校牙学院王存玉教授合作研究了表观遗传调控在间充质干细胞分化选择中的作用机制，撰写的论文“Histone Demethylases KDM4B and KDM6B Promote Osteogenic Differentiation of Human MSCs”在“Cell Stem Cell”上发表，并成为该期封面文章。“Cell Stem Cell”是干细胞研究领域最有影响力的期刊之一。

2日，英国伦敦大学玛丽皇后学院校长Simon Gaskell教授一行到我校访问。

2日，校长谢和平院士率队调研学校高端外籍教师木田建次实验室。

2日，校长谢和平院士会见美国犹他大学余强教授。

3日，首届四川大学、电子科技大学、西南交通大学、西南财经大学和西华大学五所高校“督导工作交流会”在我校召开。

4日，美国太平洋路德大学副校长Karl Stumo教授到我校访问。

4日，我校2011年度（理、工、医）科技工作总结暨表彰大会举行。

6日，北京地区普通高校教学管理干部考察团来我校调研考察。

6日，我校举行2011级本科生什邡军训团总结大会。

6日，第三期四川大学大学生创业操盘实践项目启动仪式暨创业培训会举行。

7日，我校举行2011级本科生崇州军训团总结大会。

8日，北京大学、南京大学、厦门大学、兰州大学、四川大学数学拔尖学生联合暑期学校开学典礼在我校举行。

9日，第九届西部高校数学教师暑期学校在我校开班。

10日，校党委书记杨泉明教授主持召开暑假安全稳定工作会。

11日，中国科学报头版报道四川大学校长谢和平院士最新研究成果——《二氧化碳：“囚禁”不如利用》。

15日，“四川大学现代企业高管总裁同学会”成立庆典在成都举行。

16日，2012年芝加哥地区美华学社短期回国服务交流讲学团一行到我校访问。

17日，我校处级干部第十一期赴美国加州大学欧文分校海外培训班开班。

19日，我校处级干部第十二期赴美国密歇根州立大学海外培训班开班。

23日—25日，由我校主办、韩国又松大学承办的首届四川大学孔子学院经验交流会在韩国举行。

28日，2012年全国16所工科重点大学科技工作研讨会在我校召开。

30日，“2012年全国青少年高校科学营——四川大学分营”正式开营。

8月

8月，由谢和平院士领衔的四川大学课题组在《科学通报》在线发表了最新研究成果——《地球自然钾长石矿化 CO2 联产可溶性钾盐》。

3 日—5 日，校长谢和平院士出席“第二届中加研究生教育合作论坛”。

3 日—6 日，来自加拿大前 20 余所大学的校长、副校长和研究生院的院长参加了由国家留学基金委和加拿大阿尔伯特大学主办、我校承办的“中加研究生教育论坛”。

12 日，校长谢和平院士出席“四川大学经济学院临商银行培养基地”揭牌仪式。

12 日—15 日，第七届全国高校物理实验教学研讨会在我校举行。

16 日，杜邦成都分公司开业暨与我校联合研发项目签约仪式在成都举行。

17 日，非洲英语国家妇幼卫生促进官员研修班学员到我校华西第二医院参观学习。

18 日—19 日，第六届全国工业工程领域工程硕士培养工作交流研讨会在我校举行。

20 日，莫斯科大学学生研修代表团四川研修活动在我校开班。

20 日，我校科级干部第一期赴香港中文大学培训班开班。

22 日—24 日，第八届中国研究生电子设计竞赛全国总决赛在东南大学举行，我校电气信息学院研究生彭聿松、吴璋、宋俊霖组成的代表队获得全国总决赛团体二等奖。

25 日，我校“大愚软件有限公司”团队、“川大豪雄”团队在中国大学生服务外包创新创业大赛总决赛中分获自主命题组一等奖和标准组三等奖。

26 日，我校化学工程学院陈明、高文波、陈德权、钟伟良、李萍等五名本科生组成的四川大学“尚川队”在第六届全国大学生化工设计竞赛中荣获金奖。

28 日，我校计算机学院本科生李斯、制造科学与工程学院本科生何泉、电子信息学院本科生李子介、电子信息学院本科生吴彦冰、计算机学院本科生王栋等 5 位同学组成的“仿真型 11vs11 机器人足球”代表队在第十四届“远东理工杯”全国机器人锦标赛暨 2012 年 FIRA 世界杯机器人大赛中国队选拔赛中获二等奖；计算机学院本科生罗鑫骥、张莹莹、姚霜露、徐焕然和华西临床学院本科生田龙等 5 位同学组成的“仿真型 5vs5 机器人足球”代表队获三等奖。

29 日，根据国家人力资源和社会保障部、全国博士后管委会《关于新设增设和确认博士后科研流动站的通知》（人社部发〔2012〕48 号）精神，我校获准新增 5 个博士后科研流动站，分别为：新闻传播学、考古学、世界史、特种医学、护理学。

29 日—30 日，我校举行校领导班子理论学习会。

31 日，我校举行新学期工作布置会。

31 日，校党委书记杨泉明教授率队检查新学期开学工作。

31 日，校长谢和平院士率队检查机关部处新学期开学工作情况。

9月

3 日，米兰理工大学代表团到我校访问。

4 日，智利康塞普西翁神圣天主教大学（UCSC）代表团到我校访问。

4 日，日本冈山县立大学代表团到我校访问。

6 日，我校举行 2012 级研究生开学典礼。校长谢和平院士发表了题为《川大的研究生更要重修养》的讲话。

7日，我校华西医院组织医疗卫生专家驰援云南地震灾区。

8日，中共中央政治局常委李长春视察四川川大智胜软件股份有限公司。

8日，俄罗斯联邦委员会主席马特维延科到我校访问并发表演讲。

10日，我校举行2012级本科生开学典礼。校长谢和平院士发表了题为《川大的学生要有梦想更要奋斗》的讲话。

10日，我校举行庆祝第28个教师节暨2011—2012年“先进集体、先进个人”表彰大会。校长谢和平院士发表了题为《在大学校园，老师是我们的第一身份》的讲话。

10日，校党委副书记周学东教授担任华西口腔医学院创新班班主任。

13日，由中华医学会、中华医学会呼吸病学分会主办，四川省医学会承办，我校华西医院协办的2012中华医学会呼吸病学年会暨第13届全国呼吸病学学术会议在成都市新世纪会展中心开幕。

14日，校党委常务副书记罗中枢教授受聘担任文学与新闻学院名誉班主任。

14日，校党委副书记、纪委书记徐兰教授担任电气信息学院名誉班主任。

17日，“东方外交与印度”国际学术研讨会在我校召开。

17日—19日，四川大学—韩国又松大学交流日活动在我校举行。

18日，以我校为主席单位，由中国阻燃学会、教育部科学技术委员会材料学部和我校环保型高分子材料国家地方联合工程实验室、高分子材料工程国家重点实验室、环境友好高分子材料教育部工程研究中心联合主办的第二届国际阻燃材料与技术研讨会在成都望江宾馆开幕。

18日，我校举行国家重大人才工程计划专题报告会。

19日，印度驻广州总领事I. M. 潘迪先生到我校访问。

19日，我校举行2012年新进教职工上岗培训会。

19日，我校召开2012年本科教学工作会。校长谢和平院士作了题为《以学生为育人中心 全面提高人才培养质量努力开创教育教学工作新局面》的报告。

19日，校党委副书记周学东教授及两位“985”首席科学家受聘担任法学院名誉班主任。

19日—21日，“中印城乡发展”国际学术研讨会在我校召开。

20日，澳大利亚拉筹伯大学校长John Dewar到我校访问。

20日，法国参议院副议长、前总理Jean-Pierre RAFFARIN到我校访问。

21日，澳大利亚维多利亚大学校长George Pappas到我校访问。

21日，校党委书记杨泉明教授主持召开下半年党建工作布置会。

22日，校长谢和平院士到中国石油勘探开发研究院廊坊分院考察交流。

23日，我校与深圳市福田区签署战略合作构架协议。

24日，巴基斯坦伊克巴尔开放大学代表团到我校访问。

24日，四川省科学道德与学风建设宣讲教育报告会在我校举行。

25日，由全国外国法制史研究会主办、我校法学院和华东政法大学法律史研究中心共同承办的中国外国法制史研究会第二十五届年会在成都召开。

25日，校长谢和平院士出席了在香港理工大学举行的四川大学—香港理工大学灾后重建与管理学院2012年度第二次管理委员会。

26日，“第七届信息技术应用水平大赛名企校园行”活动在我校举行。

26日，我校2012年统一战线各界人士中秋联欢会举行。

26日，校长谢和平院士访问香港赛马会。

27日，无锡市“百千万”大学生就业创业促进工程启动仪式暨校园招聘会在我校举行。

27日，我校与香港中文大学签署校际合作协议。

28日，我校华西医院建院120周年庆典晚会举行。

29日，我校水利水电学院建院六十周年庆典举行。

10月

1日，我校在比利时布鲁塞尔成功举办“国庆日中欧学术研讨会”。

2日，第七次唐仲英德育奖学金交流会在我校举行。

8日，我校历史文化学院第一、二届“葛小佳优秀论文奖”颁奖典礼举行。

9日—10日，教育部第十四检查组来我校检查国家教育体制改革试点项目和“三重一大”决策制度执行情况。

10日，我校当代俄罗斯研究中心学术委员会主席、文学与新闻学院刘亚丁教授为首席专家申报的“俄罗斯《中国精神文化大典》中文翻译工程”项目，获准为国家社科基金重大招标项目（第三批）。

11日，由教育部职业教育与成人教育司主办，中国成人教育协会、清华大学、对外经济贸易大学和我校等单位承办的“高校继续教育改革发展研讨会暨高校继续教育服务学习型城市、学习型企业发展论坛”在成都举行。

12日，《光明日报》头版头条刊发了《海纳人才　高端引智——四川大学提升教育国际化创新化水平纪实》一文。

12日，我校创先争优活动总结表彰大会举行。

13日—14日，四川大学—华民慈善基金会2012年大学生就业扶助培训顺利开展。

14日，副校长魏于全院士担任化学学院名誉班主任。

15日，澳大利亚诺贝尔生理医学奖获得者巴里·马歇尔教授到我校访问。

15日，由中共四川省委宣传部、四川省社会科学界联合会和我校联合主办，我校古籍整理研究所、国际儒学研究院、四川省哲学社会科学重点研究基地儒学研究中心承办的《巴蜀全书》专家委员会会议在成都召开。

17日，宁波北仑区—四川大学校地合作对接交流会在我校举行。

17日，我校与德阳市人民政府在德阳举行“四川大学德阳产业技术研究院”共建协议签约仪式暨科技成果转化促进会。

17日，我校国际交流经验分享研讨会举行。

18日，国家教育咨询委员会创新人才培养模式改革组莅临川大调研。

18日，我校纪委召开第五次全委会。

18日，我校2011级学生军训工作总结会举行。

19日，第二十届全国激光学术会议在我校举行。

19日，我校华西医院建院120周年大型历史文献图片展开展。

19日，我校举办教职工排舞比赛。

20日，我校管理干部素质提升培训班开班。

20日，由教育部社会科学委员会历史学部主办、我校历史文化学院承办的教育部社会科学委员会历史学学部2012年度工作会议暨考古学学科建设研讨会在成都召开。

21日，国家自然科学基金委“几何与拓扑中的模空间理论”创新研究群体项目启动会在我校召开。

21日，广州市赴成都招聘2013届高校毕业生专场供需见面会在我校举行。

21日，第八届华西论坛“医学教育发展与挑战”学术交流会在华西校区举行。

22日，由我校和德国亚琛工业大学共同主持，由中国科技部、德国教研部联合资助的“WAYS”项目“长江上游水与资源管理的可持续利用联合研究”启动暨学术研讨会在我校举行。

22日—24日，第九届中国计算机图形学大会在我校举行。

23日，瑞典皇家理工学院代表团到我校访问。

23日，英国牛津大学、剑桥大学代表团到我校访问。

23日，英国帝国理工学院（Imperial College）工学院院长到我校访问。

23日，四川省政协、致公党四川省委到我校调研。

23日，我校华西临床医学院（华西医院）召开创先争优活动总结表彰大会。

23日，我校章程制订工作专家组第一次会议召开。

23日—25日，四川大学—密歇根州立大学“全球变化下的人类发展”国际学术研讨会在我校召开。

24日，第四届国际研究生奖学金信息说明会在我校举行。

24日，我校第133期教职工入党积极分子培训班开学典礼举行。

24日，贵州省—四川大学省校合作座谈会在贵阳召开。

24日，贵州省政府与我校签署战略合作协议。

24日，校长谢和平院士访问瓮福（集团）有限责任公司。

26日，我校2012年田径运动会举行。

27日，校长谢和平院士荣获香港理工大学荣誉博士学位。

27日—28日，全国纺织工程领域第九届工程硕士培养工作研讨会在我校举行。

28日，我校2011—2012年学生社团颁奖典礼暨“逐梦青春”第十二届学生社团文化节开幕式举行。

29日，诺贝尔化学奖获得者白川英树教授到我校访问。

29日，俄罗斯教育与科学部高等教育代表团到我校访问。

29日，我校举行2012年研究生光华奖学金颁奖典礼。

30日，我校与广西中恒集团签署创新项目合作协议。

31日，我校教师教学发展中心获批“国家级教师教学发展示范中心”。

11月

1日，教育部高校领导班子建设座谈会在我校举行。

1日，全国首家“罗氏诊断技术合作与示范基地”落户我校华西医院。

2日，我校召开纪检监察工作会暨二级纪委书记培训会。

2日，由国家海洋局、教育部、共青团中央、海军政治部主办，面向全国大学生开展的第五届全国大学生海洋知识竞赛电视总决赛在厦门落下帷幕，我校2010

级商学院市场营销专业的黄加顺同学获得此次知识竞赛个人赛的最高荣誉——特等奖“南极特别奖”、个人竞赛一等奖。

5日，俄罗斯国立萨哈林大学校长米西科夫到我校访问。

5日，捷克托马斯·巴塔大学代表团到我校访问。

8日，我校师生认真收听收看党的十八大开幕式盛况。

8日，我校举行庆祝中国共产党第十八次全国代表大会胜利召开座谈会。

9日，我校章程制订职能部门工作组会议召开。

9日，我校召开2012年科技奖励申报工作交流会。

9日—10日，我校机关管理人员培训暨文体活动总结会举行。

12日，我校向社会发布《2011年度本科教学质量报告》。

12日，法国西巴黎·南戴尔·拉德芳斯大学副校长Augustin F. C. HOLL到我校访问。

15日，我校“赢创奖学金”颁奖仪式举行。

16日，校党委书记杨泉明教授主持召开学校学习宣讲党的十八大精神工作研究会。

16日，我校与宁波市签署战略合作协议，标志双方正式建立全面战略合作关系。

16日—18日，“郭沫若与文化中国——纪念郭沫若诞辰120周年国际学术研讨会”在乐山举行。我校党委常务副书记罗中枢教授在会上代表我校发表讲话。

17日，我校化学工程学院建院六十周年庆典举行。

17日，校长谢和平院士获英国诺丁汉大学名誉博士学位。

17日，我校学子在2012“外研社杯”全国英语演讲大赛四川赛区决赛中喜获佳绩。2011级临床八年制邓丽侠同学、2010级英语系喻静同学以及2010级英语系陈婧同学代表我校分别以优异的表现最终获得四川赛区决赛的特等奖、二等奖和三等奖。

18日，由中国联合国协会主办、天津外国语大学承办的第九届中国模拟联合国大会落下帷幕。我校代表队获得全场唯一最高奖——“Best Delegation”（最佳代表队奖）。

19日，我校举行传达学习党的十八大精神大会。

20日，“食品安全监测与风险评估四川省重点实验室”落户我校华西公共卫生学院。

20日，陈君石院士受聘为我校名誉教授。

20日—21日，国家自然科学基金委有机高分子材料学科中青年学者学科发展战略研讨会在我校召开。

21日，英国南安普顿大学温切斯特校区校长巴希尔·马科霍尔教授到我校访问。

21日，我校博士后工作交流暨第八届博士后联谊会理事会换届大会举行。

22日，成都市宗教界人才培训基地落户我校。

22日，韩国建国大学校长宋熹永到我校访问。

22日，我校举行“高举旗帜 永跟党走”庆祝党的十八大胜利召开文艺庆演。

22日，学校召开党的十八大精神宣讲团专家学习会。

22日，我校第十届《川大人》论坛在江安校区水上报告厅举行。本次论坛主题为“学习贯彻党的十八大精神，推进新媒体时代大学生思想政治教育”。

22 日，我校举行“消防日”颁奖活动暨应急救护志愿者队成立仪式。

23 日，“我们这一代”——我校 2012 年“十佳学生会”颁奖暨迎新晚会举行。

23 日，担任建筑与环境学院学生名誉班主任的校长谢和平院士赴江安校区，与该学院 2010 级工程力学班的 22 名同学和学院部分研究生同学亲切交流。

24 日，复旦大学医院管理研究所推出的“2011 年度中国医院排行榜”出炉，我校华西医院以综合得分 89.42 排名第二。

在该榜单全部 28 个专科的排名中，我校附属医院有 23 个专科进入前 10，有 4 个专科获提名。

24 日，四川大学中国地方政府创新研究中心揭牌仪式暨“社会治理与政府创新”主题研讨会举行。

24 日—25 日，由我校主办、我校历史文化学院承办的“吴天墀教授百年诞辰国际学术研讨会”在科华苑宾馆举行。

26 日，英国伦敦大学玛丽皇后学院代表团到我校访问。

26 日，我校“金发科技奖学金”颁奖仪式举行。

27 日，我校第二届“最受学生欢迎教师奖”颁奖典礼举行。校长谢和平院士做了题为《坚守教师天职，站好“三尺”讲台》的讲话。

27 日，我校与法国图卢兹大学签署校际合作协议。

28 日，我校举行统一战线学习十八大精神座谈会。

28 日，我校“十一五”国家级实验教学示范中心验收会举行。

28 日，我校举行 2012 级学生“追梦川大人”主题演讲比赛。

29 日，我校机关党委党的十八大精神宣讲暨创先争优活动表彰大会举行。

29 日，副校长步宏教授在成都七中（高新校区）发表演讲，从历史沿革、办学规模、学科建设、师资队伍、国际合作与交流等方面介绍了我校的基本情况。

29 日，学校纪委召开第六次全委会学习贯彻党的十八大精神。

30 日，我校召开“深入贯彻十八大精神，扎实推进高校思想政治理论课建设”座谈会。

12 月

1 日，由我校和四川省科学技术协会主办，我校户外运动研究所、四川省健康管理师协会承办的“山地户外安全与健康国际会议”在四川省科技馆举行。

1 日，由四川省法学会和四川省法学会宪法学研究会主办、我校法学院承办的纪念现行宪法颁布实施三十周年暨四川省法学会宪法学研究会 2012 年年会在四川省检察官学院召开。

1 日，“中国·成都·综合大学艺术学科与专业建设”研讨会开幕式在我校美术馆举行。

2 日，我校社会发展与西部开发研究副院长、文化产业发展研究中心主任蔡尚伟教授领衔的“美丽中国”评价课题组正式发布《“美丽中国”省区建设水平（2012）研究报告》。

3 日，由 39 健康网与《健康时报》共同主办的“2012 年中国健康年度总评榜”颁奖盛典在广州举行，我校华西医院获评“全国最受欢迎三甲医院”、“最受欢迎便民门诊医院”。

3 日，由我校主办的“第一届中美基因及细胞治疗发展与展望研讨会”在成都举行。

3日，校长谢和平院士向华西口腔医学院和艺术学院的师生党员传达宣讲党的十八大精神。

3日—6日，由高等学校核工程与核技术专业教学指导委员会主办，我校物理科学与技术学院承办的“教育部高校核工程与核技术专业教学指导委员会第七次会议暨全国核学科院长/系主任联络会”在我校召开。

4日，校长谢和平院士、副校长晏世经教授会见原中国科学院减灾中心主任王昂生教授。

4日，我校华西临床医学院（华西医院）党政主要负责人民主推荐会举行。

4日，我校举行2012年暑期“三下乡”社会实践分享表彰会暨志愿文化宣传月启动仪式。

6日，由国家自然科学基金委主办、我校承办的2012年度国家自然科学基金管理工作会议在成都举行。

6日，英国原子能及核聚变代表团来我校座谈交流。

7日，中国科学技术信息研究所在京公布2011年度中国科技论文统计结果，2011年度我校SCI收录论文数、SCI论文被引用数、“表现不俗”论文数等各类论文统计数据继续稳步上升。2011年度我校SCI收录论文数2448篇，较2010年增加93篇，在全国高校排名中列第5位；发表国内统计源期刊论文3923篇，在全国高校排名中列第7位，较2010年上升1位；EI收录论文1489篇，较2010年增加80篇，在全国高校排名中列第18位，较2010年上升1位；MEDLINE收录论文1592篇，较2010年增加396篇，在全国高校排名中列第5位，较2010年上升1位。

7日，我校党校第133期教职工入党积极分子培训班结业典礼举行。

7日，校长谢和平院士带队赴重庆大学就现代大学制度和大学内部治理结构进行专题调研。

7日，我校举行2011—2012学年“感动川大·温暖绽放季”颁奖典礼。

7日，四川共青团党的十八大精神宣讲团成立仪式暨首场报告会在我校举行。

8日，2012“外研社杯”全国英语演讲大赛总决赛在北京外国语大学落下帷幕。我校2011级临床医学八年制学生邓丽侠同学获得全国总决赛季军。

9日，由我校学工部与校团委共同主办的“四川大学第十届冬季环校跑”活动在江安校区举行。

9日，全国高校后勤系统信息宣传与理论研究工作年会在北海召开。我校后勤集团荣获“2012年全国高校后勤系统信息宣传工作先进集体”称号。

10日，四川省委宣讲团党的十八大精神高校首场报告会在我校举行。

10日，我校获得教育部2012年全国高校校园文化建设优秀成果特等奖。

11日，俄罗斯普希金俄语学院代表团到我校访问。

12日，我校举行“凤凰展翅”四川大学2012年文化艺术节闭幕式暨“凤舞川大”舞蹈大赛决赛。

12日，四川省委统战部领导到我校调研学校统战工作。

12日，我校“十一五”国家级实验教学示范中心验收总结会举行。

13日，我校举行“第二届青年马克思主义者论坛·西部高校学子看十八大”报告会。

14日，我校举行学生学习贯彻十八大精神座谈会。

14日，由我校艺术学院主办的

“2012年四川大学书法邀请展”在江安校区美术馆举行。

14日，第一届四川大学－伦敦大学皇后玛丽学院生物材料研讨会举行。

15日，四川大学湖南校友会成立大会在长沙举行。

15日，第四届海峡两岸口译大赛大陆地区决赛在北京对外经贸大学举行。我校外国语学院英文系2011级研究生王希予和2012级研究生徐韵岚分别获得大陆地区决赛的二等奖和三等奖。

16日—18日，第七届孔子学院大会在北京举行，我校成为国家汉办“孔子新汉学计划”、“专职教师队伍建设”两项重大新计划西部唯一试点高校。

17日，校长谢和平院士为学校机关干部和辅导员作十八大宣讲报告。

17日—18日，卫生部副部长陈啸宏到我校华西校区调研并指导工作。

17日—21日，新加坡国立大学Martin Henz博士到我校访问。

21日，哈佛大学青年代表团到我校访问。

21日，我校老年大学二分校成立十周年庆祝大会举行。

21日，由四川省国际和平与发展研究中心、四川随缘投资咨询有限公司和我校共同发起成立的喜马拉雅文化及宗教研究中心成立签约仪式举行。

21日，由中国水力发电工程学会和潘家铮水电科技基金管理委员会联合主办，我校承办的第四届潘家铮水电奖学金颁奖典礼举行。

24日，我校2012年度“蒋庆云·德医奖学基金”表彰大会举行。

26日，我校教师教学发展中心“教学能力发展月”系列活动落下帷幕，校长谢和平院士出席闭幕式并做了题为《川大梦——建成一流研究型综合大学》的本科教育创新主题报告。

28日，校党委书记杨泉明教授深入课堂视察本科教学工作。

28日，校党委书记杨泉明教授为商学院师生宣讲党十八大精神。

28日，由我校牵头，联合国家民委、云南大学、西藏大学、新疆大学共同组建的“中国西部边疆安全与发展战略协同创新中心”揭牌仪式在北京举行。

28日，我校举行进一步加强和改进研究生思想政治教育座谈会。

29日，我校举行“基础学科拔尖学生培养试验计划”2012年度工作总结会。

31日，全国哲学社会科学规划办公室公布了2012年度国家社科基金重大招标项目（第四批，跨学科研究类）立项名单，我校商学院院长、长江学者徐玖平教授作为首席专家申报的“重特大灾害社会风险演化机理及应对决策研究”项目获准立项（项目批准号：12&ZD217），这是我校获得的首个跨学科研究类的国家社科基金重大招标项目。

31日，我校召开2012年引进人才新年座谈会。

四川大学2012年校、处级干部名单

一、机关党政系统

（一）校领导

杨泉明　党委书记（副部长级）
谢和平　校　长（副部长级）
罗中枢　党委常务副书记（正厅级）
李　虹　常务副校长（正厅级）
李光宪　常务副校长（正厅级）
魏于全　副校长
周学东　党委副书记
石　坚　副校长
步　宏　副校长
徐　兰　党委副书记、校纪委书记
安小予　副校长
李向成　党委副书记
晏世经　副校长

（二）校长助理

李旭锋　张　林　许唯临　李蓉军

（三）党群系统

党委办公室

主　任：何继业
副主任：王　军　秦远清
政策研究室主任：李喜庆（副处）
校保密委员会主任：何继业（兼）
校保密委员会副主任：毕　玉（副处）

党委组织部

部　长：李旭锋
副部长：金莎丽　管清贵

四川大学党校

校　长：由校党委书记杨泉明同志兼任
常务副校长：范嗣云（正处）

党委宣传部（四川大学新闻中心）

部　长（主任）：曹　萍

副部长（副主任）：李朝鲜　张宏辉

校刊编辑部主任：侯宏虹（副处）

校教育电视台台长：黎　生（副处）

党委统战部

部　长：邱　梅

副部长：魏　忠　查　庆

校纪委办公室、监察处

校纪委副书记兼监察处处长：郝清华

校纪委副书记兼纪委办公室主任：张学龙（正处）

监察处副处长兼办公室副主任：范洪远　滕文浩

副处级纪检监察员：姜福汉　任泰山　刘　杰

党委学生工作部（处）、武装部（军事教研室）

部（处）长兼武装部部长：郭　勇

副部（处）长：成　春

副部（处）长兼江安校区管理办公室主任：周志文（副处）

副部（处）长：张俊磊

江安校区管理办公室副主任：蒲于文（副处）　马　涛（副处）

党委保卫部（处）

部（处）长：袁　斌

副部（处）长：郭　斌　刘　凯　王　建

江安校区管理办公室副主任：李　恒（副处）　叶　勇（副处）

校工会

主　席：由校党委常务副书记罗中枢同志兼任

常务副主席：林　红

副主席：舒　宁（正处）　鄢　澜

校团委

书　记：王　斌

副书记：赵　露　袁　雯　徐海鑫（正科）

防范和处理邪教问题办公室

主　任：张树明

副主任：简渝嘉

机关党委

书　记：由校党委副书记、校纪委书记徐兰同志兼任

副书记：蔡崇榜（兼，正处，任职至2012年2月）

张维建（正处，任职至2012年2月）　杨冀峰（2012年2月任命）

夏建钢（2012年2月任命）　王　军（2012年2月任命）

（四）行政系统

校长办公室

主任兼信息管理中心主任：张　林

常务副主任兼江安校区管委会办公室主任：曲景学（正处）

副主任：李中锋　韩　杰　熊　伟

副主任兼北京联络办公室主任：李　博

江安校区管委会办公室副主任：吕　蓉（副处）

信息管理中心常务副主任：蒋玉明（副处）

信息管理中心副主任：陈兴蜀（副处）

督察办主任：肇启伟（副处）

法律顾问室主任：唐　磊（兼）

法律顾问室副主任：张春霞（副处）

人事处

处　长：王清远

副处长：王宝富（任职至 2012 年 12 月）　王金友

师资管理办主任：田　彬（副处）

人才交流中心主任：李天富（副处）

教务处

处　长：张红伟

副处长：夏建钢　兰利琼　李昌龙　刘　黎

教学评估与质量督查办主任：刘肖珩（副处）

现代教育技术中心主任：魏　星（副处）

现代教育技术中心副主任：崔亚强（副处）

教育创新改革办公室主任：吕　弋（副处）

社科处

处　长：姚乐野

常务副处长：高　伟（正处）

副处长：王　卓　李　昆

科学技术发展研究院

院　长：胡常伟

副院长兼重大项目与基地管理部部长：田卫东（正处）

副院长兼基金项目与成果管理部部长：郭少云（正处）

副院长兼科技合作与技术转移部部长：卢铁城（正处）

军工项目处处长：黄　海（正处）

副院长：杨志刚（兼）

基金项目与成果管理部副部长：吴　尧

综合管理办公室主任：李　蓉（副处）

重大项目与基地管理部副部长：邹　勇

科技合作与技术转移部副部长：武　梅

研究生院

院　长：许唯临

常务副院长兼研究生教育改革发展研究中心主任：左卫民（正处）

副院长兼“985 工程”和学科建设办公室主任：陈谦明（正处）

副院长兼培养教育办公室主任：冯小明（正处）

副院长兼研究生学位与教育教学改革办公室主任：朱　天（正处）

副院长兼研究生工作部部长：李栓久（正处）

非全日制专业学位办公室主任：蔡崇榜（正处级）

“985 工程”和学科建设办公室副主任：陈华明

招生办公室主任：赵红军（副处）

培养教育办公室副主任：胡　涛

招生就业处（就业指导中心）

处　长（主任）：李蓉军

副处长（副主任）：刘　猛　金永东

实验室及设备管理处

处　长：敖天其

副处长：王瑞林　廖林川

国有资产管理处

处　长：樊庆文

副处长：徐　明

后勤管理处

处　长：罗德明

副处长：宋戈扬　邓　益

国际合作与交流处、港澳台事务办公室

处　长（主任）：晏世经（兼）

常务副处长（副主任）：邓　洪（正处，2012 年 5 月聘任）

副处长（副主任）：邓　洪（任职至 2012 年 5 月）　关　平

留学生管理办公室主任：高　健（副处）

财务处

处　长：李光金（任职至 2012 年 12 月）　王宝富（2012 年 12 月聘任）

副处长：刘用明　罗　娜　王春举

审计处

处　长：江文清

副处长：罗　建　范　瑾

老干部党总支

书　记：史冰川

副书记：陈　岗（兼）

离退休工作处

处　长：杨静波

副处长：陈　岗　马绍琼

医学管理处

处　长：杨志刚

副处长：韩　宇

规划建设处

处　长：华国春

副处长：杨冀峰　崔　波

副处长兼总工程师：周　群

副处长：刘礼波

二、业务管理和办学实体单位

对外联络办公室（校友总会、校董会办公室）

主　任：荣建国

副主任：周　密　廖海燕

心理健康教育中心

主　任：李　涛（正处）

常务副主任：郭　勇（兼）

副主任：格桑泽仁

档案馆

馆　长：党跃武

副馆长：李锦清　李金中

校史办公室主任：党跃武（兼）

校史办公室副主任：王金玉（2012 年 2 月聘任）

图书馆

党总支书记：陈明惠

馆长：马继刚

副馆长兼党总支副书记：王兴伦

副馆长：毛学群　林　平

发展研究中心

常务副主任：刘　莘（正处）

副主任：张鲜元　温松岩

社会发展与西部开发研究院

副院长：杨明洪　杨承东

社区建设办公室

主任兼党总支书记：夏泽友

副主任：邱华明　康　平

分析测试中心

党总支书记：李玉宝

党总支副书记：张小蓉

主　任：侯贤灯

副主任：朱晓帆　蔡　兵

出版社及学报党总支

党总支书记：宋绍峰

出版社

社　长：熊　瑜

总编辑：邱小平（正处）

副社长：陈忠林　李天燕

副总编：李航星

学报

哲学社会科学版常务副主编：原祖杰（副处）

自然科学版常务副主编：陈向荣（副处）

工程科学版常务副主编：张凌之（副处）

华西医学版常务副主编：于长谋（副处）

博物馆

馆　长：霍　巍（兼）

副馆长：李晓涛

实验动物中心

主　任：尹海林（副处）

副主任：邓洪新（副处）

成人与网络教育党委（含成人教育学院、网络教育学院）

书　记：李建国

副书记：张必涛　刘格林

成人教育学院（职业教育学院、继续教育学院）

院　长：侯太平

副院长：刘　勇　胡小东　唐　洪

网络教育学院

院　长：冉蜀阳

副院长：董　毅　乔长江

出国留学人员培训部（出国留学预备学院）

党总支书记：刘　琍

主　任（院长）：陈　兵

副主任（副院长）兼国金留学预科学院院长：夏丽萍（正处级）

副主任（副院长）：邓和刚

海外教育学院

院　长：晏世经（兼）

副院长：刘　荣　方定志

全国干部教育培训基地

常务副主任：姜晓萍（兼）

副主任：王　谦

科技产业集团

党委书记：宋江洪

党委副书记：刘若冰（2012 年 5 月任命）

总经理：王安文

常务副总经理：何　琪（正处）

副总经理：钟　武

川大华西药业股份有限公司

董事长兼党总支书记：刘　娅

总经理：吴　勇（任职至 2012 年 5 月）

后勤集团

党委书记：罗　卡

党委副书记：万海清（2012 年 5 月任命）

总经理：潘霜柏

副总经理：朱　良　杨凌云　兰　京　成举权

三、学　院

经济学院

党委书记：陶　宏

党委副书记：涂　刚

常务副院长：朱方明（正处）

副院长：蒋　瑛　邓　翔　梁　剑

法学院

党委书记：古立峰

党委副书记：姜　华

院　长：唐　磊

副院长：李　平　里　赞

文学与新闻学院

党委书记：熊　兰

党委副书记：罗　梅

院　长：曹顺庆

副院长：吴　建　雷汉卿　傅其林

外国语学院

党委书记：彭　亮

党委副书记：王　彬

院　长：段　峰

副院长：陈　杰　任　文　杨　光

艺术学院

党委书记：汪东升

党委副书记：杨　梅

院　长：黄宗贤

副院长：杨向东　张　苏

历史文化学院（旅游学院）

党委书记：朱天沧

党委副书记：鲍成志

院　长：霍　巍

副院长：舒大刚　李德英　李映福　李志勇

数学学院

党委书记：严成辉

党委副书记：覃孟念

院　长：彭联刚

副院长：张树果　杜　斌　胡　兵

物理科学与技术学院（核科学与工程技术学院）

党委书记：周世跃

党委副书记：刘　宁　廖勇明

院　长：龚　敏

副院长：朱　俊　张　红　朱建华

核科学与工程技术学院常务副院长：安　竹（正处）

副院长：杨朝文

化学学院

党委书记：王智猛

党委副书记：谢　均

院　长：余孝其

副院长：王玉忠　李梦龙　游劲松

生命科学学院

党委书记：岳碧松

党委副书记：廖爱民

院　长：肖智雄

常务副院长：林宏辉（正处）

副院长：王红宁

副院长：赵　云

电子信息学院

党委书记：蒋　斌
党委副书记：陈笃海
院　长：黄卡玛
副院长：冯国英　何小海　周新志

材料科学与工程学院

党委书记：朱建国
党委副书记：唐世红
院　长：尹光福
副院长：刘　颖　孙小松

制造科学与工程学院

党委书记：惠新强
党委副书记：杨　刚　张晓满
院　长：赵世平
副院长：姚　进　王　杰　杨　屹　干　静

电气信息学院

党委书记：李华强
党委副书记：邱晓燕　韩　芳
院　长：刘俊勇
副院长：舒　勤　雷　勇　吕　林

计算机学院（软件学院）

党委书记：郎明松
党委副书记：卢　莉　秦　燕
院　长：章　毅
副院长：唐宁九　彭　舰　朱　敏　洪　玫　王俊峰

建筑与环境学院

党委书记：陈　勇
党委副书记：廖光明　兰中仁
院　长：熊　峰
副院长：丁桑岚　周　波　蒋文涛

水利水电学院

党委书记：陈建康
党委副书记：黄晓荣
院　长：李　嘉
副院长：杨兴国　何江达　刘　超

化学工程学院

党委书记：庞国伟
党委副书记：陈晓东　李天友

院　长：梁　斌

副院长：黄卫星（正处级）　费德君　褚良银

轻纺与食品学院

党委书记：赵　毅

党委副书记：刘晓虎

院　长：何有节

副院长：兰建武　何　强　肖　凯

高分子科学与工程学院（含高分子研究所）

党委书记：张　熙

党委副书记：牟德富　李艳梅

院　长：傅　强

副院长：赵长生　李忠明　钱祉祺（2012 年 2 月聘任）

华西基础医学与法医学院

党委书记：鲍　朗

党委副书记：郭晓伟

院　长：侯一平

常务副院长：肖　波

副院长：齐建国（正处级）　黄　宁　李　华

华西临床医学院（华西医院）

党委书记：郑尚维（副厅级）

党委常务副书记：敬　静（正处）

党委副书记：李正赤　黄　勇

院　长：石应康（副厅级）

常务副院长：李为民（正处）　张　伟（正处）

副院长：程惊秋（正处级）　万学红　程南生　曾　勇　龚启勇

内科党总支书记：贾永前

外科党总支书记：刘晓雪

门诊医技党总支书记：邱　访

临床联合党总支书记：任　莉

机关党总支书记：程永忠

学生党总支书记：陈　森

科技产业党总支书记：黄　勇（兼）

后勤党总支书记：梁海斌

华西第二医院

党委书记：王素霞

党委副书记：王红静

常务副院长：母得志（副处）

副院长：邢一玲　刘瀚旻　郄明蓉

华西口腔医学院（华西口腔医院）

党委书记：唐　洁

党委副书记：谭　静　叶　玲

院　长：周学东（兼）

副院长：石　冰　赵志河　于海洋

华西公共卫生学院（华西第四医院）

党委书记：曾　诚

华西第四医院党总支书记兼华西公共卫生学院（华西第四医院）党委副书记和华西第四医院副院长：赵立强（正处）

党委副书记：邹　毅

院　长：李晓松

副院长：裴晓方　刘　毅　杨跃林　张晓晴（2012年2月聘任）

华西药学院

党委书记：方　云

党委副书记：胡晓娟

院　长：张志荣

副院长：黄　园　陈应春（任职至2012年3月）

公共管理学院

党委书记：徐开来

党委副书记：刘　玲

院　长：姜晓萍

副院长：乔　健　罗　哲　夏志强　罗亚玲

商学院（原工商管理学院，2012年10月更名）

党委书记：杨　江

党委副书记：李晓峰　张黎明

院　长：徐玖平（2012年10月聘任）

常务副院长：徐玖平（正处，任职至2012年10月）

副院长：顾　新　米德超　邓富民

马克思主义学院（政治学院）

党委书记：高中伟

党委副书记：何艺新

院　长：蒋永穆

副院长：刘吕红　何洪兵

体育学院

党总支书记：荣文学

院　长：吕志刚

副院长：张超慧　宫　川

灾后重建与管理学院

院　长：晏世经（兼）

常务副院长：王建敏

副院长：龙恩深　王　卓（兼）　何成奇

空天科学与工程学院（原航空航天学院，2012年10月更名）

院　长：王家序

副院长：黄　海（兼）　干　静（兼，任职至2012年10月）

四川大学体育运动委员会办公室

主　任：唐　成

国家生物医学材料工程技术研究中心

党总支书记：蒋　青

副书记：田　单

2012年成立和调整的全校性工作领导小组名单

一、四川大学保密委员会（川大委〔2012〕30号）

主　任：罗中枢

副主任：李光宪　徐　兰

委　员：何继业　李旭锋　曹　萍　邱　梅　郝清华　郭　勇　袁　斌　张树明　张　林　王清远　张红伟　姚乐野　胡常伟　许唯临　李蓉军　敖天其　樊庆文　邓　洪　李光金　江文清　杨志刚　党跃武　宋绍峰　李建国　蒋玉明　黄卡玛　周安民

二、四川大学党务公开工作领导小组和监督小组（川大委〔2012〕34号）

1. **党务公开工作领导小组：**

组　长：杨泉明

副组长：罗中枢　周学东　徐　兰　李向成

成　员：李旭锋　张　林　何继业　曹　萍　邱　梅　郝清华　郭　勇　袁　斌　王清远　林　红　王　斌　江文清　史冰川　王　军

党务公开工作领导小组办公室：

主　任：何继业

副主任：李旭锋　曹　萍

办公室设在校党办，由校党办、组织部负责党务公开的日常工作。

2. **党务公开工作监督小组：**

组　长：徐　兰

副组长：郝清华　林　红

成　员：张学龙　樊庆文　江文清　古立峰　唐　洁　熊　伟　唐　亚

三、四川大学党校校务委员会（川大委〔2012〕74号）

主　任：杨泉明

副主任：罗中枢

委　员（按姓氏笔画为序）：

王　斌　王春举　许唯临　李旭锋　李栓久　杨泉明　何继业　张红伟　范嗣云　罗中枢　郝清华　姜晓萍　姚乐野　郭　勇　曹　萍

四川大学党校校长：杨泉明（兼）

常务副校长：范嗣云

副　校　长：李旭锋（兼）　曹　萍（兼）

党校办公室主任：高志华

四、四川大学人才工作领导小组

组　长：杨泉明　谢和平

副组长：罗中枢　李　虹　李光宪　石　坚

成　员：（以姓氏笔画为序）

王清远　王　斌　李光金　李旭锋　许唯临　杨志刚　张红伟　张　林　何继业　邱　梅　林　红　罗德明　敖天其　姚乐野　郭　勇　胡常伟　曹　萍　樊庆文

四川大学人才工作领导小组办公室：

主　任：李旭锋　王清远

副主任：金莎丽　王宝富　刘用明　高志华

四川大学各级人大代表、政协委员、政府参事、民主党派负责人等人员名单

一、各级人大代表（35 人）

1. 第十一届全国人大代表（3 人）

代　表：侯一平　华西基础医学与法医学院　（农工）
刘　进　华西临床医学院（华西医院）　（无党派、归侨）
王正荣　华西基础医学与法医学院　（农工）

2. 第十一届四川省人大代表（9 人）

常　委：罗懋康　数学学院　（九三）
曾　智　华西临床医学院　（无党派）
代　表：侯一平　华西基础医学与法医学院　（农工）
史　江（女）　公共管理学院　（民建）
许唯临　水利水电学院　（民进）
李明德　商学院　（民建）
赵　霞（女）　华西第二医院　（民革）
徐玖平　商学院　（九三）
周　波　建筑与环境学院　（无党派）

3. 第十五届成都市人大代表（14 人）

常　委：黄川友　水利水电学院　（农工）
陈　波　马克思主义学院（政治学院）　（民进）
代　表：尹如铁（女）　华西第二医院　（农工）
何　庆　华西临床医学院（华西医院）　（无党派）
张宗才　轻纺与食品学院　（九三）
褚良银（土家族）　化学工程学院　（九三）
王建平　法学院　（民革）
尹海林　实验动物中心　（民盟）
关　键（女、满族）　高分子科学与工程学院　（民革）
何　俊（女）　化学学院　（民建）
黄婉霞（女）　材料科学与工程学院　（民进）
蔡小于（女）　商学院　（民建）

王益谦　社会发展与西部开发研究院　（无党派）
石　坚　四川大学副校长　（中共）

4. **第六届武侯区人大代表**（8 人）

常　委：史　江（女）　公共管理学院　（民建）
代　表：李向成　四川大学党委副书记　（中共）
张晓远　法学院　（中共）
肖　阳　华西临床医学院（华西医院）　（中共）
张伟年　数学学院　（中共）
李华强　电气信息学院　（中共）
刘兴年　水利水电学院　（九三）
王　杭（女）　华西口腔医学院　（无党派）

5. **第十七届双流县人大代表**（1 人）

李　虹　四川大学常务副校长　（中共）

二、各级政协委员（55 人）

1. **第十一届全国政协委员**（5 人）

常　委：刘应明　数学学院　（九三）
委　员：周学东（女）　四川大学党委副书记　（中共）
陈　放　生命科学学院　（民盟）
周同甫　华西第二医院　（九三）
戴晓雁　化学工程学院　（九三）

2. **第十届四川省政协委员**（20 人）

常　委：王正荣　华西基础医学与法医学院　（农工）
石　碧　轻纺与食品学院　（无党派）
冯小明　研究生院　（致公党）
杨明洪　社会发展与西部开发研究院　（民建）
委　员：干胜道　商学院　（民建）
彭联刚　数学学院　（无党派）
张　彬（女）　电子信息学院　（九三）
张　苏（满族）　艺术学院　（致公党）
马德功　经济学院　（致公党）
刘长武　水利水电学院　（致公党）
李志强　四川大学锦江学院　（中共）
何一民　历史文化学院　（无党派）
岑　瑛（女）　华西临床医学院（华西医院）　（农工）
张尚福　华西临床医学院（华西医院）　（民盟）
陈　宇（女）　华西口腔医学院　（农工）
周学东（女）　四川大学党委副书记　（中共）
郑尚维（女）　华西临床医学院（华西医院）　（中共）

里　赞　法学院　(民革)
褚良银（土家族）　化学工程学院　(九三)
李光金　财务处　(民革)

3. **第十三届成都市政协委员**（25 人）

副主席：侯一平　华西基础医学与法医学院　(农工)
戴晓雁　化学工程学院　(九三)
常　委：蒋国庆　经济学院　(民盟)
蒋晓莲（女）　华西临床医学院（华西医院）　(农工)
雷景新　高分子科学与工程学院　(民进)
王东杰　历史文化学院　(无党派)
方定志　海外教育学院　(无党派)
委　员：洪　诤　华西药学院　(民革)
宋　伟　商学院　(民盟)
王　燕（女）　海外教育学院　(民进)
李　绚（女）　华西基础医学与法医学院　(民进)
甘华田　华西临床医学院（华西医院）　(农工)
刘用明　财务处　(农工)
张建新　华西公共卫生学院　(致公党)
刘　敏　华西基础医学与法医学院　(九三)
杨　果　华西基础医学与法医学院　(九三)
解慧琪（女）　华西临床医学院（华西医院）　(九三)
郑　艾（女）　华西第二医院　(民盟)
石应康　华西临床医学院（华西医院）　(中共)
费德君（女）　化学工程学院　(民盟)
王　丽（女）　生命科学学院　(无党派)
杜　江（女）　离退休工作处　(中共)
李建国　成人教育学院　(中共)
姜晓萍（女）　公共管理学院　(中共)
刘钟海（蒙古族）　化学工程学院　(民盟)

4. **第六届武侯区政协委员**（2 人）

委　员：余伟萍（女）　商学院　(民建)
刘福华（女）　科学技术发展研究院　(无党派)

5. **第十届双流县政协委员**（3 人）

常　委：刘福华（女）　科学技术发展研究院　(无党派)
委　员：邓菊秋（女）　经济学院　(民建)
李　赛　化学工程学院　(民建)

三、各级民主党派

（一）民主党派中央委员（8人）

1. 中国民主同盟第十一届中央委员会

委　员：陈　放　生命科学学院

2. 中国民主建国会第十届中央委员会

委　员：干胜道　商学院

3. 中国农工民主党第十五届中央委员会

常　委：王正荣　华西基础医学与法医学院
委　员：侯一平　华西基础医学与法医学院
　　　　姚　进　制造科学与工程学院

4. 中国致公党第十四届中央委员会

委　员：冯小明　研究生院

5. 九三学社第十三届中央委员会

委　员：罗懋康　数学学院
　　　　戴晓雁　化学工程学院

（二）民主党派省委委员（26人）

1. 中国国民党革命委员会四川省第十一届委员会

委　员：里　赞　法学院

2. 中国民主同盟四川省第十一届委员会

副主委：陈　放　生命科学学院
委　员：尹海林　实验动物中心
　　　　朱建华　物理科学与技术学院

3. 中国民主建国会四川省第八届委员会

副主委：杨明洪　社会发展与西部开发研究院
委　员：蔡小于　商学院
　　　　干胜道　商学院
　　　　史　江　公共管理学院

4. 中国民主促进会四川省第七届委员会

常　委：许唯临　校长助理、水利水电学院
　　　　雷景新　高分子科学与工程学院
委　员：陈　波　马克思主义学院（政治学院）
　　　　黄婉霞（女）　材料科学与工程学院

5. 中国农工民主党四川省第十一届委员会

主　委：王正荣　华西基础医学与法医学院
副主委：侯一平　华西基础医学与法医学院
　　　　姚　进　制造科学与工程学院
委　员：曹　亚（女）　高分子科学与工程学院

6. **中国致公党四川省第六届委员会**

副主委：冯小明　研究生院

委　员：张建新　华西公共卫生学院

刘长武　水利水电学院

江　波　化学学院

7. **九三学社四川省第七届委员会**

副主委：戴晓雁　化学工程学院

罗懋康　数学学院

常　委：张　彬（女）　电子信息学院

委　员：徐玖平　商学院

解慧琪（女）　华西临床医学院（华西医院）

陈德才　华西临床医学院（华西医院）

（三）民主党派市委委员（37 人）

1. **中国国民党革命委员会成都市第十一届委员会**

常　委：里　赞　法学院

委　员：李瑞海　高分子科学与工程学院

罗德云　华西临床医学院（华西医院）

2. **中国民主同盟成都市第十三届委员会**

常　委：许春林　艺术学院

尹海林　实验动物中心

张尚福　华西临床医学院（华西医院）

朱建华　物理科学与技术学院

委　员：曹　毅　生命科学学院

寇兴明　化学学院

陈彬兵（女）　电气信息学院

龙恩深　建筑与环境学院

郑　艾（女）　华西第二医院

费德君（女）　化学工程学院

3. **中国民主建国会成都市第十三届委员会**

副主委：蔡小于（女）　商学院

委　员：何　俊（女）　化学学院

史　江（女）　公共管理学院

项　涛　华西基础医学与法医学院

4. **中国民主促进会成都市第十届委员会**

副主委：陈　波　马克思主义学院（政治学院）

常　委：刘　毅　华西公共卫生学院

委　员：刘　莘　发展研究中心

雷景新　高分子研究所

谢嘉琼（女） 水利水电学院

5. **中国农工民主党成都市第十一届委员会**

主 委：侯一平 华西基础医学与法医学院

副主委：甘华田 华西临床医学院（华西医院）

常 委：刘用明 财务处

蒋晓莲（女） 华西临床医学院（华西医院）

骆 红（女） 水利水电学院

6. **中国致公党成都市第六届委员会**

副主委：冯小明 研究生院

常 委：孙成均 华西公共卫生学院

委 员：马德功 经济学院

7. **九三学社成都市第十一届委员会**

主 委：戴晓雁 化学工程学院

副主委：解慧琪（女） 华西临床医学院

常 委：杨 果 华西基础医学与法医学院

张 彬（女） 电子信息学院

徐玖平 商学院

委 员：张宗才 轻纺与食品学院

李 瑛（女） 化学学院

（四）我校各民主党派负责人（34 人）

1. **民革四川大学委员会**

主 委：里 赞 法学院

副主委：李瑞海 高分子科学与工程学院

傅 江 法学院

洪 诤 华西药学院

2. **民盟四川大学委员会**

主 委：尹海林 实验动物中心

副主委：张尚福 华西临床医学院（华西医院）

费德君（女） 化学工程学院

朱建华 物理科学与技术学院

杜庆坪（女） 公共管理学院

3. **民建四川大学委员会**

主 委：项 涛 华西口腔医学院

副主委：徐晓东 外国语学院

李 赛 化学工程学院

孟宪栋 华西临床医学院（华西医院）

4. **民进四川大学委员会**

主 委：雷景新 高分子科学与工程学院

副主委：黄婉霞（女）　材料科学与工程学院
　　　　李　绚（女）　华西基础医学与法医学院
　　　　刘　毅　华西公共卫生学院
　　　　董筱琴（女）　图书馆
　　　　王　燕（女）　海外教育学院
　　　　杨文全　文学与新闻学院

5. **农工党四川大学委员会**

主　委：岑　瑛（女）　华西临床医学院（华西医院）
副主委：甘华田　华西临床医学院（华西医院）
　　　　骆　红（女）　水利水电学院
　　　　陈　宇（女）　华西口腔医学院
　　　　刘用明　财务处

6. **致公党四川大学总支委员会**

主　委：孙成均　华西公共卫生学院
副主委：马德功　经济学院
　　　　刘长武　水利水电学院

7. **九三学社四川大学委员会**

主　委：徐玖平　商学院
副主委：张宗才　轻纺与食品学院
　　　　张　彬（女）　电子信息学院
　　　　杨　果　华西基础医学与法医学院
　　　　褚良银（土家族）　化学工程学院
　　　　解慧琪（女）　华西临床医学院

四、各级归国华侨联合会（9 人）

（一）四川省归国华侨联合会（2 人）

副主席：石应康　华西临床医学院（华西医院）　（中共）
常　委：郭肖宁（女）　华西临床医学院（华西医院）　（中共）

（二）成都市归国华侨联合会（2 人）

常　委：郭肖宁（女）　华西临床医学院（华西医院）　（中共）
委　员：王安琪　电子信息学院　（无党派）

（三）四川大学归国华侨联合会负责人（3 人）

主　席：陈　宇（女）　华西口腔医学院　（农工）
副主席：张　苏　艺术学院　（致公党）
　　　　刘艺婷（女）　建筑与环境学院　（中共）

五、四川省第十届工商业联合会（2 人）

会　长：陈　放　生命科学学院　（民盟）
副会长：李光金　财务处　（民革）

六、各级政府参事（10 人）

（一）四川省人民政府参事室参事（3 人）

苏显渝　电子信息学院　（九三）
邓　玲（女）　经济学院　（九三）
冯玉麟　华西临床医学院（华西医院）　（无党派）

（二）成都市人民政府参事室参事（7 人）

孙成均　华西公共卫生学院　（致公党）
王益谦　社会发展与西部开发研究院　（无党派）
黄川友　水利水电学院　（农工）
马德功　经济学院　（致公党）
揭筱纹（女）　商学院　（九三）
宋　伟　商学院　（民盟）
张建新　华西公共卫生学院　（致公党）

七、四川省文史馆馆员（13 人）

蒙　默　历史文化学院　（无党派）
向　熹　文学与新闻学院　（九三）
冯汉镛　历史文化学院　（无党派）
唐光沛　历史文化学院　（民革）
王世德　文学与新闻学院　（民盟）
张槛虞　文学与新闻学院　（无党派）
张先齐　华西临床医学院（华西医院）　（民革）
马继贤　历史文化学院　（民革）
何　崝　历史文化学院　（无党派）
陈　兵　道教与宗教文化研究所　（无党派）
侯开嘉　艺术学院　（无党派）
侯长康（女）　法学院　（农工）
汪玉祥　文学与新闻学院　（无党派）

八、特邀人员（16 人）

1. **教育部特邀监察员（1 人）**

侯一平　华西基础医学与法医学院　（农工）

2. **四川省监察厅特约监察员（5 人）**

马德功　经济学院　（致公党）
张卫东　华西临床医学院（华西医院）　（中共）
李福海　商学院　（中共）
何　俊（女）　化学学院　（民建）
陈德才　华西临床医学院（华西医院）　（九三）

3. **四川省地方税务局特约税务监察员（1 人）**

杨明洪　社会发展与西部开发研究院　（民建）

4. **四川省审计厅特约审计员（2 人）**

蔡小于（女）　商学院　（民建）

熊　峰（女）　建筑与环境学院　（无党派）

5. **四川省教育厅教育督导员　（1 人）**

徐玖平　商学院　（九三）

6. **四川省高级人民法院廉政监督员（1 人）**

干胜道　商学院　（民建）

7. **四川省劳动争议仲裁委员会仲裁监督员（1 人）**

刘晴辉（女）　法学院　（九三）

8. **四川省省级国土资源管理行业行风监督员（1 人）**

刘用明　财务处　（农工）

9. **四川省人民检察院特约检察员（3 人）**

刘用明　财务处　（农工）

李优树　经济学院　（致公党）

刘　毅　华西公共卫生学院　（民进）

九、四川省知识分子联谊会第二届理事会（18 人）

副会长：卢铁城　四川大学原党委书记、校长　（中共）

周学东（女）　四川大学党委副书记　（中共）

陈　放　生命科学学院　（民盟）

常务理事：王挺之　历史文化学院　（无党派）

王益谦　社会发展与西部开发研究院　（无党派）

石　碧　轻纺与食品学院　（无党派）

齐建国　华西基础医学与法医学院　（无党派）

何一民　历史文化学院　（无党派）

李建国　成人教育学院　（中共）

杨力壮　公共管理学院　（无党派）

李光金　财务处　（无党派）

熊　峰（女）　建筑与环境学院　（无党派）

曾　智　华西临床医学院（华西医院）　（无党派）

理　事：王瑞林　实验室及设备管理处　（中共）

史永平（女）　外国语学院　（无党派）

周　波　建筑与环境学院　（无党派）

林平（女）　图书馆　（无党派）

袁春晓（女）　商学院　（无党派）

2012 年度学生工作主要获奖成果一览表

获奖项目及获奖者	获奖级别	获奖时间
在全国第三届大学生艺术展演中，我校李鹏飞同学参展作品《公益海报》获得工艺设计类全国一等奖，学生民乐团的《酒歌》获得器乐类全国二等奖	全国	2012 年 2 月
在 IBM Connections 社交软件开发大赛中，计算机学院 2009 级本科生陈俊宇荣获三等奖	全国	2012 年 3 月
我校经济学院 2008 级国际经济与贸易专业本科生崔姗姗与商学院会计专业本科生戴心怡，在国外留学期间组队参加加拿大爱德华王子岛（PEI）省组织的市场营销大赛，获得第一名	国际	2012 年 4 月
在 2012 年全国大学生英语竞赛初赛中，我校荣获全国二等奖学生 65 名、全国三等奖 129 名	全国	2012 年 4 月
在第十八届全国高校学生商业案例分析大赛总决赛中，我校经济学院 2011 级研究生陈莹莹，2009 级本科生刘莹，2010 级本科生高博楠、王一迪、姚佩等组成的团队荣获全国二等奖	全国	2012 年 4 月
在 2012 年美国大学生数学建模竞赛中，我校参赛学生代表队获得一等奖 1 项、二等奖 1 项、三等奖 1 项	国际	2012 年 4 月
在首届“石狮杯”全国高校毕业生服装设计大赛中，我校轻纺与食品学院我院学生王盼荣获女装组“优秀奖”	全国	2012 年 4 月
在 2012 年全国大学生英语竞赛决赛中，我校学生荣获 B 类全国特等奖 1 名，C 类全国特等奖 10 名，C 类全国一等奖 15 名	全国	2012 年 5 月
在第三届全国大学生临床技能竞赛全国总决赛中，我校华西医院 2006 级八年制廖明恒、刘洋洋、杨晨露和罗翼组成“四川大学代表队”荣获一等奖	全国	2012 年 5 月
在成都市第五届大学生普通物理知识竞赛决赛中，我校学生代表队荣获团体冠军	市级	2012 年 5 月
在第五届宝洁精英商业实战大赛（四川赛区）中，我校文学与新闻学院广告系 Createam 团队夺得冠军、無厌团队获得亚军。同时，在宝洁精英挑战赛中，我校广告系 icreat 团队荣获第一名，取得进入全国决赛的资格	省级	2012 年 5 月
在全国大学生机械创新设计大赛四川赛区比赛中，我校学生荣获一等奖 4 项、二等奖 7 项	全国	2012 年 5 月
在第二届中译杯全国口译大赛中，我校外国语学院 2009 级硕士研究生费健博荣获交传组全国总冠军和同传组全国亚军（第二名），2010 级硕士研究生刘蓓荣获同传组全国三等奖（第五名）	全国	2012 年 6 月

续表

获奖项目及获奖者	获奖级别	获奖时间
在第十六届“外研社·亚马逊杯”全国大学生英语辩论赛中，我校外国语学院英语系2010级喻静和法学系2010级李昌鸿组成的代表队荣获季军	地区	2012年6月
在第十四届“远东理工杯”全国机器人锦标赛暨2012年FIRA世界杯机器人大赛中国队选拔赛中，我校两支学生参赛队分获“仿真型11vs11机器人足球赛”二等奖和“仿真型5vs5机器人足球赛”三等奖	全国	2012年7月
在“第十三届全国大学生英语辩论赛”中，我校临床医学院学生徐雅倩和口腔医学院学生黄稔欢与西南石油大学学生游文泰组成的四川省代表队，荣获团体一等奖；黄稔欢同学还荣获“第十三届全国大学生英语演讲比赛”二等奖	全国	2012年7月
在第十六届“外研社 亚马逊”杯大学生英语辩论赛总决赛中，我校外国语学院2010级英语系学生陈婧和颜普茜荣获全国三等奖	全国	2012年7月
在第八届中国研究生电子设计竞赛全国总决赛中，我校电气信息学院研究生彭聿松、吴璋、宋俊霖组成的代表队获得团体二等奖	全国	2012年8月
在“中国石化—三井化学杯”第六届全国大学生化工设计竞赛中，我校化学工程学院陈明、高文波、陈德权、钟伟良、李萍等5名2009级本科生组成的四川大学“尚川队”以第一名的成绩荣获大赛唯一的金奖	全国	2012年8月
在中国大学生服务外包创新创业大赛中，我校学生“大愚软件有限公司”团队、“川大豪雄”团队分获自主命题组一等奖和标准组三等奖	全国	2012年8月
在第四届全国普通高校信息技术创新与实践活动之网络与信息安全技术大赛中，我校计算机学院学生参赛团队荣获全国一等奖1项、全国二等奖2项、全国三等奖1项	全国	2012年8月
在第三届“中国校园戏剧节”四川赛区比赛中，我校艺术学院表演系2009级毕业剧目音乐话剧《今夜无眠》荣获专业组一等奖	省级	2012年8月
在“全国高等学校城市规划专业教育指导委员会2012年会”中，我校建筑与环境学院学生作品荣获全国一等奖1项、佳作奖2项	全国	2012年9月
在2012“英特尔-清华”全国大学生创新创业实践夏令营中，我校商学院镍动力创业团队荣获全国第二名，挺进2012“英特尔全球挑战赛——伯克利总决赛”	全国	2012年9月
在“全国高等学校城市规划专业教育指导委员会2012年会”上，我校建筑与环境学院学生团队荣获全国一等奖1项（最高奖一等奖共4个）和佳作奖2项	全国	2012年9月
在2012年“You are the one，等你来挑战”全国高校菁英营销大赛总决赛中，由我校商学院2010级电子商务专业王晓迪、外国语学院2010级英语专业江琪、艺术学院2010级动画专业彭莉和公共管理学院2009级土地资源管理何思岐组成的四川大学SUN IN Galaxy团队获得大赛第三名	全国	2012年10月
我校商学院2010级市场营销专业学生黄加顺荣获第五届全国大中学生海洋知识竞赛电视总决赛个人赛最高荣誉——特等奖“南极特别奖”、个人竞赛一等奖，同时，我校学生还获得二等奖1项、三等奖2项	全国	2012年11月

续表

获奖项目及获奖者	获奖级别	获奖时间
我校学生代表队获得第八届“挑战杯”中国大学生创业计划竞赛金奖1项、铜奖2项，并获第八届“挑战杯”中国大学生创业计划竞赛网络虚拟运营专项比赛三等奖	全国	2012年11月
我校学生代表队荣获2012“邮政杯”全国排舞大赛总决赛全国一等奖	全国	2012年11月
我校研究生刊物《星期日》杂志再次荣获“全国优秀研究生校园媒体”称号	全国	2012年11月
我校2011级临床医学八年制学生邓丽侠荣获2012“外研社杯”全国英语演讲大赛总决赛季军	全国	2012年12月
我校外国语学院英文系2011级研究生王希予和2012级研究生徐韵岚分获第四届海峡两岸口译大赛大陆地区决赛二等奖和三等奖	全国	2012年12月
我校学生获得第九届“华为杯”全国研究生数学建模竞赛全国一等奖1项、全国二等奖1项、全国三等奖2项	全国	2012年12月

四川大学2012届省级优秀毕业生名单

材料学院

赵　鑫　王洲玲　彭蒙蒙　王新鑫

电子信息学院

包发勇　王新强　林东阳　霍沛仪　鲜　辉　董　鹭　侯志凌

法学院

孙晨晨　陈　洪　哈丽努·哈力木拉提　林碧兰　谢　巍　成　溢

高分子科学与工程学院

华金明　鲍　宇　杨　帅　严万洪　朱　红　何郁嵩

商学院

方玉洁　唐　龙　王　萌　蒲玉琼　刘　洋　刘宗鑫　张　杰

公共管理学院

王名扬　闫萧竹　田武欢　纪明欣　林茂松　季明博　田　昭

华西公共卫生学院

李　奕　谢小萍　刘蜀坤

化学工程学院

魏宗新　刘天孝　黄　欢　迟佳姝　陈萌萌　陈菊红　汪　伟　司振兵

化学学院

胡智宏　冯　静　李　甜　赵东兵　郑　柯

华西基础医学与法医学院

孟祥辰　赵　欢

计算机学院

申乔木　叶　庆　卜健峰　高　寒　陈　杨　罗　云　张　欣　吴　麒

建筑与环境学院

伊曼璐　李存宝　龙　涛　易　鑫　汪　莉　何　东

经济学院

李　帅　金　鑫　周博雅　郭　玥　伍博超　杨　洋　汪海涛　杨云鹏

华西口腔医学院

吕宗凯　何利邦　周　懿

历史文化学院

龚　婧　车人杰　李　双　杨　轶　肖碧瑞

华西临床医学院

廖邦华　甘　奇　王丹青　张　琦　陈志颖　胡发云　袁　勇　褚志刚　柳良仁　彭星辰　陈恩强

马克思主义学院

蒋艳鸿　周茂磊

轻纺与食品学院

于宗君　戴学志　谢东山　朱冰清　黄　夏　郭　军

软件学院

杨露斯　王　东　苟　丁

生命科学学院

吴　迪　郗　昊　陈姹月　杨　肖　尚　静

生物材料工程研究中心

江　雯

生物治疗国家重点实验室

蔡璐璐

数学学院

冯翠英　赵碧丹　叶　波

水利水电学院

袁　强　张晓霞　于芷婧　刘天为　马德萍

体育科学研究所

白金明

外国语学院

张　毅　黄凌子　李　琴

文学与新闻学院

羊乃书　孙　墨　郑　哲　杨　珊　田启涛　侯沁奕　张　峰　李媛媛　曾　敏

吴玉章学院

胡佳扬　潘郑泽

物理科学与技术学院

刘　操　张江云　乔鹏飞　勾春洋　陈　媚

华西药学院

刘　璇　林　芝　蒋德锡

艺术学院

毛艳强　范　艺　黄大川　林玉箫　张秋霞

制造科学与工程学院

罗　雄　黎　洋　荣　誉　印义娇　刘文博　陈　坚　张健俊

电气信息学院

张小迁　温伟杰　张　殷　张卫涛　谢小龙　邓继宇

四川大学2012届校级优秀本科毕业生、优秀本科毕业生干部名单

经济学院

优秀毕业生（33人）：

韩双双 邱晓庆 王仁艳 权梦茜 丁 洁 斯建华 杨 凯 庄 敏 王姝妮
周 杨 郭田子 谭 新 史雨清 陈入嘉 高 文 李循珣 杨丽霞 钟鹏飞
陈澍雨 谢春艳 洪 荣 李尚竹 刘几赢 苏 娜 欧 珣 黄文韬 郭 玥
苑一帆 黄 羚 刘 娜 刘贤娴 张 勇 严 岩

优秀毕业生干部（16人）：

张嫣竹 李 帅 伍博超 彭 渝 姜程耀 马思佳 杜 敏 潘贻彤 刘雨龙
张三成 陈闻达 金 鑫 熊邓灵 刘 欣 周博雅 宋一帆

法学院

优秀毕业生（19人）：

陈晓枫 徐梦飞 周 旭 周珊珊 黄 涛 肖忆雪 袁泽瑜 王芳瑜 李春波
黄 慧 赵馨田 秦孜晖 王绍澜 徐梦野 黄 婧 裴玉玺 黄 琴 孙庆敏
胡雪梅

优秀毕业生干部（12人）：

万冬琪 刘丹妮 孙晨晨 钱尼秦 周鹏凯 马中楷 肖 媛 贺 静 刘峻成
陈 洪 魏 丹 周 聪

文学与新闻学院

优秀毕业生（39人）：

张聪聪 李 茵 赵晓宇 王晓冉 张梦媛 王康力 王 武 吕 慧 薛 蕾
王鹏宇 左珍针 乔 羽 陈晶晶 韩会平 周裕昶 叶雨青 羊乃书 吴 雪
张 静 李庚瑶 李沁园 尤 远 陆施豆 戴兰莉 欧阳欣 罗婷婷 赵慧婷
余 佳 向冠桦 祝慧敏 董思彤 黄 丽 刘志遥 宋能文 储建兰 沈依依
骆双丽 黎 娟 马力路遥

优秀毕业生干部（25人）：

杨 珊 钟梦竹 张 晴 戴予馨 李宁蒙 雷 祥 郑 哲 秦少龙 张东美

张振丽　王珊珊　于　涵　涂　成　伊姝瑾　赵　琰　孙　墨　王燕杰　刘双泽
钟　洋　游　卉　王　哲　金毛毛　白　如　张　颖　张习习

外国语学院

优秀毕业生（15人）：

黄燕文　代凤亮　吴　琳　张恒毅　傅　阳　罗佳佳　刘　佳　马赫迪　左晋铭
陈　爽　孙小溪　颜杨洋　潘琪棋　王　菁　郎加泽仁

优秀毕业生干部（7人）：

张玉玲　张　毅　黄凌子　李炳峰　傅竹夏　谢雨蓉　郭洪彬

艺术学院

优秀毕业生（22人）：

向应成　黄景良　吴　晗　罗　雷　张　洁　秦生龙　范　艺　刘小娟　王　芮
肖影雪　高君力　林玉箫　梁雨乔　曹　阳　王轶骁　万　怡　石　浩　袁　源
赵瀚元　李卓恩　李　雪　张雅洁

优秀毕业生干部（15人）：

谢淮滟　白　雪　朱文博　赵　军　石海东　李庆顺　李　珑　李丽娜　李斐然
魏文英　台晓婧　侯枝影　黄大川　杨　旸　胡亚君

历史文化（旅游）学院

优秀毕业生（17人）：

央　宗　仓姆啦　措　姆　吴玉娉　车人杰　刘新新　李　毅　张媛媛　李　丹
何一博　罗　翩　李　雪　颜梦垚　黄怡宁　王　珍　刘　晏　廖　琴

优秀毕业生干部（6人）：

何慧琳　黄　婉　龚　婧　王　笛　陈东炜　次仁玉珍

数学学院

优秀毕业生（20人）：

苏翠娟　范丞君　王婷婷　黎晓蓉　任芮彬　刘红妹　于　源　郭　铖　唐　玲
张汶茂　高荣婷　冯翠英　于闲石　曹乘铭　谢莉清　宋　晶　杨　辉　罗　群
谭　玮　张莞鹭

优秀毕业生干部（7人）：

褚金鹏　赵碧丹　邵灵玲　谢伟强　杨　青　肖　寒　熊　觅

物理科学与技术学院

优秀毕业生（28人）：

杨　文　杨　倩　徐　强　马培森　刘慧颖　万东阳　薛繁响　曹　聃　赵昊立

张骥 杨丽桃 黄彦 薛兵 严荣燊 魏亚军 陈行义 王玲 王莉岑
张亭亭 陈媚 杜娥 许珍 张红帆 米宇豪 王凤龙 张红凯 徐源
刘文渊

优秀毕业生干部（16人）：

李漱阳 张丹青 王子昊 乔鹏飞 邱龙毅 朱鑫波 张标 吴炳智 李亮
胡德鹏 黄盛 勾春洋 陈立永 赵福相 梁杉 任培培

化学学院

优秀毕业生（23人）：

冯静 陈超 陈忠涛 谢小波 孔爽 聂哲 李芸焜 赖涵 李甜
王小瑜 胡智宏 廖业欣 罗天怡 汪珊 薛姗姗 徐蓓 张晶 朱贵莉
王雅晴 王勤 张小娥 刘荣 匡启帆

优秀毕业生干部（12人）：

林鑫 黄璜 赵骏马 陈思洁 茅中一 胡瑗 董雪 刘航宇 龙震
张媛 黄庆 曾程

生命科学学院

优秀毕业生（16人）：

张文昊 王術人 李梓玥 刘伟 朱薛辰 张博雅 于泱 李段段 唐小强
岳晓静 王成娜 郗昊 田思琪 熊大可 钟雪 喻来

优秀毕业生干部（8人）：

明苗 余其佳 应俊杰 雷昌伟 李二伟 吴迪 翟生强 赵汉森

电子信息学院

优秀毕业生（29人）：

谢著华 任超 郭燕平 徐佚非 赵品富 杨光军 岳大林 曹薇 陈晨
刘笑 曾臻 陈东星 付诚 蒲俊 杨春龙 喻海萍 戈玉祥 杨承
张恒 陈江林 万莹莹 张罗致 吴杰 龚晓龙 贺炳华 李梦涵 李蔚
阳婷 李婕

优秀毕业生干部（14人）：

王传芳 张涛 刘前程 张红燕 夏天一 张海燕 刘玲 尹洪 贾鹏
牛耘佳 吴晶晶 邓元策 崔敖 杨志

材料科学与工程学院

优秀毕业生（32人）：

张辉 黄芳 吴圣灵 程娥 陈成 谭智 吕百中 王洲玲 姜龙
郑茂梅 樊明雷 张灏予 马世卿 容道清 陈薪宇 彭蒙蒙 汪莉 李丹霞

张　蛟　余云萍　赵　鑫　李芳芳　王东辉　秦嘉邦　秦　怡　尤　飞　贾昭君
冷　悦　李　超　刘　东　任银娟　段会强

优秀毕业生干部（18 人）：

赵国强　张　鹏　陈鸿森　关文艳　孙灵光　陈　攀　韩　超　王　冰　孙建琪
曾兴苹　白生荣　丁　明　柯宇昕　韩晓旭　钟　洁　王夕雨　王腾飞　张鹏宇

制造科学与工程学院

优秀毕业生（40 人）：

黎　萍　杨　洋　庞选雯　陈　爽　林石磊　姜　薇　伍　冲　陈　坚　于媛媛
叶　会　李　鹏　印义娇　韩　博　李任霞　王德寿　谭俊涵　刘语焉　黄　贵
方　斌　王　旭　王　潇　刘　辉　吴　斌　王之魁　吴磊平　虞尚军　黎　磊
张　卓　秦　雄　罗　枭　吴　桐　张春生　李　娜　李庆红　吴海涛　胡　琪
孟德浩　周　良　李　超　李　微

优秀毕业生干部（18 人）：

钟　睿　武泽洲　王　阳　邓　涛　陈治江　刘文博　张　弟　孙宇昕　李　杨
罗　雄　黎　洋　李国伟　金　达　荣　誉　宋东爽　高明明　李　楠　许健男

电气信息学院

优秀毕业生（39 人）：

张　殷　温伟杰　杨君会　陈宗碧　文　科　吉义坤　张　燕　李　坦　王祖刚
蔡游明　王佳兴　曾　蕾　韩　斐　郑　国　林泽锋　王　泽　邹经鑫　熊　阳
张　乐　舒　欢　张　洁　谢小龙　熊　庆　范克军　徐华廷　刘建华　王小红
刘思思　陈贞贞　陈　越　胡静泓　李　蓉　张　颖　王　婷　蔡　雪　骆佳钰
郭　峰　杨明旭　黎　阳

优秀毕业生干部（25 人）：

王大刚　李凯亚　燕治伟　张卫涛　李小玲　林　波　罗方博　张丽娟　刘沛清
于永顺　雷晶晶　黄文辉　杜小冬　杨云萍　许仕伟　成思琪　李　勤　丁小锋
吕雪霜　张小迁　刘　宽　林立男　汤　璐　李怡璐　陈　恩

计算机学院

优秀毕业生（46 人）：

刘　娜　刘树林　李　坤　吴建强　姜　洋　曹　巍　徐　蛟　陈亚荣　蔡怀凤
刘晓楠　何春娅　屈恩义　彭显珍　戈　腾　陈春宏　黄　琴　王小宇　李梦颖
王腾腾　王殿欣　邵　校　马孝周　申乔木　叶　庆　郑忠诚　沈　凯　胡茂芳
徐中生　熊峻民　方宇浩　徐威鸿　艾维丽　王　萌　杨　微　邵　拓　李馥娟
霍龙飞　闵　棚　杨　腾　黄金晶　孟书至　陶智强　赵桥兵　杨林腱　罗春梅
陈晓晓

优秀毕业生干部（10 人）：

朱翔昱　吕　立　詹　浩　聂　希　肖　立　袁寿柠　王梦杰　刘婷婷　杨爱俊
陈　杨

建筑与环境学院

优秀毕业生（24 人）：

马　珂　吴　斐　曾维怡　廖　兵　陈婷婷　崔晓丹　王秀丽　李存宝　徐锦祥
覃川川　陆文强　吴瑾炎　王　鹏　王睿东　邓克俭　冯成杰　鞠　颖　阎　慧
杨　锐　李濛瑶　杨　瑞　邓明莉　郇　盈　田　蓉

优秀毕业生干部（17 人）：

徐吉历　李　顺　付从艺　徐积刚　巩梦丹　袁玉婷　易　鑫　雷永佳　喻炜轶
龙　涛　邬　燕　杨　威　刘　超　张唯科　吴　娟　伊曼璐　张峻珩

软件学院

优秀毕业生（35 人）：

陈　倩　许和鑫　李晓东　陈　巧　王学智　杨露斯　张　敏　胡　林　林春燕
赵和平　文　韬　李　栋　曾　杰　姜展伟　陈少彪　程　赓　龙耀昆　李山泉
祁家林　王相龙　黄锐翔　马泽岩　韩　茂　朱星海　赵　帅　余伟彬　杨建峰
武　德　王　欣　陈　杰　罗　鹏　彭泓又　李　龙　姚　尧　吴永红

优秀毕业生干部（10 人）：

廖梦曦　李　岛　王漫远　詹泽明　刘中豪　苟　丁　王　东　王　丰　吴雨繁
兰　山

水利水电学院

优秀毕业生（40 人）：

胡　培　邓　鹏　瞿　浩　李　健　刘　超　刘怀忠　刘铁新　马　悦　王　皓
陈　英　成函洋　骆真荣　张晓霞　陈仕军　于芷婧　李基栋　杨　帆　税　航
陈浩洁　周　川　陈春祺　吴泽鸿　吴　昊　顾海堂　李明忠　张　淇　汪　伟
蒋吉祥　袁　强　陈小希　张正虎　魏韶韶　赵　敏　刘　红　莫钟伟　苏　洁
房　强　唐良虎　祝浪锋　李俊毅

优秀毕业生干部（13 人）：

邓子谦　杨　旭　白　雪　任俊杰　李婷婷　肖梦倚　刘天为　张　朋　吴碧莹
黎善武　苏　洁　吴　頔　杨　久

化学工程学院

优秀毕业学生（53 人）：

花秀宁　伍　芳　徐　雷　张永俊　陈萌萌　叶龙泼　肖静冉　张　圆　刘　涛

徐振新　吴立志　刘振华　罗　嵩　孙巧路　佟振伟　马誉景　骆　枫　郑威超
程　霞　肖　雄　衡　琴　郝晨晖　任　旭　邹笑一　马　丁　许　莹　李　玲
唐　欢　李浩之　秦　霖　王银梅　刘洋华　苏雷虎　何　川　周　强　邓　情
黄艺芬　林　硕　孙　昂　张　灿　何　飘　魏宗新　张菲茜　赵　航　陈德志
李　亮　肖　丽　欧庆祝　潘彦霖　曲　刚　任　焱　何林洪　张鼎晟子

优秀毕业生干部（30 人）：

郭　婧　毕佳颖　张　欢　黄　欢　王新刚　尹如亭　杨高峰　韩春晓　甘竞文
魏巧玲　张庆龙　顾永泉　王琳淇　何江平　曾　俊　王丽丽　杜红见　陶　杰
陈菊红　侯　曦　穆思雨　薄　超　卓　然　孙少兴　彭彦文　马可帆　刘天孝
何晓林　闫雪鹰　于　凯

轻纺与食品学院

优秀毕业生（46 人）：

张悠然　吴万烨　张雪青　王　伟　于宗君　杨晓芳　李　敏　崔晓菊　田　橙
刘小燕　李冬灵　陈　灵　扶九雄　陈靓慧　张　浩　刘　婷　谢游游　刘秋鸿
周梦璐　俞　超　朱冰清　张　敏　赵紫君　黄　丹　刘一静　龙奕妤　王　盼
顾江虹　秦诗雯　刘韵秋　刘　娜　赵云虎　黄　夏　张明录　贺　雯　刘　静
董　浩　吴文亮　冯　健　刘懿乐　王　璠　徐英英　刘林格　董中舒　张　劲
王晓钰

优秀毕业生干部（23 人）：

邱　艳　徐　洋　张春晓　蔡斯伟　晏　红　吕　广　刘雪梅　刁元崎　杜金霞
戴学志　杨　飞　文　雯　白银花　孟思源　施　政　陈丹怡　张雯雯　汪　苗
谢东山　孙　强　高徐梅　韩巧娜　田　苗

高分子科学与工程学院

优秀毕业生（35 人）：

赖　娜　刘思瑶　黄　隆　刘卓鑫　康　俊　马　朗　严万洪　古　力　张　其
袁书珊　练　敏　杨璐璐　陈晶斌　殷家家　杨丽平　王　超　朱燕灵　蔡孟铁
石芸慧　郑　念　熊　旭　李　聪　肖瀚洋　杨　帅　刘　桐　邓　豪　李国强
黄春梅　罗志基　李欣冉　朱春阳　梁媛瑛　颜　婧　郭阳阳　王　猛

优秀毕业生干部（12 人）：

刘　昊　杨继营　鲍　宇　牟全兵　罗　雪　张金龙　黄妍斐　华金明　马青山
杨　雪　沈闽超　雷晓江

公共管理学院

优秀毕业生（23 人）：

王　理　刘　洋　徐晓萍　刘　恋　高雅琴　李　佳　王　腾　程　斌　刘　艳

钟书桓　赵　雄　闫萧竹　闫思雨　纪明欣　杨巧云　单　晨　王亚男　刘薪茹
路晓佳　舒堰鑫　王　鹏　佘　琳　田武欢

优秀毕业生干部（8人）：

代　薇　王　鑫　吴占国　孙　璎　陈凯迪　张　伟　李苏颖　武龙龙

商学院

优秀毕业生（31人）：

刘　洋　王文亚　龚　爽　刘　雯　淡丽萍　卢　易　李晓洁　王　萌　杨姗姗
蒲玉琼　李春兰　王　红　郑雪强　苏　丹　李小勇　敖保金　甘成君　李卓颖
黄家秀　余尚华　叶静思　王　欢　朱　婷　方玉洁　马瑞民　姚立飞　胡开拓
何义娟　王文杰　谷　岩　毛东秀南

优秀毕业生干部（16人）：

张馨月　陈咸中　屈　皓　刘　原　刘潇雅　谌薪羽　刘　丹　肖雄辉　郑明昌
朱虹明　戴九洲　白亚青　唐　龙　邓　成　徐兴桃　朱亚威

马克思主义学院

优秀毕业生（5人）：

钟梓欧　张晓磊　蒋艳鸿　张　权　刘青尧

优秀毕业生干部（1人）：

王家文

华西基础医学与法医学院

优秀毕业生（8人）：

孟祥辰　张春奎　阴丽媛　丁有权　刘晓荣　单明亚　张　岩　黄章龙

优秀毕业生干部（8人）：

陈　晴　罗　晗　胡佩珊　卢钟娇　周　丽　胜亚欧　林千煌　方　琨

华西临床医学院

优秀毕业生（24人）：

昝　昕　郝晓婷　李舍予　宋涂润　郑小春　胡琰琰　杨庭翰　闫芳冰　吴东东
何金兰　王　韦　罗江山　杨　林　张玉洁　张　琦　高　倩　胡雪娇　崔皓园
胡玉皎　周予婧　马宗浩　张玉婷　刘彦旭　张文娟

优秀毕业生干部（16人）：

尹　源　李　宁　李　晨　刘梦奇　汤　韵　尹清华　张　博　何翔宇　王丹青
王　旭　廖邦华　甘　奇　王韩洁　陈志颖　胡心宇　骆　健

华西口腔医学院

优秀毕业生（10 人）：

王 萍 吕宗凯 项陈洋 段沛沛 苏乃川 毕瑞野 张 舒 方 婕 滕 飞
杨 扬

优秀毕业生干部（5 人）：

张书垣 吕 俊 林 云 胡 沛 阮梦娇

华西公共卫生学院

优秀毕业生（22 人）：

张程辰 温 莹 陈铭灵 赵志梅 周锦程 王 晶 张文华 杨 婷 刘 璐
曾 璨 彭 琳 毛 涛 谢小萍 徐 喆 彭映姝 尹 东 何元灿 刘高磊
田 婧 卢添林 阮 佳 程 悦

优秀毕业生干部（4 人）：

蔺 洁 郭冰清 阿丽亚 上官智慧

华西药学院

优秀毕业生（12 人）：

蒋嘉瑜 张 利 高玉静 徐 敖 司龙龙 马 卓 吴 娅 曾 洋 郑 楠
赵 倩 吴欣雅 李文浩

优秀毕业生干部（7 人）：

那馨竹 王 帅 刘 璇 林 芝 刘小娟 丁家昱 古 晶

吴玉章学院

优秀毕业生（28 人）：

王翔南 魏超杰 孟 晓 贺佳佳 孙骏华 陈 静 陈天涵 陈晓波 王韵珲
李青坪 郑晓婕 赵 静 赵 超 陈韵西 程 圆 董 雪 刘 娟 唐艺歌
王 妍 胡泽晶 张 振 卓明昭 朱鹏景 刘蔓芸 周学哲 陈 瑶 耿 珂
李雯雯

优秀毕业生干部（27 人）：

田小魁 刘连亮 胡佳扬 田 琰 张 蒙 王思萌 王 朦 陈力菡 杨 玲
王 梦 杨 萍 李天赏 王 伟 刘 方 陈 红 刘沁瑶 王雨雷 徐文质
肖 明 潘郑泽 刘子昂 徐梦莹 武春蕾 艾琳琳 苗天馨 马 静 贺旸知歌

四川大学2012届校级优秀毕业研究生、优秀毕业研究生干部名单

经济学院

优秀毕业研究生（59人）：

魏蓉蓉　陈　思　崔　超　何　科　贺乐乐　胡永红　黄　馨　汲　静　李长浩
李　儒　刘　灵　刘晓华　刘跃飞　谭寅英　伍　璇　辛　转　余晓羽　俞　颖
袁艺月　张婉琦　张玉娇　钟菲菲　左婧蓝　杨陈晨　石　倩　孙玲玲　向晓旭
王晨曦　范力丹　和再冉　叶红梅　卿海琼　曾诗涵　董　铭　张　玥　金　梦
陈艺灵　杨　妍　袁　惠　赵善辉　唐　田　徐丽君　周映红　甘　雨　蔺思明
卢　燕　王岚枫　谢　茜　袁　洋　张　玥　傅华钢　姜　楠　赖小凤　李玫馨
李文明　祝　康　王林梅　张　帆　王　湛

优秀毕业研究生干部（15人）：

詹　懿　罗冉丹　刘林昕　封东虎　周　俊　任　巧　邓　飞　赵诗琴　朱洪轩
段加秋　王　卓　吴　静　蒲　姗　卢旭家　罗阳雪

法学院

优秀毕业研究生：（73人）

杨　晖　杨晓蓉　何乃华　刘颖莹　徐　爽　邹雨妙　周若雪　杨秋艳　刘　煜
杨　尧　张晓波　刘怡昕　周文懿　高　雪　汪怡楠　张　倩　王　蕾　刘兰芳
王建丽　冯　瑶　张计玉　欧恒波　邓珊珊　俞　聪　赵梦笛　李　哲　祝雪琪
崔婷婷　卢洋希　李　雪　崔　颖　胡晓庆　韩　琦　熊　蓓　吕　建　曲　扬
雷云霞　罗　珊　刘　静　杨春洪　徐　菲　薛静静　王　洋　刘　熙　朱　艳
余　晋　何　馨　孔凡林　王　梓　屈银桥　谢常勇　赵晓芹　苑　颖　曾世红
房素素　李　月　祝　靖　王　菁　罗[illegible]寒　黎　铮　刘晓雪　曹荣阔　马立顺
张雪竹　宇　龙　龙　禹　杨　斐　赵艺雯　何　为　张亦弛　张加犁　周如斯
代玉彬

优秀毕业研究生干部（20人）

冼志勇　秦　丹　张　珺　金培城　张楚曼　阮魏川　席　浩　唐琦麟　贺碧蕾
严韵子　张崇杰　王晓维　王小姜　陈　瑜　蔡仕勇　甘　柑　邹　萍　李　芳
唐　棣　吴　红

文学与新闻学院

优秀毕业研究生（98 人）：

何燕李　周才庶　孙　婧　叶　笛　柳改玲　涂海强　张昌红　阮　怡　马文美
李直飞　黄文虎　付飞亮　晏　青　张　颖　李　城　高宪春　李　玮　胡易容
刘吉冬　冯月季　左　静　袁　倩　金　玲　蔡亚旭　范睿一　杨　昊　郝　璐
张　舒　张一帆　倪　亮　陈歆颖　冉艺姣　周　引　夏　倩　尹大海　张　佳
邹　旻　黄庭柏　周复婷　冉昊月　郑妙苗　谭杰丹　王　隽　吴　婷　宁　雯
席　妍　李海燕　谢麦斯　窦玲玲　刘子渝　程　仿　何　伟　付文尧　兰　兴
胡莹莹　李　静　党夏茵　程　莹　李胜召　沈晓秀　陈丁漫　刘　丽　罗培菊
侯夏雯　齐泰宇　蔡汶君　曹　丹　赵　恺　詹晶晶　李　晓　张　岚　徐　盟
南玲峰　万　铃　张　宁　朱婧雯　刘苏辉　谭　征　刘梦琪　赖　鲜　孙　新
唐　蓉　翼小超　王　梦　余司珩　杨　红　于　姝　田　媛　马亚静　任瑞川
刘培馨　张冬梅　赵媛媛　李音霞　余昕洁　李雪倩　陶体富　袁　婷

优秀毕业研究生干部（25 人）

李　旭　冯结兰　罗子欣　王亿本　魏艳伶　蔡汶君　曹　丹　吴　婷　宁　雯
邹　旻　付文尧　罗培菊　金　玲　张　舒　刘苏辉　赵　恺　夏　倩　齐泰宇
李音霞　赵媛媛　任瑞川　马亚静　余昕洁　窦玲玲　陈丁漫

外国语学院

优秀毕业研究生（30 人）：

刘　丹　谷　倩　吴　艳　陶晓冰　何佳佳　谭明玉　梁艺凡　金玲萍　梁思鸿
郭天菊　孟　悦　田　鑫　刘　娜　元　博　贺雯璟　张　静　彭德河　马丽娜
张　琪　尤　璟　高　雅　颜宇静　翟云淑　程凯莎　文　静　朱　翼　钟林珂
王　畅　王焰妮　侯小兰

优秀毕业研究生干部（7 人）：

刘　丹　谷　倩　吴　艳　贺雯璟　元　博　谭明玉　侯小兰

艺术学院

优秀毕业研究生（24 人）：

钱　超　卫建超　张　娟　刘美缨　赵　飞　刘　超　李孟哲　胡　茵　曹　旭
邹　怡　黄　珊　吴　丹　杨雪澜　宋宁宁　刘晓春　许天琪　孟　琴　王文婷
彭路曼　张静婧　乔　娇　芦金钢　智　琛　申秀琴

优秀毕业研究生干部（6 人）：

王　振　于　洁　关迪心　钟家奎　吴璟玙　李倩雯

历史文化学院（旅游学院）

优秀毕业研究生（40 人）：

滕孝敬 陈 涛 柏洪玲 张红敏 杜聪贤 张 丽 伍月明 韩 英 彭晓清
李秋红 李明凤 周桂宏 何 杰 侯绍华 冯 帆 杨丽玉 武 刚 王亚蓉
李克强 董 超 杨志强 赵 倩 朱思颖 胡巧珍 王学英 刘小滨 王亚琳
张辉辉 苏晓棠 张胜涛 吴安琪 马 轩 陈亚军 杨晓燕 李 盛 芦鲜艳
张 珍 李佳佳 马嘉利 薛冬晓

优秀毕业研究生干部（11 人）：

纵瑞岭 伍月明 张辉辉 韩 英 李 盛 马 轩 王亚琳 杨丽玉 何 杰
周桂宏 李 昕

数学学院

优秀毕业研究生（19 人）：

齐英瑛 曹晶晶 杨丽萍 孙军龙 王婷婷 顾学奎 邓 翠 周正松 王 飞
屠 浙 王小丽 刘懿祺 赵 索 郭英文 邹 梦 王明东 胡 楠 吴秋芳
李 曦

优秀毕业研究生干部（5 人）：

武莉侦 熊 雷 杨利锋 郭胜楠 陈新红

物理科学与技术学院

优秀毕业研究生（16 人）：

郭 峰 李 瑞 马奔原 李晓东 刘丹丹 周宇璐 郭静华 魏 涛 李 敏
罗迪迪 杨心师 徐欢欢 江明龙 周 冰 黄其培 刘 宇

优秀毕业研究生干部（7 人）：

李 爽 王广妮 罗杰斯 徐欢欢 谢 棒 黄其培 杨心师

化学学院

优秀毕业研究生（29 人）：

谢明胜 董顺喜 张欣向 张静静 杨永安 刘 波 杨冬冬 冯兴文 李唯一
张成华 黄名正 王 敏 陈振玲 杨 阳 蒋红斌 张 杰 刘广悦 张 梅
杨道宾 邓 杭 赵永超 刘 星 蔡郁青 朱敬芳 郝丽英 李 霞 杨 斌
焦 雪 詹雪芳

优秀毕业研究生干部（1 人）：

孙 婧

生命科学学院

优秀毕业研究生（56人）：

陈子柱　冯顺利　赵传武　赵　成　毛　松　吉柔风　李诗娟　朱玲玲　李婉丽
曾　辉　李　娟　邹　蜜　权　强　唐　荷　邢康康　李秋兰　詹　诚　邵子静
冯　钦　刘雪清　何桂桦　董雅舒　高嫚潞　彭　禄　刘　敏　高　强　曾祥勇
杨　帆　李　鹏　杨璐一　唐　佳　陈　祥　刘庆礼　邹丹丹　吴丽媛　范林洋
陈　超　朱雅雅　周呈呈　赵　旭　赵　环　金　楠　杨承忠　孙文魁　韩永光
罗　强　雷　蕾　侯飞侠　陶　向　涂飞云　姜玉松　赵丽华　刘　震　朱卫华
谢　洁　曹　瑜

优秀毕业研究生干部（14人）：

刘飞威　冯　钦　邹　蜜　曾　辉　宋　楠　杨　帆　杨璐一　唐　荷　彭　禄
李俊容　张　书　钱　磊　骆　玥　万小平

电子信息学院

优秀毕业研究生（42人）：

陈军全　黄　文　武迎春　李　洋　许　洁　杜立峰　翟树岭　郭　亮　邓知秋
杨　丹　黄银君　张晓欣　徐　攀　刘岩岩　邹　道　贾巧伶　杨　萍　范艳军
张志鹏　宋婉甜　褚小川　王杨靖　陈洪太　黄凡玮　王　骥　黄　诚　刘　姗
颜　慧　赵　航　舒　军　许唐红　陈　序　张扬军　阳代华　李　元　车倜贲
陈胜利　廖亚风　刘雨晨　何　涛　罗文全　黄　艳

优秀毕业研究生干部（12人）：

李邦兴　周冰洁　李　玲　吴秀玲　汪　婧　熊江尧　陈英涛　贾巨库　徐　璐
马志锋　张朝阳　程晓昕

材料科学与工程学院

优秀毕业研究生（22人）：

刘尚军　冷　丹　练晓娟　江海波　杨　菲　王　勋　杨杜鹃　张晓敏　钟成林
晁栋梁　唐　颖　赵　冬　贺　勉　孟小鹏　高　超　李　俊　郝振宇　麻鹏飞
朱　虹　施奇武　丁　艺　樊　龙

优秀毕业研究生干部（5人）：

齐德才　王洪飞　田　虎　王志超　王小炼

制造科学与工程学院

优秀毕业研究生（28人）：

龚建文　任文娟　余勤旭　李　伟　董广彪　罗　伟　姜　平　银　峰　姜莉莉
杜安康　马　瑞　李晓兰　张君松　乔　丽　孙奇慧　汪奇谋　王　宇　张志鹏
蔡　婧　吴天悦　陈洪生　齐晓宁　骆德军　任清川　董　璐　孙惠娟　卢　东

陈卫敏

优秀毕业研究生干部（8人）：

管国清　贾　婧　冷　松　关　键　李　强　邵　飞　祝　钊　易成红

电气信息学院

优秀毕业研究生（29人）：

王鹏飞　江东林　陈光堂　黄　静　周晓燕　唐现刚　冯　靖　晏小彬　崔　振　张新峰　张　凤　袁　园　陈　翔　冉曦希　张向亮　赵　泓　邓丰强　张培高　王伊渺　李　青　李　红　耿天玉　黄韫栀　李冬秀　梁濛雨　董　航　鲜　果　马　超　李　智

优秀毕业研究生干部（8人）：

李　锐　李小燕　白　云　黄昭蒙　李　扬　唐　兴　黄　艳　殷　婕

计算机学院（软件学院）

优秀毕业研究生（55人）：

边　昂　边　赟　陈　刚　傅俊鸣　郭虎奇　郝　钰　郝正鸿　何颖妮　黄卫东　黄　艳　贾　远　李　浩　李　俊　李　攀　李　睿　李　勇　李泽昇　李自尊　刘小玲　刘　燕　罗　松　罗志伟　聂恩伦　彭　玺　蒲　亮　钱银玲　阙　舒　王桂华　王海洋　王　鹏　王　钦　王卫姣　王小玲　王　洋　王梓名　文淑华　文　玉　许建利　许仕杰　严　波　杨爱芹　杨登强　杨　眉　杨美燕　杨舒珺　殷肖依　袁　军　袁　龙　张婷婷　郑鲁腾　周俊成　周　梅　邹　瑜　左　莉　赵　君

优秀毕业研究生干部（14人）：

边　赟　侯明正　李　睿　阙　舒　王　钦　王小玲　王　洋　文淑华　文　玉　杨　眉　张婷婷　郑鲁腾　周俊成　周　梅

建筑与环境学院

优秀毕业研究生（30人）：

朱　艺　冷　庚　谢汝桢　张婉嫕　姜言欣　黄　祥　李袁琴　谢阿弟　傅晓娜　王志强　陈　盼　冉　丹　田丽燕　张　聪　李　黎　李　冰　胡茗月　廖　莹　廖春艳　阚逸群　杨　丹　黄　浩　姚梓渝　李　曼　敬艳梅　田　丝　王　闯　马　进　张　括　祁妙怡

优秀毕业研究生干部（6人）：

史雪莲　田儒俊　张　月　刘异婧　谢伦武　李为之

水利水电学院

优秀毕业研究生（29人）：

邓雯文　王坤雷　幸　智　王万千　刘彦琦　文　浩　倪　婷　廖元元　郑园媛
黄　娟　田　帅　叶玉健　徐廷兵　赵庆绪　周顺文　刘小江　彭　睿　魏　娟
赵　静　李　黎　郑　星　杨昊天　张建卫　周　雪　张　婧　王　东　杨　阳
常利营　裴　亮

优秀毕业研究生干部（7人）：

张建卫　罗吉忠　黄玲玲　王蔚楠　胡明秀　刘　燕　裴　亮

化学工程学院

优秀毕业研究生（42人）：

谢通慧　崔海娣　胡　堃　孙文俊　王文睿　熊钰婷　周　伟　程学敏　张家栋
张潇娴　康涵昌　李振中　张芮嘉　黄　龙　邓　春　李宛珊　刘凤嗣　孙文晶
蒋　倩　杨秀山　李　兰　聂　翔　尹　奎　齐亚兵　王　宁　黄　斐　曾　瑜
李宗珊　魏　欣　李韦韦　王琳娜　刘会云　斯绍雄　陈春燕　蒯念生　余亚兰
李丹凤　金　俊　黄丹丹　王小梅　罗　涛　曹　宇

优秀毕业研究生干部（10人）：

郭鑫楠　王承洋　王晰婷　周稳稳　刘　令　唐　艳　杨兆鹏　马　睿　张雅晴
孙　毅

轻纺与食品学院

优秀毕业研究生（20人）：

蒋禹旭　伍　燕　王斯慧　王　刚　莫丽春　冯月玲　祝瑞雪　曾云航　王亚楠
王康建　刘晓玲　易　杰　朱正鑫　刘　兰　肖世维　苏帝翰　林绍建　宋庆双
涂毅佳　彭晓莉

优秀毕业研究生干部（5人）：

沈　晖　肖　高　陈　琛　张亚君　王艳平

高分子科学与工程学院

优秀毕业研究生（45人）：

江献财　战艳虎　何周坤　孙　振　梁　栋　姜祖明　王　滨　夏　天　刘海东
辛剑宇　邵磊山　孟晓伟　肖　慧　吴传芬　毛俊轩　杨　志　袁丹丹　杨　琴
李骑伶　易龙飞　向　均　潘永皓　刘　勇　臧真娟　廉　哲　李　江　田晨旭
李　环　刘　斌　邓钦沂　宋　兴　林　琳　杨　洋　曹　君　王礼华　张　玉
吴玉倩　占克军　黄世琳　张　蕾　李　强　杨皓然　刘艳军　徐雅硕　王洪军

优秀毕业研究生干部（14人）：

何周坤　王　滨　宫　蕾　曹　俊　李　华　胡　祥　李佳佳　许云丽　庞雨薇

陈 冲 胡 娟 刘 洪 吴小军 罗 淼

华西基础医学与法医学院

优秀毕业研究生（11 人）：

曹利平 曹 楠 邓丽聪 连文静 邵京京 孙 柯 董 磊 梁 楠 伍怡颖 郑风劲 张现伟

优秀毕业研究生干部（2 人）：

安宏瑞 董晓爱

华西临床医学院

优秀毕业研究生（100 人）：

邓本源 谯 飞 曾伟南 聂鸿飞 杨弘鑫 李 川 周吉祥 白燕南 金 涛 王维国 杨 罗 周保元 何 丹 卢 炯 胡 喻 张 继 马骏鹏 曾婉婷 李梦茵 韦堂墙 张振宇 刘 非 吕超亮 马 宇 孙 麟 周 勇 虞 红 吴沁娟 李 妍 徐缨龙 龚 琳 倪姗姗 段瑞岐 谢 川 杨凌云 陈洪菊 董 琳 马 骄 范营营 朱欣欣 刘浩书 余丽华 宋 伟 陶文丹 陈永平 陈 科 赵东梅 董再全 王朝敏 周晓波 梁珊珊 张金霞 金 涛 刘怡玲 赵先林 周 娟 聂 鑫 邓 瑶 李 壹 常 莉 康道现 李萌萌 尹 斌 郭生红 朱 敬 杨国渊 张 轶 梁 晨 杨 依 杨雨昕 毛孝容 温 雅 严华梅 李昭君 曾晓梅 李 飞 刘灵军 彭礼清 刘 丹 毛 怡 罗 艺 陈 静 张 雯 梁斌苗 谢 沁 李 琳 谭静雅 赵颂媛 温 泉 周李平 罗 理 王 婷 周姣姣 刘 凯 文菁菁 闫 哲 姚鸿梅 张晓玲 崔 涛 尚艳文

优秀毕业研究生干部（27 人）：

何绍锋 孙 啸 高思敏 李永彬 黄桂珍 陆玫竹 周渝斌 薛鑫诚 刘 坪 宋 永 霍亭竹 丁 蕾 严嘉琦 李 维 魏 艳 赵 佩 梁 睿 唐笛娇 谢 恒 刘慧芳 张 宁 张 衔 武倩琳 李 侨 赵艳萍 李娅姣 李 芳

华西口腔医学院

优秀毕业研究生（30 人）：

谢红慧 霍 晓 林端娴 孙飞飞 申思敏 王可境 卢树静 段艳艳 邢 雪 刘传霞 王丽雅 姜 楠 葛雅能 赵树蕃 宋国栋 胥 毅 李 鹏 马 利 贺 兵 姚 甜 曹 森 徐雪姣 刘嘉俊 陈哂媛 李津乐 魏 惺 简 繁 何姝姝 任 静 李婧瑜

优秀毕业研究生干部（8 人）：

吕洪垟 张晓辉 冉金梅 翟浚江 刘泽萍 伍颖颖 岳虹池 李 悦

华西公共卫生学院

优秀毕业研究生干部（22 人）：

陈家言　陈　瑾　崔　鹂　戴　薇　范　晖　黄　蓉　姜　鑫　黎　瞳　李　卉
罗　静　潘梅竹　彭　荣　尚婧晔　史　莹　王　芳　王小皙　王　珍　谢　瑶
犹　忆　曾子倩　周丽君　左海燕

优秀毕业研究生（6 人）：

冯海欢　唐偲琦　王　璐　许濒月　姚　科　张薇薇

华西药学院

优秀毕业研究生（28 人）：

王红梅　周　全　傅　川　张　婷李寒　梅　李　梅　于　永　何梦婕　萧海容
杨　漾　毕　娟　江永贤　王　增　王　竞　毛　棉　任　杰　余　丽　胡　蝶
杨　敏　杨　洋　樊婷婷　周　诚　李俊龙　冯　鑫　石三军　吴建波　潘钧铸
李　茁

优秀毕业研究生干部（7 人）：

许　尉　冉　坚　钟　莹　宋　旭　王安齐　文　敏　袁明清

公共管理学院

优秀毕业研究生（72 人）：

敖楹婧　曾礼欢　柴玉如　陈源鸿　邓　影　邓　岳　董　冀　付亚萍　部　敏
郭胜男　韩俊芳　何　苗　侯　波　胡雪松　黄秋风　黄　钰　蒋宝晴　降秋琳
金　宁　康　博　康媛璐　孔珍珍　赖　全　李海林　李　婧　李　轲　李铁华
李欣林　李玉凤　梁　沙　廖远萍　刘俊辉　龙亚萍　罗崇荣　吕　尖　莫丽平
穆天钊　饶　艳　任　洁　孙秀琴　谈星宏　覃智勇　谭雅丽　汤　慧　田代洪
汪　婷　王海波　王奎奎　王丽萍　王武科　王霞梅　王　莹　吴　菁　吴若璠
吴先国　夏　圆　肖　敏　谢　玲　修爱军　杨碧玉　杨　斌　杨子路　喻可乐
袁美年　张　欢　张玲玲　张玉新　周　聪　周　静　周应君　李　毅　周　巍

优秀毕业研究生干部（19 人）：

邓　影　胡中龙　贾海龙　康　博　赖　全　李　毅　罗酬剑　孙秀琴　汪子彬
王欣荣　王　莹　吴　双　夏　圆杨碧　玉　杨　斌　余　河　喻可乐　钟　影
周　巍

商学院

优秀毕业研究生（63 人）：

李　晶　闫　芳　甘　露　腾格尔　刘云强　骆毓燕　刘主军　徐文杰　曹兴平
李　娟　王利平　代佳玲　罗雨珂　李十六　蒋　维　汤潇涵　杨　鹏　刘沛峰
刘秀清　杨　頔　谢瑞坤　赵丽莎　邓　欢　李　标　朱　婧　陈灿萍　唐　毅

江丹丹　刘　星　李　一　苏贤安　景兴川　吕俊华　龚　瑛　何银莲　杨　景
曾　峥　吴　兵　颜　琛　黄　鑫　王丽钧　孙　杰　王　强　朱仲东　邢大为
刘翠屏　王晓林　蒋春莲　吴春阳　张　宇　陈钦周　陈建霞　黄新洲　汪　博
尹草发　杨　琴　张　薇　崔伟胜　孙命阳　黄春艾　杨一帆　林　琳　蒋　奎

优秀毕业研究生干部（24 人）：
丁　灿　邱庆庆　张　方　肖佳丽　王利强　裴　沛　张　丹　王旭辉　吴林峰
邱　伟　吉呈呈　宋启昀　白松松　林艳玲　张雪满　戴春辉　卢　燕　温演驰
慕容蓉　黄　林　谭国平　陆柏青　苏德强　钟　希

马克思主义学院（政治学院）

优秀毕业研究生（11 人）：
李洪珠　尹建淇　贺叶玺　杨富坤　罗红义　赵　立　唐绍军　李朝静　李沅爰
郭　佳　徐　菂

优秀毕业研究生干部（3 人）：
李泉源　高　攀　屈　愿

体育科学研究所

优秀毕业研究生（5 人）：
陈　婷　李永顺　金　焱　李海岩　郑　曦

优秀毕业研究生干部（1 人）：
刘　辉

国家生物医学材料工程技术研究中心

优秀毕业研究生（5 人）：
孙　静　王　哲　孙　勇　佘汶川　李　东

优秀毕业研究生干部（2 人）：
陈晓琴　李海平

生物治疗国家重点实验室

优秀毕业研究生（25 人）：
张晓梅　谭　姣　吴俊瑶　邝江莹　谢红蕾　范美荣　蔡培英　艾建忠　夏洪伟
林洪军　王丽姣　徐　勇　陈　新　邓　梅　马　良　张俊凤　雷云龙　卜　迁
王江漫　李德霞　宋　娜　徐有志　李宏斌　陈忠文　李曼丽

优秀毕业研究生干部（6 人）：
胡文斌　刘　娟　谢红蕾　谭　姣　倪　洁　冷晓华

中美大学战略规划研究所

优秀毕业研究生（2 人）：

练忆茹　陈艳玲

优秀毕业研究生干部（1 人）：

曹　燕

分析测试中心

优秀毕业研究生（2 人）：

孙　斌　张　熠

优秀毕业研究生（1 人）：

姚　军

纳米生物技术研究所

优秀毕业研究生（1 人）：

黄保战

循证医学教育部网上合作研究中心

优秀毕业研究生（1 人）：

黄　艳

优秀毕业研究生干部（1 人）：

沈建通

再生医学研究中心

优秀毕业研究生（4 人）：

单　娟　董道银　汤小菊　杨　明

优秀毕业研究生干部（1 人）：

王　彪

移植与免疫实验室

优秀毕业研究生（1 人）：

程丽佳

四川大学 2011—2012 学年学校、国家及社会奖助学金奖助情况一览

<table>
<tr><th colspan="2">奖学金名称</th><th>奖助等级或类别</th><th>奖助金额（元/人）</th><th>实际受益人数</th><th>总金额（元）</th><th>获奖范围</th></tr>
<tr><td colspan="2" rowspan="3">国家奖助学金</td><td>国家奖学金</td><td>8000</td><td>562</td><td>449.6 万元</td><td>二年级及以上优秀本科生</td></tr>
<tr><td>国家励志奖学金</td><td>5000</td><td>1338</td><td>669 万元</td><td>二年级及以上贫困优秀本科生</td></tr>
<tr><td>国家助学金</td><td>2000～4000</td><td>11745</td><td>1759.65 万元（一半）</td><td>全校贫困本科生</td></tr>
<tr><td colspan="2" rowspan="11">“百佳”学生个人及集体</td><td>标兵大学生</td><td>1500</td><td>10</td><td>15000</td><td rowspan="11">全校二年级及以上优秀本科生、研究生</td></tr>
<tr><td>模范大学生</td><td>1200</td><td>30</td><td>36000</td></tr>
<tr><td>优秀大学生</td><td>1000</td><td>60</td><td>60000</td></tr>
<tr><td>标兵班长</td><td>1000</td><td>10</td><td>10000</td></tr>
<tr><td>模范班长</td><td>800</td><td>20</td><td>16000</td></tr>
<tr><td>优秀班长</td><td>600</td><td>20</td><td>12000</td></tr>
<tr><td>标兵班级</td><td>1500</td><td>10</td><td>15000</td></tr>
<tr><td>模范班级</td><td>1200</td><td>20</td><td>24000</td></tr>
<tr><td>优秀班级</td><td>1000</td><td>20</td><td>20000</td></tr>
<tr><td>优秀寝室长</td><td>400/600</td><td>100</td><td>50000</td></tr>
<tr><td>优秀寝室</td><td>600/1000</td><td>100</td><td>80000</td></tr>
<tr><td rowspan="6">本科生学年奖学金</td><td rowspan="4">综合奖</td><td>特等</td><td>2000</td><td>17</td><td rowspan="6">546.2 万元</td><td rowspan="6">全校范围本科生</td></tr>
<tr><td>一等</td><td>1500</td><td>653</td></tr>
<tr><td>二等</td><td>1000</td><td>1302</td></tr>
<tr><td>三等</td><td>700</td><td>2933</td></tr>
<tr><td rowspan="2">单项奖</td><td>一等</td><td>200</td><td>2336</td></tr>
<tr><td>二等</td><td>150</td><td>4173</td></tr>
<tr><td colspan="2" rowspan="2">关工委优秀特困生奖学金</td><td>一等</td><td>1500</td><td>12</td><td>18000</td><td rowspan="2">全校经济困难学生</td></tr>
<tr><td>二等</td><td>1000</td><td>48</td><td>48000</td></tr>
</table>

续表

奖学金名称	奖助等级或类别	奖助金额（元/人）	实际受益人数	总金额（元）	获奖范围
宝钢奖学金	特等奖	10000	1	10000	全校优秀本科生、研究生
	优秀奖	5000	11	55000	
四川大学—唐立新教育基金项目	四川大学—唐立新优秀学生奖学金	10000	50	79.6万元	全校优秀本科生、研究生
	四川大学—唐立新助学金	10000			唐立新奖学金获得者中家庭经济困难学生
		5000			
		3000			
	四川大学吴玉章学院—唐立新奖学金	10000	10		吴玉章学院优秀学生
永庄十佳大学生奖学金		5000	10	50000	全校范围本科生，中文系固定1名
陶氏化学教育发展奖学金		4000/7000	21	10.2万元	全校研究生
长江电力溪洛渡—向家坝工程移民助学金		6120/7200	3	19440	全校溪洛渡或向家坝移民优秀学生
金发奖学金	本科生	5000	12	19.6万元	高分子、制造、商学等学院成绩优异的学生
	研究生	8000	17		
赢创奖学金	本科生	4000	8	10万元	化学、材料、化工、高分子等学院的全日制在校本科生和研究生
	研究生	6000	6		
	博士生	8000	4		
栋梁工程现代汽车雅科仕奖学金		4000	39	15.6万元	2011年入学的优秀学生，可连续受助至毕业
峨眉山佛教协会助学金		1000	12	12000	华西医学专业家庭经济困难学生
华为奖学金	一等	6000	4	24000	电子、计算机、电气等学院二年级及以上品学兼优的研究生
	二等	3000	6	18000	
刘永龄奖助学金	刘永龄奖学金	5000	4	20000	计算机、软件、信电、通讯工程、射频技术等相关学院或专业优秀学生、家庭经济困难学生
	刘永龄助学金	2000	20	40000	
和氏璧奖学金		2000	14	28000	高分子、化工、材料学院优秀学生

续表

奖学金名称	奖助等级或类别	奖助金额（元/人）	实际受益人数	总金额（元）	获奖范围
丁冉峰奖学金	一等	4000	5	20000	化工学院高年级本科生、研究生
	二等	2000	15	30000	
IBM中国优秀学生奖学金	本科生	4000	2	8000	计算机专业优秀本科、研究生
	研究生	8000	3	24000	
日本三菱东京日联银行奖学金		1949	50	97450	经济学院、商学院、法学院优秀学生
川大智胜奖学金	本科生	5000	20	10万元	信息科学领域取得突出成绩的学生
	研究生	10000	10	10万元	
日本第一制药奖学金	博士	3000	5	15000	华西临床、基法、药学等学院
	硕士	2000	15	30000	
	本科生	1500	40	60000	
华泰汽车四川灾后重建基金助学金	本科生	5000	30	15万元	2010级地震灾区以及家庭困难的四川籍汽车相关专业的学生
唐仲英德育奖学金		4000	124	49.6万元	全校范围优秀贫困本科生，连续资助至毕业
香港思源奖助学金		4000	60	24万元	全校范围优秀贫困本科生，连续资助至毕业
中粮福临门助学基金		学费	20	10万元	生命、建环、经济、化工、商学、轻纺与食品等学院相关专业家庭经济困难的新生
村田助学金		3000	12	36000	电子、电气、制造学院相关专业优秀贫困生
邓廷琮教育基金助学金		4000	12	48000	全校贵州籍本科生
志村助学金		2610	3	7830	2012级经济困难本科生
地震灾区学子学业完成基金	一等	5000	20	10万元	经济困难本科生，着重为来自地震灾区的学生，受助至毕业
	二等	3000	40	12万元	
同心奖学金		5000	135	67.5万元	
新鸿基地产郭氏基金四川大学奖学金		5000	40	20万元	全校家庭经济困难本科生
千金药业奖学金		5000	10	50000	医药专业优秀贫困女本科、研究生
广州基金助学金		2000	20	40000	指定生源地的贫困本科生

续表

奖学金名称	奖助等级或类别	奖助金额（元/人）	实际受益人数	总金额（元）	获奖范围
雅居乐地产奖学金		5000	20	10万元	建筑、经济、工程等专业困难学生
稻盛京瓷助学金		1250	20	25000	全校家庭经济困难本科生
香港黄乾亨奖助学金	奖学金	3000	6	18000	
	助学金	2000	31	62000	
“新长城”特困大学生资助项目		1840/2000/3000	511	86.2万元	全校范围内家庭经济困难本科生
台湾隆福行助学金	一等	2000	2	4000	
	二等	1000	16	16000	
光华奖学金		1000	163	16.3万元	全校研究生
中国宋庆龄基金会——丰田助学金		3000	10	30000	家庭经济困难大学新生
四川大学周大福奖学金	优秀本科生奖学金	5000	30	15万元	商学院、经济学院相关专业二年级以上优秀本科生
新疆少数民族助学金		99		11.15万元	新疆籍少数民族学生
中国嘉德徐邦达教育艺术奖学金	优秀本科生奖学金	10000	2	20000	历史文化学院优秀本科生
平安励志奖学金	一等	10000	5	50000	全校范围内本科生、研究生
	二等	5000	10	50000	
	三等	1000	30	30000	
经济学院校友奖学金		1000	10	10000	经济学院优秀学生
陈坚奖学金		1000	10	10000	经济学院国际贸易专业本科生
许川新闻奖	一等	5000	3	15000	文学与新闻学院优秀学生
	二等	3000	6	18000	
	三等	2000	20	40000	
上海东方广播电台奖学金		500	6	3000	广播电视新闻学专业大四优秀本科生
“紫页114网”助学金	一等	2000	10	20000	外语学院优秀贫困本科生
	二等	1000	40	40000	
伊藤奖学金		2400	30	72000	外语学院日语专业优秀本科生
BUD优秀学生奖学金	本科生	1000	10	10000	艺术学院设计专业学生
	研究生	2000	5	10000	

续表

奖学金名称	奖助等级或类别		奖助金额（元/人）	实际受益人数	总金额（元）	获奖范围
“发现律师”奖学金	奖学金		1000	5	5000	政治学院优秀本科生、研究生
	助学金		500	8	4000	
系友助学金			1000	10	10000	数学学院优秀贫困本科生、研究生
展虹助学金			3000	40	12万元	生命、化学、数学、物理学院本科生、研究生
展虹奖研金	一等		1000	2	2000	数学、物理、生命、化学学院优秀教师和学生
	二等		500	28	14000	
娇子奖助学金	奖学金		3000	16	48000	数学学院优秀本科生、研究生
	助学金		2000	36	72000	
刘应明奖学金			8000	1	8000	数学学院优秀研究生
科博奖学金	本科生		1500	10	15000	数学学院优秀学生
	研究生		3000	5	15000	
芯源奖学金			2000/3000/5000		10万元	物理学院本科生、研究生
陆钟钴奖学金	一等		800	3	2400	物理学院研究生、本科生
	二等		600	5	3000	
“紫光”化工奖助学金	奖学金	一等	2000	2	4000	化学学院优秀研究生、本科生
		二等	1000	11	11000	
	助学金	本科生	3000		25000	
		研究生	5000			
振兴奖助学金	奖学金	本科生	3000	50	15万元	化学、数学、物理、生命学院优秀本科生、研究生
	助学金	本科生	3000			
		研究生	3000			
晓光奖学金	奖学金	本科生	5000	6	30000	化学学院二、三、四年级学习优秀本科生
	助学金	本科生	2000	5	10000	化学学院一年级本科优秀贫困生
翰宇奖助学金	奖学金	一等	3000	1	3000	化学优秀本科生
		二等	2000	3	6000	
		三等	1000	5	5000	
			5000	4	20000	化学学院有机、化生优秀研究生

续表

奖学金名称		奖助等级或类别	奖助金额（元/人）	实际受益人数	总金额（元）	获奖范围
龙盛奖助学金	奖学金	一等	5000	5	25000	化学优秀研究生、本科生
		二等	3000	10	30000	
	助学金		2000	20	40000	
山河奖学金		一年级本科	3000	2	6000	化学学院优秀本科生
		二年级本科	3000	2	6000	
		三年级本科	3000	1	3000	
		四年级本科	3000	1	3000	
敏通奖学金			1000	5	5000	电子信息学院优秀研究生及高年级本科生
三信奖学金			400	40	16000	
通信产业报·通信明天奖助学金			1000	10	10000	
优博创奖学金			4000	10	40000	电子信息学院优秀研究生及本科生
九洲奖学金		硕士研究生	5000	1	5000	电子信息学院优秀研究生及本科生
			2000	2	4000	
			1000	3	3000	
		本科生	1000	3	3000	
南瑞奖助学金		奖学金一等	4000	4	16000	电气信息学院优秀二、三年级研究生
		奖学金二等	3000	8	24000	
		奖学金三等	2000	15	30000	
		助学金	2000	15	30000	电气信息学院生活困难的优秀本科生
麦卡奖学金			1000	20	20000	制造学院优秀本科生
李志义奖助金			2000	4	8000	材料学院贫困本科生
烁华助学金			2000	15	30000	材料学院优秀及优秀贫困本科生和研究生
博赛奖学金		一等	2000	8	16000	材料学院优秀本科生和研究生
		二等	1500	20	30000	
		三等	1000	30	30000	
博赛助学金		一等	2000	8	16000	
		二等	1500	20	30000	
		三等	1000	30	30000	
章梓雄流体力学奖学金			150美元	3	450美元	水利水电学院研究生、本科生

续表

奖学金名称	奖助等级或类别	奖助金额（元/人）	实际受益人数	总金额（元）	获奖范围
沈氏奖学金		150 美元	2	300 美元	水利水电学院本科生
华国祥泥沙奖学金		2000/1500	7	15000	水利水电学院研究生、本科生
吴持恭水力学奖学金		600	4	2400	水利水电学院学生
中国第三专业奖学金		1000/1500/2000	4	6000	水利水电学院农业水利工程专业优秀学生
赵文谦环境水利学奖学金		1500	4	6000	水利水电学院学生
79 级校友奖学金		1000/1500/2000	8	10000	
81 级水文专业校友助学金		1000	2	2000	
82 级水文专业校友助学金		1000	3	3000	
86 级校友助学金		1000/1500/2000	4	6000	
学院陈向东、谢嘉琼夫妇助学金		5000	1	5000	
学院退休教师助学金		600	1	600	
张光斗优秀学生奖学金		8000	5	40000	
潘家铮水电奖学金		6000/8000	3	20000	
四川大学范景伟教授奖学金		2500	4	10000	
香港福慧爱心助学金		1500/2000	28	50000	
加拿大福慧爱心奖学金		1500/2000	28	50000	
文氏奖学金		4000	5	20000	水利水电学院热动力工程专业优秀学生
成勘院机电处关爱奖学金		7500	2	15000	水利水电学院学生
刘杰助学金		2000	2	4000	
李氏奖学金		2500	6	15000	水利水电学院水工专业优秀学生

续表

奖学金名称	奖助等级或类别	奖助金额（元/人）	实际受益人数	总金额（元）	获奖范围
北京基康奖学金		1500/3000/4500	12	30000	水利水电学院优秀本科生、研究生
中国成达学业奖学金	一等	4000	7	28000	化工学院本科生、研究生
	二等	2000	16	32000	
	三等	1000	20	20000	
中国成达专项研究奖学金	一等	10000	6	60000	化工学院新入学研究生
	二等	5000	6	30000	
中国成达设计大赛奖励金	一等（团队）	10000	2	20000	化工学院本科生
	二等（团队）	5000	2	10000	
成都通用助学金		2000	25	50000	化工学院优秀贫困本科生、研究生
中国皮革工业协会优秀学生、优秀干部奖	优秀学生一等	2500	3	7500	轻纺与食品学院轻化工程专业
	优秀学生二等	1500	5	7500	
	优秀学生三等	800	7	5600	
	优干奖	1000	4	4000	
	进步奖	500	2	1000	
		400	3	1200	
		300	3	900	
	六级	500			

续表

奖学金名称	奖助等级或类别	奖助金额（元/人）	实际受益人数	总金额（元）	获奖范围
华南杰出优秀学生奖学金		500/800	9	5000	轻纺与食品学院轻化工程专业
ECCO 奖学金	一等	4000	1	4000	
	二等	3500	2	7000	
	三等	2500	3	7500	
	四等	1500	4	6000	
德国 BASF 优秀学生奖	研究生	5000	2	10000	
	本科生	5000	2	10000	
	专科生	2250	2	4500	
四川大学－欣驰、博奥奖学金	奖学金	1000	10	10000	
	助学金	1000	3	3000	
四川大学－德国司马公司创新奖学金	一等奖	3000	1	3000	
	二等奖	2000	9	18000	
	三等奖	1500	4	6000	
广州绿北洋奖学金	一等奖	3000	3	9000	
	二等奖	1500	6	9000	
	三等奖	1000	9	9000	
四川大学—科莱恩实习奖学金	个人奖	1000	20	20000	
四川大学斯塔尔奖奖学金	一等奖	3000	3	9000	
	二等奖	2000	6	12000	
	三等奖	1500	6	9000	
达威奖学金	金奖	9000	1	9000	
	银奖	6000	2	12000	
	铜奖	3000	3	9000	
四川大学得益绿色奖助学金	奖学金	1000	10	10000	轻纺学院食品专业优秀本科生、研究生
	助学金	500	20	10000	
星源材质优秀学生奖学金		2000/3000	36	10 万元	高分子学院优秀本、硕、博
生益奖学金	一等	3000	6	18000	高分子学院优秀本科生
	二等	2000	10	20000	
泰尼高奖学金		2000	10	20000	高分子学院优秀本、硕、博

续表

奖学金名称	奖助等级或类别	奖助金额（元/人）	实际受益人数	总金额（元）	获奖范围
合诚奖学金		3000	4	12000	高分子学院优秀硕、博
		2000	6	12000	高分子学院优秀本科生
合诚助学金		1500	2	3000	高分子学院本科二、三年级
拓利教育奖学金	研究生	5000	4	20000	高分子学院硕士研究生三年级优秀学生
	本科生	4000	6	24000	高分子学院本科四年级优秀学生
惠利奖学金	一等	1000	6	6000	高分子学院优秀本科生
	二等	500	6	3000	
俊尔奖学金	研究生	3000	4	12000	高分子学院研究生二年级的优秀学生
	本科生	2000	5	10000	高分子学院本科二一四年级优秀学生
俊尔助学金	本科生	2500	2	5000	高分子学院本科二、三年级优秀学生
攀登奖学金	硕士生	3000	1	3000	高分子学院研究生一年级的优秀学生
	博士生	4000	1	4000	高分子学院博士生一年级的优秀学生
攀登助学金	研究生	1000	18	18000	
《高等有机化学》单项奖学金	研究生	1000	3	3000	高分子学院研究生二年级的优秀学生
宣瑞琳口腔医学奖学金		1800	9	16200	华西口腔医学院优秀研究生、本科生
汤姆生口腔医学奖学金	优秀博士	3000	1	5000	华西口腔医学院优秀研究生
	优秀硕士	2000	1		
森田口腔医学奖学金				10000	华西口腔医学院优秀研究生、本科生
高露洁口腔医学奖学金	一等	2000	1	2000	华西口腔医学院优秀本科生
	二等	1000	4	4000	
	三等	500	8	4000	
NSK 口腔医学奖学金				80000	华西口腔医学院本科生、研究生

续表

奖学金名称	奖助等级或类别	奖助金额（元/人）	实际受益人数	总金额（元）	获奖范围
福安药业奖学金		2000－3000	19	38000	华西药学院二年级以上本科生及研究生
泰达·凯莱英特困生奖学金		1000	20	20000	华西药学院优秀本科生二、三、四年级
科伦药学奖学金		2000	4	8000	华西药学院 2 年级以上优秀贫困学生
		2000	8	16000	
石药集团优秀学生奖学金	本科生奖学金	2000	18	36000	华西药学院二年级以上品学兼优的学生
	硕士生奖学金	5000	8	40000	
	博士生奖学金	10000	2	20000	
人保寿险医学助学金		2000	70	140000	华西药学院医学类贫困本科生
四川大学复星医药奖学金	本科生奖学金	1500	6	9000	华西药学院二年级及以上优秀本科生
四川大学复星医药奖学金	硕士生奖学金	2000	3	6000	华西药学院二年级及以上的优秀研究生
	博士生奖学金	5000	1	5000	
汪伯良、周万祥贫困生奖学金		1000	5	5000	华西药学院优秀本科生、研究生
华西校友化学奖学金	一等	400	1	400	华西药学院二年级本科生
	二等	300	2	600	
拜耳中国医院发展基金华西药学院奖学金	一等	3000	6	18000	华西药学院临床药学与药事管理学系研究生
	二等	2000	9	18000	
	本科生	1500	6	9000	华西药学院临床药学方向四年级本科生
陈志潜奖学金		1000	5	5000	华西公共卫生学院积极投身农村卫生志愿服务，效果好的优秀学生
陈志潜特别奖学金－南山疾控奖学金		5000	3	15000	华西公共卫生学院预防医学、卫生检验和卫生管理 3 个专业特别优秀的本科学生
陈志潜奖助学金		1000	5	5000	华西公共卫生学院优秀本科农村贫困学生
微生物检验专业课程奖学金	一等	600	1	600	华西公共卫生学院卫生检验本科专业三年级优秀学生
	二等	300	2	600	
	三等	100	3	300	

续表

奖学金名称	奖助等级或类别	奖助金额（元/人）	实际受益人数	总金额（元）	获奖范围
四川大学工商校友会CEO奖助学金	特等	5000	1	5000	四川大学商学院全日制本科生、研究生
	一等	3000	20	60000	
	二等	2000	38	76000	
商学院奖助学金		1000/2000		10000	商学院优秀贫困本科生
联想助学金		500	4	2000	商学院贫困本科生
卿希泰学术基金会奖学金	硕士生	800	12	9600	道教与宗教文化研究所优秀硕士、博士生
	博士生	1200	8	9600	
四川大学郑雅明奖学金	优秀研究生奖学金	2000	5	50000	艺术学院优秀研究生和本科生
	优秀本科生奖学金	2000	20		

四川大学 2011—2012 学年本科生优秀学生、优秀学生干部名单

经济学院

优秀学生（161 人）：

王朝领 李慧丰 程卓 蒋赛楠 蒋溢男 王一迪 苗苗 敬立 吕沐柔
张雯曦 孙冰妍 倪萍 杨萌 丁鹏程 李梦真 尹洪毅 宋银初 郑科
李振南 王瑶 李佳琪 杨明皓 靳慧祎 覃干哲 尹航 陈阳月 陈媛
孙欣钰 王艳花 穆静 张扬 沈非凡 徐特 方敏 余洁 李宝珠
李雯馨 杨颖 张皓宇 黎盈 刘芳 张雪 钟小敏 王惠珍 王伟男
樊羚 李雷 施月新 田宇娇 吴成翔 陈相君 易韦均 张杨 潘欣婷
高冬 罗媛媛 陈哲 熊聪聪 李毓倩 许月 凌盼盼 王清川 冯倩宇
张丹 裴钊栩 蔡耀进 吴诚 黄煜 陈曦 徐晚霞 贾雨心 费倩
戚逸康 丁诗诗 郭嘉 杨喜光 伦珍措 胡心舟 李珺 陈源 熊源
明俣 陆璇 赵文琦 李淞洋 姚文成 唐博 雷婷婷 薛熙 郭驰
宋亚青 刘凤 王阿咪 张菁菁 曹智辉 吴小平 朱芳菲 郝亚豪 钟睿
刘莹 刘欣陶 徐强 杨昕 杨美月 黄雯 李林 张欣宇 何梅
史宇豪 严瑾 吴鹏 何颖 张进武 尹晓钦 孙航 童一奇 徐锡波
杨豪 田梦汐 顾洋 戴欣 郁颖文 李一苇 张经纬 王言 陈舒虹
樊程凯 胡思弈 蒙诗霞 余旸莎 王腾飞 丁春花 冯茜 吴娉雯 宋浩
王林卉 胡珠 李佳颖 管航 蔡若凡 龙禹轩 姜召花 袁静羽 刘珊珊
黄晓霜 李娜娜 冉春华 蒙柳竹 孙梦桥 罗丹兰 罗家梨 付倍佳 孟文晶
方璐莹 刘玉钰 吴为然 王晓芳 张博均 卜敏慧 曹玥 廖蕾

优秀学生干部（67 人）：

马剑铠 陈成 谭博仁 吉思琪 姚嘉 陈含月 潘宇鑫 苏情 常晶
李行添 欧志培 王莹莹 吴凯玲 高博楠 王琴圆 李佳倩 唐捷 余中立
郝金星 何凌 姚佩 蒲文杰 阎安琪 刘畅 郜丹阳 谢瑶环 夏欣宜
许昇 李宁 李晓颖 徐微 李彬 倪天翔 张一苇 李心杨 王双
胡旺 金康 孙雨阳 张露 蒲贞子 张皓宇 杨文举 聂辰旭 侯毅
葛冬瑞 肖山 杨雨萌 张国靖 赖施云 吴金宴 关璐 罗乐 于思敏
熊汝懿 张宇 侯泽舟 严琨 杨静晗 丁慧琼 丁越 龚军 郑文颖

吴 波　于 丹　杨世军　金弓元英

法学院

优秀学生（60人）：

何盼盼　杨小涵　胥家信　宋德壁　张倩茜　吴 霈　罗宇环　罗 琴　周晴川
朱群飞　李昌鸿　江佳佳　杨 佳　刘 敏　车娟娟　袁 璐　毛富松　田顺升
杨 炜　程秋婧　刘婷婷　赵 豪　杨 丹　陈楚君　王敏丽　唐彬彬　杨梦梅
杜 宇　蔡士博　云 姣　肖 婷　曾 哲　王心语　严有才　胡 晓　王冬卉
曾 超　向 卡　沈 艳　李芳芳　董一宁　胡煦妍　郭 馨　李欣怡　王一婧
樊元涛　王圣宇　雷 刚　王雅远　雷清琳　赵艺烛　帅 敏　樊朱丽　孟 琪
杜 月　杨子涵　张卓娅　段玉婷　王艳玲　梁雍薇薇

优秀学生干部（41人）：

赵 亮　陈丽驰　张海林　舒 岚　王方谦　袁九章　田 雨　卓佩佩　陈 瀚
王 芳　徐玮琳　张 娜　叶芳晖　殷 涛　张瞭望　曾 谛　张 娜　明 晨
郭雪娇　晨 星　赵东亮　张 杰　赵爽宇　方 琪　田 原　夏文菊　张 磊
杨金银　杨喆人　梁 晨　熊真珍　王梓旭　钱丰恺　杨 倩　马骕骦　周媛媛
江宗芩　李 晶　冯沛波　刘清泉　诸葛晴晴

文学与新闻学院

优秀学生（139人）：

张馨予　冯倩如　张林娜　罗 锐　张文钦　邱 薇　盛 慧　黄慧娟　李 珂
乔鹏飞　陈 曦　杨 容　武子雯　杨婉婷　侯宇婷　张树通　洪淑娴　文若暄
胡雪儿　喻 言　乔 琦　倪博闻　吉宁韵　李凯歌　刘 敏　郑 玮　王 博
王浩伊　符珞珈　罗彬萌　李佩昀　杨颖超　杨 瑞　张 丹　于 阳　胡佳伟
赵珅琦　黄 然　刘 娇　赵 馨　蒋聪滢　霍逸冰　黄 璐　刘雪丹　何杏云
张鹏伟　郭 枫　夏迪鑫　周 圆　陈艳秋　王馨怡　韩潇怡　刘 朔　李双双
傅琪玫　张雪妍　杜 蔓　王悦晖　张莹云　陈思行　宋妍妍　李 艳　王诗卉
琚燕妮　乔安琪　李林苡　陈小可　土 登　陈 瑶　郑志颖　王琦雯　王雪梅
余笑天　田 川　龙 阳　黄 紫　肖宝雯　戚敉瑒　冯添华　战 浩　张艾雨
任俊颖　蔡加琪　周宇航　王星玮　席 珍　黄静逸　刘雪君　张 剑　朱 琳
钟 华　张 琰　杜 鑫　刘维薇　厉之隽　黄秋果　陈 远　赵婷婷　王慧中
钟成文　邓新宇　张正银　李亚丽　曹 阳　徐 淼　张玉琳　刘姗姗　吴 鹏
李 珊　孙夏夏　姚 卓　李春梅　余石楠　赵唯阳　高音子　潘兴扬　高 珊
郭 倩　刘晓倩　周 捷　姚 尧　姚红宇　潘墨含　童 英　徐金佳　姚 婷
杨 沛　夏 芳　蒋胜利　何淼冰　刘芳君　傅 博　黄 玲　王长林　牟 一
张雪菲　董天恩　欧阳濯　王福建

优秀学生干部（81人）：

何茂春 尹红红 魏媛媛 何佳琛 胡阳 李敏 姚佳 朱洁瑾 刘兴湘
胡楠芳 秦丹华 张恩瞳 李玖丽 何施蒙 王芳尘 王丹 杨潇濛 谢柳娟
金鑫 王晓慧 王迪 陈灿 余笑天 唐莹潆 何桂锦 傅玲 吴天昊
白绍伟 邱建华 聂虹 冷昊阳 赵熊蔺 韦婧曦 冯恒 蒲静 闫建雄
巫毓 王凝 闫墨竹 叶婧茹 代强 崔婷婷 周萌 马海俊 申巧云
董薇 王浩 李楠 李慧媛 张琪琪 陈涛 王丹 俞正中 滑燕莲
杨安红 尹思源 王金渝 陈梦薇 申志琼 凌慧 赵雪伶 马康利 马嵘
刘培 安迎亚 张也 郑枢 杨雁晶 陈俊逾 刘天璇 夏芯 杨碧泓
王楠楠 杨一鸣 姚婷 王畅 张嵒 杨雅舒 郑炼 孙海翎 章洁

外国语学院

优秀学生（52人）：

颜紫薇 王娜 张艳阳 杨镜台 曲媛媛 游祯翔 庄严 汝佳文 项嘉祺
宋捷 孙丽 闫丽丽 刘佳林 王璞 王佳雨 薛瑜清 尹佳琪 江龙
朱虹霖 崔利 刘睿 冯丽蕙 闫利 喻静 古帆 廖望 袁腾姣
杨慧 王三友 郑雪艳 祝玉龙 彭佩 黄婷婷 丁惠 王力 程雨潇
张思晶 毛雅睿 姜晓涵 蒋玲娟 张又 陈冯超 王颖 黄梦婷 郭力嘉
杨晨 周亚 黄院丹 郭春仙 徐娜 马序 寇佳良子

优秀学生干部（21人）：

周旭 刘莉 陈施 陈雪梅 严琴 薛景 徐小乔 樊丽娟 郭佳炜
王一鸣 金超进 朱静 魏雪梅 王博 王宏伟 肖群 严哲 柯佼君
万年帅 叶欣 司徒方知

艺术学院

优秀学生（76人）：

黄亚珂 唐琼 李高杰 王葭艺 张鹏 张馨文 张海涛 龙俐全 陈静
彭莉 姚立鹏 白旺 刘亚伟 姚韵 秦嘉良 晏宇琪 黄于洋 黄骞
冯霞 周钰斌 郑晓璇 黄馨颖 曾晋楠 刘汇 邵岳 马宁妆 李舒怡
陈艳 邹丹 原晨瑶 李松璞 张思阳 汤玳 黄艳平 尹世凤 陈攀
梁博 张莹 何苗 黄彬 张璇 赵珺 秦哲 谢思斯 杨柳青
苏亚楠 张婷婷 杨心怡 加曼草 高飞杨 卜实 吴芸芸 王智莛 李袁媛
尹村 郅好 罗媛 陈莉 黄子薇 黄媛媛 杨雨果 蔡一方 闪方
岳雅轩 张子玉 梁爽 余瑞 徐梦莹 张竹莉 金凤 赵锐 杨霄
唐毓 蒲文珺 成功其 海尼果衢

优秀学生干部（30人）：

彭帆 李采真 黄保登 李文杰 李文文 徐柳叶 何帆 丁远东 张坤

肖光耀　杨艳秋　王　驰　马爱华　方小康　周丽颖　吴　韬　张峻珊　杨利燊
赵　博　余　彬　王　璇　李晨雨　朱明潭　苑雨萌　屈　艺　马富仲　张　姗
汪义云　黄国霞　李成金晶

历史文化学院

优秀学生（53 人）：

罗　茜　徐悦超　冯　瑶　李　沁　任　琳　屈　玥　朱德涛　张辉甜　郭雅琦
赵　杨　林红霞　孔天添　罗素云　刘　畅　赵太萍　黄　丹　张青青　王　玮
陈贝贝　龚　颖　王　仂　朱江欢　杨　梅　林　楚　陶　媛　苍圆圆　赵俊翔
刘丽娜　蔡思雨　万剑锋　周婷婷　张苇杭　石雨鑫　刘　芳　贺逸云　赵威炜
宋　丹　高　烨　刘　韵　莫雷笛　俞　佳　唐明欢　刘静雯　徐亚川　林　琳
章振颖　王　星　杨环环　蒋　玲　韩扬羽　何小芳　彭飞龙　蒋　娜

优秀学生干部（26 人）：

吴宛亭　张力开　杨　朗　王　朗　孙　晶　贺腊梅　韦　可　张玉鹏　赵　琴
何俊帆　袁　上　吕　欣　吴兴蔚　甘　燕　杜　乔　孙西洞　杜　沁　权文婷
李坤晔　任　靓　舒皓羽　施舒婧　李登黎　高　瑞　梁　婷　陈　晶

数学学院

优秀学生（42 人）：

周　玲　徐瑞图　赵昱琦　王　雨　吴　迪　江弘亿　任偲骐　佘　睿　于　亚
赵小彤　王　凯　韩冰琪　冉　靖　操甜芯　林　重　邢　飞　黎一蝉　唐志骥
任梦钊　郭宗怀　赖泽扬　刘钰恒　余东洲　温耀雄　李雪峰　唐浩耘　傅费思
木英心　苏君韬　周　丹　周　阳　张楚瑜　孙思佳　杨　兰　邓力邦　叶禹杉
刘艳菊　杨静怡　付丹也　邓北川　杨正奕　黄　炎

优秀学生干部（36 人）：

朱宵芸　杨薛融　张承曦　周姗姗　张濒丹　操甜芯　赵　强　崔诗东　包立群
温沛雨　熊莹萌　李　媛　任梦钊　金泽欣　王培宇　张　敏　胡天巧　刘书琳
张绍群　田　野　阴　越　郭宗怀　和泽玲　谭东现　杨　瀚　雷文超　李鹏飞
陈泽材　游　杰　王　申　李　龙　张　申　刘正阳　刘潇婧　王兆祥　韩　峰

物理科学与技术学院

优秀学生（87 人）：

刘　涛　赵欣欣　胡丹青　董　航　应蜀翾　乔琛凯　熊一玉　熊　放　林家和
高　强　张书斌　陈邵龙　喻　豪　李慧梅　安　康　刘　杨　王　婧　曾瑞雪
文聪聪　何　静　万　波　林钰晖　郭晨阳　胡　栋　周昀婷　李良辉　林志超
成海涛　李　洁　陈　川　张　礼　王昌言　董建军　何　玥　董自强　刘杨洋
余刘玉　杨正海　尹健庄　李晓敦　史　瑶　刘　洋　李　俊　孙海艳　杨　雪

石茂林 王嘉琪 郭晓伟 汪 茂 甘娉娉 李林蔚 刘 学 孙 琦 高树超
陈建樵 刘 丰 史超群 梁 娜 刘雪淞 吕嘉凯 叶冯俊 王雨风 谭 耀
曹 路 陈 东 彭 龙 刘福雁 郑林炎 翁志超 金 锦 岳 恒 龚福汉
郑天意 杨流云 钱 辉 刘龑中 刘 铱 陈志禹 黄迁明 容金水 冯 天
钟国兴 凌 杰 赵岩翀 任宏斌 何 炬 蒋跃武

优秀学生干部（42 人）：

司 博 郭 建 俞博文 牟茂淋 刘 伟 高贤曲 王玉东 杨 光 欧 巍
李江陵 刘沛波 殷亮亮 吴 勤 周银强 刘雨啸 许 佳 曾 熙 肖克雅
王 毅 徐连杰 何 熹 崔雨舟 欧贤金 郑 浩 邵保泰 罗 婷 秦 月
苏晓珺 魏贺磊 林灵奇 熊 雄 谭振汉 范海民 王淳谋 贾亚军 牟映坪
刘建波 刘竹君 马远卓 黄起昌 赵 璐 赵世林

化学学院

优秀学生（82 人）：

刘喜佳 傅松森 胡 岚 李雯雯 李 建 朱爱如 张 骥 周 川 白 巍
郑晶莹 王铃玉 杨 琳 黄 政 侯慧婷 晋兆宇 孙 丹 何曼杰 郑海丰
张 文 李 雪 杜 蔚 李 进 曹镜明 王惠群 潘 蕾 张彩虹 霍 猛
程 强 王 烨 何海宇 邢秀京 罗洋政 商 睿 熊 炜 曹警予 陈 琪
邓新媛 周凡丁 李梦涵 徐 晨 许亚莉 崔晓宇 罗阿云 卢 岩 陈之旸
王 茜 张 蜀 郭 瑞 陆正未 陈 影 蒋 闯 余坤益 陈飘飘 王倩倩
袁婷婷 杜海琴 季鹏飞 刘 玉 周鹏飞 李 阳 郭松松 陈 毅 张 伟
洪 运 曲 琳 施蒂儿 马瀚骋 沈 斌 纪杰城 熊巧玲 肖亚平 赵文杨
陈君曼 白云平 林晨璐 张书铭 黄芙蓉 朱婷婷 高 哲 陈瑞雪 赵 雪
冷唯佳

优秀学生干部（46 人）：

蒋智成 倪延朋 龚 静 聂武成 徐佳琪 方 婷 隋剑飞 朱 维 张泗达
王蔼廉 魏泽良 柳 维 林丽丽 姚 乾 白 冰 吴雪丹 王章远 文 璐
杨世平 贾珺淇 李 坎 汤志军 郭橙锋 何 婷 余 婷 刘亚平 温 煦
徐 尧 卢 璐 付 腾 曹晓梅 贾梦洋 张凯丽 解清华 王 玉 王茂蝶
徐冰洁 邓 杰 廖 倩 陈煜双 林 宏 王 晔 周怡鹏 詹梓炫 徐 盼
张保卫

生命科学学院

优秀学生（49 人）：

王梦瑶 杨 晗 龙 敏 陈 琳 李梦洁 曹 倩 何 琪 黄胜超 景志信
梁笑濛 杜木锋 彭 芙 李雪菁 于正洋 杨雨静 胡渝珠 苟靓珂 吴昊朌
李志方 冯 羚 陈 璨 蔡琳璧 李 婉 毛冰心 唐 馨 荣博文 胡 平

秦金珊　蒋梦萍　李剑勇　刘智棋　赵　思　张玮佳　赵梓伊　张　晨　卢　凯
华　婉　房文倩　匡乐乐　张　倩　吴　茜　李　洋　王　梅　罗　耀　张　珮
陈宇翔　丁　馨　张　然　汪宣伯

优秀学生干部（27 人）：

周序力　朱　江　路　遥　张　天　茶文琼　赵开亮　刘远修　朱晨静　罗　锟
何佳玲　陈之尧　何青霞　于晓婕　张佳娣　李新元　胡佳盼　金　巡　赵　沁
邓　源　吴　迪　张津淳　秦　琴　夏　燕　黄金亮　孙选举　汤永萍　李前敏

电子信息学院

优秀学生（89 人）：

朱鹏举　黄燕秋　丁若希　卢　康　姜　吉　申小东　舒　琴　鲜娟娟　陈　然
周小兰　姜旭辉　赵文静　宁玲琳　郝亚巍　侯业伟　郑显敏　姜婧婧　南　哲
唐　月　刘惠霞　冯晓珍　朱昌洪　王　华　林　毅　王李松　赵亚丽　宋创创
廖　鑫　王　博　张爱丽　陈洪刚　徐佳宾　徐雪炀　李路长　李佳莹　杨志勇
唐　茗　杨弋斓　李尚文　康文武　孙红梅　卿　亮　付文杰　何秋燕　张　健
路　达　牟南历　刘　超　阮　旭　龙香竹　李金炳　杨志颖　杨　丽　陈美英
连秋宇　穆雅鑫　杨　超　高　蕊　陆韬宇　肖　玮　陶重阳　彭志伟　周　航
衣凤羽　王钊南　唐可欣　徐　蕙　刘洁琼　余　晨　冯俊羲　鄢小慧　迟晓桐
张　超　施丽琴　汪　钰　刘圣忠　苏晶晶　顾晓华　吴　月　周　敏　吴一帆
薛　敏　滕忠伟　白兴都　吴勇晓　赵　琪　田玉婷　贾晓彤　于翔深

优秀学生干部（51 人）：

宋旭阳　尚国武　李飞平　彭　薇　包小华　蔡海动　胡小川　黄学司　李　然
彭美蓉　姚　波　陶　磊　崔　爽　李博宇　陈　重　何　涵　冯晓琳　唐　田
姚　旭　王德良　张　磊　徐亚庆　倪　雪　祝子祎　崔媛媛　涂黎维　黄　锐
梁晋菖　孙依楠　俞　磊　赵光远　何美玲　冯　丹　赵子禄　廖峰乙　毋　琰
张一峰　李政国　朱明辉　贺祥雨　张姗姗　谭夏宁　赵　旺　袁　萍　包欣慰
周　龙　李鹤兮　刘桂云　孙默寒　蔺怡璇　帖栋修

材料科学与工程学院

优秀学生（73 人）：

郭　森　解明皓　陶　红　袁　园　周艺璇　张瑞雪　薛芳娅　王　艺　席国强
李昕扬　刘鹏程　齐家新　沈祖佳　傅　玲　刘　莉　徐　娜　汤玺川　李中凤
何　鸿　蒋　磊　王　琳　付　真　苑　薇　孔繁程　高　旭　周云川　王海燕
陈　寒　杨　震　姚　敏　王海鹏　王广瑞　蔡生容　王姗姗　陶　杰　徐雅晨
林丽娟　李贤芝　杨　菲　寇　闯　夏　娟　张　涵　黄　兴　王佛根　游学为
王　浩　丁　力　张连东　凌明恩　王川西　马祥玉　王　涛　曾宝玉　吴　欢
杨继榕　卫　丹　喻　佩　刘　丹　李伟钦　韩传普　杨宗飞　李鑫鑫　高文敏

杨 琪 吴小慧 陈晓宇 胡 玉 曾子繁 张艺多 孟嘉琳 王 婷 姚学峰
阿孜古丽·海比布

优秀学生干部（48 人）：

何思颖 郑 刚 曾玉杰 马 枭 张 磊 海 楠 向 恒 刘 念 李正律
毕 雪 吕 静 李梦玉 李 勇 王 艳 周万海 梁岩冰 叶许梦 王亦牧
张超宇 王思宇 郑幼丹 任翱博 郭 盼 高树林 邱德春 刘振宇 曾 天
刘佩德 江 超 张夏宇 张小柳 赵金凤 张 琴 白 宇 杜 勇 尤江伟
陈家慧 苟 倩 程晓静 岳 洋 安 宁 辛德琼 冯 玮 陈培军 陈 晨
沈 鑫 李 程 周自茗

制造科学与工程学院

优秀学生（126 人）：

於云骢 秦 明 丁龙杨 尹小忠 李宁波 周小琪 徐方舟 魏煌林 田 庸
王嘉伟 陈 强 何林桐 黄 鹏 陈 栋 唐 星 吴 博 罗经平 李 杰
刘同焰 熊 佳 胡罗成 张 浩 郑建辉 牟 亮 黄雅婷 潘玉霞 李嫣然
陆星羽 赵 雪 杨本翼 冀 锐 罗 洁 潘 涛 查长海 严 璟 朱 帅
鄢 雨 熊 瑞 覃秋慧 赵华梅 冯坤太 金晓凤 蒋进伟 魏 灿 姜 军
谢罗峰 邓珍波 李文庆 张 博 马登秋 张 鼎 刘 洋 彭 博 唐 雨
黄贺福 张是首 韩 磊 蒋新雅 符桂铭 董 君 孙 飞 黄微微 黄光学
盛天一 傅继贤 陈是扦 侯帅松 赵 勇 陈 星 袁培达 谭璐瑶 李兴繁
党 理 杨 微 曾 强 叶苏苏 郑 义 张 会 赖文墙 高小娇 祁正兴
吴 锐 莫庆凯 韩丹丹 王剑范 何凯兵 吴腾飞 王 亮 张玉嘉 王春辉
汪云川 常 勇 李建新 袁 航 万星宇 吴雨松 朱 锋 傅笑珊 杜冠男
陈思敏 李运生 赵李雪 陈开茂 李 展 吴 迪 曾海强 张颖晖 周宏军
贾广涛 王莉君 李兴光 冉刚强 周 波 莫梦婷 王幽又 李晴川 邵文毅
杜江丽 蒋雨宏 马 毓 陈 怡 孔令溪 卢军红 李佳恒 王 建 杨 珊

优秀学生干部（52 人）：

张 弦 李嘉玲 刘 璐 丰武林 徐天雄 齐子贝 蒋沁锟 张 芊 李 健
周 甜 武东广 李柏翰 刘梦雅 毛琢然 赵 鸽 何怡晴 任建明 孙梦宇
周虹伶 晏尚华 李小玲 张 勇 杨 刚 王 伟 谢治民 薛帅军 陈 波
姜明亮 龙泽祥 王 磊 陈应福 梁永艳 梁 磊 周 强 余雅丽 代科文
董 密 刘方浩 樊 星 李江山 成正优 唐 锐 邓传俊 卢 坤 孙文岩
王 阳 曾雪蕾 谷芸蔓 屈玉苗 冯 佳 史 闯 邹 莹

电气信息学院

优秀学生（150 人）：

肖雅元 周晓雨 程 满 易 薇 赵志清 吕南骏 陈首名 邱思语 李世新

肖婉清 陈　奥 杨明亮 龙　飞 王　超 曾梦婕 陈运鹏 胡松伶 项　阳
李晓萌 王文君 黄剑波 张　通 付文雯 曾巧燕 王文慧 杨银花 胡晓通
赵　熙 王银川 张春秋 卢定桥 会　燕 邹志策 谢　亮 杨　帆 王权欣
夏　冰 邓成承 王　栩 邓　烨 张　琦 彭雨晨 于　静 林安亚 陈超楠
姜明明 陈荣华 汪妍冰 王婷婷 金致梅 魏　来 郑维佳 陈雨羲 刘春莲
刘勇江 欧洁莹 常耀文 马愿谦 程啸天 王如凯 王　统 徐洪英 朱　斌
刘　凯 任炳俐 刘　畅 赵　夏 陈　相 曾雪婷 胡宗宏 张　力 熊晓祎
谢　平 张　冰 金春苗 马琼华 蔡　宁 文　岚 薛　林 田　烁 宋晓雨
龙　珊 汤先鹏 陈思吉 伍浩文 陈思南 王　勇 李小利 刘均怡 罗心恺
雷　宇 夏　莹 吕尚可 王　宁 黄薪茹 董　朗 黄　旋 于天泽 何元利
李博伦 周　萍 段　昊 王博宏 陈富琴 李丹妮 樊婷婷 王薷健 陈　琳
邹　娜 谭　鹏 李　明 张程翔 张　含 焦龙腾 王一帆 李成标 张程嘉
张弘历 马　玲 王　迪 曾　虹 丰　遥 黄柯蒙 龙长华 张雨洁 唐孜知
袁少宁 邹　娇 杨　跃 李晨阳 邓育仁 杨植雅 陈飞宇 孙伙文 赵劲帅
崔嘉滢 牛慧颖 尹　航 朱传清 孔含静 李艳如 杨文博 马菁曼 张科比
张　琦 武伟伟 曹若愚 王　楠 张　广 蔡　振

优秀学生干部（63 人）：

陈松阳 郝怡冰 曾　珂 刘勃江 叶家豪 王建华 周欐颜 杨　凡 陈思言
薛　洋 姚　领 张思令 吕　琴 金　波 幸思远 周花颖 肖　铭 梁晓冬
张媛媛 胡海凌 何元媛 陈欣宇 赵治学 杨　强 汤中旭 陈扉绿 焦　洋
史芸芸 尹　棚 余雪莹 杨茂玲 何　珉 沙　熠 戴明秋 谭德泉 吴倩红
汪澜韬 华远航 龚巧央 梁　文 易　黎 王智琦 莫廷前 徐永泰 边海栋
孙伟文 杨光琴 赵瑞卓 袁　捷 杜　敏 张　渠 刘远帆 杨龙杰 廖秋萍
黄　凯 王炫丹 谢培林 金寿玉 程浩宇 李　欣 吴　霞 陈树煜 韦修财

计算机学院

优秀学生（136 人）：

叶千川 聂　颖 周文安 寇玉婷 刘　乾 黄东兰 姚霜露 张　治 梁　冰
刘欣欣 阮青松 胡宗鹏 席磊磊 包嘉曜 郭琦林 徐　腾 王　芳 夏　宇
赵阳阳 雷　懿 郑　亚 冉熙璐 张　泽 黄　延 谭乾栋 黄斌群 陈俊宇
万德里 邢　凯 刘汉清 侯　静 李京娓 尹雅丽 李高远 辛　洋 李张娟
杨惠文 罗希僖 朱秀莲 先久零 孙　林 邵　鑫 夏铭媛 周　俊 李玲晓
张昭旭 王　彬 何文豪 李　静 王维雯 袁保国 杨　敏 陈　功 胡耀炜
高婉玲 夏梦非 李明园 刘　婷 张嘉勉 李程程 潘宏宇 王煜璁 唐皓月
聂　影 达　铖 杨兴成 刘茂娅 付　敏 王艺博 郑　倩 黄　敏 陆　杰
陆斌斌 杨　光 谭　滢 胡建飞 周　环 方若男 刘智亮 王天培 赵丹丹
逯峻雨 王嘉伟 史思萍 贺凌飞 杜　潇 王悦盈 王　栋 段　乐 戴晓薇
邹　弢 陈　汗 张朵朵 王兴华 吴晶晶 毕春辉 吴　珂 谭凌霜 贾婷婷

张　苗　陈　强　刘常娟　黎婷婷　李文珂　张紫琳　宋　杰　王玉娇　王建飞
陈　鹏　宗传涛　张　戈　蒲林峰　尹光宗　唐绍枫　秦　丹　钱立祥　许凯第
朱能军　庞廷海　郑万刚　吕晋雄　戴菲菲　郑集慧　申文力　何浩文　荣倖萍
朱以汀　陈　雷　肖禹亭　杜思雨　刘林封　唐发燕　吴少奇　蔡梦倩　王　恋
上官红斌

优秀学生干部（39 人）：

郑宇霞　肖　洋　张　闽　杨光杰　姚　婷　陈晶晶　蔡　颖　李飞菲　张莹莹
何　为　张　海　周益剑　黄东兰　李　鑫　王钰艳　宁　宇　罗晓博　张　远
施忠奇　汝大福　李亚玲　廖建雄　肖泽亚　陈丽朝　曾志刚　周志宇　张亚伟
魏晓捷　张小东　丁行杰　周　路　钟卓岑　马晨曦　赵　轩　戴丰芮　张建龙
谢瑞麟　徐修远　彭子入

建筑与环境学院

优秀学生（122 人）：

刘艳秋　刘　晶　王皓珊　张　丹　郝建明　江睿琪　袁军平　王　振　杨一苇
陆　祎　陈思敏　李思颖　刘思源　冯　茜　邓伟艳　佘　潇　杨长青　程　兰
程丽颖　万耀璘　王婧人　万　雪　王　君　孙慧霞　谭　潇　陈　静　孙琪悦
梁　艳　张博洋　由英哲　朱会平　陈　宇　张文兵　施　成　郭文健　熊雪露
蒋星星　陈　琦　金　薇　胡　莹　郭征明　郭崇波　王　帅　杨　毅　王樱澍
柯亭伶　杨　虎　柳　藤　郭　灿　施玉瑶　宣　莹　刘珺函　郭　卉　江凯文
姜　博　王慧中　张　喆　熊雨箫　施　媛　冯　琳　张　刚　金晓威　张红恩
罗　毅　朱金凤　张　熙　苏柳月　冯　波　侯方超　刘　杨　程　鑫　周　鹏
许伟杰　廖　欣　李松林　刘　意　李亚鹏　夏　军　毕　涛　蒋　昊　梁鑫晓
郭雪峰　付国顺　邱振宁　孟　恒　何　涛　牛文庆　唐　铳　刘小梅　柯　武
张　鹍　白　洋　王　帅　刘　潇　刘　伟　鲜志斌　杨　强　程春森　毛　丹
邓平浪　刘　凯　陈永娥　马共强　瞿　莉　曾　静　李　海　罗　贤　刘殊同
陈　源　何建州　汪镇霖　李小龙　张睿智　刘　刚　踪　宁　王博磊　马晓川
魏劼睿　刘锐阳　樊　存　卓　想　王怡庆子

优秀学生干部（65 人）：

李　阳　邓　睿　陈晓月　王沁琳　陈杨静　江志伟　李瑞琪　王　玲　杜莉丽
张　霄　陈　森　李　睿　丁艺喆　周　杨　李博军　韩悌信　范　勇　程秋石
王艳芳　李宛莹　伏　迪　魏　赢　刘冠男　肖雨佳　王轶超　张　帆　刘思思
王秋颖　宋　月　潘宇翔　边静虹　樊　灏　陈禹龙　刘瑞欣　何少阳　吴　涛
向　上　汪　奇　杨桂权　谭　强　李丹阳　王艳芳　黄　李　杨　颖　曾　灿
许　玥　黄　东　张传涛　曾　飞　赵新辉　董志虎　陈　思　覃　涵　张誉曦
汪宏宇　许　超　简　祎　艾笑竹　王　凯　张　涛　刘　凯　王远东　高永平
曲　浩　喻　萌

软件学院

优秀学生（64 人）：

周劲松　王　珏　王凯强　彭靖雯　耿　朋　施旭东　林　孟　王　怡　龙　鹏
卢　鑫　刘　鑫　邓　婷　冯　庆　邹　飞　胡竹青　刘志伟　张丽梦　曾　伟
刘文浩　李沅桐　吴　进　许　哲　徐　霄　林　平　薛文韬　柴　娜　高　畅
王　炀　严志涛　刘婷婷　杜日鹏　屈媛媛　李声龙　谢维柱　赖清辉　赵　怡
孙　楠　高冰妍　印耶蓬　邱亚楠　尹邦杰　江天宇　朱毅凡　杨　露　李蓝杨
叶明臻　张世西　李晓帅　万梦玉　曾　扬　成柯葳　陈正海　汤泽涛　贺　盼
苑　恺　袁　珂　黄小卉　杜袁茵　李潇瑶　尹卫杰　朱宇轩　朱　婷　王雯鑫
欧阳潘义

优秀学生干部（35 人）：

张衡波　刘晨光　侯浩然　张东杰　杨　洋　韦　怡　潘晓佩　戴桂婷　赵　赦
贾贤艳　徐梦霖　魏　旭　袁　静　程雪梅　岳海潮　张宇光　王亦宁　陈　伟
王小帅　杨宝嵩　李　伟　姚淑慧　李佳其　徐　超　许昕珑　张　媛　侯艳华
李　珺　王　锐　余瀚游　张洪伟　杨文娟　罗明东　王　兴　余　军

水利水电学院

优秀学生（127 人）：

余娅丽　石　杰　潘楚昕　王　毅　陈　奇　黎海波　余　杰　王　敏　汤荆燕
韩　鞠　高岩堂　陈　旻　杨　毅　何清燕　陈玉妍　李春霖　徐　超　雷　言
赵蒙屏　周承瑶　王　亮　杨　东　黄宇恋　李　杰　杨谱芸　王宝琪　钟小庆
魏　希　高　雁　李　鲲　张　棚　吴　毅　李铁生　白宝宁　李　雷　刘志强
陈加睿　黄珏皓　闫　雪　王涛波　杨晓丹　江砚池　赵丹璐　肖　薇　岳圆圆
郭　玲　黄志刚　罗诗怡　庹建红　王　艳　齐　娜　杜姗姗　张　旋　周武茂
孙　宁　薛文豪　罗佩玉　王　辉　宋炯超　宾志强　李　红　李　强　吴玉龙
刘倩颖　顾少林　丁　杰　李一唯　王学艺　贾　坤　陈军伟　陈　强　杨晓宇
朱前行　杨　华　李　婷　付雅君　何品杰　宋乐友　胡尧尧　杨　玲　李　晨
胡　桢　方龙章　高　堃　彭　鑫　吴小阳　张　振　张　颖　周雪菲　宋以兴
李　雪　王　芹　李　旭　董美玉　郭　霓　黄月华　胡中华　王曼漪　薛　晨
卢晶莹　邹　璇　张隆松　刘　燚　张　溪　曾昭高　陈　波　刘加丽　尹　硕
康晓丹　陈　啸　寇清剑　胡赛潇　戴苗苗　蔡　浩　刘炼成　田　园　邝文果
贾鹏飞　邢炜铭　蔡佳恒　方加昊　李艾挺　杨　沛　杨　敏　曾敏军　李　岳
能合尔聪

优秀学生干部（58 人）：

杨永乐　于兵兵　丁　哲　周　露　楼铖铖　刘　琪　刘永娇　刘亚宾　张　涛
杨超琼　舒红平　杨鹏鹏　黄嘉秋　刘　燚　彭　微　曹　蕊　冯　禹　张云辉
李成凤　任　磊　黄　琼　邹　超　李灿明　余　倩　黄雅丽　赵大威　张　璐

刘　欢　徐贤林　王沛源　王　凯　杜长劼　侯小刚　陈　菊　罗晓丽　王　刚
陈伟龙　李　果　赵佳男　何一凡　邢金涛　胡立春　张浩亮　吴　浪　马向林
高海涵　李东旭　程　舜　冯　鹏　徐山琳　朱　翱　储志强　周　月　钟　娅
石其省　江方利　万懿纬　徐杨梦迪

化学工程学院

优秀学生（122人）：

陈　明　陈洁莲　张军平　袁　炳　张福浩　韩燕楠　王　娇　刘懿能　毛凯力
陶海游　代　笠　李绍龙　鲜　一　李　好　张　锬　许　薇　张　新　文　馨
林春霞　晁　昆　田　辉　赖斌生　王　健　王丹丹　王　真　李东昊　曾　莹
艾显梅　张娜娜　李　乐　肖金兰　赵　斌　裴闪闪　周　茁　李　冰　刘仕忠
单莉霞　苗佩宇　赵永惠　刘维燥　李洪芳　潘才惠　傅　玉　王天畅　韦雪琴
徐博雅　唐　超　黄雪新　马燕茹　许　磊　赵玉孔　何周擂　刘文元　张塬东
华　斌　张亚雄　曾基灵　肖　莹　卢　雪　唐　嘉　易秋霞　胡　昂　唐梓尧
曹文斌　潘　可　郗永岩　张　琦　邹　涵　胡　容　李　飞　丁枭辉　黄积武
吕　薛　王晓姣　尤　兰　王丽苹　苏叔均　胡　悦　李彦成　张孝欢　张伟立
尹思博　王　恒　金承瑶　潘大伟　杨　东　白　雪　燕　雯　沈　禹　陆建波
邓　庆　刘基臣　李　丰　马梦竹　王　琨　沈月音　杜　宇　严张艳　张　平
吴怀盛　李秦灿　胡金鹏　陈佳燕　秦杨梅　冯丽源　陈若松　段兰娟　吴一凡
李　浪　程　郡　夏　婷　桑继伟　刘露月　张建华　颜培洁　黄敏慧　黄露义
唐宇飞　曾　宇　卢　静　彭翠婷　李姗姗

优秀学生干部（102人）：

刘凌岭　周芋斌　彭　飞　王　迪　胡莹梦　邹艳莲　于治娇　黄　洋　李　峥
韦　黎　张　进　张　哲　袁伦东　杨培德　李应龙　张刚杰　严　洪　张晓波
陈　果　李文艳　杨明明　顾志平　胡　彧　侯　文　曾　进　石　晋　马　伟
赵　磊　左楠楠　谢章燕　张永光　李　丹　严文澜　高　杨　许德军　张　川
杨志鹏　赵媛媛　王　星　窦智慧　陈苗娜　毛书林　潘天宇　李　丹　王　赛
周裕涵　陈　月　杨建勋　吴欣慰　李　雄　王　远　李　祥　奚月恒　吕路兵
何梦娇　胡嘉麒　黄家鑫　王雯莹　曾山晋　周　硕　童愉愉　金凯强　王　璨
毛奇烽　赵海川　庄明翰　刘　芳　谢　艺　丁一航　牟文茜　王渲皓　梁高睿
赵斐杰　王　程　汪　瑶　樊　帅　陈志浩　蔡泉威　王雨桥　谢枭楠　刘晓晨
张公尚　李海涛　高荣明　王　瑜　王彦镐　李　达　张莉萍　胡　雨　万成明
邵世鹏　胡可儿　左大和　程心诚　谢采芸　秦俊俊　王应伟　李　凤　李翠华
周海理　李　莉　董　强

轻纺与食品学院

优秀学生（132 人）：

罗　达　归达成　段　炼　岳德生　董彦佐　邱晓琴　马浩然　兰雪萍　邱静红
陈俊文　徐　阳　朱映璇　李　峰　黄　秦　程潇甫　邓　进　徐泽坤　杨　倩
李欣欣　袁　霞　刘　静　刘　月　韩颜庭　晏诗阳　卢丽旭　简晓昀　尹学武
刘晓波　林新瑜　范雪琳　杨灵燕　范　静　李　燕　黄　印　姜梦琦　马丽达
蒋泓冰　杨雪儿　李晨晨　张天龙　王　平　赵梦玲　郭潇佳　郑永清　吴韦燊
崔超逸　刘思利　吴　琴　张　肖　陈　冲　袁豆豆　潘　斐　付睿婕　张华玲
阮歆茹　雷小勇　任可帅　董坤坚　张俊卿　刘英强　徐家祭　梅晏铭　罗凤香
秦海荣　仇彩珍　席梦佳　罗丽丹　石　坤　彭灵慧　尚　丹　刘　莉　胡金金
陈露致　魏丰然　卢玉珍　陈龚子　严　靓　史　婷　李　行　李娇龙　毛成吉
汪　乾　肖彦迪　唐　利　朱一伦　蒋　鑫　王家星　刘福权　邓　松　陈婧司
郑宗薇　余育晏　欧莉莉　苟安娜　陈　曦　张　琦　何依谣　郭佳艳　赵长枢
陈宝平　刘基灵　王玉增　徐玉亭　郭学方　田赛琦　黄　卓　李佳霖　戴　莉
王斯蕙　卢家园　王　芳　房正敏　李晴碧　杨雨贤　黄袆茜　张翼蓝　马文卓
常　潇　孙雪梅　陈晓霞　米承珑　史玉媛　刘柳含　周廷婷　王　冕　雷　雨
陈　芮　王一凡　王吉平　方　颐　谢　姣　何吕奇姝

优秀学生干部（76 人）：

梁会朋　王　惠　袁　芳　滕鑫楠　钟奕晨　胡竞文　温学瓶　陈　莹　章培昆
刘新华　靳培攀　冉美玲　可真好　盖　静　兰乐君　康　亮　荆　蓉　张杨杨
赵月琦　熊　敏　杨　洋　李蕊蕊　陈小曦　刘雪梅　牛美灿　陈　源　袁　博
李文龙　张凤梅　王　皓　白津榕　周　航　曾　一　席正章　江明芳　刘　晗
熊鸿荣　邓珊珊　孔　纤　谢欣君　李晓芸　李　超　黄凡崇　马瑜雪　张　爽
陈思红　江诗岚　郑秀娟　贾文宇　黄　荣　高秋玉　胡小飞　吴凯凯　舒康廷
传　琦　王紫芸　杨彩姣　毋亚男　唐孝良　张立彪　杨双骏　倪　悦　熊　晶
韩子璇　杨　宇　王江娜　方　攀　何　纪　姜易兰　张曦予　刘远欣　沈　涛
蔡雨苏　金　青　尹开明　魏　达

高分子科学与工程学院

优秀学生（133 人）：

王　静　郭玉良　杨　行　冷梦甜　朱　亚　黄浩琳　王蔚玲　铁　锴　陈　祝
张永亮　王斯滕　徐艳玲　张　容　徐佳驹　许甜甜　蒋　佳　王春花　谢丹阳
陈　霞　柏栋予　李怡俊　曹　博　沈丽媛　张　媛　张霖杰　张兆野　何芷浠
周　东　牛　奔　周正伟　肖　博　戢　菁　曾　亚　彭冬冬　黄永忠　王立寒
张虹雪　伍　举　赵　黎　张书洋　钟义华　吕　飞　纪艳欣　杨龙清　邓　洁
赵彦学　杨　路　唐友臣　邱　芳　胡　玮　刘　佳　卢俊宏　熊　建　陈大勇
黎晓晓　吴晓东　徐　都　黄　亮　谢正田　陈颖颖　韩丹丹　许淑嫚　荆梦璠

廖述驰　周　方　周　琪　何　蔼　陈　梅　王长棋　周　燕　黄　帅　彭媛梦
雍雯雯　郭墨林　廖　涛　罗元林　王海萍　杨福康　陈　森　睢国鹏　闫海崴
赵九州　袁　野　黄文娟　王早铭　党闪闪　张慧贤　孙楚博　蒲水琴　陈　卫
李　朝　杨　墨　杨　洁　李　丹　施光宇　杨丽萍　姚化桐　周　满　徐长勋
李　旭　黄　翔　崔少莹　余　婷　郭文文　阳佳蓓　刘珮茹　黄炎昊　杨静娴
邱　芳　张　慧　王啸林　邓　亮　韵夏伟　罗晓玲　杨家操　李少杰　童　健
李佳玲　许　详　汪灵骥　龚　涛　杨　素　曹诣宇　张　习　贾利川　郑小芳
张　敏　王　睿　赵　竞　杨　扬　娄方丽　王　玥　杨奔腾子

优秀学生干部（49 人）：

王　昊　黄皓智　黄祖林　杨梅子　王瑞环　陈俏竹　舒丰强　何天驰　周鸿菊
王飞飞　李　臻　杨书桂　晋兆勇　覃　宋　舒松松　王立寒　刘思序　宋　爽
牛　研　陈　智　闫玉刚　马　洁　白　兰　曾　建　李汶晋　何玉石　殷　敏
李　洁　李应霄　贺　辉　宋杭岭　蔡　爽　王雪莲　苏昱恺　胡中杰　夏宏蕾
王　越　沈森棋　肖　静　彭　娟　褚星运　罗　宇　甯　超　朱春霞　王　翔
杨　涛　冯志豪　李云龙　郭玉娇

公共管理学院

优秀学生（122 人）：

伍遵霖　冯　骅　赵梦霜　罗　萱　吕亚萍　张巍巍　吴九思　李蕙君　张璐阳
李　红　王菲菲　罗铭迪　余　莉　刘彩云　薛　蕾　姜莉萍　安　楚　吴　瑶
余　瑾　谢燕如　石　在　刘　璐　李杨露　熊英局　王　潇　李雨瑶　黄禄梁
陈　创　易小云　张　朗　罗珊珊　魏　芸　魏辛南　谢佳玉　邱　静　王子璇
王　磊　吴　非　吴　婷　杨　文　吴亚平　范娇颖　安萌萌　傅沛蕾　童心田
王少飞　曾　飞　吴朝阳　蒋圆融　鲁宁宁　曾凡群　叶　鑫　石　鹤　李盛楠
于　琛　赵　毅　蔡京洲　蒋佳蓓　何明栋　袁　愿　刘　欢　袁　瑞　闫星宇
杨梦萍　白超群　安　芳　张　改　徐　玲　黄香玲　王玲玲　李明天　任志巧
陈　包　冉　敏　凌　伶　韩亚丹　孔令杰　陈燕辉　赵翰书　邓云雁　任泽宇
林　玲　方　阳　王　洪　王程恺　傅怡然　赵　俊　翟　婷　乌达木　张贝贝
姜舒寒　郭思情　苏国昌　宋亚旭　丁碧洋　舒　晨　欧　忻　周星任　董翰之
徐景昀　苗青青　谢宇君　钟心秀　阳建波　杜彬彬　夏云菲　蒲　越　刘晓翥
王艺屏　刘海燕　王　飞　薛　濛　宋雅倩　贾一航　金国栋　刘任烨　刘楚楚
蒋小蓉　胡杰颖　刘国栋　虎嘉瑞　宋文弢

优秀学生干部（30 人）：

王　曼　刘　倩　林明坤　刘维威　李亚风　练亚坤　吴　凯　汪　雯　刘延海
陈朝兵　刘荣艳　郑　超　杨开炜　李　娜　张宇豪　胡　卉　吴　键　吴立立
周　贺　邓雨杭　江　茂　刘国栋　贾一航　刘晓翥　蒲　越　苗青青　舒　晨
傅怡然　姜舒寒　叶华锋

商学院

优秀学生（88 人）：

赵雪晶　谭俏雅　林筝　蒋苇　王星月　刘辰嫣　孙璐薇　罗惠兰　张珏妮
王燊　董香寒　吴丹峰　王奥文　李忆秋　王辰宇　杨璐　何玥　张毅
石晨曦　王静　谢婷　谢春来　刘海涛　詹冰珂　梁攀　陈彦含　安芮
赵嘉怡　赵若妤　范方欣　游洋　杨雅婷　闫笑　肖颖　贺健健　郑佳玲
郑贤莉　陈春晓　王彦婷　陈兴　刘曦遥　易丹丹　谢凯迪　刘晨航　马迪
陈程　郭雪怡　吴思琦　李莎　李岱霖　王昱丹　王清龙　何灿　陈凤珍
刘桃　仲淑欣　侯露　任珮嘉　文娟　曾雪玲　吴勇　谭远飞　房瑞莹
李小兰　陈龙超　王文文　黄海燕　杨晓曦　邱璐　台旭　王钊　胡谍
李林　邓佳韵　杨瑞　杨刊　赵金妍　陈云　马晓文　闫洁　邹丽娇
侯婧　闫景雨　杜沛东　陈欢　李双新　陈卓　阿周源源

优秀学生干部（72 人）：

李航宇　蔡向上　钟笠文　汪小凡　周雨思　董梦　曹倚天　田枕月　宋怡玭
赵德坤　潘少辉　王子豪　李乐　田俊蕾　苏馨　余蕾　蒋位玲　梁兰
丁洁　陈芳婧　黄琳　张森　汪洋　吴坤蔚　刘余　潘晓策　曾李阳
黄璜　熊燕燕　刘华峰　杨朦晰　曲乐　孟浩然　李滕　程玲　顾星
李伟平　赵俊南　马静　高冉　张元　王永健　谢官长　余尧　姜灿慧
张树　李涛　党伟志　雍璨宁　贾绍峰　马玉凤　曾田　杨昊　马瑞
范思　訾康　廖巧雅　刘翩翩　张浩　付承瑶　王伟　黄毅　赵雅灵
肖娜　吴俊余　魏帅　王竺杨　江亚梅　万江军　薛璇　豆亚伟　周新力

华西基础医学与法医学院

优秀学生（32 人）：

张苗　曹晨慧　唐飞羽　张雨濛　王晨语　孙苗苗　谭渝　刘中辅　张心月
邓路婵　梁彩霞　贾孟萍　兰伟　韦庆涛　郝晓明　何勇　王文　陈奕姗
王海舟　薛莲　陈帆　金伟　杜铁帅　游丹华　方泽均　罗乔　姚晨成
陈晨　叶之骅　余楠　李悦暄　邓义波

优秀学生干部（32 人）：

赵顺莉　程方岩　孙梦雯　王凯程　唐剑秋　汪洁　邱丽蓉　刘京　阮丹卉
张硕　李卫杰　陈慧　郭楠　刘冬蕲　孙杰　高春娇　牛文廷　马颜
薛越　杨卓娅　田明妹　孙红　李叶林　邓炼侃　何家驩　贺鹏　李瑞庭
何静瑶　朱臣谋　肖灵娴　任珞　张雨晨

华西临床医学院

优秀学生（100 人）：

刘嘉铭　杨莹莹　张浩　王亮　范欣　滑心恬　赵宇亮　高强　杨靓

刘巾男　刘洋洋　马宏伟　任洁钏　李燕燕　尹森林　唐紫薇　林　静　唐之韵
徐雅倩　廖　媛　穆曦燕　杨诗源　张　捷　翟　笑　郭润碛　方　超　叶陈毅
高宇飞　童于真　胡　洋　李胜德　郑　博　谢晓川　于志渊　蔡沈阳　何亚舟
张　敬　刘芃芃　蒋涵羽　梁耀丹　周　旻　周璞真　董研博　向立历　杨　阳
郭　熙　宋晨曦　普文申　贺　庆　李为昊　张蜀鑫　邓汉宇　陈　伟　杨　頔
李兰丁　李玉豪　张　菁　王　雷　郑　雨　斯　艺　向宇凡　黄　靖　夏德曼
赵　蕊　张馨予　张晓园　游华轩　姚　怡　陈肖雨　刘　娜　黄　垚　王成弟
张宇斐　倪云霞　李　智　汪雪琳　王苗苗　张　蕾　陈　林　严　琳　陈其霞
刘超男　周　详　杨　扬　周闻禄　邹莹洁　李　静　杨　薇　张家瑜　李玉明
张文静　赵一珺　季侨丹　黄　丹　姜鹏兰　龙　航　王　冉　曹友红　李　菲
欧袁伟翔

优秀学生干部（75 人）：

陈世菊　邓松清　胡　鑫　李　晓　纳飞飞　胡宗莉　张　璐　魏明天　郝南亚
杨运北　曾云辉　杨　磊　张　辰　冯宇颖　李　川　潘天颖　邹　婷　唐浩文
左书凝　孔祥怡　胡彬彬　王怡唯　赵珂嘉　王海川　林逸骁　吴　远　易冬妮
李思辰　胡博文　贾昕彤　卢　山　杨　洁　江佳璐　聂　攀　唐林立　秦超毅
唐勇泉　吴　甜　邓丽侠　王家嵘　高　慧　陈云天　李凌之　周国君　杨沛青
王雅怡　吴廷奎　赵劲歌　吕　籽　宋佳佳　段　婷　刘洪红　范晶晶　孙　诚
蒲丽辉　王　兰　林　梦　幸　露　陈琦蓉　周春芬　叶　辛　孟　玥　詹文丽
王　阳　陈　鹏　黄瑶楠　彭仕允　陈颖禾　赵又瑾　邓杰颖　雷雅婷　卢春兰
谢丹丽　惠艳培　穆耶赛尔·麦麦提尼亚孜

华西口腔医学院

优秀学生（42 人）：

段泽西　郭黛墨　宁　航　刘星辰　程才奇　王雨霏　李涵识　王曼怡　王雨薇
查　萨　尹无为　万凌云　唐　爽　卢维立　程鸣佳　丁　虹　宗　弋　王　帅
刘　訸　郭彦君　向臻婷　田泽芸　石佳玉　李　峥　谭雪莲　刘玉洁　程　烨
邱静怡　张博文　伊亚婷　熊　毅　曾　欢　苏　畅　陈昭昭　龙　虎　刘　伟
唐丽洁　陈江玥　郝新军　李　波　梅颖颖　余汶静

优秀学生干部（21 人）：

李　博　黄一冰　赵　斌　谢冰洁　李浩然　谢　添　金震宁　蒋若尧　李怡源
庄怡园　赵梦远　董星彤　周腾飞　张碧荷　李　蓝　冯　捷　黄稔欢　陆跃智
葛艳萍　周雅川　王　骏

华西公共卫生学院

优秀学生（65 人）：

田　霖　邓皓月　周文洁　陈　楠　熊华英　范　恒　王　旻　赵　芸　黄真真

张　璇　刘　丹　陈　盈　李雨辰　高　莹　许云屹　代晓琦　高明月　刘　斌
陈嘉熠　杨琳琳　罗　希　曾　欣　凌　莉　邹　静　马　娇　李　沛　谢佳丽
王彤炜　董丽佳　梅　洁　刘祖丹　周　婷　梅一堃　赵浩宇　管晨滔　王　楠
吴　迪　齐鸿超　冉进军　朱成华　严　冬　蒲启康　张艺丹　李　钰　刘　阳
郝潇月　车　瑶　方律颖　赵　娜　马亚娟　龚　丹　牟雨婵　蒋明娟　宋雨亭
刘思静　陈亚玲　李姗姗　赵思琪　颜　妍　张栩瑞　姚永娜　刘　毅　赵雨佳
余　林　孙芮晓彤

优秀学生干部（28 人）：

沈晓宇　谷晓颖　段若男　朱一丹　安景欢　秦昊天　任　欢　张晓娇　曹　聆
屠　江　张雅敏　吴虹仪　黎　明　耿沐熹　陈宇航　郑旭彬　崔　岩　肖成汉
卢涛涛　骆焕园　吴晓朋　张　雪　黄蒙倩　蔺　轲　廖文平　刘佳琪　崔琪奇
王小千

华西药学院

优秀学生（22 人）：

阮慧瞳　王一冰　赵佳佳　李　莎　何雨薇　彭　珂　赵千千　郝汉君　姚露露
林桂凤　刘　敏　闫　仪　刘思美　吴　蕾　徐博成　林　艺　李　想　万静羽
唐　甜　徐　婕　韩　珂　朱　娜

优秀学生干部（20 人）：

沈璐琦　陈体佳　王梦雅　陈少青　陈玉洁　陈寒梅　徐志行　刘子钰　张绍山
陈　晨　魏国旭　董铭灵　张一佳　杨丙建　杨玉洁　谭　淼　陈　乐　沈瑞雪
宋茂远　丁文杜鹃

吴玉章学院

优秀学生（133 人）：

童　贝　王子文　冷　凤　李　瑞　姚　超　俞昭日　李世阳　吴彦冰　张　锋
田静晗　张　帆　殷克迪　钱一玮　靳　琦　刘澜颢　曾庆波　贺　唱　李　婷
文　镭　刘博文　米　亿　董胜利　雷周玥　孙　林　夏　飞　向春兰　陈冬宁
吉晓楠　吴　帆　雷　颖　闫震伍　康楚鑫　佟　鹏　刘　春　陈　硕　王　鑫
燕孜嘉　杨　丽　张紫艺　盖　辛　汪　越　丁　超　陈　微　朱家琦　肖江辉
丁　娜　杨　勇　周冰洁　罗志一　刘依依　胡　平　梁竹君　党　斌　刘　洋
胡　媛　董芃飞　谢丹娜　雷云凯　喻　龙　张冰洁　李彤玥　汶　莉　饶王林
罗一丹　张　冉　李　舒　贺泽亚　宋寒昱　骆丹媚　邓迪心　周奥杰　邹心如
黄姮欣　刘　韵　晏亚敏　刘柯纬　刘自鹏　王自琼　何仁杰　石云鹏　魏　冬
于智伟　凡　航　张迅晖　吴　桐　邢天石　刘心悦　张厚兵　雷　博　朱红玉
吴莉姝　李海翔　冯一盟　张虹宇　徐梦辰　塞　嘉　夏嘉豪　戴烜中　王舒墨
黄愉佳　陈　晨　徐　洋　余樨源　胡进玥　齐　峰　任　婕　郑斯予　鲁理治

欧思璐　郭夏霖　顾舜岩　于　洋　秦紫嫣　王倩雯　程子珊　任舒凡　冯倩倩
张　璇　程一李　傅晨宇　罗文芝　王　勤　冯白羽　孙晓东　李　昂　朱　黎
韩选梅　袁　一　雷　明　郑歆蕾　许　莹　唐梦莹　上官莉卿

优秀学生干部（117 人）：

徐敬蘅　申书瑶　汤珏琳　王永灿　辛立光　张洪诚　张鹏成　段　然　阚新婷
林梦雅　孙辰朔　孙　亚　肖　毅　宋颖亮　张武杰　韩　佳　丁占岭　陈哲明
齐佳宏　宁浩然　魏　东　赵鸿博　康　婧　严　珣　孙瑀璠　杜仲凯　朱启亮
翟海鹏　伍京川　宁　冉　贾思宇　应宇阳　丁依宁　邹兰霞　谢圣恩　王　鹏
江　霞　魏　巍　刘　欢　张玉哲　陈　瑜　王伟冲　赵博涵　谭丹青　陈　旭
范松丽　孔凡航　柳　兴　徐国栋　刘书杰　张　玲　宋红静　王　航　于志飞
张　凡　罗荡慰　周禄宇　陈　豪　唐　波　杨　川　罗　东　林昊宇　唐　文
徐　晋　袁　宇　冯　笠　李泽明　王治栋　胡清泉　王　峰　闫东葆　李天华
徐弋舒　王文君　王　倩　沙铭宇　赵倩琳　蒋正华　周芮宇　刘晓旭　闫　松
吴　兵　杨彧婧　张耀辉　胡潇月　陶思婧　王伟男　吴亦雄　许　睿　叶　欢
凌君瑶　杨忠良　任韵洁　沈蔚萌　杜佳音　刘怡辛　鲁又萍　阮艺晨　黄　申
张博文　尹曦梓　王瑞胜　马诗韵　尹昌臻　娄藕蝶　张博彦　秦豫川　周　欣
刘璐桡　马　赛　陈志媛　杨昕昱　齐　珊　李远哲　杨　蕾　蔡绍鹏　邬苏颖祎

四川大学 2011—2012 学年本科生学年奖学金获奖者名单

经济学院

综合特等奖学金（1 人）：

郝金星

综合一等奖学金（33 人）：

程　卓　王　瑶　唐　捷　李佳琪　尹洪毅　王莹莹　郜丹阳　何　凌　李雯馨
高博楠　李　雷　李慧丰　全　婷　张经纬　胡思弈　王腾飞　朱晓旭　刘琼琼
姜召花　梁杰源　罗丹兰　吴金宴　黄　雯　王清川　吴　诚　何　梅　王阿咪
朱芳菲　谭博仁　郭　驰　杨　杰　吉思琪　陈　成

综合二等奖学金（66 人）：

蒋赛楠　常　晶　蒋溢男　靳慧祎　陈阳月　穆　静　潘欣婷　覃干哲　陈相君
孙冰妍　陈含月　刘成桦　樊　羚　白昱迪　李宝珠　余　洁　刘　芳　黎　盈
姚　佩　张　雪　刘琳琳　郑　科　宋银初　李梦真　杨　豪　田梦汐　王　言
陈舒虹　蒙诗霞　廖　蕾　丁春花　黄璐莎　冯　茜　李廷瑞　赵文琦　刘方玉
胡　珠　马梦雪　袁静羽　罗　茜　刘珊珊　温筱奕　罗家梨　付倍佳　杨静晗
杨美月　马剑铠　蒲贞子　张冰洁　许　月　何　元　唐　吉　周佳莹　刘慈音
冯倩宇　赵　达　陆　璇　王　君　薛　熙　李毓倩　马晨希　熊　源　张译文
杨绿野　雷婷婷　李逸然

法学院

综合一等奖学金（12 人）：

张　娜　曾　哲　肖　婷　云　姣　赵　亮　陈丽驰　何盼盼　杨小涵　梁　晨
马骕骦　周媛媛　郭　馨

综合二等奖学金（24 人）：

蔡士博　王心语　楼秋然　晨　星　宋　闯　方若霖　胡　晓　严有才　罗　琴
张海林　王一婧　宋德壁　舒　岚　张倩茜　吴　霈　罗宇环　王圣宇　雷　刚
杨　倩　李欣怡　李　晶　冯沛波　明　晨　梁雍薇薇

文学与新闻学院

综合特等奖学金（1人）：

朱洁瑾

综合一等奖学金（28人）：

尹红红　盛　慧　武子雯　文若暄　吉宁韵　林婷婷　李佩昀　刘　娇　蒋聪滢　战　浩　冯青青　韩潇怡　陈小可　甘浩辰　翟　敏　冯添华　吕　倩　王尔馨　钟成文　石勖言　关伊湄　高音子　郭　倩　姚　尧　杨雅舒　王长林　赵雪伶　陈宜然

综合二等奖学金（54人）：

张文钦　冯倩如　黄慧娟　王嘉瑞　杨婉婷　吴倩倩　杨　容　滑　艺　洪淑贤　黄　璐　刘晓虹　史仲静　谢崇羽　罗彬萌　蒋小燕　秦丹华　黄　然　任俊颖　张艾雨　蔡加琪　叶柔刚　张莹云　陈思行　欧阳潇　黄烁冉　刘　朔　朱丹婷　岳宁馨　冯小芯　屈思源　吴雨洁　邹雨薇　肖　瑜　庞雨薇　宦沐伶　王　凝　肖　桢　张正银　康璐昕　何凌举　余石楠　宋一苇　刘晓倩　姚红宇　邓新宇　黄秋果　何淼冰　潘墨含　林　竞　冯　迪　凌　慧　蒋　博　郑　炼　马　嵘

外国语学院

综合一等奖（14人）：

汪雷力　卜丹辉　颜紫薇　张艳阳　范潇然　朱虹霖　梁　雪　喻　静　祝玉龙　廖翠玲　王淑玲　黄院丹　郭力嘉　霍妍妍

综合二等奖（29人）：

庄　严　徐小乔　曲媛媛　肖　雪　孙　丽　于　倩　杨镜台　闫　玥　熊　灿　刘　洪　陈梅梅　张　璐　古　帆　廖　望　郭佳炜　周洛伊　王　力　王　欢　郑雪艳　张思晶　姜晓涵　张　又　崔慧杰　孙　巧　周　亚　秦晓婷　唐宇航　母　丹　徐　歉

艺术学院

综合特等奖学金（1人）：

王智莛

综合一等奖学金（22人）：

张　鹏　石云天　曾　真　郑雅文　陈姝言　肖光耀　张　坤　赵存存　朱明潘　杨　玫　罗敬益　马宁妆　陈于思　毛　栋　徐　雅　鄢婷然　黄亚珂　韦昊昱　苑雨萌　王　璇　李晨雨　岳雅轩

综合二等奖学金（41人）：

丁旭阳　李　敏　骆　菲　曹晓梅　姚　韵　倪　宽　刘太玮　吴　霜　詹　茂　彭　帆　闫璐瑶　吴溥航　李仁渤　吴　蝶　尹世凤　秦　哲　杨柳青　黄　彬　侯侃侃　杨晓洁　梁　博　常　晨　王　驰　张亚丽　范艺嘉　郭　俣　李袁媛

尹　村　余　彬　黄子薇　黄媛媛　唐艺菲　骆玉阳　秦鹏飞　张子玉　屈　艺
余　瑞　张竹莉　陈　丰　常朦朦　海尼果衢

历史文化学院

综合一等奖学金（12 人）：

罗　茜　任　琳　张辉甜　郭雅琦　张青青　王　玮　蔡思雨　白沛田　贺逸云
高　烨　唐明欢　刘静雯

综合二等奖学金（27 人）：

吴宛亭　张力开　屈　玥　赵　杨　林红霞　孔天添　罗素云　刘　畅　孙　晶
龚　颖　陈贝贝　王　仂　杜　乔　万剑锋　周婷婷　周毅恒　刘　芳　金恺文
赵威炜　宋　丹　刘　韵　任　靓　徐亚川　林　琳　章振颖　王　星　杨环环

数学学院

综合特等奖学金（1 人）：

赵君一郎

综合一等奖学金（10 人）：

吴慧雯　汪哲东　陈锦熙　崔诗东　唐浩耘　李佑铭　周　玲　徐瑞图　赵昱琦
李昊天

综合二等奖学金（19 人）：

王　东　杨　馨　胡增圣　付仕辉　胡盛清　许飞青　马天闻　周姗姗　张濒丹
罗东山　余　睿　胡又壬　刘书琳　于　亚　杨　洋　唐润天　郭凯迪　张承曦
赵　威

物理科学与技术学院

综合一等奖学金（17 人）：

刘　静　熊一玉　王晓双　李慧梅　胡庆东　陈潇驰　汪　茂　刘　丰　何　玥
陈　川　石茂林　杨　雪　郑林炎　曹　路　陶　宏　赖登先　胡昕鹏

综合二等奖学金（39 人）：

赵欣欣　董　航　邹金雨　熊　放　邱晓东　王玉东　严峻峰　安　康　刘　杨
万　波　许　佳　盛经纬　林钰晖　陶龙春　鄂俊成　李丽丽　孙　琦　董自强
方龙杰　袁靖雯　王昌言　戴深宇　王蓓蓓　王嘉琪　张博威　叶冯俊　王紫江
李予才　郑天意　杨秀霞　赵世林　张　红　王　焕　韩雨李　任宏斌　汪　杨
吕俊杰　杜宇轩　李　航

化学学院

综合一等奖学金（16 人）：

刘喜佳　郑晶莹　张　文　傅松森　罗　越　翟筠秋　施蒂儿　商　睿　王　玉

王倩倩　陈　影　明佳林　余坤益　庾星驰　王　烨　沈　斌

综合二等奖学金（34 人）：

王铃玉　李　雪　胡　岚　张金懿　杨　琳　王　乐　文　璐　夏碧波　余慧敏
杜　蔚　白　巍　陈冠男　蔡　娇　洪　运　张　磊　王思博　邢秀京　熊　炜
袁婷婷　杨小雨　崔晓宇　邓新媛　王　茜　李梦涵　郭　瑞　陆正未　许亚莉
卢　岩　周凡丁　季鹏飞　白云平　林晨璐　曲　琳　孙娟娟

生命科学学院

综合一等奖学金（17 人）：

朱　江　李梦洁　陈旭栋　朱晨静　王　忱　彭　芙　张津淳　李志方　李　婉
李新元　毛冰心　苟靓珂　黄金亮　王　婧　张　珮　温　馨　唐　磊

综合二等奖学金（29 人）：

龙　敏　张　天　曹　倩　郑　新　金冀红　梁笑濛　张馨月　何佳玲　德　蕾
于正洋　景志信　冯　羚　邓　源　胡佳盼　唐　馨　金　巡　秦汉韬　吴昊肸
杨雨静　秦　琴　张　倩　金　欣　姚　缘　李　洋　严川强　赵梓伊　梁　竹
欧敏祎　汤永萍

电子信息学院

综合特等奖学金（1 人）：

赵亚丽

综合一等奖学金（26 人）：

徐成强　史慧萍　李　江　王遂生　王艺涵　谢宗良　王烨茹　石刘洋　周　敏
廖　鑫　王　博　张爱丽　陈洪刚　徐佳宾　徐雪炀　李路长　李佳莹　杨志勇
连秋宇　穆雅鑫　杨　超　高　蕊　陆韬宇　周　龙　祝子祎　牟南历

综合二等奖学金（54 人）：

邓莅川　王永恒　冯云勃　罗　里　郭玉成　傅雪梅　王丽萍　李丽娟　尚国武
杨贵德　王洪彬　周兴莲　胡凤鸣　鲜娟娟　胡卓非　陈阳晴　郑显敏　王李松
唐　茗　杨弋斓　李尚文　康文武　孙红梅　卿　亮　付文杰　何秋燕　张　健
路　达　薛　敏　刘　超　阮　旭　龙香竹　李金炳　杨志颖　杨　丽　陈美英
彭志伟　肖　玮　陶重阳　衣凤羽　王钊南　唐可欣　徐　蕙　刘洁琼　余　晨
何　蕊　冯俊羲　鄢小慧　迟晓桐　张　超　吴勇晓　赵　琪　田玉婷　吴一帆

材料科学与工程学院

综合一等奖学金（17 人）：

解明皓　傅　玲　张瑞雪　席国强　吕　静　王　森　刘　洁　李相洁　羊绍警
谢东岳　王　靖　李贤芝　吴　欢　陈家慧　李伟钦　孟嘉琳　付　雷

综合二等奖学金（35 人）：

郑　刚　陶　红　孙创超　吴傲路　薛芳娅　周艺璇　汤玺川　周云川　袁　敬
李正律　贾桂翀　骆凯明　王珊珊　吴　彬　王广瑞　徐雅晨　王亦牧　谢方圆
游　月　杨滢涓　张　涵　丁　力　郭　盼　黄晓蓓　张夏宇　杨　琪　吴小慧
王天娇　向美诗　李　程　姚学峰　魏小雅　李　伟　邱德春　付　盈

制造科学与工程学院

综合特等奖学金（2 人）：

李　璠　卢　坤

综合一等奖学金（32 人）：

徐方舟　丁龙杨　李宁波　秦　明　尹小忠　於云骢　周小琪　赵华梅　冀　锐
杨本翼　赵　雪　谢罗峰　张　博　马登秋　蒋新雅　符桂铭　邓丁山　陈是扦
杨　潇　潘成刚　李　耕　龙京京　林子皓　杨玉莹　李宇庭　谷芸蔓　何　泉
张　莹　张润峰　谭　峰　董　洁　吴　杰

综合二等奖学金（66 人）：

陈　强　陈　栋　郭　超　何林桐　黄　鹏　李　杰　刘同焰　罗经平　唐　星
田　庸　王嘉伟　魏煌林　吴　博　熊　佳　查长海　肖　杰　刘吉喆　吴铭榜
贺曦倩　李乐乐　罗雅婷　周　甜　李文庆　张　鼎　刘　洋　朱岐峰　张是首
韩　磊　王梦璐　贺立喆　孙　飞　黄微微　盛天一　傅继贤　柳晓东　谭璐瑶
郑　义　黄书林　杨　微　安　靖　祁正兴　吴　锐　王　薇　吴梦天　郑友平
马　毓　孔令溪　王　强　钟　洁　李佳恒　邵文毅　李显铃　杨　奎　张　科
王莉君　蒋仁奎　冯旭克　樊　星　李开兴　李源霜　王　杰　王　亮　傅笑珊
谢　涵　何　勇　杨　萍

电气信息学院

综合一等奖学金（35 人）：

王　栩　汪妍冰　龙云飞　周蜀钦　廖斌杰　陈　振　杨健雯　胡松伶　刘怡君
马晓阳　胡宗宏　曾雪婷　吴倩红　王　颖　尹　青　冷　月　任炳俐　唐俊祺
孙尚迪　郑舟恒　刘山松　王旭东　马　瑞　樊婷婷　袁少宁　孙　滨　赖秋菊
陈　静　张宏静　陈　典　杨　恺　魏　萍　廖向灵　陈　畅　黄竹慧

综合二等奖学金（72 人）：

邓　烨　张　琦　于　静　佘柏科　罗雪玲　刘　丹　艾海德　朱丽玲　鞠美芝
肖雅元　周晓雨　刘勃江　周有金　王　超　李晓萌　王杰鸿　徐　芮　刘　畅
赵思翔　王羽佳　谢　亮　幸思远　王智琦　戴明秋　赵春梅　施锦月　赵　夏
邓　进　赵　欣　熊晓祎　林美涵　宁雪姣　任　跃　马愿谦　苏韵掣　金春苗
曾媛媛　莫廷前　薛　林　宋晓雨　边海栋　李小利　谭心怡　夏　莹　王墨涵
何元利　李博伦　周　萍　陈富琴　林　蕾　唐铄雅　李佳逸　张程翔　张　含

刘 凯 张雨洁 刘丹华 宇文甸 王 迪 张弘历 陈树煜 马菁蔓 尹 航
李 欣 杨植雅 陈飞宇 蔡 振 陆朝旭 李佳涵 杨 跃 王文倩 赵泽引

计算机学院

综合一等奖学金（26 人）：

雷 晓 熊 莉 袁 熙 叶千川 杨亚鸣 徐焕然 蔡 颖 李美艳 李高翔
王煜璁 李文超 刁梦媛 曾志刚 张培梁 沈熳婷 贺凌飞 王 栋 朱能军
张 苗 陆杨迪 王建飞 符 阳 李 飞 吕晋雄 郑集慧 黄嘉培

综合二等奖学金（53 人）：

曾 昂 何浩文 林鹏翔 王 能 陈 慧 许 超 李 鑫 贾 梦 阮松松
刘 乾 夏 宇 彭 超 周益剑 刘礼铭 程 敏 陈 珂 刘 洋 周文安
符 敏 庞 枭 达 铖 王兴华 黄 敏 许进文 方若男 杨金星 杨 光
谭 滢 邹 弢 王艺博 李程程 王一然 高婉玲 汝大福 史思萍 李冠一
罗晓博 周 路 李文珂 庞廷海 刘林封 马晨曦 唐绍枫 赵 轩 马 培
陈 强 王奇峰 黎婷婷 肖俊斌 郭燮斌 白 帆 徐修远 郭 文

建筑与环境学院

综合特等奖学金（2 人）：

杨桂权 陈通恒

综合一等奖学金（35 人）：

柳 藤 潘鹏程 陈 静 谭 潇 王 振 刘艳秋 郭文健 丁艺喆 金 薇
樊 存 柯亭伶 伍晓丽 张 帆 施 媛 冯 琳 边静虹 刘俊杰 金晓威
杜 烨 杨 颖 许伟杰 王 俊 杨上清 付国顺 桂 亮 刘建伟 魏 磊
陆 祎 蒋 燕 胡 晨 张 涛 王 凯 李锦嫱 金 鑫 王怡庆子

综合二等奖学金（67 人）：

陈晓月 江睿琪 王晓娟 孙琪悦 刘 帅 万 雪 王 君 杨一苇 邓伟艳
卢晓辉 陈思敏 陈 琦 刘 念 胡 莹 郭崇波 徐志斌 郭征明 蒋耀东
杨序猷 陈 森 罗传烽 刘珺函 韩悌信 王艳飞 李杭芬 伏 迪 陈 欣
刘瑞欣 刘思思 李姝颖 宋 月 刘 瑞 苏柳月 罗 毅 黎 陟 陈稚瓛
郭雪峰 洪 宇 黄 李 李延东 刘 杨 周伟杰 曾 忠 何 涛 任 龙
莫 娟 邓 强 张 宁 刘 意 刘小梅 史雅楠 刘 涛 鲜志斌 刘 凯
踪 宁 汪宏宇 李旭锟 禹亚杰 邱雪凤 简 祎 陈 源 郑琪豫 邹一石
万耀璘 曲 浩 朱金凤 吴 昭

软件学院

综合一等奖学金（19 人）：

王小天 王 珏 王凯强 彭靖雯 耿 朋 施旭东 贾贤艳 杨佳颖 袁 静

周劲松 王亦宁 严志涛 陈正海 黄卫智 黄小卉 鲁亚男 胡 星 杜东舫
陈芳蓉

综合二等奖学金（40 人）：

刘志伟 王 怡 龙 鹏 卢 鑫 刘 鑫 成柯葳 冯 庆 邹 飞 胡竹青
王雅婷 张丽梦 曾 伟 刘文浩 杜日鹏 张宇光 胡麦芳 张荣琴 屈媛媛
王启东 王炳琛 陈 枝 孙 楠 李鹏飞 赵 赦 杜 伊 张昱馨 杜袁茵
许昕珑 邓 婷 秦华赟 黄顺婷 胡智勇 姚淑慧 袁 珂 朱宇轩 孔莉莉
林 孟 王雯鑫 朱 婷 欧阳潘义

水利水电学院

综合特等奖学金（1 人）：

赵丹璐

综合一等奖学金（27 人）：

王守光 赵蒙屏 周承京 刘 琪 吴 晓 肖 薇 黄珏皓 吴 毅 刘志强
陈军伟 戴苗苗 申嘉荣 陈 啸 徐山琳 杨勇伟 贾鹏飞 俞晓祥 胡 正
熊 瑜 唐 勇 罗晓丽 赵佳男 胡尧尧 段炎冲 安再展 杜 征 高海涵

综合二等奖学金（53 人）：

王磊之 丁 哲 王子豪 李 倩 殷 铭 余娅丽 谢 晶 王 佳 刘明星
张隆松 黄俊峰 李成凤 周文龙 李嘉峰 黄 琼 江砚池 童 娜 岳圆圆
李乾德 李 旭 王春懿 邹 璇 丁 铭 翟俨伟 栗 煜 董美玉 储志强
方龙章 曾敏军 李毅波 邝文果 杨 敏 郭洪宇 刘家易 尹 霄 孙 宁
齐 娜 胡 桢 张 杰 杨 华 李一唯 丁 杰 李 睿 李 婷 郭 辉
石 杰 黄菊萍 刘倩颖 肖珍珍 许 媛 李 强 余 杰 能合尔聪

化学工程学院（630 人）

综合特等奖学金（2 人）：

陈 明 李姗姗

综合一等奖学金（36 人）：

吴怀盛 肖 月 郑雯佳 张丽莎 赵小燕 陈若松 潘 可 姜慧妮 张峻楝
张育莎 吕 薛 石素霞 许 磊 钟宜霏 张塬东 金凯强 曾山晋 方 敏
熊歆诺 潘才惠 李 丹 陈苗娜 梁 双 李莲棠 向 炜 高文波 辛 燕
陈德权 郑毅骏 刘力歌 鲜 一 王瀚霖 邵世鹏 黄敏慧 龚宇梦 杨秀兰

综合二等奖学金（72 人）：

李秦灿 胡金鹏 蒋 萃 曾际颖 刘学谨 尚一丰 吴一凡 罗崇丹 程 郡
刘露月 张建华 颜培洁 邹 涵 雷芷芯 周正革 冉隆治 韦雪琴 汤 丹
陈 璠 马梦竹 李 丰 曾 强 张晓跃 陈志浩 李彦成 沈 鑫 辛 晨
胡 昂 郭世蒙 彭雯娟 卢 雪 兰 冰 范艳芳 李晓迎 谢兵飞 徐博雅

裴闪闪 邱旭蒙 周 茁 李 星 陈 晨 许德军 陈 莹 唐丽君 马 冰
孟晓玲 何慧悦 杨倩茹 王 征 刘凌岭 张军平 袁 炳 张福浩 郑 征
杨 涛 张耀文 钟伟良 李文艳 赵春旭 程世萌 范宇浩 曹桢鑫 潘 浩
顾志平 张寒光 李 涛 黄露义 罗 红 郭 涵 周 颖 文 馨 马雪阳

轻纺与食品学院

综合一等奖学金（28 人）：

章晓蓉 邱静红 侯 芮 章培昆 韩颜庭 荆 蓉 李晨晨 袁 博 孙华圳
余 跃 罗凤香 彭灵慧 陈龚子 毛成吉 唐 利 陈 曦 粱 如 戚伟鹏
杨彩姣 张 琦 田赛琦 尤伟婷 王 芳 陈晓霞 孟 虎 金 青 胡 燕
王 洁

综合二等奖学金（51 人）：

谢昊宇 刘灵美 兰雪萍 唐雪鹭 邓 进 徐泽坤 刘 丹 张 婷 可真好
刘 静 兰乐君 张杨杨 高江帆 蒋季苒 熊 敏 牛美灿 王 皓 白津榕
吴任碧 付睿婕 阮歆茹 郝美勤 杨 艳 谢欣君 罗丽丹 李晓芸 黄凡崇
尚 丹 陈露致 魏丰然 李 行 黄 荣 高秋玉 朱一伦 朱瑾瑜 欧莉莉
马莹莹 何依谣 陆哲超 杨双骏 戴 莉 龚杰才 倪 悦 谭 靖 张 鹏
叶姗尔 张翼蓝 刘柳含 周廷婷 蔡雨苏 王吉平

高分子科学与工程学院

综合特等奖学金（1 人）：

刘铮扬

综合一等奖学金（23 人）：

戴 茹 闫玉刚 邓 莎 周鸿菊 邓 洁 赵 黎 陈哲峰 周 东 廖述驰
郭墨林 吉笑盈 朱 燕 王 杉 李斯文 张 青 韵夏伟 彭媛梦 雍雯雯
王 睿 李 朝 苏昱恺 杨 墨 徐长勋

公共管理学院

综合一等奖学金（25 人）：

吴亚平 周裔丁 陈朝兵 焦 艳 李亚风 虞思维 郭艳君 冯 骅 李建伟
欧 忻 李 娜 蔡卓君 孙潇雅 胡 卉 李明天 闫 珎 林鹿珊 宋雅倩
王俊林 高逸超 侯瑞琪 胡梦鹰 蒋小蓉 柳美君 邓云雁

综合二等奖学金（50 人）：

熊英局 刘晓菲 李弘彧 牟 旭 卢 姗 张乾瑾 简 旭 王 赟 孔令杰
王志红 张燕玲 汪 雯 吴 凯 李玉娴 杨云秀 吴九思 高 霞 邱 羽
王艳西 范娇颖 王太伟 安 芳 朱晓敏 王 业 陈振营 付玉联 李寒凝
林 玲 李盛楠 杨梦萍 李 曼 刘 恋 杨蕴睿 谢宇君 王艺屏 刘海燕

刘楚楚 柳雨佳 张金保 蔡菲莹 郭思情 李琳源 董佳韵 席 戬 刘任烨
李蔓莉 虎嘉瑞 宋文弢 徐 娇 文勇杰

商学院

综合特等奖学金（1人）：

李 林

综合一等奖学金（30人）：

黄加顺 谭俏雅 李小兰 谭晋秀 姜灿慧 侯 露 李伟平 马 迪 李 莎
郭兴兴 陈欣笛 徐晓情 蔡林婷 董香寒 彭晓敏 梁 攀 李佳佳 杨雨洁
刘翩翩 洪 琳 海 贝 游 洋 张梦翔 罗潇潇 周岚亚 刘克艳 徐燕燕
赵雪晶 闫 洁 杨晓曦

综合二等奖学金（61人）：

曾靖珂 顾 垠 李胜难 钟笠文 韦长婷 刘 思 冯江洪 张 柯 文 娟
刘曦遥 文皓铮 谭舒丹 韩芳芳 张缤月 陈耶丹 李岱霖 王昱丹 刘亚兰
崔可为 易丹丹 吴 兰 刘辰嫣 朱亦欣 王星月 王 燊 范文西 朱声娇
洪 坚 赵嘉怡 李江峰 林 玲 伍 玲 肖 笛 肖 敏 程 琳 杨 璐
胡包冬 张 毅 熊中毅 俞开业 邓瑀凡 曹 颖 陈彦含 安 芮 李洪江
邓佳韵 罗 楠 孙 帅 李玉珊 蒋 苇 王 婷 程经纬 台 旭 熊银春
胡岑玥 杨 瑞 杨苓栏 李中伟 葛 锐 叶双红 胡 谍

华西基础医学与法医学院

综合一等奖学金（9人）：

唐剑秋 陈 慧 陈 帆 张心月 陈 晨 邓义波 汪 洁 马 颜 陈奕姗

综合二等奖学金（12人）：

张雨晨 刘 京 赵顺莉 刘冬蕲 何 勇 李卫杰 王海舟 薛 莲 金 伟
孙梦雯 姚晨成 余 楠

华西临床医学院

特等奖（2人）：

刘文钰 林 静

综合一等奖学金（33人）：

左书凝 刘嘉铭 胡 鑫 赵宇亮 马宏伟 胡宗莉 杨运北 唐浩文 穆曦燕
周国君 童于真 王海川 刁凯悦 潘 成 熊恬园 李思辰 邓丽侠 李凌之
陈 鹏 段 婷 李玉豪 宋佳佳 刘洪红 夏德曼 王成弟 幸 露 张 蕾
陈世菊 杨 扬 赵又瑾 季侨丹 黄 丹 龙 航

综合二等奖学金（72人）：

张 璐 鲍一歌 周圣涛 朱 洪 李 晓 高 强 杨 靓 任洁钏 李燕燕

邱婷婷　郭子恒　唐之韵　郭　睿　魏　佳　郝南亚　邹　婷　方　超　翟　笑
张　冰　马亚仙　胡彬彬　管秀雯　何亚舟　于志渊　蔡沈阳　张　敬　刘芃芃
杨　阳　张林昊　易冬妮　郑艺玲　刘晓蓓　周　密　王家嵘　李为昊　高　慧
黄　靖　郭　熙　杨沛青　王雅怡　吴廷奎　李兰丁　张　菁　王　雷　郑　雨
陈　林　赵　蕊　陈肖雨　刘　娜　张宇斐　倪云霞　孙　诚　李　智　王苗苗
杨　薇　严　琳　詹文丽　刘挺挺　陈　雪　李　倩　邹莹洁　李　静　惠艳培
邓松清　邓杰颖　张家瑜　李玉明　张文静　雷雅婷　姜鹏兰　谢丹丽　王　冉

华西口腔医学院

综合一等奖学金（16 人）：

李　博　段泽西　郭黛墨　谢　添　万凌云　唐　爽　蒋若尧　李怡源　石佳玉
冯　捷　黄稔欢　经　典　葛艳萍　王　骏　李春洁　梅颖颖

综合二等奖奖学金（31 人）：

宁　航　刘星辰　黄一冰　程才奇　王雨霏　李涵识　王曼怡　卢维立　程鸣佳
丁　虹　庄怡园　宗　弋　王　帅　刘　訸　李　峥　伊亚婷　谭学莲　刘玉洁
邱静怡　程　烨　杨腾宇　周陈晨　陈昭昭　曾　欢　周雅川　甘雪琦　彭生诚
李晓龙　龙　虎　唐丽洁　陈江玥

华西公共卫生学院

综合一等奖学金（14 人）：

崔　岩　熊华英　朱一丹　陈嘉熠　董丽佳　王志成　张雅敏　周　婷　陈宇航
田　霖　周　密　赵雨佳　王立娟　李姗珊

综合二等奖学金（28 人）：

梅　洁　谷晓颖　李　晗　张　璇　陈　盈　李雨辰　高　莹　杨琳琳　罗　希
郝潇月　曹　聆　王彤炜　梅一堃　赵浩宇　管晨滔　朱成华　严　冬　肖成汉
赖淼菊　方律颖　王静静　曾　苗　王　瑶　武云舒　张　雪　党佳捷　颜　妍
周文洁

华西药学院（214 人）

综合特等奖学金（1 人）：

钟　婷

综合一等奖学金（11 人）：

胡　婷　胡　季　曾迎春　阮慧瞳　沈璐琦　陈体佳　余昕玲　张　樊　万卓雅
魏国旭　杨柳青

综合二等奖学金（25 人）：

高　青　梅　凌　林　箐　王梦馨　李　妍　张单单　邓　可　赵英慧　陈　萍
王梦雅　陈少青　赵佳佳　彭文绣　陶怡然　赵千千　费　凡　陈玉洁　陈　乐

万静羽　王一苇　曹鸣芯　闫　仪　董铭灵　韩　珂　霍珍妮

吴玉章学院（338人）

综合一等奖学金（30人）：

张　帆　吴　帆　佟　鹏　汪　越　张　锋　夏　飞　刘　春　宋寒昱　罗一丹
李彤玥　肖江辉　李　舒　贺泽亚　林昊宇　戴烜中　任韵洁　杨忠良　吴亦雄
徐弋舒　张虹宇　徐梦辰　塞　嘉　夏嘉豪　袁　宇　杨　勇　罗志一　周冰洁
魏　巍　童　贝　江　霞

综合二等奖学金（51人）：

成乔升　秦　梦　代琳娜　邓亚茜　刘澜颢　刘博文　陈冬宁　赵正广　王　茜
赵鸿博　王永灿　魏　东　王　鑫　吴彦冰　张　倩　孙　卉　黄隽一　谭丹青
谈　心　唐　文　王德华　赵小菁　柳　兴　骆丹媚　周　颖　张正为　徐　晋
黄　申　徐　洋　余樨源　胡进玥　齐　峰　程一李　任　婕　王伟男　郑斯予
鲁理治　欧思璐　郭夏霖　顾舜岩　于　洋　秦紫嫣　王倩雯　程子珊　马诗韵
任舒凡　杨昕昱　冯倩倩　张　璇　许　睿　邬苏颖祎

四川大学2011—2012学年优秀研究生、优秀研究生干部名单

经济学院

优秀博士（7人）：

张学兵　赵　茹　余川江　邱成梅　郑晓曦　张仁枫　臧敦刚

优秀硕士（106人）：

杨陈晨　汲　静　石　倩　黄　馨　余晓羽　向晓旭　孙玲玲　范力丹　李　儒
叶红梅　刘晓华　王晨曦　崔　超　和再冉　刘跃飞　伍　璇　辛　转　谭寅英
胡水红　贺乐乐　钟菲菲　陈艺灵　张玉娇　何　科　左婧蓝　张婉琦　陈　思
袁艺月　赵诗琴　刘林昕　周　俊　封东虎　罗冉丹　徐丽君　邓　飞　朱洪轩
卢旭家　袁　洋　甘　雨　张金燕　王岚枫　李长浩　谢　茜　刘　灵　俞　颖
卢　燕　蔺思明　陶　锐　陈少炜　王林梅　王　湛　徐　蒙　杜知桓　张　帆
李　辰　田　薇　李旻媛　卢　洋　熊　燕　杨之斌　俞佳颖　周小卜　肖　蓉
唐丝丝　谢建军　张　然　钟芮琦　吴林芳　向　阳　郑　颖　丁　佩　肖　昕
荀　涛　李丹丽　刘晓清　匡宸郗　韩　旭　张子彤　王　祯　张兆元　霍江川
毛晓红　刘丛丛　陈　说　张铃晗　李　倩　贺勤超　赵超兰　何　彦　田益豪
陈　琪　王莹莹　陈　丹　李润南　游婷婷　苗帅飞　徐　惠　贺　巍　张宏波
李佩霞　张文博　文淑惠　冯睿琪　窦强刚　戴玉洁　邓鹏翔

优秀研究生干部（28人）：

詹　懿　任　巧　赵善辉　段加秋　唐　田　张尊帅　罗明志　李　恒　陈莹莹
刘　峥　李　娜　李　璨　瞿小松　罗阳雪　孙经伟　张天长　易　瑾　白准英
罗腾蛟　袁华剑　张智芸　李嵩然　王雅楠　周佳慧　冯　娜　周倪波　张岸薇
杨雯雯

法学院

优秀硕士（145人）：

陈　倩　彭嘉淇　王小利　付　星　方　延　曹代第　赵　磊　舒栎宇　康　晨
李博博　王丹华　陈　宇　白　霞　蔡　奥　肖迪威　汤博为　余　乐　董　鹏
孙　娇　蹇孝儒　陈玮璐　刘川北　蒲　涛　张苏弢　邓　煦　王　琴　刘滔滔
唐　桃　焦静波　何　腾　王安培　张　欢　李　恬　何不为　王　蛟　刘相玲

马　佳　周盈作　余　晨　曾彩莲　孔德琴　刘　娟　李双玲　钟　琴　王　锐
刘小庆　杨　峰　方筱闽　申　玮　贾海光　刘星妤　蒋航航　任　帅　郑　敏
石国伟　周六军　姚明亮　郑云慧　王　科　魏　迪　王　威　孙玉华　崔明珠
张　杰　胡　婉　何建良　刘　雷　郑洋洋　杨　晖　杨晓蓉　何乃华　杨秋艳
刘颖莹　曹潇尹　冯　瑶　张计玉　郝银吾　高　珊　陈艺文　刘　煜　张淋淋
金培城　许亚珍　汪怡楠　高　雪　周文懿　杨　尧　刘怡昕　邓珊珊　俞　聪
赵梦笛　张晓波　祝雪琪　胡晓庆　韩　琦　任丽萍　崔　颖　郑志玲　崔婷婷
熊　蓓　吕　建　曲　扬　卢洋希　杨　慧　王　洋　罗　珊　徐　菲　赵园妮
杨春洪　王晓维　雷云霞　朱　艳　薛静静　李亚芯　李艳青　刘明蕾　何　馨
孔凡林　蔡仕勇　谢常勇　屈银桥　席朝阳　王文茜　程巧玲　房素素　李　月
祝　靖　王　菁　刘晓雪　黎　铮　罗筠寒　张雪竹　向佼洁　唐　勤　黄　琳
曹荣阔　马立顺　杨　斐　陈　娟　何　为　汪丹乔　周如斯　张亦弛　林　灵
代玉彬

优秀研究生干部（38 人）：

陈长宁　黄培光　董　哲　蒋晓艳　祝婉丽　胡骏轩　邵廷喜　周海飞　谢　佳
霍　力　余　瑗　李　江　贾芳菲　陈　磊　闫　娇　梁志强　程周明　冼志勇
秦　丹　张　珺　阮魏川　贺碧蕾　张楚曼　唐琦麟　严韵子　余　晋　刘　静
张崇杰　邹　萍　赵艺雯　苑　颖　王小姜　陈　瑜　甘　柑　王　梓　吴　红
李　芳　冉　韵

文学与新闻学院

优秀博士（33 人）：

何燕李　周才庶　孙　婧　叶　笛　柳改玲　涂海强　马文美　李直飞　付飞亮
张　颖　李　城　高宪春　胡易容　刘吉冬　冯月季　李　玮　张雪娇　谭　成
黄弋桓　陈爱香　李步军　杨锦芬　孙　琳　樊莹莹　任连明　刘凤霞　李　哲
王永祥　谭　梅　谢春平　周　珣　刘　壮　闫文君

优秀硕士（155 人）：

吕　敏　孙淑芬　杨晓婵　刘　杨　刘宇佳　崔　颖　李慧川　张鹏程　曹　薇
曹先希　梁　仪　尹　力　余文燕　何海燕　黄玉兰　黎子微　张一骢　陈锦琪
向聪颖　罗　静　陈林琼　杨　璟　吴东倩　孙晓曦　何　娟　贾　真　杨晓燕
李　彬　陶晶雯　梁起峰　赵　靓　戴叶笛　王婵娟　张　言　刘清宇　武慧婷
钟国平　倪　亮　李　青　陈　翔　王　洋　王明鸽　桑丽娟　宋　琢　斯秀萍
黄橙紫　张淑芳　肖　敏　欧　亚　杨　梅　杨雪玲　陈　丹　陈滢予　巩　雪
张力丹　乔志欣　丁舟洋　许梦婷　张尔煦　刘　佳　罗　倩　王　瑾　蒋诗萍
李　丹　杨涵雯　刘　倩　向　静　袁　婧　张　越　龚　赟　冯　乐　姬彬艳
肖　静　李　滢　薛园园　解开妮　刘雅涵　乔　磊　金　玲　黄晓胜　彭　磊
倪　亮　张　舒　张一帆　姜藜藜　白玉婵　徐　倩　马奔彦　王亚婷　鲜　芸
王　燕　张智帅　邹　旻　陈　悦　计晓云　宁　雯　杨　新　王军蓉　李亦男

王　晶　王利娟　吴　婷　张雨童　段　练　钦　佩　王锡靓　李　婷　窦玲玲
赵曼曼　宋　婷　付文尧　张　洁　兰　兴　党夏茵　李胜召　刘　婧　张晓祎
陈丁漫　袁洁洁　张尚华　周钰椢　张建平　王　溪　徐　盟　张　岚　南玲峰
万　铃　朱婧雯　阚玉娜　张　宁　赵　恺　刘　棋　华　夏　易　薇　麻安娜
齐向楠　龚小浅　刘苏辉　赖　鲜　周小琴　高力婧　凌潇依　马亚静　李雪倩
刘　凤　陶体富　赵媛媛　任瑞川　王红羽　袁　婷　余昕洁　李音霞　程家文
党聆嘉　向　瑾

优秀研究生干部（49 人）：

李　旭　冯结兰　罗子欣　王亿本　魏艳伶　陈颖彦　王志华　郑　妍　米昊阳
李　鸣　周小诗　杨　蕾　郎　玥　唐春燕　蒋　倩　郝　静　李　丹　陈　翔
杨明强　杨　璐　梁起峰　万珺文　马　娜　张力丹　张尔煦　梅春艳　敖　涛
马　霞　罗婧竹　吴　婷　宁　雯　邹　旻　付文尧　张　舒　刘苏辉　赵　恺
尹大海　兰　兴　赵媛媛　任瑞川　马亚静　窦玲玲　齐泰宇　张晓祎　李胜召
易　薇　陈　悦　黄庭柏　刘　丽

外国语学院

优秀博士（1 人）：

殷　贝

优秀硕士（54 人）：

刘　丹　谷　倩　吴　艳　陶晓冰　何佳佳　谭明玉　梁艺凡　金玲萍　元　博
梁思鸿　张　琪　郭天菊　孟　悦　田　鑫　贺雯璟　张　静　高　雅　尤　璟
刘　娜　吴　瑶　阳　谦　蒋小凤　杜　红　张柯辉　汤一沙　唐　尧　陈滢宇
刘艳君　蒋晴霜　雷定坤　王　蓉　车向前　唐　玥　周宇飞　李佩纹　薛梓檀
王雯心　荀　钊　党　利　李　丽　吴运芬　彭　偲　胡小薇　邓斯文　王　晔
王晶晶　钟林珂　文　静　翟云淑　程凯莎　朱　翼　王焰妮　侯小兰　王　畅

优秀研究生干部（14 人）：

刘　丹　谷　倩　吴　艳　元　博　陶晓冰　谭明玉　吴运芬　周宇飞　齐　平
李佩纹　张柯辉　秦会芳　王　晔　邓斯文

艺术学院

优秀硕士（40 人）：

孟　琴　王文婷　曹　旭　张　娟　邹　怡　黄　珊　芦金钢　刘　超　孙露璐
申秀琴　胡　茵　刘美缨　关迪心　吴璟玙　钟家奎　王　振　钱　超　刘照剑
杨莹骅　伍稷偲　叶姿含　崔久成　李夏怡　刘萌萌　张　岩　戴媛媛　褚忠良
傅天琦　陈菁菁　徐　倩　贾　倩　任慧娟　杨　潇　王晓辰　魏　华　向　婷
左梦琳　郑越梅　赵　帅　侯懿航

优秀研究生干部（11 人）：

吴　丹　连　超　宋宁宁　张静婧　于　洁　刘雯婧　黄兰兰　赵新源　李文强
张建兵　周　芸

历史文化学院（旅游学院）

优秀博士（3 人）：

罗宝勇　杨　勇　朱海嘉

优秀硕士（77 人）：

王　立　朱　箫　刘　鑫　杜　慧　王　梅　宋江华　李　兰　杨　婷　张玉秋
代兴群　阚明娜　张佩仪　谭登峰　韦莉果　余　阳　徐臻芳　阮红琳　曾　琳
闫雨诗　张　曼　陈　虹　曹　聪　姬利军　赵　蕊　张　成　王若楠　石　洪
王　如　徐金梅　吴　欢　张　晗　顾　欢　赵　璐　刘海汀　王文进　陈　敏
张　丽　武　刚　胡巧珍　张红敏　杨志强　朱思颖　刘小滨　吕　舟　申　雷
芦鲜艳　李秋红　张胜涛　綦姗姗　吴安琪　易　飞　王　琰　张　敏　彭晓清
王亚蓉　钱蓉芳　王云妍　滕孝敬　张　娟　陈　涛　杨晓燕　杨丽玉　李　盛
伍月明　马嘉利　薛冬晓　李明凤　韩　英　李佳佳　张辉辉　苏晓棠　陈亚军
马　轩　廖小平　许家森　张　敏　李克强

优秀毕业生干部（23 人）：

吴　欢　赵　璐　张　曼　徐金梅　王　如　杜　慧　刘　鑫　余　阳　李佳鑫
杨　婷　杨倩丽　朱　箫　李明凤　李佳佳　易　飞　朱思颖　李　盛　李克强
董　超　伍月明　韩　英　张胜涛　杨丽玉

数学学院

优秀博士（7 人）：

杜承勇　赵小娟　申力立　李　兵　陈新红　汪　星　周犁文

优秀硕士（25 人）：

李东方　武瑞丽　舒　强　单钰淇　张曾丹　秦天奇　王会超　陈雪梅　周　琴
高　波　杨春艳　朱晓婧　李　刚　吴增宝　杨利锋　杨丽萍　曹晶晶　王婷婷
胡　楠　王　飞　陈　刚　王明东　冯荣次　郭英文　武　梅

优秀研究生干部（8 人）：

陈　文　赵　超　傅雨泽　陈　红　周　丹　吴秋芳　邓　翠　侯智博

物理科学与技术学院

优秀博士（10 人）：

刘巧君　马奔原　于小河　朱　博　李晓东　郭静华　刘丹丹　丁利苹　王振华
钟明敏

优秀硕士（14 人）：

杨心师 黄其培 岳顺利 江明龙 樊晓霞 任浩浩 罗迪迪 乔丽伟 徐欣亮
洪斌斌 李 悦 张彦坡 邵 鹏 朱祚缤

优秀研究生干部（12 人）：

李 爽 黄其培 罗杰斯 王广妮 王 颖 刘 杰 任良科 朱祚缤 周 智
杨心师 张彦坡 黄 丽

化学学院

优秀博士（37 人）：

谢明胜 董顺喜 张欣向 张静静 杨永安 刘 波 钱 蕾 杨冬冬 冯兴文
李唯一 张成华 黄名正 王 敏 屈延阳 陈振玲 杨 帆 陈瑞娇 贺有周
杨 阳 何 鹏 罗富连 周 林 梁艳妮 简荣坤 蔡云飞 王 震 邓冬艳
吴之清 唐雨榕 杨 荣 赵海波 董嘉兴 秦绪荣 朱 荫 傅 轩 李 伟
任海生

优秀硕士（28 人）

蒋红斌 杨 凤 张 杰 刘广悦 张 梅 杨道宾 邓 杭 赵永超 刘 星
蔡郁青 朱敬芳 郝丽芳 李 霞 杨 斌 焦 雪 詹雪芳 曾 燕 姚 露
李良杰 赵 迪 王 琦 李 杰 段春梅 房志涛 郑 敏 冀红云 郑 浩
李雪梅

优秀毕业生干部（6 人）：

孙 婧 刘芳洋 张丽芳 邓承梁 楚阳阳 李成辉

生命科学学院

优秀博士（27 人）：

谢 洁 曹 瑜 张 书 赵丽华 雷 蕾 杨承忠 骆 玥 韩永光 孙文魁
万小平 侯飞侠 涂飞云 金 楠 李 偲 孟凤艳 朱国飞 孙 显 孙建瑞
徐怀龙 朱 峰 陈祥军 周英顺 赵克雷 严 悦 李昕然 时 政 吴俐莎

优秀硕士（80 人）：

奚 磊 范林洋 赵传武 权 强 张 曼 李久煊 刘梦瑶 肖宇红 王中浩
马抒晗 孙宏虎 徐青锐 梅兰菊 周 双 刘 艳 阎振鑫 房 晨 于 佳
张 霞 孟 蒙 张 航 瞿成权 唐 韬 安 娜 柴璐艳 张耀荣 胡 贝
晏华立 史慧娟 刘凤霞 李林俐 马 兰 杨朋娜 王 慧 李 頔 蒋 楠
吴 迪 肖 倩 李 晶 李 鑫 杨丽娟 李 建 刘洋露 耿天龙 李 钊
史翔宇 黎 伟 陈子柱 郝杰清 刘雪清 黄 杰 赵 旭 叶 扬 赵雯瑾
庄陆婷 朱玲玲 游 霞 何 难 黄锋光 丁聪聪 陈 祥 夏兵兵 王晓萌
陈正锁 曹 姣 司胜娟 庞 亮 赵琪琦 李成俊 胡远佳 吴丽媛 邹 蜜
王帅坤 吕 鑫 冯顺利 卜贵鲜 李 鹏 冷 鹂 王信波 杨璐一

优秀研究生干部（28人）：

林家富 陈志鹃 朱国飞 耿宇聪 马抒晗 徐青锐 梅兰菊 张航 瞿成权 安娜 唐韬 柴璐艳 黄蓉 李頔 韩永光 万小平 杨承忠 孙文魁 曾辉 葛彦双 唐荷 叶扬 杨璐一 曾祥勇 赖先军 李俊容 李秋兰 王信波

电气信息学院

优秀博士（3人）：

马超 李智 朱瑞可

优秀硕士（57人）：

王鹏飞 陈光堂 周晓燕 唐现刚 晏小彬 张凤 张新峰 张向亮 黄昭蒙 曹晓燕 伍言 白云 吴晓清 吴传来 张云红 孟鹏 邓丰强 张培高 王伊渺 李青 李红 耿天玉 黄韫栀 李年琼 梁濛雨 鲜果 张洪 唐磊 李浩 谭丹 周文越 张海翔 叶宗斌 高云 胡珊珊 尹洪 李茜 潘一飞 赵阳 李霞 刘旭娜 许立雄 李旭涛 邓翔 黄毅成 田立伟 李静 陈平玭 龚辉 张婷 郑莹莹 何川 文雪峰 樊博 王郗雨 彭聿松 彭昌睿

优秀研究生干部（14人）：

陈翔 李锐 李小燕 李扬 唐兴 宋园果 殷婕 张龙跃 许海青 陈卓 黄潇文 张铃珠 杜鹏 张茜

材料科学与工程学院

优秀博士（2人）：

白燕 杨琳

优秀硕士（37人）：

刘静 孙丛立 杨镓溢 刘庭良 包小涛 陈理业 朱军 丁宇邹 王杰 李晶 蒲勇 刘娟 刘文静 张军 王巍 袁沥 周伯林 曾静雯 宋珂 刘映 彭磊磊 罗林山 徐元杰 宋林伟 牟刚 罗林龄 蒋红刚 李娜 蒋玙 王芳 肖云军 王小元 刘霄 刘维佳 梁爽 陈寰 钟小溪

优秀研究生干部（9人）：

宫溢超 朱运锋 朱喆 金硕 段晓波 杨鑫 唐婧婧 陈浮 钟成林

制造科学与工程学院

优秀博士（4人）：

丁行武 杨天恩 李雪琴 万延见

优秀硕士（56人）：

陈仁金 杜 桃 樊小西 傅 旭 蹇 超 金成毅 李长案 卢健钊 罗 玲
牛振宇 潘 萍 秦德成 石树坤 苏 龙 田颖萍 万媛媛 魏仕烽 杨彩芳
杨德方 杨 勇 姚长文 张 杰 张魁伟 张林川 朱金波 张朝勇 余 敏
张 瑞 侯超异 李紫鹏 刘玉珍 王 晨 刘一凡 张 杰 王 飞 赵志忠
尚建利 李青涛 杜 昊 杨先芝 贺飞飞 张 颖 胡连军 黄世游 冯军帅
李小明 孙 艳 邓伟林 李 涛 刘 刚 安鹏铖 夏 鹏 陈谋钦 刘思思
李春林 蒋 聪

优秀研究生干部（14人）：

晋 毅 林兴旺 胡 锟 成靖文 闫喜强 司海涛 程美玲 李 杨 曾定洲
杜阳阳 杨 军 杨 凯 马金龙 张 雨

电子信息学院

优秀博士（4人）：

阴 明 高 翔 叶 荣 梁 栋

优秀硕士（91人）：

颜 慧 杨 伟 刘 强 李元军 彭明金 徐 亮 李笑涛 刘 辉 刘臻龙
李 克 唐仲俊 包凌东 谭 力 陈盈锋 易家玉 韩 开 刘 根 赵玉林
卢明腾 杨 丹 邓知秋 桓宗圣 尚培培 王明波 何 毅 陈相涛 杜青芝
肖纯智 张 涌 王 斌 高盛丰 马志锋 孙俊枝 闫 光 王海燕 谭 斌
周飞龙 贾巨库 董敏坚 唐晓兰 彭 华 谭菲菲 林兴锦 江 婉 赵 远
吴 昕 孙 迪 钟哲强 刘 超 张亚筠 马雪梅 杨 超 杨 洁 陈 蛟
殷晴晴 张莹莹 代 勇 邓昌明 胡凯峰 黎思敏 岳 虹 薛艳华 王 倩
王晨雪 李世绍 张 杰 李萌阳 翟玲玲 姜海涛 韦宇飞 李军华 王 强
黄文琪 阳佑虹 姚 乾 周 迅 冯希辰 王智利 方莹莹 张 钊 季 凡
周 莉 李 蔚 王丽莉 王 慧 唐 松 杨 品 王雪君 杨宗瑞 杨 洋
曹原周汉

优秀研究生干部（25人）：

张 莹 白林林 李 玲 孙 旭 邓上宏 罗庆春 武传龙 何 祥 余 磊
母 健 王天乐 王树同 代江云 张兴龙 纪超超 杨 鹏 魏龙翔 黄延炜
付 晓 吕 晨 李洪儒 邓 瑞 徐江民 路 鹏 陈 林

计算机学院（软件学院）

优秀博士（6人）：

尹学渊 陈 林 罗永刚 王海舟 王亚强 张 磊

优秀硕士（100人）：

戴 价 丁 芳 段文佳 甘启宏 高志强 黄 丽 黄江龙 黄 洋 江 浩

李国梁　李林峰　李梦诗　李明召　李　卫　梁　婷　刘凤珠　刘新国　刘振磊
龙　辉　罗德宁　牟　璇　聂章艳　祁琳莹　邱祥松　邱兴超　史梦洁　孙青云
孙彦清　王洁梅　王　晟　王贤明　吴　浩　吴鹏飞　向虹佼　项　予　肖　震
谢大斌　徐洪宇　许凤宇　许　森　杨尚乾　杨　鑫　杨智勇　叶万方　张　晨
张　帅　张　雪　赵　岚　赵　强　甄亮利　钟　科　周世龙　周　扬　朱超军
边　赟　陈　阳　傅俊鸣　郭虎奇　郭　泉　郝正鸿　何颖妮　侯明正　胡　鑫
贾　远　李　浩　李　攀　李　睿　李　勇　李泽昇　刘小玲　刘　燕　吕　昭
罗　松　罗志伟　蒲　亮　钱银玲　阙　舒　王　城　王　鹏　王　钦　王　硕
王小玲　王　洋　王　洋　文淑华　文　玉　许仕杰　严　波　杨登强　杨美燕
杨舒珺　杨　雪　殷肖依　袁　军　袁　龙　张　琪　张婷婷　赵　君　郑鲁腾
周俊成

优秀研究生干部（29 人）：

戴　价　丁　芳　段文佳　李梦诗　李　卫　刘凤珠　罗德宁　邱祥松　孙青云
孙彦清　许凤宇　杨　鑫　叶万方　张　晨　张　雪　赵　岚　赵　强　周　扬
朱超军　张婷婷　郑鲁腾　侯明正　文　玉　王　洋　王　钦　阙　舒　王小玲
傅俊鸣　王　鹏

建筑与环境学院

优秀博士（3 人）：

朱　艺　黄群艺　张婉嫕

优秀硕士（55 人）：

叶路生　罗海霞　彭　艳　周愉千　朱　清　李燕群　宋　鹏　蒋　敏　王　琴
刘彦菲　吴　婷　邢晓琼　陈　琳　辜　清　缪晓煜　李　冰　阚逸群　廖　莹
杨　丹　李　俊　廖春艳　黄　浩　唐长江　李　曼　施　宏　梁鲜梅　祁妙怡
马　进　吴彦增　王　闯　马丽红　张远理　刘先锋　邓　科　吴　敏　孙静静
徐晓苡　刘梦佳　唐艺华　余　韵　廖晨雅　汪晶晶　周　宁　石宇翔　杨井瑞
孙　洋　陈　荃　刘江慧　高艳娜　范恩思　伍　碧　杨　玲　施金豆　张　健
庄　超

优秀毕业生干部（15 人）：

罗龙海　焦宝玉　张　月　胡茗月　李　莹　谢伦武　李为之　李　沙　刘星彤
孙中秋　李秋莲　王　冠　王天泽　孙　铜　欧阳莉莉

水利水电学院

优秀博士（10 人）：

裴　亮　张　婧　王　东　杨　阳　常利营　蒋北寒　侯　极　杨庚鑫　胡　炜
曹　仲

优秀硕士（50 人）：

杨昊天　王　璐　郭志元　卢建移　俞小卉　艾　婷　王　莎　郑园媛　杨晓燕
廖元元　王蔚楠　邓雯文　王坤雷　幸　智　周顺文　刘小江　刘　敏　郑美芳
吴秋诗　谭丽慧　敬　星　叶玉健　徐廷兵　蒲小芳　王金龙　马妍博　武　晶
周泽江　郭曙光　行亚楠　李　亮　代娇娇　陈　贤　黄方泉　刘卓娅　黄　鑫
谢晓霞　李轶楠　袁　丽　罗启迅　张泽天　邓霁伟　陈泽辉　卓雷棚　陈丽丽
张亚磊　薛宏程　张冠卿　王　承　马　倩

优秀研究生干部（15 人）：

王　姝　罗吉忠　李晓迪　文　浩　骆　训　赵　静　郭曙光　黄　鑫　李轶楠
邓霁伟　陈丽丽　张亚磊　罗启迅　裴　亮　王　靖

化学工程学院

优秀博士（24 人）：

唐　艳　魏　竭　孙文晶　王保明　陈春燕　熊绍专　胡　堃　邓楠楠　汪　雁
袁旌杰　陈明军　杨秀山　邱　能　齐亚兵　谢通慧　牟川淋　范文教　刘　壮
蒯念生　罗靖洁　王　宁　李韦韦　杨羚羚　余亚兰

优秀硕士（61 人）：

李宗珊　熊钰婷　徐文庆　李　通　张潇娴　张芮嘉　张俊青　张茂洁　康涵昌
李振中　蒋　倩　付全军　冯艳艳　郭佶懋　黄　龙　崔海娣　应　超　王道才
潘晴晴　黄　斐　吴　頔　徐其鹏　聂　翔　尹　奎　余孟栗　刘凤嗣　曾　瑜
李　兰　胡有坤　华晓筱　邓　春　肖守松　胡　薇　孙文俊　王小梅　陈芳蕾
陈士清　王雁英　李延俊　李宣丽　陶川东　曹　雅　郭和一　关　鹏　宋筱露
蒙治君　郭俊江　吴雪莲　袁志鹏　赵　强　斯绍雄　王文睿　柳加兵　汪必耀
杨　畅　赵　艺　祝　杰　董　静　黄　英　李成佳　付太永

优秀毕业生干部（23 人）：

陈锡周　姬存民　龙　柯　王承洋　孙　毅　马　睿　杨兆鹏　王晰婷　周　伟
王　晶　王彩虹　梁　毅　王　雷　何晓恒　邹华煜　杨明辉　吴振元　贾理蘖
孙　远　甘　媛　张家栋　徐　艳　张文霞

轻纺与食品学院

优秀博士（4 人）：

曾运航　王亚楠　王康建　段　炼

优秀硕士（37 人）：

苏帝翰　陈　思　杜高敏　骆小草　朱正鑫　王艳平　刘　兰　肖世维　王斯慧
冯月玲　张　静　易　杰　莫丽春　祝瑞雪　范春梅　王　辉　孔钦明　郑　佳
李从虎　蒋和梅　吴　莲　吴论文　杨　璨　许晓峰　尚娇娇　张先熠　田振华
杜晓声　杨永伟　卢加洪　吴　楠　罗　芳　祁海平　陈　喆　于志龙　李　捷

吴发萍

优秀研究生干部（9人）：

陈　琛　伍杰一　肖　高　陈　艳　徐雅琳　胡　杨　王治远　沈　妮　郭正旭

高分子科学与工程学院

优秀博士（21人）：

战艳虎　何周坤　孙　振　梁　栋　姜祖明　王　滨　王晓安　段宏基　孔米秋
曹　俊　赵天宝　佟　锐　杨光辉　颜渊巍　耿呈祯　李　楠　杨海刚　徐家壮
鄢定祥　梅　园　顾志鹏

优秀硕士（75人）：

阳　龚　赵永生　刘　明　陈　晓　王宏远　罗龙波　周万立　毛独明　王　晓
邓连天　李　涛　丁　瑜　赵立朋　赵　兵　刘书萌　陈　璐　李宝钗　郭未琴
郭　丹　杨雨林　李根林　王思亮　占克军　冯　博　张海琛　杨皓然　王华东
于春娜　安　媛　曹　君　吴玉倩　朱　琨　贺　琴　邱永兵　彭　红　吴　铎
周晓勇　蒋　婷　周泽航　曹文玥　周　庭　葛卫兵　韩　忆　黄杰阳　杨　建
成　薇　黄　丽　薛　娟　党　鋆　薛　白　盛　燕　黄　朋　张红素　王　茜
朱珊珊　史开华　荆帅林　梁　琨　魏丽霞　纵桂英　陈　鹏　卫志美　王中武
杨俊龙　王　强　邓　鹏　龚跃武　杨敖霜　庞　欢　任丹琪　王邦达　宋妮佳
冯婷婷　黄程程　万　芬

优秀研究生干部（30人）：

何周坤　王　滨　丁治天　姚威威　李东旭　刘保英　尹泽桦　赵伟锋　王建铨
张　奇　胡　祥　李　华　李婧萍　白军伟　胡　娟　刘　洪　吴小军　陈业中
李晓瑜　王　晶　王金月　田　丰　罗小勇　罗晓霞　冯　慧　雁　洲　张　宇
罗巧技　刘珂君　向　韬

华西基础医学与法医学院

优秀博士（6人）：

安宏瑞　范　琴　伍怡颖　王　正　张　奎　李立娟

优秀硕士（12人）：

曹利平　曹　楠　邓丽聪　连文静　邵京京　孙　柯　董　磊　梁　楠　赵　芬
梁　冰　张现伟　樊　梅

优秀研究生干部（1人）：

刘　珂

华西临床医学院

优秀博士（50人）：

杨　燕　邹兴立　王　佳　周巧灵　梁斌苗　何彦琪　谢　沁　罗　理　刘强强

陈 涛 朱 敬 张 婷 杨旭波 杨国渊 夏 睿 李 莉 汪 英 庞晓辉
胡旭栋 陈 林 郑 硕 熊国兵 邓 实 熊俊杰 吴洲鹏 邱建国 刘 勇
李可为 徐缨龙 向光明 马 宇 白燕南 周吉祥 张振宇 李路莹 伍 聪
肖正华 倪姗姗 段瑞岐 谢 川 吴 钊 马 骄 陶文丹 董再全 李 林
曾 珣 林 琳 曾天芳 陈 颖 王秀丽

优秀硕士（165 人）：

何 华 杨晓洁 黄 李 李 兰 何 艳 杨晓净 石 睿 邱志新 杨 艾
曾继莎 周佳丽 谭静雅 杨 婧 高 芹 陈兰兰 王跃龙 伍俊良 范英俊
王妍亭 王 婷 罗 嫚 黄建戈 黄 微 温 泉 任宏飞 郭 晶 文 磊
王紫静 田茂露 文 集 张艳玲 赖玮婧 赵黎君 熊加川 彭昌兵 陈雪莲
曾 理 赵冬青 孙春丽 尚艳文 张晓玲 刘 微 刘 敏 杨 翔 宋 宇
荆文娟 温 雅 吕 娟 毛孝容 何凌霄 尹亚楠 叶 霞 钱 宏 曹 娜
周 娟 邓 瑶 陈春霞 雷 瑶 尚 书 王 飞 谢 琨 甘 露 苏站勤
傅 瑾 王琪琳 张燕燕 梁 晨 张 轶 罗 畅 吴东芳 文凌仪 陈东东
刘浩书 廖 怡 毛 怡 罗 艺 刘 丹 谭显政 范营营 唐远姣 吴 瑕
宋思思 姚 骊 张华为 朱欣欣 王 磊 蒋 瑜 马 琳 李荣惠 王 燕
李昭君 徐 建 张德双 杨建洪 曾晓梅 陈 科 刘桂红 杨 柳 曾婉婷
陈 柳 魏晓霏 赵静宜 朱守娟 谢 恒 张 宁 郑兴菊 何 娴 李星寰
李梦茵 刘 均 余 超 彭 玲 张巧娟 张雅捷 龚添庆 虞 红 黄清华
顾 娟 杜 宇 杨小娟 徐 晶 李 霞 李 妍 付芳芳 李世琪 王艳青
吴沁娟 杨国柱 刘 芳 谢晓丽 温家宾 任 程 孙家钰 陈 果 安永刚
张 斌 董洪先 幸 嵘 王朝敏 周晓波 杜 娜 张 玲 何宗海 韦堂墙
赵东梅 张金霞 肖 丽 高 倩 刘希婧 黄 燕 王雪萍 胡 莎 王维国
贾 华 王 川 霍 黎 白小红 王 静 冯 艺 张美琴 罗春燕 刘峻峰
梁素改 石家昂 任彦洁

优秀研究生干部（55 人）：

石芳芳 杨晓翠 王荣春 李典典 张雪梅 金巧玲 赵艳萍 丁 香 谢 秋
李 芸 杜丽霞 要文青 杨蕗璐 蔡林利 张潇颖 陈 琪 赵 凤 陈 欣
王雅琴 尹 敏 张 婷 何亚荣 廖竞宇 乐 趣 张清颖 华 薇 龚 敏
徐忠孜 高思敏 孟才华 陆玫竹 王 奕 黄桂珍 陈 琪 孙 啸 田 野
何绍锋 魏瑷琳 李永彬 林文韬 刘洪均 李 晗 薛鑫诚 周渝斌 宋 永
霍亭竹 何 宁 丁 蕾 严嘉琦 龚 晋 代 晶 王婷婷 王雅楠 王 琪
刘丽丽

华西口腔医学院

优秀博士（28 人）：

许海平 刘 娜 张 琼 罗振华 何金枝 王盼盼 唐 寅 聂 晶 李精韬
刘一鸣 李汶洋 颜志玲 罗 文 谢蟪旭 李 嘉 黄 怡 杨 超 解 亮

李　昊　李广悦　付　静　贺　瑞　叶年嵩　封小霞　郭永文　舒　睿　李　钒
井　岩

优秀硕士（41人）：

付　敏　潘红颖　惠甜倩　董　滢　李欣忆　宋登贤　周　玥　刘建忠　夏　静
陈家俊　吕洪垟　苏　凡　李　姣　陈思源　申龙朵　韩新生　宋福民　蔡生青
李　娜　李　丽　胡　玲　黄　萍　朱晓文　苟雅萍　王　琳　王　旭　傅　娜
卢婉鹭　吴湘楠　张　静　李　璐　谢　璐　谢翠柳　罗　锋　田　浩　张　陶
贾源源　郑新颖　王露霏　李建华　杨　鑫

优秀研究生干部（18人）：

苏　凡　李　姣　张卓远　范云龙　郑力维　贾源源　胡海琨　樊弘毅　何金枝
王　旭　任东萍　涂　蕊　秦丹青　夏　静　陈家俊　谢　璐　张　陶　张倩倩

华西公共卫生学院

优秀博士（6人）：

陈锦瑶　侯丰苏　黄　源　刘　珊　王　琼　潘雄飞

优秀硕士（37人）：

曹　韵　陈珍妮　黄　婷　李畅畅　李　黎　刘　芳　刘宇丹　罗晓飞　庞学红
谭贵泓　王静超　杨　阳　叶　倩　余芳雪　袁　亚　张　瑞　张晓凤　陈　蕊
戴映雪　杜晓昕　黄　荷　黄璐娇　孔晓岚　李　美　李新平　李　岩　廖加强
刘俊阳　鲁　蕾　屈　伟　王　瑜　谢　娟　杨汉策　曾　瑜　赵　莹　周　岚
周　涛

优秀研究生干部（11人）：

曹冉冉　裴　姣　许濒月　范肖肖　刘　瑾　刘　军　王　帅　肖　雄　徐亚男
赵　健　贾贞超

华西药学院

优秀博士（11人）：

李俊龙　潘钧铸　吴建波　周　诚　李　茁　杨　洋　樊婷婷　高　璐　肖友财
黄吉荣　周　毅

优秀硕士（46人）：

李青竹　卢　戢　李春艳　张　航　何　毅　裴叔宸　余　丽　张　娇　谢　莉
葛志乐　陈　雄　毛　棉　杨　敏　唐　劼　陈　丹　王　增　于　永　胡　蝶
李　青　李　梅　任　杰　梁　艳　王　竞　江永贤　黄　鑫　郭　晗　谢曌璐
周　鹏　陈　敏　周　晶　刘亚圆　张金坤　康秋梅　李祖琨　黄　乐　邱　瑞
王全刚　刘敬欣　米　洁　林兴龙　冉　艳　焦雪峰　刘　科　张　力　李　卒
张姮婕

优秀研究生干部（15人）：

文 敏 许 尉 冉 坚 傅 川 宋 旭 钟 莹 王安齐 刘 欢 毛 锐
闫碧涵 杨青青 孙二晓 赵 晶 袁明清 李晓岑

公共管理学院

优秀博士（3人）：

李铁华 杨子路 焦丽锋

优秀硕士（125人）：

高广悦 降秋琳 梁 沙 鲍小飞 董 冀 付亚萍 郜 敏 郭胜男 韩俊芳
胡雪松 蒋宝晴 康媛璐 李 轲 刘俊辉 龙亚萍 吕 尖 乔 晶 田代洪
王海波 王丽萍 王玉玲 吴 菁 徐雨晴 杨晓煜 叶圣伟 张玉新 赵 佳
赵 雍 钟 珣 肖 敏 谢 玲 张晓青 胡 冕 戴 威 党 雪 李姝昱
李瀛慧 罗崇蓉 姬莉莉 童逸夫 穆天钊 冯国静 侯 波 李 琦 李欣林
李玉凤 任 洁 邹 敏 敖楹婧 黄 钰 孟志华 莫丽平 汪 婷 吴若璠
张慧敏 周应君 李 婧 张 欢 张玲玲 吉茜芸 曾礼欢 徐艳芳 赵四平
陈源鸿 金 宁 张娟娟 宝 娟 张 瑜 邱梦竹 刘海燕 王 僖 刘云飞
朱茂静 冯 琳 岳冬冬 薛军玺 罗膑露 王婧竹 王传华 谢 杪 钟璐遥
原培海 张若旻 苏 楠 张嘉瑜 欧 晴 殷浩生 倪 辰 黄培浩 郭晓勤
孙玲玲 张 璇 陈 燕 刘有军 邓治春 李 静 陈吉红 唐 悦 窦 鹏
张 然 杨凤娟 金 可 黄书宇 韩 啸 邓 劼 由 申 郑硕夫 曹 宁
吴银雪 白玲玲 杨 力 杨红岗 杨 林 谢彩云 张 涛 程嫱英 欧李梅
彭萌萌 陈晓宇 彭 艳 万春晓 王江月 貊晓丽 殷 虹 秦 璇

优秀研究生干部（33人）：

杨碧玉 薛 源 罗酬剑 康 博 周 巍 李 毅 王欣荣 柴玉如 余 河
王 莹 喻可乐 杨 斌 夏 圆 钟 影 邓 影 孙秀琴 吴 双 赖 全
郭玉洁 刘 益 祁 骁 姜中华 刘培中 黄 磊 杨梅锦 文 娟 邹自豪
曹诗钊 郑 欢 孙 晴 张 艺 张 铭 林 曦

商学院

优秀博士（19人）：

闫 芳 甘 露 腾格尔 程 红 刘云强 骆毓燕 刘主军 徐文杰 陈佳莹
张明珠 邱庆庆 姚 露 江海南 孙维章 徐 洁 鄢仁秀 秦春蓉 李 菁
程 强

优秀硕士（64人）：

王勇劲 邵 琪 邓贵林 罗 君 黎发敏 陈 昊 王 萨 孙 磊 何士颖
张泽梅 谢瑞坤 丁宏伟 李末佳 潘焕娣 李小梅 刘 哲 牟宏伟 金 鑫
宋 侃 易 竞 朱新龙 刘玉婷 钟玉洁 朱延芳 尤 阳 屈停停 杨倩兰

杨小朋　裴玉蓉　熊　涛　严学勇　龚　浩　洪冲冲　徐　勇　李　鹏　韦丹丹
常丽菲　刘国燕　李雪婷　代　颖　刘洙含　袁　莉　周庆婷　张　啸　马彩侠
闫芳蕴　刘　衍　邸　星　尹翔宇　肖　月　李雅馨　江丹丹　冯济舟　曾　峥
吴　兵　何银莲　吉呈呈　刘　星　龚　瑛　杨　景　苏贤安　宋启昀　燕　捷
王丽钧

优秀研究生干部（23人）：

陆　源　李泽铭　李　勇　郭　灿　王　鹏　蔡鸿捷　张　韵　韩天天　张　鹏
雷　挺　李辰光　胡晓雪　郑洪燕　巫　科　董　珍　王子旗　景兴川　白松松
丁　灿　李　晶　王　俊　唐孝文　颜　琛

马克思主义学院（政治学院）

优秀博士（2人）：

徐　药　贺叶玺

优秀硕士（24人）：

李洪珠　杨富坤　韩晓娜　唐旺英　马进贤　赵　立　陈景思　钟　琦　成玲艳
李朝静　李沅爰　郭　佳　屈　愿　高　攀　周立立　刘　利　刘洪洋　郭俊东
张　翔　苟洪英　曹阵营　胡　劼　屈　荣　高　源

优秀研究生干部（4人）：

李泉源　尹建淇　唐绍军　曹腾译

体育科学研究所

优秀硕士（10人）：

李青兰　李　瀚　刘贝贝　陶丽华　汪纹波　孙丽洁　侯泽月　于晓弟　夏廷富
谢　宾

优秀研究生干部（3人）：

李伦华　刘文涛　韩利培

国家生物医学材料工程技术研究中心

优秀博士（7人）：

孙　静　李桦楠　何一燕　赖宇思　徐翔晖　何　静　青芳竹

优秀硕士（4人）：

唐亚军　陈晓琴　马　南　刘思佳

优秀研究生干部（2人）：

谭成方　左一聪

生物治疗国家重点实验室

优秀博士（13 人）：

赵玉伟 袁艺珂 杨留启 李国菠 李澍才 谢彩凤 童擎一 银冬勤 王玉君 邓森议 余文瀚 刘 亮 范 敏

优秀硕士（35 人）：

王文雯 陈 冰 曹 冬 刘晶晶 倪 洁 王 哲 马 晴 陈 曦 彭 飞 叶 宁 李 磊 郭慧杰 侯金琳 胡小艳 王晶晶 关 婷 常 英 裴和颖 吴 倪 王誉熹 孙启正 罗 芸 马 雯 彭 飞 熊 英 王碧兰 罗 敏 刘 艳 殷 燕 张春辉 杜 涛 李慧芳 王 振 任 江 曲 莹

优秀研究生干部（11 人）：

彭 飞 梁晓琳 李庆祝 李文婷 曲 莹 李苏立 李 磊 陈 曦 张俊凤 钟国兴 何治尧

中美大学战略规划研究所

优秀硕士（4 人）：

娄卫诗 王晓玲 韩曾俊 蔡雪梅

优秀研究生干部（1 人）：

郭静姝

分析测试中心

优秀博士（1 人）：

李东升

优秀硕士（4 人）：

周玫瑰 杨 晨 颜彦月 刘 婷

优秀研究生干部（1 人）：

杨 美

纳米生物技术研究所

优秀硕士（1 人）：

贺世亮

优秀研究生干部（1 人）：

辛 光

再生医学研究中心

优秀博士（2 人）：

何斯荣 刘运洪

优秀硕士（6人）：

卢　希　王　韬　张　瑞　李奇峰　刘宏银　孙　雯

优秀研究生干部（2人）：

汪　琳　孙效容

教育部移植科学与移植免疫重点实验室

优秀博士（1人）：

郭颖嘉

优秀硕士（2人）：

史梅梅　王　丹

优秀研究生干部（1人）：

吴　琼

循证医学教育部网上合作研究中心

优秀硕士（2人）：

王应强　李　筱

优秀研究生干部（1人）：

陈　杰

灾后重建与管理学院

优秀博士（2人）：

文　倩　高　强

优秀研究生干部（1人）：

杜　娟

共青团四川大学委员会2012年度
先进集体和先进个人名单

一、红旗团委

共青团四川大学商学院委员会
共青团四川大学公共管理学院委员会
共青团四川大学制造科学与工程学院委员会
共青团四川大学文学与新闻学院委员会
共青团四川大学软件学院委员会
共青团四川大学华西临床医学院委员会
共青团四川大学轻纺与食品学院委员会
共青团四川大学高分子科学与工程学院委员会
共青团四川大学华西口腔医学院委员会
共青团四川大学计算机学院委员会

二、共青团工作单项奖获得者

（一）工作创新奖

共青团四川大学法学院委员会
共青团四川大学华西药学院委员会

（二）基层团建优秀奖

共青团四川大学材料科学与工程学院委员会
共青团四川大学电气信息学院委员会

（三）科技活动奖

共青团四川大学化学工程学院委员会
共青团四川大学电子信息学院委员会
共青团四川大学数学学院委员会
共青团四川大学物理科学与技术学院委员会

（四）社会实践及志愿服务优秀奖

共青团四川大学华西公共卫生学院委员会
共青团四川大学生命科学学院委员会
共青团四川大学外国语学院委员会
共青团四川大学水利水电学院委员会

（五）校园文化建设奖

共青团四川大学艺术学院委员会

共青团四川大学化学学院委员会

（六）促进创业工作优秀奖

共青团四川大学经济学院委员会

三、优秀分团委书记

郑洪艳　商学院

兰旭凌　公共管理学院

吴光芬　文学与新闻学院

聂　靖　软件学院

廖浩君　华西临床医学院

李　宜　高分子科学与工程学院

高　路　华西口腔医学院

孙国蕊　计算机学院

戴婷婷　电气信息学院

孙伯雷　建筑与环境学院

邢海晶　马克思主义学院

陈　艺　历史文化（旅游）学院

姜丹蓉　生命科学学院

龙黎明　法学院

李运国　电子信息学院

四、团员青年标兵

周圣涛　华西临床医学院 2005 级博士研究生

杨娴睿　华西口腔医学院 2008 级本科生

冯军帅　制造科学与工程学院 2011 级硕士生

张　翔　马克思主义学院 2011 级硕士生

董士华　轻纺与食品学院 2009 级本科生

余雪莹　电气信息学院 2010 级本科生

黄加顺　商学院 2010 级本科生

赵　亮　法学院 2010 级本科生

朱代逸　历史文化（旅游）学院 2010 级本科生

张　鹏　艺术学院 2010 级本科生

五、十佳团支部书记

任　靓　历史文化（旅游）学院 2011 级历史学基地班团支部

周序力　生命科学学院 2011 级生物科学类单号班团支部

李　璠　制造科学与工程学院 2009 级工业设计

唐乐谕　电气信息学院 2011 级 102 团支部

胡建飞　计算机学院 2010 级 1 班团支部

徐梦霖　软件学院 2010 级第 3 团支部
王　静　华西基础医学与法医学院 2011 级法医班团支部
周笑天　华西口腔医学院 2012 级口腔五年制一班团支部
杨柳青　华西药学院 2011 级 2 班团支部
常　静　马克思主义学院 2011 级硕士研究生团支部

六、团支部工作创新奖

（一）金奖

经济学院 2011 级财政第一团支部
外国语学院组宣文团支部
化学学院 2011 级 204 团支部
电气信息学院 2011 级 102 团支部
建筑与环境学院 2011 级土木四班团支部
水利水电学院 2011 级水利七班团支部
华西临床医学院 2010 级临八二班团支部
华西公共卫生学院 2011 级医药企业管理团支部
华西药学院 2012 级五班团支部

（二）银奖

文学与新闻学院团委学生会团支部
文学与新闻学院 2012 级中文第一团支部
艺术学院 2012 级美术学团支部
数学学院 2011 级大类二班团支部
物理科学与技术学院 2011 级核工程与核技术 4 班团支部
生命科学学院 2011 级生物科学基地班单号班团支部
电子信息学院 2012 级 8 班团支部
材料科学与工程学院 2012 级材料科学类第一团支部
化学工程学院 2010 级生物工程团支部
高分子科学与工程学院 2011 级材料七班团支部
华西基础医学与法医学院 2012 级基础医学团支部
华西临床医学院 2010 级临床八年制创新班团支部
华西临床医学院 2009 级临床八年制创新班团支部
华西临床医学院 2009 级临床五年制第三团支部
华西口腔医学院 2011 级口腔七年制团支部
公共管理学院 2011 级信息资源管理团支部

七、五四红旗团支部标兵创建单位

经济学院 2012 级金融双语第一团支部
法学院 2012 级第二团支部
文学与新闻学院 2012 级新闻第一团支部
外国语学院 2012 级英语第六团支部

艺术学院 2011 级环境艺术设计团支部
历史文化（旅游）学院 2012 级历史学基地班团支部
数学学院 2012 级数学经济创新班团支部
物理科学与技术学院 2011 级物理学类团支部
化学学院 2012 级 201 团支部
生命科学学院 2012 级生物科学类单号班团支部
数学学院 2012 级数学经济创新班团支部
物理科学与技术学院 2011 级物理学类团支部
化学学院 2012 级 201 团支部
生命科学学院 2012 级生物科学类单号班团支部
电子信息学院 2012 级 9 班团支部
材料科学与工程学院 2012 级金属材料工程第二团支部
制造科学与工程学院 2012 级测控技术与仪器一班团支部
电气信息学院 2012 级 103、104 团支部
计算机学院 2011 级 06 班团支部
软件学院 2012 级第七团支部
建筑与环境学院 2012 级城规一班团支部
水利水电学院 2012 级水利八班团支部
化学工程学院 2012 级制药六班团支部
轻纺与食品学院 2012 级轻化三班团支部
高分子科学与工程学院 2012 级加工三班团支部
华西基础医学与法医学院 2012 级法医学团支部
华西临床医学院 2012 级临五一中班团支部
华西口腔医学院 2012 级口腔七年制团支部
华西公共卫生学院 2012 级预防第一团支部
华西药学院 2012 级 2 班团支部
公共管理学院 2012 级信息资源管理团支部
商学院 2012 级管理科学团支部

八、五四红旗团支部

经济学院 2012 级经济大类第五团支部
经济学院 2011 级金融双语第六团支部
法学院 2011 级第三团支部
文学与新闻学院 2011 级对外汉语第二团支部
外国语学院 2011 级日语团支部
外国语学院 2010 级本科日语团支部
外国语学院 2011 级英语第三团支部
艺术学院 2010 级国画班团支部
艺术学院 2012 级环境艺术设计团支部

历史文化（旅游）学院 2012 级旅游管理 2 班团支部
数学学院 2011 级大类第二团支部
物理科学与技术学院 2010 级微电子 31 班团支部
化学学院 2011 级 203 团支部
化学学院 2011 级 302 团支部
生命科学学院 2011 级生物科学类单号班团支部
生命科学学院 2011 级生物科学基地班单号班团支部
电子信息学院 2010 级第十团支部
电子信息学院 2011 级光信八班团支部
电子信息学院 2011 级卓越工程师班团支部
材料科学与工程学院 2011 级生物医学工程第二团支部
材料科学与工程学院 2012 级硕士材料物理与化学团支部
制造科学与工程学院 2011 级机械设计制造及其自动化 13 班团支部
制造科学与工程学院 2010 级机械设计制造及其自动化 7 班团支部
制造科学与工程学院 2011 级工业设计第一团支部
电气信息学院 2012 级 301、302 团支部
电气信息学院 2011 级硕士电气控制工程团支部
计算机学院 2011 级 9 班团支部
计算机学院 2012 级 5 班团支部
软件学院 2011 级软件工程 14 团支部
建筑与环境学院 2010 级土木工程第一团支部
建筑与环境学院 2011 级土木工程第二团支部
建筑与环境学院 2011 级环境工程第三团支部
水利水电学院 2012 级水利六班团支部
水利水电学院 2012 级热能与动力工程第一团支部
化学工程学院 2011 级制药三班团支部
水利水电学院 2010 级化学工程与工艺第六团支部
轻纺与食品学院 2011 级轻工生物技术团支部
轻纺与食品学院 2011 级食品三班团支部
轻纺与食品学院 2011 级轻化 2 班团支部
高分子科学与工程学院 2011 级加工一班团支部
高分子科学与工程学院 2012 级材料一班团支部
华西基础医学与法医学院 2011 级基础医学基地班团支部
华西临床医学院 2011 级临床医学五年制第二团支部
华西临床医学院 2010 级临床医学五年制第二团支部
华西口腔医学院 2011 级口五一班团支部
华西公共卫生学院 2011 级预防第一团支部
华西药学院 2011 级 2 班团支部

公共管理学院 2012 级公共管理类第四团支部
公共管理学院 2012 级公共管理类第二团支部
商学院 2011 级管理科学团支部
商学院 2010 级工程管理团支部
商学院 2012 级工商管理类四班团支部
马克思主义学院 2012 级硕士团支部

九、优秀共青团干部

经济学院（14 人）

刘　畅　廖广衡　孙　敏　袁　昕　姚　嘉　唐　捷　陈含月　钟　冲　刘　欣
苏　情　常　晶　王一迪　白天明　金弓元英

法学院（5 人）

王梓羿　赵　亮　李元元　苏　鼎　段玉婷

文学与新闻学院（13 人）

刘木养　纪宇婷　傅　伶　马　跃　詹嘉鑫　高　爽　王　迪　何施蒙　冷昊阳
王金渝　张艾雨　白绍伟　王唯怡

外国语学院（8 人）

张菊霞　徐小乔　王梦伊　李　亮　侯　越　吴立成　樊丽娟　郭佳炜

艺术学院（11 人）

彭　莉　倪　宽　赵萌君　郑雅文　张　坤　李高杰　白　旺　罗斯文　张　鹏
张海涛　张小芳

历史文化（旅游）学院（8 人）

张　晓　宋　丹　周　静　朱代逸　范璐瑶　牟思雨　梁　婷　赵丹婷

数学学院（4 人）

刘　畅　周姗姗　严珂玮　温沛雨

物理科学与技术学院（4 人）

邵保泰　林灵奇　李　俊　周媛媛

化学学院（5 人）

康　康　苟永亮　柳　媛　张菊惠　詹梓炫

生命科学学院（5 人）

黎 粒 边 歌 刘浩秋 张 韵 周序力

电子信息学院（7 人）

李军华 孙依楠 徐雪炀 赵光远 顾周超 孙一涵 刘轩怡

材料科学与工程学院（7 人）

岳 洋 何功明 杨 菲 张超宇 段汝棣 杨 柳 韩 冰

制造科学与工程学院（10 人）

谢治民 毛云翠 刘盼盼 陈华为 段 炼 张洪程 王 薇 祁 茵 王子溪
陈应福

电气信息学院（12 人）

黄 旋 宋晓雨 邹 萌 樊向红 高 尚 侯 宇 李晨阳 王洪奎 余 丹
伍丹妮 张铃珠 刘攀隆

计算机学院（8 人）

庞 枭 吴 珂 刘 杰 毕春辉 刘 璐 杜 潇 杨兴成 李 彤

软件学院（9 人）

陈 龙 刘骄阳 袁 珂 李 政 崔阳阳 王嘉琛 李鹤童 李 康 徐宏伟

建筑与环境学院（12 人）

赵 捷 王婧婕 李旭锟 吴天成 申佳雯 王 玲 丁艺喆 王冠懿 樊 灏
部 丹 黄倩雯 张红恩

水利水电学院（11 人）

刘 琦 范野夫 陆泗维 张浩亮 邢钧策 赵佳男 田 雨 梁瑾慧 杨 戬
苏 翔 李毅波

化学工程学院（12 人）

张 秋 胡 雄 谢吉嘉 赵 磊 陈志浩 张永光 曾山晋 毛奇烽 吴欣慰
黄家鑫 高荣明 王 瑜

轻纺与食品学院（10人）

刘丽萍　易　嘉　黄　凡　金　青　李艳秋　李　琴　刘　芳　潘　斐　任可帅
彭　艳

高分子科学与工程学院（11人）

查湘军　李　阳　王雨辰　李少杰　黄　亮　王　越　卢思宇　韵夏伟　沈森棋
胡　玮　褚星运

华西基础医学与法医学院（2人）

汪　洁　程方岩

华西临床医学院（12人）

韦碧琳　彭　伟　王怡唯　刘依琳　宋媛媛　吴茛茗　易冬妮　谭　平　黄瑶楠
胡博文　周璞真　陈　鹏

华西第二医院（1人）

袁　梅

华西口腔医学院（7人）

李依洲　卢　森　章一帆　周泽渊　樊弘毅　段泽西　郭黛墨

华西公共卫生学院（6人）

周梦雪　朱成华　崔　岩　蔡维未　夏　梦　肖成汉

华西药学院（5人）

徐志行　陈玉洁　魏国旭　沈瑞雪　米　源

公共管理学院（11人）

周　亚　柳雨佳　胡　智　童心田　崔梅楠　彭　飞　唐先明　刘冠成　刘　恋
尚　翔　黄婕能

商学院（18人）

尚　超　陈霄霄　李琳源　任虹宇　王文翰　吴嫁奇　姚　璟　李　乐　杨佳楠
张　元　张　树　王　超　王清龙　陈　程　兰冰青　张　衔　黄加顺　王　燊

马克思主义学院（2 人）

张 翔 夏雪娇

华西卫生学校（2 人）

王 欣 刘福蓉

十、优秀共青团员

经济学院（22 人）

吴为然 付倍佳 马 林 王林卉 曹 玥 柏 源 杨文举 赵一霏 郭洪宇 胡 珠 刘玉钰 熊汝懿 李 宁 程 翔 田梦汐 袁静羽 刘 铮 徐 特 邱艳婷 郁颖文 刘桃伶 刘甜甜

法学院（10 人）

刘 磊 胡煦妍 李晗睿 刘清泉 马骕骦 杨小涵 任 帅 李 晶 樊恩夏 尤伟健

文学与新闻学院（20 人）

李 鹏 辜佳丽 朱丹婷 仲鹏程 董 薇 蔡加琪 肖宝雯 冯 羽 李林懋 栾天亮 赫炘然 刘泽轩 雷 怡 鲍柳思 邓琬莹 田 川 王芳尘 霍逸冰 姜雪梅 刘 鹤

外国语学院（10 人）

姚 静 梁 雪 尹佳琪 廖 丹 孙 丽 李佳伟 张馨芳 龙 强 司徒方知 崔龚莱秀

艺术学院（15 人）

段 敏 马富仲 孙卓利 秦 瑾 柏 桐 梁 爽 李丽君 吴艺璇 苑雨萌 刘 振 杨凯丞 巩 琪 徐梦莹 何孟夏 祁彦栋

历史文化（旅游）学院（11 人）

沈暮春 朱 棣 綦春雨 樊秋婵 马晨晖 张 硕 贾迪赫 陈 慧 刘梦婷 赵 晶 谭 雯

数学学院（8 人）

范泽宁 杨薛融 尹 雨 孙琳媛 沈朱彬 潘瑞婷 熊莹萌 张凝秋

物理科学与技术学院（9人）

陈列建 杨　雪 杨　枭 陈佳炜 李丽丽 吕嘉凯 刘大鹏 叶冯俊 彭　鹏

化学学院（11人）

白　巍 任启发 李素清 唐　凤 曲　琳 周　颖 蔡　娇 姚金坤 丁晓敏
李萌甜 刑秀京

生命科学学院（7人）

胡　升 李梦洁 赵仕蒸 熊香菡 李媛媛 林烨暄 张　栖

电子信息学院（14人）

李仕超 杨　毅 杨志颖 包欣慰 黄伦俊 冯俊羲 迟晓桐 张文涛 相煜帆
高渝强 陈宁康 朱冠石 秋宗皓 刘晓昂

材料科学与工程学院（14人）

陈　英 季　蒙 寇　闯 张晓慧 任翱博 陈春丽 文冠儒 邱　露 周　斌
何　鸿 李少杰 黄留叶 王思宇 韩　宇

制造科学与工程学院（20人）

鄂　磊 曹志远 杨贤清 赵　鸽 陈　诚 黄　鹏 李　健 查长海 刁　巍
顾大为 蒋沁锟 刘梦雅 卢　鑫 齐子贝 尹小忠 肖　杰 余国宁 张　芊
张　鹏 唐福杨

电气信息学院（24人）

崔嘉滢 丁经宇 段　定 合　达 李文正 李　欣 刘　畅 师宇珺 宋晓波
谭云潇 唐铄雅 王炫丹 杨　跃 杨智翔 章盟狄 岳佳慧 曾璐茜 张培军
张乐成 曹若愚 原旭东 李源堃 梅瑞雪 万　堃

计算机学院（17人）

徐璐冉 侯　腾 全　烨 张　鑫 李　飞 谢瑞麟 杨雪松 唐绍枫 王艺博
张　鹏 张亚伟 张小东 陈　杨 徐修远 何　睿 陈弈宁 饶俞卉子

软件学院（12人）

吴　雨 田自强 尹卫杰 李　珺 许昕珑 陈正海 陈　伟 程雪梅 李蓝杨
倪晨曦 陈　枫 李文婷

建筑与环境学院（19人）

陈　琦　王杰楠　李　韵　张　俊　李凯旋　李博军　王海鹏　闵文斌　王轶超
周　杨　徐　可　常芳瑜　高　宪　鲁　畅　孙慧霞　王　璐　王　帅　白　蓓
孙　乾

水利水电学院（20人）

黄　睿　潘　琳　党健兰　胡钜鑫　侯袆帆　冯　鹏　董美玉　朱光烁　王晓维
马向林　周雪霏　王　鸾　石其省　郭　琛　刘　燚　赵　雪　蒋蕙如　项　阳
熊家靖　于佳源

化学工程学院（23人）

胡家麒　金凯强　何周擂　沈月音　李　丹　张　川　奚月恒　李　祥　梁高睿
吕　薛　陈佳燕　严培洁　张公尚　史轶良　马　钊　黄　欢　王袁隆　谢　轲
赵　余　林泽豪　张建华　熊　倩　严张艳

轻纺与食品学院（16人）

张　琦　周　航　袁豆豆　尤伟婷　黄　荣　薛　媛　王　芳　彭灵慧　罗凤香
常　昊　刘灵美　刘柳含　陈晓霞　袁　博　彭文杰

高分子科学与工程学院（16人）

刘杨秀　乔　佳　陆华庆　陈　敏　赵　伟　李　洋　楼　予　黄雪连　贺　辉
甯　超　罗　宇　冯柏霖　许承章　汪秋桐　陆哲超　秦圆

华西基础医学与法医学院（3人）

周巧霞　陈　滢　张　旭

华西临床医学院（25人）

夏德曼　张颖哲　李丽莉　马骁潇　邱婷婷　管秀雯　王　洪　吴廷奎　程　元
陈云天　袁　媛　张馨予　魏甜甜　吴凡伊　张廉青　倪越男　韦琛琛　李思辰
应令雯　饶郴丽　彭仕允　吴德媛　范子言　孙浪涛　杨玉环

华西第二医院（1人）

孙雪诗

华西口腔医学院（11人）

李　博　王美洁　张　博　李紫昕　陈　稳　傅裕杰　余钒源　谢冰洁　王雨霏

王杞章　王铭晓

华西公共卫生学院（11人）

崔琪奇　邱建青　王小千　陈亦舒　杨　阳　张雨舟　刘　畅　陈　饶　韩松容
梁怡婷　周晓天

华西药学院（10人）

韩　珂　范沛浩　杨　涛　申平鑫　张一佳　周　欣　董铭灵　薛　姣　熊祥樽
王　菁

公共管理学院（18人）

王宇卓　赵媛媛　王纯亭　徐景昀　王程恺　权思语　薛　濛　陈韬旭　伍思莹
马小云　席　戬　何林莉　杨　璐　胡利佳　张佳音　庄　映　金国栋　蔡敏娜

商学院（19人）

李宗泽　袁春阳　韦明宏　房瑞莹　陈昌宇　王赫楠　姜　楠　韩　月　吕燕玲
李慧媛　谢官长　陈春晓　吴晓柯　张　森　赵　璐　高晓昂　宫浩然　刘玲源
陶　曦

马克思主义学院（2人）

贾　雯　童　兵

华西卫生学校（26人）

周海梅　雷竟唯　王媛媛　袁梦琪　代　莹　任　娟　高双禾　奉巧玲　谭　英
彭文娅　王　博　吴晓丹　林　畅　罗春曦　刘鑫梅　陈　敏　刘　颖　曹瑜琪
何霜霜　彭韵环　黄芝礼　王梦倩　邢语涵　曹文霞　梁玲玲　兰卡布尺

四川大学2012年暑期社会实践优秀团体和优秀个人名单

一、先进集体（15个）

法学院
文学与新闻学院
外国语学院
艺术学院
物理科学与技术学院
生命科学学院
制造科学与工程学院
计算机学院
建筑与环境学院
轻纺与食品学院
高分子科学与工程学院
华西临床医学院（华西医院）
华西口腔医学院
公共管理学院
商学院

二、优秀团队（47支，括弧内为带队老师或学生）

“I Believe”暑期社会实践团队（唐先明）
“关怀老人——家庭关怀与老人睡眠质量的关系”调查团队（张斌）
“华西医学专家博士快车”社会服务暑期社会实践团队（欧阳赣彬）
弘毅“198”暑期社会实践团队（帅明）
成都市城乡环境综合治理长效机制研究实践团队（欧晴）
“留守·怒放的生命”团队（杨双骏）
“生命之帆”团队（梁竹）
“生态斗士”团队（夏燕）
“深喉”暑期社会实践团队（冯骅）
“三人行”暑期社会实践团队（王晖）
“蜀秀华川”暑期社会实践团队（刘婷婷）

艺术学院暑期实践团队（李高杰）
数学学院“绵阳行”暑期社会实践团队（方文强）
四川大学“科技支农”暑期社会实践团队（罗耀）
电气信息学院“川·爱”志愿者队（黄文婷）
制造学院赴革命圣地长沙暑期社会实践团队（刘盼盼）
制造学院赴肖家河社区暑期社会实践团队（段炼）
物理学院“春蕾”青年志愿者服务队（高文翔）
材料学院暑期社会实践团队（刘平）
建筑与环境学院“红之梦 ”团队（李解元）
“Inspiration”暑期社会实践团队（刘扬）
商学院硕博士研究生服务地方经济发展实践团队（郑洪燕）
计算机学院“阳光同行”青年学生暑期社会实践团队（兰云旭）
计算机学院“IT 精英”暑期实践团队（庞枭）
“We. create”环保践行者团队（李盛楠）
外国语学院暑期社会实践三下乡团队（王晔）
高分子学院赴广东参观学习暑期社会实践团队（王越）
华西口腔医学院口腔健康义诊及宣教志愿服务者队（谢芸）
化学学院暑期社会实践三下乡团队（卢璐）
法学院暑期社会实践团队（任帅）
“G 平方”暑期社会实践团队（李秋彤）
电子信息学院“腾飞”青年志愿者服务队（陈美英）
优秀硕士博士研究生赴地方政府挂职锻炼服务队（姜中华）
自强社“跑完全程”暑期社会实践团队（卢希芬）
学工部“满天星”暑期社会实践团队（蒋伟）
“梦之队”暑期社会实践团队（张琴）
“为爱”暑期社会实践团队（王浩伊）
“星原”暑期社会实践团队（刘英强）
“星辰联袂”暑期社会实践团队（胡智）
“行在广安”暑期社会实践团队（崔岩）
“行知队”暑期社会实践团队（赵磊）
“星空”暑期社会实践团队（魏旭）
“玉成志愿”暑期社会实践团队（冯恒）
“走进 95598”——校企联动实习团队（王智琦）
“追寻先烈足迹，弘扬雷锋精神”经济学院暑期实践团队（涂刚）
加快成都市城市化和国际化进程中的青年志愿服务动员机制研究团队（刘艾）
志愿服务项目推广在提升成都市民文明素质过程中的有效性研究团队（米源）

三、2012 年暑期社会实践活动优秀指导教师（46 名）

陈虹宇　陈姹月　何艺新　胡志坚　黄菲娅　侯明正　贾裕玟　姜　华　蒋兰慧

兰旭凌　黎　晨　黎红友　李　宜　李运国　李珍焱　李佐红　林　茂　刘成家
隗玉梁　龙黎明　卢希芬　聂　靖　寿刘星　苏德强　孙伯雷　王　蕾　王丽梅
吴近名　文　铭　伍　艳　邢海晶　徐海鑫　徐　雅　杨　媛　余艳丽　袁　雯
张　丹　张菲菲　张金军　张　莉　张　舒　张　瑜　赵　露　郑洪燕　周若愚
周　毅

四、2012年暑期社会实践活动优秀学生（478名）

经济学院（32人）

周　俊　刘　峥　周倪波　唐　捷　姚　嘉　陈莹莹　李　娜　李　璨　袁华剑
罗腾蛟　田益豪　张岸薇　易　瑾　马剑铠　郝金星　严　瑾　亚　豪　阎安琪
苏　情　李悦秀　赵紫婷　杨明皓　张　扬　王岳昊　陈含月　徐　特　孙雨阳
丁鹏程　王琴圆　李行添　葛冬瑞　金弓元英

法学院（8人）

何盼盼　任　帅　高桂芳　赵　亮　李晗睿　明　晨　苏　芩　刘　雪

文学与新闻学院（32人）

王　娲　李　舒　刘维薇　安迎亚　陈俊逾　辜佳丽　张　琴　李　鹏　高　爽
张苗苗　何施蒙　乔　睿　郑　玮　高汉遥　张　稚　郭　艳　冷昊阳　王金渝
张艾雨　朱丹婷　仲鹏程　蔡佳琪　董　薇　肖宝雯　冯　羽　朗　月　罗威一
张　旭　邹　旻　赵媛媛　赵　恺　罗婧竹

外国语学院（16人）

李　敏　吴友铭　王雅涵　谷　瑜　金勇男　刘　芳　王　薇　黄　晓　张天祎
肖　黎　吴立成　刘　猛　王宏伟　柯佼君　王　晔　马丽娜　刘洁茹

艺术学院（14人）

张海涛　张　鹏　李文文　库春娟　宋　戎　张笑笑　张　坤　陈姝言　白　旺
柏　桐　刘　振　李高杰　贾　倩　赵新源

历史文化学院（1人）

朱代逸

数学学院（11人）

杨　瀚　周　丹　方文强　辛　驰　齐　轩　焦　健　郑　毅　吴慧雯　雷文超
刘正阳　孙思嘉

物理科学与技术学院（12人）

高文翔 张　浩 李富羽 史超群 莫仁宁 谢晋杰 李　俊 陈佳炜 罗　婷
袁世嘉 岳　恒 吴牧阳

化学学院（16人）

陈朝丽 冷唯佳 赵伟业 王　者 杨小雨 袁婷婷 张　迪 陈　晗 向　明
李秋彤 卢　璐 白李娜 周铭芝 黄永亮 辛丽敏 文小花

生命科学学院（20人）

夏　燕 罗　耀 徐青锐 万小平 张　航 李　岥 史慧娟 房　晨 黄　蓉
梁　竹 邓　源 郭艳芳 胡佳盼 余　洋 边　歌 刘浩秋 马刘青 徐　政
周序力 曲　莹

电子信息学院（11人）

陈美英 吴婷婷 唐俣晟 王桥秀 王　琴 李岚硕 薛晶阳 黄　谦 周　雄
易　楠 薛德进

材料科学与工程学院（12人）

张泰吾 张　弛 韩冬辉 刘　平 李春余 曹芳青 吴亚南 罗　曼 夏　娟
高　旭 李昕炀 韩　冰

制造科学与工程学院（25人）

刘盼盼 陈华为 段　炼 张洪程 祁　茵 于　洋 孟德浩 李　璠 林子皓
陈应福 毛云翠 李文庆 王　薇 王子溪 刘　凯 谢治民 赵文涛 王　俊
张嘉文 陈文庆 朱小飞 马　煦 宋竞存 范东东 黄贺福

电气信息学院（34人）

叶双清 邓长生 刘亚男 马愿谦 黄　旋 张乐成 王智琦 冷　月 施锦月
乔春茂 徐洪英 何　晓 王　兰 曾巧燕 叶家豪 邵　磊 黄文婷 沈静逸
曾雪婷 余雪莹 任炳俐 樊婷婷 尹　航 罗　岚 王羽佳 张弘历 贾　晨
汪莎莎 刘　凯 侯楠楠 苏学能 宋晓雨 郑　超 陈　卓

计算机学院（6人）

庞　枭 毕春晖 王艺博 张小东 成丽朝 兰云旭

建筑与环境学院（22人）

汤晓宇 王婷婷 李解元 王 威 骆嫚琳 张古承 张浩然 毕 涛 张传涛
刘 意 刘 凯 王 凯 赵羽诺 崔 鹏 王婧婕 刘蓓辰 王艳芳 刘 杨
黄 李 廖 维 张文宇 王天泽 王 冠

水利水电学院（1人）

尹 硕

化学工程学院（31人）

赵 磊 张永光 奚月恒 黄家鑫 胡嘉麒 曾山晋 李佳璇 关 昱 刘学谨
郝倚南 金凯强 杨建勋 王琛源 马燕茹 朱 宇 王舸来 张雅晴 李春龙
吴欣慰 周裕寒 张 文 张 润 卢 雪 王 远 郭鑫楠 许德军 陈苗娜
赵媛媛 李 丹 龙 柯 潘天宇

轻纺与食品学院（14人）

崔超逸 常金明 王 皓 陈 冲 肖 颖 周宇涛 王 玮 刘英强 秦宇帅
白津榕 沈志轩 刘丽萍 杨双骏 陈晓霞

高分子科学与工程学院（22人）

刘保英 赵琴娜 王金月 冯 慧 周万立 黄祖林 杨书桂 王忠祺 黄 亮
王 越 沈森棋 胡 玮 韵夏伟 卢思宇 查湘军 黄咪咪 潘雨曦 谢正田
褚星运 李慧鑫 赖俊宇 陆哲超

华西临床医学院（52人）

左书凝 胡博文 刘睿奇 周璞真 韦诗友 张立丹 张 良 杨宁宁 薛文斌
周闻禄 杨婷婷 邓 珂 吴清彬 陈 晨 吴苠铭 杨诗源 易冬妮 王 阳
雷雅婷 向宇微 艾 源 刘钰琪 陈云天 何 霞 邵裕粟 邱 实 陈子航
贺晓荟 文海霞 刘超男 杨 磊 刘文钰 胡彬彬 赵珂嘉 徐雪晶 胡月红
李思辰 秦超毅 张 斌 肖正华 王成弟 彭 瑜 宋雨桐 赵思斯 任亚女
王雅婷 游 娇 陈 龑 李 侨 沈利聪 赵 凤 古丽胡马尔·赛买提

华西口腔医学院（15人）

谢 芸 张 智 陆跃智 罗维佳 蒋若尧 陈 莉 梁静鸥 王 晖 杨 梨
徐舒豪 余钒源 李 博 段泽西 杨子靓 刘星辰

华西公共卫生学院（19人）

蔡维未 崔 岩 夏 梦 肖成汉 陈安琪 耿沐熹 郑旭彬 张敬茹 周晓天
王 舵 幸凤蛟 吴虹仪 张康宇 周晓婷 黎 明 张雅敏 施怡茹 赵 磊
邹 睿

华西药学院（2人）

吴 洪 陈玉洁

公共管理学院（6人）

李明天 柳美君 胡 智 刘 艾 李盛楠 姜中华

商学院（30人）

王清龙 尚 超 李晓婷 杨佳楠 房瑞莹 张 元 尚林杰 陈 程 韦明宏
王赫楠 李慧媛 李宗泽 赵 璐 吴稼奇 吕燕玲 韩 月 张 树 陈昌宇
袁春阳 姜 楠 李辰光 杨 双 袁 莉 刘 琴 熊 涛 郭 灿 巫 科
张 韵 蒙继厂 王 砺

马克思主义学院（政治学院）（3人）

屈 荣 赵 立 李泉源

软件学院（10人）

魏 旭 李 响 徐梦霖 刘婷婷 徐倩影 王炳琛 李鹏飞 王小帅 胡轶群
杨梦媛

吴玉章学院（1人）

任 婕

五、优秀作品（34件，括弧内为项目负责人）

第三期四川大学大学生创业操盘实践团队—营销代理团队创业书（陈华为）

第三期四川大学大学生创业操盘实践团队—酒店管理团队创业书（毛云翠）

学生社会实践报告书——工作实习、志愿服务、社会调查（刘凯）

《2012的夏天散文集》（陈佳伟）

2012暑期乐山马边铜厂沟小学支教团队实践报告书（游娇）

“芳香环”团队实践报告书（杨小雨，袁婷婷，王者）

哈尔滨市湿地现状调查队实践报告书（张洪程）

华西口腔医学院“不高山五壮士”牙线普及度调查队实践报告（徐舒豪）

“快乐学校”关爱农民工子女志愿服务行动实践报告（何盼盼）

高分子学院 2012 年赴广东参观学习暑期社会实践团队实践报告（王越）
关怀老人——家庭关怀与老人睡眠质量的关系调查团队实践报告书（张斌）
“留守·怒放的生命”团队实践报告书（杨双骏）
“蒲公英”暑期社会实践日志集（陈睿雅）
改善残疾人生活现状暑期社会实践日志集（张海涛）
“梦从红星起航”暑期实践团的实践报告书（罗曼）
农村普法社会实践报告书（任帅）
“G 平方”社会实践团队的实践报告（G 平方社会实践团）
计算机学院“阳光同行”青年学生社会实践团实践报告（兰云旭）
四川大学“科技支农”实践团报告书（四川大学“科技支农”社会实践团）
“梦之队”社会实践团的实践报告（张琴）
“We. create”环保践行者团队的实践报告书（李盛楠）
物理学院“益暖青春·阳光成长”支教社会实践报告书（实践团全体）
《松潘行纪实 DV》（张伟）
“释放微爱 为爱起程”暑期社会实践团队纪实（王娲）
“舌尖上的健康”暑期社会实践报告书（张孟妮）
“蜀秀华川”团队的文化遗产相关调研报告（刘婷婷）
进高中传播高校文化暑期实践报告书（王晖）
“微爱”暑期社会实践报告书（黄晓）
渭源县志愿服务工作者协会大学生志愿者服务总队实践报告书（张洁怡）
“星星之火”暑期社会实践报告书（梁保城）
“星原”暑期社会实践团队的实践报告书（刘英强）
“行知队”暑期社会实践团队纪念册（赵磊）
“阳光同行”暑期社会实践报告书（倪宽）
正能量素质拓展团队创业计划书（李伟平）

四川大学2012年度十佳学生社团、十佳学生社团会长

一、十佳学生社团

环保志愿者协会
英语协会
演讲与交际协会
行知协会
心理协会
飞扬俱乐部
机器人足球协会
体育舞蹈协会
校史文化协会
科幻协会

二、十佳学生社团会长

李莅涵（环保志愿者协会）
刘俊波（笑笑相声社）
袁余梅（演讲与交际协会）
闫玉刚（校史文化协会）
孙　悦（科幻协会）
黄　毅（英语协会）
杨振宇（篮球协会）
蔡　颖（体育舞蹈协会）
赵德坤（财经协会）
王诗丽（京剧研习社）

四川大学校历

2011—2012 学年（下期）校历

周次		星期							月份	备注
		日	一	二	三	四	五	六		
1		12	13	14	15	16	17	18	2月	1. 2月9日—10日为在校本科生报到注册时间。 2. 2月10日—12日为本科生补缓考时间。 3. 第一周起正式行课。 4. 清明节4月4日。 5. 按国家规定5月4日上午学生放假。 6. 端午节6月23日。 7. 政治学习、党团组织生活统一安排在双周星期五下午进行，上半段为政治学习时间，下半段为党团组织生活时间。 8. 第21周为实践周。
2		19	20	21	22	23	24	25		
3		26	27	28	29	1	2	3	3月	
4		4	5	6	7	8	9	10		
5		11	12	13	14	15	16	17		
6		18	19	20	21	22	23	24		
7		25	26	27	28	29	30	31		
8		1	2	3	4	5	6	7	4月	
9	教	8	9	10	11	12	13	14		
10		15	16	17	18	19	20	21		
11	学	22	23	24	25	26	27	28		
12		29	30	1	2	3	4	5	5月	
13	周	6	7	8	9	10	11	12		
14		13	14	15	16	17	18	19		
15		20	21	22	23	24	25	26		
16		27	28	29	30	31	1	2	6月	
17		3	4	5	6	7	8	9		
18		10	11	12	13	14	15	16		
19		17	18	19	20	21	22	23		
20		24	25	26	27	28	29	30		
21		1	2	3	4	5	6	7	7月	
22		8	9	10	11	12	13	14		
23		15	16	17	18	19	20	21		
24	暑	22	23	24	25	26	27	28		
25		29	30	31	1	2	3	4	8月	
26	假	5	6	7	8	9	10	11		
27		12	13	14	15	16	17	18		
28		19	20	21	22	23	24	25		

2012—2013学年（上期）校历

周次		日	一	二	三	四	五	六	月份	备注
1	教学周	2	3	4	5	6	7	8	9月	1. 8月30日—31日为在校本科生报到注册时间。 2. 8月31日—9月2日为本科生补缓考时间。 3. 第一周起正式行课。 4. 黑色是节假日，停课一般不补。 5. 中秋节9月30日。 6. 春节2月10日。 7. 政治学习、党团组织生活统一安排在双周星期五下午进行，上半段为政治学习时间，下半段为党团组织生活时间。 8. 校秋季田径运动会在10月26日—27日举行。
2		9	10	11	12	13	14	15		
3		16	17	18	19	20	21	22		
4		23	24	25	26	27	28	29		
5		30	1	2	3	4	5	6	10月	
6		7	8	9	10	11	12	13		
7		14	15	16	17	18	19	20		
8		21	22	23	24	25	26	27		
9		28	29	30	31	1	2	3	11月	
10		4	5	6	7	8	9	10		
11		11	12	13	14	15	16	17		
12		18	19	20	21	22	23	24		
13		25	26	27	28	29	30	1	12月	
14		2	3	4	5	6	7	8		
15		9	10	11	12	13	14	15		
16		16	17	18	19	20	21	22		
17		23	24	25	26	27	28	29		
18		30	31	1	2	3	4	5	1月	
19		6	7	8	9	10	11	12		
20		13	14	15	16	17	18	19		
21		20	21	22	23	24	25	26		
22	寒假	27	28	29	30	31	1	2	2月	
23		3	4	5	6	7	8	9		
24		10	11	12	13	14	15	16		
25		17	18	19	20	21	22	23		